U0930179

中國城市競爭力年鑒2015
Yearbook of China City Competitiveness 2015

總 編 輯
總評價師　桂强芳

中國城市競爭力研究會
CHINA INSTITUTE OF CITY COMPETITIVENESS

中國・香港

内容簡介

《中國城市競爭力年鑒2015》（以下簡稱《年鑒》）由中國城市競爭力研究會資深專家團隊分工編寫，經數十位國內外著名專家、學者、教授、經濟學家、權威人士多次審閱、論證與評價。數易其稿，終於付梓。《年鑒》編著過程中，堅持資料獲取的準確與時效、城市評價的客觀與公正，將科學態度與求實精神結合；依據研究會自主研發的GN評價指標體系，對涵蓋港澳臺在內的城市競爭力及相關要素進行研究、評價，並將城市綜合競爭力和成長競爭力兩項研究成果集中展示。《年鑒》共分兩大部分：第一部分對城市綜合競爭力、成長競爭力及其分項指標等進行評價、排名；第二部分為點評內容，依據城市綜合競爭力和成長競爭力的排名現狀，對中國30個最具綜合競爭力和最具成長競爭力的城市精准點評，期收點睛之效。

城市發展之夢想已揚帆起航，中國城市發展日新月異。《年鑒》客觀公正、全面系統地記載了過去一年中國城市的成就與變化，《年鑒》內容兼具深度與廣度，可作為城市首腦、政府、決策機構、科研教學機構、投資人、商界研究決策時的重要參考。

中國城市競爭力年鑒2015

著　　述：中國城市競爭力研究會
編　　輯：《中國城市競爭力年鑒》編輯委員會
總 編 輯：桂強芳
出版發行：中國城市競爭力研究會　《中國城市》雜誌社
地　　址：香港灣仔軒尼詩道338號北海中心29樓D室
電　　話：(852) 25277992　25277979　25277980
傳　　真：(852) 25277995
網　　址：www.china-citynet.com　www.c-china.cn
大陸地址：深圳市深南中路國際科技大廈31層
電　　話：86-755-83279594　83279518　83279666
傳　　真：86-755-83760148
訂購電話：(852) 25277992（香港）　86-755-83279594（深圳）
承　　印：深圳市泰和精品印刷有限公司
開　　本：889×1194MM　1/16
國際書號：ISBN 978-988-12933-2-9
定　　價：800.00港幣
2015年10月第1版第1次印刷

序　言

新常態下中國城市發展新思路

回顧2014年，國際政治形勢在總體穩定中發生著深刻變化，全球經濟在不均衡中艱難復蘇，增長依舊乏力，經濟疲軟超出預期。2014年是世界局勢错综複雜、紛爭不斷的一年，烏克蘭危機使俄羅斯與西方國家的關係急劇惡化，改變了「冷戰」後歐洲地緣政治格局；亞太局勢錯綜複雜，美國加快推進亞太再平衡戰略，中美博弈進入深水區；恐怖組織「伊斯蘭國」（IS）迅速膨脹嚴重威脅中東和全球局勢安全；西非埃博拉疫情肆虐影響世界公共衛生安全；地區熱點時而升溫，北極爭奪趨於激烈……國際局勢不穩造成世界經濟復蘇過程中的不確定和不平衡，國際貨幣基金組織（IMF）數據顯示，2014年世界經濟增長3.3%，與2013年持平，低於金融危機前的水平。經濟增長分化加劇，發達經濟體增速為1.8%，新興經濟體和發展中國家增速為4.4%；發達經濟體中，美高而日、歐低；金磚國家中，中、印中高速增長，而巴、俄經濟滯漲。新興經濟體和發展中國家經濟增速放緩成為「新常態」，IMF數據顯示，新興經濟體和發展中國家2014年GDP增速比2013年減少0.3個百分點。發達經濟體呈現復蘇局面，增速較2013年上升0.4個百分點，尤以美、英最為突出。雖然全球經濟已出現復蘇跡象，但衝擊全球經濟的風險因素依然存在。全球債務持續上升，美國與歐日等國背道而馳的貨幣政策引起全球資產價格大幅度波動，國際市場大宗商品特別是原油價格大幅下跌，地緣政治風險等都會對世界經濟的復蘇產生威脅。

面對複雜多變的國際環境，中國努力抓住機遇，積極推進「一帶一路」的建設和亞洲基礎設施投資銀行的籌建，堅持穩中求進，繼續深化改革，經濟發展在新常態下呈現速度換擋、結構優化、動力轉換三大特點。2014年，中國實現國內生產總值636463億元，比上年增長7.4%，對世界經濟增長的貢獻率高達27.8%，仍為世界經濟增長的重要引擎。經濟結構繼續優化，三次產業比重由2013年的10.0:43.9:46.1調整為9.2:42.6:48.2。居民收入增長較快，全年全國居民人均可支配收入20167元，比上年增長10.1%。

在充分肯定2014年中國經濟取得成績的同時，更應該認識到當前經濟運行過程中尤其是在中國城市發展過程中存在一些突出問題和矛盾。2014年，中國城市發展較快，城鎮化率達到54.77%，比2013年提高1.04個百分點，但是城市發展過程中存在問題仍不容忽視：中國城市轉型困難重重，面臨「高端擠壓、低端蠶食」雙重壓力；大多數城市創業環境未得到根本改善,「大眾創業，萬眾創新」任重道遠;傳統城市建設模式弊端日現,過分強調城市建設而忽視城市管理;此外，環境惡化仍是中國城市目前最為突出的問題，根據中國城市競爭力研究會研究結果，2014 年許多中國城市綜合競爭力的環境資源區位競爭力指標得分相比 2013 年有較大幅度的下降;城市人口超載造成公共資源緊缺，教育、醫療等服務得不到滿足;城市的空間佈局和規模結構不合理；城市社區治理水平較低，行政管理強調管理大於服務等，都嚴重影響中國城市健康發展。

回首這一年，中國經濟發展的一個重大變化是進入新常態，經濟正在向形態更高級、分工更複雜、結構更合理的階段演化。而對於中國城市發展，2014 年 12 月中央經濟工作會議明確提出,「推進城鎮化健康發展是優化經濟發展空間格局的重要內容，要有歷史耐心，不要急於求成」。既要與《國家新型城鎮化規劃》精神相一致，又對中國城市發展提出新的要求——認識新常態，適應新常態，引領新常態，新常態下城市發展要有新思路：在充分遵循中國城鎮化客觀規律基礎上不斷提高城市的可持續發展能力；推進制度創新，實現各類資源要素的空間流動和優化配置；加快基礎設施建設，優化城市空間佈局；全面提高城市化質量，加快轉變城市發展方式等。這些都是 2014 年城市發展的重大舉措，構成了新常態下城市發展新思路。2014 年中國城市發展趨勢、狀態和結果都在《中國城市競爭力年鑒 2015》中有相應的體現。

經過一年時間的編寫,《中國城市競爭力年鑒 2015》終於和廣大讀者見面了。《中國城市競爭力年鑒 2015》是在 2014 年版本的基礎上，由中國城市競爭力研究會收集整理大量原始數據資料，不斷創新研究方法，經過精確分析測算之後編寫而成的研究中國城市的權威性工具書。《年鑒》記錄著中國各級城市在 2014 年的出色表現，展現出各級城市在 2014 年所取得的輝煌成就，為各級政府的城市規劃建設提供了詳實的數據和資料，是中國城市領導者們在城市規劃和建設過程中的重要參考資料。

值此《中國城市競爭力年鑒 2015》出版之際，我僅代表中國城市競爭力研究會向 2014 年中國城市發展和建設中做出突出貢獻的領導者和建設者們以及榮登排行榜榜單的城市表示祝賀！同時，也非常感謝在《中國城市競爭力年鑒 2015》編寫和發行過程中付出艱辛努力的所有同仁；也希望社會各界人士繼續為《中國城市競爭力年鑒》的編寫和出版提出寶貴的意見和建議，使我們再版時更上一層樓！

中國城市競爭力研究會會長　桂强芳 教授

2015 年 7 月　香港

《中國城市競爭力年鑒》

總編輯、總評價師

桂強芳　中國城市競爭力研究會會長、經濟學教授
薛鳳旋　中國城市競爭力研究會副會長、教授

編委會

陳文鴻　香港理工大學中國商業中心主任、博士
喬惠民　中國城市競爭力研究會秘書長、研究員
謝賢程　中國城市競爭力研究會副會長、博士
鄭偉民　中國城市競爭力研究會城市高級顧問、教授
楊　嘯　中國城市競爭力研究會副會長、研究員
桂和芳　中國城市競爭力研究會副會長、研究員
黃良會　中國城市競爭力研究會副會長、博士
何智榮　中國城市競爭力研究會副會長、教授
魏達志　中國城市競爭力研究會副會長、經濟學教授
何永志　中國城市競爭力研究會副會長、研究員
劉岩松　中國城市競爭力研究會副會長、研究員
王震康　中國城市競爭力研究會日本首席代表、研究員
李赤軍　中國城市競爭力研究會執行秘書長、研究員
許　文　中國城市競爭力研究會副秘書長、研究員
陳日清　中國城市競爭力研究會研究中心主任、博士
何加寶　中國城市競爭力研究會研究員、經濟學碩士
何高文　中國城市競爭力研究會研究員、經濟學碩士

主　編　桂和芳　喬惠民　陳日清
副主編　許　文　李赤軍

評價中心

主　　任　喬惠民
副 主 任　何加寶
助理主任　魏玉琪　陳海軍　王南歌　趙藝歡

研究中心

主　　任　陳日清
副 主 任　何加寶
助理主任　何高文　杜　懿　鄭世傑　劉　磊　劉永剛　趙榮帥

編輯部

主　　任　桂和芳

副 主 任　何高文

美術編輯　曾令龍　胡卓琳

客戶中心

客戶總監　謝　黎

客戶經理　劉曉娜　吳海燕

廣告部

廣告總監　謝　黎

廣告經理　李銳韶　劉曉娜

網路資料中心

主　　任　劉建文

副 主 任　徐海源

數　　據　甘文剛　嚴燕華

評估師中心

主　　任　張銘軒

副 主 任　王晨陽　刁潔雨　龔偉平

評 估 師　朱彩梅　謝榮激　謝曉明　吳　傑　姜洪濱　李繼紅　戴與惺

陳永紅　陳　莉　鐘衛東　袁長輝　劉紅麗　嚴東海　羅嘉偉

發行部

主　　任　劉建文

副 主 任　黃元平　劉金明

發 行 員　雷小飛

海外發行　香港天窗出版社

編撰單位　中國城市競爭力研究會

責任編輯　孫旭東

目　錄

■ 曹新平書記（右）接受 2015 中國最美麗城市牌匾

桂會長赴徐州考察調研

2015 年 8 月 19 日，我會會長桂强芳赴江蘇省徐州市考察調研并代表我會向該市授予「2015 中國最美麗城市」、「2015 中國十佳誠信政府」牌匾，徐州市市委書記曹新平親切會見桂會長，并接受牌匾。

曹新平書記向桂會長介紹了徐州市近年來的城市發展狀況，對研究會長期以來關注徐州的發展表示感謝，表示徐州在未來的城市經濟建設、城市環境優化等方面將更加努力，把徐州打造成爲中國最美麗、最具競爭力的城市之一。會見後，桂會長還實地考察了徐州市銅山城市規劃展示館、潘安湖濕地公園等。

■ 宣傳部部長馮其譜（右）代表徐州市政府接受 2015 中國十佳誠信政府牌匾

■ 張光峰書記（右）親切會見到訪的桂會長一行

桂會長赴濱州考察調研

2015 年 8 月 17-18 日，我會會長桂強芳赴山東省濱州市考察調研并代表我會向該市授予「2015 中國最幹净城市」牌匾，濱州市委書記張光峰、市長崔洪剛、副市長王瑜會見桂會長，副市長王瑜代表市政府接受牌匾。

會見期間，桂強芳會長向張光峰書記介紹了中國城市競爭力研究會近年來在城市競爭力研究領域所做的工作，并對濱州在新常態下發展取得的成就表示祝賀。

張光峰書記向桂會長介紹了濱州市近年來城市發展狀況，對中國城市競爭力研究會始終秉承客觀、公正的態度研究城市競爭力表示贊賞，并希望中國城市競爭力研究會在濱州未來城市的發展中提出更多寶貴意見和建議，推動濱州更好更快發展。

會談結束後，桂會長還參觀考察了濱州市規劃展覽館、濱州市秦黄河公園等地。

■ 王瑜副市長（右）代表濱州市政府接受「2015 中國最幹净城市」牌匾

■ 麥教猛市長（右四）與到訪的桂會長（左四）親切合影

桂會長赴惠州市考察訪問

2015 年 8 月 11 日，應惠州市人民政府邀請，中國城市競爭力研究會會長桂強芳先生率研究團隊赴惠州市考察訪問。惠州市人民政府市長麥教猛、市人大常委會常務副主任陳仕其、市委常委、宣傳部長黃雁行熱情接待了桂會長一行。

麥教猛市長向到訪的桂會長一行介紹了惠州市近年來在建設幸福城市、美麗城市、安全城市等方面所做的工作及惠州城市面貌所發生的變化。對研究會長期以來對惠州城市發展給予的關注和支持表示感謝，希望研究會對惠州今後的發展提出更多建設性意見，推動惠州更好發展。

桂強芳會長向麥教猛市長介紹了研究會近年來在城市競爭力領域所做的新的探索，并重點介紹了研究會對新常態下中國城市發展所面臨的新環境與新思路的研究，對惠州在幸福城市建設、安全城市建設等領域采取的新舉措與取得的新成就表示祝賀，希望研究會的工作能對惠州城市發展起到積極的推動作用。

雙方還就其它領域進行了深入交流和探討，桂會長最後盛情邀請麥教猛市長率隊出席中國城市競爭力研究會于 12 月 9 日在香港舉辦的「第五屆香港論壇暨讓城市更優秀頒獎禮」活動。

■ 喬新江市長(左)與桂會長合影

桂會長赴信陽考察調研

2015 年 5 月 11-13 日，我會會長桂強芳赴河南省信陽市考察調研，受到信陽市長喬新江親切會見。

喬新江市長向到訪的研究會一行介紹了信陽市城市規劃與建設、城市環境優化、社會民生改善等方面所做的工作，贊賞研究會一直以來秉承客觀、公正的原則從事城市競爭力研究工作，并希望研究會繼續關注信陽的城市發展，向外界宣傳、推廣信陽，不斷提升信陽市的城市知名度和美譽度。

桂會長介紹了研究會近年來的發展狀況，對信陽連續多年入選「中國十佳宜居城市」表示祝賀。他表示，通過對信陽多次實地考察，加深了對信陽的了解。作爲一家城市競争力國際專業研究機構，研究會願意與信陽市政府加强合作，爲進一步提升信陽的城市競爭力與知名度獻計獻策。

會見後，桂會長還實地考察了信陽清風茶山、文新茶莊園、兩河口國家濕地公園、郝堂村、信陽航空服務學校等。

■ 孫珅市長（右）接受「2015 中國十佳食品安全城市」牌匾

桂會長赴齊齊哈爾考察調研

2015 年 8 月 18 日，我會會長桂強芳赴黑龍江省齊齊哈爾市考察調研并代表我會向該市授予「2015 中國十佳食品安全城市」牌匾，齊齊哈爾市市長孫珅親切會見桂會長并接受牌匾。孫珅市長向桂會長介紹了齊齊哈爾市近年來城市發展狀況，稱入選「2015 中國十佳食品安全城市」是對齊齊哈爾食品安全工作的肯定，更是一種鞭策，齊齊哈爾市在未來經濟發展中將更加重視食品安全工作，不斷提升城市競爭力。會見後，桂會長還參觀考察了齊齊哈爾市中匯城項目、扎龍國家濕地公園、明月島等。

■ 孫珅市長（中）與到訪的桂會長（左四）親切合影

■ 李德强太平紳士（中）與到訪的研究會一行合影

研究會拜訪港府中央政策組

2015 年 8 月 6 日，中國城市競爭力研究會桂和芳副會長一行拜訪香港特別行政區中央政策組。

爲深入了解香港經濟發展現狀，客觀評價港府經濟運行情況，同時向港府智囊機構學習，共探香港未來發展方向，提升香港競爭力，桂和芳副會長率領研究會高層赴港府，拜訪港府中央政策組，受到港府太平紳士李德强顧問的熱情接待。雙方就香港競爭力提升等重要問題進行廣泛交流。交流會上，桂和芳副會長首先對研究會的成立背景、城市競爭力排行榜等情況向李德强顧問做了基本介紹。劉岩鬆副會長、薛鳳旋副會長、李赤軍秘書長分別就研究會所具備的優勢、《中國城市競爭力年鑒》、排行榜評價等相關情況做了相關介紹。

交流會上，李德强顧問表示：香港政府和中央政策組關注中國城市競爭力研究會已經很久，對研究會發布的研究成果十分關注和重視，特別是 2015 年 6 月在港發布的最新研究成果，在香港引起了廣泛關注。李顧問談到，今年發布的《新常態下香港競爭力基本評價》研究成果，對香港的分析比較客觀，相關建議也比較切合實際。李顧問表示，研究會未來對香港競爭力進行研究、評價，中央政策組將十分樂意爲研究會提供數據等方面的支持，并表示願意出席研究會 12 月 9 日舉辦的香港論壇。

■ 克拉瑪依市委常委、政法委書記杜勇（前排左二）一行到我會考察指導工作并合影

克拉瑪依市委常委、政法委書記杜勇到訪我會

2014 年 9 月 20 日上午，克拉瑪依市委常委、政法委書記杜勇一行到訪我會考察指導工作，我會副會長桂和芳、執行秘書長李赤軍等參加會見。

桂和芳副會長向到訪的杜勇書記一行介紹了中國城市競爭力研究會近年來在城市競爭力研究領域所做的工作及城市安全體系建設的若幹思路，指出安全建設在城市發展中的重要地位和作用，對克拉瑪依近年來在安全城市建設方面所做的努力和取得的成就表示祝賀。

杜勇書記表示，克拉瑪依在城市安全建設領域進行了新的嘗試，采取了新的舉措，對克拉瑪依市入選「2014 中國最安全城市」感到自豪。這不僅是對克拉瑪依安全城市工作的認可，更是一種鞭策，希望中國城市競爭力研究會在克拉瑪依的安全城市建設中繼續給予關注，并提出更多寶貴意見。

會後，桂和芳副會長代表中國城市競爭力研究會邀請杜書記及克拉瑪依市委市政府赴港參加由我會將于年底舉辦的第四屆香港論壇，杜勇書記愉快地接受了邀請。

■ 李敏副市長（左）代表惠州市政府接受 2014 中國最安全城市牌匾

惠州市政府代表團到訪我會并接受贈牌

2015 年 4 月 23 日，惠州市政府副市長、市公安局長李敏，市政府副秘書長黃育勛一行到訪我會香港總部，我會副會長桂和芳、執行秘書長李赤軍等參加會見。

桂和芳副會長對李敏副市長的到訪表示歡迎，并向李敏副市長介紹了中國城市競爭力研究會對中國城市安全建設現狀的研究和認識，對惠州市近年來在安全城市領域的探索和努力表示贊賞，稱惠州在安全城市建設工作卓有成效，中國城市競爭力研究會將一如既往地關注惠州安全城市建設。

李敏副市長介紹了惠州市近年來在安全城市建設方面所做的工作，對中國城市競爭力研究會長期以來關注惠州市的發展表示感謝，對惠州入選中國最安全城市感到欣慰，惠州將再接再厲，在中國安全城市建設領域走得更遠、做得更好，希望中國城市競爭力研究會對惠州的發展給予更多智力支持。

會後，我會副會長桂和芳代表研究會向惠州市政府贈送了「2014 中國最安全城市」牌匾，李敏副市長代表惠州市政府接受贈牌。

■ 滄源縣委書記李銀峰（左）接受 2014 中國文化競争力十强縣牌區

桂會長赴雲南省滄源縣考察調研

2015 年 5 月 1 日，我會會長桂强芳應邀赴雲南省滄源縣考察調研并贈牌。

下午，桂會長參加了滄源縣的傳統節日——「摸你黑狂歡節」，親身感受了滄源獨特的民俗文化。晚上，在文藝演出現場，桂會長發表了熱情洋溢的致辭，并向滄源縣贈送了「2014 中國文化競争力十强縣」牌匾，縣委書記李銀峰接牌，現場氣氛熱烈。

在滄源縣工作人員陪同下，桂會長一行參觀了滄源茶産業領軍企業 -- 碧麗源有機莊園，了解滄源茶産業的發展狀況。隨後，桂會長一行參觀了滄源翁丁原始部落，考察滄源獨具特色的原始部落文化。在參觀滄源新農村建設點時，縣委書記李銀峰親切會見，雙方就滄源城市競争力現狀、城市文化特色及城市未來發展規劃等進行了深入而廣泛的交流。

這次訪問加强了雙方之間的交流，加深了研究會對滄源縣獨具特色的民族文化的認識與了解。

■ 雙江縣縣長李祥生（左）接受「2014 中國綠色競爭力十强縣」牌匾

桂會長赴雲南省雙江縣考察調研

2015 年 4 月 15—16 日，我會會長桂强芳應邀赴雲南省雙江縣考察調研并贈牌。

4 月 15 日上午，桂會長參加了「雙江（拉祜族、佤族、布朗族、傣族）自治縣成立三十周年暨中國雙江第二屆勐庫（冰島）茶會」開幕式。開幕式上，桂會長向雙江縣政府贈送了「2014 中國綠色競爭力十强縣」牌匾，縣長李祥生代表雙江縣政府接牌，贈牌儀式隆重而熱烈。隨後，桂會長還饒有興致地觀看了富有民族特色的開幕式演出。下午，桂會長參觀了雙江縣新農村建設示範點——景亢村，考察了雙江縣新農村建設現狀；參觀了拉祜族文化廣場，考察了佤族、布朗族、傣族居民生活。

4 月 16 日上午，桂會長參加了雙江縣民族傳統節日——潑水節，親身體驗了雙江縣民族傳統特色文化。

這次訪問加深了研究會對雙江縣的研究與認識，爲研究會進一步研究中國縣域經濟競爭力打下良好基礎。

惠州

——中国幸福美麗城市

惠州，位於廣東省中南部東江之濱，珠江三角洲東北端，南臨南海大亞灣，毗鄰深圳、香港。惠州是東江流域政治、經濟、軍事、文化中心和商品集散地，素有「嶺南名郡」、「粵東門戶」、「半城山色半城湖」之譽，是全國文明城市，並連續六次獲評中國最具幸福感城市。

2014年是惠州市全面深化改革的第一年，也是推動跨越發展、儘快進入珠三角第二梯隊的關鍵一年。2014年，全市地區生產總值達3000.7億元，全省排名第五，增長10%，增幅高於全省2.2個百分點，居珠三角第2位。人均地區生產總值突破1萬美元，達6.37萬元，首次超過全省平均水平，三次產業結構調整為4.7：56.6：38.7，服務業增加值占GDP的比重比2013年提高1.7個百分點。全體居民人均可支配收入為22900元，增長10.2%，實現與經濟發展同步。

社會事業全面發展，民生質量全面提升。惠州堅持新增財力70%以上投入民生事業，科學、教育、醫療、衛生和體育等。惠州在全省率先進行100%縣級公立醫院改革試點，所有縣區困難群眾住院醫療救助實現「一站式」結算服務，被人民網評為「全國首批民生改善典範市」。

惠州是歷史文化名城，得西湖、東江之靈氣而鐘靈毓秀，從唐到清末1000多年間，有430多位中國名人客寓或履臨惠州，留下了96處遺址和2100多件文物，形成了惠州客家山歌、龍門農民畫、小金口麒麟舞、惠東漁歌等一批獨具特色的文化品牌。

惠州生態環境優越，惠州市高度重視生態文明建設，實現了經濟發展與生態保護雙贏。2014年，城市飲用水源水質達標率100％，成功創建國家森林城市，森林覆蓋率達到61.6%，構成了一幅「城裡聞鷓鴣、湖中飛白鷺、城在山水中、家在花園裡」的美麗畫卷。惠州城市人均公園綠地面積達17.2平方米，獲批全國第二批水生態文明城市建設試點。惠州全年空氣質量位居全國74個重點城市前10名，兩次榮獲「中國人居環境範例獎」。

惠州旅遊資源豐富，集山、江、湖、海、泉、瀑、林、澗、島為一體，有「苧蘿西子」美譽的惠州西湖，美景秀麗；有「嶺南第一山」之稱的羅浮山是道教勝地；南昆山被譽為「北回歸線上的綠洲」空氣清新，氣候宜人；全國唯一的海龜自然保護區惠東縣海岸；天然的海濱度假村等。

信陽
——中國十佳宜居城市

信陽，古稱義陽、申州，位於河南省最南部，是豫南的政治、經濟、文化、教育、交通、科技、軍事中心，鄂豫皖區域性中心城市。信陽是中國著名的宜居之城、旅遊之城，也是全國唯一一個連續七年入選「中國十佳宜居城市」的城市。

信陽是交通要城，它東連安徽，西、南接湖北，為三省通衢，從古至今都是江淮戰略要地和南北交通樞紐，是全國44個交通樞紐城市之一，是中國連接南北，承東啟西最重要的支點城市。

信陽也是文化名城和歷史古城，它位於淮河上游，中原文化與古楚文化在此交融共生，形成了細膩浪漫的豫風楚韻文化風情。自古以來信陽人傑地靈，英雄豪傑輩出，孕育過戰國四公子之一的春申君、楚國名相孫叔敖、北宋宰相司馬光、明代文豪何景明、上將許世友、政協主席鄧穎超等著名歷史人物。信陽根親文化繁榮，漢姓100大姓中，黃、賴、羅、蔣、白、陳、潘、廖、孫、江、謝13個姓氏都源於此。

信陽更是綠色茶城，素有「茶都」之稱，信陽毛尖舉世聞名，北宋文豪蘇軾謫居信陽時，給予「淮南茶，信陽第一，品不在浙閩下」的盛讚。先後獲「巴拿馬萬國博覽會金質獎」、「全國十大名茶」、「國家金質獎」、「中國茶文化名茶」等美譽，成為河南省茶葉生產上的瑰寶。

信陽還是革命紅城，信陽是土地革命時期僅次於中央蘇區的第二大革命根據地，是鄂豫皖蘇區首府所在地，是紅軍的搖籃，將軍的故鄉。信陽共有30多萬優秀兒女為革命獻出了寶貴的生命，80多位優秀的信陽兒女成長為高級將領和國家領導人。

信陽也是旅遊勝地，信陽自然生態環境良好，氣候宜人，雨量豐沛，植被茂密，山清水秀，素有「北國江南，江南北國」之美譽，是中國最顯著的南北分界線的標誌地。這裡有多處融山水風光與人文景觀為一體的旅遊勝地，有與北戴河、廬山、莫干山齊名的中國四大避暑勝地、素有「雲中公園」之稱的雞公山，有水面比西湖大70多倍的省級風景名勝區「豫南明珠」水上樂園南灣湖，有全國獨一無二僧尼同寺的千年古剎靈山寺，有天然溫泉療養勝地湯泉池，佛教天臺宗的發祥地淨居寺等。

克拉瑪依
——中國最安全城市

克拉瑪依是新疆維吾爾自治區下轄地級市，是國家重要的石油石化基地、新疆重點建設的新型工業化城市，地處準噶爾盆地西北緣，歐亞大陸的中心區域——泛中亞地區的中心區，是世界石油石化產業的聚集區，中國最安全城市之一。

2014 年克拉瑪依市在安全建設工作上取得可喜成就：多管齊下保障城市安全。7 月，政法委組織派出所網格力量，在銀河路街道苑泉社區開展了網格化應急處突演練，檢測三網聯動處置體系是否健全高效，網格化指揮體系是否通暢。9 月，社會管理綜合治理工作培訓班在新疆石油學院開班。12 月，開展了「全國交通安全日」主題宣傳活動，利用街頭發傳單、講座進社區、舉辦主題徵文攝影大賽等形式，將安全文明出行的宗旨傳遞給市民。繼續開展「藍天工程」，保障城市整潔。市行政執法局協調克拉瑪依區政府持續對新區周邊路段進行清掃和灑水降塵，要求施工工地加強降塵措施，保障城市整潔有序。緊盯食品安全不放鬆，市內無重大農產品品質安全事故。通過開展「放心蔬菜」專項行動等措施，累計完成蔬菜檢測樣品 1.8 萬個，總體檢測合格率達 99%。在自治區農業廳組織的 2014 年上半年農產品風險監測中，全市蔬菜合格率為 98.28%，位於全新疆前列。繼續推進「最安全城市」建設。2014 年，市公安局明確任務，分解責任，把握核心，採取多項措施著力推進「一個龍頭」、「兩個支撐」、「六張網」建設，全面加強綜合指揮調度平臺應用，加強應急處突專業力量建設，著力完善打、防、管、控綜合防控體系，創新社會防控舉措，深化專項整治行動，高度保持防範戒備，扎實開展嚴打行動、禁毒鬥爭、護校安園行動等，圓滿完成了第四屆自治區青少年科技節、「十三運」、殘運會、航空節等 30 余項大型活動安保任務，成功破獲了「2•8」、「5•26」專案、「5•20」特大碎屍案等一批有影響的大要案，出臺了一系列便民利民服務措施，整治消除了一批社會治安隱患，反恐維穩、打擊犯罪和社會治安防控能力顯著提升，人民群眾安全感和滿意度不斷增強。

徐州
——中國十佳誠信政府

徐州古稱「彭城」，地處江蘇省西北部、華北平原的東南部，蘇、魯、豫、皖四省接壤地區，長江三角洲北翼，京杭大運河從中穿過，隴海、京滬兩大鐵路幹線在徐州交匯，素有「五省通衢」之稱。徐州有超過6000年的文明史和2600年的建城史，是著名的千年帝都，有「九朝帝王徐州籍」之說。徐州是兩漢文化的發源地，有「彭祖故國、劉邦故里、項羽故都」之稱，因其擁有大量文化遺產、名勝古跡和深厚的歷史底蘊，也被稱作「東方雅典」。

經濟保持穩定增長，人們生活水平逐步提高。2014年全市完成地區生產總值4963.91億元，比上年增長10.5%，三次產業結構調整為9.5:46.1:44.3。全市全體居民人均可支配收入18744元，同比增長10.0%。

生態居住環境持續改善，徐州市大力實施「天更藍」、「水更清」、「地更綠」、「路更暢」、「城更靚」五大行動計畫，截至2013年底，全市森林覆蓋率達31.9%，居全省第一，市區建成區綠化覆蓋率達42.6%，是國家森林城市和國家環保模範城市。徐州旅遊資源豐富，有國家4A級旅遊區雲龍湖風景名勝區、徐州賈汪旅遊風景區和淮海戰役烈士紀念塔景區等。

文化底蘊深厚，歷史勝跡浩繁。徐州是兩漢文化的集萃之地，故人稱「秦唐看西安、明清看北京、兩漢看徐州」。徐州的漢墓、漢兵馬俑、漢畫像石稱為「漢代三絕」，除此之外，還有獅子山楚王墓、龜山漢墓出土的大量兩漢文物等

平安和諧徐州建設扎實推進。2014年，全市共有律師事務所108家，專職律師1333人；各類矛盾糾紛調解成功率99.4%；億元GDP生產安全事故死亡人數為0.08人，比上年下降10.2%。徐州市通過政府主導、社會參與、共建共享等方式，不斷推進社區綜合服務中心建設步伐。目前，全市333家社區綜合服務中心建築面積在400平方米以上，和諧社區達成率達93.8%。徐州政府政務公開深入推進，行政權力網上公開透明運行工作成效顯著，實施百姓辦事「零障礙」工程，縣級以上行政機關所有行政審批事項、網上行政監察全覆蓋，政府工作的公信力進一步提升，切實提升政府的辦事效率，提升人民群眾的幸福感、滿意度。

積極構建「誠信徐州」。2014年徐州市制定和通過《徐州市社會信用體系建設2014—2016年行動計畫》，預計到2016年底基本建成法規健全、資訊完備、監管有力、服務完善的社會信用體系和運行機制，打造「誠信徐州」。

六盤水

——中國（西部）最具競爭力城市

六盤水，市名由最初下轄的六枝、盤縣和水城三個特區的頭一個字組成，是「三線建設」誕生的一座年輕工業城市，具備構建城市競爭力的獨特優勢。

境內資源豐富。六盤水含煤總面積約4000平方公里，主要分佈於六枝、盤縣、水城三大煤田，已探明儲量為180.1億噸，占貴州省探明儲量的30%以上。煤種齊全，尤其是煉焦煤是貴州最集中的分佈區，煉焦煤探明儲量104.12億噸，占貴州省總量的85%。故六盤水市有「江南煤都」之稱，是國家重點規劃建設的十三大煤炭基地之一。

區位優勢明顯。六盤水是全國45個鐵路交通樞紐之一，地處川、滇、黔、桂四省結合部，是長江上游和珠江上游的分水嶺，與昆明、成都、重慶、貴陽、南寧五個省會城市的距離均在300—500公里之間，有「五省立交」之稱，是貴州省區位優勢最為明顯的地級城市。隨著鐵路「三線一站」投入營運，內昆線、六紅線、南昆線鐵路南北連接，基本形成了北上四川入江，南下廣西入海，東出湖南到華東，西進雲南進入東南亞的大「十」字交通樞紐。優越的交通區位將有效發揮六盤水的資源與能源優勢，有力推動各類生產要素大流通、大融合，促使其在更寬領域、更高層次擴大對內對外開放。

「中國涼都」優勢。六盤水境內最高海拔2900.6米，最低海拔586米，屬典型的喀斯特地貌。立體氣候明顯，冬無嚴寒、夏無酷暑，夏季平均氣溫19.8℃，是消夏避暑的勝地，全年涼爽舒適級和舒適級以上的時間為223天以上，涼爽、舒適、滋潤、清新、紫外線輻射適中兼備，是著名的「中國涼都」和中國避暑旅遊城市。

安順
——中國最美麗城市

安順的名字透著吉祥、平安、順意，國泰民安，風調雨順，它位於貴州省中西部，距省會貴陽 90 公里，素有「中國瀑鄉」、「屯堡文化之鄉」、「蠟染之鄉」、「西部之秀」的美譽，是全國唯一的「深化改革，促進多種經濟成分共生繁榮，加快發展」改革試驗區，民用航空產業國家高技術產業基地，貴州歷史文化名城，是「貴州加快發展的經濟特區」，以「奇山異水美」入選 2015 年中國最美麗城市。

安順是一個充滿詩意的地方，城和山融合在一起，城在山中，山在城裡；城和水親密無間，水繞著城，城點綴著水，水使這座城市柔軟得讓人心醉。安順屬典型的高原型濕潤亞熱帶季風氣候，冬無嚴寒，夏無酷暑，氣候宜人，年平均氣溫為 14-16℃，夏季最高月平均氣溫 21. 9℃，冬季月平均氣溫 4℃，四季適宜旅遊，是夏季避暑勝地，也是一個可以讓你養眼、養肺、養心、養身的休閒之城。

安順是中國優秀旅遊城市，全國甲類旅遊開放城市，世界喀斯特風光旅遊優選地區，全國六大黃金旅遊熱線之一和貴州西部旅遊中心，擁有豐富的旅遊資源，風景區面積占幅員面積的 12% 以上。這裡有聞名遐邇的黃果樹大瀑布，由 18 個雄、奇、險、秀風格各異的瀑布組成的瀑布「家族」，是世界上最大的瀑布群；有「中國惟美水溶洞」之稱的龍宮，大自然的鬼斧神工把長達 15 公里的水旱溶洞雕刻得如同神話中的龍王宮殿；有全長 6000 米的夜郎洞，洞內有石花、石筍、石柱，還有天然形成的萬里長城、中國地形圖等；除此之外，還有埋藏在關嶺古生物國家地質公園兩億五千萬年前的古生物化石，隨處可見由石瓦、石牆、石門窗構成的石頭村落，古樸的布依族、苗族、仡佬族等文化習俗和風情……。安順歷史悠久、文化豐厚，是古牂牁國和夜郎國的政治中心，有被譽為「中國戲劇活化石」的屯堡地戲，「東方第一染」的蠟染，在這裡形成了獨具特色的黔中文化。

安順發展潛力巨大、產業基礎良好，是國家「三線」建設的重點地方之一，擁有豐富的能源資源，境內煤炭資源蘊藏豐富，水能資源豐富，是國家重要的能源基地、貴州省「西電東送」工程的主要供電點。貴州航空工業集團的主要生產企業集中在安順，擁有較強的裝備製造生產能力。

未來幾年，安順積極推進工業化、城鎮化、農業現代化、旅遊產業化「四化」同步發展，努力建設實力安順、宜居安順、開放安順、平安安順，美麗安順。

林芝
——中國十佳開發潛力城市

林芝古稱工布，藏語中「林芝」意為「娘氏家庭的寶座或太陽的寶座」，距拉薩約410公里。林芝是藏東南的一顆明珠，以絕佳的傲然姿態坐落於尼洋河岸，歷來是遊客們心中的旅遊勝地，是不少「淘金者」心目中的價值窪地。自2006年青藏鐵路全線貫通以來，西藏迎來發展黃金期，林芝也一樣，迎來黃金發展機遇。如今，林芝市已然成為全中國最年輕的地級市，其發展潛力和發展機遇不言而喻。

城市功能建設定位明確，發展潛力巨大。以建設世界旅遊目的地為目標，構建「高原森林生態旅遊城市」，提升林芝市城市的影響力和競爭力，確保林芝實現跨越式發展、社會長治久安、城鄉居民生活水準提高、生態資源保護利用。

職能聚集，城市吸引力不斷增強。林芝市地處青藏高原低海拔地區，自然生態環境獨特，在挖掘城市特色和提出城市發展方向的城市定位研究中，依據林芝特有的地理、自然、區位等優勢，提出發展以雪域高原森林生態旅遊、特色民族文化體驗旅遊、青藏高原商務會議和休閒度假療養旅遊為發展方向的旅遊目的地城市建設目標，充分發揮林芝特有的環境和生態優勢。就城市本身而言，林芝現在的發展，特別是旅遊產業的發展還處在比較初級的階段，伴隨著旅遊新功能的注入、旅遊產品的開發、旅遊服務的品質提升、旅遊發展和市民生活矛盾的深入解決、城市功能的佈局完善，未來，林芝必將迸發出無限的發展潛能。

鄂爾多斯
——中國最安全城市

「鄂爾多斯」為蒙古語，意為「眾多的宮殿」，是一個以蒙古族為主體、漢族占多數的地級建制的行政專區，位於內蒙古自治區西南部，是改革開放30多年來的18個典型地區之一，也是內蒙古的經濟新興城市，呼包鄂城市群的中心城市，被自治區政府定位為省域副中心城市之一。鄂爾多斯是全國文明城市，中國優秀旅遊城市，全國最具創新力城市，全國生態園林城市，全國首批資源綜合利用「雙百工程」示範基地，並多次入選中國最安全城市。

良好的生態環境，2014年鄂爾多斯市單位GDP能耗同比下降4.6%，能耗降幅創「十二五」以來最好成績。城市環境空氣質量全年好於國家二級標準優良天數288天，全市城鎮集中式飲用水源地的水質達標率100%，汙水處理率達94.1%，生活垃圾無害化處理率為94.4%。

豐富的資源，鄂爾多斯年產羊毛9000噸，羊絨1700噸，是中國絨城，世界羊絨產業中心；鄂爾多斯是全國地級市中煤炭資源最豐富的區域，其煤炭探明儲量1922億噸，約占全國的1/6；擁有中國最大的世界級陸上整裝氣田—蘇裡格氣田，探明天然氣儲量8017.03億立方米，是西氣東輸工程的重要樞紐。除此之外，鄂爾多斯還擁有豐富的石油、高嶺土、風力、太陽能等資源。

悠久的歷史，鄂爾多斯是人類文明的發祥地之一，薩拉烏蘇文化、青銅文化源遠流長，早在7萬年前，「河套人」就在這裡繁衍生息。鄂爾多斯文化藝術璀璨，是世界蒙古族傳統禮儀保存最為完整的地區，其中「鄂爾多斯婚禮」和「成吉思汗祭祀」以其獨特的魅力載入國家級非物質文化遺產名錄。

按照自治區「8337」發展思路，鄂爾多斯市積極推進「五大基地」建設，全力打造清潔能源輸出基地、現代煤化工生產示範基地、鋁產業基地和裝備製造基地、綠色農畜產品生產加工輸出基地和旅遊觀光、休閒度假基地。努力建設更具實力，更加美麗、更富活力，更為幸福的鄂爾多斯。

近年來，鄂爾多斯始終把安全建設作為最大的民生工程抓緊抓實，嚴厲打擊犯罪，強力推進360秒接處警、網路安全、防控體系建設等九大工程。截至2014年中期，全市共安裝視頻探頭113330個，報警器1.8萬套，整合聯入各旗區公安機關視頻探頭27741路，聯入市公安局13501路，建設數量、聯網數量居全自治區之首。鄂爾多斯緊跟時代腳步，加強和創新社會管理，構建「網格化管理、資訊化支撐、全程化服務、法治化保障」的社會管理新體系，鑄造「平安」金字招牌。

龍崗區

——中國十佳法治化建設城區

龍崗區位於深圳市東北部，是深圳市面積最大的市轄區，是深圳通往福建、惠州、汕頭等地的必經之路。作為一個區級政府，近年來龍崗在加快推進法治化進程方面的努力與勇氣令人振奮。區委提出建設「六區一城」工作目標，將建設「法治之區」作為建設現代化、國際化先進城區的重要抓手，全面推進一流法治城區建設，並取得良好成效，榮獲「全國'六五'普法中期先進區」的榮譽。如今的龍崗區，在加快一流法治城區建設步伐的基礎上，正以自身獨具特色的創新實踐，成為當下法治政府建設的鮮活樣本。

以信訪調解司法確認為抓手有力破解基層治理難題。作為廣東省按法治框架解決基層矛盾試點區，2014年以來，龍崗區各級領導幹部以依法化解和處理基層社會矛盾的能力和水平提升、信訪案件司法確認等工作為抓手，發動全區探索出一條符合龍崗實際、群眾能夠接受、便民高效的依法化解基層社會矛盾的路子。資料顯示，自「信訪調解司法確認制度」實施以來，試點街道橫崗街道共辦結269宗信訪案件，實現「案結事了，息訴罷訪」。國家信訪局副局長范小毛、廣東省委副秘書長、省信訪局局長林耀明在考察完該項措施後，先後在廣東省信訪工作會議上要求推廣信訪調解司法確認制。

以點帶面點面結合 全面加速一流法治城區建設步伐。目前龍崗全區已有326家機關事業單位完成了法治龍崗創建的目標任務，全區國有、民營企業均已納入法治創建工作範疇，形成了「黨政統攬、部門聯動、社區主動、社會齊動」的全區法治城區創建工作格局。

在一系列措施的共同作用下，龍崗依法治區和法治城區建設取得了階段性的成效。調查顯示，龍崗全區市民群眾法律普及率達95%，市民群眾學法、知法、用法的參與率為96%，87%的市民群眾對區政府部門依法行政滿意，93%的市民對區政府為解決群眾關心的熱點、難點問題所作的努力滿意，91%的市民對龍崗區治安狀況感到滿意。

固安縣
——中國綜合競爭力百強縣

固安隸屬河北省，地處北京、天津、保定三市中心，與北京大興區僅永定河相隔，距北京天安門僅50公里，是距北京市區最近的縣城，古有「天子腳下」之稱，今有「京南明珠」美譽；有「中國溫泉之鄉」、「中國花木之鄉」、「中國釣具之鄉」、「中國民間文化藝術之鄉」、「中國礦泉水之鄉」等稱號。

2014年，中國城市競爭力研究會公佈「2014中國縣域成長競爭力排行榜」，固安縣躋身于50強，位居第42位，是河北唯一入圍50強的縣（市）。2014年固安縣實現生產總值115億元，固安能取得了如此成績得益于「華夏幸福產城融合模式」，借助固安工業區創新運作模式促使縣域經濟發展。

固安工業區位于天安門正南50公里，總體規劃面積60平方公里，建區以來按照「產業園區化、技術高端化、生產低碳化、服務公共化」的思路，突出「高端發展、綠色崛起」工作理念，著力抓龍頭、上專案、聚產業、優服務，開創了「政府主導、企業運作」固安模式，實現了由「築巢引鳳」到「騰籠換鳥」的巨變。由華夏幸福基業股份有限公司出資成立三浦威特園區建設發展有限公司，作為投資開發主體，政企合作，優勢互補，最終實現1+1>2。

從2002年啟動開發建設至今，固安工業園區依靠獨特區位優勢，走出一條「政府主導、企業運作」固安創新模式道路，融入首都經濟圈，積極承接首都產業外溢與轉移，成為固安縣域經濟發展的強大支柱和巨大引擎，更成為河北環首都新興產業園區中的領軍者，開辟出了縣域經濟跨越發展的嶄新局面。

固安堅持「產城同建、以城促產、以產興城」和「以城帶鄉、城鄉統籌、共同繁榮」的產城融合之路，大力實施「小縣大縣城」戰略，通過工業化和城市建設的雙核驅動，為推進全縣提速農業現代化、信息化進程提供了堅實基礎。特別是城市建設的快速進步，為現代農業發展提供了更為廣闊的發展空間，城市建設和農業現代化統籌協調發展的局面進一步形成，全力打造「產業高端、空間生態、人文薈萃、近悅遠來」現代田園城市。

在固安，生態農業、旅遊農業、觀光農業、體驗農業等都市農業迅速成長壯大，全縣湧現出大批重點農業龍頭企業和農民合作組織，新民居建設快速推進，打造出一批展現地方特色、風格凸顯、功能先進的優質小鎮和社會主義新農村示範區。

■（右起）梅州市政府副秘書長曾海新、肇慶市副市長陳宣群、中國城市競爭力研究會副會長薛鳳旋，徐州市委常委、宣傳部部長馮其譜，深圳市龍崗區區委書記楊洪、中央人民政府駐港聯絡辦經濟部副部長楊益、中國城市競爭力研究會會長桂強芳、惠州市長麥教猛、香港中國企業協會總裁馮洪章，信陽市委常委、宣傳部長、副市長楊慧中，臺灣競爭力論壇執行長謝明輝、齊齊哈爾市委常委、副市長馬占江、中國城市競爭力研究會副會長黃良會

第四屆香港論壇圓滿落幕

中國城市競爭力研究會與多市（區）簽訂全面戰略合作框架協議

2014年12月18日，第四屆香港論壇暨第十三屆中國城市競爭力排行榜新聞發佈會在香港會展中心成功舉行。

在發佈會上，中國城市競爭力研究會公佈了2014年中國城市綜合競爭力排行榜等榜單，會長桂強芳、副會長薛鳳旋、魏達志等，就各榜單中城市排名問題，回答了海內外媒體記者提問。如針對綜合競爭力香港屈居第二的疑問，桂強芳回答說，由於香港已是成熟經濟體，近幾年經濟增速較緩，徘徊在2%至5%之間，而上海今年上半年的經濟增速超過8%；再者，上海經濟增長有來自於本地政策支持及國家戰略規劃的優勢。他直言，香港未來在城市競爭力排行榜上的排名肯定會再度下滑，因現時榜單排名三、四位的北京和深圳已與香港的分數相距不遠，但內地經濟增長依然保持較快態勢，香港未來會被不斷超越。

在論壇開始之際，桂强芳會長作了題爲《城市在競爭中創造卓越》的致辭。桂强芳首先代表中國城市競爭力研究會感謝大家前來參會。他說，此次是研究會連續第十三次在香港發佈中國城市競爭力排行榜。作爲立足於香港國際平臺的一支非官方研究隊伍，中國城市競爭力研究會從成立那一天起，就努力向國際上最優秀的競爭力研究機構看齊，恪守「科學、理性、公允」的學術精神，研究評價中國和全球城市競爭力，對大陸、港澳臺在内的中國城市競爭力及其各項發展資源、發展稟賦、發展理論、發展定位、發展戰略、發展經濟及發展優勢進行綜合研究與分類評價。

桂强芳認爲，中國城市的發展，已經隨經濟大勢一起進入了「新常態」階段，應繼續堅持「穩中求進」的總基調，在促改革、穩增長和防風險之間求平衡。今後，中國城市競爭力研究會將認真研究中國城市在「新常態」背景下的競爭發展問題，推動中國城市在競爭中健康發展。

中聯辦經濟部副部長楊益亦作主旨發言。楊益表示，中國城市競爭力研究會成立十多年來，致力於城市競爭與發

■ 中國城市競爭力研究會會長桂強芳（左）與惠州市市長麥教猛（右）簽署全面戰略合作框架協議

■ 中國城市競爭力研究會會長桂強芳（左）與深圳市龍崗區區委書記楊洪（右）簽署全面戰略合作框架協議

■ 中國城市競爭力研究會會長桂強芳（左）與徐州市委常委、宣傳部長馮其譜（右）簽署全面戰略合作框架協議

■ 中國城市競爭力研究會會長桂強芳（左）與信陽市委常委、宣傳部長、副市長楊慧中（右）簽署全面戰略合作框架協議

展研究，爲許多城市在提升競爭力、規劃發展戰略、打造城市形象與品牌等方面，提供了重要的智力支持，對中國城市的進步與發展產生了積極影響。

楊益認爲，當前世界經濟尚未完全走出國際金融危機的影響，主要經濟體復蘇緩慢，各國新的經濟發展架構的重建工作仍在進行之中，發展的前景充滿了可塑性。國家出臺的《關於全面深化改革若乾重大問題的決定》，勾勒出了今後較長一段時期內，國家深化改革的方向。在當前國內外形勢面臨衆多不確定性和無限可能的背景下，每個城市如何抓住這一輪的發展機遇，如何定位城市的發展戰略，顯得尤爲重要。本次論壇的舉辦，將有助於深入討論兩岸四地城市發展的機遇與挑戰，更好地探討如何分工協作、優勢互補，實現互利共贏、共同發展。

其後，惠州市市長麥教猛，深圳市龍崗區區委書記楊洪，徐州市委常委、宣傳部長馮其譜，臺灣競爭力論壇學會執行長謝明輝，信陽市委常委、宣傳部長、副市長楊慧中，前香港大學地理系主任、教授薛鳳旋，齊齊哈爾市委常委、常務副市長馬佔江，肇慶市副市長陳宣群，深圳大學產業經濟研究中心主任魏達志等城市政要和專家學者，先後發表了主題演講。在互動環節，聽衆踴躍提問，與演講嘉賓就多個議題進行了深入切磋交流，現場氣氛熱烈活躍。

論壇舉辦期間，中國城市競爭力研究會分別與惠州市、徐州市、信陽市、深圳市龍崗區簽訂了全面戰略合作框架協議，確定簽署雙方將按照「優質高效、優勢互補、共謀發展、互惠互利、合作共赢」的原則，建立長期穩定的合作關係。

多城市政要雲集香港論壇　聚焦兩岸四地經濟

——第四屆香港論壇「世界經濟大重組背景下兩岸四地經濟前瞻」

2014年12月18日，由中國城市競爭力研究會主辦，以「世界經濟大重組背景下兩岸四地經濟前瞻」爲主題的第四屆香港論壇在香港會展中心舉行。此次論壇旨在探索世界經濟大重組、APEC會議背景下兩岸四地城市經濟走勢，以及經濟、文化、社會、政治、生態等領域的改革，尋求共創共贏、共同發展、順利「轉型」的新路徑。

惠州市委副書記、市長麥教猛，深圳市龍崗區委書記楊洪，齊齊哈爾市委常委、常務副市長馬佔江，徐州市委常委、宣傳部長馮其譜，信陽市委常委、宣傳部部長、副市長楊慧中，肇慶市政府副市長陳宣群等城市政要出席本次論壇並發表精彩主題演講。此外，還有資深城市研究專家、兩岸四地商界精英、國內外新聞媒體出席活動。

麥教猛　惠州市委副書記、市長

當下，生態環保問題已成爲全社會共同關注的熱點，加强生態文明建設也已成爲廣泛的共識。一直以來，惠州高度重視生態文明建設，始終堅持生態優先原則，統籌兼顧經濟發展和生態保護，確保了惠州在現代工業發展進程中始終保持天藍水清、環境優美、空氣清新，實現了經濟發展與生態保護「雙贏」。

「惠民」和「生態」是惠州的兩大特色，也是惠州吸引更多的人流、物流和資金流的優勢所在。惠州在保持經濟較快增長的同時，依然保持良好的生態環境，主要從以下方面開展工作：即，加强生態文明建設既是義務責任，更是歷史擔當。發展是硬道理，硬發展没道理，絕不以犧牲環境爲代價去换取GDP的增長；加强生態文明建設既要捨得「下重本」，又要敢於「下狠手」。堅持環保門檻不降低，環評把關不放鬆，嚴把環保準入關，做到「三個一律不批」；加强生態文明建設既需助力發展，也需普惠民生，確保廣大市民喝上乾淨的水，呼吸清新的空氣，吃上放心的食物，不斷提升市民的舒適感、安全感和幸福感。

楊洪　深圳市委常委、龍崗區委書記

近年來，龍崗區搶抓發展機遇，大力實施「高端引領、創新驅動」戰略，加快打造法治、生態、文化、教育、健康、體育之區和活力休閒之城「六區一城」，不斷擦亮「生態龍崗、科教高地、創業新城、樂活之區」的城區名片。

龍崗從四個方面打造低碳樂活宜居城區。「高端引領」：以「存量優化、增量優質」爲原則，加快集聚高等院校、高端企業、高級人才等高端資源，以高端化引領城市轉型發展、跨越發展；「創新驅動」：以硅谷、中關村等創新高地爲標杆，在打造國際大學園的基礎上，加强政商産學研資合作，大力營造綜合創新生態環境，向創新要動力、要紅利；「低碳先行」：在國家有關部委和省、市的大力支持下，龍崗區在坪地街道打造的國際低碳城上升爲國家戰略，以低碳城建設爲契機，發佈了《龍崗區低碳發展策略研究（2013–2020）》，大力發展低碳産業集群，積極推廣低碳生活方式，打造低碳發展先行區；「樂活宜居」：以打造「六區一城」爲抓手，充分挖掘和利用優勢資源，培育特色品牌，對外彰顯城區魅力，提升城區美譽度和知名度；對内升華城區内涵價值，營造宜居宜業環境。

馬佔江 齊齊哈爾市委常委、常務副市長

近些年來，齊齊哈爾市以提供綠色、安全、健康食品爲宗旨，鞏固發展「三大優勢」，即：生態與資源優勢、社會環境基礎優勢、監管體制機制優勢，有力推動了綠色食品產業發展，有效提升了食品安全工作監管水平。

齊齊哈爾作爲國家重要的商品糧基地、畜牧業基地，具有獨天得厚的優勢。一是生態與資源優勢。位於大小興安嶺南麓，背靠呼倫貝爾大草原，地處世界三大黑土帶之一的鬆嫩平原腹地，土質肥沃，水草豐富，全市綠色（有機）食品標誌認證數量300個，無公害農產品認證數量640個，有11個產品獲得了國家農產品地理標識認證，有9個縣（市）區獲得17個「中國特產之鄉」稱號。二是社會環境基礎優勢。已連續成功舉辦了十四屆綠博會，其規模、檔次和影響越來越大，曾被評爲全國50强展會之一，有較高的社會感知度、認可度和群衆參與度、滿意度。三是監管體制機制優勢，多年來，齊齊哈爾市堅持監管與服務並舉、處罰與整改並進、執法與指導並行，探索建立了覆蓋綠色食品生產、加工和流通全過程的管控體系。

馮其譜 徐州市委常委、宣傳部長

徐州把生態建設擺上突出位置，精心組織「天更藍、水更清、地更綠、路更暢、城更靚」五大行動計劃，以生態轉型帶動產業轉型、城市轉型、社會轉型，成功創建國家環保模範城市、國家森林城市和全國綠化造林先進市，城鄉環境實現了由「灰」向「綠」的歷史性轉變，呈現出「一城青山半城湖」美麗景象，形成了「城在林中、路在綠中、房在園中、人在景中」的城市風貌。

爲求富求變求綠，改變煤城灰色形象，徐州做了大量工作：大規模實施生態修復，資源型城市生態轉型成爲典範。堅持「宜農則農、宜林則林、宜水則水、宜建則建」，堅持礦山治理、生態修復、土地利用、景觀打造「四位一體」；高標準建設精品園林，實施顯山露水工程、敞園改造工程、還綠於民工程，楚韻漢風、南秀北雄的城市特質更加凸顯；大力度推進「進軍荒山」行動，石頭縫裏種出綠色森林城市；開展「鐵腕治污」，在全省率先實行節能減排風險抵押金制度，成爲全國首批「水生態文明建設試點市」；積極開展生態立法，先後頒佈實施了多部地方性生態法規，對擅自佔用重點綠地實行「零容忍」，以法制「紅線」嚴守生態「綠線」。

楊慧中　原信陽市委常委、宣傳部部長、副市長

多年來，信陽堅持把生態宜居作爲核心價值來追求，把生態優勢作爲後發優勢來培育，把生態保護作爲長效工程來實施，借生態之勢，造宜居之城，彰顯城市的核心競爭力和可持續發展力。

生態是宜居城市的核心競爭力，信陽從以下方面着手：一是堅持生態優先，山水麗城。在生態建養過程中，結合舊城改造，辟地增綠；結合生態項目，以「水」引綠；結合道路建設，以「路」帶綠；結合庭院美化，以「房」促綠。二是發展生態經濟，產業興城。在產業規劃和佈局中，制定出臺了信陽市產業發展和區域開發環境保護負面清單，實行區域開發限制性規定、產業佈局約束性規定、環境容量和污染物排放控制性要求，爲產業發展和區域開展劃定不可逾越的生態紅線，實行最嚴格的源頭保護制度、損害賠償制度、責任追究制度，着力推進以綠色農業爲基礎、綠色工業爲支撐、綠色服務業爲主導的綠色經濟體系。三是推進城鄉統籌，和諧旺城。在推進「美麗鄉村」建設中，巧借山形、善用水勢，不大拆大建，不挖山砍樹，注意保存、搶救傳統村落，保護民俗文化和傳統生活方式。積極培育鄉村文化產業，發展鄉村休閒旅遊，打造地域文化名村，努力形成一村一品、一村一景、一村一韻的格局。四是延續歷史文脈，文化築城。信陽把城市文化納入經濟社會發展的總體規劃，在城市建設中突出地域、歷史和文化特色。

陳宣群　肇慶市政府副市長

當前，全球經濟一體化進程不斷加快，始於金融危機的世界經濟危機加速了世界經濟格局的變化和重組。在此過程中，中國成爲全球第二大經濟體，並在全球經濟復蘇過程中擔當了「火車頭」的角色。十八大以來，中國以深化改革激活增長動力的力度進一步加大，新型工業化、新型城市化和信息化、農業現代化一起成爲了中國全面建成小康社會的重要載體及實現經濟結構調整和發展方式轉變的重要引擎。

肇慶市是珠三角九城市之一，也是粵港澳世界級城市群的重要組成部分，是珠三角連接大西南地區的樞紐門户城市。肇慶正深入實施以肇慶國家級高新技術產業開發區引領新型工業化、以肇慶新區引領新型城市化的「兩區引領兩化」發展戰略，爲各類新興產業集聚發展提供了良好的載體。

當前，肇慶高新區正大力引進產業關聯度高、技術含量高、輻射帶動力强的大項目，增强自主創新能力，加快建設成爲現代科技工業城，盡快實現年產值5000億元。肇慶新區是廣東省九大創新發展平臺之一，是引領肇慶市新型城市化發展的主戰場。肇慶新區以「低碳綠色」爲主題，重點發展節能環保、休閒養生、文化創意、現代物流、商貿會展、科教服務等幸福導向型產業，努力建設成爲國家低碳綠色發展示範區、珠三角健康宜居理想城市和肇慶市行政文化中心，成爲廣東探索新型城市化進程的先行區和試驗區。

薛鳳旋 前香港大學地理系主任

中國崛起與高鐵時代對經濟發展的影響

當前，世界已進入了一個新的發展階段。隨着中國大陸崛起，整個世界的軍事、政治、經濟格局都與過去明顯不同，這個新的形勢勢必會影響到城市的發展。

在中國經濟崛起的背景下，高鐵作爲一個空間拉動的網絡系統，對城市的起落、發展方向、發展形態，以及經濟發展布局有相當大的影響。中國的高鐵不僅是國內的高鐵，在另一個層面上講也是國際的高鐵。未來，中國高鐵會聯通整個歐洲和東南亞。

未來的全球經濟一體化是一個非常重要的機遇，對于中國的經濟發展、產業調整是重要的推手。過往30年，中國主要靠「兩頭在外」的勞動密集型的「世界加工廠」起步，它所衍發的城市發展方向、城市布局、城市發展內涵，有好的結果，也有壞的結果。好的方面，如在沿海形成了三大城市群。

我認爲，在未來30年、50年、100年，全球範圍之內會出現經濟的第二次大轉移。第一次轉移是過往30年，世界範圍內大量勞動密集型企業轉移到中國來，使中國變成「世界工廠」;第二波的全球經濟大轉移，則主要因爲中國優良的、有效的體制，使新的經濟動力不得不集中到中國來。

目前，中國高鐵運營裏程已超過15000公裏，將來很快會發展到4萬公裏，形成一個新的網絡。在這個網絡之下，再加上城際鐵路，各地的區位優勢會產生很大變化。內地數百個城市、數千個城鎮，要圍繞這個新的變化來開動腦筋，找到更好地路徑來促進自身發展。

魏達志 深圳大學産業經濟研究中心主任

全球視野下的香港地位問題

我發現一組有趣的數據：2012年，中國的經濟總量爲美國經濟總量的44.6%，但是到了2013年，這個數字變成了53.8%。一年之中，中國與美國經濟總量之比提高了9.2個百分點。而日本與中國經濟總量之比，2012年是80.4%，2013年下滑到了66.3%，下滑速度非常之快。

而香港，以1104平方公裏的土地面積、約723萬人口，創造了2700多億美元的GDP總量，作爲一個城市與國家一起排序，在全球爲第四十位，非常了不起。但與內地城市相比，即使香港從2013年算起，2013、2014、2015一直保持4.2%的增長速度，那麽深圳在2016年就要超過它。

其實，香港有很多的優勢，有很大的潛力，完全可以不被內地城市超過。實際上，無論是中央政府還是內地民衆，都衷心希望香港保持繁榮和穩定，因爲香港可以帶領內地邁向世界。我希望香港能够更多地關心中央政府各種戰略部署，包括「一路一帶」，包括海洋戰略、上海合作組織建設、金磚國家銀行、亞投行等，這些戰略所帶來的一系列機遇，對中國大陸而言是機遇，對香港來説同樣是機遇。同時，我盼望香港進一步融入祖國日新月异的發展潮流之中，注重和內地的區域合作，特别是和深圳、廣州等珠三角城市群合作，共同打造一個新的經濟增長極，一個新的全球性概念的城市群；我寄望香港進一步調整產業結構，因爲目前香港的產業結構過于單一，很難應對經濟全球化、科技全球化帶來的很多衝擊。

「一帶一路」帶動沿綫區域國家均衡發展

■ 謝明輝／臺灣競爭力論壇學會執行長

2014 年亞太經合組織（APEC）會議于 11 月在北京圓滿落幕。中國大陸在此次 APEC 會議上展現出大國有所作爲的態度，于會議上正式宣布了「一帶一路」的戰略布局，積極建構歐亞經濟一體化。中國大陸希冀「一帶一路」整體經濟效益的發揮，能够强化 APEC 的實質效用，壓縮美國主導的「跨太平洋伙伴關系協議」（TPP）、「跨大西洋貿易伙伴談判」（TTIP）之作用，并突破美國重返亞洲之島鏈圍堵，以達到削弱美國全球霸主地位之目的。

一、緣起背景

「一帶一路」戰略緣起于 2013 年 9 月與 10 月習近平出訪哈薩克與印度尼西亞時，分別倡議共同建設道路聯通、貿易暢通與貨幣流通的「絲綢之路經濟帶」，以及與東協國家加强互聯互通建設，共創「21 世紀海上絲綢之路」。所謂「一帶一路」指的正是「絲綢之路經濟帶」與「21 世紀海上絲綢之路」兩個戰略布局的簡稱。以古之「絲路」爲名，就是刻意降低可能引發區域政治的不安，柔化其色彩。「一帶一路」之戰略發想，與中國大陸區域經濟發展采取「點軸開發理論」展開的「T 字形」戰略所引發的問題有關。上世紀 80 年代中期的「點軸開發理論」造成中國大陸「工農」、「城鄉」、「地區」差距的不斷擴大，導致中國大陸現今社會三對主要利益集團的矛盾。「一帶一路」戰略正企圖打破并扭轉過去近 20 年中國大陸與其他國家點狀、塊狀自由貿易協議的發展格局，建構出連結至歐陸的一個連綿延伸的帶狀體系。

「一帶一路」的英文縮寫爲 OBAOR（One Belt And One Road），在國外因其與二戰後美國推出的「馬歇爾計劃」（The Marshall Plan）相似，故被稱之爲「中國版馬歇爾計劃」。「一帶一路」戰略與「馬歇爾計劃」（The Marshall Plan）相似之處，包括以下幾點：

（一）產業「走出去」，借此消化內部巨大的過剩產能；

（二）以基礎設施建設爲起步；

（三）提升自身技術水準；

（四）重視金融貨幣上的合作；

（五）在未來的全球貿易布局中占得先機。

二、戰略意涵

「一帶一路」戰略爲習近平最爲重視的對外戰略，其戰略藍圖在于「貫通歐亞、連結東西」。具有下列雙重戰略考慮：

一是避免受美牽制，向西另開安全孔道。中國大陸的油氣、礦產等資源對國外的依存度高，而這些資源主要通過沿海海路進入中國大陸，來源與管道較爲單一，戰略風險偏高。透過「一帶一路」的戰略，加强與其他重要資源國間之合作，使得資源取得更加穩固。

二是輸出經濟力，展現經濟實力。首先，傳統上，中國大陸的出口國都較爲單一和狹窄，以美歐日爲出口的主要核心位置。但這些國家與地區，其本身經濟增長有限，已爲中國大陸較充分之開拓，能够增量之空間與幅度不大，因此，中國大陸內部過剩之產能不易藉此消化，勢必得另尋新途徑。「一帶一路」戰略，透過向西開發之通路貫通與連結，開辟新經濟帶，打造商品出口的新興市場，以解决内部産能過剩問題。其次，中國大陸可以藉由「一帶一路」的戰略，繞開美國主導并試圖孤立中國大陸的TPP、TTIP等，争取區域經濟的貿易主導權、定價權，以及資源分配權，搶占全球貿易新規則的制訂權力與主控地位。

三、具體構想

「一帶一路」的具體構想包括了經濟發展的建設與資金兩大面向。

（一）積極完善基建與通路

「一帶一路」戰略直擊中國大陸通路、通航和通商的三個重要的戰略問題，「一帶一路」戰略正是系統性的解决此些問題的重要手段。考慮到西部與有關區域基礎設施的薄弱，勢必得提升通路推進地區的基礎設施，包括：鐵路公路、通信管網、港口物流，以及油氣管道等。根據數據顯示，中國大陸現正研究并着手建設四條出境高鐵綫路，分别包括：歐亞高鐵、中亞高鐵、泛亞高鐵，以及中俄美加高鐵。其中，連接整個中亞和歐洲的「一帶一路」戰略中之「絲綢之路經濟帶」，需要的正是中亞與歐亞高鐵來支撑。籌建此二跨國高鐵的建設原則采「技術置换資源」方式，一方面可確保中國大陸較缺之資源進口，利于石油、天然氣道路之暢通；另一方面，亦可推動中國大陸與周邊各國之連通，方便國際貿易之往來。

（二）重視金融貨幣策略

「一帶一路」戰略預計投入上千億美元成立的「絲路基金」與「亞洲基礎建設投資銀行」作爲基礎，提供投融資的支持，輸出中國大陸高鐵承造能力，替有關國家與區域擘劃、布設交通與網絡等基建。「一帶一路」戰略提供的選項，就是從外匯存底中拿出資金成立基金，融資貸款給相關國家與區域，這些新興市場區域拿這些資金購買中國大陸的基建産品和修建基礎設施，透過境外再回到中國大陸内部，解决本來不能用于其内部的外匯，成爲中國企業的收入。

四、影響的區域國家

由于「一帶一路」的政策内容，是藉由采取與中國大陸有關國家之雙邊、多邊機制相互配合，陸續進行基礎建設、交通等的連結互通與完善，以及投資貿易的簡化與便利等措施，而非是另行創造一個全新的機制。而且爲了降低中國大陸之大崛起所引發的區域關系緊張，藉由具有千年傳承風韵的「絲綢之路」一詞，强化經貿、人文的色彩，賦予新的合作意義，避免涉及政治、安全等領域。大陸學者贊譽「一帶一路」將建構起全球跨度最長、最具發展潛力的經濟廊道，涵蓋六成三的世界人口與近三成的世界經濟總量。

如上面二圖所示，「一帶一路」戰略試圖繼承古絲綢之路開放包容的傳統，延續并升級既有的合作機制。隨着「一帶一路」具體政策與項目之推進，所涉及的國家和區域將更多。除了東南亞、南亞、中亞和俄羅斯等國家列最優先對象，以及中東和東非國家爲海陸新絲路東西交會點外，歐洲、獨立國協和非洲部分國家如南非等，皆是長遠融入之區域，再由南非擴展至對面大西洋之巴西與阿根廷。因此，放眼未來，受「一帶一路」影響的國家與區域將會無限延伸。

五、結語

中國大陸運用此次APEC的國際舞臺正式宣布「一帶一路」布局，充分顯示其强化APEC效用以壓縮美國亞太再平衡的戰略考慮。「一帶一路」戰略讓中國大陸「轉身」向西，透過新絲路，貫通歐亞、連結東西，避免受制于美國霸權。

雖然「一帶一路」企圖帶動海陸兩條新絲路沿綫區域國家的均衡發展，具有扭轉中國大陸内部與全球發展嚴重不均的戰略考慮。但中國大陸「一帶一路」的戰略存在兩個隱憂。首先，雖然「一帶一路」戰略以古絲路爲名，試圖淡化其政治色彩，但在轉身的過程中，對于其周邊鄰國的威脅感受與區域的均衡穩定，會是「一帶一路」能否受到有關國家接受的重大考驗因素。其次，「一帶一路」的戰略目的之一，在于消化中國大陸内部過剩的産能，這與以前中國大陸爲了解决自身對于能源礦産需求而進行的海外投資明顯不同。因此，「一帶一路」上的國家之政治穩定與信用就成爲重要的考慮因素。

反觀臺灣，當周邊區域，包含：香港、南韓、新加坡等先進經濟體，以及寮國、緬甸等發展中國家，均已成爲「東南亞區域全面經濟伙伴協議」（RCEP）的成員；馬來西亞、越南更加入了TPP；而「中韓自由貿易協議」業已談判完成，完全突顯出臺灣目前的艱困處境。現又面對中國大陸「一帶一路」的轉身西向，其戰略繞過太平洋島煉，更使得臺灣戰略位置的重要性大大降低，甚至將成爲海上孤島。因此，臺灣實應針對當前中國大陸領導人力倡之「一帶一路」進行深入研究，做好準備，以爲因應，替臺灣經濟永續發展謀出路，避免被邊緣化。

（本文爲作者在第四屆香港論壇上的演講稿，本刊發表時有删節。）

第四届「讓城市更優秀頒獎禮」

第四届「讓城市更優秀頒獎禮」于2014年12月18日在香港會展中心舉行，中央人民政府駐香港特別行政區聯絡辦公室濟部副部長楊益、中國城市競爭力研究會會長桂强芳等爲獲獎城市頒獎，惠州市長麥教猛、深圳市龍崗區區委書記楊洪，徐州市委常委、宣傳部長馮其譜，信陽市委常委、宣傳部長、副市長楊慧中，齊齊哈爾市委常委、常務副市長馬占江，肇慶市副市長陳宣群、四平市副市長王宇、青島市政府新聞辦公室副主任王振東、合肥市委外宣辦副主任尹道忠、陽朔縣委書記鐘洪、博羅縣縣長江菊蓮、惠東縣縣長徐毅、即墨市副市長宋宗軍、梅州市政府副秘書長曾海新、荔波縣政協主席董豫黔、桐廬縣副縣長潘立銘、克拉瑪依市公安警備司令部副主任吴强、佳木斯市食品安全局局長張桐振、宜昌市人民政府駐深圳辦事處主任毛士洪、牡丹江市政府代表吕音等城市領導及代表出席頒獎禮并上臺領獎。

頒獎禮現場，中央人民政府駐港聯絡辦經濟部副部長楊益（右六）、中國城市競争力研究會會長桂强芳（中）向獲獎城市頒發獎牌，（左起）梅州市政府副秘書長曾海新、深圳市龍崗區區委政研室主任藺蔚青、肇慶市副市長陳宣群、四平市副市長王宇，信陽市委常委、宣傳部長、副市長楊慧中，齊齊哈爾市委常委、常務副市長馬占江，桂强芳會長、楊益副部長、惠州市長麥教猛，徐州市委常委、宣傳部長馮其譜，佳木斯市食品安全局局長張桐振、青島市政府新聞辦公室副主任王振東、合肥市委外宣辦副主任尹道忠

2014中國城市競爭力排行榜榜單

2014年12月18日，中國城市競爭力研究會在香港發佈了2014中國城市競爭力排行榜。

此次發佈的榜單是中國城市競爭力研究會依據其自主創立的GN評價指標體系，組織上百名專家、學者，根據翔實的基礎資料及大量調查研究，歷時一年，對包括內地及港、澳、臺在內的中國34個省、直轄市、自治區、特別行政區及358個地級以上城市（州、地區、盟）之綜合競爭力、成長競爭力，以及單項、專項競爭力進行分析比較後的最新研究成果。

2014 中國城市綜合競爭力排行榜

城市的綜合實力是一個城市整合自身經濟資源、社會資源、環境資源與文化資源參與區域資源分配競爭及國際資源分配競爭的能力。

《GN中國城市綜合競爭力評價指標體系》涵蓋經濟、社會、環境、文化四大系統，由包括綜合經濟競爭力、產業競爭力、財政金融競爭力、商業貿易競爭力、基礎設施競爭力、社會體制競爭力、環境/資源/區位競爭力、人力資本教育競爭力、科技競爭力和文化形象競爭力等在內的10項一級指標、50項二級指標、216項三級指標構成。

排名	城市	分數	排名	城市	分數	排名	城市	分數
1	上海	15017.51	11	武漢	4958.30	21	濟南	3749.43
2	香港	14795.39	12	澳門	4875.56	22	東莞	3590.48
3	北京	13669.81	13	臺北	4783.02	23	西安	3273.77
4	深圳	10926.84	14	成都	4721.77	24	長沙	3007.03
5	廣州	9439.55	15	大連	4449.07	25	佛山	2892.97
6	天津	7597.03	16	瀋陽	4282.28	26	鄭州	2788.44
7	蘇州	7064.56	17	寧波	4172.08	27	哈爾濱	2636.10
8	杭州	6942.10	18	青島	4096.04	28	昆明	2586.28
9	重慶	6869.26	19	無錫	3944.58	29	合肥	2556.99
10	南京	5647.06	20	廈門	3779.21	30	福州	2514.06

■ 上海

2014 中國城市成長競爭力排行榜

城市成長競爭力就是城市在動態發展的過程中，充分挖掘其潛能，不斷完善城市的社會組織體制，展示其創新活力並依據城市可持續發展的內在規律逐步提升自身綜合競爭力的能力。

《GN 中國城市成長競爭力評價指標體系》由實力指數、潛力指數、活力指數、能力指數四大指標綜合而成，包括 4 項一級指標，29 項二級指標，67 項三級指標。

■ 天津

排名	城市	分數	排名	城市	分數	排名	城市	分數
1	天津	2332.199	11	大連	941.472	21	貴陽	732.206
2	深圳	2202.446	12	武漢	890.605	22	廈門	703.19
3	重慶	1893.292	13	香港	839.935	23	東莞	643.683
4	上海	1547.381	14	濟南	827.307	24	無錫	638.526
5	北京	1507.276	15	成都	808.23	25	煙臺	629.193
6	廣州	1487.936	16	合肥	804.342	26	哈爾濱	622.954
7	蘇州	1387.078	17	瀋陽	755.047	27	西安	598.306
8	杭州	1020.169	18	寧波	754.325	28	長春	595.346
9	青島	1000.697	19	昆明	744.215	29	福州	569.794
10	南京	948.351	20	長沙	739.845	30	惠州	539.836

2014 中國城市資産質量排行榜

城市資産質量的特點是:城市發展動力强、經濟運行良好、財政風險可控、負債率較低、投資環境較好、城市發展具備可持續性。

《GN 中國城市資産質量評估指標體系》由包括城市實力指數、城市資源指數、城市財政管理與無形資産指數、城市發展動力指數 4 項一級指標、14 項二級指標、80 項三級指標構成。

排名	城市	總分
1	香港	95.92
2	澳門	94.04
3	深圳	93.47
4	東莞	92.73
5	重慶	90.86
6	杭州	89.44
7	武漢	88.76
8	寧波	87.95
9	哈爾濱	86.02
10	青島	85.83

■ 香港

2014 世界十大最具影響力國家首腦排行榜

最具影響力國家首腦的主要特徵是：具超凡的國際影響力，個人魅力獨特、具高超的領導藝術，正確把握世界政治、經濟發展趨勢，强力引導國家經濟健康發展，深受本國人民愛戴與擁護、具有崇高威望。

《GN 世界影響力國家首腦指標體系》由包括領導人國際影響力、領袖風範、民意支持度、國家影響力等 4 項一級指標、36 項二級指標構成。

國家首腦	治國方略	年齡	學歷	夫人/丈夫
中國國家主席習近平	凝聚中國力量　實現中國夢	61	博士	彭麗媛
俄羅斯總統普京	給我 20 年，還你一個強大的俄羅斯	62	博士	
美國總統奧巴馬	美國還要領導世界 100 年	53	博士	米歇爾·奧巴馬
德國總理默克爾	「工業 4.0」戰略	60	博士	阿希姆·紹爾
英國首相卡梅倫	國家安全與商業安全並重	48	學士	薩曼莎·卡梅倫
澳大利亞總理阿博特	澳大利亞，大洋洲領頭羊	57	碩士	瑪格麗特
日本首相安倍晉三	日本經濟再興戰略	60	學士	安倍昭惠
新加坡總理李顯龍	建構新的新加坡模式	62	碩士	何晶
印度總理莫迪	從世界辦公室邁向創新型國家	64	碩士	賈蘇達班
朝鮮最高領導人金正恩	同心協力自主地解決祖國統一問題	31	博士	李雪主

習近平
中國國家主席

普京
俄羅斯總統

奧巴馬
美國總統

默克爾
德國總理

卡梅倫
英國首相

阿博特
澳大利亞總理

安倍晉三
日本首相

李顯龍
新加坡總理

莫迪
印度總理

金正恩
朝鮮最高領導人

2014 中國最具競爭力城市排行榜

最具競爭力城市主要考慮城市的綜合競爭優勢和成長競爭優勢。其評價指標由靜態的《GN 中國城市綜合競爭力評價指標體系》和動態的《GN 中國城市成長競爭力評價指標體系》構成。

排名	城市	得分
1	重慶	83.55
2	成都	82.87
3	西安	81.25
4	昆明	78.86
5	貴陽	75.45
6	蘭州	73.98
7	六盤水	72.69
8	烏魯木齊	72.48
9	綿陽	71.85
10	銀川	70.12

■ 西部

排名	城市	得分
1	武漢	84.75
2	長沙	82.48
3	鄭州	80.79
4	合肥	78.99
5	南昌	77.89
6	太原	75.67
7	呼和浩特	74.05
8	洛陽	73.28
9	宜昌市	72.88
10	襄陽市	71.18

■ 中部

排名	城市	得分
1	上海	93.25
2	北京	91.53
3	深圳	90.14
4	天津	87.58
5	廣州	86.48
6	蘇州	85.65
7	杭州	84.45
8	青島	83.64
9	南京	82.84
10	無錫	82.15

■ 東部

排名	城市	得分
1	大連	82.15
2	瀋陽	81.68
3	哈爾濱	81.06
4	長春	80.79
5	大慶	80.21
6	鞍山	79.62
7	吉林	78.68
8	松原	77.81
9	營口	76.02
10	盤錦	73.42

■ 東北

2014 中國十佳法治化建設城區排行榜

法治城區的特徵是：執法合理合法、執法保障性措施完善、法律援助服務質量好、城區安全保障度高、公衆安全滿意度高。

《GN 中國十佳法治化建設城區評價指標體系》由包括執法性指標、執法保障性指標、服務性指標、安全性指標、公衆安全滿意度指標在內的 5 項一級指標，10 項二級指標，39 項三級指標組成。

■ 朝陽區

排名	城區	總分
1	北京市朝陽區	92.46
2	上海市長寧區	91.39
3	天津市紅橋區	90.62
4	深圳市龍崗區	89.35
5	杭州市西湖區	88.52
6	重慶市渝北區	86.16
7	濟南市槐蔭區	84.29
8	福州市倉山區	83.51
9	蘇州市姑蘇區	82.23
10	西安市新城區	80.84

2014 中國最具競爭力百强縣排行榜

最具競爭力縣市主要考慮其綜合競爭優勢和成長競爭優勢。其評價指標由靜態的《GN 中國城市綜合競爭力評價指標體系》和動態的《GN 中國城市成長競爭力評價指標體系》構成。產業規模領先、具創新能力。

■ 昆山市

■ 江陰市

■ 張家港市

排名	城市	總分	排名	城市	總分
1	昆山市	97.67	51	玉環縣	79.27
2	江陰市	96.83	52	溧陽市	78.93
3	常熟市	95.98	53	准格爾旗	78.54
4	張家港市	94.76	54	普蘭店市	78.25
5	晉江市	94.53	55	富陽市	77.71
6	宜興市	94.08	56	新鄭市	77.47
7	慈溪市	93.84	57	萊西市	77.23
8	太倉市	93.15	58	興化市	77.18
9	義烏市	92.62	59	南安市	76.89
10	龍口市	92.27	60	遵化市	76.76
11	瀏陽市	91.96	61	大石橋市	76.69
12	滕州市	91.75	62	鞏義市	76.55
13	丹陽市	91.51	63	長興縣	76.44
14	即墨市	90.42	64	新密市	76.28
15	諸暨市	90.11	65	東台市	75.96
16	海城市	90.08	66	桐鄉市	75.81
17	遷安市	89.86	67	海安縣	75.79
18	石獅市	89.57	68	南昌縣	75.53
19	長沙縣	89.03	69	沛縣	75.40
20	余姚市	88.31	70	沭陽縣	75.17
21	溫嶺市	87.87	71	高密市	75.06
22	膠州市	87.64	72	如東縣	74.95
23	雙流縣	87.18	73	龍海市	74.51
24	章丘市	87.06	74	揚中市	74.36
25	鄒平縣	86.84	75	莊河市	74.18
26	寧鄉縣	86.43	76	滎陽市	73.93
27	榮成市	86.02	77	大冶市	73.72
28	招遠市	85.58	78	開原市	73.69
29	海門市	85.36	79	仁懷市	73.45
30	平度市	85.10	80	青州市	73.32
31	啟東市	84.47	81	槁城市	73.16
32	新泰市	84.16	82	三河市	72.97
33	泰興市	83.81	83	靜海縣	72.75
34	樂清市	83.56	84	長樂市	72.71
35	靖江市	83.27	85	大豐市	72.54
36	如皋市	82.79	86	任丘市	72.26
37	壽光市	82.36	87	乳山市	72.02
38	邳州市	82.07	88	府穀縣	71.93
39	福清市	81.88	89	平湖市	71.84
40	瓦房店市	81.62	90	大城縣	71.48
41	肥城市	81.51	91	蓬萊市	71.44
42	廣饒縣	81.26	92	禹州市	71.11
43	萊州市	81.04	93	曲阜市	70.88
44	諸城市	80.88	94	大理市	70.49
45	武安市	80.58	95	醴陵市	70.28
46	庫爾勒市	80.49	96	延吉市	70.15
47	海寧市	80.25	97	盤縣	70.12
48	瑞安市	80.03	98	農安縣	69.86
49	惠安縣	79.61	99	句容市	69.37
50	鄒城市	79.39	100	漳浦縣	69.13

2014 中國縣域成長競爭力排行榜

城市成長競爭力就是城市在動態發展的過程中，充分挖掘潛能，不斷完善社會體制，展示創新活力，並依據城市可持續發展的內在規律逐步提升自身綜合競爭力的能力。

《GN 中國縣域成長競爭力評價指標體系》由能力指數、活力指數、實力指數、潛力指數在內的 4 項一級指標、29 項二級指標、67 項三級指標組成。

排名	城市	分數	排名	城市	分數
1	昆山市	95.52	26	滕州市	78.72
2	即墨市	94.98	27	大理市	78.34
3	余姚市	93.64	28	靜海縣	75.96
4	瀏陽市	93.08	29	南安市	75.29
5	常熟市	92.44	30	句容市	75.06
6	慈溪市	92.05	31	如東縣	74.95
7	江陰市	90.83	32	漳浦縣	74.48
8	晉江市	90.25	33	宜興市	74.19
9	泰興市	89.69	34	安溪縣	73.63
10	膠州市	88.57	35	啟東市	73.11
11	高密市	88.31	36	臨安市	72.81
12	靖江市	86.78	37	開原市	72.57
13	招遠市	86.14	38	東陽市	72.07
14	義烏市	85.65	39	新沂市	71.68
15	興化市	85.19	40	龍海市	71.31
16	張家港市	84.92	41	諸暨市	70.93
17	仁懷市	84.13	42	固安縣	70.86
18	海寧市	83.55	43	奉化市	70.63
19	邳州市	82.38	44	瓦房店市	70.18
20	金壇市	81.44	45	萊西市	69.68
21	章丘市	80.90	46	博羅縣	69.29
22	雙流縣	80.48	47	儀征市	69.11
23	寧鄉縣	80.16	48	桐鄉市	68.88
24	平度市	79.89	49	肥東縣	68.74
25	樂清市	79.47	50	平湖市	68.44

■ 即墨市

■ 余姚市

■ 瀏陽市

2014 中國十大杰出女市長排行榜

杰出女市長：具國際國内影響力，領導、决策、學習、創新能力强，組織能力突出，性格魅力獨特，對突發事件有很强的反應和處置能力的女性市長。

《GN 中國十大杰出女市長排行指標體系》由包括海内外影響力、領導力、决策力、學習力、創新力、組織力、親和力、個性魅力、應對突發事件能力等 9 項一級指標、38 項二級指標構成。

傑出女市長	主政金言
雲南省玉溪市市長 饒南湖	政府的手是用來保障碧水藍天的
河南省三門峽市市長 趙海燕	加快建設創新開放富裕文明平安和諧生態宜居三門峽
湖北省黃岡市市長 陳安麗	綠水青山是最好的金山銀山
四川省達州市市長 包惠	堅持全民抓，打好「總體戰」
安徽省池州市市長 趙馨群	生態立市 讓池州宜業宜居宜遊
內蒙古烏蘭察布市市長 陶淑菊	能耗排放做「減法」、經濟發展做「加法」
福建省寧德市市長 隋軍	常懷敬畏之心，不愧今天的使命擔當，不負人民的重托厚望
遼寧省鞍山市市長 吳忠瓊	打造生態宜居城市
黑龍江省伊春市市長 高環	凡是打著我的「旗號」辦事的，不用看我的「面子」
山東省萊蕪市市長 王磊	使進城農民既「住得好」，又「有活幹」

2014 中國最安全城市排行榜

排名	城市	總分	排名	城市	總分	排名	城市	總分
1	臺北	95.28	11	遵義	83.88	21	南昌	76.99
2	拉薩	94.76	12	青島	82.98	22	肇慶	76.77
3	徐州	93.63	13	鄭州	82.49	23	衢州	76.52
4	鎮江	91.59	14	南寧	81.48	24	邯鄲	76.09
5	澳門	89.98	15	南京	79.94	25	臨沂	75.49
6	惠州	88.86	16	克拉瑪依	79.84	26	長春	75.16
7	威海	87.21	17	湖州	79.39	27	萍鄉	74.89
8	柳州	86.79	18	四平	78.67	28	丹東	74.34
9	珠海	85.57	19	鄂爾多斯	77.91	29	石嘴山	73.29
10	無錫	84.90	20	合肥	77.58	30	眉山	73.01

安全城市的主要特徵是：當年無重特大安全事故，社會治安良好，投資環境優越，生產事故少發，消費品安全，生態可持續發展，能爲市民、企業、政府提供良好的信息網絡環境和强有力的信息安全保障。

《GN 中國最安全城市評價指標體系》由包括社會安全、經濟安全、生態安全、信息安全在內的 4 項一級指標、10 項二級指標、59 項三級指標構成。

2014 中國十佳城區政要排行榜

十佳城區政要是指：在城區政要中具有較强的影響力，政績突出，口碑良好的城區政要。

《GN 中國城市政要經營管理素質效能評估指標體系》由包括影響力、領導決策力、學習創新力、親和力等 4 項一級指標、12 項二級指標構成。

城區政要	為政理念
天津市北辰區委書記 張盛如	多為群眾辦實事好事
上海市靜安區委書記 孫建平	加大社會動員 提升靜安發展軟實力
廣州市越秀區委書記 武延軍	民生放首位很實在
杭州市蕭山區委書記 俞東來	強化責任，切實發揮「一把手」示範帶頭作用
長沙市岳麓區委書記 陳中	幹字當頭 夢想成真
北京市石景山區委書記 牛青山	把見山、臨水、近綠作為不懈追求
蘇州市吳中區委書記 俞杏楠	重任在科學發展，履職當愛民為民
武漢市江夏區委書記 汪祥旺	把群眾的盼頭當成自己的奔頭
鄭州市金水區委書記 鄭灝東	凝心聚智 建設科教新城
西安市閻良區委書記 王鳳萍	發展為先 環境為重 文化為魂 群眾為本

2014 中國城市最具競爭力經濟新區排行榜

經濟新區的競爭力主要特徵爲：經濟運行良好，對外開放程度高，未來成長潛力巨大，基礎設施配套完善。

《GN 中國城市經濟新區競爭力評價指標體系》由包括經濟發展指數、開放度指數、成長潛力指數和開發區環境建設指數在內的 4 項一級指標、10 項二級指標和 32 項三級指標構成。

排名	經濟新區	總分
1	上海浦東新區	93.52
2	天津濱海新區	91.59
3	重慶兩江新區	91.06
4	浙江舟山群島新區	90.57
5	青島西海岸新區	89.98
6	大連金普新區	89.58
7	四川天府新區	89.21
8	寧波杭州灣新區	88.68
9	貴州貴安新區	88.06
10	甘肅蘭州新區	87.80

■ 上海浦東新區

2014 中國十佳行政縣政要排行榜

十佳行政縣政要特徵是：在行政縣政要中具有較强的影響力，政績突出，口碑良好。

《GN 中國城市政要經營管理素質效能評估指標體系》由包括影響力、領導決策力、學習創新力、親和力等 4 項一級指標、12 項二級指標構成。

行政縣政要	為政理念
北京市密雲縣委書記 汪先永	改善生態環境就是發展生產力
江蘇省常熟市委書記 惠建林	利民之事 絲發必興 厲民之事 毫末必去
天津市靜海縣委書記 冀國強	全力打造「天藍、地綠、水清」的生態環境
福建省石獅市委書記 張永甯	堅持把公交公益性放第一
湖南炎陵縣委書記 黄詩燕	打造敢於擔當、激情工作的基層幹部隊伍
四川省岳池縣委書記 李永平	主動作為抓機遇 努力建設新岳池
浙江省開化縣委書記 鮑秀英	綠色就是發展資本
河南省太康縣委書記 王國璽	創新機制 打造管理新理念
湖北省羅田縣委書記 肖燕梅	堅持羅田特色的「綠色新政」
廣西自治區龍州縣委書記 秦昆	利用好沿邊開放開發政策 重振龍州百年輝煌

2014 中國綠色競爭 力十强縣排行榜

綠色競爭力强縣的特徵是:生態環境好，森林覆蓋率高，經濟穩定，資源高效利用、人與自然和諧相處。

《GN 中國行政縣綠色競爭力評估指標體系》由綠色生態空間指數、綠色生產空間指數、綠色生活空間指數 3 項一級指標、16 項二級指標構成。

排名	城市	總分
1	福建省安溪縣	87.89
2	安徽省寧國市	86.67
3	黑龍江省綏芬河市	84.46
4	雲南省雙江縣	82.91
5	廣東省高要市	81.07
6	湖南省炎陵縣	80.55
7	吉林省臨江市	79.32
8	四川省綿竹市	79.18
9	遼寧省東港市	78.82
10	貴州省平塘縣	77.41

■ 安溪縣

2014 中國十佳開發競爭力縣排行榜

開發競爭力縣的特徵是:縣域具備較好的投資潛力、經濟和市場環境佳、政策扶持力度大、政策傾向度高、城市功能佈局合理。

《GN 中國十佳開發競爭力縣評價指標體系》由包括投資潛力指數、支援優勢指數、政策扶持指數、政策傾向度指數、城市格局指數在內的 5 項一級指標，15 項二級指標，45 項三級指標組成。

■ 長沙縣

排名	縣市名稱	得分
1	湖南長沙縣	87.62
2	河北固安縣	86.37
3	浙江長興縣	85.98
4	江蘇東海縣	84.75
5	山東齊河縣	82.16
6	安徽肥西縣	81.53
7	四川新津縣	80.29
8	福建平潭縣	79.34
9	重慶榮昌縣	77.56
10	內蒙古紮魯特旗	76.31

2014 中國文化競爭力十强縣排行榜

文化競爭力是指由城市競爭力派生出的概念，指各種文化因素在推進經濟社會和人的全面發展中所産生的凝聚力、導向力、鼓舞力和推動力。文化競爭力强縣（或縣級市）其特徵是:具有豐富的各類文化資源，文化機構及其産品形象和競爭力强，文化活動氛圍好且經常舉辦。

《GN 中國文化競爭力强縣評價指標體系》包括經濟實力、文化資源、文化産業、城市文化事業在內的 4 項一級指標、11 項二級指標、60 個三級指標組成。

排名	縣	形象錦言	總分
1	河南浚縣	民俗之城　工藝之鄉	88.98
2	山西祁縣	川陝通衢　晉商聖地	87.86
3	陝西興平市	關中糧倉　人文之都	86.65
4	浙江臨海市	海山仙子　文化名邦	84.79
5	四川峨眉山市	仙山佛國　秀甲天下	82.99
6	新疆庫車縣	西域樂都　古城龜茲	81.42
7	西藏江孜縣	雪域古城　西藏糧倉	80.36
8	青海同仁縣	熱貢之鄉　唐卡之都	77.88
9	雲南滄源縣	世界佤鄉　大美滇疆	75.61
10	廣東雷州市	天南重地　魚米之鄉	75.18

2014 中國十佳行政鎮政要排行榜

十佳鎮政要的特徵是：在行政鎮政要中具有較强的影響力，政績突出，口碑良好。

《GN 中國城市政要經營管理素質效能評估指標體系》由包括影響力、領導決策力、學習創新力、親和力等 4 項一級指標、12 項二級指標構成。

行政鎮政要	為政理念
廣東佛山市南海區獅山鎮黨委書記 王雪	謀定而後動，建設功能複合的魅力型城鎮
浙江樂清市柳市鎮黨委書記 潘雲夫	柳市，小城再出發
上海浦東新區三林鎮黨委書記 儲明昌	浦東高效管理落到最基層
江蘇江陰市華士鎮黨委書記 翟菁	「四個突破」持續提升區域競爭力
山東膠州市李哥莊鎮黨委書記 王勇	規劃「一張藍圖幹到底」
江西南昌市青山湖區湖坊鎮黨委書記 羅來金	從大局出發，不打「小算盤」
湖北大冶市陳貴鎮黨委書記 肖緒華	打造出「幸福陳貴」，切實提高全鎮人民的「幸福指數」
四川成都市青白江區城廂鎮黨委書記 劉文	全力打造現代田園城鎮
河南鞏義市回郭鎮黨委書記 張會錄	人人都是投資環境、個個代表政府形象
河北遷安市馬蘭莊鎮黨委書記 彭清江	為創業主體提供全方位的「保姆式」服務

加大互爲開放尺度 深化建構合作型的兩岸自由貿易關系

第五屆兩岸競争力論壇舉行 桂强芳會長發表演講

■ 中國城市競爭力研究會會長桂強芳發表演講

2014年12月26日，第五屆兩岸競爭力論壇在臺北圓山飯店舉行。中國城市競爭力研究會會長桂強芳應邀出席並發表演講。

本屆論壇由中國企業投資協會與中華全國臺灣同胞聯誼會、臺灣競爭力論壇學會、財團法人王永慶先生教育基金會合作主辦，中國城市競爭力研究會為協辦機構之一。

論壇圍繞「一帶一路 建構歐亞經濟一體化」、「區域整合 兩岸攜手邁向全球化」、「金融合作、建構華人資本市場」、「人民幣國際化、建構中華金融話語權」等議題展開。中國企業投資協會副會長王洛林、海峽交流基金會董事長林中森、北京大學光華管理學院名譽院長厲以甯、中國房地產開發集團理事長孟曉蘇、耀華電子總裁張平沼、臺灣競爭力論壇執行長謝明輝等嘉賓分別發表致辭或專題演講。

會上，桂強芳發表了題為《加大互為開放尺度 深化建構合作型的兩岸自由貿易關係》的主旨演講，他首先強調了兩岸發展自由貿易關係的必要性。他說，隨著經濟全球化程度在斷加深，區域經濟不斷加強，各國為了適應外部經濟發展，不斷加強對外貿易關係，增加國際競爭能力。繼中韓完成FTA之後，中國大陸與澳大利亞也完成FTA實質性談判，中澳FTA生效後，最終大陸所有輸澳產品都可降到零關稅，而澳洲也將有95%產品降至零關稅。種種跡象表明，大陸經濟主動「走出去」的腳步已然越來越快，對外開放更加堅定有力。

在這一國際背景下反觀臺灣，臺灣顯得比較遲疑，舉棋不定，這使得臺灣經貿利益流失，失去許多發展機遇。一旦中韓FTA生效，臺灣商品在大陸市場的競爭力與市場份額將受到很大的衝擊和影響，而兩岸服貿協議雖已簽署，但實際生效卻還顯得遙遙無期，貨貿談判也陷於膠著狀態。

隨著社會不斷發展，兩岸各自的經濟需要，使得兩岸之間的貿易從功能性貿易轉變成制度性的經濟貿易關係，建立自由貿易區將為兩岸提供了更多發展機會。加大互為開放尺度，建立兩岸自由貿易區，能大大促進雙方的生產需要等，給臺灣產業與市場提高廣闊發展空間的同時，也滿足了大陸經貿、製造、資本等方面的需要，使得兩岸之間進一步形成了互惠、互利、互補以及相互依存的經濟關係。

■ 出席第五屆兩岸竞爭力论坛嘉宾合影

當前臺灣經濟持續低迷，「悶」狀態一直困擾著臺灣社會經濟步伐，而隨著兩岸經濟關係的快速發展、兩岸自由貿易日趨頻繁，將在很大程度上促進臺灣經濟增長，可能成為臺灣經濟脫「悶」狀態的一個有效途徑。

其次，兩岸發展自由貿易關係的可行性。兩岸文教、經濟的廣泛交流，是海峽兩岸自由貿易區建立的文化底蘊。兩岸文教交流由剛開始的試探性、局部性的接觸發展到現在的實質性、多元性的交流，不論是深度或廣度都有相當程度的提升，達到逐漸增進雙方瞭解的目的；社會交流方面也日趨頻繁、正常化。

兩岸經貿發展迅速、投資日益增多是海峽兩岸自由貿易區建立的有利條件。以2013年兩岸貿易為例，據臺灣海關部門統計，2013年兩岸貿易額為1194.6億美元，佔臺灣貿易總額5567.3億美元的21.5%。其中，臺灣對大陸出口770.1億美元，佔臺灣出口總額2872.6億美元的26.8%；臺灣從大陸進口424.6億美元，佔臺灣進口總額2694.6億美元的15.8%。兩岸不同的經濟發達程度導致兩岸之間產生了較大的經濟差異，同時也有很大的互補性，發展空間很大。

兩岸經濟合作基礎深厚。以廈門和金門為例，金門民眾可以到廈門旅遊購物、求醫、就學，甚至置業、買房。現在，金門居民每四戶就有一戶在廈門購買房產，每十人擁有一個人民幣帳戶。兩地民俗活動交流頻繁，每逢中華民族傳統節日，廈、金雙方都共同舉辦大型民俗文化活動。廈門各種文藝藝術團體經常赴金門演出，拉近兩地民眾心理距離。兩地輪流舉辦世界金門日大會等慶典活動，聯絡感情。廈、金兩地教育界達成多項合作交流協議舉辦夏令營、尋根之旅等形式多樣的交流活動，取得豐富成果。

最後，兩岸發展合作型自由貿易關係的步驟。構建海峽兩岸自由貿易區應是在淡化政治的前提下，分步驟、有重點地加大互為開放尺度，一步一步向前推進。在兩岸直接三通的基礎上，實現兩岸特定區域之間全面、直接、雙向的經濟交流，在條件成熟時，通過簽訂促進區域經濟合作的臨時協定做出貿易優惠安排，為自由貿易區過渡期創造條件。可嘗試先在廈門、平潭與金門、臺灣自由經濟示範區建立區域性自由貿易區，然後進一步建立臺灣與閩東南地區自由貿易區，最後形成海峽兩岸自由貿易區，循序漸進，從鬆散型的經濟交流到緊密型制度性的合作，從初級不斷向中級以至高級發展，做到短期的臨時安排與長遠的戰略考慮相結合。

一、儘快互設辦事處。儘快爭取廈門、平潭與金門、台中、臺北、桃園等示範區達成協議，雙方互設辦事處，加強交流，提高廈門、平潭與金門、臺灣示範區之間合作交流的效率與便利性。

二、儘快對接合作規劃。依據廈門、平潭與金門、臺灣自由經濟示範區的定位與特點，按照短期、長期對接合作設想，與臺灣各地分別開展對接合作溝通，建立戰略合作聯盟關係，研擬制定各地對接合作具體政策，並據此擬定相應的合作戰略重點與實施規劃。

三、儘快打造無縫對接的物流體系。廈門、平潭在進一步完善港口設施，以及與內陸鐵路、公路及空港連結設施建設的同時，加快與臺灣各區域之間的海、陸、空通道的無縫對接，建立適合雙方合作的海關監管、檢驗檢疫、退稅、跨境支付、物流等支撐系統，打造兩岸物流的便利通道。

四、設立合作專屬區域。根據廈門、平潭與金門、臺灣自由經濟示範區合作定位與特點，通過對接聯絡溝通，加強港務公司合作，選定專門區域，探索兩岸區域代表性組織開展整體合作對接。

（本文為作者在第五屆兩岸競爭力論壇上的演講稿，有改動）

■ 新聞發佈會現場

2015中國城市分類優勢排行榜
暨新常態下香港競争力基本評價新聞發布會

■ 桂会长对新常態下香港競爭力基本評價进行现场解说

■ 新聞發佈會現場

2015 年 6 月 23 日，由中國城市競爭力研究會主辦的中國城市分類優勢排行榜暨新常態下香港競爭力基本評價新聞發佈會在香港南洋酒店隆重舉行。

本次發佈會公佈了 25 個榜單，包括「2015 中國省區、直轄市綜合競爭力排行榜」、「2015 中國省區、直轄市成長競爭力排行榜」、「2015 中國城市管理十大傑出政要排行榜」、「2015 中國城市科技競爭力排行榜」等。本次發佈的榜單是中國城市競爭力研究會依據其自主創立的 GN 評價指標體系，組織上百名專家、學者，根據翔實的基礎資料及大量調查研究，歷時一年，對包括內地及港、澳、台在內的中國 34 個省、直轄市、自治區、特別行政區及 358 個地級以上城市（含州、地區、盟）之綜合競爭力、成長競爭力，以及單項、專項競爭力和分類優勢進行分析比較後的最新研究成果。

本著緊跟時代脈搏，關注社會變化的研究思維，本屆發佈會還設置了特別環節：即新常態下香港競爭力基本評價解讀。

2015中國城市分類優勢排行榜榜單

2015 中國省區、直轄市綜合競爭力排行榜

中國城市競爭力研究會對中國省區綜合競爭力的總體評價，是以經濟、地理與行政劃分為基礎，對中國兩岸四地省、區、直轄市及特別行政區進行系統而全面的研究與評價。

《GN 中國省區、直轄市綜合競爭力評價指標體系》涵蓋經濟、社會、環境、文化四大系統，由包括經濟競爭力指數、產業競爭力指數、財政金融競爭力指數、商業貿易競爭力指數、基礎設施競爭力指數、社會體制競爭力指數、環境 / 資源 / 區位競爭力指數、人力資本教育競爭力指數、科技競爭力指數和文化形象競爭力指數在內的 10 項一級指標、50 項二級指標、216 項三級指標組成。

2015 中國省區、直轄市綜合競爭力排行榜

排名	省域	總分	排名	省域	總分
1	廣東	13973.37	18	安徽	7499.04
2	江蘇	13202.22	19	內蒙古	7343.14
3	山東	12845.48	20	黑龍江	7308.65
4	浙江	12383.50	21	廣西	6921.93
5	上海	12107.48	22	澳門	6741.44
6	臺灣	11167.00	23	陝西	6540.72
7	北京	10959.90	24	雲南	6389.17
8	河南	10614.78	25	江西	6192.05
9	福建	9889.17	26	吉林	5943.01
10	遼寧	9426.46	27	貴州	5860.47
11	天津	8981.50	28	山西	5638.40
12	香港	8606.99	29	新疆	5473.25
13	河北	8228.53	30	甘肅	5001.95
14	湖北	8013.99	31	海南	4636.52
15	四川	7943.12	32	寧夏	4615.65
16	湖南	7862.25	33	青海	4260.93
17	重慶	7786.14	34	西藏	3916.29

2015 中國十佳宜居城市排行榜

2015 中國十佳宜居城市

排名	城市	總分
1	深圳	90.17
2	珠海	89.82
3	煙臺	88.29
4	惠州	86.46
5	信陽	83.10
6	廈門	81.36
7	金華	79.24
8	柳州	77.78
9	揚州	75.88
10	九江	74.61

宜居城市是指對城市適宜居住程度的綜合評價。其特徵是：環境優美，社會安全，文明進步，生活舒適，經濟和諧，美譽度高。

《GN 中國宜居城市評價指標體系》由包括生態環境健康指數、城市安全指數、生活便利指數、生活舒適指數、經濟富裕指數、社會文明指數、城市美譽度指數在內的 7 項一級指標、48 項二級指標、74 項三級指標組成。

深圳

2015 中國省區、直轄市成長競爭力排行榜

省區、直轄市成長競爭力是指其在動態發展的過程中，充分挖掘其潛在的潛能，不斷完善社會組織體制，展示其創新活力並依據可持續發展的內在規律逐步提升自身綜合競爭力的能力。

《GN 中國省區、直轄市成長競爭力評價指標體系》由包括實力指數、潛力指數、活力指數、能力指數在內的 4 項一級指標、29 項二級指標、67 項三級指標組成。

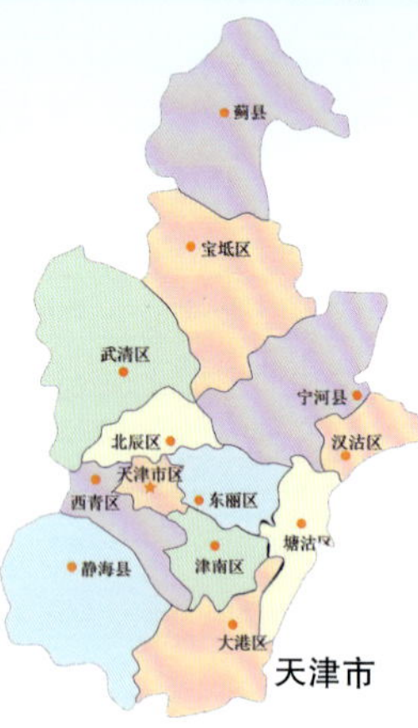

2015 中國省區、直轄市成長競爭力排行榜

排名	省域	總分	排名	省域	總分
1	天津	8021.09	18	吉林	4965.05
2	廣東	7954.18	19	安徽	4819.00
3	江蘇	7805.75	20	浙江	4809.77
4	重慶	7552.78	21	江西	4642.96
5	山東	7209.38	22	雲南	4580.73
6	四川	6991.33	23	河北	4533.02
7	貴州	6834.91	24	香港	4320.01
8	湖北	6758.62	25	廣西	4199.95
9	陝西	6472.70	26	黑龍江	4143.59
10	上海	6217.81	27	新疆	4041.82
11	福建	5998.96	28	西藏	3976.10
12	臺灣	5741.58	29	山西	3862.51
13	北京	5582.56	30	甘肅	3813.82
14	河南	5529.20	31	海南	3778.67
15	湖南	5345.64	32	寧夏	3575.03
16	內蒙古	5180.37	33	青海	3266.88
17	遼寧	5090.50	34	澳門	3011.91

2015 中國最具幸福感城市排行榜

城市幸福感是指城市市民主體對所在城市的認同感、歸屬感、安定感、滿足感，以及外界人群的嚮往度、讚譽度。其特徵是：市民普遍感到城市宜居宜業，地域文化獨特、空間舒適美麗、生活品質良好，生態環境優化，社會文明安全，社會福利及保障水平較高。

《GN 中國幸福感城市評價指標體系》由包括滿足感指數，生活質量指數，生態環境指數，社會文明指數，經濟福利指數在內的 5 項一級指標、21 項二級指標、47 項三級指標組成。

青岛

2015 中國最具幸福感城市排行榜

排名	城市	總分	排名	城市	總分
1	青島	94.27	16	澳門	80.22
2	杭州	93.79	17	金華	78.87
3	惠州	93.10	18	徐州	78.43
4	珠海	92.70	19	合肥	78.08
5	煙臺	92.10	20	寧波	77.36
6	哈爾濱	91.57	21	梅州	76.94
7	成都	90.19	22	揚州	75.47
8	信陽	89.16	23	四平	74.84
9	濟南	88.31	24	牡丹江	73.76
10	南京	87.97	25	郴州	73.41
11	威海	86.59	26	東營	72.66
12	肇慶	85.98	27	撫順	72.03
13	蘇州	84.19	28	玉溪	71.87
14	柳州	82.48	29	通化	71.21
15	重慶	81.04	30	烏蘭察布	70.85

2015 中國十大創新城市排行榜

創新城市是指以科技創新為動力、以文化創新為基礎、以增強自主創新能力為主導、以轉變經濟增長方式為中心、以提高城市競爭能力為目標的城市。其特徵是：具備創新意識，積聚創新資源，發揮創新作用，創造創新成果，把創新作為基本驅動力推動城市的發展，高端輻射或引領其所在城市群以及更大範圍的其他區域。

深圳

《GN 中國創新城市評價指標體系》由包括經濟創新指數、政治創新指數、科教創新指數、文化創新指數、生態環保創新指數在內的 5 項一級指標、28 項二級指標、123 項三級指標組成。

2015 中國十大創新城市排行榜		
排名	城市	總分
1	深圳	91.58
2	西安	90.40
3	蘇州	89.29
4	北京	87.74
5	上海	85.19
6	杭州	84.53
7	天津	83.18
8	廣州	81.23
9	南京	80.13
10	武漢	79.46

2015 中國十佳誠信政府排行榜

誠信政府是指政府在指導和參與經濟社會活動過程中表現出的守信程度。其特徵是：信守承諾，政務公開，履約率高，依法依規辦事，公共形象好，投資者滿意度高，經濟開放度高，經濟發達。

《GN 中國誠信政府評價指標體系》由包括政府信用評級指數，政務公開指數，政府公共形象指數和經濟行為指數在內的 4 項一級指標、15 項二級指標、60 項三級指標組成。

2015 中國十佳誠信政府排行榜		
排名	城市	總分
1	新北	92.87
2	青島	91.46
3	澳門	90.51
4	香港	89.21
5	徐州	88.20
6	濟南	87.70
7	六盤水	85.49
8	四平	84.96
9	合肥	82.25
10	南昌	80.58

新北市

2015 中國城市管理十大傑出政要排行榜

城市管理傑出政要主要特徵是：城市規劃超前、城市理念創新、城市建設合理、城市運營科學、城市管理國際化、城市領導魄力。

《GN 中國城市管理傑出政要評價指標體系》由包括城市規劃、城市建設、城市運營、城市管理國際化、領導魄力等 4 項一級指標、32 項二級指標構成。

2015 中國城市管理十大傑出政要排行榜

排名	傑出政要
1	北京市長王安順
2	深圳市長許勤
3	廣州市長陳建華
4	杭州市長張鴻銘
5	濟南市長楊魯豫
6	西安市長董軍
7	合肥市長張慶軍
8	太原市長耿彥波
9	信陽市長喬新江
10	無錫市長汪泉

北京市長 王安順

深圳市長 許勤

廣州市長 陳建華

杭州市長 張鴻銘

濟南市長 楊魯豫

西安市長 董軍

合肥市長 張慶軍

太原市長 耿彥波

信陽市長 喬新江

無錫市長 汪泉

2015 中國十佳空氣品質城市排行榜

空氣品質城市是指城市空氣品質日均值達到國家一級標準，空氣品質為優，區域污染物濃度很低（二氧化硫、二氧化氮、PM10、PM2.5、臭氧等等），符合自然保護區、風景名勝區空氣品質要求。

《GN 中國空氣品質城市指標體系》由環境指標、政策法規指數、基礎設施指數 3 項一級指標、25 項二級指標組成。

延邊

2015 中國十佳空氣品質城市排行榜		
排名	城市	總分
1	延邊	89.01
2	三明	87.11
3	三亞	85.85
4	舟山	84.25
5	呼倫貝爾	83.67
6	拉薩	82.29
7	中山	80.72
8	丹東	79.16
9	普洱	78.82
10	張家界	76.16

2015 中國最美麗城市排行榜

美麗城市的主要特徵是城市規劃設計合理，基礎設施完善，建築個性鮮明且整體協調，文化底蘊深厚，自然環境優美。

《GN 中國美麗城市評價指標體系》由包括城市規劃設計美、城市基礎設施美、城市建築美、城市文明美、城市自然環境美和城市公眾口碑美在內的 6 項一級指標、17 項二級指標、62 項三級指標組成。

2015 中國最美麗城市排行榜			
排名	城市	美態定位 2015	總分
1	杭州	湖光山色美	93.68
2	拉薩	高原聖城美	93.47
3	深圳	青春都市美	93.32
4	青島	碧海帆船美	92.15
5	大連	北方時尚美	92.03
6	銀川	西夏古都美	91.86
7	惠州	山湖綠地美	90.61
8	哈爾濱	北國風光美	90.33
9	信陽	山水茶都美	89.29
10	煙臺	蓬萊仙境美	88.84
11	珠海	恬靜閑適美	88.37
12	臨滄	天下茶尊美	88.07
13	肇慶	硯都綠道美	86.22
14	昆明	浪漫春色美	86.73
15	南寧	南國綠城美	85.32
16	徐州	兩漢文風美	85.02
17	牡丹江	林海雪鄉美	84.86
18	柳州	青山秀水美	84.31
19	秦皇島	觀海聽濤美	83.36
20	安順	奇山異水美	83.25
21	烏魯木齊	西域風情美	82.91
22	咸陽	秦川帝都美	82.60
23	吉林	松江綠帶美	81.86
24	玉林	五彩田園美	81.05
25	貴陽	山水黔都美	80.50
26	聊城	江北水城美	79.27
27	欽州	南海之濱美	78.95
28	玉溪	碧水仙湖美	78.42
29	澳門	西洋遺韻美	76.86
30	普洱	古道茶香美	75.91

杭州

2015 中國最乾淨城市排行榜

最乾淨城市是指：城市綠化覆蓋率高，建築物整潔美觀，主次幹道、街巷路面清潔，垃圾、汙水處理率高，城市清掃保潔制度落實到位。

《GN 中國最乾淨城市評價指標體系》包括城市綠化指數、建築物整潔美觀指數、生活環境清潔指數、廢棄物處理指數、清掃保潔指數等 5 項一級指標、21 項二級指標組成。

2015 中國最乾淨城市排行榜		
排名	城市	總分
1	香港	88.78
2	澳門	87.47
3	臺北	85.46
4	廈門	84.63
5	大連	83.23
6	柳州	82.01
7	福州	81.20
8	無錫	80.17
9	濱州	79.47
10	紹興	78.72

2015 中國十佳和諧發展城市排行榜

和諧發展城市是指人與自然、社會與經濟、政府與市民的共生、有序狀態，是對城市和諧有效發展綜合評價。其特徵是：民主法治、公平正義、誠信友愛、充滿活力、安定有序、人與自然和諧相處。

《GN 中國和諧發展城市評價指標體系》由包括生活品質指數，社會公平指數，居民幸福指數，社會安全指數，城市生態指數、城市人文指數在內的 6 項一級指標、12 項二級指標、42 項三級指標組成。

2015 中國十佳和諧發展城市排行榜		
排名	城市	總分
1	合肥	90.91
2	金華	88.21
3	澳門	87.68
4	東營	86.63
5	湘潭	86.49
6	欽州	85.72
7	克拉瑪依	84.34
8	遵義	82.54
9	洛陽	81.04
10	渭南	80.08

2015 中國十佳食品安全城市排行榜

食品安全指食品無毒、無害，符合應當有的營養要求，對人體健康不造成任何急性、亞急性或者慢性危害。同時，食品安全也是大眾話題，需要政府的持續監督管理。

《GN 中國食品安全城市評價指標體系》由食品品質安全、食品法規、食品安全監督與管理、食品安全技術與資金支持和食品安全信息、教育、交流和培訓在內的 5 個一級指標、15 個二級指標和 49 個三級指標構成。

2015 中國十佳食品安全城市		
排名	城市	總分
1	香港	93.52
2	澳門	92.95
3	高雄	91.27
4	佳木斯	88.63
5	宜昌	86.45
6	齊齊哈爾	85.81
7	西寧	84.73
8	銀川	82.40
9	濰坊	80.48
10	秦皇島	79.36

2015 中國十佳投資環境城市排行榜

城市投資環境是指城市對投資者所能提供的現有支持條件。其特徵是：城市經濟發展現狀良好，基礎設施完善，配套設施充足，法制建設完備，投資扶持能力強，投資回報率高。

《GN 中國城市投資環境評價指標體系》由包括經濟發展指數，資源狀況指數，城市形象指數和政府行為指數在內的 4 項一級指標、16 項二級指標、51 項三級指標組成。

2015 中國十佳投資環境城市		
排名	城市	總分
1	南寧	90.02
2	佛山	89.22
3	昆明	88.48
4	咸陽	87.21
5	衡陽	85.53
6	廊坊	84.90
7	六盤水	83.35
8	潮州	81.52
9	鎮江	80.71
10	四平	79.13

2015 中國十佳開發潛力城市排行榜

2015 中國十佳開發潛力城市		
排名	城市	總分
1	石家莊	89.97
2	昆明	88.24
3	連雲港	86.06
4	漳州	85.37
5	日照	84.13
6	贛州	82.76
7	開封	81.49
8	林芝	80.38
9	汕頭	79.91
10	百色	78.65

城市開發潛力是指城市未來經濟、社會、體制、文化等各方面具有的發展空間。其特徵是：地域位置獨特，潛能豐富，十一五規劃奠定的基礎好，十二五規劃發展的潛力大；國家扶持力度大，政策支持優勢明顯，投資者關注度高。

《GN 中國城市開發潛力評價指標體系》由包括政策傾向度指數、國家扶持度指數、投資者關注度指數、支持優勢指數在內的 4 項一級指標、21 項二級指標、62 項三級指標組成。

2015 中國一帶一路最具竞争力城市排行榜

「一帶一路」是合作發展的理念和倡議，其特徵是：依靠中國與有關國家既有的雙多邊機制，借助既有的、行之有效的區域合作平臺，主動地發展與沿線國家的經濟合作夥伴關係，共同打造政治互信、經濟融合、文化包容的利益共同體、命運共同體和責任共同體。

《GN 一帶一路最具競爭力城市指標體系》包括區位優勢指數、政策傾向指數、發展潛力指數、競爭優勢指數在內的 4 項一級指標、11 項二級指標、41 項三級指標。

2015 中國一帶一路最具競爭力城市排行榜		
排名	城市	總分
1	西安	89.40
2	烏魯木齊	88.26
3	蘭州	88.12
4	長春	87.96
5	鄭州	86.90
6	連雲港	84.90
7	廣州	84.61
8	福州	84.35
9	北海	82.43
10	海口	82.00

2015 中國最具國際影響力十大城市排行榜

國際影響力城市具有超群的政治、經濟、科技實力，具有全球性影響力。其特徵是:國際影響力大、開放度高、經濟發達、制度健全、管理有序、綜合服務能力強、城市具相當規模。

《GN 中國最具國際影響力城市評價指標體系》包括城市國際影響指數、對外開放指數、城市經濟指數、社會發展指數、城市綜合服務能力指數、城市規模指數在內的 6 項一級指標、14 項二級指標、47 項三級指標。

2015 中國最具國際影響力十大城市排行榜		
排名	城市	總分
1	香港	86.76
2	北京	85.09
3	臺北	84.93
4	上海	84.57
5	廣州	83.19
6	深圳	81.83
7	天津	81.32
8	重慶	80.35
9	蘇州	79.45
10	杭州	79.03

2015 中國城市科技競爭力排行榜

2015 中國城市科技競爭力排行榜		
排名	城市	總分
1	北京	6736.45
2	上海	6604.32
3	香港	4148.75
4	廣州	2749.45
5	深圳	2471.07
6	天津	2426.81
7	杭州	2111.35
8	臺北	2025.46
9	南京	1975.81
10	武漢	1956.82

城市科技競爭力是城市在科研投入、科學研發、科研成果轉換方面的相對優勢。城市的科技水準和它的經濟發展是互動的、相互促進的。

城市科技競爭力比較評價指標體系包括科技投入指數、科研人力資本指數、科研機構指數、科技創新指數和科研成果轉化指數 5 項一級指標、18 項二級指標。

2015 中國十佳投資環境縣排行榜

城市投資環境是指城市對投資者所能提供的現有支援條件。其特徵是：城市經濟發展現狀良好，基礎設施完善，配套設施充足，法制建設完備，投資扶持能力強，投資回報率高。

《GN 中國城市投資環境評價指標體系》由包括經濟發展指數，資源狀況指數，城市形象指數和政府行為指數在內的 4 項一級指標、16 項二級指標、51 項三級指標組成。

2015 中國十佳投資環境縣排行榜		
排名	縣	總分
1	浙江慈溪市	88.67
2	山東榮成市	86.54
3	湖南長沙縣	85.85
4	江蘇海門市	85.15
5	廣東開平市	83.30
6	福建閩侯縣	82.98
7	陝西高陵縣	81.23
8	湖北漢川市	80.50
9	雲南瑞麗市	79.65
10	四川郫縣	78.83

2015 中國十佳宜居縣排行榜

宜居城市是指對城市適宜居住程度的綜合評價。其特徵是：環境優美，社會安全，文明進步，生活舒適，經濟和諧，美譽度高。

《GN 中國宜居城市評價指標體系》由包括生態環境健康指數、城市安全指數、生活便利指數、生活舒適指數、經濟富裕指數、社會文明指數、城市美譽度指數在內的 7 項一級指標、48 項二級指標、74 項三級指標組成。

2015 中國十佳宜居縣		
排名	縣	總分
1	浙江新昌縣	86.71
2	福建泰寧縣	85.49
3	江蘇泗陽縣	83.43
4	黑龍江饒河縣	82.51
5	河南欒川縣	81.33
6	山東微山縣	80.23
7	江西武寧縣	79.71
8	四川儀隴縣	78.93
9	廣西容縣	78.17
10	貴州湄潭縣	76.01

2015 中國最美麗縣排行榜

美麗縣城（或縣級市）的主要特徵是規劃設計合理，歷史遺跡保存完善，特色建築個性鮮明，文化底蘊深厚，自然環境優美。

《GN 中國美麗縣城評價指標體系》由包括規劃設計美、歷史遺風美、特色建築美、鄉村文明美、自然環境美和公眾口碑美在內的 6 項一級指標、17 項二級指標、62 項三級指標組成。

2015 中國最美麗縣排行榜			
排名	縣城	美態定位 2015	總分
1	廣西陽朔縣	秀領天下美	92.27
2	浙江桐廬縣	瑤琳畫境美	92.03
3	吉林琿春市	北亞國門美	91.75
4	湖南鳳凰縣	水色邊城美	91.38
5	西藏江孜縣	徽風贛韻美	90.82
6	雲南滄源縣	世界佤鄉美	90.13
7	黑龍江漠河縣	不夜邊陲美	90.06
8	新疆布爾津縣	幻彩山湖美	89.60
9	貴州荔波縣	嫵媚黔鄉美	89.23
10	甘肅敦煌市	大漠絲路美	88.43
11	福建泰寧縣	丹峰雄嶠美	87.60
12	廣東大埔縣	溪江如繪美	87.08
13	福建南靖縣	土樓原著美	86.24
14	湖北鐘祥市	楚風神奇美	86.04
15	山東五蓮縣	奇山秀景美	85.60
16	浙江開化縣	錢塘古源美	85.13
17	陝西旬陽縣	夜色斑斕美	84.30
18	江蘇泗陽縣	平原綠海美	84.04
19	廣東連南縣	漢村瑤寨美	83.17
20	山西平遙縣	古晉遺風美	82.81
21	內蒙古多倫縣	草原商關美	82.15
22	湖南炎陵縣	酃峰祖脈美	81.21
23	北京延慶縣	海坨綠海美	80.56
24	遼寧桓仁縣	渤海桓州美	79.85
25	河北興隆縣	後山風水美	79.33
26	四川都江堰市	天府之源美	78.23
27	內蒙額爾古納市	雄雞引冠美	77.58
28	安徽省歙縣	徽脈發祥美	77.12
29	貴州江口縣	武陵正源美	76.38
30	雲南建水縣	文獻名邦美	75.61

陽朔

2015 中國最具幸福感縣級城市排行榜

城市幸福感是指城市市民主體對所在城市的認同感、歸屬感、安定感、滿足感，以及外界人群的嚮往度、讚譽度。其特徵是：市民普遍感到城市宜居宜業，地域文化獨特、空間舒適美麗、生活品質良好，生態環境優化，社會文明安全，社會福利及保障水準較高。

《GN 中國幸福感城市評價指標體系》由包括滿足感指數，生活品質指數，生態環境指數，社會文明指數，經濟福利指數在內的 5 項一級指標、21 項二級指標、47 項三級指標組成。

2015 中國最具幸福感縣級城市排行榜

排名	城市	總分	排名	城市	總分
1	浙江桐廬縣	92.06	16	湖北潛江市	84.26
2	山東即墨市	91.86	17	廣東高要市	83.85
3	內蒙古伊金霍洛旗	91.24	18	江蘇江都區	83.54
4	江蘇揚中市	90.48	19	四川新津縣	82.10
5	浙江余姚市	90.14	20	福建沙縣	81.29
6	重慶雲陽縣	89.30	21	河南商城縣	80.38
7	江蘇太倉市	89.17	22	廣西賓陽縣	79.84
8	吉林榆樹市	89.06	23	山東萊州市	79.09
9	遼寧海城市	88.52	24	重慶永川區	78.28
10	山東章丘市	88.17	25	貴州盤縣	77.98
11	四川雙流縣	87.81	26	江蘇高淳區	77.33
12	江蘇海安縣	87.52	27	四川富順縣	76.56
13	湖南長沙縣	87.04	28	安徽繁昌縣	75.83
14	浙江溫嶺市	86.36	29	江西樟樹市	74.33
15	福建晉江市	85.24	30	雲南鎮雄縣	74.19

2015 中國十大美麗鄉鎮排行榜

2015 中國十大美麗鄉鎮排行榜

排名	鄉鎮	美態定位	總分
1	北京門頭溝區王平鎮	京西古道美	93.79
2	江蘇無錫市鵝湖鎮	蕩口古鎮美	92.17
3	廣西玉林市茂林鎮	農業公園美	91.32
4	陝西禮泉縣煙霞鎮	關中俚俗美	90.54
5	河南信陽市金剛台鎮	競秀聯村美	89.08
6	內蒙古呼倫貝爾室韋鎮	中俄交融美	87.61
7	西藏山南區澤當鎮	藏源之城美	86.40
8	貴州安順市舊州古鎮	大明遺韻美	84.13
9	四川瀘州市福寶鎮	古鎮遺風美	83.36
10	山東煙臺市南長山鎮	黃渤漁寨美	82.85

美麗鄉鎮的主要特徵是規劃設計合理，歷史遺跡保存完善，特色建築個性鮮明，文化底蘊深厚，自然環境優美。

《GN 中國美麗鄉鎮評價指標體系》由包括規劃設計美、歷史遺風美、特色建築美、鄉村文明美、自然環境美和公眾口碑美在內的 6 項一級指標、17 項二級指標、62 項三級指標組成。

2015 中國城市文化形象競爭力排行榜

城市文化形象不僅僅是城市在各種感觀上給人的印象和感受，而且是城市內部諸要素，包括歷史文化、市民意識、城市景觀及城市氛圍給人形成的一種潛在的和直觀的反映和評價。

城市文化競爭力比較評價指標體系包括文化設施指數、文化意識指數、文化資源指數、城市行銷能力指數等 4 項一級指標、16 項二級指標。

北京

2015 中國城市文化形象競爭力排行榜

排名	城市	得分
1	北京	5177.60
2	上海	4146.95
3	深圳	3633.38
4	香港	3081.81
5	廣州	3060.07
6	杭州	1679.99
7	蘇州	1458.93
8	南京	1375.11
9	西安	1194.81
10	武漢	1157.81

2015 中國省區、直轄市人均財富競爭力排行榜

2015 中國省區、直轄市人均財富競爭力排行榜

排名	省域	得分
1	香港	92.25
2	北京	90.66
3	臺灣	89.82
4	上海	89.06
5	澳門	87.62
6	天津	86.17
7	江蘇	84.98
8	浙江	82.75
9	廣東	81.99
10	福建	81.04

人均財富競爭力特徵是：區域經濟發展良好，居民收入高，失業率低，社會保障完善，可持續發展能力強。

《GN 中國省區、直轄市人均財富競爭力評價指標體系》由經濟發展指數、人均收入指數、人均社會福利共用指數、人均宜居環境共用指數、人均可持續發展共用指數在內的 5 項一級指標、20 項二級指標構成。

香港

2015 中國縣域綜合競爭力百强排行榜

城市綜合競爭力是指一個城市整合自身經濟資源、社會資源、環境資源與文化資源參與區域資源配置競爭及國際資源配置競爭的能力。

《GN 中國縣域級市綜合競爭力評價指標體系》涵蓋經濟、社會、環境、文化四大系統，由包括綜合經濟競爭力指數、產業競爭力指數、財政金融競爭力指數、商業貿易競爭力指數、基礎設施競爭力指數、社會保障競爭力指數、區位競爭力指數、創新競爭力指數和文化形象競爭力指數等在內的 10 項一級指標、30 項二級指標、102 項三級指標組成。

昆山

2015 中國縣域綜合競爭力百強排行榜

排名	城市	分數	排名	城市	分數
1	江蘇昆山市	97.37	51	江蘇邳州市	81.76
2	江蘇江陰市	97.04	52	山東招遠市	81.33
3	江蘇張家港市	96.69	53	山東萊西市	81.05
4	江蘇常熟市	96.45	54	江蘇興化市	80.75
5	江蘇宜興市	95.85	55	福建石獅市	80.64
6	浙江慈溪市	95.59	56	河南鞏義市	80.41
7	江蘇太倉市	95.06	57	江蘇東台市	80.29
8	福建晉江市	94.87	58	浙江桐鄉市	79.98
9	浙江義烏市	94.49	59	江蘇海安縣	79.82
10	浙江諸暨市	93.75	60	河南新鄭市	79.54
11	內蒙古准格爾旗	93.28	61	江西南昌縣	79.14
12	江蘇丹陽市	92.95	62	遼寧大石橋市	78.76
13	山東即墨市	92.63	63	江蘇沭陽縣	78.31
14	湖南長沙縣	92.39	64	河北三河市	78.05
15	山東龍口市	92.02	65	江蘇泰興市	77.51
16	遼寧瓦房店市	91.66	66	福建長樂市	77.35
17	浙江余姚市	91.51	67	河北武安市	76.94
18	山東膠州市	91.10	68	江蘇沛縣	76.58
19	湖南瀏陽市	90.79	69	河北任丘市	76.49
20	山東榮成市	90.71	70	山東高密市	75.96
21	山東滕州市	90.28	71	河南滎陽市	75.58
22	浙江溫嶺市	90.13	72	河北遵化市	75.30
23	遼寧海城市	89.95	73	山東青州市	74.61
24	江蘇海門市	89.68	74	遼寧東港市	74.44
25	山東章丘市	89.23	75	吉林公主嶺市	73.69
26	湖南寧鄉縣	89.02	76	福建惠安縣	73.50
27	四川雙流縣	88.67	77	山東蓬萊市	73.30
28	山東新泰市	88.40	78	浙江平湖市	72.36
29	河北遷安市	88.06	79	江蘇大豐市	72.09
30	遼寧普蘭店市	87.46	80	安徽肥西縣	71.87
31	山東平度市	87.10	81	廣東博羅縣	71.52
32	福建南安市	86.81	82	山東桓台縣	71.19
33	山東鄒城市	86.57	83	遼寧新民市	70.77
34	山東廣饒縣	86.36	84	湖北大冶市	70.37
35	山東鄒平縣	85.91	85	江蘇金壇市	70.10
36	浙江瑞安市	85.72	86	遼寧鳳城市	69.92
37	遼寧莊河市	85.10	87	江蘇儀征市	69.63
38	山東壽光市	84.99	88	河北固安縣	69.55
39	福建福清市	84.24	89	黑龍江肇東市	69.41
40	江蘇啟東市	83.86	90	浙江臨海市	69.10
41	江蘇如皋市	83.58	91	湖南醴陵市	68.95
42	山東諸城市	83.47	92	浙江東陽市	68.59
43	浙江樂清市	83.26	93	江蘇句容市	68.53
44	浙江海寧市	82.85	94	福建閩侯縣	68.45
45	江蘇靖江市	82.76	95	遼寧遼中縣	68.08
46	江蘇溧陽市	82.64	96	福建平潭縣	67.72
47	新疆庫爾勒市	82.48	97	浙江嘉善縣	67.51
48	山東萊州市	82.07	98	江蘇揚中市	67.29
49	天津靜海縣	81.93	99	浙江玉環縣	66.91
50	山東肥城市	81.84	100	福建安溪縣	66.83

新常態下香港競爭力基本評價

■ 文 / 中國城市競爭力研究會課題組

一、序言

經濟全球化，各類資源在全球範圍內自由流動、重組，其強大的能力聚集給全球經濟帶來深遠影響。中國經濟迅速崛起，成為全球經濟大國，國際影響力日漸強大，反觀香港，社會爭拗不斷，競爭力持續下降。在我會發佈的“2013 中國城市綜合競爭力排行榜”研究成果中，連續 12 年高居榜首的香港首次被上海超越。對香港而言，如何在新常態下，瞭解自身發展狀況，把握全球經濟發展趨勢，在比較與借鑒中，知己知彼，爭創新優勢，進一步提升國際競爭力勢在必行。

我會通過對比分析全球國際性城市及中國 358 個城市的經濟、社會、文化、環境等諸多因素，概括出香港最具競爭力的十大優勢、影響香港競爭力的十大劣勢，並在此基礎上提出提升香港競爭力的十大戰略構想。當下，港府需高度重視，在國家新的戰略佈局中，充分發揮其獨特優勢，抓住新機遇，制定“香港中長期競爭戰略規劃”，確立競爭戰略與策略，提升香港綜合競爭力。

二、優勢分析

2.1 全球最具競爭力、最自由開放的經濟體

在全球多家諮詢智庫機構調查研究結果中，香港均被評為全球最自由開放的經濟體，並連續 14 年被美國傳統基金會評為全球最自由經濟體。

2.2 四大核心產業，最具競爭力的基石

離岸人民幣清算平臺的參加銀行已達 209 家；貿易及物流業亦從簡單地搬運貨櫃箱向供應鏈管理、協力廠商物流等方向發展；旅遊業充滿活力；專業服務業以國際一流水平服務於各行各業。四大核心產業已成為香港競爭力的奠基石。

2.3 健全完善的法律制度，競爭力最堅實的制度基礎

香港之所以能夠成為全球最具競爭力、最自由開放的經濟體之一，很大程度上歸功於其健全完善的法律制度。良善之法、司法獨立、公平高效的法制制度使香港獲得良好的國際聲譽。

2.4 廉潔守信透明的香港政府，最具競爭力行政主體

政府廉潔主要是其擁有良好的制度、廉政公署的獨立性以及社會民眾對政府廣泛而自由的監督。財政預算公開透明，完全毫無保留的向公眾展示，並接受公眾的查詢和諮詢。

2.5 發達的教育，國際化視野，競爭力最重要的戰略資源

香港教育發達，香港大學世界排

名 28 位，高於大陸清華等知名高校。發達的教育使得香港擁有一大批受過良好西方教育、具有國際化視野的高層次人才，這些都是競爭力最重要的戰略資源。

2.6 專業敬業的公務員隊伍，拼搏的港人，競爭力重要的人力資源

在香港簡約構架的背景下，公務員數量少，目前僅占勞動人口的 5%。儘管人數不多，但都十分幹練，各司其職，為民眾提供專業服務，推動香港高效運轉。港人的拼搏精神在全世界有口皆碑。

2.7 公平、正義、新聞自由的核心價值觀，最具競爭力的現代理念

香港是一個經濟發展程度與社會文明程度均很高的城市，正是憑藉著自由、公平競爭的經濟政策，和諧穩定的社會環境，以及逐漸形成的價值觀念，香港經濟在上世紀 60、70 年代迅速增長，並在 80 年代實現經濟騰飛，躋身“亞洲四小龍”。

2.8 享譽全球的國際聲譽，最具競爭力無形資產

香港在專業人才、商業環境、國際金融中心、旅遊資源等均享譽全球。在國際商界眼裡，香港是一個高度國際化的品牌。各國外機構爭相進駐香港，一個重要原因是香港處處充滿商機，讓國際社會對香港的未來充滿信心。

2.9 安全良好的營商和社會治安環境，最具競爭力的投資環境

香港是一個沒有貿易障礙的免稅港：在經濟方面政府幹預很少；資金自由流動，金融與銀行業限制少；法治歷史悠久，產權觀念牢固。社會治安方面，從香港每年發佈報告書上公開的數據來看，香港仍然是世界治安最好的城市之一。

2.10 背靠大陸的獨特優勢，最具競爭力的要素條件

憑藉“一國兩制”和借助背靠大陸的獨特優勢，香港數次化解金融危機帶來的衝擊。目前，香港是內地最重要的貿易夥伴、最大的外資來源地、最重要的經濟合作夥伴和內地對外投資的最大目的地。

（圖一 香港與內地城市產業競爭力比較圖）

注：資料來源於《中國城市競爭力年鑒 2014》

表一 內地部分城市 GDP 預計超越香港的時間 單位：億元

城市	2015	2016	2017	2018
香港	17563	17949	18344	18748
廣州	**18410**	20288	22357	24638
深圳	**17569**	19291	21181	23257
天津	**17624**	19757	22147	24827
重慶	16020	**17990**	20203	22688
蘇州	14742	16098	17579	**19197**

注：按 2014 年各城市近三年平均 GDP 增長率估算

三、劣勢分析

3.1 港府缺乏長期競爭力戰略規劃，龍頭地位已被取代

上世紀八十年代後期，香港製造業自發的向珠三角地區轉移，但在製造業大量外遷時，港府並未適時制定產業引導政策，由此引發的製造業空心化問題開始困擾香港。回歸前總督都是由倫敦指派，在這個過程中，倫敦不需要戰略決策型人才，導致香港的戰略規劃不具有長期性。據《中國城市競爭力年鑒 2014》資料顯示，香港綜合競爭力被上海超越，龍頭地位已不保。產業競爭力指標排名遠遠落後於上海、蘇州、深圳、天津、廣州、北京等內地城市（如圖一）。

3.2 產業結構單一，實體經濟缺乏，不具長遠競爭優勢

現階段香港主要以金融、貿易及物流等產業為主，產業結構過於單一，缺乏相應的實體經濟，而金融業最容易受全球經濟波動的影響。2008 年後，香港 GDP 增長率一直不高，近三年，

香港經濟平均增長率為2.2%，而中國大陸為8.1%。香港競爭優勢已逐漸弱化，GDP總量已先後被上海、北京超越，2015年將被廣州、深圳超越，2016年後將被更多的內地城市超越（如表一）。

3.3 服務業面臨激烈競爭，競爭力弱化

香港經濟以服務業為主導，但是香港的服務業規模普遍較小，受資源和經營規模的限制，影響了內地企業對香港服務業專業水平的正確評價，嚴重阻礙香港服務業向外擴張。

3.4 金融、貿易航運、旅遊地位面臨挑戰，威脅與日俱增

中國政府對上海"金融中心"的定位，深圳前海的開發以及新加坡等城市的不斷強大，衝擊著香港的國際金融地位。貿易航運方面，中國加入世貿組織之後，更多企業選擇直接在內地採購及付運，上海、深圳的港口集裝箱輸送量已超越香港（如圖二）。

3.5 土地供求失衡，房地產業存遠憂隱患

香港土地短缺、供求失衡，導致房地產價格虛高，嚴重阻礙香港經濟社會的發展。房地產市場的壟斷嚴重，前三名佔有50%以上的份額，這些地產巨頭在很大程度上主導著商品房的定價權，進一步造成房地產市場失衡。

3.6 創新動力及資金投入不足，科技創新停滯不前

香港政府統計處資料顯示，2013年香港每萬名勞動力中科研數僅為芬蘭的1/3，韓國的2/3左右，與創新強國相比存在明顯差距。2013年香港的研發費用僅占其生產總值的0.75%，創新投資比例與科技強國及內地城市差距懸殊，甚至不及非洲國家肯尼亞的0.98%（如圖三）。

3.7 政府管制步履維艱，行政效率低下

圖二 2014年上海、香港等城市集裝箱輸送量圖 單位：萬標準箱

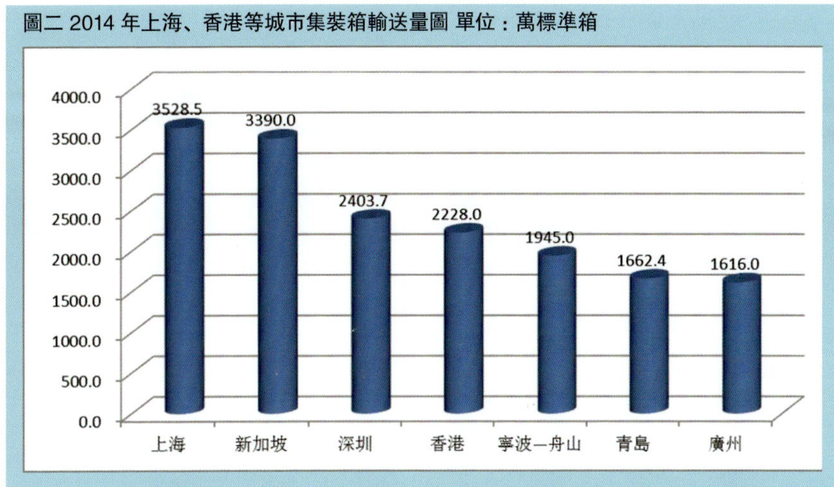

圖三 香港和其他國家、地區R&D投入比例圖

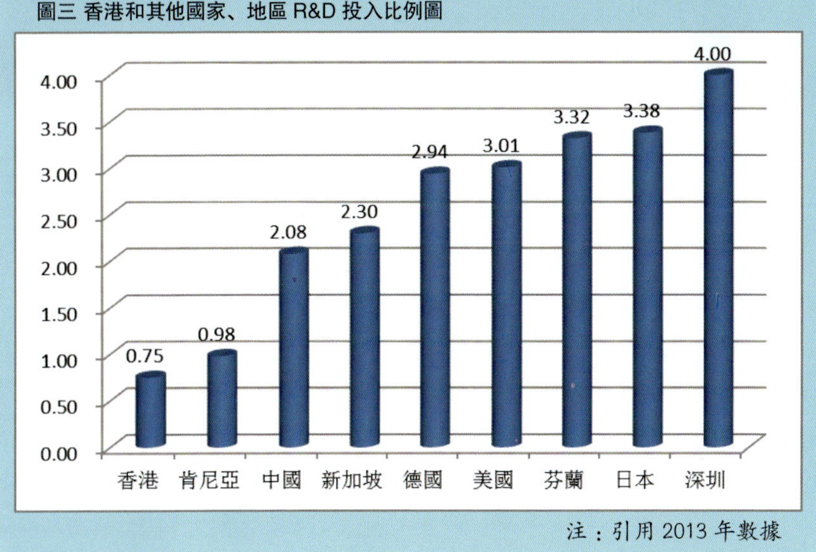

注：引用2013年數據

現時的港府決策一項規劃、制定一項政策，通常是諮詢與討論，否決與再否決的無限重複，毫無效率可言。其深層次的原因是行政、立法相互推諉，導致政府在立法會議是有權無票，而立法會議的政黨是有票無權，導致政府行政效率低下。

3.8 社會紛爭，貧富擴大，內耗加劇，發展受阻

近幾年，香港社會紛爭不斷，經濟增長緩慢，帶來分配不公、貧富差距擴大、物價上漲、樓價飆升、青年向上流動空間狹窄等一系列問題，嚴重阻礙香港經濟健康有序發展。港府曾想有所作為，但是受到政治環境極大掣肘，令香港的重大施政舉步維艱。

3.9 中港文化差異帶來的挑戰，新生代缺乏對國情的瞭解

香港人與大陸人在思想、行為舉止、說話方式等方面，都存在著較大的差異。港人擔心資源被內地分享，更擔心被內地文化所同化，失去自我。由於教育原因，香港新生代缺乏對國情的足夠瞭解。

3.10 老大自居，反應遲緩，錯失良機，國內資源未盡其用

一直以來，香港以老大自居，看不上內地城市，未在經濟轉型、產業升級、科技創新、融入珠三角、國家部署的發展戰略機遇期抓住機會，反應遲緩，錯失很多依靠大陸發展的良機，使香港競爭力面臨很大壓力。

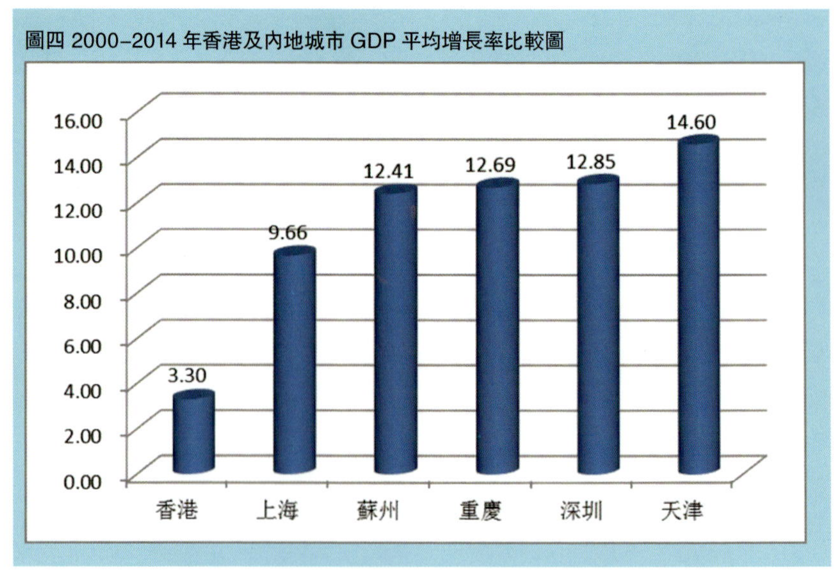

四、提升香港競爭力的戰略思考

4.1 港府高度重視，即刻組建香港競爭力研究專案組

港府應高度重視香港競爭力整體日益下降問題，在瞭解自身優勢的同時，充分認識在發展過程中存在的不足，即刻組建香港競爭力研究專案組，開展香港競爭力專題研究。

4.2 著手制定香港競爭力戰略規劃，研究清晰可行的產業政策

根據香港實際情況，制定香港競爭力提升戰略規劃，確立香港近、中、遠期的競爭策略，確定香港的戰略目標，研究清晰可行的產業政策和措施。

4.3 強化金融、貿易、航運、旅遊戰略地位，保持競爭優勢

進一步強化金融、貿易、航運、旅遊戰略地位，保持競爭優勢。利用人民幣離岸中心地位和滬港通，鞏固和提高香港國際金融中心地位；充分利用背靠內地的優勢，加強與內地各省市的經貿合作，確保貿易中心地位。

4.4 激發創新活力，發展高新技術產業，提升科技競爭優勢

多管齊下，大膽創新，尤其是要加強科技創新。發展高新技術產業，提升香港科技競爭力。儘快成立科技局，促進科技創新，在政策上進行引導，加大科技創新投入，提高科技成果轉化率。

4.5 整合全球高端資源，積極尋找經濟增長新動力，培育競爭新優勢

加大全球高端資源的整合力度，優化資源配置，發展總部經濟，使更多的跨國企業進駐香港或在香港設置區域管理總部，引導全球高科技企業在港設立科研基地，為香港經濟的發展和香港國際地位的進一步提升服務。

4.6 以經濟建設為核心，放下爭拗，構建和諧社會

香港是經濟城市，不該淪為政治城市，香港社會各界應以經濟建設為核心，大力發展自身經濟，而不應該被政治爭拗所影響，以致錯失發展良機。港府應對經濟發展過程中產生的貧富差距擴大等問題採取相應措施，實現社會和諧。

4.7 加強對新生代的國情教育，深化中港文化交流，增強互信

加強對新生代的國情教育，加大對基本法和“一國兩制”的推廣力度，廣泛宣傳基本法，使之增強對國家的認同感和向心力；加強中港文化交流，讓愛國愛港成為主流價值觀。

4.8 放下身段，學習借鑒深圳、上海成功經驗

當下，香港應該放下身段，向深圳、上海、天津等城市學習其發展的成功經驗，加強與內地城市的交流與合作，結合自身實際，利用自身優勢，大膽創新，深挖香港發展潛力，以經濟建設為發展根本目標，實現經濟社會平穩發展。

4.9 與珠三角及國內其它城市緊密合作，用足用好中央對港政策

香港社會各界必須充分認識到背靠大陸是香港發展之本，應充分利用和落實好中央政府支持香港進一步發展、深化內地與香港合作的政策措施，鞏固和提高其作為國家對外開放的橋樑和紐帶的地位，積極加強與珠三角及國內其他地區的緊密合作。

4.10 抓住機遇，充分發揮香港在“一帶一路”國家戰略佈局下的獨特作用

香港必須把握“一帶一路”國家戰略的機遇，加強與沿線國家和地區的經濟合作，充分發揮香港獨特的國際市場競爭優勢、融資和資產管理優勢，扮演好自己重要的角色。

第一篇　2014 年度中國城市綜合競爭力排行榜 [①]

1.1 綜合競爭力的四維度

城市綜合競爭力，越來越受到人們廣泛關注。城市綜合競爭力，是城市經濟實力的重要體現，它是多維度、多層次、複雜的系統結構。《中國城市綜合競爭力比較評價指標體系》認為：現代城市的綜合競爭力指的是一個城市整合自身經濟資源、社會資源、環境資源與文化資源參與區域配置競爭及國際資源配置競爭的能力，是城市經濟、社會、環境等綜合發展能力的集中體現。該指標的其中一個重要作用在於它反映某城市在一定區域內同外界發生的物質、能量、信息交流與集聚能力，也體現城市的其他能力，如生產能力、交流能力、科技創新能力及社會全面進步及其對外影響力等。全球化的浪潮一波未平一波又起，與此同時資源的配置離不開市場的影響，在此過程中，資源的稀缺性是一個不容忽視的因素，資源的流動性是使資源實現向高效率的地方集聚的重要力量。從資源的主要集聚方向可以有效的分析一個城市的綜合競爭力，通常從以下四個方面來考察：經濟系統、社會系統、環境資源區位系統和文化系統四個方面。

經濟系統是指由相互聯繫和相互作用的若干經濟元素形成的，具有特定功能的有機整體。廣義的經濟系統指的是物質生產系統和非物質生產系統中相互聯繫、相互作用的一些經濟元素組成的有機整體。城市的經濟系統這個概念可以用於反映該城市在創造財富、吸引和整合各種資源進行生產以滿足市民物質需要的能力，它與城市居民生活水平的聯繫是方方面面的。人們在一般情況下界定的城市競爭力就是對於經濟系統的競爭力，由此可見一個城市經濟系統競爭力在整個城市綜合競爭力價值體系中佔有重要地位。

我會對城市綜合競爭力價值評價體系的研究中分析得出，經濟系統在城市綜合競爭力中處於核心地位，它在整體評價體系的十大一級單項競爭力指標中，包涵了五大單項競爭力。即經濟競爭力、財政金融競爭力、產業競爭力、基礎設施競爭力與商業貿易競爭力。經濟競爭實力由城市多種生產要素有機結合而成，刻畫了城市的整體實力和發展效益以及發展水平，反映了對所在區域乃至國家的影響力。這種經濟競爭實力，著眼點在於質量和效率。它不只是關注各種發展要素總量或規模所形成的某種靜態經濟實力，其經濟發展水平、人均指標以及單位指標，如人均 GDP 等都是其考察的重要對象。經濟競爭力不是一個絕對量，而是一個相對概念，它用於橫向比較城市間競爭力，並且放眼于過去與現實，同時關注城市經濟發展潛力與增長後勁。經濟競爭力注重城市的綜合經濟表現，重點考察城市創造財富、集聚和整合各種資源進行生產的能力，也體現了城市居民參與財富分配的能力，因此它顯示性地體現出一個城市的綜合競爭力。產業競爭力指某國或某一地區的某個特定產業相對於他國或地區同一產業在生產效率、滿足市場需求、持續獲利等方面所體現的競爭能力。它從城市的產業效率、產業結構、產業集聚能力等方面出發，主要考察城市在參與區域產業分工及國際產業分工方面的相對競爭優勢，作為城市發展的基礎，產業競爭力在城市綜合競爭力中同樣具有非常重要的作用；城市財政競爭力和金融競爭力的統稱為城市財政金融競爭力，該指標體現了城市在公共財政及其金融體系在集聚資本方面的相對優勢，如今社會化大生產緊鑼密鼓的進行，無論資本密集型生產，還是技術密集型生產都需要大量的資金，資金不管在何時何地都處於稀缺資源的狀態，一個城市若能擁有有效的財政融資能力和發達的城市金融系

[①] 中國城市競爭力比較評價指標體系的設置及其評價方法請參見附錄 1 及附錄 2。另外，某城市在一特定分項競爭力或整體競爭力上得分為負，只是說明其競爭力水平在整體平均水平之下，而不是其競爭力為負值。具體的說明請見附錄 1 及附錄 2。

統，便能掌控城市消費的命脈，保證和促進城市經濟的有效運行。因此城市財政金融體系是一個城市持續發展的初始條件和基本要素；城市商業貿易競爭力則體現了一個城市在區域性及全球性商品貿易流通中的地位及輻射能力，城市商業貿易競爭力是一個城市商貿往來的活躍程度及經濟發展的主要原動力，對城市的進步和發展有著不可估量的促進作用。城市起源於商業貿易，商業貿易作為城市的重要功能，城市的流通能力和市場的活躍性反映了城市的綜合商業貿易競爭能力。此外，城市基礎設施競爭力是指城市在為經濟發展和居民生活提供基本的公共設施方面的能力，滿足經濟發展需求和居民生活需要的完善的配套公共設施建設，是保證城市人才流、信息流、物流、價值流發揮有效作用的基本物質條件，城市的基礎設施建設關系到城市日常工作的運轉和效率的提高。

城市社會體制競爭力是城市社會系統中的唯一維度，體現了城市在社會公平、社會保障、社會治安、醫療保健及社會管理各個方面的能力，是城市綜合競爭力的軟環境方面的具體體現。城市社會體制競爭力是城市綜合競爭力的體現與結果，與城市綜合競爭力密不可分，二者具有作用力與反作用力的相互關系，城市社會體制競爭力也反作用於城市綜合競爭力。較強的城市社會體制競爭力體現社會的良好風氣，也說明社會安定及社會保障體系完善，城市人文環境和諧等積極方面。這無論對於經濟發展還是居民生活都是重要的保障，是城市質量的軟體現。城市環境、資源、區位競爭力是環境區位系統的唯一維度，它體現了城市在自然環境、自然資源與自然區位的相對優勢。一個城市的自然環境、自然資源與自然區位是先天條件，它也是城市後天發展的產物，是兩種因素相互制約、相互發展的結果，是大自然的饋贈和人類勞動果實的結合。若城市對自然環境的保護加以重視，並在工作和生活中保持對自然環境的愛護和維持，這有利於自然環境的良性發展。這種優良的自然環境、良好的自然區位將會促進城市的發展，優化居民的生活環境，提升城市的綜合競爭力。

城市文化系統是城市綜合競爭力中的軟性系統之一，它是城市對科學技術資源、人力教育資源、人力資本和文化形象資源的整合能力並使其為城市持續發展服務的能力。它包括三種競爭力：人力資本教育競爭力、科技競爭力與文化形象競爭力。城市人力資本教育競爭力是指城市在吸引人才、集聚人才、培育人才方面的能力，它是城市競爭力的制高點，在城市人文實力方面具有突出地位。一個城市對人才重視，用合理的政策留住人才，建立配套的人才引進機制，不僅有利於城市的經濟建設，而且對於城市的良好內在形象的設置有突出作用。如今不論是國家競爭力還是城市競爭力，人才都是競爭力的第一關鍵要素。城市科技競爭力是城市在科研投入、科研實力與科研成果轉換方面的能力，“科學技術是第一生產力”，城市在科技方面的相對優勢會極大的促進城市經濟的發展，使其無論在生產效率和生產質量上都遠遠高於同類城市，從而在資源配置上獲得有利的地位，城市的競爭力得到大幅度提升。城市文化形象競爭力是城市在歷史文化、市民意識、城市景觀和城市氛圍上區別於其它城市的能力，這種相對區別能使該城市在集聚各種資源上與其它城市相比，具有一定的優勢。有較強文化形象競爭力的城市會獲得良好的知名度和美譽度，如同城市具有天然吸引力，有利於集聚資源和城市開放，特別是對資本、人才的吸引。城市知名度和美譽度本身也是城市文化形象競爭力構成的重要因素。

1.2 四維度的城市綜合競爭力排名

如上所述，《中國城市綜合競爭力比較評價指標體系》（以下如未作特殊說明，都簡稱《比較評價指標體系》）涵蓋了經濟、社會、環境、人文及文化四大系統，也體現了整個城市系統的經營管理能力、學習能力、創新能力、開放能力、聚集能力、可持續發展能力。它包括一級指標（單項競爭力）10 個，二級指標 50 個，三級指標 216 個。在 2014 年的中國城市競爭力比較評價工作中，我們根據《比較評價指標體系》對 298 個城市[①]包括香港、澳門以及臺灣省的新北、臺北、台中、台南、高雄、基隆、新竹和嘉義進行了評價計算，計算發現在 298 個城市綜合競爭力排名中，有 85 個城市處於平均水平之上（即有 85 個城市的綜合競爭力得分為正數，以下同），占 28.52%。綜合競爭力原始得分的標準差為 24.735[②]，延續了 2012 年以來的上升趨勢，這表明城市之間的綜合競爭力差異於 2012 年以來有所擴大。在最具競爭力的 50 個城市中，東部地區城市（即屬於東部地區的城市）有 34 個，占 68%，這說明目前不同地區城市競爭力之間的差別比較大，並且具有較強競爭力的城市都集中於東部地區，中西部地區及東北地區[③]的城市相對而言，其綜合競爭力水平相對比較低。城市綜合競爭力所有排名請見表 1.1。

表1.1 2014年度中國城市綜合競爭力排行榜

系統	經濟					社會	環境	人文及文化				
城市	經濟競爭力	產業競爭力	財政金融競爭力	商業貿易競爭力	基礎設施競爭力	社會體制競爭力	環境資源區位競爭力	人力資本教育競爭力	科技競爭力	文化形象競爭力	綜合競爭力	排名
上海	0.666	1	0.961	0.589	0.879	1	0.934	0.859	0.985	0.837	15017.51	1
香港	1	0.453	1	1	0.544	0.775	0.631	0.831	0.697	0.67	14795.39	2
北京	0.569	0.651	0.983	0.835	0.922	0.727	0.869	1	1	1	13669.81	3
深圳	0.532	0.751	0.684	0.503	0.829	0.665	0.824	0.588	0.501	0.757	10926.84	4
廣州	0.497	0.65	0.486	0.511	0.701	0.488	0.754	0.778	0.534	0.666	9439.546	5
天津	0.467	0.805	0.472	0.436	0.598	0.432	0.648	0.602	0.496	0.356	7597.026	6
蘇州	0.429	0.842	0.403	0.396	0.467	0.557	0.68	0.446	0.422	0.414	7064.558	7
杭州	0.334	0.516	0.447	0.371	0.514	0.468	1	0.537	0.459	0.449	6942.097	8
重慶	0.418	0.538	0.439	0.446	1	0.332	0.688	0.558	0.403	0.293	6869.257	9
南京	0.349	0.524	0.363	0.31	0.512	0.392	0.684	0.59	0.443	0.4	5647.058	10
武漢	0.308	0.474	0.36	0.283	0.57	0.338	0.561	0.609	0.441	0.366	4958.295	11
澳門	0.661	0.341	0.44	0.35	0.256	0.466	0.406	0.695	0.301	0.293	4875.56	12
臺北	0.379	0.316	0.381	0.373	0.341	0.524	0.511	0.634	0.449	0.285	4783.023	13
成都	0.326	0.49	0.371	0.31	0.568	0.353	0.599	0.511	0.343	0.336	4721.77	14
大連	0.325	0.492	0.343	0.286	0.443	0.357	0.614	0.465	0.38	0.301	4449.067	15
瀋陽	0.3	0.478	0.319	0.283	0.474	0.315	0.627	0.456	0.381	0.336	4282.283	16
寧波	0.284	0.538	0.398	0.312	0.41	0.394	0.517	0.383	0.356	0.309	4172.079	17
青島	0.302	0.528	0.312	0.263	0.423	0.36	0.593	0.422	0.352	0.308	4096.044	18
無錫	0.306	0.549	0.315	0.283	0.384	0.384	0.528	0.377	0.311	0.336	3944.584	19
廈門	0.258	0.444	0.348	0.297	0.428	0.424	0.533	0.414	0.346	0.292	3779.208	20
濟南	0.247	0.347	0.311	0.254	0.404	0.38	0.523	0.526	0.399	0.349	3749.425	21
東莞	0.328	0.601	0.309	0.298	0.44	0.589	0.459	0.408	0.316	0.289	3590.475	22
西安	0.256	0.361	0.312	0.23	0.466	0.289	0.453	0.492	0.382	0.372	3273.772	23
長沙	0.27	0.407	0.332	0.232	0.392	0.284	0.397	0.46	0.348	0.282	3007.034	24
佛山	0.307	0.601	0.298	0.26	0.389	0.364	0.391	0.325	0.248	0.272	2892.97	25
鄭州	0.253	0.455	0.265	0.229	0.412	0.249	0.46	0.47	0.327	0.243	2788.435	26
哈爾濱	0.238	0.31	0.291	0.211	0.376	0.266	0.52	0.428	0.357	0.336	2636.104	27
昆明	0.205	0.316	0.314	0.213	0.417	0.411	0.597	0.406	0.315	0.281	2586.277	28
合肥	0.222	0.398	0.286	0.218	0.383	0.276	0.46	0.446	0.37	0.261	2556.985	29
福州	0.227	0.402	0.297	0.247	0.372	0.285	0.489	0.375	0.312	0.285	2514.06	30

① 因為資料的可得性，一共對中國（包括港澳臺）298 個地級市進行了競爭力排名。

② 標準差說明城市在競爭力上的分散程度，標準差越大說明城市之間在某項競爭力（或指標）上的分散程度越大，也就是城市之間的差異越大。這裡使用原始得分來計算標準差，即未將所得分乘以 100 來計算方差（請讀者參見附錄 1）（以下同）。

③ 根據國家統計局 2011 年 6 月 13 號的劃分辦法，為科學反映中國不同區域的 社會經濟發展狀況，為黨中央、國務院制定區域發展政策提供依據，根據《中共中央、國務院關於促進中部地區崛起的若干意見》、《國務院發佈關於西部大開發若干政策措施的實施意見》以及黨的十六大報告的精神，將中國的經濟區域劃分為東部、中部、西部和東北四大地區。東部包括：北京、天津、河北、上海、江蘇、浙江、福建、山東、廣東、海南和香港、澳門及臺灣地區。中部包括：山西、安徽、江西、河南、湖北和湖南。西部包括：內蒙古、廣西、重慶、四川、貴州、雲南、西藏、陝西、甘肅、青海、寧夏和新疆。東北包括：遼寧、吉林和黑龍江。

表1.1 2014年度中國城市綜合競爭力排行榜

系統	經濟					社會	環境	人文及文化				
城市	經濟競爭力	產業競爭力	財政金融競爭力	商業貿易競爭力	基礎設施競爭力	社會體制競爭力	環境資源區位競爭力	人力資本教育競爭力	科技競爭力	文化形象競爭力	綜合競爭力	排名
長春	0.247	0.438	0.289	0.2	0.333	0.271	0.518	0.406	0.314	0.26	2448.524	31
珠海	0.224	0.396	0.249	0.253	0.334	0.406	0.458	0.399	0.271	0.245	2374.843	32
中山	0.217	0.447	0.247	0.217	0.299	0.408	0.355	0.376	0.297	0.292	2240.199	33
常州	0.248	0.452	0.255	0.235	0.319	0.304	0.528	0.313	0.245	0.25	2187.929	34
新北	0.346	0.267	0.326	0.337	0.298	0.383	0.334	0.373	0.255	0.181	2117.842	35
高雄	0.314	0.247	0.301	0.312	0.314	0.421	0.372	0.379	0.233	0.167	1972.413	36
煙臺	0.239	0.488	0.227	0.223	0.325	0.285	0.494	0.255	0.231	0.244	1864.891	37
台中	0.311	0.246	0.301	0.313	0.336	0.41	0.316	0.345	0.233	0.167	1783.498	38
南昌	0.202	0.348	0.267	0.185	0.316	0.273	0.455	0.408	0.285	0.262	1752.747	39
南通	0.231	0.471	0.229	0.2	0.289	0.283	0.446	0.291	0.251	0.249	1692.859	40
太原	0.19	0.33	0.288	0.179	0.361	0.282	0.396	0.445	0.293	0.226	1687.837	41
紹興	0.216	0.366	0.281	0.217	0.317	0.323	0.432	0.237	0.235	0.284	1623.066	42
嘉興	0.21	0.399	0.263	0.226	0.28	0.34	0.386	0.264	0.229	0.288	1585.437	43
泉州	0.23	0.51	0.251	0.229	0.306	0.243	0.407	0.259	0.202	0.242	1551.212	44
溫州	0.21	0.308	0.302	0.248	0.328	0.325	0.346	0.32	0.243	0.241	1499.627	45
石家莊	0.203	0.35	0.232	0.159	0.343	0.249	0.439	0.361	0.296	0.235	1418.595	46
貴陽	0.17	0.299	0.256	0.18	0.364	0.234	0.491	0.364	0.255	0.232	1320.144	47
台南	0.275	0.231	0.286	0.279	0.261	0.396	0.319	0.334	0.229	0.156	1265.65	48
新竹	0.299	0.21	0.253	0.324	0.231	0.388	0.306	0.4	0.208	0.137	1233.544	49
呼和浩特	0.209	0.289	0.294	0.187	0.298	0.249	0.393	0.396	0.238	0.219	1172.904	50
淄博	0.213	0.449	0.222	0.184	0.302	0.29	0.438	0.224	0.211	0.198	1162.628	51
惠州	0.209	0.458	0.221	0.205	0.294	0.32	0.312	0.25	0.254	0.186	1146.655	52
鄂爾多斯	0.265	0.43	0.308	0.21	0.333	0.203	0.302	0.281	0.191	0.187	1101.61	53
嘉義	0.26	0.206	0.244	0.276	0.234	0.482	0.306	0.338	0.208	0.135	1071.356	54
南寧	0.175	0.295	0.278	0.177	0.303	0.193	0.47	0.344	0.275	0.218	1064.358	55
唐山	0.23	0.432	0.233	0.178	0.326	0.239	0.412	0.257	0.209	0.156	983.451	56
威海	0.187	0.37	0.208	0.182	0.268	0.269	0.503	0.237	0.224	0.218	975.255	57
海口	0.152	0.243	0.276	0.17	0.327	0.275	0.457	0.295	0.232	0.259	960.955	58
烏魯木齊	0.183	0.299	0.256	0.189	0.351	0.308	0.341	0.305	0.242	0.198	958.795	59
舟山	0.175	0.279	0.266	0.188	0.308	0.346	0.395	0.272	0.208	0.227	951.841	60
鎮江	0.202	0.405	0.236	0.177	0.258	0.299	0.337	0.259	0.221	0.233	925.784	61
基隆	0.251	0.209	0.249	0.273	0.22	0.387	0.336	0.349	0.21	0.139	885.775	62
東營	0.208	0.431	0.234	0.17	0.255	0.278	0.385	0.226	0.211	0.206	861.042	63
濰坊	0.214	0.402	0.232	0.19	0.303	0.247	0.374	0.232	0.22	0.186	833.221	64
徐州	0.21	0.409	0.192	0.195	0.258	0.209	0.413	0.272	0.224	0.213	816.279	65
蘭州	0.159	0.286	0.247	0.169	0.277	0.249	0.319	0.365	0.271	0.253	773.251	66
台州	0.194	0.309	0.269	0.197	0.289	0.227	0.403	0.209	0.203	0.236	670.659	67
大慶	0.22	0.43	0.15	0.166	0.284	0.232	0.327	0.314	0.22	0.189	644.601	68
金華	0.206	0.284	0.262	0.206	0.28	0.266	0.359	0.243	0.205	0.188	572.404	69
銀川	0.161	0.251	0.283	0.165	0.28	0.305	0.305	0.281	0.228	0.236	549.381	70
湖州	0.177	0.316	0.247	0.181	0.259	0.305	0.349	0.234	0.184	0.207	480.096	71
包頭	0.234	0.361	0.219	0.213	0.314	0.242	0.276	0.26	0.186	0.15	472.184	72
揚州	0.25	0.424	0.193	0.17	0.239	0.227	0.329	0.229	0.203	0.167	447.783	73
江門	0.174	0.354	0.183	0.175	0.254	0.302	0.311	0.22	0.203	0.208	319.912	74
秦皇島	0.139	0.284	0.207	0.136	0.235	0.236	0.453	0.287	0.205	0.223	274.82	75
濟寧	0.191	0.328	0.198	0.195	0.242	0.218	0.408	0.208	0.203	0.174	250.877	76
臨沂	0.196	0.369	0.2	0.171	0.262	0.194	0.357	0.196	0.196	0.172	127.438	77
鹽城	0.195	0.354	0.206	0.176	0.184	0.222	0.408	0.21	0.191	0.159	112.128	78
泰州	0.185	0.392	0.197	0.166	0.216	0.238	0.32	0.221	0.194	0.168	94.745	79
營口	0.155	0.336	0.236	0.163	0.238	0.286	0.332	0.178	0.199	0.164	74.415	80
拉薩	0.125	0.182	0.202	0.195	0.219	0.266	0.299	0.319	0.221	0.266	46.467	81
淮安	0.179	0.347	0.205	0.166	0.197	0.209	0.379	0.218	0.189	0.189	35.525	82
大同	0.297	0.438	0.147	0.13	0.234	0.18	0.282	0.226	0.184	0.145	31.181	83
汕頭	0.162	0.332	0.143	0.184	0.247	0.264	0.339	0.223	0.203	0.177	27.55	84
蕪湖	0.173	0.357	0.23	0.175	0.246	0.188	0.286	0.245	0.226	0.147	20.718	85
三亞	0.152	0.235	0.183	0.151	0.244	0.266	0.427	0.239	0.204	0.182	-7.378	86
鞍山	0.185	0.316	0.195	0.174	0.279	0.207	0.346	0.189	0.199	0.172	-8.182	87
克拉瑪依	0.19	0.337	0.144	0.175	0.272	0.26	0.253	0.277	0.187	0.17	-11.363	88

表1.1 2014年度中國城市綜合競爭力排行榜

系統	經濟					社會	環境	人文及文化				
城市	經濟競爭力	產業競爭力	財政金融競爭力	商業貿易競爭力	基礎設施競爭力	社會體制競爭力	環境資源區位競爭力	人力資本教育競爭力	科技競爭力	文化形象競爭力	綜合競爭力	排名
盤錦	0.188	0.261	0.197	0.166	0.237	0.341	0.346	0.152	0.189	0.152	-63.054	89
漳州	0.155	0.326	0.211	0.173	0.218	0.191	0.384	0.221	0.187	0.173	-84.299	90
聊城	0.163	0.332	0.201	0.161	0.186	0.227	0.397	0.152	0.196	0.191	-114.116	91
連雲港	0.152	0.32	0.209	0.141	0.225	0.206	0.362	0.221	0.197	0.19	-126.359	92
宜昌	0.162	0.308	0.208	0.173	0.225	0.221	0.386	0.168	0.193	0.165	-132.305	93
本溪	0.162	0.325	0.203	0.152	0.246	0.241	0.317	0.209	0.198	0.157	-146.873	94
泰安	0.18	0.293	0.182	0.179	0.211	0.246	0.334	0.2	0.203	0.168	-148.719	95
龍岩	0.147	0.297	0.233	0.174	0.201	0.224	0.362	0.199	0.175	0.189	-159.236	96
銅陵	0.143	0.347	0.235	0.168	0.23	0.218	0.283	0.222	0.194	0.155	-177.283	97
邯鄲	0.16	0.322	0.187	0.15	0.26	0.172	0.4	0.212	0.188	0.161	-180.197	98
洛陽	0.19	0.317	0.18	0.181	0.272	0.149	0.234	0.218	0.192	0.24	-200.066	99
柳州	0.153	0.347	0.204	0.158	0.233	0.179	0.335	0.204	0.207	0.157	-224.951	100
廊坊	0.175	0.292	0.207	0.145	0.223	0.22	0.313	0.242	0.204	0.153	-246.453	101
濱州	0.174	0.326	0.225	0.158	0.218	0.227	0.305	0.169	0.191	0.158	-258.87	102
西寧	0.135	0.243	0.256	0.139	0.271	0.238	0.259	0.213	0.217	0.192	-269.846	103
莆田	0.155	0.344	0.2	0.164	0.214	0.206	0.332	0.196	0.173	0.17	-272.417	104
衢州	0.144	0.287	0.207	0.153	0.173	0.256	0.337	0.22	0.192	0.183	-277.952	105
棗莊	0.163	0.308	0.199	0.148	0.208	0.228	0.339	0.169	0.194	0.172	-324.442	106
吉林	0.181	0.3	0.172	0.157	0.236	0.203	0.31	0.252	0.186	0.145	-331.573	107
德州	0.163	0.335	0.188	0.158	0.205	0.2	0.356	0.175	0.195	0.152	-333.309	108
保定	0.17	0.312	0.165	0.148	0.255	0.162	0.33	0.224	0.206	0.167	-338.233	109
三明	0.14	0.271	0.225	0.164	0.205	0.198	0.369	0.213	0.178	0.175	-341.964	110
桂林	0.15	0.269	0.176	0.14	0.209	0.157	0.409	0.229	0.202	0.198	-355.227	111
韶關	0.141	0.242	0.141	0.142	0.199	0.226	0.372	0.21	0.216	0.231	-360.463	112
撫順	0.155	0.298	0.165	0.137	0.229	0.236	0.324	0.207	0.199	0.16	-396.498	113
錦州	0.158	0.281	0.194	0.158	0.232	0.197	0.319	0.21	0.202	0.158	-400.906	114
馬鞍山	0.169	0.316	0.195	0.164	0.229	0.185	0.256	0.223	0.204	0.153	-418.221	115
麗水	0.151	0.264	0.198	0.163	0.173	0.255	0.284	0.231	0.177	0.194	-421.743	116
嘉峪關	0.138	0.326	0.251	0.141	0.262	0.26	0.207	0.17	0.174	0.154	-440.743	117
株洲	0.164	0.307	0.172	0.142	0.238	0.185	0.335	0.224	0.182	0.15	-441.22	118
肇慶	0.152	0.317	0.174	0.153	0.167	0.242	0.307	0.194	0.202	0.165	-445.317	119
萊蕪	0.159	0.295	0.193	0.147	0.185	0.262	0.297	0.179	0.196	0.159	-450.597	120
日照	0.164	0.332	0.2	0.159	0.207	0.201	0.284	0.17	0.19	0.152	-483.012	121
榆林	0.179	0.359	0.213	0.142	0.182	0.18	0.24	0.226	0.174	0.165	-490.466	122
遼陽	0.15	0.319	0.18	0.129	0.22	0.2	0.35	0.17	0.189	0.159	-496.4	123
宿遷	0.145	0.315	0.201	0.141	0.173	0.209	0.339	0.167	0.19	0.169	-518.016	124
新餘	0.144	0.317	0.205	0.131	0.185	0.231	0.301	0.194	0.183	0.16	-526.592	125
烏海	0.175	0.316	0.206	0.168	0.231	0.214	0.247	0.188	0.176	0.124	-529.516	126
攀枝花	0.138	0.302	0.199	0.136	0.25	0.24	0.248	0.195	0.176	0.164	-545.468	127
菏澤	0.156	0.31	0.176	0.159	0.181	0.186	0.351	0.136	0.193	0.159	-608.102	128
滄州	0.169	0.3	0.165	0.131	0.226	0.172	0.331	0.2	0.191	0.145	-609.131	129
寧德	0.126	0.271	0.222	0.15	0.181	0.21	0.324	0.189	0.172	0.173	-614.125	130
九江	0.144	0.296	0.186	0.146	0.206	0.196	0.329	0.181	0.18	0.154	-617.867	131
襄陽	0.161	0.351	0.171	0.152	0.192	0.171	0.306	0.144	0.19	0.158	-631.291	132
湛江	0.148	0.307	0.157	0.16	0.222	0.151	0.314	0.194	0.192	0.163	-642.256	133
咸陽	0.165	0.284	0.145	0.162	0.191	0.155	0.297	0.2	0.183	0.212	-653.193	134
南平	0.131	0.246	0.197	0.147	0.177	0.207	0.33	0.187	0.182	0.172	-721.335	135
鐵嶺	0.141	0.252	0.194	0.139	0.186	0.174	0.349	0.174	0.193	0.17	-732.25	136
茂名	0.146	0.294	0.123	0.153	0.14	0.23	0.348	0.183	0.188	0.153	-738.49	137
淮南	0.127	0.262	0.195	0.147	0.201	0.206	0.256	0.251	0.189	0.144	-745.484	138
延安	0.157	0.324	0.164	0.152	0.171	0.197	0.234	0.214	0.17	0.17	-746.685	139
丹東	0.139	0.282	0.177	0.154	0.212	0.188	0.283	0.154	0.197	0.168	-749.941	140
綿陽	0.142	0.265	0.156	0.153	0.187	0.175	0.262	0.243	0.216	0.165	-750.417	141
岳陽	0.16	0.31	0.157	0.131	0.208	0.194	0.283	0.181	0.168	0.166	-755.541	142
湘潭	0.156	0.314	0.197	0.139	0.206	0.165	0.245	0.211	0.172	0.151	-772.891	143
贛州	0.149	0.285	0.174	0.142	0.187	0.178	0.315	0.176	0.181	0.163	-775.162	144
阜新	0.128	0.233	0.203	0.14	0.193	0.204	0.328	0.182	0.183	0.162	-787.012	145
晉城	0.169	0.296	0.163	0.161	0.194	0.161	0.283	0.226	0.174	0.127	-787.056	146

表1.1 2014年度中國城市綜合競爭力排行榜

系統	經濟					社會	環境	人文及文化				
城市	經濟競爭力	產業競爭力	財政金融競爭力	商業貿易競爭力	基礎設施競爭力	社會體制競爭力	環境資源區位競爭力	人力資本教育競爭力	科技競爭力	文化形象競爭力	綜合競爭力	排名
玉溪	0.139	0.284	0.184	0.141	0.162	0.185	0.287	0.207	0.179	0.173	-795.905	147
曲靖	0.148	0.236	0.166	0.141	0.164	0.226	0.289	0.159	0.176	0.225	-796.766	148
長治	0.157	0.286	0.171	0.152	0.196	0.159	0.248	0.224	0.191	0.146	-833.458	149
通遼	0.163	0.285	0.218	0.129	0.205	0.175	0.271	0.19	0.172	0.124	-836.508	150
萍鄉	0.141	0.325	0.172	0.143	0.168	0.194	0.253	0.161	0.192	0.161	-837.184	151
晉中	0.155	0.242	0.166	0.135	0.182	0.198	0.305	0.227	0.186	0.141	-841.284	152
十堰	0.128	0.255	0.158	0.146	0.19	0.165	0.31	0.195	0.212	0.168	-841.676	153
鄂州	0.135	0.294	0.169	0.128	0.164	0.26	0.296	0.131	0.174	0.159	-841.814	154
黃石	0.133	0.306	0.175	0.153	0.203	0.163	0.289	0.161	0.189	0.149	-842.609	155
齊齊哈爾	0.138	0.252	0.17	0.131	0.181	0.197	0.327	0.196	0.186	0.152	-847.161	156
張家口	0.138	0.231	0.196	0.126	0.193	0.17	0.34	0.193	0.189	0.149	-872.475	157
郴州	0.146	0.288	0.144	0.147	0.204	0.142	0.366	0.18	0.159	0.145	-883.57	158
呂梁	0.141	0.281	0.261	0.118	0.157	0.181	0.243	0.211	0.189	0.129	-884.391	159
北海	0.126	0.313	0.148	0.134	0.186	0.157	0.353	0.174	0.181	0.142	-888.618	160
揭陽	0.136	0.333	0.135	0.15	0.164	0.226	0.264	0.147	0.19	0.14	-893.027	161
蚌埠	0.134	0.274	0.166	0.145	0.2	0.204	0.261	0.175	0.195	0.145	-895.343	162
通化	0.141	0.282	0.172	0.145	0.18	0.21	0.281	0.163	0.181	0.139	-901.868	163
邢臺	0.137	0.28	0.17	0.135	0.193	0.158	0.307	0.2	0.185	0.144	-903.487	164
德陽	0.135	0.277	0.153	0.152	0.193	0.176	0.299	0.202	0.174	0.138	-920.718	165
南陽	0.171	0.284	0.152	0.187	0.194	0.15	0.258	0.153	0.183	0.139	-932.685	166
商丘	0.146	0.241	0.139	0.146	0.181	0.244	0.246	0.155	0.176	0.197	-932.836	167
衡陽	0.154	0.295	0.145	0.159	0.209	0.118	0.292	0.187	0.167	0.16	-945.516	168
焦作	0.156	0.309	0.177	0.151	0.208	0.16	0.22	0.17	0.174	0.148	-947.741	169
白山	0.141	0.243	0.178	0.127	0.186	0.273	0.213	0.188	0.177	0.147	-958.232	170
陽泉	0.147	0.257	0.164	0.128	0.216	0.181	0.254	0.239	0.176	0.126	-971.604	171
銅川	0.145	0.289	0.117	0.145	0.165	0.23	0.259	0.191	0.167	0.157	-973.359	172
防城港	0.137	0.3	0.179	0.137	0.188	0.178	0.273	0.158	0.171	0.148	-974.955	173
松原	0.16	0.263	0.162	0.144	0.164	0.192	0.295	0.18	0.168	0.139	-981.722	174
宣城	0.136	0.243	0.191	0.205	0.178	0.183	0.19	0.181	0.187	0.153	-990.353	175
淮北	0.118	0.282	0.174	0.145	0.18	0.168	0.25	0.227	0.181	0.145	-996.955	176
鷹潭	0.116	0.272	0.173	0.131	0.158	0.222	0.347	0.14	0.16	0.145	-997.131	177
清遠	0.124	0.275	0.161	0.127	0.172	0.246	0.234	0.188	0.192	0.139	-999.029	178
荊門	0.132	0.282	0.147	0.151	0.17	0.208	0.281	0.13	0.177	0.166	-999.586	179
朔州	0.16	0.281	0.12	0.141	0.212	0.19	0.275	0.182	0.177	0.125	-999.705	180
新鄉	0.158	0.28	0.161	0.163	0.209	0.157	0.214	0.178	0.188	0.144	-1000.203	181
寶雞	0.152	0.307	0.15	0.156	0.196	0.15	0.243	0.171	0.181	0.146	-1002.527	182
滁州	0.12	0.272	0.169	0.164	0.173	0.182	0.275	0.182	0.179	0.138	-1013.845	183
平頂山	0.149	0.275	0.171	0.158	0.185	0.155	0.235	0.196	0.181	0.141	-1027.039	184
臨汾	0.161	0.248	0.16	0.13	0.188	0.191	0.262	0.192	0.174	0.143	-1031.022	185
景德鎮	0.13	0.265	0.164	0.141	0.165	0.17	0.285	0.172	0.188	0.161	-1035.391	186
安慶	0.133	0.274	0.145	0.148	0.187	0.157	0.297	0.177	0.18	0.151	-1035.894	187
常德	0.159	0.304	0.141	0.14	0.168	0.168	0.281	0.161	0.165	0.148	-1039.809	188
遵義	0.147	0.278	0.15	0.125	0.18	0.132	0.332	0.18	0.173	0.154	-1047.162	189
承德	0.128	0.248	0.191	0.111	0.17	0.175	0.306	0.172	0.188	0.156	-1049.24	190
遼源	0.141	0.285	0.177	0.136	0.172	0.238	0.223	0.171	0.169	0.122	-1049.301	191
三門峽	0.158	0.295	0.165	0.175	0.174	0.191	0.199	0.158	0.173	0.131	-1056.553	192
黃山	0.116	0.243	0.177	0.148	0.176	0.195	0.27	0.172	0.185	0.152	-1063.478	193
宜春	0.133	0.271	0.161	0.131	0.152	0.181	0.311	0.136	0.175	0.167	-1081.7	194
呼倫貝爾	0.184	0.194	0.166	0.151	0.204	0.188	0.216	0.201	0.176	0.144	-1090.535	195
陽江	0.128	0.285	0.152	0.134	0.167	0.228	0.268	0.128	0.184	0.135	-1095.236	196
石嘴山	0.135	0.26	0.194	0.129	0.225	0.246	0.163	0.17	0.167	0.129	-1098.464	197
梅州	0.118	0.218	0.13	0.129	0.159	0.221	0.314	0.164	0.197	0.167	-1101.742	198
上饒	0.132	0.258	0.171	0.134	0.186	0.167	0.272	0.154	0.173	0.167	-1109.465	199
吉安	0.132	0.276	0.15	0.137	0.16	0.164	0.319	0.135	0.172	0.158	-1128.986	200
赤峰	0.16	0.27	0.167	0.141	0.181	0.168	0.241	0.188	0.173	0.118	-1130.662	201
朝陽	0.128	0.226	0.18	0.125	0.173	0.198	0.277	0.168	0.182	0.151	-1132.564	202
安陽	0.15	0.271	0.14	0.148	0.212	0.144	0.246	0.166	0.18	0.144	-1138.431	203
四平	0.137	0.251	0.168	0.122	0.167	0.184	0.281	0.184	0.174	0.136	-1150.818	204

表1.1 2014年度中國城市綜合競爭力排行榜

系統	經濟					社會	環境	人文及文化				
城市	經濟競爭力	產業競爭力	財政金融競爭力	商業貿易競爭力	基礎設施競爭力	社會體制競爭力	環境資源區位競爭力	人力資本教育競爭力	科技競爭力	文化形象競爭力	綜合競爭力	排名
許昌	0.154	0.31	0.172	0.156	0.181	0.138	0.228	0.134	0.175	0.134	-1154.082	205
金昌	0.139	0.287	0.166	0.161	0.176	0.189	0.174	0.18	0.165	0.145	-1163.967	206
雲浮	0.116	0.237	0.151	0.135	0.149	0.229	0.265	0.153	0.187	0.162	-1165.561	207
白城	0.142	0.2	0.178	0.134	0.159	0.193	0.31	0.168	0.172	0.141	-1170.794	208
鶴壁	0.141	0.282	0.204	0.128	0.168	0.185	0.212	0.136	0.174	0.142	-1185.976	209
渭南	0.145	0.234	0.153	0.143	0.17	0.149	0.29	0.185	0.164	0.153	-1193.507	210
葫蘆島	0.139	0.235	0.174	0.127	0.188	0.192	0.278	0.148	0.161	0.143	-1196.915	211
潮州	0.117	0.286	0.122	0.152	0.199	0.164	0.235	0.147	0.191	0.156	-1200.886	212
玉林	0.13	0.259	0.141	0.138	0.158	0.126	0.383	0.128	0.171	0.144	-1212.382	213
孝感	0.123	0.248	0.153	0.138	0.17	0.16	0.28	0.168	0.187	0.145	-1221.496	214
河源	0.11	0.28	0.169	0.119	0.151	0.149	0.271	0.188	0.189	0.144	-1232.782	215
佳木斯	0.127	0.178	0.187	0.137	0.181	0.171	0.284	0.183	0.175	0.152	-1237.472	216
六安	0.136	0.247	0.144	0.165	0.179	0.157	0.242	0.169	0.178	0.139	-1237.71	217
撫州	0.121	0.266	0.15	0.128	0.146	0.191	0.265	0.146	0.179	0.162	-1237.937	218
樂山	0.131	0.269	0.169	0.13	0.196	0.146	0.274	0.156	0.175	0.122	-1242.959	219
梧州	0.124	0.297	0.18	0.131	0.147	0.135	0.274	0.157	0.17	0.14	-1249.834	220
漯河	0.139	0.332	0.145	0.152	0.144	0.195	0.188	0.133	0.169	0.134	-1253.847	221
牡丹江	0.143	0.228	0.145	0.147	0.191	0.183	0.213	0.185	0.183	0.138	-1254.217	222
荊州	0.125	0.263	0.138	0.137	0.159	0.131	0.317	0.144	0.186	0.15	-1263.326	223
宜賓	0.134	0.292	0.135	0.147	0.168	0.146	0.261	0.164	0.169	0.122	-1296.546	224
運城	0.149	0.217	0.139	0.128	0.171	0.191	0.263	0.172	0.179	0.129	-1303.095	225
益陽	0.134	0.254	0.147	0.14	0.149	0.171	0.276	0.161	0.161	0.139	-1310.167	226
咸寧	0.121	0.262	0.149	0.137	0.157	0.178	0.277	0.113	0.176	0.153	-1311.028	227
衡水	0.135	0.259	0.15	0.135	0.179	0.125	0.274	0.16	0.168	0.15	-1316.189	228
百色	0.12	0.206	0.184	0.12	0.164	0.138	0.345	0.164	0.178	0.13	-1316.766	229
欽州	0.123	0.255	0.162	0.134	0.148	0.152	0.291	0.137	0.174	0.149	-1325.805	230
池州	0.117	0.256	0.182	0.141	0.168	0.181	0.203	0.152	0.174	0.145	-1326.093	231
瀘州	0.136	0.287	0.147	0.146	0.176	0.156	0.223	0.137	0.17	0.138	-1327.072	232
鶴崗	0.123	0.179	0.174	0.133	0.166	0.226	0.22	0.178	0.176	0.152	-1329.118	233
開封	0.147	0.235	0.148	0.164	0.161	0.144	0.252	0.144	0.177	0.144	-1331.348	234
忻州	0.134	0.21	0.141	0.126	0.173	0.198	0.228	0.197	0.184	0.137	-1338.613	235
自貢	0.132	0.291	0.129	0.141	0.154	0.163	0.223	0.166	0.17	0.139	-1351.708	236
六盤水	0.112	0.245	0.185	0.117	0.175	0.162	0.293	0.151	0.164	0.12	-1364.211	237
婁底	0.131	0.241	0.153	0.136	0.179	0.156	0.299	0.144	0.155	0.122	-1371.304	238
雞西	0.121	0.195	0.143	0.132	0.199	0.206	0.233	0.172	0.17	0.139	-1388.553	239
雅安	0.117	0.208	0.16	0.128	0.16	0.186	0.274	0.162	0.181	0.129	-1394.544	240
伊春	0.129	0.152	0.109	0.127	0.208	0.263	0.238	0.135	0.168	0.156	-1426.306	241
雙鴨山	0.131	0.217	0.182	0.123	0.195	0.186	0.231	0.111	0.167	0.136	-1436.223	242
汕尾	0.115	0.254	0.124	0.142	0.129	0.169	0.253	0.142	0.187	0.154	-1436.715	243
白銀	0.124	0.259	0.161	0.139	0.185	0.167	0.138	0.194	0.168	0.137	-1453.186	244
信陽	0.134	0.232	0.132	0.151	0.164	0.164	0.222	0.156	0.179	0.134	-1454.199	245
懷化	0.123	0.206	0.16	0.121	0.199	0.181	0.233	0.165	0.157	0.139	-1456.114	246
阜陽	0.121	0.235	0.124	0.159	0.167	0.151	0.236	0.17	0.172	0.136	-1461.427	247
張家界	0.124	0.179	0.165	0.119	0.138	0.166	0.282	0.136	0.154	0.203	-1471.054	248
巴彥淖爾	0.145	0.23	0.184	0.137	0.163	0.162	0.203	0.158	0.171	0.11	-1478.203	249
酒泉	0.17	0.209	0.171	0.144	0.173	0.174	0.155	0.159	0.169	0.129	-1481.365	250
眉山	0.125	0.255	0.137	0.135	0.202	0.147	0.235	0.138	0.166	0.119	-1497.768	251
周口	0.151	0.247	0.127	0.152	0.153	0.115	0.236	0.151	0.174	0.14	-1499.114	252
漢中	0.126	0.203	0.13	0.128	0.148	0.174	0.244	0.182	0.177	0.139	-1524.032	253
隨州	0.122	0.247	0.124	0.14	0.143	0.163	0.26	0.121	0.171	0.143	-1525.641	254
邵陽	0.124	0.228	0.136	0.124	0.161	0.147	0.274	0.148	0.162	0.141	-1534.224	255
廣元	0.116	0.235	0.118	0.132	0.144	0.159	0.248	0.159	0.157	0.169	-1540.387	256
駐馬店	0.153	0.225	0.129	0.159	0.167	0.145	0.206	0.125	0.174	0.139	-1545.035	257
南充	0.127	0.254	0.13	0.13	0.171	0.13	0.249	0.146	0.169	0.125	-1567.21	258
黃岡	0.132	0.217	0.127	0.141	0.16	0.13	0.257	0.119	0.187	0.149	-1567.968	259
貴港	0.123	0.243	0.137	0.133	0.129	0.136	0.309	0.112	0.166	0.133	-1576.163	260
亳州	0.132	0.235	0.142	0.138	0.131	0.142	0.228	0.154	0.169	0.14	-1588.534	261
宿州	0.132	0.215	0.131	0.124	0.149	0.156	0.221	0.182	0.171	0.141	-1590.138	262

表1. 1 2014年度中國城市綜合競爭力排行榜

系統	經濟					社會	環境	人文及文化				
城市	經濟競爭力	產業競爭力	財政金融競爭力	商業貿易競爭力	基礎設施競爭力	社會體制競爭力	環境資源區位競爭力	人力資本教育競爭力	科技競爭力	文化形象競爭力	綜合競爭力	排名
七台河	0.1	0.224	0.149	0.117	0.161	0.2	0.204	0.164	0.159	0.141	-1601.49	263
綏化	0.132	0.183	0.16	0.128	0.155	0.168	0.246	0.14	0.168	0.134	-1605.876	264
濮陽	0.136	0.268	0.115	0.145	0.166	0.127	0.204	0.141	0.171	0.13	-1608.251	265
永州	0.136	0.213	0.136	0.135	0.15	0.156	0.243	0.142	0.147	0.15	-1610.844	266
遂寧	0.119	0.247	0.141	0.162	0.147	0.128	0.225	0.13	0.166	0.134	-1616.97	267
內江	0.125	0.259	0.131	0.141	0.143	0.148	0.202	0.13	0.168	0.144	-1626.554	268
安順	0.117	0.215	0.164	0.113	0.125	0.152	0.286	0.162	0.167	0.112	-1629.222	269
崇左	0.113	0.239	0.14	0.128	0.126	0.154	0.248	0.153	0.174	0.116	-1659.192	270
中衛	0.13	0.213	0.189	0.135	0.143	0.194	0.167	0.132	0.16	0.109	-1683.863	271
來賓	0.121	0.209	0.147	0.117	0.128	0.158	0.268	0.142	0.168	0.123	-1690.199	272
安康	0.13	0.23	0.134	0.135	0.145	0.142	0.158	0.188	0.166	0.143	-1702.479	273
資陽	0.131	0.284	0.118	0.144	0.129	0.133	0.216	0.1	0.165	0.12	-1735.733	274
保山	0.122	0.176	0.168	0.123	0.121	0.15	0.222	0.157	0.172	0.142	-1748.182	275
賀州	0.12	0.227	0.144	0.12	0.125	0.133	0.241	0.143	0.169	0.123	-1772.789	276
達州	0.119	0.213	0.123	0.14	0.186	0.133	0.217	0.131	0.163	0.118	-1784.774	277
麗江	0.116	0.187	0.193	0.132	0.156	0.12	0.18	0.175	0.17	0.116	-1794.141	278
吳忠	0.124	0.204	0.197	0.113	0.146	0.121	0.175	0.168	0.168	0.121	-1807.502	279
烏蘭察布	0.127	0.205	0.143	0.124	0.136	0.126	0.197	0.186	0.172	0.112	-1829.738	280
張掖	0.13	0.178	0.154	0.126	0.156	0.144	0.166	0.148	0.171	0.134	-1854.222	281
廣安	0.117	0.259	0.1	0.13	0.122	0.119	0.257	0.12	0.162	0.117	-1859.567	282
畢節	0.139	0.199	0.144	0.132	0.113	0.134	0.269	0.163	0.103	0.107	-1909.348	283
黑河	0.126	0.1	0.138	0.121	0.16	0.204	0.226	0.104	0.168	0.137	-1916.631	284
天水	0.119	0.213	0.134	0.121	0.125	0.142	0.117	0.169	0.173	0.139	-1978.031	285
河池	0.109	0.17	0.128	0.123	0.135	0.146	0.209	0.15	0.171	0.121	-1981.506	286
固原	0.12	0.171	0.138	0.133	0.12	0.142	0.16	0.177	0.167	0.122	-2007.967	287
武威	0.12	0.2	0.153	0.131	0.128	0.119	0.161	0.147	0.166	0.114	-2025.898	288
慶陽	0.129	0.256	0.131	0.116	0.127	0.1	0.129	0.161	0.166	0.107	-2062.482	289
臨滄	0.104	0.161	0.182	0.13	0.122	0.137	0.156	0.152	0.174	0.103	-2080.391	290
平涼	0.114	0.173	0.139	0.114	0.133	0.116	0.132	0.213	0.168	0.126	-2088.494	291
巴中	0.111	0.185	0.12	0.118	0.126	0.126	0.217	0.127	0.161	0.122	-2097.396	292
銅仁	0.121	0.16	0.152	0.115	0.128	0.151	0.235	0.145	0.1	0.118	-2104.521	293
商洛	0.13	0.209	0.131	0.135	0.119	0.113	0.124	0.147	0.168	0.122	-2106.419	294
普洱	0.108	0.152	0.173	0.125	0.148	0.125	0.152	0.144	0.172	0.102	-2138.029	295
昭通	0.115	0.194	0.144	0.1	0.112	0.103	0.16	0.158	0.165	0.1	-2264.617	296
定西	0.115	0.141	0.149	0.122	0.114	0.13	0.118	0.175	0.149	0.12	-2302.981	297
隴南	0.103	0.158	0.133	0.126	0.1	0.115	0.1	0.123	0.147	0.111	-2563.037	298

第二篇 2014 年度中國城市成長競爭力排行榜

2.1 成長競爭力：動態發展比較

城市發展是動態的，城市競爭力也是動態發展的。城市成長競爭力的概念由此產生，其目的是衡量城市的動態發展。城市成長競爭力是指城市在動態發展過程中，充分發揮其潛在的潛能，不斷完善城市的社會組織體制，展示出創新活力並依據城市可持續發展的內在規律逐步提升自身綜合競爭力的能力。城市發展與增長是一個多維的動態系統，城市成長競爭力系統由四個組成部分構成：城市綜合、發展潛力、制度活力與實現能力，構成一個“四位一體”的系統。在我會的理論框架下，《中國城市成長競爭力比較評估指標體系》包含一級指標 4 個，二級指標 29 個（具體請參見附錄 2）。城市成長競爭力排行依據“GN 中國城市成長競爭力評價指標體系”評估，包括實力指數、潛力指數、活力指數、能力指數四項一級指標。

2.2 成長競爭力四指數

城市綜合競爭力指數化得到城市實力指數。該指數是十項指數的綜合，包括實力城市綜合經濟、城市財政金融實力、城市人力教育實力、城市基礎設施實力、城市商業貿易實力、城市產業實力、城市社會體制實力、城市環境資源區位實力、城市科技實力、城市文化形象實力等。城市實力是城市各方面能力的綜合體現，對於城市的成長具有重要意義，資源是城市發展和成長需要依賴的一個方面，同時自身在競爭中的相對優勢也具有舉足輕重的地位。通常，城市發展容易面臨“一強俱強”的局面，資源是稀缺的，在競爭激烈的當今社會，在城市的局部區域性競爭或國際性競爭中，強者經常處於主導地位，決定著遊戲規則，而弱者只能循規蹈矩、按套路出牌。弱者在競爭中處於劣勢是不容辯駁的，擁有最強競爭力的城市自然能獲得更優質的資源、更廣泛的發展機會。由此，強者更強、弱者更弱成為必然趨勢，這就是通常所說的“馬太效應”。因此，城市之間的各種發展不平衡也是自然的結果。城市發展是有一定的邊界限制的，雖然到目前為止學術界並未很好的回答“城市邊界到底是什麼”這個問題，但城市規模的無限擴大將會帶來許多城市病問題，如污染嚴重、交通堵塞等。這些問題已伴隨著不斷的城市化過程在各個國家不同程度的出現。儘管各城市在發展歷程和發展狀況有相同之處，但不同城市之間，總體來說還是異多於同。存在著規模不等、競爭力參差不齊的局面，即城市發展的不平衡問題。縱觀世界城市發展史，我們發現，如今的城市群、城市帶，都是由一個或幾個中心城市帶動周邊城市不斷發展，實現整體城市群或城市帶實力增強的結果。城市群或城市帶中的城市雖存在資源配置上的競爭，但它們的關係更多體現在資源配置的互補性上，如城市間勞動力、自然資源、商品等資源的互通有無。城市間的比較優勢易導致城市的分工，並且隨之發展，分工程度不斷細化，城市功能化由此展開，各個城市不同的功能相伴而生，且相互間互補性極強，這是歷史發展的結果。例如勞動密集型的製造業和使用土地較多的製造業，會向勞動力和土地成本更加低廉的周邊城市轉移，這既提高了資源的利用效率，也節約了城市的發展成本。從表 2.1 中可看出，國內一線城市如上海、香港、北京、深圳的實力指數都相對比較大。其中上海的實力指數最大為 1。

潛力指數是城市發展過程中在人力資本、金融資本、市場潛力、區位、可持續發展等多方面的潛在能力。包含居民消費潛力指數、人力資本潛力指數、金融資本潛力指數、市場潛力指數、自然資源指數、區位指數、可持續發展指數和環境質量指數 8 個三級指標。潛力指數主要反映城市的內在增長力，從其所包含的指標可看出，該指數主要關注的是城市經濟發展所需的各種人力、資金、市場等驅動因素。潛力指數越高，城市擁有越好的未來經濟前景。從 2014 年度中國城市成長競爭力排行榜中可看出，在潛力指數的排名中，深圳、天津、重慶位居前三名。

活力指數則更多關注城市軟環境。具體來說，這種軟環境是城市在其發展與變遷過程中經過長時間積澱，具有一定的繼承性和歷史性，一方面體現在城市社會管理組織的行為與各種規章制度上，另一方面體現在城市的氛圍和市民精神風貌上。當然，城市的管理者和市民可以通過學習、創新在短時期內改善這種軟環境。良好的城市軟環境不僅是城市發展的助推器，對提高城市居民的生活水平和生活質量上也是非常重要的。城市軟環境是城市發展的保護層，活力指數高為城市發展保駕護航，讓城市健康有序發展。活力指數包括文化力指數、法制力指數、應變力指數、學習力指數、創新力指數、開放力指數和行銷力指數 7 個三級指標。其中的學習力與創新力是城市保持活躍性的關鍵，是城市軟實力的主要體現。在 2014 年度，城市活力指數排名中，天津、上海、重慶位列三甲。

能力指數展現城市在促進經濟發展、提高社會保障水平和集聚各種資源方面的能力，包括社會保障能力、經濟增長能力、城市吸引能力和城市流通能力 4 個三級指標。分別從城市的社會功能、經濟功能、集聚功能三個角度來分析城市在提升整體發展水平方面的能力。能力指數是城市未來發展潛力的衡量指標。在 2014 年度，由於 GDP 與財政收入增長水平城市之間排名的變動較大，導致城市能力指數排名較 2013 年變化比較大，晉城、大同、深圳位列前三。

通過對 2014 年 298 個城市成長競爭力的計算，發現有 124 個城市處於平均水平之上，延續 2012 年以來的上升趨勢，比 2013 年增加 12 個，占 41.61%。成長競爭力得分標準差為 4.527，延續 2011 年以來的上升趨勢，這說明城市之間成長競爭力的差異可能有逐步加大的趨勢。另外，在成長競爭力排名前 50 的城市中，東部地區有 31 個，占 62%，說明東部沿海發達地區的城市在成長性優於中西部地區。

城市成長競爭力及一級指標具體排名見表 2.1[①]。

表 2.1　2014 年度中國城市成長競爭力排行榜

城市	實力指數	排名	潛力指數	排名	活力指數	排名	能力指數	排名	成長競爭力得分	排名
天津	0.62	6	0.987	2	1	1	0.888	25	2332.2	1
深圳	0.791	4	1	1	0.919	4	0.972	3	2202.45	2
重慶	0.583	9	0.969	3	0.966	3	0.669	209	1893.29	3
上海	1	1	0.797	4	1	1	0.827	61	1547.38	4
北京	0.931	3	0.69	5	0.785	6	0.898	17	1507.28	5
廣州	0.714	5	0.616	11	0.765	8	0.954	4	1487.94	6
蘇州	0.593	7	0.675	7	0.771	7	0.864	37	1387.08	7
杭州	0.587	8	0.616	11	0.566	9	0.789	94	1020.17	8
青島	0.441	18	0.683	6	0.509	12	0.815	66	1000.7	9
南京	0.52	10	0.603	17	0.503	13	0.904	13	948.351	10
大連	0.459	15	0.639	9	0.492	16	0.764	112	941.472	11
武漢	0.485	11	0.559	25	0.458	21	0.889	24	890.605	12
香港	0.989	2	0.662	8	0.819	5	0.684	193	839.935	13
濟南	0.423	21	0.607	15	0.456	22	0.792	86	827.307	14
成都	0.473	14	0.599	18	0.46	20	0.888	25	808.23	15
合肥	0.362	29	0.598	19	0.405	38	0.909	9	804.342	16
瀋陽	0.45	16	0.626	10	0.445	24	0.75	126	755.047	17
寧波	0.445	17	0.558	27	0.522	11	0.84	51	754.325	18

[①]该排名由于是对综合实力指数化后的排名，由于只取三位小数，因此在综合实力上得分非常相近的城市其指数化得分将相同，因而排名也相同，有可能与第一节所述的排名有比较小的差异，请读者注意区分。

表 2.1　2014 年度中國城市成長競爭力排行榜

城市	實力指數	排名	潛力指數	排名	活力指數	排名	能力指數	排名	成長競爭力得分	排名
昆明	0.364	28	0.557	28	0.426	32	0.887	27	744.215	19
長沙	0.385	24	0.553	29	0.41	36	0.842	50	739.845	20
貴陽	0.299	47	0.476	70	0.356	53	0.915	8	732.206	21
廈門	0.425	20	0.605	16	0.496	14	0.809	70	703.19	22
東莞	0.415	22	0.574	23	0.565	10	0.893	20	643.683	23
無錫	0.433	19	0.528	36	0.496	14	0.766	110	638.526	24
煙臺	0.327	37	0.598	19	0.386	43	0.708	169	629.193	25
哈爾濱	0.366	27	0.534	33	0.382	46	0.848	47	622.954	26
西安	0.399	23	0.528	36	0.408	37	0.851	44	598.306	27
長春	0.357	31	0.614	13	0.394	41	0.798	76	595.346	28
福州	0.36	30	0.58	22	0.436	29	0.89	23	569.794	29
惠州	0.29	52	0.496	52	0.429	31	0.886	28	539.836	30
常州	0.343	34	0.511	44	0.43	30	0.884	29	524.281	31
紹興	0.314	42	0.442	113	0.443	26	0.904	13	498.379	32
澳門	0.481	12	0.443	111	0.416	34	0.77	106	491.632	33
威海	0.281	57	0.613	14	0.35	57	0.762	116	489.661	34
珠海	0.353	32	0.504	48	0.466	17	0.851	44	486.066	35
泉州	0.311	44	0.53	35	0.397	40	0.86	39	465.182	36
佛山	0.379	25	0.487	60	0.461	19	0.721	154	456.026	37
漳州	0.227	90	0.559	25	0.349	58	0.835	56	431.292	38
嘉興	0.312	43	0.47	77	0.439	28	0.801	74	425.41	39
南昌	0.321	39	0.518	41	0.378	48	0.776	103	423.277	40
南通	0.318	40	0.517	42	0.447	23	0.718	156	421.73	41
呼和浩特	0.291	50	0.528	36	0.337	63	0.806	72	404.437	42
中山	0.346	33	0.414	138	0.466	17	0.799	75	395.291	43
鄭州	0.374	26	0.526	39	0.426	32	0.645	224	383.986	44
南寧	0.286	54	0.517	42	0.34	61	0.798	76	375.448	45
臺北	0.476	13	0.553	29	0.444	25	0.481	277	371.868	46
鄂爾多斯	0.288	53	0.537	32	0.336	64	0.742	137	344.763	47
大慶	0.264	68	0.589	21	0.283	93	0.713	164	321.558	48
溫州	0.308	45	0.429	125	0.441	27	0.753	121	308.63	49
銀川	0.259	70	0.47	77	0.336	64	0.828	59	307.457	50
晉城	0.191	145	0.474	74	0.196	196	1	1	300.59	51
蕪湖	0.232	85	0.497	50	0.287	90	0.843	49	290.776	52
太原	0.318	40	0.396	165	0.302	82	0.894	18	287.967	53
舟山	0.28	58	0.433	119	0.399	39	0.785	97	282.113	54
曲靖	0.19	147	0.54	31	0.339	62	0.752	122	268.491	55
鎮江	0.279	61	0.409	150	0.357	52	0.838	55	263.34	56
濟寧	0.244	76	0.531	34	0.292	87	0.751	123	261.591	57
烏魯木齊	0.28	58	0.389	170	0.31	75	0.901	16	256.648	58
濰坊	0.274	64	0.467	81	0.312	73	0.79	91	252.031	59
石家莊	0.304	46	0.483	64	0.383	44	0.674	204	248.796	60
徐州	0.273	65	0.508	46	0.38	47	0.669	209	248.376	61
東營	0.275	63	0.502	49	0.307	78	0.735	145	243.208	62
金華	0.261	69	0.373	191	0.335	67	0.902	15	237.076	63
宜昌	0.224	93	0.476	70	0.268	104	0.844	48	235.433	64
蘭州	0.271	66	0.39	169	0.318	71	0.86	39	211.645	65
寧德	0.2	128	0.497	50	0.266	106	0.804	73	199.052	66
九江	0.2	128	0.483	64	0.233	139	0.839	53	184.465	67
馬鞍山	0.21	115	0.45	98	0.227	147	0.879	32	180.622	68
鷹潭	0.18	176	0.485	62	0.208	179	0.871	35	179.405	69
保定	0.214	107	0.462	87	0.248	119	0.821	63	160.791	70
渭南	0.17	209	0.445	106	0.18	231	0.943	6	159.894	71
台州	0.266	67	0.449	100	0.369	50	0.687	190	159.459	72
大同	0.233	82	0.358	202	0.217	164	0.976	2	157.521	73
安慶	0.178	185	0.526	39	0.206	180	0.796	82	157.275	74
通化	0.185	161	0.443	111	0.218	160	0.894	18	154.651	75
三明	0.214	107	0.462	87	0.288	89	0.781	100	154.286	76
聊城	0.225	91	0.507	47	0.305	80	0.688	187	151.77	77

表 2.1　2014 年度中國城市成長競爭力排行榜

城市	實力指數	排名	潛力指數	排名	活力指數	排名	能力指數	排名	成長競爭力得分	排名
佳木斯	0.168	215	0.494	57	0.22	159	0.828	59	146.634	78
湖州	0.256	71	0.392	168	0.383	44	0.75	126	143.202	79
咸陽	0.198	133	0.487	60	0.244	126	0.786	96	141.901	80
桂林	0.213	111	0.495	53	0.266	106	0.74	141	139.198	81
海口	0.28	58	0.349	211	0.354	55	0.81	68	137.984	82
莆田	0.217	103	0.463	84	0.31	75	0.741	139	137.903	83
淄博	0.291	50	0.414	138	0.318	71	0.737	144	135.88	84
拉薩	0.234	81	0.357	205	0.232	140	0.944	5	134.458	85
江門	0.248	74	0.415	136	0.411	35	0.683	195	125.599	86
臨沂	0.238	77	0.461	90	0.287	90	0.724	152	113.933	87
鐵嶺	0.194	135	0.511	44	0.256	114	0.715	162	109.448	88
肇慶	0.208	119	0.412	143	0.335	67	0.772	104	105.979	89
菏澤	0.2	128	0.469	80	0.256	114	0.764	112	104.347	90
晉中	0.188	150	0.475	72	0.217	164	0.793	84	96.579	91
玉溪	0.19	147	0.459	94	0.225	151	0.798	76	87.379	92
呂梁	0.186	158	0.413	142	0.195	201	0.893	20	85.819	93
德州	0.214	107	0.45	98	0.271	102	0.746	134	82.208	94
鹽城	0.237	78	0.437	116	0.343	60	0.675	203	76.533	95
吉安	0.173	200	0.457	95	0.191	209	0.834	58	74.916	96
郴州	0.186	158	0.472	76	0.227	147	0.768	109	72.504	97
揚州	0.254	73	0.407	153	0.356	53	0.678	198	61.453	98
汕頭	0.233	82	0.357	205	0.371	49	0.754	120	60.519	99
滄州	0.2	128	0.442	113	0.237	138	0.777	101	57.976	100
北海	0.186	158	0.445	106	0.217	164	0.798	76	54.069	101
唐山	0.282	56	0.431	123	0.31	75	0.65	222	53.819	102
三亞	0.231	86	0.299	261	0.287	90	0.905	12	53.77	103
鄂州	0.188	150	0.425	129	0.224	154	0.817	65	53.158	104
三門峽	0.177	190	0.457	95	0.201	188	0.797	81	47.941	105
泰安	0.224	93	0.433	119	0.298	86	0.704	177	47.588	106
開封	0.163	230	0.482	67	0.18	231	0.792	86	47.547	107
淮安	0.233	82	0.415	136	0.353	56	0.672	207	44.183	108
克拉瑪依	0.231	86	0.483	64	0.218	160	0.692	185	42.742	109
盤錦	0.228	89	0.402	156	0.24	133	0.79	91	41.62	110
錦州	0.211	113	0.448	103	0.261	112	0.72	155	40.673	111
龍岩	0.223	96	0.474	74	0.301	83	0.629	231	31.94	112
白城	0.171	208	0.399	161	0.204	183	0.865	36	28.297	113
防城港	0.181	171	0.334	230	0.242	130	0.908	10	19.898	114
吉林	0.214	107	0.46	92	0.269	103	0.674	204	19.283	115
泰州	0.236	79	0.393	167	0.348	59	0.676	200	13.988	116
廊坊	0.219	101	0.431	123	0.268	104	0.707	171	13.629	117
朔州	0.18	176	0.475	72	0.188	216	0.747	133	12.701	118
德陽	0.184	165	0.495	53	0.222	157	0.685	192	12.659	119
宿遷	0.205	124	0.383	178	0.311	74	0.749	130	12.004	120
遼源	0.177	190	0.361	199	0.21	175	0.892	22	11.364	121
通遼	0.188	150	0.47	77	0.193	204	0.738	143	7.113	122
蚌埠	0.185	161	0.428	126	0.209	176	0.783	99	4.751	123
鶴壁	0.17	209	0.404	155	0.162	249	0.872	34	3.277	124
玉林	0.169	213	0.567	24	0.183	227	0.616	239	-2.29	125
長治	0.189	149	0.378	182	0.193	204	0.853	42	-10.732	126
韶關	0.213	111	0.409	150	0.387	42	0.615	240	-12.934	127
秦皇島	0.245	75	0.423	131	0.329	69	0.614	241	-15.326	128
茂名	0.193	137	0.481	68	0.306	79	0.594	245	-18.422	129
綏化	0.149	263	0.414	138	0.185	224	0.835	56	-18.977	130
銅川	0.181	171	0.37	193	0.193	204	0.854	41	-28.489	131
贛州	0.192	143	0.379	180	0.24	133	0.789	94	-30.946	132
宜春	0.176	194	0.451	97	0.218	160	0.718	156	-31.377	133
衡陽	0.183	166	0.4	159	0.206	180	0.79	91	-35.838	134
營口	0.235	80	0.324	240	0.301	83	0.77	106	-36.111	135
寶雞	0.18	176	0.435	117	0.192	208	0.755	119	-36.241	136

表 2.1　2014 年度中國城市成長競爭力排行榜

城市	實力指數	排名	潛力指數	排名	活力指數	排名	能力指數	排名	成長競爭力得分	排名
柳州	0.22	100	0.33	234	0.272	100	0.798	76	-38.434	137
遼陽	0.206	121	0.401	157	0.238	137	0.739	142	-38.508	138
陽泉	0.181	171	0.347	214	0.159	256	0.906	11	-39.275	139
呼倫貝爾	0.175	195	0.447	105	0.2	190	0.73	149	-41.045	140
百色	0.164	226	0.494	57	0.162	249	0.705	176	-43.337	141
宣城	0.181	171	0.339	223	0.2	190	0.877	33	-45.648	142
四平	0.172	204	0.414	138	0.216	168	0.761	117	-47.275	143
衡水	0.164	226	0.421	133	0.16	254	0.808	71	-47.349	144
南平	0.194	135	0.406	154	0.266	106	0.706	173	-50.879	145
西寧	0.217	103	0.248	288	0.279	94	0.881	31	-70.086	146
邯鄲	0.222	97	0.495	53	0.262	111	0.538	265	-70.846	147
商丘	0.183	166	0.462	87	0.299	85	0.587	246	-71.717	148
黃石	0.188	150	0.412	143	0.229	142	0.716	160	-72.515	149
十堰	0.188	150	0.388	174	0.245	125	0.734	147	-73.686	150
許昌	0.172	204	0.463	84	0.181	230	0.697	180	-74.298	151
棗莊	0.215	106	0.408	152	0.279	94	0.651	221	-74.618	152
新鄉	0.18	176	0.449	100	0.202	185	0.679	197	-88.229	153
撫州	0.168	215	0.345	216	0.187	219	0.851	44	-88.277	154
株洲	0.209	117	0.382	179	0.265	109	0.693	182	-88.625	155
洛陽	0.221	99	0.412	143	0.224	154	0.67	208	-93.361	156
松原	0.181	171	0.494	57	0.229	142	0.583	247	-95.031	157
駐馬店	0.152	256	0.463	84	0.148	268	0.724	152	-95.324	158
濱州	0.218	102	0.349	211	0.265	109	0.718	156	-104.257	159
雙鴨山	0.158	241	0.387	175	0.202	185	0.772	104	-104.734	160
濮陽	0.149	263	0.433	119	0.143	274	0.763	115	-106.719	161
延安	0.193	137	0.396	165	0.213	170	0.714	163	-107.611	162
白山	0.182	170	0.339	223	0.227	147	0.792	86	-109.561	163
張家口	0.187	157	0.444	108	0.216	168	0.648	223	-110.021	164
漯河	0.167	220	0.444	108	0.184	226	0.691	186	-111.64	165
六盤水	0.161	237	0.358	202	0.159	256	0.84	51	-111.908	166
襄陽	0.199	132	0.346	215	0.243	128	0.746	134	-116.781	167
阜新	0.191	145	0.36	201	0.226	150	0.748	132	-117.32	168
梧州	0.167	220	0.344	217	0.191	209	0.82	64	-118.926	169
麗江	0.139	278	0.329	235	0.115	289	0.931	7	-120.471	170
陽江	0.175	195	0.342	220	0.248	119	0.764	112	-122.873	171
湘潭	0.192	143	0.321	241	0.25	118	0.777	101	-123.439	172
景德鎮	0.178	185	0.385	176	0.211	174	0.729	151	-125.415	173
綿陽	0.193	137	0.427	127	0.292	87	0.582	248	-128.726	174
臨汾	0.178	185	0.358	202	0.174	241	0.791	90	-133.857	175
衢州	0.217	103	0.412	143	0.336	64	0.538	265	-134.395	176
萍鄉	0.188	150	0.315	248	0.212	171	0.81	68	-134.635	177
南陽	0.183	166	0.464	82	0.187	219	0.618	238	-140.745	178
平頂山	0.179	183	0.484	63	0.209	176	0.572	256	-143.328	179
遵義	0.178	185	0.461	90	0.19	213	0.623	235	-144.014	180
牡丹江	0.167	220	0.399	161	0.199	193	0.708	169	-149.038	181
揭陽	0.185	161	0.334	230	0.279	94	0.713	164	-149.34	182
咸寧	0.164	226	0.389	170	0.19	213	0.731	148	-150.055	183
保山	0.142	274	0.343	219	0.148	268	0.853	42	-150.247	184
赤峰	0.173	200	0.424	130	0.196	196	0.666	216	-151.257	185
麗水	0.21	115	0.361	199	0.305	80	0.63	230	-151.297	186
湛江	0.198	133	0.385	176	0.326	70	0.582	248	-156.014	187
商洛	0.123	293	0.374	188	0.1	296	0.861	38	-158.126	188
上饒	0.174	199	0.354	208	0.201	188	0.751	123	-163.281	189
益陽	0.164	226	0.411	148	0.176	239	0.7	178	-163.788	190
周口	0.154	252	0.448	103	0.16	254	0.661	218	-171.004	191
婁底	0.161	237	0.419	134	0.159	256	0.697	180	-172.144	192
朝陽	0.173	200	0.34	222	0.225	151	0.741	139	-173.03	193
包頭	0.255	72	0.348	213	0.258	113	0.626	233	-174.124	194
安陽	0.173	200	0.48	69	0.189	215	0.567	259	-178.818	195

表 2.1　2014 年度中國城市成長競爭力排行榜

城市	實力指數	排名	潛力指數	排名	活力指數	排名	能力指數	排名	成長競爭力得分	排名
雅安	0.16	239	0.422	132	0.157	261	0.684	193	-183.543	196
臨滄	0.125	290	0.335	229	0.109	291	0.883	30	-183.734	197
孝感	0.169	213	0.37	193	0.198	195	0.71	167	-190.785	198
連雲港	0.225	91	0.328	237	0.363	51	0.575	253	-191.841	199
邵陽	0.153	253	0.397	164	0.17	242	0.706	173	-193.453	200
漢中	0.153	253	0.365	197	0.175	240	0.744	136	-197.992	201
鞍山	0.231	86	0.303	259	0.272	100	0.676	200	-200.012	202
運城	0.165	224	0.401	157	0.183	227	0.669	209	-204.812	203
忻州	0.163	230	0.305	256	0.159	256	0.827	61	-205.508	204
邢臺	0.185	161	0.435	117	0.206	180	0.578	251	-209.323	205
岳陽	0.193	137	0.389	170	0.239	136	0.606	242	-212.692	206
荊州	0.167	220	0.379	180	0.186	222	0.686	191	-214.605	207
齊齊哈爾	0.188	150	0.449	100	0.247	122	0.508	273	-221.355	208
亳州	0.15	261	0.374	188	0.168	244	0.717	159	-222.001	209
本溪	0.224	93	0.259	283	0.24	133	0.751	123	-224.143	210
銅陵	0.222	97	0.495	53	0.256	114	0.398	289	-228.014	211
畢節	0.133	283	0.372	192	0.126	282	0.766	110	-228.185	212
荊門	0.18	176	0.316	247	0.229	142	0.712	166	-232.01	213
日照	0.206	121	0.241	290	0.278	97	0.75	126	-233.756	214
懷化	0.157	244	0.309	254	0.162	249	0.793	84	-240.19	215
雲浮	0.172	204	0.338	225	0.248	119	0.657	219	-246.326	216
眉山	0.155	250	0.337	227	0.161	252	0.75	126	-246.797	217
丹東	0.193	137	0.255	285	0.229	142	0.769	108	-250.813	218
榆林	0.206	121	0.374	188	0.225	151	0.575	253	-266.822	219
吳忠	0.139	278	0.367	196	0.129	278	0.73	149	-267.33	220
承德	0.177	190	0.412	143	0.188	216	0.577	252	-268.623	221
新餘	0.204	125	0.377	185	0.247	122	0.549	263	-272.649	222
酒泉	0.155	250	0.305	256	0.128	279	0.794	83	-279.121	223
焦作	0.183	166	0.321	241	0.177	237	0.7	178	-281.391	224
遂寧	0.148	267	0.377	185	0.161	252	0.665	217	-281.792	225
張掖	0.136	281	0.334	230	0.1	296	0.785	97	-286.235	226
梅州	0.175	195	0.464	82	0.251	117	0.433	283	-286.795	227
武威	0.127	288	0.327	238	0.106	292	0.792	86	-293.697	228
汕尾	0.158	241	0.368	195	0.243	128	0.572	256	-309.596	229
宜賓	0.165	224	0.444	108	0.2	190	0.49	276	-315.077	230
河源	0.168	215	0.4	159	0.247	122	0.508	273	-315.187	231
黑河	0.133	283	0.378	182	0.18	231	0.629	231	-315.261	232
撫順	0.211	113	0.262	279	0.232	140	0.676	200	-318.861	233
潮州	0.17	209	0.29	269	0.274	98	0.637	227	-318.943	234
六安	0.168	215	0.317	245	0.194	202	0.669	209	-320.209	235
欽州	0.163	230	0.378	182	0.202	185	0.574	255	-325.091	236
信陽	0.157	244	0.416	135	0.15	267	0.567	259	-329.188	237
瀘州	0.163	230	0.319	243	0.185	224	0.669	209	-329.873	238
伊春	0.158	241	0.311	252	0.17	242	0.693	182	-335.28	239
萊蕪	0.208	119	0.312	250	0.244	126	0.58	250	-337.274	240
安康	0.144	273	0.293	267	0.154	264	0.742	137	-338.314	241
普洱	0.122	295	0.266	278	0.11	290	0.839	53	-338.37	242
自貢	0.162	236	0.317	245	0.179	235	0.668	214	-341.132	243
高雄	0.332	36	0.353	209	0.241	132	0.409	286	-342.113	244
中衛	0.145	271	0.253	286	0.127	281	0.811	67	-349.647	245
葫蘆島	0.17	209	0.29	269	0.191	209	0.68	196	-349.928	246
宿州	0.15	261	0.296	264	0.167	245	0.707	171	-353.207	247
固原	0.128	287	0.329	235	0.122	284	0.716	160	-355.561	248
南充	0.151	258	0.326	239	0.153	265	0.674	204	-356.475	249
內江	0.148	267	0.341	221	0.164	248	0.636	228	-365.144	250
新北	0.34	35	0.334	230	0.242	130	0.406	287	-365.155	251
巴彥淖爾	0.156	247	0.41	149	0.166	246	0.528	268	-366.937	252
樂山	0.168	215	0.309	254	0.186	222	0.64	226	-370.004	253
安順	0.148	267	0.305	256	0.136	277	0.706	173	-372.413	254

表 2.1　2014 年度中國城市成長競爭力排行榜

城市	實力指數	排名	潛力指數	排名	活力指數	排名	能力指數	排名	成長競爭力得分	排名
廣安	0.136	281	0.432	122	0.145	272	0.519	270	-380.918	255
鶴崗	0.163	230	0.26	281	0.217	164	0.677	199	-381.844	256
台中	0.323	38	0.312	250	0.229	142	0.449	280	-382.169	257
攀枝花	0.203	127	0.219	293	0.203	184	0.71	167	-382.666	258
常德	0.178	185	0.356	207	0.191	209	0.547	264	-383.281	259
慶陽	0.126	289	0.336	228	0.1	296	0.693	182	-394.159	260
嘉義	0.286	54	0.344	217	0.212	171	0.428	285	-405.041	261
昭通	0.115	296	0.285	272	0.116	288	0.749	130	-406.197	262
黃岡	0.151	258	0.302	260	0.177	237	0.635	229	-412.087	263
淮北	0.18	176	0.442	113	0.196	196	0.384	290	-421.447	264
滁州	0.179	183	0.46	92	0.199	193	0.353	292	-423.386	265
烏蘭察布	0.138	280	0.398	163	0.119	287	0.528	268	-445.994	266
白銀	0.157	244	0.22	292	0.145	272	0.735	145	-454.153	267
金昌	0.172	204	0.351	210	0.157	261	0.519	270	-459.952	268
淮南	0.193	137	0.377	185	0.222	157	0.405	288	-460.103	269
貴港	0.151	258	0.338	225	0.18	231	0.533	267	-463.578	270
定西	0.113	297	0.246	289	0.104	293	0.757	118	-472.395	271
永州	0.149	263	0.296	264	0.165	247	0.595	244	-476.072	272
台南	0.296	48	0.285	272	0.218	160	0.432	284	-477.264	273
賀州	0.14	276	0.296	264	0.141	276	0.623	235	-477.335	274
崇左	0.146	270	0.291	268	0.147	270	0.619	237	-478.833	275
烏海	0.204	125	0.251	287	0.209	176	0.567	259	-482.054	276
隨州	0.153	253	0.241	290	0.152	266	0.668	214	-490.027	277
雞西	0.16	239	0.284	274	0.193	204	0.554	262	-502.416	278
廣元	0.152	256	0.298	262	0.157	261	0.57	258	-503.34	279
石嘴山	0.175	195	0.188	294	0.179	235	0.688	187	-503.508	280
天水	0.13	285	0.273	277	0.122	284	0.656	220	-505.536	281
新竹	0.294	49	0.258	284	0.212	171	0.448	281	-508.497	282
達州	0.14	276	0.281	275	0.147	270	0.603	243	-517.081	283
基隆	0.277	62	0.313	249	0.223	156	0.352	293	-534.525	284
隴南	0.1	298	0.261	280	0.103	294	0.688	187	-535.955	285
巴中	0.124	291	0.275	276	0.128	279	0.624	234	-536.408	286
資陽	0.142	274	0.31	253	0.158	260	0.517	272	-551.392	287
張家界	0.156	247	0.26	281	0.196	196	0.476	279	-624.853	288
銅仁	0.123	293	0.181	295	0.122	284	0.641	225	-669.506	289
平涼	0.124	291	0.289	271	0.101	295	0.492	275	-680.71	290
池州	0.163	230	0.389	170	0.188	216	0.223	295	-697.359	291
來賓	0.145	271	0.318	244	0.143	274	0.368	291	-712.092	292
清遠	0.18	176	0.151	296	0.274	98	0.444	282	-730.318	293
黃山	0.177	190	0.364	198	0.194	202	0.186	296	-758.309	294
阜陽	0.156	247	0.427	127	0.182	229	0.1	298	-783.961	295
七台河	0.149	263	0.298	262	0.196	196	0.167	297	-904.077	296
河池	0.13	285	0.121	297	0.126	282	0.479	278	-925.092	297
嘉峪關	0.209	117	0.1	298	0.187	219	0.33	294	-983.737	298

第三篇 2014 年度中國城市單項競爭力排行榜

3.1 城市經濟競爭力排名及二級指標分值

城市經濟競爭力，一個突出的作用是能反映城市各種生產要素綜合而成的整體實力和發展效益及水平，以及這種對所在區域甚至國家的作用和輻射能力。這個概念強調競爭的重要性，著重考慮經濟效率和質量，是一種靜態經濟實力，考察的對象是各種發展要素總量或規模，還需要考慮經濟發展水平、人均指標以及單位指標，如人均 GDP 等。城市競爭力不僅僅比較城市間競爭力的高低，也注重過去和現在的對比，是一個相對的概念，同時它強調的是城市未來的發展。衡量一個城市的經濟競爭力，主要看該城市的經濟實力雄厚與否，經濟過程運轉如何，有效與否，經濟能否穩定、高速、健康的發展，經濟發展程度如何，能否跟上人民大眾生活水平提升的腳步。如果一個城市能滿足以上各個要求，就說明該城市具有相對較強的城市競爭力。城市競爭力的重要性在於，它能從一個城市的整體方面，如經濟綜合表現來考察城市創造財富、積累財富的能力，考察一個城市資源配置的能力，資源配置是否科學有效合理。與此同時，一個城市擁有較強的經濟競爭力，與市民的能力是分不開的，如果城市的市民具有較強的配置資源和市場競爭能力，那麼一個城市整體來說一定也具有較強的經濟競爭力，它是一個城市的現實性表現。

在我會的理論框架下，城市經濟競爭力是直接體現城市規模、效率和居民生活水平相對優勢的競爭力指標。雖然城市規模是否存在一個合理的邊界，在學術界還沒有一個明確的結論。但是城市規模的擴大是卻是規模經濟的結果，也是產業集聚和城市規模擴張互動機制的結果，因此我會都把城市規模指標看做體現城市經濟競爭力一個重要指標。

2014 年，在城市規模指標排名中，上海、北京、重慶、香港等熱點城市不出所料繼續排在前列。上海規模指數為 1，北京為 0.923，重慶達到 0.807，香港的規模指標為 0.783。從排名中可以看出，一個城市的城市規模指標與其經濟競爭力是密切相關的，存在很強的相關性。城市效率指標體現了幾種重要的城市指標，比如城市居民人均創造財富的能力、單位城市面積創造財富的規模和城市政府經營城市能力。它是城市對各種資源利用程度的評價和政府管理能力、人均財富值多少的體現。在 2014 年度城市效率指數排名中，澳門、深圳、香港仍然排在前列。這個結果與其自身土地面積、財富總值及人口規模、政府治理水平是分不開的。城市國際吸引指標體現了城市在吸收國外資本方面、參與世界市場競爭的能力，資本的本性在於其可獲利性，國外資本的流入也體現了城市在某些方面的相對優勢，如該城市的人才供給充足或廉價勞動力市場、廣闊的消費市場，以及一個城市為引進外資，采取的優惠鼓勵政策與完善的配套措施等因素。國際資本的流入對城市的發展有一定的正面作用，比如它在一定程度上可以彌補城市資金短缺，加快城市產業的升級，有城市發展助推器的功能。在 2014 年國際吸引力指標排名中，香港、澳門、上海、北京、深圳、天津、廣州等主要沿海城市指數較高。這些城市都是對外開放較早的城市，從歷史視角上來看，具有國際吸引力是不爭的事實，並且現有的經濟環境與政策上的便利也為這些城市吸引國際投資、參與世界競爭提供了機會和支持，這些城市相對來說具有經濟發展活力，與國際交流活動比較頻繁，自然機會較多，吸引力較強。城市居民在財富分配及消費分配方面的表現也是一個城市綜合經濟實力的體現。居民生活指標則反應了城市居民分享財富的能力，也體現了居民的消費結構與消費能力，是城市居民參與城市生活的一個重要體現。城市發展的根本是為了提高城市居民的生活水平及生活質量，這是城市發展的初衷，而城市居民財富的增長、消費結構的提升和消費能力的增強也會促進城市的發展，從而形成一個良性的發展態勢，相互促進共同發展。在城市居民生活指數化後，2014 年，前十名全是港澳臺的城市，其中香港的該指數為 1，臺北為 0.826，排名第二，新竹、澳門隨後，而大陸排名前三的為鄂爾多斯、東莞、上海。由此可以看出，在城市效率指標尤其是城市居民生活指標方面，大陸城市還有進一步提升的空間。

在《比較評價指標體系》的框架下，城市經濟競爭力比較評價指標體系包括城市規模指數、城市效率指數、城市國際吸引指數和城市居民生活指數等 4 個二級指標，城市人口規模、城市 GDP、人均可支配收入等 16 個三級指標。它涵蓋了城市 GDP、城市財政、城市居民生活水平等多個方面，並且是現代城市經濟生活中最重要的方面。在 2014 年 298 個城市經濟競爭力排名中，有 81 個城市處於平均水平之上，占 27.18%。經濟競爭力得分的標準差為 4.3577。比 2013 年的 4.180 有所增加，這表明城市經濟競爭力的差異延續了 2012 年以來的下降趨勢。城市經濟競爭力的所有排名請見表 3.1.1。

表 3.1.1 2014 年度城市經濟競爭力排名

城市	城市規模指數	排名	城市效率指數	排名	城市國際吸引指數	排名	城市居民生活指數	排名	經濟競爭力	排名
香港	0.783	4	0.465	3	1	1	1	1	3839.31	1
上海	1	1	0.356	9	0.488	3	0.352	13	2280.78	2
澳門	0.255	79	1	1	0.562	2	0.686	4	2259.63	3
北京	0.923	2	0.346	12	0.347	4	0.327	17	1831.91	4
深圳	0.686	7	0.602	2	0.326	5	0.326	18	1658.96	5
廣州	0.753	5	0.344	13	0.303	7	0.349	14	1492.8	6
天津	0.721	6	0.32	19	0.31	6	0.282	35	1354.73	7
蘇州	0.646	8	0.304	26	0.261	8	0.334	16	1178.49	8
重慶	0.807	3	0.211	72	0.236	12	0.19	147	1127.71	9
臺北	0.261	68	0.364	7	0.141	32	0.826	2	944.41	10
南京	0.465	14	0.305	25	0.241	11	0.294	28	804.23	11
新北	0.33	36	0.321	17	0.159	22	0.602	6	790.89	12
杭州	0.476	12	0.274	33	0.218	13	0.287	32	735.99	13
東莞	0.343	35	0.436	4	0.187	15	0.362	12	704.99	14
成都	0.536	9	0.223	64	0.208	14	0.233	82	698.66	15
大連	0.448	16	0.26	42	0.254	9	0.237	76	692.71	16
高雄	0.268	64	0.312	21	0.143	29	0.597	7	643.02	17
台中	0.262	67	0.314	20	0.142	31	0.59	8	625.49	18
武漢	0.517	11	0.267	39	0.17	18	0.215	116	611.33	19
佛山	0.4	22	0.36	8	0.16	21	0.311	21	607.84	20
無錫	0.449	15	0.285	31	0.163	20	0.299	26	603.5	21
青島	0.47	13	0.238	55	0.18	16	0.262	53	583.69	22
瀋陽	0.439	17	0.268	37	0.179	17	0.273	43	574.05	23
新竹	0.139	287	0.331	16	0.111	88	0.756	3	572.96	24
大同	0.519	10	0.369	6	0.105	133	0.197	139	561.34	25
寧波	0.427	19	0.244	49	0.154	23	0.293	30	501.66	26
台南	0.219	131	0.306	23	0.131	40	0.534	10	461.44	27
長沙	0.437	18	0.235	56	0.139	36	0.255	60	437.31	28
鄂爾多斯	0.32	38	0.294	28	0.116	69	0.387	11	412.28	29
嘉義	0.131	292	0.334	15	0.109	98	0.611	5	391.39	30
廈門	0.247	90	0.355	10	0.17	18	0.31	22	377.87	31
西安	0.36	29	0.241	52	0.146	26	0.287	32	369.58	32
鄭州	0.421	20	0.21	73	0.14	35	0.226	95	354.56	33
基隆	0.136	289	0.321	17	0.11	91	0.575	9	349.34	34
揚州	0.279	55	0.216	69	0.247	10	0.218	109	343.2	35
常州	0.312	41	0.271	36	0.153	24	0.282	35	332.33	36
濟南	0.357	30	0.239	53	0.118	65	0.305	25	327.14	37
長春	0.367	25	0.212	70	0.144	28	0.268	49	326.46	38
煙臺	0.371	24	0.194	92	0.133	38	0.27	46	293.26	39
哈爾濱	0.401	21	0.199	84	0.123	51	0.236	79	288.78	40

包頭	0.27	61	0.292	29	0.115	72	0.336	15	268.46	41
南通	0.361	28	0.18	110	0.141	32	0.247	66	254.89	42
泉州	0.366	26	0.162	139	0.139	36	0.255	60	250.53	43
唐山	0.39	23	0.207	75	0.114	78	0.227	90	250.23	44
福州	0.345	34	0.19	97	0.145	27	0.237	76	236.41	45
珠海	0.199	180	0.344	13	0.152	25	0.281	38	219.59	46
合肥	0.349	32	0.196	89	0.124	50	0.243	70	213.47	47
大慶	0.312	41	0.274	33	0.105	133	0.252	63	201.15	48
中山	0.233	105	0.354	11	0.119	60	0.255	60	186.92	49
紹興	0.313	40	0.171	123	0.119	60	0.298	27	182.55	50
濰坊	0.347	33	0.154	164	0.115	72	0.263	52	172.6	51
淄博	0.29	49	0.25	46	0.109	98	0.272	45	172.03	52
嘉興	0.265	65	0.188	100	0.131	40	0.307	24	157.48	53
溫州	0.324	37	0.159	147	0.113	83	0.281	38	156.88	54
徐州	0.351	31	0.18	110	0.127	46	0.2	134	156.54	55
呼和浩特	0.249	87	0.251	45	0.109	98	0.31	22	153.71	56
惠州	0.258	74	0.212	70	0.143	29	0.268	49	149.7	57
東營	0.261	68	0.277	32	0.104	151	0.275	42	145.32	58
金華	0.278	57	0.159	147	0.116	69	0.322	19	136.99	59
昆明	0.301	47	0.221	65	0.126	47	0.216	115	133.06	60
石家莊	0.365	27	0.158	150	0.111	88	0.198	137	121.71	61
鎮江	0.257	75	0.22	66	0.141	32	0.241	73	121.18	62
南昌	0.285	51	0.209	74	0.132	39	0.227	90	119.89	63
臨沂	0.318	39	0.147	183	0.106	123	0.256	58	92.64	64
鹽城	0.311	43	0.152	170	0.13	43	0.214	118	87.91	65
台州	0.277	58	0.167	131	0.108	108	0.282	35	80.35	66
濟寧	0.308	45	0.142	201	0.114	78	0.237	76	67.1	67
洛陽	0.281	54	0.16	144	0.126	47	0.235	80	63.15	68
克拉瑪依	0.159	274	0.384	5	0.1	275	0.259	56	62.53	69
太原	0.25	84	0.254	43	0.115	72	0.217	111	62	70
盤錦	0.188	216	0.243	50	0.122	53	0.294	28	54.12	71
威海	0.239	100	0.192	95	0.117	68	0.27	46	48.42	72
鞍山	0.248	88	0.206	77	0.121	54	0.232	83	41.45	73
泰州	0.273	59	0.159	147	0.126	47	0.226	95	39	74
呼倫貝爾	0.305	46	0.139	215	0.112	84	0.222	106	35.9	75
烏魯木齊	0.248	88	0.297	27	0.108	108	0.166	212	29.6	76
吉林	0.259	72	0.192	95	0.11	91	0.232	83	21.75	77
泰安	0.265	65	0.16	144	0.109	98	0.246	67	16.87	78
淮安	0.247	90	0.199	84	0.13	43	0.198	137	11.67	79
榆林	0.261	68	0.162	139	0.1	275	0.262	53	11.12	80
湖州	0.21	153	0.197	87	0.119	60	0.261	55	2.91	81
舟山	0.169	256	0.262	41	0.108	108	0.277	41	-5.16	82
南寧	0.284	52	0.187	102	0.105	133	0.185	162	-5.21	83
烏海	0.139	287	0.306	23	0.1	275	0.293	30	-6.4	84
廊坊	0.224	123	0.151	176	0.119	60	0.273	43	-7.2	85
濱州	0.231	108	0.152	170	0.106	123	0.281	38	-12.21	86
江門	0.219	131	0.182	109	0.131	40	0.227	90	-13.48	87
蕪湖	0.24	96	0.187	102	0.12	57	0.213	119	-14.4	88
南陽	0.29	49	0.123	268	0.105	133	0.213	119	-27.01	89
貴陽	0.24	96	0.227	60	0.106	123	0.189	152	-30	90
酒泉	0.25	84	0.18	110	0.101	232	0.225	100	-30.89	91
保定	0.309	44	0.123	268	0.107	116	0.18	176	-31.46	92
晉城	0.194	191	0.146	190	0.104	151	0.322	19	-35.79	93
滄州	0.296	48	0.128	251	0.105	133	0.193	142	-36.26	94
馬鞍山	0.201	175	0.197	87	0.118	65	0.242	72	-36.8	95
咸陽	0.24	96	0.14	210	0.101	232	0.25	64	-54.04	96
株洲	0.229	114	0.168	130	0.109	98	0.226	95	-57.76	97
日照	0.205	159	0.2	82	0.108	108	0.232	83	-58.97	98
聊城	0.253	81	0.137	221	0.102	202	0.227	90	-62.37	99
棗莊	0.216	137	0.198	86	0.102	202	0.226	95	-63.38	100
通遼	0.235	102	0.166	133	0.101	232	0.228	87	-63.56	101
德州	0.256	78	0.133	235	0.103	177	0.223	105	-63.8	102
宜昌	0.269	63	0.185	106	0.104	151	0.157	233	-65.91	103

汕頭	0.218	134	0.25	46	0.103	177	0.173	192	-67.58	104
本溪	0.189	211	0.239	53	0.12	57	0.191	145	-69.62	105
臨汾	0.216	137	0.137	221	0.102	202	0.27	46	-70.99	106
襄陽	0.279	55	0.177	115	0.106	123	0.141	265	-73.62	107
銀川	0.193	194	0.229	59	0.101	232	0.224	103	-73.7	108
邯鄲	0.283	53	0.131	241	0.11	91	0.165	216	-74.96	109
松原	0.202	170	0.155	159	0.103	177	0.268	49	-76.58	110
朔州	0.192	198	0.196	89	0.102	202	0.249	65	-76.76	111
岳陽	0.257	75	0.15	177	0.104	151	0.194	141	-77.02	112
赤峰	0.252	82	0.154	164	0.101	232	0.204	127	-77.04	113
常德	0.257	75	0.152	170	0.106	123	0.186	158	-80.34	114
萊蕪	0.15	286	0.266	40	0.102	202	0.244	68	-81.01	115
蘭州	0.225	121	0.226	61	0.1	275	0.175	185	-83.48	116
新鄉	0.229	114	0.136	225	0.107	116	0.231	86	-86.36	117
三門峽	0.186	220	0.14	210	0.108	108	0.285	34	-87.88	118
錦州	0.197	185	0.173	119	0.116	69	0.227	90	-87.93	119
長治	0.213	147	0.15	177	0.104	151	0.243	70	-91.76	120
延安	0.203	165	0.157	153	0.101	232	0.256	58	-92.07	121
湘潭	0.205	159	0.177	115	0.108	108	0.219	107	-95.86	122
焦作	0.214	144	0.152	170	0.109	98	0.225	100	-96.86	123
菏澤	0.27	61	0.127	255	0.102	202	0.182	167	-97.39	124
營口	0.2	178	0.203	81	0.115	72	0.19	147	-98.2	125
撫順	0.195	188	0.232	57	0.105	133	0.189	152	-99.44	126
漳州	0.246	93	0.14	210	0.118	65	0.174	189	-99.79	127
莆田	0.203	165	0.217	68	0.109	98	0.183	166	-100.89	128
晉中	0.202	170	0.14	210	0.104	151	0.259	56	-101.08	129
許昌	0.23	111	0.126	257	0.105	133	0.226	95	-106.05	130
衡陽	0.26	71	0.13	244	0.109	98	0.172	195	-106.82	131
駐馬店	0.245	94	0.11	294	0.104	151	0.219	107	-108.77	132
柳州	0.233	105	0.186	104	0.105	133	0.167	210	-109.6	133
三亞	0.154	279	0.29	30	0.114	78	0.169	202	-114.1	134
寶雞	0.215	139	0.173	119	0.103	177	0.203	130	-114.18	135
海口	0.174	246	0.272	35	0.106	123	0.168	205	-115.4	136
連雲港	0.229	114	0.154	164	0.114	78	0.18	176	-115.43	137
肇慶	0.228	120	0.141	207	0.128	45	0.165	216	-116.23	138
麗水	0.19	206	0.138	219	0.115	72	0.244	68	-116.83	139
周口	0.272	60	0.1	298	0.104	151	0.181	170	-117.73	140
遼陽	0.185	223	0.207	75	0.105	133	0.205	123	-122.11	141
桂林	0.234	103	0.135	228	0.12	57	0.171	197	-122.51	142
安陽	0.222	126	0.133	235	0.104	151	0.217	111	-123.57	143
平頂山	0.208	156	0.139	215	0.104	151	0.228	87	-126.48	144
運城	0.215	139	0.116	287	0.103	177	0.24	74	-126.61	145
贛州	0.259	72	0.119	280	0.114	78	0.154	243	-130.11	146
湛江	0.25	84	0.145	192	0.102	202	0.164	218	-131.63	147
曲靖	0.241	95	0.129	248	0.101	232	0.192	143	-134.28	148
陽泉	0.172	252	0.205	79	0.103	177	0.218	109	-135.9	149
龍岩	0.207	158	0.155	159	0.103	177	0.208	121	-137.45	150
遵義	0.252	82	0.125	262	0.101	232	0.175	185	-139.02	151
開封	0.217	136	0.126	257	0.104	151	0.215	116	-139.27	152
郴州	0.23	111	0.137	221	0.111	88	0.175	185	-141.26	153
商丘	0.24	96	0.122	273	0.103	177	0.186	158	-142.97	154
茂名	0.255	79	0.134	230	0.102	202	0.157	233	-143.22	155
渭南	0.225	121	0.126	257	0.11	91	0.191	145	-144.54	156
巴彥淖爾	0.186	220	0.158	150	0.104	151	0.225	100	-148.35	157
宿遷	0.231	108	0.157	153	0.107	116	0.158	231	-148.53	158
銅川	0.156	278	0.242	51	0.1	275	0.201	133	-148.72	159
九江	0.23	111	0.144	193	0.115	72	0.155	237	-149.23	160
衢州	0.182	225	0.165	134	0.103	177	0.224	103	-150.36	161
新餘	0.154	279	0.249	48	0.107	116	0.182	167	-153.17	162
牡丹江	0.208	156	0.164	136	0.112	84	0.168	205	-154.13	163
銅陵	0.117	294	0.253	44	0.104	151	0.234	81	-154.42	164
白城	0.188	216	0.143	198	0.101	232	0.228	87	-161.99	165
綿陽	0.218	134	0.147	183	0.103	177	0.18	176	-162.35	166

通化	0.193	194	0.148	179	0.104	151	0.208	121	-164.79	167
白山	0.173	250	0.189	99	0.101	232	0.205	123	-165.96	168
鶴壁	0.171	254	0.171	123	0.105	133	0.217	111	-166.59	169
萍鄉	0.17	255	0.193	94	0.104	151	0.202	131	-166.63	170
鐵嶺	0.186	220	0.144	193	0.105	133	0.217	111	-166.74	171
呂梁	0.215	139	0.125	262	0.104	151	0.196	140	-166.82	172
韶關	0.2	178	0.157	153	0.104	151	0.189	152	-166.93	173
遼源	0.175	243	0.185	106	0.101	232	0.205	123	-167.4	174
三明	0.211	150	0.141	207	0.103	177	0.186	158	-170.95	175
秦皇島	0.178	233	0.173	119	0.112	84	0.186	158	-173.16	176
畢節	0.234	103	0.128	251	0.101	232	0.166	212	-173.6	177
玉溪	0.19	206	0.17	126	0.101	232	0.192	143	-174.7	178
葫蘆島	0.177	237	0.169	128	0.107	116	0.199	135	-175.8	179
金昌	0.133	291	0.206	77	0.1	275	0.24	74	-176.08	180
丹東	0.191	201	0.171	123	0.121	54	0.152	246	-176.28	181
漯河	0.174	246	0.183	108	0.107	116	0.19	147	-176.36	182
攀枝花	0.166	263	0.23	58	0.101	232	0.169	202	-178.52	183
張家口	0.214	144	0.143	198	0.103	177	0.173	192	-179.24	184
嘉峪關	0.102	297	0.31	22	0.1	275	0.19	147	-180.51	185
齊齊哈爾	0.22	130	0.146	190	0.104	151	0.159	230	-180.65	186
邢臺	0.224	123	0.118	283	0.101	232	0.18	176	-183.12	187
四平	0.195	188	0.136	225	0.101	232	0.205	123	-184.58	188
防城港	0.167	261	0.218	67	0.102	202	0.171	197	-186.2	189
六安	0.222	126	0.134	230	0.105	133	0.16	228	-186.81	190
濮陽	0.204	163	0.133	235	0.104	151	0.187	155	-187.29	191
永州	0.215	139	0.128	251	0.106	123	0.171	197	-187.63	192
瀘州	0.205	159	0.156	157	0.101	232	0.171	197	-188.11	193
揭陽	0.236	101	0.118	283	0.103	177	0.155	237	-188.32	194
宣城	0.191	201	0.154	164	0.105	133	0.181	170	-190.5	195
鄂州	0.165	264	0.268	37	0.102	202	0.126	287	-191.1	196
石嘴山	0.152	282	0.225	62	0.1	275	0.184	164	-192.15	197
德陽	0.203	165	0.14	210	0.102	202	0.179	181	-194.25	198
衡水	0.198	183	0.121	275	0.102	202	0.202	131	-194.65	199
西寧	0.19	206	0.196	89	0.101	232	0.151	248	-195.03	200
宜賓	0.211	150	0.144	193	0.101	232	0.167	210	-195.96	201
蚌埠	0.199	180	0.156	157	0.109	98	0.158	231	-196.8	202
益陽	0.202	170	0.144	193	0.102	202	0.174	189	-197.48	203
忻州	0.192	198	0.131	241	0.102	202	0.199	135	-198.8	204
信陽	0.247	90	0.123	268	0.104	151	0.125	288	-200.26	205
宜春	0.222	126	0.131	241	0.106	123	0.148	251	-200.87	206
黃石	0.188	216	0.165	134	0.105	133	0.169	202	-201.51	207
安慶	0.231	108	0.125	262	0.105	133	0.141	265	-202.34	208
宿州	0.215	139	0.142	201	0.104	151	0.148	251	-205.1	209
自貢	0.192	198	0.177	115	0.1	275	0.156	235	-205.63	210
荊門	0.198	183	0.148	179	0.103	177	0.168	205	-206.67	211
上饒	0.233	105	0.114	289	0.11	91	0.135	281	-207.03	212
吉安	0.213	147	0.123	268	0.11	91	0.156	235	-207.39	213
綏化	0.229	114	0.117	285	0.102	202	0.152	246	-207.81	214
亳州	0.204	163	0.137	221	0.104	151	0.164	218	-208.76	215
黃岡	0.229	114	0.105	297	0.101	232	0.162	226	-209.01	216
婁底	0.201	175	0.125	262	0.103	177	0.181	170	-209.83	217
資陽	0.202	170	0.133	235	0.101	232	0.175	185	-210.64	218
樂山	0.195	188	0.162	139	0.103	177	0.155	237	-211.07	219
雙鴨山	0.176	240	0.158	150	0.101	232	0.187	155	-212.73	220
南平	0.201	175	0.134	230	0.105	133	0.164	218	-214.2	221
張掖	0.178	233	0.157	153	0.1	275	0.185	162	-215.29	222
商洛	0.18	229	0.129	248	0.101	232	0.204	127	-215.92	223
玉林	0.214	144	0.124	266	0.101	232	0.161	227	-216.7	224
景德鎮	0.163	268	0.172	122	0.104	151	0.184	164	-217.06	225
安康	0.189	211	0.142	201	0.1	275	0.181	170	-217.97	226
中衛	0.164	267	0.155	159	0.1	275	0.204	127	-218.32	227
伊春	0.162	270	0.19	97	0.121	54	0.138	277	-220.04	228
慶陽	0.187	219	0.133	235	0.1	275	0.187	155	-222.86	229

十堰	0.205	159	0.152	170	0.103	177	0.139	275	-224.5	230
朝陽	0.193	194	0.142	201	0.102	202	0.164	218	-225.41	231
阜新	0.168	258	0.178	113	0.103	177	0.168	205	-225.69	232
陽江	0.197	185	0.147	183	0.103	177	0.153	245	-225.95	233
承德	0.21	153	0.134	230	0.105	133	0.141	265	-227	234
烏蘭察布	0.197	185	0.121	275	0.102	202	0.172	195	-231.06	235
佳木斯	0.191	201	0.161	142	0.102	202	0.145	257	-232.39	236
南充	0.229	114	0.136	225	0.101	232	0.116	293	-232.7	237
淮南	0.136	289	0.224	63	0.103	177	0.166	212	-232.81	238
寧德	0.209	155	0.13	244	0.102	202	0.145	257	-233.43	239
漢中	0.203	165	0.12	278	0.101	232	0.163	223	-234.23	240
黑河	0.178	233	0.113	291	0.123	51	0.163	223	-235.74	241
北海	0.177	237	0.186	104	0.102	202	0.14	270	-236.48	242
荊州	0.223	125	0.129	248	0.102	202	0.123	289	-238.61	243
內江	0.193	194	0.147	183	0.102	202	0.149	250	-238.76	244
眉山	0.185	223	0.142	201	0.102	202	0.163	223	-239.78	245
拉薩	0.167	261	0.188	100	0.106	123	0.141	265	-240.89	246
白銀	0.16	273	0.16	144	0.1	275	0.182	167	-243.76	247
吳忠	0.162	270	0.147	183	0.1	275	0.19	147	-244.5	248
梧州	0.199	180	0.139	215	0.102	202	0.142	261	-244.76	249
張家界	0.153	281	0.154	164	0.109	98	0.179	181	-245.77	250
邵陽	0.222	126	0.111	293	0.102	202	0.132	284	-245.95	251
清遠	0.194	191	0.139	215	0.108	108	0.137	279	-246.71	252
懷化	0.212	149	0.117	285	0.101	232	0.139	275	-250.39	253
孝感	0.211	150	0.127	255	0.103	177	0.128	285	-250.82	254
欽州	0.182	225	0.161	142	0.102	202	0.142	261	-250.95	255
鶴崗	0.159	274	0.2	82	0.101	232	0.142	261	-251.15	256
貴港	0.189	211	0.147	183	0.101	232	0.147	255	-251.24	257
隨州	0.177	237	0.138	219	0.101	232	0.168	205	-253.81	258
保山	0.179	231	0.153	169	0.102	202	0.15	249	-255.85	259
撫州	0.203	165	0.148	179	0.104	151	0.116	293	-256.89	260
來賓	0.151	283	0.163	137	0.101	232	0.18	176	-257.65	261
咸寧	0.191	201	0.135	228	0.102	202	0.144	259	-258.44	262
阜陽	0.18	229	0.13	244	0.101	232	0.166	212	-258.5	263
雞西	0.163	268	0.17	126	0.102	202	0.155	237	-258.74	264
銅仁	0.19	206	0.116	287	0.101	232	0.164	218	-260.53	265
賀州	0.159	274	0.169	128	0.103	177	0.155	237	-262.76	266
滁州	0.159	274	0.13	244	0.107	116	0.181	170	-264.09	267
固原	0.161	272	0.142	201	0.1	275	0.179	181	-265.21	268
武威	0.172	252	0.177	115	0.1	275	0.133	282	-265.44	269
百色	0.191	201	0.119	280	0.101	232	0.155	237	-265.58	270
天水	0.174	246	0.155	159	0.1	275	0.147	255	-269.06	271
遂寧	0.176	240	0.152	170	0.101	232	0.144	259	-270.14	272
達州	0.219	131	0.107	295	0.101	232	0.122	290	-270.26	273
梅州	0.189	211	0.113	291	0.106	123	0.148	251	-271.44	274
淮北	0.122	293	0.194	92	0.104	151	0.173	192	-274.05	275
廣安	0.19	206	0.134	230	0.101	232	0.133	282	-277	276
潮州	0.175	243	0.124	266	0.108	108	0.148	251	-278.45	277
安順	0.175	243	0.148	179	0.102	202	0.14	270	-278.6	278
雅安	0.151	283	0.163	137	0.101	232	0.16	228	-279.49	279
池州	0.113	295	0.178	113	0.112	84	0.181	170	-279.58	280
廣元	0.174	246	0.147	183	0.1	275	0.14	270	-281.82	281
麗江	0.165	264	0.143	198	0.11	91	0.14	270	-282.46	282
鷹潭	0.168	258	0.155	159	0.103	177	0.138	277	-282.81	283
雲浮	0.178	233	0.12	278	0.103	177	0.154	243	-283.43	284
黃山	0.113	295	0.167	131	0.119	60	0.174	189	-283.94	285
定西	0.169	256	0.114	289	0.1	275	0.171	197	-288.46	286
昭通	0.202	170	0.122	273	0.1	275	0.118	292	-288.81	287
汕尾	0.176	240	0.128	251	0.105	133	0.141	265	-288.92	288
平涼	0.151	283	0.132	240	0.1	275	0.178	184	-291.95	289
崇左	0.173	250	0.126	257	0.103	177	0.142	261	-297.04	290
六盤水	0.194	191	0.144	193	0.101	232	0.1	298	-298.85	291
巴中	0.165	264	0.141	207	0.1	275	0.14	270	-303.42	292

河源	0.182	225	0.121	275	0.104	151	0.121	291	-310.7	293
河池	0.181	228	0.107	295	0.101	232	0.136	280	-315.07	294
普洱	0.189	211	0.123	268	0.101	232	0.106	297	-320.73	295
臨滄	0.179	231	0.119	280	0.101	232	0.108	296	-339.2	296
隴南	0.168	258	0.126	257	0.1	275	0.115	295	-343.6	297
七台河	0.1	298	0.204	80	0.101	232	0.128	285	-356.55	298

3.2 城市產業競爭力排名及二級指標分值

城市的發展離不開產業的發展，城市的發展和產業的發展是同步進行的，而城市本身也是產業分工與發展的結果。城市產業的形成是一個歷史的發展過程，伴隨著社會生產力的發展和社會分工的不斷深化，城市產業也慢慢形成，產業和城市的發展相伴相生，互通有無。產業演進與城市發展之間是存在相關性的。例如第二產業向第三產業轉變，從而城市功能從生產型功能向服務型功能轉變。產業內部結構轉變也會引起城市功能的細化與主要功能的變化。同理，城市發展同時反作用於產業變化，城市的發展從多個方面影響產業的發展變化。城市功能的確定，影響產業的選擇，也會影響到產業結構的變遷，也會影響產業的結構轉型和升級。城市產業結構是城市社會再生產過程中形成的各產業之間及其內部各行業之間的比例關系和結合狀況。世界的城市化是一個漫長的進程，而從這個進程之中來看，以勞動密集型的生活消費品製造業為主的工業是促進城市發展的初始驅動力，工業是城市發展的第一個推動器。城市化的進程不同，產業結構的側重也不同，發達國家進入後工業化階段後，城市發展的主要動力由製造業變成了第三產業。一般來說，不同城市在其產業結構變遷的過程中，往往會依據自身在區域競爭中的比較優勢，分析其自身的特點和發展方向，傾向於有目的的選擇幾個能體現出自身優勢的產業作為支撐城市發展的主導產業群。城市主導產業是那些相對於其它產業而言能夠更多的采用先進的科學技術、保持較高的增長速度並且能夠帶動城市其它產業發展的產業部門，能給城市帶來利益，有助於城市躋身發展前列的產業部門。城市產業競爭力是城市在發展其產業布局的過程中，能夠體現出來的相對於其它城市而言的產業優勢，是一個相對的概念。產業競爭力又稱產業國際競爭力，它是一個國家或地區產業對於該國或該地區資源稟賦結構（比較優勢）和市場環境的反映和調整能力。它是一個比較的概念，產業競爭力的內涵涉及兩個基本方面的問題：一個是比較的內容，一個是比較的範圍。即產業競爭力比較的內容就是產業競爭優勢，而產業競爭優勢最終體現於產品、企業及產業的市場實現能力上。同時產業競爭力是一個區域的概念。因此，產業競爭力分析主要關注影響區域經濟發展的各種因素，如產業集聚、產業轉移、區位優勢等。

城市產業競爭力比較評價指標體系的研究基於宏觀層面，對城市三次產業在創造財富上的不同能力以及在城市 GDP 所占比重兩方面來對城市的產業競爭力進行考察。在我會的評價體系中，工業被放在了一個比較重要的位置，原因首先在於中國目前正處於工業化發展的階段，其次提升製造能力也是中國作為一個勞動力資源相對豐富的國家的必然選擇。城市產業競爭力比較評價體系包括產業規模指數、產業效率指數、產業貢獻指數、產業結構指數、產業國際化指數和產業集群指數 6 個二級指標，限額以上工業企業數、產品市場認同度等 29 個三級指標。產業規模是指一類產業的產出規模或經營規模，產業規模可用生產總值或產出量表示。產業規模指數是產業規模的指數化，它刻畫的是三次產業創造財富的規模。在 2014 年，城市產業規模指數排名中，上海、北京、重慶、天津、蘇州排名前五。貢獻率是分析經濟效益的一個指標，它是指有效或有用成果數量與資源消耗及占用量之比，是產出量與投入量之比。第一、二、三產業增量與國內生產總值增量之比，即為各產業的貢獻率。顧名思義，產業貢獻指數是指數化了的產業貢獻。該指數體現了城市產業的市場影響力及其利稅貢獻能力。在表 3.2.1 中，可以看到，上海、天津、蘇州、深圳、北京的市場影響力及其利稅貢獻能力較大，與同類城市比較，位居前五名。產業效率指數的作用是刻畫產業從業者生產效率與工業企業的經營狀況間的關系。產業結構是指國民經濟各產業部門之間以及各產業部門內部的構成。社會生產的產業結構或部門結構是在一般分工和特殊分工的基礎上產生和發展起來的。產業結構指數衡量的是工業化水平、服務化水平與產業製造能力。一個城市的產業結構是否合理是經濟能否持續有效發展的重要依據。從統計結果中可以看出，在城市產業結構指數排名中，上海、深圳、泉州、天津等大部分東部沿海城市賦值較高，排名靠前，具有較合理的城市產業結構。產業國際化指數反映了城市產業在吸收國際資本的能力及外資企業對該地區產業發展的貢獻度。從下面表中可以得到，在該指標排名中，蘇州、上海、深圳、東莞、廣州的產業國際化程度一如繼往的位於前五。產業集群指的是某個特定產業中相互關聯的、在地理位置上相對集中的很多企業和機構的集合。產業集群的崛起是產業發展適應經濟全球化和競爭日益激烈的新趨勢，是為創造競爭優勢而形成的一種產業空間組織形式，它具有的群體競爭優勢和集聚發展的規模效益是其他形式無法比擬的。產業集群指數反映了一個城市產業的集聚水平。上海、北京、天津、深圳、蘇州、廣州的產業集群指數較高，這說明了這些城市的產業與產業之間無論在互補性還是規模上都彼此影響較大，產業之間聯繫緊密。

在 2014 年 298 個城市產業競爭力排名中，有 108 個城市處於平均水平之上，占 36.24%，比 2013 年減少了 3 個。產業競爭力得分的標準差為 8.0190，延續了 2011 年以來的下降趨勢。城市產業競爭力所有二級指標排名及產業競爭力排名請見表 3.2.1、表 3.2.2。

表 3.2.1 2014 年度城市產業競爭力排名

城市	產業規模指數	排名	產業貢獻指數	排名	產業效率指數	排名	產業結構指數	排名
上海	1	1	1	1	0.398	211	1	1
蘇州	0.735	5	0.769	3	0.614	30	0.792	7
天津	0.74	4	0.94	2	0.596	39	0.837	4
深圳	0.698	6	0.666	4	0.244	289	0.981	2
北京	0.788	3	0.578	5	0.381	224	0.703	15
廣州	0.696	7	0.496	8	0.497	127	0.787	8
東莞	0.341	28	0.331	35	0.998	2	0.578	91
佛山	0.46	17	0.514	6	0.805	5	0.684	20
無錫	0.476	15	0.481	10	0.554	75	0.693	18
寧波	0.482	13	0.406	20	0.418	197	0.769	9
重慶	0.801	2	0.387	23	0.385	221	0.701	16
青島	0.478	14	0.49	9	0.585	48	0.694	17
南京	0.436	19	0.446	13	0.578	56	0.664	23
杭州	0.511	10	0.452	12	0.324	259	0.733	12
泉州	0.387	24	0.356	27	0.514	115	0.874	3
大連	0.47	16	0.389	22	0.594	41	0.654	31
成都	0.513	9	0.408	19	0.553	78	0.659	30
煙臺	0.388	23	0.459	11	0.612	31	0.68	21
瀋陽	0.45	18	0.431	16	0.602	36	0.618	47
武漢	0.498	12	0.349	30	0.48	144	0.66	28
南通	0.374	25	0.418	18	0.674	12	0.608	56
惠州	0.235	72	0.287	45	0.519	110	0.757	10
鄭州	0.396	22	0.438	14	0.574	57	0.692	19
香港	0.556	8	0.333	34	0.599	38	0.463	235
常州	0.315	36	0.355	28	0.572	62	0.621	43
淄博	0.297	42	0.435	15	0.624	22	0.661	26
中山	0.236	71	0.26	51	0.579	55	0.654	31
廈門	0.235	72	0.225	70	0.315	273	0.799	6
大同	0.503	11	0.15	206	0.976	3	0.551	128
長春	0.334	31	0.371	25	0.603	35	0.596	69

表 3.2.1 2014 年度城市產業競爭力排名

城市	產業規模指數	排名	產業貢獻指數	排名	產業效率指數	排名	產業結構指數	排名
唐山	0.411	21	0.397	21	0.483	142	0.616	49
東營	0.257	56	0.501	7	0.581	54	0.654	31
鄂爾多斯	0.265	48	0.334	33	1	1	0.594	72
大慶	0.319	35	0.354	29	0.624	22	0.663	24
揚州	0.267	47	0.345	31	0.725	8	0.579	89
徐州	0.33	33	0.423	17	0.672	13	0.537	144
長沙	0.436	19	0.302	41	0.544	83	0.651	35
鎮江	0.245	63	0.291	44	0.664	14	0.619	45
濰坊	0.353	26	0.383	24	0.573	59	0.613	51
福州	0.335	30	0.281	47	0.518	112	0.623	42
嘉興	0.283	45	0.276	49	0.466	156	0.708	14
合肥	0.331	32	0.33	36	0.504	121	0.619	45
珠海	0.174	137	0.202	93	0.215	294	0.808	5
泰州	0.256	57	0.357	26	0.66	15	0.578	91
威海	0.229	75	0.273	50	0.533	96	0.66	28
臨沂	0.29	43	0.322	39	0.618	27	0.55	129
紹興	0.315	36	0.329	37	0.317	270	0.653	34
西安	0.311	39	0.208	83	0.382	222	0.628	39
包頭	0.245	63	0.204	90	0.587	46	0.624	41
榆林	0.238	68	0.237	60	0.817	4	0.603	61
蕪湖	0.214	84	0.234	64	0.573	59	0.621	43
江門	0.205	89	0.165	168	0.496	128	0.61	52
鹽城	0.299	41	0.302	41	0.602	36	0.512	168
襄陽	0.261	50	0.23	67	0.609	33	0.579	89
石家莊	0.351	27	0.324	38	0.536	91	0.559	114
南昌	0.258	53	0.218	73	0.494	130	0.631	38
柳州	0.202	91	0.201	95	0.475	146	0.606	59
濟南	0.328	34	0.233	65	0.446	174	0.592	74
銅陵	0.125	252	0.164	171	0.585	48	0.663	24
淮安	0.219	81	0.229	68	0.656	16	0.529	153
莆田	0.169	149	0.167	163	0.537	90	0.606	59
澳門	0.172	141	0.154	197	0.773	6	0.433	261
克拉瑪依	0.135	226	0.21	79	0.394	214	0.716	13
營口	0.177	133	0.211	78	0.562	69	0.573	102
德州	0.248	61	0.341	32	0.583	50	0.556	116
揭陽	0.191	108	0.21	79	0.733	7	0.553	121
日照	0.167	153	0.185	121	0.542	85	0.554	119
汕頭	0.183	119	0.182	129	0.419	194	0.592	74
漯河	0.145	206	0.192	105	0.574	57	0.601	62
聊城	0.237	69	0.317	40	0.629	18	0.554	119
太原	0.196	103	0.2	96	0.394	214	0.61	52
濟寧	0.286	44	0.254	53	0.529	100	0.544	136
嘉峪關	0.102	297	0.148	213	0.405	205	0.757	10
漳州	0.228	76	0.216	74	0.547	80	0.54	138
濱州	0.208	87	0.278	48	0.57	63	0.597	67
本溪	0.155	186	0.16	176	0.476	145	0.608	56
萍鄉	0.135	226	0.181	132	0.715	9	0.566	107
延安	0.164	162	0.243	57	0.528	101	0.596	69
邯鄲	0.261	50	0.259	52	0.485	137	0.529	153
連雲港	0.197	99	0.238	59	0.583	50	0.491	203
遼陽	0.151	194	0.178	140	0.62	25	0.592	74
洛陽	0.263	49	0.242	58	0.447	173	0.594	72
肇慶	0.189	111	0.206	87	0.545	81	0.507	175
新餘	0.133	233	0.141	232	0.499	125	0.6	65
烏海	0.118	268	0.142	230	0.501	124	0.642	37
馬鞍山	0.161	170	0.176	145	0.532	97	0.608	56
湖州	0.202	91	0.209	81	0.431	185	0.601	62
臺北	0.241	67	0.204	90	0.324	259	0.494	191
昆明	0.253	59	0.208	83	0.42	193	0.577	94

表 3.2.1 2014 年度城市產業競爭力排名

城市	產業規模指數	排名	產業貢獻指數	排名	產業效率指數	排名	產業結構指數	排名
鞍山	0.222	79	0.186	119	0.525	104	0.609	55
宿遷	0.201	95	0.213	77	0.706	10	0.499	187
湘潭	0.172	141	0.172	152	0.531	99	0.58	88
北海	0.134	228	0.195	101	0.624	22	0.475	224
保定	0.258	53	0.226	69	0.469	153	0.563	109
岳陽	0.23	74	0.237	60	0.532	97	0.553	121
菏澤	0.226	78	0.282	46	0.59	45	0.522	160
許昌	0.206	88	0.253	54	0.57	63	0.589	81
哈爾濱	0.34	29	0.18	135	0.34	248	0.512	168
焦作	0.192	106	0.236	62	0.527	102	0.614	50
台州	0.273	46	0.203	92	0.354	239	0.61	52
溫州	0.31	40	0.219	72	0.251	287	0.648	36
棗莊	0.196	103	0.209	81	0.481	143	0.566	107
宜昌	0.256	57	0.232	66	0.347	243	0.583	85
湛江	0.211	85	0.165	168	0.591	44	0.435	258
株洲	0.202	91	0.185	121	0.524	105	0.597	67
寶雞	0.178	129	0.172	152	0.516	113	0.59	79
黃石	0.155	186	0.17	160	0.463	162	0.6	65
常德	0.218	82	0.188	114	0.618	27	0.508	174
攀枝花	0.134	228	0.153	199	0.415	198	0.672	22
吉林	0.228	76	0.188	114	0.485	137	0.538	142
防城港	0.119	266	0.14	237	0.541	86	0.484	212
滄州	0.261	50	0.25	55	0.446	174	0.53	150
貴陽	0.185	118	0.188	114	0.464	160	0.567	106
烏魯木齊	0.186	117	0.18	135	0.364	233	0.55	129
撫順	0.166	154	0.16	176	0.464	160	0.588	84
梧州	0.148	201	0.174	148	0.641	17	0.546	134
龍岩	0.178	129	0.157	188	0.541	86	0.553	121
九江	0.179	128	0.205	88	0.509	116	0.573	102
晉城	0.143	210	0.188	114	0.504	121	0.592	74
三門峽	0.16	175	0.216	74	0.543	84	0.589	81
南寧	0.237	69	0.184	126	0.446	174	0.501	185
萊蕪	0.125	252	0.149	209	0.419	194	0.592	74
衡陽	0.222	79	0.193	104	0.561	70	0.51	171
鄂州	0.13	240	0.144	222	0.419	194	0.589	81
茂名	0.211	85	0.174	148	0.629	18	0.454	244
泰安	0.245	63	0.293	43	0.342	246	0.562	110
廊坊	0.201	95	0.199	99	0.484	141	0.56	113
宜賓	0.173	140	0.196	100	0.524	105	0.561	112
自貢	0.149	200	0.16	176	0.506	118	0.543	137
呼和浩特	0.198	98	0.149	209	0.545	81	0.511	170
銅川	0.108	286	0.145	220	0.43	186	0.577	94
郴州	0.188	114	0.221	71	0.536	91	0.549	131
金昌	0.104	294	0.161	175	0.409	202	0.661	26
衢州	0.15	198	0.159	180	0.554	75	0.553	121
瀘州	0.16	175	0.159	180	0.55	79	0.54	138
潮州	0.134	228	0.15	206	0.612	31	0.552	126
蘭州	0.17	146	0.153	199	0.394	214	0.575	101
長治	0.16	175	0.185	121	0.451	170	0.617	48
通遼	0.197	99	0.192	105	0.593	42	0.489	204
陽江	0.154	188	0.172	152	0.626	20	0.458	242
遼源	0.128	247	0.138	246	0.582	53	0.538	142
贛州	0.192	106	0.175	147	0.521	109	0.503	181
南陽	0.251	60	0.202	93	0.47	152	0.527	156
秦皇島	0.152	191	0.148	213	0.438	177	0.493	197
玉溪	0.151	194	0.165	168	0.496	128	0.582	86
金華	0.258	53	0.215	76	0.333	251	0.578	91
資陽	0.163	167	0.184	126	0.675	11	0.488	206
咸陽	0.205	89	0.207	86	0.493	132	0.518	166

表 3.2.1 2014 年度城市產業競爭力排名

城市	產業規模指數	排名	產業貢獻指數	排名	產業效率指數	排名	產業結構指數	排名
通化	0.145	206	0.155	195	0.567	66	0.534	147
鶴壁	0.13	240	0.158	184	0.472	149	0.595	71
丹東	0.157	183	0.156	192	0.609	33	0.515	167
淮北	0.134	228	0.181	132	0.365	232	0.582	86
荊門	0.168	151	0.178	140	0.527	102	0.539	140
呂梁	0.161	170	0.186	119	0.43	186	0.626	40
錦州	0.171	143	0.192	105	0.569	65	0.494	191
朔州	0.141	213	0.19	110	0.472	149	0.555	118
河源	0.13	240	0.143	227	0.46	165	0.537	144
新鄉	0.197	99	0.191	109	0.453	167	0.556	116
邢臺	0.191	108	0.184	126	0.485	137	0.524	158
舟山	0.137	221	0.129	263	0.405	205	0.522	160
遵義	0.176	136	0.181	132	0.625	21	0.499	187
德陽	0.181	124	0.185	121	0.422	190	0.549	131
吉安	0.161	170	0.194	102	0.619	26	0.473	228
清遠	0.151	194	0.141	232	0.452	168	0.494	191
平頂山	0.181	124	0.178	140	0.401	209	0.576	98
蚌埠	0.154	188	0.153	199	0.56	71	0.493	197
安慶	0.183	119	0.182	129	0.583	50	0.501	185
鷹潭	0.12	261	0.19	110	0.565	68	0.545	135
滁州	0.162	168	0.182	129	0.573	59	0.474	226
寧德	0.171	143	0.18	135	0.615	29	0.492	201
三明	0.187	116	0.173	151	0.566	67	0.504	178
安陽	0.19	110	0.187	118	0.463	162	0.552	126
宜春	0.178	129	0.2	96	0.523	107	0.53	150
赤峰	0.188	114	0.171	157	0.505	119	0.503	181
桂林	0.189	111	0.18	135	0.557	73	0.48	217
樂山	0.159	178	0.156	192	0.437	178	0.562	110
濮陽	0.164	162	0.192	105	0.436	181	0.553	121
新北	0.314	38	0.246	56	0.32	267	0.496	190
撫州	0.152	191	0.146	217	0.593	42	0.493	197
景德鎮	0.127	248	0.141	232	0.437	178	0.573	102
綿陽	0.18	126	0.176	145	0.406	204	0.528	155
麗水	0.148	201	0.172	152	0.535	93	0.527	156
荊州	0.18	126	0.158	184	0.56	71	0.443	255
松原	0.183	119	0.194	102	0.492	133	0.459	241
淮南	0.139	216	0.158	184	0.227	292	0.577	94
咸寧	0.147	203	0.166	164	0.587	46	0.483	215
盤錦	0.17	146	0.19	110	0.373	227	0.492	201
石嘴山	0.114	277	0.12	287	0.35	242	0.601	62
廣安	0.141	213	0.144	222	0.596	39	0.478	219
衡水	0.164	162	0.153	199	0.539	89	0.494	191
玉林	0.165	157	0.145	220	0.554	75	0.448	251
白銀	0.116	275	0.141	232	0.386	220	0.539	140
內江	0.158	181	0.158	184	0.499	125	0.532	149
上饒	0.174	137	0.185	121	0.519	110	0.486	210
陽泉	0.12	261	0.146	217	0.343	245	0.59	79
慶陽	0.124	255	0.189	113	0.534	95	0.53	150
池州	0.118	268	0.143	227	0.508	117	0.487	208
眉山	0.145	206	0.138	246	0.515	114	0.509	172
欽州	0.137	221	0.131	258	0.467	155	0.422	269
十堰	0.156	184	0.177	144	0.1	298	0.572	105
益陽	0.162	168	0.159	180	0.471	151	0.468	231
南充	0.177	133	0.174	148	0.466	156	0.466	232
汕尾	0.129	244	0.14	237	0.382	222	0.484	212
齊齊哈爾	0.166	154	0.137	250	0.433	183	0.429	265
鐵嶺	0.168	151	0.236	62	0.452	168	0.46	239
銀川	0.151	194	0.172	152	0.314	274	0.559	114
四平	0.169	149	0.149	209	0.54	88	0.434	260

表 3.2.1 2014 年度城市產業競爭力排名

城市	產業規模指數	排名	產業貢獻指數	排名	產業效率指數	排名	產業結構指數	排名
承德	0.165	157	0.17	160	0.433	183	0.504	178
孝感	0.178	129	0.171	157	0.436	181	0.52	164
臨汾	0.156	184	0.166	164	0.389	218	0.576	98
周口	0.216	83	0.2	96	0.494	130	0.445	254
隨州	0.133	233	0.166	164	0.459	166	0.477	220
六安	0.165	157	0.168	162	0.437	178	0.477	220
遂寧	0.139	216	0.156	192	0.487	134	0.474	226
高雄	0.248	61	0.208	83	0.323	263	0.485	211
南平	0.165	157	0.152	204	0.523	107	0.45	249
台中	0.242	66	0.205	88	0.321	265	0.487	208
六盤水	0.136	223	0.154	197	0.364	233	0.577	94
西寧	0.136	223	0.14	237	0.268	285	0.576	98
宣城	0.15	198	0.155	195	0.485	137	0.52	164
黃山	0.118	268	0.125	274	0.505	119	0.497	189
貴港	0.136	223	0.144	222	0.462	164	0.433	261
白山	0.129	244	0.146	217	0.422	190	0.534	147
海口	0.129	244	0.129	263	0.306	276	0.422	269
晉中	0.147	203	0.162	173	0.374	226	0.548	133
韶關	0.147	203	0.14	237	0.325	258	0.505	177
婁底	0.159	178	0.164	171	0.316	272	0.523	159
商丘	0.193	105	0.171	157	0.466	156	0.452	246
崇左	0.127	248	0.139	242	0.535	93	0.389	282
雲浮	0.131	238	0.136	251	0.503	123	0.452	246
曲靖	0.189	111	0.162	173	0.354	239	0.504	178
亳州	0.143	210	0.144	222	0.555	74	0.419	273
三亞	0.106	288	0.115	295	0.415	198	0.385	284
廣元	0.124	255	0.138	246	0.41	201	0.462	236
葫蘆島	0.134	228	0.12	287	0.402	208	0.509	172
開封	0.182	123	0.179	139	0.423	189	0.465	233
阜陽	0.164	162	0.157	188	0.474	147	0.42	272
渭南	0.17	146	0.159	180	0.396	212	0.506	176
阜新	0.133	233	0.141	232	0.347	243	0.45	249
信陽	0.199	97	0.157	188	0.466	156	0.414	276
張家口	0.165	157	0.148	213	0.322	264	0.476	223
台南	0.197	99	0.178	140	0.319	268	0.477	220
安康	0.127	248	0.157	188	0.486	135	0.482	216
巴彥淖爾	0.142	212	0.128	265	0.422	190	0.475	224
邵陽	0.166	154	0.16	176	0.486	135	0.417	274
牡丹江	0.161	170	0.142	230	0.473	148	0.409	277
賀州	0.116	275	0.131	258	0.409	202	0.442	256
朝陽	0.159	178	0.153	199	0.415	198	0.471	229
駐馬店	0.202	91	0.166	164	0.395	213	0.433	261
七台河	0.104	294	0.112	296	0.242	290	0.535	146
梅州	0.138	220	0.127	269	0.401	209	0.427	267
運城	0.158	181	0.14	237	0.356	236	0.494	191
雙鴨山	0.131	238	0.147	216	0.426	188	0.383	285
黃岡	0.183	119	0.152	204	0.45	171	0.408	279
宿州	0.161	170	0.13	260	0.469	153	0.415	275
安順	0.114	277	0.125	274	0.381	224	0.462	236
中衛	0.106	288	0.122	282	0.369	230	0.454	244
永州	0.164	162	0.124	278	0.389	218	0.429	265
達州	0.171	143	0.139	242	0.368	231	0.471	229
天水	0.117	272	0.116	294	0.357	235	0.447	253
新竹	0.114	277	0.13	260	0.324	259	0.488	206
忻州	0.127	248	0.149	209	0.355	238	0.522	160
商洛	0.12	261	0.139	242	0.404	207	0.46	239
酒泉	0.125	252	0.13	260	0.331	253	0.503	181
來賓	0.123	259	0.124	278	0.341	247	0.423	268
基隆	0.111	284	0.128	265	0.324	259	0.489	204

表 3.2.1 2014 年度城市產業競爭力排名

城市	產業規模指數	排名	產業貢獻指數	排名	產業效率指數	排名	產業結構指數	排名
雅安	0.117	272	0.133	253	0.28	281	0.522	160
嘉義	0.105	292	0.125	274	0.327	255	0.484	212
百色	0.139	216	0.138	246	0.297	279	0.493	197
懷化	0.154	188	0.126	272	0.37	229	0.48	217
烏蘭察布	0.14	215	0.133	253	0.333	251	0.503	181
吳忠	0.111	284	0.127	269	0.308	275	0.494	191
漢中	0.144	209	0.143	227	0.373	227	0.455	243
武威	0.114	277	0.123	281	0.328	254	0.409	277
白城	0.133	233	0.127	269	0.319	268	0.435	258
畢節	0.152	191	0.139	242	0.352	241	0.465	233
雞西	0.132	237	0.124	278	0.321	265	0.349	292
昭通	0.13	240	0.132	257	0.3	277	0.462	236
呼倫貝爾	0.174	137	0.15	206	0.327	255	0.4	280
麗江	0.104	294	0.133	253	0.263	286	0.448	251
巴中	0.117	272	0.118	293	0.34	248	0.431	264
綏化	0.177	133	0.144	222	0.448	172	0.303	295
拉薩	0.106	288	0.121	284	0.186	297	0.438	257
鶴崗	0.12	261	0.12	287	0.25	288	0.338	294
張家界	0.107	287	0.1	298	0.3	277	0.421	271
張掖	0.112	281	0.122	282	0.339	250	0.37	288
佳木斯	0.139	216	0.135	252	0.393	217	0.261	296
保山	0.12	261	0.133	253	0.274	283	0.386	283
平涼	0.112	281	0.125	274	0.22	293	0.452	246
固原	0.1	298	0.12	287	0.356	236	0.364	291
河池	0.124	255	0.121	284	0.27	284	0.396	281
臨滄	0.118	268	0.126	272	0.286	280	0.382	286
銅仁	0.124	255	0.12	287	0.317	270	0.365	290
隴南	0.105	292	0.121	284	0.326	257	0.38	287
伊春	0.112	281	0.11	297	0.242	290	0.221	297
普洱	0.119	266	0.128	265	0.214	295	0.368	289
定西	0.106	288	0.128	265	0.206	296	0.346	293
黑河	0.123	259	0.12	287	0.275	282	0.1	298

表 3.2.2 2014 年度城市產業競爭力排名（續）

城市	產業國際化指數	排名	產業集群指數	排名	城市產業競爭力	排名
上海	0.973	2	1	1	5138.24	1
蘇州	1	1	0.711	5	3977.79	2
天津	0.542	6	0.77	3	3702.19	3
深圳	0.706	3	0.758	4	3300.61	4
北京	0.408	13	0.78	2	2567.14	5
廣州	0.595	5	0.557	6	2562.25	6
東莞	0.66	4	0.524	10	2195.7	7
佛山	0.402	14	0.544	7	2195.31	8
無錫	0.417	11	0.496	11	1816.58	9
寧波	0.471	7	0.479	13	1738.21	10
重慶	0.278	31	0.525	9	1731.59	11
青島	0.384	16	0.391	31	1660.65	12
南京	0.374	17	0.496	11	1632.39	13
杭州	0.357	20	0.535	8	1571.4	14
泉州	0.471	7	0.27	102	1531.31	15
大連	0.329	23	0.408	26	1398.02	16
成都	0.285	30	0.417	23	1382.32	17
煙臺	0.369	19	0.311	67	1366	18
瀋陽	0.259	36	0.423	21	1295.69	19
武漢	0.278	31	0.469	14	1261.09	20
南通	0.372	18	0.309	70	1244.04	21
惠州	0.444	10	0.359	42	1143.92	22

表 3.2.2 2014 年度城市產業競爭力排名（續）

城市	產業國際化指數	排名	產業集群指數	排名	城市產業競爭力	排名
鄭州	0.241	45	0.305	73	1125.31	23
香港	0.287	29	0.459	15	1108.64	24
常州	0.31	25	0.448	16	1103.09	25
淄博	0.183	86	0.404	27	1075.7	26
中山	0.413	12	0.428	20	1062.49	27
廈門	0.47	9	0.444	17	1043.57	28
大同	0.135	160	0.331	53	999.88	29
長春	0.216	53	0.443	18	997.06	30
唐山	0.197	70	0.423	21	956.46	31
東營	0.167	98	0.351	45	943.57	32
鄂爾多斯	0.144	131	0.242	131	942.65	33
大慶	0.139	142	0.411	25	941.59	34
揚州	0.255	38	0.338	50	895.04	35
徐州	0.164	101	0.322	60	782.52	36
長沙	0.151	117	0.324	59	771.95	37
鎮江	0.292	27	0.281	91	753.64	38
濰坊	0.198	69	0.27	102	733.4	39
福州	0.356	21	0.257	114	730.13	40
嘉興	0.317	24	0.271	101	709.68	41
合肥	0.216	53	0.348	47	705.97	42
珠海	0.387	15	0.432	19	686.09	43
泰州	0.251	41	0.242	131	659.18	44
威海	0.274	33	0.221	164	495.96	45
臨沂	0.175	92	0.272	99	486.58	46
紹興	0.263	35	0.279	95	470.83	47
西安	0.201	66	0.401	28	433.74	48
包頭	0.126	193	0.366	38	433.41	49
榆林	0.117	234	0.175	234	414.72	50
蕪湖	0.186	79	0.302	77	402.91	51
江門	0.348	22	0.281	91	381.51	52
鹽城	0.227	51	0.223	163	379.63	53
襄陽	0.184	84	0.26	112	358.25	54
石家莊	0.149	121	0.217	170	352.9	55
南昌	0.2	68	0.279	95	336.47	56
柳州	0.231	48	0.349	46	329.6	57
濟南	0.158	108	0.327	56	328	58
銅陵	0.19	75	0.325	58	326.6	59
淮安	0.203	64	0.275	97	325.68	60
莆田	0.234	47	0.338	50	305.89	61
澳門	0.205	61	0.365	39	283.15	62
克拉瑪依	0.109	269	0.4	29	253.06	63
營口	0.194	72	0.31	68	248.8	64
德州	0.136	156	0.188	209	240.26	65
揭陽	0.189	76	0.173	240	223.39	66
日照	0.229	49	0.327	56	219.38	67
汕頭	0.205	61	0.395	30	216.68	68
漯河	0.213	55	0.27	102	216.4	69
聊城	0.121	216	0.182	220	215.09	70
太原	0.185	82	0.38	35	205.76	71
濟寧	0.16	104	0.24	135	189.73	72
嘉峪關	0.1	286	0.382	32	174.59	73
漳州	0.291	28	0.177	230	174.44	74
濱州	0.145	129	0.189	207	171.38	75
本溪	0.204	63	0.342	49	167.73	76
萍鄉	0.115	242	0.273	98	163.96	77
延安	0.105	278	0.321	61	161.62	78
邯鄲	0.189	76	0.25	122	141.66	79
連雲港	0.211	58	0.255	118	128.45	80
遼陽	0.153	112	0.249	125	124.19	81
洛陽	0.132	169	0.252	120	109.1	82

表 3.2.2 2014 年度城市產業競爭力排名（續）

城市	產業國際化指數	排名	產業集群指數	排名	城市產業競爭力	排名
肇慶	0.269	34	0.234	146	108.55	83
新餘	0.193	73	0.335	52	103.26	84
烏海	0.102	285	0.381	34	102.57	85
馬鞍山	0.143	136	0.291	88	100.58	86
湖州	0.229	49	0.238	139	99.95	87
臺北	0.295	26	0.359	42	98.92	88
昆明	0.144	131	0.314	65	98.34	89
鞍山	0.128	188	0.25	122	95.79	90
宿遷	0.133	165	0.215	174	95.18	91
湘潭	0.152	114	0.299	79	81.49	92
北海	0.188	78	0.316	63	74.73	93
保定	0.163	102	0.233	150	67.66	94
岳陽	0.128	188	0.231	152	57.9	95
菏澤	0.138	148	0.173	240	56.66	96
許昌	0.126	193	0.162	262	52.53	97
哈爾濱	0.177	91	0.348	47	51.92	98
焦作	0.129	182	0.192	201	50.84	99
台州	0.181	90	0.249	125	46.04	100
溫州	0.156	109	0.268	105	42.73	101
棗莊	0.132	169	0.296	82	42.28	102
宜昌	0.144	131	0.305	73	39.55	103
湛江	0.25	42	0.268	105	32.3	104
株洲	0.131	176	0.237	141	31.92	105
寶雞	0.148	123	0.265	108	29.8	106
黃石	0.197	70	0.266	107	23.2	107
常德	0.139	142	0.224	162	9.13	108
攀枝花	0.115	242	0.316	63	-2.22	109
吉林	0.132	169	0.281	91	-16.93	110
防城港	0.255	38	0.31	68	-18.7	111
滄州	0.167	98	0.204	189	-21.01	112
貴陽	0.132	169	0.293	85	-23.95	113
烏魯木齊	0.115	242	0.415	24	-26.76	114
撫順	0.131	176	0.305	73	-34.92	115
梧州	0.152	114	0.187	210	-40.43	116
龍岩	0.175	92	0.228	153	-42.9	117
九江	0.173	94	0.187	210	-47.4	118
晉城	0.185	82	0.2	196	-50.99	119
三門峽	0.159	105	0.154	269	-55.91	120
南寧	0.173	94	0.288	90	-56.32	121
萊蕪	0.111	261	0.382	32	-57.35	122
衡陽	0.149	121	0.209	183	-58.8	123
鄂州	0.128	188	0.37	37	-59.82	124
茂名	0.13	180	0.257	114	-65.61	125
泰安	0.126	193	0.235	145	-68.79	126
廊坊	0.186	79	0.18	224	-76.59	127
宜賓	0.123	207	0.228	153	-78.58	128
自貢	0.129	182	0.306	72	-84.82	129
呼和浩特	0.212	56	0.195	198	-96.65	130
銅川	0.134	163	0.358	44	-103.27	131
郴州	0.133	165	0.172	243	-105.86	132
金昌	0.1	286	0.293	85	-112.93	133
衢州	0.139	142	0.226	158	-115.4	134
瀘州	0.109	269	0.262	110	-118.05	135
潮州	0.202	65	0.138	282	-118.28	136
蘭州	0.123	207	0.33	54	-121.67	137
長治	0.138	148	0.201	194	-123.28	138
通遼	0.148	123	0.185	216	-126.55	139
陽江	0.201	66	0.195	198	-129.16	140
遼源	0.12	221	0.265	108	-130.06	141
贛州	0.219	52	0.176	232	-132.69	142

表 3.2.2 2014 年度城市產業競爭力排名（續）

城市	產業國際化指數	排名	產業集群指數	排名	城市產業競爭力	排名
南陽	0.123	207	0.208	184	-132.93	143
秦皇島	0.25	42	0.281	91	-133.35	144
玉溪	0.116	238	0.242	131	-133.59	145
金華	0.162	103	0.206	186	-134.84	146
資陽	0.11	265	0.183	218	-135.42	147
咸陽	0.14	139	0.215	174	-137.38	148
通化	0.136	156	0.226	158	-148.33	149
鶴壁	0.12	221	0.257	114	-150.11	150
丹東	0.159	105	0.18	224	-151.42	151
淮北	0.125	198	0.329	55	-152.97	152
荊門	0.14	139	0.207	185	-153.4	153
呂梁	0.165	100	0.16	264	-155.72	154
錦州	0.151	117	0.197	197	-157.29	155
朔州	0.117	234	0.261	111	-160.09	156
河源	0.255	38	0.211	181	-163.36	157
新鄉	0.143	136	0.203	192	-163.93	158
邢臺	0.191	74	0.177	230	-169.6	159
舟山	0.206	60	0.317	62	-176.76	160
遵義	0.109	269	0.176	232	-182.56	161
德陽	0.148	123	0.234	146	-187.85	162
吉安	0.182	88	0.133	284	-194.62	163
清遠	0.241	45	0.24	135	-201.56	164
平頂山	0.137	153	0.225	161	-205.74	165
蚌埠	0.135	160	0.236	144	-207.59	166
安慶	0.122	211	0.169	248	-213.54	167
鷹潭	0.117	234	0.172	243	-224.33	168
滁州	0.152	114	0.187	210	-224.63	169
寧德	0.124	201	0.152	272	-228.68	170
三明	0.134	163	0.162	262	-228.87	171
安陽	0.115	242	0.192	201	-231.09	172
宜春	0.154	111	0.128	286	-234.25	173
赤峰	0.122	211	0.218	168	-238.9	174
桂林	0.137	153	0.174	236	-246.64	175
樂山	0.116	238	0.241	134	-250.1	176
濮陽	0.122	211	0.205	187	-257.25	177
新北	0.1	286	0.215	174	-262.51	178
撫州	0.138	148	0.174	236	-271.2	179
景德鎮	0.129	182	0.24	135	-273.03	180
綿陽	0.124	201	0.246	128	-276.57	181
麗水	0.119	227	0.169	248	-287.36	182
荊州	0.138	148	0.215	174	-288.22	183
松原	0.125	198	0.226	158	-292.95	184
淮南	0.133	165	0.362	40	-297.41	185
咸寧	0.14	139	0.154	269	-301.54	186
盤錦	0.125	198	0.289	89	-307.52	187
石嘴山	0.114	250	0.293	85	-315.54	188
廣安	0.115	242	0.191	203	-317.53	189
衡水	0.132	169	0.174	236	-321.51	190
玉林	0.186	79	0.17	245	-321.74	191
白銀	0.122	211	0.303	76	-322.07	192
內江	0.115	242	0.179	227	-322.72	193
上饒	0.184	84	0.112	296	-325.02	194
陽泉	0.116	238	0.272	99	-333.76	195
慶陽	0.106	277	0.148	275	-341.63	196
池州	0.118	230	0.25	122	-345.66	197
眉山	0.131	176	0.19	205	-346.5	198
欽州	0.171	96	0.299	79	-353.43	199
十堰	0.248	44	0.296	82	-353.74	200
益陽	0.132	169	0.233	150	-355.15	201
南充	0.118	230	0.227	157	-356.39	202

表 3.2.2 2014 年度城市產業競爭力排名（續）

城市	產業國際化指數	排名	產業集群指數	排名	城市產業競爭力	排名
汕尾	0.258	37	0.21	182	-360.17	203
齊齊哈爾	0.155	110	0.294	84	-372.34	204
鐵嶺	0.121	216	0.184	217	-372.89	205
銀川	0.126	193	0.245	129	-378.75	206
四平	0.136	156	0.201	194	-381.13	207
承德	0.11	265	0.204	189	-399.74	208
孝感	0.144	131	0.139	281	-400.94	209
臨汾	0.12	221	0.157	266	-402.03	210
周口	0.129	182	0.132	285	-405.44	211
隨州	0.131	176	0.218	168	-406.67	212
六安	0.15	119	0.189	207	-407.7	213
遂寧	0.117	234	0.212	178	-411.22	214
高雄	0.1	286	0.217	170	-412.04	215
南平	0.145	129	0.168	252	-412.76	216
台中	0.1	286	0.22	166	-416.87	217
六盤水	0.114	250	0.191	203	-426.82	218
西寧	0.135	160	0.259	113	-435.05	219
宣城	0.129	182	0.126	289	-435.46	220
黃山	0.112	259	0.205	187	-437.1	221
貴港	0.159	105	0.238	139	-437.16	222
白山	0.132	169	0.183	218	-438.89	223
海口	0.183	86	0.372	36	-439.55	224
晉中	0.136	156	0.167	255	-447.95	225
韶關	0.17	97	0.243	130	-448.5	226
婁底	0.127	191	0.237	141	-452.8	227
商丘	0.109	269	0.178	229	-454.58	228
崇左	0.212	56	0.169	248	-471.66	229
雲浮	0.209	59	0.116	295	-485.5	230
曲靖	0.121	216	0.186	214	-491.13	231
亳州	0.104	281	0.186	214	-495.19	232
三亞	0.138	148	0.36	41	-498.69	233
廣元	0.121	216	0.257	114	-499.02	234
葫蘆島	0.111	261	0.228	153	-499.24	235
開封	0.113	255	0.168	252	-500.11	236
阜陽	0.121	216	0.204	189	-500.23	237
渭南	0.114	250	0.167	255	-503.51	238
阜新	0.126	193	0.298	81	-513.4	239
信陽	0.118	230	0.181	222	-516.31	240
張家口	0.139	142	0.237	141	-524.84	241
台南	0.1	286	0.221	164	-528.98	242
安康	0.111	261	0.141	279	-534.36	243
巴彥淖爾	0.148	123	0.179	227	-536.68	244
邵陽	0.119	227	0.166	258	-547.3	245
牡丹江	0.139	142	0.182	220	-552.39	246
賀州	0.15	119	0.228	153	-558.1	247
朝陽	0.113	255	0.168	252	-563.45	248
駐馬店	0.124	201	0.167	255	-571.17	249
七台河	0.103	283	0.313	66	-581.07	250
梅州	0.182	88	0.166	258	-625.57	251
運城	0.115	242	0.157	266	-629.78	252
雙鴨山	0.118	230	0.24	135	-630.53	253
黃岡	0.139	142	0.127	288	-630.82	254
宿州	0.129	182	0.141	279	-643.15	255
安順	0.113	255	0.216	173	-643.29	256
中衛	0.114	250	0.234	146	-657.36	257
永州	0.141	138	0.173	240	-657.65	258
達州	0.113	255	0.147	276	-662.42	259
天水	0.111	261	0.247	127	-662.76	260
新竹	0.1	286	0.217	170	-678.49	261
忻州	0.1	286	0.126	289	-678.92	262

表 3.2.2 2014 年度城市產業競爭力排名（續）

城市	產業國際化指數	排名	產業集群指數	排名	城市產業競爭力	排名
商洛	0.124	201	0.144	277	-685.95	263
酒泉	0.11	265	0.17	245	-687.75	264
來賓	0.153	112	0.219	167	-688.87	265
基隆	0.1	286	0.212	178	-691.09	266
雅安	0.123	207	0.175	234	-697.39	267
嘉義	0.1	286	0.212	178	-708.71	268
百色	0.13	180	0.158	265	-710.76	269
懷化	0.116	238	0.125	291	-711.24	270
烏蘭察布	0.12	221	0.124	292	-719.57	271
吳忠	0.119	227	0.181	222	-724.03	272
漢中	0.11	265	0.134	283	-736.57	273
武威	0.109	269	0.253	119	-755.11	274
白城	0.147	128	0.174	236	-758.73	275
畢節	0.105	278	0.122	294	-766.09	276
雞西	0.148	123	0.251	121	-794.89	277
昭通	0.112	259	0.164	261	-798.31	278
呼倫貝爾	0.124	201	0.149	274	-801.52	279
麗江	0.114	250	0.194	200	-851.51	280
巴中	0.103	283	0.157	266	-863.37	281
綏化	0.137	153	0.1	298	-883.9	282
拉薩	0.133	165	0.234	146	-891.13	283
鶴崗	0.108	274	0.3	78	-907.17	284
張家界	0.12	221	0.18	224	-908.42	285
張掖	0.108	274	0.19	205	-914.87	286
佳木斯	0.144	131	0.202	193	-920.17	287
保山	0.12	221	0.187	210	-931.06	288
平涼	0.1	286	0.17	245	-957.84	289
固原	0.1	286	0.166	258	-970.48	290
河池	0.124	201	0.152	272	-977.09	291
臨滄	0.108	274	0.128	286	-1044.91	292
銅仁	0.105	278	0.123	293	-1046.81	293
隴南	0.1	286	0.104	297	-1068.31	294
伊春	0.127	191	0.307	71	-1110.45	295
普洱	0.122	211	0.144	277	-1111.73	296
定西	0.104	281	0.153	271	-1187.87	297
黑河	0.115	242	0.169	248	-1491.98	298

3.3 城市財政金融競爭力排名及二級指標分值

城市財政是城市提供各種公共品的重要經濟保障，是城市競爭力其他指數的資金保障，具有後勤支持的作用。主要的功能是為基礎設施建設、教育、公共安全等公共服務提供資金來源。中國區別於其他國家的地方是，財政的作用還在於政府利用財政支出來推動政府投資，從而促進地方經濟增長，這是中國財政的一大突出特點。城市財政支出為交通設施、教育設施、通訊設施、文化設施與衛生設施的建設，公共事業發展，社會福利、社會保障事業的舉辦，社會穩定和治安維持提供財力保證。合理科學的城市財政預算支出，既為城市經濟公共事業的方面發展提供資金保證，又是城市免於地方債務危機的前提。金融系統是有關資金的流動、集中和分配的一個體系。它是連接資金盈餘者和資金短缺者的一系列金融中介機構和金融市場共同構成的一個有機體。金融系統是公司、家庭和政府執行其金融決策，融通資金有無的體系，包括債券、股票和其他證券的市場，也涉及到銀行和保險公司等金融中介機構。金融系統充當資金中介的角色，進行資金融通，使資金從盈餘方流向短缺方，金融系統的此項功能由中介機構得以發生。金融系統使城市的發展資金來源平穩化，是城市資金流的中介。良好的城市金融系統具有良好的資金融通能力，有利於城市區域間進行資金周轉，區域性發展獲得極大動力，若配合良好的配套設施，同時可提高城市的國際競爭力，使城市在國際大舞臺上煥發光彩。中國改革開放較晚，城市發展起步相對國際上發達國家來說較晚，資金短缺問題是其中一個制約因素。因此，如何解決資金融通問題，成為多方關注的焦點。城市財政金融競爭力是城市在公共財政和金融體系上的相對優勢，具有較強城市財政金融競爭力的城市，其發展必然要超出其它城市，它是城市發展的助推器。

位於《比較評價指標體系》的研究框架下，城市財政金融競爭力比較評價指標體系包括財政金融規模指數、金融資本質量指數、財政金融效率指數、金融資本可獲得指數與金融業人力資本指數 5 個二級指標，和財政預算內收入、資本使用率、年末儲蓄總金額等 18 個三級指標。財政金融規模指數反映了城市公共財政實力與金融機構現金流規模。某個城市的財政金融規模指數賦值高，則通常也就意味著該城市的公共財政實力以及金融系統的融資能力強，政府違約、政府資金周轉緊張的可能性也就相對較低。較高的財政金融規模指數在一定程度上既是良好財政預算政策的體現，也是城市金融系統發達程度的反映。在表 3. 3. 1 中，可以得到，2014 年城市財政金融規模指數排名較前的有上海、北京、香港、重慶、天津。總體來看，中國各城市的財政金融規模指數整體並不高，並且城市之間的具有不平衡性。財政金融效率指數反映了城市公共財政與金融機構現金流規模的人均水平及增長水平。區別于財政金融規模指數對總量的靜態描繪，財政金融效率指數則反映的是人均財政金融資源的占有量，且它是一個動態指標。較高的財政金融效率指數的賦值，說明城市資金融通的能力較強，且能更好的應對未來的資金需求，不容易陷入流動性危機。類似的，依下表數據分析，發現深圳的財政金融效率指數最高，賦值為 1，此外澳門為 0. 990。從總樣本城市的指數值來看，被評價城市總體的城市財政金融效率指數水平除深圳、澳門、香港外都比較低。這反映中國大多數城市的公共財政能力和較強城市金融系統的建設有很大改善空間，政府和財政需要投入一定精力致力於扭轉目前情況，以此保證各城市自身未來經濟發展的融資需求。金融資本質量指數反映的是金融機構資本使用的質量。資本質量較高，則意味著資本壞賬損失率較低，金融機構的風險敞口相對較小，即金融機構融通資金的中介作用能有效發揮。縱觀 2014 年樣本城市的金融資本質量指數排名可知，北京、上海、香港排名在前。金融資本可獲得指數是城市企業與居民獲取金融資本便利性的體現，同時也是城市金融業活力的體現。此外該指標也刻畫了一個城市金融系統的成熟和發達的程度，是一個比較生動的指數。在城市企業與居民面臨資金流問題時，如果方便快捷的資本融通能力較強，則意味著該城市的金融資本可獲得指數較高，城市經濟發展居民消費來自資金方面的壓力較小。研究發現，上海、香港、北京、深圳排名前列。從整體情況來看，除國內一線城市外，所考察的城市中金融資本可獲得性指數並不高，這意味著中國企業與居民在資金融通方面還是存在瓶頸的，這有待於中國從制度安排上作進一步的改革。金融業人力資本指數則反映了城市從事金融業人員的多少，它從一個側面顯示了城市金融業的發達程度及金融業在一個城市產業中的地位。一個城市金融業越發達，它對不同程度的金融人才的需求也越大。在研究的 298 個城市中發現，2014 年，北京、上海、香港、深圳排名居前四位。顯然，該指數值的高低，一方面取決於該城市的經濟發達程度，另一方也受該城市自身產業結構和政策因素的影響。例如香港作為亞洲金融中心之一，其金融從業人員自然相對較多。此外北京、上海除受本身經濟發達程度影響外，也取決於中國的經濟政策傾向，國家有目的的偏向發展此類地區，強化其金融能力，為了想把它們打造為另外的亞洲金融中心。金融從業人才的增加也是政策導向的結果之一。

結合對各城市財政金融競爭力 5 個二級指標和 18 個三級指標的賦值分析，有如下結論，在 2014 年 298 個城市財政金融競爭力排名中，有 90 個城市處於平均水平之上，比 2013 年增加了 6 個，占 30. 20%。其中香港、北京、上海、深圳財政金融競爭力依然如 2012 年、2013

年，排名居前四位。財政金融競爭力得分的標準差為 7.170，比 2013 年的 7.821 有所下降，這說明城市之間的財政金融競爭力的差距有下降趨勢。城市財政金融競爭力具體排名請見表 3.3.1。

表 3.3.1 2014 年度城市財政金融競爭力排名

城市	財政金融規模指數	排名	財政金融效率指數	排名	金融資本質量指數	排名	金融資本可獲得指數	排名	金融業人力資本指數	排名	財政金融競爭力	排名
香港	0.952	3	0.947	3	0.851	2	0.969	2	0.634	3	5329.6	1
北京	0.956	2	0.634	4	1	1	0.706	3	1	1	5218.6	2
上海	1	1	0.573	5	0.82	3	1	1	0.801	2	5067.68	3
深圳	0.463	6	1	1	0.636	44	0.463	4	0.476	4	3211.92	4
廣州	0.413	7	0.471	8	0.636	44	0.442	6	0.345	6	1883.56	5
天津	0.523	5	0.426	13	0.71	19	0.342	8	0.288	8	1785.11	6
杭州	0.341	9	0.44	11	0.707	20	0.359	7	0.324	7	1621.96	7
澳門	0.309	12	0.99	2	0.402	212	0.213	32	0.141	87	1574.88	8
重慶	0.581	4	0.205	157	0.665	33	0.275	12	0.421	5	1564.61	9
蘇州	0.374	8	0.453	9	0.647	38	0.317	9	0.207	25	1321.82	10
寧波	0.297	14	0.403	15	0.751	9	0.273	13	0.273	9	1293.53	11
臺北	0.208	27	0.395	17	0.61	61	0.455	5	0.221	20	1175.24	12
成都	0.339	10	0.339	36	0.655	37	0.278	11	0.262	11	1109.86	13
南京	0.302	13	0.41	14	0.637	43	0.295	10	0.194	28	1055.31	14
武漢	0.31	11	0.351	32	0.696	25	0.243	19	0.239	13	1033.04	15
廈門	0.223	23	0.492	7	0.684	28	0.228	23	0.158	53	951.95	16
大連	0.289	15	0.345	35	0.631	47	0.253	15	0.238	14	924.39	17
長沙	0.235	21	0.325	42	0.731	14	0.217	27	0.23	16	850.59	18
新北	0.202	31	0.361	28	0.625	50	0.224	25	0.265	10	809.87	19
瀋陽	0.276	16	0.306	49	0.616	56	0.248	17	0.215	21	759.52	20
無錫	0.255	19	0.395	17	0.591	71	0.238	20	0.161	46	735.84	21
昆明	0.233	22	0.347	33	0.716	17	0.191	43	0.181	35	726.99	22
青島	0.266	17	0.318	44	0.664	34	0.222	26	0.181	35	714.93	23
西安	0.238	20	0.315	45	0.591	71	0.257	14	0.222	18	714.1	24
濟南	0.215	25	0.327	41	0.609	63	0.213	32	0.253	12	706.18	25
東莞	0.188	37	0.512	6	0.469	157	0.208	36	0.192	30	696.27	26
鄂爾多斯	0.191	35	0.44	11	0.767	4	0.132	204	0.128	141	688.31	27
溫州	0.195	33	0.256	70	0.713	18	0.245	18	0.209	23	647.69	28
高雄	0.178	48	0.363	26	0.612	58	0.2	38	0.225	17	640.1	29
台中	0.17	52	0.374	23	0.611	60	0.199	40	0.222	18	637.42	30
佛山	0.202	31	0.396	16	0.525	113	0.249	16	0.178	39	621.26	31
福州	0.207	28	0.3	54	0.679	29	0.225	24	0.18	37	612.83	32
呼和浩特	0.157	64	0.36	29	0.748	11	0.166	62	0.161	46	591.15	33
哈爾濱	0.213	26	0.256	70	0.599	68	0.235	21	0.237	15	571.5	34
長春	0.204	30	0.264	69	0.676	30	0.214	31	0.199	27	556.86	35
太原	0.188	37	0.375	22	0.579	81	0.196	42	0.184	32	551.53	36
台南	0.156	65	0.384	19	0.602	67	0.182	47	0.194	28	540.83	37
合肥	0.217	24	0.287	60	0.689	27	0.176	51	0.182	34	537.44	38
銀川	0.145	90	0.333	39	0.767	4	0.146	113	0.164	44	517.58	39
紹興	0.173	51	0.3	54	0.656	35	0.234	22	0.161	46	508.26	40
南寧	0.184	41	0.249	77	0.751	9	0.171	56	0.183	33	488.45	41
海口	0.135	131	0.333	39	0.72	16	0.182	47	0.147	70	472.96	42
台州	0.164	59	0.23	99	0.656	35	0.212	34	0.209	23	424.83	43
南昌	0.177	49	0.278	62	0.643	40	0.208	36	0.161	46	412.38	44
舟山	0.137	123	0.346	34	0.702	22	0.162	68	0.128	141	403.34	45
鄭州	0.259	18	0.209	149	0.544	98	0.217	27	0.206	26	395.88	46
嘉興	0.169	54	0.309	47	0.597	69	0.215	30	0.147	70	383.22	47
金華	0.167	58	0.289	58	0.626	49	0.184	45	0.172	40	375.34	48
呂梁	0.179	46	0.288	59	0.767	4	0.124	252	0.122	187	370.56	49
西寧	0.129	157	0.302	52	0.732	13	0.139	156	0.143	79	341.16	50
烏魯木齊	0.179	46	0.356	31	0.53	109	0.154	82	0.17	41	339.57	51

表 3.3.1 2014 年度城市財政金融競爭力排名

城市	財政金融規模指數	排名	財政金融效率指數	排名	金融資本質量指數	排名	金融資本可獲得指數	排名	金融業人力資本指數	排名	財政金融競爭力	排名
貴陽	0.186	40	0.306	49	0.614	57	0.154	82	0.155	59	338.25	52
常州	0.194	34	0.335	38	0.541	102	0.17	57	0.152	61	334.26	53
新竹	0.113	246	0.381	20	0.585	76	0.165	67	0.143	79	318.92	54
泉州	0.17	52	0.255	73	0.608	64	0.211	35	0.152	61	302.27	55
嘉峪關	0.102	293	0.336	37	0.767	4	0.116	276	0.111	259	301.13	56
珠海	0.155	67	0.443	10	0.437	183	0.135	179	0.161	46	292.98	57
基隆	0.115	235	0.37	25	0.585	76	0.162	68	0.142	82	292.45	58
蘭州	0.144	95	0.308	48	0.621	52	0.146	113	0.16	51	280.85	59
湖州	0.14	109	0.266	66	0.636	44	0.2	38	0.142	82	276.1	60
中山	0.151	79	0.376	21	0.432	189	0.217	27	0.148	68	275.77	61
嘉義	0.109	270	0.36	29	0.583	79	0.162	68	0.138	96	256.85	62
營口	0.155	67	0.256	70	0.674	31	0.147	111	0.126	154	206.25	63
鎮江	0.152	75	0.296	56	0.561	87	0.166	62	0.147	70	205.31	64
銅陵	0.127	168	0.286	61	0.695	26	0.132	204	0.115	235	194.91	65
東營	0.135	131	0.32	43	0.571	83	0.166	62	0.124	169	188.51	66
唐山	0.18	44	0.246	81	0.515	122	0.169	58	0.186	31	182.43	67
龍岩	0.129	157	0.184	202	0.727	15	0.176	51	0.141	87	180.39	68
石家莊	0.184	41	0.238	91	0.442	175	0.198	41	0.21	22	178.6	69
濰坊	0.18	44	0.243	86	0.617	55	0.149	105	0.137	100	174.63	70
蕪湖	0.155	67	0.221	114	0.7	24	0.137	167	0.13	131	163.29	71
南通	0.206	29	0.224	110	0.492	135	0.179	49	0.179	38	159.01	72
煙臺	0.187	39	0.267	65	0.52	119	0.141	145	0.164	44	145.44	73
三明	0.12	206	0.197	172	0.705	21	0.167	61	0.132	121	130.15	74
濱州	0.141	106	0.231	98	0.674	31	0.143	134	0.125	161	129.93	75
淄博	0.155	67	0.265	68	0.516	121	0.174	55	0.148	68	112.92	76
寧德	0.12	206	0.166	237	0.767	4	0.148	108	0.128	141	110.45	77
惠州	0.152	75	0.266	66	0.461	163	0.186	44	0.168	42	102.6	78
包頭	0.143	98	0.301	53	0.523	115	0.131	214	0.147	70	92.2	79
通遼	0.125	177	0.205	157	0.745	12	0.116	276	0.117	216	83.69	80
榆林	0.169	54	0.249	77	0.527	110	0.166	62	0.119	203	50.17	81
漳州	0.133	135	0.21	145	0.584	78	0.176	51	0.132	121	35.93	82
連雲港	0.168	56	0.163	245	0.608	64	0.159	72	0.139	93	21.09	83
威海	0.14	109	0.275	63	0.513	124	0.142	139	0.131	127	15.59	84
宜昌	0.141	106	0.24	88	0.552	91	0.154	82	0.126	154	14.3	85
秦皇島	0.143	98	0.244	84	0.48	147	0.176	51	0.146	74	8.87	86
廊坊	0.155	67	0.246	81	0.522	117	0.145	118	0.134	113	8.33	87
衢州	0.121	197	0.163	245	0.631	47	0.179	49	0.138	96	7.81	88
鹽城	0.183	43	0.176	218	0.523	115	0.161	71	0.16	51	3.78	89
烏海	0.126	172	0.305	51	0.514	123	0.127	246	0.119	203	0.87	90
淮安	0.168	56	0.171	225	0.596	70	0.152	92	0.134	113	-1.25	91
新餘	0.133	135	0.23	99	0.618	54	0.132	204	0.111	259	-2.14	92
柳州	0.133	135	0.241	87	0.545	96	0.137	167	0.139	93	-9.72	93
鶴壁	0.108	278	0.197	172	0.701	23	0.127	246	0.107	278	-11.35	94
阜新	0.135	131	0.225	107	0.589	73	0.131	214	0.125	161	-18.31	95
本溪	0.141	106	0.253	74	0.497	134	0.153	91	0.133	118	-20.48	96
拉薩	0.175	50	0.362	27	0.258	292	0.159	72	0.149	66	-27.15	97
聊城	0.126	172	0.192	187	0.568	85	0.145	118	0.158	53	-28	98
宿遷	0.15	80	0.18	212	0.624	51	0.143	134	0.116	226	-28.68	99
臨沂	0.149	84	0.187	198	0.538	104	0.148	108	0.158	53	-35.38	100
莆田	0.119	220	0.172	224	0.638	42	0.156	77	0.125	161	-36.56	101
日照	0.12	206	0.222	112	0.589	73	0.137	167	0.124	169	-36.65	102
攀枝花	0.12	206	0.27	64	0.526	111	0.131	214	0.122	187	-45.58	103
棗莊	0.13	151	0.193	179	0.61	61	0.15	101	0.115	235	-46.35	104
麗水	0.126	172	0.152	267	0.619	53	0.168	59	0.132	121	-49.72	105
濟寧	0.163	60	0.203	160	0.475	152	0.145	118	0.168	42	-50.04	106
吳忠	0.122	190	0.21	145	0.643	40	0.12	269	0.104	294	-56.36	107
南平	0.117	227	0.161	252	0.612	58	0.168	59	0.131	127	-57.95	108

表 3.3.1 2014 年度城市財政金融競爭力排名

城市	財政金融規模指數	排名	財政金融效率指數	排名	金融資本質量指數	排名	金融資本可獲得指數	排名	金融業人力資本指數	排名	財政金融競爭力	排名
湘潭	0.122	190	0.219	117	0.551	92	0.145	118	0.132	121	-58.14	109
泰州	0.16	61	0.194	178	0.512	125	0.155	79	0.141	87	-58.66	110
盤錦	0.144	95	0.293	57	0.428	192	0.14	148	0.129	136	-59.13	111
張家口	0.143	98	0.203	160	0.544	98	0.138	160	0.137	100	-64.16	112
鞍山	0.16	61	0.232	97	0.445	174	0.155	79	0.145	76	-68.13	113
馬鞍山	0.144	95	0.238	91	0.521	118	0.128	239	0.126	154	-68.38	114
淮南	0.145	90	0.225	107	0.533	108	0.13	224	0.127	149	-71.11	115
鐵嶺	0.145	90	0.201	164	0.561	87	0.135	179	0.123	180	-76.82	116
錦州	0.145	90	0.229	101	0.488	138	0.145	118	0.136	103	-77.5	117
石嘴山	0.113	246	0.245	83	0.564	86	0.129	232	0.11	267	-81.17	118
萊蕪	0.113	246	0.227	103	0.579	81	0.136	174	0.109	269	-84.68	119
麗江	0.146	87	0.244	84	0.548	94	0.114	278	0.106	286	-85.21	120
揚州	0.156	65	0.214	128	0.472	155	0.159	72	0.134	113	-86.53	121
徐州	0.191	35	0.165	240	0.474	154	0.156	77	0.151	64	-89.26	122
承德	0.132	141	0.187	198	0.544	98	0.14	148	0.142	82	-99.55	123
宣城	0.139	116	0.2	166	0.556	90	0.137	167	0.119	203	-100.72	124
中衛	0.107	280	0.198	170	0.644	39	0.113	281	0.104	294	-113.61	125
德州	0.131	145	0.203	160	0.518	120	0.143	134	0.132	121	-120.03	126
佳木斯	0.115	235	0.229	101	0.504	127	0.154	82	0.119	203	-122.92	127
邯鄲	0.155	67	0.179	214	0.487	140	0.148	108	0.146	74	-127.68	128
九江	0.15	80	0.212	137	0.471	156	0.151	97	0.124	169	-134	129
六盤水	0.146	87	0.198	170	0.571	83	0.11	284	0.111	259	-136.19	130
巴彥淖爾	0.12	206	0.19	192	0.608	64	0.102	293	0.119	203	-142.81	131
玉溪	0.132	141	0.239	89	0.477	148	0.133	196	0.12	200	-144.79	132
百色	0.127	168	0.182	207	0.58	80	0.133	196	0.109	269	-147.71	133
江門	0.138	117	0.247	79	0.369	234	0.152	92	0.157	56	-150.47	134
三亞	0.15	80	0.313	46	0.335	259	0.152	92	0.107	278	-151.91	135
雙鴨山	0.111	256	0.203	160	0.548	94	0.137	167	0.116	226	-155.41	136
臨滄	0.12	206	0.214	128	0.588	75	0.1	296	0.104	294	-155.72	137
池州	0.134	134	0.192	187	0.538	104	0.134	187	0.116	226	-156.82	138
泰安	0.138	117	0.209	149	0.482	145	0.136	174	0.129	136	-159.89	139
遼陽	0.138	117	0.236	93	0.462	161	0.131	214	0.117	216	-168.6	140
梧州	0.126	172	0.193	179	0.525	113	0.145	118	0.112	253	-172.6	141
朝陽	0.145	90	0.218	118	0.45	167	0.132	204	0.133	118	-172.91	142
洛陽	0.155	67	0.19	192	0.44	179	0.138	160	0.151	64	-173.86	143
防城港	0.113	246	0.215	124	0.539	103	0.13	224	0.104	294	-178.35	144
白山	0.118	224	0.234	96	0.462	161	0.143	134	0.117	216	-182.76	145
白城	0.109	270	0.22	116	0.505	126	0.138	160	0.114	239	-183.28	146
黃山	0.138	117	0.212	137	0.476	150	0.13	224	0.121	195	-190	147
丹東	0.149	84	0.239	89	0.41	207	0.14	148	0.119	203	-191.03	148
焦作	0.12	206	0.184	202	0.503	129	0.129	232	0.144	78	-191.85	149
遼源	0.1	298	0.212	137	0.526	111	0.133	196	0.114	239	-195.31	150
桂林	0.136	129	0.199	169	0.44	179	0.154	82	0.13	131	-201.66	151
菏澤	0.142	103	0.165	240	0.504	127	0.134	187	0.133	118	-201.84	152
黃石	0.119	220	0.2	166	0.475	152	0.155	79	0.117	216	-206.11	153
贛州	0.159	63	0.191	191	0.434	185	0.132	204	0.138	96	-209.67	154
葫蘆島	0.14	109	0.214	128	0.447	169	0.131	214	0.123	180	-211.22	155
肇慶	0.128	162	0.169	230	0.503	129	0.149	105	0.122	187	-213.61	156
淮北	0.12	206	0.21	145	0.487	140	0.134	187	0.113	247	-214.3	157
鶴崗	0.113	246	0.211	140	0.49	136	0.133	196	0.117	216	-214.69	158
普洱	0.137	123	0.215	124	0.499	132	0.11	284	0.107	278	-218.16	159
鷹潭	0.129	157	0.218	118	0.477	148	0.128	239	0.108	274	-218.28	160
通化	0.122	190	0.225	107	0.424	194	0.142	139	0.126	154	-223.39	161
株洲	0.137	123	0.218	118	0.388	223	0.154	82	0.134	113	-224.28	162
萍鄉	0.13	151	0.214	128	0.433	188	0.151	97	0.116	226	-224.48	163
吉林	0.132	141	0.215	124	0.42	196	0.145	118	0.127	149	-224.58	164
許昌	0.121	197	0.17	226	0.545	96	0.126	250	0.114	239	-225.68	165

表 3.3.1 2014 年度城市財政金融競爭力排名

城市	財政金融規模指數	排名	財政金融效率指數	排名	金融資本質量指數	排名	金融資本可獲得指數	排名	金融業人力資本指數	排名	財政金融競爭力	排名
襄陽	0.138	117	0.208	154	0.42	196	0.141	145	0.13	131	-230.51	166
酒泉	0.101	295	0.247	79	0.461	163	0.113	281	0.121	195	-231.53	167
上饒	0.152	75	0.186	200	0.447	169	0.133	196	0.127	149	-234.36	168
長治	0.146	87	0.222	112	0.371	233	0.135	179	0.145	76	-234.44	169
平頂山	0.133	135	0.167	235	0.488	138	0.129	232	0.136	103	-234.81	170
齊齊哈爾	0.123	185	0.139	281	0.498	133	0.154	82	0.14	91	-236.96	171
邢臺	0.131	145	0.183	206	0.434	185	0.147	111	0.139	93	-239.46	172
滁州	0.14	109	0.184	202	0.482	145	0.123	257	0.119	203	-244.31	173
河源	0.114	242	0.144	276	0.559	89	0.142	139	0.11	267	-244.42	174
鄂州	0.106	285	0.209	149	0.487	140	0.135	179	0.108	274	-246.62	175
樂山	0.124	182	0.188	195	0.484	144	0.132	204	0.117	216	-246.71	176
保山	0.122	190	0.205	157	0.486	143	0.124	252	0.107	278	-249.32	177
四平	0.115	235	0.21	145	0.452	165	0.131	214	0.124	169	-250.4	178
赤峰	0.129	157	0.186	200	0.465	159	0.122	260	0.13	131	-259.2	179
呼倫貝爾	0.13	151	0.235	94	0.416	201	0.104	292	0.128	141	-263.84	180
蚌埠	0.129	157	0.173	222	0.49	136	0.121	266	0.125	161	-264.57	181
曲靖	0.137	123	0.178	215	0.465	159	0.133	196	0.117	216	-267.22	182
金昌	0.102	293	0.209	149	0.501	131	0.117	272	0.107	278	-267.69	183
晉中	0.14	109	0.227	103	0.339	253	0.128	239	0.154	60	-268.52	184
保定	0.154	74	0.193	179	0.338	258	0.149	105	0.156	57	-270.62	185
滄州	0.14	109	0.2	166	0.365	235	0.134	187	0.156	57	-271.91	186
撫順	0.142	103	0.235	94	0.326	267	0.154	82	0.128	141	-273.2	187
張家界	0.11	266	0.169	230	0.542	101	0.119	271	0.107	278	-273.7	188
三門峽	0.118	224	0.217	122	0.425	193	0.122	260	0.129	136	-275.14	189
陽泉	0.127	168	0.251	75	0.362	237	0.127	246	0.123	180	-278.6	190
景德鎮	0.13	151	0.221	114	0.393	217	0.145	118	0.112	253	-278.76	191
延安	0.15	80	0.217	122	0.361	238	0.144	132	0.122	187	-280.53	192
安順	0.124	182	0.157	258	0.549	93	0.102	293	0.112	253	-282.12	193
晉城	0.13	151	0.25	76	0.341	251	0.128	239	0.131	127	-288.61	194
松原	0.109	270	0.213	135	0.415	203	0.14	148	0.121	195	-291.18	195
欽州	0.109	270	0.141	279	0.535	107	0.145	118	0.105	291	-293.31	196
新鄉	0.133	135	0.167	235	0.446	171	0.138	160	0.124	169	-296.25	197
宜春	0.149	84	0.207	155	0.382	228	0.123	257	0.128	141	-296.43	198
清遠	0.131	145	0.153	266	0.446	171	0.15	101	0.125	161	-302.02	199
白銀	0.109	270	0.214	128	0.448	168	0.114	278	0.116	226	-302.39	200
雅安	0.116	230	0.214	128	0.417	199	0.134	187	0.112	253	-304.98	201
臨汾	0.142	103	0.218	118	0.342	248	0.128	239	0.14	91	-306.36	202
懷化	0.126	172	0.196	174	0.4	215	0.142	139	0.122	187	-307.65	203
綏化	0.121	197	0.193	179	0.411	206	0.137	167	0.126	154	-308.22	204
十堰	0.13	151	0.201	164	0.364	236	0.145	118	0.13	131	-317.63	205
岳陽	0.121	197	0.192	187	0.385	225	0.138	160	0.135	110	-326.88	206
湛江	0.125	177	0.152	267	0.423	195	0.15	101	0.132	121	-327.06	207
綿陽	0.131	145	0.159	255	0.391	219	0.146	113	0.141	87	-335.58	208
張掖	0.101	295	0.19	192	0.441	178	0.124	252	0.117	216	-349.1	209
德陽	0.122	190	0.17	226	0.388	223	0.151	97	0.128	141	-349.8	210
孝感	0.123	185	0.196	174	0.351	242	0.154	82	0.124	169	-350.39	211
婁底	0.115	235	0.169	230	0.442	175	0.13	224	0.117	216	-353.19	212
渭南	0.12	206	0.188	195	0.347	243	0.134	187	0.152	61	-353.21	213
武威	0.104	290	0.215	124	0.417	199	0.112	283	0.114	239	-354.96	214
南陽	0.138	117	0.145	274	0.405	211	0.13	224	0.142	82	-357.16	215
銅仁	0.123	185	0.123	291	0.538	104	0.1	296	0.113	247	-361.64	216
陽江	0.107	280	0.16	253	0.446	171	0.144	132	0.112	253	-362.68	217
雲浮	0.113	246	0.146	273	0.451	166	0.152	92	0.109	269	-364.68	218
衡水	0.116	230	0.209	149	0.339	253	0.129	232	0.136	103	-371.8	219
大慶	0.121	197	0.224	110	0.259	291	0.166	62	0.136	103	-373.35	220
吉安	0.143	98	0.211	140	0.331	263	0.129	232	0.118	214	-373.74	221
撫州	0.137	123	0.182	207	0.379	230	0.13	224	0.116	226	-375.94	222

表 3. 3. 1 2014 年度城市財政金融競爭力排名

城市	財政金融規模指數	排名	財政金融效率指數	排名	金融資本質量指數	排名	金融資本可獲得指數	排名	金融業人力資本指數	排名	財政金融競爭力	排名
寶雞	0.119	220	0.211	140	0.328	265	0.145	118	0.123	180	-376.18	223
遵義	0.143	98	0.155	262	0.412	205	0.121	266	0.122	187	-376.22	224
七台河	0.118	224	0.196	174	0.384	227	0.129	232	0.114	239	-377.38	225
咸寧	0.114	242	0.162	250	0.416	201	0.145	118	0.114	239	-379.83	226
定西	0.111	256	0.193	179	0.436	184	0.107	291	0.106	286	-382.97	227
開封	0.116	230	0.163	245	0.434	185	0.124	252	0.114	239	-388.23	228
北海	0.111	256	0.18	212	0.402	212	0.131	214	0.116	226	-389.01	229
荊門	0.111	256	0.214	128	0.327	266	0.145	118	0.12	200	-389.92	230
大同	0.108	278	0.226	105	0.292	283	0.142	139	0.136	103	-391.16	231
來賓	0.114	242	0.148	272	0.476	150	0.117	272	0.106	286	-392.55	232
益陽	0.112	253	0.177	217	0.361	238	0.136	174	0.137	100	-396.18	233
瀘州	0.131	145	0.163	245	0.391	219	0.132	204	0.118	214	-396.6	234
咸陽	0.12	206	0.181	210	0.31	275	0.158	75	0.135	110	-405.33	235
牡丹江	0.121	197	0.211	140	0.291	284	0.129	232	0.143	79	-405.9	236
漯河	0.109	270	0.192	187	0.39	222	0.122	260	0.113	247	-407.78	237
衡陽	0.14	109	0.178	215	0.295	280	0.136	174	0.149	66	-407.85	238
安慶	0.131	145	0.16	253	0.381	229	0.128	239	0.124	169	-408.31	239
郴州	0.136	129	0.182	207	0.32	270	0.146	113	0.122	187	-411.02	240
昭通	0.125	177	0.173	222	0.41	207	0.117	272	0.107	278	-411.89	241
克拉瑪依	0.115	235	0.374	23	0.1	298	0.126	250	0.119	203	-414.64	242
畢節	0.152	75	0.135	286	0.442	175	0.1	296	0.114	239	-414.74	243
六安	0.132	141	0.138	283	0.408	209	0.128	239	0.124	169	-415.2	244
賀州	0.105	286	0.175	219	0.438	182	0.109	287	0.108	274	-416.54	245
烏蘭察布	0.116	230	0.162	250	0.431	190	0.101	295	0.119	203	-422.36	246
汕頭	0.128	162	0.193	179	0.273	287	0.152	92	0.138	96	-423.12	247
雞西	0.115	235	0.211	140	0.307	276	0.135	179	0.125	161	-423.23	248
亳州	0.12	206	0.152	267	0.393	217	0.133	196	0.122	187	-424.06	249
玉林	0.121	197	0.143	278	0.396	216	0.137	167	0.119	203	-431.55	250
韶關	0.12	206	0.154	263	0.312	274	0.183	46	0.123	180	-432.99	251
常德	0.128	162	0.169	230	0.346	245	0.134	187	0.123	180	-433.45	252
遂寧	0.107	280	0.156	261	0.401	214	0.139	156	0.111	259	-435.54	253
忻州	0.137	123	0.213	135	0.272	288	0.132	204	0.124	169	-436.71	254
崇左	0.117	227	0.159	255	0.408	209	0.124	252	0.107	278	-439.03	255
安陽	0.123	185	0.144	276	0.385	225	0.131	214	0.124	169	-439.86	256
商丘	0.127	168	0.138	283	0.391	219	0.131	214	0.123	180	-443.67	257
運城	0.114	242	0.175	219	0.347	243	0.122	260	0.134	113	-445.07	258
平涼	0.111	256	0.13	289	0.467	158	0.109	287	0.109	269	-447.97	259
固原	0.11	266	0.17	226	0.413	204	0.117	272	0.1	298	-451.11	260
荊州	0.12	206	0.164	243	0.333	261	0.14	148	0.127	149	-454.18	261
黑河	0.109	270	0.188	195	0.344	247	0.13	224	0.115	235	-455.58	262
眉山	0.117	227	0.184	202	0.342	248	0.138	160	0.105	291	-457.8	263
貴港	0.105	286	0.125	290	0.439	181	0.132	204	0.111	259	-458.35	264
邵陽	0.122	190	0.17	226	0.296	279	0.141	145	0.136	103	-466.79	265
永州	0.121	197	0.157	258	0.345	246	0.127	246	0.129	136	-467.13	266
揭陽	0.111	256	0.154	263	0.352	241	0.151	97	0.113	247	-471.88	267
宜賓	0.128	162	0.154	263	0.321	269	0.139	156	0.128	141	-473.94	268
天水	0.112	253	0.165	240	0.374	232	0.121	266	0.108	274	-482.18	269
安康	0.107	280	0.166	237	0.339	253	0.14	148	0.117	216	-482.86	270
隴南	0.115	235	0.169	230	0.379	230	0.11	284	0.106	286	-486.07	271
信陽	0.121	197	0.1	297	0.419	198	0.12	269	0.126	154	-495.74	272
慶陽	0.128	162	0.164	243	0.356	240	0.108	289	0.111	259	-499.64	273
內江	0.105	286	0.163	245	0.339	253	0.135	179	0.116	226	-500.88	274
宿州	0.119	220	0.157	258	0.34	252	0.122	260	0.121	195	-501.54	275
商洛	0.107	280	0.193	179	0.314	272	0.114	278	0.121	195	-502.02	276
梅州	0.125	177	0.135	286	0.317	271	0.146	113	0.129	136	-504.85	277
南充	0.123	185	0.151	270	0.295	280	0.138	160	0.136	103	-505.8	278
漢中	0.111	256	0.175	219	0.277	286	0.142	139	0.131	127	-506.46	279

表 3.3.1 2014 年度城市財政金融競爭力排名

城市	財政金融規模指數	排名	財政金融效率指數	排名	金融資本質量指數	排名	金融資本可獲得指數	排名	金融業人力資本指數	排名	財政金融競爭力	排名
自貢	0.105	286	0.141	279	0.335	259	0.145	118	0.126	154	-510.9	280
駐馬店	0.122	190	0.137	285	0.339	253	0.13	224	0.124	169	-517.19	281
河池	0.111	256	0.116	293	0.429	191	0.108	289	0.111	259	-520.73	282
周口	0.124	182	0.115	294	0.342	248	0.122	260	0.142	82	-526.8	283
黃岡	0.125	177	0.151	270	0.289	285	0.139	156	0.127	149	-526.87	284
汕尾	0.112	253	0.145	274	0.331	263	0.14	148	0.105	291	-545.82	285
隨州	0.101	295	0.166	237	0.313	273	0.14	148	0.106	286	-545.85	286
阜陽	0.133	135	0.114	295	0.324	268	0.123	257	0.135	110	-549.09	287
茂名	0.116	230	0.119	292	0.303	277	0.157	76	0.125	161	-551.28	288
達州	0.12	206	0.139	281	0.302	278	0.135	179	0.125	161	-551.47	289
潮州	0.104	290	0.195	177	0.236	294	0.15	101	0.111	259	-558.33	290
朔州	0.128	162	0.226	105	0.158	297	0.132	204	0.12	200	-575.79	291
巴中	0.111	256	0.181	210	0.258	292	0.134	187	0.109	269	-576.05	292
廣元	0.113	246	0.134	288	0.293	282	0.143	134	0.116	226	-586.55	293
資陽	0.11	266	0.113	296	0.333	261	0.135	179	0.119	203	-588.42	294
銅川	0.11	266	0.206	156	0.197	295	0.136	174	0.115	235	-594.18	295
濮陽	0.111	256	0.158	257	0.265	290	0.131	214	0.112	253	-608.2	296
伊春	0.103	292	0.193	179	0.191	296	0.134	187	0.113	247	-645.17	297
廣安	0.109	270	0.1	297	0.267	289	0.133	196	0.113	247	-708.6	298

3.4 城市商業貿易競爭力排名及二級指標分值

商業貿易是指專門從事商品收購、調運、儲存和銷售等經濟活動的部門。在中國，一般對內稱商業，對外稱貿易。商業貿易是商品交換的表現形式，是聯繫工業和農業、城市和鄉村、生產和消費之間的橋樑。商業與貿易是人類在長期生產、生活過程中產生的一種社會活動形式。它是指通過買賣方式，使貨物得以流通的一類經濟活動。城市起源於商業貿易，它是商業集聚的結果。商業融通造就了城市的發展。縱觀國內外城市發展歷史，就會發現，城市的出現或壯大，都離不開城市商業貿易往來。隨著開發開放步伐不斷加快，現代工業的推進，同步帶動了包括商業商貿在內的第三產業的大發展。堅持面向居民群眾生活需求、面向功能區開發建設需要，科學規劃商業布局，不斷完善民生保障、商貿流通、市場監測、監管服務四大體系，更加多元、更加現代、更加惠民的商業商貿正在濱海繁榮起來。城市商業貿易的發展不僅能夠加強城市在人流、物流、信息流、資金流方面的紐帶作用，而且也有利於改善城市就業問題，並且能夠帶動其它產業如餐飲業等第三產業的發展。在現代城市的發展過程當中，城市尤其是中心城市，其功能開始逐漸向商貿中心、金融中心、信息中心、文化中心、技術中心轉變。因此，大力發展城市的商業貿易競爭力對於提升城市在區域經濟的核心作用顯得非常重要。

在比較評價體系中，城市商業貿易競爭力比較評價指標體系包括國內商貿規模指數、商貿人力資本指數、外貿指數、居民消費指數、商貿機構指數 5 個二級指標，批發零售貿易業商品銷售總額、外貿依存度等 18 個三級指標。國內商貿規模指數反映的是國內商業貿易規模和商貿水平，體現了一個城市的商業集聚能力。在 2014 年城市商貿規模指數排名中，發現北京、上海、廣州、深圳城市排名前四位，其賦值分別為 1、0.932、0.671、0.607。顯而易見，經濟越發達的城市，商業貿易活動越頻繁。經濟發達程度與商業貿易活動的活躍性彼此相互促進。但總體而言，在被觀察對象中，除部分工業重鎮或部分東部沿海城市，中國城市的商貿規模指數數值並不高。這從另一個側面反映了中國城市的整體經濟發達程度。其次，外貿指數刻畫的是城市的外貿規模和外貿水平，顯然以對外出口產業為主的城市，往往具有較高的外貿規模。從外貿指數排名發現，2014 年外貿指數的前三位為香港、深圳、北京。觀察 298 個城市的排名發現，沿海城市的外貿指數排名都比較靠前，這主要是這些城市自身的地理位置及經濟結構使然。商貿機構指數是限額以上批發零售企業規模的指數化。從該指數的排名中發現，北京、上海、天津、廣州、杭州排在前 5 名，而深圳則位於第 10 位。雖然深圳的商業貿易競爭力水平排在第四，但其限額以上批發零售企業規模卻比不上天津蘇州等城市，這從一個側面放映了深圳外貿企業的整體規模太小。商貿人力資本指數則是指城市從業商業貿易的人員規模。一個城市商業貿易越發達，其商業貿易競爭力越強，則從事商業貿易的人員也應該越多。在該指數排名中，重慶、北京、香港、上海排名前四。此外居民消費指數的評價也包含在商業貿易競爭力指標體系中，從整體情況來看，大陸城市由於居民可支配收入水平較港澳臺城市差距過大，因此都未出現在此項指數前十的排名當中。

在 2014 年 298 個城市商業貿易競爭力排名中，香港、北京、上海、廣州、深圳等主要的貿易城市排在前列。並且有 78 個城市處於平均水平之上，比上一年度減少了 4 個，占 26.17%。商業貿易競爭力得分的標準差為 5.835，延續了 2013 年來的下降趨勢這在一定程度上表明城市間的商業貿易競爭力的差距在 2013 年來呈現下降趨勢。城市商業貿易競爭力具體排名請見表 3.4.1。

表 3.4.1 2014 年度城市商業貿易競爭力排名

城市	國內商貿規模指數	排名	外貿指數	排名	商貿機構指數	排名	商貿人力資本指數	排名	居民消費指數	排名	商業貿易競爭力	排名
香港	0.268	21	1	1	0.266	24	0.819	3	1	1	5312.3	1
北京	1	1	0.408	3	1	1	0.984	2	0.353	22	4248.29	2
上海	0.932	2	0.134	243	0.833	2	0.581	4	0.367	19	2669.57	3
廣州	0.671	3	0.225	10	0.611	4	0.396	5	0.435	11	2165.95	4
深圳	0.607	4	0.427	2	0.349	10	0.395	6	0.38	15	2115.37	5
重慶	0.376	10	0.228	9	0.483	7	1	1	0.1	298	1742.86	6
天津	0.543	5	0.303	5	0.616	3	0.253	12	0.326	47	1682.49	7
蘇州	0.397	7	0.364	4	0.485	6	0.133	55	0.378	16	1426.99	8
臺北	0.131	133	0.185	26	0.151	85	0.233	14	0.707	2	1278.28	9
杭州	0.411	6	0.209	14	0.506	5	0.299	7	0.34	35	1262.65	10
澳門	0.184	53	0.152	96	0.15	88	0.255	11	0.644	4	1130.45	11
新北	0.141	92	0.2	18	0.169	56	0.276	10	0.566	6	1046.45	12
新竹	0.113	244	0.159	60	0.12	199	0.156	33	0.682	3	961.33	13
台中	0.131	133	0.185	26	0.152	84	0.233	14	0.559	7	887.12	14
高雄	0.132	130	0.186	24	0.154	79	0.236	13	0.553	9	883.39	15
寧波	0.331	13	0.218	12	0.409	8	0.179	25	0.345	29	880.9	16
成都	0.342	12	0.232	8	0.403	9	0.185	22	0.32	56	868.18	17
南京	0.392	8	0.201	17	0.311	15	0.207	18	0.353	22	867.34	18
東莞	0.256	25	0.259	6	0.26	25	0.107	168	0.421	12	789.93	19
廈門	0.269	20	0.222	11	0.328	14	0.18	24	0.371	18	784.85	20
大連	0.275	18	0.258	7	0.299	17	0.153	36	0.339	37	718.13	21
武漢	0.389	9	0.181	28	0.294	18	0.211	17	0.314	63	697.29	22
瀋陽	0.349	11	0.191	21	0.329	12	0.164	29	0.337	39	697.06	23
無錫	0.328	14	0.206	16	0.333	11	0.14	49	0.345	29	693.84	24
台南	0.125	168	0.176	31	0.141	102	0.206	19	0.511	10	673.32	25
嘉義	0.111	255	0.157	72	0.118	210	0.151	40	0.57	5	648.38	26
基隆	0.112	248	0.158	67	0.12	199	0.154	35	0.558	8	630.43	27
青島	0.301	15	0.217	13	0.274	21	0.15	41	0.321	54	566.9	28
佛山	0.273	19	0.19	22	0.27	22	0.115	102	0.376	17	549.42	29
濟南	0.283	16	0.161	52	0.302	16	0.201	20	0.315	61	509.38	30
珠海	0.21	38	0.209	14	0.24	29	0.148	45	0.364	20	502.21	31
溫州	0.236	27	0.158	67	0.329	12	0.137	52	0.353	22	470.89	32

表 3.4.1 2014 年度城市商業貿易競爭力排名

城市	國內商貿規模指數	排名	外貿指數	排名	商貿機構指數	排名	商貿人力資本指數	排名	居民消費指數	排名	商業貿易競爭力	排名
福州	0.268	21	0.18	29	0.239	31	0.159	32	0.344	32	467.04	33
常州	0.221	32	0.186	24	0.251	26	0.121	73	0.35	27	390.24	34
長沙	0.282	17	0.162	46	0.21	38	0.184	23	0.314	63	367.82	35
西安	0.268	21	0.162	46	0.164	60	0.174	26	0.343	33	354.21	36
泉州	0.218	33	0.174	32	0.278	20	0.13	56	0.329	43	348.97	37
鄭州	0.258	24	0.195	19	0.245	27	0.166	28	0.283	138	347.3	38
嘉興	0.196	45	0.177	30	0.268	23	0.138	51	0.329	43	330.44	39
煙臺	0.235	28	0.17	36	0.242	28	0.129	58	0.327	45	310.83	40
合肥	0.21	38	0.161	52	0.194	41	0.15	41	0.345	29	280.76	41
紹興	0.193	47	0.171	34	0.228	33	0.124	64	0.342	34	274.65	42
中山	0.198	43	0.17	36	0.24	29	0.117	89	0.339	37	273.02	43
昆明	0.232	29	0.158	67	0.189	46	0.195	21	0.299	90	246.81	44
包頭	0.19	51	0.157	72	0.141	102	0.12	78	0.387	14	243.32	45
哈爾濱	0.254	26	0.149	120	0.172	54	0.162	30	0.32	56	233.83	46
鄂爾多斯	0.163	68	0.157	72	0.126	164	0.102	258	0.412	13	225.34	47
金華	0.192	48	0.162	46	0.191	43	0.125	63	0.34	35	201.95	48
惠州	0.159	72	0.195	19	0.14	104	0.124	64	0.348	28	197.44	49
宣城	0.119	211	0.152	96	0.13	138	0.283	8	0.311	70	191.72	50
南通	0.217	34	0.171	34	0.218	36	0.114	108	0.299	90	164.45	51
長春	0.215	35	0.162	46	0.137	112	0.153	36	0.321	54	159.38	52
台州	0.192	48	0.158	67	0.183	48	0.126	60	0.325	50	144.64	53
拉薩	0.121	197	0.165	41	0.114	230	0.277	9	0.286	127	131.64	54
濟寧	0.197	44	0.149	120	0.221	35	0.123	67	0.309	74	129.73	55
徐州	0.188	52	0.164	42	0.291	19	0.113	112	0.273	177	129.38	56
濰坊	0.211	36	0.152	96	0.239	31	0.123	67	0.28	153	98.78	57
烏魯木齊	0.209	40	0.159	60	0.169	56	0.147	46	0.288	117	88.85	58
舟山	0.154	80	0.172	33	0.157	69	0.119	80	0.324	51	84.97	59
呼和浩特	0.194	46	0.145	181	0.156	73	0.118	83	0.33	42	80.74	60
南陽	0.162	70	0.15	110	0.159	65	0.135	53	0.326	47	77.48	61
南昌	0.178	57	0.167	38	0.156	73	0.146	47	0.293	105	63.49	62
汕頭	0.171	61	0.148	132	0.162	62	0.118	83	0.326	47	59.09	63
淄博	0.207	41	0.155	81	0.191	43	0.123	67	0.286	127	57.26	64
威海	0.182	54	0.159	60	0.157	69	0.121	73	0.307	79	49.04	65
湖州	0.17	62	0.156	79	0.162	62	0.117	89	0.314	63	42.66	66
洛陽	0.172	58	0.158	67	0.167	58	0.123	67	0.304	83	38.45	67
貴陽	0.159	72	0.155	81	0.149	91	0.16	31	0.296	97	31.89	68
泰安	0.172	58	0.135	239	0.225	34	0.126	60	0.292	106	27.75	69
太原	0.226	30	0.142	203	0.176	51	0.153	36	0.264	214	25.38	70
唐山	0.211	36	0.162	46	0.147	92	0.13	56	0.281	147	23.31	71
南寧	0.192	48	0.136	234	0.175	52	0.149	43	0.286	127	16.45	72
鎮江	0.166	65	0.163	44	0.175	52	0.113	112	0.295	101	13.38	73
鹽城	0.164	67	0.162	46	0.188	47	0.117	89	0.287	124	10.38	74
克拉瑪依	0.115	232	0.147	151	0.124	170	0.116	97	0.353	22	3.89	75
三門峽	0.122	188	0.141	207	0.131	132	0.117	89	0.351	26	3.85	76
蕪湖	0.138	102	0.161	52	0.154	79	0.109	150	0.319	58	3.83	77
江門	0.159	72	0.166	40	0.151	85	0.117	89	0.299	90	0.22	78
鞍山	0.16	71	0.148	132	0.19	45	0.118	83	0.295	101	-3.38	79
龍岩	0.134	115	0.153	88	0.159	65	0.115	102	0.319	58	-3.67	80
漳州	0.145	87	0.159	60	0.157	69	0.112	118	0.309	74	-10.28	81
宜昌	0.154	80	0.144	189	0.181	49	0.174	26	0.27	190	-10.28	82
臨沂	0.201	42	0.155	81	0.213	37	0.112	118	0.254	249	-24.06	83
揚州	0.169	63	0.16	57	0.178	50	0.11	133	0.28	153	-29.11	84
東營	0.157	77	0.152	96	0.165	59	0.121	73	0.292	106	-30.94	85
海口	0.165	66	0.135	239	0.157	69	0.155	34	0.285	134	-32.91	86
蘭州	0.179	56	0.151	105	0.147	92	0.121	73	0.29	110	-34.5	87
烏海	0.119	211	0.127	263	0.129	144	0.101	271	0.357	21	-43.22	88
銅陵	0.121	197	0.148	132	0.128	154	0.104	220	0.336	41	-46.54	89

表 3.4.1 2014 年度城市商業貿易競爭力排名

城市	國內商貿規模指數	排名	外貿指數	排名	商貿機構指數	排名	商貿人力資本指數	排名	居民消費指數	排名	商業貿易競爭力	排名
盤錦	0.131	133	0.159	60	0.129	144	0.121	73	0.307	79	-53.8	90
大慶	0.18	55	0.152	96	0.14	104	0.113	112	0.287	124	-58.95	91
淮安	0.141	92	0.161	52	0.193	42	0.109	150	0.276	167	-59.06	92
泰州	0.155	79	0.16	57	0.155	75	0.116	97	0.283	138	-59.34	93
六安	0.122	188	0.148	132	0.12	199	0.218	16	0.263	219	-60.16	94
銀川	0.141	92	0.143	195	0.142	99	0.126	60	0.305	82	-60.41	95
莆田	0.131	133	0.153	88	0.155	75	0.109	150	0.301	88	-69.04	96
三明	0.129	146	0.151	105	0.161	64	0.107	168	0.302	87	-69.22	97
馬鞍山	0.125	168	0.161	52	0.125	168	0.103	238	0.315	61	-69.32	98
滁州	0.119	211	0.143	195	0.138	110	0.103	238	0.327	45	-71.9	99
開封	0.133	118	0.141	207	0.131	132	0.122	72	0.313	67	-72.07	100
麗水	0.131	133	0.151	105	0.134	119	0.11	133	0.31	71	-74.62	101
營口	0.128	153	0.163	44	0.144	96	0.11	133	0.296	97	-74.75	102
新鄉	0.134	115	0.152	96	0.14	104	0.11	133	0.304	83	-79.29	103
遂寧	0.116	229	0.148	132	0.131	132	0.102	258	0.324	51	-80.92	104
咸陽	0.133	118	0.145	181	0.129	144	0.109	150	0.314	63	-85.4	105
晉城	0.126	166	0.15	110	0.14	104	0.113	112	0.303	86	-88.59	106
金昌	0.108	266	0.145	181	0.113	236	0.101	271	0.337	39	-88.93	107
聊城	0.151	84	0.153	88	0.164	60	0.109	150	0.279	156	-91.34	108
湛江	0.153	82	0.143	195	0.15	88	0.115	102	0.288	117	-95.12	109
日照	0.138	102	0.188	23	0.123	176	0.109	150	0.269	195	-98.94	110
衡陽	0.137	107	0.153	88	0.142	99	0.114	108	0.29	110	-99.82	111
菏澤	0.158	75	0.151	105	0.206	39	0.11	133	0.254	249	-100.81	112
阜陽	0.127	157	0.149	120	0.127	158	0.107	168	0.309	74	-101.08	113
石家莊	0.224	31	0.156	79	0.136	116	0.14	49	0.231	292	-103.95	114
駐馬店	0.129	146	0.136	234	0.14	104	0.117	89	0.307	79	-104.6	115
平頂山	0.133	118	0.127	263	0.142	99	0.115	102	0.313	67	-106.91	116
錦州	0.132	130	0.142	203	0.129	144	0.109	150	0.309	74	-107.04	117
濱州	0.143	90	0.152	96	0.155	75	0.11	133	0.281	147	-107.88	118
德州	0.158	75	0.149	120	0.172	54	0.112	118	0.267	201	-110.04	119
柳州	0.153	82	0.148	132	0.155	75	0.128	59	0.269	195	-110.52	120
吉林	0.168	64	0.148	132	0.137	112	0.106	187	0.281	147	-112.95	121
許昌	0.131	133	0.147	151	0.137	112	0.107	168	0.298	94	-118.24	122
寶雞	0.131	133	0.146	170	0.123	176	0.109	150	0.304	83	-118.62	123
丹東	0.129	146	0.159	60	0.128	154	0.107	168	0.286	127	-133.89	124
茂名	0.157	77	0.133	247	0.154	79	0.112	118	0.28	153	-137.45	125
肇慶	0.13	143	0.157	72	0.123	176	0.106	187	0.288	117	-137.99	126
綿陽	0.139	101	0.137	228	0.13	138	0.106	187	0.3	89	-138.15	127
黃石	0.135	112	0.153	88	0.129	144	0.108	160	0.286	127	-138.32	128
衢州	0.133	118	0.152	96	0.138	110	0.106	187	0.282	144	-143.65	129
德陽	0.128	153	0.147	151	0.129	144	0.101	271	0.297	95	-144.38	130
延安	0.11	258	0.146	170	0.115	225	0.105	204	0.31	71	-145.12	131
周口	0.136	110	0.137	228	0.131	132	0.113	112	0.294	104	-145.65	132
漯河	0.121	197	0.136	234	0.12	199	0.106	187	0.31	71	-147.45	133
潮州	0.124	177	0.14	212	0.118	210	0.101	271	0.309	74	-148.68	134
本溪	0.124	177	0.144	189	0.129	144	0.106	187	0.296	97	-148.95	135
襄陽	0.151	84	0.15	110	0.158	68	0.134	54	0.247	264	-149.07	136
長治	0.144	88	0.15	110	0.153	83	0.114	108	0.266	205	-149.25	137
荊門	0.125	168	0.149	120	0.135	118	0.124	64	0.277	163	-150.27	138
三亞	0.122	188	0.102	290	0.11	248	0.152	39	0.316	60	-151.82	139
信陽	0.133	118	0.149	120	0.127	158	0.12	78	0.277	163	-155.2	140
焦作	0.13	143	0.153	88	0.132	126	0.11	133	0.279	156	-155.38	141
呼倫貝爾	0.131	133	0.133	247	0.129	144	0.11	133	0.299	90	-155.63	142
寧德	0.122	188	0.149	120	0.13	138	0.108	160	0.288	117	-157.7	143
揭陽	0.137	107	0.14	212	0.206	39	0.105	204	0.254	249	-162.07	144
邯鄲	0.163	68	0.146	170	0.15	88	0.117	89	0.254	249	-162.21	145
安陽	0.129	146	0.137	228	0.133	124	0.119	80	0.283	138	-169.66	146

表 3.4.1 2014 年度城市商業貿易競爭力排名

城市	國內商貿規模指數	排名	外貿指數	排名	商貿機構指數	排名	商貿人力資本指數	排名	居民消費指數	排名	商業貿易競爭力	排名
安慶	0.127	157	0.142	203	0.134	119	0.105	204	0.287	124	-170.87	147
保定	0.172	58	0.148	132	0.144	96	0.123	67	0.244	275	-172.38	148
黃山	0.115	232	0.15	110	0.124	170	0.107	168	0.288	117	-172.67	149
棗莊	0.14	96	0.135	239	0.154	79	0.107	168	0.275	173	-174.4	150
萊蕪	0.127	157	0.149	120	0.151	85	0.101	271	0.273	177	-176.77	151
南平	0.125	168	0.148	132	0.122	183	0.11	133	0.282	144	-179.35	152
淮南	0.12	206	0.148	132	0.12	199	0.111	126	0.284	136	-180.44	153
牡丹江	0.127	157	0.157	72	0.121	189	0.104	220	0.276	167	-181.24	154
郴州	0.136	110	0.155	81	0.139	109	0.11	133	0.261	225	-181.93	155
宜賓	0.126	166	0.139	219	0.132	126	0.104	220	0.288	117	-182.17	156
瀘州	0.122	188	0.132	250	0.143	98	0.105	204	0.29	110	-183.47	157
商丘	0.133	118	0.148	132	0.121	189	0.109	150	0.276	167	-186.76	158
九江	0.123	183	0.159	60	0.111	246	0.112	118	0.273	177	-186.91	159
十堰	0.135	112	0.127	263	0.132	126	0.149	43	0.264	214	-188.06	160
淮北	0.112	248	0.127	263	0.115	225	0.1	289	0.313	67	-189.11	161
蚌埠	0.125	168	0.154	87	0.127	158	0.106	187	0.273	177	-191.23	162
廊坊	0.138	102	0.139	219	0.121	189	0.111	126	0.279	156	-191.5	163
通化	0.128	153	0.148	132	0.13	138	0.103	238	0.276	167	-192.52	164
銅川	0.106	279	0.146	170	0.114	230	0.101	271	0.297	95	-193.69	165
濮陽	0.12	206	0.14	212	0.121	189	0.117	89	0.281	147	-194.52	166
資陽	0.116	229	0.144	189	0.117	220	0.1	289	0.292	106	-195.86	167
松原	0.132	130	0.132	250	0.105	277	0.107	168	0.296	97	-197.58	168
酒泉	0.117	221	0.1	296	0.124	170	0.107	168	0.322	53	-201.07	169
萍鄉	0.115	232	0.15	110	0.107	263	0.101	271	0.288	117	-202.2	170
渭南	0.121	197	0.125	275	0.132	126	0.11	133	0.289	116	-207.33	171
株洲	0.142	91	0.145	181	0.134	119	0.115	102	0.257	240	-208.51	172
贛州	0.127	157	0.157	72	0.114	230	0.106	187	0.267	201	-209.08	173
榆林	0.134	115	0.138	224	0.146	94	0.105	204	0.267	201	-210.31	174
韶關	0.128	153	0.136	234	0.117	220	0.107	168	0.284	136	-210.6	175
汕尾	0.127	157	0.146	170	0.107	263	0.103	238	0.281	147	-213.57	176
朔州	0.122	188	0.131	253	0.127	158	0.112	118	0.282	144	-214.54	177
玉溪	0.118	217	0.147	151	0.127	158	0.119	80	0.264	214	-215.78	178
池州	0.109	260	0.138	224	0.121	189	0.102	258	0.29	110	-216.2	179
連雲港	0.14	96	0.16	57	0.159	65	0.11	133	0.232	290	-217.41	180
宿遷	0.125	168	0.153	88	0.146	94	0.101	271	0.257	240	-217.99	181
自貢	0.123	183	0.143	195	0.124	170	0.101	271	0.278	160	-218.29	182
黃岡	0.131	133	0.141	207	0.129	144	0.108	160	0.269	195	-218.52	183
內江	0.116	229	0.147	151	0.118	210	0.1	289	0.279	156	-218.97	184
嘉峪關	0.121	197	0.143	195	0.132	126	0.104	220	0.272	186	-219	185
景德鎮	0.115	232	0.15	110	0.108	257	0.106	187	0.278	160	-219.62	186
赤峰	0.129	146	0.147	151	0.116	223	0.107	168	0.27	190	-220.44	187
曲靖	0.121	197	0.112	284	0.126	164	0.118	83	0.295	101	-220.67	188
益陽	0.121	197	0.142	203	0.119	207	0.11	133	0.273	177	-225.28	189
常德	0.138	102	0.149	120	0.124	170	0.116	97	0.253	254	-226.16	190
阜新	0.118	217	0.147	151	0.121	189	0.104	220	0.273	177	-226.57	191
隨州	0.117	221	0.137	228	0.114	230	0.103	238	0.286	127	-226.75	192
桂林	0.133	118	0.128	261	0.121	189	0.118	83	0.273	177	-226.89	193
達州	0.124	177	0.147	151	0.122	183	0.103	238	0.27	190	-226.97	194
白銀	0.108	266	0.148	132	0.109	252	0.101	271	0.283	138	-227.81	195
鐵嶺	0.122	188	0.127	263	0.118	210	0.103	238	0.29	110	-228.04	196
西寧	0.14	96	0.139	219	0.123	176	0.116	97	0.26	229	-229.69	197
湘潭	0.125	168	0.139	219	0.118	210	0.107	168	0.274	175	-232.76	198
亳州	0.117	221	0.148	132	0.122	183	0.103	238	0.269	195	-234.74	199
玉林	0.124	177	0.147	151	0.12	199	0.108	160	0.264	214	-236.27	200
孝感	0.133	118	0.148	132	0.123	176	0.143	48	0.236	287	-237.26	201
撫順	0.14	96	0.124	276	0.132	126	0.108	160	0.27	190	-240.59	202
荊州	0.138	102	0.141	207	0.134	119	0.105	204	0.256	244	-243.35	203

表 3.4.1 2014 年度城市商業貿易競爭力排名

城市	國內商貿規模指數	排名	外貿指數	排名	商貿機構指數	排名	商貿人力資本指數	排名	居民消費指數	排名	商業貿易競爭力	排名
咸寧	0.12	206	0.148	132	0.131	132	0.104	220	0.259	235	-244.63	204
防城港	0.107	271	0.164	42	0.112	241	0.102	258	0.26	229	-244.94	205
佳木斯	0.119	211	0.144	189	0.104	280	0.106	187	0.274	175	-244.97	206
巴彥淖爾	0.117	221	0.149	120	0.104	280	0.103	238	0.272	186	-244.99	207
吉安	0.114	240	0.155	81	0.112	241	0.106	187	0.263	219	-245.06	208
秦皇島	0.141	92	0.149	120	0.126	164	0.11	133	0.245	273	-247.19	209
遼源	0.114	240	0.147	151	0.112	241	0.1	289	0.272	186	-249.6	210
婁底	0.118	217	0.151	105	0.126	164	0.105	204	0.257	240	-250.2	211
攀枝花	0.123	183	0.127	263	0.13	138	0.101	271	0.277	163	-251.73	212
中衛	0.102	295	0.147	151	0.106	270	0.101	271	0.278	160	-254.31	213
晉中	0.133	118	0.126	270	0.133	124	0.111	126	0.264	214	-256.05	214
雲浮	0.112	248	0.13	257	0.12	199	0.103	238	0.281	147	-256.74	215
安康	0.109	260	0.126	270	0.124	170	0.105	204	0.283	138	-256.76	216
永州	0.119	211	0.15	110	0.115	225	0.105	204	0.26	229	-257.85	217
眉山	0.115	232	0.145	181	0.113	236	0.1	289	0.269	195	-258.61	218
邢臺	0.137	107	0.139	219	0.129	144	0.109	150	0.251	257	-258.78	219
衡水	0.127	157	0.153	88	0.119	207	0.106	187	0.249	259	-258.97	220
商洛	0.105	283	0.129	259	0.106	270	0.103	238	0.29	110	-259.47	221
白城	0.117	221	0.147	151	0.102	292	0.106	187	0.267	201	-261.23	222
欽州	0.115	232	0.157	72	0.113	236	0.103	238	0.255	248	-263.19	223
陽江	0.133	118	0.14	212	0.122	183	0.107	168	0.256	244	-263.97	224
北海	0.111	255	0.143	195	0.103	286	0.104	220	0.273	177	-264.81	225
上饒	0.123	183	0.155	81	0.118	210	0.111	126	0.245	273	-265.59	226
鶴崗	0.108	266	0.145	181	0.114	230	0.11	133	0.262	223	-269.63	227
固原	0.1	298	0.146	170	0.1	298	0.1	289	0.276	167	-272.08	228
貴港	0.115	232	0.147	151	0.106	270	0.102	258	0.265	208	-272.29	229
畢節	0.107	271	0.124	276	0.108	257	0.107	168	0.285	134	-274.1	230
雞西	0.112	248	0.145	181	0.108	257	0.107	168	0.263	219	-275.11	231
麗江	0.105	283	0.147	151	0.113	236	0.111	126	0.259	235	-275.14	232
廣元	0.111	255	0.147	151	0.118	210	0.102	258	0.258	238	-278.11	233
齊齊哈爾	0.133	118	0.136	234	0.109	252	0.105	204	0.26	229	-280.31	234
宜春	0.121	197	0.152	96	0.113	236	0.108	160	0.247	264	-280.83	235
岳陽	0.144	88	0.126	270	0.134	119	0.111	126	0.248	261	-281.86	236
新餘	0.114	240	0.131	253	0.106	270	0.1	289	0.277	163	-282.65	237
梧州	0.115	232	0.14	212	0.107	263	0.102	258	0.266	205	-284.01	238
鷹潭	0.11	258	0.144	189	0.108	257	0.102	258	0.265	208	-284.18	239
武威	0.105	283	0.146	170	0.104	280	0.103	238	0.266	205	-284.34	240
滄州	0.149	86	0.144	189	0.137	112	0.111	126	0.226	295	-284.41	241
臨汾	0.131	133	0.138	224	0.127	158	0.11	133	0.246	271	-285.53	242
大同	0.14	96	0.111	285	0.128	154	0.118	83	0.26	229	-287.69	243
南充	0.125	168	0.128	261	0.136	116	0.105	204	0.256	244	-289.04	244
臨滄	0.105	283	0.147	151	0.106	270	0.102	258	0.262	223	-290.71	245
廣安	0.114	240	0.148	132	0.13	138	0.1	289	0.247	264	-291.11	246
樂山	0.122	188	0.115	283	0.122	183	0.107	168	0.273	177	-291.75	247
石嘴山	0.109	260	0.126	270	0.107	263	0.108	160	0.275	173	-291.8	248
通遼	0.124	177	0.101	292	0.125	168	0.104	220	0.286	127	-292.61	249
梅州	0.124	177	0.137	228	0.112	241	0.104	220	0.258	238	-292.65	250
遼陽	0.125	168	0.106	287	0.121	189	0.103	238	0.283	138	-292.93	251
鶴壁	0.109	260	0.131	253	0.118	210	0.104	220	0.265	208	-298.74	252
撫州	0.117	221	0.15	110	0.111	246	0.105	204	0.247	264	-299.28	253
雅安	0.109	260	0.146	170	0.107	263	0.101	271	0.257	240	-300.22	254
崇左	0.103	294	0.167	38	0.105	277	0.103	238	0.241	283	-300.58	255
運城	0.13	143	0.137	228	0.131	132	0.106	187	0.242	278	-302.17	256
陽泉	0.135	112	0.134	243	0.118	210	0.112	118	0.244	275	-302.23	257
漢中	0.113	244	0.126	270	0.123	176	0.107	168	0.263	219	-302.32	258
鄂州	0.119	211	0.148	132	0.105	277	0.115	102	0.242	278	-303.91	259
綏化	0.12	206	0.14	212	0.107	263	0.106	187	0.254	249	-304.41	260

表 3.4.1 2014 年度城市商業貿易競爭力排名

城市	國內商貿規模指數	排名	外貿指數	排名	商貿機構指數	排名	商貿人力資本指數	排名	居民消費指數	排名	商業貿易競爭力	排名
白山	0.117	221	0.135	239	0.103	286	0.105	204	0.261	225	-306.95	261
伊春	0.105	283	0.134	243	0.102	292	0.101	271	0.27	190	-307.08	262
葫蘆島	0.122	188	0.127	263	0.112	241	0.104	220	0.261	225	-309.24	263
清遠	0.129	146	0.146	170	0.119	207	0.103	238	0.238	286	-310.52	264
張掖	0.107	271	0.105	288	0.11	248	0.102	258	0.291	109	-311.31	265
張家口	0.129	146	0.131	253	0.122	183	0.116	97	0.242	278	-312.03	266
忻州	0.117	221	0.147	151	0.128	154	0.113	112	0.231	292	-314.09	267
隴南	0.101	297	0.146	170	0.101	295	0.1	289	0.259	235	-315.78	268
普洱	0.106	279	0.138	224	0.11	248	0.104	220	0.256	244	-321.11	269
遵義	0.127	157	0.104	289	0.12	199	0.112	118	0.268	200	-323.1	270
朝陽	0.12	206	0.13	257	0.123	176	0.107	168	0.248	261	-323.39	271
邵陽	0.121	197	0.143	195	0.115	225	0.104	220	0.24	284	-325.42	272
宿州	0.113	244	0.149	120	0.121	189	0.102	258	0.236	287	-325.52	273
烏蘭察布	0.113	244	0.14	212	0.101	295	0.104	220	0.252	255	-328.65	274
保山	0.107	271	0.123	278	0.114	230	0.108	160	0.261	225	-331.73	275
河池	0.109	260	0.141	207	0.107	263	0.105	204	0.247	264	-334.59	276
雙鴨山	0.105	283	0.145	181	0.106	270	0.103	238	0.247	264	-335.39	277
定西	0.102	295	0.146	170	0.102	292	0.1	289	0.249	259	-339.6	278
四平	0.127	157	0.122	280	0.116	223	0.101	271	0.251	257	-341.8	279
懷化	0.118	217	0.133	247	0.108	257	0.106	187	0.246	271	-343.35	280
天水	0.112	248	0.132	250	0.115	225	0.107	168	0.244	275	-346.14	281
黑河	0.105	283	0.15	110	0.104	280	0.114	108	0.232	290	-347.41	282
百色	0.108	266	0.129	259	0.11	248	0.104	220	0.252	255	-350.05	283
賀州	0.106	279	0.147	151	0.104	280	0.102	258	0.239	285	-353.84	284
張家界	0.107	271	0.119	281	0.103	286	0.105	204	0.26	229	-359.78	285
河源	0.112	248	0.134	243	0.109	252	0.105	204	0.242	278	-359.82	286
巴中	0.107	271	0.101	292	0.108	257	0.102	258	0.276	167	-362.63	287
呂梁	0.133	118	0.143	195	0.117	220	0.11	133	0.216	297	-363.51	288
六盤水	0.112	248	0.148	132	0.118	210	0.104	220	0.22	296	-372.44	289
來賓	0.105	283	0.111	285	0.103	286	0.103	238	0.265	208	-374.7	290
七台河	0.106	279	0.147	151	0.101	295	0.101	271	0.233	289	-374.82	291
慶陽	0.107	271	0.101	292	0.103	286	0.101	271	0.272	186	-381.78	292
銅仁	0.104	291	0.123	278	0.109	252	0.103	238	0.247	264	-386.78	293
平涼	0.108	266	0.119	281	0.104	280	0.103	238	0.248	261	-393.7	294
安順	0.104	291	0.1	296	0.103	286	0.104	220	0.265	208	-399.39	295
吳忠	0.104	291	0.102	290	0.106	270	0.101	271	0.265	208	-399.59	296
承德	0.123	183	0.101	292	0.121	189	0.106	187	0.242	278	-407.85	297
昭通	0.107	271	0.1	296	0.109	252	0.104	220	0.23	294	-481.68	298

3.5 城市基礎設施競爭力排名及二級指標分值

現代城市基礎設施是為城市經濟發展和居民生活提供基本條件的公共設施，它包括交通、能源、環保、郵政、信息、水務等方面的設施，是城市生產與生活的重要物質基礎。城市基礎設施是一個城市賴以生存和發展的基礎，也是城市在逐步形成與逐步發展過程中的直接產物，其發展程度和城市的發展水平息息相關，並且直接影響著城市的發展與成長。可以說，基礎設施狀況在很大程度上直接決定著城市系統的發展。一個城市基礎設施發展水平的高低，會直接影響到該城的人才流、信息流、物流以及價值流。因此，大力發展城市的基礎建設是每一個城市發展的前提和基礎。

城市基礎設施競爭力比較評價指標體系包括 7 個二級指標：基礎設施投資指數、交通設施指數、基礎設施供應指數、對外交通設施指數、居民居住指數、信息化設施指數與基礎設施人力資本指數，以及 30 個三級指標如固定資產投資水平、年供水量等。基礎設施投資指數體現了城市固定資產投資和房地產開發投資的水平。基礎設施供應指數則體現了與居民生活息息相關的水、電、氣的供應水平和普及情況。居民居住指數反映了居民居住的條件。交通設施指數和對外交通設施指數則描述了城市對內對外交通設施的發展水平。信息化設施指數則反映了城市郵政、通信設施水平以及電腦的普及率。基礎設施人力資本指數衡量的是城市從事基礎設施行業的人員規模 它也從側面反映了城市基礎設施的發展水平。一般來說在某項指數排名靠前的城市，其在該指數方面的發展水平相對較高，那麼未來的發展空間也會相對來說較為有限；而那些排名靠後的城市，雖然目前取得的成就較小，但其未來的發展空間也會相對寬廣。

在2014年298個城市基礎設施競爭力排名中，有94個城市處於平均水平之上，占31.54%。基礎設施競爭力得分的標準差為 11.160, 延續了 2012 年來的上升趨勢，這表明城市之間的基礎設施競爭力差距有所加大。城市基礎設施競爭力具體排名請見表 3.5.1、表 3.5.2。

表 3.5.1 2014 年度城市基礎設施競爭力排名

城市	基礎設施投資指數	排名	基礎設施供應指數	排名	城市居民居住指數	排名	交通設施指數	排名
重慶	1	1	0.427	11	1	1	0.72	2
北京	0.852	2	0.8	2	0.316	3	0.681	3
上海	0.696	5	1	1	0.301	4	0.599	5
深圳	0.331	31	0.757	3	0.163	67	1	1
廣州	0.495	13	0.614	5	0.217	16	0.627	4
天津	0.819	3	0.48	7	0.227	13	0.534	6
武漢	0.605	8	0.452	9	0.249	9	0.465	9
成都	0.698	4	0.377	14	0.273	6	0.507	7
香港	0.415	22	0.521	6	0.204	21	0.319	30
杭州	0.513	12	0.372	15	0.24	10	0.37	18
南京	0.516	10	0.459	8	0.202	22	0.501	8
瀋陽	0.683	6	0.33	21	0.295	5	0.387	14
蘇州	0.586	9	0.413	13	0.235	11	0.411	12
西安	0.516	10	0.288	33	0.259	7	0.419	11
大連	0.633	7	0.28	36	0.252	8	0.357	22
東莞	0.215	72	0.652	4	0.17	45	0.36	19
廈門	0.239	55	0.365	16	0.147	152	0.344	24
青島	0.483	14	0.275	39	0.197	24	0.391	13
昆明	0.35	28	0.299	30	0.208	19	0.321	29
鄭州	0.455	17	0.296	31	0.209	18	0.296	41
寧波	0.387	23	0.308	26	0.181	34	0.311	35
濟南	0.315	34	0.266	44	0.183	32	0.373	17
長沙	0.482	15	0.354	17	0.223	14	0.299	39
佛山	0.308	37	0.433	10	0.18	35	0.314	33
無錫	0.445	19	0.317	24	0.206	20	0.325	28
合肥	0.469	16	0.271	41	0.197	24	0.385	15
哈爾濱	0.454	18	0.247	58	0.19	27	0.284	47
福州	0.42	21	0.266	44	0.19	27	0.267	57
貴陽	0.316	33	0.295	32	0.198	23	0.282	48
太原	0.224	62	0.331	20	0.147	152	0.277	51
烏魯木齊	0.188	97	0.339	19	0.135	245	0.334	25
石家莊	0.439	20	0.216	72	0.213	17	0.309	36
臺北	0.163	152	0.422	12	0.144	178	0.277	51
台中	0.164	150	0.314	25	0.151	121	0.358	20
珠海	0.174	124	0.351	18	0.133	256	0.313	34
鄂爾多斯	0.297	39	0.194	91	0.168	50	0.441	10
長春	0.378	24	0.233	63	0.185	30	0.356	23
溫州	0.312	35	0.241	60	0.166	56	0.259	60
海口	0.148	192	0.244	59	0.13	271	0.289	42

表 3.5.1 2014 年度城市基礎設施競爭力排名

城市	基礎設施投資指數	排名	基礎設施供應指數	排名	城市居民居住指數	排名	交通設施指數	排名
唐山	0.362	26	0.257	53	0.173	42	0.275	53
煙臺	0.369	25	0.189	100	0.192	26	0.285	45
常州	0.341	30	0.272	40	0.184	31	0.259	60
紹興	0.263	45	0.182	108	0.166	56	0.204	111
南昌	0.301	38	0.264	46	0.148	144	0.257	63
包頭	0.293	40	0.301	29	0.165	61	0.326	27
高雄	0.168	138	0.324	22	0.15	129	0.379	16
舟山	0.151	181	0.195	87	0.126	288	0.215	102
泉州	0.274	43	0.217	71	0.164	64	0.234	81
南寧	0.311	36	0.252	55	0.151	121	0.274	54
濰坊	0.357	27	0.172	133	0.189	29	0.271	55
淄博	0.236	56	0.26	49	0.156	95	0.33	26
中山	0.192	90	0.26	49	0.169	47	0.233	83
呼和浩特	0.231	59	0.252	55	0.179	37	0.288	44
新北	0.197	88	0.323	23	0.147	152	0.317	31
惠州	0.227	61	0.249	57	0.178	38	0.23	85
南通	0.349	29	0.186	103	0.182	33	0.256	64
台州	0.218	69	0.186	103	0.152	114	0.243	72
大慶	0.217	70	0.259	51	0.158	88	0.315	32
銀川	0.186	101	0.229	64	0.15	129	0.307	37
金華	0.203	81	0.16	161	0.146	163	0.215	102
嘉興	0.253	48	0.185	106	0.166	56	0.204	111
鞍山	0.25	51	0.237	61	0.171	44	0.248	68
蘭州	0.206	79	0.268	43	0.131	267	0.252	66
洛陽	0.287	41	0.215	73	0.163	67	0.227	89
克拉瑪依	0.119	274	0.259	51	0.157	90	0.297	40
西寧	0.155	170	0.269	42	0.132	262	0.256	64
威海	0.224	62	0.167	140	0.18	35	0.237	78
嘉峪關	0.103	296	0.276	37	0.146	163	0.258	62
臨沂	0.263	45	0.192	96	0.173	42	0.285	45
台南	0.144	207	0.302	28	0.148	144	0.358	20
邯鄲	0.285	42	0.176	123	0.156	95	0.306	38
湖州	0.185	102	0.193	92	0.146	163	0.212	104
鎮江	0.223	66	0.208	76	0.155	104	0.219	96
徐州	0.319	32	0.199	84	0.156	95	0.245	69
澳門	0.105	292	0.307	27	0.1	298	0.182	154
保定	0.264	44	0.165	145	0.176	40	0.24	76
東營	0.251	50	0.195	87	0.161	73	0.251	67
江門	0.17	133	0.2	81	0.14	218	0.2	122
攀枝花	0.133	237	0.264	46	0.133	256	0.207	105
汕頭	0.147	197	0.288	33	0.12	296	0.15	228
蕪湖	0.252	49	0.195	87	0.159	83	0.281	49
本溪	0.157	162	0.224	67	0.145	172	0.244	70
三亞	0.148	192	0.226	66	0.126	288	0.203	116
濟寧	0.247	52	0.159	164	0.168	50	0.271	55
揚州	0.246	53	0.191	97	0.146	163	0.194	135
株洲	0.189	94	0.213	75	0.164	64	0.236	80
營口	0.202	83	0.19	99	0.167	52	0.229	87
盤錦	0.182	107	0.196	86	0.161	73	0.242	74
吉林	0.256	47	0.2	81	0.161	73	0.202	117
秦皇島	0.167	144	0.201	80	0.142	199	0.22	95
大同	0.171	130	0.186	103	0.144	178	0.237	78
嘉義	0.102	297	0.254	54	0.145	172	0.266	58
柳州	0.233	58	0.276	37	0.144	178	0.188	140
錦州	0.166	146	0.181	112	0.161	73	0.217	99
烏海	0.124	260	0.234	62	0.144	178	0.207	105
新竹	0.105	292	0.281	35	0.144	178	0.227	89
銅陵	0.144	207	0.22	69	0.139	225	0.234	81
撫順	0.176	119	0.221	68	0.136	238	0.221	94

表 3. 5. 1 2014 年度城市基礎設施競爭力排名

城市	基礎設施投資指數	排名	基礎設施供應指數	排名	城市居民居住指數	排名	交通設施指數	排名
馬鞍山	0.202	83	0.207	77	0.167	52	0.218	97
滄州	0.246	53	0.156	178	0.151	121	0.23	85
宜昌	0.224	62	0.176	123	0.141	210	0.207	105
連雲港	0.203	81	0.165	145	0.144	178	0.217	99
石嘴山	0.127	255	0.215	73	0.148	144	0.243	72
廊坊	0.21	75	0.161	156	0.148	144	0.167	185
湛江	0.147	197	0.179	115	0.129	277	0.2	122
遼陽	0.149	186	0.191	97	0.149	136	0.233	83
基隆	0.105	292	0.263	48	0.139	225	0.239	77
拉薩	0.115	279	0.157	174	0.141	210	0.197	128
漳州	0.223	66	0.193	92	0.146	163	0.15	228
濱州	0.199	85	0.164	149	0.178	38	0.218	97
陽泉	0.124	260	0.202	79	0.157	90	0.196	130
泰州	0.222	68	0.161	156	0.147	152	0.204	111
莆田	0.178	114	0.175	127	0.133	256	0.129	268
朔州	0.141	217	0.141	220	0.176	40	0.185	146
丹東	0.175	120	0.158	169	0.149	136	0.183	150
安陽	0.185	102	0.182	108	0.165	61	0.188	140
泰安	0.234	57	0.144	207	0.15	129	0.171	171
衡陽	0.168	138	0.187	102	0.159	83	0.244	70
桂林	0.208	77	0.193	92	0.152	114	0.182	154
新鄉	0.211	73	0.164	149	0.165	61	0.176	166
岳陽	0.182	107	0.195	87	0.16	82	0.197	128
棗莊	0.187	99	0.158	169	0.159	83	0.207	105
伊春	0.112	284	0.178	117	0.134	250	0.262	59
焦作	0.183	106	0.179	115	0.151	121	0.19	139
日照	0.168	138	0.172	133	0.138	230	0.182	154
湘潭	0.168	138	0.218	70	0.156	95	0.182	154
九江	0.188	97	0.166	144	0.138	230	0.199	126
德州	0.21	75	0.149	196	0.154	107	0.226	91
通遼	0.192	90	0.183	107	0.142	199	0.182	154
三明	0.187	99	0.172	133	0.135	245	0.155	207
呼倫貝爾	0.168	138	0.133	244	0.148	144	0.195	133
郴州	0.185	102	0.176	123	0.156	95	0.202	117
黃石	0.153	176	0.2	81	0.14	218	0.193	137
眉山	0.145	204	0.138	230	0.356	2	0.124	274
龍岩	0.177	118	0.173	130	0.133	256	0.153	215
淮南	0.143	212	0.181	112	0.136	238	0.202	117
蚌埠	0.175	120	0.178	117	0.143	191	0.241	75
韶關	0.14	219	0.175	127	0.147	152	0.167	185
潮州	0.114	282	0.227	65	0.124	294	0.14	250
懷化	0.141	217	0.144	207	0.149	136	0.278	50
雞西	0.119	274	0.178	117	0.131	267	0.223	93
淮安	0.211	73	0.182	108	0.157	90	0.186	143
長治	0.165	149	0.173	130	0.153	111	0.166	189
寶雞	0.19	93	0.157	174	0.163	67	0.182	154
樂山	0.146	201	0.158	169	0.133	256	0.151	224
雙鴨山	0.129	250	0.132	247	0.142	199	0.289	42
南陽	0.229	60	0.148	198	0.161	73	0.207	105
晉城	0.146	201	0.151	191	0.141	210	0.2	122
德陽	0.152	177	0.159	164	0.142	199	0.158	204
阜新	0.139	223	0.172	133	0.142	199	0.167	185
張家口	0.199	85	0.164	149	0.152	114	0.196	130
邢臺	0.189	94	0.15	194	0.147	152	0.217	99
襄陽	0.224	62	0.161	156	0.149	136	0.177	164
咸陽	0.217	70	0.158	169	0.163	67	0.171	171
牡丹江	0.155	170	0.173	130	0.137	234	0.177	164
十堰	0.149	186	0.198	85	0.125	291	0.181	160
葫蘆島	0.147	197	0.15	194	0.146	163	0.186	143

表 3.5.1 2014 年度城市基礎設施競爭力排名

城市	基礎設施投資指數	排名	基礎設施供應指數	排名	城市居民居住指數	排名	交通設施指數	排名
防城港	0.144	207	0.142	216	0.159	83	0.152	219
臨汾	0.16	156	0.143	214	0.156	95	0.155	207
贛州	0.185	102	0.155	180	0.136	238	0.18	161
安慶	0.175	120	0.158	169	0.141	210	0.202	117
綿陽	0.171	130	0.172	133	0.14	218	0.176	166
鐵嶺	0.18	110	0.148	198	0.156	95	0.194	135
上饒	0.175	120	0.135	238	0.146	163	0.198	127
達州	0.161	155	0.206	78	0.13	271	0.152	219
聊城	0.196	89	0.153	186	0.152	114	0.196	130
北海	0.162	154	0.169	138	0.152	114	0.147	235
白山	0.135	230	0.151	191	0.161	73	0.155	207
白銀	0.12	270	0.189	100	0.137	234	0.178	162
萊蕪	0.13	246	0.177	120	0.132	262	0.193	137
新餘	0.146	201	0.176	123	0.147	152	0.166	189
平頂山	0.178	114	0.167	140	0.152	114	0.186	143
鹽城	0.12	270	0.146	205	0.157	90	0.183	150
晉中	0.155	170	0.143	214	0.141	210	0.169	181
榆林	0.208	77	0.131	251	0.145	172	0.149	233
齊齊哈爾	0.15	184	0.165	145	0.142	199	0.171	171
寧德	0.152	177	0.138	230	0.126	288	0.123	277
赤峰	0.204	80	0.152	188	0.141	210	0.185	146
佳木斯	0.129	250	0.167	140	0.138	230	0.157	205
許昌	0.171	130	0.157	174	0.153	111	0.204	111
商丘	0.182	107	0.14	226	0.161	73	0.195	133
菏澤	0.151	181	0.13	255	0.161	73	0.201	121
淮北	0.145	204	0.162	154	0.134	250	0.184	149
通化	0.158	160	0.141	220	0.162	71	0.155	207
遵義	0.192	90	0.164	149	0.144	178	0.168	183
衡水	0.151	181	0.137	234	0.155	104	0.153	215
婁底	0.144	207	0.167	140	0.161	73	0.171	171
六安	0.156	166	0.124	273	0.135	245	0.229	87
宣城	0.163	152	0.137	234	0.14	218	0.171	171
南平	0.166	146	0.147	203	0.131	267	0.116	284
黃山	0.14	219	0.155	180	0.142	199	0.156	206
瀘州	0.15	184	0.168	139	0.145	172	0.161	196
金昌	0.109	289	0.141	220	0.169	47	0.171	171
六盤水	0.156	166	0.155	180	0.144	178	0.205	110
三門峽	0.168	138	0.151	191	0.147	152	0.142	245
衢州	0.143	212	0.148	198	0.127	285	0.151	224
酒泉	0.154	174	0.122	277	0.151	121	0.159	200
朝陽	0.157	162	0.142	216	0.151	121	0.138	254
麗水	0.137	225	0.159	164	0.119	297	0.137	257
滁州	0.18	110	0.142	216	0.149	136	0.204	111
宿遷	0.189	94	0.138	230	0.15	129	0.159	200
忻州	0.145	204	0.124	273	0.152	114	0.138	254
清遠	0.143	212	0.161	156	0.14	218	0.16	198
遼源	0.135	230	0.16	161	0.154	107	0.155	207
南充	0.174	124	0.141	220	0.144	178	0.152	219
運城	0.16	156	0.141	220	0.159	83	0.14	250
延安	0.16	156	0.141	220	0.15	129	0.141	248
渭南	0.18	110	0.122	277	0.153	111	0.174	168
承德	0.178	114	0.156	178	0.139	225	0.178	162
荊門	0.156	166	0.159	164	0.135	245	0.163	193
孝感	0.17	133	0.13	255	0.154	107	0.137	257
萍鄉	0.152	177	0.154	184	0.137	234	0.153	215
常德	0.173	127	0.144	207	0.151	121	0.171	171
池州	0.13	246	0.139	227	0.144	178	0.154	213
鶴壁	0.128	253	0.152	188	0.145	172	0.141	248
宜賓	0.158	160	0.144	207	0.14	218	0.151	224

表 3.5.1 2014 年度城市基礎設施競爭力排名

城市	基礎設施投資指數	排名	基礎設施供應指數	排名	城市居民居住指數	排名	交通設施指數	排名
駐馬店	0.17	133	0.129	257	0.166	56	0.2	122
陽江	0.137	225	0.174	129	0.134	250	0.127	271
四平	0.14	219	0.145	206	0.157	90	0.161	196
阜陽	0.14	219	0.128	259	0.132	262	0.225	92
肇慶	0.17	133	0.177	120	0.136	238	0.162	194
鶴崗	0.11	288	0.161	156	0.128	281	0.172	170
濮陽	0.154	174	0.148	198	0.144	178	0.145	238
景德鎮	0.133	237	0.182	108	0.142	199	0.154	213
銅川	0.111	287	0.163	153	0.143	191	0.15	228
信陽	0.199	85	0.131	251	0.156	95	0.15	228
揭陽	0.148	192	0.162	154	0.141	210	0.124	274
鄂州	0.128	253	0.177	120	0.132	262	0.135	260
松原	0.173	127	0.152	188	0.148	144	0.17	179
百色	0.167	144	0.16	161	0.154	107	0.166	189
曲靖	0.166	146	0.127	264	0.166	56	0.167	185
巴彥淖爾	0.152	177	0.138	230	0.142	199	0.148	234
玉溪	0.124	260	0.149	196	0.146	163	0.142	245
邵陽	0.157	162	0.148	198	0.143	191	0.183	150
七台河	0.105	292	0.165	145	0.125	291	0.159	200
開封	0.157	162	0.159	164	0.139	225	0.183	150
黃岡	0.179	113	0.147	203	0.145	172	0.162	194
黑河	0.117	276	0.12	281	0.231	12	0.128	270
吉安	0.17	133	0.128	259	0.14	218	0.147	235
雅安	0.12	270	0.134	241	0.128	281	0.111	287
梅州	0.115	279	0.18	114	0.13	271	0.173	169
白城	0.127	255	0.127	264	0.17	45	0.138	254
荊州	0.172	129	0.154	184	0.132	262	0.152	219
玉林	0.174	124	0.142	216	0.167	52	0.155	207
鷹潭	0.121	267	0.144	207	0.131	267	0.147	235
呂梁	0.148	192	0.131	251	0.155	104	0.135	260
咸寧	0.156	166	0.132	247	0.15	129	0.131	265
張掖	0.113	283	0.127	264	0.134	250	0.143	243
麗江	0.117	276	0.153	186	0.144	178	0.159	200
綏化	0.138	224	0.125	272	0.222	15	0.185	146
自貢	0.131	245	0.157	174	0.135	245	0.152	219
周口	0.178	114	0.121	279	0.164	64	0.169	181
宜春	0.155	170	0.129	257	0.143	191	0.153	215
河源	0.121	267	0.193	92	0.129	277	0.144	241
永州	0.144	207	0.137	234	0.169	47	0.144	241
雲浮	0.132	241	0.139	227	0.125	291	0.108	291
宿州	0.149	186	0.126	268	0.142	199	0.171	171
益陽	0.149	186	0.132	247	0.156	95	0.151	224
普洱	0.122	265	0.139	227	0.143	191	0.123	277
欽州	0.142	216	0.128	259	0.143	191	0.168	183
漢中	0.135	230	0.134	241	0.151	121	0.131	265
梧州	0.159	159	0.155	180	0.148	144	0.14	250
遂寧	0.147	197	0.126	268	0.136	238	0.122	279
撫州	0.149	186	0.133	244	0.139	225	0.145	238
吳忠	0.124	260	0.127	264	0.134	250	0.17	179
安康	0.122	265	0.12	281	0.146	163	0.127	271
廣元	0.13	246	0.132	247	0.127	285	0.14	250
漯河	0.136	228	0.135	238	0.149	136	0.142	245
隨州	0.132	241	0.144	207	0.142	199	0.143	243
中衛	0.116	278	0.124	273	0.143	191	0.188	140
內江	0.133	237	0.126	268	0.137	234	0.13	267
茂名	0.132	241	0.134	241	0.133	256	0.124	274
張家界	0.108	290	0.131	251	0.136	238	0.134	263
烏蘭察布	0.143	212	0.144	207	0.149	136	0.15	228
河池	0.112	284	0.137	234	0.148	144	0.135	260

表 3.5.1 2014 年度城市基礎設施競爭力排名

城市	基礎設施投資指數	排名	基礎設施供應指數	排名	城市居民居住指數	排名	交通設施指數	排名
平涼	0.149	186	0.114	289	0.128	281	0.136	259
亳州	0.135	230	0.116	285	0.143	191	0.16	198
汕尾	0.12	270	0.114	289	0.129	277	0.119	281
貴港	0.135	230	0.123	276	0.147	152	0.132	264
資陽	0.148	192	0.117	284	0.15	129	0.121	280
銅仁	0.132	241	0.133	244	0.13	271	0.112	286
來賓	0.135	230	0.135	238	0.158	88	0.118	282
武威	0.127	255	0.121	279	0.129	277	0.129	268
慶陽	0.164	150	0.111	293	0.123	295	0.145	238
巴中	0.134	236	0.115	287	0.138	230	0.103	295
崇左	0.133	237	0.118	283	0.162	71	0.107	292
安順	0.124	260	0.126	268	0.144	178	0.117	283
賀州	0.136	228	0.128	259	0.167	52	0.103	295
天水	0.1	298	0.128	259	0.127	285	0.125	273
廣安	0.137	225	0.113	292	0.141	210	0.115	285
臨滄	0.13	246	0.11	295	0.149	136	0.103	295
保山	0.115	279	0.115	287	0.13	271	0.107	292
固原	0.107	291	0.114	289	0.136	238	0.165	192
商洛	0.121	267	0.109	296	0.147	152	0.1	298
定西	0.127	255	0.1	298	0.13	271	0.111	287
畢節	0.112	284	0.111	293	0.147	152	0.11	290
昭通	0.129	250	0.116	285	0.134	250	0.111	287
隴南	0.125	259	0.101	297	0.128	281	0.105	294

表 3.5.2 2014 年度城市基礎設施競爭力排名(續)

城市	對外交通設施指數	排名	信息化設施指數	排名	基礎設施行業人力資本指數	排名	基礎設施競爭力	排名
重慶	0.948	2	0.343	96	1	1	7057.04	1
北京	0.927	4	0.564	4	0.893	2	6340.87	2
上海	1	1	0.521	14	0.668	3	5948.72	3
深圳	0.728	5	1	1	0.395	10	5490.38	4
廣州	0.947	3	0.55	8	0.449	6	4308.45	5
天津	0.43	15	0.485	35	0.431	7	3369.99	6
武漢	0.542	8	0.518	16	0.399	9	3108.05	7
成都	0.66	7	0.408	62	0.364	11	3091.38	8
香港	0.677	6	0.488	32	0.455	5	2870.03	9
杭州	0.435	13	0.523	12	0.464	4	2591.58	10
南京	0.427	17	0.512	18	0.282	28	2574.3	11
瀋陽	0.277	35	0.47	40	0.3	20	2224.84	12
蘇州	0.302	29	0.562	5	0.17	83	2160.74	13
西安	0.43	15	0.492	27	0.293	22	2157.7	14
大連	0.387	21	0.471	38	0.235	38	1942.84	15
東莞	0.244	46	0.634	2	0.127	244	1916.11	16
廈門	0.406	19	0.61	3	0.308	18	1802.65	17
青島	0.418	18	0.491	29	0.23	40	1760.67	18
昆明	0.487	11	0.458	43	0.307	19	1706.8	19
鄭州	0.315	28	0.5	23	0.326	13	1659.95	20
寧波	0.348	24	0.523	12	0.317	17	1642.65	21
濟南	0.378	22	0.49	31	0.326	13	1581.01	22
長沙	0.282	32	0.441	48	0.218	41	1476.28	23
佛山	0.247	44	0.562	5	0.168	88	1448.32	24
無錫	0.258	37	0.511	21	0.183	67	1404.67	25
合肥	0.291	30	0.363	83	0.29	25	1391.99	26
哈爾濱	0.248	42	0.436	50	0.361	12	1330.37	27
福州	0.231	56	0.486	34	0.321	16	1291.77	28

表 3.5.2 2014 年度城市基礎設施競爭力排名(續)

城市	對外交通設施指數	排名	信息化設施指數	排名	基礎設施行業人力資本指數	排名	基礎設施競爭力	排名
貴陽	0.285	31	0.449	47	0.292	24	1213.47	29
太原	0.249	40	0.516	17	0.322	15	1189.68	30
烏魯木齊	0.217	64	0.501	22	0.284	27	1093.99	31
石家莊	0.245	45	0.372	80	0.265	30	1024.58	32
臺北	0.406	19	0.408	62	0.168	88	1008.66	33
台中	0.53	10	0.317	114	0.169	85	955.71	34
珠海	0.24	51	0.544	9	0.163	106	942.06	35
鄂爾多斯	0.452	12	0.325	106	0.142	184	929.91	36
長春	0.223	61	0.362	85	0.247	33	928.65	37
溫州	0.215	67	0.492	27	0.254	32	890.54	38
海口	0.433	14	0.519	15	0.169	85	874.2	39
唐山	0.262	36	0.386	72	0.242	35	870.7	40
煙臺	0.337	27	0.386	72	0.217	42	858.22	41
常州	0.201	81	0.491	29	0.149	155	807.93	42
紹興	0.171	128	0.476	37	0.404	8	787.16	43
南昌	0.172	126	0.432	53	0.293	22	773.5	44
包頭	0.282	32	0.325	106	0.19	59	760.88	45
高雄	0.354	23	0.312	120	0.17	83	758.22	46
舟山	0.535	9	0.497	25	0.154	138	699.5	47
泉州	0.198	83	0.487	33	0.246	34	686.05	48
南寧	0.234	54	0.395	68	0.21	44	659.48	49
濰坊	0.216	65	0.437	49	0.195	54	654.64	50
淄博	0.241	49	0.364	82	0.212	43	649.12	51
中山	0.208	74	0.554	7	0.141	187	624.16	52
呼和浩特	0.189	98	0.432	53	0.189	60	607.33	53
新北	0.249	40	0.337	98	0.192	57	606.98	54
惠州	0.189	98	0.512	18	0.156	129	573.46	55
南通	0.211	71	0.415	60	0.168	88	527.72	56
台州	0.248	42	0.434	51	0.255	31	523.34	57
大慶	0.133	227	0.359	89	0.24	36	481.77	58
銀川	0.155	157	0.395	68	0.239	37	449.77	59
金華	0.202	78	0.461	42	0.294	21	445.42	60
嘉興	0.188	101	0.528	11	0.165	97	444.08	61
鞍山	0.191	95	0.398	66	0.189	60	440.03	62
蘭州	0.174	122	0.415	60	0.207	46	415.83	63
洛陽	0.198	83	0.313	118	0.266	29	373.44	64
克拉瑪依	0.104	293	0.512	18	0.132	215	370.33	65
西寧	0.127	238	0.451	44	0.207	46	363.96	66
威海	0.231	56	0.424	55	0.173	80	336.34	67
嘉峪關	0.123	246	0.499	24	0.128	234	280.21	68
臨沂	0.258	37	0.26	183	0.197	53	279.01	69
台南	0.151	165	0.298	139	0.153	145	275.35	70
邯鄲	0.244	46	0.227	203	0.231	39	260.07	71
湖州	0.182	108	0.463	41	0.187	63	249.83	72
鎮江	0.165	139	0.45	46	0.149	155	243.25	73
徐州	0.194	92	0.305	129	0.195	54	241.31	74
澳門	0.102	295	0.538	10	0.169	85	228.52	75
保定	0.202	78	0.252	188	0.289	26	220.11	76
東營	0.136	214	0.423	56	0.143	182	220.06	77
江門	0.181	111	0.494	26	0.154	138	206.7	78
攀枝花	0.172	126	0.451	44	0.143	182	171.19	79
汕頭	0.126	240	0.471	38	0.176	72	138.15	80
蕪湖	0.198	83	0.294	143	0.156	129	133.67	81
本溪	0.184	104	0.373	79	0.168	88	128.96	82
三亞	0.177	116	0.482	36	0.121	264	115.94	83
濟寧	0.227	59	0.253	186	0.199	51	92.14	84
揚州	0.151	165	0.419	57	0.14	189	69.53	85

表 3.5.2 2014 年度城市基礎設施競爭力排名(續)

城市	對外交通設施指數	排名	信息化設施指數	排名	基礎設施行業人力資本指數	排名	基礎設施競爭力	排名
株洲	0.188	101	0.325	106	0.158	120	61.08	86
營口	0.17	131	0.357	90	0.159	115	60.39	87
盤錦	0.135	216	0.386	72	0.148	157	46.36	88
吉林	0.193	93	0.305	129	0.171	82	41.22	89
秦皇島	0.141	200	0.383	75	0.186	64	29.72	90
大同	0.256	39	0.302	133	0.174	77	27.41	91
嘉義	0.102	295	0.406	64	0.123	255	18.75	92
柳州	0.151	165	0.306	128	0.154	138	13.21	93
錦州	0.164	142	0.368	81	0.176	72	2.93	94
烏海	0.144	187	0.399	65	0.156	129	-1.41	95
新竹	0.107	286	0.396	67	0.126	246	-4.68	96
銅陵	0.152	162	0.388	71	0.134	208	-11.56	97
撫順	0.138	208	0.349	92	0.175	75	-21.66	98
馬鞍山	0.177	116	0.333	101	0.127	244	-23.77	99
滄州	0.197	86	0.264	179	0.199	51	-52.66	100
宜昌	0.215	67	0.289	150	0.185	66	-58.64	101
連雲港	0.212	69	0.328	104	0.156	129	-61.96	102
石嘴山	0.131	230	0.382	77	0.129	230	-62.38	103
廊坊	0.134	222	0.419	57	0.159	115	-76.77	104
湛江	0.343	26	0.266	177	0.165	97	-89.28	105
遼陽	0.158	153	0.36	86	0.129	230	-104.39	106
基隆	0.135	216	0.337	98	0.125	250	-110.16	107
拉薩	0.108	283	0.416	59	0.209	45	-116.14	108
漳州	0.137	212	0.374	78	0.155	134	-121.14	109
濱州	0.147	181	0.333	101	0.136	201	-122.67	110
陽泉	0.157	155	0.35	91	0.155	134	-140.74	111
泰州	0.17	131	0.335	100	0.139	193	-144.78	112
莆田	0.155	157	0.434	51	0.145	170	-162.23	113
朔州	0.348	24	0.245	196	0.146	165	-176.96	114
丹東	0.143	188	0.383	75	0.147	160	-177.48	115
安陽	0.174	122	0.261	180	0.193	56	-181.77	116
泰安	0.148	178	0.319	113	0.189	60	-190.63	117
衡陽	0.216	65	0.201	239	0.168	88	-202.95	118
桂林	0.206	75	0.245	196	0.165	97	-207.79	119
新鄉	0.142	194	0.311	122	0.164	102	-210.05	120
岳陽	0.21	72	0.241	200	0.154	138	-216.1	121
棗莊	0.169	135	0.293	146	0.157	125	-217.79	122
伊春	0.111	278	0.36	86	0.132	215	-218.27	123
焦作	0.164	142	0.298	139	0.161	108	-220.33	124
日照	0.228	58	0.315	117	0.131	222	-226.56	125
湘潭	0.141	200	0.281	159	0.161	108	-230.59	126
九江	0.175	121	0.285	156	0.174	77	-236.38	127
德州	0.164	142	0.269	172	0.154	138	-243.5	128
通遼	0.238	53	0.253	186	0.146	165	-246.04	129
三明	0.139	205	0.36	86	0.158	120	-247.37	130
呼倫貝爾	0.234	54	0.276	162	0.172	81	-252.06	131
郴州	0.218	62	0.223	208	0.164	102	-254.63	132
黃石	0.131	230	0.32	112	0.145	170	-265.25	133
眉山	0.182	108	0.209	231	0.128	234	-271	134
龍岩	0.142	194	0.347	94	0.165	97	-278.67	135
淮南	0.196	87	0.273	167	0.16	112	-280.62	136
蚌埠	0.196	87	0.218	214	0.147	160	-289.77	137
韶關	0.165	139	0.3	137	0.179	70	-298.07	138
潮州	0.112	274	0.395	68	0.135	203	-298.12	139
懷化	0.227	59	0.189	248	0.165	97	-298.41	140
雞西	0.143	188	0.311	122	0.154	138	-301.26	141
淮安	0.157	155	0.243	198	0.147	160	-319.13	142

表 3.5.2 2014 年度城市基礎設施競爭力排名(續)

城市	對外交通設施指數	排名	信息化設施指數	排名	基礎設施行業人力資本指數	排名	基礎設施競爭力	排名
長治	0.171	128	0.29	147	0.151	148	-323.9	143
寶雞	0.132	228	0.295	142	0.147	160	-326.04	144
樂山	0.195	90	0.285	156	0.203	49	-328.28	145
雙鴨山	0.118	255	0.302	133	0.13	226	-333.84	146
南陽	0.212	69	0.134	290	0.204	48	-345.48	147
晉城	0.188	101	0.294	143	0.137	199	-348.33	148
德陽	0.148	178	0.363	83	0.123	255	-351.06	149
阜新	0.123	246	0.345	95	0.145	170	-353.92	150
張家口	0.16	149	0.216	218	0.175	75	-356.71	151
邢臺	0.16	149	0.212	227	0.186	64	-357.1	152
襄陽	0.176	119	0.208	232	0.181	69	-358.64	153
咸陽	0.132	228	0.26	183	0.151	148	-372.21	154
牡丹江	0.129	233	0.31	124	0.148	157	-376.55	155
十堰	0.129	233	0.261	180	0.183	67	-377.41	156
葫蘆島	0.15	172	0.29	147	0.152	147	-401.52	157
防城港	0.164	142	0.324	111	0.135	203	-403.14	158
臨汾	0.171	128	0.277	160	0.167	94	-403.64	159
贛州	0.218	62	0.22	211	0.156	129	-404.61	160
安慶	0.184	104	0.214	225	0.161	108	-411.25	161
綿陽	0.142	194	0.261	180	0.159	115	-412.93	162
鐵嶺	0.151	165	0.25	190	0.147	160	-413.96	163
上饒	0.189	98	0.193	246	0.2	50	-415.26	164
達州	0.282	32	0.153	278	0.166	96	-418.3	165
聊城	0.151	165	0.224	206	0.157	125	-418.84	166
北海	0.146	183	0.316	116	0.121	264	-419.2	167
白山	0.117	260	0.348	93	0.13	226	-420.19	168
白銀	0.138	208	0.305	129	0.128	234	-423.95	169
萊蕪	0.117	260	0.317	114	0.124	251	-427.5	170
新餘	0.143	188	0.31	124	0.115	286	-427.62	171
平頂山	0.18	112	0.206	236	0.155	134	-427.62	172
鹽城	0.182	108	0.256	185	0.159	115	-436.81	173
晉中	0.178	114	0.275	164	0.144	176	-453.65	174
榆林	0.135	216	0.3	137	0.14	189	-457.74	175
齊齊哈爾	0.183	106	0.222	209	0.168	88	-459.84	176
寧德	0.173	125	0.325	106	0.161	108	-462.33	177
赤峰	0.16	149	0.205	237	0.164	102	-462.85	178
佳木斯	0.149	176	0.308	127	0.134	208	-462.95	179
許昌	0.165	139	0.217	216	0.134	208	-465.91	180
商丘	0.196	87	0.187	250	0.151	148	-466.26	181
菏澤	0.202	78	0.199	241	0.158	120	-468.08	182
淮北	0.183	106	0.267	175	0.118	276	-471.12	183
通化	0.134	222	0.289	150	0.144	176	-471.74	184
遵義	0.209	73	0.183	255	0.154	138	-474.87	185
衡水	0.137	212	0.287	153	0.16	112	-479.03	186
婁底	0.199	82	0.215	223	0.133	212	-483.45	187
六安	0.244	46	0.165	269	0.157	125	-484.12	188
宣城	0.164	142	0.252	188	0.157	125	-493.13	189
南平	0.142	194	0.327	105	0.144	176	-504.04	190
黃山	0.135	216	0.313	118	0.117	280	-509.47	191
瀘州	0.176	119	0.217	216	0.155	134	-510.7	192
金昌	0.104	293	0.286	155	0.158	120	-514.32	193
六盤水	0.205	77	0.186	252	0.128	234	-517.18	194
三門峽	0.134	222	0.272	168	0.144	176	-529.2	195
衢州	0.142	194	0.31	124	0.128	234	-532.77	196
酒泉	0.112	274	0.325	106	0.124	251	-533.31	197
朝陽	0.126	240	0.274	165	0.162	107	-535.02	198
麗水	0.125	242	0.33	103	0.135	203	-535.82	199

表 3.5.2 2014 年度城市基礎設施競爭力排名(續)

城市	對外交通設施指數	排名	信息化設施指數	排名	基礎設施行業人力資本指數	排名	基礎設施競爭力	排名
滁州	0.15	172	0.22	211	0.119	273	-535.82	200
宿遷	0.134	222	0.27	170	0.122	258	-537.58	201
忻州	0.19	96	0.277	160	0.135	203	-539.25	202
清遠	0.166	138	0.248	192	0.133	212	-542.08	203
遼源	0.105	291	0.303	132	0.118	276	-547.67	204
南充	0.24	51	0.167	268	0.159	115	-557.34	205
運城	0.142	194	0.268	173	0.132	215	-558.93	206
延安	0.145	184	0.294	143	0.112	291	-559.32	207
渭南	0.149	176	0.229	202	0.144	176	-561.82	208
承德	0.135	216	0.214	225	0.146	165	-562.86	209
荊門	0.147	181	0.216	218	0.164	102	-568.1	210
孝感	0.158	153	0.208	232	0.191	58	-568.18	211
萍鄉	0.143	188	0.272	168	0.117	280	-580.83	212
常德	0.159	152	0.197	243	0.148	157	-580.99	213
池州	0.128	236	0.312	120	0.11	295	-581.32	214
鶴壁	0.127	238	0.296	141	0.126	246	-583.6	215
宜賓	0.17	131	0.207	234	0.167	94	-587.06	216
駐馬店	0.193	93	0.114	295	0.177	71	-588.01	217
陽江	0.118	255	0.287	153	0.135	203	-590.16	218
四平	0.139	205	0.246	195	0.13	226	-590.96	219
阜陽	0.241	49	0.138	287	0.145	170	-591.89	220
肇慶	0.12	250	0.225	205	0.132	215	-593.5	221
鶴崗	0.115	268	0.284	158	0.128	234	-599.83	222
濮陽	0.195	90	0.196	244	0.151	148	-604.97	223
景德鎮	0.109	282	0.249	191	0.131	222	-607.04	224
銅川	0.106	287	0.301	136	0.115	286	-612.78	225
信陽	0.174	122	0.153	278	0.176	72	-616.2	226
揭陽	0.12	250	0.27	170	0.139	193	-616.72	227
鄂州	0.112	274	0.276	162	0.133	212	-616.91	228
松原	0.136	214	0.215	223	0.122	258	-616.93	229
百色	0.155	157	0.175	260	0.139	193	-623.98	230
曲靖	0.154	160	0.164	270	0.174	77	-624.16	231
巴彥淖爾	0.106	287	0.274	165	0.136	201	-629.07	232
玉溪	0.12	250	0.268	173	0.139	193	-634.28	233
邵陽	0.178	114	0.143	284	0.16	112	-643.01	234
七台河	0.118	255	0.289	150	0.111	294	-648.28	235
開封	0.14	203	0.178	257	0.14	189	-651.21	236
黃岡	0.145	184	0.172	264	0.153	145	-654.47	237
黑河	0.112	274	0.216	218	0.146	165	-654.84	238
吉安	0.143	188	0.226	204	0.146	165	-657.53	239
雅安	0.11	280	0.34	97	0.128	234	-659.95	240
梅州	0.128	236	0.196	244	0.15	154	-662.89	241
白城	0.114	270	0.266	177	0.128	234	-666.57	242
荊州	0.13	232	0.21	229	0.141	187	-666.58	243
玉林	0.15	172	0.159	274	0.145	170	-673.77	244
鷹潭	0.138	208	0.267	175	0.12	266	-679.37	245
呂梁	0.164	142	0.231	201	0.118	276	-683.79	246
咸寧	0.124	244	0.247	193	0.132	215	-688.27	247
張掖	0.106	287	0.302	133	0.128	234	-688.95	248
麗江	0.118	255	0.242	199	0.119	273	-697.96	249
綏化	0.125	242	0.126	292	0.138	197	-700.58	250
自貢	0.138	208	0.216	218	0.124	251	-716.03	251
周口	0.19	96	0.11	296	0.151	148	-718.87	252
宜春	0.162	148	0.176	259	0.142	184	-732.62	253
河源	0.113	271	0.203	238	0.126	246	-740.36	254
永州	0.177	116	0.135	289	0.145	170	-749.34	255
雲浮	0.113	271	0.29	147	0.12	266	-755.82	256

表 3.5.2 2014 年度城市基礎設施競爭力排名(續)

城市	對外交通設施指數	排名	信息化設施指數	排名	基礎設施行業人力資本指數	排名	基礎設施競爭力	排名
宿州	0.167	137	0.164	270	0.129	230	-758.6	257
益陽	0.152	162	0.172	264	0.13	226	-759.04	258
普洱	0.119	254	0.247	193	0.129	230	-763.23	259
欽州	0.17	131	0.162	273	0.126	246	-768.43	260
漢中	0.129	233	0.222	209	0.122	258	-770.84	261
梧州	0.116	264	0.175	260	0.132	215	-776.25	262
遂寧	0.151	165	0.21	229	0.14	189	-779.18	263
撫州	0.135	216	0.175	260	0.151	148	-782.2	264
吳忠	0.12	250	0.22	211	0.117	280	-789.61	265
安康	0.169	135	0.224	206	0.113	289	-792.31	266
廣元	0.152	162	0.218	214	0.116	285	-802.87	267
漯河	0.124	244	0.199	241	0.122	258	-803.96	268
隨州	0.117	260	0.211	228	0.112	291	-808.71	269
中衛	0.11	280	0.201	239	0.11	295	-814.87	270
內江	0.179	113	0.178	257	0.132	215	-817.12	271
茂名	0.139	205	0.172	264	0.158	120	-843.18	272
張家界	0.145	184	0.207	234	0.117	280	-858.31	273
烏蘭察布	0.122	248	0.127	291	0.138	197	-877.38	274
河池	0.14	203	0.154	277	0.137	199	-885.09	275
平涼	0.122	248	0.185	253	0.128	234	-906.34	276
亳州	0.154	160	0.14	285	0.11	295	-918.61	277
汕尾	0.116	264	0.216	218	0.12	266	-938.52	278
貴港	0.148	178	0.138	287	0.119	273	-945.11	279
資陽	0.143	188	0.148	282	0.12	266	-945.29	280
銅仁	0.206	75	0.12	293	0.124	251	-946.08	281
來賓	0.118	255	0.146	283	0.123	255	-946.82	282
武威	0.116	264	0.192	247	0.117	280	-948.8	283
慶陽	0.108	283	0.174	263	0.112	291	-957.14	284
巴中	0.151	165	0.15	281	0.142	184	-969.09	285
崇左	0.115	268	0.163	272	0.122	258	-970.64	286
安順	0.134	222	0.158	275	0.118	276	-974.78	287
賀州	0.105	291	0.156	276	0.12	266	-976.51	288
天水	0.113	271	0.182	256	0.131	222	-977.97	289
廣安	0.15	172	0.139	286	0.12	266	-1003.38	290
臨滄	0.1	298	0.187	250	0.12	266	-1005.82	291
保山	0.106	287	0.185	253	0.134	208	-1015.51	292
固原	0.108	283	0.153	278	0.1	298	-1025.42	293
商洛	0.102	295	0.189	248	0.113	289	-1033.5	294
定西	0.111	278	0.171	267	0.115	286	-1078.32	295
畢節	0.141	200	0.1	298	0.144	176	-1084.11	296
昭通	0.117	260	0.119	294	0.131	222	-1098.93	297
隴南	0.116	264	0.105	297	0.122	258	-1207.69	298

3.6 城市社會體制競爭力排名及二級指標分值

城市承載了社會的體制與制度的安排，而其本身也是體制演進與變遷的結果。城市社會體制是城市在社會治安、社會保障、社會公平、醫療保障及城市社會管理活動等方面一切活動與體制的總和，而城市社會體制競爭力則是城市在社會保障、社會治安、社會公平、醫療保障和城市社會管理活動所體現出來的相對優勢。管理是人類社會所賴以生存和演化出的一種職能，而城市管理是一切城市政府行為、城市政策（包括財稅政策、土地政策、產業政策、金融政策、城市發展戰略以及社會組織行為的總稱。通過對社會體制的不斷地完善和發展，不僅有利於發展城市經濟，提高城市居民生活水平和生活質量，還有利於城市社會穩定。

城市社會體制競爭力比較評價指標體系包括 4 個二級指標：社會治安指數、社會公平保障指數、醫療保健指數與社會管理指數，以及 20 個三級指標如失業率、刑事案件發生率、平均預期壽命等。社會公平保障指數主要從失業率、基尼指數以及社會保障覆蓋率等方面來考察城市社會公平保障體制的完善程度。社會治安指數通過衡量刑事案件發生率、刑事案件偵破率和社會安全民眾滿意度來考察城市的社會治安水平。而醫療保健指數則反映了城市的醫療設施和居民的醫療保健水平。城市社會管理指數體現了城市政府的管理能力。

在 2014 年 298 個城市社會體制競爭力排名中，有 108 個城市處於平均水平之上，較 2013 年增加了 7 個，占 36.24%。社會體制競爭力得分的標準差為 5.418，延續了 2012 年來上升趨勢，這說明城市之間的社會體制競爭力差距有開始顯現擴大跡象。城市社會體制競爭力所有排名如表 3.6.1。

表 3.6.1 2014 年度城市社會體制競爭力排名

城市	社會公平保障指數	排名	社會治安指數	排名	醫療保健指數	排名	社會管理指數	排名	社會體制競爭力	排名
上海	0.633	10	1	1	1	1	1	1	3907.68	1
香港	1	1	0.504	4	0.552	4	0.834	3	2773.6	2
北京	0.977	2	0.552	2	0.54	5	0.645	5	2531.75	3
深圳	0.637	9	0.485	5	0.534	6	0.848	2	2218.45	4
東莞	0.846	3	0.334	27	0.485	7	0.566	6	1837.41	5
蘇州	0.563	20	0.506	3	0.39	10	0.676	4	1676.35	6
臺北	0.719	6	0.297	54	0.579	3	0.386	21	1508.44	7
廣州	0.552	23	0.422	9	0.385	11	0.528	7	1329.02	8
嘉義	0.568	18	0.242	114	0.675	2	0.333	34	1296.9	9
杭州	0.586	15	0.453	6	0.352	16	0.422	13	1224.66	10
澳門	0.838	4	0.267	79	0.233	51	0.49	8	1218.47	11
天津	0.551	24	0.392	14	0.35	17	0.393	20	1044.88	12
廈門	0.568	18	0.399	13	0.304	23	0.395	19	1006.23	13
高雄	0.638	8	0.245	109	0.412	9	0.342	27	988.39	14
昆明	0.428	54	0.348	20	0.379	13	0.456	9	937.03	15
台中	0.601	12	0.245	109	0.415	8	0.336	29	932.08	16
中山	0.588	14	0.332	30	0.312	22	0.373	23	924.18	17
珠海	0.593	13	0.31	48	0.278	30	0.425	12	914.49	18
台南	0.607	11	0.243	112	0.371	15	0.333	34	863.28	19
寧波	0.459	42	0.404	11	0.268	35	0.434	11	855.02	20
南京	0.454	45	0.435	7	0.248	41	0.422	13	843.68	21
新竹	0.572	17	0.24	119	0.381	12	0.332	37	823.46	22
基隆	0.574	16	0.239	123	0.375	14	0.334	32	820.41	23
無錫	0.557	21	0.368	18	0.243	45	0.361	24	803.84	24
新北	0.64	7	0.249	107	0.294	28	0.334	32	796.12	25
濟南	0.385	64	0.402	12	0.275	31	0.453	10	783.11	26
佛山	0.556	22	0.289	58	0.267	36	0.344	26	703.95	27
青島	0.33	92	0.427	8	0.275	31	0.409	16	682.3	28
大連	0.462	41	0.309	50	0.333	19	0.315	41	665.4	29
成都	0.425	56	0.317	42	0.332	20	0.335	31	648.97	30
舟山	0.427	55	0.359	19	0.248	41	0.359	25	609.21	31
盤錦	0.732	5	0.23	135	0.206	79	0.206	108	584.28	32
嘉興	0.385	64	0.385	16	0.209	74	0.402	17	583.11	33
武漢	0.449	48	0.276	68	0.3	25	0.333	34	570.63	34
重慶	0.396	60	0.336	26	0.237	49	0.377	22	539.4	35
溫州	0.371	70	0.371	17	0.188	108	0.4	18	506.43	36
紹興	0.321	100	0.39	15	0.196	92	0.417	15	497.75	37
惠州	0.511	29	0.258	95	0.233	51	0.299	50	479.89	38
瀋陽	0.356	79	0.314	44	0.304	23	0.303	49	457.54	39
烏魯木齊	0.431	52	0.221	150	0.321	21	0.274	58	420.11	40

表 3.6.1 2014 年度城市社會體制競爭力排名

城市	社會公平保障指數	排名	社會治安指數	排名	醫療保健指數	排名	社會管理指數	排名	社會體制競爭力	排名
銀川	0.456	44	0.275	69	0.232	54	0.287	54	406.42	41
湖州	0.366	73	0.409	10	0.173	138	0.307	44	403.99	42
常州	0.384	67	0.343	24	0.218	65	0.304	47	402.04	43
江門	0.489	33	0.289	58	0.17	147	0.298	52	388.65	44
鎮江	0.513	28	0.309	50	0.188	108	0.221	85	376.15	45
淄博	0.417	57	0.28	65	0.234	50	0.263	61	328.08	46
西安	0.34	85	0.274	70	0.265	37	0.308	43	323.04	47
營口	0.531	26	0.222	147	0.229	56	0.197	127	310.87	48
福州	0.363	74	0.312	47	0.186	114	0.324	39	303.08	49
煙臺	0.301	116	0.31	48	0.248	41	0.317	40	302.93	50
長沙	0.362	76	0.224	145	0.3	25	0.279	55	298.68	51
南通	0.308	109	0.348	20	0.216	68	0.299	50	293.24	52
太原	0.394	61	0.213	166	0.344	18	0.199	124	289.39	53
東營	0.371	70	0.281	64	0.239	48	0.261	62	269.41	54
合肥	0.337	86	0.329	32	0.206	79	0.278	57	259.61	55
海口	0.316	103	0.237	127	0.272	34	0.314	42	253.54	56
南昌	0.311	107	0.327	34	0.2	88	0.304	47	245.97	57
白山	0.505	30	0.221	150	0.216	68	0.192	142	243.7	58
長春	0.322	99	0.348	20	0.233	51	0.224	81	235.13	59
威海	0.329	94	0.271	72	0.23	55	0.29	53	221.09	60
拉薩	0.517	27	0.131	289	0.15	211	0.326	38	209.87	61
哈爾濱	0.319	101	0.328	33	0.191	99	0.279	55	209.6	62
三亞	0.475	35	0.198	185	0.213	71	0.224	81	207.89	63
金華	0.376	68	0.332	30	0.183	118	0.223	83	207.14	64
汕頭	0.474	36	0.254	100	0.126	280	0.261	62	196.78	65
伊春	0.453	46	0.256	98	0.21	73	0.179	179	192.7	66
萊蕪	0.41	58	0.27	74	0.214	70	0.201	118	188.52	67
嘉峪關	0.429	53	0.167	238	0.288	29	0.196	129	178.37	68
克拉瑪依	0.463	40	0.167	238	0.226	59	0.233	71	178.01	69
鄂州	0.535	25	0.208	172	0.171	144	0.179	179	177.61	70
衢州	0.358	78	0.318	40	0.172	139	0.232	74	156.27	71
麗水	0.478	34	0.253	102	0.156	191	0.192	142	153.25	72
蘭州	0.279	139	0.255	99	0.243	45	0.273	59	123.78	73
呼和浩特	0.385	64	0.235	130	0.194	94	0.24	66	123.66	74
鄭州	0.276	143	0.282	63	0.25	40	0.238	67	122.17	75
石家莊	0.231	207	0.334	27	0.186	114	0.305	46	121.45	76
濰坊	0.31	108	0.269	75	0.226	59	0.237	69	112.43	77
泰安	0.29	126	0.286	62	0.208	77	0.26	64	109.79	78
石嘴山	0.449	48	0.165	244	0.228	58	0.196	129	107.68	79
清遠	0.491	32	0.197	187	0.147	226	0.211	94	106.02	80
商丘	0.202	256	0.346	23	0.186	114	0.306	45	97.73	81
泉州	0.332	90	0.334	27	0.183	118	0.181	169	91.69	82
肇慶	0.499	31	0.215	162	0.12	290	0.202	115	87.44	83
包頭	0.39	62	0.207	173	0.253	38	0.168	208	85.02	84
本溪	0.459	42	0.202	182	0.202	83	0.16	226	84.93	85
攀枝花	0.372	69	0.151	270	0.275	31	0.215	90	79.54	86
唐山	0.259	172	0.322	36	0.226	59	0.208	101	74.58	87
遼源	0.435	50	0.203	179	0.212	72	0.159	229	68.19	88
西寧	0.25	179	0.222	147	0.3	25	0.23	75	67.45	89
泰州	0.326	96	0.326	35	0.163	170	0.201	118	65.52	90
秦皇島	0.265	154	0.338	25	0.172	139	0.236	70	57.87	91
撫順	0.36	77	0.226	141	0.206	79	0.213	91	56.07	92
貴陽	0.289	128	0.227	140	0.251	39	0.227	77	48.86	93
大慶	0.323	98	0.24	119	0.248	41	0.172	195	35.78	94
新餘	0.325	97	0.269	75	0.191	99	0.204	110	32.17	95
茂名	0.473	37	0.204	176	0.122	285	0.195	133	27.62	96
銅川	0.389	63	0.158	260	0.208	77	0.229	76	27.02	97
雲浮	0.467	39	0.174	225	0.145	233	0.202	115	21.27	98
棗莊	0.293	124	0.271	72	0.166	161	0.255	65	17.26	99

表 3.6.1 2014 年度城市社會體制競爭力排名

城市	社會公平保障指數	排名	社會治安指數	排名	醫療保健指數	排名	社會管理指數	排名	社會體制競爭力	排名
陽江	0.403	59	0.209	171	0.148	220	0.223	83	15.48	100
聊城	0.241	194	0.293	56	0.174	131	0.272	60	12.67	101
揚州	0.279	139	0.322	36	0.153	202	0.227	77	12.32	102
台州	0.28	137	0.318	40	0.165	164	0.216	88	11.98	103
濱州	0.27	148	0.266	82	0.229	56	0.203	112	10.04	104
韶關	0.158	290	0.314	44	0.17	147	0.339	28	9.02	105
揭陽	0.453	46	0.179	218	0.137	260	0.209	97	6.89	106
鶴崗	0.312	105	0.251	103	0.203	82	0.203	112	6.66	107
曲靖	0.163	289	0.309	50	0.171	144	0.336	29	5.38	108
龍岩	0.277	142	0.296	55	0.17	147	0.226	80	-0.85	109
鷹潭	0.347	82	0.262	89	0.169	151	0.18	175	-14	110
鹽城	0.293	124	0.319	38	0.152	208	0.196	129	-15.68	111
梅州	0.432	51	0.192	192	0.139	256	0.199	124	-17.25	112
宜昌	0.29	126	0.215	162	0.209	74	0.238	67	-19.62	113
廊坊	0.242	193	0.307	53	0.202	83	0.197	127	-23.48	114
濟寧	0.263	162	0.267	79	0.202	83	0.211	94	-32.09	115
銅陵	0.284	131	0.258	95	0.209	74	0.188	151	-35.35	116
烏海	0.304	112	0.205	175	0.226	59	0.189	149	-54.24	117
寧德	0.264	158	0.289	58	0.155	192	0.213	91	-72.27	118
通化	0.363	74	0.202	182	0.197	91	0.149	257	-73.7	119
宿遷	0.248	181	0.319	38	0.142	243	0.208	101	-80.17	120
淮安	0.223	222	0.317	42	0.149	216	0.227	77	-80.58	121
徐州	0.243	190	0.272	71	0.166	161	0.233	71	-81	122
荊門	0.3	117	0.219	157	0.183	118	0.207	106	-83.7	123
南平	0.218	230	0.293	56	0.187	111	0.208	101	-86.5	124
鞍山	0.343	83	0.197	187	0.202	83	0.16	226	-88.26	125
雞西	0.269	150	0.237	127	0.218	65	0.173	192	-91.77	126
莆田	0.253	174	0.279	66	0.186	114	0.184	159	-92.21	127
連雲港	0.216	234	0.314	44	0.167	160	0.208	101	-92.73	128
淮南	0.335	89	0.221	150	0.165	164	0.181	169	-95.23	129
黑河	0.258	173	0.249	107	0.202	83	0.185	156	-101.61	130
阜新	0.328	95	0.207	173	0.181	122	0.178	181	-103.49	131
蚌埠	0.252	176	0.259	91	0.188	108	0.195	133	-103.94	132
鄂爾多斯	0.336	87	0.168	236	0.218	65	0.164	212	-108.35	133
吉林	0.33	92	0.215	162	0.181	122	0.164	212	-108.51	134
日照	0.285	130	0.268	78	0.148	220	0.188	151	-118.08	135
七台河	0.299	118	0.229	137	0.187	111	0.164	212	-122.57	136
德州	0.248	181	0.265	84	0.155	192	0.217	86	-122.93	137
遼陽	0.349	81	0.188	198	0.198	90	0.139	275	-126.21	138
朝陽	0.281	135	0.22	155	0.171	144	0.205	109	-131.84	139
忻州	0.264	158	0.24	119	0.176	128	0.193	140	-135.33	140
三明	0.265	154	0.259	91	0.16	181	0.191	145	-135.37	141
晉中	0.27	148	0.238	125	0.191	99	0.172	195	-135.38	142
延安	0.331	91	0.144	282	0.168	154	0.233	71	-137.36	143
齊齊哈爾	0.278	141	0.25	106	0.182	121	0.158	234	-138.34	144
錦州	0.318	102	0.221	150	0.151	210	0.182	165	-140.77	145
九江	0.263	162	0.254	100	0.177	127	0.171	200	-145.39	146
漯河	0.313	104	0.215	162	0.181	122	0.154	246	-148.27	147
黃山	0.264	158	0.221	150	0.163	170	0.217	86	-150.88	148
岳陽	0.303	113	0.18	217	0.168	154	0.212	93	-153.43	149
臨沂	0.243	190	0.269	75	0.15	211	0.201	118	-154.13	150
中衛	0.469	38	0.143	283	0.1	298	0.156	241	-155.29	151
萍鄉	0.298	119	0.223	146	0.154	197	0.187	154	-155.85	152
白城	0.308	109	0.228	139	0.152	208	0.17	202	-159.54	153
南寧	0.28	137	0.175	223	0.191	99	0.21	96	-159.74	154
松原	0.265	154	0.266	82	0.154	197	0.17	202	-164.34	155
葫蘆島	0.249	180	0.243	112	0.161	176	0.201	118	-166.73	156
臨汾	0.251	177	0.218	158	0.19	105	0.189	149	-168.25	157
運城	0.203	254	0.231	133	0.243	45	0.162	220	-170.32	158

表 3.6.1 2014 年度城市社會體制競爭力排名

城市	社會公平保障指數	排名	社會治安指數	排名	醫療保健指數	排名	社會管理指數	排名	社會體制競爭力	排名
漳州	0.226	214	0.289	58	0.155	192	0.181	169	-170.47	159
三門峽	0.308	109	0.21	170	0.17	147	0.16	226	-171.04	160
撫州	0.263	162	0.258	95	0.127	277	0.207	106	-171.68	161
朔州	0.275	144	0.242	114	0.158	187	0.172	195	-174.87	162
金昌	0.281	135	0.169	235	0.195	93	0.194	137	-181.62	163
呼倫貝爾	0.367	72	0.154	265	0.194	94	0.121	292	-182.43	164
蕪湖	0.213	237	0.277	67	0.145	233	0.208	101	-184.08	165
丹東	0.295	122	0.198	185	0.192	97	0.149	257	-185.05	166
菏澤	0.239	198	0.263	86	0.149	216	0.185	156	-193.46	167
雙鴨山	0.24	196	0.237	127	0.176	128	0.176	185	-195.97	168
雅安	0.264	158	0.16	254	0.222	64	0.177	183	-197.04	169
株洲	0.336	87	0.129	291	0.176	128	0.188	151	-197.99	170
鶴壁	0.296	121	0.197	187	0.187	111	0.143	269	-199.81	171
玉溪	0.303	113	0.151	270	0.189	107	0.183	161	-200.46	172
馬鞍山	0.24	196	0.263	86	0.147	226	0.18	175	-202.09	173
四平	0.287	129	0.24	119	0.148	220	0.153	248	-203.24	174
牡丹江	0.263	162	0.226	141	0.174	131	0.157	236	-210.08	175
宣城	0.203	254	0.259	91	0.165	164	0.194	137	-212.27	176
滁州	0.248	181	0.229	137	0.144	237	0.199	124	-216.67	177
陽泉	0.355	80	0.148	277	0.192	97	0.116	293	-218.26	178
懷化	0.244	187	0.193	191	0.193	96	0.182	165	-219.09	179
宜春	0.226	214	0.267	79	0.148	220	0.176	185	-219.61	180
池州	0.261	169	0.234	132	0.166	161	0.152	251	-219.98	181
呂梁	0.225	216	0.222	147	0.181	122	0.183	161	-221.98	182
榆林	0.241	194	0.161	251	0.199	89	0.209	97	-223.49	183
大同	0.244	187	0.212	168	0.163	170	0.193	140	-224.5	184
柳州	0.295	122	0.164	246	0.174	131	0.173	192	-231.49	185
贛州	0.235	204	0.265	84	0.116	292	0.195	133	-233.15	186
咸寧	0.267	152	0.203	179	0.142	243	0.196	129	-235.41	187
防城港	0.342	84	0.163	247	0.136	261	0.165	211	-237.36	188
德陽	0.225	216	0.172	232	0.19	105	0.209	97	-244.48	189
綿陽	0.211	240	0.175	223	0.191	99	0.216	88	-248.74	190
通遼	0.283	133	0.211	169	0.145	233	0.156	241	-250.54	191
承德	0.223	222	0.242	114	0.174	131	0.15	254	-251.65	192
漢中	0.312	105	0.127	293	0.18	126	0.171	200	-253.59	193
鐵嶺	0.263	162	0.217	159	0.131	271	0.183	161	-256.06	194
酒泉	0.284	131	0.128	292	0.226	59	0.142	270	-256.89	195
邯鄲	0.224	218	0.226	141	0.16	181	0.172	195	-266.87	196
滄州	0.244	187	0.242	114	0.153	202	0.142	270	-267.13	197
益陽	0.261	169	0.161	251	0.168	154	0.191	145	-268.89	198
佳木斯	0.223	222	0.23	135	0.155	192	0.174	191	-269.63	199
襄陽	0.266	153	0.173	229	0.161	176	0.18	175	-272.67	200
張家口	0.224	218	0.263	86	0.125	281	0.17	202	-273.76	201
景德鎮	0.265	154	0.235	130	0.102	297	0.183	161	-274.47	202
汕尾	0.215	235	0.184	205	0.174	131	0.2	123	-279.05	203
綏化	0.193	270	0.251	103	0.147	226	0.182	165	-283.36	204
常德	0.223	222	0.191	194	0.172	139	0.184	159	-283.42	205
赤峰	0.229	211	0.213	166	0.169	151	0.155	243	-286.84	206
淮北	0.194	267	0.239	123	0.154	197	0.182	165	-287.02	207
白銀	0.272	147	0.166	241	0.139	256	0.192	142	-290.57	208
上饒	0.205	249	0.26	90	0.142	243	0.159	229	-292.03	209
張家界	0.243	190	0.204	176	0.141	249	0.178	181	-294.26	210
十堰	0.282	134	0.156	264	0.157	188	0.164	212	-299.95	211
湘潭	0.247	184	0.147	279	0.174	131	0.19	147	-301.78	212
信陽	0.251	177	0.216	161	0.14	252	0.151	253	-304.95	213
潮州	0.236	203	0.184	205	0.136	261	0.203	112	-305.07	214
吉安	0.193	270	0.259	91	0.155	192	0.147	261	-306.75	215
自貢	0.222	226	0.183	210	0.15	211	0.201	118	-308.43	216
隨州	0.253	174	0.204	176	0.142	243	0.155	243	-309.9	217

表 3.6.1 2014 年度城市社會體制競爭力排名

城市	社會公平保障指數	排名	社會治安指數	排名	醫療保健指數	排名	社會管理指數	排名	社會體制競爭力	排名
黃石	0.298	119	0.162	248	0.132	270	0.163	218	-310.89	218
保定	0.209	241	0.245	109	0.141	249	0.154	246	-316.82	219
巴彥淖爾	0.263	162	0.172	232	0.191	99	0.115	294	-317.14	220
六盤水	0.232	206	0.184	205	0.147	226	0.186	155	-317.48	221
晉城	0.303	113	0.161	251	0.144	237	0.137	280	-321.91	222
焦作	0.268	151	0.159	258	0.161	176	0.155	243	-323.27	223
孝感	0.245	186	0.168	236	0.142	243	0.19	147	-323.96	224
長治	0.275	144	0.158	260	0.159	186	0.146	264	-329.49	225
廣元	0.195	265	0.16	254	0.174	131	0.209	97	-330.16	226
邢臺	0.23	209	0.203	179	0.164	168	0.134	282	-334.88	227
來賓	0.222	226	0.185	203	0.168	154	0.157	236	-336.79	228
六安	0.227	213	0.217	159	0.139	256	0.15	254	-338.9	229
新鄉	0.218	230	0.189	197	0.161	176	0.163	218	-339.14	230
北海	0.263	162	0.159	258	0.15	211	0.159	229	-340.99	231
桂林	0.204	251	0.186	200	0.169	151	0.17	202	-342.41	232
安慶	0.174	286	0.231	133	0.145	233	0.181	169	-342.64	233
婁底	0.208	243	0.22	155	0.129	275	0.176	185	-343.41	234
永州	0.238	199	0.184	205	0.134	266	0.175	189	-345.96	235
瀘州	0.207	244	0.162	248	0.164	168	0.195	133	-346.61	236
宿州	0.19	274	0.251	103	0.14	252	0.147	261	-346.68	237
平頂山	0.224	218	0.179	218	0.153	202	0.169	207	-349.53	238
咸陽	0.235	204	0.14	286	0.148	220	0.204	110	-350.26	239
崇左	0.231	207	0.177	222	0.162	173	0.148	260	-356.82	240
安順	0.219	229	0.174	225	0.147	226	0.176	185	-365.12	241
欽州	0.194	267	0.226	141	0.138	259	0.157	236	-366.08	242
湛江	0.197	261	0.195	190	0.14	252	0.181	169	-368.89	243
銅仁	0.182	282	0.174	225	0.172	139	0.18	175	-371.13	244
阜陽	0.198	259	0.238	125	0.127	277	0.149	257	-372.15	245
寶雞	0.261	169	0.141	284	0.142	243	0.164	212	-374.93	246
保山	0.238	199	0.182	213	0.122	285	0.17	202	-375	247
南陽	0.238	199	0.179	218	0.149	216	0.139	275	-377.67	248
洛陽	0.238	199	0.173	229	0.147	226	0.145	266	-380.06	249
渭南	0.247	184	0.15	272	0.134	266	0.175	189	-380.6	250
河源	0.207	244	0.185	203	0.114	293	0.202	115	-383.36	251
內江	0.204	251	0.174	225	0.16	181	0.158	234	-388.25	252
眉山	0.23	209	0.157	262	0.149	216	0.161	222	-389.43	253
邵陽	0.196	264	0.153	267	0.154	197	0.194	137	-391.51	254
宜賓	0.213	237	0.148	277	0.172	139	0.159	229	-393.91	255
河池	0.194	267	0.182	213	0.16	181	0.157	236	-394.07	256
樂山	0.222	226	0.141	284	0.168	154	0.159	229	-397.36	257
駐馬店	0.218	230	0.165	244	0.146	232	0.161	222	-402.08	258
安陽	0.215	235	0.16	254	0.162	173	0.147	261	-405.8	259
張掖	0.275	144	0.125	294	0.157	188	0.125	290	-407.28	260
開封	0.179	284	0.19	196	0.153	202	0.162	220	-407.29	261
天水	0.186	276	0.191	194	0.143	241	0.161	222	-414.44	262
固原	0.2	258	0.15	272	0.157	188	0.172	195	-414.83	263
亳州	0.167	287	0.242	114	0.127	277	0.145	266	-415.23	264
郴州	0.195	265	0.153	267	0.153	202	0.177	183	-417.32	265
安康	0.198	259	0.152	269	0.144	237	0.185	156	-418.12	266
百色	0.201	257	0.181	215	0.124	283	0.161	222	-437.63	267
許昌	0.185	279	0.183	210	0.154	197	0.14	273	-439.05	268
臨滄	0.18	283	0.2	184	0.148	220	0.132	286	-441.04	269
貴港	0.183	281	0.184	205	0.15	211	0.14	273	-444.57	270
梧州	0.206	247	0.186	200	0.121	287	0.144	268	-449.86	271
畢節	0.165	288	0.173	229	0.144	237	0.167	209	-459.06	272
賀州	0.186	276	0.178	221	0.134	266	0.152	251	-459.34	273
達州	0.207	244	0.167	238	0.124	283	0.153	248	-459.88	274
資陽	0.197	261	0.145	281	0.162	173	0.142	270	-460.4	275
遵義	0.151	292	0.149	276	0.168	154	0.173	192	-467.54	276

表 3.6.1 2014 年度城市社會體制競爭力排名

城市	社會公平保障指數	排名	社會治安指數	排名	醫療保健指數	排名	社會管理指數	排名	社會體制競爭力	排名
荊州	0.157	291	0.183	210	0.143	241	0.157	236	-472.42	277
定西	0.191	273	0.166	241	0.136	261	0.146	264	-474.89	278
南充	0.179	284	0.138	287	0.153	202	0.166	210	-475.69	279
黄岡	0.204	251	0.187	199	0.112	295	0.138	278	-476.02	280
遂寧	0.1	298	0.186	200	0.161	176	0.181	169	-487.16	281
濮陽	0.213	237	0.15	272	0.13	273	0.132	286	-494.39	282
烏蘭察布	0.206	247	0.166	241	0.129	275	0.122	291	-497.17	283
玉林	0.186	276	0.172	232	0.13	273	0.136	281	-497.39	284
巴中	0.193	270	0.162	248	0.117	291	0.153	248	-498.18	285
衡水	0.197	261	0.181	215	0.113	294	0.132	286	-500.5	286
普洱	0.205	249	0.146	280	0.135	265	0.134	282	-501.58	287
吳忠	0.149	293	0.157	262	0.136	261	0.164	212	-521.81	288
麗江	0.218	230	0.131	289	0.121	287	0.133	284	-527.18	289
武威	0.209	241	0.119	296	0.165	164	0.1	298	-532.25	290
廣安	0.149	293	0.16	254	0.14	252	0.15	254	-532.72	291
衡陽	0.224	218	0.116	297	0.125	281	0.129	289	-539.57	292
平涼	0.185	279	0.132	288	0.16	181	0.105	297	-549.2	293
隴南	0.188	275	0.154	265	0.109	296	0.138	278	-551	294
周口	0.139	295	0.192	192	0.121	287	0.133	284	-553.97	295
商洛	0.229	211	0.1	298	0.134	266	0.112	295	-563.39	296
昭通	0.137	297	0.15	272	0.141	249	0.111	296	-614.99	297
慶陽	0.139	295	0.123	295	0.131	271	0.139	275	-628.13	298

3.7 城市環境資源區位競爭力排名及二級指標分值

城市環境水平、自然資源水平和區位水平具有先天性。自然資源，根據聯合國環境規章的定義，是指一定條件下，能夠產生經濟價值，以提高人類當前和未來福利的自然環境因素的總和。從這個定義來看，城市的環境水平、自然資源水平與區位水平都能劃入自然資源的範疇。一般來說，自然資源如土地資源、水資源、礦產資源、生物資源、海洋資源都在一定程度具有不可再生性，它是經濟發展的基礎，也是社會財富的本質來源。而環境是人類賴以生存的自然基礎，良好的自然環境能夠提升人們的生活質量，也對經濟的發展具有積極影響，而環境污染則會在很大的程度上阻礙經濟的可持續發展，因此目前環保產業成為了國民經濟中的重要組成部分。區位水平除了諸如良好的地理位置等先天性因素外，在很大程度上是後天歷史長期發展的結果，如經濟區位、交通區位、政治區位和文化區位都在特定歷史條件下形成的，雖然它在發展過程中一定程度上也受到了自然地理位置的影響，但是其在經濟發展的過程中也有可能發生較大的改變。而城市環境資源區位競爭力就是城市在自然環境、自然資源和區位水平方面的相對優勢。良好的城市環境資源區位競爭力有利於國民經濟的發展，而國民經濟的發展也會反過來促進城市環境資源區位競爭力的提升。

城市環境資源區位競爭力比較評價指標體系包括 5 個二級指標：自然資源指數、區位指數、環境資源指數、環境質量指數與環境改善投入指數，以及 27 個三級指標如自然區位優勢度、土地資源絕對豐富度。區位指數考察的是自然環境優勢、經濟區位優勢、交通便利程度、政治區位優勢以及文化區位優勢。而自然資源指數考察了土地資源、農產品資源、礦產能源這三個方面的絕對量與人均擁有量。而環境資源指數則是考察城市在城市綠化、自然災害、山水環境等方面的表現。環境質量指數度量了城市在生活污水及垃圾處理、空氣質量以及工業廢水、工業二氧化硫、工業煙塵、工業固體廢物處理方面的表現。環境改善投入指數體現了城市在環境保護方面的投入力度。

在 2014 年 298 個城市環境資源區位競爭力排名中，有 110 個城市處於平均水平之上，占 36.91%。環境資源區位競爭力得分的標準差為 3.75，延續了 2012 年以來的下降趨勢，這表明隨著國家對環境問題的不斷重視，各城市對環保投入的不斷增加，城市之間的環境資源區位競爭力將可能出現縮小趨勢。城市環境資源區位競爭力所有排名見表 3.7.1。

表 3.7.1 2014 年度城市環境資源區位競爭力排名

城市	區位指數	排名	自然資源指數	排名	環境資源指數	排名	環境質量指數	排名	環境改善投入指數	排名	環境資源區位競爭力	排名
杭州	0.649	9	0.215	272	0.643	11	0.685	87	1	1	1997.39	1
上海	1	1	0.179	284	0.886	3	0.48	246	0.505	3	1802.3	2
北京	1	1	0.24	261	0.479	44	0.442	264	0.656	2	1611.21	3
深圳	0.715	7	0.706	9	1	1	0.762	20	0.23	33	1479.09	4
廣州	0.737	5	0.194	280	0.917	2	0.484	244	0.33	9	1275.58	5
重慶	0.561	16	0.362	173	0.562	22	0.69	82	0.498	4	1081.28	6
南京	0.649	9	0.224	267	0.811	4	0.666	107	0.299	15	1070.05	7
蘇州	0.583	13	0.213	275	0.733	6	0.739	33	0.383	5	1056.61	8
天津	0.737	5	0.29	240	0.472	47	0.712	56	0.381	6	963.22	9
香港	0.978	3	0.1	298	0.624	13	0.631	135	0.14	192	912.67	10
瀋陽	0.671	8	0.336	198	0.483	43	0.723	46	0.366	7	901.19	11
大連	0.605	12	0.319	218	0.755	5	0.66	113	0.212	44	863.05	12
成都	0.561	16	0.35	187	0.659	10	0.693	79	0.268	19	818.48	13
昆明	0.561	16	0.381	156	0.674	8	0.715	53	0.242	26	812.35	14
青島	0.583	13	0.398	140	0.669	9	0.734	39	0.216	42	802.48	15
武漢	0.627	11	0.256	256	0.461	57	0.668	105	0.32	11	707.36	16
廈門	0.561	16	0.15	291	0.64	12	0.782	11	0.201	58	625.07	17
無錫	0.451	31	0.228	265	0.713	7	0.742	30	0.202	55	609.55	18
常州	0.407	40	0.182	283	0.613	14	0.751	26	0.314	12	609.14	19
濟南	0.561	16	0.44	104	0.484	41	0.7	71	0.223	38	594.55	20
哈爾濱	0.517	22	0.585	30	0.386	122	0.411	272	0.322	10	586.48	21
長春	0.495	25	0.587	29	0.361	159	0.653	121	0.312	13	579.94	22
寧波	0.495	25	0.217	271	0.538	28	0.712	56	0.281	17	577.02	23
臺北	0.89	4	0.109	297	0.418	92	0.631	135	0.119	265	559.79	24
威海	0.363	49	0.86	3	0.58	18	0.62	149	0.155	147	537.41	25
煙臺	0.363	49	0.598	25	0.569	21	0.78	12	0.192	70	509.46	26
貴陽	0.451	31	0.351	185	0.579	19	0.663	110	0.206	48	502	27
福州	0.539	21	0.283	244	0.505	33	0.731	43	0.2	60	495.99	28
南寧	0.429	35	0.415	127	0.484	41	0.693	79	0.226	36	439.43	29
鄭州	0.583	13	0.291	238	0.336	173	0.645	125	0.246	24	411.88	30
合肥	0.473	27	0.398	140	0.467	51	0.641	128	0.2	60	409.7	31
東莞	0.451	31	0.206	277	0.61	15	1	1	0.113	278	409.11	32
珠海	0.407	40	0.239	262	0.552	24	0.796	7	0.203	53	403.66	33
海口	0.517	22	0.206	277	0.509	31	0.546	201	0.205	51	402.84	34
南昌	0.473	27	0.385	152	0.435	77	0.705	67	0.208	47	396.17	35
秦皇島	0.407	40	0.424	117	0.582	17	0.579	179	0.157	141	390.08	36
西安	0.517	22	0.283	244	0.371	145	0.687	85	0.248	22	389.32	37
南通	0.385	45	0.361	175	0.553	23	0.742	30	0.172	100	370.88	38
石家莊	0.451	31	0.462	91	0.375	139	0.67	104	0.219	41	348.59	39
淄博	0.232	109	0.336	198	0.51	30	0.733	42	0.302	14	346.89	40
紹興	0.32	62	0.219	269	0.573	20	0.671	101	0.228	34	328.43	41
三亞	0.341	57	0.3	230	0.547	26	0.417	269	0.238	29	312.59	42
徐州	0.385	45	0.419	122	0.407	102	0.674	97	0.206	48	272.67	43
唐山	0.232	109	0.591	27	0.301	200	0.511	225	0.365	8	270.52	44
桂林	0.232	109	0.582	32	0.492	37	0.706	66	0.197	64	259.53	45
濟寧	0.232	109	0.615	18	0.471	48	0.699	75	0.202	55	257.67	46
鹽城	0.254	91	0.578	34	0.444	70	0.507	227	0.246	24	257.43	47
泉州	0.385	45	0.312	224	0.542	27	0.752	25	0.12	261	256.18	48
澳門	0.429	35	0.121	292	0.548	25	0.631	135	0.153	153	251.31	49
台州	0.298	65	0.283	244	0.512	29	0.76	21	0.2	60	243.44	50

表 3.7.1 2014 年度城市環境資源區位競爭力排名

城市	區位指數	排名	自然資源指數	排名	環境資源指數	排名	環境質量指數	排名	環境改善投入指數	排名	環境資源區位競爭力	排名
邯鄲	0.232	109	0.517	57	0.376	136	0.658	116	0.286	16	233.11	51
長沙	0.429	35	0.326	211	0.328	184	0.716	52	0.221	39	226.97	52
聊城	0.21	124	0.634	15	0.463	54	0.765	18	0.188	75	226.54	53
太原	0.407	40	0.285	243	0.29	213	0.663	110	0.279	18	222.45	54
舟山	0.429	35	0.319	218	0.392	116	0.666	107	0.181	82	219.21	55
呼和浩特	0.341	57	0.605	23	0.277	225	0.559	189	0.256	21	212.73	56
佛山	0.363	49	0.267	254	0.44	74	0.744	29	0.189	72	206.87	57
嘉興	0.298	65	0.3	230	0.441	73	0.722	47	0.22	40	194.41	58
宜昌	0.144	214	0.616	16	0.443	71	0.668	105	0.247	23	193.77	59
東營	0.21	124	0.465	86	0.503	34	0.821	4	0.175	92	191.23	60
漳州	0.32	62	0.514	62	0.448	67	0.775	13	0.128	236	187.99	61
玉林	0.232	109	0.875	2	0.404	107	0.654	120	0.137	207	184.21	62
淮安	0.298	65	0.32	217	0.44	74	0.709	63	0.204	52	173.69	63
濰坊	0.21	124	0.532	53	0.459	59	0.711	59	0.183	79	157.48	64
高雄	0.473	27	0.214	273	0.426	83	0.631	135	0.12	261	153.1	65
韶關	0.276	74	0.437	108	0.486	39	0.631	135	0.154	150	152.17	66
三明	0.276	74	0.404	135	0.476	45	0.62	149	0.166	110	143.41	67
郴州	0.188	158	0.541	49	0.431	78	0.678	92	0.206	48	133.34	68
龍岩	0.21	124	0.474	76	0.462	55	0.694	78	0.179	85	123.63	69
連雲港	0.298	65	0.328	208	0.49	38	0.547	199	0.16	129	122.02	70
金華	0.254	91	0.16	289	0.45	63	0.689	83	0.239	28	115.32	71
臨沂	0.188	158	0.533	52	0.485	40	0.718	50	0.148	167	107.12	72
德州	0.188	158	0.474	76	0.471	48	0.71	61	0.173	97	104.19	73
中山	0.276	74	0.194	280	0.583	16	0.642	127	0.121	259	103.18	74
北海	0.298	65	0.389	147	0.431	78	0.719	48	0.14	192	95.07	75
菏澤	0.144	214	0.64	12	0.449	65	0.682	88	0.168	107	89.45	76
遼陽	0.254	91	0.366	169	0.409	101	0.686	86	0.193	67	87.72	77
鐵嶺	0.254	91	0.677	10	0.303	199	0.703	68	0.177	89	84.45	78
湖州	0.32	62	0.171	286	0.442	72	0.696	77	0.175	92	84.42	79
茂名	0.276	74	0.474	76	0.353	165	0.791	8	0.166	110	81.62	80
鷹潭	0.232	109	0.465	86	0.376	136	0.717	51	0.193	67	78.36	81
盤錦	0.21	124	0.517	57	0.365	156	0.558	190	0.226	36	76.52	82
溫州	0.341	57	0.198	279	0.458	61	0.674	97	0.139	199	75.91	83
鞍山	0.254	91	0.42	121	0.381	127	0.411	272	0.233	30	74.65	84
百色	0.144	214	1	1	0.401	109	0.407	275	0.135	216	73.37	85
烏魯木齊	0.341	57	0.29	240	0.405	105	0.562	187	0.159	132	61.58	86
張家口	0.254	91	0.609	21	0.334	176	0.569	185	0.179	85	59.14	87
汕頭	0.298	65	0.161	287	0.499	35	0.671	101	0.139	199	55.11	88
棗莊	0.21	124	0.413	130	0.453	62	0.671	101	0.162	121	54.91	89
宿遷	0.254	91	0.432	111	0.446	68	0.539	209	0.151	162	54.07	90
衢州	0.254	91	0.373	162	0.466	52	0.712	56	0.124	248	49.75	91
鎮江	0.276	74	0.219	269	0.404	107	0.769	16	0.185	77	49.57	92
基隆	0.429	35	0.156	290	0.417	93	0.631	135	0.106	293	46.88	93
株洲	0.276	74	0.455	95	0.379	130	0.585	174	0.162	121	43.18	94
柳州	0.276	74	0.297	234	0.378	133	0.413	271	0.233	30	43.16	95
新北	0.407	40	0.12	293	0.42	89	0.631	135	0.126	244	41.93	96
泰安	0.21	124	0.468	84	0.425	85	0.64	129	0.162	121	40.27	97
莆田	0.298	65	0.276	250	0.465	53	0.747	28	0.106	293	35.76	98
營口	0.276	74	0.371	163	0.428	82	0.4	278	0.175	92	34.99	99
遵義	0.122	251	0.565	42	0.475	46	0.727	44	0.144	180	34.15	100
滄州	0.232	109	0.561	43	0.353	165	0.65	122	0.164	115	31.69	101
南平	0.276	74	0.414	129	0.424	86	0.506	230	0.146	171	29.64	102
保定	0.276	74	0.473	79	0.356	162	0.643	126	0.155	147	29.06	103
九江	0.254	91	0.465	86	0.381	127	0.682	88	0.147	170	25.71	104
揚州	0.276	74	0.289	242	0.399	111	0.758	22	0.156	145	25.47	105
阜新	0.276	74	0.447	98	0.388	120	0.499	234	0.159	132	22.6	106
齊齊哈爾	0.254	91	0.77	4	0.267	232	0.416	270	0.18	84	20.15	107

表 3.7.1 2014 年度城市環境資源區位競爭力排名

城市	區位指數	排名	自然資源指數	排名	環境資源指數	排名	環境質量指數	排名	環境改善投入指數	排名	環境資源區位競爭力	排名
大慶	0.188	158	0.743	5	0.323	187	0.656	117	0.156	145	18.75	108
寧德	0.232	109	0.442	103	0.43	81	0.719	48	0.119	265	10.8	109
撫順	0.276	74	0.21	276	0.386	122	0.529	214	0.213	43	9.86	110
泰州	0.276	74	0.326	211	0.385	124	0.631	135	0.159	132	-0.32	111
台南	0.363	49	0.161	287	0.423	88	0.631	135	0.115	274	-3.45	112
蘭州	0.341	57	0.378	157	0.214	265	0.515	222	0.233	30	-4.25	113
錦州	0.276	74	0.506	67	0.337	172	0.597	162	0.145	175	-4.29	114
吉安	0.21	124	0.558	44	0.388	120	0.605	157	0.14	192	-4.81	115
荊州	0.144	214	0.554	45	0.431	78	0.558	190	0.161	126	-9.97	116
本溪	0.254	91	0.355	181	0.39	118	0.402	277	0.193	67	-10.32	117
台中	0.363	49	0.12	293	0.426	83	0.631	135	0.119	265	-11.07	118
贛州	0.232	109	0.502	69	0.38	129	0.446	263	0.164	115	-15.46	119
湛江	0.298	65	0.383	154	0.33	183	0.592	166	0.161	126	-18.7	120
梅州	0.254	91	0.513	64	0.314	191	0.754	23	0.141	187	-19.22	121
廊坊	0.21	124	0.575	35	0.356	162	0.594	164	0.148	167	-21.97	122
惠州	0.298	65	0.31	227	0.31	195	0.769	16	0.163	119	-24.92	123
宜春	0.21	124	0.418	125	0.366	152	0.774	14	0.153	153	-26.75	124
江門	0.276	74	0.272	252	0.378	133	0.754	23	0.142	185	-27.4	125
吉林	0.276	74	0.538	50	0.257	238	0.565	186	0.181	82	-29.42	126
十堰	0.166	185	0.439	106	0.459	59	0.578	180	0.141	187	-31.21	127
白城	0.166	185	0.639	14	0.277	225	0.397	280	0.242	26	-31.26	128
貴港	0.21	124	0.365	170	0.392	116	0.591	169	0.175	92	-32.69	129
肇慶	0.254	91	0.444	102	0.374	140	0.576	182	0.134	218	-37.88	130
邢臺	0.232	109	0.517	57	0.333	177	0.551	197	0.16	129	-39.87	131
承德	0.21	124	0.601	24	0.336	173	0.494	238	0.159	132	-40.45	132
新竹	0.363	49	0.113	295	0.42	89	0.631	135	0.107	290	-40.66	133
襄陽	0.144	214	0.439	106	0.414	95	0.543	204	0.188	75	-40.85	134
嘉義	0.363	49	0.11	296	0.42	89	0.631	135	0.106	293	-43.16	135
晉中	0.21	124	0.596	26	0.299	205	0.638	131	0.16	129	-45.28	136
銀川	0.363	49	0.492	72	0.161	280	0.547	199	0.192	70	-45.74	137
濱州	0.166	185	0.569	39	0.468	50	0.38	286	0.122	255	-45.84	138
鄂爾多斯	0.21	124	0.445	101	0.183	276	0.772	15	0.257	20	-53.26	139
新餘	0.21	124	0.255	257	0.394	113	0.734	39	0.168	107	-55.1	140
德陽	0.144	214	0.446	99	0.366	152	0.787	9	0.168	107	-61.4	141
拉薩	0.473	27	0.317	222	0.282	220	0.203	296	0.123	251	-63.3	142
婁底	0.122	251	0.362	173	0.367	151	0.834	2	0.197	64	-63.62	143
咸陽	0.122	251	0.613	19	0.293	209	0.672	100	0.202	55	-67.43	144
萊蕪	0.188	158	0.22	268	0.462	55	0.74	32	0.136	212	-68.77	145
安慶	0.21	124	0.499	70	0.309	196	0.787	9	0.142	185	-69.54	146
鄂州	0.122	251	0.507	66	0.407	102	0.735	38	0.14	192	-71.35	147
松原	0.188	158	0.717	8	0.301	200	0.582	178	0.131	226	-75.32	148
六盤水	0.166	185	0.422	119	0.439	76	0.603	159	0.125	246	-80.91	149
衡陽	0.188	158	0.398	140	0.366	152	0.632	133	0.162	121	-82.08	150
欽州	0.21	124	0.356	178	0.4	110	0.715	53	0.12	261	-85.41	151
渭南	0.144	214	0.377	158	0.313	193	0.655	118	0.227	35	-89.52	152
黃石	0.144	214	0.356	178	0.416	94	0.711	59	0.151	162	-92.23	153
曲靖	0.166	185	0.616	16	0.266	233	0.7	71	0.169	104	-92.64	154
玉溪	0.21	124	0.552	46	0.331	181	0.521	219	0.137	207	-96.67	155
蕪湖	0.21	124	0.369	164	0.314	191	0.765	18	0.159	132	-99.11	156
安順	0.144	214	0.402	137	0.45	63	0.544	203	0.136	212	-99.28	157
景德鎮	0.188	158	0.407	134	0.412	98	0.519	221	0.131	226	-104.46	158
日照	0.166	185	0.351	185	0.46	58	0.357	287	0.153	153	-106.6	159
麗水	0.21	124	0.331	204	0.412	98	0.532	210	0.133	220	-106.63	160
佳木斯	0.188	158	0.743	5	0.225	258	0.632	133	0.149	165	-106.97	161
岳陽	0.188	158	0.475	75	0.291	210	0.676	94	0.169	104	-108.41	162
晉城	0.21	124	0.419	122	0.287	216	0.739	33	0.161	126	-109.81	163
銅陵	0.21	124	0.336	198	0.301	200	0.817	5	0.162	121	-109.83	164

表 3.7.1 2014 年度城市環境資源區位競爭力排名

城市	區位指數	排名	自然資源指數	排名	環境資源指數	排名	環境質量指數	排名	環境改善投入指數	排名	環境資源區位競爭力	排名
丹東	0.254	91	0.342	194	0.317	189	0.237	293	0.21	46	-110.61	165
大同	0.254	91	0.416	126	0.246	246	0.572	184	0.185	77	-111.79	166
張家界	0.1	281	0.419	122	0.507	32	0.381	283	0.14	192	-112.35	167
常德	0.144	214	0.388	148	0.374	140	0.701	69	0.159	132	-113.97	168
四平	0.232	109	0.573	38	0.236	253	0.487	240	0.176	90	-114.43	169
通化	0.166	185	0.523	55	0.28	221	0.583	177	0.189	72	-115.66	170
荊門	0.144	214	0.462	91	0.405	105	0.385	282	0.166	110	-116.15	171
孝感	0.122	251	0.383	154	0.412	98	0.707	65	0.145	175	-119.55	172
葫蘆島	0.188	158	0.318	220	0.414	95	0.465	251	0.15	164	-125.39	173
朝陽	0.21	124	0.368	167	0.369	149	0.532	210	0.141	187	-125.81	174
咸寧	0.1	281	0.575	35	0.424	86	0.587	171	0.112	283	-127.7	175
包頭	0.166	185	0.45	96	0.3	204	0.523	218	0.197	64	-128.86	176
益陽	0.122	251	0.398	140	0.374	140	0.751	26	0.154	150	-129.44	177
滁州	0.21	124	0.367	168	0.319	188	0.662	112	0.152	159	-131.6	178
朔州	0.232	109	0.472	81	0.264	234	0.738	37	0.133	220	-133.61	179
邵陽	0.166	185	0.515	61	0.36	160	0.56	188	0.127	239	-134.65	180
梧州	0.21	124	0.299	232	0.407	102	0.54	208	0.126	244	-135	181
雅安	0.144	214	0.44	104	0.385	124	0.739	33	0.117	271	-135.22	182
衡水	0.188	158	0.668	11	0.306	197	0.452	259	0.124	248	-136.05	183
樂山	0.144	214	0.334	203	0.368	150	0.541	205	0.189	72	-136.38	184
防城港	0.21	124	0.247	259	0.373	144	0.655	118	0.145	175	-137.7	185
上饒	0.21	124	0.325	213	0.385	124	0.554	195	0.127	239	-143.08	186
通遼	0.166	185	0.606	22	0.234	254	0.688	84	0.164	115	-143.43	187
河源	0.232	109	0.404	135	0.333	177	0.675	95	0.107	290	-143.72	188
黃山	0.188	158	0.329	205	0.393	114	0.557	192	0.132	225	-148.96	189
畢節	0.122	251	0.512	65	0.446	68	0.399	279	0.114	275	-151.31	190
來賓	0.144	214	0.307	229	0.399	111	0.701	69	0.139	199	-154.58	191
陽江	0.254	91	0.344	192	0.306	197	0.604	158	0.131	226	-154.72	192
撫州	0.21	124	0.365	170	0.371	145	0.498	235	0.123	251	-161.59	193
雲浮	0.21	124	0.435	110	0.363	158	0.483	245	0.112	283	-161.75	194
揭陽	0.188	158	0.349	189	0.351	167	0.7	71	0.123	251	-165.19	195
運城	0.188	158	0.566	40	0.256	239	0.541	205	0.152	159	-167.05	196
臨汾	0.188	158	0.429	115	0.295	208	0.486	242	0.17	102	-169.78	197
綿陽	0.144	214	0.329	205	0.347	169	0.698	76	0.158	139	-171.56	198
蚌埠	0.188	158	0.391	145	0.284	217	0.691	81	0.153	153	-174.92	199
宜賓	0.122	251	0.471	82	0.335	175	0.739	33	0.134	218	-175.22	200
隨州	0.1	281	0.237	263	0.497	36	0.509	226	0.137	207	-175.94	201
西寧	0.385	45	0.267	254	0.24	249	0.204	295	0.153	153	-180.33	202
銅川	0.166	185	0.387	150	0.301	200	0.726	45	0.149	165	-180.73	203
南陽	0.122	251	0.613	19	0.237	252	0.487	240	0.198	63	-181.4	204
廣安	0.122	251	0.374	161	0.377	135	0.829	3	0.111	285	-184.99	205
黃岡	0.122	251	0.355	181	0.414	95	0.485	243	0.145	175	-185.48	206
淮南	0.188	158	0.251	258	0.299	205	0.659	115	0.178	87	-188.52	207
馬鞍山	0.21	124	0.375	160	0.268	231	0.708	64	0.141	187	-189.74	208
陽泉	0.21	124	0.388	148	0.291	210	0.587	171	0.139	199	-193.13	209
汕尾	0.254	91	0.228	265	0.331	181	0.66	113	0.111	285	-196.93	210
克拉瑪依	0.1	281	0.55	47	0.29	213	0.811	6	0.133	220	-197.3	211
萍鄉	0.188	158	0.291	238	0.376	136	0.475	248	0.136	212	-198.73	212
開封	0.166	185	0.574	37	0.225	258	0.556	194	0.163	119	-201.39	213
淮北	0.21	124	0.298	233	0.341	170	0.673	99	0.108	289	-205.44	214
南充	0.144	214	0.363	172	0.374	140	0.524	216	0.133	220	-210.47	215
長治	0.21	124	0.282	247	0.256	239	0.637	132	0.173	97	-211.11	216
廣元	0.122	251	0.297	234	0.379	130	0.592	166	0.152	159	-211.5	217
崇左	0.144	214	0.369	164	0.393	114	0.456	257	0.128	236	-211.56	218
攀枝花	0.166	185	0.423	118	0.364	157	0.313	290	0.14	192	-212.88	219
烏海	0.166	185	0.229	264	0.288	215	0.593	165	0.201	58	-215.46	220
商丘	0.122	251	0.589	28	0.228	257	0.608	156	0.17	102	-217.88	221

表 3.7.1 2014 年度城市環境資源區位競爭力排名

城市	區位指數	排名	自然資源指數	排名	環境資源指數	排名	環境質量指數	排名	環境改善投入指數	排名	環境資源區位競爭力	排名
綏化	0.144	214	0.727	7	0.216	264	0.411	272	0.155	147	-218	222
安陽	0.144	214	0.545	48	0.2	273	0.679	91	0.174	96	-218.3	223
湘潭	0.166	185	0.339	195	0.366	152	0.496	236	0.127	239	-222.13	224
漢中	0.122	251	0.413	130	0.311	194	0.588	170	0.159	132	-225.04	225
永州	0.122	251	0.36	176	0.371	145	0.495	237	0.146	171	-225.65	226
呂梁	0.188	158	0.415	127	0.279	222	0.576	182	0.136	212	-226.7	227
寶雞	0.144	214	0.469	83	0.27	228	0.677	93	0.141	187	-227.84	228
六安	0.166	185	0.339	195	0.277	225	0.501	232	0.183	79	-229.84	229
賀州	0.144	214	0.321	216	0.379	130	0.616	153	0.113	278	-232.32	230
赤峰	0.166	185	0.579	33	0.225	258	0.557	192	0.143	182	-232.47	231
榆林	0.122	251	0.369	164	0.256	239	0.584	176	0.203	53	-236	232
伊春	0.188	158	0.521	56	0.259	236	0.448	261	0.13	231	-242.05	233
周口	0.144	214	0.506	67	0.27	228	0.546	201	0.139	199	-246.94	234
阜陽	0.188	158	0.428	116	0.245	247	0.611	155	0.137	207	-248.29	235
眉山	0.144	214	0.384	153	0.324	186	0.578	180	0.129	234	-249.81	236
平頂山	0.144	214	0.463	90	0.217	263	0.682	88	0.164	115	-250.41	237
銅仁	0.122	251	0.422	119	0.449	65	0.228	294	0.101	297	-250.95	238
潮州	0.232	109	0.214	273	0.332	179	0.489	239	0.122	255	-251.78	239
延安	0.144	214	0.527	54	0.278	223	0.338	288	0.157	141	-252.59	240
清遠	0.254	91	0.473	79	0.291	210	0.115	297	0.12	261	-254.36	241
洛陽	0.21	124	0.328	208	0.214	265	0.592	166	0.169	104	-254.59	242
懷化	0.122	251	0.399	138	0.317	189	0.477	247	0.157	141	-256.04	243
雞西	0.188	158	0.399	138	0.252	243	0.406	276	0.166	110	-257.28	244
雙鴨山	0.188	158	0.584	31	0.189	275	0.465	251	0.146	171	-262.78	245
許昌	0.144	214	0.347	190	0.258	237	0.734	39	0.148	167	-269.84	246
亳州	0.166	185	0.335	202	0.296	207	0.615	154	0.128	236	-270.39	247
忻州	0.188	158	0.492	72	0.269	230	0.297	291	0.137	207	-270.68	248
黑河	0.166	185	0.538	50	0.156	283	0.619	152	0.165	114	-275.39	249
遂寧	0.144	214	0.179	284	0.371	145	0.675	95	0.118	270	-280.64	250
瀘州	0.144	214	0.295	237	0.357	161	0.53	213	0.116	273	-285.01	251
遼源	0.166	185	0.327	210	0.283	219	0.622	148	0.127	239	-286.77	252
自貢	0.166	185	0.279	249	0.34	171	0.549	198	0.113	278	-287.06	253
保山	0.144	214	0.482	74	0.278	223	0.448	261	0.13	231	-287.29	254
信陽	0.122	251	0.396	144	0.256	239	0.648	124	0.153	153	-288.15	255
宿州	0.188	158	0.43	114	0.264	234	0.438	265	0.122	255	-291.81	256
焦作	0.166	185	0.356	178	0.222	261	0.529	214	0.172	100	-294.12	257
鶴崗	0.166	185	0.448	97	0.222	261	0.295	292	0.182	81	-295.46	258
達州	0.122	251	0.312	224	0.332	179	0.457	255	0.143	182	-303	259
巴中	0.144	214	0.353	183	0.35	168	0.397	280	0.114	275	-303.38	260
資陽	0.122	251	0.308	228	0.354	164	0.52	220	0.117	271	-307.21	261
呼倫貝爾	0.188	158	0.64	12	0.115	294	0.532	210	0.144	180	-307.67	262
新鄉	0.144	214	0.359	177	0.234	254	0.7	71	0.14	192	-312.59	263
白山	0.166	185	0.431	112	0.249	244	0.465	251	0.129	234	-314.28	264
牡丹江	0.166	185	0.514	62	0.177	278	0.627	147	0.131	226	-314.73	265
鶴壁	0.144	214	0.352	184	0.242	248	0.65	122	0.139	199	-319.06	266
河池	0.144	214	0.296	236	0.389	119	0.1	298	0.135	216	-326.23	267
嘉峪關	0.122	251	0.329	205	0.202	269	0.451	260	0.212	44	-331.89	268
駐馬店	0.144	214	0.462	91	0.181	277	0.665	109	0.139	199	-336.04	269
濮陽	0.144	214	0.391	145	0.239	250	0.64	129	0.119	265	-340.38	270
七台河	0.166	185	0.436	109	0.201	272	0.501	232	0.138	206	-341.94	271
巴彥淖爾	0.166	185	0.566	40	0.113	295	0.541	205	0.157	141	-343.5	272
池州	0.144	214	0.322	215	0.247	245	0.71	61	0.119	265	-344.89	273
內江	0.122	251	0.243	260	0.326	185	0.62	149	0.113	278	-347.69	274
三門峽	0.144	214	0.499	70	0.202	269	0.515	222	0.124	248	-357.41	275
烏蘭察布	0.166	185	0.516	60	0.103	297	0.597	162	0.158	139	-360.85	276
宣城	0.166	185	0.192	282	0.284	217	0.603	159	0.107	290	-381.74	277
漯河	0.122	251	0.343	193	0.207	268	0.714	55	0.127	239	-389.41	278

表 3.7.1 2014 年度城市環境資源區位競爭力排名

城市	區位指數	排名	自然資源指數	排名	環境資源指數	排名	環境質量指數	排名	環境改善投入指數	排名	環境資源區位競爭力	排名
麗江	0.1	281	0.318	220	0.238	251	0.507	227	0.146	171	-412.69	279
吳忠	0.122	251	0.446	99	0.164	279	0.587	171	0.125	246	-427.07	280
金昌	0.122	251	0.408	133	0.137	288	0.453	258	0.173	97	-430.12	281
中衛	0.1	281	0.386	151	0.16	281	0.585	174	0.145	175	-450.72	282
張掖	0.1	281	0.466	85	0.143	285	0.457	255	0.154	150	-451.93	283
石嘴山	0.1	281	0.311	226	0.152	284	0.507	227	0.176	90	-463.23	284
武威	0.122	251	0.431	112	0.135	289	0.464	254	0.143	182	-468.87	285
固原	0.1	281	0.464	89	0.158	282	0.513	224	0.123	251	-471.68	286
昭通	0.122	251	0.41	132	0.202	269	0.381	283	0.113	278	-471.8	287
安康	0.122	251	0.315	223	0.233	256	0.471	249	0.1	298	-476.62	288
臨滄	0.1	281	0.35	187	0.211	267	0.524	216	0.109	288	-481.95	289
酒泉	0.1	281	0.282	247	0.14	287	0.503	231	0.178	87	-486.14	290
普洱	0.1	281	0.324	214	0.2	273	0.432	268	0.131	226	-495.36	291
白銀	0.1	281	0.46	94	0.131	290	0.321	289	0.133	220	-534.61	292
平涼	0.1	281	0.337	197	0.142	286	0.436	266	0.13	231	-552.59	293
慶陽	0.1	281	0.345	191	0.127	292	0.553	196	0.114	275	-561.97	294
商洛	0.122	251	0.268	253	0.1	298	0.601	161	0.122	255	-576.9	295
定西	0.1	281	0.336	198	0.13	291	0.381	283	0.121	259	-594.58	296
天水	0.1	281	0.377	158	0.107	296	0.469	250	0.111	285	-595.83	297
隴南	0.1	281	0.273	251	0.122	293	0.435	267	0.103	296	-647.04	298

3.8 城市人力資本教育競爭力排名及二級指標分值

二十一世紀的競爭是人才的競爭，人才競爭力與一個國家和地區的教育水平密不可分。一個國家和地區教育水平的高低直接影響人才素質及競爭力。在全球化進程逐步加快的過程中，人才流動不僅僅是國內範圍的流動，全球範圍內的人才流動也在逐漸加快，世界各國對人才資源的開發和利用的競爭愈演愈烈。對一個城市來說，人才資源已成為最稀缺與最緊要的資源之一，如何開發和利用人才資源，在很大程度上決定了每個城市在激烈的區域性和國際性競爭中能否居於優勢地位。所以，一個城市要想提高其自身的競爭力，就必須加強人才資源的開發和利用，努力營造吸引人才的環境，同時提升該地區的教育水平。

城市人力資本教育競爭力比較評價指標體系包括 5 個二級指標：人力資本規模指數、人力資本素質指數、人力資本投入指數、人力資本吸引指數和人力資本設施指數，以及 22 個三級指標如人力資本規模、人力資本基本投入等。人力資本規模指數反映了城市在勞動力規模、勞動力儲備及教育支出上的相對數量，它可以反映人力的集聚力。人力資本投入指數則體現了城市在勞動力工資和教育上的投入水平，它是反映吸引人力資本能力大小的重要指標之一。人力資本素質指數描述了城市居民的整體素質，它與城市的發展水平密切相關，一個城市如果具有高素質的人力資本，那麼其發展也就具備了智力上的保障。人力資本吸引指數衡量了城市對外來人才的吸引程度的大小，經濟越發達、社會體制越完善，城市對人才的吸引力也就越高。人力資本教育設施指數體現了城市在基礎教育和高等教育的基本狀況，也可以從一定程度上看出這座城市對人力資本再生產的重視程度。

在 2014 年 296 個城市人力資本競爭力排名中，有 79 個城市處於平均水平之上，占 26.51%。人力資本競爭力得分的標準差為 6.738，比 2012 年的 6.310 有所上升，因此，雖然在 2013 年中斷了 2010 年以來的上升勢頭，但是在 2014 年又開始回到 2010 年的趨勢，這說明城市之間人力資本上的競爭依然愈發激烈，雖然隨著一線城市、中心城市高房價、高擁堵等大都市病的不斷顯現，城市之間的人才流動可能出現由一線城市、中心城市向二、三線乃至四線城市反向流動的短期趨勢。但是由於二、三線乃至四線城市的發展平臺的局限性，一線城市仍然是人才的集聚地。城市人力資本教育競爭力具體排名請見表 3. 8. 1。

表 3. 8. 1 2014 年度城市人力資本教育競爭力排名

城市	人力資本規模指數	排名	人力資本投入指數	排名	人力資本素質指數	排名	人力資本吸引指數	排名	人力資本教育設施指數	排名	人力資本教育競爭力	排名
北京	0.982	2	0.683	5	1	1	0.898	2	1	1	4027.99	1
上海	0.882	3	0.636	6	0.819	2	0.869	5	0.776	4	3287.81	2
香港	0.598	8	0.978	2	0.684	4	0.869	5	0.559	17	3140.92	3
廣州	0.732	4	0.507	13	0.696	3	0.897	3	0.882	3	2864.78	4
澳門	0.229	181	1	1	0.525	9	0.684	18	0.616	13	2432.95	5
臺北	0.268	88	0.913	3	0.314	37	0.869	5	0.539	22	2111.67	6
武漢	0.605	6	0.339	54	0.549	6	0.633	23	0.895	2	1978.34	7
天津	0.614	5	0.504	14	0.417	20	0.725	12	0.684	8	1941.35	8
南京	0.517	10	0.461	20	0.536	8	0.718	13	0.659	9	1883.11	9
深圳	0.486	13	0.511	12	0.616	5	1	1	0.283	116	1872.69	10
重慶	1	1	0.262	132	0.337	33	0.641	21	0.649	11	1712.15	11
杭州	0.504	11	0.407	27	0.546	7	0.716	14	0.508	23	1605.43	12
濟南	0.475	14	0.334	57	0.518	10	0.628	24	0.698	7	1544.48	13
成都	0.603	7	0.33	60	0.398	26	0.674	20	0.619	12	1465.27	14
西安	0.492	12	0.316	71	0.445	14	0.544	32	0.711	5	1365.26	15
鄭州	0.538	9	0.262	132	0.371	28	0.591	29	0.701	6	1249.89	16
大連	0.384	25	0.397	31	0.423	18	0.732	10	0.45	25	1226.63	17
長沙	0.438	15	0.357	46	0.412	22	0.605	28	0.549	19	1197.33	18
瀋陽	0.394	22	0.347	51	0.436	15	0.628	24	0.543	21	1177.5	19
合肥	0.418	18	0.351	49	0.415	21	0.542	34	0.566	15	1128.35	20
蘇州	0.414	19	0.426	22	0.361	30	0.694	17	0.395	36	1126.38	21
太原	0.354	30	0.337	55	0.481	12	0.546	31	0.56	16	1119.49	22
哈爾濱	0.433	16	0.273	117	0.337	33	0.579	30	0.651	10	1032.71	23
青島	0.411	20	0.343	52	0.345	32	0.711	15	0.423	28	1000.52	24
廈門	0.315	44	0.396	33	0.43	17	0.707	16	0.304	88	960.49	25
南昌	0.388	24	0.291	94	0.419	19	0.497	38	0.549	19	928.79	26
東莞	0.286	62	0.469	19	0.279	49	0.874	4	0.235	195	927.55	27
昆明	0.427	17	0.307	78	0.406	24	0.506	37	0.484	24	917.04	28
長春	0.38	26	0.316	71	0.363	29	0.496	39	0.572	14	915.8	29
新竹	0.15	292	0.738	4	0.249	62	0.456	47	0.291	103	887.6	30
珠海	0.268	88	0.367	41	0.483	11	0.73	11	0.246	181	881	31
呼和浩特	0.257	103	0.476	18	0.411	23	0.469	45	0.37	39	866.44	32
寧波	0.375	27	0.41	26	0.281	47	0.679	19	0.282	118	796.43	33
高雄	0.236	156	0.585	7	0.262	54	0.456	47	0.331	62	774.63	34
無錫	0.323	39	0.416	24	0.309	38	0.64	22	0.296	96	764.5	35
中山	0.269	86	0.426	22	0.308	40	0.759	8	0.233	199	759.34	36
福州	0.391	23	0.329	61	0.331	35	0.544	32	0.406	30	756.57	37
新北	0.234	166	0.571	8	0.253	59	0.456	47	0.34	51	745.17	38
蘭州	0.327	36	0.297	88	0.45	13	0.422	58	0.43	26	702.76	39
貴陽	0.352	31	0.287	98	0.433	16	0.465	46	0.4	33	694.65	40
石家莊	0.397	21	0.244	165	0.261	55	0.54	35	0.551	18	679.6	41
基隆	0.147	294	0.559	9	0.279	49	0.456	47	0.304	88	617.75	42
台中	0.219	201	0.504	14	0.268	52	0.456	47	0.313	80	594.97	43
南寧	0.366	28	0.29	95	0.303	41	0.494	41	0.427	27	594.54	44
嘉義	0.145	296	0.519	10	0.302	42	0.456	47	0.293	101	562.66	45
台南	0.201	243	0.495	16	0.256	58	0.456	47	0.312	82	542.09	46
佛山	0.29	57	0.328	64	0.284	46	0.751	9	0.172	281	492.33	47
溫州	0.357	29	0.328	64	0.217	88	0.628	24	0.26	161	465.27	48
拉薩	0.241	147	0.479	17	0.299	44	0.34	76	0.274	133	461.86	49
大慶	0.208	225	0.397	31	0.301	43	0.456	47	0.315	77	437.42	50
常州	0.28	70	0.398	30	0.281	47	0.492	42	0.233	199	431.86	51

表 3.8.1 2014 年度城市人力資本教育競爭力排名

城市	人力資本規模指數	排名	人力資本投入指數	排名	人力資本素質指數	排名	人力資本吸引指數	排名	人力資本教育設施指數	排名	人力資本教育競爭力	排名
烏魯木齊	0.264	94	0.361	43	0.399	25	0.368	69	0.228	210	386.83	52
海口	0.256	106	0.264	128	0.383	27	0.472	44	0.277	127	337.43	53
南通	0.287	60	0.341	53	0.233	72	0.496	39	0.267	146	313.68	54
秦皇島	0.239	152	0.306	80	0.309	38	0.375	65	0.356	43	292.73	55
鄂爾多斯	0.198	252	0.513	11	0.211	96	0.223	173	0.29	104	264.37	56
銀川	0.207	228	0.377	39	0.359	31	0.353	72	0.214	234	263.43	57
克拉瑪依	0.199	248	0.459	21	0.245	65	0.215	174	0.318	74	238.88	58
舟山	0.197	254	0.415	25	0.233	72	0.344	73	0.279	122	216.68	59
徐州	0.328	35	0.292	92	0.217	88	0.451	56	0.276	128	216.27	60
嘉興	0.259	100	0.337	55	0.24	67	0.474	43	0.19	271	173.51	61
包頭	0.223	189	0.364	42	0.261	55	0.341	75	0.25	172	154.22	62
泉州	0.329	34	0.268	125	0.204	104	0.385	62	0.321	70	147.08	63
鎮江	0.246	133	0.329	61	0.286	45	0.301	91	0.276	128	144.85	64
唐山	0.288	59	0.304	83	0.22	85	0.375	65	0.287	109	138.39	65
煙臺	0.307	46	0.276	113	0.259	57	0.294	94	0.318	74	124.95	66
吉林	0.248	126	0.263	131	0.264	53	0.373	67	0.312	82	108.82	67
淮南	0.207	228	0.402	28	0.241	66	0.248	138	0.261	159	103.98	68
惠州	0.287	60	0.279	109	0.203	107	0.516	36	0.199	256	99.7	69
蕪湖	0.255	108	0.323	67	0.232	74	0.289	102	0.288	106	73.65	70
金華	0.297	53	0.323	67	0.222	81	0.342	74	0.208	246	62.8	71
綿陽	0.241	147	0.28	107	0.247	63	0.408	61	0.245	182	62.62	72
廊坊	0.278	73	0.305	81	0.219	86	0.251	123	0.326	68	57.97	73
三亞	0.206	232	0.27	119	0.326	36	0.305	90	0.268	145	43.98	74
陽泉	0.211	216	0.384	35	0.19	135	0.272	118	0.273	137	43.28	75
威海	0.242	143	0.258	144	0.246	64	0.295	93	0.341	50	29.65	76
紹興	0.276	76	0.31	74	0.214	91	0.381	63	0.198	259	29.51	77
湖州	0.231	174	0.314	73	0.209	99	0.421	59	0.198	259	17.22	78
濰坊	0.335	33	0.268	125	0.181	150	0.252	121	0.328	63	8.06	79
麗水	0.235	163	0.4	29	0.174	165	0.283	111	0.2	255	-1.01	80
桂林	0.267	90	0.234	182	0.238	70	0.331	81	0.302	91	-9.61	81
揚州	0.249	121	0.324	66	0.221	83	0.291	99	0.234	197	-9.62	82
晉中	0.26	99	0.281	106	0.187	139	0.251	123	0.351	45	-20.18	83
淮北	0.187	269	0.395	34	0.19	135	0.249	134	0.244	184	-22.27	84
晉城	0.221	192	0.382	37	0.145	254	0.253	120	0.28	121	-24.11	85
東營	0.221	192	0.361	43	0.214	91	0.256	119	0.227	214	-25.08	86
榆林	0.255	108	0.384	35	0.15	238	0.162	248	0.309	85	-26.3	87
大同	0.163	285	0.329	61	0.203	107	0.293	96	0.312	82	-27.2	88
長治	0.245	134	0.302	85	0.173	167	0.25	126	0.34	51	-33.81	89
株洲	0.249	121	0.285	100	0.228	77	0.292	98	0.264	156	-34.09	90
淄博	0.27	84	0.282	104	0.23	75	0.297	92	0.241	189	-35.22	91
保定	0.319	41	0.21	224	0.204	104	0.331	81	0.307	86	-35.84	92
馬鞍山	0.206	232	0.353	48	0.211	96	0.248	138	0.25	172	-39.74	93
汕頭	0.23	178	0.235	181	0.176	158	0.625	27	0.149	291	-39.82	94
銅陵	0.163	285	0.331	59	0.24	67	0.25	126	0.284	113	-47.29	95
連雲港	0.257	103	0.292	92	0.178	153	0.369	68	0.228	210	-50.86	96
泰州	0.248	126	0.283	103	0.203	107	0.288	105	0.284	113	-52.52	97
漳州	0.242	143	0.277	112	0.17	172	0.376	64	0.267	146	-53.32	98
江門	0.257	103	0.241	168	0.225	80	0.425	57	0.201	253	-56.91	99
衢州	0.217	206	0.382	37	0.191	130	0.285	110	0.175	279	-57.68	100
洛陽	0.29	57	0.278	110	0.209	99	0.247	145	0.267	146	-65.91	101
淮安	0.273	79	0.275	115	0.202	111	0.327	88	0.228	210	-69.45	102
延安	0.247	129	0.35	50	0.162	195	0.164	232	0.296	96	-90.84	103
三明	0.226	184	0.28	107	0.18	151	0.331	81	0.27	142	-91.62	104
平涼	0.265	93	0.289	96	0.128	286	0.162	248	0.413	29	-93.74	105
西寧	0.221	192	0.258	144	0.196	121	0.359	71	0.265	153	-94.12	106
邯鄲	0.298	52	0.239	173	0.203	107	0.33	85	0.23	206	-99.98	107
呂梁	0.271	83	0.321	69	0.155	221	0.185	196	0.3	93	-102.67	108

表 3.8.1 2014 年度城市人力資本教育競爭力排名

城市	人力資本規模指數	排名	人力資本投入指數	排名	人力資本素質指數	排名	人力資本吸引指數	排名	人力資本教育設施指數	排名	人力資本教育競爭力	排名
湘潭	0.209	221	0.24	170	0.251	60	0.248	138	0.32	72	-104.05	109
韶關	0.175	278	0.257	149	0.219	86	0.454	55	0.197	262	-107.15	110
鹽城	0.294	55	0.261	136	0.199	116	0.287	107	0.233	199	-108.19	111
錦州	0.236	156	0.238	176	0.251	60	0.273	116	0.273	137	-108.42	112
台州	0.282	66	0.318	70	0.176	158	0.293	96	0.175	279	-112.29	113
本溪	0.16	289	0.253	154	0.217	88	0.279	113	0.352	44	-114.61	114
濟寧	0.282	66	0.295	89	0.154	224	0.248	138	0.267	146	-118.88	115
玉溪	0.219	201	0.284	101	0.152	232	0.337	77	0.269	143	-124.25	116
撫順	0.18	275	0.252	155	0.235	71	0.25	126	0.327	66	-127.16	117
柳州	0.236	156	0.248	158	0.211	96	0.336	78	0.228	210	-139.33	118
德陽	0.199	248	0.308	76	0.191	130	0.328	86	0.191	268	-150.93	119
呼倫貝爾	0.198	252	0.302	85	0.167	179	0.185	196	0.338	54	-158.4	120
邢臺	0.27	84	0.236	179	0.189	138	0.331	81	0.226	215	-159.3	121
泰安	0.253	113	0.254	153	0.212	95	0.25	126	0.252	168	-160.56	122
滄州	0.259	100	0.259	142	0.162	195	0.249	134	0.297	94	-162.49	123
咸陽	0.278	73	0.246	161	0.187	139	0.164	232	0.335	56	-163.9	124
龍岩	0.224	186	0.27	119	0.176	158	0.243	155	0.296	96	-168.13	125
忻州	0.274	77	0.215	215	0.156	217	0.25	126	0.342	49	-178.25	126
臨沂	0.301	50	0.271	118	0.151	236	0.247	145	0.237	192	-180.61	127
平頂山	0.249	121	0.261	136	0.201	114	0.203	189	0.276	128	-182.91	128
莆田	0.244	139	0.258	144	0.162	195	0.328	86	0.231	204	-184.58	129
齊齊哈爾	0.24	150	0.207	232	0.157	213	0.333	79	0.314	78	-184.77	130
攀枝花	0.209	221	0.332	58	0.207	103	0.215	174	0.188	272	-186.16	131
十堰	0.233	170	0.186	260	0.208	101	0.291	99	0.323	69	-189.94	132
新餘	0.18	275	0.282	104	0.275	51	0.165	223	0.248	175	-191.5	133
白銀	0.224	186	0.293	91	0.128	286	0.166	217	0.359	42	-191.88	134
湛江	0.263	96	0.202	242	0.177	157	0.413	60	0.206	248	-193.81	135
肇慶	0.245	134	0.249	157	0.191	130	0.332	80	0.198	259	-193.92	136
張家口	0.236	156	0.221	206	0.193	129	0.31	89	0.262	158	-197.27	137
臨汾	0.25	120	0.198	247	0.158	209	0.251	123	0.365	41	-205.62	138
銅川	0.234	166	0.262	132	0.159	205	0.167	208	0.346	47	-208.89	139
通遼	0.199	248	0.245	162	0.174	165	0.187	194	0.37	39	-211.63	140
寧德	0.22	198	0.286	99	0.155	221	0.242	160	0.261	159	-218.05	141
鞍山	0.204	241	0.21	224	0.227	78	0.274	114	0.278	125	-221.69	142
赤峰	0.231	174	0.308	76	0.152	232	0.184	198	0.259	163	-222.76	143
清遠	0.242	143	0.294	90	0.162	195	0.247	145	0.21	243	-222.89	144
白山	0.201	243	0.213	217	0.164	189	0.21	177	0.4	33	-223.5	145
烏海	0.151	291	0.36	45	0.182	148	0.188	192	0.218	232	-224.96	146
河源	0.236	156	0.221	206	0.163	192	0.243	155	0.327	66	-225.94	147
安康	0.272	81	0.278	110	0.156	217	0.161	252	0.279	122	-225.94	148
南平	0.209	221	0.261	136	0.161	200	0.242	160	0.293	101	-227.79	149
衡陽	0.286	62	0.198	247	0.195	124	0.245	150	0.269	143	-232.02	150
烏蘭察布	0.147	294	0.268	125	0.152	232	0.175	202	0.4	33	-234.59	151
渭南	0.267	90	0.274	116	0.146	251	0.165	223	0.287	109	-238.07	152
牡丹江	0.226	184	0.213	217	0.221	83	0.167	208	0.328	63	-241.61	153
四平	0.206	232	0.19	258	0.198	118	0.29	101	0.306	87	-246.68	154
茂名	0.232	173	0.224	199	0.176	158	0.365	70	0.193	267	-249.2	155
佳木斯	0.235	163	0.245	162	0.202	111	0.188	192	0.266	151	-252.76	156
漢中	0.254	112	0.264	128	0.166	181	0.162	248	0.279	122	-256.84	157
阜新	0.202	242	0.245	162	0.201	114	0.227	171	0.264	156	-257.76	158
滁州	0.263	96	0.269	123	0.153	227	0.244	151	0.21	243	-258.14	159
宿州	0.247	129	0.238	176	0.17	172	0.242	160	0.255	165	-258.29	160
朔州	0.22	198	0.305	81	0.14	267	0.25	126	0.208	246	-258.59	161
九江	0.28	70	0.206	234	0.194	126	0.207	182	0.271	140	-260.1	162
宣城	0.214	211	0.309	75	0.138	270	0.163	240	0.278	125	-260.4	163
岳陽	0.236	156	0.179	270	0.186	142	0.248	138	0.328	63	-262.22	164
遵義	0.263	96	0.3	87	0.129	285	0.157	283	0.256	164	-265.44	165

表 3.8.1 2014 年度城市人力資本教育競爭力排名

城市	人力資本規模指數	排名	人力資本投入指數	排名	人力資本素質指數	排名	人力資本吸引指數	排名	人力資本教育設施指數	排名	人力資本教育競爭力	排名
郴州	0.23	178	0.24	170	0.15	238	0.288	105	0.248	175	-266.57	166
松原	0.195	259	0.227	194	0.156	217	0.23	167	0.34	51	-268.3	167
金昌	0.173	279	0.371	40	0.143	260	0.167	208	0.205	249	-269.09	168
萊蕪	0.196	256	0.27	119	0.156	217	0.252	121	0.255	165	-269.47	169
新鄉	0.282	66	0.173	276	0.229	76	0.163	240	0.297	94	-277.78	170
鶴崗	0.187	269	0.261	136	0.169	175	0.23	167	0.271	140	-278.81	171
營口	0.224	186	0.229	189	0.198	118	0.274	114	0.214	234	-279.35	172
固原	0.176	277	0.307	78	0.134	275	0.125	294	0.333	60	-282.01	173
安慶	0.239	152	0.239	173	0.141	264	0.243	155	0.274	133	-282.57	174
贛州	0.347	32	0.197	251	0.185	145	0.163	240	0.243	186	-286.49	175
德州	0.245	134	0.2	244	0.153	227	0.249	134	0.301	92	-291.09	176
麗江	0.249	121	0.223	203	0.134	275	0.17	204	0.346	47	-293.25	177
蚌埠	0.212	214	0.241	168	0.194	126	0.244	151	0.226	215	-293.57	178
定西	0.197	254	0.23	186	0.122	290	0.164	232	0.403	31	-294.36	179
北海	0.189	266	0.226	196	0.19	135	0.289	102	0.236	194	-295.84	180
鐵嶺	0.206	232	0.236	179	0.185	145	0.204	186	0.275	131	-299.54	181
景德鎮	0.21	219	0.208	230	0.204	104	0.248	138	0.251	170	-306.37	182
雞西	0.183	273	0.237	178	0.162	195	0.21	177	0.313	80	-307.23	183
承德	0.233	170	0.216	213	0.199	116	0.247	145	0.223	223	-307.42	184
運城	0.233	170	0.183	267	0.144	257	0.25	126	0.334	58	-308.03	185
黃山	0.193	263	0.262	132	0.163	192	0.246	149	0.233	199	-308.29	186
遼源	0.173	279	0.197	251	0.172	170	0.23	167	0.349	46	-314.09	187
寶雞	0.249	121	0.261	136	0.159	205	0.166	217	0.244	184	-315.8	188
焦作	0.256	106	0.211	220	0.222	81	0.165	223	0.237	192	-317.7	189
阜陽	0.321	40	0.217	211	0.134	275	0.237	165	0.211	241	-317.95	190
遼陽	0.196	256	0.261	136	0.176	158	0.231	166	0.22	228	-317.98	191
嘉峪關	0.148	293	0.355	47	0.191	130	0.176	201	0.147	293	-319.54	192
日照	0.205	239	0.257	149	0.151	236	0.249	134	0.231	204	-320.01	193
石嘴山	0.161	288	0.284	101	0.198	118	0.125	294	0.275	131	-320.07	194
濱州	0.24	150	0.264	128	0.16	202	0.187	194	0.222	224	-321.96	195
六安	0.303	48	0.228	193	0.141	264	0.2	191	0.23	206	-322.07	196
天水	0.281	69	0.211	220	0.144	257	0.161	252	0.304	88	-323.56	197
棗莊	0.221	192	0.247	159	0.148	243	0.248	138	0.229	208	-326.2	198
宜昌	0.247	129	0.164	286	0.239	69	0.169	205	0.288	106	-327.34	199
孝感	0.244	139	0.155	290	0.184	147	0.163	240	0.371	38	-329.98	200
吳忠	0.188	267	0.303	84	0.138	270	0.125	294	0.283	116	-330.86	201
朝陽	0.211	216	0.226	196	0.134	275	0.204	186	0.318	74	-331.4	202
白城	0.212	214	0.162	288	0.142	261	0.21	177	0.401	32	-331.62	203
宿遷	0.269	86	0.224	199	0.175	164	0.286	109	0.149	291	-335.4	204
安陽	0.253	113	0.203	237	0.195	124	0.181	200	0.255	165	-338.24	205
自貢	0.208	225	0.259	142	0.196	121	0.242	160	0.162	287	-339.14	206
懷化	0.245	134	0.216	213	0.158	209	0.164	232	0.294	100	-345.09	207
百色	0.279	72	0.221	206	0.147	248	0.161	252	0.267	146	-347.9	208
梅州	0.183	273	0.229	189	0.165	185	0.282	112	0.226	215	-352.59	209
七台河	0.206	232	0.242	166	0.173	167	0.167	208	0.265	153	-352.64	210
宜賓	0.253	113	0.258	144	0.166	181	0.158	277	0.211	241	-352.87	211
畢節	0.317	42	0.269	123	0.115	296	0.156	287	0.191	268	-355.83	212
通化	0.213	213	0.193	257	0.178	153	0.23	167	0.274	133	-356.5	213
雅安	0.214	211	0.229	189	0.213	94	0.166	217	0.226	215	-358.41	214
安順	0.245	134	0.247	159	0.12	292	0.158	277	0.281	119	-361.57	215
萍鄉	0.211	216	0.209	228	0.214	91	0.209	181	0.219	229	-365.36	216
益陽	0.221	192	0.204	235	0.186	142	0.163	240	0.286	111	-366.85	217
慶陽	0.194	261	0.24	170	0.12	292	0.16	264	0.334	58	-367.79	218
黃石	0.193	263	0.173	276	0.226	79	0.289	102	0.209	245	-368.35	219
常德	0.221	192	0.204	235	0.173	167	0.226	172	0.248	175	-368.5	220
衡水	0.218	203	0.195	253	0.164	189	0.25	126	0.252	168	-372.99	221
廣元	0.253	113	0.258	144	0.16	202	0.158	277	0.199	256	-374.46	222

表 3.8.1 2014 年度城市人力資本教育競爭力排名

城市	人力資本規模指數	排名	人力資本投入指數	排名	人力資本素質指數	排名	人力資本吸引指數	排名	人力資本教育設施指數	排名	人力資本教育競爭力	排名
酒泉	0.172	281	0.276	113	0.13	282	0.173	203	0.272	139	-375.89	223
曲靖	0.266	92	0.234	182	0.134	275	0.206	184	0.213	237	-376.77	224
巴彥淖爾	0.164	284	0.27	119	0.157	213	0.182	199	0.245	182	-380.19	225
昭通	0.316	43	0.233	185	0.118	294	0.163	240	0.216	233	-381.99	226
三門峽	0.209	221	0.255	152	0.164	189	0.167	208	0.229	208	-382	227
防城港	0.187	269	0.234	182	0.157	213	0.166	217	0.289	105	-383.37	228
梧州	0.215	209	0.199	245	0.17	172	0.287	107	0.204	251	-385.06	229
保山	0.248	126	0.183	267	0.13	282	0.167	208	0.335	56	-387.1	230
樂山	0.194	261	0.229	189	0.208	101	0.163	240	0.226	215	-390.03	231
信陽	0.327	36	0.175	274	0.154	224	0.155	289	0.248	175	-393.43	232
商丘	0.303	48	0.178	271	0.165	185	0.157	283	0.25	172	-395.94	233
丹東	0.196	256	0.167	284	0.194	126	0.273	116	0.24	190	-401.88	234
亳州	0.273	79	0.239	173	0.138	270	0.158	277	0.212	239	-403.46	235
上饒	0.307	46	0.198	247	0.158	209	0.161	252	0.214	234	-403.97	236
南陽	0.315	44	0.172	280	0.169	175	0.16	264	0.232	203	-406.12	237
雲浮	0.231	174	0.21	224	0.168	178	0.242	160	0.188	272	-408.87	238
崇左	0.237	154	0.174	275	0.153	227	0.159	271	0.32	72	-410.31	239
池州	0.207	228	0.242	166	0.169	175	0.161	252	0.224	222	-411.97	240
聊城	0.223	189	0.203	237	0.152	232	0.207	182	0.251	170	-412.6	241
盤錦	0.193	263	0.222	204	0.161	200	0.215	174	0.234	197	-412.7	242
臨滄	0.255	108	0.178	271	0.121	291	0.169	205	0.321	70	-414.95	243
周口	0.327	36	0.186	260	0.15	238	0.153	291	0.219	229	-415.95	244
六盤水	0.222	191	0.289	96	0.125	288	0.162	248	0.18	277	-420.4	245
河池	0.272	81	0.186	260	0.134	275	0.159	271	0.281	119	-421.69	246
葫蘆島	0.2	246	0.224	199	0.139	268	0.164	232	0.274	133	-432.05	247
張掖	0.218	203	0.203	237	0.142	261	0.164	232	0.284	113	-432.46	248
邵陽	0.286	62	0.194	256	0.155	221	0.205	185	0.182	276	-435.14	249
武威	0.235	163	0.172	280	0.139	268	0.165	223	0.314	78	-437.55	250
揭陽	0.264	94	0.173	276	0.166	181	0.244	151	0.188	272	-439.16	251
潮州	0.207	228	0.198	247	0.171	171	0.294	94	0.158	290	-440.46	252
商洛	0.274	77	0.184	266	0.146	251	0.165	223	0.248	175	-440.91	253
南充	0.285	65	0.23	186	0.154	224	0.159	271	0.161	288	-442.51	254
撫州	0.242	143	0.195	253	0.176	158	0.165	223	0.222	224	-445.56	255
銅仁	0.294	55	0.186	260	0.117	295	0.154	290	0.26	161	-449.78	256
婁底	0.201	243	0.211	220	0.148	243	0.161	252	0.265	153	-453.2	257
開封	0.234	166	0.141	292	0.182	148	0.243	155	0.235	195	-453.85	258
普洱	0.252	118	0.186	260	0.133	281	0.169	205	0.266	151	-454.32	259
荊州	0.229	181	0.178	271	0.202	111	0.161	252	0.225	220	-456.3	260
襄陽	0.247	129	0.165	285	0.186	142	0.164	232	0.242	188	-456.88	261
賀州	0.23	178	0.218	210	0.148	243	0.161	252	0.221	226	-460.03	262
來賓	0.244	139	0.219	209	0.141	264	0.159	271	0.213	237	-463.73	263
汕尾	0.215	209	0.208	230	0.153	227	0.243	155	0.176	278	-465.46	264
永州	0.237	154	0.21	224	0.147	248	0.16	264	0.225	220	-466.66	265
濮陽	0.228	183	0.214	216	0.167	179	0.16	264	0.201	253	-468.41	266
綏化	0.253	113	0.134	294	0.13	282	0.167	208	0.332	61	-475.38	267
鷹潭	0.172	281	0.213	217	0.196	121	0.163	240	0.212	239	-476.02	268
眉山	0.195	259	0.256	151	0.159	205	0.16	264	0.165	283	-484.85	269
瀘州	0.255	108	0.217	211	0.165	185	0.202	190	0.12	296	-492.2	270
欽州	0.231	174	0.224	199	0.144	257	0.158	277	0.191	268	-493.47	271
菏澤	0.278	73	0.188	259	0.137	274	0.161	252	0.204	251	-494.47	272
鶴壁	0.199	248	0.207	232	0.18	151	0.166	217	0.196	266	-496.6	273
張家界	0.208	225	0.211	220	0.138	270	0.204	186	0.199	256	-496.83	274
宜春	0.234	166	0.195	253	0.166	181	0.165	223	0.197	262	-497.11	275
伊春	0.163	285	0.124	296	0.15	238	0.167	208	0.388	37	-500.93	276
吉安	0.241	147	0.201	243	0.15	238	0.165	223	0.197	262	-501.16	277
許昌	0.169	283	0.203	237	0.165	185	0.161	252	0.243	186	-507.85	278
漯河	0.217	206	0.185	265	0.163	192	0.164	232	0.219	229	-513.68	279

表 3.8.1 2014 年度城市人力資本教育競爭力排名

城市	人力資本規模指數	排名	人力資本投入指數	排名	人力資本素質指數	排名	人力資本吸引指數	排名	人力資本教育設施指數	排名	人力資本教育競爭力	排名
中衛	0.216	208	0.227	194	0.123	289	0.105	297	0.248	175	-516.65	280
鄂州	0.16	289	0.153	291	0.187	139	0.166	217	0.288	106	-520.97	281
達州	0.258	102	0.222	204	0.159	205	0.157	283	0.125	295	-524.61	282
荊門	0.2	246	0.163	287	0.178	153	0.165	223	0.239	191	-526.46	283
內江	0.21	219	0.226	196	0.16	202	0.161	252	0.16	289	-526.59	284
遂寧	0.206	232	0.23	186	0.145	254	0.161	252	0.172	281	-527.05	285
陽江	0.1	298	0.203	237	0.191	130	0.244	151	0.185	275	-540.37	286
玉林	0.252	118	0.199	245	0.148	243	0.158	277	0.163	285	-540.65	287
巴中	0.3	51	0.209	228	0.147	248	0.16	264	0.1	297	-543.4	288
駐馬店	0.295	54	0.162	288	0.153	227	0.156	287	0.163	285	-554.21	289
隴南	0.188	267	0.168	282	0.115	296	0.1	298	0.338	54	-563.73	290
隨州	0.218	203	0.173	276	0.146	251	0.16	264	0.205	249	-577.09	291
廣安	0.205	239	0.252	155	0.148	243	0.152	293	0.1	297	-578.58	292
黃岡	0.243	142	0.134	294	0.178	153	0.159	271	0.197	262	-585.69	293
咸寧	0.206	232	0.139	293	0.158	209	0.159	271	0.221	226	-619.82	294
貴港	0.236	156	0.168	282	0.142	261	0.157	283	0.165	283	-620.69	295
雙鴨山	0.142	297	0.1	298	0.157	213	0.21	177	0.295	99	-627.91	296
黑河	0.22	198	0.103	297	0.1	298	0.167	208	0.286	111	-664.09	297
資陽	0.187	269	0.182	269	0.145	254	0.153	291	0.136	294	-685.59	298

3.9 城市科技競爭力排名及二級指標分值

城市作為人類社會文明最集中的區域，它既是其所處時代最先進最高端科學技術的產物，也是該時代先進科學技術的產生地。在“知識經濟”時代，最先掌握高科技的國家便會在國家競爭中占領制高點，進而能夠引領世界發展。同樣的，具有“科技”優勢的城市也能在區域性競爭和國際性競爭中占領制高點。城市科技競爭力是一個城市在科研投入、科學研發、科研成果轉換方面的相對優勢。城市的科技水平與其經濟發展密不可分，且相互促進。從總體上來看，由於中國整體科技水平相對較低，科研投入力度不夠，目前許多城市的發展並不是通過科技優勢來取得競爭的主動地位，更多的是通過模仿吸收他人先進的科學技術和中國廉價的勞動力來獲得自身產業的發展。但是，依靠這種方式所獲取的競爭優勢難以持續，一旦失去廉價勞動力這個重要因素，這些城市和地區的發展將大大減緩。近年來中國沿海許多城市和地區出現了“民工荒”，造成這些城市和地區的工業生產嚴重受損，從側面證明“科學技術是第一生產力”這一真理。由於科技能夠帶動經濟發展進而提升競爭力，中國許多城市和地區也開始加大投入打造自身科技競爭力。

城市科技競爭力比較評價指標體系包括 5 個二級指標：科技投入指數、科研人力資本指數、科研機構指數、科技創新指數和科研成果轉化指數，以及 18 個三級指標如科技經費絕對投入量、科技成果轉換率等。科技投入指數衡量城市在科研方面的投入力度，它通常與城市科研能力成正比。科研機構指數則度量城市在吸引科研機構上的能力大小。科技創新指數則展示城市科技創新水平，它是反映一個城市是否有能力占領產業制高點的基礎指標。科研成果轉化指數體現城市在科研成果與產業化之間建立通暢的轉化機制的能力大小。北京一直以來居於科技競爭力的領先地位，究其原因主要是匯聚了一大批國內一流的大學，諸如北京大學、清華大學。在這些高校內部也矗立著種類繁多的科研院所及各類國家級重點實驗室，這也使得北京擁有大量的科研機構及科研人才，而這些科研機構及科研人才也多數位於高校，培養出了大量的學術骨幹，並產生了大量優秀的科研成果，這樣就形成了一個良性的循環。通過政府的大力宣導，企業和研究機構之間形成了一種非常順暢的連接機制，在良好機制的運轉下這些科研成果也能夠較為容易的轉化成企業的現實生產力。

在 2014 年 298 個城市科技競爭力排名中，有 64 個城市處於平均水平之上，占 21.48%。科技競爭力得分的標準差為 8.178，繼續延續了 2010 年以來的緩慢上升趨勢，這表明城市之間的科技競爭力差距可能會進一步加大。這主要也是科技環境與科技人才具有一定的集聚性所決定的。城市科技競爭力具體排名見表 3.9.1。

表 3.9.1 2014 年度城市科技競爭力排名

城市	科技投入指數	排名	科技人力資本指數	排名	科研機構指數	排名	科研創新指數	排名	科研成果轉化指數	排名	科技競爭力	排名
北京	0.846	2	1	1	1	1	0.783	2	0.702	2	6736.45	1
上海	1	1	0.412	5	0.81	5	1	1	1	1	6604.32	2
香港	0.533	3	0.515	2	0.506	22	0.745	3	0.677	3	4148.75	3
廣州	0.306	7	0.375	7	0.914	2	0.324	8	0.545	4	2749.45	4
深圳	0.478	4	0.455	3	0.384	32	0.345	6	0.503	6	2471.07	5
天津	0.401	5	0.285	12	0.667	7	0.454	5	0.455	13	2426.81	6
杭州	0.28	9	0.425	4	0.581	15	0.274	11	0.493	7	2111.35	7
臺北	0.197	20	0.264	19	0.506	22	0.56	4	0.48	8	2025.46	8
南京	0.259	10	0.342	8	0.635	12	0.332	7	0.454	14	1975.81	9
武漢	0.188	24	0.306	9	0.896	3	0.31	9	0.408	25	1956.82	10
蘇州	0.378	6	0.262	20	0.465	26	0.226	18	0.543	5	1790.82	11
重慶	0.211	17	0.296	10	0.661	8	0.266	12	0.437	20	1630.4	12
濟南	0.15	58	0.255	24	0.823	4	0.212	22	0.464	12	1595.16	13
西安	0.128	100	0.38	6	0.745	6	0.199	27	0.36	63	1449.31	14
瀋陽	0.213	16	0.268	18	0.581	15	0.286	10	0.413	21	1437.44	15
大連	0.283	8	0.296	10	0.502	24	0.241	13	0.412	23	1434.93	16
合肥	0.218	14	0.262	20	0.649	10	0.232	15	0.385	36	1347.44	17
哈爾濱	0.162	45	0.274	15	0.639	11	0.224	19	0.387	34	1237.83	18
寧波	0.253	12	0.271	16	0.378	33	0.237	14	0.448	16	1224.98	19
青島	0.176	29	0.26	22	0.445	27	0.227	17	0.479	9	1195.35	20
長沙	0.177	28	0.28	13	0.66	9	0.211	24	0.338	107	1160.98	21
廈門	0.202	19	0.278	14	0.428	29	0.211	24	0.443	18	1145.76	22
成都	0.179	27	0.27	17	0.633	13	0.231	16	0.325	132	1112.5	23
鄭州	0.169	35	0.219	31	0.615	14	0.193	30	0.365	54	975.39	24
東莞	0.216	15	0.232	28	0.309	37	0.165	45	0.475	10	882.43	25
昆明	0.157	50	0.22	30	0.533	21	0.183	36	0.391	33	878.83	26
長春	0.12	156	0.26	22	0.551	18	0.199	27	0.356	71	868.16	27
福州	0.132	89	0.248	26	0.492	25	0.19	33	0.392	31	853.24	28
無錫	0.239	13	0.206	33	0.284	41	0.176	40	0.471	11	844.57	29
澳門	0.147	63	0.25	25	0.291	39	0.194	29	0.449	15	757.69	30
中山	0.19	23	0.238	27	0.295	38	0.156	49	0.443	18	724.95	31
石家莊	0.136	76	0.175	44	0.552	17	0.213	21	0.348	83	712.38	32
太原	0.168	36	0.196	39	0.544	20	0.162	46	0.34	101	691.48	33
南昌	0.125	116	0.192	41	0.545	19	0.174	41	0.34	101	623.28	34
南寧	0.131	94	0.197	38	0.434	28	0.174	41	0.359	64	537.48	35
蘭州	0.122	139	0.23	29	0.419	30	0.177	38	0.326	129	499.73	36
珠海	0.197	20	0.2	34	0.288	40	0.154	51	0.387	34	498.26	37
貴陽	0.15	58	0.189	43	0.392	31	0.177	38	0.304	238	366.14	38
新北	0.152	53	0.134	64	0.314	36	0.219	20	0.362	59	364.72	39
惠州	0.134	81	0.198	36	0.199	62	0.138	98	0.447	17	356.47	40
南通	0.171	33	0.174	45	0.232	50	0.149	57	0.398	28	325.29	41
佛山	0.184	26	0.17	48	0.194	64	0.157	48	0.399	27	306.49	42
常州	0.209	18	0.132	67	0.202	60	0.159	47	0.398	28	281.27	43
溫州	0.145	66	0.161	50	0.212	57	0.172	43	0.398	28	258.85	44
烏魯木齊	0.134	81	0.198	36	0.323	35	0.135	127	0.336	109	253.02	45

表 3.9.1 2014 年度城市科技競爭力排名

城市	科技投入指數	排名	科技人力資本指數	排名	科研機構指數	排名	科研創新指數	排名	科研成果轉化指數	排名	科技競爭力	排名
呼和浩特	0.115	199	0.171	47	0.377	34	0.15	55	0.32	144	214.92	46
紹興	0.176	29	0.131	69	0.182	76	0.145	67	0.413	21	191.81	47
台中	0.151	55	0.131	69	0.263	44	0.183	36	0.35	80	178.35	48
高雄	0.168	36	0.131	69	0.262	45	0.193	30	0.327	127	175.2	49
海口	0.12	156	0.192	41	0.279	43	0.15	55	0.332	117	166.12	50
煙臺	0.164	41	0.123	92	0.194	64	0.166	44	0.392	31	157.62	51
嘉興	0.167	38	0.146	55	0.188	68	0.151	52	0.378	37	143.48	52
台南	0.152	53	0.129	75	0.225	51	0.188	34	0.352	77	139.12	53
銀川	0.135	78	0.166	49	0.281	42	0.143	73	0.335	112	131.88	54
蕪湖	0.259	10	0.119	109	0.2	61	0.138	98	0.321	140	112.34	55
威海	0.151	55	0.121	98	0.179	81	0.142	75	0.409	24	100.11	56
徐州	0.164	41	0.139	57	0.213	56	0.156	49	0.351	78	99.94	57
拉薩	0.148	62	0.2	34	0.186	71	0.129	225	0.335	112	75.07	58
鎮江	0.171	33	0.134	64	0.198	63	0.142	75	0.358	69	70.89	59
大慶	0.11	246	0.211	32	0.237	49	0.144	70	0.312	187	68.18	60
濰坊	0.164	41	0.116	140	0.216	54	0.145	67	0.365	54	61.95	61
西寧	0.114	203	0.193	40	0.255	47	0.133	160	0.311	195	36.45	62
綿陽	0.136	76	0.173	46	0.247	48	0.134	145	0.314	177	32.06	63
韶關	0.13	96	0.136	61	0.162	100	0.125	271	0.407	26	26.31	64
十堰	0.127	107	0.149	53	0.225	51	0.132	175	0.344	94	-2.38	65
淄博	0.146	65	0.116	140	0.181	79	0.144	70	0.371	42	-10.4	66
東營	0.121	149	0.155	51	0.153	114	0.139	91	0.372	39	-14.73	67
基隆	0.128	100	0.126	80	0.156	105	0.191	32	0.346	87	-23.39	68
唐山	0.149	61	0.12	105	0.185	72	0.147	58	0.353	75	-27.23	69
舟山	0.151	55	0.139	57	0.161	103	0.134	145	0.355	73	-34.44	70
新竹	0.132	89	0.126	80	0.153	114	0.203	26	0.33	121	-35.81	71
嘉義	0.127	107	0.126	80	0.168	93	0.184	35	0.341	100	-35.85	72
柳州	0.123	128	0.152	52	0.174	85	0.128	243	0.358	69	-46.07	73
保定	0.11	246	0.136	61	0.222	53	0.14	85	0.343	97	-58.6	74
金華	0.166	40	0.13	73	0.182	76	0.129	225	0.333	115	-60.26	75
秦皇島	0.111	232	0.121	98	0.177	84	0.147	58	0.372	39	-63.04	76
三亞	0.176	29	0.112	182	0.187	70	0.131	188	0.334	114	-70.93	77
廊坊	0.125	116	0.132	67	0.216	54	0.132	175	0.339	106	-71.3	78
馬鞍山	0.153	51	0.119	109	0.171	88	0.138	98	0.348	83	-72.05	79
揚州	0.16	47	0.121	98	0.172	86	0.147	58	0.329	123	-79.55	80
濟寧	0.137	75	0.113	176	0.168	93	0.136	114	0.366	50	-79.92	81
汕頭	0.119	168	0.136	61	0.144	143	0.139	91	0.371	42	-80.73	82
台州	0.147	63	0.133	66	0.155	109	0.134	145	0.349	82	-80.83	83
江門	0.141	71	0.125	86	0.148	128	0.13	209	0.367	48	-84.68	84
泰安	0.12	156	0.118	120	0.179	81	0.132	175	0.372	39	-84.84	85
錦州	0.123	128	0.125	86	0.194	64	0.139	91	0.346	87	-87.06	86
桂林	0.125	116	0.119	109	0.188	68	0.132	175	0.359	64	-89.1	87
泉州	0.135	78	0.129	75	0.261	46	0.144	70	0.291	277	-89.13	88
肇慶	0.132	89	0.121	98	0.155	109	0.134	145	0.368	47	-91.41	89
營口	0.133	86	0.119	109	0.131	183	0.151	52	0.359	64	-112.97	90
鞍山	0.115	199	0.138	59	0.139	157	0.147	58	0.355	73	-113.58	91
撫順	0.125	116	0.123	92	0.171	88	0.142	75	0.346	87	-114.38	92
本溪	0.126	112	0.123	92	0.145	138	0.146	65	0.353	75	-123.95	93
丹東	0.114	203	0.137	60	0.141	152	0.137	105	0.356	71	-134	94
連雲港	0.16	47	0.118	120	0.137	161	0.147	58	0.329	123	-134.87	95
梅州	0.132	89	0.126	80	0.13	187	0.131	188	0.362	59	-136.24	96
臨沂	0.122	139	0.122	96	0.136	167	0.131	188	0.369	45	-138.62	97
萊蕪	0.13	96	0.122	96	0.135	173	0.135	127	0.359	64	-141.82	98
聊城	0.12	156	0.112	182	0.137	161	0.147	58	0.363	58	-145.28	99
蚌埠	0.167	38	0.116	140	0.156	105	0.135	127	0.32	144	-148.54	100
德州	0.121	149	0.115	154	0.145	138	0.129	225	0.369	45	-150.25	101
棗莊	0.114	203	0.114	164	0.138	159	0.135	127	0.373	38	-154.22	102

表 3.9.1 2014 年度城市科技競爭力排名

城市	科技投入指數	排名	科技人力資本指數	排名	科研機構指數	排名	科研創新指數	排名	科研成果轉化指數	排名	科技競爭力	排名
銅陵	0.185	25	0.11	193	0.147	131	0.14	85	0.31	204	-157.08	103
泰州	0.135	78	0.119	109	0.163	98	0.14	85	0.329	123	-162.48	104
鐵嶺	0.142	69	0.11	193	0.139	157	0.135	127	0.348	83	-166	105
宜昌	0.13	96	0.149	53	0.156	105	0.137	105	0.31	204	-168.19	106
菏澤	0.128	100	0.103	270	0.126	208	0.136	114	0.37	44	-171.02	107
萍鄉	0.121	149	0.115	154	0.143	148	0.128	243	0.361	62	-174.09	108
衢州	0.142	69	0.126	80	0.141	152	0.132	175	0.33	121	-175.87	109
湛江	0.109	257	0.125	86	0.146	133	0.127	251	0.359	64	-177.41	110
清遠	0.12	156	0.114	164	0.121	226	0.135	127	0.367	48	-179.28	111
洛陽	0.14	72	0.13	73	0.153	114	0.137	105	0.316	167	-179.37	112
鹽城	0.192	22	0.116	140	0.152	118	0.138	98	0.286	278	-182.33	113
長治	0.124	122	0.118	120	0.166	96	0.127	251	0.34	101	-182.47	114
滄州	0.107	279	0.117	131	0.169	91	0.136	114	0.346	87	-182.77	115
潮州	0.12	156	0.117	131	0.121	226	0.136	114	0.362	59	-183.31	116
濱州	0.128	100	0.106	234	0.128	199	0.13	209	0.365	54	-185.46	117
鄂爾多斯	0.133	86	0.111	190	0.124	213	0.141	79	0.35	80	-186.26	118
揭陽	0.112	227	0.113	176	0.128	199	0.136	114	0.364	57	-192.32	119
宿遷	0.159	49	0.112	182	0.129	193	0.147	58	0.318	156	-192.89	120
日照	0.111	232	0.112	182	0.131	183	0.133	160	0.366	50	-195.76	121
襄陽	0.127	107	0.126	80	0.153	114	0.135	127	0.324	135	-196.64	122
淮南	0.14	72	0.116	140	0.16	104	0.134	145	0.319	152	-199.53	123
盤錦	0.119	168	0.119	109	0.125	210	0.141	79	0.346	87	-200.13	124
遼陽	0.123	128	0.109	203	0.144	143	0.137	105	0.346	87	-200.97	125
黃石	0.117	183	0.117	131	0.15	122	0.134	145	0.343	97	-201.3	126
河源	0.117	183	0.114	164	0.121	226	0.129	225	0.366	50	-201.44	127
呂梁	0.117	183	0.103	270	0.111	280	0.212	22	0.313	181	-202.06	128
淮安	0.153	51	0.115	154	0.162	100	0.143	73	0.301	254	-202.14	129
張家口	0.111	232	0.121	98	0.155	109	0.136	114	0.338	107	-203.21	130
邯鄲	0.127	107	0.12	105	0.152	118	0.13	209	0.332	117	-206.52	131
景德鎮	0.114	203	0.143	56	0.154	112	0.133	160	0.316	167	-208.5	132
茂名	0.105	288	0.124	89	0.138	159	0.138	98	0.346	87	-210.02	133
承德	0.114	203	0.118	120	0.156	105	0.131	188	0.34	101	-210.37	134
新鄉	0.122	139	0.107	222	0.185	72	0.131	188	0.326	129	-213.04	135
黃岡	0.133	86	0.114	164	0.144	143	0.13	209	0.333	115	-214.43	136
汕尾	0.109	257	0.113	176	0.121	226	0.131	188	0.366	50	-216.58	137
宣城	0.174	32	0.11	193	0.121	226	0.135	127	0.312	187	-217.02	138
雲浮	0.126	112	0.112	182	0.121	226	0.131	188	0.351	78	-220.52	139
漳州	0.121	149	0.127	78	0.182	76	0.134	145	0.305	229	-220.57	140
克拉瑪依	0.127	107	0.128	77	0.134	175	0.133	160	0.326	129	-222.32	141
孝感	0.122	139	0.12	105	0.129	193	0.128	243	0.344	94	-222.46	142
荊州	0.12	156	0.116	140	0.178	83	0.137	105	0.313	181	-222.98	143
包頭	0.124	122	0.118	120	0.151	121	0.139	91	0.322	138	-224.9	144
齊齊哈爾	0.108	264	0.118	120	0.162	100	0.142	75	0.325	132	-225.6	145
吉林	0.121	149	0.118	120	0.181	79	0.135	127	0.309	208	-227.35	146
晉中	0.115	199	0.119	109	0.185	72	0.134	145	0.312	187	-229.24	147
邢臺	0.108	264	0.115	154	0.144	143	0.141	79	0.336	109	-233.01	148
黃山	0.164	41	0.108	212	0.124	213	0.136	114	0.312	187	-235.86	149
湖州	0.144	67	0.131	69	0.15	122	0.133	160	0.293	275	-239.84	150
陽江	0.113	218	0.114	164	0.121	226	0.139	91	0.344	94	-240.76	151
忻州	0.125	116	0.117	131	0.149	127	0.138	98	0.315	173	-245.39	152
大同	0.103	296	0.123	92	0.121	226	0.151	52	0.332	117	-246.54	153
南陽	0.132	89	0.112	182	0.141	152	0.129	225	0.324	135	-250.66	154
新餘	0.12	156	0.115	154	0.172	86	0.128	243	0.314	177	-251	155
阜新	0.119	168	0.112	182	0.123	221	0.137	105	0.336	109	-255.5	156
牡丹江	0.119	168	0.11	193	0.169	91	0.129	225	0.318	156	-255.8	157
咸陽	0.108	264	0.11	193	0.211	58	0.125	271	0.307	218	-256.26	158
株洲	0.123	128	0.127	78	0.192	67	0.133	160	0.283	279	-258.19	159

表 3.9.1 2014 年度城市科技競爭力排名

城市	科技投入指數	排名	科技人力資本指數	排名	科研機構指數	排名	科研創新指數	排名	科研成果轉化指數	排名	科技競爭力	排名
朝陽	0.123	128	0.108	212	0.111	280	0.136	114	0.342	99	-261.17	160
南平	0.114	203	0.119	109	0.148	128	0.131	188	0.32	144	-264.86	161
平頂山	0.12	156	0.114	164	0.145	138	0.123	283	0.328	126	-266.65	162
贛州	0.11	246	0.119	109	0.168	93	0.133	160	0.311	195	-266.71	163
寶雞	0.113	218	0.109	203	0.12	242	0.127	251	0.348	83	-268.69	164
通化	0.15	58	0.124	89	0.122	225	0.128	243	0.303	244	-268.72	165
北海	0.125	116	0.109	203	0.145	138	0.137	105	0.317	163	-269.7	166
淮北	0.122	139	0.103	270	0.132	179	0.141	79	0.327	127	-272.2	167
雅安	0.162	45	0.106	234	0.124	213	0.13	209	0.305	229	-273.34	168
九江	0.112	227	0.117	131	0.171	88	0.123	283	0.314	177	-274.11	169
安陽	0.128	100	0.104	257	0.152	118	0.123	283	0.321	140	-280.14	170
安慶	0.14	72	0.106	234	0.143	148	0.133	160	0.307	218	-280.46	171
滁州	0.134	81	0.107	222	0.136	167	0.129	225	0.317	163	-283.81	172
撫州	0.12	156	0.115	154	0.147	131	0.136	114	0.308	213	-285.89	173
玉溪	0.118	176	0.116	140	0.132	179	0.132	175	0.32	144	-287.67	174
運城	0.111	232	0.115	154	0.163	98	0.13	209	0.311	195	-288.52	175
信陽	0.113	218	0.11	193	0.142	151	0.14	85	0.317	163	-289.16	176
六安	0.126	112	0.106	234	0.143	148	0.14	85	0.307	218	-293.14	177
三明	0.123	128	0.117	131	0.14	155	0.131	188	0.307	218	-298.86	178
百色	0.134	81	0.106	234	0.146	133	0.124	276	0.311	195	-299.3	179
朔州	0.114	203	0.116	140	0.123	221	0.133	160	0.322	138	-301.41	180
荊門	0.114	203	0.121	98	0.121	226	0.131	188	0.32	144	-302.16	181
開封	0.116	190	0.116	140	0.137	161	0.128	243	0.316	167	-302.71	182
麗水	0.143	68	0.118	120	0.14	155	0.123	283	0.295	272	-302.74	183
漢中	0.112	227	0.11	193	0.128	199	0.124	276	0.332	117	-305.23	184
白山	0.11	246	0.121	98	0.124	213	0.132	175	0.318	156	-306.67	185
鶴崗	0.109	257	0.105	249	0.164	97	0.146	65	0.298	269	-308.74	186
陽泉	0.116	190	0.119	109	0.135	173	0.135	127	0.306	226	-308.87	187
商丘	0.114	203	0.104	257	0.15	122	0.129	225	0.317	163	-309.54	188
烏海	0.123	128	0.115	154	0.12	242	0.134	145	0.312	187	-311.13	189
曲靖	0.121	149	0.103	270	0.127	203	0.135	127	0.32	144	-312.21	190
咸寧	0.122	139	0.103	270	0.12	242	0.131	188	0.325	132	-312.24	191
呼倫貝爾	0.122	139	0.113	176	0.121	226	0.129	225	0.318	156	-312.38	192
攀枝花	0.117	183	0.124	89	0.127	203	0.135	127	0.302	248	-314.79	193
許昌	0.114	203	0.103	270	0.136	167	0.131	188	0.321	140	-316.91	194
佳木斯	0.116	190	0.108	212	0.131	183	0.139	91	0.311	195	-318.54	195
樂山	0.114	203	0.111	190	0.129	193	0.131	188	0.318	156	-318.55	196
龍岩	0.124	122	0.118	120	0.13	187	0.135	127	0.299	263	-319.43	197
宜春	0.116	190	0.113	176	0.129	193	0.132	175	0.311	195	-323.37	198
晉城	0.122	139	0.116	140	0.132	179	0.127	251	0.306	226	-325.67	199
崇左	0.119	168	0.108	212	0.15	122	0.121	292	0.309	208	-326.47	200
四平	0.103	296	0.119	109	0.148	128	0.127	251	0.307	218	-326.86	201
榆林	0.131	94	0.107	222	0.12	242	0.137	105	0.305	229	-327.02	202
臨汾	0.113	218	0.107	222	0.137	161	0.137	105	0.309	208	-327.14	203
周口	0.118	176	0.106	234	0.125	210	0.131	188	0.318	156	-327.43	204
鄂州	0.113	218	0.117	131	0.124	213	0.132	175	0.31	204	-328.11	205
池州	0.13	96	0.104	257	0.134	175	0.121	292	0.312	187	-328.28	206
駐馬店	0.122	139	0.105	249	0.118	259	0.13	209	0.32	144	-328.42	207
嘉峪關	0.105	288	0.11	193	0.137	161	0.136	114	0.313	181	-328.5	208
德陽	0.12	156	0.11	193	0.146	133	0.127	251	0.303	244	-329.61	209
臨滄	0.107	279	0.104	257	0.112	274	0.125	271	0.34	101	-330.33	210
欽州	0.114	203	0.103	270	0.12	242	0.138	98	0.319	152	-331.59	211
焦作	0.126	112	0.104	257	0.146	133	0.13	209	0.299	263	-332.29	212
鶴壁	0.11	246	0.102	283	0.124	213	0.132	175	0.324	135	-333.43	213
上饒	0.111	232	0.114	164	0.136	167	0.131	188	0.307	218	-334.44	214
赤峰	0.108	264	0.108	212	0.136	167	0.133	160	0.313	181	-335.52	215
天水	0.116	190	0.111	190	0.137	161	0.131	188	0.305	229	-336.95	216

表 3.9.1 2014 年度城市科技競爭力排名

城市	科技投入指數	排名	科技人力資本指數	排名	科研機構指數	排名	科研創新指數	排名	科研成果轉化指數	排名	科技競爭力	排名
遵義	0.124	122	0.106	234	0.15	122	0.129	225	0.296	271	-337.99	217
三門峡	0.123	128	0.105	249	0.112	274	0.129	225	0.319	152	-341.29	218
莆田	0.117	183	0.114	164	0.13	187	0.132	175	0.302	248	-341.71	219
通遼	0.111	232	0.108	212	0.129	193	0.127	251	0.316	167	-343.75	220
寧德	0.11	246	0.115	154	0.13	187	0.134	145	0.304	238	-344.07	221
湘潭	0.119	168	0.115	154	0.205	59	0.145	67	0.245	294	-344.1	222
吉安	0.11	246	0.116	140	0.12	242	0.127	251	0.313	181	-344.95	223
保山	0.116	190	0.102	283	0.131	183	0.13	209	0.313	181	-345.65	224
烏蘭察布	0.105	288	0.109	203	0.13	187	0.13	209	0.315	173	-347.79	225
普洱	0.118	176	0.108	212	0.121	226	0.122	288	0.316	167	-348.72	226
阜陽	0.119	168	0.102	283	0.134	175	0.135	127	0.304	238	-348.78	227
白城	0.108	264	0.109	203	0.132	179	0.135	127	0.307	218	-349.68	228
濮陽	0.118	176	0.102	283	0.111	280	0.131	188	0.32	144	-352.65	229
河池	0.124	122	0.107	222	0.119	253	0.123	283	0.311	195	-354.03	230
隨州	0.116	190	0.102	283	0.112	274	0.13	209	0.321	140	-354.09	231
張掖	0.112	227	0.114	164	0.125	210	0.124	276	0.309	208	-356.35	232
巴彥淖爾	0.108	264	0.109	203	0.123	221	0.127	251	0.315	173	-357.1	233
防城港	0.108	264	0.106	234	0.115	264	0.132	175	0.318	156	-357.26	234
玉林	0.116	190	0.107	222	0.11	290	0.127	251	0.319	152	-357.48	235
宿州	0.111	232	0.104	257	0.127	203	0.132	175	0.311	195	-358.92	236
延安	0.12	156	0.109	203	0.121	226	0.129	225	0.303	244	-359.49	237
瀘州	0.108	264	0.104	257	0.144	143	0.134	145	0.301	254	-360.13	238
梧州	0.119	168	0.103	270	0.111	280	0.131	188	0.314	177	-360.47	239
麗江	0.124	122	0.108	212	0.126	208	0.116	296	0.308	213	-364.93	240
雞西	0.114	203	0.107	222	0.112	274	0.139	91	0.305	229	-365.2	241
自貢	0.114	203	0.114	164	0.12	242	0.127	251	0.305	229	-365.33	242
遼源	0.106	283	0.117	131	0.124	213	0.135	127	0.299	263	-368.18	243
漯河	0.106	283	0.101	293	0.13	187	0.127	251	0.316	167	-368.44	244
亳州	0.111	232	0.102	283	0.119	253	0.133	160	0.312	187	-369.05	245
南充	0.109	257	0.105	249	0.134	175	0.133	160	0.301	254	-371.71	246
宜賓	0.123	128	0.103	270	0.119	253	0.133	160	0.3	259	-373.4	247
賀州	0.123	128	0.104	257	0.112	274	0.125	271	0.308	213	-374.91	248
酒泉	0.111	232	0.113	176	0.115	264	0.126	267	0.308	213	-375.86	249
伊春	0.113	218	0.112	182	0.114	267	0.134	145	0.3	259	-377.89	250
來賓	0.122	139	0.107	222	0.111	280	0.124	276	0.307	218	-378.75	251
內江	0.105	288	0.106	234	0.119	253	0.136	114	0.306	226	-379.63	252
平涼	0.116	190	0.106	234	0.112	274	0.121	292	0.315	173	-380.01	253
白銀	0.113	218	0.105	249	0.113	268	0.127	251	0.312	187	-380.19	254
黑河	0.111	232	0.107	222	0.113	268	0.134	145	0.305	229	-381.11	255
衡水	0.106	283	0.105	249	0.119	253	0.136	114	0.305	229	-382.33	256
岳陽	0.118	176	0.118	120	0.154	112	0.129	225	0.269	283	-382.6	257
松原	0.1	298	0.117	131	0.121	226	0.13	209	0.302	248	-382.65	258
吳忠	0.117	183	0.102	283	0.113	268	0.128	243	0.308	213	-383.58	259
綏化	0.115	199	0.104	257	0.11	290	0.135	127	0.305	229	-383.64	260
商洛	0.111	232	0.106	234	0.121	226	0.133	160	0.301	254	-383.97	261
衡陽	0.108	264	0.116	140	0.184	75	0.126	267	0.263	286	-386.03	262
銅川	0.11	246	0.11	193	0.116	263	0.131	188	0.302	248	-386.86	263
安順	0.118	176	0.105	249	0.121	226	0.134	145	0.295	272	-387.37	264
石嘴山	0.108	264	0.107	222	0.117	262	0.124	276	0.311	195	-387.84	265
固原	0.121	149	0.107	222	0.113	268	0.122	288	0.302	248	-391.88	266
雙鴨山	0.108	264	0.107	222	0.113	268	0.14	85	0.297	270	-393.22	267
安康	0.108	264	0.106	234	0.12	242	0.129	225	0.302	248	-395.78	268
遂寧	0.109	257	0.101	293	0.111	280	0.141	79	0.3	259	-398.86	269
武威	0.105	288	0.104	257	0.123	221	0.129	225	0.304	238	-400.03	270
貴港	0.106	283	0.102	283	0.11	290	0.131	188	0.31	204	-400.88	271
慶陽	0.123	128	0.103	270	0.111	280	0.125	271	0.299	263	-400.93	272
眉山	0.105	288	0.102	283	0.12	242	0.133	160	0.303	244	-401.37	273

表 3.9.1 2014 年度城市科技競爭力排名

城市	科技投入指數	排名	科技人力資本指數	排名	科研機構指數	排名	科研創新指數	排名	科研成果轉化指數	排名	科技競爭力	排名
常德	0.108	264	0.118	120	0.145	138	0.129	225	0.276	280	-402.53	274
金昌	0.106	283	0.103	270	0.121	226	0.127	251	0.304	238	-406.06	275
資陽	0.117	183	0.101	293	0.102	296	0.124	276	0.309	208	-408.3	276
昭通	0.118	176	0.104	257	0.11	290	0.12	295	0.304	238	-410.09	277
渭南	0.108	264	0.108	212	0.11	290	0.127	251	0.3	259	-414.56	278
六盤水	0.111	232	0.103	270	0.12	242	0.131	188	0.292	276	-417.42	279
達州	0.11	246	0.105	249	0.118	259	0.126	267	0.294	274	-425.82	280
邵陽	0.104	295	0.116	140	0.136	167	0.128	243	0.275	281	-430.03	281
廣安	0.105	288	0.102	283	0.111	280	0.13	209	0.299	263	-430.59	282
益陽	0.112	227	0.114	164	0.146	133	0.136	114	0.252	291	-442.92	283
巴中	0.11	246	0.103	270	0.102	296	0.124	276	0.299	263	-443.73	284
葫蘆島	0.128	100	0.109	203	0.111	280	0.134	145	0.265	284	-444.38	285
鷹潭	0.11	246	0.12	105	0.124	213	0.141	79	0.254	290	-449.79	286
中衛	0.111	232	0.1	297	0.1	298	0.122	288	0.301	254	-450.57	287
郴州	0.128	100	0.116	140	0.129	193	0.13	209	0.248	292	-455.52	288
七台河	0.107	279	0.114	164	0.115	264	0.13	209	0.273	282	-458.44	289
廣元	0.114	203	0.106	234	0.12	242	0.129	225	0.265	284	-477.46	290
懷化	0.109	257	0.108	212	0.127	203	0.135	127	0.258	289	-478.4	291
婁底	0.107	279	0.104	257	0.128	199	0.129	225	0.261	287	-495.12	292
張家界	0.111	232	0.106	234	0.113	268	0.13	209	0.26	288	-503.29	293
定西	0.134	81	0.101	293	0.111	280	0.122	288	0.238	295	-544.15	294
永州	0.109	257	0.106	234	0.127	203	0.127	251	0.233	296	-561.88	295
隴南	0.113	218	0.1	297	0.109	295	0.126	267	0.246	293	-562.49	296
畢節	0.113	218	0.109	203	0.118	259	0.102	297	0.1	298	-940.03	297
銅仁	0.108	264	0.104	257	0.119	253	0.1	298	0.102	297	-962.47	298

3.10 城市文化形象競爭力排名及二級指標分值

城市是人類社會文明發展進步的產物，它包含著經濟、政治、文化、環境等諸多因素，是一個複雜而又有序的動態系統。城市的建設以及其總體發展水平能夠體現城市的經濟、社會和文化的發展狀況。因為城市不僅僅是文明進步的一種產物，而且最為集中地承載了人類的一切文明及文化成果。而城市文化形象也不僅僅是人們在各種感觀上對這座城市的印象和感受，而且還是其內部要素，如歷史文化、市民意識、城市景觀及城市氛圍給人形成的一種潛在且直觀的反映和評價。城市文化形象代表著城市的特質和個性，它是人們區別不同城市的最重要的整體感觀評價，也體現出其整體上的自身特質。它是一種外部性很強的公共產品，良好的城市文化形象不僅使城市居民具有自豪感，還能提升該城市的企業競爭力、促進該城市的開放並且提高該城市的綜合競爭力。城市文化形象競爭力就是城市在歷史文化、市民意識、城市景觀和城市氛圍上所體現出來的，區別於其它城市的整體感觀印象。雖然各個城市都有其自身的特色，但是不同的城市在人們心中也有著不同層次的文化形象，而這種層次的不同將會對城市的發展起著難以估量的作用：良好的城市文化形象將有利於促進城市經濟社會的全面發展、促進城市形成良好的凝聚力、改善城市的投資環境、促進旅遊業的發展、促進城市的改革開放，還有利於城市的可持續發展。

城市文化競爭力比較評價指標體系包括 4 個二級指標：文化設施指數、文化意識指數、文化資源指數、城市營銷能力指數，及 16 個三級指標如每百萬人影劇院數、誠信意識指數等。文化設施指數是城市居民公共文化設施水平的體現。文化意識指數刻畫了城市居民的精神風貌及市場意識，它不僅僅有著歷史的繼承性，也由於城市居民在市場經濟條件下所形成的市場意識反映出了城市的精神氛圍和整體氣質。而文化資源指數則概括了城市人文文化資源的豐富度，其中人文精神是一種有別於科學精神的軟文化，它雖然沒有科學文化對經濟發展和社會進步有著如此顯著的推動作用，但是它對提高城市居民的生活質量有著非常重要的意義，並會間接地影響經濟發展以及社會進步，而這種作用將會越來越明顯。

中國共產黨十八屆三中全會決議通過推進文化體制機制創新，這其中包括：完善文化體制、建立健全現代文化市場體系、構建現代公共文化服務體系和提高文化開放水平。這個決定非常符合時代發展的步伐，在中華民族偉大復興的道路上，只有繁榮文化，才能維護國家文化安全。建設社主義文化強國，是中國從經濟大國走向經濟強國的必然選擇，是中華民族復興的必然選擇。在全球化大浪潮下，文化在綜合國力競爭中占據更加重要的地位，維護國家文化安全任務更加艱巨。要在發展經濟實力的基礎上，同時提升物質文明和精神文明，切實提升中國的文化軟實力。從國內發展看，隨著中國經濟的發展，人民收入水平普遍提高，在物質需求得到更多滿足的前提下，中國人民群眾轉向追求更為豐富的精神文化生活，對精神文化生活需求更廣泛、更深化、更多樣。而中國目前文化發展同經濟社會發展和人民群眾日益豐富的精神文化需求還不完全適應，某些束縛和制約文化產業發展的體制性和政策性的因素尚未根除。文化在引領風尚、教育群眾、服務社會、推動發展等方面的作用尚未得到充分發揮。城市作為國家整體發展的內部縮影，也應該責無旁貸的擔負起大力發展文化的重任，切實地將文化發展與經濟發展有機結合在一起。

在 2014 年 298 個城市文化競爭力排名中，有 79 個城市處於平均水平之上，占 26.51%。文化競爭力得分的標準差為 6.308，延續了 2012 年來上升趨勢，表明城市間的文化發展水平差距有所增加。城市文化競爭力具體排名請見表 3.10.1。

表 3.10.1 2014 年度城市文化形象競爭力排名

城市	文化設施指數	排名	文化意識指數	排名	文化資源指數	排名	城市營銷能力指數	排名	城市文化形象競爭力	排名
北京	1	1	1	1	1	1	1	1	5177.6	1
上海	0.916	2	1	1	0.546	6	1	1	4146.95	2
深圳	0.799	3	1	1	0.397	20	1	1	3633.38	3
香港	0.377	5	1	1	0.544	7	1	1	3081.81	4
廣州	0.336	12	1	1	0.575	3	1	1	3060.07	5
杭州	0.404	4	0.449	7	0.556	4	0.416	8	1679.99	6
蘇州	0.348	10	0.599	6	0.345	30	0.491	6	1458.93	7
南京	0.376	6	0.379	9	0.534	8	0.327	18	1375.11	8
西安	0.231	30	0.315	30	0.605	2	0.367	12	1194.81	9
武漢	0.354	7	0.338	18	0.458	10	0.344	17	1157.81	10
天津	0.298	17	0.356	12	0.415	14	0.422	7	1090.64	11
濟南	0.277	20	0.352	14	0.465	9	0.354	13	1051.87	12
成都	0.287	18	0.349	17	0.432	12	0.327	18	965.75	13
哈爾濱	0.352	9	0.32	29	0.412	15	0.285	34	964.93	14
瀋陽	0.34	11	0.307	36	0.411	16	0.318	22	963.98	15
無錫	0.318	13	0.412	8	0.373	25	0.302	28	963.78	16
寧波	0.3	15	0.336	19	0.348	29	0.313	25	796.24	17
青島	0.235	28	0.327	24	0.391	21	0.352	15	790.02	18
大連	0.255	24	0.311	34	0.339	34	0.375	11	741.48	19
重慶	0.127	222	0.369	10	0.428	13	0.346	16	695.21	20
澳門	0.257	23	0.356	12	0.265	58	0.4	9	693.85	21
廈門	0.241	26	0.302	38	0.389	22	0.292	31	688.98	22
中山	0.194	51	0.331	22	0.407	17	0.307	26	685.76	23
東莞	0.353	8	0.335	20	0.219	101	0.322	21	666.04	24
嘉興	0.309	14	0.324	25	0.305	44	0.268	41	658.99	25
臺北	0.233	29	0.323	26	0.289	49	0.396	10	642.87	26

表 3.10.1 2014 年度城市文化形象競爭力排名

城市	文化設施指數	排名	文化意識指數	排名	文化資源指數	排名	城市營銷能力指數	排名	城市文化形象競爭力	排名
福州	0.227	32	0.307	36	0.389	22	0.272	39	640.59	27
紹興	0.208	41	0.363	11	0.337	35	0.315	23	634.42	28
長沙	0.228	31	0.282	45	0.382	24	0.293	30	622.81	29
昆明	0.142	137	0.321	28	0.398	19	0.354	13	615.78	30
佛山	0.261	21	0.322	27	0.304	45	0.267	43	558.48	31
拉薩	0.137	159	0.17	215	0.549	5	0.219	63	520.56	32
南昌	0.189	54	0.29	42	0.366	27	0.268	41	494.55	33
合肥	0.22	34	0.279	47	0.343	31	0.264	44	492.38	34
長春	0.243	25	0.31	35	0.296	47	0.262	45	483.71	35
海口	0.147	118	0.289	43	0.369	26	0.314	24	475.21	36
蘭州	0.206	42	0.251	63	0.364	28	0.24	54	437.71	37
常州	0.28	19	0.274	50	0.27	55	0.232	57	422.12	38
南通	0.227	32	0.35	16	0.255	60	0.254	47	417.23	39
珠海	0.16	88	0.315	30	0.298	46	0.307	26	390.85	40
煙臺	0.218	35	0.282	45	0.269	56	0.287	32	382.92	41
鄭州	0.185	56	0.267	53	0.316	40	0.277	37	374.12	42
泉州	0.199	48	0.296	40	0.318	38	0.22	61	367.83	43
溫州	0.198	49	0.351	15	0.244	65	0.273	38	364.15	44
洛陽	0.177	62	0.184	141	0.445	11	0.172	129	358.88	45
銀川	0.203	45	0.239	76	0.321	37	0.241	53	334.76	46
台州	0.239	27	0.335	20	0.24	68	0.208	68	333.17	47
石家莊	0.2	47	0.25	66	0.28	53	0.286	33	324.08	48
鎮江	0.3	15	0.257	58	0.242	66	0.176	116	313.77	49
貴陽	0.146	121	0.268	52	0.326	36	0.272	39	309.22	50
韶關	0.152	105	0.329	23	0.239	70	0.323	20	301.33	51
舟山	0.173	68	0.257	58	0.306	43	0.242	52	274.4	52
太原	0.215	37	0.171	209	0.342	32	0.208	68	266.31	53
曲靖	0.134	182	0.313	32	0.266	57	0.295	29	261.36	54
秦皇島	0.146	121	0.284	44	0.317	39	0.22	61	247.1	55
呼和浩特	0.187	55	0.187	131	0.342	32	0.201	74	223.55	56
威海	0.169	75	0.279	47	0.24	68	0.283	35	219.79	57
南寧	0.183	58	0.243	73	0.282	52	0.233	55	217.12	58
徐州	0.14	144	0.271	51	0.29	48	0.232	57	183.28	59
咸陽	0.136	169	0.184	141	0.401	18	0.162	169	179.54	60
江門	0.138	150	0.312	33	0.216	112	0.283	35	155	61
湖州	0.148	117	0.294	41	0.238	71	0.248	50	150.07	62
東營	0.21	40	0.25	66	0.235	75	0.196	78	139.61	63
張家界	0.132	196	0.184	141	0.316	40	0.246	51	120.14	64
淄博	0.153	102	0.264	54	0.272	54	0.178	112	94.02	65
桂林	0.193	52	0.149	264	0.286	50	0.21	66	92.36	66
烏魯木齊	0.16	88	0.209	97	0.286	50	0.2	76	90.52	67
商丘	0.123	242	0.297	39	0.225	88	0.25	49	82.02	68
麗水	0.197	50	0.221	92	0.224	90	0.203	72	65.73	69
西寧	0.173	68	0.201	105	0.265	58	0.192	84	53.57	70
聊城	0.133	190	0.263	56	0.214	117	0.258	46	47.95	71
連雲港	0.147	118	0.261	57	0.247	61	0.187	93	42.82	72
淮安	0.173	68	0.244	72	0.241	67	0.168	140	34.7	73
龍岩	0.167	79	0.248	68	0.233	79	0.185	100	34.52	74
大慶	0.205	44	0.178	167	0.234	76	0.193	82	31.09	75
金華	0.182	59	0.236	79	0.219	101	0.187	93	25.57	76
鄂爾多斯	0.138	150	0.252	62	0.225	88	0.226	59	21.29	77
濰坊	0.206	42	0.253	61	0.188	172	0.171	131	15.86	78
惠州	0.136	169	0.279	47	0.213	121	0.214	64	12.88	79
衢州	0.168	77	0.242	74	0.214	117	0.189	90	-1.35	80
三亞	0.14	144	0.235	80	0.214	117	0.233	55	-9.63	81
新北	0.18	60	0.191	120	0.247	61	0.163	164	-14.79	82
汕頭	0.135	174	0.24	75	0.185	179	0.254	47	-39.61	83

表 3.10.1 2014 年度城市文化形象競爭力排名

城市	文化設施指數	排名	文化意識指數	排名	文化資源指數	排名	城市營銷能力指數	排名	城市文化形象競爭力	排名
三明	0.178	61	0.217	94	0.208	131	0.17	134	-52.6	84
濟寧	0.14	144	0.247	71	0.208	131	0.191	86	-60.1	85
玉溪	0.201	46	0.168	227	0.197	156	0.187	93	-66.81	86
寧德	0.133	190	0.228	89	0.232	82	0.179	109	-68.23	87
漳州	0.143	135	0.232	85	0.217	108	0.18	107	-68.78	88
臨沂	0.174	65	0.234	82	0.185	179	0.176	116	-71.44	89
南平	0.162	81	0.225	90	0.21	126	0.166	151	-72.6	90
棗莊	0.129	213	0.248	68	0.223	94	0.174	123	-73.73	91
鞍山	0.164	80	0.195	112	0.224	90	0.17	134	-75.27	92
鐵嶺	0.216	36	0.175	187	0.176	214	0.174	123	-84.7	93
莆田	0.122	246	0.239	76	0.221	98	0.186	97	-85.22	94
克拉瑪依	0.261	21	0.171	209	0.161	248	0.132	278	-86.81	95
延安	0.117	265	0.161	249	0.308	42	0.144	250	-86.95	96
宿遷	0.174	65	0.251	63	0.179	202	0.154	208	-90.26	97
廣元	0.213	39	0.183	149	0.18	198	0.162	169	-91.81	98
泰安	0.122	246	0.239	76	0.199	152	0.21	66	-97.58	99
十堰	0.125	233	0.169	220	0.246	64	0.205	70	-98.76	100
丹東	0.131	202	0.197	110	0.237	72	0.181	105	-99.42	101
泰州	0.134	182	0.248	68	0.194	160	0.188	91	-100.25	102
高雄	0.162	81	0.188	126	0.222	97	0.163	164	-102.32	103
宜春	0.192	53	0.159	255	0.207	134	0.167	144	-104.72	104
揚州	0.149	111	0.229	88	0.212	122	0.154	208	-104.98	105
梅州	0.161	85	0.231	86	0.183	188	0.178	112	-105.57	106
台中	0.162	81	0.189	124	0.217	108	0.166	151	-105.85	107
上饒	0.145	126	0.202	104	0.229	85	0.163	164	-106.3	108
保定	0.173	68	0.192	116	0.204	142	0.166	151	-106.72	109
岳陽	0.138	150	0.175	187	0.236	73	0.184	101	-113.04	110
荊門	0.136	169	0.203	101	0.224	90	0.177	115	-113.27	111
肇慶	0.149	111	0.251	63	0.171	226	0.184	101	-115.76	112
宜昌	0.159	91	0.166	232	0.234	76	0.161	176	-117.38	113
綿陽	0.17	74	0.184	141	0.168	240	0.222	60	-118.24	114
榆林	0.15	108	0.192	116	0.232	82	0.151	223	-118.25	115
攀枝花	0.142	137	0.191	120	0.227	87	0.166	151	-124.24	116
營口	0.129	213	0.179	160	0.223	94	0.203	72	-125.1	117
湛江	0.12	253	0.254	60	0.17	232	0.214	64	-131.68	118
贛州	0.152	105	0.176	178	0.233	79	0.151	223	-133.39	119
雲浮	0.185	56	0.23	87	0.151	267	0.163	164	-137.52	120
阜新	0.118	260	0.181	153	0.233	79	0.193	82	-138.16	121
撫州	0.169	75	0.178	167	0.206	137	0.156	196	-139.71	122
萍鄉	0.146	121	0.179	160	0.206	137	0.191	86	-141.9	123
景德鎮	0.139	147	0.179	160	0.219	101	0.181	105	-142.01	124
邯鄲	0.141	142	0.175	187	0.236	73	0.157	188	-143.5	125
撫順	0.136	169	0.174	196	0.218	105	0.187	93	-147.93	126
新餘	0.126	228	0.18	159	0.231	84	0.176	116	-150.05	127
衡陽	0.127	222	0.192	116	0.234	76	0.157	188	-150.91	128
菏澤	0.151	107	0.193	114	0.187	175	0.186	97	-153.19	129
遼陽	0.129	213	0.198	108	0.218	105	0.171	131	-153.4	130
鹽城	0.155	96	0.234	82	0.183	188	0.145	246	-155	131
萊蕪	0.116	270	0.208	98	0.223	94	0.169	138	-157.07	132
鄂州	0.121	251	0.176	178	0.247	61	0.158	182	-158.38	133
濱州	0.155	96	0.188	126	0.194	160	0.17	134	-159.96	134
錦州	0.139	147	0.186	135	0.206	137	0.176	116	-163.97	135
襄陽	0.137	159	0.193	114	0.221	98	0.15	228	-164.63	136
吉安	0.146	121	0.172	206	0.228	86	0.147	239	-165	137
柳州	0.132	196	0.159	255	0.217	108	0.194	80	-168.08	138
本溪	0.144	131	0.169	220	0.22	100	0.162	169	-168.51	139
銅川	0.174	65	0.173	201	0.206	137	0.131	279	-170.02	140

表 3.10.1 2014 年度城市文化形象競爭力排名

城市	文化設施指數	排名	文化意識指數	排名	文化資源指數	排名	城市營銷能力指數	排名	城市文化形象競爭力	排名
台南	0.154	99	0.186	135	0.199	152	0.158	182	-172.02	141
承德	0.155	96	0.188	126	0.204	142	0.146	244	-172.63	142
唐山	0.137	159	0.184	141	0.204	142	0.176	116	-174.59	143
伊春	0.161	85	0.192	116	0.178	206	0.169	138	-175.74	144
潮州	0.115	275	0.264	54	0.156	263	0.197	77	-178.28	145
銅陵	0.145	126	0.175	187	0.203	145	0.171	131	-178.54	146
九江	0.141	142	0.163	244	0.217	108	0.165	160	-185.11	147
遵義	0.171	73	0.155	258	0.181	191	0.178	112	-186.82	148
嘉峪關	0.162	81	0.169	220	0.21	126	0.134	273	-186.97	149
汕尾	0.131	202	0.223	91	0.184	183	0.165	160	-188.11	150
馬鞍山	0.154	99	0.169	220	0.198	154	0.16	179	-192.55	151
宣城	0.116	270	0.197	110	0.214	117	0.166	151	-192.61	152
咸寧	0.115	275	0.2	107	0.218	105	0.157	188	-194.04	153
廊坊	0.138	150	0.187	131	0.207	134	0.15	228	-194.91	154
渭南	0.137	159	0.176	178	0.224	90	0.14	265	-195.22	155
茂名	0.116	270	0.235	80	0.159	254	0.205	70	-196.37	156
佳木斯	0.158	93	0.177	174	0.189	168	0.154	208	-198.69	157
盤錦	0.127	222	0.17	215	0.211	124	0.175	121	-199.56	158
黄山	0.132	196	0.182	151	0.209	129	0.158	182	-199.94	159
德州	0.132	196	0.203	101	0.184	183	0.173	128	-201.54	160
日照	0.133	190	0.216	96	0.169	235	0.18	107	-201.64	161
鶴崗	0.114	279	0.204	100	0.212	122	0.157	188	-201.9	162
齊齊哈爾	0.149	111	0.188	126	0.172	225	0.179	109	-202.67	163
朝陽	0.111	288	0.176	178	0.211	124	0.19	89	-205.15	164
湘潭	0.149	111	0.175	187	0.171	226	0.191	86	-205.28	165
安慶	0.137	159	0.178	167	0.201	150	0.163	164	-206.46	166
荊州	0.119	257	0.175	187	0.216	112	0.167	144	-210.11	167
株洲	0.121	251	0.198	108	0.188	172	0.183	103	-211.18	168
永州	0.125	233	0.171	209	0.219	101	0.155	201	-212.54	169
包頭	0.214	38	0.132	271	0.169	235	0.133	275	-213.55	170
衡水	0.145	126	0.181	153	0.202	148	0.137	271	-216.39	171
張家口	0.138	150	0.175	187	0.207	134	0.146	244	-216.89	172
黄石	0.137	159	0.19	123	0.164	246	0.194	80	-219.48	173
欽州	0.115	275	0.186	135	0.184	183	0.201	74	-221.24	174
黄岡	0.149	111	0.175	187	0.187	175	0.156	196	-221.5	175
常德	0.15	108	0.156	257	0.171	226	0.195	79	-222.75	176
焦作	0.139	147	0.169	220	0.205	141	0.149	230	-223.6	177
防城港	0.133	190	0.155	258	0.215	115	0.155	201	-227.28	178
蕪湖	0.142	137	0.17	215	0.184	183	0.168	140	-233.32	179
白山	0.137	159	0.169	220	0.195	158	0.157	188	-234.69	180
長治	0.168	77	0.133	270	0.194	160	0.144	250	-240.86	181
寶雞	0.161	85	0.16	252	0.181	191	0.147	239	-240.95	182
金昌	0.16	88	0.181	153	0.168	240	0.145	246	-241.91	183
淮北	0.124	237	0.166	232	0.201	150	0.168	140	-242.2	184
吉林	0.137	159	0.189	124	0.159	254	0.186	97	-242.86	185
池州	0.112	285	0.186	135	0.198	154	0.167	144	-243.65	186
孝感	0.118	260	0.165	234	0.216	112	0.152	220	-245.21	187
大同	0.142	137	0.129	272	0.215	115	0.152	220	-246.34	188
滄州	0.12	253	0.179	160	0.196	157	0.162	169	-246.92	189
鷹潭	0.138	150	0.164	238	0.186	177	0.164	163	-247.21	190
郴州	0.129	213	0.176	178	0.169	235	0.192	84	-247.7	191
蚌埠	0.131	202	0.178	167	0.171	226	0.183	103	-247.72	192
邢臺	0.175	64	0.17	215	0.15	270	0.154	208	-249.34	193
安陽	0.153	102	0.171	209	0.176	214	0.148	237	-249.57	194
河源	0.106	296	0.221	92	0.164	246	0.188	91	-249.91	195
開封	0.13	207	0.194	113	0.171	226	0.166	151	-250.44	196
內江	0.132	196	0.184	141	0.179	202	0.162	169	-250.73	197

表 3. 10. 1 2014 年度城市文化形象競爭力排名

城市	文化設施指數	排名	文化意識指數	排名	文化資源指數	排名	城市營銷能力指數	排名	城市文化形象競爭力	排名
玉林	0.137	159	0.173	201	0.177	210	0.167	144	-252.31	198
新鄉	0.135	174	0.187	131	0.185	179	0.144	250	-252.35	199
呼倫貝爾	0.173	68	0.106	293	0.208	131	0.133	275	-253.69	200
淮南	0.108	293	0.177	174	0.203	145	0.166	151	-254.34	201
臨汾	0.177	62	0.122	276	0.185	179	0.143	259	-255.59	202
隨州	0.159	91	0.171	209	0.161	248	0.156	196	-256.63	203
安康	0.127	222	0.164	238	0.202	148	0.147	239	-260.5	204
葫蘆島	0.124	237	0.173	201	0.181	191	0.174	123	-260.75	205
北海	0.118	260	0.165	234	0.189	168	0.179	109	-260.82	206
保山	0.122	246	0.153	261	0.209	129	0.155	201	-263.19	207
鶴壁	0.134	182	0.188	126	0.175	216	0.151	223	-263.47	208
邵陽	0.133	190	0.173	201	0.174	220	0.166	151	-267.94	209
晉中	0.156	94	0.126	274	0.194	160	0.148	237	-269.13	210
白城	0.126	228	0.168	227	0.193	165	0.151	223	-269.55	211
宿州	0.123	242	0.165	234	0.194	160	0.156	196	-270.15	212
平頂山	0.129	213	0.203	101	0.171	226	0.144	250	-270.57	213
七台河	0.124	237	0.186	135	0.173	222	0.166	151	-271.17	214
梧州	0.131	202	0.16	252	0.18	198	0.168	140	-275.07	215
亳州	0.117	265	0.187	131	0.179	202	0.162	169	-275.52	216
周口	0.122	246	0.184	141	0.186	177	0.145	246	-278.32	217
揭陽	0.125	233	0.233	84	0.143	281	0.154	208	-279.14	218
六安	0.119	257	0.172	206	0.188	172	0.157	188	-279.83	219
懷化	0.15	108	0.167	229	0.157	259	0.161	176	-280.13	220
駐馬店	0.134	182	0.179	160	0.177	210	0.144	250	-281.33	221
益陽	0.129	213	0.174	196	0.182	190	0.147	239	-281.4	222
天水	0.126	228	0.164	238	0.189	168	0.153	214	-282.15	223
基隆	0.138	150	0.183	149	0.158	256	0.158	182	-283.34	224
自貢	0.117	265	0.181	153	0.177	210	0.165	160	-283.39	225
漢中	0.116	270	0.176	178	0.189	168	0.154	208	-283.45	226
清遠	0.135	174	0.205	99	0.146	275	0.159	180	-283.65	227
南陽	0.136	169	0.167	229	0.179	202	0.147	239	-283.94	228
雞西	0.113	282	0.171	209	0.195	158	0.153	214	-284.33	229
通化	0.117	265	0.173	201	0.181	191	0.167	144	-284.56	230
松原	0.111	288	0.174	196	0.18	198	0.175	121	-285.81	231
牡丹江	0.13	207	0.179	160	0.174	220	0.149	230	-288.13	232
瀘州	0.125	233	0.167	229	0.173	222	0.167	144	-291.15	233
德陽	0.131	202	0.175	187	0.157	259	0.174	123	-291.33	234
滁州	0.132	196	0.172	206	0.168	240	0.158	182	-292.31	235
白銀	0.123	242	0.165	234	0.192	167	0.14	265	-294.75	236
新竹	0.135	174	0.179	160	0.158	256	0.159	180	-296.12	237
黑河	0.129	213	0.181	153	0.167	244	0.151	223	-296.39	238
忻州	0.156	94	0.113	283	0.184	183	0.153	214	-297.68	239
雙鴨山	0.106	296	0.191	120	0.173	222	0.167	144	-298.92	240
阜陽	0.114	279	0.162	248	0.178	206	0.174	123	-298.98	241
四平	0.114	279	0.176	178	0.17	232	0.172	129	-300.63	242
陽江	0.112	285	0.217	94	0.148	274	0.162	169	-305.66	243
嘉義	0.134	182	0.177	174	0.155	265	0.157	188	-307.23	244
綏化	0.144	131	0.178	167	0.144	279	0.153	214	-312	245
漯河	0.107	295	0.185	140	0.18	198	0.149	230	-312.31	246
信陽	0.127	222	0.176	178	0.175	216	0.134	273	-313.39	247
遂寧	0.124	237	0.182	151	0.16	251	0.155	201	-313.63	248
張掖	0.145	126	0.115	282	0.21	126	0.116	289	-314.26	249
許昌	0.126	228	0.176	178	0.169	235	0.144	250	-314.74	250
貴港	0.138	150	0.16	252	0.157	259	0.155	201	-321.76	251
三門峽	0.146	121	0.145	266	0.168	240	0.133	275	-333	252
百色	0.153	102	0.138	268	0.15	270	0.149	230	-341.21	253
濮陽	0.122	246	0.174	196	0.158	256	0.149	230	-341.23	254

表 3.10.1 2014 年度城市文化形象競爭力排名

城市	文化設施指數	排名	文化意識指數	排名	文化資源指數	排名	城市營銷能力指數	排名	城市文化形象競爭力	排名
運城	0.145	126	0.116	281	0.178	206	0.14	265	-343.44	255
雅安	0.128	220	0.17	215	0.157	259	0.143	259	-343.6	256
呂梁	0.135	174	0.123	275	0.181	191	0.142	261	-343.64	257
酒泉	0.138	150	0.111	289	0.203	145	0.119	287	-344.15	258
石嘴山	0.149	111	0.161	249	0.156	263	0.12	284	-345.74	259
晉城	0.144	131	0.107	292	0.175	216	0.142	261	-361.5	260
平涼	0.134	182	0.109	290	0.193	165	0.124	282	-365.6	261
陽泉	0.13	207	0.12	278	0.17	232	0.152	220	-365.65	262
朔州	0.143	135	0.113	283	0.167	244	0.139	268	-373.61	263
南充	0.115	275	0.174	196	0.141	283	0.158	182	-374.85	264
烏海	0.144	131	0.121	277	0.161	248	0.137	271	-374.99	265
通遼	0.13	207	0.128	273	0.178	206	0.126	281	-377.06	266
來賓	0.13	207	0.154	260	0.143	281	0.144	250	-386.23	267
賀州	0.13	207	0.143	267	0.15	270	0.142	261	-387	268
宜賓	0.127	222	0.178	167	0.125	290	0.149	230	-387.9	269
樂山	0.109	291	0.169	220	0.144	279	0.156	196	-390.3	270
遼源	0.113	282	0.177	174	0.135	286	0.155	201	-390.45	271
固原	0.154	99	0.149	264	0.136	284	0.12	284	-391.08	272
商洛	0.134	182	0.119	279	0.175	216	0.12	284	-391.35	273
巴中	0.135	174	0.184	141	0.108	294	0.153	214	-392.96	274
婁底	0.119	257	0.163	244	0.136	284	0.155	201	-393.82	275
河池	0.12	253	0.15	262	0.155	265	0.138	270	-394.7	276
吳忠	0.142	137	0.164	238	0.126	288	0.131	279	-399.46	277
資陽	0.123	242	0.201	105	0.102	297	0.157	188	-400.85	278
六盤水	0.116	270	0.163	244	0.124	291	0.17	134	-401.82	279
定西	0.134	182	0.106	293	0.181	191	0.114	291	-405.53	280
眉山	0.11	290	0.178	167	0.122	292	0.161	176	-411.61	281
赤峰	0.118	260	0.118	280	0.169	235	0.139	268	-413.09	282
達州	0.135	174	0.181	153	0.1	298	0.149	230	-415.12	283
銅仁	0.124	237	0.164	238	0.126	288	0.144	250	-416.34	284
廣安	0.133	190	0.163	244	0.108	294	0.153	214	-422.03	285
崇左	0.117	265	0.135	269	0.15	270	0.141	264	-427.21	286
麗江	0.126	228	0.109	290	0.181	191	0.105	296	-429.98	287
武威	0.109	291	0.113	283	0.177	210	0.124	282	-440.22	288
烏蘭察布	0.147	118	0.103	295	0.145	277	0.115	290	-451.52	289
安順	0.118	260	0.164	238	0.114	293	0.144	250	-452.98	290
隴南	0.137	159	0.102	296	0.16	251	0.101	297	-462.78	291
巴彥淖爾	0.135	174	0.1	298	0.151	267	0.117	288	-466.4	292
中衛	0.12	253	0.15	262	0.131	287	0.114	291	-472.76	293
慶陽	0.128	220	0.101	297	0.16	251	0.1	298	-483.24	294
畢節	0.108	293	0.161	249	0.108	294	0.145	246	-485.19	295
臨滄	0.113	282	0.112	287	0.145	277	0.112	293	-511.77	296
普洱	0.112	285	0.113	283	0.146	275	0.107	295	-517.71	297
昭通	0.1	298	0.112	287	0.151	267	0.108	294	-530.34	298

第四篇　2014 年度中國城市綜合競爭力三級指標分值

4.1 城市經濟競爭力三級指標分值

表 4.1.1 2014 年度城市經濟競爭力三級指標分值

城市	城市人口規模	城區面積	GDP 規模	GDP 增長率	人均 GDP	地均 GDP	城市經營率	城市化率
北京	0.446	0.158	0.912	0.822	0.337	0.11	0.609	0.948
天津	0.364	0.142	0.696	0.896	0.328	0.11	0.459	0.828
石家莊	0.367	0.156	0.297	0.792	0.167	0.103	0.25	0.287
唐山	0.296	0.148	0.35	0.683	0.224	0.104	0.229	0.469
秦皇島	0.173	0.128	0.141	0.627	0.153	0.101	0.367	0.339
邯鄲	0.364	0.143	0.221	0.587	0.137	0.102	0.264	0.196
邢臺	0.297	0.144	0.16	0.692	0.122	0.101	0.242	0.163
保定	0.412	0.179	0.205	1	0.124	0.101	0.262	0.142
張家口	0.221	0.231	0.148	0.753	0.133	0.1	0.329	0.237
承德	0.197	0.24	0.146	0.779	0.142	0.1	0.278	0.202
滄州	0.296	0.15	0.219	1	0.154	0.102	0.222	0.123
廊坊	0.212	0.123	0.174	0.799	0.161	0.102	0.353	0.233
衡水	0.214	0.131	0.139	0.844	0.128	0.101	0.218	0.163
太原	0.194	0.125	0.194	0.977	0.196	0.103	0.355	0.789
大同	0.181	0.15	0.497	1	0.591	0.106	0.1	0.519
陽泉	0.13	0.116	0.118	1	0.163	0.101	0.367	0.557
長治	0.186	0.149	0.148	1	0.152	0.101	0.389	0.254
晉城	0.154	0.133	0.136	1	0.165	0.101	0.327	0.212
朔州	0.142	0.138	0.135	1	0.185	0.101	0.332	0.446
晉中	0.183	0.158	0.135	1	0.138	0.1	0.38	0.23
運城	0.235	0.15	0.14	1	0.122	0.101	0.188	0.18
忻州	0.179	0.189	0.12	1	0.121	0.1	0.384	0.223
臨汾	0.21	0.172	0.144	1	0.134	0.1	0.359	0.234
呂梁	0.201	0.175	0.144	1	0.138	0.1	0.438	0.123
呼和浩特	0.157	0.162	0.206	0.835	0.283	0.101	0.281	0.556
包頭	0.155	0.199	0.24	0.632	0.348	0.101	0.241	0.669
烏海	0.109	0.106	0.116	0.59	0.26	0.103	0.374	1
赤峰	0.22	0.42	0.163	0.773	0.147	0.1	0.213	0.308
通遼	0.181	0.311	0.168	0.763	0.181	0.1	0.229	0.306
鄂爾多斯	0.136	0.408	0.259	0.795	0.521	0.1	0.373	0.218
呼倫貝爾	0.167	1	0.152	0.763	0.176	0.1	0.248	0.153
巴彥淖爾	0.145	0.329	0.127	0.63	0.161	0.1	0.261	0.339
烏蘭察布	0.172	0.311	0.127	0.752	0.134	0.1	0.205	0.161
瀋陽	0.291	0.146	0.396	0.832	0.253	0.105	0.385	0.736
大連	0.254	0.145	0.414	0.828	0.303	0.105	0.383	0.534
鞍山	0.19	0.133	0.203	0.808	0.212	0.102	0.354	0.465
撫順	0.154	0.14	0.149	0.821	0.189	0.101	0.378	0.676
本溪	0.136	0.13	0.144	0.867	0.22	0.101	0.39	0.636
丹東	0.16	0.154	0.139	0.85	0.163	0.101	0.435	0.364
錦州	0.178	0.135	0.149	0.797	0.159	0.101	0.382	0.343
營口	0.158	0.119	0.156	0.837	0.193	0.102	0.428	0.423
阜新	0.147	0.137	0.118	0.845	0.139	0.1	0.402	0.439
遼陽	0.143	0.117	0.139	0.878	0.189	0.102	0.386	0.516
盤錦	0.13	0.114	0.149	0.827	0.263	0.103	0.398	0.524
鐵嶺	0.176	0.146	0.136	0.78	0.144	0.101	0.418	0.193
朝陽	0.187	0.17	0.135	0.835	0.135	0.1	0.408	0.224
葫蘆島	0.17	0.137	0.125	0.82	0.133	0.101	0.411	0.387
長春	0.3	0.173	0.302	0.916	0.196	0.102	0.288	0.508

表 4.1.1 2014 年度城市經濟競爭力三級指標分值

城市	城市人口規模	城區面積	GDP 規模	GDP 增長率	人均 GDP	地均 GDP	城市經營率	城市化率
吉林	0.211	0.196	0.203	0.797	0.188	0.101	0.216	0.455
四平	0.186	0.15	0.143	0.783	0.146	0.101	0.221	0.224
遼源	0.128	0.118	0.122	1	0.182	0.101	0.181	0.421
通化	0.155	0.155	0.134	0.965	0.161	0.101	0.276	0.241
白山	0.129	0.162	0.12	0.897	0.173	0.1	0.279	0.492
松原	0.173	0.175	0.162	0.633	0.181	0.101	0.184	0.248
白城	0.149	0.191	0.122	1	0.145	0.1	0.211	0.294
哈爾濱	0.364	0.288	0.308	0.94	0.172	0.101	0.291	0.503
齊齊哈爾	0.246	0.251	0.145	0.787	0.123	0.1	0.213	0.29
雞西	0.145	0.18	0.118	0.693	0.141	0.1	0.297	0.49
鶴崗	0.124	0.152	0.109	0.868	0.147	0.1	0.29	0.641
雙鴨山	0.135	0.182	0.116	0.95	0.149	0.1	0.251	0.368
大慶	0.171	0.176	0.274	0.799	0.343	0.102	0.176	0.508
伊春	0.129	0.216	0.104	0.85	0.124	0.1	0.21	0.663
佳木斯	0.159	0.216	0.124	0.944	0.138	0.1	0.234	0.374
七台河	0.12	0.122	0.102	0.1	0.129	0.1	0.359	0.639
牡丹江	0.165	0.236	0.143	0.889	0.164	0.1	0.256	0.378
黑河	0.141	0.342	0.109	0.752	0.124	0.1	0.245	0.158
綏化	0.245	0.224	0.143	1	0.122	0.1	0.218	0.205
上海	0.481	0.122	1	0.774	0.339	0.128	0.62	0.955
南京	0.268	0.123	0.429	0.888	0.296	0.11	0.362	0.874
無錫	0.222	0.116	0.431	0.749	0.373	0.115	0.331	0.54
徐州	0.363	0.14	0.279	0.863	0.161	0.103	0.334	0.361
常州	0.193	0.115	0.276	0.846	0.286	0.108	0.347	0.652
蘇州	0.27	0.13	0.639	0.801	0.422	0.113	0.365	0.535
南通	0.302	0.128	0.304	0.866	0.196	0.105	0.336	0.317
連雲港	0.233	0.127	0.167	0.891	0.144	0.102	0.442	0.234
淮安	0.243	0.136	0.183	0.917	0.152	0.102	0.415	0.544
鹽城	0.317	0.16	0.238	0.892	0.156	0.102	0.357	0.247
揚州	0.219	0.123	0.229	0.876	0.205	0.104	0.292	0.529
鎮江	0.168	0.114	0.215	0.889	0.266	0.106	0.306	0.415
泰州	0.232	0.12	0.219	0.889	0.185	0.104	0.318	0.21
宿遷	0.246	0.13	0.164	0.925	0.137	0.102	0.366	0.332
杭州	0.284	0.159	0.443	0.757	0.285	0.104	0.398	0.656
寧波	0.251	0.135	0.392	0.828	0.292	0.106	0.394	0.425
溫州	0.311	0.142	0.261	0.841	0.17	0.103	0.302	0.232
嘉興	0.188	0.114	0.225	0.823	0.239	0.107	0.332	0.288
湖州	0.165	0.121	0.168	0.805	0.201	0.103	0.316	0.451
紹興	0.214	0.129	0.259	1	0.236	0.104	0.285	0.196
金華	0.222	0.139	0.217	1	0.191	0.102	0.302	0.244
衢州	0.163	0.131	0.137	0.775	0.156	0.101	0.263	0.366
舟山	0.121	0.105	0.131	0.828	0.246	0.105	0.363	0.739
台州	0.255	0.133	0.225	0.782	0.175	0.103	0.294	0.306
麗水	0.166	0.161	0.134	0.882	0.148	0.1	0.281	0.196
合肥	0.287	0.141	0.289	0.916	0.196	0.103	0.336	0.351
蕪湖	0.198	0.121	0.181	1	0.177	0.103	0.342	0.359
蚌埠	0.194	0.121	0.135	1	0.132	0.101	0.319	0.294
淮南	0.161	0.109	0.127	0.237	0.142	0.103	0.453	0.752
馬鞍山	0.156	0.114	0.147	1	0.181	0.103	0.385	0.395
淮北	0.154	0.11	0.122	0.1	0.14	0.102	0.306	0.535
銅陵	0.115	0.104	0.121	0.162	0.239	0.105	0.368	0.626
安慶	0.263	0.154	0.152	1	0.124	0.101	0.264	0.167
黃山	0.135	0.135	0.112	0.1	0.139	0.1	0.451	0.336
滁州	0.217	0.148	0.138	0.191	0.126	0.101	0.355	0.168
阜陽	0.376	0.135	0.137	0.1	0.103	0.101	0.279	0.249
宿州	0.271	0.135	0.135	1	0.112	0.101	0.239	0.328
六安	0.287	0.164	0.135	1	0.11	0.1	0.29	0.304
亳州	0.261	0.13	0.126	1	0.107	0.101	0.264	0.311
池州	0.138	0.129	0.112	0.1	0.134	0.1	0.431	0.447

表 4.1.1 2014 年度城市經濟競爭力三級指標分值

城市	城市人口規模	城區面積	GDP 規模	GDP 增長率	人均 GDP	地均 GDP	城市經營率	城市化率
宣城	0.17	0.144	0.128	1	0.136	0.101	0.399	0.348
福州	0.272	0.146	0.289	0.883	0.205	0.103	0.331	0.332
廈門	0.146	0.105	0.219	0.766	0.35	0.116	0.515	1
莆田	0.184	0.115	0.149	0.906	0.154	0.103	0.255	0.685
三明	0.169	0.182	0.154	0.871	0.176	0.101	0.239	0.152
泉州	0.282	0.139	0.312	0.879	0.212	0.104	0.251	0.197
漳州	0.225	0.147	0.186	0.883	0.163	0.101	0.259	0.166
南平	0.18	0.193	0.139	0.884	0.145	0.1	0.242	0.205
龍岩	0.175	0.167	0.154	0.822	0.169	0.101	0.29	0.211
寧德	0.187	0.148	0.144	1	0.146	0.101	0.253	0.182
南昌	0.232	0.126	0.232	0.885	0.196	0.104	0.3	0.474
景德鎮	0.14	0.119	0.121	0.798	0.154	0.101	0.382	0.317
萍鄉	0.147	0.114	0.126	0.817	0.155	0.102	0.366	0.482
九江	0.232	0.167	0.16	0.934	0.138	0.101	0.353	0.176
新餘	0.127	0.111	0.128	0.603	0.203	0.102	0.384	0.74
鷹潭	0.128	0.113	0.116	0.994	0.16	0.101	0.408	0.232
贛州	0.346	0.24	0.163	0.878	0.116	0.1	0.34	0.122
吉安	0.232	0.19	0.14	0.901	0.123	0.1	0.364	0.159
宜春	0.25	0.166	0.151	0.885	0.126	0.101	0.374	0.233
撫州	0.208	0.167	0.132	0.97	0.123	0.1	0.366	0.324
上饒	0.301	0.181	0.151	0.872	0.117	0.1	0.375	0.106
濟南	0.26	0.129	0.312	0.816	0.229	0.105	0.303	0.601
青島	0.303	0.14	0.429	0.839	0.26	0.106	0.337	0.502
淄博	0.209	0.121	0.252	0.756	0.236	0.105	0.27	0.682
棗莊	0.202	0.116	0.169	0.775	0.163	0.103	0.274	0.595
東營	0.145	0.128	0.229	0.799	0.379	0.103	0.228	0.481
煙臺	0.271	0.149	0.328	0.739	0.23	0.103	0.274	0.317
濰坊	0.333	0.157	0.278	0.855	0.17	0.102	0.292	0.252
濟寧	0.324	0.14	0.239	0.844	0.155	0.103	0.295	0.192
泰安	0.246	0.127	0.21	0.837	0.169	0.103	0.253	0.324
威海	0.163	0.12	0.199	0.822	0.254	0.104	0.269	0.299
日照	0.173	0.119	0.155	0.877	0.173	0.102	0.239	0.478
萊蕪	0.129	0.108	0.12	0.655	0.172	0.102	0.276	1
臨沂	0.388	0.161	0.233	0.873	0.137	0.102	0.234	0.272
德州	0.251	0.137	0.196	0.859	0.157	0.102	0.228	0.155
聊城	0.256	0.131	0.192	0.856	0.152	0.102	0.213	0.238
濱州	0.198	0.134	0.183	0.804	0.18	0.102	0.294	0.215
菏澤	0.354	0.143	0.179	0.994	0.122	0.101	0.289	0.204
鄭州	0.385	0.126	0.353	0.902	0.183	0.107	0.382	0.572
開封	0.242	0.123	0.15	0.939	0.128	0.102	0.217	0.206
洛陽	0.287	0.154	0.224	0.711	0.16	0.102	0.28	0.317
平頂山	0.242	0.128	0.158	0.673	0.134	0.102	0.291	0.235
安陽	0.255	0.126	0.163	0.774	0.133	0.102	0.23	0.232
鶴壁	0.139	0.108	0.118	0.97	0.15	0.102	0.239	0.411
新鄉	0.262	0.129	0.167	0.821	0.134	0.102	0.267	0.213
焦作	0.194	0.114	0.164	0.852	0.164	0.103	0.231	0.303
濮陽	0.209	0.115	0.14	0.977	0.131	0.102	0.208	0.211
許昌	0.228	0.118	0.172	0.877	0.15	0.103	0.223	0.135
漯河	0.169	0.109	0.129	0.792	0.138	0.103	0.226	0.535
三門峽	0.156	0.137	0.143	0.756	0.175	0.101	0.253	0.18
南陽	0.421	0.194	0.197	0.752	0.12	0.101	0.204	0.207
商丘	0.348	0.138	0.157	0.853	0.113	0.101	0.217	0.238
信陽	0.326	0.167	0.159	0.945	0.117	0.101	0.184	0.22
周口	0.427	0.142	0.168	0.961	0.11	0.101	0.18	0.1
駐馬店	0.338	0.153	0.157	0.918	0.114	0.101	0.194	0.141
武漢	0.317	0.13	0.473	0.943	0.27	0.109	0.362	0.645
黃石	0.165	0.116	0.14	0.841	0.159	0.102	0.255	0.314
十堰	0.188	0.184	0.138	0.942	0.138	0.1	0.298	0.202
宜昌	0.203	0.175	0.211	0.92	0.204	0.101	0.245	0.352

表 4. 1. 1 2014 年度城市經濟競爭力三級指標分值

城市	城市人口規模	城區面積	GDP 規模	GDP 增長率	人均 GDP	地均 GDP	城市經營率	城市化率
襄陽	0.255	0.17	0.211	0.924	0.165	0.101	0.23	0.414
鄂州	0.124	0.106	0.119	0.928	0.182	0.103	0.239	1
荊門	0.176	0.144	0.143	0.874	0.152	0.101	0.206	0.276
孝感	0.237	0.132	0.144	0.913	0.125	0.101	0.25	0.227
荊州	0.274	0.15	0.148	0.898	0.119	0.101	0.208	0.216
黃岡	0.297	0.162	0.148	0.901	0.116	0.101	0.222	0.1
咸寧	0.175	0.136	0.129	0.988	0.135	0.101	0.239	0.251
隨州	0.164	0.134	0.12	0.913	0.129	0.101	0.183	0.222
長沙	0.274	0.142	0.393	0.903	0.267	0.105	0.29	0.481
株洲	0.202	0.14	0.174	0.872	0.168	0.101	0.293	0.283
湘潭	0.174	0.118	0.153	0.914	0.168	0.102	0.259	0.343
衡陽	0.311	0.154	0.183	0.874	0.131	0.101	0.27	0.173
邵陽	0.312	0.174	0.14	0.846	0.109	0.1	0.223	0.137
岳陽	0.25	0.153	0.194	0.864	0.157	0.101	0.191	0.239
常德	0.265	0.167	0.187	0.883	0.146	0.101	0.222	0.266
張家界	0.141	0.134	0.108	0.786	0.122	0.1	0.269	0.344
益陽	0.225	0.144	0.14	0.852	0.125	0.101	0.197	0.32
郴州	0.233	0.169	0.163	0.883	0.141	0.101	0.297	0.191
永州	0.263	0.181	0.141	0.839	0.117	0.1	0.235	0.232
懷化	0.235	0.198	0.139	0.878	0.122	0.1	0.27	0.122
婁底	0.213	0.129	0.139	0.896	0.129	0.101	0.22	0.157
廣州	0.317	0.126	0.74	0.964	0.4	0.117	0.299	0.834
韶關	0.183	0.165	0.135	0.961	0.138	0.1	0.265	0.322
深圳	0.173	0.107	0.702	0.909	0.93	0.161	0.396	1
珠海	0.124	0.106	0.162	0.866	0.347	0.108	0.382	1
汕頭	0.239	0.107	0.158	0.87	0.135	0.106	0.268	0.987
佛山	0.197	0.113	0.387	0.685	0.396	0.115	0.246	1
江門	0.201	0.134	0.176	0.692	0.171	0.102	0.286	0.39
湛江	0.307	0.147	0.179	0.802	0.13	0.101	0.215	0.252
茂名	0.297	0.14	0.183	0.871	0.134	0.102	0.188	0.224
肇慶	0.21	0.153	0.162	0.976	0.151	0.101	0.271	0.176
惠州	0.187	0.14	0.205	0.944	0.217	0.102	0.31	0.437
梅州	0.236	0.156	0.126	0.773	0.111	0.1	0.295	0.113
汕尾	0.189	0.119	0.121	0.851	0.118	0.101	0.266	0.197
河源	0.191	0.155	0.121	0.867	0.118	0.1	0.248	0.132
陽江	0.171	0.128	0.136	1	0.147	0.101	0.204	0.281
清遠	0.204	0.168	0.138	0.749	0.131	0.1	0.324	0.208
東莞	0.145	0.109	0.323	0.837	0.577	0.119	0.278	1
中山	0.136	0.106	0.203	0.793	0.376	0.112	0.315	1
潮州	0.166	0.111	0.125	0.863	0.135	0.102	0.203	0.181
揭陽	0.277	0.119	0.16	0.998	0.126	0.103	0.185	0.155
雲浮	0.172	0.128	0.118	0.957	0.121	0.101	0.266	0.156
南寧	0.288	0.179	0.21	0.91	0.152	0.101	0.332	0.419
柳州	0.195	0.166	0.177	0.862	0.176	0.101	0.252	0.346
桂林	0.236	0.199	0.162	0.899	0.139	0.1	0.275	0.192
梧州	0.184	0.145	0.134	1	0.136	0.101	0.308	0.203
北海	0.14	0.112	0.123	1	0.159	0.102	0.25	0.407
防城港	0.119	0.122	0.114	1	0.182	0.101	0.287	0.616
欽州	0.201	0.138	0.124	0.821	0.118	0.101	0.214	0.397
貴港	0.238	0.138	0.123	0.828	0.109	0.101	0.187	0.396
玉林	0.282	0.145	0.143	0.812	0.115	0.101	0.246	0.198
百色	0.205	0.229	0.126	0.743	0.119	0.1	0.295	0.136
賀州	0.156	0.142	0.11	0.776	0.117	0.1	0.216	0.519
河池	0.206	0.217	0.115	0.769	0.107	0.1	0.206	0.135
來賓	0.165	0.148	0.114	0.557	0.119	0.1	0.27	0.454
崇左	0.161	0.162	0.117	0.856	0.126	0.1	0.286	0.194
海口	0.138	0.108	0.13	0.865	0.179	0.103	0.328	1
三亞	0.11	0.107	0.108	0.935	0.195	0.102	0.582	1
重慶	1	0.393	0.624	0.864	0.149	0.101	0.498	0.558

表 4.1.1 2014 年度城市經濟競爭力三級指標分值

城市	城市人口規模	城區面積	GDP 規模	GDP 增長率	人均 GDP	地均 GDP	城市經營率	城市化率
成都	0.412	0.143	0.475	0.908	0.216	0.106	0.344	0.501
自貢	0.184	0.115	0.134	0.946	0.137	0.102	0.177	0.488
攀枝花	0.125	0.126	0.126	0.797	0.206	0.101	0.299	0.637
瀘州	0.231	0.143	0.14	0.87	0.124	0.101	0.302	0.333
德陽	0.201	0.121	0.151	0.821	0.145	0.102	0.244	0.22
綿陽	0.242	0.172	0.153	0.792	0.13	0.101	0.248	0.27
廣元	0.179	0.158	0.114	0.871	0.114	0.1	0.237	0.339
遂寧	0.196	0.119	0.123	0.788	0.119	0.101	0.195	0.432
內江	0.21	0.119	0.137	0.83	0.128	0.102	0.165	0.37
樂山	0.191	0.145	0.14	0.831	0.139	0.101	0.269	0.363
南充	0.3	0.144	0.148	0.927	0.115	0.101	0.199	0.298
眉山	0.19	0.125	0.128	0.878	0.127	0.101	0.252	0.288
宜賓	0.243	0.147	0.149	0.792	0.127	0.101	0.268	0.271
廣安	0.222	0.122	0.127	0.881	0.116	0.101	0.197	0.309
達州	0.283	0.159	0.145	0.84	0.116	0.101	0.205	0.115
雅安	0.137	0.153	0.11	0.7	0.13	0.1	0.301	0.432
巴中	0.2	0.144	0.11	0.746	0.104	0.1	0.226	0.391
資陽	0.232	0.128	0.138	0.878	0.122	0.101	0.191	0.26
貴陽	0.196	0.128	0.18	1	0.179	0.102	0.438	0.622
六盤水	0.182	0.135	0.129	1	0.132	0.101	0.443	0.201
遵義	0.304	0.209	0.159	1	0.12	0.1	0.298	0.161
安順	0.172	0.133	0.11	1	0.111	0.1	0.349	0.346
畢節	0.327	0.195	0.136	1	0.106	0.1	0.408	0.223
銅仁	0.21	0.164	0.115	1	0.107	0.1	0.289	0.156
昆明	0.242	0.175	0.236	0.953	0.191	0.101	0.423	0.529
曲靖	0.267	0.203	0.159	0.944	0.127	0.1	0.28	0.163
玉溪	0.153	0.154	0.139	0.857	0.172	0.101	0.331	0.245
保山	0.164	0.17	0.111	1	0.115	0.1	0.323	0.392
昭通	0.253	0.18	0.119	0.977	0.104	0.1	0.27	0.193
麗江	0.127	0.175	0.103	1	0.121	0.1	0.555	0.175
普洱	0.163	0.261	0.11	1	0.114	0.1	0.428	0.139
臨滄	0.159	0.187	0.11	1	0.115	0.1	0.303	0.182
拉薩	0.108	0.205	0.105	1	0.189	0.1	0.482	0.452
西安	0.31	0.136	0.298	0.903	0.188	0.104	0.33	0.735
銅川	0.118	0.114	0.106	0.964	0.149	0.101	0.279	0.896
寶雞	0.199	0.164	0.157	0.839	0.153	0.101	0.206	0.408
咸陽	0.238	0.136	0.17	1	0.145	0.101	0.191	0.218
渭南	0.248	0.147	0.149	1	0.126	0.101	0.202	0.22
延安	0.158	0.231	0.149	0.746	0.182	0.1	0.398	0.242
漢中	0.199	0.197	0.129	0.975	0.124	0.1	0.181	0.193
榆林	0.196	0.255	0.212	0.634	0.213	0.101	0.349	0.193
安康	0.178	0.184	0.118	1	0.119	0.1	0.187	0.37
商洛	0.162	0.168	0.114	1	0.12	0.1	0.206	0.265
蘭州	0.182	0.146	0.167	0.956	0.178	0.101	0.258	0.662
嘉峪關	0.1	0.11	0.102	0.218	0.288	0.101	0.243	1
金昌	0.107	0.132	0.103	0.638	0.176	0.1	0.241	0.522
白銀	0.142	0.175	0.112	0.754	0.13	0.1	0.238	0.32
天水	0.196	0.151	0.111	0.857	0.106	0.1	0.233	0.388
武威	0.146	0.218	0.108	0.898	0.119	0.1	0.194	0.561
張掖	0.13	0.249	0.106	1	0.129	0.1	0.192	0.427
平涼	0.158	0.14	0.107	0.703	0.11	0.1	0.254	0.273
酒泉	0.121	0.789	0.119	0.906	0.195	0.1	0.178	0.444
慶陽	0.166	0.196	0.118	0.979	0.124	0.1	0.35	0.189
定西	0.175	0.17	0.103	0.926	0.1	0.1	0.237	0.204
隴南	0.172	0.199	0.103	0.862	0.1	0.1	0.276	0.249
西寧	0.148	0.127	0.133	0.999	0.168	0.101	0.25	0.492
銀川	0.14	0.132	0.146	0.899	0.213	0.101	0.354	0.621
石嘴山	0.115	0.119	0.111	0.822	0.186	0.101	0.285	0.67
吳忠	0.133	0.159	0.107	0.906	0.127	0.1	0.333	0.318

表 4.1.1 2014 年度城市經濟競爭力三級指標分值

城市	城市人口規模	城區面積	GDP 規模	GDP 增長率	人均 GDP	地均 GDP	城市經營率	城市化率
固原	0.136	0.146	0.1	1	0.106	0.1	0.252	0.338
中衛	0.127	0.162	0.104	0.986	0.126	0.1	0.236	0.372
烏魯木齊	0.164	0.149	0.193	1	0.242	0.101	0.404	0.978
克拉瑪依	0.105	0.127	0.128	0.711	0.466	0.101	0.285	1
香港	0.288	0.104	0.804	0.676	0.482	0.228	0.735	1
澳門	0.11	0.1	0.226	0.907	1	1	1	1
新北	0.201	0.107	0.312	0.613	0.308	0.121	0.249	0.95
臺北	0.167	0.101	0.242	0.613	0.308	0.209	0.383	0.95
台中	0.167	0.108	0.242	0.613	0.308	0.113	0.256	0.95
台南	0.146	0.108	0.197	0.613	0.308	0.11	0.285	0.95
高雄	0.17	0.11	0.248	0.613	0.308	0.11	0.265	0.95
基隆	0.105	0.1	0.113	0.613	0.308	0.132	0.298	0.95
新竹	0.106	0.1	0.116	0.613	0.308	0.145	0.277	0.95
嘉義	0.102	0.1	0.107	0.613	0.308	0.15	0.276	0.95

表 4.1.2 2014 年度城市經濟競爭力三級指標分值（續）

城市	城市化帶動率	實際利用外資總額	簽訂外資合同數	國際旅遊收入	人均國際旅遊收入	人均可支配收入	人均消費支出	恩格爾系數(逆)
北京	0.986	0.233	0.34	0.459	0.133	0.3	0.287	0.509
天津	0.926	0.349	0.212	0.216	0.114	0.241	0.248	0.509
石家莊	0.371	0.114	0.104	0.104	0.1	0.183	0.182	0.39
唐山	0.52	0.12	0.104	0.103	0.1	0.195	0.204	0.451
秦皇島	0.558	0.11	0.102	0.113	0.105	0.175	0.176	0.37
邯鄲	0.244	0.113	0.111	0.101	0.1	0.172	0.173	0.288
邢臺	0.207	0.102	0.102	0.101	0.1	0.145	0.17	0.414
保定	0.304	0.109	0.101	0.103	0.1	0.149	0.166	0.412
張家口	0.372	0.104	0.102	0.101	0.1	0.144	0.164	0.4
承德	0.248	0.102	0.103	0.108	0.102	0.146	0.165	0.253
滄州	0.233	0.106	0.11	0.101	0.1	0.164	0.168	0.435
廊坊	0.275	0.11	0.196	0.102	0.101	0.199	0.206	0.64
衡水	0.238	0.103	0.104	0.1	0.1	0.144	0.168	0.515
太原	0.917	0.113	0.102	0.116	0.105	0.18	0.188	0.471
大同	0.814	0.103	0.101	0.107	0.103	0.171	0.183	0.408
陽泉	0.668	0.104	0.1	0.101	0.101	0.172	0.174	0.515
長治	0.266	0.105	0.101	0.102	0.101	0.179	0.189	0.583
晉城	0.227	0.104	0.101	0.103	0.102	0.179	0.213	0.877
朔州	0.587	0.102	0.1	0.101	0.101	0.186	0.201	0.571
晉中	0.227	0.102	0.101	0.107	0.103	0.182	0.189	0.645
運城	0.179	0.103	0.101	0.103	0.101	0.154	0.167	0.663
忻州	0.195	0.1	0.101	0.105	0.102	0.153	0.159	0.502
臨汾	0.229	0.102	0.101	0.102	0.101	0.17	0.174	0.75
呂梁	0.103	0.105	0.1	0.101	0.1	0.157	0.143	0.513
呼和浩特	0.71	0.11	0.101	0.106	0.103	0.267	0.258	0.561
包頭	0.823	0.123	0.102	0.101	0.101	0.274	0.307	0.561
烏海	1	0.1	0.101	0.1	0.1	0.204	0.257	0.614
赤峰	0.451	0.1	0.1	0.101	0.1	0.146	0.18	0.498
通遼	0.407	0.101	0.101	0.101	0.1	0.147	0.192	0.577
鄂爾多斯	0.257	0.125	0.102	0.101	0.101	0.271	0.321	0.759
呼倫貝爾	0.203	0.102	0.106	0.124	0.111	0.153	0.2	0.52
巴彥淖爾	0.317	0.104	0.1	0.102	0.101	0.144	0.182	0.588
烏蘭察布	0.215	0.103	0.1	0.101	0.1	0.145	0.171	0.377
瀋陽	0.804	0.196	0.128	0.142	0.107	0.213	0.248	0.529
大連	0.654	0.305	0.15	0.158	0.112	0.223	0.252	0.342
鞍山	0.494	0.121	0.108	0.118	0.106	0.193	0.212	0.458
撫順	0.76	0.102	0.102	0.109	0.105	0.162	0.186	0.386
本溪	0.719	0.108	0.102	0.132	0.126	0.178	0.209	0.316
丹東	0.331	0.12	0.108	0.118	0.109	0.154	0.193	0.226

表 4.1.2 2014 年度城市經濟競爭力三級指標分值（續）

城市	城市化帶動率	實際利用外資總額	簽訂外資合同數	國際旅遊收入	人均國際旅遊收入	人均可支配收入	人均消費支出	恩格爾系數(逆)
錦州	0.49	0.117	0.106	0.112	0.105	0.183	0.218	0.447
營口	0.581	0.12	0.108	0.105	0.102	0.192	0.213	0.278
阜新	0.529	0.103	0.104	0.101	0.1	0.132	0.177	0.375
遼陽	0.558	0.107	0.101	0.101	0.101	0.177	0.199	0.401
盤錦	0.646	0.127	0.108	0.109	0.108	0.222	0.229	0.636
鐵嶺	0.312	0.107	0.101	0.103	0.101	0.145	0.192	0.531
朝陽	0.278	0.103	0.102	0.101	0.1	0.132	0.163	0.385
葫蘆島	0.504	0.109	0.1	0.103	0.101	0.183	0.178	0.405
長春	0.712	0.161	0.107	0.115	0.102	0.183	0.226	0.607
吉林	0.579	0.112	0.113	0.102	0.101	0.175	0.197	0.526
四平	0.269	0.101	0.101	0.1	0.1	0.169	0.176	0.461
遼源	0.59	0.102	0.101	0.1	0.1	0.168	0.189	0.438
通化	0.298	0.105	0.103	0.102	0.101	0.171	0.186	0.451
白山	0.501	0.101	0.101	0.101	0.101	0.168	0.182	0.454
松原	0.35	0.104	0.101	0.101	0.1	0.172	0.205	0.676
白城	0.274	0.102	0.101	0.1	0.1	0.158	0.179	0.576
哈爾濱	0.671	0.131	0.11	0.108	0.101	0.179	0.224	0.483
齊齊哈爾	0.519	0.106	0.101	0.101	0.1	0.133	0.17	0.347
雞西	0.369	0.102	0.101	0.101	0.101	0.131	0.171	0.331
鶴崗	0.632	0.101	0.1	0.101	0.101	0.12	0.166	0.309
雙鴨山	0.349	0.101	0.1	0.102	0.102	0.14	0.162	0.471
大慶	0.892	0.108	0.101	0.1	0.1	0.202	0.203	0.545
伊春	0.65	0.101	0.101	0.141	0.14	0.1	0.16	0.338
佳木斯	0.511	0.101	0.108	0.101	0.1	0.12	0.171	0.311
七台河	0.783	0.1	0.1	0.102	0.103	0.132	0.154	0.245
牡丹江	0.333	0.102	0.101	0.126	0.112	0.128	0.181	0.372
黑河	0.1	0.102	0.126	0.141	0.129	0.14	0.156	0.378
綏化	0.123	0.102	0.102	0.1	0.1	0.116	0.156	0.378
上海	0.989	0.351	0.814	0.487	0.133	0.332	0.309	0.509
南京	0.901	0.168	0.625	0.19	0.117	0.288	0.272	0.421
無錫	0.537	0.166	0.136	0.145	0.112	0.293	0.277	0.423
徐州	0.611	0.128	0.137	0.114	0.102	0.172	0.186	0.414
常州	0.769	0.156	0.153	0.131	0.11	0.273	0.257	0.431
蘇州	0.52	0.252	0.31	0.209	0.12	0.323	0.298	0.472
南通	0.406	0.137	0.163	0.129	0.104	0.229	0.226	0.424
連雲港	0.373	0.112	0.119	0.11	0.102	0.164	0.176	0.365
淮安	0.623	0.135	0.161	0.102	0.1	0.165	0.193	0.404
鹽城	0.298	0.135	0.159	0.104	0.101	0.174	0.203	0.44
揚州	0.675	0.135	1	0.137	0.11	0.207	0.213	0.371
鎮江	0.456	0.137	0.125	0.137	0.116	0.244	0.227	0.366
泰州	0.298	0.124	0.172	0.107	0.102	0.214	0.213	0.39
宿遷	0.382	0.107	0.112	0.102	0.1	0.131	0.167	0.35
杭州	0.803	0.182	0.19	0.246	0.125	0.293	0.272	0.38
寧波	0.613	0.147	0.146	0.149	0.11	0.314	0.276	0.355
溫州	0.413	0.107	0.105	0.121	0.103	0.286	0.287	0.339
嘉興	0.271	0.13	0.141	0.118	0.106	0.293	0.264	0.482
湖州	0.466	0.117	0.134	0.111	0.105	0.27	0.247	0.363
紹興	0.189	0.116	0.124	0.116	0.104	0.304	0.269	0.411
金華	0.216	0.105	0.116	0.128	0.107	0.271	0.267	0.585
衢州	0.434	0.101	0.102	0.104	0.102	0.211	0.211	0.393
舟山	0.739	0.103	0.102	0.111	0.113	0.281	0.257	0.391
台州	0.381	0.108	0.104	0.106	0.101	0.278	0.254	0.425
麗水	0.283	0.102	0.103	0.131	0.114	0.212	0.227	0.445
合肥	0.671	0.127	0.111	0.116	0.103	0.204	0.235	0.441
蕪湖	0.607	0.122	0.126	0.107	0.102	0.19	0.218	0.373
蚌埠	0.524	0.113	0.102	0.101	0.1	0.163	0.183	0.255
淮南	0.733	0.104	0.1	0.101	0.1	0.163	0.189	0.279
馬鞍山	0.669	0.122	0.104	0.109	0.105	0.252	0.231	0.348
淮北	0.737	0.106	0.101	0.101	0.1	0.16	0.2	0.293

表 4. 1. 2 2014 年度城市經濟競爭力三級指標分值（續）

城市	城市化帶動率	實際利用外資總額	簽訂外資合同數	國際旅遊收入	人均國際旅遊收入	人均可支配收入	人均消費支出	恩格爾系數(逆)
銅陵	0.84	0.106	0.101	0.101	0.101	0.198	0.229	0.427
安慶	0.284	0.105	0.101	0.105	0.101	0.161	0.188	0.177
黃山	0.479	0.104	0.102	0.136	0.129	0.168	0.193	0.294
滁州	0.277	0.109	0.101	0.102	0.101	0.161	0.208	0.313
阜陽	0.371	0.102	0.101	0.1	0.1	0.148	0.196	0.293
宿州	0.431	0.106	0.101	0.101	0.1	0.155	0.17	0.254
六安	0.293	0.105	0.105	0.103	0.1	0.152	0.179	0.298
亳州	0.368	0.106	0.101	0.101	0.1	0.161	0.177	0.298
池州	0.54	0.103	0.102	0.121	0.116	0.169	0.193	0.323
宣城	0.281	0.107	0.104	0.101	0.101	0.161	0.202	0.322
福州	0.51	0.122	0.126	0.174	0.114	0.239	0.248	0.317
廈門	1	0.126	0.158	0.205	0.166	0.31	0.296	0.4
莆田	0.836	0.104	0.108	0.113	0.105	0.198	0.209	0.245
三明	0.244	0.102	0.107	0.103	0.101	0.187	0.205	0.287
泉州	0.252	0.122	0.119	0.16	0.11	0.264	0.248	0.349
漳州	0.266	0.115	0.123	0.115	0.104	0.191	0.21	0.215
南平	0.251	0.101	0.108	0.109	0.103	0.176	0.187	0.245
龍岩	0.413	0.103	0.103	0.102	0.101	0.19	0.224	0.336
寧德	0.197	0.102	0.103	0.1	0.1	0.173	0.192	0.163
南昌	0.698	0.144	0.129	0.104	0.101	0.188	0.213	0.445
景德鎮	0.566	0.102	0.103	0.105	0.104	0.171	0.189	0.339
萍鄉	0.64	0.104	0.105	0.102	0.101	0.168	0.193	0.418
九江	0.446	0.116	0.121	0.107	0.102	0.16	0.18	0.254
新餘	0.826	0.109	0.111	0.1	0.1	0.179	0.193	0.31
鷹潭	0.307	0.103	0.104	0.101	0.101	0.156	0.175	0.197
贛州	0.248	0.117	0.123	0.103	0.1	0.146	0.176	0.286
吉安	0.178	0.109	0.119	0.104	0.101	0.158	0.175	0.272
宜春	0.16	0.108	0.104	0.102	0.1	0.148	0.168	0.274
撫州	0.337	0.103	0.108	0.102	0.1	0.148	0.163	0.144
上饒	0.152	0.111	0.111	0.104	0.101	0.159	0.166	0.199
濟南	0.764	0.12	0.115	0.111	0.102	0.266	0.248	0.562
青島	0.659	0.176	0.198	0.155	0.109	0.263	0.251	0.373
淄博	0.791	0.108	0.104	0.108	0.102	0.228	0.217	0.552
棗莊	0.528	0.102	0.104	0.101	0.1	0.183	0.197	0.483
東營	0.642	0.103	0.104	0.103	0.102	0.252	0.228	0.497
煙臺	0.468	0.123	0.151	0.132	0.106	0.244	0.251	0.444
濰坊	0.29	0.113	0.108	0.117	0.102	0.208	0.209	0.574
濟寧	0.292	0.113	0.113	0.112	0.102	0.204	0.216	0.452
泰安	0.308	0.103	0.107	0.117	0.104	0.206	0.215	0.49
威海	0.278	0.113	0.115	0.117	0.108	0.232	0.233	0.504
日照	0.771	0.107	0.102	0.109	0.104	0.182	0.193	0.522
萊蕪	1	0.102	0.103	0.1	0.1	0.214	0.205	0.486
臨沂	0.426	0.104	0.104	0.108	0.101	0.223	0.194	0.542
德州	0.238	0.103	0.104	0.101	0.1	0.178	0.19	0.493
聊城	0.202	0.102	0.102	0.102	0.1	0.189	0.202	0.469
濱州	0.236	0.109	0.102	0.101	0.1	0.208	0.208	0.653
菏澤	0.238	0.103	0.104	0.1	0.1	0.15	0.173	0.407
鄭州	0.523	0.157	0.113	0.11	0.101	0.194	0.214	0.426
開封	0.251	0.104	0.102	0.104	0.101	0.136	0.187	0.551
洛陽	0.376	0.133	0.109	0.112	0.102	0.18	0.198	0.529
平頂山	0.324	0.106	0.101	0.1	0.1	0.162	0.197	0.533
安陽	0.277	0.105	0.102	0.101	0.1	0.166	0.18	0.513
鶴壁	0.526	0.107	0.104	0.1	0.1	0.151	0.17	0.563
新鄉	0.336	0.111	0.104	0.101	0.1	0.158	0.189	0.57
焦作	0.245	0.11	0.102	0.107	0.102	0.158	0.19	0.545
濮陽	0.359	0.105	0.102	0.1	0.1	0.153	0.175	0.421
許昌	0.185	0.107	0.103	0.1	0.1	0.154	0.186	0.561
漯河	0.605	0.11	0.103	0.1	0.1	0.15	0.19	0.409
三門峽	0.156	0.112	0.102	0.101	0.1	0.15	0.215	0.773

表 4.1.2 2014 年度城市經濟競爭力三級指標分值（續）

城市	城市化帶動率	實際利用外資總額	簽訂外資合同數	國際旅遊收入	人均國際旅遊收入	人均可支配收入	人均消費支出	恩格爾系數(逆)
南陽	0.258	0.107	0.106	0.1	0.1	0.153	0.202	0.476
商丘	0.226	0.104	0.103	0.1	0.1	0.142	0.168	0.449
信陽	0.278	0.106	0.102	0.1	0.1	0.133	0.165	0.206
周口	0.122	0.106	0.102	0.101	0.1	0.127	0.172	0.45
駐馬店	0.193	0.104	0.102	0.102	0.1	0.137	0.184	0.572
武漢	0.816	0.174	0.123	0.157	0.108	0.218	0.236	0.287
黃石	0.513	0.107	0.101	0.1	0.1	0.152	0.192	0.306
十堰	0.616	0.102	0.101	0.104	0.101	0.122	0.167	0.286
宜昌	0.48	0.104	0.102	0.105	0.101	0.146	0.18	0.29
襄陽	0.537	0.107	0.105	0.102	0.1	0.136	0.168	0.266
鄂州	1	0.103	0.101	0.1	0.1	0.151	0.164	0.177
荊門	0.365	0.104	0.102	0.1	0.1	0.137	0.18	0.357
孝感	0.207	0.104	0.104	0.101	0.1	0.141	0.164	0.209
荊州	0.366	0.101	0.101	0.101	0.1	0.131	0.169	0.197
黃岡	0.146	0.101	0.102	0.1	0.1	0.129	0.173	0.363
咸寧	0.266	0.104	0.1	0.1	0.1	0.13	0.174	0.278
隨州	0.475	0.101	0.102	0.101	0.101	0.15	0.199	0.292
長沙	0.642	0.149	0.117	0.118	0.103	0.246	0.242	0.393
株洲	0.514	0.11	0.116	0.102	0.101	0.208	0.206	0.414
湘潭	0.616	0.11	0.114	0.101	0.101	0.188	0.197	0.445
衡陽	0.31	0.11	0.12	0.102	0.1	0.16	0.198	0.292
邵陽	0.228	0.103	0.103	0.101	0.1	0.118	0.152	0.296
岳陽	0.446	0.104	0.101	0.105	0.101	0.175	0.194	0.365
常德	0.493	0.107	0.105	0.103	0.101	0.156	0.189	0.38
張家界	0.523	0.101	0.102	0.119	0.114	0.119	0.165	0.472
益陽	0.426	0.102	0.101	0.102	0.1	0.155	0.186	0.333
郴州	0.31	0.112	0.112	0.106	0.101	0.157	0.18	0.346
永州	0.312	0.109	0.105	0.1	0.1	0.154	0.178	0.343
懷化	0.245	0.101	0.101	0.1	0.1	0.119	0.157	0.312
婁底	0.314	0.103	0.101	0.101	0.1	0.15	0.175	0.397
廣州	0.922	0.179	0.293	0.441	0.15	0.314	0.351	0.449
韶關	0.513	0.103	0.112	0.102	0.101	0.185	0.211	0.293
深圳	1	0.187	0.529	0.387	0.22	0.337	0.314	0.38
珠海	1	0.124	0.145	0.163	0.171	0.27	0.288	0.369
汕頭	0.992	0.102	0.103	0.103	0.101	0.157	0.228	0.244
佛山	1	0.139	0.127	0.18	0.126	0.284	0.308	0.433
江門	0.567	0.114	0.127	0.146	0.114	0.218	0.232	0.349
湛江	0.523	0.101	0.102	0.103	0.1	0.159	0.204	0.247
茂名	0.35	0.101	0.104	0.101	0.1	0.14	0.191	0.281
肇慶	0.374	0.119	0.127	0.132	0.109	0.172	0.205	0.222
惠州	0.669	0.129	0.158	0.145	0.116	0.244	0.27	0.398
梅州	0.227	0.102	0.131	0.103	0.101	0.146	0.18	0.253
汕尾	0.324	0.106	0.106	0.101	0.1	0.143	0.186	0.216
河源	0.345	0.103	0.113	0.101	0.1	0.127	0.161	0.211
陽江	0.362	0.103	0.11	0.101	0.101	0.149	0.182	0.264
清遠	0.374	0.105	0.107	0.11	0.103	0.153	0.173	0.207
東莞	1	0.156	0.222	0.184	0.154	0.356	0.359	0.406
中山	1	0.114	0.134	0.115	0.112	0.254	0.27	0.322
潮州	0.199	0.102	0.105	0.114	0.106	0.137	0.204	0.225
揭陽	0.238	0.103	0.107	0.101	0.1	0.148	0.194	0.253
雲浮	0.235	0.102	0.105	0.102	0.101	0.143	0.192	0.258
南寧	0.723	0.103	0.107	0.107	0.101	0.179	0.201	0.305
柳州	0.736	0.106	0.102	0.103	0.101	0.176	0.19	0.254
桂林	0.316	0.101	0.102	0.149	0.111	0.177	0.193	0.264
梧州	0.363	0.101	0.101	0.103	0.101	0.162	0.185	0.183
北海	0.748	0.101	0.101	0.102	0.102	0.168	0.191	0.152
防城港	0.756	0.1	0.101	0.102	0.103	0.176	0.184	0.283
欽州	0.641	0.103	0.102	0.101	0.1	0.171	0.18	0.177
貴港	0.463	0.1	0.101	0.101	0.1	0.151	0.18	0.236

表 4.1.2 2014 年度城市經濟競爭力三級指標分值（續）

城市	城市化帶動率	實際利用外資總額	簽訂外資合同數	國際旅遊收入	人均國際旅遊收入	人均可支配收入	人均消費支出	恩格爾系數(逆)
玉林	0.297	0.1	0.101	0.102	0.1	0.176	0.186	0.238
百色	0.245	0.1	0.101	0.101	0.1	0.153	0.172	0.286
賀州	0.573	0.101	0.101	0.105	0.103	0.156	0.166	0.29
河池	0.196	0.1	0.1	0.101	0.1	0.139	0.166	0.243
來賓	0.508	0.1	0.101	0.1	0.1	0.17	0.186	0.334
崇左	0.23	0.101	0.101	0.106	0.103	0.152	0.164	0.245
海口	1	0.107	0.103	0.103	0.102	0.183	0.206	0.213
三亞	1	0.104	0.103	0.118	0.137	0.186	0.218	0.188
重慶	0.775	0.274	0.144	0.164	0.102	0.183	0.1	0.523
成都	0.714	0.242	0.14	0.142	0.104	0.214	0.236	0.373
自貢	0.662	0.1	0.1	0.1	0.1	0.152	0.185	0.263
攀枝花	0.744	0.102	0.101	0.1	0.1	0.181	0.201	0.232
瀘州	0.529	0.101	0.102	0.1	0.1	0.164	0.199	0.279
德陽	0.321	0.103	0.102	0.101	0.1	0.178	0.208	0.266
綿陽	0.482	0.103	0.102	0.1	0.1	0.164	0.205	0.307
廣元	0.497	0.101	0.101	0.1	0.1	0.131	0.168	0.272
遂寧	0.41	0.101	0.1	0.1	0.1	0.146	0.197	0.2
內江	0.387	0.102	0.101	0.1	0.1	0.15	0.183	0.246
樂山	0.505	0.102	0.101	0.104	0.101	0.161	0.188	0.24
南充	0.385	0.101	0.101	0.1	0.1	0.133	0.167	0.164
眉山	0.366	0.103	0.101	0.1	0.1	0.155	0.183	0.294
宜賓	0.432	0.101	0.1	0.1	0.1	0.162	0.197	0.27
廣安	0.315	0.101	0.101	0.1	0.1	0.157	0.17	0.187
達州	0.168	0.101	0.1	0.1	0.1	0.131	0.174	0.182
雅安	0.425	0.101	0.101	0.1	0.1	0.158	0.177	0.289
巴中	0.366	0.1	0.101	0.1	0.1	0.131	0.178	0.253
資陽	0.344	0.101	0.101	0.1	0.1	0.164	0.2	0.293
貴陽	0.775	0.108	0.102	0.103	0.101	0.173	0.205	0.329
六盤水	0.369	0.101	0.1	0.1	0.1	0.146	0.151	0.1
遵義	0.31	0.101	0.101	0.1	0.1	0.155	0.181	0.349
安順	0.415	0.101	0.101	0.102	0.101	0.145	0.177	0.223
畢節	0.236	0.101	0.101	0.1	0.1	0.153	0.181	0.315
銅仁	0.245	0.101	0.101	0.101	0.1	0.122	0.161	0.406
昆明	0.774	0.126	0.111	0.122	0.105	0.203	0.217	0.361
曲靖	0.329	0.101	0.1	0.1	0.1	0.171	0.193	0.367
玉溪	0.577	0.101	0.1	0.1	0.1	0.169	0.179	0.401
保山	0.402	0.101	0.1	0.102	0.101	0.148	0.171	0.277
昭通	0.329	0.1	0.1	0.1	0.1	0.126	0.148	0.226
麗江	0.37	0.1	0.101	0.119	0.119	0.145	0.162	0.254
普洱	0.236	0.101	0.101	0.101	0.1	0.133	0.165	0.122
臨滄	0.185	0.1	0.1	0.101	0.101	0.126	0.16	0.158
拉薩	0.232	0.102	0.101	0.106	0.115	0.153	0.188	0.193
西安	0.843	0.141	0.115	0.15	0.108	0.244	0.262	0.499
銅川	0.925	0.1	0.1	0.1	0.1	0.174	0.203	0.38
寶雞	0.58	0.101	0.101	0.105	0.102	0.207	0.223	0.286
咸陽	0.395	0.101	0.101	0.102	0.1	0.207	0.229	0.478
渭南	0.252	0.101	0.162	0.104	0.101	0.173	0.186	0.374
延安	0.187	0.1	0.101	0.101	0.1	0.198	0.209	0.561
漢中	0.233	0.1	0.105	0.101	0.1	0.156	0.179	0.302
榆林	0.178	0.1	0.101	0.1	0.1	0.193	0.194	0.626
安康	0.342	0.1	0.101	0.1	0.1	0.16	0.192	0.343
商洛	0.258	0.102	0.101	0.1	0.1	0.157	0.182	0.468
蘭州	0.864	0.1	0.101	0.1	0.1	0.144	0.19	0.353
嘉峪關	1	0.1	0.1	0.1	0.101	0.175	0.196	0.345
金昌	0.794	0.1	0.1	0.1	0.1	0.186	0.235	0.464
白銀	0.67	0.1	0.1	0.1	0.1	0.144	0.188	0.39
天水	0.612	0.1	0.1	0.1	0.1	0.115	0.154	0.361
武威	0.641	0.1	0.1	0.1	0.1	0.117	0.162	0.279
張掖	0.443	0.1	0.1	0.1	0.1	0.108	0.174	0.502

表 4.1.2 2014 年度城市經濟競爭力三級指標分值（續）

城市	城市化帶動率	實際利用外資總額	簽訂外資合同數	國際旅遊收入	人均國際旅遊收入	人均可支配收入	人均消費支出	恩格爾系數(逆)
平涼	0.334	0.1	0.1	0.1	0.1	0.118	0.151	0.497
酒泉	0.343	0.101	0.101	0.101	0.101	0.158	0.214	0.497
慶陽	0.327	0.1	0.1	0.1	0.1	0.128	0.175	0.467
定西	0.233	0.1	0.101	0.1	0.1	0.107	0.153	0.482
隴南	0.324	0.1	0.1	0.1	0.1	0.106	0.151	0.247
西寧	0.706	0.1	0.102	0.101	0.101	0.137	0.17	0.304
銀川	0.632	0.101	0.101	0.1	0.1	0.171	0.212	0.468
石嘴山	0.736	0.1	0.1	0.1	0.1	0.16	0.189	0.365
吳忠	0.346	0.1	0.1	0.1	0.1	0.138	0.173	0.467
固原	0.447	0.1	0.1	0.1	0.1	0.13	0.174	0.433
中衛	0.489	0.1	0.1	0.1	0.1	0.139	0.181	0.51
烏魯木齊	0.992	0.103	0.106	0.113	0.106	0.143	0.186	0.324
克拉瑪依	1	0.1	0.1	0.1	0.1	0.183	0.251	0.518
香港	1	1	0.1	1	0.252	1	1	0.617
澳門	1	0.413	0.1	0.535	1	0.705	0.624	0.592
新北	0.986	0.109	0.1	0.231	0.14	0.506	0.533	0.806
臺北	0.998	0.106	0.1	0.189	0.14	0.732	0.698	1
台中	0.902	0.106	0.1	0.19	0.14	0.493	0.519	0.805
台南	0.743	0.104	0.1	0.163	0.14	0.439	0.471	0.767
高雄	0.88	0.106	0.1	0.193	0.14	0.517	0.521	0.784
基隆	0.856	0.101	0.1	0.113	0.14	0.49	0.533	0.718
新竹	0.968	0.101	0.1	0.114	0.14	0.631	0.657	0.976
嘉義	0.974	0.101	0.1	0.109	0.14	0.547	0.532	0.767

4.2 城市產業競爭力三級指標分值

表 4.2.1 2014 年度城市產業競爭力三級指標分值

城市	限額以上工業企業數	就業總人數	農業財富創造能力	工業財富創造能力	服務業財富創造能力	產品的市場認同度	企業市場認同感遞增程度	企業利稅貢獻度	企業增值稅貢獻度	企業利稅增值稅占 GDP 比重
北京	0.417	0.853	0.252	0.571	0.951	0.546	0.413	0.615	0.498	0.31
天津	0.559	0.4	0.278	0.894	0.484	0.788	0.511	1	1	0.556
石家莊	0.304	0.19	0.555	0.355	0.21	0.302	0.408	0.339	0.248	0.419
唐山	0.211	0.195	0.614	0.485	0.209	0.373	0.419	0.35	0.376	0.414
秦皇島	0.133	0.129	0.246	0.144	0.129	0.141	0.417	0.127	0.135	0.245
邯鄲	0.182	0.162	0.462	0.271	0.157	0.26	0.396	0.199	0.23	0.356
邢臺	0.183	0.141	0.334	0.188	0.125	0.164	0.399	0.172	0.161	0.379
保定	0.237	0.201	0.447	0.253	0.145	0.202	0.433	0.219	0.191	0.391
張家口	0.136	0.136	0.304	0.156	0.128	0.128	0.404	0.148	0.135	0.308
承德	0.138	0.122	0.285	0.167	0.121	0.143	0.4	0.167	0.153	0.407
滄州	0.251	0.149	0.419	0.266	0.16	0.218	0.481	0.253	0.2	0.421
廊坊	0.191	0.138	0.3	0.208	0.137	0.182	0.444	0.188	0.156	0.371
衡水	0.179	0.124	0.293	0.157	0.116	0.134	0.433	0.152	0.123	0.332
太原	0.138	0.203	0.135	0.211	0.172	0.188	0.558	0.16	0.164	0.284
大同	0.113	0.141	0.579	0.621	0.34	0.142	0.402	0.131	0.158	0.172
陽泉	0.112	0.123	0.109	0.134	0.112	0.121	0.455	0.13	0.137	0.36
長治	0.129	0.135	0.15	0.191	0.12	0.148	0.376	0.18	0.178	0.478
晉城	0.119	0.124	0.141	0.166	0.116	0.135	0.415	0.19	0.173	0.604
朔州	0.121	0.115	0.148	0.16	0.119	0.13	0.398	0.189	0.191	0.637
晉中	0.142	0.13	0.181	0.155	0.119	0.135	0.438	0.142	0.159	0.37
運城	0.138	0.137	0.276	0.151	0.122	0.136	0.296	0.136	0.128	0.27

表 4.2.1 2014 年度城市產業競爭力三級指標分值

城市	限額以上工業企業數	就業總人數	農業財富創造能力	工業財富創造能力	服務業財富創造能力	產品的市場認同度	企業市場認同感遞增程度	企業利稅貢獻度	企業增值稅貢獻度	企業利稅增值稅占GDP 比重
忻州	0.127	0.121	0.157	0.132	0.113	0.116	0.404	0.146	0.137	0.451
臨汾	0.13	0.136	0.176	0.177	0.12	0.151	0.393	0.134	0.167	0.32
呂梁	0.148	0.139	0.151	0.192	0.113	0.147	0.355	0.166	0.2	0.489
呼和浩特	0.122	0.13	0.223	0.201	0.189	0.132	0.336	0.159	0.147	0.254
包頭	0.151	0.135	0.186	0.303	0.182	0.179	0.386	0.206	0.193	0.319
烏海	0.111	0.105	0.105	0.14	0.106	0.117	0.35	0.14	0.128	0.422
赤峰	0.144	0.128	0.337	0.195	0.126	0.147	0.464	0.176	0.135	0.346
通遼	0.151	0.12	0.332	0.218	0.122	0.166	0.391	0.186	0.175	0.403
鄂爾多斯	0.13	0.117	0.191	0.353	0.182	0.212	0.426	0.471	0.319	0.666
呼倫貝爾	0.132	0.133	0.338	0.167	0.126	0.127	0.39	0.154	0.139	0.319
巴彥淖爾	0.122	0.11	0.244	0.148	0.108	0.118	0.264	0.139	0.115	0.3
烏蘭察布	0.131	0.11	0.221	0.144	0.112	0.122	0.452	0.125	0.117	0.227
瀋陽	0.446	0.223	0.421	0.493	0.28	0.432	0.467	0.405	0.314	0.392
大連	0.369	0.212	0.559	0.522	0.28	0.361	0.458	0.32	0.405	0.353
鞍山	0.2	0.152	0.226	0.246	0.161	0.181	0.353	0.151	0.184	0.273
撫順	0.178	0.126	0.186	0.181	0.124	0.163	0.468	0.125	0.128	0.217
本溪	0.147	0.123	0.162	0.175	0.122	0.154	0.348	0.147	0.136	0.313
丹東	0.169	0.122	0.243	0.155	0.121	0.133	0.491	0.148	0.131	0.326
錦州	0.168	0.125	0.292	0.167	0.125	0.163	0.461	0.186	0.152	0.455
營口	0.223	0.123	0.206	0.182	0.131	0.168	0.406	0.2	0.2	0.529
阜新	0.148	0.117	0.228	0.125	0.109	0.119	0.506	0.133	0.116	0.31
遼陽	0.159	0.113	0.165	0.17	0.117	0.155	0.417	0.173	0.138	0.441
盤錦	0.141	0.143	0.21	0.194	0.116	0.164	0.448	0.179	0.156	0.434
鐵嶺	0.236	0.118	0.294	0.153	0.115	0.191	0.506	0.202	0.188	0.676
朝陽	0.16	0.126	0.309	0.148	0.114	0.132	0.428	0.154	0.122	0.355
葫蘆島	0.126	0.115	0.197	0.135	0.115	0.126	0.397	0.1	0.121	0.1
長春	0.191	0.2	0.431	0.372	0.216	0.328	0.498	0.376	0.317	0.473
吉林	0.195	0.135	0.344	0.235	0.158	0.18	0.43	0.147	0.185	0.267
四平	0.141	0.115	0.385	0.154	0.118	0.139	0.472	0.14	0.115	0.258
遼源	0.124	0.103	0.158	0.139	0.111	0.125	0.478	0.128	0.112	0.251
通化	0.144	0.116	0.192	0.152	0.119	0.134	0.467	0.145	0.132	0.335
白山	0.134	0.114	0.152	0.138	0.11	0.128	0.482	0.133	0.119	0.305
松原	0.146	0.117	0.344	0.181	0.131	0.152	0.491	0.208	0.153	0.463
白城	0.124	0.116	0.219	0.131	0.112	0.111	0.517	0.126	0.105	0.212
哈爾濱	0.197	0.24	0.633	0.294	0.253	0.166	0.434	0.164	0.179	0.225
齊齊哈爾	0.124	0.128	0.38	0.145	0.125	0.123	0.356	0.14	0.127	0.272
雞西	0.112	0.123	0.261	0.122	0.108	0.108	0.434	0.122	0.117	0.232
鶴崗	0.114	0.121	0.208	0.115	0.103	0.107	0.397	0.122	0.111	0.241
雙鴨山	0.115	0.109	0.273	0.123	0.105	0.115	0.504	0.136	0.128	0.387
大慶	0.134	0.151	0.255	0.472	0.136	0.213	0.385	0.501	0.38	0.68
伊春	0.108	0.115	0.194	0.105	0.103	0.104	0.378	0.118	0.103	0.16
佳木斯	0.124	0.118	0.31	0.116	0.117	0.113	0.535	0.132	0.11	0.26
七台河	0.108	0.108	0.123	0.11	0.102	0.107	0.258	0.118	0.114	0.243
牡丹江	0.137	0.118	0.317	0.151	0.124	0.119	0.512	0.136	0.126	0.261
黑河	0.107	0.127	0.281	0.102	0.105	0.102	0.488	0.123	0.103	0.213
綏化	0.121	0.123	0.556	0.129	0.121	0.115	0.629	0.141	0.113	0.26
上海	0.942	0.682	0.227	1	0.845	1	0.365	0.959	0.848	0.399
南京	0.322	0.25	0.292	0.475	0.343	0.397	0.416	0.356	0.529	0.395
無錫	0.551	0.187	0.237	0.555	0.306	0.474	0.353	0.463	0.391	0.418
徐州	0.345	0.161	0.493	0.329	0.203	0.333	0.534	0.41	0.454	0.609
常州	0.432	0.145	0.229	0.343	0.207	0.34	0.434	0.293	0.323	0.436
蘇州	1	0.235	0.297	0.853	0.427	0.865	0.393	0.609	0.524	0.389
南通	0.525	0.166	0.428	0.382	0.213	0.355	0.459	0.427	0.392	0.546
連雲港	0.218	0.131	0.341	0.183	0.138	0.188	0.542	0.226	0.206	0.544
淮安	0.266	0.139	0.359	0.202	0.148	0.204	0.583	0.201	0.177	0.398
鹽城	0.341	0.151	0.573	0.271	0.174	0.246	0.536	0.275	0.307	0.475

表 4.2.1 2014 年度城市產業競爭力三級指標分值

城市	限額以上工業企業數	就業總人數	農業財富創造能力	工業財富創造能力	服務業財富創造能力	產品的市場認同度	企業市場認同感遞增程度	企業利稅貢獻度	企業增值稅貢獻度	企業利稅增值稅占GDP比重
揚州	0.319	0.139	0.312	0.28	0.172	0.285	0.412	0.314	0.361	0.586
鎮江	0.309	0.137	0.22	0.265	0.167	0.257	0.481	0.261	0.259	0.482
泰州	0.317	0.137	0.299	0.267	0.166	0.282	0.501	0.33	0.37	0.65
宿遷	0.291	0.119	0.337	0.181	0.135	0.158	0.657	0.217	0.167	0.492
杭州	0.61	0.392	0.354	0.506	0.341	0.43	0.394	0.421	0.415	0.393
寧波	0.686	0.279	0.371	0.505	0.271	0.411	0.368	0.336	0.362	0.365
溫州	0.469	0.212	0.216	0.312	0.204	0.205	0.364	0.201	0.209	0.301
嘉興	0.471	0.177	0.253	0.283	0.169	0.255	0.401	0.229	0.266	0.417
湖州	0.308	0.144	0.224	0.198	0.138	0.188	0.467	0.185	0.174	0.402
紹興	0.416	0.232	0.286	0.324	0.191	0.319	0.412	0.297	0.263	0.439
金華	0.379	0.187	0.237	0.253	0.175	0.194	0.407	0.21	0.189	0.353
衢州	0.179	0.115	0.181	0.155	0.121	0.135	0.4	0.158	0.136	0.387
舟山	0.131	0.112	0.184	0.14	0.122	0.126	0.373	0.123	0.113	0.203
台州	0.39	0.196	0.302	0.26	0.178	0.187	0.374	0.19	0.189	0.312
麗水	0.193	0.114	0.181	0.148	0.121	0.14	0.487	0.17	0.133	0.455
合肥	0.278	0.216	0.34	0.373	0.202	0.282	0.543	0.313	0.312	0.432
蕪湖	0.253	0.132	0.223	0.244	0.131	0.202	0.439	0.199	0.228	0.449
蚌埠	0.157	0.118	0.267	0.149	0.116	0.137	0.459	0.144	0.123	0.311
淮南	0.138	0.131	0.159	0.151	0.111	0.126	0.436	0.14	0.157	0.409
馬鞍山	0.163	0.114	0.17	0.187	0.118	0.158	0.417	0.162	0.149	0.378
淮北	0.155	0.117	0.154	0.145	0.108	0.144	0.523	0.152	0.153	0.513
銅陵	0.116	0.107	0.112	0.149	0.107	0.152	0.479	0.142	0.118	0.361
安慶	0.225	0.123	0.29	0.18	0.122	0.154	0.486	0.18	0.139	0.402
黃山	0.139	0.105	0.15	0.118	0.109	0.111	0.396	0.128	0.107	0.271
滁州	0.174	0.114	0.301	0.156	0.115	0.143	0.431	0.189	0.145	0.528
阜陽	0.17	0.125	0.356	0.142	0.118	0.127	0.48	0.151	0.141	0.366
宿州	0.171	0.12	0.345	0.14	0.117	0.124	0.262	0.139	0.118	0.281
六安	0.178	0.171	0.304	0.145	0.116	0.134	0.543	0.165	0.127	0.414
亳州	0.148	0.112	0.286	0.129	0.113	0.115	0.492	0.145	0.119	0.352
池州	0.135	0.102	0.164	0.119	0.107	0.112	0.577	0.135	0.11	0.356
宣城	0.184	0.152	0.216	0.142	0.114	0.132	0.322	0.158	0.133	0.44
福州	0.281	0.246	0.48	0.324	0.22	0.25	0.46	0.27	0.26	0.368
廈門	0.241	0.219	0.125	0.253	0.185	0.22	0.395	0.216	0.168	0.344
莆田	0.179	0.133	0.211	0.179	0.123	0.143	0.442	0.168	0.134	0.369
三明	0.242	0.12	0.317	0.176	0.126	0.158	0.467	0.145	0.153	0.307
泉州	0.467	0.279	0.265	0.444	0.2	0.316	0.422	0.377	0.303	0.455
漳州	0.244	0.145	0.43	0.21	0.144	0.17	0.46	0.206	0.221	0.439
南平	0.177	0.121	0.342	0.146	0.119	0.128	0.529	0.143	0.125	0.298
龍岩	0.181	0.13	0.262	0.186	0.124	0.135	0.306	0.172	0.14	0.369
寧德	0.194	0.121	0.315	0.159	0.121	0.145	0.569	0.169	0.146	0.408
南昌	0.186	0.195	0.252	0.298	0.172	0.201	0.467	0.2	0.189	0.317
景德鎮	0.123	0.114	0.149	0.138	0.11	0.124	0.442	0.134	0.119	0.306
萍鄉	0.15	0.109	0.154	0.147	0.112	0.135	0.445	0.18	0.145	0.611
九江	0.171	0.138	0.224	0.193	0.13	0.179	0.594	0.18	0.154	0.393
新餘	0.122	0.106	0.146	0.152	0.113	0.137	0.313	0.134	0.123	0.287
鷹潭	0.115	0.104	0.144	0.133	0.107	0.163	0.498	0.158	0.13	0.578
贛州	0.181	0.145	0.361	0.178	0.133	0.155	0.457	0.158	0.158	0.329
吉安	0.164	0.118	0.288	0.157	0.117	0.152	0.543	0.178	0.16	0.5
宜春	0.17	0.131	0.31	0.179	0.12	0.156	0.524	0.194	0.169	0.498
撫州	0.156	0.125	0.261	0.148	0.113	0.126	0.522	0.135	0.121	0.277
上饒	0.146	0.139	0.299	0.174	0.124	0.152	0.588	0.162	0.158	0.376
濟南	0.24	0.243	0.356	0.322	0.261	0.225	0.472	0.205	0.199	0.267
青島	0.514	0.23	0.432	0.496	0.322	0.465	0.455	0.409	0.486	0.414
淄博	0.372	0.176	0.223	0.337	0.179	0.369	0.435	0.418	0.417	0.675
棗莊	0.222	0.137	0.233	0.209	0.133	0.182	0.33	0.192	0.205	0.449
東營	0.172	0.143	0.205	0.343	0.145	0.371	0.522	0.583	0.428	1

表 4.2.1 2014 年度城市產業競爭力三級指標分值

城市	限額以上工業企業數	就業總人數	農業財富創造能力	工業財富創造能力	服務業財富創造能力	產品的市場認同度	企業市場認同感遞增程度	企業利稅貢獻度	企業增值稅貢獻度	企業利稅增值稅占 GDP 比重
煙臺	0.333	0.204	0.474	0.436	0.214	0.427	0.436	0.497	0.329	0.539
濰坊	0.457	0.182	0.5	0.352	0.19	0.378	0.464	0.343	0.285	0.466
濟寧	0.232	0.175	0.48	0.293	0.17	0.224	0.506	0.23	0.233	0.373
泰安	0.252	0.166	0.338	0.247	0.162	0.246	0.513	0.278	0.263	0.527
威海	0.236	0.154	0.283	0.241	0.154	0.245	0.484	0.239	0.234	0.472
日照	0.146	0.117	0.221	0.181	0.13	0.159	0.4	0.194	0.142	0.434
萊蕪	0.127	0.112	0.143	0.135	0.111	0.136	0.57	0.128	0.113	0.253
臨沂	0.422	0.17	0.4	0.269	0.177	0.298	0.571	0.298	0.236	0.478
德州	0.377	0.138	0.351	0.238	0.147	0.272	0.522	0.315	0.325	0.696
聊城	0.299	0.135	0.364	0.236	0.142	0.276	0.536	0.294	0.247	0.611
濱州	0.195	0.139	0.291	0.217	0.144	0.261	0.509	0.236	0.207	0.497
菏澤	0.313	0.138	0.357	0.215	0.135	0.218	0.547	0.267	0.259	0.634
鄭州	0.335	0.265	0.248	0.472	0.243	0.353	0.477	0.476	0.438	0.523
開封	0.197	0.137	0.371	0.16	0.125	0.143	0.49	0.188	0.139	0.437
洛陽	0.24	0.158	0.319	0.298	0.156	0.242	0.433	0.206	0.187	0.334
平頂山	0.159	0.148	0.241	0.197	0.124	0.158	0.318	0.17	0.17	0.392
安陽	0.174	0.148	0.287	0.199	0.127	0.172	0.296	0.181	0.164	0.396
鶴壁	0.14	0.114	0.162	0.142	0.104	0.135	0.45	0.145	0.124	0.421
新鄉	0.197	0.142	0.303	0.203	0.129	0.178	0.376	0.188	0.144	0.38
焦作	0.198	0.136	0.225	0.219	0.122	0.197	0.433	0.227	0.196	0.552
濮陽	0.167	0.129	0.246	0.174	0.111	0.157	0.456	0.191	0.145	0.52
許昌	0.209	0.129	0.283	0.232	0.122	0.196	0.456	0.259	0.222	0.614
漯河	0.147	0.12	0.199	0.158	0.107	0.15	0.34	0.209	0.132	0.698
三門峽	0.151	0.121	0.19	0.183	0.114	0.183	0.456	0.22	0.137	0.595
南陽	0.217	0.182	0.521	0.235	0.14	0.176	0.426	0.201	0.179	0.365
商丘	0.172	0.142	0.431	0.172	0.124	0.154	0.431	0.165	0.139	0.34
信陽	0.186	0.143	0.498	0.163	0.128	0.138	0.457	0.153	0.133	0.294
周口	0.193	0.144	0.542	0.186	0.124	0.161	0.497	0.222	0.142	0.46
駐馬店	0.221	0.143	0.482	0.166	0.125	0.144	0.454	0.169	0.131	0.34
武漢	0.28	0.297	0.417	0.566	0.346	0.355	0.436	0.273	0.318	0.279
黃石	0.146	0.128	0.188	0.171	0.117	0.155	0.53	0.144	0.135	0.313
十堰	0.151	0.152	0.228	0.154	0.12	0.135	0.418	0.19	0.144	0.532
宜昌	0.196	0.168	0.419	0.278	0.142	0.199	0.526	0.236	0.183	0.4
襄陽	0.219	0.168	0.474	0.268	0.144	0.192	0.471	0.259	0.174	0.431
鄂州	0.138	0.115	0.173	0.136	0.108	0.126	0.477	0.13	0.121	0.299
荊門	0.173	0.132	0.284	0.165	0.118	0.156	0.517	0.162	0.137	0.376
孝感	0.187	0.169	0.335	0.159	0.12	0.147	0.539	0.16	0.131	0.354
荊州	0.171	0.132	0.404	0.158	0.122	0.136	0.538	0.149	0.125	0.292
黃岡	0.174	0.132	0.446	0.151	0.123	0.128	0.518	0.147	0.128	0.291
咸寧	0.161	0.117	0.255	0.139	0.114	0.129	0.547	0.164	0.124	0.442
隨州	0.144	0.108	0.219	0.129	0.11	0.123	0.561	0.159	0.127	0.509
長沙	0.295	0.225	0.384	0.527	0.26	0.265	0.471	0.323	0.267	0.329
株洲	0.211	0.138	0.249	0.221	0.133	0.157	0.412	0.166	0.193	0.359
湘潭	0.17	0.128	0.215	0.187	0.124	0.16	0.408	0.147	0.157	0.323
衡陽	0.199	0.154	0.433	0.208	0.141	0.171	0.358	0.182	0.188	0.367
邵陽	0.166	0.131	0.358	0.142	0.121	0.131	0.481	0.154	0.142	0.369
岳陽	0.212	0.145	0.364	0.24	0.143	0.211	0.446	0.193	0.236	0.404
常德	0.172	0.136	0.413	0.215	0.144	0.148	0.423	0.188	0.198	0.379
張家界	0.111	0.103	0.142	0.105	0.111	0.102	0.181	0.121	0.103	0.188
益陽	0.169	0.123	0.309	0.149	0.12	0.133	0.46	0.147	0.147	0.351
郴州	0.191	0.13	0.262	0.2	0.128	0.164	0.43	0.192	0.254	0.533
永州	0.156	0.127	0.349	0.143	0.123	0.117	0.245	0.134	0.123	0.252
懷化	0.148	0.124	0.25	0.148	0.124	0.12	0.251	0.136	0.121	0.263
婁底	0.155	0.124	0.256	0.161	0.117	0.138	0.415	0.153	0.152	0.384
廣州	0.476	0.44	0.325	0.673	0.659	0.485	0.342	0.442	0.484	0.298
韶關	0.14	0.13	0.228	0.14	0.123	0.124	0.402	0.132	0.135	0.28

表 4.2.1 2014 年度城市產業競爭力三級指標分值

城市	限額以上工業企業數	就業總人數	農業財富創造能力	工業財富創造能力	服務業財富創造能力	產品的市場認同度	企業市場認同感遞增程度	企業利稅貢獻度	企業增值稅貢獻度	企業利稅增值稅占GDP比重
深圳	0.602	0.39	0.105	0.787	0.56	0.654	0.382	0.563	0.656	0.369
珠海	0.178	0.163	0.14	0.187	0.141	0.191	0.369	0.184	0.161	0.402
汕頭	0.26	0.15	0.182	0.182	0.136	0.154	0.453	0.184	0.146	0.399
佛山	0.612	0.162	0.229	0.564	0.241	0.469	0.37	0.565	0.414	0.53
江門	0.258	0.15	0.248	0.205	0.145	0.164	0.1	0.169	0.166	0.334
湛江	0.158	0.141	0.497	0.181	0.145	0.142	0.354	0.163	0.168	0.317
茂名	0.156	0.134	0.457	0.19	0.149	0.146	0.393	0.158	0.191	0.32
肇慶	0.188	0.127	0.352	0.177	0.134	0.172	0.465	0.195	0.178	0.454
惠州	0.222	0.188	0.231	0.262	0.154	0.245	0.471	0.205	0.334	0.474
梅州	0.126	0.119	0.259	0.126	0.117	0.112	0.341	0.131	0.122	0.279
汕尾	0.12	0.112	0.202	0.128	0.112	0.119	0.567	0.132	0.109	0.266
河源	0.131	0.119	0.181	0.133	0.111	0.124	0.338	0.142	0.125	0.383
陽江	0.144	0.113	0.292	0.146	0.118	0.13	0.522	0.173	0.139	0.464
清遠	0.141	0.122	0.252	0.143	0.126	0.134	0.221	0.149	0.13	0.332
東莞	0.489	0.12	0.119	0.375	0.262	0.353	0.452	0.233	0.271	0.311
中山	0.374	0.129	0.163	0.252	0.161	0.237	0.349	0.23	0.247	0.456
潮州	0.164	0.108	0.151	0.141	0.115	0.123	0.406	0.15	0.129	0.41
揭陽	0.248	0.118	0.25	0.201	0.124	0.173	0.5	0.208	0.165	0.485
雲浮	0.138	0.112	0.234	0.123	0.109	0.114	0.449	0.135	0.114	0.321
南寧	0.179	0.179	0.437	0.211	0.176	0.153	0.519	0.188	0.162	0.31
柳州	0.166	0.145	0.252	0.231	0.131	0.187	0.472	0.17	0.171	0.34
桂林	0.153	0.132	0.382	0.179	0.131	0.139	0.544	0.189	0.149	0.403
梧州	0.132	0.11	0.216	0.162	0.112	0.134	0.589	0.148	0.16	0.408
北海	0.113	0.109	0.239	0.134	0.111	0.125	1	0.153	0.147	0.491
防城港	0.111	0.105	0.167	0.124	0.108	0.117	0.474	0.137	0.109	0.343
欽州	0.12	0.111	0.269	0.129	0.112	0.127	0.448	0.117	0.115	0.18
貴港	0.13	0.111	0.251	0.127	0.114	0.117	0.507	0.143	0.114	0.34
玉林	0.151	0.126	0.332	0.151	0.122	0.125	0.427	0.147	0.125	0.3
百色	0.117	0.115	0.236	0.142	0.11	0.118	0.441	0.127	0.132	0.281
賀州	0.112	0.104	0.185	0.116	0.105	0.107	0.482	0.13	0.11	0.321
河池	0.117	0.114	0.226	0.115	0.109	0.108	0.317	0.129	0.113	0.291
來賓	0.114	0.107	0.219	0.12	0.106	0.113	0.422	0.121	0.113	0.22
崇左	0.11	0.109	0.247	0.12	0.108	0.11	0.453	0.141	0.116	0.381
海口	0.111	0.141	0.157	0.119	0.133	0.113	0.399	0.135	0.115	0.269
三亞	0.101	0.104	0.149	0.103	0.112	0.101	0.479	0.121	0.101	0.178
重慶	0.529	1	1	0.808	0.335	0.386	0.341	0.318	0.386	0.27
成都	0.373	0.318	0.462	0.549	0.356	0.346	0.547	0.371	0.455	0.357
自貢	0.141	0.112	0.215	0.159	0.114	0.134	0.385	0.151	0.15	0.399
攀枝花	0.127	0.113	0.126	0.16	0.107	0.135	0.432	0.135	0.138	0.337
瀘州	0.148	0.123	0.248	0.169	0.114	0.129	0.292	0.174	0.145	0.452
德陽	0.197	0.121	0.297	0.185	0.117	0.156	0.417	0.18	0.16	0.437
綿陽	0.169	0.135	0.32	0.177	0.124	0.147	0.406	0.161	0.175	0.388
廣元	0.131	0.109	0.195	0.121	0.108	0.114	0.511	0.133	0.111	0.318
遂寧	0.136	0.112	0.251	0.136	0.108	0.127	0.366	0.151	0.14	0.461
內江	0.14	0.117	0.266	0.167	0.111	0.137	0.294	0.15	0.159	0.396
樂山	0.153	0.123	0.226	0.171	0.115	0.135	0.362	0.154	0.143	0.368
南充	0.143	0.126	0.383	0.169	0.117	0.14	0.469	0.171	0.152	0.41
眉山	0.148	0.11	0.24	0.148	0.11	0.121	0.257	0.146	0.131	0.367
宜賓	0.147	0.132	0.283	0.185	0.115	0.148	0.388	0.213	0.167	0.571
廣安	0.135	0.106	0.245	0.142	0.112	0.125	0.427	0.14	0.122	0.319
達州	0.138	0.122	0.354	0.166	0.115	0.126	0.337	0.15	0.118	0.294
雅安	0.126	0.104	0.159	0.121	0.104	0.109	0.359	0.134	0.119	0.403
巴中	0.11	0.112	0.192	0.114	0.106	0.107	0.413	0.122	0.104	0.212
資陽	0.151	0.112	0.323	0.16	0.112	0.145	0.437	0.182	0.156	0.515
貴陽	0.133	0.181	0.182	0.189	0.162	0.155	0.459	0.179	0.184	0.364
六盤水	0.119	0.119	0.148	0.153	0.114	0.121	0.458	0.156	0.131	0.415

表 4.2.1 2014 年度城市產業競爭力三級指標分值

城市	限額以上工業企業數	就業總人數	農業財富創造能力	工業財富創造能力	服務業財富創造能力	產品的市場認同度	企業市場認同感遞增程度	企業利稅貢獻度	企業增值稅貢獻度	企業利稅增值稅占GDP 比重
遵義	0.14	0.134	0.299	0.172	0.135	0.126	0.421	0.215	0.163	0.507
安順	0.117	0.11	0.16	0.113	0.109	0.107	0.47	0.124	0.108	0.249
畢節	0.127	0.123	0.277	0.147	0.119	0.112	0.532	0.135	0.126	0.273
銅仁	0.12	0.112	0.239	0.111	0.111	0.104	0.485	0.121	0.105	0.192
昆明	0.174	0.22	0.268	0.263	0.193	0.182	0.474	0.185	0.206	0.304
曲靖	0.142	0.143	0.376	0.185	0.123	0.136	0.493	0.145	0.158	0.3
玉溪	0.124	0.121	0.2	0.169	0.115	0.13	0.42	0.155	0.167	0.423
保山	0.108	0.113	0.221	0.111	0.107	0.104	0.608	0.126	0.109	0.261
昭通	0.116	0.118	0.22	0.128	0.109	0.107	0.517	0.126	0.121	0.267
麗江	0.105	0.105	0.14	0.106	0.103	0.103	0.56	0.125	0.108	0.335
普洱	0.108	0.111	0.222	0.111	0.106	0.103	0.566	0.124	0.108	0.245
臨滄	0.106	0.108	0.218	0.114	0.104	0.103	0.505	0.126	0.107	0.265
拉薩	0.102	0.135	0.112	0.106	0.109	0.101	0.529	0.121	0.103	0.21
西安	0.179	0.269	0.304	0.321	0.244	0.196	0.43	0.184	0.197	0.254
銅川	0.109	0.104	0.121	0.117	0.103	0.112	0.562	0.13	0.116	0.405
寶雞	0.137	0.127	0.25	0.203	0.119	0.144	0.427	0.171	0.153	0.375
咸陽	0.153	0.136	0.411	0.206	0.126	0.156	0.538	0.212	0.183	0.468
渭南	0.134	0.136	0.296	0.172	0.122	0.14	0.448	0.144	0.143	0.303
延安	0.108	0.12	0.196	0.202	0.112	0.147	0.515	0.256	0.238	0.815
漢中	0.124	0.122	0.273	0.135	0.116	0.119	0.624	0.127	0.117	0.236
榆林	0.155	0.123	0.225	0.316	0.135	0.152	0.237	0.319	0.265	0.587
安康	0.129	0.109	0.192	0.127	0.11	0.111	0.701	0.143	0.122	0.403
商洛	0.111	0.109	0.189	0.12	0.108	0.108	0.701	0.123	0.112	0.24
蘭州	0.131	0.151	0.147	0.186	0.148	0.154	0.401	0.111	0.157	0.198
嘉峪關	0.101	0.101	0.103	0.116	0.1	0.128	0.516	0.125	0.112	0.37
金昌	0.101	0.104	0.113	0.115	0.1	0.145	0.5	0.127	0.116	0.433
白銀	0.112	0.11	0.148	0.123	0.106	0.118	0.543	0.128	0.117	0.311
天水	0.108	0.116	0.181	0.114	0.109	0.103	0.449	0.121	0.103	0.185
武威	0.109	0.105	0.186	0.113	0.105	0.105	0.548	0.122	0.102	0.193
張掖	0.112	0.106	0.188	0.108	0.105	0.103	0.501	0.123	0.104	0.232
平涼	0.108	0.11	0.167	0.112	0.104	0.105	0.447	0.123	0.112	0.285
酒泉	0.119	0.105	0.173	0.132	0.11	0.113	0.494	0.126	0.109	0.233
慶陽	0.105	0.105	0.178	0.135	0.106	0.118	0.555	0.19	0.135	0.799
定西	0.105	0.106	0.171	0.102	0.104	0.101	0.705	0.12	0.1	0.178
隴南	0.104	0.106	0.159	0.103	0.104	0.101	0.454	0.124	0.103	0.266
西寧	0.115	0.129	0.133	0.149	0.123	0.128	0.435	0.126	0.128	0.246
銀川	0.126	0.129	0.152	0.168	0.128	0.142	0.572	0.154	0.145	0.351
石嘴山	0.118	0.104	0.123	0.126	0.105	0.114	0.305	0.124	0.112	0.254
吳忠	0.114	0.102	0.148	0.115	0.104	0.111	0.455	0.121	0.113	0.256
固原	0.1	0.1	0.141	0.1	0.103	0.1	0.555	0.121	0.1	0.196
中衛	0.106	0.101	0.144	0.108	0.104	0.107	0.497	0.12	0.104	0.204
烏魯木齊	0.13	0.16	0.128	0.202	0.177	0.156	0.406	0.188	0.158	0.332
克拉瑪依	0.104	0.114	0.105	0.176	0.103	0.146	0.379	0.208	0.18	0.812
香港	0.29	0.481	0.116	0.221	1	0.186	0.369	0.48	0.478	0.295
澳門	0.133	0.132	0.1	0.116	0.268	0.114	0.369	0.187	0.17	0.295
新北	0.356	0.294	0.183	0.264	0.302	0.216	0.369	0.254	0.241	0.325
臺北	0.272	0.223	0.156	0.21	0.237	0.178	0.369	0.211	0.195	0.325
台中	0.274	0.228	0.156	0.21	0.237	0.179	0.369	0.211	0.196	0.325
台南	0.223	0.19	0.14	0.176	0.195	0.155	0.369	0.184	0.167	0.325
高雄	0.283	0.23	0.158	0.214	0.242	0.181	0.369	0.215	0.199	0.325
基隆	0.124	0.112	0.108	0.111	0.117	0.11	0.369	0.132	0.113	0.325
新竹	0.125	0.114	0.109	0.113	0.12	0.112	0.369	0.134	0.114	0.325
嘉義	0.116	0.106	0.106	0.106	0.112	0.107	0.369	0.129	0.109	0.325

表 4.2.2 2014 年度城市產業競爭力三級指標分值（續 1）

城市	從業者生產效率	企業銷售毛利率	資產/固定資產比率	銷售額/總資產比率	工業化發展水準	第二產業就業水準	第三產業發展水準	第三產業就業水準	產業製造能力	製造業人力資本指數
北京	0.183	0.334	0.811	0.297	0.282	0.276	0.834	0.81	0.541	0.269
天津	0.28	0.379	1	0.421	0.601	0.678	0.551	0.416	0.595	0.348
石家莊	0.297	0.323	0.688	0.601	0.58	0.453	0.485	0.637	0.187	0.143
唐山	0.341	0.307	0.688	0.392	0.684	0.649	0.404	0.414	0.228	0.186
秦皇島	0.216	0.217	0.983	0.323	0.464	0.494	0.554	0.596	0.137	0.163
邯鄲	0.27	0.253	0.781	0.501	0.622	0.465	0.423	0.627	0.133	0.116
邢臺	0.22	0.302	0.896	0.437	0.628	0.554	0.389	0.538	0.141	0.127
保定	0.18	0.318	0.951	0.404	0.637	0.665	0.399	0.43	0.196	0.14
張家口	0.206	0.341	0.656	0.247	0.504	0.445	0.488	0.633	0.129	0.131
承德	0.273	0.352	0.729	0.315	0.614	0.387	0.401	0.686	0.117	0.123
滄州	0.314	0.334	0.563	0.451	0.611	0.477	0.446	0.597	0.135	0.123
廊坊	0.264	0.288	0.776	0.478	0.626	0.564	0.435	0.527	0.158	0.167
衡水	0.23	0.304	0.997	0.452	0.601	0.459	0.384	0.629	0.124	0.127
太原	0.166	0.243	0.938	0.328	0.525	0.676	0.615	0.42	0.201	0.238
大同	0.996	0.256	0.766	0.317	0.59	0.619	0.522	0.473	0.121	0.134
陽泉	0.161	0.308	0.802	0.279	0.68	0.81	0.48	0.288	0.109	0.136
長治	0.211	0.391	0.923	0.251	0.773	0.61	0.375	0.481	0.131	0.147
晉城	0.219	0.513	0.942	0.229	0.742	0.699	0.4	0.395	0.109	0.122
朔州	0.282	0.595	0.642	0.241	0.683	0.554	0.443	0.485	0.105	0.115
晉中	0.193	0.318	0.838	0.25	0.633	0.568	0.454	0.525	0.121	0.132
運城	0.185	0.244	0.849	0.281	0.539	0.34	0.459	0.743	0.139	0.138
忻州	0.178	0.475	0.704	0.207	0.6	0.38	0.476	0.697	0.107	0.111
臨汾	0.199	0.254	0.838	0.338	0.716	0.458	0.4	0.624	0.121	0.124
呂梁	0.19	0.384	0.956	0.213	0.838	0.432	0.314	0.659	0.125	0.131
呼和浩特	0.406	0.375	0.777	0.264	0.433	0.371	0.663	0.708	0.125	0.154
包頭	0.448	0.346	0.788	0.303	0.64	0.715	0.504	0.377	0.167	0.249
烏海	0.304	0.387	0.884	0.237	0.84	0.771	0.346	0.325	0.106	0.159
赤峰	0.292	0.335	0.705	0.503	0.641	0.406	0.383	0.631	0.115	0.116
通遼	0.379	0.335	0.555	0.704	0.727	0.312	0.322	0.542	0.11	0.115
鄂爾多斯	0.829	0.645	0.818	0.269	0.698	0.575	0.455	0.514	0.114	0.148
呼倫貝爾	0.233	0.383	0.553	0.269	0.551	0.306	0.435	0.457	0.109	0.118
巴彥淖爾	0.292	0.324	0.724	0.282	0.68	0.343	0.316	0.592	0.109	0.125
烏蘭察布	0.3	0.22	0.561	0.304	0.637	0.234	0.383	0.85	0.104	0.107
瀋陽	0.321	0.289	0.888	0.556	0.596	0.454	0.522	0.633	0.234	0.192
大連	0.361	0.307	0.936	0.39	0.603	0.623	0.5	0.466	0.289	0.259
鞍山	0.271	0.252	0.999	0.383	0.618	0.684	0.5	0.406	0.186	0.222
撫順	0.253	0.183	0.769	0.562	0.688	0.707	0.422	0.375	0.136	0.183
本溪	0.255	0.246	0.868	0.429	0.699	0.66	0.426	0.43	0.136	0.219
丹東	0.244	0.305	0.967	0.629	0.583	0.455	0.447	0.626	0.125	0.152
錦州	0.264	0.324	0.718	0.719	0.578	0.492	0.437	0.547	0.125	0.14
營口	0.298	0.374	0.825	0.475	0.621	0.604	0.474	0.49	0.143	0.191
阜新	0.188	0.284	0.746	0.317	0.535	0.633	0.406	0.444	0.11	0.127
遼陽	0.331	0.304	1	0.453	0.727	0.611	0.393	0.467	0.124	0.168
盤錦	0.191	0.31	0.684	0.414	0.778	0.322	0.326	0.323	0.116	0.163
鐵嶺	0.262	0.312	0.572	0.581	0.602	0.497	0.372	0.51	0.108	0.113
朝陽	0.206	0.319	0.722	0.442	0.577	0.572	0.371	0.519	0.121	0.13
葫蘆島	0.231	0.1	0.938	0.361	0.556	0.525	0.474	0.553	0.127	0.148
長春	0.281	0.34	0.992	0.482	0.598	0.479	0.498	0.601	0.216	0.176
吉林	0.355	0.249	0.677	0.438	0.579	0.586	0.487	0.462	0.153	0.161
四平	0.32	0.234	0.678	0.663	0.535	0.4	0.378	0.636	0.121	0.131
遼源	0.397	0.218	0.721	0.59	0.681	0.508	0.408	0.542	0.103	0.112
通化	0.267	0.29	0.987	0.475	0.615	0.518	0.456	0.544	0.121	0.147
白山	0.218	0.243	0.565	0.669	0.696	0.539	0.4	0.407	0.112	0.149
松原	0.395	0.416	0.483	0.404	0.567	0.409	0.441	0.569	0.106	0.111
白城	0.213	0.243	0.606	0.376	0.552	0.261	0.433	0.642	0.111	0.128
哈爾濱	0.226	0.298	0.71	0.244	0.428	0.431	0.607	0.6	0.213	0.156
齊齊哈爾	0.232	0.32	0.917	0.239	0.443	0.498	0.469	0.575	0.138	0.134
雞西	0.162	0.292	0.788	0.251	0.482	0.501	0.395	0.329	0.107	0.12
鶴崗	0.131	0.277	0.677	0.256	0.547	0.462	0.327	0.258	0.105	0.125

表 4.2.2 2014 年度城市產業競爭力三級指標分值（續 1）

城市	從業者生產效率	企業銷售毛利率	資產/固定資產比率	銷售額/總資產比率	工業化發展水準	第二產業就業水準	第三產業發展水準	第三產業就業水準	產業製造能力	製造業人力資本指數
雙鴨山	0.236	0.375	0.621	0.455	0.534	0.526	0.308	0.495	0.102	0.107
大慶	0.41	0.704	0.552	0.354	0.922	0.633	0.247	0.457	0.132	0.158
伊春	0.128	0.156	0.777	0.265	0.404	0.258	0.397	0.219	0.11	0.14
佳木斯	0.207	0.31	0.734	0.382	0.316	0.184	0.522	0.513	0.106	0.112
七台河	0.142	0.22	0.679	0.27	0.673	0.813	0.403	0.246	0.104	0.122
牡丹江	0.293	0.324	0.656	0.475	0.506	0.344	0.462	0.512	0.117	0.132
黑河	0.119	0.389	0.684	0.226	0.22	0.155	0.417	0.329	0.106	0.119
綏化	0.254	0.369	0.685	0.416	0.323	0.367	0.417	0.674	0.118	0.116
上海	0.233	0.309	0.695	0.382	0.46	0.594	0.68	0.499	1	0.414
南京	0.3	0.325	0.942	0.445	0.516	0.582	0.612	0.51	0.32	0.271
無錫	0.46	0.304	0.667	0.361	0.615	0.774	0.533	0.322	0.295	0.306
徐州	0.366	0.386	0.83	0.603	0.571	0.497	0.498	0.568	0.158	0.129
常州	0.45	0.288	0.673	0.437	0.614	0.659	0.521	0.436	0.192	0.225
蘇州	0.485	0.256	0.776	0.402	0.628	0.844	0.524	0.255	0.463	0.379
南通	0.382	0.36	0.912	0.521	0.615	0.695	0.484	0.384	0.228	0.183
連雲港	0.282	0.364	0.835	0.563	0.537	0.483	0.48	0.557	0.136	0.135
淮安	0.283	0.285	0.914	0.747	0.541	0.629	0.491	0.441	0.172	0.166
鹽城	0.344	0.357	0.763	0.567	0.551	0.571	0.466	0.475	0.169	0.142
揚州	0.392	0.356	0.938	0.612	0.615	0.678	0.484	0.417	0.163	0.169
鎮江	0.375	0.315	0.997	0.471	0.626	0.699	0.499	0.395	0.181	0.249
泰州	0.382	0.372	0.805	0.581	0.616	0.607	0.482	0.482	0.166	0.165
宿遷	0.367	0.42	0.999	0.486	0.55	0.544	0.465	0.545	0.13	0.127
杭州	0.193	0.313	0.598	0.366	0.536	0.663	0.589	0.433	0.431	0.335
寧波	0.241	0.279	0.775	0.368	0.62	0.807	0.508	0.292	0.437	0.39
溫州	0.22	0.3	0.411	0.323	0.588	0.757	0.545	0.34	0.274	0.208
嘉興	0.237	0.293	0.934	0.325	0.642	0.807	0.477	0.291	0.301	0.391
湖州	0.23	0.285	0.747	0.442	0.618	0.802	0.478	0.297	0.175	0.243
紹興	0.196	0.288	0.585	0.379	0.623	0.981	0.496	0.121	0.25	0.269
金華	0.21	0.318	0.626	0.322	0.578	0.815	0.536	0.283	0.165	0.169
衢州	0.29	0.335	0.976	0.361	0.616	0.543	0.471	0.55	0.127	0.153
舟山	0.292	0.192	0.839	0.254	0.526	0.449	0.535	0.642	0.116	0.185
台州	0.206	0.303	0.697	0.329	0.568	0.821	0.525	0.276	0.237	0.215
麗水	0.29	0.35	0.85	0.423	0.585	0.37	0.492	0.712	0.115	0.128
合肥	0.24	0.344	0.833	0.468	0.641	0.673	0.476	0.423	0.215	0.18
蕪湖	0.313	0.312	0.971	0.389	0.757	0.658	0.367	0.437	0.158	0.175
蚌埠	0.251	0.263	0.964	0.538	0.582	0.574	0.409	0.519	0.121	0.129
淮南	0.165	0.361	0.528	0.197	0.737	0.76	0.37	0.33	0.113	0.128
馬鞍山	0.357	0.283	0.806	0.391	0.763	0.652	0.366	0.441	0.127	0.16
淮北	0.202	0.302	0.68	0.381	0.76	0.843	0.345	0.256	0.111	0.126
銅陵	0.298	0.219	0.994	0.521	0.84	0.781	0.337	0.291	0.124	0.261
安慶	0.289	0.323	0.817	0.607	0.647	0.349	0.385	0.668	0.114	0.111
黃山	0.262	0.281	0.822	0.499	0.541	0.348	0.506	0.735	0.105	0.118
滁州	0.309	0.407	0.802	0.473	0.607	0.356	0.367	0.687	0.115	0.117
阜陽	0.22	0.372	0.758	0.475	0.486	0.362	0.415	0.721	0.116	0.107
宿州	0.241	0.291	0.682	0.578	0.488	0.471	0.413	0.599	0.111	0.108
六安	0.125	0.353	0.844	0.504	0.539	0.327	0.409	0.738	0.159	0.141
亳州	0.261	0.424	0.834	0.473	0.476	0.35	0.429	0.738	0.111	0.109
池州	0.321	0.355	0.728	0.408	0.57	0.348	0.447	0.728	0.104	0.113
宣城	0.132	0.353	0.979	0.479	0.606	0.252	0.418	0.81	0.135	0.163
福州	0.206	0.331	0.959	0.458	0.532	0.77	0.54	0.327	0.29	0.244
廈門	0.176	0.278	0.625	0.385	0.569	0.839	0.583	0.259	0.338	0.722
莆田	0.221	0.33	0.916	0.52	0.673	0.833	0.415	0.266	0.179	0.219
三明	0.317	0.252	0.787	0.608	0.593	0.535	0.42	0.54	0.122	0.14
泉州	0.194	0.347	0.942	0.473	0.717	1	0.43	0.1	0.572	0.439
漳州	0.264	0.394	0.863	0.448	0.56	0.724	0.447	0.343	0.197	0.2
南平	0.25	0.299	0.91	0.462	0.503	0.524	0.423	0.549	0.132	0.151
龍岩	0.25	0.394	0.996	0.328	0.66	0.657	0.399	0.434	0.134	0.157
寧德	0.269	0.336	0.958	0.574	0.558	0.593	0.421	0.498	0.134	0.149
南昌	0.215	0.294	0.876	0.497	0.653	0.683	0.471	0.405	0.215	0.213

表 4.2.2 2014 年度城市產業競爭力三級指標分值（續 1）

城市	從業者生產效率	企業銷售毛利率	資產/固定資產比率	銷售額/總資產比率	工業化發展水準	第二產業就業水準	第三產業發展水準	第三產業就業水準	產業製造能力	製造業人力資本指數
景德鎮	0.217	0.261	0.879	0.376	0.687	0.656	0.414	0.398	0.128	0.184
萍鄉	0.309	0.433	0.611	1	0.701	0.559	0.407	0.527	0.11	0.126
九江	0.23	0.28	0.656	0.74	0.659	0.626	0.433	0.451	0.153	0.152
新餘	0.385	0.228	0.742	0.371	0.727	0.718	0.397	0.373	0.121	0.189
鷹潭	0.299	0.248	0.908	0.523	0.73	0.523	0.368	0.432	0.113	0.152
贛州	0.213	0.293	0.849	0.599	0.54	0.511	0.456	0.571	0.162	0.133
吉安	0.277	0.35	0.577	0.938	0.601	0.31	0.391	0.717	0.109	0.109
宜春	0.233	0.381	0.745	0.58	0.651	0.593	0.364	0.485	0.145	0.139
撫州	0.202	0.265	0.85	0.831	0.613	0.602	0.376	0.46	0.123	0.128
上饒	0.206	0.309	0.743	0.698	0.608	0.478	0.411	0.495	0.13	0.12
濟南	0.225	0.275	0.848	0.402	0.476	0.589	0.622	0.506	0.241	0.215
青島	0.333	0.304	0.795	0.566	0.545	0.721	0.57	0.375	0.38	0.281
淄博	0.277	0.35	0.883	0.641	0.682	0.801	0.459	0.296	0.227	0.249
棗莊	0.256	0.326	0.699	0.528	0.673	0.728	0.426	0.367	0.125	0.132
東營	0.363	0.427	0.694	0.47	0.812	0.747	0.346	0.341	0.147	0.226
煙臺	0.297	0.329	0.876	0.6	0.654	0.773	0.449	0.325	0.313	0.263
濰坊	0.293	0.283	0.891	0.538	0.626	0.693	0.448	0.402	0.249	0.184
濟寧	0.262	0.315	0.974	0.373	0.609	0.672	0.444	0.423	0.154	0.131
泰安	0.242	0.344	0.529	0.352	0.59	0.781	0.486	0.316	0.167	0.159
威海	0.259	0.3	0.83	0.55	0.62	0.859	0.473	0.239	0.24	0.376
日照	0.362	0.34	0.866	0.291	0.621	0.538	0.462	0.551	0.132	0.155
萊蕪	0.227	0.195	0.837	0.42	0.668	0.811	0.437	0.288	0.131	0.222
臨沂	0.265	0.297	0.905	0.684	0.566	0.65	0.501	0.445	0.175	0.134
德州	0.32	0.361	0.66	0.666	0.628	0.528	0.434	0.562	0.157	0.149
聊城	0.324	0.315	0.831	0.651	0.64	0.509	0.414	0.583	0.154	0.146
濱州	0.282	0.272	0.888	0.568	0.611	0.791	0.463	0.306	0.199	0.23
菏澤	0.277	0.376	0.739	0.675	0.632	0.36	0.407	0.72	0.126	0.113
鄭州	0.23	0.397	0.994	0.45	0.653	0.693	0.493	0.403	0.327	0.205
開封	0.209	0.391	0.672	0.434	0.518	0.431	0.431	0.639	0.141	0.138
洛陽	0.287	0.256	0.717	0.43	0.692	0.571	0.412	0.52	0.167	0.147
平頂山	0.195	0.322	0.783	0.365	0.702	0.7	0.382	0.396	0.144	0.14
安陽	0.208	0.3	0.787	0.517	0.665	0.714	0.393	0.382	0.139	0.133
鶴壁	0.205	0.276	0.714	0.64	0.807	0.79	0.281	0.302	0.119	0.159
新鄉	0.231	0.287	0.78	0.465	0.661	0.574	0.392	0.506	0.156	0.145
焦作	0.25	0.339	0.775	0.568	0.774	0.681	0.337	0.413	0.15	0.168
濮陽	0.211	0.346	0.651	0.531	0.749	0.689	0.301	0.407	0.116	0.119
許昌	0.313	0.397	0.779	0.49	0.769	0.598	0.317	0.495	0.138	0.138
漯河	0.212	0.405	0.835	0.638	0.786	0.701	0.284	0.393	0.148	0.187
三門峽	0.264	0.323	0.884	0.488	0.78	0.638	0.33	0.453	0.114	0.131
南陽	0.194	0.338	0.866	0.445	0.606	0.557	0.385	0.529	0.185	0.135
商丘	0.21	0.291	0.784	0.531	0.546	0.422	0.389	0.661	0.119	0.11
信陽	0.213	0.303	0.64	0.656	0.472	0.38	0.417	0.693	0.125	0.114
周口	0.228	0.391	0.739	0.512	0.556	0.367	0.348	0.713	0.132	0.113
駐馬店	0.208	0.324	0.635	0.467	0.503	0.47	0.393	0.611	0.136	0.119
武漢	0.269	0.269	0.905	0.349	0.564	0.63	0.559	0.463	0.312	0.229
黃石	0.219	0.237	0.902	0.441	0.714	0.807	0.386	0.282	0.15	0.196
十堰	0.15	0.465	0.1	0.224	0.596	0.629	0.446	0.458	0.19	0.229
宜昌	0.239	0.338	0.582	0.323	0.696	0.47	0.364	0.614	0.169	0.186
襄陽	0.237	0.38	0.985	0.554	0.66	0.651	0.375	0.434	0.203	0.186
鄂州	0.201	0.24	0.642	0.622	0.693	0.809	0.365	0.29	0.137	0.27
荊門	0.208	0.276	0.757	0.735	0.628	0.656	0.382	0.412	0.159	0.197
孝感	0.141	0.29	0.806	0.572	0.558	0.69	0.405	0.378	0.199	0.194
荊州	0.222	0.284	0.996	0.542	0.513	0.497	0.405	0.553	0.14	0.13
黃岡	0.224	0.321	0.704	0.511	0.461	0.455	0.418	0.608	0.128	0.119
咸寧	0.235	0.379	0.859	0.629	0.552	0.52	0.423	0.574	0.125	0.141
隨州	0.282	0.427	0.567	0.452	0.562	0.563	0.412	0.525	0.116	0.131
長沙	0.314	0.356	0.856	0.385	0.65	0.567	0.48	0.528	0.251	0.213
株洲	0.264	0.34	0.856	0.449	0.696	0.705	0.402	0.39	0.161	0.177
湘潭	0.257	0.257	0.915	0.505	0.689	0.749	0.404	0.348	0.137	0.163

表 4. 2. 2 2014 年度城市產業競爭力三級指標分值（續 1）

城市	從業者生產效率	企業銷售毛利率	資產/固定資產比率	銷售額/總資產比率	工業化發展水準	第二產業就業水準	第三產業發展水準	第三產業就業水準	產業製造能力	製造業人力資本指數
衡陽	0.231	0.326	0.683	0.799	0.566	0.586	0.436	0.508	0.154	0.133
邵陽	0.205	0.362	0.561	0.744	0.458	0.435	0.452	0.642	0.115	0.109
岳陽	0.28	0.298	0.555	0.784	0.643	0.546	0.415	0.54	0.152	0.145
常德	0.312	0.439	0.916	0.437	0.576	0.532	0.442	0.559	0.133	0.126
張家界	0.241	0.264	0.492	0.362	0.309	0.3	0.698	0.781	0.102	0.105
益陽	0.238	0.325	0.629	0.61	0.527	0.464	0.436	0.625	0.125	0.126
郴州	0.278	0.42	0.606	0.622	0.669	0.519	0.404	0.569	0.123	0.122
永州	0.225	0.322	0.597	0.459	0.458	0.418	0.467	0.661	0.121	0.117
懷化	0.23	0.306	0.544	0.472	0.526	0.333	0.49	0.746	0.112	0.112
婁底	0.232	0.332	0.508	0.341	0.638	0.6	0.388	0.492	0.125	0.129
廣州	0.269	0.306	0.832	0.43	0.415	0.544	0.71	0.55	0.582	0.391
韶關	0.191	0.288	0.686	0.309	0.493	0.682	0.527	0.401	0.147	0.172
深圳	0.289	0.302	0.198	0.38	0.52	0.627	0.634	0.468	0.62	1
珠海	0.175	0.271	0.417	0.345	0.6	0.822	0.539	0.264	0.271	0.901
汕頭	0.193	0.34	0.783	0.397	0.603	0.738	0.507	0.358	0.182	0.176
佛山	0.53	0.344	0.963	0.526	0.716	0.697	0.444	0.399	0.23	0.271
江門	0.227	0.299	0.996	0.352	0.594	0.758	0.493	0.339	0.214	0.245
湛江	0.265	0.364	0.995	0.456	0.46	0.44	0.488	0.594	0.133	0.12
茂名	0.308	0.357	0.687	0.782	0.481	0.477	0.498	0.587	0.121	0.114
肇慶	0.29	0.336	0.723	0.587	0.536	0.583	0.464	0.509	0.152	0.161
惠州	0.195	0.31	0.977	0.483	0.672	0.882	0.451	0.217	0.351	0.465
梅州	0.209	0.363	0.781	0.297	0.432	0.345	0.506	0.742	0.115	0.114
汕尾	0.231	0.252	0.591	0.506	0.544	0.57	0.457	0.473	0.129	0.141
河源	0.189	0.322	0.796	0.515	0.603	0.62	0.439	0.472	0.142	0.16
陽江	0.309	0.434	0.775	0.609	0.539	0.48	0.427	0.583	0.111	0.119
清遠	0.241	0.303	0.826	0.379	0.479	0.598	0.527	0.492	0.147	0.158
東莞	1	0.239	0.732	0.416	0.554	0.412	0.601	0.678	0.131	0.184
中山	0.41	0.307	0.667	0.52	0.642	0.728	0.503	0.37	0.177	0.352
潮州	0.322	0.384	0.901	0.472	0.637	0.498	0.465	0.594	0.114	0.127
揭陽	0.366	0.347	0.824	0.807	0.709	0.406	0.373	0.665	0.117	0.113
雲浮	0.216	0.337	0.931	0.418	0.518	0.571	0.406	0.52	0.125	0.144
南寧	0.216	0.372	0.746	0.423	0.454	0.438	0.567	0.636	0.171	0.149
柳州	0.244	0.264	0.844	0.452	0.725	0.503	0.377	0.576	0.164	0.186
桂林	0.264	0.436	0.807	0.488	0.549	0.403	0.433	0.674	0.128	0.127
梧州	0.339	0.349	0.783	0.662	0.726	0.384	0.333	0.69	0.112	0.119
北海	0.279	0.418	0.85	0.603	0.573	0.499	0.393	0.556	0.118	0.154
防城港	0.283	0.298	0.934	0.421	0.611	0.384	0.423	0.578	0.107	0.138
欽州	0.261	0.165	0.883	0.458	0.492	0.431	0.427	0.628	0.109	0.111
貴港	0.265	0.361	0.721	0.403	0.475	0.301	0.463	0.782	0.111	0.11
玉林	0.233	0.333	0.979	0.474	0.514	0.42	0.44	0.638	0.121	0.115
百色	0.241	0.293	0.562	0.255	0.635	0.367	0.359	0.697	0.113	0.116
賀州	0.258	0.411	0.605	0.349	0.544	0.253	0.405	0.796	0.103	0.108
河池	0.184	0.382	0.604	0.171	0.421	0.359	0.474	0.705	0.109	0.111
來賓	0.236	0.215	0.682	0.336	0.537	0.36	0.382	0.652	0.109	0.118
崇左	0.243	0.486	0.884	0.346	0.482	0.376	0.409	0.587	0.112	0.124
海口	0.152	0.361	0.66	0.289	0.303	0.267	0.758	0.623	0.121	0.164
三亞	0.231	0.319	0.868	0.245	0.259	0.117	0.726	0.902	0.101	0.108
重慶	0.129	0.288	0.927	0.346	0.608	0.519	0.1	0.522	0.832	0.209
成都	0.25	0.354	0.994	0.4	0.541	0.652	0.575	0.444	0.342	0.202
自貢	0.314	0.341	0.683	0.476	0.69	0.515	0.367	0.575	0.115	0.122
攀枝花	0.251	0.259	0.865	0.27	0.867	0.797	0.298	0.3	0.133	0.25
瀘州	0.242	0.46	0.857	0.44	0.698	0.615	0.345	0.476	0.12	0.119
德陽	0.3	0.341	0.654	0.319	0.694	0.63	0.337	0.466	0.137	0.148
綿陽	0.224	0.344	0.739	0.342	0.609	0.56	0.4	0.532	0.155	0.15
廣元	0.219	0.303	0.654	0.488	0.549	0.309	0.421	0.779	0.105	0.108
遂寧	0.247	0.374	0.639	0.573	0.611	0.594	0.343	0.501	0.11	0.113
內江	0.277	0.335	0.674	0.548	0.718	0.598	0.301	0.492	0.116	0.119
樂山	0.241	0.335	0.826	0.308	0.715	0.642	0.35	0.448	0.129	0.141
南充	0.255	0.376	0.658	0.482	0.6	0.389	0.344	0.7	0.113	0.108

表 4.2.2 2014 年度城市產業競爭力三級指標分值（續 1）

城市	從業者生產效率	企業銷售毛利率	資產/固定資產比率	銷售額/總資產比率	工業化發展水準	第二產業就業水準	第三產業發展水準	第三產業就業水準	產業製造能力	製造業人力資本指數
眉山	0.302	0.377	0.755	0.416	0.661	0.489	0.343	0.601	0.112	0.117
宜賓	0.224	0.465	0.937	0.324	0.717	0.685	0.321	0.405	0.149	0.144
廣安	0.368	0.295	0.643	0.685	0.606	0.295	0.38	0.789	0.1	0.1
達州	0.266	0.328	0.518	0.397	0.618	0.375	0.338	0.71	0.106	0.104
雅安	0.244	0.437	0.463	0.163	0.678	0.401	0.351	0.688	0.106	0.12
巴中	0.166	0.227	0.636	0.508	0.504	0.552	0.419	0.536	0.106	0.107
資陽	0.336	0.384	0.961	0.542	0.645	0.5	0.315	0.594	0.117	0.116
貴陽	0.174	0.364	0.91	0.399	0.496	0.652	0.614	0.441	0.173	0.198
六盤水	0.222	0.437	0.646	0.239	0.705	0.735	0.417	0.362	0.115	0.124
遵義	0.246	0.736	0.942	0.261	0.528	0.43	0.497	0.659	0.132	0.121
安順	0.187	0.302	0.894	0.238	0.46	0.436	0.542	0.644	0.114	0.124
畢節	0.229	0.418	0.607	0.249	0.541	0.316	0.441	0.772	0.107	0.104
銅仁	0.2	0.256	0.631	0.357	0.346	0.24	0.518	0.839	0.106	0.107
昆明	0.188	0.317	0.888	0.327	0.536	0.547	0.569	0.546	0.188	0.18
曲靖	0.212	0.319	0.721	0.276	0.616	0.693	0.371	0.395	0.137	0.129
玉溪	0.253	0.418	0.821	0.36	0.718	0.615	0.367	0.47	0.133	0.176
保山	0.173	0.415	0.574	0.2	0.41	0.568	0.452	0.512	0.112	0.124
昭通	0.182	0.392	0.649	0.196	0.568	0.394	0.396	0.687	0.106	0.105
麗江	0.17	0.538	0.517	0.112	0.497	0.38	0.488	0.672	0.102	0.11
普洱	0.175	0.411	0.484	0.137	0.433	0.448	0.415	0.559	0.112	0.123
臨滄	0.202	0.481	0.537	0.142	0.501	0.387	0.358	0.605	0.108	0.117
拉薩	0.1	0.418	0.591	0.1	0.415	0.145	0.685	0.671	0.104	0.147
西安	0.193	0.287	0.839	0.3	0.506	0.529	0.603	0.564	0.291	0.219
銅川	0.204	0.324	0.771	0.43	0.744	0.57	0.37	0.519	0.104	0.125
寶雞	0.275	0.358	0.896	0.35	0.749	0.566	0.334	0.521	0.145	0.159
咸陽	0.265	0.431	0.704	0.43	0.645	0.516	0.352	0.577	0.136	0.134
渭南	0.212	0.281	0.827	0.317	0.614	0.433	0.402	0.63	0.126	0.123
延安	0.303	0.668	0.682	0.23	0.841	0.446	0.28	0.635	0.103	0.108
漢中	0.209	0.247	0.797	0.326	0.499	0.432	0.449	0.654	0.124	0.132
榆林	0.507	0.8	0.866	0.244	0.827	0.345	0.321	0.725	0.106	0.108
安康	0.242	0.497	0.589	0.508	0.571	0.253	0.433	0.833	0.104	0.107
商洛	0.214	0.287	0.801	0.352	0.539	0.304	0.437	0.77	0.105	0.109
蘭州	0.207	0.184	0.866	0.377	0.556	0.569	0.575	0.523	0.15	0.178
嘉峪關	0.222	0.195	0.893	0.339	0.932	0.89	0.261	0.209	0.117	0.533
金昌	0.171	0.188	0.865	0.484	0.866	0.916	0.279	0.149	0.119	0.304
白銀	0.196	0.256	0.868	0.306	0.663	0.545	0.402	0.534	0.112	0.136
天水	0.159	0.24	0.948	0.242	0.465	0.372	0.5	0.713	0.114	0.119
武威	0.22	0.219	0.658	0.355	0.517	0.266	0.405	0.719	0.104	0.112
張掖	0.193	0.328	0.756	0.233	0.423	0.325	0.45	0.665	0.106	0.123
平涼	0.162	0.373	0.514	0.185	0.554	0.477	0.402	0.604	0.101	0.102
酒泉	0.317	0.247	0.614	0.186	0.621	0.389	0.43	0.636	0.104	0.12
慶陽	0.314	0.737	0.503	0.332	0.717	0.1	0.33	0.98	0.1	0.1
定西	0.159	0.226	0.611	0.204	0.329	0.204	0.51	0.866	0.103	0.105
隴南	0.158	0.532	0.662	0.158	0.368	0.232	0.523	0.849	0.101	0.102
西寧	0.191	0.231	0.611	0.295	0.6	0.559	0.529	0.533	0.131	0.179
銀川	0.229	0.309	0.625	0.244	0.624	0.502	0.501	0.552	0.118	0.154
石嘴山	0.26	0.231	0.766	0.213	0.743	0.619	0.387	0.465	0.113	0.19
吳忠	0.247	0.23	0.663	0.235	0.629	0.36	0.396	0.657	0.107	0.124
固原	0.197	0.46	0.662	0.23	0.326	0.127	0.573	0.913	0.1	0.101
中衛	0.253	0.197	0.872	0.204	0.52	0.323	0.477	0.691	0.105	0.121
烏魯木齊	0.23	0.353	0.672	0.279	0.487	0.453	0.651	0.621	0.136	0.17
克拉瑪依	0.259	0.481	0.525	0.318	1	0.758	0.21	0.34	0.112	0.262
香港	0.265	0.913	0.358	0.564	0.108	0.153	0.992	1	0.151	0.136
澳門	0.445	1	0.358	0.564	0.1	0.242	1	0.848	0.107	0.163
新北	0.185	0.359	0.358	0.564	0.362	0.448	0.755	0.639	0.118	0.124
臺北	0.191	0.359	0.358	0.564	0.362	0.235	0.755	0.852	0.112	0.124
台中	0.187	0.359	0.358	0.564	0.362	0.484	0.755	0.573	0.112	0.124
台南	0.184	0.359	0.358	0.564	0.362	0.501	0.755	0.521	0.109	0.124
高雄	0.189	0.359	0.358	0.564	0.362	0.423	0.755	0.623	0.113	0.124

表 4. 2. 2 2014 年度城市產業競爭力三級指標分值（續 1）

城市	從業者生產效率	企業銷售毛利率	資產/固定資產比率	銷售額/總資產比率	工業化發展水準	第二產業就業水準	第三產業發展水準	第三產業就業水準	產業製造能力	製造業人力資本指數
基隆	0.19	0.359	0.358	0.564	0.362	0.347	0.755	0.741	0.101	0.124
新竹	0.19	0.359	0.358	0.564	0.362	0.487	0.755	0.598	0.102	0.124
嘉義	0.194	0.359	0.358	0.564	0.362	0.32	0.755	0.746	0.101	0.124

表 4. 2. 3 2014 年度城市產業競爭力三級指標分值（續 2）

城市	外資企業數	外資企業產出規模	外資企業貢獻度	外資企業平均產出能力	外資企業相對量	工業集中度	企業固定資產集中度	市區工業企業相對量	企業總資產規模
北京	0.274	0.372	0.541	0.323	0.452	0.982	0.987	0.957	0.698
天津	0.414	0.542	0.578	0.301	0.539	0.92	0.936	0.844	0.716
石家莊	0.12	0.125	0.183	0.28	0.162	0.204	0.378	0.182	0.222
唐山	0.122	0.161	0.255	0.495	0.225	0.605	0.656	0.507	0.366
秦皇島	0.117	0.127	0.564	0.334	0.408	0.648	0.637	0.611	0.15
邯鄲	0.109	0.135	0.264	0.641	0.171	0.332	0.528	0.25	0.218
邢臺	0.108	0.123	0.339	0.495	0.164	0.276	0.408	0.162	0.155
保定	0.124	0.123	0.241	0.237	0.211	0.353	0.55	0.198	0.196
張家口	0.105	0.105	0.204	0.229	0.194	0.65	0.465	0.367	0.148
承德	0.102	0.101	0.114	0.178	0.127	0.36	0.487	0.264	0.154
滄州	0.12	0.127	0.251	0.296	0.182	0.326	0.308	0.174	0.198
廊坊	0.135	0.125	0.301	0.203	0.342	0.238	0.303	0.267	0.164
衡水	0.11	0.105	0.186	0.168	0.178	0.357	0.421	0.22	0.129
太原	0.105	0.118	0.281	0.66	0.177	0.874	0.89	0.703	0.206
大同	0.102	0.103	0.169	0.348	0.175	0.898	0.882	0.579	0.153
陽泉	0.102	0.101	0.13	0.182	0.17	0.7	0.769	0.47	0.131
長治	0.101	0.104	0.148	0.524	0.128	0.322	0.297	0.286	0.18
晉城	0.103	0.11	0.322	0.564	0.193	0.393	0.355	0.255	0.165
朔州	0.101	0.101	0.123	0.282	0.127	0.626	0.677	0.378	0.153
晉中	0.105	0.105	0.191	0.238	0.174	0.212	0.208	0.302	0.159
運城	0.103	0.102	0.128	0.185	0.143	0.179	0.255	0.23	0.153
忻州	0.1	0.1	0.1	0.1	0.1	0.168	0.149	0.171	0.135
臨汾	0.103	0.103	0.133	0.227	0.156	0.177	0.225	0.215	0.159
呂梁	0.102	0.109	0.221	0.678	0.129	0.113	0.15	0.121	0.197
呼和浩特	0.106	0.117	0.424	0.508	0.26	0.253	0.443	0.359	0.151
包頭	0.106	0.106	0.145	0.231	0.175	0.784	0.825	0.727	0.205
烏海	0.101	0.1	0.101	0.106	0.128	1	1	1	0.131
赤峰	0.102	0.103	0.138	0.276	0.132	0.483	0.547	0.357	0.135
通遼	0.104	0.109	0.19	0.463	0.143	0.403	0.251	0.412	0.134
鄂爾多斯	0.103	0.109	0.158	0.504	0.164	0.17	0.264	0.243	0.27
呼倫貝爾	0.104	0.102	0.157	0.184	0.178	0.182	0.268	0.218	0.142
巴彥淖爾	0.102	0.104	0.223	0.368	0.156	0.346	0.366	0.343	0.127
烏蘭察布	0.102	0.102	0.146	0.2	0.148	0.17	0.152	0.184	0.129
瀋陽	0.181	0.226	0.352	0.324	0.249	0.722	0.736	0.638	0.319
大連	0.259	0.25	0.467	0.235	0.478	0.579	0.646	0.469	0.356
鞍山	0.112	0.107	0.155	0.176	0.177	0.435	0.621	0.313	0.181
撫順	0.112	0.106	0.167	0.179	0.195	0.698	0.91	0.579	0.141
本溪	0.107	0.124	0.371	0.559	0.197	0.873	0.891	0.743	0.148
丹東	0.12	0.108	0.262	0.159	0.28	0.331	0.473	0.317	0.119
錦州	0.112	0.112	0.226	0.24	0.214	0.444	0.443	0.313	0.131
營口	0.134	0.126	0.351	0.209	0.278	0.636	0.857	0.658	0.154
阜新	0.106	0.102	0.173	0.156	0.173	0.761	0.788	0.698	0.124
遼陽	0.107	0.111	0.231	0.336	0.17	0.502	0.678	0.433	0.146
盤錦	0.106	0.104	0.145	0.211	0.185	0.643	0.854	0.418	0.159
鐵嶺	0.11	0.105	0.138	0.176	0.146	0.259	0.364	0.278	0.157
朝陽	0.103	0.101	0.128	0.158	0.135	0.29	0.415	0.246	0.127
葫蘆島	0.102	0.101	0.119	0.153	0.147	0.646	0.555	0.329	0.128
長春	0.128	0.168	0.308	0.445	0.295	0.925	0.923	0.746	0.275
吉林	0.107	0.108	0.165	0.264	0.145	0.665	0.603	0.499	0.169
四平	0.103	0.105	0.174	0.352	0.142	0.428	0.422	0.459	0.121

表 4.2.3 2014 年度城市產業競爭力三級指標分值（續 2）

城市	外資企業數	外資企業產出規模	外資企業貢獻度	外資企業平均產出能力	外資企業相對量	工業集中度	企業固定資產集中度	市區工業企業相對量	企業總資產規模
遼源	0.101	0.101	0.134	0.274	0.128	0.673	0.758	0.544	0.116
通化	0.104	0.105	0.19	0.266	0.158	0.517	0.688	0.308	0.127
白山	0.104	0.104	0.178	0.244	0.164	0.33	0.558	0.291	0.116
松原	0.101	0.103	0.133	0.378	0.118	0.372	0.656	0.332	0.149
白城	0.103	0.103	0.25	0.232	0.174	0.337	0.418	0.361	0.112
哈爾濱	0.119	0.123	0.301	0.27	0.224	0.746	0.769	0.594	0.212
齊齊哈爾	0.104	0.106	0.257	0.29	0.202	0.691	0.804	0.592	0.141
雞西	0.101	0.102	0.234	0.35	0.159	0.585	0.8	0.459	0.115
鶴崗	0.101	0.1	0.115	0.134	0.139	0.763	0.888	0.693	0.112
雙鴨山	0.101	0.101	0.134	0.259	0.129	0.45	0.794	0.504	0.113
大慶	0.104	0.109	0.155	0.409	0.178	0.908	0.95	0.79	0.224
伊春	0.102	0.101	0.173	0.136	0.238	0.795	0.919	0.739	0.107
佳木斯	0.102	0.103	0.237	0.259	0.16	0.48	0.476	0.425	0.113
七台河	0.1	0.1	0.102	0.114	0.124	0.802	0.946	0.727	0.112
牡丹江	0.105	0.103	0.218	0.199	0.181	0.318	0.543	0.313	0.116
黑河	0.101	0.1	0.14	0.124	0.185	0.363	0.395	0.355	0.105
綏化	0.102	0.102	0.2	0.269	0.158	0.109	0.116	0.153	0.114
上海	0.922	1	0.815	0.256	0.728	0.989	0.982	0.987	1
南京	0.223	0.314	0.573	0.348	0.455	0.896	0.929	0.76	0.35
無錫	0.358	0.345	0.53	0.236	0.467	0.442	0.511	0.596	0.5
徐州	0.134	0.137	0.205	0.256	0.188	0.55	0.741	0.367	0.24
常州	0.251	0.228	0.462	0.221	0.391	0.799	0.797	0.831	0.306
蘇州	1	0.975	0.871	0.239	0.743	0.428	0.451	0.499	0.823
南通	0.34	0.265	0.523	0.198	0.463	0.39	0.484	0.381	0.281
連雲港	0.137	0.138	0.383	0.249	0.296	0.424	0.885	0.279	0.157
淮安	0.131	0.141	0.362	0.289	0.219	0.624	0.714	0.501	0.15
鹽城	0.158	0.162	0.384	0.253	0.254	0.392	0.331	0.29	0.195
揚州	0.176	0.188	0.412	0.265	0.323	0.69	0.725	0.611	0.21
鎮江	0.212	0.195	0.495	0.222	0.441	0.432	0.555	0.382	0.225
泰州	0.168	0.188	0.411	0.284	0.3	0.355	0.426	0.279	0.214
宿遷	0.119	0.107	0.179	0.153	0.163	0.414	0.575	0.299	0.145
杭州	0.335	0.278	0.449	0.209	0.395	0.796	0.808	0.682	0.448
寧波	0.496	0.334	0.587	0.184	0.534	0.689	0.685	0.522	0.425
溫州	0.154	0.117	0.203	0.146	0.194	0.403	0.413	0.404	0.229
嘉興	0.302	0.193	0.489	0.165	0.449	0.284	0.278	0.272	0.288
湖州	0.195	0.137	0.382	0.156	0.391	0.46	0.418	0.423	0.175
紹興	0.244	0.186	0.354	0.185	0.392	0.187	0.27	0.215	0.322
金華	0.151	0.118	0.223	0.151	0.218	0.221	0.241	0.239	0.215
衢州	0.11	0.106	0.208	0.178	0.182	0.498	0.571	0.366	0.139
舟山	0.106	0.115	0.422	0.451	0.221	0.778	0.679	0.836	0.143
台州	0.156	0.125	0.282	0.165	0.224	0.405	0.42	0.376	0.205
麗水	0.107	0.103	0.144	0.155	0.147	0.297	0.34	0.264	0.136
合肥	0.134	0.164	0.347	0.37	0.222	0.654	0.742	0.487	0.245
蕪湖	0.127	0.135	0.306	0.282	0.213	0.614	0.713	0.421	0.201
蚌埠	0.107	0.105	0.191	0.204	0.18	0.514	0.672	0.445	0.125
淮南	0.104	0.103	0.189	0.232	0.16	0.915	0.989	0.71	0.16
馬鞍山	0.11	0.108	0.206	0.223	0.197	0.657	0.81	0.48	0.157
淮北	0.105	0.103	0.159	0.195	0.158	0.783	0.901	0.711	0.145
銅陵	0.104	0.114	0.314	0.597	0.245	0.88	0.822	0.705	0.137
安慶	0.11	0.104	0.148	0.16	0.149	0.309	0.403	0.204	0.133
黃山	0.103	0.101	0.131	0.123	0.153	0.491	0.48	0.471	0.108
滁州	0.113	0.109	0.245	0.204	0.207	0.358	0.375	0.359	0.134
阜陽	0.104	0.102	0.156	0.18	0.137	0.386	0.558	0.395	0.122
宿州	0.105	0.103	0.185	0.192	0.143	0.235	0.243	0.289	0.115
六安	0.105	0.107	0.235	0.336	0.136	0.359	0.412	0.4	0.126
亳州	0.101	0.1	0.108	0.121	0.117	0.455	0.408	0.372	0.112
池州	0.103	0.101	0.15	0.141	0.159	0.567	0.797	0.501	0.111
宣城	0.109	0.104	0.179	0.164	0.166	0.17	0.169	0.222	0.125
福州	0.235	0.228	0.646	0.236	0.575	0.376	0.355	0.421	0.222

表 4.2.3 2014 年度城市產業競爭力三級指標分值（續 2）

城市	外資企業數	外資企業產出規模	外資企業貢獻度	外資企業平均產出能力	外資企業相對量	工業集中度	企業固定資產集中度	市區工業企業相對量	企業總資產規模
廈門	0.258	0.259	1	0.244	0.811	1	1	1	0.219
莆田	0.14	0.126	0.49	0.192	0.416	0.864	0.933	0.785	0.131
三明	0.118	0.107	0.18	0.156	0.181	0.284	0.336	0.219	0.135
泉州	0.425	0.304	0.717	0.19	0.668	0.313	0.396	0.228	0.271
漳州	0.192	0.153	0.596	0.183	0.505	0.279	0.288	0.245	0.159
南平	0.112	0.106	0.23	0.168	0.2	0.304	0.447	0.223	0.123
龍岩	0.128	0.11	0.31	0.154	0.314	0.493	0.5	0.434	0.142
寧德	0.107	0.104	0.157	0.18	0.149	0.19	0.409	0.181	0.129
南昌	0.128	0.136	0.339	0.287	0.305	0.592	0.525	0.574	0.176
景德鎮	0.105	0.103	0.167	0.172	0.23	0.565	0.65	0.45	0.125
萍鄉	0.102	0.102	0.129	0.206	0.126	0.669	0.825	0.585	0.112
九江	0.119	0.12	0.284	0.253	0.266	0.375	0.416	0.267	0.138
新餘	0.104	0.113	0.341	0.59	0.201	0.813	0.912	0.768	0.139
鷹潭	0.102	0.102	0.123	0.197	0.187	0.27	0.152	0.45	0.145
贛州	0.144	0.127	0.411	0.187	0.441	0.339	0.379	0.268	0.133
吉安	0.118	0.117	0.332	0.233	0.278	0.199	0.276	0.19	0.12
宜春	0.112	0.111	0.244	0.236	0.208	0.146	0.162	0.197	0.135
撫州	0.112	0.104	0.199	0.149	0.23	0.406	0.391	0.328	0.111
上饒	0.108	0.117	0.334	0.392	0.211	0.1	0.14	0.162	0.127
濟南	0.132	0.119	0.216	0.186	0.247	0.628	0.72	0.511	0.219
青島	0.401	0.282	0.428	0.186	0.567	0.591	0.658	0.422	0.335
淄博	0.138	0.155	0.236	0.31	0.188	0.798	0.76	0.825	0.252
棗莊	0.113	0.108	0.168	0.193	0.168	0.623	0.651	0.713	0.158
東營	0.108	0.131	0.175	0.639	0.17	0.455	0.542	0.432	0.315
煙臺	0.242	0.31	0.532	0.312	0.488	0.413	0.387	0.347	0.298
濰坊	0.171	0.161	0.249	0.223	0.228	0.236	0.342	0.228	0.29
濟寧	0.12	0.122	0.23	0.257	0.198	0.298	0.342	0.307	0.228
泰安	0.114	0.109	0.141	0.189	0.159	0.224	0.171	0.281	0.26
威海	0.19	0.179	0.456	0.225	0.52	0.277	0.421	0.28	0.197
日照	0.117	0.134	0.457	0.397	0.322	0.724	0.844	0.551	0.182
萊蕪	0.103	0.101	0.115	0.138	0.175	1	1	1	0.132
臨沂	0.141	0.14	0.241	0.24	0.181	0.509	0.513	0.404	0.204
德州	0.117	0.116	0.163	0.234	0.139	0.205	0.306	0.175	0.193
聊城	0.107	0.107	0.128	0.243	0.124	0.17	0.196	0.223	0.198
濱州	0.111	0.116	0.183	0.306	0.175	0.204	0.192	0.221	0.204
菏澤	0.113	0.114	0.179	0.253	0.138	0.25	0.268	0.229	0.163
鄭州	0.122	0.193	0.351	0.695	0.161	0.382	0.343	0.279	0.31
開封	0.105	0.102	0.127	0.155	0.129	0.265	0.388	0.222	0.138
洛陽	0.105	0.11	0.144	0.367	0.125	0.434	0.383	0.277	0.224
平頂山	0.103	0.106	0.168	0.407	0.13	0.419	0.511	0.342	0.161
安陽	0.104	0.103	0.123	0.206	0.13	0.287	0.498	0.229	0.152
鶴壁	0.103	0.102	0.143	0.206	0.146	0.505	0.74	0.621	0.12
新鄉	0.108	0.112	0.193	0.299	0.155	0.335	0.426	0.283	0.163
焦作	0.106	0.108	0.154	0.273	0.14	0.256	0.455	0.226	0.163
濮陽	0.103	0.104	0.142	0.258	0.13	0.342	0.622	0.262	0.14
許昌	0.106	0.107	0.145	0.269	0.133	0.198	0.187	0.187	0.173
漯河	0.104	0.12	0.371	0.828	0.152	0.581	0.672	0.687	0.128
三門峽	0.103	0.111	0.187	0.676	0.132	0.204	0.167	0.194	0.163
南陽	0.108	0.105	0.147	0.195	0.145	0.288	0.53	0.26	0.164
商丘	0.104	0.101	0.115	0.143	0.133	0.289	0.282	0.405	0.138
信陽	0.103	0.102	0.139	0.208	0.122	0.389	0.431	0.302	0.121
周口	0.104	0.105	0.159	0.301	0.126	0.15	0.181	0.148	0.145
駐馬店	0.106	0.104	0.16	0.204	0.13	0.279	0.408	0.193	0.135
武漢	0.157	0.23	0.428	0.426	0.303	0.838	0.6	0.663	0.382
黃石	0.105	0.118	0.353	0.594	0.171	0.59	0.775	0.408	0.147
十堰	0.104	0.122	0.498	0.931	0.146	0.726	0.685	0.512	0.167
宜昌	0.113	0.114	0.19	0.252	0.186	0.475	0.819	0.336	0.221
襄陽	0.11	0.129	0.291	0.514	0.153	0.542	0.639	0.427	0.161
鄂州	0.104	0.103	0.17	0.217	0.158	1	1	1	0.116

表 4.2.3 2014 年度城市產業競爭力三級指標分值（續 2）

城市	外資企業數	外資企業產出規模	外資企業貢獻度	外資企業平均產出能力	外資企業相對量	工業集中度	企業固定資產集中度	市區工業企業相對量	企業總資產規模
荊門	0.106	0.108	0.194	0.294	0.152	0.437	0.537	0.355	0.128
孝感	0.112	0.109	0.215	0.201	0.187	0.19	0.231	0.222	0.13
荊州	0.108	0.106	0.201	0.207	0.171	0.451	0.537	0.435	0.125
黃岡	0.108	0.105	0.212	0.19	0.172	0.172	0.224	0.202	0.121
咸寧	0.106	0.105	0.214	0.23	0.162	0.312	0.253	0.324	0.117
隨州	0.106	0.103	0.184	0.165	0.19	0.465	0.65	0.379	0.119
長沙	0.124	0.125	0.188	0.244	0.18	0.52	0.637	0.361	0.264
株洲	0.112	0.107	0.171	0.179	0.167	0.551	0.617	0.311	0.148
湘潭	0.106	0.111	0.223	0.353	0.157	0.679	0.893	0.538	0.144
衡陽	0.11	0.113	0.218	0.281	0.165	0.423	0.525	0.371	0.132
邵陽	0.105	0.102	0.144	0.158	0.15	0.312	0.414	0.292	0.115
岳陽	0.108	0.108	0.149	0.244	0.147	0.465	0.618	0.319	0.151
常德	0.107	0.107	0.199	0.247	0.162	0.549	0.486	0.363	0.141
張家界	0.101	0.1	0.166	0.138	0.156	0.383	0.447	0.408	0.103
益陽	0.108	0.105	0.187	0.186	0.168	0.567	0.558	0.504	0.12
郴州	0.111	0.107	0.176	0.197	0.174	0.3	0.359	0.254	0.138
永州	0.111	0.103	0.219	0.141	0.225	0.355	0.394	0.343	0.115
懷化	0.102	0.101	0.138	0.178	0.129	0.192	0.237	0.178	0.116
婁底	0.103	0.103	0.159	0.273	0.132	0.452	0.758	0.297	0.144
廣州	0.431	0.534	0.784	0.287	0.665	0.902	0.935	0.744	0.437
韶關	0.114	0.108	0.305	0.183	0.316	0.606	0.664	0.387	0.132
深圳	0.622	0.649	0.751	0.25	0.768	1	1	1	0.657
珠海	0.204	0.188	0.825	0.221	0.937	1	1	1	0.203
汕頭	0.156	0.123	0.374	0.158	0.323	0.999	0.992	0.998	0.152
佛山	0.364	0.329	0.495	0.224	0.431	1	1	1	0.358
江門	0.249	0.161	0.711	0.158	0.701	0.607	0.576	0.561	0.171
湛江	0.118	0.132	0.574	0.362	0.288	0.682	0.781	0.411	0.135
茂名	0.116	0.104	0.151	0.131	0.279	0.78	0.77	0.314	0.121
肇慶	0.156	0.15	0.549	0.228	0.498	0.432	0.676	0.367	0.145
惠州	0.264	0.26	0.841	0.24	0.953	0.816	0.785	0.628	0.212
梅州	0.114	0.105	0.347	0.151	0.415	0.406	0.352	0.245	0.117
汕尾	0.113	0.116	0.628	0.279	0.466	0.505	0.682	0.266	0.114
河源	0.128	0.118	0.568	0.191	0.636	0.502	0.494	0.44	0.118
陽江	0.118	0.115	0.408	0.219	0.347	0.407	0.457	0.408	0.119
清遠	0.132	0.121	0.504	0.194	0.584	0.603	0.574	0.429	0.135
東莞	0.646	0.414	0.939	0.182	1	1	1	1	0.331
中山	0.306	0.249	0.762	0.203	0.582	1	1	1	0.197
潮州	0.133	0.111	0.399	0.145	0.422	0.225	0.275	0.22	0.118
揭陽	0.143	0.124	0.319	0.181	0.287	0.262	0.396	0.303	0.132
雲浮	0.119	0.108	0.456	0.157	0.412	0.135	0.306	0.1	0.113
南寧	0.116	0.117	0.303	0.247	0.23	0.692	0.686	0.6	0.148
柳州	0.106	0.137	0.372	1	0.155	0.884	0.806	0.712	0.172
桂林	0.106	0.106	0.194	0.24	0.171	0.309	0.391	0.291	0.13
梧州	0.11	0.107	0.232	0.202	0.287	0.458	0.36	0.377	0.119
北海	0.106	0.11	0.344	0.32	0.373	0.903	0.888	0.687	0.115
防城港	0.104	0.115	0.581	0.652	0.284	0.817	0.885	0.714	0.116
欽州	0.106	0.109	0.3	0.318	0.265	0.84	0.917	0.508	0.123
貴港	0.107	0.105	0.29	0.196	0.242	0.495	0.746	0.463	0.117
玉林	0.115	0.111	0.371	0.206	0.281	0.308	0.473	0.237	0.12
百色	0.102	0.102	0.165	0.291	0.158	0.301	0.256	0.273	0.131
賀州	0.104	0.102	0.254	0.167	0.278	0.667	0.446	0.561	0.108
河池	0.102	0.101	0.172	0.181	0.151	0.358	0.232	0.237	0.123
來賓	0.102	0.103	0.255	0.301	0.196	0.568	0.64	0.318	0.116
崇左	0.103	0.107	0.47	0.38	0.286	0.319	0.444	0.303	0.112
海口	0.108	0.105	0.331	0.179	0.511	1	1	1	0.118
三亞	0.101	0.1	0.202	0.134	0.342	1	1	1	0.102
重慶	0.159	0.252	0.395	0.47	0.188	0.853	0.806	0.72	0.421
成都	0.158	0.222	0.495	0.402	0.235	0.68	0.734	0.517	0.334
自貢	0.102	0.103	0.161	0.304	0.134	0.776	0.82	0.699	0.127

表 4.2.3 2014 年度城市產業競爭力三級指標分值（續 2）

城市	外資企業數	外資企業產出規模	外資企業貢獻度	外資企業平均產出能力	外資企業相對量	工業集中度	企業固定資產集中度	市區工業企業相對量	企業總資產規模
攀枝花	0.102	0.101	0.124	0.215	0.133	0.824	0.583	0.798	0.154
瀘州	0.102	0.101	0.116	0.144	0.132	0.634	0.677	0.568	0.126
德陽	0.109	0.111	0.224	0.28	0.158	0.394	0.549	0.363	0.169
綿陽	0.107	0.104	0.155	0.184	0.161	0.633	0.456	0.434	0.154
廣元	0.102	0.101	0.158	0.189	0.14	0.642	0.726	0.566	0.111
遂寧	0.102	0.102	0.138	0.195	0.138	0.488	0.461	0.504	0.117
內江	0.102	0.102	0.127	0.19	0.137	0.354	0.335	0.383	0.125
樂山	0.103	0.102	0.134	0.184	0.138	0.537	0.555	0.439	0.146
南充	0.102	0.102	0.131	0.245	0.127	0.524	0.5	0.472	0.131
眉山	0.104	0.103	0.189	0.195	0.156	0.399	0.444	0.372	0.12
宜賓	0.101	0.102	0.13	0.352	0.115	0.513	0.507	0.295	0.159
廣安	0.102	0.101	0.132	0.185	0.136	0.351	0.609	0.309	0.113
達州	0.101	0.101	0.115	0.257	0.109	0.273	0.293	0.189	0.125
雅安	0.101	0.101	0.164	0.206	0.13	0.394	0.274	0.345	0.129
巴中	0.1	0.1	0.103	0.128	0.11	0.307	0.299	0.405	0.103
資陽	0.102	0.101	0.116	0.169	0.127	0.429	0.42	0.3	0.12
貴陽	0.106	0.105	0.172	0.201	0.219	0.712	0.524	0.754	0.153
六盤水	0.101	0.101	0.119	0.251	0.123	0.388	0.389	0.317	0.138
遵義	0.102	0.101	0.115	0.159	0.123	0.314	0.361	0.256	0.141
安順	0.101	0.1	0.129	0.195	0.12	0.565	0.499	0.455	0.113
畢節	0.101	0.1	0.109	0.134	0.117	0.188	0.197	0.158	0.121
銅仁	0.1	0.1	0.108	0.153	0.105	0.252	0.148	0.269	0.105
昆明	0.118	0.111	0.192	0.188	0.25	0.691	0.584	0.596	0.199
曲靖	0.102	0.102	0.141	0.262	0.13	0.346	0.305	0.286	0.154
玉溪	0.103	0.102	0.13	0.182	0.165	0.701	0.588	0.351	0.132
保山	0.101	0.1	0.156	0.149	0.181	0.409	0.441	0.405	0.111
昭通	0.101	0.1	0.127	0.167	0.128	0.372	0.383	0.222	0.118
麗江	0.1	0.1	0.13	0.213	0.118	0.292	0.758	0.23	0.116
普洱	0.1	0.1	0.157	0.241	0.123	0.261	0.28	0.263	0.115
臨滄	0.101	0.1	0.117	0.128	0.148	0.181	0.197	0.275	0.113
拉薩	0.1	0.1	0.209	0.195	0.162	0.504	0.833	0.372	0.111
西安	0.122	0.138	0.341	0.35	0.274	0.828	0.866	0.834	0.227
銅川	0.101	0.101	0.167	0.399	0.133	0.965	0.989	0.964	0.111
寶雞	0.103	0.108	0.2	0.431	0.156	0.64	0.625	0.479	0.149
咸陽	0.107	0.108	0.19	0.274	0.177	0.487	0.356	0.407	0.15
渭南	0.103	0.102	0.124	0.177	0.151	0.227	0.246	0.298	0.151
延安	0.1	0.1	0.102	0.147	0.125	0.867	0.885	0.274	0.187
漢中	0.101	0.101	0.119	0.156	0.133	0.213	0.165	0.263	0.124
榆林	0.101	0.101	0.114	0.322	0.108	0.169	0.245	0.173	0.189
安康	0.101	0.1	0.121	0.195	0.112	0.251	0.278	0.287	0.109
商洛	0.1	0.101	0.145	0.322	0.119	0.25	0.41	0.185	0.109
蘭州	0.103	0.103	0.14	0.257	0.159	0.851	0.752	0.731	0.156
嘉峪關	0.1	0.1	0.1	0.1	0.1	1	1	1	0.133
金昌	0.1	0.1	0.1	0.1	0.1	0.858	0.856	0.4	0.135
白銀	0.101	0.101	0.143	0.268	0.143	0.863	0.832	0.602	0.124
天水	0.101	0.1	0.124	0.159	0.135	0.759	0.597	0.51	0.107
武威	0.1	0.1	0.111	0.204	0.111	0.737	0.661	0.529	0.106
張掖	0.101	0.1	0.117	0.126	0.136	0.363	0.483	0.457	0.107
平涼	0.1	0.1	0.1	0.1	0.1	0.313	0.444	0.314	0.113
酒泉	0.102	0.1	0.117	0.129	0.17	0.404	0.195	0.326	0.134
慶陽	0.1	0.1	0.103	0.176	0.116	0.383	0.1	0.311	0.122
定西	0.1	0.1	0.107	0.11	0.135	0.307	0.291	0.37	0.104
隴南	0.1	0.1	0.1	0.1	0.1	0.128	0.154	0.198	0.106
西寧	0.103	0.103	0.179	0.273	0.2	0.579	0.548	0.632	0.139
銀川	0.104	0.103	0.151	0.219	0.19	0.533	0.429	0.427	0.173
石嘴山	0.102	0.101	0.13	0.153	0.166	0.721	0.851	0.591	0.129
吳忠	0.101	0.101	0.138	0.269	0.122	0.291	0.392	0.443	0.121
固原	0.1	0.1	0.1	0.1	0.1	0.45	0.261	0.405	0.101
中衛	0.1	0.1	0.117	0.257	0.115	0.462	0.614	0.599	0.116

表 4.2.3 2014 年度城市產業競爭力三級指標分值（續 2）

城市	外資企業數	外資企業產出規模	外資企業貢獻度	外資企業平均產出能力	外資企業相對量	工業集中度	企業固定資產集中度	市區工業企業相對量	企業總資產規模
烏魯木齊	0.104	0.102	0.121	0.171	0.172	0.998	0.987	0.99	0.182
克拉瑪依	0.101	0.1	0.104	0.168	0.165	1	1	1	0.158
香港	0.27	0.16	0.452	0.15	0.526	1	1	1	0.24
澳門	0.106	0.103	0.452	0.176	0.451	1	1	1	0.11
新北	0.1	0.1	0.1	0.1	0.1	0.53	0.589	0.455	0.104
臺北	0.26	0.178	0.452	0.17	0.559	1	1	1	0.1
台中	0.1	0.1	0.1	0.1	0.1	0.53	0.589	0.455	0.111
台南	0.1	0.1	0.1	0.1	0.1	0.53	0.589	0.455	0.112
高雄	0.1	0.1	0.1	0.1	0.1	0.53	0.589	0.455	0.106
基隆	0.1	0.1	0.1	0.1	0.1	0.53	0.589	0.455	0.1
新竹	0.1	0.1	0.1	0.1	0.1	0.53	0.589	0.455	0.107
嘉義	0.1	0.1	0.1	0.1	0.1	0.53	0.589	0.455	0.1

4.3 城市財政金融競爭力三級指標分值

表 4.3.1 2014 年度城市財政金融競爭力三級指標分值

城市	財政預算內收入	財政預算內支出	年末儲蓄總餘額	年末貸款總餘額	財政收入占 GDP 比重	人均財政預算內收入	人均財政預算內支出	人均年末儲蓄額	人均年末貸款額	人均財政收入增長率
北京	0.897	0.892	1	0.786	0.609	0.241	0.38	0.67	0.474	1
天津	0.522	0.559	0.326	0.445	0.46	0.197	0.307	0.283	0.344	1
石家莊	0.163	0.196	0.186	0.178	0.25	0.113	0.126	0.165	0.15	1
唐山	0.17	0.202	0.161	0.168	0.229	0.12	0.147	0.162	0.161	0.931
秦皇島	0.124	0.139	0.119	0.122	0.367	0.118	0.15	0.154	0.151	1
邯鄲	0.142	0.178	0.131	0.135	0.264	0.108	0.117	0.12	0.119	0.695
邢臺	0.118	0.15	0.121	0.121	0.242	0.104	0.112	0.118	0.115	0.84
保定	0.136	0.179	0.141	0.13	0.262	0.105	0.111	0.123	0.112	0.903
張家口	0.123	0.153	0.117	0.122	0.329	0.11	0.137	0.126	0.129	0.908
承德	0.117	0.147	0.113	0.117	0.278	0.11	0.143	0.126	0.13	0.684
滄州	0.132	0.163	0.129	0.123	0.222	0.108	0.121	0.127	0.117	0.88
廊坊	0.139	0.154	0.129	0.134	0.353	0.12	0.142	0.151	0.153	0.994
衡水	0.11	0.131	0.116	0.112	0.218	0.104	0.115	0.126	0.116	1
太原	0.15	0.156	0.201	0.225	0.355	0.131	0.157	0.326	0.343	1
大同	0.117	0.136	0.121	0.113	0.1	0.112	0.139	0.152	0.127	1
陽泉	0.111	0.115	0.11	0.109	0.367	0.122	0.148	0.172	0.15	1
長治	0.13	0.139	0.117	0.115	0.389	0.12	0.14	0.141	0.129	1
晉城	0.117	0.124	0.118	0.113	0.327	0.119	0.14	0.168	0.144	1
朔州	0.118	0.126	0.11	0.103	0.332	0.125	0.162	0.15	0.112	0.877
晉中	0.121	0.134	0.117	0.113	0.38	0.115	0.135	0.142	0.126	1
運城	0.108	0.137	0.113	0.11	0.188	0.102	0.116	0.116	0.11	0.572
忻州	0.113	0.135	0.113	0.108	0.384	0.109	0.139	0.132	0.115	0.929
臨汾	0.124	0.144	0.117	0.113	0.359	0.112	0.132	0.129	0.118	1
呂梁	0.132	0.149	0.116	0.25	0.438	0.118	0.143	0.131	0.37	1
呼和浩特	0.141	0.155	0.142	0.172	0.281	0.141	0.204	0.251	0.324	1
包頭	0.142	0.159	0.122	0.126	0.241	0.144	0.216	0.181	0.184	1
烏海	0.111	0.116	0.104	0.106	0.374	0.153	0.259	0.19	0.193	1
赤峰	0.115	0.166	0.111	0.112	0.213	0.107	0.152	0.116	0.115	0.784
通遼	0.119	0.151	0.105	0.11	0.229	0.113	0.162	0.111	0.12	0.899
鄂爾多斯	0.188	0.2	0.123	0.142	0.373	0.236	0.416	0.231	0.302	1
呼倫貝爾	0.117	0.159	0.109	0.109	0.249	0.114	0.194	0.128	0.122	0.984
巴彥淖爾	0.109	0.135	0.105	0.108	0.261	0.112	0.181	0.123	0.13	0.612

表 4.3.1 2014 年度城市財政金融競爭力三級指標分值

城市	財政預算內收入	財政預算內支出	年末儲蓄總餘額	年末貸款總餘額	財政收入占 GDP 比重	人均財政預算內收入	人均財政預算內支出	人均年末儲蓄額	人均年末貸款額	人均財政收入增長率
烏蘭察布	0.106	0.146	0.104	0.105	0.205	0.104	0.163	0.112	0.11	0.735
瀋陽	0.27	0.261	0.217	0.254	0.386	0.153	0.189	0.228	0.248	0.819
大連	0.278	0.288	0.217	0.26	0.382	0.169	0.238	0.26	0.29	0.817
鞍山	0.154	0.158	0.124	0.124	0.354	0.135	0.165	0.154	0.146	0.795
撫順	0.129	0.139	0.111	0.108	0.378	0.131	0.174	0.142	0.126	0.958
本溪	0.127	0.134	0.108	0.11	0.39	0.143	0.199	0.15	0.15	0.936
丹東	0.128	0.138	0.112	0.111	0.435	0.127	0.164	0.141	0.133	0.974
錦州	0.129	0.14	0.112	0.115	0.382	0.122	0.147	0.132	0.131	1
營口	0.139	0.144	0.112	0.121	0.428	0.138	0.177	0.144	0.162	0.938
阜新	0.113	0.127	0.105	0.109	0.402	0.116	0.157	0.126	0.132	1
遼陽	0.124	0.125	0.111	0.112	0.387	0.132	0.158	0.153	0.148	0.754
盤錦	0.131	0.135	0.11	0.11	0.399	0.159	0.227	0.173	0.162	1
鐵嶺	0.125	0.139	0.107	0.11	0.418	0.119	0.147	0.118	0.122	0.732
朝陽	0.123	0.142	0.109	0.11	0.408	0.115	0.143	0.121	0.118	0.97
葫蘆島	0.118	0.132	0.11	0.111	0.411	0.114	0.14	0.128	0.125	0.91
長春	0.18	0.216	0.174	0.212	0.289	0.123	0.155	0.175	0.201	0.889
吉林	0.126	0.157	0.117	0.117	0.217	0.113	0.147	0.13	0.124	0.864
四平	0.111	0.133	0.106	0.107	0.221	0.107	0.131	0.113	0.112	1
遼源	0.103	0.114	0.101	0.103	0.181	0.109	0.149	0.118	0.12	1
通化	0.113	0.134	0.106	0.106	0.276	0.114	0.16	0.123	0.119	1
白山	0.108	0.126	0.103	0.104	0.279	0.117	0.193	0.129	0.127	0.971
松原	0.111	0.127	0.105	0.105	0.185	0.109	0.129	0.114	0.111	1
白城	0.105	0.127	0.102	0.104	0.211	0.106	0.153	0.112	0.113	1
哈爾濱	0.183	0.235	0.183	0.209	0.291	0.118	0.146	0.163	0.173	1
齊齊哈爾	0.111	0.153	0.111	0.113	0.213	0.103	0.127	0.112	0.112	0.107
雞西	0.108	0.111	0.106	0.104	0.297	0.111	0.116	0.13	0.117	0.966
鶴崗	0.104	0.113	0.102	0.104	0.29	0.112	0.155	0.13	0.129	0.9
雙鴨山	0.105	0.117	0.104	0.106	0.251	0.11	0.147	0.126	0.13	0.847
大慶	0.131	0.135	0.12	0.111	0.176	0.126	0.145	0.159	0.127	0.726
伊春	0.1	0.116	0.103	0.1	0.21	0.103	0.156	0.127	0.107	0.788
佳木斯	0.107	0.13	0.107	0.109	0.234	0.106	0.148	0.124	0.125	1
七台河	0.103	0.109	0.101	0.102	0.359	0.111	0.147	0.127	0.12	0.669
牡丹江	0.114	0.135	0.108	0.105	0.256	0.113	0.152	0.127	0.113	0.996
黑河	0.103	0.119	0.103	0.103	0.245	0.104	0.144	0.12	0.112	0.756
綏化	0.111	0.151	0.106	0.106	0.218	0.103	0.125	0.104	0.103	1
上海	1	1	0.792	0.825	0.62	0.245	0.39	0.496	0.459	1
南京	0.274	0.262	0.284	0.343	0.362	0.162	0.205	0.335	0.369	1
無錫	0.256	0.236	0.217	0.247	0.331	0.176	0.224	0.303	0.321	1
徐州	0.186	0.21	0.136	0.139	0.334	0.118	0.133	0.124	0.122	0.544
常州	0.189	0.18	0.162	0.174	0.348	0.156	0.191	0.24	0.243	1
蘇州	0.388	0.336	0.302	0.37	0.365	0.202	0.26	0.354	0.394	1
南通	0.199	0.207	0.17	0.174	0.336	0.128	0.148	0.171	0.165	0.676
連雲港	0.148	0.163	0.115	0.122	0.442	0.12	0.142	0.12	0.126	0.543
淮安	0.154	0.169	0.115	0.121	0.415	0.122	0.143	0.118	0.124	0.555
鹽城	0.173	0.198	0.129	0.135	0.357	0.119	0.138	0.123	0.125	0.592
揚州	0.152	0.157	0.136	0.138	0.292	0.125	0.143	0.161	0.156	0.558
鎮江	0.149	0.147	0.131	0.139	0.306	0.142	0.169	0.193	0.202	1
泰州	0.154	0.161	0.133	0.138	0.319	0.123	0.14	0.149	0.15	0.512
宿遷	0.136	0.155	0.112	0.118	0.366	0.113	0.128	0.113	0.118	0.751
杭州	0.305	0.266	0.325	0.441	0.399	0.166	0.196	0.361	0.445	1
寧波	0.272	0.275	0.232	0.323	0.394	0.168	0.23	0.285	0.373	1
溫州	0.167	0.18	0.184	0.234	0.302	0.118	0.128	0.181	0.215	0.949
嘉興	0.16	0.152	0.149	0.166	0.332	0.14	0.157	0.216	0.235	1
湖州	0.131	0.132	0.123	0.135	0.316	0.127	0.145	0.174	0.194	1
紹興	0.162	0.156	0.165	0.196	0.285	0.131	0.144	0.22	0.253	0.984
金華	0.149	0.155	0.159	0.182	0.302	0.123	0.138	0.2	0.222	1

表 4.3.1 2014 年度城市財政金融競爭力三級指標分值

城市	財政預算內收入	財政預算內支出	年末儲蓄總餘額	年末貸款總餘額	財政收入占GDP比重	人均財政預算內收入	人均財政預算內支出	人均年末儲蓄額	人均年末貸款額	人均財政收入增長率
衢州	0.113	0.126	0.112	0.119	0.263	0.112	0.135	0.141	0.153	0.412
舟山	0.118	0.129	0.113	0.123	0.363	0.147	0.247	0.226	0.275	1
台州	0.151	0.158	0.149	0.173	0.294	0.118	0.128	0.164	0.185	0.762
麗水	0.113	0.132	0.113	0.12	0.281	0.111	0.145	0.142	0.153	0.384
合肥	0.191	0.219	0.178	0.22	0.336	0.128	0.162	0.186	0.217	0.942
蕪湖	0.141	0.16	0.119	0.132	0.342	0.124	0.159	0.138	0.156	0.89
蚌埠	0.116	0.131	0.109	0.111	0.319	0.109	0.124	0.117	0.117	0.736
淮南	0.121	0.128	0.11	0.114	0.453	0.12	0.142	0.136	0.139	1
馬鞍山	0.128	0.137	0.112	0.115	0.385	0.129	0.165	0.144	0.147	1
淮北	0.11	0.119	0.107	0.108	0.306	0.111	0.129	0.127	0.126	1
銅陵	0.113	0.117	0.104	0.108	0.368	0.146	0.215	0.165	0.192	1
安慶	0.118	0.149	0.117	0.115	0.264	0.105	0.119	0.118	0.112	0.571
黃山	0.111	0.123	0.105	0.106	0.451	0.119	0.168	0.135	0.133	0.79
滁州	0.121	0.146	0.11	0.112	0.355	0.11	0.131	0.115	0.115	0.804
阜陽	0.114	0.155	0.115	0.111	0.279	0.101	0.104	0.106	0.102	0.39
宿州	0.11	0.138	0.109	0.107	0.239	0.102	0.108	0.107	0.103	0.778
六安	0.114	0.15	0.112	0.112	0.29	0.103	0.114	0.109	0.107	0.493
亳州	0.109	0.134	0.107	0.107	0.264	0.102	0.107	0.105	0.103	0.759
池州	0.11	0.12	0.104	0.105	0.431	0.116	0.151	0.123	0.125	0.759
宣城	0.118	0.134	0.107	0.11	0.399	0.115	0.145	0.12	0.123	0.835
福州	0.19	0.185	0.187	0.232	0.331	0.13	0.143	0.205	0.24	1
廈門	0.199	0.195	0.157	0.189	0.515	0.222	0.334	0.352	0.435	1
莆田	0.116	0.121	0.11	0.116	0.256	0.111	0.115	0.123	0.131	0.598
三明	0.116	0.129	0.11	0.118	0.239	0.113	0.136	0.129	0.144	0.727
泉州	0.168	0.173	0.15	0.168	0.251	0.121	0.131	0.154	0.166	1
漳州	0.129	0.144	0.115	0.121	0.259	0.113	0.125	0.122	0.127	0.872
南平	0.112	0.124	0.109	0.114	0.242	0.108	0.121	0.122	0.129	0.597
龍岩	0.122	0.131	0.11	0.119	0.29	0.117	0.136	0.127	0.143	0.614
寧德	0.115	0.126	0.108	0.118	0.253	0.109	0.121	0.117	0.135	0.686
南昌	0.155	0.17	0.164	0.192	0.3	0.124	0.149	0.2	0.226	1
景德鎮	0.114	0.122	0.104	0.104	0.382	0.12	0.154	0.125	0.119	1
萍鄉	0.115	0.125	0.104	0.104	0.366	0.119	0.151	0.119	0.116	0.964
九江	0.132	0.16	0.115	0.116	0.353	0.113	0.139	0.12	0.119	1
新餘	0.118	0.123	0.104	0.108	0.384	0.136	0.188	0.139	0.15	0.804
鷹潭	0.112	0.115	0.102	0.103	0.409	0.124	0.152	0.125	0.124	1
贛州	0.132	0.183	0.124	0.124	0.34	0.106	0.123	0.115	0.113	0.851
吉安	0.122	0.149	0.112	0.109	0.364	0.109	0.129	0.116	0.109	1
宜春	0.129	0.154	0.114	0.113	0.375	0.11	0.127	0.116	0.111	1
撫州	0.119	0.139	0.108	0.107	0.366	0.109	0.128	0.113	0.109	0.698
上饒	0.13	0.162	0.114	0.115	0.375	0.107	0.119	0.11	0.108	0.951
濟南	0.189	0.196	0.211	0.246	0.303	0.133	0.158	0.247	0.267	1
青島	0.259	0.261	0.207	0.256	0.337	0.146	0.183	0.21	0.241	1
淄博	0.154	0.159	0.134	0.14	0.27	0.129	0.15	0.164	0.164	0.996
棗莊	0.126	0.136	0.111	0.116	0.274	0.114	0.127	0.12	0.126	0.739
東營	0.136	0.141	0.125	0.133	0.228	0.146	0.196	0.214	0.228	1
煙臺	0.184	0.199	0.156	0.164	0.274	0.128	0.155	0.167	0.166	1
濰坊	0.171	0.188	0.149	0.168	0.292	0.117	0.128	0.14	0.15	1
濟寧	0.157	0.174	0.134	0.136	0.295	0.114	0.122	0.128	0.125	0.799
泰安	0.136	0.148	0.12	0.122	0.253	0.113	0.123	0.125	0.124	0.792
威海	0.136	0.149	0.12	0.125	0.269	0.133	0.179	0.167	0.168	1
日照	0.117	0.126	0.114	0.12	0.24	0.113	0.128	0.14	0.148	0.778
萊蕪	0.108	0.11	0.106	0.109	0.276	0.116	0.133	0.147	0.155	0.743
臨沂	0.139	0.171	0.133	0.14	0.234	0.106	0.111	0.119	0.121	0.768
德州	0.126	0.148	0.116	0.12	0.228	0.109	0.121	0.119	0.12	0.959
聊城	0.123	0.143	0.117	0.123	0.213	0.107	0.115	0.119	0.123	0.665
濱州	0.134	0.145	0.117	0.128	0.294	0.12	0.14	0.135	0.149	0.801

表 4. 3. 1 2014 年度城市財政金融競爭力三級指標分值

城市	財政預算內收入	財政預算內支出	年末儲蓄總餘額	年末貸款總餘額	財政收入占 GDP 比重	人均財政預算內收入	人均財政預算內支出	人均年末儲蓄額	人均年末貸款額	人均財政收入增長率
菏澤	0.131	0.157	0.116	0.119	0.289	0.106	0.108	0.108	0.109	0.717
鄭州	0.244	0.247	0.219	0.233	0.382	0.129	0.146	0.186	0.184	0.545
開封	0.112	0.133	0.109	0.109	0.217	0.104	0.11	0.109	0.107	0.695
洛陽	0.147	0.17	0.131	0.131	0.28	0.114	0.128	0.131	0.126	0.668
平頂山	0.123	0.141	0.114	0.117	0.291	0.109	0.117	0.117	0.117	0.578
安陽	0.118	0.14	0.113	0.112	0.23	0.105	0.113	0.114	0.109	0.439
鶴壁	0.105	0.114	0.102	0.105	0.239	0.109	0.131	0.113	0.122	0.782
新鄉	0.124	0.148	0.115	0.115	0.267	0.107	0.118	0.115	0.113	0.722
焦作	0.118	0.132	0.109	0.111	0.231	0.111	0.125	0.118	0.119	0.725
濮陽	0.109	0.128	0.107	0.104	0.208	0.104	0.115	0.111	0.103	0.625
許昌	0.119	0.134	0.111	0.115	0.223	0.108	0.115	0.115	0.117	0.656
漯河	0.108	0.12	0.104	0.104	0.226	0.106	0.12	0.113	0.109	0.811
三門峽	0.114	0.125	0.107	0.107	0.253	0.115	0.141	0.127	0.122	0.875
南陽	0.122	0.179	0.122	0.12	0.205	0.102	0.111	0.109	0.106	0.549
商丘	0.114	0.158	0.113	0.112	0.217	0.102	0.109	0.106	0.104	0.515
信陽	0.111	0.156	0.113	0.113	0.184	0.101	0.111	0.107	0.105	0.358
周口	0.112	0.166	0.114	0.111	0.18	0.1	0.104	0.103	0.1	0.368
駐馬店	0.112	0.154	0.114	0.111	0.194	0.101	0.108	0.107	0.103	0.524
武漢	0.297	0.287	0.25	0.329	0.362	0.154	0.191	0.246	0.295	1
黃石	0.113	0.126	0.109	0.11	0.255	0.112	0.134	0.128	0.127	0.793
十堰	0.116	0.141	0.112	0.11	0.298	0.11	0.14	0.126	0.117	0.758
宜昌	0.134	0.16	0.121	0.127	0.245	0.119	0.155	0.14	0.145	1
襄陽	0.131	0.164	0.119	0.118	0.23	0.111	0.133	0.121	0.117	1
鄂州	0.105	0.109	0.102	0.103	0.239	0.114	0.138	0.122	0.122	0.92
荊門	0.11	0.126	0.109	0.107	0.206	0.107	0.127	0.123	0.114	0.957
孝感	0.114	0.139	0.111	0.109	0.251	0.105	0.117	0.113	0.108	0.971
荊州	0.111	0.145	0.114	0.111	0.208	0.102	0.113	0.113	0.107	0.732
黃岡	0.113	0.155	0.114	0.109	0.222	0.102	0.115	0.11	0.103	0.571
咸寧	0.109	0.127	0.105	0.105	0.239	0.106	0.128	0.113	0.11	0.672
隨州	0.103	0.114	0.105	0.103	0.183	0.103	0.112	0.114	0.107	0.798
長沙	0.216	0.231	0.199	0.263	0.29	0.139	0.177	0.219	0.272	0.977
株洲	0.13	0.146	0.116	0.114	0.293	0.117	0.138	0.13	0.122	0.939
湘潭	0.118	0.127	0.111	0.114	0.26	0.114	0.129	0.129	0.133	0.985
衡陽	0.13	0.162	0.118	0.112	0.271	0.107	0.117	0.113	0.105	0.849
邵陽	0.11	0.149	0.113	0.108	0.223	0.101	0.109	0.108	0.102	0.841
岳陽	0.119	0.147	0.111	0.11	0.191	0.106	0.12	0.111	0.107	0.867
常德	0.123	0.151	0.114	0.111	0.222	0.107	0.12	0.113	0.107	0.615
張家界	0.103	0.113	0.101	0.103	0.269	0.105	0.127	0.111	0.114	0.696
益陽	0.108	0.133	0.108	0.106	0.197	0.103	0.114	0.109	0.105	0.835
郴州	0.126	0.149	0.113	0.109	0.297	0.111	0.128	0.116	0.109	0.798
永州	0.112	0.143	0.109	0.107	0.235	0.103	0.114	0.107	0.103	0.72
懷化	0.114	0.144	0.109	0.108	0.27	0.105	0.122	0.11	0.107	1
婁底	0.11	0.131	0.108	0.109	0.22	0.104	0.117	0.112	0.11	0.793
廣州	0.363	0.386	0.434	0.457	0.299	0.173	0.251	0.432	0.407	1
韶關	0.112	0.128	0.11	0.107	0.266	0.108	0.125	0.124	0.113	0.542
深圳	0.455	0.434	0.398	0.443	0.396	0.387	0.658	0.96	0.956	1
珠海	0.137	0.142	0.134	0.133	0.382	0.183	0.289	0.373	0.328	1
汕頭	0.121	0.133	0.123	0.114	0.268	0.108	0.111	0.132	0.114	0.81
佛山	0.19	0.19	0.211	0.22	0.246	0.155	0.199	0.341	0.325	1
江門	0.13	0.136	0.13	0.125	0.286	0.117	0.128	0.161	0.141	1
湛江	0.12	0.143	0.119	0.119	0.215	0.104	0.106	0.115	0.112	0.615
茂名	0.116	0.137	0.113	0.109	0.188	0.103	0.104	0.109	0.103	0.421
肇慶	0.123	0.134	0.113	0.115	0.271	0.111	0.12	0.122	0.122	0.622
惠州	0.146	0.155	0.127	0.128	0.31	0.131	0.162	0.162	0.156	1
梅州	0.111	0.134	0.11	0.107	0.295	0.104	0.112	0.111	0.105	0.518
汕尾	0.107	0.115	0.102	0.102	0.267	0.104	0.103	0.103	0.101	0.675

表 4.3.1 2014 年度城市財政金融競爭力三級指標分值

城市	財政預算內收入	財政預算內支出	年末儲蓄總餘額	年末貸款總餘額	財政收入占 GDP 比重	人均財政預算內收入	人均財政預算內支出	人均年末儲蓄額	人均年末貸款額	人均財政收入增長率
河源	0.107	0.125	0.105	0.107	0.248	0.103	0.117	0.109	0.112	0.564
陽江	0.108	0.118	0.106	0.107	0.205	0.106	0.115	0.116	0.115	0.672
清遠	0.118	0.133	0.111	0.112	0.324	0.11	0.122	0.12	0.118	0.459
東莞	0.183	0.179	0.184	0.182	0.278	0.205	0.297	0.475	0.414	1
中山	0.146	0.142	0.135	0.134	0.315	0.172	0.228	0.296	0.261	1
潮州	0.105	0.113	0.107	0.103	0.203	0.104	0.108	0.122	0.107	0.886
揭陽	0.111	0.128	0.113	0.11	0.185	0.102	0.1	0.11	0.106	0.682
雲浮	0.106	0.116	0.105	0.106	0.266	0.105	0.112	0.114	0.113	0.591
南寧	0.153	0.177	0.163	0.208	0.332	0.116	0.133	0.168	0.203	0.903
柳州	0.125	0.144	0.12	0.125	0.252	0.115	0.14	0.141	0.145	1
桂林	0.123	0.152	0.119	0.119	0.275	0.109	0.13	0.125	0.122	0.917
梧州	0.115	0.13	0.105	0.107	0.308	0.11	0.128	0.111	0.113	1
北海	0.107	0.117	0.104	0.104	0.25	0.111	0.139	0.126	0.12	0.597
防城港	0.106	0.112	0.102	0.103	0.287	0.119	0.164	0.132	0.136	0.917
欽州	0.106	0.122	0.105	0.107	0.214	0.102	0.11	0.107	0.109	0.627
貴港	0.104	0.123	0.106	0.106	0.187	0.1	0.102	0.105	0.104	0.48
玉林	0.113	0.137	0.11	0.109	0.246	0.103	0.106	0.106	0.104	0.68
百色	0.111	0.142	0.105	0.108	0.296	0.105	0.132	0.108	0.111	0.945
賀州	0.102	0.117	0.102	0.102	0.217	0.102	0.122	0.107	0.106	0.896
河池	0.103	0.134	0.105	0.105	0.206	0.101	0.122	0.106	0.105	0.158
來賓	0.105	0.122	0.102	0.103	0.271	0.104	0.125	0.107	0.107	0.629
崇左	0.107	0.124	0.103	0.103	0.286	0.107	0.133	0.109	0.107	0.677
海口	0.115	0.12	0.127	0.146	0.329	0.123	0.152	0.246	0.308	1
三亞	0.112	0.114	0.105	0.104	0.582	0.157	0.231	0.205	0.169	1
重慶	0.508	0.754	0.317	0.4	0.498	0.126	0.174	0.146	0.158	0.549
成都	0.286	0.308	0.333	0.409	0.344	0.135	0.166	0.259	0.284	1
自貢	0.105	0.124	0.107	0.105	0.177	0.103	0.118	0.116	0.109	0.415
攀枝花	0.111	0.119	0.106	0.109	0.299	0.126	0.18	0.158	0.161	1
瀘州	0.117	0.142	0.112	0.111	0.302	0.107	0.121	0.115	0.111	0.656
德陽	0.116	0.132	0.117	0.115	0.244	0.108	0.122	0.133	0.124	0.609
綿陽	0.117	0.15	0.122	0.12	0.248	0.106	0.125	0.129	0.121	0.617
廣元	0.104	0.13	0.107	0.105	0.237	0.102	0.13	0.117	0.108	0.445
遂寧	0.104	0.125	0.106	0.106	0.195	0.102	0.114	0.111	0.108	0.599
內江	0.105	0.126	0.108	0.106	0.165	0.102	0.112	0.112	0.106	0.662
樂山	0.114	0.132	0.112	0.114	0.269	0.109	0.127	0.126	0.125	0.673
南充	0.11	0.156	0.117	0.111	0.199	0.101	0.116	0.113	0.105	0.569
眉山	0.109	0.127	0.108	0.107	0.253	0.105	0.12	0.117	0.11	0.928
宜賓	0.118	0.143	0.114	0.11	0.268	0.106	0.119	0.118	0.109	0.563
廣安	0.105	0.128	0.108	0.105	0.198	0.101	0.11	0.111	0.103	0.206
達州	0.11	0.148	0.113	0.109	0.205	0.102	0.113	0.11	0.104	0.545
雅安	0.105	0.116	0.104	0.105	0.302	0.108	0.14	0.128	0.123	1
巴中	0.102	0.132	0.104	0.102	0.226	0.1	0.122	0.106	0.1	1
資陽	0.107	0.129	0.108	0.106	0.191	0.102	0.109	0.109	0.105	0.37
貴陽	0.156	0.171	0.148	0.167	0.438	0.134	0.176	0.205	0.226	1
六盤水	0.122	0.136	0.105	0.108	0.443	0.116	0.139	0.112	0.115	1
遵義	0.125	0.165	0.117	0.116	0.298	0.106	0.121	0.113	0.11	0.651
安順	0.107	0.124	0.103	0.105	0.349	0.105	0.125	0.108	0.11	0.792
畢節	0.124	0.164	0.106	0.107	0.408	0.105	0.116	0.1	0.1	0.62
銅仁	0.106	0.14	0.104	0.106	0.289	0.102	0.128	0.104	0.106	0.425
昆明	0.189	0.209	0.2	0.261	0.423	0.137	0.18	0.248	0.308	1
曲靖	0.123	0.157	0.114	0.115	0.28	0.107	0.124	0.113	0.112	0.709
玉溪	0.119	0.132	0.109	0.111	0.331	0.121	0.161	0.137	0.135	1
保山	0.106	0.126	0.103	0.104	0.323	0.105	0.135	0.11	0.11	0.992
昭通	0.107	0.149	0.106	0.106	0.27	0.101	0.122	0.104	0.103	0.715
麗江	0.107	0.119	0.102	0.104	0.555	0.115	0.172	0.126	0.129	1
普洱	0.109	0.133	0.103	0.105	0.428	0.108	0.149	0.111	0.111	0.983

表 4.3.1 2014 年度城市財政金融競爭力三級指標分值

城市	財政預算內收入	財政預算內支出	年末儲蓄總餘額	年末貸款總餘額	財政收入占 GDP 比重	人均財政預算內收入	人均財政預算內支出	人均年末儲蓄額	人均年末貸款額	人均財政收入增長率
臨滄	0.105	0.13	0.102	0.103	0.302	0.105	0.149	0.106	0.109	1
拉薩	0.107	0.221	0.113	0.107	0.482	0.143	0.199	0.341	0.222	1
西安	0.193	0.225	0.238	0.27	0.33	0.126	0.157	0.239	0.248	1
銅川	0.103	0.111	0.102	0.1	0.279	0.111	0.166	0.131	0.11	0.716
寶雞	0.113	0.14	0.114	0.111	0.206	0.107	0.133	0.128	0.116	0.953
咸陽	0.114	0.147	0.116	0.111	0.191	0.105	0.124	0.12	0.11	0.728
渭南	0.111	0.148	0.113	0.11	0.202	0.103	0.122	0.115	0.109	0.85
延安	0.131	0.153	0.109	0.108	0.398	0.131	0.196	0.132	0.122	0.685
漢中	0.105	0.138	0.11	0.106	0.181	0.102	0.131	0.119	0.108	0.794
榆林	0.158	0.182	0.124	0.129	0.349	0.135	0.19	0.15	0.152	0.976
安康	0.103	0.131	0.105	0.104	0.187	0.101	0.133	0.113	0.107	0.683
商洛	0.103	0.125	0.104	0.102	0.206	0.102	0.134	0.112	0.106	0.953
蘭州	0.123	0.14	0.151	0.171	0.258	0.116	0.144	0.229	0.257	1
嘉峪關	0.101	0.1	0.101	0.104	0.243	0.134	0.182	0.219	0.308	1
金昌	0.101	0.103	0.1	0.101	0.241	0.114	0.153	0.136	0.137	0.853
白銀	0.103	0.12	0.103	0.104	0.238	0.105	0.145	0.117	0.116	1
天水	0.103	0.13	0.105	0.105	0.233	0.101	0.122	0.109	0.105	0.692
武威	0.101	0.122	0.103	0.103	0.194	0.102	0.145	0.116	0.113	1
張掖	0.101	0.114	0.102	0.102	0.192	0.103	0.146	0.119	0.117	0.795
平涼	0.102	0.123	0.103	0.104	0.254	0.102	0.133	0.111	0.111	0.1
酒泉	0.103	0.115	0.104	0.105	0.178	0.11	0.173	0.15	0.146	1
慶陽	0.11	0.13	0.103	0.103	0.35	0.109	0.141	0.11	0.106	0.571
定西	0.101	0.128	0.102	0.103	0.238	0.1	0.13	0.105	0.104	0.905
隴南	0.101	0.128	0.103	0.103	0.276	0.101	0.131	0.108	0.105	0.734
西寧	0.111	0.136	0.125	0.143	0.25	0.113	0.176	0.207	0.256	0.916
銀川	0.125	0.136	0.122	0.144	0.353	0.136	0.196	0.213	0.289	1
石嘴山	0.105	0.113	0.103	0.105	0.285	0.12	0.188	0.155	0.163	0.771
吳忠	0.104	0.126	0.102	0.104	0.333	0.109	0.182	0.117	0.125	0.909
固原	0.1	0.125	0.1	0.101	0.252	0.101	0.171	0.106	0.105	0.635
中衛	0.101	0.118	0.101	0.103	0.236	0.104	0.166	0.116	0.123	0.691
烏魯木齊	0.158	0.16	0.153	0.163	0.405	0.152	0.199	0.272	0.273	1
克拉瑪依	0.111	0.111	0.108	0.101	0.285	0.183	0.276	0.332	0.147	1
香港	0.955	0.735	0.879	1	0.735	0.377	0.518	1	1	0.803
澳門	0.323	0.204	0.131	0.128	1	1	1	0.572	0.462	1
新北	0.168	0.166	0.239	0.284	0.249	0.139	0.164	0.39	0.433	0.418
臺北	0.182	0.178	0.193	0.224	0.383	0.171	0.229	0.39	0.433	0.485
台中	0.147	0.143	0.194	0.225	0.256	0.141	0.162	0.39	0.433	0.599
台南	0.138	0.134	0.165	0.187	0.285	0.148	0.178	0.39	0.433	0.666
高雄	0.152	0.154	0.197	0.229	0.266	0.143	0.18	0.39	0.433	0.377
基隆	0.106	0.103	0.111	0.116	0.298	0.151	0.176	0.39	0.433	0.467
新竹	0.106	0.103	0.113	0.118	0.277	0.146	0.165	0.39	0.433	0.652
嘉義	0.103	0.101	0.107	0.111	0.276	0.145	0.165	0.39	0.433	0.393

表 4.3.2 2014 年度城市財政金融競爭力三級指標分值（續）

城市	人均年末存款增長率	資本使用率	資本充裕指數	獲得銀行貸款便利度	獲得證券市場資本便利度	獲得民間及風險資本便利度	金融業從業人數	金融從業人員每萬人擁有量
北京	1	0.409	1	0.628	0.513	0.923	1	0.683
天津	1	0.877	0.147	0.358	0.291	0.361	0.285	0.247
石家莊	0.843	0.494	0.176	0.222	0.153	0.226	0.209	0.18
唐山	0.868	0.627	0.14	0.188	0.156	0.177	0.183	0.184
秦皇島	0.847	0.606	0.114	0.217	0.147	0.168	0.138	0.204
邯鄲	0.714	0.607	0.122	0.168	0.134	0.158	0.146	0.127

表 4.3.2 2014 年度城市財政金融競爭力三級指標分值（續）

城市	人均年末存款增長率	資本使用率	資本充裕指數	獲得銀行貸款便利度	獲得證券市場資本便利度	獲得民間及風險資本便利度	金融業從業人數	金融從業人員每萬人擁有量
邢臺	0.687	0.54	0.118	0.176	0.131	0.148	0.139	0.132
保定	0.752	0.386	0.145	0.183	0.139	0.139	0.157	0.128
張家口	0.676	0.695	0.11	0.16	0.125	0.148	0.134	0.153
承德	0.645	0.697	0.108	0.171	0.125	0.139	0.137	0.176
滄州	0.784	0.438	0.13	0.156	0.126	0.139	0.155	0.151
廊坊	0.908	0.657	0.118	0.162	0.134	0.158	0.131	0.151
衡水	0.848	0.416	0.118	0.153	0.124	0.129	0.132	0.153
太原	1	0.699	0.152	0.212	0.159	0.226	0.173	0.262
大同	0.775	0.345	0.126	0.16	0.137	0.148	0.13	0.173
陽泉	0.857	0.452	0.112	0.143	0.13	0.129	0.114	0.197
長治	0.715	0.457	0.118	0.144	0.125	0.158	0.139	0.191
晉城	0.926	0.415	0.12	0.138	0.13	0.139	0.123	0.188
朔州	0.813	0.176	0.117	0.15	0.12	0.148	0.114	0.169
晉中	0.851	0.414	0.119	0.156	0.126	0.119	0.145	0.212
運城	0.866	0.428	0.115	0.138	0.131	0.119	0.132	0.142
忻州	0.815	0.327	0.117	0.148	0.13	0.139	0.12	0.148
臨汾	0.838	0.419	0.119	0.149	0.125	0.129	0.136	0.162
呂梁	0.751	1	0.1	0.149	0.125	0.119	0.12	0.134
呼和浩特	1	0.973	0.102	0.171	0.149	0.197	0.147	0.269
包頭	1	0.663	0.114	0.149	0.118	0.148	0.136	0.232
烏海	0.76	0.661	0.104	0.145	0.12	0.139	0.106	0.228
赤峰	0.631	0.591	0.109	0.132	0.13	0.129	0.127	0.141
通遼	0.713	0.97	0.1	0.133	0.119	0.119	0.115	0.132
鄂爾多斯	1	1	0.1	0.156	0.139	0.119	0.118	0.204
呼倫貝爾	0.827	0.526	0.109	0.111	0.112	0.119	0.123	0.167
巴彥淖爾	0.611	0.787	0.103	0.105	0.112	0.119	0.114	0.162
烏蘭察布	0.341	0.55	0.105	0.1	0.118	0.119	0.116	0.141
瀋陽	0.822	0.75	0.15	0.251	0.214	0.284	0.21	0.218
大連	0.786	0.774	0.146	0.265	0.211	0.284	0.229	0.276
鞍山	0.755	0.554	0.12	0.169	0.135	0.177	0.139	0.187
撫順	0.764	0.402	0.113	0.163	0.152	0.168	0.121	0.18
本溪	0.744	0.636	0.107	0.157	0.146	0.177	0.122	0.222
丹東	0.842	0.516	0.112	0.171	0.143	0.119	0.115	0.15
錦州	0.812	0.622	0.11	0.172	0.139	0.139	0.13	0.177
營口	0.879	0.874	0.103	0.169	0.14	0.148	0.12	0.17
阜新	0.78	0.761	0.103	0.134	0.137	0.148	0.118	0.178
遼陽	0.9	0.587	0.109	0.145	0.121	0.148	0.112	0.157
盤錦	0.896	0.541	0.11	0.173	0.122	0.139	0.118	0.223
鐵嶺	0.814	0.724	0.104	0.16	0.125	0.139	0.119	0.147
朝陽	0.846	0.571	0.109	0.154	0.124	0.139	0.128	0.163
葫蘆島	0.804	0.568	0.109	0.154	0.119	0.139	0.119	0.152
長春	0.889	0.863	0.118	0.228	0.177	0.245	0.195	0.196
吉林	0.835	0.525	0.116	0.157	0.14	0.158	0.125	0.14
四平	0.86	0.576	0.106	0.148	0.118	0.148	0.121	0.145
遼源	0.753	0.679	0.102	0.149	0.112	0.158	0.108	0.161
通化	0.836	0.539	0.107	0.144	0.131	0.177	0.12	0.173
白山	0.799	0.593	0.104	0.154	0.137	0.158	0.11	0.173
松原	0.9	0.528	0.106	0.166	0.113	0.158	0.118	0.146
白城	0.918	0.65	0.103	0.149	0.118	0.168	0.111	0.142
哈爾濱	0.915	0.74	0.137	0.234	0.224	0.255	0.236	0.204
齊齊哈爾	0.788	0.636	0.108	0.15	0.15	0.187	0.138	0.147
雞西	0.841	0.382	0.109	0.143	0.136	0.148	0.118	0.18
鶴崗	0.698	0.631	0.103	0.127	0.142	0.158	0.109	0.182
雙鴨山	0.701	0.706	0.103	0.143	0.124	0.168	0.11	0.16
大慶	0.896	0.3	0.127	0.166	0.167	0.187	0.13	0.184
伊春	0.697	0.23	0.107	0.143	0.124	0.158	0.107	0.155
佳木斯	0.955	0.646	0.106	0.165	0.148	0.168	0.115	0.148

表 4.3.2 2014 年度城市財政金融競爭力三級指標分值（續）

城市	人均年末存款增長率	資本使用率	資本充裕指數	獲得銀行貸款便利度	獲得證券市場資本便利度	獲得民間及風險資本便利度	金融業從業人數	金融從業人員每萬人擁有量
七台河	0.808	0.49	0.103	0.143	0.1	0.168	0.107	0.176
牡丹江	0.7	0.358	0.112	0.138	0.107	0.168	0.134	0.207
黑河	0.714	0.434	0.106	0.132	0.106	0.177	0.111	0.151
綏化	0.739	0.522	0.107	0.153	0.1	0.177	0.125	0.128
上海	1	0.585	0.586	1	1	0.865	0.805	0.511
南京	1	0.749	0.179	0.323	0.228	0.323	0.188	0.208
無錫	1	0.709	0.159	0.244	0.211	0.265	0.156	0.191
徐州	0.505	0.584	0.127	0.166	0.155	0.168	0.151	0.132
常州	1	0.664	0.137	0.219	0.137	0.158	0.145	0.198
蘇州	1	0.757	0.184	0.33	0.278	0.332	0.201	0.222
南通	0.71	0.585	0.151	0.218	0.166	0.158	0.177	0.174
連雲港	0.444	0.783	0.106	0.169	0.141	0.187	0.137	0.151
淮安	0.561	0.767	0.107	0.169	0.146	0.158	0.132	0.139
鹽城	0.59	0.659	0.118	0.164	0.153	0.187	0.159	0.149
揚州	0.807	0.582	0.127	0.159	0.142	0.197	0.131	0.149
鎮江	1	0.711	0.116	0.181	0.154	0.177	0.138	0.214
泰州	0.671	0.641	0.121	0.169	0.147	0.168	0.138	0.153
宿遷	0.63	0.806	0.105	0.161	0.138	0.148	0.116	0.114
杭州	1	0.871	0.149	0.356	0.318	0.39	0.312	0.349
寧波	1	0.972	0.106	0.295	0.215	0.303	0.26	0.327
溫州	0.772	0.916	0.112	0.296	0.145	0.284	0.206	0.201
嘉興	1	0.754	0.121	0.248	0.199	0.197	0.14	0.191
湖州	0.87	0.819	0.108	0.266	0.159	0.168	0.133	0.204
紹興	0.887	0.834	0.119	0.28	0.187	0.226	0.155	0.197
金華	1	0.791	0.122	0.212	0.159	0.187	0.165	0.209
衢州	0.427	0.815	0.105	0.21	0.139	0.197	0.13	0.196
舟山	0.911	0.911	0.102	0.187	0.125	0.187	0.115	0.24
台州	0.785	0.84	0.114	0.218	0.124	0.303	0.202	0.237
麗水	0.268	0.799	0.105	0.209	0.114	0.187	0.125	0.177
合肥	1	0.881	0.116	0.189	0.157	0.197	0.179	0.184
蕪湖	0.625	0.908	0.103	0.147	0.128	0.158	0.126	0.15
蚌埠	0.561	0.626	0.107	0.149	0.113	0.119	0.122	0.143
淮南	0.747	0.683	0.107	0.139	0.125	0.148	0.121	0.168
馬鞍山	0.718	0.667	0.108	0.14	0.121	0.148	0.12	0.17
淮北	0.719	0.624	0.106	0.154	0.118	0.148	0.11	0.137
銅陵	0.833	0.904	0.101	0.151	0.127	0.139	0.106	0.188
安慶	0.61	0.471	0.118	0.149	0.119	0.139	0.124	0.121
黃山	0.69	0.61	0.105	0.144	0.119	0.148	0.113	0.18
滁州	0.65	0.615	0.108	0.138	0.125	0.129	0.118	0.123
阜陽	0.316	0.395	0.118	0.132	0.124	0.139	0.136	0.117
宿州	0.513	0.423	0.111	0.148	0.118	0.119	0.121	0.116
六安	0.462	0.513	0.112	0.149	0.119	0.139	0.124	0.116
亳州	0.474	0.496	0.108	0.143	0.13	0.148	0.121	0.118
池州	0.617	0.694	0.103	0.154	0.118	0.148	0.111	0.157
宣城	0.709	0.716	0.104	0.154	0.119	0.158	0.115	0.141
福州	1	0.863	0.121	0.22	0.192	0.274	0.176	0.188
廈門	1	0.877	0.112	0.239	0.194	0.255	0.142	0.286
莆田	0.634	0.826	0.104	0.183	0.139	0.158	0.121	0.147
三明	0.678	0.917	0.102	0.182	0.138	0.197	0.126	0.176
泉州	1	0.769	0.12	0.221	0.175	0.245	0.15	0.15
漳州	0.87	0.751	0.107	0.183	0.145	0.216	0.129	0.142
南平	0.478	0.791	0.104	0.171	0.155	0.197	0.126	0.165
龍岩	0.611	0.947	0.101	0.195	0.14	0.206	0.134	0.19
寧德	0.468	1	0.1	0.16	0.126	0.177	0.124	0.152
南昌	0.779	0.815	0.121	0.207	0.183	0.245	0.156	0.184
景德鎮	0.775	0.499	0.106	0.149	0.142	0.168	0.108	0.143
萍鄉	0.771	0.554	0.105	0.154	0.142	0.177	0.112	0.15

表 4. 3. 2 2014 年度城市財政金融競爭力三級指標分值（續）

城市	人均年末存款增長率	資本使用率	資本充裕指數	獲得銀行貸款便利度	獲得證券市場資本便利度	獲得民間及風險資本便利度	金融業從業人數	金融從業人員每萬人擁有量
九江	0.766	0.596	0.112	0.166	0.138	0.168	0.123	0.128
新餘	0.689	0.8	0.102	0.145	0.126	0.148	0.106	0.148
鷹潭	0.699	0.613	0.103	0.133	0.119	0.158	0.105	0.136
贛州	0.759	0.539	0.12	0.155	0.131	0.129	0.138	0.123
吉安	0.862	0.407	0.115	0.143	0.118	0.148	0.117	0.119
宜春	0.806	0.475	0.115	0.138	0.125	0.129	0.127	0.13
撫州	0.77	0.476	0.11	0.154	0.118	0.139	0.115	0.121
上饒	0.638	0.564	0.112	0.143	0.13	0.148	0.127	0.118
濟南	1	0.741	0.15	0.221	0.192	0.235	0.243	0.29
青島	0.997	0.833	0.131	0.256	0.213	0.197	0.178	0.175
淄博	0.998	0.646	0.122	0.189	0.151	0.197	0.143	0.178
棗莊	0.767	0.787	0.105	0.178	0.127	0.158	0.114	0.121
東營	1	0.729	0.112	0.193	0.15	0.168	0.117	0.176
煙臺	0.978	0.637	0.136	0.161	0.132	0.148	0.161	0.169
濰坊	0.995	0.783	0.119	0.17	0.154	0.139	0.137	0.124
濟寧	0.829	0.588	0.125	0.164	0.141	0.148	0.167	0.155
泰安	0.947	0.608	0.115	0.158	0.14	0.129	0.128	0.132
威海	0.966	0.651	0.114	0.166	0.149	0.129	0.125	0.177
日照	0.964	0.758	0.107	0.145	0.15	0.139	0.12	0.153
萊蕪	0.963	0.747	0.104	0.157	0.133	0.139	0.105	0.138
臨沂	0.781	0.678	0.119	0.158	0.158	0.148	0.158	0.133
德州	0.761	0.66	0.111	0.172	0.133	0.139	0.131	0.134
聊城	0.931	0.728	0.109	0.152	0.146	0.158	0.155	0.168
濱州	1	0.873	0.104	0.162	0.139	0.148	0.122	0.141
菏澤	0.644	0.64	0.111	0.145	0.132	0.148	0.133	0.117
鄭州	0.479	0.629	0.176	0.231	0.21	0.216	0.206	0.171
開封	0.628	0.551	0.108	0.132	0.118	0.148	0.114	0.111
洛陽	0.739	0.54	0.126	0.157	0.127	0.148	0.15	0.148
平頂山	0.676	0.62	0.111	0.133	0.131	0.148	0.134	0.142
安陽	0.566	0.481	0.114	0.144	0.125	0.148	0.123	0.122
鶴壁	0.842	0.913	0.101	0.138	0.118	0.148	0.105	0.126
新鄉	0.566	0.563	0.113	0.149	0.137	0.148	0.123	0.121
焦作	0.714	0.643	0.107	0.154	0.131	0.119	0.138	0.181
濮陽	0.617	0.324	0.111	0.154	0.13	0.129	0.112	0.114
許昌	0.66	0.699	0.107	0.138	0.125	0.139	0.113	0.113
漯河	0.85	0.494	0.106	0.133	0.119	0.139	0.111	0.128
三門峽	0.89	0.54	0.107	0.143	0.124	0.119	0.122	0.179
南陽	0.539	0.5	0.121	0.144	0.119	0.148	0.143	0.117
商丘	0.496	0.488	0.114	0.156	0.126	0.129	0.123	0.109
信陽	0.1	0.527	0.112	0.133	0.124	0.129	0.126	0.114
周口	0.379	0.421	0.116	0.138	0.112	0.139	0.143	0.117
駐馬店	0.474	0.417	0.116	0.148	0.124	0.139	0.125	0.111
武漢	1	0.874	0.132	0.241	0.22	0.274	0.235	0.228
黃石	0.747	0.606	0.108	0.16	0.149	0.177	0.114	0.141
十堰	0.835	0.453	0.113	0.155	0.144	0.158	0.126	0.157
宜昌	0.861	0.704	0.112	0.161	0.144	0.177	0.124	0.141
襄陽	0.743	0.523	0.117	0.134	0.138	0.177	0.129	0.131
鄂州	0.773	0.627	0.103	0.139	0.143	0.148	0.104	0.141
荊門	0.915	0.406	0.112	0.144	0.137	0.177	0.117	0.141
孝感	0.767	0.436	0.113	0.159	0.136	0.187	0.123	0.127
荊州	0.594	0.409	0.117	0.143	0.142	0.158	0.126	0.122
黃岡	0.582	0.349	0.118	0.154	0.136	0.148	0.127	0.118
咸寧	0.536	0.529	0.106	0.154	0.136	0.168	0.112	0.127
隨州	0.543	0.392	0.107	0.143	0.124	0.177	0.106	0.113
長沙	1	0.944	0.11	0.291	0.17	0.177	0.223	0.248
株洲	0.824	0.481	0.116	0.183	0.144	0.148	0.13	0.155
湘潭	0.813	0.708	0.106	0.171	0.132	0.148	0.127	0.172

表 4.3.2 2014 年度城市財政金融競爭力三級指標分值（續）

城市	人均年末存款增長率	資本使用率	資本充裕指數	獲得銀行貸款便利度	獲得證券市場資本便利度	獲得民間及風險資本便利度	金融業從業人數	金融從業人員每萬人擁有量
衡陽	0.634	0.352	0.123	0.149	0.124	0.158	0.149	0.14
邵陽	0.632	0.36	0.116	0.169	0.13	0.139	0.136	0.126
岳陽	0.811	0.482	0.111	0.161	0.121	0.148	0.133	0.138
常德	0.727	0.428	0.116	0.155	0.119	0.148	0.122	0.119
張家界	0.601	0.701	0.102	0.138	0.113	0.129	0.105	0.123
益陽	0.682	0.453	0.109	0.159	0.118	0.148	0.134	0.151
郴州	0.654	0.393	0.116	0.181	0.131	0.139	0.121	0.125
永州	0.537	0.43	0.111	0.138	0.13	0.139	0.128	0.127
懷化	0.741	0.505	0.109	0.169	0.124	0.148	0.121	0.124
婁底	0.571	0.562	0.108	0.143	0.13	0.139	0.116	0.121
廣州	1	0.598	0.328	0.456	0.404	0.429	0.337	0.335
韶關	0.477	0.384	0.113	0.222	0.134	0.197	0.12	0.145
深圳	1	0.648	0.279	0.413	0.452	0.506	0.403	1
珠海	1	0.535	0.128	0.151	0.127	0.148	0.134	0.381
汕頭	0.786	0.316	0.13	0.157	0.151	0.168	0.135	0.146
佛山	1	0.603	0.176	0.273	0.226	0.245	0.168	0.245
江門	1	0.443	0.131	0.174	0.129	0.168	0.15	0.201
湛江	0.528	0.526	0.117	0.161	0.132	0.177	0.132	0.123
茂名	0.33	0.37	0.116	0.171	0.131	0.187	0.125	0.117
肇慶	0.587	0.641	0.109	0.166	0.132	0.168	0.12	0.131
惠州	1	0.574	0.121	0.17	0.166	0.245	0.158	0.237
梅州	0.403	0.392	0.113	0.155	0.137	0.168	0.127	0.134
汕尾	0.477	0.418	0.105	0.154	0.13	0.158	0.105	0.104
河源	0.455	0.722	0.103	0.155	0.143	0.148	0.11	0.115
陽江	0.516	0.568	0.106	0.154	0.142	0.158	0.11	0.123
清遠	0.551	0.565	0.11	0.171	0.126	0.168	0.122	0.138
東莞	1	0.538	0.167	0.202	0.219	0.216	0.165	0.397
中山	1	0.527	0.13	0.278	0.196	0.168	0.132	0.28
潮州	0.842	0.285	0.112	0.16	0.143	0.168	0.109	0.124
揭陽	0.561	0.436	0.114	0.154	0.142	0.177	0.113	0.105
雲浮	0.436	0.576	0.105	0.154	0.136	0.187	0.108	0.118
南寧	0.826	0.976	0.103	0.188	0.161	0.177	0.18	0.184
柳州	0.954	0.695	0.111	0.151	0.133	0.148	0.134	0.17
桂林	0.677	0.551	0.116	0.156	0.139	0.187	0.128	0.136
梧州	0.615	0.675	0.104	0.159	0.118	0.177	0.111	0.121
北海	0.684	0.511	0.106	0.138	0.113	0.168	0.111	0.156
防城港	0.624	0.696	0.102	0.143	0.13	0.139	0.101	0.125
欽州	0.402	0.689	0.104	0.154	0.124	0.177	0.106	0.103
貴港	0.398	0.559	0.106	0.148	0.112	0.158	0.111	0.107
玉林	0.41	0.498	0.11	0.138	0.13	0.168	0.119	0.112
百色	0.55	0.749	0.103	0.132	0.118	0.177	0.108	0.108
賀州	0.574	0.562	0.103	0.116	0.13	0.11	0.107	0.121
河池	0.494	0.546	0.106	0.121	0.1	0.129	0.111	0.113
來賓	0.436	0.612	0.103	0.127	0.112	0.139	0.105	0.111
崇左	0.49	0.52	0.104	0.132	0.118	0.148	0.106	0.116
海口	1	0.935	0.103	0.176	0.184	0.206	0.131	0.267
三亞	1	0.421	0.108	0.162	0.157	0.158	0.102	0.153
重慶	0.627	0.787	0.179	0.274	0.239	0.313	0.436	0.172
成都	1	0.754	0.198	0.27	0.205	0.361	0.262	0.205
自貢	0.532	0.418	0.109	0.154	0.124	0.177	0.122	0.15
攀枝花	1	0.676	0.105	0.135	0.127	0.158	0.112	0.201
瀘州	0.571	0.49	0.112	0.143	0.118	0.158	0.117	0.119
德陽	0.566	0.481	0.117	0.165	0.119	0.187	0.125	0.146
綿陽	0.423	0.481	0.122	0.155	0.126	0.177	0.138	0.149
廣元	0.343	0.361	0.11	0.17	0.118	0.158	0.114	0.13
遂寧	0.603	0.509	0.107	0.159	0.13	0.148	0.111	0.115
內江	0.66	0.424	0.11	0.132	0.124	0.177	0.115	0.12

表 4.3.2 2014 年度城市財政金融競爭力三級指標分值（續）

城市	人均年末存款增長率	資本使用率	資本充裕指數	獲得銀行貸款便利度	獲得證券市場資本便利度	獲得民間及風險資本便利度	金融業從業人數	金融從業人員每萬人擁有量
樂山	0.76	0.616	0.109	0.143	0.118	0.158	0.115	0.129
南充	0.571	0.354	0.121	0.137	0.136	0.168	0.135	0.127
眉山	0.604	0.426	0.11	0.148	0.13	0.158	0.105	0.104
宜賓	0.539	0.392	0.117	0.144	0.131	0.168	0.126	0.13
廣安	0.246	0.325	0.112	0.127	0.124	0.177	0.113	0.113
達州	0.448	0.367	0.116	0.143	0.129	0.158	0.125	0.118
雅安	0.749	0.531	0.105	0.143	0.124	0.158	0.108	0.145
巴中	0.595	0.319	0.108	0.137	0.124	0.168	0.108	0.109
資陽	0.263	0.414	0.111	0.138	0.124	0.168	0.118	0.12
貴陽	1	0.779	0.119	0.145	0.144	0.197	0.148	0.202
六盤水	0.611	0.737	0.103	0.116	0.124	0.119	0.11	0.118
遵義	0.483	0.514	0.116	0.123	0.12	0.148	0.122	0.113
安順	0.374	0.708	0.103	0.121	0.112	0.1	0.111	0.125
畢節	0.356	0.564	0.106	0.116	0.112	0.1	0.114	0.102
銅仁	0.298	0.693	0.103	0.116	0.112	0.1	0.113	0.115
昆明	1	0.919	0.114	0.186	0.178	0.226	0.175	0.207
曲靖	0.729	0.589	0.111	0.15	0.132	0.139	0.117	0.111
玉溪	0.877	0.608	0.108	0.15	0.131	0.139	0.115	0.157
保山	0.815	0.625	0.104	0.148	0.106	0.139	0.106	0.115
昭通	0.761	0.52	0.107	0.111	0.124	0.148	0.108	0.1
麗江	1	0.708	0.102	0.111	0.124	0.139	0.103	0.128
普洱	0.879	0.642	0.103	0.105	0.118	0.139	0.106	0.115
臨滄	0.903	0.761	0.102	0.105	0.118	0.11	0.104	0.108
拉薩	1	0.308	0.118	0.194	0.145	0.148	0.117	0.421
西安	0.988	0.695	0.172	0.268	0.22	0.284	0.218	0.215
銅川	0.842	0.24	0.105	0.143	0.13	0.158	0.107	0.184
寶雞	0.825	0.402	0.117	0.149	0.13	0.177	0.121	0.137
咸陽	0.719	0.375	0.119	0.166	0.132	0.197	0.133	0.143
渭南	0.761	0.429	0.115	0.148	0.118	0.158	0.149	0.163
延安	0.751	0.451	0.111	0.155	0.119	0.177	0.118	0.159
漢中	0.587	0.337	0.114	0.143	0.13	0.177	0.128	0.153
榆林	0.715	0.668	0.115	0.177	0.132	0.206	0.117	0.13
安康	0.583	0.426	0.108	0.143	0.124	0.177	0.115	0.134
商洛	0.71	0.393	0.106	0.116	0.118	0.139	0.117	0.153
蘭州	1	0.788	0.119	0.16	0.148	0.148	0.15	0.227
嘉峪關	1	1	0.1	0.136	0.116	0.119	0.1	0.21
金昌	0.66	0.646	0.101	0.133	0.113	0.129	0.101	0.16
白銀	0.829	0.574	0.104	0.143	0.1	0.119	0.112	0.155
天水	0.645	0.473	0.107	0.148	0.106	0.129	0.108	0.109
武威	0.873	0.532	0.104	0.121	0.124	0.119	0.11	0.144
張掖	0.683	0.565	0.103	0.127	0.124	0.148	0.111	0.173
平涼	0.653	0.599	0.104	0.127	0.106	0.119	0.107	0.122
酒泉	0.881	0.59	0.105	0.127	0.118	0.119	0.111	0.206
慶陽	0.617	0.45	0.105	0.121	0.112	0.119	0.109	0.124
定西	0.828	0.559	0.104	0.121	0.118	0.11	0.106	0.109
隴南	0.628	0.481	0.105	0.121	0.118	0.119	0.106	0.11
西寧	1	0.952	0.102	0.14	0.145	0.158	0.131	0.233
銀川	1	1	0.1	0.159	0.141	0.158	0.144	0.323
石嘴山	0.875	0.728	0.103	0.144	0.119	0.148	0.104	0.162
吳忠	0.667	0.834	0.101	0.137	0.118	0.129	0.103	0.118
固原	0.581	0.529	0.102	0.132	0.124	0.119	0.1	0.1
中衛	0.812	0.837	0.101	0.132	0.112	0.119	0.102	0.121
烏魯木齊	1	0.653	0.133	0.167	0.144	0.168	0.155	0.278
克拉瑪依	1	0.1	0.116	0.152	0.116	0.129	0.104	0.249
香港	0.677	0.651	0.56	0.861	0.953	1	0.606	0.696
澳門	0.336	0.487	0.129	0.175	0.235	0.255	0.115	0.355
新北	0.626	0.753	0.159	0.236	0.244	0.197	0.243	0.403

表 4.3.2 2014 年度城市財政金融競爭力三級指標分值（續）

城市	人均年末存款增長率	資本使用率	資本充裕指數	獲得銀行貸款便利度	獲得證券市場資本便利度	獲得民間及風險資本便利度	金融業從業人數	金融從業人員每萬人擁有量
臺北	0.631	0.753	0.14	0.392	0.405	0.555	0.196	0.403
台中	0.629	0.753	0.14	0.216	0.211	0.177	0.197	0.403
台南	0.62	0.753	0.128	0.202	0.196	0.158	0.167	0.403
高雄	0.618	0.753	0.142	0.217	0.223	0.168	0.2	0.403
基隆	0.601	0.753	0.106	0.179	0.175	0.148	0.111	0.403
新竹	0.637	0.753	0.106	0.185	0.176	0.148	0.113	0.403
嘉義	0.613	0.753	0.104	0.174	0.17	0.158	0.107	0.403

4.4 城市商業貿易競爭力三級指標分值

表 4.4.1 2014 年度城市商業貿易競爭力三級指標分值

城市	商品銷售總額	社會消費品零售額	人均商品銷售額	人均社會消費品零售額	外貿依存度	進出口總額	進出口總額增長率	實際利用外資金額	批發零售企業數
北京	1	1	0.813	0.476	0.437	0.488	0.878	0.233	1
天津	0.5	0.556	0.513	0.346	0.23	0.21	0.835	0.349	0.602
石家莊	0.132	0.321	0.132	0.212	0.143	0.112	0.877	0.114	0.136
唐山	0.138	0.276	0.152	0.223	0.128	0.11	1	0.12	0.145
秦皇島	0.113	0.149	0.147	0.189	0.161	0.104	0.819	0.11	0.121
邯鄲	0.12	0.21	0.12	0.151	0.12	0.104	0.83	0.113	0.15
邢臺	0.106	0.169	0.107	0.142	0.118	0.102	0.774	0.106	0.129
保定	0.116	0.234	0.114	0.153	0.137	0.106	0.836	0.109	0.145
張家口	0.106	0.148	0.112	0.148	0.105	0.1	0.659	0.104	0.12
承德	0.104	0.137	0.111	0.148	0.102	0.1	0.1	0.102	0.118
滄州	0.11	0.189	0.113	0.156	0.112	0.102	0.865	0.106	0.136
廊坊	0.106	0.163	0.114	0.173	0.142	0.105	0.666	0.109	0.119
衡水	0.104	0.147	0.109	0.151	0.147	0.103	1	0.103	0.117
太原	0.169	0.229	0.293	0.289	0.157	0.108	0.638	0.113	0.163
大同	0.118	0.145	0.157	0.172	0.101	0.1	0.28	0.103	0.123
陽泉	0.112	0.122	0.197	0.195	0.106	0.1	0.712	0.104	0.11
長治	0.128	0.14	0.184	0.16	0.114	0.101	1	0.105	0.143
晉城	0.109	0.127	0.142	0.165	0.119	0.101	1	0.104	0.128
朔州	0.108	0.119	0.147	0.159	0.104	0.1	0.68	0.102	0.117
晉中	0.113	0.14	0.14	0.163	0.108	0.1	0.565	0.102	0.127
運城	0.105	0.153	0.109	0.148	0.115	0.101	0.776	0.1	0.128
忻州	0.107	0.121	0.121	0.133	0.105	0.1	1	0.1	0.123
臨汾	0.109	0.145	0.122	0.151	0.111	0.101	0.801	0.102	0.124
呂梁	0.105	0.154	0.113	0.169	0.108	0.101	0.871	0.105	0.115
呼和浩特	0.115	0.216	0.168	0.378	0.11	0.102	0.937	0.1	0.14
包頭	0.117	0.208	0.176	0.366	0.11	0.102	1	0.123	0.129
烏海	0.102	0.108	0.136	0.207	0.101	0.1	0.193	0.155	0.109
赤峰	0.103	0.151	0.107	0.153	0.107	0.101	1	0.1	0.115
通遼	0.105	0.135	0.117	0.155	0.101	0.1	0.1	0.101	0.12
鄂爾多斯	0.116	0.155	0.205	0.303	0.102	0.1	1	0.125	0.115
呼倫貝爾	0.104	0.144	0.116	0.187	0.125	0.102	0.666	0.102	0.122
巴彥淖爾	0.105	0.116	0.129	0.148	0.125	0.101	1	0.101	0.103
烏蘭察布	0.101	0.121	0.103	0.136	0.101	0.1	0.857	0.103	0.101
瀋陽	0.24	0.425	0.298	0.34	0.128	0.112	0.946	0.196	0.315
大連	0.163	0.357	0.208	0.334	0.235	0.161	0.735	0.305	0.281
鞍山	0.119	0.179	0.154	0.219	0.125	0.104	0.791	0.121	0.173
撫順	0.106	0.149	0.129	0.223	0.112	0.101	0.519	0.102	0.123

表 4. 4. 1 2014 年度城市商業貿易競爭力三級指標分值

城市	商品銷售總額	社會消費品零售額	人均商品銷售額	人均社會消費品零售額	外貿依存度	進出口總額	進出口總額增長率	實際利用外資金額	批發零售企業數
本溪	0.102	0.127	0.116	0.199	0.154	0.104	0.76	0.108	0.117
丹東	0.103	0.14	0.114	0.189	0.166	0.104	0.915	0.12	0.121
錦州	0.106	0.147	0.118	0.179	0.136	0.103	0.692	0.117	0.123
營口	0.105	0.136	0.12	0.182	0.159	0.105	1	0.12	0.132
阜新	0.104	0.12	0.124	0.156	0.107	0.1	0.971	0.103	0.114
遼陽	0.104	0.129	0.12	0.19	0.113	0.101	0.116	0.107	0.113
盤錦	0.106	0.126	0.15	0.215	0.113	0.101	1	0.127	0.116
鐵嶺	0.104	0.132	0.114	0.154	0.108	0.1	0.561	0.107	0.114
朝陽	0.104	0.131	0.111	0.144	0.11	0.101	0.645	0.103	0.119
葫蘆島	0.103	0.133	0.11	0.161	0.128	0.101	0.501	0.109	0.11
長春	0.125	0.3	0.133	0.238	0.164	0.119	0.901	0.114	0.136
吉林	0.113	0.206	0.131	0.229	0.107	0.101	1	0.103	0.133
四平	0.104	0.142	0.112	0.164	0.104	0.1	0.515	0.101	0.114
遼源	0.101	0.113	0.111	0.166	0.104	0.1	1	0.102	0.106
通化	0.104	0.136	0.119	0.186	0.108	0.101	1	0.101	0.121
白山	0.101	0.118	0.107	0.184	0.108	0.1	0.754	0.101	0.101
松原	0.103	0.149	0.109	0.189	0.101	0.1	0.715	0.101	0.105
白城	0.102	0.122	0.108	0.16	0.104	0.1	1	0.101	0.102
哈爾濱	0.134	0.377	0.134	0.245	0.115	0.104	0.732	0.131	0.172
齊齊哈爾	0.111	0.152	0.12	0.143	0.111	0.101	0.722	0.106	0.109
雞西	0.102	0.115	0.11	0.144	0.129	0.101	0.895	0.102	0.106
鶴崗	0.101	0.107	0.108	0.146	0.105	0.1	0.961	0.101	0.107
雙鴨山	0.101	0.106	0.105	0.126	0.134	0.101	0.899	0.101	0.104
大慶	0.128	0.19	0.2	0.274	0.11	0.103	1	0.108	0.131
伊春	0.101	0.105	0.104	0.127	0.12	0.1	0.72	0.101	0.101
佳木斯	0.101	0.129	0.105	0.163	0.167	0.103	0.771	0.103	0.104
七台河	0.1	0.105	0.105	0.14	0.107	0.1	1	0.1	0.1
牡丹江	0.105	0.137	0.119	0.174	0.268	0.112	0.727	0.106	0.116
黑河	0.101	0.107	0.105	0.121	0.257	0.104	0.719	0.102	0.103
綏化	0.103	0.138	0.104	0.129	0.102	0.1	0.852	0.103	0.108
上海	0.92	0.966	0.691	0.427	0.1	0.1	0.757	0.1	0.839
南京	0.269	0.46	0.371	0.405	0.211	0.153	0.84	0.168	0.295
無錫	0.205	0.383	0.329	0.427	0.241	0.167	0.757	0.166	0.302
徐州	0.13	0.25	0.13	0.174	0.13	0.108	1	0.128	0.287
常州	0.134	0.262	0.195	0.341	0.207	0.128	0.871	0.156	0.223
蘇州	0.265	0.476	0.361	0.415	0.479	0.391	0.661	0.252	0.454
南通	0.131	0.298	0.141	0.234	0.184	0.125	0.801	0.137	0.212
連雲港	0.111	0.164	0.121	0.161	0.172	0.108	0.955	0.112	0.153
淮安	0.107	0.17	0.112	0.163	0.132	0.104	0.904	0.135	0.184
鹽城	0.112	0.216	0.114	0.169	0.127	0.105	0.924	0.135	0.185
揚州	0.112	0.21	0.126	0.226	0.15	0.11	0.809	0.135	0.168
鎮江	0.113	0.186	0.148	0.272	0.163	0.111	0.815	0.137	0.157
泰州	0.117	0.183	0.134	0.182	0.156	0.11	0.878	0.124	0.149
宿遷	0.107	0.142	0.112	0.132	0.126	0.103	1	0.107	0.142
杭州	0.327	0.442	0.433	0.362	0.219	0.159	0.8	0.182	0.478
寧波	0.239	0.369	0.347	0.351	0.318	0.192	0.757	0.147	0.378
溫州	0.142	0.322	0.153	0.245	0.182	0.119	0.845	0.107	0.318
嘉興	0.129	0.223	0.187	0.293	0.247	0.127	0.829	0.13	0.236
湖州	0.122	0.179	0.187	0.263	0.178	0.108	0.832	0.117	0.147
紹興	0.128	0.232	0.165	0.259	0.23	0.131	0.82	0.116	0.21
金華	0.119	0.244	0.142	0.262	0.224	0.122	0.826	0.105	0.18
衢州	0.107	0.143	0.128	0.19	0.146	0.103	1	0.101	0.128
舟山	0.114	0.13	0.246	0.283	0.366	0.115	0.815	0.103	0.127
台州	0.123	0.249	0.139	0.232	0.205	0.12	0.782	0.108	0.176
麗水	0.108	0.14	0.13	0.18	0.137	0.102	0.985	0.102	0.126
合肥	0.16	0.248	0.186	0.206	0.161	0.117	0.815	0.127	0.189
蕪湖	0.111	0.154	0.13	0.171	0.136	0.104	1	0.122	0.145

表 4. 4. 1 2014 年度城市商業貿易競爭力三級指標分值

城市	商品銷售總額	社會消費品零售額	人均商品銷售額	人均社會消費品零售額	外貿依存度	進出口總額	進出口總額增長率	實際利用外資金額	批發零售企業數
蚌埠	0.104	0.14	0.111	0.153	0.12	0.101	1	0.112	0.123
淮南	0.104	0.126	0.115	0.156	0.107	0.1	1	0.103	0.115
馬鞍山	0.108	0.127	0.136	0.162	0.146	0.103	1	0.121	0.118
淮北	0.102	0.116	0.111	0.139	0.108	0.1	0.558	0.106	0.111
銅陵	0.102	0.112	0.133	0.208	0.185	0.103	0.787	0.106	0.111
安慶	0.104	0.15	0.106	0.136	0.114	0.101	0.843	0.105	0.132
黃山	0.102	0.116	0.112	0.164	0.124	0.101	1	0.104	0.114
滁州	0.104	0.131	0.109	0.13	0.123	0.101	0.819	0.109	0.133
阜陽	0.111	0.148	0.11	0.115	0.117	0.101	1	0.102	0.128
宿州	0.106	0.123	0.109	0.11	0.106	0.1	1	0.106	0.12
六安	0.105	0.141	0.107	0.122	0.112	0.101	0.977	0.104	0.12
亳州	0.104	0.132	0.105	0.119	0.11	0.1	0.968	0.106	0.121
池州	0.101	0.111	0.108	0.137	0.112	0.1	0.797	0.103	0.113
宣城	0.103	0.127	0.112	0.149	0.126	0.101	1	0.107	0.123
福州	0.148	0.368	0.174	0.319	0.207	0.13	1	0.122	0.228
廈門	0.194	0.2	0.604	0.39	0.498	0.171	0.809	0.129	0.251
莆田	0.109	0.142	0.128	0.166	0.153	0.104	0.953	0.104	0.144
三明	0.109	0.136	0.132	0.169	0.135	0.103	0.985	0.102	0.146
泉州	0.129	0.296	0.143	0.248	0.178	0.124	1	0.122	0.266
漳州	0.109	0.174	0.119	0.177	0.171	0.109	0.902	0.115	0.151
南平	0.104	0.138	0.112	0.162	0.128	0.102	0.955	0.101	0.118
龍岩	0.108	0.146	0.127	0.18	0.138	0.103	1	0.103	0.146
寧德	0.104	0.134	0.11	0.149	0.132	0.102	0.955	0.102	0.125
南昌	0.126	0.213	0.153	0.215	0.14	0.108	1	0.132	0.151
景德鎮	0.101	0.118	0.106	0.161	0.13	0.101	1	0.102	0.105
萍鄉	0.101	0.121	0.106	0.158	0.122	0.101	1	0.104	0.105
九江	0.103	0.141	0.106	0.136	0.146	0.104	1	0.116	0.11
新餘	0.101	0.114	0.111	0.171	0.147	0.102	0.522	0.109	0.103
鷹潭	0.101	0.11	0.107	0.149	0.226	0.104	0.647	0.103	0.104
贛州	0.104	0.154	0.103	0.122	0.132	0.103	1	0.116	0.115
吉安	0.102	0.127	0.104	0.121	0.139	0.103	1	0.109	0.112
宜春	0.105	0.138	0.107	0.128	0.119	0.102	1	0.108	0.113
撫州	0.102	0.131	0.104	0.134	0.118	0.101	1	0.103	0.11
上饒	0.102	0.146	0.102	0.124	0.131	0.103	1	0.111	0.118
濟南	0.158	0.38	0.198	0.347	0.128	0.109	0.999	0.12	0.284
青島	0.179	0.405	0.205	0.311	0.247	0.17	0.851	0.176	0.265
淄博	0.127	0.256	0.164	0.298	0.14	0.109	0.942	0.108	0.177
棗莊	0.107	0.163	0.119	0.181	0.11	0.101	0.744	0.102	0.146
東營	0.114	0.157	0.178	0.272	0.161	0.112	0.862	0.103	0.142
煙臺	0.136	0.319	0.156	0.279	0.237	0.145	0.59	0.123	0.232
濰坊	0.136	0.285	0.142	0.207	0.155	0.114	0.774	0.113	0.235
濟寧	0.123	0.27	0.127	0.202	0.124	0.105	0.874	0.113	0.217
泰安	0.126	0.205	0.148	0.196	0.112	0.102	0.714	0.103	0.213
威海	0.113	0.208	0.151	0.333	0.208	0.116	0.794	0.113	0.142
日照	0.112	0.145	0.143	0.183	0.372	0.124	1	0.107	0.118
萊蕪	0.105	0.123	0.144	0.205	0.152	0.102	0.912	0.102	0.128
臨沂	0.128	0.281	0.126	0.182	0.138	0.108	1	0.104	0.213
德州	0.111	0.198	0.119	0.186	0.118	0.103	0.972	0.103	0.166
聊城	0.115	0.181	0.125	0.167	0.138	0.105	1	0.102	0.159
濱州	0.109	0.164	0.125	0.187	0.147	0.106	0.904	0.109	0.146
菏澤	0.116	0.202	0.117	0.149	0.125	0.103	1	0.103	0.204
鄭州	0.156	0.365	0.153	0.227	0.193	0.134	1	0.157	0.244
開封	0.108	0.155	0.114	0.148	0.105	0.1	0.835	0.106	0.129
洛陽	0.114	0.227	0.12	0.19	0.108	0.102	0.942	0.133	0.163
平頂山	0.11	0.152	0.119	0.144	0.104	0.1	0.56	0.106	0.139
安陽	0.106	0.151	0.111	0.139	0.112	0.101	0.754	0.105	0.131
鶴壁	0.101	0.111	0.107	0.138	0.105	0.1	0.641	0.107	0.111

表 4.4.1 2014 年度城市商業貿易競爭力三級指標分值

城市	商品銷售總額	社會消費品零售額	人均商品銷售額	人均社會消費品零售額	外貿依存度	進出口總額	進出口總額增長率	實際利用外資金額	批發零售企業數
新鄉	0.107	0.159	0.112	0.144	0.11	0.101	1	0.111	0.137
焦作	0.104	0.148	0.112	0.165	0.121	0.102	1	0.11	0.127
濮陽	0.104	0.133	0.11	0.137	0.109	0.101	0.817	0.105	0.119
許昌	0.106	0.153	0.112	0.151	0.118	0.102	0.899	0.107	0.133
漯河	0.103	0.131	0.112	0.157	0.108	0.1	0.707	0.11	0.116
三門峽	0.104	0.129	0.117	0.167	0.103	0.1	0.788	0.112	0.122
南陽	0.11	0.222	0.108	0.145	0.108	0.101	1	0.107	0.16
商丘	0.109	0.16	0.11	0.125	0.102	0.1	1	0.104	0.121
信陽	0.104	0.166	0.104	0.132	0.107	0.101	1	0.106	0.127
周口	0.105	0.174	0.104	0.122	0.105	0.101	0.762	0.106	0.132
駐馬店	0.105	0.156	0.105	0.124	0.103	0.1	0.755	0.104	0.14
武漢	0.255	0.499	0.293	0.361	0.136	0.119	0.845	0.174	0.286
黃石	0.108	0.144	0.13	0.19	0.129	0.102	1	0.107	0.122
十堰	0.112	0.146	0.135	0.168	0.107	0.1	0.596	0.102	0.127
宜昌	0.11	0.183	0.124	0.208	0.113	0.102	0.881	0.104	0.168
襄陽	0.109	0.19	0.114	0.175	0.107	0.101	1	0.107	0.154
鄂州	0.101	0.117	0.113	0.196	0.111	0.1	1	0.103	0.102
荊門	0.105	0.137	0.115	0.162	0.109	0.101	1	0.104	0.128
孝感	0.104	0.158	0.107	0.153	0.11	0.101	0.972	0.104	0.122
荊州	0.104	0.172	0.105	0.151	0.114	0.101	0.849	0.101	0.133
黃岡	0.103	0.161	0.103	0.135	0.105	0.1	0.888	0.101	0.128
咸寧	0.104	0.129	0.114	0.149	0.105	0.1	1	0.104	0.124
隨州	0.105	0.122	0.118	0.144	0.12	0.101	0.765	0.101	0.111
長沙	0.15	0.392	0.178	0.337	0.12	0.108	0.809	0.149	0.203
株洲	0.109	0.164	0.123	0.183	0.118	0.102	0.845	0.11	0.129
湘潭	0.103	0.137	0.111	0.165	0.123	0.102	0.716	0.11	0.114
衡陽	0.106	0.171	0.106	0.14	0.115	0.102	1	0.11	0.141
邵陽	0.104	0.141	0.104	0.118	0.107	0.1	0.915	0.102	0.115
岳陽	0.107	0.177	0.111	0.166	0.104	0.101	0.567	0.104	0.131
常德	0.104	0.171	0.106	0.154	0.104	0.101	0.983	0.107	0.123
張家界	0.101	0.109	0.105	0.13	0.102	0.1	0.471	0.101	0.102
益陽	0.103	0.138	0.105	0.135	0.105	0.1	0.885	0.102	0.118
郴州	0.107	0.161	0.113	0.158	0.127	0.103	1	0.112	0.135
永州	0.104	0.135	0.105	0.122	0.104	0.1	1	0.109	0.115
懷化	0.102	0.133	0.104	0.127	0.101	0.1	0.729	0.101	0.109
婁底	0.104	0.131	0.108	0.132	0.124	0.102	1	0.103	0.123
廣州	0.482	0.798	0.577	0.563	0.223	0.211	0.68	0.176	0.587
韶關	0.103	0.144	0.109	0.169	0.133	0.102	0.696	0.103	0.114
深圳	0.352	0.567	1	1	0.619	0.544	0.767	0.187	0.29
珠海	0.126	0.171	0.356	0.477	0.543	0.143	0.761	0.124	0.17
汕頭	0.114	0.217	0.126	0.214	0.191	0.108	0.767	0.102	0.156
佛山	0.149	0.333	0.233	0.437	0.24	0.158	0.751	0.139	0.24
江門	0.11	0.191	0.125	0.222	0.251	0.118	0.813	0.114	0.143
湛江	0.11	0.197	0.112	0.159	0.137	0.104	0.824	0.101	0.149
茂名	0.112	0.202	0.116	0.166	0.108	0.101	0.721	0.101	0.152
肇慶	0.107	0.147	0.116	0.153	0.162	0.106	0.889	0.119	0.12
惠州	0.113	0.185	0.137	0.231	0.398	0.147	0.7	0.129	0.133
梅州	0.103	0.143	0.105	0.138	0.13	0.101	0.736	0.102	0.112
汕尾	0.101	0.146	0.103	0.167	0.168	0.103	0.799	0.106	0.106
河源	0.102	0.121	0.104	0.126	0.169	0.103	0.582	0.103	0.108
陽江	0.102	0.151	0.106	0.195	0.134	0.102	0.767	0.103	0.117
清遠	0.103	0.15	0.106	0.161	0.167	0.104	0.781	0.105	0.116
東莞	0.138	0.255	0.31	0.561	0.524	0.238	0.67	0.156	0.205
中山	0.12	0.191	0.235	0.436	0.305	0.132	0.661	0.113	0.184
潮州	0.104	0.133	0.114	0.165	0.187	0.104	0.655	0.102	0.114
揭陽	0.115	0.157	0.122	0.138	0.143	0.104	0.735	0.103	0.199
雲浮	0.103	0.117	0.111	0.128	0.139	0.101	0.585	0.102	0.116

表 4.4.1 2014 年度城市商業貿易競爭力三級指標分值

城市	商品銷售總額	社會消費品零售額	人均商品銷售額	人均社會消費品零售額	外貿依存度	進出口總額	進出口總額增長率	實際利用外資金額	批發零售企業數
南寧	0.133	0.243	0.147	0.202	0.124	0.104	0.701	0.103	0.171
柳州	0.114	0.174	0.139	0.203	0.125	0.103	0.948	0.101	0.146
桂林	0.105	0.159	0.109	0.154	0.109	0.101	0.617	0.101	0.12
梧州	0.101	0.126	0.104	0.138	0.12	0.101	0.818	0.101	0.106
北海	0.102	0.113	0.109	0.144	0.146	0.102	0.831	0.101	0.102
防城港	0.101	0.104	0.115	0.138	0.25	0.105	1	0.1	0.105
欽州	0.103	0.124	0.108	0.127	0.181	0.104	1	0.103	0.112
貴港	0.101	0.129	0.102	0.122	0.105	0.1	1	0.1	0.106
玉林	0.104	0.146	0.105	0.127	0.108	0.101	1	0.1	0.12
百色	0.102	0.114	0.104	0.112	0.11	0.1	0.647	0.1	0.109
賀州	0.101	0.109	0.105	0.118	0.106	0.1	1	0.101	0.104
河池	0.102	0.117	0.103	0.115	0.116	0.1	0.873	0.1	0.107
來賓	0.101	0.109	0.103	0.115	0.104	0.1	0.302	0.1	0.103
崇左	0.101	0.106	0.103	0.11	0.297	0.107	0.954	0.101	0.104
海口	0.125	0.147	0.259	0.264	0.175	0.104	0.547	0.107	0.135
三亞	0.103	0.108	0.156	0.207	0.107	0.1	0.1	0.104	0.102
重慶	0.241	0.569	0.143	0.166	0.166	0.149	1	0.227	0.506
成都	0.208	0.485	0.194	0.272	0.184	0.145	1	0.238	0.401
自貢	0.103	0.136	0.11	0.155	0.114	0.101	0.894	0.1	0.12
攀枝花	0.103	0.119	0.131	0.199	0.105	0.1	0.603	0.102	0.115
瀘州	0.105	0.138	0.109	0.133	0.103	0.1	0.708	0.101	0.138
德陽	0.105	0.144	0.113	0.155	0.136	0.103	0.891	0.103	0.125
綿陽	0.109	0.164	0.117	0.157	0.125	0.102	0.729	0.103	0.128
廣元	0.102	0.119	0.106	0.128	0.111	0.1	1	0.101	0.115
遂寧	0.103	0.127	0.107	0.134	0.11	0.1	1	0.101	0.126
內江	0.103	0.128	0.106	0.129	0.105	0.1	1	0.102	0.116
樂山	0.103	0.136	0.108	0.15	0.113	0.101	0.345	0.102	0.118
南充	0.103	0.15	0.104	0.126	0.105	0.1	0.62	0.101	0.135
眉山	0.102	0.125	0.106	0.133	0.104	0.1	0.955	0.103	0.111
宜賓	0.104	0.147	0.108	0.139	0.109	0.101	0.825	0.101	0.13
廣安	0.103	0.126	0.105	0.123	0.115	0.101	1	0.101	0.127
達州	0.104	0.146	0.105	0.127	0.102	0.1	1	0.101	0.122
雅安	0.101	0.112	0.104	0.142	0.102	0.1	1	0.101	0.104
巴中	0.101	0.115	0.102	0.113	0.105	0.1	0.1	0.1	0.108
資陽	0.102	0.131	0.103	0.125	0.105	0.1	0.939	0.101	0.116
貴陽	0.121	0.176	0.156	0.207	0.139	0.105	1	0.106	0.141
六盤水	0.104	0.118	0.111	0.124	0.114	0.101	1	0.1	0.115
遵義	0.111	0.144	0.113	0.122	0.101	0.1	0.163	0.101	0.12
安順	0.101	0.108	0.105	0.109	0.101	0.1	0.1	0.1	0.103
畢節	0.102	0.117	0.102	0.1	0.105	0.1	0.55	0.1	0.109
銅仁	0.101	0.108	0.103	0.103	0.1	0.1	0.55	0.1	0.108
昆明	0.163	0.271	0.219	0.267	0.168	0.114	0.763	0.126	0.18
曲靖	0.108	0.135	0.112	0.121	0.103	0.1	0.327	0.101	0.125
玉溪	0.106	0.119	0.127	0.148	0.108	0.101	1	0.101	0.119
保山	0.102	0.11	0.107	0.118	0.105	0.1	0.527	0.101	0.111
昭通	0.103	0.114	0.104	0.104	0.1	0.1	0.1	0.1	0.11
麗江	0.101	0.104	0.112	0.123	0.105	0.1	1	0.1	0.107
普洱	0.102	0.108	0.108	0.114	0.11	0.1	0.811	0.101	0.108
臨滄	0.101	0.108	0.106	0.115	0.107	0.1	1	0.101	0.105
拉薩	0.101	0.111	0.112	0.249	0.272	0.103	1	0.1	0.103
西安	0.163	0.362	0.181	0.273	0.143	0.112	0.788	0.141	0.162
銅川	0.101	0.104	0.109	0.136	0.101	0.1	1	0.1	0.106
寶雞	0.109	0.144	0.123	0.157	0.108	0.101	0.969	0.101	0.12
咸陽	0.118	0.143	0.134	0.137	0.104	0.1	0.966	0.101	0.127
渭南	0.108	0.134	0.113	0.125	0.103	0.1	0.581	0.101	0.13
延安	0.102	0.114	0.109	0.129	0.101	0.1	1	0.1	0.111
漢中	0.103	0.121	0.107	0.124	0.101	0.1	0.594	0.1	0.12

表 4.4.1 2014 年度城市商業貿易競爭力三級指標分值

城市	商品銷售總額	社會消費品零售額	人均商品銷售額	人均社會消費品零售額	外貿依存度	進出口總額	進出口總額增長率	實際利用外資金額	批發零售企業數
榆林	0.126	0.128	0.17	0.134	0.1	0.1	0.837	0.1	0.138
安康	0.102	0.114	0.106	0.119	0.101	0.1	0.61	0.1	0.119
商洛	0.101	0.109	0.102	0.115	0.102	0.1	0.657	0.101	0.105
蘭州	0.136	0.184	0.216	0.24	0.131	0.103	1	0.1	0.137
嘉峪關	0.102	0.1	0.195	0.198	0.157	0.101	0.814	0.101	0.103
金昌	0.101	0.102	0.115	0.158	0.321	0.103	0.509	0.1	0.103
白銀	0.101	0.11	0.107	0.131	0.118	0.101	1	0.1	0.106
天水	0.106	0.117	0.115	0.117	0.111	0.1	0.706	0.1	0.113
武威	0.101	0.108	0.103	0.122	0.101	0.1	1	0.1	0.103
張掖	0.101	0.107	0.109	0.134	0.101	0.1	0.181	0.101	0.105
平涼	0.103	0.11	0.112	0.121	0.101	0.1	0.454	0.101	0.103
酒泉	0.104	0.111	0.142	0.169	0.102	0.1	0.1	0.101	0.111
慶陽	0.101	0.111	0.104	0.119	0.102	0.1	0.1	0.101	0.102
定西	0.101	0.105	0.103	0.103	0.101	0.1	1	0.1	0.102
隴南	0.101	0.103	0.102	0.1	0.1	0.1	1	0.101	0.101
西寧	0.116	0.133	0.184	0.192	0.115	0.101	0.801	0.103	0.116
銀川	0.114	0.133	0.184	0.211	0.118	0.101	0.882	0.101	0.126
石嘴山	0.101	0.105	0.116	0.155	0.118	0.1	0.556	0.101	0.102
吳忠	0.101	0.104	0.107	0.119	0.11	0.1	0.1	0.101	0.103
固原	0.1	0.101	0.1	0.105	0.1	0.1	1	0.101	0.1
中衛	0.101	0.101	0.109	0.111	0.107	0.1	1	0.101	0.103
烏魯木齊	0.155	0.194	0.32	0.299	0.17	0.11	1	0.103	0.151
克拉瑪依	0.102	0.102	0.159	0.171	0.105	0.1	1	0.1	0.105
香港	0.141	0.38	0.159	0.31	1	1	0.588	1	0.255
澳門	0.106	0.146	0.215	0.563	0.15	0.109	0.71	0.127	0.116
新北	0.116	0.154	0.141	0.17	0.399	0.192	0.557	0.108	0.158
臺北	0.111	0.136	0.141	0.17	0.399	0.163	0.557	0.105	0.139
台中	0.111	0.136	0.141	0.17	0.399	0.163	0.557	0.105	0.139
台南	0.107	0.124	0.141	0.17	0.399	0.144	0.557	0.104	0.127
高雄	0.111	0.137	0.141	0.17	0.399	0.165	0.557	0.106	0.141
基隆	0.101	0.102	0.141	0.17	0.399	0.109	0.557	0.101	0.104
新竹	0.102	0.102	0.141	0.17	0.399	0.11	0.557	0.101	0.104
嘉義	0.101	0.1	0.141	0.17	0.399	0.106	0.557	0.101	0.102

表 4.4.2 2014 年度城市商業貿易競爭力三級指標分值（續）

城市	批發零售企業每萬人擁有量	批發零售貿易業從業人數	住宿餐飲業從業人數	租賃和商業服務業從業人數	商貿從業者萬人擁有量	人均消費支出	人均消費支出增長率	居民消費傾向	社會消費品零售額增長率
北京	0.88	0.706	0.56	1	0.572	0.287	0.55	0.684	0.648
天津	0.667	0.254	0.199	0.18	0.212	0.248	0.55	0.706	0.75
石家莊	0.131	0.15	0.123	0.115	0.129	0.182	0.168	0.58	0.742
唐山	0.16	0.143	0.11	0.111	0.13	0.204	0.55	0.659	0.736
秦皇島	0.177	0.108	0.108	0.104	0.121	0.176	0.549	0.571	0.738
邯鄲	0.147	0.126	0.108	0.106	0.112	0.173	0.762	0.567	0.742
邢臺	0.134	0.113	0.107	0.103	0.108	0.17	0.55	0.67	0.74
保定	0.133	0.133	0.112	0.11	0.114	0.166	0.55	0.629	0.744
張家口	0.141	0.118	0.108	0.108	0.123	0.164	0.55	0.636	0.738
承德	0.148	0.105	0.103	0.107	0.11	0.165	0.55	0.632	0.739
滄州	0.146	0.117	0.106	0.103	0.111	0.168	0.347	0.567	0.742
廊坊	0.142	0.11	0.108	0.106	0.116	0.206	0.515	0.648	0.742
衡水	0.137	0.11	0.102	0.102	0.11	0.168	0.55	0.664	0.745
太原	0.289	0.136	0.142	0.123	0.187	0.188	0.55	0.63	0.764
大同	0.175	0.119	0.104	0.112	0.136	0.183	0.55	0.634	0.763
陽泉	0.193	0.109	0.102	0.107	0.144	0.174	0.55	0.572	0.751
長治	0.24	0.114	0.104	0.109	0.126	0.189	0.55	0.636	0.765

表 4. 4. 2 2014 年度城市商業貿易競爭力三級指標分值（續）

城市	批發零售企業每萬人擁有量	批發零售貿易業從業人數	住宿餐飲業從業人數	租賃和商業服務業從業人數	商貿從業者萬人擁有量	人均消費支出	人均消費支出增長率	居民消費傾向	社會消費品零售額增長率
晉城	0.245	0.115	0.103	0.104	0.136	0.213	0.55	0.778	0.767
朔州	0.215	0.112	0.102	0.104	0.137	0.201	0.55	0.678	0.775
晉中	0.188	0.112	0.103	0.105	0.121	0.189	0.55	0.623	0.761
運城	0.154	0.109	0.103	0.102	0.108	0.167	0.55	0.604	0.755
忻州	0.178	0.115	0.107	0.103	0.127	0.159	0.55	0.561	0.767
臨汾	0.156	0.113	0.103	0.105	0.116	0.174	0.55	0.581	0.761
呂梁	0.137	0.115	0.103	0.102	0.118	0.143	0.55	0.434	1
呼和浩特	0.297	0.11	0.111	0.11	0.141	0.258	0.55	0.666	0.732
包頭	0.246	0.118	0.112	0.104	0.151	0.307	0.55	0.839	0.634
烏海	0.314	0.101	0.1	0.101	0.112	0.257	0.55	0.899	0.783
赤峰	0.129	0.106	0.103	0.105	0.109	0.18	0.55	0.742	0.772
通遼	0.167	0.105	0.101	0.102	0.108	0.192	0.55	0.819	0.709
鄂爾多斯	0.218	0.102	0.101	0.101	0.108	0.321	0.55	0.909	0.709
呼倫貝爾	0.19	0.107	0.104	0.108	0.12	0.2	0.55	0.84	0.768
巴彥淖爾	0.117	0.104	0.101	0.101	0.111	0.182	0.55	0.77	0.713
烏蘭察布	0.101	0.106	0.101	0.101	0.109	0.171	0.55	0.683	0.709
瀋陽	0.429	0.146	0.132	0.159	0.158	0.248	0.55	0.813	0.749
大連	0.441	0.151	0.14	0.119	0.161	0.252	0.55	0.792	0.751
鞍山	0.332	0.115	0.108	0.113	0.132	0.212	0.55	0.708	0.77
撫順	0.217	0.11	0.102	0.104	0.123	0.186	0.55	0.698	0.761
本溪	0.232	0.106	0.102	0.103	0.122	0.209	0.55	0.758	0.748
丹東	0.195	0.107	0.103	0.103	0.118	0.193	0.55	0.788	0.754
錦州	0.18	0.11	0.102	0.105	0.119	0.218	0.55	0.788	0.762
營口	0.251	0.108	0.105	0.106	0.125	0.213	0.55	0.719	0.764
阜新	0.182	0.104	0.101	0.103	0.113	0.177	0.55	0.8	0.754
遼陽	0.185	0.102	0.101	0.103	0.11	0.199	0.55	0.708	0.757
盤錦	0.244	0.109	0.103	0.116	0.17	0.229	0.55	0.684	0.754
鐵嶺	0.15	0.103	0.1	0.104	0.106	0.192	0.55	0.835	0.745
朝陽	0.158	0.109	0.101	0.104	0.113	0.163	0.55	0.691	0.752
葫蘆島	0.136	0.104	0.102	0.103	0.108	0.178	0.55	0.56	1
長春	0.144	0.143	0.125	0.146	0.147	0.226	0.55	0.84	0.73
吉林	0.179	0.108	0.103	0.103	0.11	0.197	0.55	0.702	0.773
四平	0.141	0.103	0.101	0.101	0.103	0.176	0.55	0.598	0.787
遼源	0.166	0.101	0.1	0.1	0.103	0.189	0.55	0.688	0.765
通化	0.206	0.103	0.102	0.102	0.109	0.186	0.736	0.652	0.782
白山	0.117	0.102	0.1	0.107	0.12	0.182	0.55	0.641	0.779
松原	0.113	0.107	0.103	0.105	0.115	0.205	0.55	0.767	0.778
白城	0.11	0.106	0.102	0.103	0.118	0.179	0.65	0.67	0.774
哈爾濱	0.172	0.169	0.144	0.123	0.145	0.224	0.549	0.848	0.754
齊齊哈爾	0.11	0.108	0.101	0.103	0.106	0.17	0.55	0.747	0.739
雞西	0.134	0.108	0.104	0.1	0.122	0.171	0.55	0.761	0.76
鶴崗	0.181	0.107	0.105	0.1	0.141	0.166	0.55	0.795	0.755
雙鴨山	0.131	0.104	0.1	0.101	0.112	0.162	0.629	0.643	0.755
大慶	0.222	0.118	0.104	0.1	0.131	0.203	0.741	0.623	0.753
伊春	0.116	0.102	0.101	0.101	0.107	0.16	0.55	0.911	0.752
佳木斯	0.114	0.108	0.101	0.102	0.117	0.171	0.66	0.84	0.684
七台河	0.112	0.1	0.102	0.101	0.107	0.154	0.522	0.628	0.777
牡丹江	0.166	0.104	0.102	0.103	0.109	0.181	0.55	0.86	0.62
黑河	0.118	0.11	0.109	0.103	0.141	0.156	0.55	0.592	0.774
綏化	0.108	0.111	0.102	0.102	0.108	0.156	0.55	0.734	0.881
上海	0.68	0.629	0.389	0.352	0.357	0.309	0.55	0.676	0.572
南京	0.439	0.193	0.161	0.168	0.213	0.272	0.76	0.658	0.738
無錫	0.582	0.132	0.135	0.113	0.154	0.277	0.55	0.665	0.712
徐州	0.306	0.121	0.104	0.105	0.109	0.186	0.735	0.648	0.735
常州	0.479	0.119	0.112	0.112	0.137	0.257	1	0.642	0.719
蘇州	0.715	0.133	0.125	0.112	0.135	0.298	0.778	0.663	0.724
南通	0.258	0.114	0.105	0.113	0.112	0.226	0.55	0.646	0.74

表 4.4.2 2014 年度城市商業貿易競爭力三級指標分值（續）

城市	批發零售企業每萬人擁有量	批發零售貿易業從業人數	住宿餐飲業從業人數	租賃和商業服務業從業人數	商貿從業者萬人擁有量	人均消費支出	人均消費支出增長率	居民消費傾向	社會消費品零售額增長率
連雲港	0.21	0.113	0.103	0.107	0.113	0.176	0.217	0.62	0.738
淮安	0.266	0.111	0.104	0.106	0.111	0.193	0.501	0.724	0.752
鹽城	0.208	0.116	0.106	0.117	0.114	0.203	0.55	0.742	0.718
揚州	0.262	0.11	0.105	0.107	0.114	0.213	0.422	0.66	0.712
鎮江	0.335	0.112	0.106	0.106	0.128	0.227	0.55	0.599	0.747
泰州	0.203	0.116	0.105	0.113	0.121	0.213	0.55	0.633	0.691
宿遷	0.178	0.104	0.1	0.1	0.101	0.167	0.55	0.735	0.748
杭州	0.707	0.254	0.221	0.242	0.291	0.272	0.528	0.646	0.751
寧波	0.641	0.154	0.128	0.181	0.187	0.276	0.649	0.607	0.746
溫州	0.401	0.124	0.12	0.138	0.129	0.287	0.55	0.722	0.582
嘉興	0.543	0.123	0.113	0.138	0.164	0.264	0.55	0.616	0.717
湖州	0.299	0.115	0.106	0.11	0.139	0.247	0.55	0.609	0.747
紹興	0.376	0.119	0.113	0.117	0.134	0.269	0.714	0.607	0.739
金華	0.285	0.118	0.111	0.123	0.132	0.267	0.532	0.688	0.756
衢州	0.224	0.106	0.103	0.104	0.115	0.211	0.52	0.633	0.739
舟山	0.426	0.106	0.105	0.113	0.172	0.257	0.55	0.622	0.748
台州	0.239	0.121	0.11	0.124	0.128	0.254	0.626	0.615	0.741
麗水	0.209	0.108	0.104	0.108	0.122	0.227	0.55	0.71	0.802
合肥	0.233	0.155	0.13	0.121	0.15	0.235	0.901	0.787	0.774
蕪湖	0.228	0.111	0.105	0.102	0.115	0.218	0.788	0.757	0.774
蚌埠	0.164	0.106	0.101	0.105	0.11	0.183	0.679	0.675	0.772
淮南	0.167	0.109	0.104	0.108	0.126	0.189	0.734	0.71	0.751
馬鞍山	0.188	0.105	0.1	0.101	0.109	0.231	0.831	0.593	0.771
淮北	0.153	0.101	0.101	0.101	0.102	0.2	0.888	0.8	0.757
銅陵	0.284	0.102	0.101	0.101	0.121	0.229	0.84	0.784	0.777
安慶	0.151	0.108	0.102	0.102	0.105	0.188	0.789	0.714	0.759
黃山	0.214	0.102	0.108	0.101	0.121	0.193	0.73	0.713	0.763
滁州	0.176	0.106	0.101	0.101	0.105	0.208	0.903	0.846	0.78
阜陽	0.12	0.113	0.101	0.104	0.104	0.196	0.809	0.839	0.756
宿州	0.127	0.106	0.1	0.1	0.102	0.17	0.786	0.622	0.336
六安	0.123	0.224	0.195	0.126	0.218	0.179	0.55	0.699	0.749
亳州	0.13	0.106	0.1	0.101	0.103	0.177	0.793	0.643	0.754
池州	0.194	0.102	0.102	0.101	0.108	0.193	0.776	0.704	0.764
宣城	0.19	0.254	0.245	0.115	0.485	0.202	0.799	0.807	0.766
福州	0.315	0.165	0.133	0.125	0.163	0.248	0.771	0.713	0.844
廈門	1	0.152	0.148	0.122	0.313	0.296	0.76	0.689	0.61
莆田	0.248	0.11	0.107	0.102	0.118	0.209	0.775	0.672	0.784
三明	0.288	0.108	0.103	0.104	0.117	0.205	0.792	0.697	0.793
泉州	0.364	0.134	0.124	0.107	0.131	0.248	0.71	0.633	0.782
漳州	0.212	0.116	0.107	0.103	0.118	0.21	0.791	0.708	0.797
南平	0.159	0.109	0.105	0.105	0.119	0.187	0.747	0.638	0.877
龍岩	0.27	0.109	0.103	0.117	0.129	0.224	0.695	0.794	0.687
寧德	0.178	0.11	0.104	0.102	0.115	0.192	0.782	0.682	0.792
南昌	0.206	0.146	0.128	0.118	0.161	0.213	0.694	0.734	0.53
景德鎮	0.137	0.105	0.103	0.101	0.119	0.189	0.752	0.674	0.699
萍鄉	0.128	0.102	0.101	0.1	0.105	0.193	0.767	0.713	0.722
九江	0.115	0.112	0.107	0.108	0.115	0.18	0.757	0.669	0.764
新餘	0.137	0.101	0.101	0.1	0.105	0.193	0.658	0.661	0.737
鷹潭	0.143	0.102	0.102	0.101	0.109	0.175	0.785	0.649	0.718
贛州	0.108	0.104	0.108	0.104	0.103	0.176	0.72	0.71	0.684
吉安	0.119	0.107	0.102	0.104	0.107	0.175	0.722	0.644	0.74
宜春	0.117	0.113	0.103	0.101	0.11	0.168	0.574	0.646	0.721
撫州	0.121	0.108	0.102	0.101	0.108	0.163	0.769	0.607	0.683
上饒	0.118	0.116	0.106	0.104	0.11	0.166	0.753	0.582	0.657
濟南	0.436	0.202	0.158	0.147	0.215	0.248	0.55	0.625	0.722
青島	0.335	0.15	0.138	0.12	0.146	0.251	0.55	0.651	0.723
淄博	0.301	0.126	0.112	0.107	0.137	0.217	0.55	0.605	0.734

表 4.4.2 2014 年度城市商業貿易競爭力三級指標分值（續）

城市	批發零售企業每萬人擁有量	批發零售貿易業從業人數	住宿餐飲業從業人數	租賃和商業服務業從業人數	商貿從業者萬人擁有量	人均消費支出	人均消費支出增長率	居民消費傾向	社會消費品零售額增長率
棗莊	0.225	0.11	0.102	0.103	0.112	0.197	0.55	0.671	0.725
東營	0.361	0.112	0.119	0.104	0.157	0.228	0.55	0.581	0.726
煙臺	0.322	0.132	0.118	0.112	0.131	0.251	0.55	0.706	0.73
濰坊	0.265	0.137	0.112	0.102	0.12	0.209	0.55	0.636	0.688
濟寧	0.248	0.133	0.106	0.113	0.12	0.216	0.55	0.685	1
泰安	0.322	0.126	0.112	0.116	0.131	0.215	0.55	0.674	0.738
威海	0.286	0.118	0.115	0.104	0.148	0.233	0.55	0.669	0.725
日照	0.167	0.109	0.103	0.106	0.12	0.193	0.55	0.65	0.735
萊蕪	0.356	0.101	0.101	0.1	0.105	0.205	0.55	0.591	0.735
臨沂	0.208	0.114	0.107	0.108	0.107	0.194	0.55	0.507	0.738
德州	0.221	0.12	0.105	0.102	0.116	0.19	0.55	0.647	0.74
聊城	0.204	0.112	0.103	0.105	0.11	0.202	0.55	0.669	0.736
濱州	0.23	0.109	0.102	0.109	0.116	0.208	0.55	0.632	0.736
菏澤	0.214	0.116	0.103	0.105	0.107	0.173	0.55	0.672	0.737
鄭州	0.242	0.163	0.148	0.134	0.143	0.214	0.31	0.718	0.743
開封	0.153	0.127	0.112	0.107	0.129	0.187	1	0.855	0.759
洛陽	0.192	0.124	0.111	0.115	0.122	0.198	1	0.684	0.755
平頂山	0.173	0.117	0.106	0.109	0.118	0.197	1	0.769	0.751
安陽	0.15	0.123	0.108	0.108	0.122	0.18	1	0.641	0.746
鶴壁	0.182	0.104	0.102	0.102	0.116	0.17	0.84	0.641	0.756
新鄉	0.16	0.112	0.105	0.105	0.111	0.189	1	0.734	0.791
焦作	0.177	0.112	0.105	0.104	0.118	0.19	0.565	0.741	0.761
濮陽	0.144	0.106	0.103	0.128	0.123	0.175	1	0.665	0.761
許昌	0.169	0.11	0.105	0.102	0.11	0.186	0.956	0.738	0.769
漯河	0.161	0.105	0.101	0.107	0.113	0.19	1	0.793	0.759
三門峽	0.21	0.12	0.104	0.104	0.146	0.215	1	0.963	0.757
南陽	0.146	0.149	0.111	0.12	0.122	0.202	1	0.851	0.755
商丘	0.116	0.118	0.103	0.101	0.107	0.168	1	0.674	0.759
信陽	0.126	0.129	0.108	0.108	0.117	0.165	1	0.705	0.756
周口	0.119	0.127	0.102	0.101	0.108	0.172	1	0.797	0.765
駐馬店	0.14	0.127	0.107	0.105	0.114	0.184	1	0.823	0.759
武漢	0.348	0.225	0.178	0.133	0.199	0.236	0.55	0.731	0.689
黃石	0.193	0.109	0.105	0.101	0.119	0.192	0.55	0.788	0.776
十堰	0.182	0.167	0.114	0.107	0.197	0.167	0.55	0.79	0.769
宜昌	0.288	0.169	0.123	0.148	0.218	0.18	0.55	0.739	0.768
襄陽	0.195	0.146	0.12	0.103	0.141	0.168	0.375	0.715	0.777
鄂州	0.13	0.11	0.106	0.103	0.157	0.164	0.551	0.601	0.813
荊門	0.2	0.131	0.109	0.104	0.153	0.18	0.55	0.799	0.772
孝感	0.139	0.139	0.138	0.11	0.154	0.164	0.357	0.656	0.772
荊州	0.147	0.108	0.102	0.101	0.105	0.169	0.445	0.747	0.785
黃岡	0.134	0.112	0.105	0.101	0.107	0.173	0.55	0.792	0.758
咸寧	0.189	0.105	0.103	0.102	0.11	0.174	0.355	0.789	0.766
隨州	0.144	0.104	0.102	0.1	0.107	0.199	0.869	0.854	0.207
長沙	0.268	0.167	0.165	0.143	0.184	0.242	0.55	0.661	0.724
株洲	0.177	0.108	0.108	0.114	0.121	0.206	0.168	0.618	0.747
湘潭	0.152	0.107	0.105	0.103	0.115	0.197	0.55	0.648	0.75
衡陽	0.149	0.112	0.112	0.107	0.111	0.198	0.548	0.786	0.749
邵陽	0.112	0.106	0.101	0.103	0.103	0.152	0.563	0.697	0.75
岳陽	0.154	0.113	0.107	0.105	0.113	0.194	0.1	0.681	0.735
常德	0.133	0.112	0.106	0.116	0.116	0.189	0.1	0.75	0.747
張家界	0.115	0.102	0.106	0.102	0.115	0.165	0.55	0.792	0.741
益陽	0.134	0.106	0.104	0.113	0.112	0.186	0.554	0.733	0.744
郴州	0.171	0.111	0.106	0.106	0.113	0.18	0.55	0.678	0.738
永州	0.118	0.106	0.103	0.103	0.105	0.178	0.55	0.679	0.749
懷化	0.111	0.105	0.104	0.104	0.107	0.157	0.55	0.725	0.744
婁底	0.152	0.105	0.104	0.103	0.106	0.175	0.545	0.683	0.746
廣州	0.765	0.338	0.3	0.292	0.347	0.351	0.55	0.872	0.71

表 4. 4. 2 2014 年度城市商業貿易競爭力三級指標分值（續）

城市	批發零售企業每萬人擁有量	批發零售貿易業從業人數	住宿餐飲業從業人數	租賃和商業服務業從業人數	商貿從業者萬人擁有量	人均消費支出	人均消費支出增長率	居民消費傾向	社會消費品零售額增長率
韶關	0.145	0.105	0.106	0.105	0.113	0.211	0.55	0.741	0.517
深圳	0.851	0.246	0.23	0.348	0.66	0.314	0.55	0.679	0.706
珠海	0.858	0.122	0.121	0.115	0.279	0.288	0.55	0.778	0.654
汕頭	0.212	0.122	0.111	0.104	0.123	0.228	0.55	1	0.497
佛山	0.517	0.111	0.112	0.109	0.124	0.308	0.55	0.813	0.461
江門	0.218	0.114	0.118	0.103	0.127	0.232	0.55	0.715	0.508
湛江	0.161	0.116	0.107	0.112	0.113	0.204	0.55	0.833	0.523
茂名	0.169	0.117	0.105	0.105	0.111	0.191	0.55	0.861	0.527
肇慶	0.147	0.104	0.105	0.106	0.109	0.205	0.55	0.768	0.636
惠州	0.204	0.12	0.115	0.111	0.143	0.27	0.55	0.795	0.608
梅州	0.118	0.107	0.101	0.103	0.105	0.18	0.55	0.74	0.558
汕尾	0.115	0.104	0.101	0.103	0.106	0.186	0.55	0.803	0.735
河源	0.119	0.104	0.104	0.103	0.108	0.161	0.55	0.709	0.64
陽江	0.165	0.107	0.103	0.103	0.115	0.182	0.55	0.734	0.502
清遠	0.139	0.103	0.104	0.101	0.104	0.173	0.55	0.652	0.499
東莞	0.74	0.107	0.101	0.104	0.121	0.359	0.55	0.778	0.525
中山	0.73	0.109	0.109	0.108	0.151	0.27	0.55	0.759	0.527
潮州	0.155	0.102	0.101	0.101	0.103	0.204	0.55	0.978	0.609
揭陽	0.258	0.107	0.103	0.104	0.105	0.194	0.55	0.828	0.1
雲浮	0.159	0.104	0.102	0.101	0.106	0.192	0.55	0.851	0.541
南寧	0.205	0.14	0.117	0.147	0.145	0.201	0.55	0.708	0.789
柳州	0.233	0.11	0.113	0.133	0.141	0.19	0.55	0.653	0.772
桂林	0.136	0.111	0.113	0.115	0.121	0.193	0.55	0.67	0.763
梧州	0.116	0.103	0.101	0.102	0.104	0.185	0.55	0.688	0.731
北海	0.115	0.102	0.103	0.102	0.112	0.191	0.55	0.699	0.739
防城港	0.179	0.101	0.101	0.101	0.113	0.184	0.55	0.618	0.778
欽州	0.127	0.104	0.101	0.103	0.105	0.18	0.55	0.613	0.771
貴港	0.106	0.104	0.1	0.101	0.102	0.18	0.55	0.71	0.749
玉林	0.123	0.11	0.104	0.106	0.108	0.186	0.55	0.632	0.777
百色	0.118	0.105	0.102	0.102	0.106	0.172	0.55	0.645	0.779
賀州	0.116	0.102	0.101	0.102	0.106	0.166	0.55	0.591	0.741
河池	0.112	0.105	0.102	0.105	0.108	0.166	0.55	0.673	0.719
來賓	0.108	0.102	0.1	0.104	0.106	0.186	0.55	0.655	0.763
崇左	0.117	0.103	0.101	0.103	0.107	0.164	0.55	0.601	0.777
海口	0.351	0.131	0.129	0.12	0.262	0.206	0.553	0.718	0.675
三亞	0.176	0.104	0.144	0.101	0.336	0.218	0.55	0.776	0.917
重慶	0.227	1	1	0.393	0.307	0.1	0.1	0.1	0.754
成都	0.383	0.189	0.173	0.126	0.152	0.236	0.55	0.748	0.761
自貢	0.162	0.101	0.102	0.1	0.101	0.185	0.55	0.74	0.836
攀枝花	0.264	0.101	0.101	0.101	0.107	0.201	0.55	0.698	0.636
瀘州	0.179	0.108	0.101	0.102	0.107	0.199	0.55	0.77	0.777
德陽	0.165	0.1	0.103	0.101	0.102	0.208	0.55	0.759	0.764
綿陽	0.149	0.108	0.105	0.103	0.107	0.205	0.55	0.813	0.748
廣元	0.15	0.103	0.101	0.102	0.105	0.168	0.55	0.738	0.756
遂寧	0.174	0.103	0.101	0.103	0.104	0.197	1	0.864	0.767
內江	0.136	0.101	0.102	0.1	0.1	0.183	0.696	0.738	0.756
樂山	0.153	0.106	0.103	0.105	0.111	0.188	0.55	0.714	0.761
南充	0.143	0.106	0.102	0.105	0.103	0.167	0.552	0.719	0.769
眉山	0.131	0.102	0.1	0.1	0.101	0.183	0.55	0.71	0.772
宜賓	0.154	0.104	0.103	0.102	0.104	0.197	0.55	0.769	0.767
廣安	0.158	0.102	0.1	0.101	0.1	0.17	0.55	0.616	0.767
達州	0.126	0.104	0.1	0.104	0.102	0.174	0.55	0.788	0.775
雅安	0.133	0.101	0.101	0.101	0.106	0.177	0.55	0.659	0.756
巴中	0.116	0.103	0.102	0.101	0.103	0.178	0.55	0.815	0.769
資陽	0.128	0.102	0.101	0.1	0.1	0.2	0.535	0.78	0.775
貴陽	0.218	0.154	0.134	0.124	0.2	0.205	0.55	0.766	0.787
六盤水	0.149	0.106	0.102	0.102	0.109	0.151	0.55	0.532	0.763

表 4.4.2 2014 年度城市商業貿易競爭力三級指標分值（續）

城市	批發零售企業每萬人擁有量	批發零售貿易業從業人數	住宿餐飲業從業人數	租賃和商業服務業從業人數	商貿從業者萬人擁有量	人均消費支出	人均消費支出增長率	居民消費傾向	社會消費品零售額增長率
遵義	0.12	0.118	0.104	0.105	0.111	0.181	0.55	0.702	0.786
安順	0.108	0.105	0.102	0.102	0.108	0.177	0.55	0.725	0.768
畢節	0.102	0.111	0.103	0.103	0.105	0.181	0.874	0.709	0.762
銅仁	0.115	0.105	0.102	0.1	0.104	0.161	0.452	0.746	0.752
昆明	0.259	0.181	0.155	0.157	0.216	0.217	0.538	0.696	0.801
曲靖	0.135	0.126	0.11	0.102	0.12	0.193	0.817	0.698	0.819
玉溪	0.199	0.122	0.105	0.103	0.152	0.179	0.67	0.618	0.815
保山	0.145	0.108	0.104	0.102	0.119	0.171	0.646	0.666	0.814
昭通	0.11	0.108	0.103	0.1	0.105	0.148	0.55	0.613	0.814
麗江	0.172	0.105	0.11	0.102	0.141	0.162	0.863	0.614	0.816
普洱	0.132	0.106	0.102	0.101	0.111	0.165	0.55	0.705	0.829
臨滄	0.121	0.105	0.101	0.1	0.108	0.16	0.772	0.708	0.791
拉薩	0.208	0.171	0.139	0.118	1	0.188	0.55	0.756	0.905
西安	0.179	0.146	0.175	0.138	0.16	0.262	0.55	0.757	0.74
銅川	0.19	0.101	0.101	0.1	0.106	0.203	0.548	0.747	0.865
寶雞	0.152	0.113	0.104	0.102	0.117	0.223	0.55	0.71	0.751
咸陽	0.149	0.11	0.104	0.106	0.111	0.229	0.55	0.741	0.769
渭南	0.152	0.113	0.104	0.106	0.112	0.186	0.759	0.645	1
延安	0.151	0.105	0.104	0.101	0.114	0.209	0.907	0.674	0.788
漢中	0.153	0.107	0.106	0.104	0.112	0.179	0.55	0.679	0.793
榆林	0.21	0.106	0.101	0.105	0.109	0.194	0.55	0.607	0.772
安康	0.166	0.106	0.104	0.101	0.11	0.192	0.55	0.748	0.793
商洛	0.118	0.104	0.102	0.101	0.108	0.182	0.97	0.695	0.773
蘭州	0.228	0.116	0.109	0.116	0.139	0.19	0.55	0.828	0.792
嘉峪關	0.389	0.101	0.1	0.1	0.132	0.196	0.55	0.699	0.644
金昌	0.204	0.101	0.1	0.1	0.111	0.235	0.55	0.877	0.805
白銀	0.138	0.102	0.1	0.101	0.104	0.188	0.55	0.804	0.763
天水	0.134	0.111	0.104	0.101	0.114	0.154	0.55	0.724	0.765
武威	0.117	0.102	0.1	0.104	0.11	0.162	0.767	0.784	0.68
張掖	0.153	0.103	0.101	0.101	0.112	0.174	0.55	0.959	0.808
平涼	0.112	0.106	0.101	0.1	0.11	0.151	0.7	0.679	0.828
酒泉	0.24	0.103	0.103	0.103	0.129	0.214	0.55	0.908	0.821
慶陽	0.107	0.101	0.102	0.1	0.102	0.175	0.55	0.812	0.758
定西	0.104	0.102	0.101	0.1	0.101	0.153	0.55	0.778	0.753
隴南	0.1	0.102	0.1	0.1	0.102	0.151	0.796	0.766	0.752
西寧	0.191	0.115	0.107	0.104	0.145	0.17	0.55	0.72	0.79
銀川	0.281	0.117	0.105	0.117	0.176	0.212	0.549	0.814	0.74
石嘴山	0.156	0.103	0.101	0.105	0.137	0.189	0.577	0.727	0.726
吳忠	0.13	0.102	0.101	0.101	0.107	0.173	0.638	0.73	0.727
固原	0.103	0.101	0.1	0.1	0.102	0.174	0.709	0.792	0.726
中衛	0.134	0.102	0.1	0.101	0.107	0.181	0.624	0.792	0.724
烏魯木齊	0.323	0.131	0.122	0.129	0.201	0.186	0.55	0.803	0.869
克拉瑪依	0.3	0.102	0.101	0.109	0.187	0.251	0.55	0.988	0.609
香港	0.34	0.867	0.478	0.442	0.823	1	0.55	0.901	0.341
澳門	0.452	0.136	0.161	0.137	0.815	0.624	0.55	0.738	0.341
新北	0.263	0.325	0.173	0.124	0.408	0.533	0.318	0.888	0.341
臺北	0.262	0.252	0.15	0.116	0.408	0.698	0.337	0.819	0.341
台中	0.263	0.253	0.15	0.116	0.408	0.519	0.42	0.883	0.341
台南	0.265	0.207	0.135	0.111	0.408	0.471	0.322	0.889	0.341
高雄	0.265	0.258	0.152	0.117	0.408	0.521	0.374	0.839	0.341
基隆	0.268	0.121	0.107	0.102	0.408	0.533	0.1	0.923	0.341
新竹	0.263	0.124	0.108	0.102	0.408	0.657	0.366	0.904	0.341
嘉義	0.265	0.115	0.105	0.102	0.408	0.532	0.557	0.808	0.341

4.5 城市基礎設施競爭力三級指標分值

表 4.5.1 2014 年度城市基礎設施競爭力三級指標分值

城市	固定資產投資水平	房地產開發水平	年供水總量	人均生活用水量	年用電總量	人均生活用電量	煤氣液化氣供應水平	家庭用煤氣液化氣普及率	市民居住條件	住宅投資總額
北京	0.724	1	0.564	0.305	0.668	0.404	1	1	0.12	0.958
天津	0.911	0.459	0.324	0.209	0.58	0.314	0.346	0.688	0.125	0.544
石家莊	0.457	0.337	0.197	0.204	0.196	0.244	0.125	0.325	0.121	0.451
唐山	0.393	0.246	0.175	0.175	0.448	0.17	0.156	0.129	0.115	0.297
秦皇島	0.17	0.159	0.137	0.281	0.137	0.284	0.12	0.395	0.12	0.185
邯鄲	0.323	0.172	0.147	0.234	0.145	0.227	0.124	0.242	0.119	0.196
邢臺	0.215	0.124	0.119	0.174	0.133	0.205	0.126	0.207	0.126	0.135
保定	0.284	0.198	0.127	0.233	0.152	0.248	0.111	0.192	0.126	0.261
張家口	0.213	0.158	0.124	0.191	0.149	0.232	0.106	0.266	0.116	0.18
承德	0.197	0.133	0.117	0.239	0.129	0.225	0.104	0.229	0.115	0.145
滄州	0.284	0.141	0.11	0.181	0.154	0.281	0.106	0.174	0.125	0.16
廊坊	0.225	0.168	0.113	0.191	0.142	0.292	0.111	0.208	0.128	0.202
衡水	0.162	0.128	0.109	0.18	0.119	0.231	0.102	0.173	0.122	0.146
太原	0.228	0.203	0.19	0.236	0.254	0.294	0.203	0.904	0.119	0.237
大同	0.181	0.147	0.125	0.191	0.147	0.216	0.111	0.453	0.116	0.16
陽泉	0.133	0.115	0.115	0.212	0.154	0.185	0.176	0.473	0.119	0.123
長治	0.184	0.12	0.121	0.309	0.127	0.237	0.108	0.27	0.121	0.131
晉城	0.164	0.111	0.106	0.199	0.113	0.199	0.117	0.293	0.124	0.118
朔州	0.156	0.112	0.107	0.159	0.134	0.132	0.104	0.289	0.118	0.116
晉中	0.172	0.119	0.109	0.162	0.118	0.229	0.109	0.228	0.123	0.129
運城	0.18	0.115	0.106	0.141	0.132	0.274	0.101	0.178	0.129	0.117
忻州	0.164	0.106	0.106	0.161	0.107	0.156	0.107	0.184	0.112	0.11
臨汾	0.18	0.114	0.106	0.154	0.119	0.238	0.126	0.202	0.128	0.122
呂梁	0.167	0.107	0.102	0.145	0.105	0.28	0.103	0.158	0.118	0.111
呼和浩特	0.227	0.227	0.139	0.187	0.137	0.348	0.141	0.794	0.123	0.251
包頭	0.345	0.144	0.171	0.19	0.257	0.36	0.151	0.779	0.125	0.157
烏海	0.133	0.112	0.106	0.152	0.204	0.209	0.103	0.809	0.123	0.115
赤峰	0.229	0.138	0.13	0.154	0.136	0.196	0.102	0.267	0.119	0.147
通遼	0.225	0.111	0.16	0.146	0.165	0.329	0.102	0.24	0.117	0.116
鄂爾多斯	0.348	0.149	0.106	0.289	0.115	0.373	0.106	0.396	0.132	0.148
呼倫貝爾	0.187	0.124	0.107	0.188	0.106	0.241	0.1	0.167	0.118	0.134
巴彥淖爾	0.168	0.117	0.105	0.187	0.109	0.198	0.104	0.24	0.122	0.122
烏蘭察布	0.16	0.108	0.111	0.179	0.109	0.26	0.103	0.216	0.112	0.112
瀋陽	0.647	0.654	0.264	0.253	0.255	0.281	0.149	0.809	0.116	0.802
大連	0.647	0.498	0.218	0.233	0.25	0.312	0.132	0.549	0.117	0.656
鞍山	0.26	0.208	0.189	0.187	0.203	0.229	0.117	0.548	0.115	0.242
撫順	0.193	0.136	0.165	0.154	0.167	0.202	0.109	0.638	0.113	0.148
本溪	0.17	0.128	0.172	0.158	0.184	0.206	0.105	0.61	0.112	0.141
丹東	0.183	0.155	0.115	0.169	0.119	0.243	0.104	0.328	0.115	0.18
錦州	0.178	0.138	0.14	0.217	0.132	0.219	0.109	0.385	0.124	0.153
營口	0.206	0.186	0.119	0.178	0.158	0.246	0.102	0.471	0.123	0.227
阜新	0.148	0.125	0.123	0.231	0.125	0.217	0.103	0.37	0.114	0.132
遼陽	0.158	0.135	0.139	0.169	0.164	0.199	0.103	0.474	0.118	0.149
盤錦	0.194	0.15	0.122	0.211	0.13	0.207	0.103	0.588	0.123	0.163
鐵嶺	0.188	0.16	0.11	0.211	0.109	0.25	0.104	0.23	0.121	0.192
朝陽	0.169	0.129	0.115	0.174	0.117	0.191	0.102	0.246	0.118	0.143
葫蘆島	0.153	0.137	0.121	0.182	0.141	0.178	0.106	0.241	0.12	0.158
長春	0.399	0.284	0.201	0.176	0.176	0.218	0.146	0.521	0.12	0.36
吉林	0.285	0.17	0.168	0.194	0.173	0.222	0.123	0.357	0.121	0.197
四平	0.154	0.115	0.111	0.153	0.128	0.21	0.104	0.256	0.118	0.125
遼源	0.148	0.112	0.11	0.148	0.112	0.248	0.101	0.394	0.114	0.119
通化	0.171	0.129	0.108	0.153	0.113	0.236	0.102	0.246	0.116	0.142
白山	0.149	0.109	0.112	0.143	0.114	0.245	0.1	0.317	0.117	0.114

表 4. 5. 1 2014 年度城市基礎設施競爭力三級指標分值

城市	固定資產投資水平	房地產開發水平	年供水總量	人均生活用水量	年用電總量	人均生活用電量	煤氣液化氣供應水平	家庭用煤氣液化氣普及率	市民居住條件	住宅投資總額
松原	0.194	0.122	0.114	0.222	0.122	0.218	0.107	0.239	0.121	0.128
白城	0.142	0.102	0.107	0.162	0.105	0.173	0.102	0.204	0.122	0.104
哈爾濱	0.484	0.319	0.212	0.216	0.201	0.247	0.135	0.49	0.117	0.379
齊齊哈爾	0.161	0.128	0.123	0.181	0.14	0.232	0.123	0.272	0.114	0.145
雞西	0.127	0.111	0.122	0.304	0.123	0.184	0.101	0.389	0.115	0.119
鶴崗	0.119	0.102	0.115	0.151	0.117	0.288	0.102	0.336	0.113	0.105
雙鴨山	0.143	0.105	0.107	0.18	0.114	0.146	0.101	0.241	0.114	0.108
大慶	0.234	0.167	0.17	0.382	0.223	0.216	0.125	0.527	0.118	0.197
伊春	0.121	0.103	0.113	0.207	0.114	0.237	0.1	0.481	0.113	0.107
佳木斯	0.136	0.12	0.122	0.272	0.11	0.26	0.104	0.28	0.116	0.131
七台河	0.112	0.102	0.115	0.15	0.119	0.284	0.104	0.363	0.117	0.107
牡丹江	0.168	0.126	0.165	0.181	0.115	0.242	0.103	0.322	0.116	0.137
黑河	0.124	0.112	0.101	0.143	0.106	0.206	0.1	0.152	0.439	0.122
綏化	0.146	0.126	0.107	0.139	0.104	0.229	0.102	0.159	0.439	0.14
上海	0.611	0.779	1	0.387	1	0.426	0.806	1	0.125	0.866
南京	0.543	0.376	0.452	0.342	0.369	0.339	0.184	0.897	0.124	0.448
無錫	0.448	0.377	0.231	0.327	0.273	0.368	0.157	0.565	0.13	0.424
徐州	0.361	0.187	0.163	0.164	0.23	0.232	0.124	0.236	0.128	0.225
常州	0.355	0.269	0.179	0.245	0.269	0.35	0.153	0.447	0.131	0.319
蘇州	0.6	0.46	0.331	0.388	0.442	0.428	0.193	0.487	0.129	0.549
南通	0.381	0.236	0.16	0.269	0.157	0.203	0.112	0.275	0.134	0.304
連雲港	0.225	0.145	0.129	0.204	0.129	0.283	0.109	0.24	0.131	0.162
淮安	0.221	0.179	0.155	0.191	0.155	0.205	0.115	0.326	0.128	0.211
鹽城	0.1	0.177	0.121	0.186	0.128	0.221	0.109	0.184	0.131	0.206
揚州	0.273	0.166	0.148	0.215	0.166	0.263	0.114	0.31	0.131	0.196
鎮江	0.246	0.157	0.146	0.213	0.167	0.294	0.128	0.391	0.133	0.182
泰州	0.241	0.165	0.12	0.222	0.13	0.262	0.114	0.217	0.134	0.183
宿遷	0.2	0.161	0.117	0.141	0.137	0.184	0.109	0.19	0.133	0.184
杭州	0.462	0.555	0.269	0.299	0.396	0.438	0.159	0.569	0.127	0.628
寧波	0.382	0.351	0.234	0.342	0.3	0.41	0.148	0.373	0.128	0.372
溫州	0.305	0.295	0.171	0.369	0.18	0.48	0.107	0.271	0.136	0.346
嘉興	0.26	0.217	0.127	0.2	0.162	0.303	0.118	0.286	0.128	0.247
湖州	0.194	0.159	0.125	0.224	0.147	0.288	0.113	0.396	0.13	0.175
紹興	0.268	0.232	0.134	0.245	0.136	0.318	0.114	0.259	0.128	0.283
金華	0.21	0.18	0.119	0.217	0.128	0.292	0.103	0.214	0.147	0.207
衢州	0.155	0.12	0.114	0.172	0.142	0.223	0.104	0.209	0.133	0.131
舟山	0.155	0.144	0.112	0.196	0.122	0.291	0.103	0.555	0.124	0.154
台州	0.221	0.201	0.138	0.243	0.158	0.314	0.104	0.254	0.14	0.239
麗水	0.146	0.123	0.111	0.261	0.111	0.279	0.101	0.239	0.134	0.133
合肥	0.487	0.36	0.2	0.398	0.172	0.377	0.133	0.483	0.119	0.405
蕪湖	0.265	0.203	0.147	0.276	0.149	0.195	0.127	0.37	0.121	0.235
蚌埠	0.185	0.151	0.141	0.253	0.122	0.228	0.118	0.318	0.115	0.166
淮南	0.151	0.132	0.127	0.178	0.134	0.207	0.11	0.465	0.116	0.145
馬鞍山	0.217	0.159	0.151	0.274	0.169	0.27	0.113	0.358	0.131	0.18
淮北	0.153	0.13	0.116	0.142	0.119	0.18	0.106	0.442	0.116	0.138
銅陵	0.152	0.132	0.12	0.31	0.134	0.241	0.112	0.628	0.121	0.136
安慶	0.195	0.127	0.127	0.244	0.124	0.232	0.122	0.185	0.126	0.135
黃山	0.143	0.14	0.11	0.214	0.108	0.244	0.101	0.3	0.131	0.139
滁州	0.186	0.164	0.114	0.212	0.114	0.222	0.112	0.173	0.125	0.182
阜陽	0.15	0.124	0.119	0.141	0.122	0.175	0.109	0.153	0.129	0.131
宿州	0.16	0.128	0.115	0.142	0.119	0.171	0.103	0.164	0.128	0.138
六安	0.167	0.133	0.113	0.13	0.113	0.181	0.105	0.165	0.131	0.146
亳州	0.142	0.126	0.108	0.126	0.108	0.174	0.103	0.142	0.143	0.125
池州	0.136	0.125	0.107	0.157	0.117	0.194	0.102	0.258	0.133	0.129
宣城	0.172	0.144	0.106	0.146	0.111	0.27	0.102	0.195	0.123	0.149
福州	0.415	0.376	0.187	0.357	0.171	0.523	0.116	0.407	0.124	0.431
廈門	0.229	0.247	0.203	0.347	0.225	0.567	0.121	1	0.125	0.254

表 4. 5. 1 2014 年度城市基礎設施競爭力三級指標分值

城市	固定資產投資水平	房地產開發水平	年供水總量	人均生活用水量	年用電總量	人均生活用電量	煤氣液化氣供應水平	家庭用煤氣液化氣普及率	市民居住條件	住宅投資總額
莆田	0.188	0.155	0.144	0.247	0.135	0.261	0.107	0.247	0.134	0.159
三明	0.206	0.138	0.12	0.33	0.126	0.321	0.103	0.176	0.131	0.146
泉州	0.291	0.212	0.142	0.327	0.153	0.483	0.111	0.243	0.136	0.228
漳州	0.24	0.171	0.113	0.259	0.132	0.564	0.103	0.181	0.128	0.191
南平	0.185	0.123	0.107	0.197	0.13	0.281	0.102	0.168	0.128	0.13
龍岩	0.195	0.133	0.119	0.206	0.127	0.422	0.1	0.205	0.139	0.136
寧德	0.16	0.138	0.103	0.18	0.108	0.285	0.1	0.175	0.135	0.149
南昌	0.333	0.197	0.214	0.293	0.181	0.295	0.123	0.575	0.126	0.216
景德鎮	0.144	0.113	0.111	0.317	0.11	0.251	0.13	0.346	0.129	0.122
萍鄉	0.174	0.103	0.112	0.161	0.13	0.216	0.119	0.281	0.128	0.106
九江	0.217	0.115	0.122	0.275	0.121	0.291	0.103	0.214	0.127	0.125
新餘	0.165	0.106	0.116	0.203	0.139	0.188	0.108	0.435	0.135	0.109
鷹潭	0.132	0.106	0.105	0.215	0.105	0.232	0.101	0.247	0.126	0.109
贛州	0.201	0.145	0.116	0.276	0.113	0.274	0.103	0.175	0.136	0.159
吉安	0.195	0.111	0.108	0.194	0.109	0.185	0.101	0.162	0.134	0.115
宜春	0.17	0.122	0.111	0.185	0.109	0.175	0.103	0.18	0.148	0.134
撫州	0.164	0.117	0.114	0.179	0.109	0.167	0.103	0.214	0.131	0.128
上饒	0.195	0.125	0.11	0.214	0.105	0.239	0.102	0.147	0.136	0.143
濟南	0.313	0.288	0.196	0.234	0.221	0.324	0.14	0.532	0.121	0.334
青島	0.504	0.364	0.213	0.227	0.243	0.306	0.176	0.467	0.118	0.413
淄博	0.27	0.143	0.178	0.17	0.276	0.238	0.189	0.443	0.128	0.165
棗莊	0.202	0.149	0.126	0.144	0.144	0.183	0.107	0.314	0.122	0.174
東營	0.291	0.141	0.127	0.198	0.188	0.185	0.125	0.41	0.131	0.163
煙臺	0.396	0.262	0.145	0.191	0.174	0.249	0.121	0.3	0.121	0.342
濰坊	0.393	0.232	0.143	0.171	0.175	0.209	0.119	0.229	0.128	0.277
濟寧	0.276	0.161	0.135	0.169	0.146	0.23	0.112	0.21	0.124	0.185
泰安	0.273	0.13	0.119	0.144	0.129	0.194	0.129	0.204	0.124	0.148
威海	0.228	0.203	0.118	0.184	0.133	0.273	0.106	0.311	0.12	0.259
日照	0.19	0.117	0.119	0.154	0.187	0.217	0.104	0.298	0.129	0.126
萊蕪	0.143	0.109	0.113	0.147	0.166	0.184	0.105	0.449	0.132	0.113
臨沂	0.296	0.165	0.148	0.188	0.199	0.248	0.132	0.244	0.13	0.187
德州	0.236	0.139	0.107	0.189	0.133	0.243	0.112	0.2	0.125	0.159
聊城	0.223	0.13	0.116	0.135	0.177	0.197	0.116	0.196	0.127	0.145
濱州	0.223	0.137	0.12	0.235	0.132	0.227	0.111	0.265	0.131	0.155
菏澤	0.154	0.149	0.111	0.142	0.135	0.193	0.113	0.128	0.129	0.182
鄭州	0.446	0.412	0.204	0.179	0.327	0.261	0.175	0.547	0.122	0.456
開封	0.172	0.126	0.125	0.194	0.129	0.261	0.111	0.222	0.128	0.138
洛陽	0.323	0.177	0.147	0.22	0.264	0.234	0.129	0.257	0.125	0.207
平頂山	0.198	0.13	0.131	0.22	0.152	0.236	0.11	0.224	0.129	0.143
安陽	0.205	0.136	0.115	0.175	0.19	0.273	0.157	0.206	0.125	0.156
鶴壁	0.14	0.109	0.113	0.202	0.119	0.186	0.103	0.309	0.13	0.113
新鄉	0.234	0.148	0.121	0.206	0.148	0.272	0.111	0.208	0.131	0.168
焦作	0.209	0.119	0.122	0.183	0.195	0.216	0.118	0.271	0.136	0.13
濮陽	0.172	0.115	0.114	0.177	0.131	0.243	0.105	0.208	0.124	0.124
許昌	0.191	0.124	0.112	0.233	0.118	0.323	0.104	0.178	0.134	0.14
漯河	0.151	0.109	0.107	0.116	0.122	0.191	0.102	0.257	0.139	0.117
三門峽	0.19	0.117	0.105	0.253	0.114	0.26	0.104	0.206	0.129	0.121
南陽	0.267	0.127	0.126	0.148	0.145	0.222	0.112	0.178	0.139	0.141
商丘	0.2	0.139	0.111	0.13	0.163	0.201	0.103	0.164	0.137	0.158
信陽	0.216	0.153	0.11	0.145	0.126	0.211	0.104	0.15	0.134	0.181
周口	0.191	0.148	0.108	0.159	0.108	0.198	0.106	0.117	0.14	0.182
駐馬店	0.18	0.147	0.113	0.157	0.125	0.207	0.103	0.127	0.126	0.175
武漢	0.588	0.549	0.453	0.463	0.331	0.392	0.228	0.668	0.126	0.623
黃石	0.172	0.114	0.124	0.368	0.142	0.265	0.117	0.347	0.135	0.121
十堰	0.164	0.12	0.128	0.407	0.124	0.291	0.104	0.324	0.12	0.126
宜昌	0.251	0.149	0.132	0.22	0.153	0.247	0.113	0.269	0.128	0.164
襄陽	0.25	0.152	0.146	0.194	0.133	0.201	0.116	0.229	0.129	0.176

表 4.5.1 2014 年度城市基礎設施競爭力三級指標分值

城市	固定資產投資水平	房地產開發水平	年供水總量	人均生活用水量	年用電總量	人均生活用電量	煤氣液化氣供應水平	家庭用煤氣液化氣普及率	市民居住條件	住宅投資總額
鄂州	0.143	0.102	0.119	0.228	0.137	0.2	0.104	0.413	0.13	0.105
荊門	0.174	0.117	0.123	0.243	0.123	0.218	0.109	0.241	0.128	0.125
孝感	0.191	0.12	0.109	0.171	0.11	0.219	0.102	0.161	0.134	0.13
荊州	0.197	0.114	0.121	0.215	0.131	0.242	0.108	0.197	0.131	0.122
黃岡	0.203	0.121	0.111	0.303	0.105	0.256	0.102	0.134	0.147	0.129
咸寧	0.172	0.123	0.108	0.187	0.11	0.176	0.102	0.204	0.141	0.132
隨州	0.148	0.104	0.11	0.229	0.106	0.222	0.102	0.221	0.138	0.108
長沙	0.49	0.393	0.221	0.495	0.184	0.469	0.165	0.825	0.127	0.468
株洲	0.202	0.153	0.149	0.384	0.147	0.273	0.123	0.337	0.133	0.169
湘潭	0.187	0.125	0.133	0.255	0.152	0.281	0.219	0.336	0.129	0.137
衡陽	0.187	0.126	0.171	0.245	0.144	0.272	0.12	0.224	0.128	0.136
邵陽	0.174	0.12	0.12	0.272	0.109	0.234	0.102	0.162	0.133	0.131
岳陽	0.204	0.128	0.162	0.343	0.141	0.255	0.108	0.263	0.14	0.143
常德	0.193	0.126	0.122	0.202	0.115	0.2	0.112	0.199	0.138	0.138
張家界	0.112	0.111	0.106	0.174	0.106	0.209	0.101	0.192	0.145	0.1
益陽	0.161	0.125	0.112	0.158	0.113	0.181	0.105	0.207	0.132	0.136
郴州	0.207	0.132	0.12	0.291	0.125	0.374	0.102	0.2	0.128	0.142
永州	0.156	0.123	0.126	0.165	0.115	0.195	0.104	0.192	0.139	0.134
懷化	0.153	0.121	0.113	0.327	0.111	0.153	0.101	0.175	0.124	0.136
婁底	0.157	0.122	0.112	0.32	0.132	0.315	0.101	0.154	0.127	0.128
廣州	0.466	0.49	0.656	0.585	0.515	0.55	0.1	1	0.11	0.536
韶關	0.149	0.125	0.119	0.249	0.137	0.264	0.105	0.31	0.129	0.136
深圳	0.325	0.309	0.566	0.843	0.58	0.957	0.387	1	0.118	0.35
珠海	0.177	0.168	0.198	0.476	0.178	0.458	0.12	1	0.12	0.196
汕頭	0.16	0.122	0.183	0.199	0.202	0.253	0.119	0.941	0.121	0.131
佛山	0.307	0.281	0.262	0.289	0.437	0.457	0.176	0.933	0.133	0.328
江門	0.183	0.14	0.157	0.266	0.164	0.226	0.108	0.36	0.122	0.158
湛江	0.156	0.131	0.134	0.238	0.143	0.327	0.11	0.221	0.121	0.144
茂名	0.142	0.12	0.114	0.182	0.129	0.18	0.102	0.158	0.124	0.13
肇慶	0.183	0.14	0.133	0.346	0.119	0.291	0.108	0.206	0.108	0.16
惠州	0.218	0.236	0.172	0.36	0.194	0.41	0.105	0.379	0.128	0.292
梅州	0.122	0.111	0.114	0.353	0.111	0.425	0.102	0.168	0.124	0.117
汕尾	0.132	0.103	0.11	0.194	0.102	0.143	0.101	0.102	0.126	0.106
河源	0.127	0.118	0.115	0.424	0.113	0.439	0.101	0.182	0.131	0.127
陽江	0.147	0.121	0.122	0.382	0.118	0.228	0.106	0.24	0.146	0.129
清遠	0.143	0.15	0.127	0.23	0.144	0.304	0.103	0.136	0.121	0.178
東莞	0.215	0.206	0.576	0.933	0.502	1	0.158	0.634	0.16	0.228
中山	0.187	0.197	0.121	0.255	0.237	0.59	0.109	0.408	0.127	0.239
潮州	0.122	0.107	0.115	0.379	0.11	0.561	0.106	0.38	0.122	0.11
揭陽	0.165	0.115	0.12	0.365	0.125	0.184	0.102	0.201	0.13	0.125
雲浮	0.145	0.109	0.108	0.246	0.107	0.228	0.1	0.163	0.122	0.114
南寧	0.345	0.202	0.216	0.389	0.167	0.32	0.111	0.413	0.123	0.234
柳州	0.257	0.164	0.236	0.51	0.149	0.345	0.11	0.456	0.13	0.157
桂林	0.23	0.149	0.132	0.377	0.117	0.37	0.103	0.241	0.133	0.172
梧州	0.178	0.119	0.116	0.268	0.116	0.249	0.101	0.208	0.133	0.126
北海	0.169	0.149	0.114	0.245	0.117	0.296	0.103	0.292	0.158	0.168
防城港	0.15	0.136	0.11	0.166	0.118	0.219	0.101	0.248	0.14	0.151
欽州	0.155	0.118	0.114	0.152	0.125	0.176	0.101	0.163	0.14	0.125
貴港	0.148	0.112	0.11	0.132	0.12	0.173	0.101	0.162	0.16	0.118
玉林	0.194	0.126	0.116	0.211	0.113	0.23	0.103	0.185	0.165	0.137
百色	0.189	0.117	0.112	0.329	0.128	0.288	0.1	0.127	0.134	0.128
賀州	0.153	0.104	0.106	0.143	0.125	0.185	0.1	0.18	0.148	0.107
河池	0.122	0.103	0.106	0.249	0.109	0.224	0.1	0.148	0.152	0.105
來賓	0.147	0.116	0.106	0.163	0.135	0.173	0.1	0.203	0.127	0.119
崇左	0.147	0.108	0.103	0.152	0.106	0.183	0.1	0.147	0.131	0.113
海口	0.15	0.149	0.155	0.294	0.135	0.222	0.113	0.768	0.12	0.168
三亞	0.142	0.167	0.126	0.324	0.113	0.312	0.104	0.645	0.126	0.196

表 4.5.1 2014 年度城市基礎設施競爭力三級指標分值

城市	固定資產投資水平	房地產開發水平	年供水總量	人均生活用水量	年用電總量	人均生活用電量	煤氣液化氣供應水平	家庭用煤氣液化氣普及率	市民居住條件	住宅投資總額
重慶	1	0.816	0.378	0.199	0.464	0.22	0.413	0.381	0.118	1
成都	0.673	0.639	0.32	0.469	0.275	0.31	0.306	0.441	0.125	0.718
自貢	0.14	0.116	0.118	0.162	0.122	0.173	0.122	0.346	0.122	0.125
攀枝花	0.144	0.114	0.137	0.278	0.173	0.234	0.252	0.611	0.119	0.122
瀘州	0.165	0.119	0.131	0.191	0.12	0.201	0.172	0.25	0.125	0.129
德陽	0.167	0.121	0.114	0.207	0.119	0.244	0.152	0.207	0.127	0.13
綿陽	0.184	0.14	0.125	0.236	0.122	0.246	0.14	0.261	0.125	0.153
廣元	0.143	0.108	0.108	0.163	0.12	0.186	0.108	0.184	0.125	0.111
遂寧	0.161	0.12	0.109	0.139	0.109	0.147	0.109	0.219	0.129	0.129
內江	0.144	0.115	0.108	0.142	0.11	0.177	0.108	0.192	0.128	0.123
樂山	0.159	0.12	0.112	0.174	0.151	0.238	0.116	0.227	0.128	0.128
南充	0.183	0.152	0.122	0.174	0.116	0.179	0.111	0.218	0.126	0.18
眉山	0.157	0.121	0.108	0.165	0.135	0.203	0.104	0.183	1	0.132
宜賓	0.172	0.128	0.113	0.178	0.128	0.224	0.11	0.188	0.125	0.136
廣安	0.15	0.113	0.104	0.121	0.107	0.126	0.104	0.183	0.136	0.12
達州	0.178	0.123	0.111	0.26	0.118	0.742	0.106	0.136	0.121	0.13
雅安	0.131	0.107	0.105	0.17	0.11	0.219	0.103	0.197	0.121	0.112
巴中	0.146	0.113	0.105	0.123	0.103	0.144	0.106	0.178	0.124	0.12
資陽	0.158	0.13	0.106	0.135	0.106	0.163	0.106	0.15	0.13	0.144
貴陽	0.285	0.358	0.169	0.347	0.206	0.505	0.127	0.611	0.111	0.402
六盤水	0.175	0.114	0.109	0.207	0.131	0.309	0.106	0.179	0.12	0.116
遵義	0.214	0.135	0.114	0.249	0.132	0.356	0.103	0.154	0.122	0.142
安順	0.132	0.116	0.105	0.148	0.123	0.21	0.1	0.143	0.117	0.12
畢節	0.112	0.124	0.104	0.118	0.112	0.181	0.1	0.102	0.119	0.13
銅仁	0.142	0.116	0.105	0.178	0.116	0.297	0.1	0.101	0.117	0.108
昆明	0.328	0.361	0.163	0.263	0.235	0.504	0.136	0.652	0.128	0.435
曲靖	0.176	0.142	0.111	0.191	0.116	0.194	0.1	0.123	0.132	0.157
玉溪	0.128	0.124	0.107	0.222	0.121	0.219	0.1	0.24	0.142	0.133
保山	0.122	0.113	0.105	0.128	0.106	0.166	0.1	0.154	0.132	0.118
昭通	0.141	0.109	0.104	0.147	0.111	0.178	0.1	0.127	0.123	0.111
麗江	0.123	0.117	0.103	0.288	0.103	0.262	0.104	0.212	0.137	0.123
普洱	0.132	0.107	0.103	0.223	0.103	0.234	0.102	0.201	0.122	0.11
臨滄	0.14	0.116	0.101	0.164	0.102	0.161	0.1	0.1	0.135	0.118
拉薩	0.127	0.1	0.133	0.539	0.1	0.1	0.1	0.1	0.129	0.101
西安	0.505	0.465	0.227	0.258	0.228	0.316	0.211	0.463	0.125	0.633
銅川	0.119	0.105	0.104	0.142	0.14	0.179	0.107	0.423	0.107	0.11
寶雞	0.218	0.12	0.12	0.179	0.123	0.198	0.117	0.304	0.123	0.133
咸陽	0.245	0.142	0.135	0.235	0.109	0.216	0.116	0.243	0.129	0.177
渭南	0.204	0.123	0.119	0.137	0.105	0.175	0.105	0.152	0.13	0.113
延安	0.185	0.104	0.104	0.157	0.11	0.239	0.108	0.245	0.121	0.108
漢中	0.145	0.119	0.107	0.176	0.108	0.241	0.101	0.182	0.122	0.13
榆林	0.245	0.113	0.105	0.151	0.114	0.206	0.109	0.189	0.119	0.118
安康	0.132	0.109	0.103	0.124	0.109	0.184	0.1	0.184	0.133	0.116
商洛	0.134	0.103	0.102	0.129	0.102	0.161	0.101	0.132	0.133	0.106
蘭州	0.221	0.165	0.172	0.269	0.211	0.236	0.189	0.593	0.114	0.174
嘉峪關	0.109	0.104	0.11	0.211	0.186	0.345	0.102	1	0.122	0.108
金昌	0.118	0.101	0.107	0.253	0.1	0.1	0.101	0.321	0.122	0.103
白銀	0.131	0.104	0.13	0.402	0.153	0.217	0.105	0.249	0.117	0.107
天水	0.104	0.107	0.109	0.148	0.115	0.201	0.101	0.177	0.116	0.116
武威	0.14	0.105	0.105	0.132	0.107	0.139	0.101	0.227	0.124	0.11
張掖	0.12	0.107	0.106	0.16	0.102	0.137	0.1	0.258	0.123	0.113
平涼	0.168	0.107	0.103	0.146	0.108	0.144	0.101	0.152	0.122	0.112
酒泉	0.176	0.107	0.106	0.17	0.106	0.198	0.101	0.135	0.123	0.113
慶陽	0.187	0.113	0.101	0.143	0.103	0.133	0.101	0.162	0.125	0.102
定西	0.138	0.111	0.101	0.112	0.101	0.112	0.1	0.127	0.121	0.11
隴南	0.139	0.1	0.1	0.1	0.101	0.149	0.1	0.114	0.123	0.103
西寧	0.162	0.144	0.142	0.382	0.148	0.342	0.198	0.595	0.115	0.161

表 4.5.1 2014 年度城市基礎設施競爭力三級指標分值

城市	固定資產投資水平	房地產開發水平	年供水總量	人均生活用水量	年用電總量	人均生活用電量	煤氣液化氣供應水平	家庭用煤氣液化氣普及率	市民居住條件	住宅投資總額
銀川	0.188	0.177	0.133	0.308	0.134	0.222	0.24	0.433	0.121	0.192
石嘴山	0.137	0.112	0.112	0.246	0.185	0.175	0.113	0.61	0.122	0.116
吳忠	0.134	0.109	0.106	0.157	0.111	0.166	0.105	0.202	0.12	0.114
固原	0.114	0.105	0.101	0.121	0.105	0.13	0.1	0.202	0.124	0.106
中衛	0.123	0.111	0.101	0.117	0.136	0.144	0.106	0.187	0.121	0.118
烏魯木齊	0.198	0.16	0.188	0.316	0.206	0.232	0.24	1	0.117	0.19
克拉瑪依	0.129	0.107	0.137	0.248	0.131	0.257	0.111	0.965	0.121	0.112
香港	0.377	0.45	0.376	0.637	0.376	0.465	0.259	1	0.101	0.528
澳門	0.108	0.11	0.117	0.527	0.124	0.36	0.13	1	0.1	0.113
新北	0.185	0.217	0.197	0.441	0.161	0.6	0.13	0.686	0.123	0.143
臺北	0.157	0.178	0.271	1	0.159	0.688	0.12	0.686	0.123	0.129
台中	0.158	0.179	0.166	0.441	0.212	0.496	0.12	0.686	0.15	0.129
台南	0.141	0.156	0.147	0.441	0.223	0.429	0.115	0.686	0.147	0.121
高雄	0.161	0.183	0.169	0.441	0.249	0.476	0.121	0.686	0.147	0.131
基隆	0.109	0.11	0.109	0.441	0.104	0.523	0.103	0.686	0.13	0.104
新竹	0.109	0.111	0.11	0.441	0.156	0.54	0.103	0.686	0.15	0.104
嘉義	0.106	0.107	0.106	0.441	0.103	0.465	0.102	0.686	0.153	0.103

表 4.5.2 2014 年度城市基礎設施競爭力三級指標分值（續 1）

城市	房價收入比（逆）	地區客運總量	地區貨運總量	人均鋪路面積	每萬人擁有公共汽電車數	每萬人擁有出租車數	年末實有鋪裝道路面積	路網設施指數	港口設施指數	航空設施指數
北京	0.102	0.825	0.314	0.188	0.253	0.969	0.796	0.84	0.1	0.951
天津	0.119	0.236	0.48	0.267	0.185	0.637	0.975	0.508	0.189	0.207
石家莊	0.133	0.173	0.335	0.303	0.244	0.209	0.423	0.308	0.1	0.153
唐山	0.134	0.168	0.44	0.21	0.144	0.188	0.329	0.366	0.111	0.103
秦皇島	0.127	0.111	0.158	0.351	0.179	0.303	0.241	0.166	0.112	0.101
邯鄲	0.144	0.186	0.381	0.358	0.226	0.176	0.346	0.346	0.1	0.102
邢臺	0.148	0.143	0.217	0.31	0.225	0.158	0.215	0.207	0.1	0.1
保定	0.146	0.178	0.285	0.314	0.2	0.136	0.249	0.276	0.1	0.1
張家口	0.144	0.121	0.176	0.272	0.18	0.236	0.2	0.208	0.1	0.1
承德	0.139	0.124	0.166	0.242	0.19	0.203	0.154	0.166	0.1	0.1
滄州	0.147	0.145	0.351	0.306	0.188	0.139	0.171	0.261	0.111	0.1
廊坊	0.128	0.115	0.191	0.227	0.155	0.172	0.167	0.164	0.1	0.1
衡水	0.157	0.117	0.149	0.257	0.158	0.143	0.151	0.169	0.1	0.1
太原	0.117	0.124	0.216	0.22	0.189	0.499	0.319	0.302	0.1	0.172
大同	0.14	0.114	0.259	0.25	0.144	0.358	0.251	0.365	0.1	0.103
陽泉	0.168	0.112	0.165	0.201	0.188	0.353	0.145	0.202	0.1	0.1
長治	0.16	0.115	0.189	0.192	0.179	0.184	0.142	0.22	0.103	0.105
晉城	0.147	0.111	0.19	0.271	0.232	0.24	0.14	0.253	0.1	0.1
朔州	0.197	0.115	0.295	0.205	0.122	0.203	0.149	0.519	0.1	0.1
晉中	0.144	0.117	0.203	0.25	0.155	0.154	0.158	0.237	0.1	0.1
運城	0.17	0.125	0.159	0.174	0.14	0.151	0.133	0.172	0.1	0.107
忻州	0.168	0.109	0.201	0.192	0.113	0.131	0.133	0.257	0.1	0.1
臨汾	0.165	0.123	0.215	0.174	0.128	0.167	0.138	0.225	0.1	0.1
呂梁	0.17	0.107	0.187	0.22	0.125	0.112	0.122	0.213	0.102	0.1
呼和浩特	0.154	0.112	0.22	0.287	0.257	0.504	0.247	0.213	0.1	0.157
包頭	0.166	0.108	0.396	0.296	0.176	0.537	0.283	0.404	0.1	0.108
烏海	0.152	0.1	0.186	0.261	0.157	0.389	0.157	0.178	0.1	0.103
赤峰	0.14	0.124	0.211	0.225	0.127	0.232	0.199	0.205	0.1	0.104
通遼	0.152	0.129	0.189	0.233	0.135	0.249	0.172	0.334	0.1	0.103
鄂爾多斯	0.17	0.11	0.578	1	0.227	0.373	0.252	0.678	0.1	0.119
呼倫貝爾	0.153	0.118	0.23	0.304	0.161	0.229	0.136	0.32	0.1	0.114
巴彥淖爾	0.148	0.107	0.128	0.263	0.113	0.205	0.159	0.118	0.1	0.1
烏蘭察布	0.164	0.108	0.153	0.119	0.139	0.3	0.104	0.145	0.1	0.1

表 4.5.2 2014 年度城市基礎設施競爭力三級指標分值（續 1）

城市	房價收入比（逆）	地區客運總量	地區貨運總量	人均鋪路面積	每萬人擁有公共汽電車數	每萬人擁有出租車數	年末實有鋪裝道路面積	路網設施指數	港口設施指數	航空設施指數
瀋陽	0.127	0.258	0.277	0.249	0.183	0.512	0.601	0.366	0.1	0.146
大連	0.119	0.168	0.418	0.261	0.24	0.398	0.409	0.345	0.366	0.152
鞍山	0.149	0.132	0.299	0.204	0.19	0.354	0.202	0.259	0.1	0.1
撫順	0.135	0.114	0.183	0.209	0.173	0.413	0.201	0.17	0.1	0.1
本溪	0.149	0.121	0.19	0.226	0.166	0.538	0.177	0.247	0.1	0.1
丹東	0.141	0.127	0.167	0.257	0.162	0.229	0.179	0.165	0.119	0.1
錦州	0.162	0.123	0.232	0.226	0.188	0.307	0.176	0.213	0.102	0.1
營口	0.146	0.121	0.232	0.194	0.167	0.443	0.155	0.22	0.106	0.1
阜新	0.147	0.104	0.144	0.175	0.148	0.32	0.137	0.147	0.1	0.1
遼陽	0.15	0.122	0.214	0.266	0.145	0.431	0.194	0.204	0.1	0.1
盤錦	0.16	0.118	0.189	0.269	0.162	0.514	0.17	0.166	0.1	0.1
鐵嶺	0.144	0.13	0.192	0.321	0.164	0.215	0.163	0.192	0.1	0.1
朝陽	0.155	0.119	0.141	0.174	0.131	0.191	0.129	0.15	0.1	0.1
葫蘆島	0.141	0.117	0.186	0.155	0.152	0.358	0.135	0.177	0.118	0.1
長春	0.127	0.168	0.232	0.308	0.205	0.475	0.587	0.281	0.108	0.132
吉林	0.148	0.159	0.186	0.185	0.152	0.3	0.199	0.234	0.138	0.1
四平	0.168	0.126	0.156	0.206	0.129	0.247	0.141	0.167	0.109	0.1
遼源	0.168	0.106	0.114	0.224	0.165	0.239	0.138	0.116	0.1	0.1
通化	0.17	0.14	0.128	0.205	0.166	0.197	0.13	0.158	0.108	0.1
白山	0.177	0.124	0.119	0.18	0.141	0.279	0.13	0.133	0.103	0.101
松原	0.155	0.142	0.147	0.207	0.176	0.22	0.141	0.159	0.112	0.1
白城	0.191	0.11	0.116	0.162	0.135	0.247	0.12	0.13	0.102	0.1
哈爾濱	0.127	0.174	0.196	0.215	0.196	0.359	0.449	0.315	0.103	0.149
齊齊哈爾	0.142	0.135	0.196	0.174	0.16	0.189	0.166	0.244	0.1	0.102
雞西	0.137	0.122	0.148	0.179	0.188	0.52	0.144	0.179	0.1	0.101
鶴崗	0.138	0.1	0.125	0.172	0.161	0.371	0.131	0.132	0.102	0.1
雙鴨山	0.155	0.113	0.125	0.94	0.15	0.217	0.369	0.137	0.1	0.1
大慶	0.145	0.11	0.141	0.378	0.277	0.567	0.341	0.159	0.102	0.105
伊春	0.145	0.104	0.114	0.216	0.128	0.828	0.16	0.125	0.1	0.101
佳木斯	0.142	0.117	0.133	0.177	0.139	0.275	0.14	0.154	0.144	0.103
七台河	0.132	0.104	0.124	0.2	0.157	0.277	0.137	0.138	0.1	0.1
牡丹江	0.139	0.119	0.13	0.227	0.167	0.277	0.173	0.153	0.1	0.104
黑河	0.16	0.104	0.112	0.197	0.139	0.186	0.112	0.122	0.108	0.101
綏化	0.143	0.117	0.131	0.404	0.116	0.164	0.273	0.15	0.1	0.1
上海	0.11	0.182	0.87	0.184	0.203	0.698	0.833	0.509	0.655	1
南京	0.118	0.327	0.418	0.342	0.194	0.381	0.961	0.417	0.232	0.278
無錫	0.13	0.219	0.226	0.388	0.209	0.239	0.548	0.258	0.226	0.123
徐州	0.13	0.211	0.278	0.218	0.153	0.156	0.344	0.235	0.127	0.111
常州	0.135	0.182	0.24	0.275	0.194	0.211	0.36	0.239	0.143	0.106
蘇州	0.127	0.447	0.242	0.374	0.212	0.225	0.68	0.41	0.143	0.1
南通	0.136	0.203	0.319	0.286	0.149	0.125	0.354	0.245	0.156	0.106
連雲港	0.134	0.175	0.249	0.307	0.162	0.146	0.229	0.273	0.124	0.105
淮安	0.136	0.158	0.196	0.209	0.123	0.127	0.298	0.167	0.144	0.104
鹽城	0.137	0.169	0.243	0.215	0.118	0.113	0.224	0.181	0.179	0.104
揚州	0.126	0.141	0.2	0.213	0.147	0.184	0.267	0.152	0.15	0.103
鎮江	0.142	0.158	0.211	0.324	0.181	0.175	0.249	0.209	0.108	0.1
泰州	0.13	0.146	0.231	0.344	0.16	0.12	0.231	0.15	0.198	0.1
宿遷	0.134	0.151	0.162	0.209	0.129	0.116	0.216	0.15	0.118	0.1
杭州	0.108	0.272	0.346	0.239	0.241	0.344	0.498	0.37	0.36	0.231
寧波	0.115	0.244	0.372	0.244	0.252	0.213	0.31	0.347	0.264	0.167
溫州	0.1	0.266	0.197	0.293	0.229	0.172	0.286	0.241	0.145	0.132
嘉興	0.136	0.158	0.237	0.255	0.203	0.14	0.185	0.186	0.19	0.1
湖州	0.133	0.144	0.259	0.313	0.147	0.146	0.25	0.151	0.222	0.1
紹興	0.124	0.185	0.178	0.333	0.197	0.129	0.198	0.192	0.145	0.1
金華	0.117	0.25	0.205	0.288	0.156	0.127	0.213	0.261	0.111	0.111
衢州	0.121	0.155	0.171	0.214	0.119	0.125	0.161	0.175	0.103	0.102
舟山	0.115	0.176	0.263	0.23	0.175	0.221	0.159	0.151	1	0.105

表 4.5.2 2014 年度城市基礎設施競爭力三級指標分值（續 1）

城市	房價收入比（逆）	地區客運總量	地區貨運總量	人均鋪路面積	每萬人擁有公共汽電車數	每萬人擁有出租車數	年末實有鋪裝道路面積	路網設施指數	港口設施指數	航空設施指數
台州	0.116	0.248	0.273	0.294	0.128	0.136	0.296	0.233	0.257	0.103
麗水	0.11	0.126	0.138	0.226	0.149	0.119	0.132	0.136	0.117	0.1
合肥	0.127	0.265	0.375	0.356	0.241	0.345	0.466	0.38	0.127	0.132
蕪湖	0.133	0.171	0.292	0.383	0.181	0.249	0.324	0.21	0.181	0.1
蚌埠	0.136	0.178	0.282	0.281	0.202	0.207	0.208	0.231	0.147	0.1
淮南	0.134	0.134	0.218	0.184	0.141	0.306	0.197	0.256	0.115	0.1
馬鞍山	0.159	0.132	0.259	0.266	0.162	0.264	0.188	0.215	0.126	0.1
淮北	0.134	0.139	0.193	0.207	0.159	0.22	0.177	0.246	0.1	0.1
銅陵	0.14	0.149	0.189	0.231	0.186	0.456	0.138	0.172	0.129	0.1
安慶	0.14	0.139	0.313	0.26	0.143	0.141	0.176	0.235	0.115	0.101
黃山	0.14	0.112	0.156	0.279	0.15	0.153	0.15	0.14	0.129	0.105
滁州	0.137	0.156	0.217	0.389	0.148	0.14	0.201	0.186	0.107	0.1
阜陽	0.129	0.228	0.368	0.176	0.12	0.121	0.205	0.314	0.134	0.102
宿州	0.141	0.132	0.277	0.172	0.11	0.13	0.187	0.218	0.101	0.1
六安	0.128	0.243	0.386	0.17	0.113	0.137	0.185	0.303	0.159	0.1
亳州	0.141	0.137	0.233	0.188	0.101	0.12	0.194	0.192	0.108	0.1
池州	0.144	0.13	0.171	0.229	0.129	0.155	0.155	0.15	0.107	0.1
宣城	0.137	0.157	0.227	0.211	0.118	0.153	0.162	0.186	0.137	0.1
福州	0.109	0.192	0.24	0.256	0.254	0.238	0.293	0.188	0.19	0.192
廈門	0.11	0.168	0.211	0.332	0.273	0.536	0.385	0.212	0.423	0.314
莆田	0.12	0.148	0.13	0.144	0.107	0.137	0.163	0.143	0.174	0.1
三明	0.127	0.117	0.177	0.238	0.191	0.113	0.125	0.164	0.112	0.1
泉州	0.137	0.167	0.233	0.377	0.184	0.132	0.285	0.203	0.163	0.127
漳州	0.129	0.125	0.149	0.269	0.138	0.128	0.162	0.134	0.148	0.1
南平	0.129	0.115	0.133	0.156	0.136	0.105	0.118	0.14	0.148	0.104
龍岩	0.125	0.116	0.181	0.204	0.186	0.12	0.133	0.162	0.119	0.101
寧德	0.113	0.137	0.121	0.177	0.131	0.116	0.123	0.149	0.208	0.1
南昌	0.123	0.149	0.177	0.284	0.243	0.252	0.367	0.204	0.106	0.124
景德鎮	0.145	0.107	0.118	0.294	0.171	0.153	0.158	0.12	0.1	0.105
萍鄉	0.145	0.132	0.187	0.189	0.132	0.154	0.15	0.179	0.1	0.1
九江	0.14	0.156	0.201	0.358	0.152	0.143	0.208	0.213	0.123	0.101
新餘	0.155	0.108	0.195	0.243	0.137	0.167	0.18	0.168	0.114	0.1
鷹潭	0.137	0.126	0.153	0.251	0.155	0.129	0.123	0.158	0.118	0.1
贛州	0.123	0.149	0.262	0.221	0.163	0.107	0.151	0.257	0.156	0.106
吉安	0.144	0.119	0.177	0.251	0.132	0.105	0.154	0.166	0.114	0.104
宜春	0.137	0.14	0.228	0.179	0.123	0.104	0.155	0.196	0.119	0.1
撫州	0.139	0.12	0.197	0.199	0.116	0.106	0.175	0.166	0.101	0.1
上饒	0.141	0.178	0.246	0.354	0.144	0.104	0.167	0.231	0.133	0.1
濟南	0.133	0.183	0.314	0.341	0.212	0.345	0.647	0.492	0.155	0.147
青島	0.125	0.225	0.339	0.342	0.225	0.307	0.668	0.41	0.258	0.241
淄博	0.151	0.305	0.321	0.253	0.168	0.337	0.377	0.342	0.1	0.1
棗莊	0.153	0.134	0.293	0.222	0.14	0.128	0.277	0.216	0.108	0.1
東營	0.157	0.119	0.162	0.384	0.186	0.405	0.252	0.15	0.123	0.101
煙臺	0.142	0.273	0.279	0.321	0.193	0.149	0.357	0.296	0.355	0.119
濰坊	0.157	0.213	0.306	0.314	0.152	0.181	0.352	0.289	0.111	0.105
濟寧	0.161	0.15	0.316	0.433	0.181	0.124	0.363	0.26	0.175	0.103
泰安	0.149	0.128	0.195	0.215	0.152	0.132	0.218	0.164	0.132	0.1
威海	0.154	0.183	0.168	0.426	0.208	0.196	0.238	0.177	0.287	0.11
日照	0.139	0.12	0.261	0.22	0.133	0.149	0.2	0.289	0.142	0.1
萊蕪	0.135	0.117	0.152	0.227	0.162	0.308	0.203	0.136	0.1	0.1
臨沂	0.166	0.214	0.387	0.278	0.154	0.135	0.385	0.339	0.14	0.101
德州	0.15	0.156	0.243	0.362	0.201	0.163	0.203	0.213	0.1	0.1
聊城	0.151	0.142	0.224	0.292	0.144	0.133	0.242	0.193	0.1	0.1
濱州	0.182	0.129	0.217	0.345	0.263	0.124	0.202	0.185	0.101	0.1
菏澤	0.15	0.177	0.331	0.198	0.121	0.116	0.195	0.276	0.102	0.1
鄭州	0.126	0.271	0.317	0.171	0.178	0.261	0.369	0.429	0.1	0.149
開封	0.136	0.139	0.172	0.27	0.168	0.175	0.195	0.174	0.1	0.1

表 4.5.2 2014 年度城市基礎設施競爭力三級指標分值（續 1）

城市	房價收入比（逆）	地區客運總量	地區貨運總量	人均鋪路面積	每萬人擁有公共汽電車數	每萬人擁有出租車數	年末實有鋪裝道路面積	路網設施指數	港口設施指數	航空設施指數
洛陽	0.146	0.187	0.261	0.222	0.163	0.195	0.254	0.263	0.103	0.107
平頂山	0.152	0.149	0.254	0.212	0.143	0.157	0.175	0.24	0.1	0.1
安陽	0.166	0.143	0.285	0.202	0.151	0.131	0.173	0.231	0.1	0.1
鶴壁	0.152	0.134	0.157	0.16	0.143	0.162	0.124	0.152	0.1	0.1
新鄉	0.16	0.133	0.19	0.222	0.187	0.14	0.181	0.178	0.1	0.1
焦作	0.153	0.121	0.263	0.245	0.15	0.157	0.19	0.213	0.1	0.1
濮陽	0.149	0.126	0.144	0.2	0.141	0.163	0.145	0.144	0.261	0.1
許昌	0.152	0.132	0.276	0.268	0.214	0.14	0.145	0.216	0.1	0.1
漯河	0.153	0.12	0.144	0.166	0.145	0.16	0.159	0.145	0.103	0.1
三門峽	0.152	0.123	0.148	0.213	0.17	0.122	0.122	0.165	0.1	0.1
南陽	0.161	0.208	0.278	0.214	0.116	0.118	0.243	0.273	0.126	0.101
商丘	0.157	0.172	0.298	0.157	0.152	0.144	0.167	0.266	0.102	0.1
信陽	0.143	0.161	0.188	0.165	0.11	0.129	0.162	0.202	0.139	0.1
周口	0.151	0.155	0.241	0.231	0.133	0.105	0.15	0.231	0.134	0.1
駐馬店	0.16	0.183	0.287	0.247	0.138	0.121	0.177	0.249	0.118	0.1
武漢	0.122	0.232	0.458	0.306	0.221	0.437	0.781	0.694	0.189	0.206
黃石	0.141	0.121	0.166	0.325	0.182	0.193	0.204	0.152	0.11	0.1
十堰	0.125	0.133	0.145	0.284	0.239	0.133	0.164	0.149	0.111	0.1
宜昌	0.13	0.166	0.228	0.253	0.169	0.165	0.224	0.226	0.186	0.111
襄陽	0.136	0.169	0.218	0.172	0.135	0.141	0.205	0.221	0.114	0.104
鄂州	0.138	0.108	0.117	0.211	0.125	0.154	0.178	0.111	0.123	0.1
荊門	0.135	0.134	0.193	0.222	0.156	0.137	0.156	0.183	0.104	0.1
孝感	0.157	0.142	0.147	0.186	0.124	0.121	0.153	0.202	0.103	0.1
荊州	0.132	0.143	0.157	0.19	0.152	0.133	0.165	0.143	0.119	0.1
黃岡	0.142	0.161	0.145	0.355	0.128	0.106	0.159	0.169	0.117	0.1
咸寧	0.149	0.128	0.127	0.193	0.138	0.13	0.137	0.135	0.117	0.1
隨州	0.147	0.125	0.123	0.207	0.177	0.142	0.131	0.131	0.107	0.1
長沙	0.139	0.275	0.312	0.217	0.206	0.258	0.324	0.339	0.123	0.171
株洲	0.159	0.176	0.248	0.273	0.219	0.214	0.207	0.249	0.108	0.1
湘潭	0.159	0.122	0.18	0.261	0.178	0.174	0.192	0.165	0.114	0.1
衡陽	0.165	0.215	0.277	0.347	0.173	0.122	0.259	0.294	0.108	0.1
邵陽	0.143	0.166	0.253	0.25	0.137	0.109	0.167	0.222	0.119	0.1
岳陽	0.159	0.159	0.262	0.214	0.169	0.145	0.182	0.248	0.157	0.1
常德	0.149	0.167	0.195	0.208	0.135	0.123	0.197	0.183	0.127	0.103
張家界	0.139	0.133	0.117	0.197	0.128	0.165	0.133	0.129	0.16	0.111
益陽	0.159	0.153	0.182	0.172	0.13	0.127	0.163	0.164	0.14	0.1
郴州	0.157	0.139	0.295	0.236	0.175	0.149	0.164	0.244	0.179	0.1
永州	0.174	0.143	0.181	0.165	0.141	0.106	0.149	0.18	0.175	0.1
懷化	0.152	0.609	0.144	0.229	0.199	0.119	0.131	0.182	0.282	0.101
婁底	0.169	0.151	0.236	0.248	0.129	0.125	0.145	0.266	0.109	0.1
廣州	0.113	0.469	0.714	0.275	0.253	0.506	0.865	0.888	0.348	0.684
韶關	0.147	0.176	0.184	0.206	0.145	0.131	0.163	0.193	0.13	0.1
深圳	0.102	1	0.348	0.533	1	1	0.901	0.7	0.276	0.523
珠海	0.112	0.228	0.162	0.431	0.249	0.389	0.327	0.187	0.289	0.114
汕頭	0.116	0.116	0.133	0.156	0.118	0.136	0.288	0.124	0.108	0.127
佛山	0.127	0.308	0.306	0.209	0.221	0.243	0.365	0.304	0.161	0.103
江門	0.134	0.193	0.173	0.285	0.158	0.117	0.266	0.169	0.196	0.1
湛江	0.123	0.17	0.204	0.28	0.134	0.119	0.29	0.222	0.479	0.105
茂名	0.132	0.138	0.155	0.146	0.115	0.101	0.14	0.159	0.118	0.1
肇慶	0.132	0.135	0.13	0.316	0.158	0.126	0.176	0.134	0.108	0.1
惠州	0.137	0.178	0.241	0.271	0.194	0.175	0.252	0.192	0.185	0.1
梅州	0.134	0.127	0.149	0.377	0.19	0.103	0.157	0.148	0.106	0.103
汕尾	0.135	0.155	0.114	0.157	0.122	0.11	0.119	0.134	0.1	0.1
河源	0.126	0.12	0.126	0.27	0.173	0.116	0.132	0.123	0.108	0.1
陽江	0.127	0.119	0.136	0.206	0.117	0.119	0.146	0.129	0.112	0.1
清遠	0.128	0.16	0.176	0.232	0.151	0.108	0.155	0.168	0.166	0.1
東莞	0.137	0.486	0.191	0.1	0.173	0.794	0.1	0.321	0.134	0.1

表 4.5.2 2014 年度城市基礎設施競爭力三級指標分值（續 1）

城市	房價收入比（逆）	地區客運總量	地區貨運總量	人均鋪路面積	每萬人擁有公共汽電車數	每萬人擁有出租車數	年末實有鋪裝道路面積	路網設施指數	港口設施指數	航空設施指數
中山	0.144	0.235	0.241	0.158	0.224	0.247	0.157	0.229	0.177	0.1
潮州	0.128	0.114	0.129	0.24	0.152	0.148	0.132	0.121	0.11	0.1
揭陽	0.142	0.127	0.12	0.18	0.134	0.119	0.137	0.123	0.1	0.123
雲浮	0.128	0.129	0.125	0.135	0.124	0.1	0.107	0.123	0.107	0.1
南寧	0.123	0.156	0.343	0.242	0.184	0.228	0.351	0.28	0.125	0.142
柳州	0.136	0.116	0.188	0.263	0.174	0.177	0.22	0.179	0.112	0.105
桂林	0.141	0.188	0.169	0.221	0.182	0.155	0.159	0.194	0.187	0.132
梧州	0.151	0.117	0.139	0.235	0.146	0.131	0.145	0.123	0.114	0.101
北海	0.133	0.117	0.146	0.25	0.131	0.148	0.16	0.135	0.159	0.107
防城港	0.155	0.11	0.211	0.227	0.139	0.118	0.144	0.202	0.117	0.1
欽州	0.143	0.119	0.291	0.175	0.121	0.117	0.169	0.207	0.122	0.1
貴港	0.144	0.131	0.189	0.146	0.106	0.104	0.157	0.132	0.174	0.1
玉林	0.162	0.134	0.223	0.204	0.115	0.107	0.17	0.19	0.102	0.1
百色	0.158	0.135	0.234	0.244	0.123	0.148	0.132	0.197	0.103	0.1
賀州	0.178	0.118	0.111	0.13	0.105	0.121	0.121	0.115	0.101	0.1
河池	0.152	0.138	0.188	0.156	0.135	0.105	0.113	0.171	0.105	0.1
來賓	0.168	0.119	0.142	0.153	0.11	0.116	0.138	0.133	0.106	0.1
崇左	0.174	0.111	0.138	0.16	0.107	0.102	0.114	0.131	0.103	0.1
海口	0.117	0.293	0.185	0.277	0.183	0.378	0.284	0.248	0.45	0.301
三亞	0.101	0.122	0.129	0.181	0.182	0.46	0.13	0.133	0.213	0.123
重慶	1	0.867	1	0.179	0.134	0.159	1	1	0.645	0.241
成都	0.123	0.619	0.423	0.257	0.251	0.296	0.661	0.912	0.116	0.249
自貢	0.138	0.146	0.143	0.185	0.141	0.149	0.182	0.148	0.131	0.1
攀枝花	0.137	0.127	0.216	0.222	0.173	0.317	0.154	0.219	0.111	0.1
瀘州	0.149	0.163	0.16	0.191	0.138	0.144	0.187	0.159	0.196	0.104
德陽	0.143	0.157	0.18	0.212	0.14	0.129	0.149	0.187	0.1	0.1
綿陽	0.134	0.147	0.152	0.242	0.18	0.137	0.213	0.164	0.109	0.108
廣元	0.13	0.166	0.155	0.156	0.128	0.125	0.134	0.166	0.136	0.101
遂寧	0.134	0.126	0.127	0.167	0.108	0.116	0.164	0.131	0.182	0.1
內江	0.139	0.151	0.148	0.128	0.136	0.12	0.125	0.158	0.209	0.1
樂山	0.132	0.141	0.193	0.179	0.122	0.133	0.159	0.192	0.197	0.1
南充	0.129	0.162	0.152	0.18	0.126	0.119	0.2	0.17	0.324	0.103
眉山	0.137	0.133	0.139	0.17	0.114	0.112	0.139	0.135	0.246	0.1
宜賓	0.14	0.181	0.157	0.163	0.139	0.124	0.151	0.183	0.151	0.104
廣安	0.142	0.149	0.141	0.13	0.101	0.105	0.125	0.147	0.159	0.1
達州	0.13	0.153	0.225	0.153	0.14	0.118	0.115	0.221	0.349	0.103
雅安	0.133	0.11	0.137	0.153	0.11	0.118	0.121	0.124	0.1	0.1
巴中	0.142	0.131	0.128	0.107	0.109	0.108	0.106	0.139	0.171	0.1
資陽	0.149	0.134	0.152	0.149	0.113	0.1	0.135	0.144	0.146	0.1
貴陽	0.133	0.324	0.236	0.17	0.185	0.389	0.202	0.333	0.111	0.198
六盤水	0.153	0.257	0.235	0.18	0.18	0.156	0.126	0.283	0.1	0.1
遵義	0.144	0.229	0.178	0.152	0.156	0.128	0.129	0.213	0.2	0.101
安順	0.152	0.13	0.122	0.143	0.12	0.128	0.124	0.133	0.141	0.1
畢節	0.154	0.138	0.141	0.12	0.101	0.101	0.12	0.143	0.144	0.1
銅仁	0.138	0.147	0.117	0.132	0.119	0.112	0.11	0.129	0.306	0.101
昆明	0.13	0.175	0.314	0.268	0.245	0.342	0.395	0.512	0.141	0.375
曲靖	0.165	0.13	0.197	0.227	0.165	0.135	0.16	0.198	0.1	0.1
玉溪	0.144	0.115	0.154	0.278	0.121	0.117	0.149	0.141	0.1	0.1
保山	0.13	0.107	0.116	0.142	0.116	0.122	0.124	0.112	0.1	0.107
昭通	0.141	0.112	0.13	0.152	0.115	0.109	0.128	0.134	0.103	0.1
麗江	0.146	0.109	0.111	0.255	0.211	0.203	0.115	0.115	0.1	0.129
普洱	0.153	0.114	0.127	0.201	0.147	0.109	0.114	0.121	0.123	0.102
臨滄	0.154	0.102	0.112	0.167	0.11	0.114	0.114	0.107	0.1	0.101
拉薩	0.151	0.102	0.103	0.258	0.149	0.485	0.128	0.106	0.1	0.121
西安	0.132	0.274	0.467	0.23	0.213	0.395	0.578	0.465	0.1	0.354
銅川	0.158	0.106	0.129	0.171	0.127	0.285	0.135	0.118	0.1	0.1
寶雞	0.172	0.146	0.173	0.206	0.141	0.233	0.197	0.161	0.1	0.1

表 4.5.2 2014 年度城市基礎設施競爭力三級指標分值（續 1）

城市	房價收入比（逆）	地區客運總量	地區貨運總量	人均鋪路面積	每萬人擁有公共汽電車數	每萬人擁有出租車數	年末實有鋪裝道路面積	路網設施指數	港口設施指數	航空設施指數
咸陽	0.155	0.163	0.158	0.217	0.151	0.181	0.169	0.161	0.1	0.1
渭南	0.163	0.165	0.201	0.257	0.123	0.119	0.2	0.185	0.106	0.1
延安	0.164	0.138	0.161	0.149	0.16	0.143	0.115	0.181	0.1	0.101
漢中	0.158	0.144	0.148	0.157	0.128	0.131	0.121	0.157	0.1	0.1
榆林	0.154	0.135	0.178	0.205	0.137	0.138	0.137	0.158	0.1	0.111
安康	0.152	0.138	0.157	0.156	0.104	0.122	0.137	0.147	0.202	0.1
商洛	0.156	0.116	0.105	0.138	0.109	0.114	0.113	0.111	0.1	0.1
蘭州	0.118	0.121	0.179	0.223	0.209	0.45	0.263	0.193	0.1	0.15
嘉峪關	0.158	0.118	0.137	0.321	0.142	0.698	0.128	0.143	0.1	0.103
金昌	0.191	0.103	0.115	0.324	0.153	0.278	0.133	0.114	0.1	0.1
白銀	0.148	0.122	0.164	0.241	0.149	0.275	0.145	0.17	0.1	0.1
天水	0.132	0.127	0.118	0.153	0.12	0.154	0.145	0.13	0.1	0.1
武威	0.134	0.111	0.145	0.132	0.122	0.196	0.121	0.135	0.1	0.1
張掖	0.14	0.113	0.115	0.19	0.127	0.252	0.13	0.118	0.1	0.1
平涼	0.134	0.115	0.135	0.221	0.134	0.141	0.142	0.144	0.1	0.1
酒泉	0.162	0.131	0.12	0.225	0.158	0.234	0.133	0.125	0.1	0.103
慶陽	0.128	0.114	0.127	0.196	0.178	0.177	0.123	0.122	0.1	0.1
定西	0.136	0.122	0.127	0.154	0.111	0.118	0.116	0.126	0.1	0.1
隴南	0.136	0.119	0.149	0.115	0.1	0.11	0.106	0.135	0.1	0.1
西寧	0.123	0.123	0.126	0.205	0.273	0.566	0.162	0.143	0.1	0.113
銀川	0.136	0.116	0.21	0.311	0.236	0.631	0.236	0.182	0.1	0.123
石嘴山	0.158	0.11	0.164	0.279	0.132	0.614	0.156	0.159	0.101	0.1
吳忠	0.14	0.118	0.158	0.238	0.179	0.218	0.135	0.141	0.1	0.1
固原	0.145	0.11	0.126	0.183	0.116	0.378	0.125	0.122	0.1	0.1
中衛	0.15	0.111	0.117	0.256	0.186	0.348	0.14	0.114	0.114	0.101
烏魯木齊	0.118	0.121	0.248	0.204	0.231	0.757	0.268	0.244	0.1	0.177
克拉瑪依	0.172	0.101	0.124	0.371	0.205	0.785	0.166	0.114	0.1	0.101
香港	0.102	0.117	0.205	0.167	0.308	0.534	0.399	0.19	0.587	0.779
澳門	0.102	0.102	0.1	0.167	0.191	0.399	0.143	0.1	0.103	0.112
新北	0.148	0.241	0.183	0.2	0.22	0.534	0.35	0.294	0.1	0.18
臺北	0.148	0.194	0.156	0.19	0.22	0.534	0.25	0.231	0.125	0.587
台中	0.148	0.195	0.156	0.363	0.22	0.534	0.547	0.232	0.873	0.111
台南	0.148	0.167	0.14	0.463	0.22	0.534	0.538	0.192	0.1	0.102
高雄	0.148	0.2	0.159	0.393	0.22	0.534	0.623	0.236	0.447	0.144
基隆	0.148	0.112	0.108	0.302	0.22	0.534	0.151	0.117	0.165	0.1
新竹	0.148	0.113	0.108	0.235	0.22	0.534	0.136	0.119	0.1	0.1
嘉義	0.148	0.108	0.105	0.497	0.22	0.534	0.17	0.112	0.1	0.1

表 4.5.3 2014 年度城市基礎設施競爭力三級指標分值（續 2）

城市	郵政網點設施指數	市民郵政消費	市民通信消費	固定電話使用者普及率	移動電話普及率	互聯網用戶普及率	電氣水生產供應從業人數	建築業從業人數	交通倉儲郵電通信業從業人數	基礎設施從業者每萬人擁有量
北京	0.204	0.197	0.317	1	1	1	0.955	0.345	1	0.565
天津	0.269	0.157	0.192	1	1	0.648	0.517	0.278	0.318	0.37
石家莊	0.126	0.128	0.147	0.612	0.87	0.686	0.382	0.151	0.19	0.188
唐山	0.127	0.115	0.145	0.694	1	0.581	0.364	0.137	0.16	0.189
秦皇島	0.124	0.112	0.15	0.683	1	0.577	0.221	0.118	0.153	0.242
邯鄲	0.128	0.107	0.123	0.33	0.558	0.417	0.361	0.143	0.137	0.161
邢臺	0.124	0.105	0.123	0.374	0.458	0.38	0.284	0.129	0.112	0.148
保定	0.122	0.112	0.131	0.442	0.615	0.394	0.375	0.268	0.126	0.252
張家口	0.108	0.11	0.131	0.321	0.579	0.341	0.256	0.116	0.119	0.158
承德	0.105	0.107	0.132	0.282	0.57	0.38	0.188	0.111	0.116	0.148
滄州	0.129	0.113	0.13	0.507	0.679	0.336	0.281	0.143	0.125	0.174

表 4.5.3 2014 年度城市基礎設施競爭力三級指標分值（續 2）

城市	郵政網點設施指數	市民郵政消費	市民通信消費	固定電話使用者普及率	移動電話普及率	互聯網用戶普及率	電氣水生產供應從業人數	建築業從業人數	交通倉儲郵電通信業從業人數	基礎設施從業者每萬人擁有量
廊坊	0.139	0.113	0.154	0.83	1	0.639	0.205	0.124	0.113	0.171
衡水	0.127	0.108	0.124	0.592	0.636	0.451	0.208	0.123	0.116	0.168
太原	0.149	0.129	0.192	1	1	1	0.313	0.225	0.213	0.574
大同	0.122	0.114	0.139	0.358	1	0.398	0.238	0.109	0.133	0.184
陽泉	0.132	0.118	0.156	0.459	1	0.569	0.188	0.11	0.112	0.242
長治	0.115	0.108	0.132	0.513	0.739	0.451	0.208	0.105	0.116	0.143
晉城	0.124	0.109	0.143	0.504	0.749	0.452	0.171	0.106	0.11	0.158
朔州	0.111	0.11	0.138	0.33	0.713	0.368	0.18	0.112	0.105	0.201
晉中	0.118	0.111	0.136	0.508	0.666	0.421	0.188	0.108	0.115	0.148
運城	0.13	0.107	0.132	0.425	0.702	0.422	0.17	0.105	0.113	0.118
忻州	0.115	0.113	0.132	0.428	0.822	0.367	0.166	0.11	0.111	0.148
臨汾	0.115	0.109	0.141	0.37	0.83	0.407	0.193	0.12	0.146	0.19
呂梁	0.108	0.108	0.135	0.331	0.642	0.358	0.139	0.103	0.109	0.112
呼和浩特	0.114	0.12	0.204	0.944	1	0.551	0.269	0.114	0.121	0.228
包頭	0.108	0.109	0.17	0.528	1	0.353	0.252	0.125	0.117	0.269
烏海	0.147	0.116	0.178	0.782	1	0.514	0.157	0.11	0.103	0.365
赤峰	0.106	0.104	0.13	0.242	0.686	0.25	0.242	0.112	0.113	0.145
通遼	0.104	0.104	0.191	0.189	0.924	0.293	0.2	0.107	0.11	0.142
鄂爾多斯	0.103	0.27	0.189	0.354	1	0.289	0.198	0.102	0.104	0.153
呼倫貝爾	0.101	0.109	0.102	0.26	1	0.405	0.229	0.11	0.131	0.199
巴彥淖爾	0.104	0.105	0.114	0.312	1	0.328	0.176	0.105	0.107	0.155
烏蘭察布	0.106	0.106	0.127	0.266	0.24	0.177	0.184	0.104	0.11	0.136
瀋陽	0.136	0.134	0.192	1	1	0.715	0.396	0.146	0.255	0.254
大連	0.141	0.14	0.193	1	1	0.707	0.267	0.155	0.199	0.259
鞍山	0.123	0.115	0.148	0.822	0.974	0.556	0.226	0.148	0.119	0.266
撫順	0.116	0.112	0.142	0.734	0.854	0.47	0.226	0.123	0.111	0.249
本溪	0.118	0.116	0.145	0.719	0.911	0.575	0.196	0.12	0.113	0.289
丹東	0.113	0.115	0.141	0.994	0.796	0.486	0.165	0.116	0.119	0.204
錦州	0.122	0.109	0.136	0.809	0.857	0.521	0.239	0.12	0.12	0.204
營口	0.129	0.112	0.15	0.66	0.95	0.477	0.177	0.114	0.135	0.222
阜新	0.113	0.106	0.133	0.711	0.848	0.501	0.185	0.111	0.104	0.182
遼陽	0.13	0.121	0.143	0.704	0.916	0.483	0.135	0.114	0.105	0.191
盤錦	0.142	0.131	0.165	0.707	1	0.507	0.152	0.119	0.105	0.281
鐵嶺	0.119	0.11	0.127	0.48	0.622	0.347	0.192	0.111	0.11	0.159
朝陽	0.118	0.111	0.125	0.606	0.627	0.372	0.182	0.14	0.108	0.231
葫蘆島	0.122	0.113	0.131	0.572	0.721	0.398	0.224	0.103	0.108	0.137
長春	0.121	0.114	0.151	0.679	1	0.443	0.356	0.142	0.174	0.2
吉林	0.111	0.113	0.134	0.618	0.743	0.434	0.247	0.118	0.114	0.163
四平	0.116	0.111	0.126	0.41	0.697	0.317	0.174	0.102	0.108	0.118
遼源	0.12	0.114	0.129	0.569	0.772	0.434	0.141	0.1	0.103	0.129
通化	0.115	0.118	0.129	0.626	0.671	0.39	0.186	0.108	0.11	0.168
白山	0.107	0.124	0.13	0.923	0.719	0.419	0.156	0.104	0.104	0.167
松原	0.109	0.109	0.124	0.292	0.675	0.272	0.147	0.105	0.106	0.127
白城	0.107	0.112	0.125	0.52	0.702	0.34	0.153	0.105	0.107	0.149
哈爾濱	0.114	0.118	0.155	0.595	1	1	0.509	0.197	0.252	0.265
齊齊哈爾	0.112	0.107	0.1	0.459	0.545	0.314	0.248	0.113	0.116	0.139
雞西	0.111	0.126	0.139	0.611	0.856	0.339	0.204	0.106	0.115	0.186
鶴崗	0.11	0.116	0.14	0.373	0.909	0.365	0.145	0.103	0.109	0.179
雙鴨山	0.11	0.115	0.131	0.454	0.956	0.37	0.162	0.101	0.109	0.148
大慶	0.116	0.125	0.162	0.615	1	0.468	0.359	0.136	0.124	0.301
伊春	0.105	0.115	0.135	0.642	0.584	0.922	0.162	0.104	0.104	0.171
佳木斯	0.113	0.113	0.138	0.463	0.964	0.375	0.167	0.106	0.11	0.15
七台河	0.109	0.111	0.102	0.455	0.91	0.375	0.12	0.102	0.101	0.142
牡丹江	0.11	0.119	0.141	0.677	0.697	0.435	0.203	0.103	0.114	0.147
黑河	0.103	0.114	0.141	0.308	0.597	0.318	0.18	0.105	0.118	0.187
綏化	0.113	0.108	0.1	0.308	0.176	0.216	0.171	0.115	0.114	0.134

表 4.5.3 2014 年度城市基礎設施競爭力三級指標分值（續 2）

城市	郵政網點設施指數	市民郵政消費	市民通信消費	固定電話使用者普及率	移動電話普及率	互聯網用戶普及率	電氣水生產供應從業人數	建築業從業人數	交通倉儲郵電通信業從業人數	基礎設施從業者每萬人擁有量
上海	0.291	0.178	0.281	1	1	0.71	0.657	0.38	0.69	0.455
南京	0.162	0.13	0.195	1	1	0.96	0.305	0.185	0.238	0.317
無錫	0.174	0.132	0.219	1	1	0.908	0.214	0.145	0.131	0.224
徐州	0.147	0.112	0.13	0.623	0.727	0.415	0.269	0.112	0.171	0.137
常州	0.176	0.138	0.193	1	1	0.806	0.163	0.12	0.129	0.184
蘇州	0.164	0.267	0.266	1	1	1	0.212	0.124	0.142	0.159
南通	0.188	0.124	0.146	0.918	1	0.471	0.196	0.141	0.133	0.166
連雲港	0.139	0.118	0.132	0.726	0.705	0.48	0.19	0.12	0.128	0.159
淮安	0.139	0.111	0.124	0.562	0.457	0.37	0.186	0.118	0.115	0.142
鹽城	0.13	0.11	0.132	0.509	0.589	0.369	0.188	0.14	0.12	0.153
揚州	0.166	0.123	0.15	0.892	1	0.54	0.139	0.134	0.115	0.18
鎮江	0.162	0.123	0.151	1	1	0.633	0.171	0.116	0.123	0.194
泰州	0.169	0.118	0.139	0.648	0.793	0.475	0.158	0.121	0.117	0.149
宿遷	0.138	0.11	0.121	0.563	0.625	0.376	0.135	0.116	0.105	0.126
杭州	0.136	0.133	0.231	1	1	1	0.305	0.515	0.251	0.767
寧波	0.163	0.13	0.215	1	1	1	0.282	0.29	0.193	0.49
溫州	0.128	0.115	0.185	1	1	0.896	0.262	0.248	0.147	0.305
嘉興	0.185	0.12	0.232	1	1	1	0.213	0.116	0.125	0.183
湖州	0.128	0.118	0.168	1	1	0.731	0.167	0.167	0.114	0.379
紹興	0.14	0.118	0.169	1	1	0.8	0.216	0.493	0.122	1
金華	0.144	0.133	0.186	0.912	1	0.752	0.175	0.347	0.13	0.639
衢州	0.115	0.108	0.132	0.572	0.792	0.47	0.148	0.111	0.107	0.155
舟山	0.181	0.125	0.189	1	1	0.86	0.148	0.11	0.123	0.316
台州	0.128	0.114	0.169	0.853	1	0.696	0.214	0.28	0.128	0.418
麗水	0.123	0.112	0.138	0.483	1	0.457	0.174	0.107	0.107	0.144
合肥	0.137	0.114	0.156	0.805	0.842	0.458	0.235	0.3	0.181	0.418
蕪湖	0.146	0.109	0.136	0.629	0.649	0.412	0.161	0.128	0.135	0.206
蚌埠	0.131	0.106	0.125	0.435	0.454	0.353	0.155	0.13	0.117	0.197
淮南	0.165	0.109	0.134	0.54	0.576	0.424	0.204	0.114	0.118	0.199
馬鞍山	0.139	0.11	0.133	0.804	0.674	0.472	0.143	0.112	0.105	0.163
淮北	0.136	0.106	0.126	0.561	0.574	0.409	0.142	0.101	0.106	0.119
銅陵	0.157	0.117	0.145	0.789	0.919	0.553	0.127	0.111	0.103	0.279
安慶	0.126	0.11	0.121	0.44	0.49	0.294	0.233	0.116	0.111	0.135
黃山	0.12	0.11	0.184	0.779	0.593	0.402	0.119	0.108	0.105	0.165
滁州	0.124	0.104	0.124	0.482	0.487	0.294	0.136	0.106	0.11	0.116
阜陽	0.138	0.104	0.116	0.265	0.249	0.227	0.188	0.115	0.121	0.116
宿州	0.129	0.106	0.118	0.298	0.364	0.245	0.148	0.119	0.108	0.128
六安	0.121	0.103	0.117	0.289	0.416	0.222	0.185	0.124	0.136	0.148
亳州	0.121	0.105	0.117	0.266	0.283	0.219	0.123	0.106	0.104	0.104
池州	0.119	0.11	0.126	1	0.501	0.343	0.119	0.104	0.101	0.131
宣城	0.12	0.105	0.13	0.563	0.558	0.339	0.214	0.105	0.122	0.163
福州	0.139	0.118	0.188	0.976	1	0.868	0.259	0.35	0.158	0.511
廈門	0.23	0.388	0.327	1	1	1	0.167	0.235	0.181	0.961
莆田	0.131	0.138	0.139	0.803	0.754	1	0.156	0.132	0.107	0.205
三明	0.116	0.118	0.14	0.68	0.832	0.613	0.2	0.12	0.112	0.201
泉州	0.143	0.115	0.182	1	1	0.858	0.237	0.261	0.124	0.343
漳州	0.122	0.111	0.146	0.744	0.927	0.542	0.201	0.125	0.11	0.161
南平	0.116	0.117	0.135	0.626	0.757	0.538	0.184	0.112	0.11	0.158
龍岩	0.115	0.113	0.142	0.565	0.989	0.498	0.178	0.14	0.112	0.256
寧德	0.121	0.111	0.141	0.554	0.859	0.491	0.219	0.118	0.111	0.175
南昌	0.145	0.126	0.156	0.921	1	0.602	0.264	0.241	0.207	0.458
景德鎮	0.163	0.173	0.141	0.798	0.1	0.395	0.146	0.112	0.104	0.191
萍鄉	0.136	0.108	0.125	0.424	0.698	0.458	0.133	0.105	0.104	0.135
九江	0.124	0.106	0.127	0.61	0.658	0.405	0.222	0.14	0.115	0.192
新餘	0.142	0.112	0.125	0.51	0.757	0.538	0.13	0.103	0.101	0.142
鷹潭	0.131	0.109	0.125	0.484	0.596	0.47	0.137	0.104	0.101	0.152

表 4.5.3 2014 年度城市基礎設施競爭力三級指標分值（續 2）

城市	郵政網點設施指數	市民郵政消費	市民通信消費	固定電話使用者普及率	移動電話普及率	互聯網用戶普及率	電氣水生產供應從業人數	建築業從業人數	交通倉儲郵電通信業從業人數	基礎設施從業者每萬人擁有量
贛州	0.119	0.108	0.127	0.413	0.47	0.377	0.223	0.116	0.114	0.12
吉安	0.119	0.114	0.118	0.442	0.485	0.373	0.193	0.111	0.116	0.134
宜春	0.121	0.106	0.115	0.351	0.347	0.298	0.182	0.114	0.114	0.132
撫州	0.121	0.106	0.119	0.264	0.384	0.338	0.152	0.148	0.107	0.216
上饒	0.12	0.104	0.118	0.364	0.41	0.331	0.314	0.138	0.108	0.159
濟南	0.155	0.118	0.16	0.986	1	0.9	0.267	0.282	0.243	0.485
青島	0.153	0.118	0.168	1	1	0.887	0.285	0.14	0.201	0.203
淄博	0.151	0.113	0.147	0.557	1	0.557	0.243	0.18	0.116	0.311
棗莊	0.149	0.106	0.178	0.458	0.803	0.369	0.174	0.14	0.111	0.212
東營	0.123	0.117	0.167	0.7	1	0.788	0.136	0.119	0.12	0.246
煙臺	0.143	0.115	0.147	0.73	1	0.527	0.298	0.139	0.154	0.197
濰坊	0.137	0.108	0.14	0.609	1	1	0.275	0.148	0.12	0.164
濟寧	0.143	0.107	0.125	0.395	0.698	0.358	0.281	0.144	0.129	0.166
泰安	0.139	0.107	0.132	0.484	0.997	0.388	0.201	0.181	0.114	0.253
威海	0.14	0.119	0.169	0.794	1	0.677	0.213	0.128	0.115	0.249
日照	0.131	0.105	0.132	0.403	1	0.449	0.144	0.107	0.123	0.153
萊蕪	0.143	0.112	0.131	0.415	0.972	0.46	0.134	0.105	0.109	0.175
臨沂	0.132	0.109	0.131	0.279	0.826	0.391	0.231	0.194	0.115	0.187
德州	0.15	0.11	0.127	0.385	0.794	0.356	0.219	0.115	0.108	0.133
聊城	0.143	0.11	0.122	0.351	0.596	0.319	0.217	0.111	0.121	0.133
濱州	0.129	0.11	0.124	0.589	0.984	0.398	0.165	0.116	0.105	0.149
菏澤	0.132	0.107	0.122	0.231	0.596	0.298	0.217	0.121	0.117	0.125
鄭州	0.18	0.113	0.166	1	0.944	0.981	0.452	0.247	0.165	0.265
開封	0.138	0.105	0.101	0.305	0.373	0.331	0.166	0.121	0.114	0.145
洛陽	0.126	0.111	0.135	0.577	0.742	0.514	0.463	0.14	0.124	0.188
平頂山	0.134	0.112	0.123	0.343	0.459	0.357	0.2	0.12	0.12	0.15
安陽	0.135	0.112	0.127	0.412	0.68	0.406	0.179	0.207	0.113	0.283
鶴壁	0.124	0.106	0.124	0.578	0.638	0.527	0.133	0.113	0.102	0.188
新鄉	0.14	0.11	0.136	0.588	0.772	0.447	0.209	0.136	0.115	0.166
焦作	0.162	0.111	0.127	0.515	0.646	0.547	0.216	0.122	0.109	0.177
濮陽	0.15	0.109	0.13	0.282	0.456	0.329	0.17	0.138	0.106	0.195
許昌	0.148	0.109	0.128	0.327	0.497	0.382	0.159	0.118	0.107	0.14
漯河	0.15	0.108	0.127	0.249	0.453	0.392	0.131	0.114	0.104	0.154
三門峽	0.116	0.114	0.129	0.378	0.802	0.404	0.176	0.114	0.108	0.187
南陽	0.122	0.109	0.117	0.17	0.308	0.243	0.268	0.17	0.131	0.164
商丘	0.142	0.111	0.116	0.305	0.471	0.261	0.183	0.134	0.116	0.137
信陽	0.126	0.107	0.117	0.241	0.358	0.242	0.234	0.136	0.125	0.151
周口	0.134	0.11	0.112	0.131	0.208	0.223	0.196	0.131	0.111	0.123
駐馬店	0.128	0.11	0.113	0.109	0.258	0.221	0.237	0.143	0.118	0.153
武漢	0.17	0.12	0.195	1	1	1	0.292	0.367	0.318	0.519
黃石	0.13	0.114	0.135	0.589	0.79	0.487	0.143	0.134	0.106	0.239
十堰	0.112	0.108	0.123	0.408	0.662	0.461	0.257	0.125	0.116	0.206
宜昌	0.115	0.11	0.136	0.478	0.804	0.408	0.218	0.134	0.142	0.23
襄陽	0.118	0.107	0.128	0.322	0.516	0.344	0.2	0.164	0.124	0.221
鄂州	0.151	0.111	0.132	0.417	0.703	0.451	0.122	0.117	0.102	0.269
荊門	0.115	0.109	0.127	0.354	0.549	0.335	0.21	0.119	0.119	0.196
孝感	0.132	0.11	0.12	0.402	0.439	0.335	0.189	0.185	0.122	0.275
荊州	0.126	0.107	0.124	0.329	0.481	0.382	0.161	0.125	0.116	0.142
黃岡	0.117	0.104	0.115	0.364	0.369	0.244	0.197	0.13	0.109	0.142
咸寧	0.119	0.106	0.126	0.446	0.576	0.413	0.151	0.115	0.107	0.16
隨州	0.111	0.11	0.119	0.35	0.543	0.327	0.113	0.11	0.103	0.139
長沙	0.149	0.123	0.181	0.921	1	0.627	0.175	0.211	0.172	0.302
株洲	0.12	0.114	0.143	0.663	0.7	0.533	0.163	0.146	0.113	0.225
湘潭	0.139	0.108	0.145	0.461	0.768	0.375	0.138	0.156	0.11	0.303
衡陽	0.126	0.107	0.124	0.431	0.369	0.34	0.181	0.165	0.117	0.183
邵陽	0.12	0.107	0.12	0.283	0.262	0.233	0.193	0.136	0.123	0.151

表 4.5.3 2014 年度城市基礎設施競爭力三級指標分值（續 2）

城市	郵政網點設施指數	市民郵政消費	市民通信消費	固定電話使用者普及率	移動電話普及率	互聯網用戶普及率	電氣水生產供應從業人數	建築業從業人數	交通倉儲郵電通信業從業人數	基礎設施從業者每萬人擁有量
岳陽	0.12	0.107	0.132	0.458	0.553	0.375	0.156	0.149	0.118	0.192
常德	0.121	0.106	0.13	0.353	0.404	0.349	0.153	0.147	0.112	0.175
張家界	0.116	0.108	0.137	0.325	0.451	0.39	0.124	0.107	0.104	0.151
益陽	0.122	0.109	0.124	0.285	0.388	0.277	0.142	0.122	0.109	0.146
郴州	0.115	0.107	0.128	0.393	0.553	0.337	0.226	0.123	0.111	0.157
永州	0.117	0.105	0.113	0.225	0.236	0.279	0.176	0.125	0.113	0.145
懷化	0.116	0.107	0.127	0.35	0.41	0.307	0.225	0.117	0.122	0.152
婁底	0.12	0.103	0.125	0.359	0.478	0.397	0.14	0.125	0.11	0.161
廣州	0.156	0.159	0.32	1	1	1	0.405	0.254	0.474	0.46
韶關	0.117	0.113	0.14	0.534	0.783	0.432	0.224	0.134	0.118	0.236
深圳	1	1	1	1	1	1	0.244	0.2	0.41	0.854
珠海	0.189	0.156	0.271	1	1	1	0.156	0.113	0.127	0.342
汕頭	0.174	0.106	0.155	1	1	0.771	0.192	0.166	0.113	0.23
佛山	0.259	0.158	0.304	1	1	1	0.208	0.127	0.123	0.199
江門	0.128	0.113	0.16	0.968	1	0.98	0.186	0.127	0.113	0.183
湛江	0.122	0.11	0.197	0.356	0.74	0.358	0.194	0.135	0.135	0.157
茂名	0.126	0.105	0.133	0.401	0.263	0.281	0.172	0.151	0.117	0.17
肇慶	0.119	0.11	0.146	0.612	0.551	0.1	0.157	0.11	0.115	0.133
惠州	0.131	0.112	0.204	1	1	1	0.196	0.117	0.118	0.178
梅州	0.121	0.107	0.12	0.466	0.316	0.332	0.215	0.11	0.108	0.127
汕尾	0.119	0.103	0.131	0.574	0.341	0.323	0.149	0.103	0.104	0.113
河源	0.115	0.104	0.126	0.532	0.286	0.341	0.156	0.105	0.109	0.123
陽江	0.115	0.111	0.135	0.586	0.733	0.358	0.137	0.123	0.11	0.194
清遠	0.12	0.108	0.143	0.471	0.551	0.393	0.179	0.104	0.107	0.119
東莞	0.555	0.189	0.602	1	1	0.724	0.154	0.101	0.113	0.141
中山	0.224	0.132	0.317	1	1	1	0.17	0.102	0.119	0.181
潮州	0.137	0.107	0.14	0.995	0.745	0.599	0.179	0.105	0.105	0.136
揭陽	0.137	0.102	0.132	0.581	0.603	0.374	0.184	0.114	0.106	0.121
雲浮	0.122	0.11	0.114	0.466	0.344	0.911	0.145	0.105	0.103	0.124
南寧	0.119	0.114	0.157	0.508	0.817	1	0.206	0.16	0.195	0.229
柳州	0.115	0.107	0.141	0.491	0.724	0.582	0.175	0.119	0.131	0.184
桂林	0.116	0.106	0.131	0.416	0.563	0.442	0.232	0.117	0.117	0.15
梧州	0.113	0.106	0.12	0.302	0.347	0.34	0.175	0.104	0.107	0.125
北海	0.123	0.106	0.143	0.543	0.716	0.592	0.133	0.106	0.107	0.153
防城港	0.113	0.109	0.149	0.541	0.819	0.537	0.129	0.106	0.117	0.249
欽州	0.114	0.104	0.119	0.317	0.284	0.313	0.135	0.117	0.109	0.149
貴港	0.116	0.106	0.115	0.275	0.23	0.256	0.14	0.104	0.111	0.11
玉林	0.119	0.104	0.118	0.323	0.286	0.276	0.174	0.126	0.115	0.142
百色	0.11	0.103	0.123	0.32	0.353	0.322	0.19	0.104	0.11	0.122
賀州	0.113	0.103	0.119	0.225	0.339	0.312	0.149	0.102	0.103	0.118
河池	0.112	0.105	0.12	0.235	0.333	0.291	0.182	0.107	0.11	0.128
來賓	0.113	0.103	0.119	0.19	0.348	0.276	0.157	0.102	0.103	0.117
崇左	0.111	0.106	0.123	0.216	0.43	0.265	0.153	0.102	0.105	0.12
海口	0.161	0.122	0.233	1	1	0.964	0.14	0.124	0.145	0.357
三亞	0.138	0.119	0.146	1	1	0.871	0.119	0.102	0.108	0.207
重慶	0.144	0.117	0.133	0.836	0.551	0.612	1	1	0.637	0.427
成都	0.185	0.117	0.182	0.83	1	0.481	0.326	0.407	0.193	0.386
自貢	0.189	0.109	0.121	0.393	0.446	0.328	0.135	0.116	0.104	0.15
攀枝花	0.113	0.113	0.151	0.902	1	0.798	0.174	0.108	0.103	0.216
瀘州	0.142	0.109	0.124	0.341	0.561	0.321	0.159	0.147	0.116	0.201
德陽	0.168	0.11	0.131	0.295	0.819	1	0.13	0.12	0.103	0.149
綿陽	0.146	0.109	0.131	0.335	0.771	0.381	0.214	0.12	0.115	0.149
廣元	0.135	0.108	0.125	0.313	0.631	0.287	0.132	0.106	0.106	0.123
遂寧	0.153	0.107	0.329	0.22	0.417	0.26	0.154	0.132	0.102	0.184
內江	0.192	0.105	0.117	0.282	0.424	0.232	0.137	0.129	0.104	0.167
樂山	0.138	0.107	0.13	0.502	0.781	0.37	0.328	0.117	0.112	0.188

表 4.5.3 2014 年度城市基礎設施競爭力三級指標分值（續 2）

城市	郵政網點設施指數	市民郵政消費	市民通信消費	固定電話使用者普及率	移動電話普及率	互聯網用戶普及率	電氣水生產供應從業人數	建築業從業人數	交通倉儲郵電通信業從業人數	基礎設施從業者每萬人擁有量
南充	0.193	0.109	0.119	0.224	0.398	0.236	0.208	0.13	0.113	0.143
眉山	0.176	0.107	0.121	0.297	0.562	0.285	0.154	0.111	0.106	0.138
宜賓	0.144	0.105	0.122	0.319	0.55	0.295	0.226	0.129	0.112	0.164
廣安	0.147	0.106	0.114	0.175	0.341	0.221	0.146	0.106	0.104	0.113
達州	0.157	0.107	0.116	0.208	0.368	0.233	0.239	0.123	0.111	0.14
雅安	0.111	0.105	0.131	0.641	0.908	0.482	0.157	0.105	0.102	0.152
巴中	0.154	0.107	0.12	0.213	0.383	0.197	0.156	0.131	0.107	0.184
資陽	0.199	0.11	0.117	0.172	0.355	0.205	0.131	0.115	0.105	0.127
貴陽	0.147	0.114	0.173	0.887	1	0.739	0.325	0.234	0.132	0.508
六盤水	0.126	0.103	0.131	0.241	0.564	0.236	0.168	0.106	0.101	0.124
遵義	0.121	0.106	0.124	0.265	0.496	0.27	0.209	0.118	0.115	0.129
安順	0.12	0.102	0.124	0.219	0.418	0.24	0.139	0.104	0.105	0.119
畢節	0.11	0.1	0.113	0.104	0.239	0.19	0.212	0.104	0.11	0.106
銅仁	0.117	0.104	0.117	0.147	0.294	0.201	0.159	0.104	0.103	0.112
昆明	0.131	0.113	0.192	0.908	1	0.764	0.245	0.263	0.23	0.488
曲靖	0.112	0.101	0.116	0.132	0.559	0.244	0.23	0.145	0.106	0.175
玉溪	0.111	0.104	0.165	0.236	0.899	0.393	0.155	0.118	0.105	0.201
保山	0.109	0.101	0.109	0.196	0.62	0.263	0.134	0.126	0.104	0.205
昭通	0.114	0.1	0.101	0.1	0.376	0.188	0.169	0.111	0.106	0.119
麗江	0.106	0.106	0.106	0.374	0.764	0.309	0.127	0.106	0.103	0.165
普洱	0.105	0.101	0.128	0.368	0.79	0.296	0.146	0.114	0.105	0.164
臨滄	0.106	0.102	0.119	0.214	0.633	0.236	0.134	0.108	0.104	0.142
拉薩	0.115	0.111	0.435	1	1	0.1	0.18	0.112	0.128	0.642
西安	0.161	0.123	0.183	1	1	0.859	0.247	0.24	0.261	0.346
銅川	0.123	0.115	0.108	0.454	0.943	0.39	0.119	0.103	0.104	0.164
寶雞	0.118	0.112	0.13	0.537	0.813	0.383	0.178	0.112	0.125	0.158
咸陽	0.131	0.108	0.126	0.344	0.759	0.404	0.184	0.129	0.111	0.162
渭南	0.139	0.107	0.126	0.391	0.614	0.297	0.197	0.112	0.108	0.127
延安	0.107	0.111	0.108	0.417	1	0.348	0.122	0.104	0.105	0.121
漢中	0.112	0.115	0.123	0.36	0.621	0.296	0.129	0.112	0.111	0.138
榆林	0.108	0.108	0.155	0.357	1	0.389	0.177	0.106	0.12	0.138
安康	0.11	0.11	0.123	0.327	0.665	0.302	0.123	0.107	0.105	0.124
商洛	0.109	0.106	0.118	0.388	0.408	0.289	0.111	0.108	0.11	0.142
蘭州	0.124	0.112	0.157	0.855	1	0.597	0.235	0.159	0.126	0.326
嘉峪關	0.108	0.129	0.188	1	1	0.94	0.116	0.102	0.1	0.294
金昌	0.103	0.107	0.152	0.291	0.942	0.43	0.129	0.115	0.1	0.46
白銀	0.108	0.103	0.135	0.75	0.812	0.247	0.16	0.104	0.103	0.144
天水	0.12	0.103	0.118	0.349	0.464	0.225	0.156	0.112	0.109	0.141
武威	0.105	0.103	0.122	0.366	0.495	0.245	0.134	0.102	0.107	0.128
張掖	0.104	0.105	0.119	0.575	0.894	0.344	0.159	0.103	0.104	0.154
平涼	0.123	0.101	0.125	0.254	0.56	0.229	0.153	0.111	0.102	0.155
酒泉	0.1	0.109	0.154	0.545	1	0.366	0.135	0.105	0.104	0.182
慶陽	0.109	0.104	0.106	0.281	0.504	0.228	0.134	0.101	0.102	0.108
定西	0.111	0.101	0.117	0.188	0.607	0.185	0.134	0.104	0.104	0.116
隴南	0.109	0.102	0.102	0.183	0.224	0.167	0.153	0.102	0.106	0.117
西寧	0.157	0.11	0.173	1	1	0.631	0.238	0.134	0.136	0.369
銀川	0.128	0.108	0.19	0.741	1	0.544	0.371	0.117	0.119	0.332
石嘴山	0.117	0.108	0.151	0.562	1	0.697	0.149	0.103	0.102	0.191
吳忠	0.104	0.102	0.141	0.263	0.682	0.317	0.142	0.101	0.101	0.123
固原	0.114	0.102	0.103	0.282	0.414	0.18	0.106	0.1	0.101	0.1
中衛	0.105	0.101	0.125	0.342	0.578	0.242	0.124	0.101	0.102	0.123
烏魯木齊	0.129	0.127	0.224	1	1	0.887	0.294	0.161	0.21	0.524
克拉瑪依	0.11	0.135	0.196	1	1	1	0.1	0.108	0.103	0.345
香港	0.111	0.111	0.331	1	1	0.704	0.239	0.268	0.601	0.585
澳門	0.558	0.111	0.273	1	1	0.654	0.108	0.115	0.127	0.534
新北	0.112	0.111	0.409	0.574	0.679	0.383	0.189	0.142	0.169	0.273

表 4.5.3 2014 年度城市基礎設施競爭力三級指標分值（續 2）

城市	郵政網點設施指數	市民郵政消費	市民通信消費	固定電話使用者普及率	移動電話普及率	互聯網用戶普及率	電氣水生產供應從業人數	建築業從業人數	交通倉儲郵電通信業從業人數	基礎設施從業者每萬人擁有量
臺北	0.195	0.111	0.409	0.82	0.736	0.444	0.16	0.128	0.146	0.273
台中	0.111	0.111	0.409	0.539	0.622	0.345	0.16	0.129	0.147	0.273
台南	0.111	0.111	0.409	0.486	0.562	0.335	0.142	0.12	0.132	0.273
高雄	0.108	0.111	0.409	0.5	0.634	0.345	0.162	0.13	0.148	0.273
基隆	0.296	0.111	0.409	0.484	0.628	0.337	0.108	0.103	0.106	0.273
新竹	0.35	0.111	0.409	0.613	0.695	0.462	0.109	0.104	0.107	0.273
嘉義	0.535	0.111	0.409	0.727	0.602	0.319	0.105	0.102	0.104	0.273

4.6 城市社會體制競爭力三級指標分值

表 4.6.1 2014 年度城市社會體制競爭力三級指標分值

城市	失業率(逆)	基尼指數(逆)	社會保障補助支出	社會保障覆蓋率	社會服務業人力資本規模	人均社會保障補助支出	社會服務業從業者每萬人擁有量
北京	0.946	0.591	0.926	0.994	0.314	0.266	0.714
天津	0.649	0.471	0.246	0.981	0.182	0.138	0.372
石家莊	0.638	0.372	0.144	0.317	0.143	0.111	0.208
唐山	0.607	0.369	0.184	0.35	0.136	0.13	0.233
秦皇島	0.566	0.373	0.162	0.363	0.118	0.155	0.292
邯鄲	0.616	0.351	0.224	0.239	0.133	0.133	0.17
邢臺	0.755	0.353	0.165	0.273	0.121	0.123	0.152
保定	0.684	0.347	0.18	0.219	0.141	0.118	0.174
張家口	0.621	0.351	0.152	0.298	0.12	0.129	0.212
承德	0.575	0.343	0.162	0.298	0.117	0.143	0.223
滄州	0.755	0.347	0.233	0.199	0.13	0.147	0.198
廊坊	0.864	0.342	0.137	0.271	0.116	0.122	0.19
衡水	0.621	0.268	0.196	0.202	0.116	0.156	0.19
太原	0.728	0.381	0.142	0.657	0.13	0.13	0.38
大同	0.396	0.334	0.166	0.448	0.113	0.153	0.208
陽泉	0.804	0.381	0.157	0.493	0.105	0.212	0.23
長治	0.83	0.337	0.152	0.338	0.115	0.141	0.223
晉城	0.882	0.325	0.185	0.314	0.109	0.202	0.214
朔州	0.851	0.378	0.165	0.275	0.105	0.197	0.161
晉中	0.838	0.366	0.156	0.299	0.114	0.145	0.22
運城	0.756	0.383	0.123	0.219	0.118	0.111	0.178
忻州	0.788	0.387	0.176	0.263	0.113	0.164	0.212
臨汾	0.77	0.376	0.161	0.287	0.116	0.138	0.191
呂梁	0.859	0.365	0.127	0.249	0.111	0.118	0.15
呼和浩特	0.905	0.374	0.2	0.436	0.116	0.213	0.332
包頭	0.667	0.361	0.211	0.609	0.109	0.23	0.211
烏海	0.596	0.366	0.121	0.484	0.102	0.199	0.268
赤峰	0.602	0.355	0.185	0.278	0.118	0.148	0.198
通遼	0.619	0.361	0.214	0.362	0.111	0.193	0.185
鄂爾多斯	0.688	0.387	0.178	0.435	0.107	0.234	0.254
呼倫貝爾	0.612	0.36	0.207	0.547	0.117	0.204	0.307
巴彥淖爾	0.503	0.354	0.175	0.38	0.107	0.205	0.214
烏蘭察布	0.342	0.329	0.205	0.316	0.107	0.195	0.143
瀋陽	0.689	0.388	0.156	0.517	0.168	0.12	0.419
大連	0.743	0.403	0.214	0.777	0.139	0.15	0.31

表 4.6.1 2014 年度城市社會體制競爭力三級指標分值

城市	失業率(逆)	基尼指數(逆)	社會保障補助支出	社會保障覆蓋率	社會服務業人力資本規模	人均社會保障補助支出	社會服務業從業者每萬人擁有量
鞍山	0.749	0.329	0.242	0.374	0.124	0.206	0.325
撫順	0.469	0.346	0.17	0.679	0.112	0.183	0.28
本溪	0.431	0.323	0.196	0.708	0.122	0.264	0.65
丹東	0.526	0.205	0.174	0.465	0.12	0.181	0.397
錦州	0.828	0.309	0.162	0.444	0.116	0.152	0.256
營口	0.855	0.34	0.414	0.51	0.111	0.448	0.238
阜新	0.634	0.333	0.184	0.476	0.109	0.215	0.254
遼陽	0.832	0.333	0.162	0.488	0.109	0.19	0.253
盤錦	0.739	0.373	0.421	0.842	0.106	0.749	0.241
鐵嶺	0.719	0.334	0.195	0.298	0.11	0.182	0.181
朝陽	0.757	0.333	0.19	0.338	0.113	0.169	0.204
葫蘆島	0.618	0.364	0.152	0.368	0.109	0.149	0.184
長春	0.552	0.388	0.152	0.561	0.148	0.118	0.295
吉林	0.672	0.329	0.159	0.575	0.12	0.136	0.232
四平	0.709	0.344	0.14	0.44	0.117	0.131	0.245
遼源	0.606	0.307	0.258	0.529	0.106	0.437	0.253
通化	0.824	0.334	0.164	0.539	0.112	0.174	0.267
白山	0.73	0.345	0.225	0.763	0.106	0.355	0.264
松原	0.754	0.359	0.141	0.358	0.112	0.137	0.21
白城	0.594	0.364	0.171	0.447	0.111	0.192	0.275
哈爾濱	0.694	0.397	0.2	0.408	0.165	0.126	0.304
齊齊哈爾	0.887	0.357	0.141	0.354	0.121	0.119	0.194
雞西	0.501	0.366	0.125	0.514	0.107	0.135	0.211
鶴崗	0.594	0.365	0.144	0.479	0.105	0.205	0.27
雙鴨山	0.467	0.371	0.169	0.341	0.104	0.219	0.161
大慶	0.621	0.36	0.156	0.523	0.117	0.151	0.294
伊春	0.335	0.333	0.324	0.515	0.105	0.566	0.244
佳木斯	0.599	0.1	0.139	0.432	0.11	0.142	0.222
七台河	0.666	0.353	0.177	0.32	0.102	0.316	0.161
牡丹江	0.718	0.347	0.119	0.394	0.113	0.119	0.253
黑河	0.843	0.374	0.135	0.264	0.108	0.153	0.238
綏化	0.62	0.369	0.156	0.228	0.116	0.126	0.154
上海	0.735	1	0.1	1	0.262	0.1	0.5
南京	0.813	0.418	0.207	0.677	0.155	0.143	0.392
無錫	0.84	0.394	0.289	0.885	0.132	0.205	0.318
徐州	0.79	0.367	0.204	0.206	0.141	0.127	0.205
常州	0.844	0.373	0.175	0.544	0.126	0.153	0.33
蘇州	0.9	0.426	0.199	0.992	0.149	0.14	0.344
南通	0.758	0.374	0.229	0.37	0.133	0.144	0.213
連雲港	0.819	0.354	0.152	0.192	0.118	0.126	0.184
淮安	0.815	0.353	0.166	0.199	0.119	0.132	0.18
鹽城	0.851	0.367	0.153	0.41	0.128	0.117	0.171
揚州	0.76	0.36	0.143	0.399	0.12	0.124	0.217
鎮江	0.852	0.373	0.36	0.554	0.117	0.35	0.31
泰州	0.835	0.368	0.22	0.38	0.123	0.162	0.221
宿遷	0.858	0.361	0.174	0.277	0.11	0.134	0.107
杭州	0.919	0.457	0.155	0.992	0.183	0.12	0.522
寧波	0.774	0.394	0.133	0.827	0.15	0.115	0.394
溫州	0.93	0.381	0.302	0.347	0.143	0.166	0.255
嘉興	0.792	0.373	0.119	0.662	0.125	0.115	0.338
湖州	0.885	0.375	0.171	0.473	0.116	0.171	0.305
紹興	0.814	0.368	0.135	0.465	0.127	0.121	0.29
金華	0.888	0.36	0.323	0.3	0.13	0.223	0.298
衢州	0.767	0.369	0.13	0.635	0.111	0.131	0.22
舟山	0.816	0.372	0.158	0.558	0.108	0.255	0.434
台州	0.833	0.381	0.154	0.321	0.131	0.124	0.254
麗水	0.79	0.336	0.162	0.909	0.114	0.162	0.266

表 4.6.1 2014 年度城市社會體制競爭力三級指標分值

城市	失業率(逆)	基尼指數(逆)	社會保障補助支出	社會保障覆蓋率	社會服務業人力資本規模	人均社會保障補助支出	社會服務業從業者每萬人擁有量
合肥	0.908	0.364	0.14	0.471	0.141	0.115	0.272
蕪湖	0.791	0.346	0.135	0.211	0.115	0.124	0.205
蚌埠	0.698	0.337	0.17	0.331	0.112	0.15	0.18
淮南	0.592	0.35	0.204	0.489	0.113	0.211	0.263
馬鞍山	0.728	0.355	0.16	0.258	0.108	0.168	0.195
淮北	0.608	0.349	0.121	0.25	0.109	0.125	0.228
銅陵	0.551	0.354	0.141	0.407	0.103	0.243	0.231
安慶	0.569	0.351	0.128	0.245	0.119	0.112	0.159
黃山	0.766	0.359	0.138	0.315	0.106	0.168	0.23
滁州	0.828	0.353	0.159	0.288	0.112	0.134	0.151
阜陽	0.863	0.377	0.126	0.183	0.121	0.106	0.117
宿州	0.786	0.368	0.16	0.15	0.114	0.124	0.125
六安	0.866	0.37	0.14	0.21	0.127	0.115	0.191
亳州	0.786	0.373	0.147	0.1	0.113	0.12	0.121
池州	0.597	0.361	0.213	0.229	0.105	0.281	0.176
宣城	0.671	0.353	0.168	0.176	0.11	0.164	0.194
福州	0.866	0.392	0.135	0.544	0.143	0.114	0.303
廈門	0.879	0.398	0.159	0.991	0.118	0.181	0.45
莆田	0.909	0.374	0.17	0.213	0.11	0.156	0.164
三明	0.859	0.355	0.136	0.31	0.112	0.134	0.225
泉州	0.939	0.386	0.198	0.417	0.12	0.137	0.156
漳州	0.88	0.363	0.138	0.217	0.115	0.12	0.167
南平	0.709	0.35	0.123	0.275	0.114	0.119	0.226
龍岩	0.775	0.365	0.182	0.284	0.115	0.172	0.249
寧德	0.871	0.326	0.13	0.347	0.112	0.123	0.191
南昌	0.692	0.368	0.201	0.37	0.137	0.152	0.339
景德鎮	0.73	0.333	0.145	0.356	0.106	0.17	0.199
萍鄉	0.815	0.323	0.124	0.483	0.106	0.133	0.182
九江	0.934	0.325	0.123	0.319	0.121	0.112	0.21
新餘	0.53	0.373	0.188	0.464	0.103	0.29	0.175
鷹潭	0.639	0.351	0.252	0.303	0.103	0.418	0.158
贛州	0.746	0.387	0.161	0.273	0.13	0.117	0.167
吉安	0.55	0.326	0.143	0.295	0.117	0.122	0.171
宜春	0.521	0.366	0.19	0.32	0.118	0.141	0.166
撫州	0.753	0.37	0.197	0.296	0.112	0.16	0.153
上饒	0.642	0.332	0.169	0.251	0.125	0.124	0.167
濟南	0.828	0.394	0.199	0.5	0.149	0.142	0.367
青島	0.779	0.41	0.136	0.5	0.143	0.112	0.266
淄博	0.774	0.366	0.283	0.517	0.128	0.212	0.315
棗莊	0.837	0.366	0.172	0.356	0.116	0.147	0.204
東營	0.885	0.389	0.118	0.535	0.115	0.125	0.393
煙臺	0.739	0.369	0.135	0.462	0.135	0.114	0.258
濰坊	0.745	0.368	0.245	0.347	0.145	0.143	0.245
濟寧	0.741	0.371	0.178	0.331	0.132	0.124	0.187
泰安	0.759	0.342	0.187	0.399	0.12	0.14	0.184
威海	0.916	0.376	0.146	0.394	0.116	0.147	0.31
日照	0.745	0.357	0.181	0.337	0.113	0.173	0.229
萊蕪	0.863	0.374	0.243	0.369	0.105	0.394	0.214
臨沂	0.855	0.374	0.162	0.242	0.138	0.115	0.175
德州	0.843	0.372	0.21	0.182	0.121	0.15	0.186
聊城	0.637	0.378	0.171	0.312	0.124	0.131	0.201
濱州	0.809	0.36	0.181	0.3	0.113	0.155	0.183
菏澤	0.748	0.364	0.173	0.276	0.133	0.12	0.172
鄭州	0.832	0.394	0.172	0.264	0.164	0.117	0.278
開封	0.643	0.324	0.154	0.168	0.124	0.126	0.214
洛陽	0.689	0.332	0.145	0.333	0.131	0.116	0.212
平頂山	0.726	0.374	0.131	0.287	0.119	0.115	0.181

表 4.6.1 2014 年度城市社會體制競爭力三級指標分值

城市	失業率(逆)	基尼指數(逆)	社會保障補助支出	社會保障覆蓋率	社會服務業人力資本規模	人均社會保障補助支出	社會服務業從業者每萬人擁有量
安陽	0.726	0.324	0.147	0.26	0.122	0.121	0.185
鶴壁	0.859	0.336	0.181	0.292	0.105	0.23	0.189
新鄉	0.679	0.372	0.123	0.283	0.128	0.11	0.219
焦作	0.811	0.33	0.164	0.306	0.117	0.146	0.233
濮陽	0.762	0.321	0.158	0.246	0.109	0.136	0.128
許昌	0.355	0.358	0.212	0.24	0.117	0.159	0.182
漯河	0.784	0.376	0.215	0.332	0.111	0.209	0.21
三門峡	0.823	0.357	0.193	0.335	0.109	0.207	0.205
南陽	0.74	0.368	0.243	0.192	0.14	0.131	0.169
商丘	0.682	0.374	0.144	0.221	0.134	0.112	0.184
信陽	0.909	0.366	0.195	0.215	0.124	0.129	0.149
周口	0.649	0.361	0.131	0.111	0.128	0.107	0.126
駐馬店	0.819	0.375	0.16	0.195	0.128	0.117	0.16
武漢	0.76	0.41	0.206	0.716	0.164	0.134	0.357
黃石	0.628	0.33	0.18	0.462	0.11	0.18	0.196
十堰	0.754	0.332	0.175	0.334	0.12	0.156	0.275
宜昌	0.841	0.357	0.134	0.387	0.121	0.122	0.253
襄陽	0.722	0.354	0.153	0.353	0.13	0.123	0.246
鄂州	0.607	0.308	0.401	0.308	0.105	0.817	0.24
荊門	0.758	0.354	0.211	0.337	0.112	0.196	0.203
孝感	0.758	0.367	0.151	0.282	0.124	0.125	0.224
荊州	0.469	0.327	0.156	0.188	0.128	0.122	0.208
黃岡	0.694	0.336	0.118	0.276	0.128	0.106	0.19
咸寧	0.634	0.295	0.182	0.322	0.12	0.172	0.317
隨州	0.912	0.369	0.142	0.241	0.109	0.143	0.192
長沙	0.733	0.384	0.207	0.46	0.157	0.142	0.392
株洲	0.835	0.336	0.237	0.376	0.119	0.19	0.235
湘潭	0.646	0.351	0.13	0.377	0.113	0.127	0.221
衡陽	0.586	0.326	0.204	0.272	0.133	0.134	0.202
邵陽	0.724	0.372	0.163	0.172	0.126	0.12	0.168
岳陽	0.768	0.336	0.187	0.42	0.125	0.139	0.213
常德	0.729	0.364	0.189	0.198	0.125	0.137	0.196
張家界	0.648	0.37	0.167	0.257	0.106	0.202	0.203
益陽	0.642	0.349	0.218	0.308	0.118	0.164	0.195
郴州	0.621	0.363	0.184	0.16	0.122	0.143	0.214
永州	0.593	0.377	0.185	0.321	0.121	0.136	0.173
懷化	0.672	0.331	0.19	0.279	0.124	0.145	0.228
婁底	0.588	0.34	0.22	0.188	0.114	0.171	0.169
廣州	0.651	0.502	0.148	0.932	0.222	0.115	0.645
韶關	0.15	0.38	0.147	0.317	0.115	0.137	0.227
深圳	0.952	0.535	0.13	0.993	0.151	0.128	0.776
珠海	0.896	0.393	0.163	0.991	0.109	0.254	0.438
汕頭	0.902	0.374	0.145	0.919	0.119	0.122	0.184
佛山	0.881	0.397	0.145	0.991	0.141	0.131	0.484
江門	0.863	0.34	0.129	0.965	0.123	0.119	0.284
湛江	0.71	0.376	0.156	0.184	0.127	0.119	0.174
茂名	0.547	0.351	0.271	0.954	0.122	0.159	0.155
肇慶	0.922	0.37	0.171	0.92	0.119	0.143	0.222
惠州	0.924	0.388	0.122	0.991	0.12	0.116	0.281
梅州	0.66	0.372	0.165	0.881	0.119	0.133	0.189
汕尾	0.719	0.345	0.144	0.284	0.107	0.133	0.119
河源	0.75	0.357	0.13	0.236	0.111	0.122	0.17
陽江	0.686	0.231	0.144	0.876	0.109	0.14	0.182
清遠	0.805	0.375	0.167	0.978	0.114	0.143	0.185
東莞	0.95	0.402	0.423	0.991	0.131	0.551	0.747
中山	0.933	0.402	0.162	0.991	0.115	0.206	0.461
潮州	0.764	0.361	0.147	0.279	0.108	0.146	0.163

表 4.6.1 2014 年度城市社會體制競爭力三級指標分值

城市	失業率(逆)	基尼指數(逆)	社會保障補助支出	社會保障覆蓋率	社會服務業人力資本規模	人均社會保障補助支出	社會服務業從業者每萬人擁有量
揭陽	0.925	0.368	0.182	0.843	0.112	0.132	0.108
雲浮	0.882	0.349	0.149	0.906	0.109	0.144	0.168
南寧	0.757	0.376	0.193	0.289	0.144	0.134	0.289
柳州	0.731	0.36	0.121	0.425	0.128	0.115	0.346
桂林	0.622	0.366	0.113	0.281	0.125	0.106	0.234
梧州	0.62	0.361	0.146	0.251	0.113	0.137	0.199
北海	0.703	0.377	0.144	0.324	0.108	0.168	0.239
防城港	0.845	0.363	0.153	0.376	0.105	0.251	0.29
欽州	0.782	0.343	0.133	0.174	0.114	0.122	0.19
貴港	0.702	0.369	0.158	0.164	0.113	0.128	0.138
玉林	0.744	0.365	0.133	0.177	0.122	0.112	0.165
百色	0.815	0.362	0.122	0.181	0.116	0.114	0.2
賀州	0.576	0.372	0.147	0.196	0.108	0.154	0.19
河池	0.747	0.366	0.12	0.203	0.115	0.113	0.189
來賓	0.82	0.368	0.129	0.182	0.114	0.129	0.271
崇左	0.816	0.358	0.136	0.243	0.108	0.139	0.185
海口	0.895	0.378	0.113	0.321	0.118	0.12	0.512
三亞	0.776	0.382	0.137	0.749	0.104	0.268	0.386
重慶	0.915	0.425	0.438	0.265	0.261	0.126	0.228
成都	0.866	0.413	0.249	0.505	0.205	0.133	0.401
自貢	0.619	0.343	0.154	0.297	0.112	0.143	0.194
攀枝花	0.606	0.363	0.147	0.635	0.106	0.211	0.284
瀘州	0.71	0.346	0.156	0.234	0.114	0.129	0.154
德陽	0.678	0.364	0.152	0.271	0.115	0.135	0.196
綿陽	0.625	0.338	0.149	0.288	0.12	0.123	0.184
廣元	0.51	0.36	0.152	0.271	0.111	0.143	0.181
遂寧	0.1	0.344	0.172	0.192	0.11	0.15	0.149
內江	0.677	0.343	0.143	0.253	0.113	0.126	0.167
樂山	0.546	0.365	0.145	0.349	0.112	0.133	0.176
南充	0.57	0.354	0.132	0.261	0.121	0.111	0.147
眉山	0.693	0.351	0.188	0.241	0.11	0.166	0.157
宜賓	0.73	0.349	0.16	0.23	0.117	0.128	0.166
廣安	0.591	0.28	0.124	0.222	0.109	0.113	0.119
達州	0.748	0.385	0.155	0.206	0.119	0.121	0.145
雅安	0.849	0.376	0.143	0.268	0.106	0.172	0.205
巴中	0.664	0.372	0.168	0.191	0.109	0.145	0.13
資陽	0.546	0.359	0.193	0.227	0.114	0.148	0.147
貴陽	0.78	0.376	0.136	0.361	0.126	0.125	0.327
六盤水	0.744	0.367	0.174	0.255	0.106	0.16	0.116
遵義	0.545	0.362	0.164	0.13	0.125	0.122	0.168
安順	0.75	0.36	0.167	0.197	0.108	0.161	0.163
畢節	0.736	0.364	0.152	0.13	0.115	0.116	0.102
銅仁	0.747	0.361	0.136	0.168	0.111	0.122	0.142
昆明	0.847	0.388	0.241	0.546	0.146	0.167	0.385
曲靖	0.617	0.374	0.134	0.201	0.11	0.114	0.1
玉溪	0.903	0.352	0.181	0.285	0.11	0.199	0.239
保山	0.737	0.332	0.207	0.183	0.108	0.209	0.171
昭通	0.547	0.336	0.159	0.128	0.112	0.126	0.123
麗江	0.673	0.377	0.145	0.207	0.103	0.199	0.174
普洱	0.756	0.359	0.143	0.194	0.107	0.144	0.167
臨滄	0.712	0.339	0.147	0.158	0.105	0.151	0.137
拉薩	1	0.352	0.215	0.241	0.104	0.696	0.443
西安	0.69	0.386	0.124	0.549	0.162	0.108	0.357
銅川	0.896	0.328	0.161	0.475	0.104	0.287	0.273
寶雞	0.764	0.323	0.157	0.313	0.12	0.138	0.259
咸陽	0.766	0.385	0.127	0.29	0.121	0.113	0.197
渭南	0.724	0.35	0.178	0.296	0.121	0.136	0.188

表 4.6.1 2014 年度城市社會體制競爭力三級指標分值

城市	失業率(逆)	基尼指數(逆)	社會保障補助支出	社會保障覆蓋率	社會服務業人力資本規模	人均社會保障補助支出	社會服務業從業者每萬人擁有量
延安	0.79	0.376	0.146	0.476	0.113	0.151	0.273
漢中	0.802	0.349	0.273	0.255	0.117	0.218	0.226
榆林	0.741	0.391	0.172	0.236	0.115	0.15	0.202
安康	0.709	0.363	0.133	0.2	0.112	0.128	0.201
商洛	0.774	0.379	0.144	0.23	0.109	0.146	0.192
蘭州	0.875	0.388	0.129	0.299	0.121	0.124	0.306
嘉峪關	0.734	0.357	0.13	0.488	0.1	0.495	0.262
金昌	0.73	0.349	0.106	0.474	0.101	0.134	0.193
白銀	0.731	0.363	0.176	0.306	0.105	0.212	0.162
天水	0.73	0.31	0.139	0.207	0.109	0.127	0.144
武威	0.821	0.371	0.111	0.218	0.106	0.115	0.188
張掖	0.798	0.363	0.152	0.276	0.106	0.205	0.238
平涼	0.565	0.339	0.151	0.212	0.108	0.157	0.18
酒泉	0.713	0.338	0.141	0.353	0.105	0.207	0.263
慶陽	0.355	0.338	0.169	0.169	0.107	0.168	0.15
定西	0.748	0.361	0.144	0.162	0.109	0.139	0.163
隴南	0.696	0.346	0.16	0.166	0.107	0.155	0.14
西寧	0.645	0.366	0.148	0.213	0.119	0.163	0.44
銀川	0.669	0.374	0.124	0.87	0.115	0.138	0.422
石嘴山	0.667	0.353	0.119	0.878	0.105	0.167	0.346
吳忠	0.412	0.366	0.142	0.172	0.103	0.176	0.156
固原	0.805	0.356	0.131	0.164	0.104	0.152	0.163
中衛	0.863	0.377	0.139	0.874	0.103	0.184	0.185
烏魯木齊	0.713	0.384	0.16	0.649	0.13	0.16	0.531
克拉瑪依	0.96	0.376	0.113	0.745	0.102	0.191	0.347
香港	0.683	0.645	1	0.811	0.267	0.428	1
澳門	0.781	0.406	0.301	0.807	0.107	1	0.6
新北	0.596	0.37	0.269	0.807	0.998	0.212	0.399
臺北	0.586	0.431	0.348	0.808	0.997	0.342	0.398
台中	0.596	0.375	0.182	0.807	0.998	0.18	0.399
台南	0.596	0.371	0.176	0.807	0.998	0.205	0.399
高雄	0.586	0.389	0.239	0.807	0.997	0.23	0.398
基隆	0.586	0.354	0.112	0.807	0.997	0.186	0.398
新竹	0.596	0.388	0.11	0.807	0.998	0.159	0.399
嘉義	0.615	0.356	0.106	0.807	1	0.157	0.4

表 4.6.2 2014 年度城市社會體制競爭力三級指標分值（續 1）

城市	刑事案件發生率(逆)	刑事案件偵破率	社會安全民眾滿意度	平均預期壽命	嬰兒死亡率(逆)	每十萬人擁有醫生數	每十萬人擁有醫院病床數
北京	0.557	0.618	0.537	0.494	0.403	0.351	0.467
天津	0.443	0.439	0.37	0.36	0.305	0.208	0.323
石家莊	0.38	0.362	0.335	0.187	0.168	0.173	0.272
唐山	0.362	0.334	0.339	0.251	0.205	0.178	0.25
秦皇島	0.335	0.436	0.322	0.184	0.156	0.18	0.239
邯鄲	0.319	0.214	0.231	0.175	0.179	0.137	0.222
邢臺	0.315	0.2	0.188	0.165	0.2	0.148	0.21
保定	0.304	0.245	0.264	0.177	0.137	0.146	0.209
張家口	0.288	0.276	0.296	0.183	0.129	0.134	0.17
承德	0.291	0.24	0.271	0.161	0.171	0.159	0.28
滄州	0.292	0.239	0.271	0.179	0.175	0.158	0.177
廊坊	0.326	0.358	0.312	0.223	0.202	0.159	0.234
衡水	0.321	0.179	0.147	0.121	0.135	0.15	0.198
太原	0.33	0.198	0.202	0.2	0.224	0.289	0.58
大同	0.331	0.191	0.204	0.169	0.109	0.191	0.292

表 4.6.2 2014 年度城市社會體制競爭力三級指標分值（續 1）

城市	刑事案件發生率(逆)	刑事案件偵破率	社會安全民眾滿意度	平均預期壽命	嬰兒死亡率(逆)	每十萬人擁有醫生數	每十萬人擁有醫院病床數
陽泉	0.332	0.122	0.1	0.164	0.141	0.2	0.34
長治	0.335	0.118	0.125	0.162	0.139	0.173	0.263
晉城	0.341	0.114	0.132	0.13	0.136	0.185	0.251
朔州	0.359	0.201	0.248	0.168	0.158	0.159	0.236
晉中	0.348	0.196	0.251	0.185	0.206	0.162	0.244
運城	0.376	0.211	0.201	0.17	0.198	0.246	0.368
忻州	0.386	0.2	0.225	0.177	0.172	0.175	0.243
臨汾	0.394	0.16	0.195	0.178	0.209	0.17	0.242
呂梁	0.354	0.177	0.222	0.156	0.223	0.214	0.176
呼和浩特	0.378	0.248	0.181	0.179	0.158	0.163	0.334
包頭	0.383	0.16	0.176	0.184	0.198	0.219	0.407
烏海	0.36	0.172	0.18	0.185	0.139	0.199	0.425
赤峰	0.354	0.185	0.194	0.164	0.153	0.168	0.277
通遼	0.361	0.16	0.203	0.172	0.145	0.156	0.206
鄂爾多斯	0.37	0.133	0.112	0.167	0.141	0.258	0.363
呼倫貝爾	0.34	0.132	0.102	0.168	0.152	0.194	0.327
巴彥淖爾	0.362	0.153	0.112	0.164	0.183	0.173	0.3
烏蘭察布	0.341	0.138	0.124	0.161	0.138	0.192	0.146
瀋陽	0.356	0.367	0.3	0.23	0.238	0.21	0.46
大連	0.351	0.342	0.311	0.269	0.323	0.198	0.384
鞍山	0.326	0.178	0.181	0.196	0.172	0.14	0.339
撫順	0.351	0.159	0.248	0.176	0.205	0.175	0.297
本溪	0.33	0.169	0.198	0.154	0.155	0.155	0.411
丹東	0.324	0.171	0.19	0.161	0.164	0.14	0.371
錦州	0.324	0.231	0.202	0.145	0.161	0.145	0.254
營口	0.301	0.221	0.229	0.228	0.162	0.161	0.375
阜新	0.299	0.228	0.189	0.146	0.192	0.163	0.291
遼陽	0.266	0.193	0.194	0.151	0.163	0.169	0.377
盤錦	0.342	0.228	0.212	0.169	0.171	0.185	0.35
鐵嶺	0.339	0.233	0.18	0.185	0.11	0.156	0.194
朝陽	0.324	0.204	0.22	0.172	0.196	0.126	0.246
葫蘆島	0.326	0.25	0.239	0.157	0.186	0.148	0.228
長春	0.36	0.441	0.323	0.191	0.212	0.179	0.35
吉林	0.343	0.204	0.193	0.164	0.149	0.179	0.312
四平	0.344	0.227	0.235	0.177	0.119	0.156	0.248
遼源	0.357	0.173	0.177	0.205	0.2	0.161	0.295
通化	0.348	0.17	0.183	0.168	0.192	0.178	0.295
白山	0.386	0.208	0.173	0.232	0.142	0.188	0.328
松原	0.409	0.242	0.238	0.175	0.198	0.142	0.167
白城	0.423	0.201	0.167	0.167	0.162	0.167	0.202
哈爾濱	0.43	0.339	0.299	0.192	0.137	0.156	0.342
齊齊哈爾	0.408	0.259	0.187	0.172	0.185	0.192	0.235
雞西	0.387	0.249	0.18	0.183	0.19	0.162	0.364
鶴崗	0.393	0.211	0.238	0.175	0.124	0.186	0.399
雙鴨山	0.381	0.206	0.216	0.18	0.145	0.162	0.294
大慶	0.395	0.164	0.244	0.253	0.19	0.207	0.315
伊春	0.388	0.236	0.235	0.169	0.209	0.172	0.317
佳木斯	0.402	0.232	0.163	0.171	0.117	0.14	0.301
七台河	0.417	0.214	0.164	0.186	0.181	0.151	0.279
牡丹江	0.401	0.171	0.201	0.175	0.14	0.144	0.319
黑河	0.402	0.226	0.214	0.175	0.155	0.265	0.27
綏化	0.405	0.238	0.208	0.18	0.185	0.137	0.162
上海	1	1	1	1	1	0.217	0.491
南京	0.431	0.541	0.405	0.246	0.185	0.203	0.337
無錫	0.421	0.377	0.374	0.22	0.182	0.194	0.371
徐州	0.4	0.234	0.265	0.185	0.173	0.136	0.238
常州	0.406	0.365	0.332	0.191	0.18	0.194	0.334

表 4.6.2 2014 年度城市社會體制競爭力三級指標分值（續 1）

城市	刑事案件發生率(逆)	刑事案件偵破率	社會安全民眾滿意度	平均預期壽命	嬰兒死亡率(逆)	每十萬人擁有醫生數	每十萬人擁有醫院病床數
蘇州	0.463	0.513	0.575	0.279	0.381	0.229	0.442
南通	0.39	0.371	0.355	0.219	0.219	0.157	0.264
連雲港	0.416	0.321	0.29	0.172	0.216	0.135	0.195
淮安	0.416	0.363	0.264	0.179	0.139	0.149	0.226
鹽城	0.438	0.33	0.278	0.178	0.165	0.146	0.203
揚州	0.405	0.355	0.292	0.187	0.134	0.156	0.228
鎮江	0.407	0.321	0.285	0.201	0.147	0.183	0.278
泰州	0.443	0.321	0.299	0.189	0.159	0.154	0.222
宿遷	0.434	0.331	0.28	0.184	0.157	0.128	0.191
杭州	0.496	0.484	0.444	0.287	0.294	0.244	0.419
寧波	0.45	0.429	0.399	0.214	0.277	0.217	0.299
溫州	0.405	0.432	0.351	0.188	0.208	0.179	0.21
嘉興	0.417	0.443	0.368	0.225	0.143	0.18	0.323
湖州	0.433	0.48	0.388	0.179	0.142	0.177	0.276
紹興	0.446	0.42	0.377	0.215	0.155	0.178	0.276
金華	0.467	0.324	0.293	0.18	0.174	0.167	0.268
衢州	0.441	0.321	0.28	0.163	0.195	0.183	0.209
舟山	0.47	0.35	0.335	0.223	0.232	0.194	0.308
台州	0.465	0.317	0.265	0.182	0.177	0.168	0.199
麗水	0.352	0.233	0.255	0.171	0.159	0.164	0.217
合肥	0.46	0.335	0.281	0.23	0.134	0.166	0.33
蕪湖	0.451	0.231	0.243	0.179	0.126	0.149	0.235
蚌埠	0.423	0.219	0.228	0.179	0.217	0.134	0.255
淮南	0.429	0.179	0.161	0.172	0.13	0.159	0.294
馬鞍山	0.418	0.234	0.229	0.215	0.133	0.142	0.183
淮北	0.348	0.236	0.224	0.172	0.13	0.151	0.266
銅陵	0.391	0.245	0.23	0.175	0.161	0.185	0.366
安慶	0.385	0.25	0.167	0.23	0.13	0.126	0.172
黃山	0.377	0.196	0.187	0.178	0.164	0.15	0.236
滁州	0.395	0.186	0.2	0.16	0.191	0.123	0.186
阜陽	0.395	0.212	0.202	0.176	0.168	0.112	0.15
宿州	0.387	0.246	0.215	0.164	0.206	0.106	0.162
六安	0.38	0.169	0.196	0.175	0.199	0.115	0.143
亳州	0.354	0.222	0.236	0.189	0.177	0.101	0.129
池州	0.372	0.225	0.202	0.179	0.207	0.133	0.197
宣城	0.37	0.243	0.25	0.176	0.198	0.14	0.205
福州	0.367	0.332	0.313	0.199	0.152	0.18	0.268
廈門	0.412	0.449	0.402	0.247	0.227	0.272	0.388
莆田	0.353	0.281	0.283	0.197	0.21	0.18	0.186
三明	0.354	0.247	0.258	0.161	0.157	0.144	0.267
泉州	0.412	0.392	0.288	0.203	0.193	0.143	0.23
漳州	0.412	0.258	0.279	0.171	0.196	0.125	0.198
南平	0.387	0.264	0.303	0.192	0.195	0.137	0.264
龍岩	0.418	0.291	0.268	0.174	0.17	0.126	0.283
寧德	0.4	0.303	0.255	0.183	0.185	0.126	0.194
南昌	0.394	0.386	0.289	0.207	0.193	0.142	0.279
景德鎮	0.305	0.228	0.25	0.106	0.132	0.14	0.197
萍鄉	0.282	0.217	0.248	0.11	0.18	0.159	0.272
九江	0.342	0.235	0.265	0.186	0.218	0.141	0.201
新餘	0.34	0.268	0.277	0.196	0.204	0.154	0.24
鷹潭	0.299	0.278	0.284	0.182	0.201	0.153	0.194
贛州	0.305	0.273	0.291	0.166	0.132	0.116	0.18
吉安	0.312	0.255	0.283	0.16	0.212	0.127	0.187
宜春	0.297	0.304	0.278	0.171	0.182	0.128	0.193
撫州	0.303	0.286	0.265	0.168	0.179	0.12	0.138
上饒	0.275	0.305	0.277	0.163	0.198	0.127	0.159
濟南	0.326	0.492	0.442	0.233	0.223	0.212	0.379

表 4.6.2 2014 年度城市社會體制競爭力三級指標分值（續 1）

城市	刑事案件發生率(逆)	刑事案件偵破率	社會安全民眾滿意度	平均預期壽命	嬰兒死亡率(逆)	每十萬人擁有醫生數	每十萬人擁有醫院病床數
青島	0.338	0.534	0.463	0.215	0.272	0.195	0.351
淄博	0.304	0.354	0.266	0.193	0.204	0.195	0.348
棗莊	0.305	0.307	0.279	0.161	0.206	0.132	0.228
東營	0.283	0.342	0.293	0.186	0.217	0.174	0.374
煙臺	0.282	0.366	0.347	0.242	0.177	0.193	0.363
濰坊	0.265	0.317	0.297	0.21	0.169	0.196	0.349
濟寧	0.255	0.356	0.271	0.186	0.132	0.216	0.336
泰安	0.277	0.352	0.302	0.227	0.19	0.154	0.271
威海	0.258	0.34	0.289	0.226	0.14	0.158	0.418
日照	0.254	0.34	0.286	0.174	0.143	0.149	0.224
萊蕪	0.251	0.352	0.284	0.224	0.163	0.172	0.32
臨沂	0.275	0.305	0.299	0.19	0.136	0.128	0.24
德州	0.275	0.327	0.273	0.166	0.185	0.138	0.209
聊城	0.301	0.341	0.311	0.182	0.195	0.134	0.237
濱州	0.303	0.317	0.261	0.185	0.201	0.167	0.376
菏澤	0.281	0.323	0.266	0.176	0.18	0.132	0.185
鄭州	0.297	0.316	0.306	0.227	0.247	0.144	0.338
開封	0.278	0.178	0.201	0.182	0.171	0.133	0.204
洛陽	0.221	0.194	0.191	0.15	0.129	0.156	0.27
平頂山	0.231	0.221	0.176	0.174	0.12	0.151	0.274
安陽	0.222	0.194	0.158	0.186	0.158	0.148	0.232
鶴壁	0.221	0.205	0.242	0.211	0.167	0.158	0.255
新鄉	0.261	0.167	0.22	0.165	0.162	0.131	0.271
焦作	0.248	0.161	0.161	0.1	0.213	0.161	0.26
濮陽	0.256	0.146	0.144	0.101	0.203	0.134	0.199
許昌	0.268	0.22	0.159	0.167	0.172	0.149	0.211
漯河	0.272	0.229	0.226	0.216	0.169	0.139	0.242
三門峽	0.269	0.227	0.218	0.173	0.144	0.139	0.309
南陽	0.263	0.194	0.173	0.176	0.183	0.134	0.178
商丘	0.403	0.341	0.361	0.228	0.233	0.123	0.163
信陽	0.261	0.251	0.221	0.172	0.209	0.109	0.139
周口	0.235	0.209	0.213	0.173	0.16	0.113	0.146
駐馬店	0.221	0.224	0.147	0.168	0.193	0.125	0.174
武漢	0.267	0.322	0.309	0.272	0.199	0.213	0.437
黃石	0.222	0.2	0.159	0.142	0.13	0.144	0.242
十堰	0.223	0.178	0.158	0.17	0.132	0.17	0.256
宜昌	0.25	0.237	0.238	0.212	0.169	0.169	0.315
襄陽	0.233	0.151	0.213	0.185	0.15	0.145	0.245
鄂州	0.261	0.217	0.227	0.187	0.179	0.148	0.228
荊門	0.254	0.232	0.249	0.171	0.216	0.147	0.237
孝感	0.258	0.163	0.174	0.173	0.198	0.127	0.148
荊州	0.257	0.217	0.169	0.177	0.154	0.132	0.205
黃岡	0.257	0.227	0.172	0.161	0.117	0.132	0.178
咸寧	0.26	0.262	0.183	0.169	0.123	0.153	0.236
隨州	0.238	0.208	0.242	0.182	0.171	0.135	0.164
長沙	0.254	0.248	0.248	0.216	0.246	0.207	0.459
株洲	0.106	0.182	0.179	0.182	0.133	0.162	0.308
湘潭	0.127	0.204	0.191	0.179	0.153	0.165	0.273
衡陽	0.1	0.17	0.16	0.141	0.137	0.143	0.211
邵陽	0.136	0.197	0.203	0.178	0.16	0.162	0.199
岳陽	0.214	0.171	0.229	0.222	0.168	0.14	0.189
常德	0.217	0.234	0.207	0.176	0.148	0.227	0.215
張家界	0.215	0.238	0.236	0.122	0.179	0.136	0.236
益陽	0.194	0.216	0.164	0.165	0.215	0.136	0.21
郴州	0.2	0.185	0.164	0.161	0.149	0.14	0.26
永州	0.216	0.206	0.212	0.174	0.146	0.123	0.199
懷化	0.232	0.221	0.209	0.152	0.182	0.182	0.319

表 4.6.2 2014 年度城市社會體制競爭力三級指標分值（續 1）

城市	刑事案件發生率(逆)	刑事案件偵破率	社會安全民眾滿意度	平均預期壽命	嬰兒死亡率(逆)	每十萬人擁有醫生數	每十萬人擁有醫院病床數
婁底	0.251	0.249	0.24	0.182	0.124	0.139	0.188
廣州	0.372	0.496	0.452	0.329	0.432	0.195	0.308
韶關	0.254	0.345	0.395	0.176	0.172	0.153	0.248
深圳	0.389	0.502	0.588	0.412	0.328	0.44	0.595
珠海	0.259	0.395	0.342	0.199	0.194	0.273	0.422
汕頭	0.24	0.305	0.289	0.174	0.159	0.122	0.154
佛山	0.244	0.368	0.323	0.201	0.187	0.227	0.439
江門	0.256	0.299	0.366	0.184	0.156	0.157	0.254
湛江	0.212	0.219	0.233	0.175	0.165	0.128	0.186
茂名	0.205	0.266	0.223	0.184	0.132	0.13	0.159
肇慶	0.22	0.259	0.245	0.175	0.138	0.115	0.172
惠州	0.194	0.311	0.328	0.224	0.221	0.188	0.279
梅州	0.181	0.24	0.232	0.175	0.181	0.138	0.146
汕尾	0.183	0.254	0.201	0.234	0.225	0.131	0.118
河源	0.211	0.22	0.206	0.166	0.145	0.124	0.144
陽江	0.2	0.251	0.25	0.195	0.185	0.128	0.152
清遠	0.209	0.23	0.232	0.174	0.177	0.144	0.175
東莞	0.208	0.411	0.427	0.251	0.243	0.403	0.838
中山	0.207	0.445	0.397	0.237	0.213	0.237	0.488
潮州	0.188	0.228	0.216	0.176	0.178	0.138	0.141
揭陽	0.176	0.228	0.214	0.182	0.21	0.125	0.1
雲浮	0.156	0.247	0.201	0.164	0.215	0.13	0.14
南寧	0.14	0.234	0.225	0.181	0.183	0.172	0.273
柳州	0.136	0.215	0.216	0.176	0.127	0.169	0.311
桂林	0.149	0.255	0.229	0.238	0.148	0.15	0.189
梧州	0.13	0.252	0.247	0.173	0.126	0.132	0.178
北海	0.121	0.205	0.223	0.166	0.142	0.151	0.241
防城港	0.112	0.25	0.205	0.15	0.172	0.124	0.203
欽州	0.16	0.278	0.301	0.163	0.175	0.113	0.195
貴港	0.151	0.24	0.235	0.182	0.224	0.116	0.131
玉林	0.168	0.206	0.218	0.171	0.168	0.118	0.161
百色	0.18	0.204	0.234	0.153	0.119	0.165	0.194
賀州	0.19	0.187	0.23	0.183	0.165	0.122	0.16
河池	0.18	0.199	0.24	0.202	0.185	0.128	0.18
來賓	0.182	0.203	0.24	0.225	0.179	0.123	0.186
崇左	0.178	0.198	0.23	0.246	0.167	0.124	0.153
海口	0.162	0.331	0.286	0.233	0.186	0.233	0.402
三亞	0.18	0.247	0.241	0.223	0.187	0.168	0.284
重慶	0.211	0.479	0.379	0.253	0.259	0.14	0.239
成都	0.175	0.433	0.393	0.265	0.242	0.232	0.474
自貢	0.134	0.261	0.229	0.179	0.13	0.122	0.269
攀枝花	0.147	0.228	0.166	0.174	0.221	0.216	0.465
瀘州	0.156	0.22	0.192	0.165	0.183	0.135	0.245
德陽	0.147	0.254	0.2	0.184	0.207	0.156	0.247
綿陽	0.169	0.23	0.207	0.167	0.192	0.154	0.302
廣元	0.165	0.247	0.161	0.178	0.158	0.148	0.284
遂寧	0.163	0.242	0.229	0.182	0.169	0.141	0.227
內江	0.187	0.249	0.177	0.178	0.162	0.119	0.261
樂山	0.149	0.183	0.174	0.186	0.145	0.16	0.262
南充	0.153	0.176	0.171	0.167	0.189	0.132	0.202
眉山	0.166	0.207	0.185	0.162	0.184	0.116	0.218
宜賓	0.188	0.177	0.167	0.177	0.203	0.113	0.245
廣安	0.197	0.186	0.182	0.177	0.193	0.113	0.154
達州	0.201	0.195	0.191	0.17	0.133	0.13	0.186
雅安	0.201	0.159	0.201	0.162	0.2	0.204	0.352
巴中	0.198	0.19	0.185	0.164	0.1	0.142	0.206
資陽	0.187	0.167	0.168	0.168	0.191	0.129	0.227

表 4.6.2 2014 年度城市社會體制競爭力三級指標分值（續 1）

城市	刑事案件發生率(逆)	刑事案件偵破率	社會安全民眾滿意度	平均預期壽命	嬰兒死亡率(逆)	每十萬人擁有醫生數	每十萬人擁有醫院病床數
貴陽	0.21	0.295	0.253	0.193	0.21	0.211	0.38
六盤水	0.183	0.235	0.216	0.154	0.171	0.126	0.232
遵義	0.196	0.172	0.167	0.18	0.218	0.12	0.2
安順	0.198	0.242	0.175	0.161	0.217	0.113	0.163
畢節	0.199	0.24	0.172	0.163	0.22	0.1	0.163
銅仁	0.196	0.244	0.175	0.16	0.22	0.151	0.21
昆明	0.226	0.405	0.451	0.227	0.245	0.381	0.535
曲靖	0.201	0.365	0.406	0.199	0.179	0.114	0.243
玉溪	0.179	0.174	0.183	0.175	0.154	0.162	0.33
保山	0.163	0.234	0.225	0.168	0.109	0.123	0.222
昭通	0.168	0.175	0.189	0.172	0.201	0.1	0.166
麗江	0.163	0.17	0.15	0.169	0.122	0.11	0.213
普洱	0.145	0.178	0.193	0.164	0.164	0.11	0.204
臨滄	0.113	0.191	0.337	0.161	0.192	0.115	0.205
拉薩	0.119	0.163	0.189	0.12	0.114	0.206	0.3
西安	0.18	0.378	0.328	0.196	0.256	0.199	0.364
銅川	0.171	0.203	0.185	0.175	0.187	0.183	0.326
寶雞	0.172	0.147	0.186	0.169	0.119	0.125	0.272
咸陽	0.169	0.168	0.169	0.164	0.134	0.143	0.26
渭南	0.14	0.198	0.193	0.175	0.148	0.133	0.186
延安	0.153	0.208	0.16	0.18	0.165	0.13	0.267
漢中	0.157	0.164	0.149	0.188	0.171	0.139	0.279
榆林	0.171	0.187	0.204	0.184	0.194	0.186	0.268
安康	0.174	0.197	0.174	0.174	0.158	0.13	0.207
商洛	0.176	0.115	0.107	0.137	0.168	0.13	0.217
蘭州	0.194	0.369	0.277	0.193	0.152	0.225	0.426
嘉峪關	0.192	0.181	0.208	0.183	0.206	0.245	0.488
金昌	0.195	0.186	0.205	0.161	0.178	0.195	0.302
白銀	0.209	0.191	0.186	0.171	0.132	0.133	0.23
天水	0.196	0.254	0.207	0.146	0.21	0.116	0.183
武威	0.206	0.1	0.142	0.175	0.132	0.198	0.247
張掖	0.197	0.125	0.145	0.185	0.155	0.15	0.221
平涼	0.2	0.124	0.159	0.18	0.161	0.13	0.249
酒泉	0.213	0.116	0.145	0.169	0.176	0.195	0.398
慶陽	0.218	0.118	0.129	0.196	0.126	0.122	0.186
定西	0.221	0.137	0.216	0.195	0.108	0.121	0.231
隴南	0.201	0.124	0.211	0.168	0.143	0.111	0.14
西寧	0.239	0.287	0.225	0.165	0.145	0.433	0.459
銀川	0.29	0.284	0.317	0.179	0.146	0.225	0.417
石嘴山	0.238	0.16	0.183	0.164	0.229	0.183	0.345
吳忠	0.226	0.184	0.156	0.164	0.141	0.134	0.219
固原	0.207	0.174	0.161	0.161	0.212	0.129	0.192
中衛	0.204	0.166	0.151	0.13	0.128	0.122	0.178
烏魯木齊	0.235	0.278	0.233	0.188	0.149	0.278	0.647
克拉瑪依	0.238	0.16	0.189	0.21	0.201	0.205	0.288
香港	0.528	0.501	0.53	0.591	0.555	0.152	0.336
澳門	0.276	0.277	0.313	0.25	0.261	0.222	0.147
新北	0.236	0.291	0.289	0.222	0.218	0.401	0.278
臺北	0.287	0.338	0.331	0.271	0.287	0.853	0.606
台中	0.229	0.283	0.291	0.205	0.221	0.615	0.491
台南	0.225	0.292	0.284	0.203	0.205	0.57	0.416
高雄	0.229	0.289	0.287	0.208	0.207	0.617	0.494
基隆	0.224	0.28	0.284	0.209	0.206	0.502	0.487
新竹	0.223	0.283	0.284	0.202	0.208	0.607	0.41
嘉義	0.232	0.284	0.282	0.206	0.206	1	1

表 4.6.3 2014 年度城市社會體制競爭力三級指標分值（續 2）

城市	政府機構規模指數	地方法規條例健全程度	政策法規透明度	政府執法能力	政府辦事效率	民眾對政府的滿意度
北京	0.567	0.778	0.566	0.577	0.493	0.557
天津	0.278	0.585	0.25	0.396	0.369	0.385
石家莊	0.212	0.506	0.267	0.302	0.26	0.302
唐山	0.234	0.351	0.165	0.234	0.154	0.239
秦皇島	0.268	0.423	0.157	0.243	0.179	0.25
邯鄲	0.187	0.217	0.163	0.202	0.207	0.201
邢臺	0.193	0.235	0.139	0.138	0.136	0.168
保定	0.185	0.243	0.158	0.151	0.167	0.191
張家口	0.263	0.226	0.205	0.192	0.127	0.188
承德	0.242	0.216	0.136	0.165	0.157	0.171
滄州	0.199	0.217	0.146	0.169	0.14	0.176
廊坊	0.261	0.231	0.208	0.169	0.162	0.274
衡水	0.194	0.207	0.137	0.153	0.161	0.143
太原	0.31	0.234	0.228	0.194	0.191	0.181
大同	0.306	0.287	0.205	0.178	0.155	0.183
陽泉	0.306	0.153	0.129	0.13	0.118	0.1
長治	0.283	0.209	0.127	0.123	0.169	0.154
晉城	0.253	0.228	0.126	0.139	0.14	0.143
朔州	0.361	0.193	0.155	0.153	0.144	0.193
晉中	0.273	0.268	0.157	0.145	0.153	0.198
運城	0.251	0.254	0.189	0.136	0.133	0.191
忻州	0.311	0.28	0.204	0.165	0.147	0.205
臨汾	0.322	0.284	0.187	0.177	0.146	0.181
呂梁	0.337	0.272	0.154	0.164	0.157	0.179
呼和浩特	0.366	0.394	0.202	0.205	0.19	0.199
包頭	0.233	0.259	0.132	0.177	0.167	0.201
烏海	0.31	0.368	0.13	0.152	0.148	0.187
赤峰	0.206	0.232	0.148	0.137	0.151	0.223
通遼	0.194	0.273	0.124	0.168	0.166	0.186
鄂爾多斯	0.446	0.236	0.109	0.122	0.13	0.137
呼倫貝爾	0.288	0.177	0.115	0.117	0.109	0.144
巴彥淖爾	0.293	0.152	0.107	0.106	0.137	0.122
烏蘭察布	0.27	0.164	0.134	0.107	0.134	0.142
瀋陽	0.239	0.537	0.249	0.254	0.249	0.315
大連	0.205	0.607	0.234	0.319	0.261	0.285
鞍山	0.218	0.23	0.142	0.193	0.139	0.21
撫順	0.226	0.42	0.181	0.206	0.162	0.216
本溪	0.262	0.236	0.14	0.139	0.172	0.181
丹東	0.215	0.239	0.132	0.141	0.161	0.188
錦州	0.204	0.377	0.116	0.156	0.172	0.213
營口	0.248	0.299	0.169	0.2	0.171	0.23
阜新	0.236	0.311	0.171	0.165	0.164	0.185
遼陽	0.229	0.213	0.139	0.139	0.144	0.167
盤錦	0.34	0.301	0.169	0.212	0.153	0.205
鐵嶺	0.21	0.313	0.144	0.208	0.162	0.213
朝陽	0.245	0.382	0.177	0.202	0.171	0.197
葫蘆島	0.227	0.386	0.163	0.204	0.157	0.211
長春	0.2	0.37	0.195	0.32	0.137	0.249
吉林	0.195	0.306	0.173	0.195	0.116	0.186
四平	0.168	0.257	0.173	0.182	0.119	0.205
遼源	0.205	0.28	0.163	0.2	0.116	0.182
通化	0.258	0.265	0.131	0.152	0.113	0.176
白山	0.396	0.296	0.137	0.19	0.121	0.18
松原	0.205	0.26	0.183	0.196	0.121	0.224
白城	0.341	0.254	0.152	0.151	0.103	0.203
哈爾濱	0.219	0.414	0.298	0.277	0.194	0.324
齊齊哈爾	0.15	0.308	0.143	0.192	0.165	0.171
雞西	0.238	0.24	0.161	0.199	0.126	0.234
鶴崗	0.248	0.318	0.227	0.219	0.136	0.219

表 4.6.3 2014 年度城市社會體制競爭力三級指標分值（續 2）

城市	政府機構規模指數	地方法規條例健全程度	政策法規透明度	政府執法能力	政府辦事效率	民眾對政府的滿意度
雙鴨山	0.286	0.229	0.16	0.195	0.166	0.186
大慶	0.236	0.227	0.178	0.191	0.158	0.205
伊春	0.216	0.239	0.171	0.208	0.133	0.254
佳木斯	0.229	0.253	0.202	0.167	0.152	0.203
七台河	0.243	0.29	0.169	0.132	0.152	0.178
牡丹江	0.204	0.23	0.15	0.195	0.136	0.205
黑河	0.293	0.253	0.132	0.199	0.166	0.215
綏化	0.168	0.323	0.184	0.166	0.146	0.247
上海	0.259	0.896	1	1	1	1
南京	0.253	0.411	0.507	0.422	0.31	0.501
無錫	0.231	0.528	0.288	0.429	0.291	0.361
徐州	0.146	0.361	0.218	0.28	0.185	0.294
常州	0.196	0.565	0.226	0.371	0.194	0.312
蘇州	0.232	0.99	0.571	0.595	0.665	0.587
南通	0.141	0.485	0.226	0.308	0.272	0.365
連雲港	0.166	0.328	0.174	0.254	0.171	0.269
淮安	0.15	0.414	0.201	0.24	0.197	0.26
鹽城	0.139	0.332	0.148	0.275	0.186	0.226
揚州	0.169	0.384	0.19	0.235	0.214	0.263
鎮江	0.214	0.35	0.17	0.256	0.187	0.255
泰州	0.155	0.344	0.199	0.221	0.177	0.238
宿遷	0.122	0.436	0.147	0.219	0.211	0.228
杭州	0.319	0.561	0.425	0.372	0.373	0.374
寧波	0.27	0.603	0.401	0.449	0.29	0.473
溫州	0.198	0.473	0.353	0.413	0.384	0.456
嘉興	0.226	0.68	0.327	0.449	0.302	0.363
湖州	0.222	0.54	0.361	0.249	0.194	0.314
紹興	0.185	0.629	0.398	0.386	0.343	0.446
金華	0.256	0.42	0.13	0.218	0.182	0.244
衢州	0.241	0.416	0.203	0.228	0.195	0.219
舟山	0.419	0.627	0.27	0.318	0.259	0.265
台州	0.191	0.422	0.111	0.29	0.195	0.21
麗水	0.25	0.374	0.126	0.202	0.188	0.163
合肥	0.206	0.443	0.214	0.295	0.242	0.307
蕪湖	0.162	0.39	0.204	0.196	0.189	0.228
蚌埠	0.136	0.328	0.203	0.185	0.193	0.247
淮南	0.151	0.375	0.173	0.196	0.168	0.184
馬鞍山	0.193	0.248	0.17	0.203	0.2	0.21
淮北	0.158	0.36	0.141	0.202	0.161	0.218
銅陵	0.291	0.309	0.161	0.17	0.17	0.182
安慶	0.147	0.341	0.182	0.16	0.186	0.213
黃山	0.263	0.403	0.139	0.221	0.204	0.196
滁州	0.149	0.369	0.14	0.207	0.195	0.253
阜陽	0.109	0.306	0.153	0.181	0.139	0.192
宿州	0.114	0.241	0.176	0.176	0.165	0.187
六安	0.151	0.309	0.161	0.149	0.143	0.174
亳州	0.1	0.266	0.143	0.171	0.151	0.215
池州	0.185	0.274	0.146	0.175	0.12	0.202
宣城	0.214	0.37	0.164	0.172	0.176	0.207
福州	0.214	0.644	0.265	0.307	0.234	0.301
廈門	0.285	0.643	0.319	0.327	0.28	0.434
莆田	0.13	0.263	0.19	0.151	0.226	0.257
三明	0.246	0.262	0.171	0.147	0.221	0.225
泉州	0.151	0.239	0.206	0.168	0.24	0.209
漳州	0.154	0.24	0.2	0.162	0.228	0.225
南平	0.185	0.321	0.155	0.206	0.233	0.25
龍岩	0.21	0.331	0.2	0.161	0.254	0.275
寧德	0.178	0.337	0.194	0.221	0.21	0.246
南昌	0.257	0.348	0.281	0.266	0.32	0.341

表 4.6.3 2014 年度城市社會體制競爭力三級指標分值（續 2）

城市	政府機構規模指數	地方法規條例健全程度	政策法規透明度	政府執法能力	政府辦事效率	民眾對政府的滿意度
景德鎮	0.243	0.308	0.165	0.163	0.17	0.201
萍鄉	0.244	0.339	0.15	0.171	0.168	0.201
九江	0.193	0.223	0.175	0.203	0.18	0.204
新餘	0.222	0.286	0.176	0.22	0.194	0.242
鷹潭	0.197	0.251	0.171	0.228	0.156	0.227
贛州	0.166	0.348	0.207	0.152	0.189	0.238
吉安	0.171	0.256	0.134	0.172	0.149	0.184
宜春	0.17	0.295	0.204	0.228	0.151	0.179
撫州	0.202	0.412	0.186	0.201	0.176	0.204
上饒	0.165	0.287	0.171	0.201	0.131	0.184
濟南	0.297	0.68	0.325	0.456	0.326	0.489
青島	0.215	0.578	0.303	0.382	0.318	0.529
淄博	0.222	0.488	0.219	0.206	0.194	0.31
棗莊	0.24	0.462	0.22	0.189	0.197	0.294
東營	0.308	0.448	0.207	0.192	0.167	0.317
煙臺	0.204	0.485	0.259	0.341	0.275	0.337
濰坊	0.184	0.442	0.226	0.207	0.206	0.251
濟寧	0.214	0.458	0.185	0.176	0.146	0.226
泰安	0.192	0.455	0.204	0.246	0.214	0.309
威海	0.214	0.407	0.277	0.326	0.243	0.306
日照	0.169	0.314	0.185	0.208	0.163	0.231
萊蕪	0.198	0.335	0.202	0.224	0.193	0.192
臨沂	0.171	0.359	0.228	0.194	0.177	0.213
德州	0.247	0.375	0.224	0.195	0.143	0.247
聊城	0.215	0.376	0.225	0.269	0.283	0.298
濱州	0.238	0.346	0.208	0.191	0.171	0.205
菏澤	0.186	0.368	0.204	0.195	0.132	0.191
鄭州	0.21	0.369	0.282	0.316	0.157	0.214
開封	0.22	0.268	0.189	0.132	0.142	0.195
洛陽	0.222	0.238	0.134	0.144	0.134	0.186
平頂山	0.209	0.271	0.18	0.159	0.162	0.197
安陽	0.171	0.235	0.15	0.186	0.155	0.171
鶴壁	0.217	0.237	0.133	0.166	0.135	0.169
新鄉	0.209	0.236	0.176	0.169	0.147	0.209
焦作	0.24	0.222	0.134	0.176	0.141	0.196
濮陽	0.188	0.256	0.125	0.13	0.137	0.161
許昌	0.195	0.28	0.124	0.16	0.1	0.184
漯河	0.21	0.25	0.172	0.172	0.104	0.204
三門峽	0.245	0.276	0.17	0.172	0.113	0.175
南陽	0.151	0.231	0.159	0.142	0.12	0.219
商丘	0.185	0.501	0.304	0.274	0.236	0.349
信陽	0.169	0.289	0.133	0.146	0.137	0.21
周口	0.161	0.262	0.132	0.149	0.125	0.174
駐馬店	0.151	0.285	0.181	0.179	0.134	0.211
武漢	0.219	0.569	0.269	0.337	0.29	0.308
黃石	0.19	0.222	0.21	0.172	0.167	0.186
十堰	0.212	0.218	0.205	0.16	0.18	0.178
宜昌	0.332	0.392	0.209	0.17	0.203	0.224
襄陽	0.192	0.366	0.138	0.153	0.16	0.219
鄂州	0.179	0.335	0.171	0.175	0.183	0.185
荊門	0.184	0.418	0.211	0.153	0.177	0.229
孝感	0.179	0.308	0.201	0.135	0.2	0.244
荊州	0.174	0.273	0.161	0.171	0.16	0.182
黃岡	0.144	0.24	0.137	0.187	0.143	0.171
咸寧	0.233	0.323	0.159	0.196	0.154	0.248
隨州	0.134	0.271	0.215	0.182	0.132	0.182
長沙	0.215	0.569	0.229	0.34	0.189	0.221
株洲	0.208	0.36	0.191	0.204	0.15	0.18
湘潭	0.195	0.346	0.185	0.206	0.147	0.213

表 4.6.3 2014 年度城市社會體制競爭力三級指標分值（續 2）

城市	政府機構規模指數	地方法規條例健全程度	政策法規透明度	政府執法能力	政府辦事效率	民眾對政府的滿意度
衡陽	0.2	0.239	0.125	0.131	0.143	0.147
邵陽	0.163	0.377	0.197	0.215	0.164	0.198
岳陽	0.283	0.367	0.213	0.16	0.161	0.222
常德	0.182	0.377	0.195	0.158	0.142	0.208
張家界	0.204	0.275	0.226	0.174	0.159	0.194
益陽	0.215	0.34	0.183	0.197	0.158	0.204
郴州	0.222	0.293	0.202	0.212	0.132	0.178
永州	0.201	0.367	0.155	0.179	0.144	0.177
懷化	0.235	0.255	0.17	0.227	0.158	0.204
婁底	0.215	0.293	0.224	0.168	0.149	0.179
廣州	0.383	0.768	0.431	0.51	0.386	0.483
韶關	0.224	0.549	0.321	0.315	0.268	0.344
深圳	0.774	1	0.655	0.631	0.785	0.665
珠海	0.501	0.681	0.31	0.364	0.275	0.353
汕頭	0.146	0.418	0.249	0.251	0.239	0.311
佛山	0.233	0.488	0.304	0.377	0.263	0.373
江門	0.218	0.496	0.283	0.278	0.25	0.296
湛江	0.13	0.344	0.162	0.186	0.172	0.234
茂名	0.126	0.332	0.197	0.194	0.186	0.256
肇慶	0.178	0.314	0.197	0.205	0.197	0.239
惠州	0.293	0.476	0.263	0.25	0.287	0.257
梅州	0.165	0.382	0.171	0.216	0.163	0.232
汕尾	0.149	0.358	0.194	0.196	0.182	0.247
河源	0.183	0.305	0.212	0.211	0.17	0.256
陽江	0.199	0.402	0.187	0.221	0.179	0.259
清遠	0.201	0.331	0.221	0.228	0.175	0.235
東莞	0.43	0.896	0.486	0.457	0.509	0.383
中山	0.264	0.63	0.308	0.344	0.331	0.318
潮州	0.13	0.335	0.218	0.204	0.2	0.248
揭陽	0.114	0.359	0.2	0.217	0.213	0.256
雲浮	0.187	0.342	0.208	0.228	0.168	0.215
南寧	0.197	0.347	0.204	0.228	0.194	0.214
柳州	0.216	0.311	0.138	0.179	0.154	0.202
桂林	0.18	0.257	0.172	0.167	0.166	0.228
梧州	0.154	0.255	0.129	0.152	0.144	0.211
北海	0.176	0.267	0.155	0.181	0.169	0.181
防城港	0.28	0.219	0.157	0.136	0.166	0.198
欽州	0.117	0.266	0.168	0.182	0.158	0.216
貴港	0.111	0.253	0.15	0.178	0.14	0.196
玉林	0.108	0.226	0.164	0.169	0.151	0.186
百色	0.189	0.243	0.147	0.186	0.158	0.209
賀州	0.172	0.201	0.136	0.198	0.157	0.217
河池	0.167	0.201	0.147	0.176	0.168	0.236
來賓	0.147	0.203	0.144	0.184	0.179	0.238
崇左	0.182	0.177	0.105	0.19	0.183	0.216
海口	0.417	0.53	0.251	0.274	0.199	0.263
三亞	0.274	0.355	0.198	0.187	0.195	0.243
重慶	0.157	0.642	0.35	0.361	0.305	0.383
成都	0.252	0.556	0.272	0.332	0.286	0.307
自貢	0.141	0.387	0.189	0.224	0.18	0.217
攀枝花	0.286	0.319	0.197	0.196	0.177	0.236
瀘州	0.132	0.36	0.207	0.202	0.182	0.22
德陽	0.165	0.35	0.2	0.216	0.182	0.256
綿陽	0.172	0.384	0.22	0.203	0.182	0.251
廣元	0.203	0.358	0.2	0.201	0.184	0.23
遂寧	0.149	0.369	0.127	0.212	0.167	0.212
內江	0.154	0.296	0.175	0.169	0.12	0.214
樂山	0.192	0.241	0.177	0.149	0.157	0.204
南充	0.143	0.31	0.174	0.176	0.141	0.217

表 4.6.3 2014 年度城市社會體制競爭力三級指標分值（續 2）

城市	政府機構規模指數	地方法規條例健全程度	政策法規透明度	政府執法能力	政府辦事效率	民眾對政府的滿意度
眉山	0.189	0.26	0.175	0.181	0.16	0.175
宜賓	0.158	0.308	0.155	0.179	0.151	0.183
廣安	0.127	0.274	0.13	0.169	0.151	0.22
達州	0.134	0.308	0.129	0.16	0.143	0.217
雅安	0.281	0.306	0.159	0.162	0.13	0.195
巴中	0.137	0.273	0.159	0.155	0.157	0.207
資陽	0.111	0.232	0.16	0.159	0.158	0.21
貴陽	0.306	0.429	0.149	0.234	0.162	0.21
六盤水	0.187	0.4	0.151	0.221	0.15	0.174
遵義	0.174	0.308	0.133	0.209	0.177	0.193
安順	0.182	0.339	0.162	0.21	0.141	0.19
畢節	0.134	0.331	0.164	0.212	0.146	0.19
銅仁	0.21	0.33	0.161	0.212	0.14	0.192
昆明	0.292	0.698	0.375	0.409	0.447	0.367
曲靖	0.145	0.684	0.323	0.3	0.298	0.268
玉溪	0.235	0.381	0.133	0.135	0.155	0.214
保山	0.17	0.36	0.146	0.193	0.139	0.187
昭通	0.153	0.194	0.126	0.113	0.144	0.153
麗江	0.272	0.222	0.113	0.101	0.132	0.162
普洱	0.215	0.231	0.127	0.104	0.15	0.174
臨滄	0.205	0.23	0.133	0.109	0.145	0.168
拉薩	1	0.255	0.15	0.158	0.227	0.216
西安	0.236	0.39	0.281	0.382	0.279	0.297
銅川	0.368	0.358	0.197	0.205	0.162	0.209
寶雞	0.184	0.298	0.122	0.174	0.175	0.195
咸陽	0.213	0.381	0.178	0.17	0.192	0.217
渭南	0.209	0.304	0.144	0.18	0.152	0.218
延安	0.44	0.264	0.211	0.206	0.191	0.203
漢中	0.225	0.235	0.142	0.217	0.173	0.193
榆林	0.338	0.305	0.156	0.226	0.169	0.198
安康	0.233	0.319	0.214	0.2	0.143	0.174
商洛	0.213	0.143	0.144	0.1	0.143	0.149
蘭州	0.318	0.338	0.206	0.279	0.222	0.319
嘉峪關	0.395	0.21	0.136	0.189	0.151	0.235
金昌	0.288	0.284	0.147	0.18	0.179	0.224
白銀	0.272	0.225	0.157	0.201	0.188	0.239
天水	0.214	0.235	0.168	0.188	0.146	0.192
武威	0.171	0.1	0.121	0.127	0.137	0.166
張掖	0.262	0.143	0.133	0.125	0.147	0.149
平涼	0.2	0.161	0.121	0.111	0.137	0.132
酒泉	0.31	0.199	0.138	0.12	0.142	0.148
慶陽	0.255	0.25	0.111	0.128	0.162	0.13
定西	0.193	0.247	0.1	0.168	0.155	0.195
隴南	0.229	0.267	0.101	0.131	0.171	0.129
西寧	0.247	0.416	0.189	0.213	0.195	0.229
銀川	0.397	0.513	0.186	0.206	0.2	0.28
石嘴山	0.316	0.359	0.171	0.137	0.159	0.186
吳忠	0.142	0.368	0.161	0.148	0.17	0.171
固原	0.166	0.399	0.181	0.155	0.148	0.161
中衛	0.163	0.338	0.166	0.146	0.161	0.147
烏魯木齊	0.446	0.407	0.187	0.197	0.211	0.261
克拉瑪依	0.52	0.257	0.198	0.218	0.146	0.194
香港	0.251	0.957	0.758	0.759	0.948	0.695
澳門	0.384	0.744	0.467	0.399	0.373	0.414
新北	0.108	0.633	0.352	0.282	0.285	0.33
臺北	0.172	0.644	0.395	0.323	0.338	0.372
台中	0.117	0.644	0.356	0.271	0.284	0.329
台南	0.123	0.634	0.353	0.278	0.279	0.324
高雄	0.135	0.651	0.349	0.278	0.293	0.328

表 4.6.3 2014 年度城市社會體制競爭力三級指標分值（續 2）

城市	政府機構規模指數	地方法規條例健全程度	政策法規透明度	政府執法能力	政府辦事效率	民眾對政府的滿意度
基隆	0.141	0.647	0.347	0.276	0.274	0.317
新竹	0.116	0.645	0.344	0.267	0.282	0.325
嘉義	0.14	0.639	0.345	0.272	0.276	0.322

4.7 城市環境、資源、區位競爭力三級指標分值

表 4.7.1 2014 年度城市環境、資源、區位競爭力三級指標分值

城市	自然區位優勢度	交通區位優勢度	經濟區位優勢度	政治區位優勢度	文化區位優勢度	土地資源絕對豐富度	土地資源相對豐富度	農產品絕對自給度	農產品相對自給度	礦產能源絕對豐富度
北京	0.8	1	0.8	1	1	0.156	0.117	0.379	0.184	0.199
天津	0.9	0.8	0.3	0.8	0.6	0.196	0.139	0.463	0.239	0.194
石家莊	0.4	0.6	0.2	0.6	0.3	0.235	0.154	0.9	0.422	0.197
唐山	0.3	0.3	0.2	0.2	0.1	0.233	0.172	0.992	0.573	0.375
秦皇島	0.8	0.6	0.2	0.2	0.1	0.14	0.156	0.335	0.419	0.465
邯鄲	0.3	0.3	0.2	0.2	0.1	0.259	0.164	0.644	0.318	0.56
邢臺	0.3	0.3	0.2	0.2	0.1	0.257	0.184	0.488	0.282	0.462
保定	0.3	0.5	0.2	0.2	0.1	0.286	0.163	0.786	0.319	0.288
張家口	0.3	0.4	0.2	0.2	0.1	0.266	0.242	0.728	0.672	0.374
承德	0.3	0.3	0.1	0.2	0.1	0.164	0.168	0.579	0.671	0.461
滄州	0.3	0.4	0.1	0.2	0.1	0.272	0.192	0.572	0.342	0.47
廊坊	0.3	0.3	0.1	0.2	0.1	0.189	0.182	0.446	0.47	0.642
衡水	0.3	0.2	0.1	0.2	0.1	0.235	0.223	0.521	0.474	0.563
太原	0.4	0.4	0.3	0.5	0.3	0.131	0.134	0.155	0.169	0.555
大同	0.3	0.4	0.2	0.2	0.1	0.191	0.214	0.193	0.199	0.647
陽泉	0.3	0.2	0.2	0.2	0.1	0.117	0.15	0.172	0.202	0.565
長治	0.3	0.2	0.2	0.2	0.1	0.184	0.2	0.166	0.164	0.293
晉城	0.3	0.2	0.2	0.2	0.1	0.147	0.186	0.152	0.176	0.384
朔州	0.3	0.3	0.2	0.2	0.1	0.189	0.306	0.213	0.289	0.466
晉中	0.3	0.3	0.1	0.2	0.1	0.189	0.209	0.242	0.279	0.738
運城	0.3	0.2	0.1	0.2	0.1	0.234	0.203	0.489	0.399	0.555
忻州	0.3	0.2	0.1	0.2	0.1	0.258	0.304	0.173	0.151	0.552
臨汾	0.3	0.2	0.1	0.2	0.1	0.22	0.213	0.217	0.186	0.563
呂梁	0.3	0.2	0.1	0.2	0.1	0.228	0.23	0.17	0.151	0.56
呼和浩特	0.3	0.4	0.3	0.4	0.2	0.238	0.341	0.465	0.461	0.652
包頭	0.2	0.2	0.1	0.2	0.1	0.203	0.284	0.328	0.364	0.468
烏海	0.2	0.2	0.1	0.2	0.1	0.102	0.112	0.106	0.146	0.284
赤峰	0.2	0.2	0.1	0.2	0.1	0.345	0.313	0.448	0.354	0.562
通遼	0.2	0.2	0.1	0.2	0.1	0.362	0.428	0.439	0.399	0.467
鄂爾多斯	0.2	0.2	0.3	0.2	0.1	0.198	0.358	0.209	0.282	0.29
呼倫貝爾	0.2	0.3	0.1	0.2	0.1	0.378	0.519	0.47	0.357	0.292
巴彥淖爾	0.2	0.2	0.1	0.2	0.1	0.242	0.404	0.405	0.454	0.288
烏蘭察布	0.2	0.2	0.1	0.2	0.1	0.316	0.402	0.272	0.294	0.287
瀋陽	0.6	0.8	0.5	0.6	0.6	0.1	0.1	0.614	0.355	0.286
大連	0.9	0.8	0.5	0.4	0.2	0.1	0.1	0.692	0.395	0.115
鞍山	0.3	0.4	0.2	0.2	0.1	0.1	0.1	0.323	0.366	0.652
撫順	0.3	0.5	0.2	0.2	0.1	0.1	0.1	0.167	0.209	0.283
本溪	0.3	0.4	0.2	0.2	0.1	0.1	0.1	0.138	0.192	0.66
丹東	0.3	0.4	0.2	0.2	0.1	0.1	0.1	0.294	0.346	0.374
錦州	0.3	0.5	0.2	0.2	0.1	0.1	0.1	0.49	0.545	0.559
營口	0.4	0.4	0.2	0.2	0.1	0.1	0.1	0.263	0.321	0.469
阜新	0.3	0.5	0.2	0.2	0.1	0.1	0.1	0.457	0.516	0.477
遼陽	0.3	0.4	0.2	0.2	0.1	0.1	0.1	0.185	0.268	0.563

表 4.7.1 2014 年度城市環境、資源、區位競爭力三級指標分值

城市	自然區位優勢度	交通區位優勢度	經濟區位優勢度	政治區位優勢度	文化區位優勢度	土地資源絕對豐富度	土地資源相對豐富度	農產品絕對自給度	農產品相對自給度	礦產能源絕對豐富度
盤錦	0.3	0.3	0.1	0.2	0.1	0.1	0.1	0.223	0.407	0.658
鐵嶺	0.3	0.5	0.1	0.2	0.1	0.1	0.1	0.526	0.593	0.645
朝陽	0.3	0.3	0.1	0.2	0.1	0.1	0.1	0.395	0.449	0.291
葫蘆島	0.3	0.2	0.1	0.2	0.1	0.1	0.1	0.37	0.44	0.284
長春	0.4	0.7	0.3	0.6	0.3	0.418	0.269	0.537	0.269	0.738
吉林	0.3	0.4	0.2	0.3	0.1	0.246	0.235	0.329	0.282	0.835
四平	0.2	0.4	0.2	0.2	0.1	0.307	0.347	0.402	0.311	0.46
遼源	0.2	0.2	0.1	0.2	0.1	0.158	0.29	0.332	0.289	0.182
通化	0.2	0.2	0.1	0.2	0.1	0.175	0.234	0.179	0.2	0.65
白山	0.2	0.2	0.1	0.2	0.1	0.112	0.137	0.154	0.154	0.554
松原	0.2	0.3	0.1	0.2	0.1	0.389	0.5	0.451	0.34	0.563
白城	0.2	0.2	0.1	0.2	0.1	0.318	0.537	0.286	0.246	0.558
哈爾濱	0.5	0.7	0.3	0.6	0.3	0.544	0.279	0.738	0.225	0.384
齊齊哈爾	0.2	0.5	0.2	0.2	0.1	0.645	0.49	0.606	0.255	0.649
雞西	0.2	0.2	0.2	0.2	0.1	0.201	0.317	0.188	0.166	0.467
鶴崗	0.2	0.2	0.1	0.2	0.1	0.139	0.244	0.136	0.155	0.646
雙鴨山	0.2	0.2	0.2	0.2	0.1	0.199	0.362	0.195	0.231	0.653
大慶	0.2	0.2	0.2	0.2	0.1	0.253	0.317	0.486	0.397	1
伊春	0.2	0.3	0.1	0.2	0.1	0.15	0.26	0.151	0.216	0.832
佳木斯	0.2	0.3	0.1	0.2	0.1	0.38	0.568	0.363	0.284	0.74
七台河	0.2	0.2	0.1	0.2	0.1	0.137	0.261	0.132	0.18	0.555
牡丹江	0.2	0.2	0.1	0.2	0.1	0.219	0.283	0.239	0.25	0.647
黑河	0.2	0.2	0.1	0.2	0.1	0.307	0.58	0.218	0.211	0.288
綏化	0.2	0.1	0.1	0.2	0.1	0.503	0.39	0.713	0.302	0.555
上海	1	1	1	0.8	0.8	0.1	0.1	0.355	0.173	0.104
南京	0.7	0.8	0.4	0.6	0.5	0.159	0.137	0.282	0.204	0.189
無錫	0.7	0.8	0.3	0.1	0.2	0.134	0.129	0.276	0.258	0.202
徐州	0.6	0.8	0.2	0.1	0.1	0.244	0.158	0.761	0.385	0.191
常州	0.8	0.6	0.3	0.1	0.1	0.143	0.148	0.207	0.187	0.111
蘇州	0.8	0.8	0.3	0.4	0.4	0.156	0.135	0.254	0.184	0.195
南通	0.8	0.6	0.2	0.1	0.1	0.214	0.16	0.564	0.27	0.198
連雲港	0.5	0.5	0.2	0.1	0.1	0.19	0.17	0.436	0.296	0.194
淮安	0.5	0.5	0.2	0.1	0.1	0.219	0.187	0.378	0.257	0.281
鹽城	0.5	0.3	0.2	0.1	0.1	0.29	0.193	0.937	0.47	0.284
揚州	0.5	0.4	0.2	0.1	0.1	0.174	0.165	0.294	0.208	0.286
鎮江	0.5	0.4	0.2	0.1	0.1	0.142	0.162	0.187	0.189	0.193
泰州	0.5	0.4	0.2	0.1	0.1	0.177	0.161	0.341	0.239	0.286
宿遷	0.5	0.3	0.2	0.1	0.1	0.207	0.176	0.39	0.286	0.284
杭州	0.8	0.7	0.4	0.6	0.5	0.1	0.1	0.333	0.233	0.196
寧波	0.8	0.7	0.2	0.4	0.2	0.1	0.1	0.405	0.271	0.104
溫州	0.7	0.5	0.2	0.1	0.1	0.1	0.1	0.263	0.159	0.185
嘉興	0.6	0.4	0.2	0.1	0.1	0.1	0.1	0.311	0.335	0.294
湖州	0.6	0.5	0.2	0.1	0.1	0.1	0.1	0.225	0.241	0.116
紹興	0.7	0.4	0.2	0.1	0.1	0.1	0.1	0.259	0.244	0.196
金華	0.4	0.4	0.2	0.1	0.1	0.1	0.1	0.238	0.205	0.1
衢州	0.4	0.4	0.2	0.1	0.1	0.1	0.1	0.256	0.332	0.378
舟山	0.9	0.7	0.2	0.1	0.1	0.1	0.1	0.295	0.419	0.294
台州	0.7	0.3	0.2	0.1	0.1	0.1	0.1	0.418	0.249	0.285
麗水	0.4	0.2	0.2	0.1	0.1	0.1	0.1	0.178	0.227	0.384
合肥	0.5	0.5	0.3	0.6	0.3	0.182	0.146	0.4	0.209	0.552
蕪湖	0.2	0.4	0.1	0.2	0.1	0.143	0.145	0.25	0.212	0.467
蚌埠	0.2	0.3	0.1	0.2	0.1	0.172	0.178	0.36	0.289	0.372
淮南	0.2	0.3	0.1	0.2	0.1	0.128	0.145	0.172	0.183	0.375
馬鞍山	0.2	0.4	0.1	0.2	0.1	0.13	0.153	0.191	0.197	0.468
淮北	0.2	0.4	0.1	0.2	0.1	0.133	0.16	0.156	0.173	0.384
銅陵	0.2	0.4	0.1	0.2	0.1	0.106	0.131	0.145	0.236	0.382
安慶	0.2	0.4	0.1	0.2	0.1	0.173	0.147	0.374	0.215	0.637

表 4.7.1 2014 年度城市環境、資源、區位競爭力三級指標分值

城市	自然區位優勢度	交通區位優勢度	經濟區位優勢度	政治區位優勢度	文化區位優勢度	土地資源絕對豐富度	土地資源相對豐富度	農產品絕對自給度	農產品相對自給度	礦產能源絕對豐富度
黃山	0.2	0.3	0.1	0.2	0.1	0.111	0.131	0.144	0.196	0.391
滁州	0.2	0.4	0.1	0.2	0.1	0.199	0.188	0.352	0.226	0.288
阜陽	0.2	0.3	0.1	0.2	0.1	0.24	0.154	0.426	0.211	0.564
宿州	0.2	0.3	0.1	0.2	0.1	0.217	0.172	0.465	0.287	0.463
六安	0.2	0.3	0.1	0.1	0.1	0.206	0.16	0.376	0.194	0.381
亳州	0.2	0.3	0.1	0.1	0.1	0.222	0.18	0.307	0.204	0.383
池州	0.2	0.2	0.1	0.1	0.1	0.12	0.15	0.209	0.257	0.376
宣城	0.2	0.3	0.1	0.1	0.1	0.138	0.154	0.22	0.213	0.112
福州	0.8	0.5	0.3	0.6	0.3	0.137	0.123	0.504	0.269	0.195
廈門	0.9	0.8	0.3	0.4	0.2	0.105	0.11	0.128	0.167	0.199
莆田	0.6	0.4	0.2	0.1	0.1	0.118	0.122	0.265	0.232	0.375
三明	0.6	0.3	0.2	0.1	0.1	0.147	0.169	0.277	0.372	0.293
泉州	0.8	0.6	0.2	0.1	0.1	0.136	0.121	0.34	0.19	0.382
漳州	0.8	0.4	0.1	0.1	0.1	0.144	0.136	0.555	0.4	0.474
南平	0.5	0.4	0.2	0.1	0.1	0.157	0.173	0.312	0.359	0.375
龍岩	0.5	0.2	0.1	0.1	0.1	0.14	0.154	0.267	0.329	0.562
寧德	0.5	0.3	0.1	0.1	0.1	0.133	0.139	0.263	0.231	0.472
南昌	0.5	0.6	0.2	0.6	0.3	0.163	0.15	0.274	0.207	0.654
景德鎮	0.2	0.3	0.1	0.2	0.1	0.121	0.149	0.144	0.214	0.483
萍鄉	0.2	0.3	0.1	0.2	0.1	0.116	0.133	0.154	0.21	0.384
九江	0.3	0.5	0.1	0.2	0.1	0.172	0.157	0.3	0.216	0.566
新餘	0.2	0.4	0.1	0.2	0.1	0.12	0.166	0.139	0.22	0.283
鷹潭	0.2	0.5	0.1	0.2	0.1	0.121	0.169	0.192	0.41	0.279
贛州	0.2	0.5	0.1	0.2	0.1	0.19	0.139	0.426	0.242	0.556
吉安	0.2	0.4	0.1	0.2	0.1	0.202	0.181	0.31	0.249	0.645
宜春	0.2	0.4	0.1	0.2	0.1	0.214	0.18	0.351	0.247	0.462
撫州	0.2	0.4	0.1	0.2	0.1	0.176	0.173	0.317	0.31	0.378
上饒	0.2	0.4	0.1	0.2	0.1	0.193	0.149	0.292	0.174	0.289
濟南	0.5	0.8	0.4	0.6	0.3	0.188	0.158	0.473	0.359	0.56
青島	0.9	0.8	0.4	0.4	0.2	0.225	0.165	0.723	0.34	0.198
淄博	0.5	0.3	0.1	0.1	0.1	0.15	0.148	0.296	0.283	0.464
棗莊	0.4	0.3	0.1	0.1	0.1	0.159	0.159	0.328	0.341	0.56
東營	0.4	0.3	0.1	0.1	0.1	0.154	0.216	0.322	0.51	0.468
煙臺	0.8	0.5	0.2	0.1	0.1	0.209	0.167	0.903	0.45	0.558
濰坊	0.4	0.3	0.1	0.1	0.1	0.291	0.187	0.984	0.501	0.193
濟寧	0.4	0.4	0.1	0.1	0.1	0.246	0.169	0.667	0.35	0.738
泰安	0.4	0.3	0.1	0.1	0.1	0.184	0.16	0.539	0.407	0.471
威海	0.8	0.5	0.2	0.1	0.1	0.147	0.174	0.868	1	0.649
日照	0.3	0.2	0.1	0.1	0.1	0.156	0.178	0.316	0.269	0.384
萊蕪	0.3	0.3	0.1	0.1	0.1	0.117	0.153	0.147	0.267	0.193
臨沂	0.3	0.3	0.1	0.1	0.1	0.305	0.176	0.812	0.307	0.467
德州	0.3	0.3	0.1	0.1	0.1	0.251	0.205	0.545	0.377	0.289
聊城	0.3	0.4	0.1	0.1	0.1	0.238	0.193	0.615	0.458	0.738
濱州	0.3	0.2	0.1	0.1	0.1	0.209	0.214	0.466	0.433	0.56
菏澤	0.2	0.2	0.1	0.1	0.1	0.302	0.185	0.752	0.36	0.73
鄭州	0.6	0.9	0.3	0.6	0.3	0.172	0.127	0.382	0.186	0.287
開封	0.2	0.3	0.1	0.1	0.1	0.196	0.171	0.632	0.461	0.551
洛陽	0.2	0.5	0.1	0.1	0.1	0.187	0.149	0.361	0.22	0.379
平頂山	0.2	0.2	0.1	0.1	0.1	0.176	0.156	0.338	0.247	0.653
安陽	0.2	0.2	0.1	0.1	0.1	0.196	0.165	0.462	0.329	0.652
鶴壁	0.2	0.2	0.1	0.1	0.1	0.123	0.158	0.199	0.281	0.384
新鄉	0.2	0.2	0.1	0.1	0.1	0.198	0.164	0.434	0.248	0.281
焦作	0.2	0.3	0.1	0.1	0.1	0.144	0.148	0.292	0.28	0.378
濮陽	0.2	0.2	0.1	0.1	0.1	0.16	0.157	0.317	0.266	0.379
許昌	0.2	0.2	0.1	0.1	0.1	0.179	0.164	0.311	0.243	0.291
漯河	0.1	0.2	0.1	0.1	0.1	0.14	0.159	0.275	0.338	0.285
三門峽	0.1	0.3	0.1	0.1	0.1	0.14	0.17	0.276	0.417	0.374

表 4.7.1 2014 年度城市環境、資源、區位競爭力三級指標分值

城市	自然區位優勢度	交通區位優勢度	經濟區位優勢度	政治區位優勢度	文化區位優勢度	土地資源絕對豐富度	土地資源相對豐富度	農產品絕對自給度	農產品相對自給度	礦產能源絕對豐富度
南陽	0.1	0.2	0.1	0.1	0.1	0.329	0.176	1	0.33	0.465
商丘	0.1	0.2	0.1	0.1	0.1	0.262	0.17	0.902	0.425	0.468
信陽	0.1	0.2	0.1	0.1	0.1	0.238	0.165	0.607	0.25	0.281
周口	0.1	0.3	0.1	0.1	0.1	0.301	0.166	0.891	0.339	0.188
駐馬店	0.1	0.3	0.1	0.1	0.1	0.301	0.19	0.793	0.296	0.201
武漢	0.5	0.8	0.4	0.6	0.6	0.149	0.124	0.459	0.276	0.101
黃石	0.1	0.2	0.2	0.1	0.1	0.122	0.133	0.223	0.219	0.461
十堰	0.1	0.3	0.2	0.1	0.1	0.142	0.149	0.239	0.233	0.557
宜昌	0.1	0.3	0.1	0.1	0.1	0.163	0.163	0.534	0.516	0.827
襄陽	0.1	0.3	0.1	0.1	0.1	0.209	0.174	0.537	0.331	0.471
鄂州	0.1	0.2	0.1	0.1	0.1	0.11	0.136	0.218	0.408	0.826
荊門	0.1	0.3	0.1	0.1	0.1	0.164	0.185	0.444	0.403	0.461
孝感	0.1	0.2	0.1	0.1	0.1	0.164	0.149	0.433	0.311	0.384
荊州	0.1	0.3	0.1	0.1	0.1	0.214	0.169	0.677	0.319	0.644
黃岡	0.1	0.2	0.1	0.1	0.1	0.184	0.145	0.538	0.255	0.195
咸寧	0.1	0.1	0.1	0.1	0.1	0.138	0.151	0.275	0.308	0.732
隨州	0.1	0.1	0.1	0.1	0.1	0.135	0.154	0.247	0.296	0.193
長沙	0.4	0.3	0.3	0.6	0.4	0.16	0.137	0.418	0.299	0.289
株洲	0.4	0.5	0.2	0.1	0.1	0.144	0.144	0.271	0.264	0.649
湘潭	0.2	0.2	0.2	0.1	0.1	0.13	0.141	0.246	0.288	0.388
衡陽	0.2	0.3	0.2	0.1	0.1	0.18	0.14	0.523	0.272	0.384
邵陽	0.2	0.2	0.2	0.1	0.1	0.185	0.142	0.406	0.226	0.651
岳陽	0.2	0.3	0.2	0.1	0.1	0.169	0.148	0.458	0.298	0.554
常德	0.2	0.1	0.2	0.1	0.1	0.199	0.163	0.582	0.308	0.279
張家界	0.1	0.1	0.1	0.1	0.1	0.122	0.153	0.177	0.237	0.551
益陽	0.1	0.2	0.1	0.1	0.1	0.159	0.149	0.409	0.304	0.472
郴州	0.2	0.3	0.2	0.1	0.1	0.157	0.145	0.332	0.266	0.739
永州	0.1	0.2	0.1	0.1	0.1	0.17	0.145	0.488	0.341	0.283
懷化	0.1	0.2	0.1	0.1	0.1	0.165	0.15	0.314	0.236	0.376
婁底	0.1	0.2	0.1	0.1	0.1	0.136	0.133	0.24	0.206	0.382
廣州	0.8	0.8	0.6	0.6	0.6	0.124	0.112	0.318	0.206	0.112
韶關	0.6	0.3	0.2	0.1	0.1	0.132	0.139	0.238	0.248	0.562
深圳	0.9	0.8	0.8	0.6	0.2	0.746	1	0.335	0.168	0.197
珠海	0.8	0.6	0.2	0.1	0.2	0.104	0.114	0.156	0.224	0.282
汕頭	0.7	0.3	0.2	0.1	0.1	0.118	0.114	0.223	0.178	0.11
佛山	0.7	0.5	0.3	0.1	0.1	0.109	0.11	0.254	0.235	0.374
江門	0.5	0.3	0.3	0.1	0.1	0.132	0.133	0.298	0.243	0.288
湛江	0.7	0.3	0.2	0.1	0.1	0.212	0.157	0.561	0.286	0.286
茂名	0.5	0.4	0.2	0.1	0.1	0.161	0.133	0.555	0.307	0.557
肇慶	0.5	0.3	0.2	0.1	0.1	0.146	0.143	0.361	0.322	0.46
惠州	0.5	0.5	0.2	0.1	0.1	0.127	0.131	0.254	0.283	0.283
梅州	0.4	0.4	0.2	0.1	0.1	0.14	0.131	0.291	0.245	0.471
汕尾	0.4	0.4	0.2	0.1	0.1	0.124	0.127	0.25	0.215	0.2
河源	0.4	0.3	0.2	0.1	0.1	0.131	0.135	0.196	0.177	0.375
陽江	0.4	0.4	0.2	0.1	0.1	0.125	0.136	0.338	0.306	0.291
清遠	0.4	0.4	0.2	0.1	0.1	0.166	0.165	0.273	0.265	0.571
東莞	0.8	0.8	0.3	0.1	0.1	0.109	0.12	0.138	0.168	0.291
中山	0.7	0.2	0.2	0.1	0.1	0.112	0.132	0.183	0.246	0.193
潮州	0.7	0.1	0.1	0.1	0.1	0.118	0.127	0.16	0.17	0.198
揭陽	0.4	0.1	0.2	0.1	0.1	0.13	0.118	0.237	0.181	0.472
雲浮	0.4	0.2	0.2	0.1	0.1	0.124	0.134	0.234	0.261	0.378
南寧	0.5	0.5	0.2	0.6	0.2	0.267	0.194	0.466	0.296	0.377
柳州	0.4	0.4	0.3	0.1	0.1	0.186	0.193	0.235	0.251	0.285
桂林	0.3	0.4	0.2	0.1	0.1	0.18	0.162	0.483	0.404	0.65
梧州	0.2	0.5	0.1	0.1	0.1	0.127	0.133	0.228	0.257	0.281
北海	0.6	0.4	0.2	0.1	0.1	0.13	0.172	0.278	0.332	0.376
防城港	0.4	0.3	0.1	0.1	0.1	0.122	0.198	0.175	0.274	0.201

表 4.7.1 2014 年度城市環境、資源、區位競爭力三級指標分值

城市	自然區位優勢度	交通區位優勢度	經濟區位優勢度	政治區位優勢度	文化區位優勢度	土地資源絕對豐富度	土地資源相對豐富度	農產品絕對自給度	農產品相對自給度	礦產能源絕對豐富度
欽州	0.3	0.4	0.1	0.1	0.1	0.152	0.153	0.335	0.302	0.379
貴港	0.3	0.4	0.1	0.1	0.1	0.179	0.159	0.268	0.2	0.548
玉林	0.3	0.5	0.1	0.1	0.1	1	0.621	0.381	0.259	0.567
百色	0.2	0.2	0.1	0.1	0.1	1	0.983	0.246	0.243	0.473
賀州	0.2	0.2	0.1	0.1	0.1	0.14	0.171	0.208	0.292	0.371
河池	0.2	0.2	0.1	0.1	0.1	0.191	0.189	0.206	0.197	0.194
來賓	0.2	0.2	0.1	0.1	0.1	0.199	0.253	0.192	0.23	0.288
崇左	0.2	0.2	0.1	0.1	0.1	0.227	0.307	0.179	0.225	0.28
海口	0.8	0.5	0.3	0.6	0.2	0.111	0.128	0.156	0.241	0.195
三亞	0.7	0.5	0.2	0.1	0.1	0.103	0.124	0.142	0.397	0.279
重慶	0.3	0.8	0.4	0.8	0.3	0.1	0.1	0.639	0.162	0.564
成都	0.4	0.7	0.3	0.6	0.6	0.179	0.127	0.351	0.193	0.55
自貢	0.1	0.3	0.2	0.1	0.1	0.133	0.141	0.172	0.201	0.373
攀枝花	0.1	0.3	0.2	0.1	0.1	0.11	0.136	0.129	0.234	0.648
瀘州	0.1	0.3	0.1	0.1	0.1	0.151	0.141	0.168	0.165	0.461
德陽	0.1	0.2	0.2	0.1	0.1	0.145	0.146	0.204	0.195	0.649
綿陽	0.1	0.2	0.2	0.1	0.1	0.169	0.15	0.251	0.18	0.466
廣元	0.1	0.2	0.1	0.1	0.1	0.141	0.153	0.209	0.22	0.376
遂寧	0.1	0.3	0.1	0.1	0.1	0.137	0.14	0.168	0.154	0.204
內江	0.1	0.2	0.1	0.1	0.1	0.14	0.138	0.199	0.199	0.292
樂山	0.1	0.3	0.1	0.1	0.1	0.136	0.141	0.156	0.16	0.568
南充	0.1	0.3	0.1	0.1	0.1	0.174	0.139	0.293	0.186	0.56
眉山	0.1	0.3	0.1	0.1	0.1	0.142	0.148	0.206	0.213	0.553
宜賓	0.1	0.2	0.1	0.1	0.1	0.159	0.143	0.207	0.186	0.747
廣安	0.1	0.2	0.1	0.1	0.1	0.142	0.136	0.205	0.194	0.648
達州	0.1	0.2	0.1	0.1	0.1	0.174	0.143	0.265	0.182	0.289
雅安	0.1	0.3	0.1	0.1	0.1	0.114	0.135	0.141	0.216	0.558
巴中	0.1	0.3	0.1	0.1	0.1	0.137	0.138	0.162	0.149	0.645
資陽	0.1	0.2	0.1	0.1	0.1	0.165	0.152	0.237	0.191	0.383
貴陽	0.2	0.6	0.4	0.6	0.3	0.123	0.125	0.203	0.217	0.654
六盤水	0.1	0.3	0.2	0.1	0.1	0.176	0.194	0.152	0.153	0.457
遵義	0.1	0.2	0.1	0.1	0.1	0.306	0.207	0.374	0.217	0.645
安順	0.1	0.3	0.1	0.1	0.1	0.126	0.137	0.175	0.187	0.643
畢節	0.1	0.2	0.1	0.1	0.1	0.343	0.213	0.268	0.159	0.635
銅仁	0.1	0.2	0.1	0.1	0.1	0.143	0.14	0.23	0.195	0.636
昆明	0.6	0.6	0.5	0.6	0.3	0.138	0.128	0.29	0.243	0.648
曲靖	0.1	0.4	0.1	0.1	0.1	0.166	0.142	0.554	0.347	0.739
玉溪	0.1	0.5	0.2	0.1	0.1	0.162	0.215	0.251	0.377	0.562
保山	0.1	0.3	0.1	0.1	0.1	0.138	0.159	0.264	0.28	0.736
昭通	0.1	0.2	0.1	0.1	0.1	0.18	0.155	0.266	0.197	0.561
麗江	0.1	0.1	0.1	0.1	0.1	0.125	0.185	0.161	0.248	0.192
普洱	0.1	0.1	0.1	0.1	0.1	0.151	0.182	0.188	0.204	0.2
臨滄	0.1	0.1	0.1	0.1	0.1	0.166	0.212	0.201	0.246	0.197
拉薩	0.2	0.4	0.4	0.6	0.6	0.109	0.168	0.119	0.223	0.372
西安	0.2	0.5	0.5	0.6	0.6	0.16	0.13	0.331	0.206	0.38
銅川	0.1	0.3	0.2	0.1	0.1	0.116	0.174	0.172	0.442	0.47
寶雞	0.1	0.2	0.2	0.1	0.1	0.173	0.176	0.307	0.28	0.56
咸陽	0.1	0.2	0.1	0.1	0.1	0.188	0.166	0.611	0.488	0.643
渭南	0.1	0.3	0.1	0.1	0.1	0.227	0.19	0.438	0.323	0.285
延安	0.1	0.3	0.1	0.1	0.1	0.159	0.2	0.294	0.444	0.463
漢中	0.1	0.2	0.1	0.1	0.1	0.15	0.152	0.277	0.259	0.464
榆林	0.1	0.2	0.1	0.1	0.1	0.241	0.251	0.235	0.209	0.287
安康	0.1	0.2	0.1	0.1	0.1	0.148	0.163	0.23	0.239	0.379
商洛	0.1	0.2	0.1	0.1	0.1	0.133	0.152	0.153	0.172	0.281
蘭州	0.2	0.4	0.2	0.6	0.2	0.165	0.182	0.188	0.233	0.641
嘉峪關	0.1	0.2	0.1	0.1	0.1	0.101	0.12	0.114	0.448	0.202
金昌	0.1	0.2	0.1	0.1	0.1	0.122	0.286	0.136	0.4	0.292

表 4.7.1 2014 年度城市環境、資源、區位競爭力三級指標分值

城市	自然區位優勢度	交通區位優勢度	經濟區位優勢度	政治區位優勢度	文化區位優勢度	土地資源絕對豐富度	土地資源相對豐富度	農產品絕對自給度	農產品相對自給度	礦產能源絕對豐富度
白銀	0.1	0.1	0.1	0.1	0.1	0.197	0.321	0.169	0.26	0.471
天水	0.1	0.1	0.1	0.1	0.1	0.225	0.234	0.253	0.264	0.378
武威	0.1	0.2	0.1	0.1	0.1	0.187	0.284	0.218	0.339	0.465
張掖	0.1	0.1	0.1	0.1	0.1	0.162	0.289	0.196	0.355	0.466
平涼	0.1	0.1	0.1	0.1	0.1	0.194	0.26	0.1	0.1	0.372
酒泉	0.1	0.1	0.1	0.1	0.1	0.141	0.265	0.1	0.1	0.292
慶陽	0.1	0.1	0.1	0.1	0.1	0.262	0.347	0.1	0.1	0.281
定西	0.1	0.1	0.1	0.1	0.1	0.264	0.322	0.1	0.1	0.287
隴南	0.1	0.1	0.1	0.1	0.1	0.235	0.289	0.1	0.1	0.198
西寧	0.2	0.5	0.3	0.6	0.2	0.135	0.172	0.1	0.1	0.466
銀川	0.2	0.4	0.3	0.6	0.2	0.131	0.175	0.224	0.357	0.638
石嘴山	0.1	0.1	0.1	0.1	0.1	0.119	0.203	0.143	0.297	0.283
吳忠	0.1	0.2	0.1	0.1	0.1	0.176	0.315	0.231	0.363	0.281
固原	0.1	0.1	0.1	0.1	0.1	0.186	0.325	0.174	0.278	0.463
中衛	0.1	0.1	0.1	0.1	0.1	0.156	0.286	0.216	0.466	0.283
烏魯木齊	0.2	0.4	0.3	0.5	0.2	0.113	0.121	0.135	0.157	0.56
克拉瑪依	0.1	0.1	0.1	0.1	0.1	0.105	0.157	0.246	0.454	0.457
香港	1	0.8	1	0.7	1	0.1	0.1	0.1	0.1	0.102
澳門	0.8	0.3	0.4	0.3	0.2	0.1	0.1	0.1	0.1	0.184
新北	0.6	0.5	0.4	0.2	0.2	0.108	0.108	0.139	0.122	0.105
臺北	0.8	1	0.6	0.7	1	0.101	0.101	0.114	0.117	0.106
台中	0.4	0.5	0.4	0.2	0.2	0.112	0.119	0.116	0.118	0.108
台南	0.4	0.5	0.4	0.2	0.2	0.123	0.149	0.187	0.16	0.107
高雄	0.7	0.7	0.4	0.2	0.2	0.112	0.117	0.402	0.225	0.105
基隆	0.6	0.6	0.4	0.2	0.2	0.1	0.102	0.155	0.264	0.108
新竹	0.4	0.5	0.4	0.2	0.2	0.101	0.106	0.108	0.131	0.105
嘉義	0.4	0.5	0.4	0.2	0.2	0.1	0.107	0.101	0.117	0.109

表 4.7.2 2014 年度城市環境、資源、區位競爭力三級指標分值（續 1）

城市	礦產能源相對豐富度	城市綠化絕對量	城市綠化相對量	氣候環境舒適度	自然災害少發率	山水環境優美度	建成區綠化覆蓋率	生活污水處理率	生活垃圾處理率	空氣質量指數
北京	0.119	0.533	0.23	0.436	0.541	0.388	0.223	0.847	0.992	0.851
天津	0.107	0.254	0.16	0.609	0.684	0.391	0.182	0.887	0.998	0.851
石家莊	0.109	0.161	0.123	0.565	0.731	0.152	0.212	0.963	1	0.887
唐山	0.193	0.165	0.134	0.515	0.437	0.196	0.195	0.953	0.922	0.964
秦皇島	0.38	0.135	0.147	0.837	0.664	0.735	0.217	0.933	1	0.874
邯鄲	0.287	0.155	0.121	0.565	0.536	0.355	0.217	0.978	1	0.917
邢臺	0.549	0.126	0.113	0.518	0.525	0.288	0.193	0.856	1	0.887
保定	0.2	0.135	0.111	0.551	0.511	0.35	0.207	0.928	1	0.917
張家口	0.295	0.122	0.118	0.52	0.515	0.297	0.197	0.922	0.865	0.947
承德	0.559	0.128	0.129	0.561	0.47	0.293	0.193	0.833	1	0.934
滄州	0.545	0.113	0.107	0.509	0.578	0.34	0.186	0.963	0.933	0.937
廊坊	0.553	0.13	0.127	0.552	0.563	0.286	0.21	0.886	0.961	0.921
衡水	0.815	0.111	0.11	0.486	0.477	0.283	0.197	0.823	0.263	0.917
太原	0.199	0.173	0.178	0.423	0.343	0.29	0.19	0.86	1	0.94
大同	0.384	0.131	0.138	0.311	0.331	0.327	0.191	0.856	0.574	0.904
陽泉	0.554	0.113	0.139	0.386	0.358	0.411	0.196	0.91	1	0.974
長治	0.279	0.116	0.119	0.347	0.379	0.314	0.207	0.915	0.688	0.964
晉城	0.819	0.111	0.119	0.487	0.401	0.277	0.192	0.955	0.993	0.947
朔州	0.559	0.112	0.127	0.323	0.439	0.304	0.21	1	0.802	0.983
晉中	0.904	0.111	0.113	0.362	0.446	0.409	0.208	0.935	0.58	0.97
運城	0.545	0.11	0.108	0.407	0.316	0.336	0.16	0.989	0.963	0.98
忻州	0.644	0.104	0.106	0.386	0.354	0.376	0.146	0.511	0.467	0.914
臨汾	0.468	0.112	0.111	0.456	0.374	0.373	0.195	0.83	0.478	0.977

表 4.7.2 2014 年度城市環境、資源、區位競爭力三級指標分值（續 1）

城市	礦產能源相對豐富度	城市綠化絕對量	城市綠化相對量	氣候環境舒適度	自然災害少發率	山水環境優美度	建成區綠化覆蓋率	生活污水處理率	生活垃圾處理率	空氣質量指數
呂梁	0.464	0.104	0.104	0.41	0.352	0.393	0.192	0.721	0.469	0.917
呼和浩特	0.379	0.149	0.184	0.341	0.367	0.316	0.185	0.813	0.937	0.854
包頭	0.288	0.154	0.194	0.333	0.472	0.29	0.196	0.859	0.932	0.768
烏海	0.378	0.115	0.211	0.362	0.386	0.322	0.184	0.933	0.869	0.841
赤峰	0.38	0.121	0.118	0.304	0.294	0.319	0.184	0.91	0.865	0.897
通遼	0.376	0.119	0.124	0.327	0.251	0.37	0.174	0.962	0.77	0.931
鄂爾多斯	0.554	0.154	0.239	0.193	0.191	0.22	0.271	0.939	0.943	0.964
呼倫貝爾	0.553	0.106	0.109	0.154	0.1	0.267	0.177	0.86	0.878	0.927
巴彥淖爾	0.562	0.11	0.121	0.16	0.124	0.214	0.205	0.658	1	0.947
烏蘭察布	0.554	0.113	0.117	0.15	0.104	0.206	0.162	0.568	0.954	0.947
瀋陽	0.114	0.296	0.205	0.545	0.734	0.361	0.2	0.884	1	0.964
大連	0.1	0.226	0.183	1	1	0.773	0.207	0.956	0.891	0.864
鞍山	0.369	0.143	0.147	0.476	0.657	0.331	0.19	0.82	1	0.887
撫順	0.197	0.134	0.16	0.453	0.599	0.425	0.193	0.732	1	0.947
本溪	0.455	0.136	0.192	0.394	0.593	0.472	0.213	0.829	1	0.957
丹東	0.38	0.113	0.122	0.365	0.612	0.298	0.19	0.823	0.1	0.944
錦州	0.464	0.118	0.123	0.289	0.586	0.469	0.193	0.723	0.887	0.977
營口	0.457	0.128	0.146	0.716	0.61	0.333	0.198	0.71	0.1	0.917
阜新	0.371	0.12	0.14	0.475	0.588	0.457	0.195	0.599	0.918	0.94
遼陽	0.473	0.127	0.158	0.432	0.672	0.473	0.193	0.869	1	0.96
盤錦	0.815	0.116	0.149	0.403	0.573	0.452	0.196	1	1	0.97
鐵嶺	0.989	0.111	0.114	0.291	0.598	0.34	0.193	1	1	0.947
朝陽	0.366	0.108	0.109	0.473	0.646	0.372	0.153	0.788	1	0.967
葫蘆島	0.201	0.121	0.129	0.586	0.646	0.398	0.194	0.906	0.1	0.974
長春	0.193	0.19	0.146	0.437	0.726	0.18	0.186	0.854	0.86	0.934
吉林	0.369	0.145	0.14	0.325	0.487	0.184	0.209	0.946	0.966	0.94
四平	0.554	0.111	0.113	0.319	0.485	0.17	0.18	0.775	0.423	0.97
遼源	0.198	0.112	0.139	0.396	0.477	0.256	0.191	0.864	0.925	0.917
通化	0.82	0.11	0.118	0.4	0.526	0.215	0.185	0.909	0.969	0.937
白山	0.829	0.107	0.121	0.272	0.531	0.218	0.177	0.578	0.869	0.964
松原	0.643	0.112	0.116	0.469	0.538	0.213	0.196	0.937	0.914	0.983
白城	0.635	0.108	0.115	0.398	0.505	0.23	0.177	0.642	0.454	0.967
哈爾濱	0.202	0.191	0.135	0.476	0.612	0.359	0.19	0.924	0.868	0.841
齊齊哈爾	0.376	0.142	0.129	0.326	0.389	0.331	0.19	0.712	0.649	0.937
雞西	0.379	0.12	0.141	0.238	0.447	0.315	0.204	0.55	0.865	0.878
鶴崗	0.644	0.119	0.17	0.21	0.293	0.354	0.203	0.541	0.1	0.878
雙鴨山	0.815	0.114	0.137	0.183	0.261	0.326	0.203	0.811	1	0.884
大慶	0.644	0.249	0.306	0.204	0.415	0.358	0.206	0.933	0.955	0.987
伊春	0.643	0.131	0.197	0.251	0.45	0.259	0.16	0.865	1	0.987
佳木斯	0.64	0.127	0.143	0.249	0.439	0.199	0.195	0.892	1	0.934
七台河	0.646	0.116	0.17	0.243	0.307	0.232	0.202	0.867	1	0.818
牡丹江	0.553	0.135	0.152	0.199	0.303	0.183	0.187	0.641	0.977	0.927
黑河	0.554	0.103	0.106	0.195	0.263	0.228	0.177	0.753	1	0.987
綏化	0.464	0.105	0.104	0.253	0.411	0.25	0.194	0.994	0.735	0.864
上海	0.1	0.956	0.334	0.85	0.866	0.673	0.202	0.86	0.923	0.907
南京	0.11	0.669	0.447	0.698	0.949	0.631	0.206	0.664	0.916	0.841
無錫	0.109	0.224	0.202	0.657	0.938	1	0.201	0.873	1	0.927
徐州	0.1	0.199	0.139	0.518	0.466	0.531	0.199	0.859	0.826	0.884
常州	0.119	0.154	0.158	0.846	0.795	0.684	0.2	0.86	1	0.931
蘇州	0.115	0.244	0.186	0.883	0.928	0.854	0.2	0.764	1	0.96
南通	0.208	0.144	0.122	0.84	0.726	0.576	0.197	0.857	1	0.914
連雲港	0.196	0.234	0.202	0.615	0.546	0.573	0.194	0.712	0.741	0.894
淮安	0.114	0.141	0.129	0.628	0.559	0.522	0.194	0.748	0.973	0.947
鹽城	0.284	0.127	0.113	0.682	0.576	0.494	0.194	0.708	0.657	0.831
揚州	0.203	0.145	0.138	0.525	0.52	0.494	0.202	0.852	1	0.907
鎮江	0.186	0.148	0.17	0.478	0.526	0.52	0.2	0.792	1	0.914
泰州	0.279	0.118	0.113	0.504	0.502	0.53	0.197	0.626	1	0.891

表 4.7.2 2014 年度城市環境、資源、區位競爭力三級指標分值（續 1）

城市	礦產能源相對豐富度	城市綠化絕對量	城市綠化相對量	氣候環境舒適度	自然災害少發率	山水環境優美度	建成區綠化覆蓋率	生活污水處理率	生活垃圾處理率	空氣質量指數
宿遷	0.554	0.155	0.138	0.551	0.579	0.579	0.197	0.787	0.77	0.891
杭州	0.116	0.215	0.164	0.851	0.588	0.936	0.195	0.94	1	0.894
寧波	0.107	0.174	0.149	0.871	0.458	0.698	0.19	0.778	1	0.861
溫州	0.2	0.145	0.122	0.769	0.451	0.561	0.152	0.78	0.937	0.904
嘉興	0.283	0.13	0.134	0.715	0.541	0.461	0.204	0.886	1	0.887
湖州	0.115	0.128	0.142	0.695	0.513	0.508	0.214	0.915	1	0.838
紹興	0.196	0.128	0.125	0.782	0.598	0.851	0.198	0.863	1	0.861
金華	0.113	0.119	0.115	0.702	0.504	0.575	0.192	0.852	0.926	0.891
衢州	0.554	0.116	0.125	0.761	0.543	0.532	0.2	0.773	1	0.967
舟山	0.293	0.113	0.152	0.607	0.348	0.575	0.195	0.636	1	0.98
台州	0.203	0.134	0.122	0.716	0.604	0.677	0.201	0.86	0.988	0.967
麗水	0.562	0.109	0.113	0.75	0.41	0.489	0.198	0.768	0.999	0.917
合肥	0.29	0.19	0.149	0.676	0.671	0.396	0.197	0.879	1	0.795
蕪湖	0.459	0.138	0.139	0.481	0.375	0.364	0.192	0.928	0.943	0.974
蚌埠	0.37	0.131	0.133	0.459	0.339	0.32	0.187	0.906	0.752	0.957
淮南	0.197	0.128	0.144	0.433	0.302	0.435	0.196	0.797	0.848	0.894
馬鞍山	0.557	0.137	0.163	0.442	0.25	0.331	0.202	0.864	1	0.904
淮北	0.379	0.128	0.15	0.439	0.462	0.42	0.202	0.906	1	0.947
銅陵	0.556	0.134	0.278	0.344	0.33	0.364	0.211	0.83	1	0.993
安慶	0.647	0.12	0.113	0.399	0.419	0.427	0.191	0.914	0.964	0.944
黃山	0.555	0.188	0.333	0.451	0.397	0.429	0.214	0.893	0.922	1
滁州	0.379	0.126	0.122	0.425	0.427	0.416	0.186	0.829	0.934	0.983
阜陽	0.281	0.124	0.109	0.296	0.261	0.441	0.178	0.863	0.432	0.954
宿州	0.286	0.114	0.108	0.418	0.271	0.394	0.193	0.611	0.618	0.967
六安	0.208	0.118	0.11	0.393	0.32	0.417	0.197	0.908	0.607	0.993
亳州	0.203	0.109	0.105	0.375	0.372	0.467	0.163	0.897	1	0.974
池州	0.377	0.109	0.122	0.397	0.294	0.318	0.193	0.907	0.732	1
宣城	0.12	0.122	0.131	0.381	0.454	0.293	0.185	0.747	0.898	0.987
福州	0.105	0.161	0.136	0.802	0.46	0.667	0.196	0.933	0.878	0.983
廈門	0.1	0.217	0.338	0.928	0.475	0.781	0.196	0.916	0.991	0.993
莆田	0.2	0.115	0.118	0.768	0.378	0.695	0.208	0.847	0.987	0.993
三明	0.55	0.108	0.112	0.74	0.456	0.698	0.198	0.825	0.979	0.897
泉州	0.283	0.152	0.129	0.742	0.456	0.888	0.17	0.847	0.982	0.983
漳州	0.555	0.115	0.112	0.79	0.319	0.674	0.199	0.836	0.975	0.99
南平	0.467	0.107	0.109	0.716	0.297	0.688	0.197	0.807	0.721	0.993
龍岩	0.647	0.111	0.115	0.704	0.425	0.707	0.2	0.782	0.991	0.98
寧德	0.738	0.108	0.109	0.708	0.329	0.687	0.195	0.825	0.883	0.967
南昌	0.283	0.16	0.146	0.592	0.618	0.442	0.202	0.951	0.902	0.937
景德鎮	0.724	0.135	0.182	0.566	0.577	0.409	0.232	0.726	1	1
萍鄉	0.375	0.113	0.127	0.521	0.572	0.402	0.215	0.812	1	0.983
九江	0.641	0.134	0.126	0.53	0.658	0.304	0.236	0.975	1	0.993
新餘	0.282	0.125	0.182	0.586	0.63	0.28	0.225	0.971	1	0.99
鷹潭	0.89	0.107	0.124	0.5	0.667	0.336	0.191	0.875	1	1
贛州	0.65	0.123	0.109	0.591	0.643	0.284	0.199	0.451	0.446	1
吉安	0.823	0.115	0.112	0.54	0.632	0.379	0.207	0.783	0.512	0.99
宜春	0.382	0.117	0.111	0.493	0.631	0.345	0.201	0.987	1	1
撫州	0.281	0.116	0.115	0.478	0.593	0.412	0.234	0.932	1	0.997
上饒	0.38	0.114	0.107	0.55	0.588	0.41	0.217	0.913	1	1
濟南	0.207	0.185	0.154	0.555	0.749	0.502	0.188	0.908	0.94	0.851
青島	0.106	0.248	0.175	0.914	0.866	0.648	0.206	0.922	1	0.897
淄博	0.197	0.211	0.202	0.669	0.639	0.525	0.201	0.966	1	0.858
棗莊	0.296	0.137	0.137	0.615	0.634	0.505	0.193	0.935	0.821	0.825
東營	0.369	0.143	0.19	0.666	0.659	0.562	0.194	0.943	1	0.96
煙臺	0.291	0.176	0.146	0.842	0.725	0.582	0.203	0.966	1	0.954
濰坊	0.116	0.161	0.127	0.622	0.581	0.559	0.196	0.775	0.876	0.947
濟寧	0.46	0.135	0.116	0.671	0.63	0.543	0.189	0.938	1	0.878
泰安	0.299	0.132	0.122	0.594	0.593	0.479	0.204	0.936	1	0.629

表 4.7.2 2014 年度城市環境、資源、區位競爭力三級指標分值（續 1）

城市	礦產能源相對豐富度	城市綠化絕對量	城市綠化相對量	氣候環境舒適度	自然災害少發率	山水環境優美度	建成區綠化覆蓋率	生活污水處理率	生活垃圾處理率	空氣質量指數
威海	0.82	0.142	0.164	0.884	0.667	0.655	0.205	0.966	1	0.944
日照	0.282	0.126	0.136	0.607	0.654	0.529	0.2	0.937	1	0.1
萊蕪	0.201	0.122	0.169	0.623	0.598	0.549	0.2	0.921	1	0.907
臨沂	0.206	0.172	0.126	0.645	0.648	0.559	0.209	0.943	1	0.904
德州	0.379	0.124	0.116	0.636	0.657	0.564	0.177	0.89	0.988	0.887
聊城	0.46	0.117	0.111	0.683	0.623	0.529	0.196	0.921	0.998	0.917
濱州	0.558	0.126	0.127	0.609	0.676	0.545	0.199	0.945	1	0.633
菏澤	0.379	0.123	0.109	0.636	0.609	0.536	0.199	0.825	0.995	0.818
鄭州	0.2	0.188	0.132	0.394	0.535	0.332	0.183	0.962	0.908	0.844
開封	0.47	0.123	0.116	0.408	0.336	0.175	0.181	0.892	0.505	0.861
洛陽	0.198	0.139	0.121	0.331	0.28	0.243	0.177	0.996	0.777	0.838
平頂山	0.473	0.117	0.112	0.41	0.269	0.218	0.191	0.938	0.919	0.861
安陽	0.561	0.118	0.112	0.307	0.274	0.252	0.192	0.954	0.941	0.841
鶴壁	0.462	0.115	0.136	0.454	0.283	0.234	0.196	0.87	0.833	0.881
新鄉	0.281	0.129	0.118	0.443	0.272	0.228	0.198	0.873	0.934	0.861
焦作	0.377	0.124	0.125	0.328	0.366	0.203	0.194	0.875	0.883	0.831
濮陽	0.472	0.111	0.11	0.43	0.295	0.264	0.15	0.874	0.991	0.851
許昌	0.377	0.12	0.115	0.459	0.366	0.221	0.194	0.973	0.966	0.848
漯河	0.368	0.114	0.119	0.34	0.293	0.222	0.192	0.91	0.91	0.887
三門峽	0.817	0.108	0.114	0.309	0.35	0.188	0.203	0.969	0.932	0.861
南陽	0.293	0.144	0.114	0.336	0.375	0.237	0.166	0.686	0.733	0.841
商丘	0.292	0.115	0.106	0.307	0.354	0.286	0.19	0.765	0.745	0.884
信陽	0.205	0.128	0.112	0.404	0.422	0.208	0.194	0.532	0.93	0.931
周口	0.287	0.115	0.105	0.475	0.45	0.185	0.19	0.874	0.865	0.874
駐馬店	0.202	0.116	0.107	0.306	0.283	0.178	0.196	0.821	0.943	0.894
武漢	0.111	0.218	0.156	0.673	0.527	0.484	0.189	0.931	0.955	0.805
黃石	0.472	0.118	0.126	0.632	0.46	0.552	0.191	0.866	1	0.844
十堰	0.639	0.187	0.198	0.624	0.478	0.565	0.204	0.892	1	0.937
宜昌	0.462	0.13	0.13	0.668	0.496	0.565	0.195	0.897	0.916	0.944
襄陽	0.203	0.129	0.119	0.603	0.491	0.538	0.2	0.887	0.908	0.821
鄂州	0.549	0.112	0.143	0.621	0.459	0.517	0.183	0.915	1	0.931
荊門	0.373	0.112	0.116	0.591	0.531	0.493	0.194	0.868	0.711	0.848
孝感	0.282	0.112	0.109	0.608	0.543	0.5	0.2	0.91	1	0.977
荊州	0.372	0.117	0.11	0.686	0.519	0.513	0.192	0.829	0.437	0.911
黃岡	0.288	0.107	0.104	0.661	0.495	0.51	0.124	0.514	0.604	0.921
咸寧	0.907	0.124	0.132	0.633	0.526	0.502	0.19	0.883	0.838	1
隨州	0.112	0.202	0.255	0.644	0.545	0.551	0.184	0.941	0.887	0.95
長沙	0.194	0.164	0.138	0.446	0.46	0.342	0.179	0.955	1	0.921
株洲	0.551	0.134	0.133	0.501	0.528	0.449	0.214	0.843	1	0.911
湘潭	0.365	0.119	0.126	0.52	0.557	0.373	0.196	0.873	1	0.454
衡陽	0.282	0.131	0.115	0.584	0.489	0.376	0.159	0.73	1	0.967
邵陽	0.644	0.113	0.106	0.533	0.546	0.373	0.18	0.568	1	0.868
岳陽	0.467	0.13	0.121	0.544	0.327	0.286	0.203	0.88	1	0.864
常德	0.194	0.122	0.113	0.577	0.527	0.386	0.203	0.835	1	0.864
張家界	0.643	0.107	0.117	0.525	0.495	0.99	0.178	0.805	0.194	0.937
益陽	0.29	0.117	0.113	0.567	0.572	0.357	0.195	0.925	1	0.983
郴州	0.728	0.118	0.114	0.56	0.484	0.67	0.19	0.829	1	1
永州	0.201	0.113	0.108	0.573	0.504	0.418	0.175	0.704	0.619	0.957
懷化	0.546	0.113	0.11	0.482	0.524	0.277	0.174	0.848	0.78	0.987
婁底	0.554	0.117	0.115	0.532	0.536	0.401	0.207	0.865	1	1
廣州	0.11	1	0.526	0.738	0.663	0.872	0.184	0.845	0.823	0.917
韶關	0.637	0.125	0.13	0.61	0.659	0.629	0.207	0.834	0.811	0.987
深圳	0.112	0.764	1	0.758	0.734	0.859	0.207	0.954	0.956	0.99
珠海	0.291	0.153	0.294	0.815	0.332	0.811	0.221	0.89	1	1
汕頭	0.106	0.159	0.143	0.77	0.365	0.765	0.198	0.726	0.7	1
佛山	0.2	0.138	0.139	0.755	0.667	0.279	0.239	0.929	0.933	0.974
江門	0.194	0.174	0.174	0.607	0.414	0.372	0.197	0.893	1	0.993

表 4.7.2 2014 年度城市環境、資源、區位競爭力三級指標分值（續 1）

城市	礦產能源相對豐富度	城市綠化絕對量	城市綠化相對量	氣候環境舒適度	自然災害少發率	山水環境優美度	建成區綠化覆蓋率	生活污水處理率	生活垃圾處理率	空氣質量指數
湛江	0.2	0.127	0.113	0.605	0.443	0.269	0.196	0.709	0.541	1
茂名	0.384	0.121	0.111	0.599	0.333	0.484	0.169	0.872	1	1
肇慶	0.545	0.136	0.133	0.681	0.333	0.443	0.183	0.822	0.748	1
惠州	0.367	0.15	0.157	0.566	0.34	0.271	0.178	0.919	1	0.97
梅州	0.985	0.112	0.109	0.526	0.333	0.418	0.201	0.728	1	1
汕尾	0.196	0.104	0.105	0.525	0.405	0.422	0.203	0.87	0.82	1
河源	0.808	0.108	0.109	0.539	0.403	0.411	0.205	0.904	1	1
陽江	0.386	0.111	0.115	0.574	0.378	0.287	0.179	0.929	1	0.752
清遠	0.643	0.114	0.114	0.508	0.34	0.335	0.178	0.848	0.564	0.123
東莞	0.208	0.372	0.666	0.714	0.594	0.282	1	0.87	0.59	0.977
中山	0.112	0.111	0.127	0.917	0.662	0.707	0.192	0.925	1	1
潮州	0.286	0.111	0.117	0.569	0.46	0.307	0.204	0.876	0.913	1
揭陽	0.469	0.121	0.112	0.49	0.541	0.376	0.184	0.802	0.8	1
雲浮	0.822	0.104	0.106	0.525	0.471	0.477	0.196	0.624	0.626	0.997
南寧	0.202	0.38	0.253	0.493	0.495	0.524	0.175	0.745	0.929	0.954
柳州	0.201	0.146	0.148	0.493	0.484	0.471	0.197	0.473	0.942	0.917
桂林	0.641	0.117	0.113	0.571	0.487	0.887	0.202	0.885	0.86	0.96
梧州	0.374	0.115	0.118	0.579	0.461	0.581	0.174	0.672	1	1
北海	0.46	0.115	0.134	0.576	0.549	0.57	0.19	0.842	0.931	0.993
防城港	0.197	0.107	0.128	0.5	0.487	0.502	0.179	0.548	0.917	1
欽州	0.296	0.119	0.118	0.531	0.498	0.558	0.186	0.61	0.938	0.997
貴港	0.287	0.109	0.107	0.521	0.517	0.539	0.159	0.447	0.981	0.974
玉林	0.455	0.118	0.11	0.548	0.525	0.538	0.19	0.968	0.989	0.993
百色	0.727	0.109	0.108	0.553	0.51	0.548	0.1	0.726	0.535	0.917
賀州	0.29	0.109	0.115	0.505	0.483	0.532	0.191	0.718	0.934	0.917
河池	0.369	0.104	0.103	0.545	0.469	0.563	0.166	0.681	0.878	0.123
來賓	0.204	0.108	0.112	0.517	0.513	0.571	0.181	0.809	0.944	0.983
崇左	0.375	0.104	0.107	0.54	0.541	0.505	0.177	0.609	0.799	0.993
海口	0.196	0.132	0.177	0.759	0.609	0.562	0.199	0.967	1	1
三亞	0.369	0.11	0.166	0.802	0.599	0.711	0.205	0.858	1	1
重慶	0.112	0.425	0.138	0.611	0.735	0.536	0.195	0.908	0.993	0.917
成都	0.193	0.228	0.142	0.844	0.925	0.675	0.193	0.919	1	0.858
自貢	0.295	0.124	0.128	0.48	0.47	0.392	0.191	0.899	0.915	0.944
攀枝花	0.649	0.116	0.156	0.582	0.534	0.3	0.19	0.311	0.965	0.894
瀘州	0.287	0.129	0.122	0.599	0.504	0.308	0.195	0.375	0.639	0.924
德陽	0.645	0.116	0.116	0.518	0.515	0.432	0.195	0.802	0.997	0.97
綿陽	0.286	0.126	0.119	0.495	0.494	0.389	0.191	0.808	0.77	1
廣元	0.281	0.111	0.114	0.519	0.558	0.444	0.193	0.765	0.967	1
遂寧	0.103	0.14	0.142	0.583	0.473	0.377	0.199	0.945	0.874	0.983
內江	0.198	0.111	0.11	0.509	0.515	0.297	0.209	0.703	0.77	1
樂山	0.372	0.119	0.121	0.512	0.549	0.402	0.187	0.776	0.646	0.983
南充	0.289	0.125	0.113	0.529	0.537	0.424	0.191	0.75	0.866	0.997
眉山	0.472	0.111	0.112	0.5	0.491	0.32	0.1	0.944	1	0.911
宜賓	0.639	0.118	0.113	0.51	0.51	0.325	0.196	0.892	0.982	0.987
廣安	0.374	0.109	0.107	0.57	0.499	0.452	0.205	1	1	0.99
達州	0.38	0.109	0.105	0.495	0.553	0.306	0.212	0.321	0.338	0.99
雅安	0.811	0.109	0.124	0.536	0.535	0.463	0.197	0.777	0.701	1
巴中	0.383	0.104	0.103	0.545	0.498	0.385	0.161	0.881	0.992	0.997
資陽	0.291	0.11	0.107	0.518	0.545	0.37	0.191	0.819	0.601	0.987
貴陽	0.291	0.147	0.149	0.869	0.745	0.596	0.203	0.955	0.979	0.947
六盤水	0.731	0.101	0.102	0.59	0.634	0.548	0.158	0.62	1	1
遵義	0.647	0.116	0.108	0.682	0.627	0.58	0.188	0.751	1	0.947
安順	0.55	0.105	0.107	0.658	0.593	0.556	0.14	0.833	0.582	0.993
畢節	0.546	0.108	0.103	0.662	0.58	0.548	0.154	0.865	0.81	0.914
銅仁	0.547	0.105	0.104	0.649	0.594	0.56	0.1	0.678	0.423	0.937
昆明	0.282	0.189	0.164	0.888	0.941	0.689	0.203	0.95	1	1
曲靖	0.724	0.116	0.11	0.406	0.263	0.419	0.194	0.865	1	0.954

表 4.7.2 2014 年度城市環境、資源、區位競爭力三級指標分值（續 1）

城市	礦產能源相對豐富度	城市綠化絕對量	城市綠化相對量	氣候環境舒適度	自然災害少發率	山水環境優美度	建成區綠化覆蓋率	生活污水處理率	生活垃圾處理率	空氣質量指數
玉溪	0.822	0.108	0.116	0.454	0.468	0.416	0.182	0.48	0.886	0.983
保山	0.553	0.103	0.105	0.301	0.414	0.438	0.189	0.419	1	0.993
昭通	0.466	0.104	0.102	0.269	0.311	0.283	0.171	0.476	0.512	0.897
麗江	0.549	0.106	0.119	0.348	0.358	0.277	0.175	0.869	0.885	0.934
普洱	0.55	0.108	0.112	0.293	0.262	0.286	0.194	0.522	0.95	0.993
臨滄	0.545	0.104	0.106	0.318	0.277	0.301	0.185	0.82	0.865	1
拉薩	0.476	0.111	0.188	0.33	0.409	0.336	0.196	0.909	0.979	1
西安	0.117	0.194	0.146	0.431	0.728	0.218	0.197	0.941	0.977	0.798
銅川	0.374	0.113	0.158	0.314	0.474	0.388	0.201	0.869	0.911	0.878
寶雞	0.564	0.126	0.127	0.397	0.336	0.342	0.217	0.941	0.942	0.841
咸陽	0.545	0.116	0.111	0.4	0.331	0.46	0.17	0.802	0.939	0.844
渭南	0.203	0.112	0.108	0.451	0.392	0.433	0.166	0.829	0.878	0.831
延安	0.734	0.109	0.115	0.442	0.354	0.339	0.162	0.824	0.629	0.838
漢中	0.545	0.107	0.107	0.361	0.471	0.44	0.189	0.874	0.973	0.931
榆林	0.38	0.111	0.111	0.35	0.396	0.307	0.165	0.82	0.892	0.897
安康	0.289	0.109	0.111	0.29	0.313	0.367	0.177	0.606	0.629	0.99
商洛	0.375	0.103	0.105	0.144	0.162	0.166	0.197	0.865	0.937	0.954
蘭州	0.281	0.136	0.144	0.192	0.409	0.234	0.159	0.796	1	0.593
嘉峪關	0.551	0.115	0.407	0.105	0.278	0.165	0.187	1	1	0.792
金昌	0.556	0.108	0.165	0.15	0.301	0.1	0.173	0.644	0.731	0.931
白銀	0.55	0.111	0.124	0.107	0.347	0.11	0.162	0.627	0.769	0.527
天水	0.297	0.109	0.109	0.1	0.267	0.122	0.186	0.852	0.1	0.957
武威	0.37	0.106	0.112	0.314	0.154	0.127	0.168	0.638	0.847	0.954
張掖	0.548	0.106	0.119	0.314	0.15	0.155	0.172	0.607	0.978	0.927
平涼	0.461	0.108	0.113	0.319	0.173	0.129	0.101	0.343	1	0.96
酒泉	0.384	0.109	0.136	0.3	0.173	0.117	0.185	0.82	0.919	0.904
慶陽	0.381	0.104	0.106	0.305	0.128	0.144	0.164	0.82	0.82	0.957
定西	0.367	0.104	0.106	0.301	0.164	0.121	0.162	0.326	1	1
隴南	0.283	0.1	0.1	0.281	0.17	0.113	0.104	0.456	1	0.881
西寧	0.282	0.119	0.137	0.306	0.343	0.31	0.188	0.1	0.1	0.825
銀川	0.64	0.139	0.191	0.198	0.205	0.18	0.198	1	0.228	0.894
石嘴山	0.383	0.125	0.23	0.13	0.163	0.231	0.191	0.793	0.937	0.858
吳忠	0.552	0.116	0.145	0.146	0.237	0.281	0.212	0.64	0.989	0.868
固原	0.558	0.107	0.118	0.145	0.236	0.297	0.167	0.766	0.935	0.904
中衛	0.284	0.11	0.131	0.144	0.244	0.281	0.157	1	0.582	0.838
烏魯木齊	0.287	0.261	0.343	0.492	0.323	0.426	0.239	0.837	0.923	0.706
克拉瑪依	1	0.124	0.346	0.305	0.269	0.362	0.202	0.932	0.988	0.99
香港	0.109	0.203	0.156	0.894	0.644	0.781	0.147	1	1	0.917
澳門	0.113	0.108	0.157	0.895	0.565	0.666	0.147	1	1	0.917
新北	0.107	0.103	0.103	0.881	0.142	0.672	0.147	1	1	0.917
臺北	0.106	0.105	0.107	0.868	0.14	0.675	0.147	1	1	0.917
台中	0.109	0.107	0.11	0.889	0.139	0.68	0.147	1	1	0.917
台南	0.11	0.105	0.111	0.88	0.132	0.684	0.147	1	1	0.917
高雄	0.105	0.109	0.113	0.884	0.139	0.681	0.147	1	1	0.917
基隆	0.106	0.101	0.11	0.865	0.136	0.677	0.147	1	1	0.917
新竹	0.111	0.101	0.109	0.88	0.135	0.677	0.147	1	1	0.917
嘉義	0.112	0.1	0.108	0.875	0.14	0.679	0.147	1	1	0.917

表 4.7.3 2014 年度城市環境、資源、區位競爭力三級指標分值（續 2）

城市	工業廢水排放達標率	工業固體廢物綜合利用率	工業二氧化硫去除率	工業煙塵去除率	三廢綜合利用產品產值	環保從業人數	環保從業者每萬人擁有量
北京	0.989	0.811	0.679	0.1	0.117	1	0.759
天津	1	0.997	0.704	1	0.196	0.451	0.424
石家莊	0.993	0.545	0.787	0.992	0.13	0.266	0.238

表 4.7.3 2014 年度城市環境、資源、區位競爭力三級指標分值（續 2）

城市	工業廢水排放達標率	工業固體廢物綜合利用率	工業二氧化硫去除率	工業煙塵去除率	三廢綜合利用產品產值	環保從業人數	環保從業者每萬人擁有量
唐山	0.984	0.1	0.588	0.977	0.318	0.291	0.331
秦皇島	1	0.433	0.598	0.969	0.117	0.155	0.268
邯鄲	0.974	0.55	0.676	0.988	0.251	0.249	0.223
邢臺	0.973	0.534	0.505	0.976	0.143	0.159	0.153
保定	0.984	0.533	0.694	0.985	0.122	0.178	0.14
張家口	0.982	0.309	0.718	0.99	0.112	0.199	0.287
承德	0.992	0.143	0.576	0.977	0.11	0.17	0.264
滄州	0.984	0.55	0.726	0.998	0.119	0.186	0.189
廊坊	0.998	0.546	0.54	0.984	0.11	0.161	0.217
衡水	1	0.549	0.752	0.988	0.104	0.135	0.156
太原	0.976	0.584	0.775	0.994	0.167	0.265	0.526
大同	0.934	0.808	0.73	0.993	0.14	0.172	0.304
陽泉	1	0.296	0.616	0.987	0.108	0.126	0.288
長治	1	0.706	0.722	0.975	0.122	0.174	0.298
晉城	1	0.827	0.724	0.981	0.122	0.148	0.303
朔州	0.997	0.853	0.715	0.998	0.102	0.13	0.258
晉中	0.916	0.834	0.743	0.987	0.109	0.167	0.285
運城	0.952	0.671	0.127	0.982	0.131	0.152	0.176
忻州	0.561	0.869	0.683	0.774	0.104	0.144	0.222
臨汾	0.968	0.76	0.807	0.555	0.119	0.18	0.264
呂梁	0.917	0.853	0.96	0.966	0.116	0.138	0.176
呼和浩特	1	0.422	0.788	0.995	0.1	0.252	0.736
包頭	0.984	0.529	0.669	0.991	0.118	0.184	0.454
烏海	0.995	0.634	0.696	0.994	0.123	0.131	0.678
赤峰	0.978	0.263	0.856	0.994	0.112	0.153	0.191
通遼	0.923	0.865	0.836	0.988	0.116	0.166	0.286
鄂爾多斯	0.958	0.879	0.702	0.997	0.116	0.212	0.821
呼倫貝爾	0.855	0.789	0.349	0.985	0.105	0.147	0.257
巴彥淖爾	0.935	0.217	0.859	0.989	0.113	0.145	0.326
烏蘭察布	0.98	0.613	0.931	0.923	0.107	0.162	0.297
瀋陽	0.967	0.957	0.581	0.978	0.108	0.487	0.604
大連	0.957	0.96	0.542	0.992	0.12	0.246	0.321
鞍山	0.963	0.323	0.216	0.967	0.103	0.257	0.522
撫順	0.971	0.31	0.64	0.983	0.143	0.184	0.462
本溪	0.85	0.236	0.172	0.98	0.104	0.171	0.549
丹東	0.773	0.343	0.474	0.963	0.102	0.21	0.534
錦州	0.951	0.753	0.561	0.973	0.107	0.151	0.245
營口	1	0.859	0.513	0.986	0.113	0.169	0.375
阜新	0.692	0.905	0.424	0.984	0.108	0.15	0.345
遼陽	0.998	0.753	0.64	0.977	0.109	0.176	0.504
盤錦	0.947	0.1	0.681	0.968	0.101	0.187	0.758
鐵嶺	0.919	0.722	0.698	0.991	0.138	0.162	0.286
朝陽	0.676	0.6	0.662	0.962	0.103	0.151	0.228
葫蘆島	0.802	0.63	0.89	0.993	0.105	0.155	0.276
長春	0.966	0.998	0.547	0.945	0.144	0.379	0.44
吉林	0.972	0.532	0.351	0.994	0.115	0.197	0.301
四平	0.847	0.944	0.464	0.991	0.129	0.171	0.289
遼源	0.63	0.999	0.659	0.995	0.101	0.12	0.259
通化	0.83	0.831	0.357	0.989	0.183	0.138	0.254
白山	0.953	0.457	0.529	0.992	0.113	0.117	0.228
松原	0.889	0.967	0.104	0.958	0.101	0.138	0.213
白城	0.62	0.873	0.519	0.993	0.101	0.228	0.718
哈爾濱	0.982	0.1	0.518	0.989	0.134	0.422	0.395
齊齊哈爾	0.908	0.743	0.308	0.89	0.108	0.211	0.272
雞西	0.914	0.92	0.1	0.91	0.103	0.159	0.399
鶴崗	0.951	0.767	0.47	0.986	0.104	0.15	0.553
雙鴨山	0.827	0.539	0.342	0.963	0.102	0.137	0.331

表 4.7.3 2014 年度城市環境、資源、區位競爭力三級指標分值（續 2）

城市	工業廢水排放達標率	工業固體廢物綜合利用率	工業二氧化硫去除率	工業煙塵去除率	三廢綜合利用產品產值	環保從業人數	環保從業者每萬人擁有量
大慶	1	0.966	0.201	0.985	0.138	0.139	0.22
伊春	0.988	0.793	0.1	0.55	0.113	0.117	0.231
佳木斯	0.945	0.833	0.424	0.978	0.103	0.151	0.294
七台河	0.935	0.87	0.1	0.993	0.117	0.116	0.278
牡丹江	0.99	0.982	0.507	0.982	0.103	0.136	0.218
黑河	0.939	0.939	0.334	0.985	0.101	0.156	0.407
綏化	0.942	1	0.1	0.555	0.114	0.171	0.203
上海	0.982	0.976	0.659	0.1	0.185	0.69	0.483
南京	0.957	0.928	0.909	0.994	0.205	0.293	0.375
無錫	0.993	0.919	0.735	0.992	0.181	0.172	0.23
徐州	0.991	0.939	0.718	0.996	0.135	0.241	0.216
常州	1	0.982	0.713	0.986	0.332	0.182	0.301
蘇州	0.996	0.952	0.732	0.993	0.42	0.217	0.255
南通	0.994	0.981	0.729	0.986	0.144	0.175	0.173
連雲港	0.983	0.929	0.46	0.985	0.105	0.184	0.239
淮安	1	0.959	0.677	0.994	0.131	0.222	0.298
鹽城	0.934	0.85	0.637	0.992	0.247	0.187	0.179
揚州	0.985	0.99	0.794	0.994	0.113	0.168	0.225
鎮江	0.987	0.985	0.892	0.994	0.133	0.171	0.341
泰州	0.976	0.984	0.577	0.984	0.127	0.163	0.201
宿遷	0.952	0.85	0.513	0.907	0.119	0.162	0.187
杭州	0.972	0.926	0.532	0.994	1	0.568	0.736
寧波	0.959	0.924	0.888	0.996	0.215	0.254	0.34
溫州	0.963	0.965	0.753	0.985	0.12	0.149	0.136
嘉興	0.987	0.958	0.685	0.991	0.179	0.186	0.326
湖州	0.965	0.964	0.642	0.995	0.144	0.153	0.283
紹興	0.986	0.928	0.597	0.991	0.197	0.19	0.281
金華	0.96	0.991	0.669	0.992	0.163	0.234	0.359
衢州	0.931	0.954	0.661	0.995	0.121	0.116	0.147
舟山	0.97	0.989	0.546	0.975	0.107	0.144	0.551
台州	0.912	0.948	0.82	0.979	0.173	0.183	0.215
麗水	0.966	0.961	0.137	0.865	0.113	0.132	0.202
合肥	0.966	0.946	0.595	0.993	0.119	0.237	0.267
蕪湖	0.994	0.961	0.71	0.995	0.139	0.148	0.203
蚌埠	0.998	0.992	0.705	0.924	0.117	0.157	0.232
淮南	0.984	0.895	0.733	0.998	0.122	0.167	0.356
馬鞍山	0.985	0.942	0.635	0.993	0.124	0.13	0.213
淮北	0.983	0.956	0.365	0.984	0.107	0.109	0.124
銅陵	0.996	0.848	0.99	0.997	0.141	0.117	0.341
安慶	0.982	0.984	0.842	0.995	0.123	0.147	0.152
黃山	1	0.775	0.1	0.91	0.1	0.127	0.272
滁州	0.995	0.967	0.417	0.967	0.116	0.162	0.213
阜陽	0.992	1	0.702	0.992	0.124	0.145	0.118
宿州	0.988	0.514	0.514	0.988	0.102	0.139	0.136
六安	0.917	0.77	0.29	0.932	0.108	0.222	0.246
亳州	0.998	0.999	0.208	0.883	0.105	0.144	0.148
池州	0.958	0.832	0.842	0.986	0.105	0.116	0.189
宣城	0.976	0.818	0.445	0.984	0.107	0.11	0.116
福州	0.957	0.91	0.708	0.981	0.115	0.237	0.284
廈門	1	0.964	0.68	0.996	0.102	0.189	0.55
莆田	0.976	0.936	0.666	0.974	0.101	0.113	0.121
三明	0.981	0.835	0.477	0.992	0.155	0.138	0.221
泉州	0.999	0.957	0.745	0.972	0.114	0.125	0.112
漳州	0.992	0.959	0.773	0.99	0.103	0.142	0.165
南平	0.924	0.898	0.113	0.982	0.103	0.155	0.254
龍岩	0.986	0.899	0.562	0.994	0.197	0.124	0.161
寧德	0.929	0.952	0.784	0.98	0.1	0.129	0.164

表 4.7.3 2014 年度城市環境、資源、區位競爭力三級指標分值（續 2）

城市	工業廢水排放達標率	工業固體廢物綜合利用率	工業二氧化硫去除率	工業煙塵去除率	三廢綜合利用產品產值	環保從業人數	環保從業者每萬人擁有量
南昌	0.948	0.988	0.564	0.988	0.114	0.238	0.347
景德鎮	0.96	0.955	0.341	0.429	0.121	0.118	0.197
萍鄉	0.94	0.967	0.241	0.343	0.108	0.131	0.245
九江	0.928	0.531	0.646	0.987	0.12	0.154	0.182
新餘	0.921	0.926	0.503	0.984	0.163	0.12	0.261
鷹潭	0.991	0.92	0.503	0.997	0.183	0.129	0.325
贛州	0.967	0.852	0.503	0.965	0.125	0.185	0.165
吉安	0.933	0.968	0.651	0.979	0.105	0.157	0.189
宜春	0.995	0.914	0.608	0.99	0.137	0.15	0.163
撫州	0.981	0.955	0.221	0.239	0.103	0.135	0.161
上饒	0.852	0.22	0.602	0.995	0.117	0.135	0.121
濟南	0.997	0.998	0.687	0.991	0.173	0.214	0.262
青島	0.983	0.963	0.671	0.992	0.172	0.213	0.221
淄博	1	0.969	0.687	0.994	0.296	0.202	0.316
棗莊	0.993	0.999	0.705	0.997	0.13	0.159	0.226
東營	1	0.951	0.886	0.997	0.168	0.131	0.251
煙臺	1	0.828	0.818	0.994	0.131	0.212	0.246
濰坊	0.988	0.924	0.804	0.993	0.146	0.192	0.179
濟寧	0.989	0.862	0.679	0.994	0.163	0.203	0.195
泰安	0.983	0.998	0.78	0.996	0.162	0.139	0.147
威海	1	0.921	0.1	0.996	0.104	0.158	0.308
日照	1	0.996	0.701	0.992	0.176	0.112	0.122
萊蕪	0.996	0.942	0.703	0.983	0.147	0.107	0.147
臨沂	0.985	0.91	0.614	0.992	0.114	0.173	0.141
德州	0.939	0.952	0.747	0.994	0.146	0.168	0.194
聊城	0.99	0.959	0.772	0.994	0.188	0.152	0.163
濱州	0.967	0.107	0.645	0.993	0.119	0.119	0.129
菏澤	0.997	1	0.686	0.991	0.115	0.202	0.18
鄭州	0.983	0.805	0.669	0.996	0.132	0.309	0.267
開封	0.957	0.943	0.646	0.995	0.102	0.192	0.245
洛陽	0.991	0.607	0.771	0.997	0.143	0.17	0.174
平頂山	0.973	0.927	0.677	0.992	0.122	0.177	0.217
安陽	0.984	0.921	0.673	0.978	0.157	0.161	0.178
鶴壁	0.969	0.933	0.646	0.996	0.102	0.134	0.293
新鄉	0.983	0.983	0.71	0.998	0.12	0.147	0.152
焦作	0.983	0.636	0.494	0.993	0.147	0.156	0.23
濮陽	0.956	0.957	0.586	0.994	0.109	0.125	0.137
許昌	0.995	0.981	0.741	0.996	0.118	0.156	0.189
漯河	1	0.994	0.689	0.995	0.103	0.133	0.2
三門峽	0.835	0.407	0.594	0.994	0.111	0.121	0.177
南陽	0.985	0.729	0.609	0.991	0.127	0.241	0.19
商丘	1	0.997	0.6	0.977	0.124	0.194	0.175
信陽	0.959	0.988	0.739	0.994	0.113	0.178	0.165
周口	0.95	0.971	0.226	0.968	0.118	0.157	0.12
駐馬店	0.928	0.98	0.612	0.994	0.103	0.167	0.149
武漢	0.993	0.955	0.654	0.995	0.226	0.318	0.338
黃石	0.989	0.818	0.907	0.992	0.164	0.115	0.141
十堰	0.989	0.57	0.397	0.981	0.119	0.14	0.196
宜昌	0.998	0.519	0.873	0.993	0.132	0.26	0.474
襄陽	0.963	0.977	0.199	0.995	0.127	0.207	0.254
鄂州	0.993	0.917	0.696	0.994	0.117	0.12	0.28
荊門	0.953	0.919	0.706	0.1	0.159	0.137	0.201
孝感	0.962	0.998	0.416	0.989	0.11	0.16	0.189
荊州	0.957	1	0.624	0.977	0.131	0.168	0.178
黃岡	0.933	0.963	0.718	0.919	0.116	0.161	0.156
咸寧	0.922	0.508	0.626	0.991	0.102	0.118	0.142
隨州	0.914	0.976	0.182	0.666	0.103	0.141	0.242

表 4.7.3 2014 年度城市環境、資源、區位競爭力三級指標分值（續 2）

城市	工業廢水排放達標率	工業固體廢物綜合利用率	工業二氧化硫去除率	工業煙塵去除率	三廢綜合利用產品產值	環保從業人數	環保從業者每萬人擁有量
長沙	0.921	0.923	0.672	0.993	0.134	0.25	0.301
株洲	0.966	0.906	0.179	0.998	0.14	0.152	0.209
湘潭	0.973	0.962	0.677	0.998	0.125	0.118	0.144
衡陽	0.963	0.83	0.56	0.994	0.13	0.174	0.167
邵陽	0.947	0.683	0.778	0.968	0.106	0.146	0.133
岳陽	0.972	0.927	0.603	0.988	0.13	0.178	0.211
常德	0.995	0.968	0.679	0.99	0.113	0.181	0.203
張家界	0.962	0.968	0.17	0.992	0.103	0.135	0.29
益陽	0.945	0.991	0.614	0.972	0.129	0.155	0.19
郴州	0.891	0.542	0.875	0.994	0.196	0.166	0.206
永州	0.905	0.84	0.523	0.925	0.104	0.17	0.188
懷化	0.888	0.375	0.526	0.968	0.119	0.168	0.208
婁底	0.98	0.919	1	0.959	0.19	0.157	0.207
廣州	0.969	0.954	0.84	0.1	0.1	0.454	0.5
韶關	0.969	0.797	0.544	0.981	0.119	0.154	0.244
深圳	0.968	0.805	0.775	0.999	0.115	0.233	0.538
珠海	0.982	0.967	0.714	0.987	0.106	0.161	0.66
汕頭	0.864	0.979	0.827	0.993	0.103	0.159	0.186
佛山	0.959	0.934	0.615	0.982	0.13	0.189	0.313
江門	0.952	0.896	0.698	0.994	0.109	0.152	0.21
湛江	0.866	0.956	0.777	0.928	0.119	0.183	0.18
茂名	0.872	0.951	0.944	0.988	0.15	0.161	0.156
肇慶	0.982	1	0.198	0.988	0.102	0.149	0.192
惠州	0.991	0.995	0.684	0.99	0.11	0.171	0.286
梅州	0.974	0.991	0.727	0.995	0.107	0.157	0.185
汕尾	0.539	0.996	0.825	0.984	0.106	0.115	0.124
河源	0.988	0.52	0.689	0.99	0.1	0.115	0.123
陽江	0.766	0.999	0.685	0.976	0.104	0.137	0.21
清遠	0.895	0.841	0.529	0.978	0.105	0.129	0.149
東莞	0.967	0.802	0.629	0.99	0.121	0.104	0.108
中山	0.973	0.899	0.222	0.964	0.115	0.112	0.172
潮州	0.9	0.999	0.105	0.55	0.104	0.126	0.18
揭陽	0.924	1	0.71	0.995	0.101	0.141	0.137
雲浮	0.972	0.808	0.325	0.989	0.107	0.114	0.132
南寧	0.959	0.921	0.769	0.992	0.139	0.255	0.29
柳州	0.1	0.964	0.759	0.986	0.1	0.263	0.513
桂林	0.963	0.89	0.738	0.964	0.115	0.224	0.312
梧州	0.978	0.815	0.303	0.845	0.103	0.135	0.184
北海	0.96	0.838	0.746	0.991	0.105	0.134	0.287
防城港	0.962	0.999	0.646	0.99	0.104	0.124	0.362
欽州	0.98	0.977	0.8	0.988	0.107	0.126	0.145
貴港	0.946	0.848	0.696	0.982	0.188	0.135	0.142
玉林	0.974	0.78	0.346	0.994	0.104	0.161	0.163
百色	0.951	0.626	0.567	0.989	0.111	0.142	0.181
賀州	0.963	0.65	0.794	0.99	0.102	0.116	0.156
河池	0.999	0.192	0.887	0.982	0.122	0.134	0.16
來賓	0.966	0.749	0.81	0.998	0.113	0.137	0.222
崇左	0.965	0.67	0.277	0.961	0.114	0.125	0.184
海口	1	0.901	0.1	0.617	0.1	0.185	0.607
三亞	1	1	0.1	0.1	0.1	0.151	1
重慶	0.953	0.835	0.656	0.992	0.246	0.663	0.239
成都	0.977	0.988	0.595	0.994	0.132	0.349	0.284
自貢	0.812	1	0.116	0.982	0.102	0.12	0.141
攀枝花	0.975	0.301	0.343	0.986	0.119	0.119	0.267
瀘州	0.956	0.936	0.778	0.995	0.103	0.127	0.13
德陽	0.978	1	0.856	0.988	0.123	0.171	0.259
綿陽	0.995	0.99	0.651	0.998	0.112	0.177	0.217

表 4.7.3 2014 年度城市環境、資源、區位競爭力三級指標分值（續 2）

城市	工業廢水排放達標率	工業固體廢物綜合利用率	工業二氧化硫去除率	工業煙塵去除率	三廢綜合利用產品產值	環保從業人數	環保從業者每萬人擁有量
廣元	0.969	0.994	0.1	0.986	0.102	0.162	0.276
遂寧	1	1	0.397	0.92	0.115	0.117	0.125
內江	0.992	0.848	0.556	0.994	0.111	0.116	0.117
樂山	0.989	0.937	0.284	0.993	0.168	0.16	0.246
南充	0.913	0.988	0.273	0.73	0.102	0.157	0.15
眉山	0.993	1	0.176	0.976	0.102	0.139	0.191
宜賓	0.926	0.909	0.685	0.995	0.119	0.138	0.147
廣安	0.971	0.956	0.802	0.997	0.1	0.123	0.127
達州	0.962	0.99	0.619	0.995	0.116	0.158	0.158
雅安	0.969	1	0.925	0.991	0.102	0.116	0.193
巴中	0.989	0.961	0.1	0.148	0.101	0.124	0.14
資陽	0.991	0.994	0.144	0.974	0.102	0.13	0.136
貴陽	0.962	0.632	0.639	0.984	0.122	0.215	0.384
六盤水	0.924	0.628	0.729	0.993	0.124	0.117	0.134
遵義	0.941	0.974	0.775	0.997	0.118	0.159	0.151
安順	0.926	0.793	0.673	0.899	0.105	0.14	0.222
畢節	0.1	0.682	0.807	0.997	0.1	0.132	0.112
銅仁	0.1	0.715	0.729	0.991	0.1	0.11	0.101
昆明	0.996	0.49	0.833	0.987	0.206	0.208	0.273
曲靖	0.994	0.665	0.785	0.996	0.166	0.147	0.15
玉溪	0.995	0.414	0.79	0.989	0.117	0.129	0.218
保山	0.956	0.71	0.157	0.985	0.11	0.13	0.198
昭通	0.936	0.525	0.742	0.993	0.102	0.126	0.121
麗江	0.98	0.786	0.109	0.982	0.1	0.132	0.359
普洱	0.931	0.477	0.351	0.92	0.109	0.131	0.204
臨滄	0.972	0.793	0.1	0.975	0.105	0.112	0.132
拉薩	0.1	0.117	0.114	0.998	0.1	0.108	0.279
西安	0.963	0.963	0.723	0.989	0.106	0.325	0.355
銅川	0.995	0.974	0.841	0.956	0.106	0.124	0.384
寶雞	0.997	0.643	0.876	0.995	0.112	0.147	0.201
咸陽	1	0.996	0.726	0.996	0.131	0.218	0.299
渭南	0.945	0.991	0.787	0.996	0.145	0.241	0.324
延安	0.978	0.662	0.199	0.86	0.11	0.154	0.31
漢中	0.976	0.479	0.616	0.994	0.114	0.167	0.252
榆林	0.991	0.976	0.352	0.978	0.115	0.217	0.389
安康	0.988	0.915	0.222	0.989	0.102	0.106	0.1
商洛	0.982	0.252	0.906	0.96	0.104	0.125	0.183
蘭州	0.956	0.991	0.62	0.993	0.139	0.226	0.468
嘉峪關	0.996	0.36	0.305	0.985	0.102	0.114	0.935
金昌	0.832	0.253	0.958	0.985	0.136	0.115	0.458
白銀	0.871	0.55	0.889	0.996	0.105	0.129	0.25
天水	0.873	0.87	0.701	0.994	0.101	0.12	0.133
武威	0.994	0.881	0.1	0.951	0.101	0.14	0.297
張掖	0.681	0.719	0.477	0.968	0.114	0.134	0.348
平涼	0.757	0.514	0.813	0.996	0.111	0.128	0.202
酒泉	0.934	0.91	0.1	0.948	0.101	0.145	0.553
慶陽	0.945	0.983	0.265	0.935	0.1	0.12	0.159
定西	0.697	0.866	0.129	0.98	0.101	0.129	0.178
隴南	0.897	0.782	0.452	0.983	0.1	0.11	0.115
西寧	0.901	0.979	0.529	0.981	0.116	0.142	0.297
銀川	0.995	0.831	0.753	0.995	0.115	0.169	0.498
石嘴山	0.553	0.68	0.776	0.993	0.122	0.129	0.494
吳忠	0.863	0.742	0.757	0.998	0.109	0.117	0.213
固原	0.727	0.953	0.531	0.798	0.1	0.121	0.226
中衛	0.883	0.957	0.75	0.976	0.105	0.13	0.341
烏魯木齊	0.928	0.901	0.584	0.987	0.113	0.156	0.297
克拉瑪依	1	0.996	0.761	0.986	0.102	0.108	0.35

表 4.7.3 2014 年度城市環境、資源、區位競爭力三級指標分值（續 2）

城市	工業廢水排放達標率	工業固體廢物綜合利用率	工業二氧化硫去除率	工業煙塵去除率	三廢綜合利用產品產值	環保從業人數	環保從業者每萬人擁有量
香港	0.93	0.83	0.5	0.935	0.1	0.167	0.169
澳門	0.93	0.83	0.5	0.935	0.1	0.12	0.464
新北	0.93	0.83	0.5	0.935	0.1	0.14	0.178
臺北	0.93	0.83	0.5	0.935	0.1	0.126	0.178
台中	0.93	0.83	0.5	0.935	0.1	0.126	0.178
台南	0.93	0.83	0.5	0.935	0.1	0.117	0.178
高雄	0.93	0.83	0.5	0.935	0.1	0.127	0.178
基隆	0.93	0.83	0.5	0.935	0.1	0.101	0.178
新竹	0.93	0.83	0.5	0.935	0.1	0.102	0.178
嘉義	0.93	0.83	0.5	0.935	0.1	0.1	0.178

4.8 城市人力教育競爭力三級指標分值

表 4.8.1 2014 年度城市人力教育競爭力三級指標分值

城市	人力資本規模	高素質人力資本儲備量	其它人力資本儲備量	教育支出絕對規模	教育支出相對規模	城市就業率	人力資本基本成本
北京	0.9	0.724	0.412	0.972	0.387	0.965	0.704
天津	0.468	0.499	0.329	0.625	0.332	0.734	0.515
石家莊	0.188	0.455	0.4	0.25	0.295	0.739	0.258
唐山	0.191	0.241	0.294	0.234	0.233	0.688	0.323
秦皇島	0.127	0.232	0.167	0.147	0.365	0.7	0.327
邯鄲	0.185	0.161	0.41	0.231	0.377	0.716	0.254
邢臺	0.152	0.143	0.308	0.178	0.42	0.818	0.253
保定	0.189	0.234	0.401	0.208	0.361	0.761	0.225
張家口	0.145	0.145	0.199	0.17	0.453	0.672	0.232
承德	0.123	0.145	0.19	0.17	0.465	0.695	0.222
滄州	0.155	0.139	0.271	0.201	0.313	0.829	0.276
廊坊	0.149	0.195	0.211	0.177	0.356	0.912	0.325
衡水	0.137	0.112	0.216	0.15	0.395	0.737	0.206
太原	0.2	0.45	0.221	0.175	0.298	0.778	0.358
大同	0.146	0.142	0.195	0.16	0.126	0.513	0.351
陽泉	0.119	0.112	0.132	0.129	0.421	0.828	0.41
長治	0.139	0.128	0.195	0.16	0.398	0.877	0.32
晉城	0.121	0.107	0.166	0.14	0.359	0.911	0.411
朔州	0.118	0.102	0.184	0.14	0.356	0.907	0.319
晉中	0.131	0.16	0.181	0.153	0.448	0.907	0.299
運城	0.123	0.116	0.251	0.155	0.419	0.792	0.193
忻州	0.117	0.127	0.183	0.159	0.704	0.845	0.22
臨汾	0.134	0.142	0.213	0.164	0.443	0.821	0.205
呂梁	0.129	0.113	0.224	0.183	0.55	0.889	0.339
呼和浩特	0.157	0.299	0.168	0.146	0.202	0.76	0.517
包頭	0.183	0.165	0.152	0.155	0.192	0.8	0.384
烏海	0.108	0.105	0.103	0.111	0.232	0.701	0.382
赤峰	0.134	0.113	0.219	0.191	0.457	0.667	0.326
通遼	0.122	0.137	0.16	0.152	0.285	0.726	0.257
鄂爾多斯	0.119	0.103	0.129	0.181	0.224	0.832	0.525
呼倫貝爾	0.14	0.113	0.14	0.156	0.356	0.678	0.318
巴彥淖爾	0.118	0.106	0.129	0.126	0.307	0.636	0.288
烏蘭察布	0.111	0.115	0.136	0.14	0.424	0.341	0.286

表 4. 8. 1 2014 年度城市人力教育競爭力三級指標分值

城市	人力資本規模	高素質人力資本儲備量	其它人力資本儲備量	教育支出絕對規模	教育支出相對規模	城市就業率	人力資本基本成本
瀋陽	0.253	0.438	0.252	0.264	0.239	0.8	0.367
大連	0.305	0.337	0.225	0.289	0.252	0.827	0.414
鞍山	0.145	0.136	0.163	0.145	0.202	0.817	0.221
撫順	0.137	0.135	0.131	0.143	0.308	0.593	0.261
本溪	0.124	0.114	0.125	0.132	0.269	0.599	0.261
丹東	0.124	0.125	0.149	0.146	0.371	0.668	0.165
錦州	0.134	0.162	0.159	0.145	0.319	0.891	0.251
營口	0.147	0.118	0.144	0.147	0.302	0.912	0.235
阜新	0.129	0.136	0.131	0.127	0.401	0.709	0.259
遼陽	0.126	0.114	0.132	0.129	0.269	0.856	0.275
盤錦	0.135	0.105	0.124	0.139	0.284	0.804	0.215
鐵嶺	0.125	0.116	0.153	0.146	0.388	0.745	0.248
朝陽	0.128	0.109	0.166	0.149	0.424	0.734	0.238
葫蘆島	0.12	0.108	0.153	0.139	0.43	0.707	0.235
長春	0.221	0.452	0.271	0.241	0.277	0.723	0.337
吉林	0.146	0.194	0.193	0.175	0.279	0.807	0.277
四平	0.145	0.136	0.171	0.147	0.354	0.666	0.197
遼源	0.112	0.104	0.118	0.121	0.304	0.741	0.2
通化	0.124	0.113	0.145	0.142	0.378	0.832	0.195
白山	0.121	0.101	0.118	0.132	0.424	0.789	0.21
松原	0.133	0.103	0.152	0.139	0.25	0.837	0.24
白城	0.118	0.115	0.134	0.139	0.473	0.752	0.159
哈爾濱	0.295	0.47	0.313	0.263	0.301	0.798	0.29
齊齊哈爾	0.136	0.152	0.185	0.173	0.49	0.675	0.217
雞西	0.121	0.108	0.131	0.126	0.392	0.674	0.25
鶴崗	0.12	0.107	0.112	0.119	0.431	0.707	0.273
雙鴨山	0.117	0.104	0.126	0.1	0.1	0.756	0.108
大慶	0.162	0.157	0.161	0.149	0.163	0.788	0.429
伊春	0.115	0.102	0.112	0.115	0.468	0.526	0.123
佳木斯	0.123	0.142	0.15	0.143	0.491	0.796	0.256
七台河	0.108	0.102	0.11	0.114	0.517	0.808	0.254
牡丹江	0.14	0.146	0.139	0.147	0.354	0.828	0.219
黑河	0.123	0.113	0.136	0.119	0.434	0.895	0.1
綏化	0.129	0.115	0.202	0.176	0.517	0.821	0.133
上海	0.749	0.609	0.402	1	0.366	0.795	0.656
南京	0.32	0.712	0.237	0.272	0.23	0.87	0.493
無錫	0.281	0.196	0.22	0.26	0.218	0.893	0.434
徐州	0.201	0.214	0.335	0.254	0.32	0.843	0.312
常州	0.232	0.186	0.193	0.19	0.226	0.904	0.423
蘇州	0.371	0.267	0.252	0.35	0.214	0.943	0.441
南通	0.19	0.164	0.235	0.257	0.296	0.814	0.363
連雲港	0.146	0.129	0.23	0.178	0.386	0.877	0.312
淮安	0.166	0.156	0.229	0.191	0.375	0.865	0.292
鹽城	0.195	0.148	0.261	0.229	0.337	0.901	0.276
揚州	0.173	0.176	0.201	0.175	0.243	0.835	0.347
鎮江	0.168	0.179	0.151	0.162	0.231	0.907	0.346
泰州	0.173	0.14	0.186	0.18	0.266	0.892	0.301
宿遷	0.152	0.113	0.256	0.187	0.434	0.906	0.234
杭州	0.395	0.524	0.286	0.303	0.249	0.953	0.429
寧波	0.326	0.245	0.269	0.295	0.27	0.869	0.428
溫州	0.315	0.177	0.308	0.243	0.327	0.968	0.351
嘉興	0.175	0.173	0.196	0.189	0.278	0.847	0.352
湖州	0.165	0.123	0.162	0.15	0.277	0.921	0.333
紹興	0.228	0.16	0.229	0.192	0.243	0.89	0.327
金華	0.24	0.16	0.243	0.199	0.314	0.917	0.342

表 4.8.1 2014 年度城市人力教育競爭力三級指標分值

城市	人力資本規模	高素質人力資本儲備量	其它人力資本儲備量	教育支出絕對規模	教育支出相對規模	城市就業率	人力資本基本成本
衢州	0.127	0.121	0.156	0.142	0.361	0.844	0.413
舟山	0.113	0.119	0.112	0.128	0.299	0.867	0.438
台州	0.205	0.148	0.265	0.201	0.304	0.89	0.34
麗水	0.122	0.139	0.157	0.15	0.435	0.838	0.431
合肥	0.241	0.483	0.279	0.237	0.284	0.879	0.375
蕪湖	0.144	0.225	0.177	0.161	0.286	0.831	0.346
蚌埠	0.131	0.161	0.192	0.139	0.357	0.668	0.258
淮南	0.126	0.165	0.157	0.131	0.35	0.7	0.44
馬鞍山	0.115	0.142	0.149	0.14	0.3	0.805	0.379
淮北	0.126	0.125	0.155	0.123	0.318	0.707	0.435
銅陵	0.108	0.129	0.11	0.118	0.278	0.658	0.346
安慶	0.134	0.132	0.262	0.173	0.441	0.692	0.256
黃山	0.11	0.119	0.127	0.117	0.343	0.82	0.282
滁州	0.135	0.144	0.21	0.152	0.414	0.967	0.291
阜陽	0.137	0.132	0.356	0.189	0.661	0.929	0.234
宿州	0.121	0.134	0.232	0.159	0.491	0.791	0.257
六安	0.159	0.133	0.274	0.179	0.624	0.898	0.244
亳州	0.129	0.117	0.252	0.155	0.569	0.91	0.258
池州	0.109	0.124	0.142	0.124	0.462	0.757	0.254
宣城	0.138	0.106	0.149	0.135	0.375	0.841	0.334
福州	0.249	0.385	0.305	0.232	0.276	0.909	0.35
廈門	0.262	0.218	0.172	0.197	0.304	0.941	0.394
莆田	0.139	0.116	0.188	0.157	0.378	0.936	0.271
三明	0.13	0.123	0.161	0.152	0.327	0.895	0.295
泉州	0.266	0.193	0.317	0.213	0.232	0.978	0.284
漳州	0.145	0.147	0.227	0.155	0.254	0.922	0.299
南平	0.129	0.12	0.162	0.14	0.34	0.802	0.279
龍岩	0.133	0.123	0.161	0.153	0.332	0.874	0.284
寧德	0.132	0.108	0.17	0.147	0.348	0.869	0.306
南昌	0.209	0.535	0.25	0.187	0.262	0.774	0.309
景德鎮	0.12	0.119	0.143	0.124	0.335	0.895	0.216
萍鄉	0.135	0.12	0.153	0.128	0.33	0.853	0.218
九江	0.164	0.171	0.249	0.175	0.409	0.869	0.215
新餘	0.109	0.157	0.129	0.124	0.289	0.665	0.294
鷹潭	0.111	0.106	0.133	0.116	0.299	0.734	0.224
贛州	0.168	0.205	0.39	0.23	0.615	0.78	0.205
吉安	0.129	0.122	0.23	0.175	0.544	0.669	0.208
宜春	0.13	0.131	0.259	0.174	0.453	0.659	0.204
撫州	0.149	0.123	0.225	0.157	0.503	0.722	0.203
上饒	0.147	0.124	0.332	0.195	0.552	0.944	0.207
濟南	0.27	0.684	0.264	0.212	0.231	0.858	0.357
青島	0.28	0.391	0.305	0.298	0.252	0.837	0.359
淄博	0.17	0.186	0.228	0.2	0.265	0.85	0.292
棗莊	0.164	0.116	0.201	0.151	0.276	0.83	0.263
東營	0.145	0.12	0.152	0.164	0.221	0.927	0.37
煙臺	0.216	0.238	0.253	0.233	0.245	0.817	0.289
濰坊	0.195	0.21	0.329	0.258	0.328	0.906	0.282
濟寧	0.171	0.182	0.304	0.222	0.323	0.757	0.316
泰安	0.159	0.197	0.234	0.165	0.244	0.828	0.273
威海	0.152	0.145	0.143	0.167	0.265	0.958	0.262
日照	0.126	0.12	0.17	0.142	0.282	0.821	0.272
萊蕪	0.118	0.105	0.127	0.122	0.331	0.853	0.284
臨沂	0.177	0.152	0.364	0.217	0.324	0.908	0.293
德州	0.167	0.129	0.226	0.17	0.281	0.88	0.211
聊城	0.139	0.146	0.235	0.175	0.302	0.692	0.213

表 4.8.1 2014 年度城市人力教育競爭力三級指標分值

城市	人力資本規模	高素質人力資本儲備量	其它人力資本儲備量	教育支出絕對規模	教育支出相對規模	城市就業率	人力資本基本成本
濱州	0.138	0.145	0.205	0.17	0.308	0.863	0.278
菏澤	0.142	0.128	0.38	0.199	0.415	0.816	0.199
鄭州	0.283	0.681	0.407	0.271	0.272	0.963	0.278
開封	0.136	0.178	0.274	0.145	0.315	0.723	0.147
洛陽	0.176	0.195	0.329	0.209	0.321	0.786	0.296
平頂山	0.141	0.159	0.246	0.162	0.359	0.813	0.282
安陽	0.155	0.15	0.268	0.163	0.341	0.829	0.215
鶴壁	0.118	0.108	0.157	0.122	0.335	0.835	0.216
新鄉	0.142	0.232	0.321	0.172	0.366	0.757	0.181
焦作	0.153	0.178	0.214	0.145	0.266	0.96	0.223
濮陽	0.13	0.109	0.259	0.148	0.378	0.81	0.227
許昌	0.132	0.132	0.246	0.157	0.291	0.401	0.214
漯河	0.117	0.122	0.175	0.13	0.33	0.903	0.194
三門峽	0.121	0.112	0.166	0.139	0.312	0.866	0.267
南陽	0.187	0.159	0.476	0.212	0.39	0.807	0.182
商丘	0.142	0.163	0.437	0.201	0.537	0.722	0.187
信陽	0.153	0.151	0.4	0.203	0.531	0.942	0.183
周口	0.159	0.132	0.533	0.217	0.532	0.805	0.198
駐馬店	0.15	0.125	0.418	0.184	0.458	0.885	0.17
武漢	0.364	0.918	0.286	0.284	0.222	0.834	0.358
黃石	0.141	0.136	0.171	0.135	0.297	0.668	0.179
十堰	0.165	0.146	0.17	0.147	0.389	0.764	0.192
宜昌	0.186	0.163	0.161	0.162	0.236	0.9	0.165
襄陽	0.183	0.166	0.22	0.176	0.269	0.778	0.169
鄂州	0.115	0.11	0.118	0.114	0.249	0.701	0.155
荊門	0.141	0.118	0.149	0.13	0.262	0.835	0.17
孝感	0.183	0.122	0.179	0.155	0.39	0.838	0.161
荊州	0.162	0.204	0.223	0.154	0.366	0.547	0.189
黃岡	0.127	0.151	0.278	0.181	0.505	0.594	0.137
咸寧	0.124	0.129	0.165	0.135	0.365	0.748	0.141
隨州	0.138	0.107	0.139	0.121	0.318	0.972	0.184
長沙	0.235	0.559	0.294	0.261	0.237	0.82	0.377
株洲	0.172	0.159	0.177	0.158	0.292	0.893	0.305
湘潭	0.132	0.19	0.155	0.131	0.236	0.754	0.257
衡陽	0.185	0.221	0.294	0.176	0.327	0.781	0.212
邵陽	0.167	0.123	0.293	0.179	0.568	0.819	0.206
岳陽	0.169	0.134	0.208	0.166	0.27	0.841	0.187
常德	0.181	0.14	0.215	0.172	0.302	0.643	0.216
張家界	0.105	0.111	0.13	0.123	0.546	0.736	0.22
益陽	0.126	0.162	0.187	0.145	0.367	0.722	0.217
郴州	0.144	0.121	0.209	0.177	0.398	0.724	0.254
永州	0.132	0.127	0.246	0.17	0.503	0.655	0.223
懷化	0.158	0.131	0.207	0.168	0.509	0.691	0.228
婁底	0.129	0.124	0.195	0.148	0.384	0.637	0.225
廣州	0.616	1	0.397	0.409	0.22	0.626	0.535
韶關	0.139	0.138	0.182	0.142	0.372	0.433	0.274
深圳	0.573	0.172	0.304	0.441	0.243	0.992	0.454
珠海	0.162	0.198	0.14	0.159	0.332	0.949	0.354
汕頭	0.116	0.124	0.335	0.161	0.352	0.731	0.251
佛山	0.215	0.145	0.28	0.233	0.213	0.931	0.332
江門	0.205	0.135	0.21	0.16	0.291	0.913	0.254
湛江	0.145	0.155	0.372	0.173	0.327	0.791	0.216
茂名	0.136	0.132	0.381	0.169	0.304	0.668	0.241
肇慶	0.133	0.159	0.239	0.157	0.321	0.859	0.265
惠州	0.23	0.131	0.247	0.186	0.303	0.971	0.287

表 4.8.1 2014 年度城市人力教育競爭力三級指標分值

城市	人力資本規模	高素質人力資本儲備量	其它人力資本儲備量	教育支出絕對規模	教育支出相對規模	城市就業率	人力資本基本成本
梅州	0.119	0.133	0.232	0.152	0.536	0.302	0.246
汕尾	0.121	0.107	0.219	0.131	0.408	0.79	0.223
河源	0.121	0.118	0.177	0.14	0.5	0.838	0.235
陽江	0.12	0.114	0.17	0.132	0.299	0.1	0.215
清遠	0.142	0.111	0.2	0.155	0.431	0.871	0.317
東莞	0.166	0.152	0.263	0.227	0.242	0.984	0.458
中山	0.183	0.149	0.173	0.182	0.299	0.976	0.424
潮州	0.117	0.115	0.201	0.126	0.321	0.837	0.211
揭陽	0.173	0.113	0.328	0.152	0.31	0.963	0.184
雲浮	0.123	0.108	0.181	0.128	0.415	0.934	0.224
南寧	0.175	0.408	0.302	0.19	0.305	0.895	0.313
柳州	0.161	0.168	0.205	0.155	0.272	0.802	0.262
桂林	0.135	0.24	0.21	0.164	0.35	0.795	0.249
梧州	0.117	0.115	0.191	0.151	0.443	0.718	0.205
北海	0.113	0.12	0.151	0.123	0.306	0.776	0.238
防城港	0.107	0.104	0.119	0.115	0.301	0.871	0.243
欽州	0.117	0.111	0.21	0.141	0.469	0.826	0.239
貴港	0.114	0.106	0.257	0.146	0.515	0.78	0.178
玉林	0.132	0.12	0.316	0.169	0.481	0.739	0.212
百色	0.129	0.128	0.19	0.169	0.682	0.841	0.229
賀州	0.105	0.109	0.156	0.131	0.598	0.796	0.229
河池	0.124	0.109	0.19	0.151	0.758	0.818	0.194
來賓	0.116	0.106	0.156	0.136	0.57	0.901	0.23
崇左	0.11	0.124	0.139	0.137	0.529	0.873	0.178
海口	0.161	0.185	0.166	0.128	0.304	0.979	0.278
三亞	0.106	0.133	0.114	0.115	0.391	0.85	0.273
重慶	1	0.688	1	0.753	0.434	0.896	0.273
成都	0.397	0.752	0.439	0.324	0.251	0.889	0.352
自貢	0.134	0.136	0.162	0.129	0.292	0.82	0.281
攀枝花	0.118	0.12	0.129	0.13	0.354	0.863	0.344
瀘州	0.126	0.142	0.25	0.165	0.48	0.789	0.229
德陽	0.126	0.145	0.176	0.138	0.273	0.734	0.337
綿陽	0.147	0.188	0.222	0.16	0.369	0.688	0.304
廣元	0.12	0.105	0.176	0.145	0.688	0.797	0.275
遂寧	0.118	0.11	0.182	0.139	0.454	0.698	0.247
內江	0.122	0.123	0.192	0.14	0.343	0.778	0.243
樂山	0.127	0.135	0.171	0.141	0.335	0.652	0.245
南充	0.147	0.169	0.313	0.192	0.561	0.685	0.245
眉山	0.121	0.115	0.173	0.135	0.37	0.701	0.276
宜賓	0.149	0.128	0.242	0.165	0.42	0.836	0.277
廣安	0.112	0.107	0.226	0.145	0.457	0.641	0.273
達州	0.141	0.119	0.288	0.169	0.465	0.811	0.238
雅安	0.118	0.133	0.13	0.118	0.404	0.85	0.243
巴中	0.118	0.1	0.209	0.155	1	0.786	0.218
資陽	0.113	0.104	0.199	0.142	0.352	0.657	0.194
貴陽	0.178	0.391	0.231	0.186	0.366	0.849	0.298
六盤水	0.127	0.11	0.204	0.147	0.457	0.745	0.309
遵義	0.125	0.146	0.315	0.201	0.523	0.643	0.324
安順	0.112	0.113	0.17	0.135	0.663	0.791	0.264
畢節	0.122	0.114	0.388	0.204	0.772	0.794	0.29
銅仁	0.12	0.113	0.232	0.163	0.906	0.756	0.192
昆明	0.251	0.473	0.305	0.226	0.336	0.897	0.322
曲靖	0.164	0.127	0.311	0.193	0.487	0.694	0.247
玉溪	0.141	0.112	0.158	0.134	0.301	0.926	0.303
保山	0.113	0.111	0.158	0.139	0.687	0.8	0.188

表 4.8.1 2014 年度城市人力教育競爭力三級指標分值

城市	人力資本規模	高素質人力資本儲備量	其它人力資本儲備量	教育支出絕對規模	教育支出相對規模	城市就業率	人力資本基本成本
昭通	0.126	0.105	0.284	0.179	0.94	0.796	0.247
麗江	0.103	0.11	0.126	0.125	0.8	0.782	0.227
普洱	0.123	0.106	0.154	0.138	0.716	0.799	0.191
臨滄	0.109	0.104	0.156	0.142	0.787	0.767	0.18
拉薩	0.13	0.121	0.111	0.155	0.378	1	0.423
西安	0.293	0.653	0.383	0.249	0.292	0.742	0.337
銅川	0.104	0.106	0.112	0.121	0.565	0.94	0.267
寶雞	0.135	0.125	0.203	0.173	0.412	0.869	0.272
咸陽	0.134	0.195	0.266	0.188	0.409	0.807	0.259
渭南	0.129	0.114	0.247	0.191	0.547	0.819	0.291
延安	0.123	0.137	0.165	0.171	0.444	0.864	0.363
漢中	0.126	0.138	0.18	0.159	0.55	0.809	0.28
榆林	0.126	0.112	0.184	0.233	0.403	0.842	0.396
安康	0.114	0.116	0.166	0.163	0.804	0.77	0.291
商洛	0.109	0.113	0.17	0.152	0.798	0.828	0.183
蘭州	0.166	0.387	0.2	0.155	0.297	0.881	0.316
嘉峪關	0.1	0.104	0.1	0.101	0.164	0.791	0.386
金昌	0.104	0.104	0.106	0.106	0.286	0.823	0.402
白銀	0.108	0.106	0.156	0.131	0.557	0.792	0.311
天水	0.119	0.127	0.222	0.147	0.803	0.783	0.223
武威	0.112	0.121	0.155	0.128	0.599	0.799	0.175
張掖	0.107	0.116	0.132	0.119	0.503	0.838	0.21
平涼	0.112	0.109	0.156	0.142	0.944	0.669	0.306
酒泉	0.106	0.105	0.124	0.118	0.292	0.758	0.289
慶陽	0.106	0.112	0.175	0.139	0.541	0.542	0.253
定西	0.111	0.108	0.169	0.141	0.289	0.819	0.243
隴南	0.105	0.108	0.161	0.138	0.308	0.765	0.172
西寧	0.136	0.147	0.153	0.158	0.497	0.615	0.258
銀川	0.142	0.182	0.168	0.125	0.222	0.753	0.409
石嘴山	0.11	0.114	0.111	0.116	0.347	0.614	0.294
吳忠	0.105	0.103	0.134	0.123	0.564	0.583	0.322
固原	0.105	0.104	0.145	0.127	0.187	0.848	0.327
中衛	0.103	0.1	0.133	0.117	0.527	0.855	0.238
烏魯木齊	0.167	0.23	0.214	0.168	0.279	0.79	0.379
克拉瑪依	0.11	0.103	0.102	0.121	0.264	0.989	0.455
香港	0.348	0.345	0.222	0.865	0.39	0.694	1
澳門	0.115	0.12	0.104	0.223	0.349	0.816	0.912
新北	0.22	0.134	0.175	0.225	0.246	0.633	0.613
臺北	0.176	0.134	0.153	0.287	0.443	0.633	0.965
台中	0.179	0.141	0.162	0.2	0.276	0.633	0.531
台南	0.156	0.12	0.135	0.183	0.311	0.64	0.514
高雄	0.182	0.133	0.153	0.235	0.334	0.633	0.612
基隆	0.105	0.106	0.102	0.112	0.268	0.633	0.596
新竹	0.107	0.104	0.105	0.115	0.284	0.633	0.797
嘉義	0.102	0.107	0.101	0.108	0.265	0.64	0.551

表 4.8.2 2014 年度城市人力教育競爭力三級指標分值（續 1）

城市	人力資本教育成本	高素質人力資本相對儲備量	成人識字率	大專以上人口比重	創業人員指數	各類專業技術人員數	專業技術人員比重
北京	0.38	0.495	0.545	0.817	0.321	1	0.961
天津	0.32	0.431	0.42	0.369	0.25	0.197	0.218
石家莊	0.16	0.39	0.304	0.196	0.127	0.134	0.138
唐山	0.173	0.256	0.341	0.192	0.136	0.111	0.115
秦皇島	0.166	0.472	0.33	0.271	0.129	0.107	0.128

表 4.8.2 2014 年度城市人力教育競爭力三級指標分值（續 1）

城市	人力資本教育成本	高素質人力資本相對儲備量	成人識字率	大專以上人口比重	創業人員指數	各類專業技術人員數	專業技術人員比重
邯鄲	0.152	0.151	0.307	0.277	0.141	0.113	0.113
邢臺	0.141	0.147	0.333	0.225	0.132	0.107	0.108
保定	0.135	0.194	0.288	0.232	0.119	0.136	0.134
張家口	0.161	0.18	0.287	0.234	0.143	0.11	0.122
承德	0.176	0.198	0.293	0.242	0.125	0.106	0.117
滄州	0.154	0.143	0.281	0.19	0.13	0.109	0.11
廊坊	0.172	0.28	0.283	0.193	0.155	0.118	0.148
衡水	0.145	0.123	0.304	0.191	0.146	0.104	0.109
太原	0.184	0.887	0.315	0.308	0.184	0.138	0.228
大同	0.177	0.209	0.313	0.201	0.154	0.109	0.131
陽泉	0.193	0.176	0.316	0.204	0.145	0.103	0.125
長治	0.174	0.168	0.282	0.189	0.15	0.106	0.118
晉城	0.177	0.125	0.276	0.16	0.135	0.103	0.115
朔州	0.197	0.108	0.275	0.151	0.156	0.103	0.117
晉中	0.167	0.252	0.282	0.155	0.137	0.106	0.12
運城	0.142	0.126	0.275	0.176	0.103	0.105	0.108
忻州	0.178	0.173	0.274	0.156	0.117	0.105	0.117
臨汾	0.161	0.181	0.265	0.157	0.127	0.106	0.114
呂梁	0.187	0.127	0.304	0.177	0.116	0.102	0.105
呼和浩特	0.183	0.81	0.289	0.183	0.256	0.12	0.205
包頭	0.202	0.339	0.281	0.185	0.342	0.108	0.144
烏海	0.192	0.178	0.265	0.183	0.212	0.102	0.147
赤峰	0.181	0.123	0.271	0.188	0.134	0.107	0.115
通遼	0.167	0.196	0.276	0.181	0.13	0.105	0.119
鄂爾多斯	0.324	0.115	0.307	0.329	0.161	0.104	0.129
呼倫貝爾	0.187	0.14	0.27	0.192	0.169	0.107	0.132
巴彥淖爾	0.158	0.125	0.27	0.188	0.161	0.104	0.123
烏蘭察布	0.158	0.142	0.263	0.182	0.12	0.105	0.121
瀋陽	0.193	0.483	0.356	0.506	0.19	0.166	0.21
大連	0.232	0.431	0.373	0.474	0.299	0.146	0.193
鞍山	0.151	0.185	0.325	0.27	0.135	0.12	0.167
撫順	0.182	0.23	0.312	0.265	0.185	0.106	0.135
本溪	0.189	0.175	0.317	0.274	0.16	0.105	0.137
丹東	0.179	0.186	0.318	0.171	0.143	0.114	0.168
錦州	0.16	0.265	0.324	0.278	0.159	0.11	0.137
營口	0.183	0.165	0.323	0.188	0.232	0.105	0.123
阜新	0.159	0.255	0.315	0.131	0.192	0.105	0.13
遼陽	0.167	0.166	0.315	0.14	0.201	0.104	0.125
盤錦	0.228	0.134	0.305	0.136	0.163	0.106	0.155
鐵嶺	0.162	0.145	0.289	0.245	0.145	0.106	0.122
朝陽	0.159	0.122	0.301	0.1	0.135	0.106	0.118
葫蘆島	0.156	0.124	0.299	0.113	0.14	0.105	0.122
長春	0.176	0.483	0.342	0.321	0.164	0.158	0.191
吉林	0.17	0.279	0.334	0.313	0.151	0.107	0.117
四平	0.157	0.189	0.313	0.189	0.196	0.107	0.122
遼源	0.175	0.129	0.293	0.196	0.189	0.102	0.12
通化	0.178	0.148	0.302	0.191	0.163	0.107	0.135
白山	0.207	0.106	0.294	0.181	0.199	0.103	0.132
松原	0.155	0.108	0.285	0.18	0.175	0.105	0.118
白城	0.182	0.162	0.281	0.101	0.144	0.104	0.123
哈爾濱	0.166	0.406	0.33	0.321	0.192	0.16	0.171
齊齊哈爾	0.152	0.176	0.165	0.255	0.133	0.108	0.115
雞西	0.159	0.137	0.319	0.155	0.137	0.103	0.119
鶴崗	0.175	0.152	0.313	0.16	0.166	0.101	0.116
雙鴨山	0.1	0.122	0.306	0.152	0.174	0.102	0.12

表 4.8.2 2014 年度城市人力教育競爭力三級指標分值（續 1）

城市	人力資本教育成本	高素質人力資本相對儲備量	成人識字率	大專以上人口比重	創業人員指數	各類專業技術人員數	專業技術人員比重
大慶	0.172	0.267	0.317	0.306	0.195	0.146	0.303
伊春	0.151	0.11	0.296	0.157	0.149	0.103	0.132
佳木斯	0.175	0.243	0.305	0.183	0.151	0.104	0.119
七台河	0.166	0.121	0.348	0.161	0.151	0.103	0.141
牡丹江	0.175	0.244	0.327	0.189	0.204	0.106	0.124
黑河	0.145	0.161	0.1	0.154	0.142	0.103	0.118
綏化	0.155	0.122	0.243	0.157	0.126	0.104	0.106
上海	0.363	0.393	1	1	0.266	0.275	0.249
南京	0.211	0.888	0.345	0.364	0.273	0.175	0.242
無錫	0.241	0.269	0.336	0.351	0.338	0.116	0.14
徐州	0.162	0.195	0.313	0.26	0.157	0.113	0.113
常州	0.202	0.295	0.307	0.27	0.353	0.109	0.128
蘇州	0.26	0.312	0.373	0.428	0.355	0.119	0.132
南通	0.183	0.169	0.328	0.33	0.156	0.109	0.111
連雲港	0.162	0.147	0.304	0.203	0.149	0.108	0.116
淮安	0.168	0.185	0.295	0.246	0.17	0.105	0.108
鹽城	0.163	0.148	0.349	0.216	0.169	0.108	0.108
揚州	0.166	0.237	0.306	0.218	0.195	0.11	0.123
鎮江	0.195	0.339	0.35	0.245	0.253	0.109	0.137
泰州	0.164	0.166	0.306	0.239	0.19	0.109	0.118
宿遷	0.162	0.119	0.298	0.232	0.167	0.103	0.103
杭州	0.219	0.598	0.39	0.505	0.241	0.257	0.376
寧波	0.24	0.307	0.334	0.244	0.271	0.125	0.151
溫州	0.172	0.179	0.31	0.224	0.263	0.115	0.119
嘉興	0.207	0.275	0.315	0.235	0.17	0.112	0.14
湖州	0.179	0.173	0.304	0.23	0.234	0.106	0.128
紹興	0.185	0.212	0.304	0.227	0.191	0.109	0.123
金華	0.186	0.205	0.306	0.221	0.262	0.109	0.12
衢州	0.168	0.167	0.302	0.221	0.168	0.104	0.117
舟山	0.225	0.263	0.297	0.238	0.174	0.104	0.157
台州	0.169	0.166	0.309	0.153	0.168	0.113	0.124
麗水	0.178	0.222	0.286	0.134	0.152	0.105	0.12
合肥	0.178	0.543	0.325	0.46	0.187	0.14	0.166
蕪湖	0.165	0.367	0.268	0.184	0.159	0.107	0.12
蚌埠	0.143	0.236	0.273	0.198	0.152	0.105	0.114
淮南	0.152	0.319	0.328	0.222	0.129	0.104	0.117
馬鞍山	0.172	0.25	0.277	0.24	0.133	0.105	0.123
淮北	0.143	0.194	0.291	0.208	0.166	0.102	0.108
銅陵	0.207	0.416	0.273	0.151	0.167	0.102	0.129
安慶	0.147	0.143	0.261	0.146	0.129	0.107	0.11
黃山	0.148	0.203	0.253	0.147	0.157	0.103	0.121
滁州	0.145	0.181	0.249	0.145	0.157	0.106	0.114
阜陽	0.133	0.125	0.267	0.148	0.12	0.104	0.101
宿州	0.135	0.142	0.266	0.246	0.115	0.105	0.106
六安	0.144	0.138	0.267	0.152	0.121	0.107	0.109
亳州	0.135	0.123	0.265	0.158	0.135	0.103	0.103
池州	0.163	0.222	0.262	0.147	0.153	0.102	0.112
宣城	0.151	0.119	0.274	0.147	0.122	0.106	0.122
福州	0.182	0.457	0.3	0.302	0.179	0.142	0.177
廈門	0.313	0.607	0.34	0.279	0.51	0.114	0.192
莆田	0.171	0.139	0.278	0.19	0.156	0.103	0.11
三明	0.178	0.169	0.291	0.196	0.164	0.104	0.117
泉州	0.166	0.211	0.313	0.201	0.17	0.11	0.113
漳州	0.145	0.181	0.277	0.183	0.134	0.107	0.114
南平	0.152	0.153	0.253	0.195	0.148	0.106	0.121

表 4.8.2 2014 年度城市人力教育競爭力三級指標分值（續 1）

城市	人力資本教育成本	高素質人力資本相對儲備量	成人識字率	大專以上人口比重	創業人員指數	各類專業技術人員數	專業技術人員比重
龍岩	0.173	0.163	0.286	0.202	0.146	0.105	0.119
寧德	0.156	0.119	0.277	0.188	0.155	0.104	0.111
南昌	0.169	0.805	0.319	0.247	0.183	0.122	0.15
景德鎮	0.16	0.194	0.304	0.205	0.171	0.108	0.162
萍鄉	0.16	0.185	0.328	0.212	0.249	0.102	0.114
九江	0.16	0.214	0.298	0.179	0.175	0.108	0.115
新餘	0.186	0.488	0.297	0.18	0.155	0.101	0.114
鷹潭	0.156	0.139	0.326	0.234	0.171	0.103	0.13
贛州	0.156	0.193	0.308	0.181	0.139	0.111	0.111
吉安	0.16	0.136	0.262	0.179	0.134	0.106	0.111
宜春	0.152	0.145	0.314	0.183	0.118	0.104	0.105
撫州	0.155	0.145	0.317	0.18	0.174	0.104	0.11
上饒	0.15	0.126	0.302	0.184	0.127	0.105	0.104
濟南	0.175	0.889	0.343	0.393	0.216	0.145	0.189
青島	0.205	0.411	0.342	0.382	0.211	0.119	0.127
淄博	0.198	0.268	0.285	0.27	0.149	0.106	0.113
棗莊	0.152	0.133	0.267	0.145	0.195	0.104	0.109
東營	0.246	0.187	0.336	0.16	0.193	0.118	0.221
煙臺	0.183	0.274	0.335	0.285	0.168	0.114	0.122
濰坊	0.173	0.203	0.278	0.191	0.143	0.108	0.108
濟寧	0.158	0.179	0.274	0.146	0.125	0.105	0.104
泰安	0.146	0.242	0.334	0.196	0.13	0.108	0.114
威海	0.21	0.245	0.331	0.278	0.17	0.106	0.13
日照	0.16	0.158	0.282	0.136	0.154	0.102	0.106
萊蕪	0.176	0.131	0.288	0.139	0.19	0.103	0.134
臨沂	0.142	0.14	0.286	0.147	0.128	0.115	0.113
德州	0.148	0.141	0.288	0.143	0.17	0.105	0.108
聊城	0.15	0.164	0.283	0.147	0.126	0.104	0.104
濱州	0.175	0.196	0.273	0.14	0.136	0.105	0.113
菏澤	0.14	0.124	0.285	0.142	0.118	0.105	0.102
鄭州	0.164	0.546	0.364	0.298	0.165	0.144	0.146
開封	0.132	0.217	0.297	0.17	0.123	0.107	0.111
洛陽	0.161	0.21	0.298	0.219	0.149	0.123	0.136
平頂山	0.145	0.189	0.342	0.219	0.12	0.105	0.107
安陽	0.142	0.17	0.328	0.224	0.139	0.105	0.106
鶴壁	0.156	0.142	0.323	0.2	0.161	0.101	0.107
新鄉	0.146	0.276	0.336	0.22	0.123	0.108	0.112
焦作	0.149	0.275	0.334	0.178	0.177	0.103	0.108
濮陽	0.145	0.117	0.293	0.233	0.129	0.102	0.102
許昌	0.146	0.153	0.288	0.194	0.125	0.103	0.105
漯河	0.144	0.166	0.281	0.189	0.119	0.101	0.102
三門峽	0.172	0.142	0.285	0.194	0.138	0.102	0.111
南陽	0.136	0.141	0.315	0.173	0.126	0.117	0.114
商丘	0.142	0.155	0.302	0.181	0.116	0.106	0.104
信陽	0.147	0.149	0.273	0.163	0.129	0.112	0.114
周口	0.137	0.122	0.285	0.177	0.123	0.108	0.104
駐馬店	0.136	0.123	0.299	0.173	0.124	0.107	0.105
武漢	0.191	0.918	0.33	0.428	0.247	0.169	0.201
黃石	0.154	0.212	0.292	0.289	0.183	0.104	0.118
十堰	0.155	0.209	0.28	0.223	0.185	0.113	0.143
宜昌	0.163	0.229	0.316	0.219	0.199	0.129	0.187
襄陽	0.151	0.191	0.269	0.2	0.16	0.116	0.13
鄂州	0.156	0.174	0.295	0.211	0.158	0.102	0.122
荊門	0.14	0.148	0.3	0.195	0.165	0.107	0.126
孝感	0.141	0.134	0.343	0.185	0.168	0.11	0.12

表 4.8.2 2014 年度城市人力教育競爭力三級指標分值（續 1）

城市	人力資本教育成本	高素質人力資本相對儲備量	成人識字率	大專以上人口比重	創業人員指數	各類專業技術人員數	專業技術人員比重
荊州	0.131	0.229	0.316	0.185	0.155	0.107	0.11
黄岡	0.143	0.156	0.333	0.193	0.11	0.105	0.105
咸寧	0.147	0.18	0.284	0.138	0.145	0.102	0.107
隨州	0.134	0.124	0.269	0.135	0.224	0.101	0.104
長沙	0.2	0.671	0.361	0.262	0.173	0.155	0.199
株洲	0.16	0.222	0.312	0.25	0.211	0.106	0.116
湘潭	0.143	0.353	0.309	0.228	0.149	0.104	0.113
衡陽	0.137	0.224	0.286	0.197	0.155	0.109	0.109
邵陽	0.139	0.124	0.317	0.143	0.154	0.107	0.107
岳陽	0.145	0.149	0.323	0.201	0.165	0.108	0.114
常德	0.145	0.152	0.308	0.162	0.183	0.108	0.113
張家界	0.158	0.153	0.276	0.115	0.128	0.102	0.117
益陽	0.137	0.205	0.337	0.157	0.124	0.104	0.108
郴州	0.161	0.133	0.317	0.121	0.145	0.106	0.11
永州	0.145	0.136	0.309	0.128	0.123	0.106	0.109
懷化	0.153	0.149	0.304	0.127	0.174	0.107	0.113
婁底	0.144	0.145	0.3	0.133	0.13	0.104	0.107
廣州	0.255	1	0.447	0.521	0.41	0.222	0.281
韶關	0.152	0.196	0.338	0.254	0.15	0.105	0.116
深圳	0.598	0.306	0.527	0.5	1	0.195	0.509
珠海	0.337	0.856	0.343	0.259	0.299	0.115	0.275
汕頭	0.145	0.137	0.32	0.218	0.1	0.107	0.112
佛山	0.246	0.198	0.352	0.349	0.282	0.115	0.147
江門	0.162	0.174	0.325	0.248	0.27	0.105	0.111
湛江	0.136	0.157	0.328	0.183	0.123	0.107	0.108
茂名	0.136	0.135	0.322	0.215	0.118	0.106	0.105
肇慶	0.153	0.214	0.314	0.172	0.137	0.109	0.122
惠州	0.203	0.175	0.34	0.139	0.3	0.108	0.126
梅州	0.139	0.152	0.316	0.165	0.116	0.106	0.111
汕尾	0.135	0.116	0.3	0.173	0.139	0.102	0.106
河源	0.146	0.141	0.312	0.173	0.129	0.103	0.108
陽江	0.146	0.14	0.32	0.245	0.142	0.103	0.111
清遠	0.154	0.122	0.314	0.167	0.165	0.104	0.109
東莞	0.387	0.33	0.348	0.191	0.364	0.103	0.121
中山	0.329	0.366	0.35	0.17	0.495	0.105	0.138
潮州	0.14	0.146	0.322	0.169	0.148	0.104	0.116
揭陽	0.13	0.116	0.319	0.173	0.185	0.104	0.104
雲浮	0.139	0.124	0.333	0.173	0.157	0.102	0.105
南寧	0.15	0.455	0.32	0.24	0.133	0.132	0.153
柳州	0.159	0.251	0.296	0.136	0.179	0.129	0.194
桂林	0.149	0.32	0.333	0.199	0.128	0.109	0.119
梧州	0.163	0.139	0.321	0.186	0.133	0.103	0.107
北海	0.157	0.199	0.311	0.182	0.151	0.103	0.123
防城港	0.174	0.133	0.314	0.138	0.163	0.101	0.119
欽州	0.142	0.122	0.313	0.132	0.127	0.103	0.107
貴港	0.134	0.109	0.327	0.134	0.116	0.102	0.102
玉林	0.139	0.124	0.317	0.135	0.122	0.108	0.11
百色	0.169	0.157	0.273	0.131	0.147	0.105	0.112
賀州	0.156	0.131	0.314	0.136	0.12	0.102	0.111
河池	0.15	0.118	0.277	0.131	0.137	0.105	0.113
來賓	0.156	0.118	0.293	0.131	0.148	0.104	0.116
崇左	0.162	0.181	0.276	0.131	0.126	0.104	0.12
海口	0.173	0.533	0.345	0.29	0.304	0.115	0.218
三亞	0.221	0.568	0.307	0.225	0.191	0.101	0.136
重慶	0.179	0.245	0.369	0.337	0.187	0.275	0.161

表 4.8.2 2014 年度城市人力教育競爭力三級指標分值（續 1）

城市	人力資本教育成本	高素質人力資本相對儲備量	成人識字率	大專以上人口比重	創業人員指數	各類專業技術人員數	專業技術人員比重
成都	0.177	0.557	0.368	0.276	0.22	0.187	0.189
自貢	0.136	0.19	0.308	0.192	0.174	0.109	0.129
攀枝花	0.216	0.245	0.282	0.174	0.193	0.106	0.167
瀘州	0.152	0.169	0.291	0.173	0.123	0.104	0.107
德陽	0.138	0.194	0.31	0.197	0.133	0.108	0.121
綿陽	0.143	0.232	0.351	0.26	0.142	0.123	0.15
廣元	0.159	0.114	0.309	0.184	0.144	0.104	0.112
遂寧	0.141	0.121	0.29	0.164	0.125	0.102	0.102
內江	0.137	0.145	0.27	0.197	0.128	0.105	0.111
樂山	0.146	0.182	0.309	0.263	0.134	0.108	0.124
南充	0.148	0.175	0.285	0.13	0.137	0.107	0.107
眉山	0.14	0.136	0.285	0.189	0.141	0.102	0.104
宜賓	0.147	0.142	0.294	0.191	0.148	0.104	0.105
廣安	0.137	0.113	0.275	0.199	0.12	0.102	0.103
達州	0.139	0.122	0.28	0.204	0.136	0.106	0.107
雅安	0.149	0.271	0.28	0.194	0.201	0.102	0.116
巴中	0.157	0.1	0.279	0.198	0.128	0.103	0.105
資陽	0.132	0.107	0.281	0.194	0.113	0.102	0.102
貴陽	0.194	0.739	0.306	0.366	0.165	0.122	0.171
六盤水	0.16	0.125	0.224	0.15	0.147	0.103	0.107
遵義	0.152	0.149	0.225	0.15	0.105	0.108	0.108
安順	0.15	0.139	0.21	0.143	0.125	0.103	0.111
畢節	0.148	0.113	0.216	0.141	0.11	0.112	0.114
銅仁	0.16	0.124	0.211	0.141	0.132	0.104	0.108
昆明	0.195	0.664	0.351	0.242	0.224	0.147	0.203
曲靖	0.158	0.135	0.246	0.141	0.152	0.104	0.104
玉溪	0.166	0.147	0.255	0.137	0.226	0.103	0.117
保山	0.162	0.135	0.26	0.129	0.126	0.102	0.105
昭通	0.154	0.107	0.24	0.137	0.124	0.105	0.106
麗江	0.189	0.17	0.232	0.128	0.122	0.102	0.122
普洱	0.162	0.121	0.23	0.154	0.162	0.104	0.119
臨滄	0.173	0.115	0.226	0.155	0.125	0.102	0.109
拉薩	0.572	0.44	0.224	0.168	0.294	0.111	0.375
西安	0.176	0.672	0.334	0.202	0.192	0.261	0.349
銅川	0.209	0.159	0.268	0.168	0.143	0.102	0.129
寶雞	0.178	0.153	0.282	0.161	0.144	0.107	0.119
咸陽	0.167	0.248	0.283	0.163	0.122	0.109	0.118
渭南	0.165	0.121	0.292	0.159	0.113	0.109	0.115
延安	0.225	0.229	0.22	0.156	0.149	0.105	0.123
漢中	0.163	0.181	0.277	0.165	0.134	0.107	0.12
榆林	0.247	0.125	0.287	0.164	0.132	0.105	0.114
安康	0.185	0.143	0.279	0.179	0.129	0.104	0.113
商洛	0.187	0.144	0.263	0.164	0.121	0.104	0.116
蘭州	0.17	0.834	0.3	0.292	0.198	0.128	0.206
嘉峪關	0.157	0.276	0.219	0.176	0.198	0.1	0.132
金昌	0.164	0.164	0.217	0.16	0.177	0.1	0.111
白銀	0.174	0.129	0.224	0.164	0.123	0.102	0.113
天水	0.15	0.16	0.219	0.174	0.126	0.108	0.123
武威	0.16	0.191	0.217	0.129	0.153	0.102	0.112
張掖	0.163	0.202	0.205	0.132	0.138	0.104	0.14
平涼	0.174	0.13	0.234	0.147	0.128	0.103	0.115
酒泉	0.18	0.143	0.221	0.135	0.142	0.103	0.137
慶陽	0.162	0.139	0.224	0.134	0.118	0.102	0.108
定西	0.157	0.121	0.226	0.154	0.129	0.101	0.103
隴南	0.154	0.122	0.221	0.146	0.112	0.101	0.1

表 4.8.2 2014 年度城市人力教育競爭力三級指標分值（續 1）

城市	人力資本教育成本	高素質人力資本相對儲備量	成人識字率	大專以上人口比重	創業人員指數	各類專業技術人員數	專業技術人員比重
西寧	0.223	0.294	0.189	0.148	0.184	0.119	0.218
銀川	0.162	0.505	0.301	0.347	0.233	0.11	0.175
石嘴山	0.195	0.254	0.245	0.193	0.212	0.101	0.121
吳忠	0.17	0.12	0.246	0.183	0.132	0.101	0.106
固原	0.173	0.124	0.23	0.168	0.145	0.102	0.119
中衛	0.162	0.1	0.216	0.185	0.136	0.1	0.1
烏魯木齊	0.209	0.515	0.318	0.422	0.2	0.127	0.226
克拉瑪依	0.351	0.168	0.321	0.341	0.193	0.101	0.157
香港	0.548	0.382	0.692	0.785	0.12	0.331	0.499
澳門	1	0.389	0.392	0.513	0.116	0.142	1
新北	0.231	0.171	0.317	0.361	0.183	0.117	0.151
臺北	0.393	0.205	0.4	0.44	0.187	0.111	0.151
台中	0.255	0.226	0.316	0.343	0.213	0.111	0.151
台南	0.284	0.187	0.289	0.376	0.213	0.108	0.151
高雄	0.304	0.197	0.279	0.392	0.207	0.112	0.151
基隆	0.249	0.231	0.338	0.378	0.182	0.101	0.151
新竹	0.262	0.186	0.315	0.351	0.183	0.101	0.151
嘉義	0.247	0.314	0.317	0.378	0.203	0.101	0.151

表 4.8.3 2014 年度城市人力教育競爭力三級指標分值（續 2）

城市	移民化程度指數	吸引人才指數	高校畢業生求職選擇	高校數	高校老師數	每萬人中小學校數	中小學老師學生比	中小學校密度
北京	0.345	1	1	1	1	0.217	0.52	0.126
天津	0.305	0.8	0.811	0.644	0.549	0.225	0.57	0.129
石家莊	0.215	0.6	0.621	0.575	0.451	0.331	0.326	0.131
唐山	0.215	0.4	0.432	0.189	0.189	0.325	0.397	0.127
秦皇島	0.216	0.4	0.432	0.169	0.194	0.345	0.623	0.119
邯鄲	0.193	0.4	0.337	0.149	0.15	0.397	0.271	0.148
邢臺	0.199	0.4	0.337	0.14	0.131	0.36	0.328	0.132
保定	0.2	0.4	0.337	0.238	0.241	0.354	0.313	0.128
張家口	0.193	0.4	0.289	0.149	0.14	0.25	0.493	0.104
承德	0.191	0.3	0.242	0.149	0.137	0.3	0.358	0.104
滄州	0.201	0.3	0.242	0.169	0.14	0.359	0.487	0.128
廊坊	0.213	0.3	0.242	0.219	0.193	0.361	0.436	0.136
衡水	0.206	0.3	0.242	0.12	0.113	0.405	0.431	0.13
太原	0.245	0.6	0.621	0.525	0.426	0.387	0.424	0.13
大同	0.219	0.3	0.337	0.11	0.131	0.511	0.563	0.117
陽泉	0.218	0.3	0.289	0.12	0.108	0.521	0.449	0.122
長治	0.208	0.3	0.242	0.159	0.133	0.671	0.482	0.124
晉城	0.219	0.3	0.242	0.12	0.107	0.645	0.407	0.122
朔州	0.208	0.3	0.242	0.11	0.1	0.426	0.338	0.11
晉中	0.21	0.3	0.242	0.179	0.153	0.473	0.575	0.114
運城	0.208	0.3	0.242	0.159	0.117	0.475	0.579	0.126
忻州	0.207	0.3	0.242	0.14	0.127	0.475	0.628	0.119
臨汾	0.214	0.3	0.242	0.14	0.144	0.613	0.611	0.119
呂梁	0.198	0.2	0.195	0.11	0.107	0.707	0.454	0.119
呼和浩特	0.272	0.5	0.526	0.327	0.286	0.297	0.37	0.106
包頭	0.259	0.3	0.432	0.149	0.168	0.191	0.461	0.102
烏海	0.208	0.2	0.195	0.11	0.112	0.126	0.512	0.106
赤峰	0.193	0.2	0.195	0.14	0.126	0.269	0.506	0.102
通遼	0.203	0.2	0.195	0.13	0.126	0.346	0.808	0.102
鄂爾多斯	0.281	0.2	0.242	0.12	0.104	0.191	0.689	0.1
呼倫貝爾	0.196	0.2	0.195	0.12	0.112	0.211	0.812	0.1
巴彥淖爾	0.183	0.2	0.195	0.12	0.109	0.138	0.58	0.1

表 4.8.3 2014 年度城市人力教育競爭力三級指標分值（續 2）

城市	移民化程度指數	吸引人才指數	高校畢業生求職選擇	高校數	高校老師數	每萬人中小學校數	中小學老師學生比	中小學校密度
烏蘭察布	0.148	0.2	0.195	0.13	0.118	0.158	1	0.101
瀋陽	0.239	0.7	0.716	0.525	0.473	0.159	0.457	0.113
大連	0.246	0.8	0.858	0.387	0.363	0.262	0.447	0.118
鞍山	0.215	0.4	0.195	0.13	0.13	0.342	0.518	0.119
撫順	0.198	0.4	0.147	0.159	0.134	0.201	0.698	0.106
本溪	0.237	0.4	0.195	0.13	0.122	0.14	0.861	0.104
丹東	0.21	0.4	0.195	0.13	0.123	0.392	0.398	0.109
錦州	0.209	0.4	0.195	0.189	0.169	0.272	0.418	0.112
營口	0.217	0.4	0.195	0.12	0.115	0.188	0.444	0.113
阜新	0.193	0.3	0.195	0.12	0.139	0.182	0.577	0.105
遼陽	0.214	0.3	0.195	0.14	0.124	0.272	0.378	0.115
盤錦	0.234	0.3	0.147	0.12	0.109	0.15	0.533	0.107
鐵嶺	0.181	0.3	0.147	0.14	0.116	0.263	0.557	0.109
朝陽	0.179	0.3	0.147	0.11	0.107	0.404	0.668	0.11
葫蘆島	0.191	0.2	0.147	0.11	0.106	0.404	0.531	0.116
長春	0.208	0.5	0.621	0.466	0.47	0.371	0.524	0.12
吉林	0.208	0.4	0.432	0.179	0.178	0.324	0.516	0.107
四平	0.208	0.3	0.337	0.14	0.132	0.534	0.489	0.119
遼源	0.208	0.3	0.195	0.11	0.105	0.548	0.68	0.119
通化	0.208	0.3	0.195	0.11	0.11	0.313	0.582	0.106
白山	0.208	0.3	0.147	0.11	0.104	0.411	0.914	0.104
松原	0.208	0.3	0.195	0.11	0.105	0.479	0.695	0.109
白城	0.208	0.3	0.147	0.13	0.117	0.519	0.819	0.106
哈爾濱	0.208	0.6	0.716	0.585	0.573	0.293	0.523	0.108
齊齊哈爾	0.208	0.4	0.337	0.159	0.149	0.346	0.572	0.106
雞西	0.208	0.3	0.147	0.11	0.106	0.181	0.772	0.102
鶴崗	0.208	0.3	0.195	0.149	0.108	0.206	0.575	0.102
雙鴨山	0.208	0.3	0.147	0.11	0.103	0.254	0.685	0.102
大慶	0.208	0.5	0.526	0.169	0.151	0.329	0.566	0.106
伊春	0.208	0.2	0.147	0.11	0.103	0.229	0.973	0.101
佳木斯	0.208	0.2	0.195	0.13	0.131	0.261	0.541	0.103
七台河	0.208	0.2	0.147	0.11	0.103	0.185	0.63	0.104
牡丹江	0.208	0.2	0.147	0.169	0.145	0.267	0.645	0.102
黑河	0.208	0.2	0.147	0.11	0.107	0.314	0.627	0.101
綏化	0.208	0.2	0.147	0.11	0.107	0.378	0.723	0.109
上海	0.208	1	1	0.763	0.702	0.171	0.505	0.159
南京	0.272	0.8	0.811	0.525	0.81	0.144	0.46	0.122
無錫	0.294	0.7	0.716	0.219	0.187	0.126	0.487	0.12
徐州	0.176	0.6	0.432	0.189	0.2	0.186	0.425	0.125
常州	0.273	0.6	0.479	0.189	0.171	0.151	0.352	0.119
蘇州	0.353	0.8	0.716	0.337	0.256	0.14	0.527	0.116
南通	0.197	0.6	0.526	0.169	0.16	0.112	0.514	0.117
連雲港	0.176	0.5	0.337	0.13	0.127	0.19	0.451	0.119
淮安	0.18	0.4	0.337	0.159	0.151	0.128	0.422	0.111
鹽城	0.179	0.4	0.242	0.149	0.143	0.125	0.46	0.109
揚州	0.202	0.4	0.242	0.169	0.168	0.133	0.4	0.114
鎮江	0.245	0.4	0.242	0.159	0.176	0.137	0.527	0.115
泰州	0.188	0.4	0.242	0.159	0.141	0.1	0.608	0.114
宿遷	0.174	0.4	0.242	0.12	0.113	0.141	0.276	0.114
杭州	0.267	0.8	0.811	0.476	0.5	0.169	0.4	0.111
寧波	0.282	0.8	0.716	0.238	0.211	0.22	0.348	0.119
溫州	0.241	0.7	0.716	0.169	0.173	0.22	0.421	0.122
嘉興	0.281	0.6	0.432	0.159	0.148	0.163	0.285	0.122
湖州	0.233	0.5	0.432	0.13	0.129	0.157	0.387	0.111
紹興	0.236	0.5	0.337	0.169	0.143	0.213	0.277	0.117

表 4.8.3 2014 年度城市人力教育競爭力三級指標分值（續 2）

城市	移民化程度指數	吸引人才指數	高校畢業生求職選擇	高校數	高校老師數	每萬人中小學校數	中小學老師學生比	中小學校密度
金華	0.242	0.5	0.242	0.169	0.159	0.239	0.279	0.115
衢州	0.17	0.4	0.242	0.12	0.108	0.196	0.337	0.108
舟山	0.247	0.5	0.242	0.13	0.115	0.184	0.617	0.119
台州	0.211	0.4	0.242	0.14	0.124	0.214	0.269	0.12
麗水	0.163	0.4	0.242	0.13	0.117	0.205	0.386	0.104
合肥	0.223	0.6	0.621	0.595	0.441	0.308	0.364	0.128
蕪湖	0.192	0.4	0.242	0.199	0.196	0.307	0.386	0.129
蚌埠	0.177	0.3	0.242	0.149	0.14	0.436	0.257	0.14
淮南	0.198	0.3	0.242	0.149	0.146	0.371	0.374	0.152
馬鞍山	0.199	0.3	0.242	0.159	0.141	0.292	0.401	0.125
淮北	0.201	0.3	0.242	0.13	0.127	0.375	0.378	0.144
銅陵	0.205	0.3	0.242	0.13	0.118	0.296	0.563	0.127
安慶	0.175	0.3	0.242	0.149	0.133	0.472	0.399	0.128
黃山	0.189	0.3	0.242	0.12	0.113	0.316	0.443	0.107
滁州	0.178	0.3	0.242	0.14	0.131	0.294	0.332	0.114
阜陽	0.146	0.3	0.242	0.14	0.127	0.408	0.232	0.164
宿州	0.167	0.3	0.242	0.13	0.116	0.323	0.462	0.132
六安	0.16	0.3	0.147	0.149	0.127	0.466	0.279	0.127
亳州	0.161	0.2	0.147	0.12	0.11	0.431	0.287	0.147
池州	0.179	0.2	0.147	0.13	0.117	0.481	0.307	0.114
宣城	0.188	0.2	0.147	0.12	0.105	0.233	0.623	0.108
福州	0.233	0.6	0.621	0.416	0.377	0.309	0.23	0.123
廈門	0.42	0.7	0.811	0.268	0.238	0.328	0.246	0.159
莆田	0.174	0.5	0.242	0.12	0.114	0.319	0.404	0.138
三明	0.187	0.5	0.242	0.13	0.116	0.23	0.579	0.104
泉州	0.253	0.5	0.337	0.268	0.195	0.399	0.324	0.137
漳州	0.211	0.5	0.337	0.169	0.151	0.395	0.378	0.121
南平	0.17	0.3	0.242	0.14	0.116	0.267	0.612	0.104
龍岩	0.176	0.3	0.242	0.12	0.115	0.294	0.638	0.107
寧德	0.168	0.3	0.242	0.12	0.108	0.214	0.58	0.108
南昌	0.21	0.5	0.621	0.525	0.533	0.394	0.27	0.14
景德鎮	0.2	0.3	0.242	0.13	0.123	0.568	0.325	0.126
萍鄉	0.202	0.3	0.147	0.13	0.116	0.436	0.298	0.132
九江	0.193	0.3	0.147	0.169	0.196	0.47	0.309	0.119
新餘	0.197	0.2	0.147	0.149	0.129	0.336	0.404	0.119
鷹潭	0.189	0.2	0.147	0.11	0.104	0.549	0.268	0.128
贛州	0.187	0.2	0.147	0.169	0.175	0.478	0.247	0.116
吉安	0.198	0.2	0.147	0.11	0.113	0.429	0.289	0.112
宜春	0.197	0.2	0.147	0.12	0.125	0.39	0.276	0.118
撫州	0.195	0.2	0.147	0.14	0.122	0.528	0.257	0.117
上饒	0.178	0.2	0.147	0.13	0.117	0.509	0.254	0.125
濟南	0.24	0.7	0.716	0.792	0.584	0.228	0.356	0.126
青島	0.243	0.8	0.811	0.318	0.373	0.244	0.464	0.125
淄博	0.226	0.4	0.242	0.179	0.18	0.203	0.351	0.122
棗莊	0.197	0.3	0.242	0.13	0.121	0.278	0.399	0.136
東營	0.235	0.3	0.242	0.14	0.121	0.203	0.444	0.107
煙臺	0.225	0.3	0.337	0.199	0.221	0.172	0.532	0.112
濰坊	0.219	0.3	0.242	0.229	0.207	0.232	0.496	0.119
濟寧	0.199	0.3	0.242	0.169	0.177	0.273	0.402	0.13
泰安	0.205	0.3	0.242	0.179	0.181	0.22	0.373	0.124
威海	0.231	0.3	0.337	0.169	0.147	0.146	0.734	0.11
日照	0.204	0.3	0.242	0.12	0.118	0.282	0.434	0.123
萊蕪	0.217	0.3	0.242	0.12	0.109	0.274	0.516	0.123
臨沂	0.192	0.3	0.242	0.13	0.145	0.286	0.404	0.127
德州	0.202	0.3	0.242	0.14	0.138	0.323	0.564	0.127

表 4.8.3 2014 年度城市人力教育競爭力三級指標分值（續 2）

城市	移民化程度指數	吸引人才指數	高校畢業生求職選擇	高校數	高校老師數	每萬人中小學校數	中小學老師學生比	中小學校密度
聊城	0.206	0.2	0.242	0.13	0.131	0.266	0.468	0.127
濱州	0.206	0.2	0.195	0.13	0.14	0.222	0.41	0.113
菏澤	0.178	0.2	0.147	0.13	0.124	0.317	0.303	0.137
鄭州	0.171	0.6	0.763	0.624	0.859	0.215	0.327	0.147
開封	0.174	0.3	0.242	0.13	0.172	0.512	0.22	0.164
洛陽	0.191	0.3	0.242	0.149	0.176	0.583	0.269	0.14
平頂山	0.185	0.2	0.242	0.14	0.144	0.511	0.365	0.152
安陽	0.175	0.2	0.195	0.159	0.151	0.454	0.295	0.154
鶴壁	0.201	0.2	0.147	0.12	0.11	0.501	0.197	0.155
新鄉	0.189	0.2	0.147	0.199	0.22	0.519	0.253	0.157
焦作	0.198	0.2	0.147	0.149	0.169	0.367	0.288	0.149
濮陽	0.174	0.2	0.147	0.11	0.11	0.533	0.187	0.178
許昌	0.177	0.2	0.147	0.14	0.13	0.407	0.328	0.16
漯河	0.191	0.2	0.147	0.13	0.126	0.372	0.295	0.158
三門峽	0.205	0.2	0.147	0.11	0.113	0.409	0.393	0.113
南陽	0.171	0.2	0.147	0.149	0.156	0.563	0.199	0.138
商丘	0.158	0.2	0.147	0.159	0.167	0.495	0.234	0.164
信陽	0.149	0.2	0.147	0.149	0.15	0.505	0.286	0.134
周口	0.142	0.2	0.147	0.13	0.132	0.598	0.143	0.191
駐馬店	0.155	0.2	0.147	0.12	0.117	0.366	0.182	0.132
武漢	0.261	0.7	0.716	0.881	0.925	0.204	0.467	0.13
黃石	0.192	0.4	0.242	0.14	0.133	0.388	0.261	0.133
十堰	0.201	0.4	0.242	0.169	0.14	0.366	0.581	0.108
宜昌	0.213	0.2	0.147	0.149	0.153	0.178	0.593	0.105
襄陽	0.192	0.2	0.147	0.149	0.138	0.215	0.447	0.11
鄂州	0.199	0.2	0.147	0.11	0.108	0.353	0.577	0.136
荊門	0.197	0.2	0.147	0.11	0.115	0.193	0.536	0.107
孝感	0.188	0.2	0.147	0.12	0.124	0.262	0.848	0.123
荊州	0.176	0.2	0.147	0.179	0.17	0.168	0.342	0.112
黃岡	0.169	0.2	0.147	0.14	0.136	0.279	0.292	0.118
咸寧	0.169	0.2	0.147	0.12	0.132	0.332	0.373	0.114
隨州	0.172	0.2	0.147	0.11	0.107	0.176	0.453	0.107
長沙	0.226	0.7	0.668	0.595	0.568	0.304	0.192	0.125
株洲	0.205	0.4	0.242	0.179	0.159	0.242	0.43	0.113
湘潭	0.197	0.3	0.242	0.199	0.201	0.351	0.453	0.13
衡陽	0.184	0.3	0.242	0.189	0.184	0.415	0.3	0.132
邵陽	0.183	0.3	0.147	0.13	0.122	0.356	0.236	0.12
岳陽	0.199	0.3	0.242	0.149	0.149	0.337	0.621	0.119
常德	0.188	0.3	0.195	0.14	0.131	0.245	0.469	0.112
張家界	0.181	0.3	0.147	0.11	0.111	0.239	0.401	0.106
益陽	0.185	0.2	0.147	0.14	0.126	0.234	0.591	0.114
郴州	0.187	0.4	0.242	0.12	0.118	0.388	0.439	0.115
永州	0.172	0.2	0.147	0.13	0.124	0.203	0.448	0.108
懷化	0.19	0.2	0.147	0.13	0.121	0.509	0.496	0.114
婁底	0.178	0.2	0.147	0.13	0.122	0.415	0.438	0.133
廣州	0.337	1	1	0.891	0.906	0.283	0.376	0.147
韶關	0.18	0.7	0.337	0.12	0.127	0.168	0.399	0.104
深圳	0.823	1	1	0.199	0.158	0.352	0.338	0.176
珠海	0.319	0.9	0.716	0.199	0.187	0.265	0.298	0.124
汕頭	0.213	0.8	0.621	0.11	0.111	0.313	0.1	0.221
佛山	0.42	0.9	0.716	0.13	0.125	0.266	0.228	0.14
江門	0.241	0.6	0.337	0.13	0.121	0.199	0.38	0.112
湛江	0.186	0.6	0.337	0.13	0.148	0.388	0.25	0.134
茂名	0.161	0.5	0.337	0.12	0.119	0.429	0.228	0.142
肇慶	0.192	0.5	0.242	0.149	0.138	0.171	0.343	0.107

表 4.8.3 2014 年度城市人力教育競爭力三級指標分值（續 2）

城市	移民化程度指數	吸引人才指數	高校畢業生求職選擇	高校數	高校老師數	每萬人中小學校數	中小學老師學生比	中小學校密度
惠州	0.292	0.6	0.526	0.13	0.12	0.33	0.307	0.115
梅州	0.167	0.3	0.337	0.11	0.117	0.312	0.426	0.115
汕尾	0.174	0.3	0.242	0.11	0.104	0.426	0.208	0.142
河源	0.172	0.3	0.242	0.11	0.107	0.574	0.6	0.119
陽江	0.179	0.3	0.242	0.11	0.105	0.153	0.407	0.108
清遠	0.191	0.3	0.242	0.11	0.107	0.224	0.442	0.107
東莞	1	0.9	0.716	0.159	0.141	0.461	0.245	0.152
中山	0.456	0.9	0.716	0.149	0.136	0.326	0.336	0.141
潮州	0.212	0.4	0.242	0.11	0.118	0.471	0.103	0.159
揭陽	0.181	0.3	0.242	0.12	0.108	0.371	0.225	0.171
雲浮	0.171	0.3	0.242	0.11	0.106	0.368	0.294	0.12
南寧	0.196	0.5	0.621	0.407	0.351	0.413	0.284	0.119
柳州	0.214	0.5	0.242	0.169	0.148	0.469	0.236	0.114
桂林	0.191	0.5	0.242	0.189	0.196	0.426	0.398	0.112
梧州	0.182	0.4	0.242	0.11	0.11	0.502	0.269	0.119
北海	0.192	0.4	0.242	0.14	0.116	0.457	0.322	0.134
防城港	0.2	0.2	0.147	0.11	0.101	1	0.278	0.121
欽州	0.161	0.2	0.147	0.12	0.111	0.487	0.219	0.126
貴港	0.159	0.2	0.147	0.11	0.103	0.41	0.199	0.13
玉林	0.163	0.2	0.147	0.11	0.112	0.404	0.184	0.132
百色	0.175	0.2	0.147	0.149	0.12	0.59	0.352	0.11
賀州	0.179	0.2	0.147	0.11	0.108	0.565	0.295	0.116
河池	0.168	0.2	0.147	0.12	0.11	0.615	0.434	0.111
來賓	0.166	0.2	0.147	0.11	0.105	0.453	0.334	0.113
崇左	0.167	0.2	0.147	0.149	0.121	0.52	0.541	0.111
海口	0.283	0.5	0.526	0.209	0.187	0.362	0.311	0.138
三亞	0.268	0.4	0.242	0.149	0.131	0.499	0.376	0.122
重慶	0.1	0.8	0.716	0.693	0.636	0.29	0.285	0.117
成都	0.256	0.8	0.716	0.614	0.748	0.138	0.274	0.121
自貢	0.167	0.3	0.242	0.12	0.124	0.262	0.227	0.129
攀枝花	0.231	0.3	0.147	0.12	0.118	0.177	0.378	0.104
瀘州	0.171	0.3	0.147	0.149	0.133	0.159	0.121	0.11
德陽	0.185	0.4	0.337	0.149	0.144	0.153	0.317	0.115
綿陽	0.173	0.5	0.432	0.189	0.192	0.197	0.354	0.108
廣元	0.164	0.2	0.147	0.12	0.106	0.219	0.399	0.106
遂寧	0.177	0.2	0.147	0.11	0.109	0.16	0.35	0.117
內江	0.178	0.2	0.147	0.12	0.119	0.189	0.269	0.123
樂山	0.188	0.2	0.147	0.13	0.136	0.295	0.389	0.112
南充	0.168	0.2	0.147	0.14	0.151	0.161	0.233	0.115
眉山	0.172	0.2	0.147	0.12	0.118	0.194	0.292	0.114
宜賓	0.165	0.2	0.147	0.12	0.119	0.471	0.272	0.129
廣安	0.135	0.2	0.147	0.11	0.104	0.174	0.135	0.12
達州	0.159	0.2	0.147	0.12	0.117	0.16	0.196	0.11
雅安	0.202	0.2	0.147	0.12	0.136	0.336	0.392	0.105
巴中	0.173	0.2	0.147	0.1	0.1	0.172	0.166	0.108
資陽	0.141	0.2	0.147	0.1	0.1	0.177	0.261	0.117
貴陽	0.251	0.5	0.526	0.357	0.299	0.446	0.304	0.131
六盤水	0.181	0.2	0.147	0.12	0.109	0.483	0.192	0.123
遵義	0.16	0.2	0.147	0.159	0.141	0.482	0.329	0.118
安順	0.162	0.2	0.147	0.12	0.116	0.591	0.424	0.126
畢節	0.152	0.2	0.147	0.12	0.112	0.543	0.187	0.125
銅仁	0.144	0.2	0.147	0.12	0.115	0.638	0.346	0.122
昆明	0.254	0.5	0.621	0.505	0.442	0.388	0.228	0.115
曲靖	0.192	0.3	0.147	0.13	0.117	0.485	0.273	0.116
玉溪	0.228	0.4	0.337	0.12	0.115	0.504	0.451	0.11

表 4.8.3 2014 年度城市人力教育競爭力三級指標分值（續 2）

城市	移民化程度指數	吸引人才指數	高校畢業生求職選擇	高校數	高校老師數	每萬人中小學校數	中小學老師學生比	中小學校密度
保山	0.206	0.2	0.147	0.13	0.111	0.681	0.541	0.113
昭通	0.186	0.2	0.147	0.11	0.106	0.581	0.268	0.122
麗江	0.222	0.2	0.147	0.12	0.111	0.766	0.554	0.106
普洱	0.213	0.2	0.147	0.12	0.107	0.497	0.459	0.104
臨滄	0.217	0.2	0.147	0.11	0.105	0.829	0.463	0.111
拉薩	0.242	0.4	0.337	0.14	0.121	0.362	0.508	0.101
西安	0.225	0.7	0.526	0.713	0.767	0.386	0.231	0.145
銅川	0.204	0.2	0.147	0.11	0.105	0.364	0.769	0.112
寶雞	0.201	0.2	0.147	0.12	0.127	0.411	0.409	0.113
咸陽	0.192	0.2	0.147	0.229	0.185	0.494	0.389	0.138
渭南	0.194	0.2	0.147	0.11	0.119	0.454	0.519	0.129
延安	0.192	0.2	0.147	0.12	0.122	0.31	0.626	0.103
漢中	0.182	0.2	0.147	0.13	0.13	0.403	0.501	0.108
榆林	0.184	0.2	0.147	0.12	0.111	0.33	0.664	0.104
安康	0.175	0.2	0.147	0.12	0.113	0.509	0.479	0.109
商洛	0.194	0.2	0.147	0.12	0.111	0.651	0.316	0.112
蘭州	0.237	0.5	0.432	0.347	0.367	0.436	0.359	0.116
嘉峪關	0.25	0.2	0.147	0.11	0.103	0.248	0.253	0.102
金昌	0.208	0.2	0.147	0.11	0.102	0.309	0.397	0.102
白銀	0.203	0.2	0.147	0.11	0.103	0.878	0.553	0.11
天水	0.178	0.2	0.147	0.14	0.127	0.832	0.324	0.132
武威	0.198	0.2	0.147	0.12	0.111	0.761	0.461	0.106
張掖	0.19	0.2	0.147	0.12	0.112	0.67	0.422	0.103
平涼	0.182	0.2	0.147	0.11	0.106	0.888	0.687	0.127
酒泉	0.235	0.2	0.147	0.11	0.106	0.49	0.499	0.1
慶陽	0.172	0.2	0.147	0.11	0.109	0.884	0.469	0.112
定西	0.192	0.2	0.147	0.11	0.104	0.836	0.695	0.118
隴南	0.185	0.1	0.1	0.11	0.106	0.838	0.502	0.117
西寧	0.238	0.4	0.384	0.189	0.156	0.33	0.377	0.112
銀川	0.208	0.4	0.384	0.229	0.186	0.287	0.164	0.108
石嘴山	0.208	0.1	0.147	0.11	0.105	0.279	0.611	0.106
吳忠	0.208	0.1	0.147	0.11	0.104	0.452	0.546	0.105
固原	0.208	0.1	0.147	0.11	0.105	0.983	0.417	0.117
中衛	0.208	0.1	0.1	0.1	0.1	0.59	0.393	0.106
烏魯木齊	0.277	0.4	0.384	0.278	0.244	0.203	0.12	0.105
克拉瑪依	0.244	0.2	0.242	0.11	0.104	0.19	0.787	0.101
香港	0.208	1	1	0.397	0.32	0.264	0.553	0.358
澳門	0.208	0.8	0.763	0.199	0.129	0.303	0.547	1
新北	0.208	0.5	0.526	0.327	0.114	0.125	0.511	0.138
臺北	0.208	1	1	0.367	0.262	0.158	0.666	0.342
台中	0.208	0.5	0.526	0.254	0.11	0.199	0.507	0.137
台南	0.208	0.5	0.526	0.21	0.107	0.262	0.547	0.134
高雄	0.208	0.5	0.526	0.262	0.11	0.204	0.554	0.129
基隆	0.208	0.5	0.526	0.123	0.101	0.27	0.574	0.216
新竹	0.208	0.5	0.526	0.124	0.102	0.204	0.553	0.227
嘉義	0.208	0.5	0.526	0.116	0.101	0.238	0.519	0.263

4.9 城市科技競爭力三級指標分值

表 4.9.1 2014 年度城市科技競爭力三級指標分值

城市	科技經費絕對投入量	人均科技經費擁有量	科技經費相對投入量	專業技術人員擁有量	科技服務人員擁有量	專業技術人員相對擁有量	科技服務人員相對擁有量	計算機人才擁有量	計算機人才相對擁有量
北京	0.833	0.603	0.911	1	1	0.961	1	1	1
天津	0.38	0.35	0.517	0.197	0.237	0.218	0.278	0.156	0.172
石家莊	0.127	0.122	0.215	0.134	0.149	0.138	0.161	0.119	0.123
唐山	0.138	0.144	0.23	0.111	0.109	0.115	0.113	0.114	0.123
秦皇島	0.104	0.111	0.173	0.107	0.108	0.128	0.135	0.106	0.128
邯鄲	0.117	0.113	0.218	0.113	0.116	0.113	0.119	0.11	0.112
邢臺	0.104	0.103	0.15	0.107	0.107	0.108	0.111	0.107	0.111
保定	0.107	0.103	0.148	0.136	0.158	0.134	0.162	0.114	0.114
張家口	0.104	0.106	0.171	0.11	0.109	0.122	0.123	0.111	0.13
承德	0.105	0.111	0.19	0.106	0.106	0.117	0.118	0.107	0.122
滄州	0.105	0.104	0.13	0.109	0.109	0.11	0.114	0.108	0.113
廊坊	0.112	0.123	0.23	0.118	0.129	0.148	0.186	0.107	0.12
衡水	0.102	0.103	0.144	0.104	0.103	0.109	0.109	0.106	0.116
太原	0.135	0.183	0.408	0.138	0.15	0.228	0.277	0.127	0.194
大同	0.103	0.108	0.1	0.109	0.11	0.131	0.139	0.108	0.131
陽泉	0.103	0.122	0.219	0.103	0.102	0.125	0.127	0.103	0.132
長治	0.109	0.122	0.246	0.106	0.105	0.118	0.119	0.106	0.124
晉城	0.107	0.126	0.24	0.103	0.102	0.115	0.115	0.104	0.122
朔州	0.104	0.121	0.188	0.103	0.101	0.117	0.111	0.104	0.13
晉中	0.105	0.112	0.202	0.106	0.106	0.12	0.124	0.106	0.123
運城	0.104	0.105	0.176	0.105	0.104	0.108	0.11	0.106	0.113
忻州	0.106	0.115	0.29	0.105	0.103	0.117	0.114	0.107	0.128
臨汾	0.105	0.109	0.187	0.106	0.105	0.114	0.114	0.107	0.12
呂梁	0.106	0.113	0.213	0.102	0.102	0.105	0.104	0.103	0.111
呼和浩特	0.108	0.13	0.16	0.12	0.124	0.205	0.236	0.116	0.188
包頭	0.114	0.153	0.179	0.108	0.107	0.144	0.144	0.109	0.153
烏海	0.103	0.161	0.241	0.102	0.101	0.147	0.141	0.102	0.163
赤峰	0.104	0.106	0.146	0.107	0.107	0.115	0.12	0.106	0.116
通遼	0.105	0.113	0.158	0.105	0.106	0.119	0.122	0.105	0.122
鄂爾多斯	0.117	0.201	0.188	0.104	0.103	0.129	0.124	0.105	0.142
呼倫貝爾	0.108	0.127	0.226	0.107	0.107	0.132	0.133	0.108	0.138
巴彥淖爾	0.102	0.11	0.16	0.104	0.104	0.123	0.132	0.103	0.122
烏蘭察布	0.102	0.104	0.146	0.105	0.105	0.121	0.124	0.105	0.125
瀋陽	0.19	0.209	0.364	0.166	0.199	0.21	0.275	0.133	0.157
大連	0.244	0.316	0.502	0.146	0.136	0.193	0.178	0.156	0.223
鞍山	0.109	0.12	0.166	0.12	0.133	0.167	0.221	0.106	0.123
撫順	0.109	0.135	0.243	0.106	0.109	0.135	0.152	0.104	0.126
本溪	0.108	0.148	0.246	0.105	0.105	0.137	0.145	0.104	0.138
丹東	0.105	0.116	0.192	0.114	0.119	0.168	0.203	0.108	0.145
錦州	0.108	0.123	0.237	0.11	0.113	0.137	0.156	0.106	0.127
營口	0.112	0.146	0.277	0.105	0.104	0.123	0.124	0.105	0.131
阜新	0.104	0.118	0.247	0.105	0.104	0.13	0.13	0.106	0.139
遼陽	0.107	0.134	0.237	0.104	0.105	0.125	0.138	0.103	0.119
盤錦	0.106	0.145	0.2	0.106	0.108	0.155	0.18	0.104	0.14
鐵嶺	0.113	0.138	0.374	0.106	0.108	0.122	0.134	0.104	0.118
朝陽	0.107	0.118	0.258	0.106	0.106	0.118	0.124	0.105	0.12
葫蘆島	0.107	0.121	0.301	0.105	0.106	0.122	0.13	0.104	0.121
長春	0.116	0.116	0.161	0.158	0.178	0.191	0.233	0.137	0.163
吉林	0.112	0.123	0.194	0.107	0.108	0.117	0.124	0.106	0.118
四平	0.102	0.103	0.128	0.107	0.108	0.122	0.132	0.105	0.12
遼源	0.101	0.11	0.144	0.102	0.102	0.12	0.124	0.102	0.124
通化	0.115	0.157	0.418	0.107	0.105	0.135	0.131	0.108	0.147

表 4.9.1 2014 年度城市科技競爭力三級指標分值

城市	科技經費絕對投入量	人均科技經費擁有量	科技經費相對投入量	專業技術人員擁有量	科技服務人員擁有量	專業技術人員相對擁有量	科技服務人員相對擁有量	計算機人才擁有量	計算機人才相對擁有量
白山	0.102	0.115	0.174	0.103	0.103	0.132	0.129	0.104	0.144
松原	0.101	0.1	0.105	0.105	0.106	0.118	0.125	0.104	0.118
白城	0.102	0.107	0.16	0.104	0.104	0.123	0.126	0.104	0.127
哈爾濱	0.146	0.14	0.29	0.16	0.175	0.171	0.196	0.145	0.157
齊齊哈爾	0.103	0.103	0.158	0.108	0.11	0.115	0.121	0.107	0.116
雞西	0.103	0.113	0.209	0.103	0.101	0.119	0.111	0.105	0.134
鶴崗	0.101	0.11	0.177	0.101	0.101	0.116	0.111	0.102	0.127
雙鴨山	0.101	0.109	0.167	0.102	0.102	0.12	0.116	0.103	0.131
大慶	0.107	0.12	0.128	0.146	0.18	0.303	0.468	0.112	0.156
伊春	0.101	0.109	0.213	0.103	0.102	0.132	0.125	0.104	0.148
佳木斯	0.104	0.113	0.217	0.104	0.104	0.119	0.124	0.104	0.122
七台河	0.1	0.106	0.17	0.103	0.102	0.141	0.128	0.104	0.163
牡丹江	0.107	0.122	0.219	0.106	0.104	0.124	0.121	0.107	0.135
黑河	0.101	0.107	0.199	0.103	0.103	0.118	0.122	0.103	0.12
綏化	0.106	0.107	0.2	0.104	0.105	0.106	0.111	0.103	0.106
上海	1	0.662	1	0.275	0.303	0.249	0.283	0.246	0.232
南京	0.228	0.277	0.441	0.175	0.188	0.242	0.277	0.162	0.225
無錫	0.208	0.303	0.384	0.116	0.119	0.14	0.152	0.114	0.137
徐州	0.146	0.139	0.318	0.113	0.116	0.113	0.119	0.111	0.113
常州	0.169	0.268	0.439	0.109	0.111	0.128	0.138	0.107	0.126
蘇州	0.344	0.435	0.501	0.119	0.114	0.132	0.126	0.124	0.147
南通	0.152	0.159	0.319	0.109	0.108	0.111	0.111	0.11	0.116
連雲港	0.127	0.145	0.427	0.108	0.109	0.116	0.121	0.107	0.118
淮安	0.127	0.142	0.367	0.105	0.104	0.108	0.107	0.107	0.116
鹽城	0.159	0.162	0.462	0.108	0.107	0.108	0.11	0.109	0.114
揚州	0.136	0.168	0.333	0.11	0.109	0.123	0.124	0.111	0.129
鎮江	0.137	0.221	0.371	0.109	0.113	0.137	0.163	0.104	0.121
泰州	0.121	0.135	0.246	0.109	0.108	0.118	0.119	0.11	0.124
宿遷	0.126	0.139	0.428	0.103	0.101	0.103	0.101	0.105	0.111
杭州	0.247	0.286	0.477	0.257	0.271	0.376	0.416	0.243	0.365
寧波	0.218	0.281	0.455	0.125	0.131	0.151	0.168	0.12	0.145
溫州	0.131	0.132	0.261	0.115	0.117	0.119	0.125	0.113	0.12
嘉興	0.138	0.197	0.357	0.112	0.115	0.14	0.157	0.109	0.132
湖州	0.119	0.162	0.321	0.106	0.106	0.128	0.13	0.107	0.134
紹興	0.148	0.196	0.358	0.109	0.11	0.123	0.128	0.109	0.126
金華	0.138	0.17	0.373	0.109	0.107	0.12	0.117	0.112	0.132
衢州	0.113	0.145	0.368	0.104	0.104	0.117	0.119	0.104	0.122
舟山	0.112	0.215	0.391	0.104	0.105	0.157	0.173	0.104	0.151
台州	0.128	0.141	0.292	0.113	0.115	0.124	0.132	0.111	0.124
麗水	0.113	0.142	0.38	0.105	0.104	0.12	0.122	0.105	0.125
合肥	0.183	0.202	0.479	0.14	0.159	0.166	0.207	0.12	0.136
蕪湖	0.174	0.272	0.868	0.107	0.111	0.12	0.136	0.104	0.112
蚌埠	0.12	0.148	0.542	0.105	0.108	0.114	0.127	0.102	0.108
淮南	0.11	0.137	0.378	0.104	0.106	0.117	0.131	0.102	0.11
馬鞍山	0.118	0.17	0.404	0.105	0.107	0.123	0.141	0.102	0.113
淮北	0.105	0.12	0.259	0.102	0.101	0.108	0.109	0.102	0.113
銅陵	0.116	0.291	0.606	0.102	0.102	0.129	0.141	0.101	0.125
安慶	0.116	0.121	0.346	0.107	0.107	0.11	0.112	0.107	0.113
黃山	0.11	0.162	0.582	0.103	0.102	0.121	0.122	0.103	0.127
滁州	0.111	0.12	0.325	0.106	0.105	0.114	0.112	0.108	0.122
阜陽	0.106	0.103	0.233	0.104	0.103	0.101	0.102	0.105	0.105
宿州	0.104	0.103	0.183	0.105	0.106	0.106	0.11	0.104	0.107
六安	0.108	0.109	0.284	0.107	0.111	0.109	0.119	0.103	0.105
亳州	0.103	0.102	0.186	0.103	0.103	0.103	0.104	0.104	0.107
池州	0.105	0.126	0.336	0.102	0.102	0.112	0.115	0.102	0.116
宣城	0.119	0.161	0.608	0.106	0.101	0.122	0.106	0.11	0.146

表 4. 9. 1 2014 年度城市科技競爭力三級指標分值

城市	科技經費絕對投入量	人均科技經費擁有量	科技經費相對投入量	專業技術人員擁有量	科技服務人員擁有量	專業技術人員相對擁有量	科技服務人員相對擁有量	計算機人才擁有量	計算機人才相對擁有量
福州	0.123	0.13	0.202	0.142	0.16	0.177	0.217	0.125	0.148
廈門	0.15	0.335	0.457	0.114	0.113	0.192	0.193	0.115	0.204
莆田	0.106	0.116	0.204	0.103	0.102	0.11	0.108	0.105	0.118
三明	0.109	0.128	0.228	0.104	0.104	0.117	0.117	0.105	0.125
泉州	0.127	0.132	0.205	0.11	0.104	0.113	0.106	0.115	0.128
漳州	0.111	0.118	0.202	0.107	0.107	0.114	0.116	0.107	0.118
南平	0.105	0.113	0.197	0.106	0.106	0.121	0.125	0.106	0.125
龍岩	0.109	0.127	0.236	0.105	0.105	0.119	0.123	0.105	0.122
寧德	0.104	0.109	0.169	0.104	0.103	0.111	0.11	0.105	0.118
南昌	0.116	0.126	0.199	0.122	0.125	0.15	0.162	0.118	0.147
景德鎮	0.103	0.116	0.203	0.108	0.105	0.162	0.14	0.112	0.194
萍鄉	0.105	0.124	0.248	0.102	0.102	0.114	0.117	0.102	0.117
九江	0.106	0.108	0.174	0.108	0.112	0.115	0.13	0.103	0.107
新餘	0.105	0.136	0.227	0.101	0.101	0.114	0.115	0.102	0.121
鷹潭	0.102	0.113	0.176	0.103	0.105	0.13	0.157	0.101	0.111
贛州	0.105	0.103	0.163	0.111	0.108	0.111	0.109	0.114	0.119
吉安	0.104	0.105	0.175	0.106	0.105	0.111	0.112	0.107	0.116
宜春	0.107	0.109	0.204	0.104	0.102	0.105	0.104	0.106	0.114
撫州	0.106	0.112	0.245	0.104	0.104	0.11	0.11	0.105	0.116
上饒	0.105	0.104	0.176	0.105	0.101	0.104	0.1	0.109	0.115
濟南	0.137	0.152	0.246	0.145	0.147	0.189	0.198	0.144	0.193
青島	0.163	0.171	0.264	0.119	0.129	0.127	0.148	0.109	0.115
淄博	0.129	0.159	0.259	0.106	0.105	0.113	0.115	0.106	0.118
棗莊	0.107	0.113	0.175	0.104	0.104	0.109	0.113	0.104	0.111
東營	0.111	0.154	0.171	0.118	0.127	0.221	0.29	0.109	0.166
煙臺	0.148	0.164	0.279	0.114	0.117	0.122	0.132	0.11	0.119
濰坊	0.146	0.144	0.319	0.108	0.111	0.108	0.114	0.106	0.108
濟寧	0.124	0.124	0.246	0.105	0.106	0.104	0.107	0.105	0.106
泰安	0.112	0.117	0.189	0.108	0.11	0.114	0.122	0.106	0.114
威海	0.125	0.187	0.31	0.106	0.11	0.13	0.152	0.103	0.115
日照	0.105	0.113	0.164	0.102	0.102	0.106	0.108	0.102	0.109
萊蕪	0.106	0.143	0.304	0.103	0.1	0.134	0.104	0.107	0.174
臨沂	0.115	0.11	0.192	0.115	0.108	0.113	0.107	0.123	0.126
德州	0.112	0.116	0.198	0.105	0.103	0.108	0.106	0.108	0.117
聊城	0.111	0.115	0.2	0.104	0.103	0.104	0.105	0.104	0.109
濱州	0.114	0.132	0.239	0.105	0.106	0.113	0.12	0.103	0.111
菏澤	0.115	0.112	0.253	0.105	0.104	0.102	0.104	0.105	0.106
鄭州	0.156	0.144	0.288	0.144	0.166	0.146	0.178	0.121	0.124
開封	0.106	0.109	0.2	0.107	0.107	0.111	0.115	0.107	0.115
洛陽	0.125	0.129	0.267	0.123	0.139	0.136	0.169	0.107	0.112
平頂山	0.109	0.112	0.219	0.105	0.106	0.107	0.112	0.104	0.108
安陽	0.113	0.117	0.262	0.105	0.104	0.106	0.107	0.105	0.111
鶴壁	0.102	0.111	0.182	0.101	0.101	0.107	0.112	0.101	0.108
新鄉	0.11	0.113	0.225	0.108	0.112	0.112	0.123	0.104	0.107
焦作	0.112	0.127	0.245	0.103	0.103	0.108	0.11	0.104	0.113
濮陽	0.106	0.112	0.221	0.102	0.101	0.102	0.103	0.102	0.107
許昌	0.107	0.111	0.18	0.103	0.105	0.105	0.112	0.102	0.103
漯河	0.102	0.104	0.147	0.101	0.101	0.102	0.104	0.101	0.106
三門峽	0.108	0.13	0.24	0.102	0.103	0.111	0.115	0.102	0.114
南陽	0.119	0.111	0.257	0.117	0.123	0.114	0.123	0.112	0.111
商丘	0.106	0.104	0.188	0.106	0.105	0.104	0.105	0.107	0.109
信陽	0.106	0.104	0.184	0.112	0.118	0.114	0.125	0.107	0.109
周口	0.109	0.104	0.209	0.108	0.103	0.104	0.101	0.113	0.113
駐馬店	0.11	0.108	0.236	0.107	0.109	0.105	0.112	0.104	0.105
武漢	0.175	0.18	0.274	0.169	0.198	0.201	0.254	0.139	0.161
黄石	0.106	0.119	0.211	0.104	0.106	0.118	0.129	0.103	0.114

表 4.9.1 2014 年度城市科技競爭力三級指標分值

城市	科技經費絕對投入量	人均科技經費擁有量	科技經費相對投入量	專業技術人員擁有量	科技服務人員擁有量	專業技術人員相對擁有量	科技服務人員相對擁有量	計算機人才擁有量	計算機人才相對擁有量
十堰	0.109	0.121	0.28	0.113	0.106	0.143	0.12	0.12	0.176
宜昌	0.117	0.137	0.228	0.129	0.15	0.187	0.263	0.107	0.122
襄陽	0.116	0.123	0.221	0.116	0.124	0.13	0.151	0.108	0.118
鄂州	0.102	0.121	0.191	0.102	0.102	0.122	0.125	0.102	0.127
荊門	0.105	0.113	0.189	0.107	0.106	0.126	0.124	0.108	0.136
孝感	0.108	0.112	0.242	0.11	0.11	0.12	0.123	0.11	0.123
荊州	0.108	0.109	0.227	0.107	0.105	0.11	0.109	0.11	0.118
黃岡	0.113	0.114	0.313	0.105	0.105	0.105	0.107	0.106	0.109
咸寧	0.106	0.117	0.257	0.102	0.102	0.107	0.109	0.103	0.111
隨州	0.103	0.111	0.222	0.101	0.102	0.104	0.108	0.101	0.106
長沙	0.161	0.181	0.279	0.155	0.176	0.199	0.248	0.133	0.164
株洲	0.111	0.123	0.218	0.106	0.106	0.116	0.119	0.106	0.12
湘潭	0.107	0.122	0.212	0.104	0.104	0.113	0.118	0.103	0.114
衡陽	0.105	0.104	0.147	0.109	0.111	0.109	0.116	0.106	0.109
邵陽	0.102	0.1	0.137	0.107	0.106	0.107	0.107	0.109	0.114
岳陽	0.11	0.114	0.188	0.108	0.108	0.114	0.116	0.109	0.119
常德	0.105	0.105	0.143	0.108	0.108	0.113	0.114	0.109	0.118
張家界	0.101	0.107	0.201	0.102	0.101	0.117	0.112	0.104	0.128
益陽	0.104	0.106	0.183	0.104	0.104	0.108	0.108	0.105	0.114
郴州	0.112	0.12	0.258	0.106	0.106	0.11	0.113	0.106	0.115
永州	0.104	0.103	0.167	0.106	0.105	0.109	0.108	0.108	0.117
懷化	0.103	0.104	0.164	0.107	0.106	0.113	0.115	0.108	0.119
婁底	0.103	0.104	0.151	0.104	0.103	0.107	0.108	0.104	0.113
廣州	0.291	0.305	0.362	0.222	0.255	0.281	0.344	0.187	0.237
韶關	0.109	0.124	0.299	0.105	0.106	0.116	0.122	0.105	0.118
深圳	0.39	1	0.528	0.195	0.201	0.509	0.555	0.189	0.503
珠海	0.132	0.369	0.516	0.115	0.11	0.275	0.223	0.12	0.349
汕頭	0.108	0.112	0.214	0.107	0.105	0.112	0.111	0.109	0.121
佛山	0.161	0.244	0.283	0.115	0.113	0.147	0.145	0.117	0.159
江門	0.119	0.143	0.308	0.105	0.104	0.111	0.112	0.105	0.118
湛江	0.105	0.104	0.153	0.107	0.107	0.108	0.11	0.108	0.112
茂名	0.103	0.102	0.129	0.106	0.105	0.105	0.107	0.107	0.11
肇慶	0.114	0.127	0.277	0.109	0.104	0.122	0.11	0.114	0.141
惠州	0.118	0.146	0.244	0.108	0.108	0.126	0.13	0.108	0.13
梅州	0.108	0.113	0.334	0.106	0.106	0.111	0.115	0.106	0.115
汕尾	0.102	0.104	0.173	0.102	0.1	0.106	0.101	0.105	0.117
河源	0.104	0.108	0.232	0.103	0.102	0.108	0.108	0.104	0.115
陽江	0.104	0.113	0.192	0.103	0.102	0.111	0.108	0.104	0.12
清遠	0.107	0.113	0.235	0.104	0.103	0.109	0.108	0.105	0.116
東莞	0.168	0.423	0.361	0.103	0.103	0.121	0.12	0.104	0.128
中山	0.14	0.334	0.423	0.105	0.103	0.138	0.129	0.107	0.157
潮州	0.105	0.116	0.244	0.104	0.102	0.116	0.111	0.106	0.129
揭陽	0.106	0.105	0.173	0.104	0.102	0.104	0.102	0.107	0.112
雲浮	0.105	0.115	0.299	0.102	0.101	0.105	0.103	0.103	0.113
南寧	0.118	0.121	0.238	0.132	0.149	0.153	0.188	0.115	0.127
柳州	0.111	0.126	0.218	0.129	0.134	0.194	0.216	0.124	0.184
桂林	0.111	0.117	0.243	0.109	0.112	0.119	0.13	0.106	0.115
梧州	0.106	0.114	0.229	0.103	0.103	0.107	0.11	0.103	0.111
北海	0.106	0.13	0.272	0.103	0.104	0.123	0.133	0.103	0.121
防城港	0.101	0.115	0.165	0.101	0.102	0.119	0.128	0.101	0.118
欽州	0.104	0.107	0.208	0.103	0.104	0.107	0.112	0.102	0.108
貴港	0.102	0.101	0.153	0.102	0.103	0.102	0.107	0.101	0.103
玉林	0.106	0.106	0.208	0.108	0.108	0.11	0.114	0.107	0.113
百色	0.109	0.118	0.346	0.105	0.105	0.112	0.116	0.105	0.114
賀州	0.103	0.113	0.294	0.102	0.103	0.111	0.116	0.102	0.112
河池	0.105	0.108	0.298	0.105	0.107	0.113	0.121	0.104	0.112

表 4.9.1 2014 年度城市科技競爭力三級指標分值

城市	科技經費絕對投入量	人均科技經費擁有量	科技經費相對投入量	專業技術人員擁有量	科技服務人員擁有量	專業技術人員相對擁有量	科技服務人員相對擁有量	計算機人才擁有量	計算機人才相對擁有量
來賓	0.104	0.112	0.274	0.104	0.105	0.116	0.124	0.103	0.116
崇左	0.104	0.113	0.251	0.104	0.107	0.12	0.135	0.102	0.111
海口	0.105	0.13	0.233	0.115	0.117	0.218	0.235	0.114	0.217
三亞	0.109	0.242	0.632	0.101	0.101	0.136	0.139	0.102	0.141
重慶	0.209	0.127	0.28	0.275	0.245	0.161	0.154	0.306	0.179
成都	0.17	0.151	0.259	0.187	0.243	0.189	0.256	0.13	0.132
自貢	0.104	0.111	0.197	0.109	0.104	0.129	0.114	0.114	0.154
攀枝花	0.104	0.133	0.212	0.106	0.104	0.167	0.149	0.108	0.196
瀘州	0.103	0.103	0.157	0.104	0.105	0.107	0.112	0.104	0.109
德陽	0.108	0.116	0.222	0.108	0.105	0.121	0.115	0.11	0.134
綿陽	0.115	0.122	0.318	0.123	0.14	0.15	0.194	0.107	0.115
廣元	0.103	0.106	0.22	0.104	0.102	0.112	0.107	0.106	0.125
遂寧	0.102	0.104	0.17	0.102	0.101	0.102	0.104	0.102	0.107
內江	0.102	0.102	0.141	0.105	0.102	0.111	0.105	0.108	0.124
樂山	0.105	0.111	0.193	0.108	0.112	0.124	0.142	0.104	0.113
南充	0.104	0.102	0.162	0.107	0.108	0.107	0.112	0.106	0.109
眉山	0.102	0.103	0.145	0.102	0.102	0.104	0.105	0.102	0.108
宜賓	0.109	0.113	0.244	0.104	0.104	0.105	0.108	0.104	0.108
廣安	0.102	0.101	0.147	0.102	0.101	0.103	0.103	0.103	0.109
達州	0.104	0.103	0.172	0.106	0.108	0.107	0.112	0.104	0.107
雅安	0.109	0.151	0.585	0.102	0.101	0.116	0.11	0.103	0.13
巴中	0.101	0.102	0.191	0.103	0.103	0.105	0.108	0.103	0.109
資陽	0.106	0.109	0.218	0.102	0.102	0.102	0.103	0.103	0.106
貴陽	0.124	0.155	0.344	0.122	0.131	0.171	0.208	0.113	0.145
六盤水	0.103	0.107	0.181	0.103	0.103	0.107	0.111	0.102	0.109
遵義	0.11	0.11	0.242	0.108	0.111	0.108	0.116	0.105	0.107
安順	0.103	0.107	0.255	0.103	0.104	0.111	0.117	0.102	0.111
畢節	0.105	0.103	0.198	0.112	0.121	0.114	0.129	0.104	0.104
銅仁	0.101	0.101	0.17	0.104	0.104	0.108	0.112	0.103	0.11
昆明	0.135	0.156	0.319	0.147	0.164	0.203	0.252	0.129	0.168
曲靖	0.109	0.111	0.224	0.104	0.104	0.104	0.107	0.104	0.108
玉溪	0.106	0.123	0.212	0.103	0.103	0.117	0.121	0.103	0.119
保山	0.103	0.108	0.237	0.102	0.102	0.105	0.112	0.101	0.105
昭通	0.104	0.104	0.243	0.105	0.106	0.106	0.112	0.103	0.106
麗江	0.102	0.116	0.312	0.102	0.102	0.122	0.121	0.103	0.13
普洱	0.103	0.109	0.256	0.104	0.106	0.119	0.132	0.103	0.114
臨滄	0.101	0.103	0.165	0.102	0.102	0.109	0.111	0.103	0.114
拉薩	0.115	0.365	0.188	0.111	0.111	0.375	0.385	0.111	0.394
西安	0.121	0.122	0.188	0.261	0.272	0.349	0.379	0.25	0.344
銅川	0.101	0.112	0.185	0.102	0.101	0.129	0.128	0.102	0.138
寶雞	0.106	0.112	0.178	0.107	0.108	0.119	0.128	0.105	0.118
咸陽	0.104	0.105	0.145	0.109	0.112	0.118	0.128	0.107	0.115
渭南	0.104	0.104	0.156	0.109	0.112	0.115	0.127	0.105	0.11
延安	0.107	0.127	0.218	0.105	0.105	0.123	0.126	0.105	0.128
漢中	0.103	0.106	0.188	0.107	0.108	0.12	0.126	0.107	0.122
榆林	0.117	0.14	0.227	0.105	0.107	0.114	0.123	0.104	0.112
安康	0.102	0.104	0.172	0.104	0.104	0.113	0.118	0.103	0.114
商洛	0.102	0.106	0.192	0.104	0.104	0.116	0.122	0.103	0.116
蘭州	0.11	0.126	0.217	0.128	0.144	0.206	0.279	0.111	0.145
嘉峪關	0.1	0.119	0.136	0.1	0.1	0.132	0.13	0.1	0.143
金昌	0.1	0.111	0.152	0.1	0.1	0.111	0.111	0.1	0.117
白銀	0.102	0.11	0.207	0.102	0.103	0.113	0.121	0.101	0.111
天水	0.103	0.105	0.238	0.108	0.111	0.123	0.138	0.105	0.116
武威	0.101	0.102	0.153	0.102	0.103	0.112	0.123	0.101	0.107
張掖	0.101	0.11	0.207	0.104	0.107	0.14	0.17	0.102	0.119
平涼	0.102	0.106	0.242	0.103	0.105	0.115	0.129	0.101	0.107

表 4.9.1 2014 年度城市科技競爭力三級指標分值

城市	科技經費絕對投入量	人均科技經費擁有量	科技經費相對投入量	專業技術人員擁有量	科技服務人員擁有量	專業技術人員相對擁有量	科技服務人員相對擁有量	計算機人才擁有量	計算機人才相對擁有量
酒泉	0.102	0.12	0.176	0.103	0.104	0.137	0.154	0.102	0.128
慶陽	0.105	0.115	0.28	0.102	0.102	0.108	0.111	0.102	0.11
定西	0.103	0.108	0.4	0.101	0.102	0.103	0.107	0.101	0.105
隴南	0.101	0.102	0.224	0.101	0.101	0.1	0.106	0.1	0.1
西寧	0.104	0.118	0.193	0.119	0.126	0.218	0.272	0.112	0.179
銀川	0.111	0.161	0.295	0.11	0.115	0.175	0.215	0.106	0.145
石嘴山	0.101	0.115	0.161	0.101	0.101	0.121	0.118	0.102	0.131
吳忠	0.102	0.113	0.248	0.101	0.1	0.106	0.106	0.101	0.111
固原	0.101	0.107	0.297	0.102	0.101	0.119	0.11	0.104	0.136
中衛	0.101	0.108	0.196	0.1	0.1	0.1	0.103	0.1	0.104
烏魯木齊	0.117	0.156	0.246	0.127	0.138	0.226	0.291	0.115	0.176
克拉瑪依	0.104	0.214	0.217	0.101	0.101	0.157	0.149	0.102	0.175
香港	0.497	0.594	0.603	0.331	0.386	0.499	0.618	0.275	0.417
澳門	0.115	0.34	0.2	0.142	0.109	1	0.309	0.101	0.118
新北	0.136	0.18	0.244	0.117	0.115	0.151	0.149	0.119	0.163
臺北	0.154	0.28	0.427	0.111	0.11	0.151	0.149	0.113	0.163
台中	0.129	0.195	0.271	0.111	0.11	0.151	0.149	0.113	0.163
台南	0.124	0.213	0.304	0.108	0.107	0.151	0.149	0.109	0.163
高雄	0.139	0.225	0.326	0.112	0.111	0.151	0.149	0.113	0.163
基隆	0.103	0.191	0.264	0.101	0.101	0.151	0.149	0.102	0.163
新竹	0.104	0.2	0.279	0.101	0.101	0.151	0.149	0.102	0.163
嘉義	0.102	0.19	0.262	0.101	0.101	0.151	0.149	0.101	0.163

表 4.9.2 2014 年度城市科技競爭力三級指標分值(續)

城市	科研人員吸引指數	大學科研院所指數	大學科研院所相對擁有量	科研環境指數	專利總數	論文發表數	科技成果數	科技成果轉換率	科技進步對 GDP 貢獻率
北京	1	1	0.467	1	0.831	0.844	0.704	0.703	0.702
天津	0.621	0.644	0.39	0.719	0.407	0.367	0.544	0.377	0.573
石家莊	0.337	0.575	0.35	0.438	0.228	0.174	0.218	0.264	0.474
唐山	0.147	0.189	0.164	0.156	0.14	0.133	0.161	0.266	0.485
秦皇島	0.147	0.169	0.226	0.156	0.139	0.152	0.153	0.292	0.493
邯鄲	0.147	0.149	0.126	0.156	0.126	0.132	0.132	0.258	0.444
邢臺	0.147	0.14	0.128	0.156	0.136	0.137	0.15	0.255	0.457
保定	0.147	0.238	0.163	0.156	0.139	0.132	0.144	0.261	0.465
張家口	0.147	0.149	0.156	0.156	0.122	0.125	0.156	0.251	0.468
承德	0.147	0.149	0.169	0.156	0.134	0.139	0.124	0.254	0.468
滄州	0.147	0.169	0.149	0.156	0.134	0.124	0.145	0.266	0.465
廊坊	0.147	0.219	0.245	0.156	0.122	0.133	0.141	0.252	0.469
衡水	0.1	0.12	0.124	0.109	0.147	0.134	0.128	0.259	0.375
太原	0.289	0.525	0.716	0.391	0.19	0.147	0.143	0.259	0.462
大同	0.147	0.11	0.116	0.156	0.157	0.148	0.148	0.255	0.447
陽泉	0.147	0.12	0.179	0.156	0.133	0.125	0.142	0.263	0.37
長治	0.147	0.159	0.194	0.156	0.124	0.129	0.13	0.266	0.452
晉城	0.147	0.12	0.148	0.156	0.131	0.129	0.123	0.263	0.371
朔州	0.147	0.11	0.13	0.156	0.135	0.13	0.134	0.249	0.431
晉中	0.147	0.179	0.229	0.156	0.13	0.131	0.141	0.247	0.408
運城	0.147	0.159	0.16	0.156	0.135	0.125	0.129	0.26	0.386
忻州	0.147	0.14	0.168	0.156	0.139	0.136	0.139	0.257	0.402
臨汾	0.1	0.14	0.149	0.109	0.14	0.13	0.138	0.252	0.395
呂梁	0.1	0.11	0.113	0.109	0.129	0.133	0.334	0.25	0.406
呼和浩特	0.242	0.327	0.623	0.344	0.15	0.149	0.15	0.257	0.413
包頭	0.1	0.149	0.217	0.109	0.137	0.145	0.138	0.267	0.403

表 4.9.2 2014 年度城市科技競爭力三級指標分值(續)

城市	科研人員吸引指數	大學科研院所指數	大學科研院所相對擁有量	科研環境指數	專利總數	論文發表數	科技成果數	科技成果轉換率	科技進步對 GDP 貢獻率
烏海	0.1	0.11	0.196	0.109	0.13	0.129	0.14	0.256	0.398
赤峰	0.1	0.14	0.145	0.109	0.132	0.116	0.142	0.26	0.393
通遼	0.1	0.13	0.149	0.109	0.118	0.123	0.138	0.261	0.399
鄂爾多斯	0.1	0.12	0.169	0.109	0.147	0.133	0.139	0.253	0.496
呼倫貝爾	0.1	0.12	0.139	0.109	0.124	0.142	0.127	0.262	0.401
巴彥淖爾	0.1	0.12	0.156	0.109	0.128	0.124	0.129	0.255	0.406
烏蘭察布	0.1	0.13	0.155	0.109	0.133	0.133	0.125	0.256	0.404
瀋陽	0.621	0.525	0.411	0.719	0.336	0.255	0.252	0.351	0.507
大連	0.811	0.387	0.357	0.859	0.215	0.216	0.28	0.35	0.504
鞍山	0.147	0.13	0.145	0.156	0.15	0.146	0.144	0.291	0.451
撫順	0.147	0.159	0.243	0.156	0.144	0.14	0.141	0.278	0.448
本溪	0.147	0.13	0.203	0.156	0.129	0.147	0.164	0.297	0.436
丹東	0.147	0.13	0.165	0.156	0.133	0.14	0.14	0.296	0.446
錦州	0.147	0.189	0.253	0.156	0.126	0.141	0.151	0.287	0.436
營口	0.147	0.12	0.145	0.156	0.153	0.141	0.156	0.304	0.442
阜新	0.1	0.12	0.155	0.109	0.131	0.127	0.149	0.279	0.422
遼陽	0.1	0.14	0.216	0.109	0.132	0.146	0.139	0.288	0.432
盤錦	0.1	0.12	0.181	0.109	0.139	0.149	0.141	0.295	0.423
鐵嶺	0.1	0.14	0.169	0.109	0.123	0.142	0.145	0.271	0.464
朝陽	0.1	0.11	0.115	0.109	0.128	0.142	0.14	0.284	0.428
葫蘆島	0.1	0.11	0.119	0.109	0.132	0.144	0.132	0.276	0.248
長春	0.621	0.466	0.356	0.813	0.215	0.214	0.175	0.268	0.489
吉林	0.147	0.179	0.197	0.156	0.141	0.14	0.127	0.261	0.382
四平	0.147	0.14	0.162	0.156	0.113	0.141	0.136	0.25	0.393
遼源	0.147	0.11	0.143	0.156	0.131	0.134	0.14	0.246	0.378
通化	0.147	0.11	0.123	0.156	0.128	0.13	0.128	0.238	0.4
白山	0.147	0.11	0.141	0.156	0.127	0.135	0.137	0.255	0.413
松原	0.147	0.11	0.118	0.156	0.121	0.145	0.133	0.243	0.391
白城	0.1	0.13	0.179	0.109	0.136	0.142	0.132	0.246	0.397
哈爾濱	0.716	0.585	0.358	0.813	0.216	0.256	0.217	0.317	0.491
齊齊哈爾	0.147	0.159	0.156	0.156	0.14	0.133	0.15	0.266	0.413
雞西	0.1	0.11	0.128	0.109	0.147	0.128	0.138	0.264	0.366
鶴崗	0.1	0.149	0.341	0.109	0.151	0.145	0.143	0.251	0.368
雙鴨山	0.1	0.11	0.135	0.109	0.138	0.139	0.143	0.255	0.361
大慶	0.242	0.169	0.23	0.438	0.132	0.153	0.151	0.27	0.375
伊春	0.1	0.11	0.142	0.109	0.14	0.137	0.127	0.261	0.36
佳木斯	0.1	0.13	0.166	0.109	0.137	0.135	0.145	0.27	0.372
七台河	0.1	0.11	0.157	0.109	0.124	0.133	0.135	0.252	0.305
牡丹江	0.1	0.169	0.241	0.109	0.116	0.128	0.144	0.254	0.415
黑河	0.1	0.11	0.13	0.109	0.126	0.14	0.141	0.247	0.393
綏化	0.1	0.11	0.109	0.109	0.137	0.131	0.137	0.266	0.362
上海	1	0.763	0.346	1	1	1	1	1	1
南京	0.905	0.525	0.453	0.953	0.318	0.371	0.327	0.413	0.516
無錫	0.526	0.219	0.234	0.484	0.177	0.176	0.175	0.458	0.491
徐州	0.242	0.189	0.148	0.297	0.15	0.163	0.159	0.269	0.475
常州	0.195	0.189	0.229	0.203	0.153	0.149	0.171	0.335	0.493
蘇州	0.811	0.337	0.294	0.887	0.209	0.236	0.239	0.549	0.534
南通	0.432	0.169	0.148	0.456	0.14	0.152	0.156	0.336	0.49
連雲港	0.147	0.13	0.131	0.156	0.15	0.14	0.149	0.274	0.411
淮安	0.147	0.159	0.157	0.156	0.133	0.138	0.156	0.273	0.341
鹽城	0.147	0.149	0.132	0.156	0.13	0.143	0.144	0.26	0.325
揚州	0.147	0.169	0.18	0.156	0.149	0.149	0.146	0.277	0.407
鎮江	0.195	0.159	0.216	0.297	0.139	0.15	0.142	0.267	0.495
泰州	0.147	0.159	0.162	0.156	0.137	0.152	0.138	0.275	0.409
宿遷	0.147	0.12	0.119	0.156	0.143	0.148	0.151	0.259	0.407
杭州	0.905	0.476	0.384	0.906	0.289	0.262	0.267	0.47	0.528
寧波	0.811	0.238	0.227	0.859	0.197	0.185	0.304	0.412	0.502

表 4.9.2 2014 年度城市科技競爭力三級指標分值(續)

城市	科研人員吸引指數	大學科研院所指數	大學科研院所相對擁有量	科研環境指數	專利總數	論文發表數	科技成果數	科技成果轉換率	科技進步對 GDP 貢獻率
溫州	0.337	0.169	0.146	0.363	0.16	0.153	0.194	0.37	0.439
嘉興	0.242	0.159	0.191	0.259	0.148	0.155	0.152	0.38	0.374
湖州	0.195	0.13	0.16	0.203	0.136	0.126	0.133	0.2	0.433
紹興	0.195	0.169	0.183	0.203	0.146	0.15	0.142	0.403	0.426
金華	0.195	0.169	0.178	0.203	0.128	0.137	0.127	0.269	0.43
衢州	0.195	0.12	0.141	0.203	0.129	0.135	0.134	0.259	0.438
舟山	0.195	0.13	0.262	0.203	0.131	0.143	0.134	0.297	0.442
台州	0.195	0.14	0.135	0.203	0.127	0.122	0.147	0.3	0.422
麗水	0.147	0.13	0.16	0.156	0.119	0.129	0.124	0.22	0.406
合肥	0.716	0.595	0.469	0.766	0.217	0.206	0.26	0.317	0.488
蕪湖	0.147	0.199	0.237	0.156	0.135	0.13	0.147	0.253	0.423
蚌埠	0.147	0.149	0.171	0.156	0.128	0.136	0.143	0.261	0.408
淮南	0.147	0.149	0.207	0.156	0.131	0.149	0.13	0.257	0.411
馬鞍山	0.147	0.159	0.238	0.156	0.14	0.135	0.138	0.264	0.475
淮北	0.1	0.13	0.172	0.109	0.146	0.144	0.135	0.273	0.41
銅陵	0.1	0.13	0.312	0.109	0.141	0.148	0.135	0.25	0.4
安慶	0.1	0.149	0.142	0.109	0.125	0.13	0.143	0.257	0.381
黃山	0.1	0.12	0.171	0.109	0.137	0.144	0.133	0.257	0.395
滁州	0.1	0.14	0.146	0.109	0.125	0.129	0.134	0.267	0.392
阜陽	0.1	0.14	0.12	0.109	0.129	0.133	0.141	0.25	0.386
宿州	0.1	0.13	0.124	0.109	0.127	0.138	0.134	0.255	0.394
六安	0.1	0.149	0.137	0.109	0.123	0.149	0.154	0.249	0.395
亳州	0.1	0.12	0.117	0.109	0.13	0.123	0.142	0.257	0.393
池州	0.1	0.13	0.197	0.109	0.118	0.133	0.118	0.257	0.396
宣城	0.1	0.12	0.137	0.109	0.141	0.128	0.133	0.256	0.397
福州	0.621	0.416	0.356	0.709	0.191	0.181	0.194	0.343	0.464
廈門	0.811	0.268	0.566	0.822	0.22	0.19	0.214	0.419	0.479
莆田	0.147	0.12	0.132	0.156	0.134	0.133	0.13	0.266	0.355
三明	0.147	0.13	0.157	0.156	0.133	0.129	0.13	0.272	0.358
泉州	0.195	0.268	0.228	0.203	0.139	0.144	0.149	0.338	0.22
漳州	0.195	0.169	0.176	0.203	0.133	0.143	0.132	0.264	0.366
南平	0.147	0.14	0.167	0.156	0.135	0.123	0.132	0.274	0.389
龍岩	0.147	0.12	0.135	0.156	0.14	0.14	0.128	0.258	0.36
寧德	0.147	0.12	0.131	0.156	0.136	0.128	0.135	0.266	0.361
南昌	0.432	0.525	0.543	0.484	0.178	0.178	0.167	0.296	0.406
景德鎮	0.195	0.13	0.194	0.203	0.141	0.134	0.126	0.268	0.389
萍鄉	0.147	0.13	0.182	0.156	0.131	0.126	0.126	0.262	0.51
九江	0.147	0.169	0.172	0.156	0.121	0.138	0.119	0.263	0.39
新餘	0.147	0.149	0.317	0.156	0.131	0.132	0.125	0.265	0.389
鷹潭	0.147	0.11	0.142	0.156	0.144	0.141	0.14	0.254	0.255
贛州	0.147	0.169	0.14	0.156	0.128	0.135	0.139	0.263	0.382
吉安	0.147	0.11	0.11	0.156	0.131	0.125	0.125	0.262	0.39
宜春	0.147	0.12	0.118	0.156	0.137	0.131	0.129	0.259	0.387
撫州	0.147	0.14	0.15	0.156	0.136	0.138	0.136	0.255	0.387
上饒	0.147	0.13	0.121	0.156	0.132	0.13	0.131	0.255	0.384
濟南	0.621	0.792	0.702	0.775	0.22	0.21	0.206	0.444	0.495
青島	0.811	0.318	0.25	0.887	0.211	0.212	0.25	0.455	0.515
淄博	0.147	0.179	0.199	0.156	0.146	0.15	0.139	0.303	0.472
棗莊	0.147	0.13	0.14	0.156	0.138	0.136	0.131	0.309	0.468
東營	0.147	0.14	0.213	0.156	0.147	0.137	0.133	0.318	0.454
煙臺	0.147	0.199	0.181	0.156	0.154	0.16	0.182	0.321	0.498
濰坊	0.147	0.229	0.177	0.156	0.147	0.148	0.143	0.296	0.467
濟寧	0.147	0.169	0.143	0.156	0.135	0.153	0.129	0.289	0.482
泰安	0.147	0.179	0.175	0.156	0.135	0.14	0.125	0.289	0.496
威海	0.147	0.169	0.245	0.156	0.126	0.136	0.163	0.336	0.518
日照	0.147	0.12	0.136	0.156	0.139	0.141	0.123	0.292	0.477
萊蕪	0.147	0.12	0.183	0.156	0.126	0.141	0.14	0.296	0.454

表 4.9.2 2014 年度城市科技競爭力三級指標分值(續)

城市	科研人員吸引指數	大學科研院所指數	大學科研院所相對擁有量	科研環境指數	專利總數	論文發表數	科技成果數	科技成果轉換率	科技進步對 GDP 貢獻率
臨沂	0.147	0.13	0.114	0.156	0.125	0.14	0.133	0.297	0.478
德州	0.147	0.14	0.136	0.156	0.135	0.118	0.129	0.297	0.476
聊城	0.147	0.13	0.126	0.156	0.15	0.137	0.15	0.291	0.471
濱州	0.1	0.13	0.141	0.109	0.143	0.13	0.118	0.296	0.469
菏澤	0.1	0.13	0.116	0.109	0.132	0.136	0.142	0.302	0.472
鄭州	0.526	0.624	0.359	0.559	0.193	0.188	0.196	0.327	0.423
開封	0.147	0.13	0.129	0.156	0.123	0.129	0.133	0.26	0.398
洛陽	0.147	0.149	0.137	0.156	0.14	0.14	0.133	0.254	0.409
平頂山	0.147	0.14	0.138	0.156	0.127	0.126	0.119	0.272	0.412
安陽	0.1	0.159	0.153	0.109	0.12	0.132	0.123	0.264	0.407
鶴壁	0.1	0.12	0.164	0.109	0.144	0.13	0.122	0.264	0.415
新鄉	0.1	0.199	0.185	0.109	0.129	0.128	0.135	0.266	0.415
焦作	0.1	0.149	0.171	0.109	0.134	0.129	0.126	0.261	0.356
濮陽	0.1	0.11	0.112	0.109	0.141	0.137	0.119	0.27	0.395
許昌	0.1	0.14	0.142	0.109	0.123	0.135	0.139	0.264	0.406
漯河	0.1	0.13	0.157	0.109	0.133	0.129	0.121	0.267	0.389
三門峽	0.1	0.11	0.123	0.109	0.133	0.139	0.12	0.264	0.4
南陽	0.1	0.149	0.122	0.109	0.134	0.131	0.123	0.266	0.412
商丘	0.1	0.159	0.134	0.109	0.128	0.131	0.13	0.263	0.399
信陽	0.1	0.149	0.131	0.109	0.147	0.129	0.138	0.26	0.401
周口	0.1	0.13	0.113	0.109	0.131	0.132	0.13	0.261	0.403
駐馬店	0.1	0.12	0.112	0.109	0.137	0.135	0.121	0.272	0.392
武漢	0.811	0.881	0.604	0.859	0.293	0.311	0.327	0.339	0.512
黃石	0.147	0.14	0.18	0.156	0.138	0.129	0.132	0.256	0.473
十堰	0.242	0.169	0.206	0.391	0.127	0.129	0.138	0.27	0.454
宜昌	0.147	0.149	0.166	0.156	0.134	0.148	0.135	0.253	0.395
襄陽	0.147	0.149	0.144	0.156	0.135	0.126	0.141	0.254	0.429
鄂州	0.147	0.11	0.148	0.156	0.14	0.137	0.123	0.253	0.397
荊門	0.147	0.11	0.117	0.156	0.139	0.135	0.121	0.248	0.427
孝感	0.147	0.12	0.12	0.156	0.126	0.126	0.132	0.257	0.474
荊州	0.147	0.179	0.163	0.156	0.139	0.144	0.133	0.259	0.395
黃岡	0.147	0.14	0.128	0.156	0.129	0.125	0.134	0.258	0.447
咸寧	0.1	0.12	0.135	0.109	0.126	0.132	0.137	0.256	0.43
隨州	0.1	0.11	0.12	0.109	0.137	0.139	0.119	0.251	0.426
長沙	0.716	0.595	0.496	0.803	0.218	0.216	0.202	0.234	0.495
株洲	0.195	0.179	0.206	0.203	0.125	0.149	0.133	0.195	0.414
湘潭	0.147	0.199	0.28	0.156	0.153	0.152	0.134	0.137	0.407
衡陽	0.147	0.189	0.159	0.156	0.122	0.127	0.129	0.157	0.422
邵陽	0.147	0.13	0.12	0.156	0.123	0.129	0.133	0.187	0.406
岳陽	0.147	0.149	0.146	0.156	0.134	0.145	0.117	0.192	0.386
常德	0.147	0.14	0.133	0.156	0.134	0.136	0.12	0.187	0.408
張家界	0.1	0.11	0.131	0.109	0.134	0.134	0.124	0.197	0.354
益陽	0.147	0.14	0.143	0.156	0.139	0.126	0.139	0.162	0.387
郴州	0.147	0.12	0.121	0.156	0.127	0.127	0.135	0.145	0.404
永州	0.1	0.13	0.125	0.109	0.127	0.139	0.12	0.12	0.403
懷化	0.1	0.13	0.13	0.109	0.137	0.149	0.127	0.162	0.403
婁底	0.1	0.13	0.136	0.109	0.124	0.139	0.131	0.165	0.405
廣州	0.905	0.891	0.61	0.906	0.354	0.375	0.269	0.522	0.579
韶關	0.242	0.12	0.132	0.306	0.128	0.134	0.117	0.354	0.486
深圳	1	0.199	0.282	1	0.377	0.353	0.31	0.437	0.602
珠海	0.289	0.199	0.591	0.391	0.159	0.141	0.156	0.34	0.459
汕頭	0.242	0.11	0.11	0.269	0.137	0.12	0.151	0.317	0.451
佛山	0.337	0.13	0.142	0.419	0.16	0.15	0.158	0.351	0.471
江門	0.195	0.13	0.14	0.203	0.131	0.138	0.125	0.309	0.453
湛江	0.195	0.13	0.12	0.203	0.129	0.133	0.122	0.301	0.446
茂名	0.195	0.12	0.114	0.203	0.131	0.146	0.142	0.306	0.406
肇慶	0.147	0.149	0.161	0.156	0.141	0.141	0.123	0.314	0.45

表 4.9.2 2014 年度城市科技競爭力三級指標分值(續)

城市	科研人員吸引指數	大學科研院所指數	大學科研院所相對擁有量	科研環境指數	專利總數	論文發表數	科技成果數	科技成果轉換率	科技進步對 GDP 貢獻率
惠州	0.526	0.13	0.146	0.438	0.134	0.136	0.143	0.432	0.469
梅州	0.195	0.11	0.11	0.203	0.125	0.129	0.139	0.301	0.454
汕尾	0.147	0.11	0.115	0.156	0.14	0.136	0.121	0.306	0.455
河源	0.147	0.11	0.115	0.156	0.129	0.137	0.127	0.31	0.45
陽江	0.147	0.11	0.119	0.156	0.148	0.133	0.133	0.306	0.4
清遠	0.147	0.11	0.113	0.156	0.138	0.13	0.135	0.311	0.452
東莞	0.716	0.159	0.268	0.794	0.167	0.151	0.172	0.478	0.47
中山	0.716	0.149	0.272	0.756	0.161	0.148	0.155	0.429	0.464
潮州	0.147	0.11	0.12	0.156	0.141	0.14	0.129	0.306	0.447
揭陽	0.147	0.12	0.116	0.156	0.137	0.127	0.141	0.307	0.45
雲浮	0.147	0.11	0.118	0.156	0.142	0.133	0.119	0.287	0.447
南寧	0.432	0.407	0.328	0.484	0.177	0.191	0.163	0.26	0.508
柳州	0.147	0.169	0.198	0.156	0.132	0.136	0.121	0.264	0.499
桂林	0.147	0.189	0.19	0.156	0.132	0.137	0.131	0.259	0.508
梧州	0.1	0.11	0.116	0.109	0.128	0.131	0.134	0.242	0.423
北海	0.1	0.14	0.225	0.109	0.139	0.144	0.133	0.25	0.416
防城港	0.1	0.11	0.157	0.109	0.129	0.144	0.129	0.26	0.404
欽州	0.1	0.12	0.127	0.109	0.136	0.142	0.139	0.263	0.403
貴港	0.1	0.11	0.11	0.109	0.124	0.141	0.134	0.254	0.394
玉林	0.1	0.11	0.108	0.109	0.126	0.134	0.124	0.266	0.398
百色	0.1	0.149	0.164	0.109	0.127	0.127	0.119	0.255	0.395
賀州	0.1	0.11	0.123	0.109	0.13	0.124	0.122	0.252	0.391
河池	0.1	0.12	0.125	0.109	0.124	0.128	0.12	0.255	0.396
來賓	0.1	0.11	0.12	0.109	0.121	0.12	0.13	0.249	0.394
崇左	0.1	0.149	0.207	0.109	0.118	0.131	0.121	0.254	0.392
海口	0.337	0.209	0.457	0.381	0.154	0.14	0.151	0.285	0.401
三亞	0.1	0.149	0.557	0.109	0.126	0.139	0.132	0.293	0.395
重慶	0.526	0.693	0.194	0.616	0.289	0.241	0.257	0.381	0.521
成都	0.621	0.614	0.332	0.691	0.26	0.212	0.211	0.199	0.513
自貢	0.1	0.12	0.132	0.109	0.127	0.131	0.125	0.225	0.425
攀枝花	0.1	0.12	0.194	0.109	0.134	0.14	0.134	0.23	0.41
瀘州	0.1	0.149	0.152	0.109	0.125	0.141	0.139	0.233	0.403
德陽	0.1	0.149	0.167	0.109	0.129	0.14	0.118	0.229	0.413
綿陽	0.337	0.189	0.186	0.438	0.134	0.129	0.137	0.227	0.443
廣元	0.1	0.12	0.134	0.109	0.134	0.139	0.121	0.237	0.306
遂寧	0.1	0.11	0.114	0.109	0.149	0.134	0.137	0.227	0.41
內江	0.1	0.12	0.125	0.109	0.128	0.136	0.144	0.24	0.407
樂山	0.1	0.13	0.144	0.109	0.127	0.128	0.138	0.224	0.459
南充	0.1	0.14	0.128	0.109	0.125	0.133	0.141	0.228	0.411
眉山	0.1	0.12	0.13	0.109	0.132	0.135	0.134	0.23	0.412
宜賓	0.1	0.12	0.119	0.109	0.127	0.138	0.137	0.226	0.41
廣安	0.1	0.11	0.111	0.109	0.141	0.135	0.118	0.228	0.405
達州	0.1	0.12	0.115	0.109	0.128	0.126	0.123	0.224	0.399
雅安	0.1	0.12	0.167	0.109	0.126	0.133	0.133	0.235	0.411
巴中	0.1	0.1	0.1	0.109	0.122	0.131	0.123	0.231	0.402
資陽	0.1	0.1	0.1	0.109	0.129	0.116	0.123	0.245	0.406
貴陽	0.384	0.357	0.464	0.391	0.185	0.178	0.17	0.22	0.429
六盤水	0.1	0.12	0.132	0.109	0.14	0.132	0.123	0.206	0.421
遵義	0.1	0.159	0.141	0.109	0.131	0.13	0.128	0.21	0.426
安順	0.1	0.12	0.137	0.109	0.144	0.127	0.128	0.208	0.426
畢節	0.1	0.12	0.112	0.109	0.103	0.1	0.104	0.1	0.1
銅仁	0.1	0.12	0.125	0.109	0.1	0.101	0.1	0.1	0.103
昆明	0.432	0.505	0.495	0.522	0.194	0.187	0.171	0.345	0.459
曲靖	0.1	0.13	0.125	0.109	0.136	0.138	0.132	0.259	0.411
玉溪	0.147	0.12	0.149	0.156	0.133	0.125	0.134	0.26	0.409
保山	0.1	0.13	0.161	0.109	0.138	0.13	0.122	0.249	0.41
昭通	0.1	0.11	0.109	0.109	0.117	0.122	0.123	0.233	0.412

表 4.9.2 2014 年度城市科技競爭力三級指標分值(續)

城市	科研人員吸引指數	大學科研院所指數	大學科研院所相對擁有量	科研環境指數	專利總數	論文發表數	科技成果數	科技成果轉換率	科技進步對 GDP 貢獻率
麗江	0.1	0.12	0.188	0.109	0.118	0.125	0.11	0.238	0.412
普洱	0.1	0.12	0.142	0.109	0.125	0.119	0.121	0.249	0.417
臨滄	0.1	0.11	0.122	0.109	0.128	0.125	0.123	0.258	0.462
拉薩	0.147	0.14	0.516	0.156	0.129	0.133	0.128	0.253	0.458
西安	0.716	0.713	0.508	0.784	0.207	0.207	0.188	0.264	0.504
銅川	0.1	0.11	0.161	0.109	0.136	0.127	0.127	0.261	0.365
寶雞	0.1	0.12	0.127	0.109	0.125	0.139	0.124	0.264	0.476
咸陽	0.1	0.229	0.229	0.109	0.131	0.122	0.122	0.269	0.364
渭南	0.1	0.11	0.109	0.109	0.129	0.111	0.132	0.255	0.368
延安	0.1	0.12	0.145	0.109	0.127	0.14	0.128	0.26	0.367
漢中	0.1	0.13	0.141	0.109	0.114	0.142	0.125	0.267	0.43
榆林	0.1	0.12	0.128	0.109	0.14	0.133	0.137	0.263	0.369
安康	0.1	0.12	0.134	0.109	0.126	0.12	0.137	0.262	0.363
商洛	0.1	0.12	0.142	0.109	0.133	0.125	0.137	0.258	0.366
蘭州	0.526	0.347	0.507	0.531	0.188	0.19	0.161	0.236	0.461
嘉峪關	0.1	0.11	0.365	0.109	0.132	0.135	0.14	0.235	0.431
金昌	0.1	0.11	0.212	0.109	0.125	0.129	0.128	0.222	0.427
白銀	0.1	0.11	0.13	0.109	0.137	0.132	0.117	0.234	0.43
天水	0.1	0.14	0.156	0.109	0.137	0.144	0.118	0.226	0.423
武威	0.1	0.12	0.155	0.109	0.12	0.137	0.133	0.222	0.427
張掖	0.1	0.12	0.18	0.109	0.116	0.124	0.132	0.229	0.429
平涼	0.1	0.11	0.122	0.109	0.113	0.111	0.133	0.232	0.439
酒泉	0.1	0.11	0.153	0.109	0.126	0.12	0.13	0.224	0.433
慶陽	0.1	0.11	0.12	0.109	0.123	0.121	0.13	0.215	0.424
定西	0.1	0.11	0.118	0.109	0.12	0.116	0.126	0.123	0.409
隴南	0.1	0.11	0.118	0.1	0.122	0.134	0.126	0.131	0.418
西寧	0.337	0.189	0.337	0.4	0.134	0.145	0.127	0.234	0.427
銀川	0.289	0.229	0.507	0.297	0.148	0.144	0.137	0.257	0.452
石嘴山	0.1	0.11	0.171	0.109	0.119	0.126	0.128	0.229	0.434
吳忠	0.1	0.11	0.137	0.109	0.127	0.133	0.127	0.231	0.425
固原	0.1	0.11	0.134	0.109	0.129	0.124	0.116	0.219	0.426
中衛	0.1	0.1	0.1	0.1	0.127	0.122	0.118	0.218	0.425
烏魯木齊	0.337	0.278	0.466	0.344	0.132	0.131	0.141	0.239	0.483
克拉瑪依	0.147	0.11	0.239	0.156	0.138	0.142	0.125	0.233	0.464
香港	1	0.397	0.32	0.859	0.66	0.916	0.744	0.657	0.707
澳門	0.242	0.199	1	0.203	0.209	0.197	0.178	0.451	0.448
新北	0.147	0.327	0.406	0.156	0.192	0.195	0.258	0.301	0.454
臺北	0.811	0.367	0.629	0.813	0.544	0.664	0.525	0.449	0.526
台中	0.147	0.258	0.412	0.156	0.16	0.153	0.222	0.294	0.433
台南	0.147	0.209	0.406	0.156	0.175	0.182	0.205	0.282	0.457
高雄	0.147	0.258	0.402	0.156	0.164	0.169	0.234	0.256	0.433
基隆	0.147	0.12	0.378	0.156	0.154	0.177	0.234	0.27	0.46
新竹	0.147	0.12	0.346	0.156	0.171	0.196	0.238	0.259	0.436
嘉義	0.147	0.12	0.486	0.156	0.147	0.189	0.219	0.264	0.457

4.10 城市文化形象競爭力三級指標分值

表 4.10.1 2014 年度城市文化形象競爭力三級指標分值

城市	劇院數	公共藏書總量	每百萬人影劇院數	每百人公共圖書數	誠信意識指數	競爭意識指數	重商意識指數	創新意識指數	寬容意識指數
北京	1	0.794	0.549	0.511	1	1	1	1	1

表 4.10.1 2014 年度城市文化形象競爭力三級指標分值

城市	劇院數	公共藏書總量	每百萬人影劇院數	每百人公共圖書數	誠信意識指數	競爭意識指數	重商意識指數	創新意識指數	寬容意識指數
天津	0.232	0.284	0.186	0.242	0.436	0.32	0.438	0.32	0.329
石家莊	0.2	0.172	0.164	0.155	0.251	0.283	0.29	0.251	0.25
唐山	0.132	0.127	0.128	0.128	0.224	0.152	0.218	0.158	0.247
秦皇島	0.141	0.116	0.191	0.141	0.336	0.225	0.376	0.273	0.279
邯鄲	0.159	0.118	0.139	0.114	0.209	0.157	0.181	0.168	0.239
邢臺	0.227	0.114	0.21	0.114	0.164	0.184	0.196	0.214	0.171
保定	0.223	0.124	0.168	0.116	0.191	0.199	0.249	0.174	0.223
張家口	0.136	0.12	0.15	0.132	0.146	0.158	0.226	0.179	0.242
承德	0.173	0.111	0.225	0.122	0.182	0.199	0.225	0.201	0.209
滄州	0.123	0.113	0.12	0.113	0.198	0.159	0.196	0.184	0.235
廊坊	0.127	0.124	0.141	0.142	0.181	0.213	0.259	0.18	0.181
衡水	0.168	0.107	0.2	0.112	0.171	0.207	0.246	0.166	0.192
太原	0.173	0.164	0.229	0.235	0.168	0.167	0.183	0.206	0.211
大同	0.15	0.109	0.201	0.121	0.142	0.137	0.18	0.144	0.125
陽泉	0.114	0.109	0.167	0.15	0.129	0.132	0.157	0.137	0.131
長治	0.173	0.119	0.24	0.144	0.152	0.144	0.159	0.141	0.154
晉城	0.15	0.104	0.248	0.113	0.115	0.128	0.13	0.121	0.126
朔州	0.132	0.109	0.219	0.141	0.111	0.13	0.142	0.147	0.121
晉中	0.159	0.115	0.218	0.137	0.139	0.134	0.15	0.142	0.145
運城	0.159	0.115	0.174	0.122	0.13	0.119	0.142	0.118	0.155
忻州	0.168	0.11	0.242	0.125	0.14	0.109	0.127	0.123	0.148
臨汾	0.2	0.119	0.252	0.134	0.135	0.136	0.169	0.139	0.114
呂梁	0.141	0.111	0.167	0.122	0.133	0.136	0.17	0.13	0.131
呼和浩特	0.164	0.128	0.279	0.193	0.189	0.194	0.229	0.188	0.214
包頭	0.177	0.138	0.324	0.23	0.136	0.137	0.142	0.126	0.2
烏海	0.109	0.107	0.207	0.192	0.123	0.113	0.159	0.121	0.172
赤峰	0.109	0.115	0.113	0.124	0.107	0.105	0.132	0.136	0.195
通遼	0.127	0.111	0.155	0.127	0.115	0.12	0.163	0.158	0.168
鄂爾多斯	0.123	0.11	0.197	0.149	0.256	0.25	0.308	0.284	0.234
呼倫貝爾	0.164	0.122	0.255	0.163	0.122	0.124	0.114	0.113	0.144
巴彥淖爾	0.127	0.108	0.195	0.133	0.113	0.125	0.103	0.103	0.141
烏蘭察布	0.155	0.108	0.223	0.123	0.125	0.122	0.1	0.114	0.138
瀋陽	0.309	0.262	0.287	0.272	0.301	0.274	0.396	0.322	0.306
大連	0.127	0.261	0.13	0.31	0.286	0.257	0.4	0.328	0.347
鞍山	0.15	0.13	0.192	0.166	0.225	0.182	0.232	0.191	0.221
撫順	0.123	0.113	0.167	0.147	0.224	0.166	0.199	0.196	0.165
本溪	0.123	0.113	0.196	0.163	0.18	0.183	0.197	0.171	0.194
丹東	0.114	0.116	0.137	0.152	0.214	0.194	0.259	0.223	0.171
錦州	0.132	0.116	0.167	0.139	0.18	0.197	0.246	0.213	0.172
營口	0.109	0.117	0.125	0.155	0.157	0.173	0.25	0.206	0.187
阜新	0.114	0.105	0.146	0.121	0.194	0.15	0.262	0.201	0.174
遼陽	0.109	0.114	0.133	0.158	0.223	0.184	0.243	0.2	0.215
盤錦	0.114	0.107	0.169	0.141	0.202	0.144	0.211	0.201	0.172
鐵嶺	0.259	0.107	0.441	0.119	0.154	0.174	0.201	0.19	0.235
朝陽	0.105	0.108	0.109	0.119	0.175	0.156	0.221	0.207	0.198
葫蘆島	0.118	0.11	0.142	0.129	0.175	0.151	0.23	0.196	0.19
長春	0.2	0.215	0.185	0.217	0.355	0.263	0.369	0.261	0.365
吉林	0.118	0.127	0.127	0.149	0.191	0.188	0.217	0.171	0.254
四平	0.109	0.109	0.117	0.12	0.211	0.197	0.187	0.193	0.168
遼源	0.105	0.104	0.124	0.127	0.193	0.194	0.208	0.201	0.169
通化	0.105	0.11	0.113	0.135	0.202	0.152	0.23	0.174	0.188
白山	0.118	0.109	0.192	0.155	0.205	0.164	0.219	0.18	0.157
松原	0.105	0.108	0.11	0.122	0.19	0.159	0.199	0.223	0.178
白城	0.123	0.106	0.174	0.122	0.198	0.144	0.18	0.214	0.184
哈爾濱	0.464	0.203	0.337	0.18	0.331	0.322	0.345	0.322	0.347
齊齊哈爾	0.159	0.12	0.168	0.127	0.238	0.186	0.214	0.205	0.176
雞西	0.109	0.104	0.132	0.118	0.219	0.17	0.199	0.157	0.19
鶴崗	0.105	0.104	0.127	0.132	0.235	0.189	0.228	0.191	0.251
雙鴨山	0.1	0.104	0.1	0.121	0.234	0.194	0.193	0.18	0.229

表 4. 10. 1 2014 年度城市文化形象競爭力三級指標分值

城市	劇院數	公共藏書總量	每百萬人影劇院數	每百人公共圖書數	誠信意識指數	競爭意識指數	重商意識指數	創新意識指數	寬容意識指數
大慶	0.186	0.136	0.298	0.199	0.232	0.175	0.213	0.155	0.194
伊春	0.136	0.111	0.288	0.166	0.228	0.198	0.214	0.214	0.181
佳木斯	0.168	0.106	0.284	0.119	0.249	0.148	0.217	0.18	0.17
七台河	0.114	0.103	0.195	0.123	0.228	0.209	0.221	0.175	0.173
牡丹江	0.127	0.109	0.168	0.127	0.215	0.185	0.181	0.203	0.189
黑河	0.127	0.104	0.202	0.118	0.244	0.173	0.185	0.16	0.217
綏化	0.159	0.115	0.169	0.12	0.246	0.147	0.218	0.157	0.2
上海	0.55	1	0.304	0.585	1	1	1	1	1
南京	0.305	0.297	0.307	0.337	0.326	0.41	0.431	0.349	0.44
無錫	0.359	0.171	0.457	0.215	0.392	0.377	0.495	0.373	0.479
徐州	0.141	0.13	0.127	0.123	0.282	0.297	0.338	0.258	0.25
常州	0.305	0.147	0.463	0.199	0.293	0.306	0.329	0.265	0.246
蘇州	0.236	0.308	0.236	0.346	0.608	0.63	0.563	0.626	0.604
南通	0.245	0.167	0.223	0.167	0.373	0.33	0.405	0.283	0.42
連雲港	0.132	0.133	0.14	0.15	0.265	0.285	0.333	0.273	0.222
淮安	0.173	0.137	0.186	0.153	0.283	0.264	0.305	0.237	0.203
鹽城	0.164	0.132	0.15	0.13	0.257	0.236	0.285	0.24	0.223
揚州	0.127	0.135	0.138	0.159	0.242	0.242	0.302	0.225	0.208
鎮江	0.318	0.135	0.62	0.198	0.294	0.257	0.319	0.254	0.23
泰州	0.123	0.124	0.129	0.137	0.284	0.248	0.31	0.239	0.233
宿遷	0.218	0.111	0.236	0.115	0.299	0.235	0.299	0.247	0.247
杭州	0.341	0.317	0.323	0.338	0.454	0.434	0.513	0.412	0.485
寧波	0.318	0.192	0.344	0.222	0.319	0.322	0.424	0.346	0.332
溫州	0.145	0.197	0.137	0.193	0.349	0.318	0.477	0.343	0.327
嘉興	0.295	0.174	0.467	0.265	0.322	0.277	0.412	0.351	0.323
湖州	0.123	0.125	0.156	0.175	0.248	0.258	0.423	0.311	0.299
紹興	0.223	0.137	0.28	0.164	0.364	0.352	0.455	0.357	0.35
金華	0.195	0.129	0.231	0.147	0.249	0.222	0.288	0.236	0.258
衢州	0.164	0.117	0.263	0.152	0.245	0.235	0.289	0.242	0.272
舟山	0.132	0.113	0.312	0.203	0.243	0.286	0.356	0.248	0.226
台州	0.295	0.139	0.314	0.15	0.263	0.285	0.453	0.34	0.396
麗水	0.205	0.117	0.358	0.151	0.228	0.184	0.275	0.23	0.263
合肥	0.195	0.187	0.187	0.194	0.287	0.301	0.367	0.273	0.237
蕪湖	0.141	0.117	0.169	0.134	0.175	0.168	0.221	0.147	0.217
蚌埠	0.141	0.106	0.172	0.113	0.211	0.151	0.229	0.186	0.191
淮南	0.105	0.105	0.112	0.114	0.161	0.167	0.242	0.214	0.181
馬鞍山	0.127	0.124	0.177	0.182	0.158	0.143	0.233	0.199	0.192
淮北	0.114	0.11	0.14	0.135	0.13	0.16	0.244	0.212	0.161
銅陵	0.114	0.108	0.219	0.179	0.145	0.187	0.202	0.2	0.221
安慶	0.132	0.125	0.133	0.131	0.174	0.179	0.195	0.221	0.197
黃山	0.118	0.108	0.18	0.144	0.152	0.194	0.201	0.201	0.241
滁州	0.118	0.123	0.126	0.139	0.162	0.182	0.244	0.182	0.171
阜陽	0.123	0.107	0.114	0.105	0.147	0.166	0.202	0.157	0.216
宿州	0.136	0.107	0.136	0.108	0.195	0.14	0.242	0.167	0.161
六安	0.105	0.122	0.104	0.124	0.182	0.157	0.225	0.197	0.179
亳州	0.127	0.105	0.129	0.107	0.222	0.18	0.24	0.166	0.204
池州	0.109	0.103	0.136	0.115	0.202	0.208	0.248	0.151	0.2
宣城	0.109	0.109	0.121	0.125	0.225	0.209	0.218	0.196	0.216
福州	0.218	0.178	0.217	0.191	0.325	0.318	0.364	0.299	0.297
廈門	0.123	0.177	0.177	0.409	0.369	0.24	0.347	0.312	0.311
莆田	0.118	0.111	0.136	0.125	0.231	0.21	0.31	0.232	0.286
三明	0.164	0.127	0.25	0.175	0.202	0.218	0.296	0.211	0.231
泉州	0.205	0.156	0.198	0.162	0.232	0.361	0.371	0.275	0.308
漳州	0.145	0.12	0.161	0.131	0.216	0.229	0.309	0.237	0.243
南平	0.136	0.133	0.175	0.181	0.187	0.242	0.292	0.226	0.252
龍岩	0.15	0.128	0.209	0.172	0.206	0.23	0.346	0.245	0.282
寧德	0.127	0.115	0.152	0.134	0.174	0.235	0.328	0.222	0.256
南昌	0.141	0.172	0.152	0.209	0.268	0.254	0.363	0.299	0.332
景德鎮	0.127	0.109	0.206	0.141	0.195	0.172	0.247	0.177	0.183

表 4.10.1 2014 年度城市文化形象競爭力三級指標分值

城市	劇院數	公共藏書總量	每百萬人影劇院數	每百人公共圖書數	誠信意識指數	競爭意識指數	重商意識指數	創新意識指數	寬容意識指數
萍鄉	0.136	0.11	0.222	0.141	0.209	0.181	0.182	0.18	0.22
九江	0.123	0.132	0.129	0.148	0.156	0.176	0.222	0.168	0.17
新餘	0.109	0.108	0.149	0.149	0.208	0.179	0.201	0.183	0.208
鷹潭	0.127	0.105	0.242	0.129	0.145	0.206	0.19	0.169	0.192
贛州	0.168	0.126	0.148	0.122	0.21	0.157	0.23	0.171	0.191
吉安	0.136	0.129	0.147	0.144	0.168	0.172	0.194	0.164	0.24
宜春	0.245	0.115	0.264	0.12	0.17	0.18	0.172	0.155	0.196
撫州	0.191	0.115	0.241	0.128	0.162	0.159	0.242	0.181	0.227
上饒	0.168	0.114	0.158	0.115	0.202	0.194	0.254	0.203	0.232
濟南	0.2	0.243	0.206	0.281	0.389	0.321	0.378	0.373	0.362
青島	0.264	0.166	0.238	0.166	0.342	0.285	0.371	0.38	0.322
淄博	0.136	0.132	0.156	0.159	0.306	0.208	0.323	0.278	0.278
棗莊	0.127	0.113	0.145	0.126	0.283	0.184	0.323	0.274	0.25
東營	0.2	0.115	0.449	0.163	0.256	0.218	0.301	0.292	0.256
煙臺	0.209	0.173	0.209	0.186	0.314	0.196	0.33	0.334	0.307
濰坊	0.259	0.138	0.217	0.133	0.276	0.188	0.312	0.281	0.279
濟寧	0.145	0.124	0.135	0.122	0.272	0.171	0.335	0.255	0.274
泰安	0.118	0.115	0.121	0.121	0.253	0.167	0.298	0.266	0.284
威海	0.159	0.12	0.251	0.161	0.298	0.22	0.408	0.266	0.273
日照	0.141	0.105	0.192	0.114	0.298	0.197	0.192	0.205	0.263
萊蕪	0.105	0.106	0.123	0.136	0.3	0.167	0.179	0.184	0.287
臨沂	0.2	0.139	0.16	0.128	0.291	0.208	0.238	0.216	0.29
德州	0.136	0.116	0.141	0.121	0.26	0.188	0.212	0.163	0.267
聊城	0.145	0.112	0.149	0.115	0.304	0.227	0.313	0.254	0.286
濱州	0.159	0.118	0.2	0.137	0.276	0.173	0.218	0.187	0.166
菏澤	0.195	0.108	0.165	0.107	0.288	0.203	0.204	0.152	0.197
鄭州	0.164	0.178	0.138	0.156	0.253	0.299	0.336	0.245	0.271
開封	0.141	0.11	0.149	0.114	0.211	0.204	0.213	0.171	0.248
洛陽	0.218	0.121	0.208	0.122	0.174	0.213	0.204	0.202	0.204
平頂山	0.136	0.111	0.143	0.116	0.219	0.185	0.246	0.211	0.228
安陽	0.177	0.115	0.184	0.119	0.211	0.174	0.181	0.189	0.18
鶴壁	0.127	0.106	0.208	0.127	0.179	0.201	0.181	0.23	0.224
新鄉	0.145	0.114	0.148	0.117	0.18	0.216	0.237	0.183	0.196
焦作	0.145	0.111	0.18	0.123	0.169	0.188	0.21	0.149	0.209
濮陽	0.127	0.107	0.142	0.113	0.188	0.197	0.234	0.15	0.181
許昌	0.127	0.113	0.136	0.121	0.2	0.164	0.172	0.182	0.239
漯河	0.105	0.105	0.111	0.114	0.151	0.2	0.237	0.159	0.253
三門峽	0.127	0.118	0.178	0.163	0.134	0.162	0.175	0.163	0.172
南陽	0.159	0.115	0.132	0.109	0.156	0.152	0.218	0.215	0.17
商丘	0.136	0.109	0.125	0.108	0.27	0.283	0.355	0.348	0.298
信陽	0.141	0.111	0.131	0.11	0.208	0.177	0.178	0.185	0.212
周口	0.141	0.107	0.122	0.104	0.165	0.206	0.22	0.208	0.196
駐馬店	0.159	0.108	0.143	0.107	0.199	0.198	0.194	0.211	0.17
武漢	0.377	0.248	0.318	0.238	0.295	0.39	0.391	0.346	0.333
黃石	0.127	0.114	0.167	0.142	0.205	0.187	0.229	0.219	0.187
十堰	0.118	0.114	0.134	0.13	0.197	0.161	0.186	0.193	0.187
宜昌	0.159	0.123	0.196	0.144	0.163	0.206	0.18	0.166	0.192
襄陽	0.141	0.119	0.145	0.124	0.193	0.2	0.212	0.231	0.206
鄂州	0.109	0.105	0.154	0.136	0.195	0.183	0.204	0.16	0.213
荊門	0.132	0.113	0.168	0.134	0.206	0.189	0.247	0.209	0.24
孝感	0.118	0.111	0.122	0.116	0.178	0.184	0.18	0.166	0.197
荊州	0.118	0.114	0.118	0.116	0.198	0.166	0.199	0.203	0.186
黃岡	0.164	0.122	0.155	0.122	0.175	0.207	0.199	0.175	0.194
咸寧	0.109	0.109	0.12	0.123	0.205	0.204	0.216	0.216	0.235
隨州	0.132	0.128	0.18	0.184	0.166	0.145	0.204	0.2	0.219
長沙	0.145	0.225	0.145	0.245	0.202	0.295	0.292	0.305	0.384
株洲	0.109	0.116	0.115	0.131	0.213	0.191	0.237	0.217	0.207
湘潭	0.145	0.115	0.201	0.141	0.2	0.182	0.252	0.149	0.169
衡陽	0.123	0.122	0.118	0.121	0.197	0.193	0.249	0.165	0.235

表 4.10.1 2014 年度城市文化形象競爭力三級指標分值

城市	劇院數	公共藏書總量	每百萬人影劇院數	每百人公共圖書數	誠信意識指數	競爭意識指數	重商意識指數	創新意識指數	寬容意識指數
邵陽	0.141	0.118	0.133	0.117	0.188	0.157	0.224	0.205	0.167
岳陽	0.155	0.111	0.162	0.115	0.179	0.156	0.201	0.209	0.205
常德	0.168	0.117	0.17	0.121	0.162	0.161	0.163	0.168	0.207
張家界	0.132	0.103	0.221	0.112	0.195	0.133	0.253	0.201	0.215
益陽	0.132	0.113	0.143	0.12	0.178	0.176	0.211	0.193	0.192
郴州	0.132	0.113	0.14	0.12	0.209	0.161	0.186	0.181	0.22
永州	0.127	0.114	0.128	0.118	0.196	0.175	0.201	0.17	0.194
懷化	0.159	0.12	0.174	0.129	0.166	0.195	0.183	0.149	0.221
婁底	0.118	0.11	0.127	0.118	0.156	0.169	0.197	0.168	0.206
廣州	0.277	0.297	0.19	0.286	1	1	1	1	1
韶關	0.159	0.113	0.217	0.13	0.333	0.329	0.389	0.326	0.332
深圳	0.5	0.437	1	1	1	1	1	1	1
珠海	0.105	0.123	0.128	0.265	0.325	0.277	0.403	0.283	0.352
汕頭	0.109	0.134	0.111	0.15	0.202	0.254	0.341	0.261	0.215
佛山	0.273	0.15	0.396	0.202	0.311	0.29	0.369	0.346	0.358
江門	0.118	0.127	0.13	0.153	0.297	0.332	0.348	0.319	0.327
湛江	0.118	0.116	0.115	0.116	0.3	0.248	0.32	0.243	0.231
茂名	0.123	0.108	0.12	0.108	0.22	0.272	0.334	0.221	0.201
肇慶	0.145	0.123	0.169	0.142	0.28	0.246	0.327	0.241	0.231
惠州	0.132	0.115	0.16	0.134	0.19	0.288	0.435	0.3	0.251
梅州	0.186	0.115	0.207	0.122	0.199	0.257	0.318	0.23	0.224
汕尾	0.145	0.103	0.185	0.107	0.158	0.267	0.302	0.247	0.213
河源	0.1	0.107	0.1	0.115	0.161	0.236	0.319	0.244	0.217
陽江	0.105	0.108	0.11	0.122	0.147	0.255	0.316	0.235	0.208
清遠	0.141	0.111	0.165	0.122	0.158	0.247	0.279	0.228	0.189
東莞	0.155	0.227	0.289	0.624	0.319	0.398	0.382	0.321	0.316
中山	0.168	0.116	0.39	0.179	0.308	0.307	0.466	0.331	0.306
潮州	0.114	0.106	0.133	0.117	0.27	0.264	0.328	0.246	0.279
揭陽	0.127	0.115	0.126	0.117	0.201	0.246	0.316	0.249	0.228
雲浮	0.209	0.108	0.346	0.122	0.201	0.266	0.32	0.232	0.207
南寧	0.15	0.172	0.145	0.177	0.246	0.207	0.302	0.232	0.301
柳州	0.114	0.124	0.124	0.149	0.15	0.148	0.177	0.171	0.229
桂林	0.186	0.15	0.207	0.173	0.155	0.14	0.181	0.158	0.193
梧州	0.127	0.113	0.154	0.129	0.152	0.165	0.212	0.173	0.178
北海	0.109	0.107	0.135	0.13	0.188	0.143	0.216	0.178	0.18
防城港	0.118	0.104	0.228	0.131	0.177	0.165	0.171	0.141	0.199
欽州	0.114	0.108	0.123	0.116	0.206	0.193	0.207	0.178	0.223
貴港	0.155	0.11	0.167	0.114	0.142	0.154	0.205	0.141	0.237
玉林	0.141	0.121	0.138	0.124	0.187	0.173	0.194	0.159	0.234
百色	0.159	0.118	0.194	0.134	0.129	0.148	0.181	0.131	0.182
賀州	0.127	0.108	0.178	0.126	0.133	0.143	0.18	0.147	0.193
河池	0.114	0.113	0.121	0.125	0.14	0.167	0.185	0.143	0.195
來賓	0.132	0.106	0.179	0.119	0.171	0.171	0.162	0.144	0.203
崇左	0.109	0.109	0.124	0.127	0.119	0.158	0.153	0.131	0.194
海口	0.141	0.106	0.264	0.127	0.279	0.213	0.359	0.324	0.339
三亞	0.109	0.106	0.203	0.18	0.248	0.185	0.314	0.231	0.27
重慶	0.141	0.119	0.108	0.104	0.346	0.374	0.405	0.378	0.402
成都	0.191	0.305	0.15	0.234	0.266	0.342	0.397	0.391	0.411
自貢	0.118	0.106	0.136	0.113	0.155	0.215	0.236	0.206	0.174
攀枝花	0.118	0.109	0.205	0.164	0.173	0.208	0.194	0.209	0.248
瀘州	0.123	0.115	0.129	0.122	0.197	0.194	0.174	0.189	0.157
德陽	0.136	0.11	0.16	0.119	0.149	0.197	0.201	0.213	0.193
綿陽	0.177	0.131	0.192	0.144	0.191	0.184	0.222	0.213	0.186
廣元	0.245	0.113	0.402	0.133	0.188	0.201	0.204	0.215	0.182
遂寧	0.132	0.106	0.155	0.112	0.167	0.156	0.234	0.201	0.228
內江	0.141	0.109	0.162	0.116	0.22	0.171	0.228	0.171	0.208
樂山	0.105	0.107	0.108	0.116	0.165	0.152	0.261	0.167	0.178
南充	0.114	0.113	0.112	0.113	0.214	0.151	0.204	0.209	0.17
眉山	0.114	0.103	0.125	0.107	0.179	0.15	0.245	0.169	0.223

表 4.10.1 2014 年度城市文化形象競爭力三級指標分值

城市	劇院數	公共藏書總量	每百萬人影劇院數	每百人公共圖書數	誠信意識指數	競爭意識指數	重商意識指數	創新意識指數	寬容意識指數
宜賓	0.132	0.112	0.138	0.117	0.168	0.174	0.232	0.186	0.209
廣安	0.123	0.123	0.131	0.137	0.152	0.139	0.168	0.214	0.221
達州	0.15	0.113	0.147	0.115	0.163	0.188	0.224	0.216	0.194
雅安	0.114	0.109	0.156	0.144	0.143	0.179	0.184	0.184	0.24
巴中	0.15	0.105	0.183	0.111	0.182	0.206	0.243	0.191	0.174
資陽	0.123	0.112	0.129	0.119	0.213	0.178	0.248	0.206	0.238
貴陽	0.123	0.131	0.139	0.163	0.301	0.196	0.314	0.304	0.293
六盤水	0.118	0.105	0.136	0.112	0.163	0.17	0.202	0.196	0.166
遵義	0.168	0.147	0.157	0.147	0.153	0.15	0.195	0.169	0.187
安順	0.118	0.105	0.141	0.114	0.203	0.16	0.19	0.16	0.185
畢節	0.109	0.107	0.109	0.106	0.201	0.154	0.188	0.156	0.187
銅仁	0.127	0.11	0.141	0.117	0.202	0.159	0.186	0.16	0.189
昆明	0.132	0.128	0.138	0.14	0.33	0.295	0.383	0.332	0.328
曲靖	0.145	0.114	0.146	0.117	0.319	0.307	0.363	0.306	0.334
玉溪	0.2	0.115	0.402	0.154	0.179	0.158	0.193	0.211	0.178
保山	0.118	0.108	0.146	0.123	0.152	0.141	0.193	0.14	0.221
昭通	0.1	0.102	0.1	0.103	0.1	0.109	0.173	0.138	0.125
麗江	0.114	0.106	0.174	0.136	0.107	0.101	0.17	0.129	0.123
普洱	0.1	0.111	0.1	0.132	0.105	0.106	0.169	0.125	0.143
臨滄	0.105	0.108	0.112	0.126	0.113	0.1	0.168	0.124	0.138
拉薩	0.118	0.1	0.333	0.1	0.239	0.174	0.173	0.163	0.178
西安	0.241	0.177	0.215	0.174	0.277	0.323	0.365	0.339	0.334
銅川	0.136	0.108	0.376	0.175	0.214	0.166	0.192	0.169	0.204
寶雞	0.173	0.116	0.223	0.133	0.145	0.182	0.189	0.17	0.191
咸陽	0.145	0.113	0.156	0.119	0.224	0.151	0.198	0.192	0.231
渭南	0.15	0.112	0.157	0.116	0.144	0.182	0.192	0.22	0.219
延安	0.109	0.108	0.125	0.127	0.183	0.183	0.173	0.162	0.186
漢中	0.114	0.109	0.123	0.117	0.18	0.141	0.228	0.206	0.206
榆林	0.159	0.113	0.202	0.127	0.211	0.2	0.222	0.196	0.209
安康	0.127	0.109	0.158	0.122	0.136	0.145	0.219	0.163	0.234
商洛	0.136	0.107	0.195	0.12	0.119	0.139	0.135	0.112	0.177
蘭州	0.159	0.159	0.219	0.24	0.304	0.244	0.259	0.23	0.29
嘉峪關	0.155	0.101	0.294	0.158	0.157	0.196	0.163	0.166	0.241
金昌	0.118	0.104	0.352	0.171	0.151	0.188	0.225	0.197	0.219
白銀	0.114	0.108	0.15	0.134	0.21	0.177	0.183	0.169	0.167
天水	0.127	0.11	0.147	0.12	0.14	0.136	0.237	0.195	0.191
武威	0.105	0.104	0.115	0.117	0.144	0.123	0.139	0.12	0.122
張掖	0.127	0.109	0.235	0.151	0.151	0.139	0.143	0.109	0.118
平涼	0.136	0.106	0.201	0.119	0.156	0.129	0.121	0.1	0.126
酒泉	0.118	0.106	0.219	0.149	0.131	0.134	0.136	0.114	0.125
慶陽	0.127	0.108	0.167	0.123	0.132	0.129	0.124	0.106	0.1
定西	0.136	0.109	0.179	0.124	0.132	0.127	0.124	0.108	0.122
隴南	0.141	0.108	0.193	0.122	0.132	0.123	0.133	0.104	0.102
西寧	0.136	0.128	0.219	0.209	0.255	0.181	0.224	0.197	0.222
銀川	0.145	0.136	0.276	0.265	0.264	0.253	0.265	0.261	0.224
石嘴山	0.118	0.107	0.259	0.17	0.202	0.13	0.189	0.181	0.185
吳忠	0.123	0.111	0.204	0.157	0.196	0.141	0.19	0.172	0.199
固原	0.145	0.106	0.291	0.132	0.169	0.137	0.162	0.151	0.208
中衛	0.114	0.103	0.174	0.118	0.186	0.13	0.156	0.152	0.206
烏魯木齊	0.114	0.139	0.134	0.216	0.225	0.214	0.223	0.221	0.236
克拉瑪依	0.123	0.117	0.491	0.446	0.163	0.183	0.198	0.189	0.201
香港	0.609	0.116	0.56	0.118	1	1	1	1	1
澳門	0.132	0.124	0.454	0.421	0.325	0.381	0.399	0.368	0.366
新北	0.223	0.106	0.302	0.111	0.223	0.186	0.239	0.189	0.195
臺北	0.273	0.107	0.518	0.121	0.317	0.295	0.399	0.346	0.321
台中	0.182	0.104	0.297	0.111	0.225	0.186	0.232	0.183	0.197
台南	0.159	0.103	0.303	0.112	0.213	0.179	0.238	0.183	0.196
高雄	0.186	0.102	0.301	0.106	0.216	0.183	0.231	0.19	0.195
基隆	0.114	0.101	0.334	0.112	0.213	0.174	0.233	0.186	0.186

表 4.10.1 2014 年度城市文化形象競爭力三級指標分值

城市	劇院數	公共藏書總量	每百萬人影劇院數	每百人公共圖書數	誠信意識指數	競爭意識指數	重商意識指數	創新意識指數	寬容意識指數
新竹	0.114	0.101	0.308	0.111	0.205	0.175	0.228	0.173	0.191
嘉義	0.109	0.1	0.317	0.112	0.212	0.173	0.222	0.175	0.183

表 4.10.2 2014 年度城市文化形象競爭力三級指標分值(續)

城市	城市歷史文化指數	藝術家和文化組織指數	名勝古跡指數	教育文化人力資本指數	城市文化影響指數	城市功能定位指數	城市建築景觀和諧程度	城市知名度	城市推廣度
北京	1	1	1	1	1	1	1	1	1
天津	0.815	0.199	0.54	0.355	0.481	0.337	0.356	0.49	0.486
石家莊	0.608	0.18	0.254	0.27	0.333	0.287	0.221	0.332	0.309
唐山	0.432	0.126	0.192	0.239	0.19	0.142	0.172	0.221	0.214
秦皇島	0.478	0.124	0.616	0.291	0.26	0.135	0.281	0.243	0.238
邯鄲	0.542	0.123	0.267	0.22	0.176	0.14	0.172	0.174	0.184
邢臺	0.296	0.112	0.194	0.17	0.23	0.132	0.136	0.159	0.173
保定	0.424	0.121	0.244	0.213	0.251	0.121	0.172	0.171	0.173
張家口	0.439	0.117	0.21	0.241	0.197	0.101	0.152	0.177	0.166
承德	0.47	0.118	0.171	0.235	0.229	0.124	0.129	0.163	0.149
滄州	0.381	0.117	0.229	0.232	0.24	0.135	0.139	0.173	0.186
廊坊	0.441	0.108	0.191	0.262	0.165	0.139	0.166	0.156	0.187
衡水	0.441	0.11	0.177	0.254	0.159	0.133	0.151	0.143	0.16
太原	0.423	0.168	0.41	0.499	0.209	0.186	0.262	0.199	0.243
大同	0.333	0.128	0.235	0.311	0.156	0.121	0.178	0.177	0.191
陽泉	0.271	0.105	0.176	0.269	0.141	0.125	0.192	0.187	0.179
長治	0.306	0.121	0.181	0.302	0.147	0.131	0.208	0.147	0.151
晉城	0.299	0.109	0.206	0.241	0.12	0.122	0.173	0.164	0.194
朔州	0.362	0.104	0.153	0.215	0.139	0.123	0.186	0.163	0.15
晉中	0.327	0.116	0.197	0.284	0.134	0.134	0.182	0.17	0.182
運城	0.305	0.132	0.186	0.238	0.131	0.127	0.178	0.176	0.151
忻州	0.321	0.108	0.177	0.276	0.151	0.134	0.207	0.156	0.18
臨汾	0.269	0.121	0.232	0.264	0.132	0.104	0.191	0.169	0.183
呂梁	0.275	0.115	0.243	0.248	0.128	0.101	0.203	0.167	0.174
呼和浩特	0.391	0.149	0.451	0.512	0.188	0.18	0.232	0.23	0.231
包頭	0.237	0.113	0.176	0.28	0.138	0.113	0.163	0.136	0.18
烏海	0.239	0.103	0.176	0.264	0.153	0.113	0.155	0.174	0.154
赤峰	0.189	0.112	0.232	0.275	0.14	0.129	0.156	0.154	0.179
通遼	0.229	0.113	0.248	0.266	0.122	0.112	0.135	0.171	0.152
鄂爾多斯	0.304	0.112	0.233	0.378	0.176	0.202	0.216	0.272	0.321
呼倫貝爾	0.204	0.121	0.369	0.29	0.154	0.116	0.119	0.184	0.156
巴彥淖爾	0.218	0.106	0.234	0.203	0.1	0.115	0.124	0.167	0.145
烏蘭察布	0.195	0.11	0.262	0.178	0.119	0.107	0.112	0.165	0.139
瀋陽	0.604	0.185	0.667	0.412	0.256	0.292	0.275	0.439	0.378
大連	0.569	0.151	0.577	0.3	0.254	0.241	0.449	0.436	0.542
鞍山	0.425	0.115	0.268	0.269	0.14	0.148	0.182	0.223	0.217
撫順	0.472	0.109	0.269	0.224	0.145	0.148	0.235	0.262	0.204
本溪	0.258	0.107	0.34	0.327	0.139	0.153	0.169	0.205	0.203
丹東	0.444	0.111	0.245	0.318	0.151	0.144	0.245	0.226	0.199
錦州	0.411	0.114	0.258	0.229	0.135	0.161	0.227	0.199	0.217
營口	0.453	0.108	0.336	0.209	0.135	0.173	0.242	0.284	0.238
阜新	0.449	0.111	0.284	0.275	0.158	0.141	0.257	0.23	0.237
遼陽	0.457	0.107	0.326	0.196	0.133	0.161	0.244	0.184	0.192
盤錦	0.377	0.107	0.28	0.259	0.151	0.134	0.201	0.243	0.206
鐵嶺	0.355	0.106	0.256	0.178	0.142	0.159	0.251	0.191	0.189
朝陽	0.392	0.106	0.287	0.246	0.132	0.145	0.236	0.264	0.23
葫蘆島	0.305	0.105	0.321	0.186	0.146	0.171	0.208	0.195	0.207
長春	0.603	0.192	0.159	0.376	0.24	0.228	0.247	0.341	0.306

表 4.10.2 2014 年度城市文化形象競爭力三級指標分值(續)

城市	城市歷史文化指數	藝術家和文化組織指數	名勝古跡指數	教育文化人力資本指數	城市文化影響指數	城市功能定位指數	城市建築景觀和諧程度	城市知名度	城市推廣度
吉林	0.298	0.117	0.107	0.249	0.154	0.155	0.192	0.249	0.239
四平	0.409	0.113	0.1	0.221	0.162	0.167	0.204	0.208	0.177
遼源	0.281	0.103	0.105	0.2	0.144	0.147	0.178	0.187	0.181
通化	0.449	0.111	0.112	0.222	0.131	0.137	0.242	0.207	0.176
白山	0.391	0.106	0.161	0.28	0.165	0.169	0.166	0.193	0.151
松原	0.424	0.107	0.143	0.217	0.134	0.193	0.234	0.209	0.165
白城	0.345	0.108	0.13	0.323	0.121	0.18	0.171	0.186	0.157
哈爾濱	0.7	0.219	0.571	0.38	0.241	0.271	0.27	0.373	0.322
齊齊哈爾	0.31	0.116	0.313	0.147	0.14	0.201	0.218	0.228	0.166
雞西	0.346	0.109	0.331	0.193	0.133	0.152	0.208	0.179	0.156
鶴崗	0.418	0.105	0.29	0.231	0.165	0.198	0.191	0.145	0.148
雙鴨山	0.316	0.106	0.277	0.179	0.157	0.19	0.24	0.158	0.15
大慶	0.363	0.123	0.306	0.308	0.159	0.186	0.229	0.285	0.167
伊春	0.282	0.104	0.319	0.193	0.127	0.195	0.244	0.153	0.188
佳木斯	0.319	0.108	0.326	0.196	0.156	0.145	0.209	0.138	0.182
七台河	0.347	0.103	0.284	0.157	0.158	0.187	0.226	0.172	0.147
牡丹江	0.349	0.108	0.227	0.191	0.162	0.158	0.2	0.14	0.147
黑河	0.339	0.106	0.184	0.208	0.148	0.154	0.183	0.16	0.175
綏化	0.289	0.111	0.169	0.174	0.127	0.137	0.229	0.181	0.152
上海	0.945	0.368	0.622	0.464	1	1	1	1	1
南京	0.765	0.205	0.978	0.472	0.362	0.223	0.367	0.393	0.338
無錫	0.589	0.126	0.798	0.271	0.249	0.295	0.393	0.311	0.311
徐州	0.596	0.121	0.524	0.191	0.226	0.14	0.276	0.287	0.286
常州	0.408	0.122	0.497	0.267	0.2	0.191	0.264	0.27	0.291
蘇州	0.528	0.134	0.762	0.239	0.495	0.49	0.52	0.462	0.523
南通	0.479	0.123	0.477	0.185	0.233	0.306	0.237	0.263	0.287
連雲港	0.467	0.108	0.478	0.182	0.184	0.183	0.191	0.205	0.232
淮安	0.402	0.109	0.463	0.214	0.206	0.165	0.2	0.176	0.155
鹽城	0.298	0.117	0.36	0.158	0.173	0.164	0.167	0.134	0.148
揚州	0.316	0.11	0.402	0.22	0.188	0.156	0.177	0.129	0.183
鎮江	0.409	0.112	0.387	0.263	0.181	0.186	0.217	0.166	0.19
泰州	0.437	0.11	0.25	0.181	0.195	0.195	0.256	0.164	0.192
宿遷	0.271	0.108	0.335	0.189	0.174	0.155	0.195	0.151	0.159
杭州	0.815	0.224	0.911	0.535	0.435	0.391	0.465	0.42	0.41
寧波	0.511	0.148	0.667	0.309	0.245	0.348	0.411	0.306	0.303
溫州	0.385	0.143	0.426	0.226	0.251	0.282	0.287	0.294	0.304
嘉興	0.444	0.121	0.568	0.309	0.269	0.278	0.272	0.283	0.291
湖州	0.343	0.111	0.48	0.231	0.244	0.263	0.243	0.277	0.268
紹興	0.6	0.118	0.663	0.248	0.282	0.346	0.334	0.336	0.33
金華	0.393	0.123	0.307	0.241	0.228	0.183	0.207	0.19	0.188
衢州	0.492	0.109	0.299	0.176	0.233	0.149	0.223	0.213	0.188
舟山	0.459	0.109	0.561	0.321	0.21	0.281	0.271	0.243	0.261
台州	0.442	0.121	0.429	0.196	0.223	0.264	0.187	0.185	0.24
麗水	0.446	0.112	0.318	0.223	0.226	0.154	0.263	0.223	0.207
合肥	0.68	0.17	0.45	0.304	0.297	0.193	0.262	0.327	0.296
蕪湖	0.339	0.108	0.266	0.204	0.181	0.151	0.196	0.218	0.153
蚌埠	0.285	0.106	0.336	0.157	0.209	0.144	0.233	0.241	0.149
淮南	0.405	0.106	0.279	0.217	0.2	0.154	0.182	0.17	0.186
馬鞍山	0.393	0.104	0.332	0.174	0.207	0.156	0.177	0.138	0.18
淮北	0.464	0.102	0.288	0.167	0.21	0.142	0.255	0.142	0.149
銅陵	0.358	0.103	0.315	0.227	0.213	0.139	0.235	0.158	0.171
安慶	0.402	0.115	0.314	0.177	0.19	0.17	0.204	0.15	0.162
黃山	0.443	0.105	0.321	0.184	0.201	0.153	0.202	0.134	0.161
滁州	0.353	0.102	0.279	0.143	0.196	0.15	0.221	0.134	0.149
阜陽	0.45	0.108	0.286	0.101	0.208	0.179	0.226	0.158	0.161
宿州	0.437	0.106	0.314	0.143	0.174	0.122	0.213	0.16	0.173
六安	0.327	0.151	0.334	0.139	0.176	0.138	0.213	0.159	0.162

表 4.10.2 2014 年度城市文化形象競爭力三級指標分值(續)

城市	城市歷史文化指數	藝術家和文化組織指數	名勝古跡指數	教育文化人力資本指數	城市文化影響指數	城市功能定位指數	城市建築景觀和諧程度	城市知名度	城市推廣度
亳州	0.379	0.106	0.317	0.129	0.176	0.119	0.24	0.16	0.177
池州	0.447	0.114	0.277	0.165	0.189	0.111	0.245	0.159	0.192
宣城	0.423	0.151	0.253	0.21	0.182	0.108	0.232	0.171	0.198
福州	0.702	0.163	0.61	0.336	0.305	0.242	0.261	0.311	0.295
廈門	0.57	0.136	0.486	0.536	0.285	0.294	0.347	0.286	0.3
莆田	0.396	0.107	0.365	0.222	0.2	0.154	0.243	0.19	0.204
三明	0.326	0.107	0.328	0.25	0.183	0.131	0.212	0.185	0.2
泉州	0.558	0.118	0.621	0.241	0.27	0.151	0.237	0.254	0.243
漳州	0.416	0.112	0.36	0.195	0.202	0.122	0.253	0.184	0.201
南平	0.319	0.113	0.404	0.207	0.171	0.138	0.178	0.187	0.216
龍岩	0.343	0.109	0.437	0.246	0.196	0.108	0.235	0.226	0.221
寧德	0.345	0.108	0.503	0.197	0.182	0.115	0.217	0.229	0.21
南昌	0.723	0.137	0.67	0.233	0.278	0.269	0.252	0.305	0.291
景德鎮	0.354	0.107	0.424	0.203	0.159	0.145	0.197	0.227	0.237
萍鄉	0.362	0.103	0.385	0.186	0.175	0.201	0.233	0.22	0.185
九江	0.395	0.114	0.409	0.172	0.118	0.142	0.202	0.248	0.175
新餘	0.415	0.103	0.422	0.206	0.164	0.196	0.215	0.185	0.181
鷹潭	0.3	0.101	0.377	0.17	0.14	0.177	0.193	0.177	0.195
贛州	0.466	0.115	0.401	0.18	0.162	0.141	0.2	0.177	0.138
吉安	0.455	0.111	0.429	0.158	0.166	0.168	0.171	0.137	0.153
宜春	0.435	0.106	0.375	0.145	0.171	0.204	0.229	0.144	0.149
撫州	0.35	0.113	0.386	0.186	0.141	0.176	0.219	0.145	0.161
上饒	0.477	0.119	0.432	0.136	0.148	0.18	0.217	0.14	0.188
濟南	0.79	0.186	0.769	0.394	0.338	0.245	0.376	0.438	0.422
青島	0.654	0.148	0.76	0.289	0.316	0.221	0.4	0.418	0.451
淄博	0.401	0.133	0.399	0.333	0.198	0.142	0.185	0.205	0.221
棗莊	0.317	0.108	0.464	0.212	0.185	0.122	0.208	0.214	0.201
東營	0.37	0.105	0.374	0.279	0.216	0.133	0.233	0.235	0.219
煙臺	0.582	0.13	0.307	0.268	0.272	0.229	0.288	0.332	0.366
濰坊	0.324	0.112	0.27	0.222	0.171	0.133	0.183	0.224	0.207
濟寧	0.489	0.133	0.253	0.167	0.216	0.127	0.214	0.224	0.233
泰安	0.328	0.112	0.349	0.201	0.194	0.227	0.218	0.226	0.244
威海	0.46	0.11	0.358	0.242	0.265	0.233	0.34	0.3	0.329
日照	0.334	0.106	0.242	0.178	0.197	0.143	0.197	0.208	0.216
萊蕪	0.469	0.101	0.308	0.224	0.195	0.134	0.186	0.192	0.2
臨沂	0.398	0.113	0.28	0.157	0.197	0.115	0.211	0.196	0.221
德州	0.357	0.107	0.285	0.183	0.195	0.122	0.17	0.222	0.215
聊城	0.441	0.111	0.355	0.173	0.216	0.268	0.256	0.279	0.327
濱州	0.372	0.11	0.341	0.165	0.21	0.126	0.193	0.194	0.187
菏澤	0.398	0.115	0.281	0.159	0.194	0.113	0.208	0.258	0.219
鄭州	0.689	0.218	0.253	0.295	0.282	0.271	0.177	0.39	0.317
開封	0.283	0.123	0.223	0.216	0.163	0.106	0.192	0.269	0.162
洛陽	0.888	0.121	0.979	0.19	0.18	0.122	0.204	0.248	0.166
平頂山	0.352	0.116	0.218	0.18	0.123	0.115	0.21	0.175	0.158
安陽	0.416	0.115	0.21	0.158	0.143	0.132	0.201	0.173	0.154
鶴壁	0.349	0.104	0.233	0.197	0.155	0.132	0.169	0.177	0.185
新鄉	0.366	0.115	0.224	0.213	0.17	0.101	0.191	0.16	0.162
焦作	0.436	0.111	0.249	0.217	0.149	0.141	0.206	0.139	0.171
濮陽	0.328	0.106	0.19	0.181	0.142	0.121	0.205	0.158	0.178
許昌	0.358	0.111	0.214	0.176	0.145	0.119	0.193	0.157	0.169
漯河	0.322	0.108	0.245	0.219	0.158	0.122	0.202	0.153	0.172
三門峽	0.257	0.108	0.222	0.237	0.135	0.119	0.171	0.146	0.155
南陽	0.353	0.13	0.207	0.198	0.168	0.121	0.187	0.154	0.166
商丘	0.652	0.11	0.17	0.189	0.26	0.224	0.319	0.248	0.256
信陽	0.315	0.121	0.213	0.217	0.142	0.113	0.185	0.135	0.158
周口	0.462	0.113	0.237	0.145	0.142	0.121	0.174	0.178	0.171
駐馬店	0.404	0.12	0.219	0.158	0.156	0.115	0.2	0.156	0.156

表 4.10.2 2014 年度城市文化形象競爭力三級指標分值(續)

城市	城市歷史文化指數	藝術家和文化組織指數	名勝古跡指數	教育文化人力資本指數	城市文化影響指數	城市功能定位指數	城市建築景觀和諧程度	城市知名度	城市推廣度
武漢	0.795	0.203	0.628	0.445	0.336	0.338	0.328	0.405	0.359
黃石	0.263	0.111	0.273	0.184	0.203	0.19	0.212	0.217	0.209
十堰	0.449	0.14	0.336	0.254	0.199	0.182	0.192	0.231	0.277
宜昌	0.333	0.161	0.302	0.293	0.178	0.127	0.233	0.148	0.18
襄陽	0.444	0.122	0.299	0.219	0.17	0.114	0.241	0.126	0.16
鄂州	0.336	0.104	0.514	0.247	0.172	0.117	0.235	0.167	0.161
荊門	0.367	0.116	0.448	0.184	0.202	0.132	0.251	0.162	0.196
孝感	0.431	0.124	0.299	0.209	0.215	0.129	0.184	0.136	0.155
荊州	0.445	0.117	0.421	0.125	0.196	0.118	0.234	0.167	0.178
黃岡	0.396	0.117	0.255	0.177	0.181	0.146	0.19	0.144	0.182
咸寧	0.492	0.104	0.261	0.22	0.195	0.107	0.205	0.149	0.19
隨州	0.305	0.104	0.287	0.144	0.218	0.129	0.188	0.138	0.171
長沙	0.698	0.218	0.396	0.403	0.298	0.307	0.233	0.343	0.337
株洲	0.459	0.108	0.227	0.163	0.184	0.15	0.19	0.231	0.219
湘潭	0.291	0.107	0.266	0.198	0.257	0.156	0.192	0.215	0.196
衡陽	0.459	0.124	0.401	0.18	0.204	0.142	0.176	0.138	0.184
邵陽	0.27	0.108	0.409	0.123	0.202	0.138	0.185	0.173	0.195
岳陽	0.448	0.108	0.422	0.195	0.189	0.109	0.206	0.224	0.251
常德	0.363	0.113	0.264	0.144	0.261	0.143	0.206	0.214	0.21
張家界	0.479	0.102	0.797	0.189	0.194	0.14	0.188	0.377	0.383
益陽	0.476	0.106	0.233	0.134	0.182	0.116	0.162	0.17	0.17
郴州	0.339	0.11	0.263	0.157	0.214	0.133	0.199	0.238	0.234
永州	0.474	0.111	0.36	0.162	0.173	0.104	0.208	0.167	0.186
懷化	0.297	0.111	0.195	0.193	0.235	0.106	0.189	0.147	0.188
婁底	0.273	0.106	0.189	0.148	0.231	0.114	0.169	0.152	0.172
廣州	0.881	0.283	0.708	0.628	1	1	1	1	1
韶關	0.398	0.108	0.464	0.21	0.336	0.308	0.344	0.328	0.347
深圳	0.37	0.202	0.252	0.784	1	1	1	1	1
珠海	0.453	0.117	0.217	0.519	0.327	0.265	0.358	0.329	0.304
汕頭	0.391	0.11	0.205	0.215	0.221	0.178	0.247	0.399	0.279
佛山	0.439	0.111	0.484	0.375	0.306	0.234	0.258	0.32	0.271
江門	0.413	0.108	0.331	0.214	0.33	0.247	0.315	0.277	0.301
湛江	0.284	0.121	0.228	0.209	0.253	0.127	0.23	0.279	0.239
茂名	0.303	0.111	0.179	0.205	0.24	0.112	0.198	0.258	0.276
肇慶	0.312	0.111	0.22	0.211	0.169	0.119	0.203	0.246	0.243
惠州	0.387	0.119	0.239	0.272	0.227	0.198	0.196	0.269	0.236
梅州	0.363	0.108	0.237	0.204	0.204	0.127	0.196	0.198	0.223
汕尾	0.388	0.105	0.304	0.152	0.196	0.123	0.176	0.179	0.212
河源	0.3	0.107	0.241	0.183	0.248	0.122	0.209	0.206	0.213
陽江	0.274	0.103	0.212	0.176	0.203	0.113	0.177	0.192	0.187
清遠	0.271	0.107	0.213	0.166	0.185	0.116	0.184	0.181	0.19
東莞	0.38	0.108	0.257	0.296	0.295	0.384	0.321	0.385	0.273
中山	0.687	0.111	0.72	0.382	0.278	0.295	0.391	0.331	0.291
潮州	0.281	0.104	0.211	0.195	0.223	0.12	0.19	0.25	0.259
揭陽	0.286	0.11	0.189	0.159	0.175	0.128	0.197	0.171	0.16
雲浮	0.289	0.104	0.18	0.195	0.231	0.122	0.194	0.152	0.178
南寧	0.502	0.159	0.344	0.309	0.254	0.199	0.233	0.303	0.232
柳州	0.351	0.118	0.279	0.284	0.202	0.156	0.175	0.249	0.248
桂林	0.284	0.128	0.736	0.238	0.151	0.148	0.175	0.351	0.282
梧州	0.282	0.105	0.326	0.193	0.163	0.184	0.205	0.179	0.167
北海	0.301	0.105	0.27	0.248	0.133	0.139	0.192	0.278	0.209
防城港	0.32	0.101	0.312	0.295	0.126	0.151	0.221	0.17	0.167
欽州	0.358	0.103	0.307	0.171	0.195	0.241	0.213	0.174	0.238
貴港	0.321	0.101	0.232	0.161	0.139	0.156	0.194	0.169	0.178
玉林	0.361	0.109	0.218	0.198	0.149	0.167	0.247	0.154	0.176
百色	0.28	0.106	0.219	0.17	0.14	0.129	0.226	0.151	0.16
賀州	0.246	0.103	0.223	0.194	0.148	0.136	0.222	0.106	0.161

表 4.10.2 2014 年度城市文化形象競爭力三級指標分值(續)

城市	城市歷史文化指數	藝術家和文化組織指數	名勝古跡指數	教育文化人力資本指數	城市文化影響指數	城市功能定位指數	城市建築景觀和諧程度	城市知名度	城市推廣度
河池	0.283	0.108	0.217	0.182	0.136	0.135	0.221	0.106	0.157
來賓	0.282	0.103	0.196	0.163	0.143	0.141	0.226	0.11	0.16
崇左	0.273	0.102	0.224	0.174	0.143	0.142	0.215	0.112	0.158
海口	0.493	0.133	0.385	0.592	0.264	0.277	0.301	0.434	0.342
三亞	0.278	0.11	0.254	0.348	0.152	0.181	0.312	0.331	0.244
重慶	0.695	0.345	0.682	0.238	0.326	0.318	0.366	0.433	0.336
成都	0.686	0.192	0.717	0.383	0.317	0.298	0.349	0.396	0.323
自貢	0.328	0.106	0.378	0.119	0.174	0.158	0.197	0.185	0.17
攀枝花	0.357	0.105	0.404	0.244	0.193	0.149	0.162	0.214	0.175
瀘州	0.372	0.104	0.291	0.137	0.182	0.171	0.187	0.194	0.161
德陽	0.28	0.104	0.288	0.147	0.174	0.146	0.232	0.218	0.161
綿陽	0.265	0.107	0.301	0.18	0.216	0.195	0.274	0.249	0.233
廣元	0.308	0.102	0.326	0.181	0.184	0.124	0.233	0.161	0.167
遂寧	0.291	0.103	0.336	0.12	0.184	0.136	0.207	0.142	0.166
內江	0.354	0.105	0.32	0.146	0.207	0.134	0.205	0.164	0.162
樂山	0.339	0.104	0.168	0.147	0.179	0.12	0.21	0.16	0.171
南充	0.241	0.117	0.207	0.162	0.184	0.122	0.216	0.162	0.166
眉山	0.262	0.103	0.176	0.123	0.186	0.123	0.241	0.167	0.149
宜賓	0.186	0.111	0.208	0.153	0.148	0.133	0.222	0.162	0.142
廣安	0.197	0.103	0.209	0.1	0.127	0.132	0.214	0.175	0.177
達州	0.145	0.108	0.177	0.125	0.134	0.133	0.207	0.15	0.181
雅安	0.241	0.103	0.216	0.222	0.148	0.118	0.19	0.143	0.178
巴中	0.178	0.105	0.177	0.13	0.16	0.123	0.218	0.14	0.185
資陽	0.178	0.108	0.188	0.101	0.147	0.116	0.24	0.171	0.17
貴陽	0.584	0.131	0.503	0.317	0.268	0.192	0.351	0.326	0.277
六盤水	0.213	0.103	0.185	0.157	0.135	0.141	0.243	0.222	0.169
遵義	0.442	0.111	0.2	0.169	0.167	0.138	0.215	0.267	0.161
安順	0.146	0.102	0.166	0.181	0.145	0.1	0.202	0.174	0.162
畢節	0.148	0.106	0.169	0.155	0.147	0.101	0.2	0.176	0.161
銅仁	0.15	0.104	0.166	0.217	0.144	0.103	0.203	0.172	0.159
昆明	0.599	0.178	0.57	0.447	0.284	0.249	0.369	0.466	0.45
曲靖	0.501	0.106	0.518	0.194	0.255	0.248	0.325	0.345	0.355
玉溪	0.201	0.106	0.401	0.252	0.175	0.124	0.236	0.208	0.253
保山	0.24	0.102	0.52	0.187	0.148	0.109	0.241	0.175	0.162
昭通	0.243	0.107	0.227	0.19	0.112	0.107	0.12	0.119	0.146
麗江	0.26	0.107	0.21	0.286	0.118	0.102	0.117	0.11	0.145
普洱	0.236	0.106	0.217	0.186	0.118	0.103	0.124	0.105	0.147
臨滄	0.249	0.102	0.205	0.189	0.138	0.107	0.119	0.114	0.145
拉薩	0.916	0.131	0.546	0.781	0.302	0.128	0.216	0.32	0.187
西安	0.992	0.244	0.993	0.5	0.444	0.251	0.3	0.475	0.413
銅川	0.268	0.101	0.356	0.271	0.132	0.122	0.174	0.136	0.156
寶雞	0.201	0.112	0.38	0.207	0.15	0.129	0.196	0.152	0.17
咸陽	0.728	0.117	0.812	0.268	0.153	0.127	0.214	0.179	0.197
渭南	0.23	0.122	0.488	0.243	0.14	0.113	0.185	0.165	0.16
延安	0.245	0.114	0.792	0.31	0.145	0.107	0.204	0.149	0.177
漢中	0.177	0.108	0.454	0.203	0.159	0.121	0.19	0.173	0.191
榆林	0.272	0.115	0.512	0.233	0.149	0.135	0.182	0.156	0.193
安康	0.231	0.105	0.475	0.199	0.144	0.145	0.194	0.169	0.146
商洛	0.241	0.108	0.217	0.274	0.13	0.108	0.171	0.118	0.14
蘭州	0.555	0.149	0.489	0.45	0.267	0.187	0.272	0.268	0.258
嘉峪關	0.335	0.1	0.323	0.262	0.137	0.121	0.165	0.171	0.14
金昌	0.384	0.1	0.214	0.167	0.14	0.115	0.187	0.165	0.181
白銀	0.292	0.103	0.196	0.316	0.13	0.127	0.187	0.172	0.146
天水	0.349	0.112	0.255	0.218	0.161	0.14	0.175	0.168	0.181
武威	0.223	0.109	0.346	0.208	0.138	0.152	0.115	0.156	0.125
張掖	0.205	0.105	0.329	0.339	0.124	0.153	0.1	0.15	0.12
平涼	0.214	0.105	0.352	0.263	0.135	0.154	0.109	0.161	0.125

表 4. 10. 2 2014 年度城市文化形象競爭力三級指標分值(續)

城市	城市歷史文化指數	藝術家和文化組織指數	名勝古跡指數	教育文化人力資本指數	城市文化影響指數	城市功能定位指數	城市建築景觀和諧程度	城市知名度	城市推廣度
酒泉	0.197	0.109	0.35	0.303	0.128	0.154	0.107	0.146	0.126
慶陽	0.17	0.105	0.274	0.238	0.112	0.136	0.103	0.107	0.107
定西	0.194	0.104	0.356	0.236	0.119	0.142	0.106	0.147	0.124
隴南	0.183	0.105	0.325	0.196	0.124	0.142	0.105	0.1	0.1
西寧	0.431	0.123	0.374	0.316	0.226	0.138	0.243	0.227	0.184
銀川	0.592	0.124	0.362	0.396	0.276	0.247	0.251	0.253	0.235
石嘴山	0.235	0.101	0.219	0.224	0.161	0.108	0.178	0.109	0.107
吳忠	0.164	0.101	0.184	0.198	0.16	0.131	0.169	0.126	0.13
固原	0.154	0.103	0.189	0.231	0.139	0.127	0.174	0.111	0.111
中衛	0.168	0.102	0.189	0.207	0.131	0.123	0.161	0.11	0.109
烏魯木齊	0.299	0.162	0.281	0.494	0.213	0.152	0.244	0.251	0.2
克拉瑪依	0.1	0.101	0.18	0.356	0.134	0.135	0.199	0.117	0.14
香港	0.871	0.369	0.316	0.71	1	1	1	1	1
澳門	0.459	0.146	0.35	0.292	0.444	0.337	0.387	0.423	0.453
新北	0.121	0.411	0.22	0.281	0.194	0.166	0.204	0.154	0.158
臺北	0.375	0.31	0.316	0.281	0.409	0.403	0.372	0.371	0.467
台中	0.128	0.311	0.217	0.281	0.195	0.172	0.205	0.155	0.162
台南	0.134	0.248	0.222	0.281	0.187	0.162	0.197	0.152	0.152
高雄	0.131	0.319	0.228	0.281	0.189	0.172	0.197	0.162	0.154
基隆	0.123	0.128	0.214	0.281	0.191	0.163	0.197	0.148	0.154
新竹	0.118	0.132	0.213	0.281	0.191	0.163	0.192	0.155	0.155
嘉義	0.124	0.12	0.211	0.281	0.189	0.158	0.191	0.155	0.153

第五篇 2014 年度中國城市成長競爭力二級指標及排名

5.1 城市潛力指數二級指標分值及排名[①]

城市潛力指數包括居民消費潛力指數、金融資本潛力指數、人力資本潛力指數、市場潛力指數、區位指數、自然資源指數、環境品質指數與可持續發展指數 7 個二級指標，它反映了城市成長競爭力方面城市在未來或在潛在競爭中可持續發展的能力。

居民消費潛力指數。居民消費潛力從城市居民的收入水平、收入增長水平以及居民消費水平、消費增長水平來衡量一個城市居民的消費潛力，城市是創造財富、分配財富、消費財富的集中地，而居民消費是城市生態鏈條中最重要的環節。因為實物只有經過消費領域才能成為真正意義上的財富，繼而開啟下一個創造、分配、消費財富的過程。一個城市居民的消費水平越高意味著進入下一個財富創造過程的資源越多，城市就具有越強的財富創造能力。因此，消費潛力指數是衡量城市未來發展潛力的有效衡量指標。城市居民消費水平的高低體現了城市創造財富的能力，而具有較高居民消費水平的城市也為自身的產業創造了一個更具潛力的大市場，因此適當提高居民消費能力和消費水平可以使城市的發展處於一個良性循環當中。

金融資本潛力指數。金融資本潛力指數從支援城市發展資金鏈可獲得性來考察城市的發展潛力。資本作為社會化大生產的直接參與要素，在價值創造過程中發揮著重要作用。資本獲得便利性極大地決定著城市產業規模擴張程度。而資本是非常稀缺和零散的，所以金融業發達的城市能夠靈活高效的完成資金供給，使其產品成本低廉，市場佔有率擴大，城市經濟得以健康發展，順利運行。許多城市和地區發展緩慢在很大程度上是遇到了“資本”瓶頸，金融業不發達，企業融資困難，融資成本高，因此城市金融資本潛力將會對城市未來的發展起著決定性作用。

人力資本潛力指數。人力資本潛力指數從勞動力與人才未來可獲得性來考察城市的發展潛力。在當今“知識經濟”時代，科學文化技術是經濟發展和社會進步的核心推動力，而科學文化技術的承載體、創造主體和應用主體就是人才，因此城市在人才上的吸引潛力將會對城市未來發展起著舉足輕重的作用。高質量的人力資源可以加快城市產業技術發明和技術創新的步伐，使城市產業獲得資源和產品的競爭優勢，擁有更高的市場佔有率。所以在其他條件充分的的情況下，一個城市的人力資本投入越多，城市產業規模就越大。而城市人力資本潛力決定於教育，所以城市的教育規模、質量、教育體系的健全性可以有效地反映城市人力資本潛力。

市場潛力指數。市場潛力指數反映了城市產業佔領市場和經濟輻射的潛力。現今中國已經由賣方市場步入買方市場，市場競爭日益激烈，因此，對市場的控制能力與潛力將會對城市產業的發展起著重要作用，如果說“中國製造”能夠體現中國“世界工廠”地位，那麼，城市產業對市場的佔有率將會體現城市產業在競爭中的相對優勢，經濟輻射力更是城市競爭力的體現。

區位指數、自然資源指數與環境質量指數。區位指數、自然資源指數和環境質量指數這三項指數是城市在區位水平、自然資源豐富度和環境資源豐富度的刻畫，人類經濟活動都是在一定自然條件下進行的，良好的自然條件，如優良的區位水平、豐富的自然資源和良好的環境質、將大大地促進城市經濟發展和社會進步。而城市經濟的發展和社會進步也會改善

① 實力指數(即綜合實力競爭力)在前面的章節中已有詳述，在此略去。讀者可以參閱第 1 篇。

區位水平和環境質量。需要注意的是，區位水平中的自然區位便利度是城市城市競爭力重要的影響力量，但經濟區位、行政區為等發揮著越來越重要的作用。城市處於較大的市場規模之內將有利於該城市企業擴大生產規模 高級行政級別的城市擁有著更強的資源配置能力。

可持續發展指數。城市可持續發展是城市在整合各種資源（如人力資源、資本資源、資訊資源、技術資源、自然資源、環境資源）使城市生態系統、經濟系統、社會系統處於良性循環發展的系統工程。資源具有稀缺的天然特性，且許多資源具有不可再生性，因此城市在發展的過程當中，應當制定自身可持續發展的戰略，轉化生產方式，由原來的"粗放型"生產方式轉變為"集約型"生產方式，從而保持自身在市場競爭中的長遠發展態勢。如果城市經濟增長是以犧牲更多環境為代價，那麼城市收益將會大打折扣。所以可持續發展能力是表現城市競爭力的重要方面。

在 298 個城市潛力指數排名中，有 135 個城市處於平均水平之上，占 45.3%。其中，東部地區 58 個，中部地區 37 個，西部地區 28 個，東北部地區 12 個。另外潛力指數得分標準差為 0.117，比 2014 年的 0.128 有所下降，說明城市之間的潛力差異有所下降。

潛力指數二級指標的分值與排名見表 5.1.1、表 5.1.2。

表 5.1.1 2014 年度城市潛力指數二級指標分值及排名

城市	居民消費潛力指數	排名	金融資本潛力指數	排名	人力資本潛力指數	排名	市場潛力指數	排名
北京	0.606	162	0.891	2	0.924	4	0.699	3
天津	0.648	101	0.608	6	0.703	13	0.543	7
石家莊	0.282	293	0.361	29	0.512	36	0.266	52
唐山	0.593	192	0.307	52	0.375	67	0.298	37
秦皇島	0.555	251	0.303	61	0.374	68	0.197	120
邯鄲	0.714	63	0.295	92	0.338	76	0.247	64
邢臺	0.565	239	0.293	119	0.338	76	0.205	99
保定	0.559	247	0.295	92	0.321	85	0.225	77
張家口	0.554	252	0.29	148	0.294	97	0.19	136
承德	0.554	252	0.289	162	0.245	142	0.141	232
滄州	0.399	288	0.289	162	0.267	118	0.183	146
廊坊	0.571	231	0.294	102	0.281	103	0.163	160
衡水	0.566	237	0.285	224	0.236	158	0.141	232
太原	0.595	189	0.363	28	0.531	33	0.287	42
大同	0.59	199	0.292	127	0.303	92	0.196	122
陽泉	0.564	241	0.284	238	0.297	95	0.193	130
長治	0.597	182	0.29	148	0.26	121	0.196	122
晉城	0.64	108	0.286	208	0.277	111	0.194	129
朔州	0.621	136	0.287	191	0.27	117	0.19	136
晉中	0.592	196	0.284	238	0.258	125	0.142	225
運城	0.564	241	0.283	252	0.23	166	0.128	277
忻州	0.559	247	0.287	191	0.24	150	0.131	271
臨汾	0.573	225	0.285	224	0.239	153	0.145	214
呂梁	0.7	72	0.333	40	0.208	178	0.139	244
呼和浩特	0.641	107	0.346	33	0.48	47	0.239	68
包頭	0.626	129	0.288	175	0.357	71	0.156	177
烏海	0.706	67	0.284	238	0.217	173	0.125	285
赤峰	0.61	156	0.284	238	0.202	184	0.15	194
通遼	0.586	205	0.279	269	0.19	197	0.15	194
鄂爾多斯	0.702	69	0.287	191	0.281	103	0.284	45
呼倫貝爾	0.639	110	0.276	280	0.186	200	0.133	264
巴彥淖爾	0.573	225	0.276	280	0.187	198	0.116	294
烏蘭察布	0.546	258	0.276	280	0.181	206	0.138	250
瀋陽	0.661	93	0.468	16	0.597	25	0.492	8
大連	0.663	90	0.479	13	0.7	14	0.461	9
鞍山	0.632	123	0.298	75	0.248	135	0.207	97
撫順	0.6	177	0.297	81	0.236	158	0.212	90

表 5.1.1 2014 年度城市潛力指數二級指標分值及排名

城市	居民消費潛力指數	排名	金融資本潛力指數	排名	人力資本潛力指數	排名	市場潛力指數	排名
本溪	0.619	141	0.296	86	0.253	131	0.195	126
丹東	0.616	147	0.288	175	0.238	156	0.202	110
錦州	0.642	106	0.291	136	0.255	129	0.211	91
營口	0.629	127	0.293	119	0.254	130	0.208	95
阜新	0.603	170	0.287	191	0.215	175	0.197	120
遼陽	0.611	155	0.286	208	0.206	181	0.203	109
盤錦	0.633	120	0.288	175	0.198	190	0.156	177
鐵嶺	0.616	147	0.287	191	0.184	203	0.174	152
朝陽	0.572	229	0.286	208	0.197	192	0.14	240
葫蘆島	0.752	50	0.285	224	0.152	272	0.133	264
長春	0.633	120	0.447	22	0.466	50	0.341	24
吉林	0.619	141	0.294	102	0.343	73	0.215	84
四平	0.596	184	0.286	208	0.26	121	0.202	110
遼源	0.605	165	0.286	208	0.202	184	0.142	225
通化	0.748	51	0.293	119	0.203	183	0.145	214
白山	0.602	173	0.291	136	0.186	200	0.144	217
松原	0.64	108	0.289	162	0.223	168	0.155	182
白城	0.675	83	0.289	162	0.172	220	0.141	232
哈爾濱	0.649	99	0.459	18	0.533	31	0.264	53
齊齊哈爾	0.577	221	0.298	75	0.291	99	0.182	147
雞西	0.596	184	0.288	175	0.192	195	0.185	145
鶴崗	0.593	192	0.289	162	0.218	170	0.125	285
雙鴨山	0.625	131	0.289	162	0.161	252	0.195	126
大慶	0.743	54	0.304	60	0.458	53	0.225	77
伊春	0.609	158	0.287	191	0.132	294	0.123	288
佳木斯	0.635	116	0.296	86	0.177	211	0.143	221
七台河	0.551	254	0.285	224	0.164	244	0.111	297
牡丹江	0.518	265	0.286	208	0.157	263	0.144	217
黑河	0.565	239	0.286	208	0.13	295	0.133	264
綏化	0.668	88	0.288	175	0.14	293	0.155	182
上海	0.569	233	1	1	0.875	6	1	1
南京	0.815	37	0.493	11	0.707	12	0.417	13
無錫	0.643	105	0.344	35	0.626	21	0.39	16
徐州	0.711	65	0.301	69	0.456	54	0.294	39
常州	0.963	5	0.305	55	0.49	41	0.339	25
蘇州	0.842	28	0.386	23	0.678	17	0.564	5
南通	0.615	150	0.311	50	0.474	49	0.295	38
連雲港	0.314	291	0.299	70	0.376	65	0.231	70
淮安	0.567	235	0.295	92	0.331	80	0.242	67
鹽城	0.59	199	0.303	61	0.28	108	0.256	56
揚州	0.489	269	0.303	61	0.289	100	0.259	54
鎮江	0.617	145	0.303	61	0.298	94	0.255	57
泰州	0.564	241	0.299	70	0.275	114	0.267	51
宿遷	0.581	213	0.291	136	0.305	91	0.231	70
杭州	0.65	97	0.616	5	0.694	16	0.429	11
寧波	0.738	57	0.481	12	0.658	19	0.309	33
溫州	0.56	246	0.338	38	0.6	23	0.22	80
嘉興	0.632	123	0.323	46	0.459	52	0.245	65
湖州	0.636	114	0.311	50	0.403	58	0.223	79
紹興	0.774	45	0.331	42	0.369	70	0.274	48
金華	0.655	95	0.312	49	0.34	75	0.219	82
衢州	0.576	222	0.305	55	0.303	92	0.193	130
舟山	0.648	101	0.299	70	0.342	74	0.186	143
台州	0.697	78	0.325	44	0.306	90	0.213	87
麗水	0.669	87	0.299	70	0.313	87	0.204	101
合肥	0.927	13	0.353	31	0.528	34	0.326	27
蕪湖	0.824	33	0.291	136	0.287	102	0.172	153
蚌埠	0.699	74	0.281	261	0.25	133	0.146	211
淮南	0.734	58	0.286	208	0.281	103	0.139	244

表 5.1.1 2014 年度城市潛力指數二級指標分值及排名

城市	居民消費潛力指數	排名	金融資本潛力指數	排名	人力資本潛力指數	排名	市場潛力指數	排名
馬鞍山	0.847	27	0.286	208	0.243	146	0.15	194
淮北	0.877	25	0.286	208	0.292	98	0.156	177
銅陵	0.878	24	0.286	208	0.263	119	0.154	185
安慶	0.781	43	0.285	224	0.239	153	0.157	174
黃山	0.744	53	0.285	224	0.24	150	0.127	284
滁州	0.919	16	0.284	238	0.248	135	0.145	214
阜陽	0.82	35	0.284	238	0.242	148	0.143	221
宿州	0.433	285	0.282	258	0.241	149	0.118	291
六安	0.585	206	0.285	224	0.199	188	0.153	188
亳州	0.76	47	0.287	191	0.166	238	0.14	240
池州	0.778	44	0.286	208	0.163	248	0.148	201
宣城	0.82	35	0.288	175	0.178	210	0.128	277
福州	0.885	23	0.378	24	0.533	31	0.303	35
廈門	0.743	54	0.46	17	0.698	15	0.284	45
莆田	0.802	39	0.295	92	0.326	83	0.201	112
三明	0.822	34	0.302	67	0.329	81	0.21	93
泉州	0.785	42	0.324	45	0.376	65	0.274	48
漳州	0.83	31	0.306	54	0.372	69	0.16	167
南平	0.826	32	0.303	61	0.244	144	0.204	101
龍岩	0.7	72	0.305	55	0.257	128	0.128	277
寧德	0.799	40	0.294	102	0.258	125	0.161	162
南昌	0.564	241	0.366	25	0.481	45	0.229	74
景德鎮	0.704	68	0.294	102	0.24	150	0.138	250
萍鄉	0.742	56	0.295	92	0.206	181	0.143	221
九江	0.747	52	0.295	92	0.217	173	0.178	150
新餘	0.664	89	0.287	191	0.192	195	0.13	273
鷹潭	0.725	60	0.285	224	0.184	203	0.161	162
贛州	0.663	90	0.287	191	0.168	232	0.153	188
吉安	0.696	79	0.286	208	0.166	238	0.161	162
宜春	0.564	241	0.284	238	0.17	227	0.161	162
撫州	0.67	86	0.285	224	0.167	236	0.148	201
上饒	0.638	111	0.288	175	0.173	218	0.167	158
濟南	0.621	136	0.452	21	0.599	24	0.348	22
青島	0.626	129	0.456	19	0.67	18	0.45	10
淄博	0.598	180	0.307	52	0.289	100	0.244	66
棗莊	0.58	216	0.293	119	0.243	146	0.151	191
東營	0.6	177	0.302	67	0.273	116	0.254	58
煙臺	0.635	116	0.295	92	0.28	108	0.323	28
濰坊	0.559	247	0.297	81	0.252	132	0.251	60
濟寧	0.804	38	0.294	102	0.259	124	0.188	139
泰安	0.607	160	0.289	162	0.246	139	0.199	116
威海	0.612	154	0.292	127	0.277	111	0.249	61
日照	0.581	213	0.29	148	0.244	144	0.149	200
萊蕪	0.585	206	0.288	175	0.247	137	0.157	174
臨沂	0.568	234	0.297	81	0.247	137	0.228	75
德州	0.582	210	0.291	136	0.234	161	0.211	91
聊城	0.591	197	0.294	102	0.201	186	0.214	86
濱州	0.593	192	0.292	127	0.187	198	0.205	99
菏澤	0.567	235	0.289	162	0.156	267	0.19	136
鄭州	0.436	284	0.543	9	0.545	30	0.35	21
開封	0.96	6	0.284	238	0.231	165	0.151	191
洛陽	0.94	12	0.291	136	0.245	142	0.188	139
平頂山	0.949	10	0.287	191	0.218	170	0.139	244
安陽	0.911	21	0.287	191	0.169	230	0.143	221
鶴壁	0.789	41	0.284	238	0.172	220	0.144	217
新鄉	0.966	4	0.29	148	0.154	269	0.155	182
焦作	0.621	136	0.284	238	0.158	261	0.169	157
濮陽	0.921	15	0.285	224	0.167	236	0.154	185
許昌	0.915	18	0.284	238	0.158	261	0.171	155

表 5.1.1 2014 年度城市潛力指數二級指標分值及排名

城市	居民消費潛力指數	排名	金融資本潛力指數	排名	人力資本潛力指數	排名	市場潛力指數	排名
漯河	0.952	8	0.283	252	0.149	280	0.138	250
三門峽	1	1	0.282	258	0.176	213	0.165	159
南陽	0.968	3	0.287	191	0.159	258	0.159	170
商丘	0.914	20	0.285	224	0.15	276	0.15	194
信陽	0.915	18	0.283	252	0.13	295	0.146	211
周口	0.942	11	0.283	252	0.151	275	0.16	167
駐馬店	0.952	8	0.286	208	0.15	276	0.148	201
武漢	0.596	184	0.473	14	0.607	22	0.401	15
黃石	0.63	126	0.297	81	0.274	115	0.215	84
十堰	0.605	165	0.294	102	0.26	121	0.195	126
宜昌	0.606	162	0.298	75	0.149	280	0.18	149
襄陽	0.469	273	0.294	102	0.144	288	0.171	155
鄂州	0.605	165	0.288	175	0.153	270	0.142	225
荊門	0.62	139	0.294	102	0.15	276	0.16	167
孝感	0.438	283	0.297	81	0.146	285	0.159	170
荊州	0.532	262	0.292	127	0.144	288	0.154	185
黃岡	0.602	173	0.29	148	0.143	290	0.148	201
咸寧	0.463	275	0.293	119	0.152	272	0.151	191
隨州	0.462	276	0.291	136	0.145	286	0.15	194
長沙	0.62	139	0.366	25	0.589	27	0.311	32
株洲	0.313	292	0.295	92	0.297	95	0.204	101
湘潭	0.596	184	0.291	136	0.246	139	0.204	101
衡陽	0.614	151	0.29	148	0.238	156	0.204	101
邵陽	0.572	229	0.289	162	0.199	188	0.199	116
岳陽	0.25	296	0.288	175	0.233	163	0.231	70
常德	0.266	294	0.288	175	0.214	176	0.201	112
張家界	0.582	210	0.28	266	0.201	186	0.1	298
益陽	0.596	184	0.287	191	0.164	244	0.144	217
郴州	0.574	224	0.291	136	0.281	103	0.208	95
永州	0.581	213	0.285	224	0.168	232	0.114	296
懷化	0.566	237	0.29	148	0.17	227	0.115	295
婁底	0.573	225	0.286	208	0.166	238	0.141	232
廣州	0.722	61	0.597	7	0.881	5	0.556	6
韶關	0.447	282	0.305	55	0.413	56	0.188	139
深圳	0.673	84	0.711	3	1	1	0.743	2
珠海	0.619	141	0.294	102	0.709	10	0.213	87
汕頭	0.487	271	0.298	75	0.577	28	0.206	98
佛山	0.496	268	0.345	34	0.709	10	0.389	17
江門	0.456	278	0.296	86	0.392	59	0.227	76
湛江	0.46	277	0.296	86	0.391	61	0.191	134
茂名	0.456	278	0.298	75	0.336	78	0.196	122
肇慶	0.535	261	0.294	102	0.327	82	0.216	83
惠州	0.573	225	0.315	48	0.495	39	0.249	61
梅州	0.45	281	0.294	102	0.277	111	0.176	151
汕尾	0.598	180	0.29	148	0.239	153	0.204	101
河源	0.489	269	0.291	136	0.221	169	0.181	148
陽江	0.409	287	0.292	127	0.225	167	0.204	101
清遠	0.385	289	0.294	102	0.258	125	0.172	153
東莞	0.583	209	0.329	43	0.855	7	0.348	22
中山	0.508	266	0.32	47	0.739	9	0.231	70
潮州	0.549	257	0.294	102	0.281	103	0.133	264
揭陽	0.135	297	0.296	86	0.235	160	0.22	80
雲浮	0.466	274	0.296	86	0.233	163	0.188	139
南寧	0.636	114	0.348	32	0.475	48	0.213	87
柳州	0.606	162	0.29	148	0.307	89	0.277	47
桂林	0.604	169	0.298	75	0.318	86	0.21	93
梧州	0.575	223	0.292	127	0.278	110	0.158	173
北海	0.588	202	0.287	191	0.249	134	0.253	59
防城港	0.6	177	0.285	224	0.194	194	0.139	244

表 5.1.1 2014 年度城市潛力指數二級指標分值及排名

城市	居民消費潛力指數	排名	金融資本潛力指數	排名	人力資本潛力指數	排名	市場潛力指數	排名
欽州	0.59	199	0.293	119	0.166	238	0.14	240
貴港	0.588	202	0.286	208	0.155	268	0.142	225
玉林	0.603	170	0.291	136	0.176	213	0.137	253
百色	0.593	192	0.289	162	0.157	263	0.136	257
賀州	0.551	254	0.277	276	0.17	227	0.134	260
河池	0.546	258	0.276	280	0.147	283	0.117	292
來賓	0.595	189	0.281	261	0.152	272	0.131	271
崇左	0.578	219	0.284	238	0.15	276	0.133	264
海口	0.559	247	0.354	30	0.46	51	0.237	69
三亞	0.755	49	0.295	92	0.309	88	0.186	143
重慶	0.1	298	0.573	8	0.593	26	0.404	14
成都	0.652	96	0.498	10	0.631	20	0.355	20
自貢	0.662	92	0.293	119	0.246	139	0.191	134
攀枝花	0.52	264	0.287	191	0.234	161	0.196	122
瀘州	0.635	116	0.287	191	0.198	190	0.124	287
德陽	0.631	125	0.295	92	0.324	84	0.204	101
綿陽	0.625	131	0.294	102	0.392	59	0.198	119
廣元	0.587	204	0.29	148	0.164	244	0.141	232
遂寧	0.976	2	0.289	162	0.141	292	0.132	270
內江	0.708	66	0.29	148	0.162	251	0.128	277
樂山	0.605	165	0.288	175	0.16	254	0.134	260
南充	0.594	191	0.292	127	0.161	252	0.148	201
眉山	0.608	159	0.29	148	0.159	258	0.117	292
宜賓	0.625	131	0.292	127	0.168	232	0.142	225
廣安	0.578	219	0.29	148	0.16	254	0.137	253
達州	0.614	151	0.29	148	0.163	248	0.128	277
雅安	0.582	210	0.288	175	0.171	223	0.123	288
巴中	0.617	145	0.289	162	0.153	270	0.128	277
資陽	0.624	134	0.289	162	0.143	290	0.147	209
貴陽	0.646	104	0.342	36	0.444	55	0.316	31
六盤水	0.544	260	0.278	274	0.18	208	0.193	130
遵義	0.616	147	0.284	238	0.175	215	0.137	253
安順	0.601	175	0.274	288	0.179	209	0.133	264
畢節	0.84	29	0.274	288	0.186	200	0.142	225
銅仁	0.507	267	0.273	290	0.147	283	0.134	260
昆明	0.649	99	0.365	27	0.481	45	0.384	19
曲靖	0.85	26	0.288	175	0.209	177	0.15	194
玉溪	0.712	64	0.287	191	0.336	78	0.193	130
保山	0.692	81	0.282	258	0.16	254	0.148	201
昭通	0.591	197	0.283	252	0.168	232	0.139	244
麗江	0.839	30	0.281	261	0.16	254	0.141	232
普洱	0.633	120	0.279	269	0.164	244	0.142	225
臨滄	0.766	46	0.275	287	0.163	248	0.136	257
拉薩	0.718	62	0.456	19	0.387	62	0.301	36
西安	0.659	94	0.473	14	0.528	34	0.385	18
銅川	0.699	74	0.288	175	0.171	223	0.2	115
寶雞	0.627	128	0.294	102	0.177	211	0.199	116
咸陽	0.65	97	0.299	70	0.174	216	0.163	160
渭南	0.926	14	0.288	175	0.172	220	0.146	211
延安	0.905	22	0.292	127	0.195	193	0.156	177
漢中	0.614	151	0.293	119	0.171	223	0.156	177
榆林	0.603	170	0.303	61	0.218	170	0.128	277
安康	0.637	113	0.291	136	0.174	216	0.161	162
商洛	0.918	17	0.28	266	0.157	263	0.159	170
蘭州	0.647	103	0.337	39	0.41	57	0.201	112
嘉峪關	0.522	263	0.279	269	0.208	178	0.148	201
金昌	0.701	71	0.279	269	0.207	180	0.153	188
白銀	0.619	141	0.277	276	0.157	263	0.147	209
天水	0.579	217	0.281	261	0.165	242	0.13	273

表 5.1.1 2014 年度城市潛力指數二級指標分值及排名

城市	居民消費潛力指數	排名	金融資本潛力指數	排名	人力資本潛力指數	排名	市場潛力指數	排名
武威	0.695	80	0.279	269	0.148	282	0.141	232
張掖	0.671	85	0.284	238	0.159	258	0.136	257
平涼	0.727	59	0.276	280	0.182	205	0.13	273
酒泉	0.702	69	0.278	274	0.181	206	0.139	244
慶陽	0.607	160	0.276	280	0.171	223	0.148	201
定西	0.579	217	0.276	280	0.169	230	0.157	174
隴南	0.757	48	0.277	276	0.1	298	0.13	273
西寧	0.61	156	0.333	40	0.348	72	0.248	63
銀川	0.624	134	0.294	102	0.377	64	0.269	50
石嘴山	0.601	175	0.285	224	0.145	286	0.119	290
吳忠	0.634	119	0.281	261	0.165	242	0.134	260
固原	0.698	76	0.28	266	0.173	218	0.14	240
中衛	0.638	111	0.277	276	0.124	297	0.137	253
烏魯木齊	0.698	76	0.34	37	0.38	63	0.257	55
克拉瑪依	0.585	206	0.283	252	0.262	120	0.141	232
香港	0.956	7	0.631	4	0.957	2	0.646	4
澳門	0.676	82	0.142	291	0.816	8	0.288	40
新北	0.419	286	0.141	292	0.506	37	0.333	26
臺北	0.57	232	0.305	55	0.949	3	0.426	12
台中	0.483	272	0.124	294	0.49	41	0.317	30
台南	0.374	290	0.114	295	0.482	44	0.306	34
高雄	0.451	280	0.125	293	0.503	38	0.318	29
基隆	0.258	295	0.1	297	0.491	40	0.287	42
新竹	0.551	254	0.101	296	0.553	29	0.288	40
嘉義	0.597	182	0.1	297	0.486	43	0.285	44

表 5.1.2 2014 年度城市潛力指數二級指標分值及排名（續）

城市	區位指數	排名	自然資源指數	排名	環境質量指數	排名	可持續發展指數	排名
北京	1	1	0.24	261	0.442	264	0.734	8
天津	0.737	5	0.29	240	0.712	56	0.972	2
石家莊	0.451	31	0.462	91	0.67	104	0.584	140
唐山	0.232	109	0.591	27	0.511	225	0.494	269
秦皇島	0.407	40	0.424	117	0.579	179	0.528	252
邯鄲	0.232	109	0.517	57	0.658	116	0.576	168
邢臺	0.232	109	0.517	57	0.551	197	0.598	107
保定	0.276	74	0.473	79	0.643	126	0.611	64
張家口	0.254	91	0.609	21	0.569	185	0.534	246
承德	0.21	124	0.601	24	0.494	238	0.587	135
滄州	0.232	109	0.561	43	0.65	122	0.6	98
廊坊	0.21	124	0.575	35	0.594	164	0.532	247
衡水	0.188	158	0.668	11	0.452	259	0.596	110
太原	0.407	40	0.285	243	0.663	110	0.369	294
大同	0.254	91	0.416	126	0.572	184	0.459	279
陽泉	0.21	124	0.388	148	0.587	171	0.48	274
長治	0.21	124	0.282	247	0.637	132	0.623	42
晉城	0.21	124	0.419	122	0.739	33	0.628	36
朔州	0.232	109	0.472	81	0.738	37	0.58	154
晉中	0.21	124	0.596	26	0.638	131	0.6	98
運城	0.188	158	0.566	40	0.541	205	0.563	207
忻州	0.188	158	0.492	72	0.297	291	0.605	88
臨汾	0.188	158	0.429	115	0.486	242	0.619	48
呂梁	0.188	158	0.415	127	0.576	182	0.638	22
呼和浩特	0.341	57	0.605	23	0.559	189	0.582	146
包頭	0.166	185	0.45	96	0.523	218	0.455	281
烏海	0.166	185	0.229	264	0.593	165	0.37	293
赤峰	0.166	185	0.579	33	0.557	192	0.595	113

表 5.1.2 2014 年度城市潛力指數二級指標分值及排名（續）

城市	區位指數	排名	自然資源指數	排名	環境質量指數	排名	可持續發展指數	排名
通遼	0.166	185	0.606	22	0.688	84	0.584	140
鄂爾多斯	0.21	124	0.445	101	0.772	15	0.69	11
呼倫貝爾	0.188	158	0.64	12	0.532	210	0.612	63
巴彥淖爾	0.166	185	0.566	40	0.541	205	0.62	47
烏蘭察布	0.166	185	0.516	60	0.597	162	0.592	120
瀋陽	0.671	8	0.336	198	0.723	46	0.635	25
大連	0.605	12	0.319	218	0.66	113	0.738	7
鞍山	0.254	91	0.42	121	0.411	272	0.462	278
撫順	0.276	74	0.21	276	0.529	214	0.448	282
本溪	0.254	91	0.355	181	0.402	277	0.418	291
丹東	0.254	91	0.342	194	0.237	293	0.594	116
錦州	0.276	74	0.506	67	0.597	162	0.582	146
營口	0.276	74	0.371	163	0.4	278	0.569	184
阜新	0.276	74	0.447	98	0.499	234	0.531	250
遼陽	0.254	91	0.366	169	0.686	86	0.551	221
盤錦	0.21	124	0.517	57	0.558	190	0.558	210
鐵嶺	0.254	91	0.677	10	0.703	68	0.552	220
朝陽	0.21	124	0.368	167	0.532	210	0.593	119
葫蘆島	0.188	158	0.318	220	0.465	251	0.516	262
長春	0.495	25	0.587	29	0.653	121	0.631	32
吉林	0.276	74	0.538	50	0.565	186	0.579	157
四平	0.232	109	0.573	38	0.487	240	0.572	178
遼源	0.166	185	0.327	210	0.622	148	0.608	75
通化	0.166	185	0.523	55	0.583	177	0.608	75
白山	0.166	185	0.431	112	0.465	251	0.606	84
松原	0.188	158	0.717	8	0.582	178	0.589	130
白城	0.166	185	0.639	14	0.397	280	0.606	84
哈爾濱	0.517	22	0.585	30	0.411	272	0.611	64
齊齊哈爾	0.254	91	0.77	4	0.416	270	0.532	247
雞西	0.188	158	0.399	138	0.406	276	0.521	259
鶴崗	0.166	185	0.448	97	0.295	292	0.528	252
雙鴨山	0.188	158	0.584	31	0.465	251	0.565	197
大慶	0.188	158	0.743	5	0.656	117	0.569	184
伊春	0.188	158	0.521	56	0.448	261	0.473	276
佳木斯	0.188	158	0.743	5	0.632	133	0.54	235
七台河	0.166	185	0.436	109	0.501	232	0.494	269
牡丹江	0.166	185	0.514	62	0.627	147	0.588	132
黑河	0.166	185	0.538	50	0.619	152	0.506	263
綏化	0.144	214	0.727	7	0.411	272	0.575	170
上海	1	1	0.179	284	0.48	246	1	1
南京	0.649	9	0.224	267	0.666	107	0.629	35
無錫	0.451	31	0.228	265	0.742	30	0.609	72
徐州	0.385	45	0.419	122	0.674	97	0.546	224
常州	0.407	40	0.182	283	0.751	26	0.549	222
蘇州	0.583	13	0.213	275	0.739	33	0.794	5
南通	0.385	45	0.361	175	0.742	30	0.6	98
連雲港	0.298	65	0.328	208	0.547	199	0.554	219
淮安	0.298	65	0.32	217	0.709	63	0.539	237
鹽城	0.254	91	0.578	34	0.507	227	0.577	162
揚州	0.276	74	0.289	242	0.758	22	0.564	200
鎮江	0.276	74	0.219	269	0.769	16	0.564	200
泰州	0.276	74	0.326	211	0.631	135	0.583	144
宿遷	0.254	91	0.432	111	0.539	209	0.54	235
杭州	0.649	9	0.215	272	0.685	87	0.712	10
寧波	0.495	25	0.217	271	0.712	56	0.635	25
溫州	0.341	57	0.198	279	0.674	97	0.58	154
嘉興	0.298	65	0.3	230	0.722	47	0.599	105
湖州	0.32	62	0.171	286	0.696	77	0.556	216
紹興	0.32	62	0.219	269	0.671	101	0.607	82

表 5. 1. 2 2014 年度城市潛力指數二級指標分值及排名（續）

城市	區位指數	排名	自然資源指數	排名	環境質量指數	排名	可持續發展指數	排名
金華	0.254	91	0.16	289	0.689	83	0.577	162
衢州	0.254	91	0.373	162	0.712	56	0.519	260
舟山	0.429	35	0.319	218	0.666	107	0.537	241
台州	0.298	65	0.283	244	0.76	21	0.57	183
麗水	0.21	124	0.331	204	0.532	210	0.564	200
合肥	0.473	27	0.398	140	0.641	128	0.647	17
蕪湖	0.21	124	0.369	164	0.765	18	0.622	43
蚌埠	0.188	158	0.391	145	0.691	81	0.582	146
淮南	0.188	158	0.251	258	0.659	115	0.577	162
馬鞍山	0.21	124	0.375	160	0.708	64	0.557	211
淮北	0.21	124	0.298	233	0.673	99	0.607	82
銅陵	0.21	124	0.336	198	0.817	5	0.589	130
安慶	0.21	124	0.499	70	0.787	9	0.604	93
黃山	0.188	158	0.329	205	0.557	192	0.582	146
滁州	0.21	124	0.367	168	0.662	112	0.605	88
阜陽	0.188	158	0.428	116	0.611	155	0.564	200
宿州	0.188	158	0.43	114	0.438	265	0.567	193
六安	0.166	185	0.339	195	0.501	232	0.6	98
亳州	0.166	185	0.335	202	0.615	154	0.584	140
池州	0.144	214	0.322	215	0.71	61	0.546	224
宣城	0.166	185	0.192	282	0.603	159	0.606	84
福州	0.539	21	0.283	244	0.731	43	0.606	84
廈門	0.561	16	0.15	291	0.782	11	0.635	25
莆田	0.298	65	0.276	250	0.747	28	0.578	160
三明	0.276	74	0.404	135	0.62	149	0.569	184
泉州	0.385	45	0.312	224	0.752	25	0.64	20
漳州	0.32	62	0.514	62	0.775	13	0.543	230
南平	0.276	74	0.414	129	0.506	230	0.557	211
龍岩	0.21	124	0.474	76	0.694	78	0.609	72
寧德	0.232	109	0.442	103	0.719	48	0.613	58
南昌	0.473	27	0.385	152	0.705	67	0.597	109
景德鎮	0.188	158	0.407	134	0.519	221	0.617	53
萍鄉	0.188	158	0.291	238	0.475	248	0.576	168
九江	0.254	91	0.465	86	0.682	88	0.619	48
新餘	0.21	124	0.255	257	0.734	39	0.568	189
鷹潭	0.232	109	0.465	86	0.717	51	0.634	29
贛州	0.232	109	0.502	69	0.446	263	0.61	68
吉安	0.21	124	0.558	44	0.605	157	0.611	64
宜春	0.21	124	0.418	125	0.774	14	0.628	36
撫州	0.21	124	0.365	170	0.498	235	0.611	64
上饒	0.21	124	0.325	213	0.554	195	0.626	39
濟南	0.561	16	0.44	104	0.7	71	0.613	58
青島	0.583	13	0.398	140	0.734	39	0.76	6
淄博	0.232	109	0.336	198	0.733	42	0.532	247
棗莊	0.21	124	0.413	130	0.671	101	0.573	173
東營	0.21	124	0.465	86	0.821	4	0.581	151
煙臺	0.363	49	0.598	25	0.78	12	0.647	17
濰坊	0.21	124	0.532	53	0.711	59	0.557	211
濟寧	0.232	109	0.615	18	0.699	75	0.546	224
泰安	0.21	124	0.468	84	0.64	129	0.592	120
威海	0.363	49	0.86	3	0.62	149	0.621	45
日照	0.166	185	0.351	185	0.357	287	0.498	268
萊蕪	0.188	158	0.22	268	0.74	32	0.429	287
臨沂	0.188	158	0.533	52	0.718	50	0.548	223
德州	0.188	158	0.474	76	0.71	61	0.588	132
聊城	0.21	124	0.634	15	0.765	18	0.536	244
濱州	0.166	185	0.569	39	0.38	286	0.568	189
菏澤	0.144	214	0.64	12	0.682	88	0.578	160
鄭州	0.583	13	0.291	238	0.645	125	0.674	12

表 5.1.2 2014 年度城市潛力指數二級指標分值及排名（續）

城市	區位指數	排名	自然資源指數	排名	環境質量指數	排名	可持續發展指數	排名
開封	0.166	185	0.574	37	0.556	194	0.573	173
洛陽	0.21	124	0.328	208	0.592	166	0.557	211
平頂山	0.144	214	0.463	90	0.682	88	0.59	129
安陽	0.144	214	0.545	48	0.679	91	0.544	229
鶴壁	0.144	214	0.352	184	0.65	122	0.608	75
新鄉	0.144	214	0.359	177	0.7	71	0.594	116
焦作	0.166	185	0.356	178	0.529	214	0.566	194
濮陽	0.144	214	0.391	145	0.64	129	0.596	110
許昌	0.144	214	0.347	190	0.734	39	0.634	29
漯河	0.122	251	0.343	193	0.714	55	0.61	68
三門峽	0.144	214	0.499	70	0.515	222	0.636	23
南陽	0.122	251	0.613	19	0.487	240	0.605	88
商丘	0.122	251	0.589	28	0.608	156	0.537	241
信陽	0.122	251	0.396	144	0.648	124	0.571	181
周口	0.144	214	0.506	67	0.546	201	0.614	57
駐馬店	0.144	214	0.462	91	0.665	109	0.58	154
武漢	0.627	11	0.256	256	0.668	105	0.651	16
黃石	0.144	214	0.356	178	0.711	59	0.573	173
十堰	0.166	185	0.439	106	0.578	180	0.571	181
宜昌	0.144	214	0.616	16	0.668	105	0.621	45
襄陽	0.144	214	0.439	106	0.543	204	0.631	32
鄂州	0.122	251	0.507	66	0.735	38	0.542	232
荊門	0.144	214	0.462	91	0.385	282	0.603	94
孝感	0.122	251	0.383	154	0.707	65	0.618	51
荊州	0.144	214	0.554	45	0.558	190	0.568	189
黃岡	0.122	251	0.355	181	0.485	243	0.6	98
咸寧	0.1	281	0.575	35	0.587	171	0.599	105
隨州	0.1	281	0.237	263	0.509	226	0.602	96
長沙	0.429	35	0.326	211	0.716	52	0.663	13
株洲	0.276	74	0.455	95	0.585	174	0.601	97
湘潭	0.166	185	0.339	195	0.496	236	0.573	173
衡陽	0.188	158	0.398	140	0.632	133	0.588	132
邵陽	0.166	185	0.515	61	0.56	188	0.587	135
岳陽	0.188	158	0.475	75	0.676	94	0.61	68
常德	0.144	214	0.388	148	0.701	69	0.613	58
張家界	0.1	281	0.419	122	0.381	283	0.528	252
益陽	0.122	251	0.398	140	0.751	26	0.592	120
郴州	0.188	158	0.541	49	0.678	92	0.598	107
永州	0.122	251	0.36	176	0.495	237	0.577	162
懷化	0.122	251	0.399	138	0.477	247	0.595	113
婁底	0.122	251	0.362	173	0.834	2	0.581	151
廣州	0.737	5	0.194	280	0.484	244	0.734	8
韶關	0.276	74	0.437	108	0.631	135	0.525	256
深圳	0.715	7	0.706	9	0.762	20	0.929	3
珠海	0.407	40	0.239	262	0.796	7	0.524	257
汕頭	0.298	65	0.161	287	0.671	101	0.5	267
佛山	0.363	49	0.267	254	0.744	29	0.526	255
江門	0.276	74	0.272	252	0.754	23	0.583	144
湛江	0.298	65	0.383	154	0.592	166	0.546	224
茂名	0.276	74	0.474	76	0.791	8	0.566	194
肇慶	0.254	91	0.444	102	0.576	182	0.587	135
惠州	0.298	65	0.31	227	0.769	16	0.628	36
梅州	0.254	91	0.513	64	0.754	23	0.565	197
汕尾	0.254	91	0.228	265	0.66	113	0.613	58
河源	0.232	109	0.404	135	0.675	95	0.591	126
陽江	0.254	91	0.344	192	0.604	158	0.579	157
清遠	0.254	91	0.473	79	0.115	297	0.402	292
東莞	0.451	31	0.206	277	1	1	0.43	286
中山	0.276	74	0.194	280	0.642	127	0.564	200

表 5.1.2 2014 年度城市潛力指數二級指標分值及排名（續）

城市	區位指數	排名	自然資源指數	排名	環境質量指數	排名	可持續發展指數	排名
潮州	0.232	109	0.214	273	0.489	239	0.608	75
揭陽	0.188	158	0.349	189	0.7	71	0.617	53
雲浮	0.21	124	0.435	110	0.483	245	0.591	126
南寧	0.429	35	0.415	127	0.693	79	0.572	178
柳州	0.276	74	0.297	234	0.413	271	0.615	56
桂林	0.232	109	0.582	32	0.706	66	0.536	244
梧州	0.21	124	0.299	232	0.54	208	0.619	48
北海	0.298	65	0.389	147	0.719	48	0.577	162
防城港	0.21	124	0.247	259	0.655	118	0.564	200
欽州	0.21	124	0.356	178	0.715	53	0.537	241
貴港	0.21	124	0.365	170	0.591	169	0.545	228
玉林	0.232	109	0.875	2	0.654	120	0.591	126
百色	0.144	214	1	1	0.407	275	0.566	194
賀州	0.144	214	0.321	216	0.616	153	0.494	269
河池	0.144	214	0.296	236	0.1	298	0.557	211
來賓	0.144	214	0.307	229	0.701	69	0.471	277
崇左	0.144	214	0.369	164	0.456	257	0.585	139
海口	0.517	22	0.206	277	0.546	201	0.447	283
三亞	0.341	57	0.3	230	0.417	269	0.435	284
重慶	0.561	16	0.362	173	0.69	82	0.864	4
成都	0.561	16	0.35	187	0.693	79	0.644	19
自貢	0.166	185	0.279	249	0.549	198	0.539	237
攀枝花	0.166	185	0.423	118	0.313	290	0.432	285
瀘州	0.144	214	0.295	237	0.53	213	0.613	58
德陽	0.144	214	0.446	99	0.787	9	0.622	43
綿陽	0.144	214	0.329	205	0.698	76	0.608	75
廣元	0.122	251	0.297	234	0.592	166	0.539	237
遂寧	0.144	214	0.179	284	0.675	95	0.605	88
內江	0.122	251	0.243	260	0.62	149	0.63	34
樂山	0.144	214	0.334	203	0.541	205	0.568	189
南充	0.144	214	0.363	172	0.524	216	0.603	94
眉山	0.144	214	0.384	153	0.578	180	0.561	208
宜賓	0.122	251	0.471	82	0.739	33	0.608	75
廣安	0.122	251	0.374	161	0.829	3	0.61	68
達州	0.122	251	0.312	224	0.457	255	0.6	98
雅安	0.144	214	0.44	104	0.739	33	0.592	120
巴中	0.144	214	0.353	183	0.397	280	0.595	113
資陽	0.122	251	0.308	228	0.52	220	0.624	41
貴陽	0.451	31	0.351	185	0.663	110	0.524	257
六盤水	0.166	185	0.422	119	0.603	159	0.555	217
遵義	0.122	251	0.565	42	0.727	44	0.577	162
安順	0.144	214	0.402	137	0.544	203	0.48	274
畢節	0.122	251	0.512	65	0.399	279	0.592	120
銅仁	0.122	251	0.422	119	0.228	294	0.501	266
昆明	0.561	16	0.381	156	0.715	53	0.575	170
曲靖	0.166	185	0.616	16	0.7	71	0.618	51
玉溪	0.21	124	0.552	46	0.521	219	0.605	88
保山	0.144	214	0.482	74	0.448	261	0.564	200
昭通	0.122	251	0.41	132	0.381	283	0.6	98
麗江	0.1	281	0.318	220	0.507	227	0.581	151
普洱	0.1	281	0.324	214	0.432	268	0.572	178
臨滄	0.1	281	0.35	187	0.524	216	0.584	140
拉薩	0.473	27	0.317	222	0.203	296	0.64	20
西安	0.517	22	0.283	244	0.687	85	0.587	135
銅川	0.166	185	0.387	150	0.726	45	0.421	290
寶雞	0.144	214	0.469	83	0.677	93	0.616	55
咸陽	0.122	251	0.613	19	0.672	100	0.632	31
渭南	0.144	214	0.377	158	0.655	118	0.625	40
延安	0.144	214	0.527	54	0.338	288	0.652	15

表 5.1.2 2014 年度城市潛力指數二級指標分值及排名（續）

城市	區位指數	排名	自然資源指數	排名	環境質量指數	排名	可持續發展指數	排名
漢中	0.122	251	0.413	130	0.588	170	0.594	116
榆林	0.122	251	0.369	164	0.584	176	0.654	14
安康	0.122	251	0.315	223	0.471	249	0.592	120
商洛	0.122	251	0.268	253	0.601	161	0.608	75
蘭州	0.341	57	0.378	157	0.515	222	0.504	264
嘉峪關	0.122	251	0.329	205	0.451	260	0.1	298
金昌	0.122	251	0.408	133	0.453	258	0.636	23
白銀	0.1	281	0.46	94	0.321	289	0.426	289
天水	0.1	281	0.377	158	0.469	250	0.53	251
武威	0.122	251	0.431	112	0.464	254	0.573	173
張掖	0.1	281	0.466	85	0.457	255	0.582	146
平涼	0.1	281	0.337	197	0.436	266	0.569	184
酒泉	0.1	281	0.282	247	0.503	231	0.609	72
慶陽	0.1	281	0.345	191	0.553	196	0.635	25
定西	0.1	281	0.336	198	0.381	283	0.574	172
隴南	0.1	281	0.273	251	0.435	267	0.579	157
西寧	0.385	45	0.267	254	0.204	295	0.543	230
銀川	0.363	49	0.492	72	0.547	199	0.596	110
石嘴山	0.1	281	0.311	226	0.507	227	0.321	296
吳忠	0.122	251	0.446	99	0.587	171	0.569	184
固原	0.1	281	0.464	89	0.513	224	0.493	272
中衛	0.1	281	0.386	151	0.585	174	0.339	295
烏魯木齊	0.341	57	0.29	240	0.562	187	0.519	260
克拉瑪依	0.1	281	0.55	47	0.811	6	0.555	217
香港	0.978	3	0.1	298	0.631	135	0.504	264
澳門	0.429	35	0.121	292	0.631	135	0.561	208
新北	0.407	40	0.12	293	0.631	135	0.538	240
臺北	0.89	4	0.109	297	0.631	135	0.565	197
台中	0.363	49	0.12	293	0.631	135	0.482	273
台南	0.363	49	0.161	287	0.631	135	0.428	288
高雄	0.473	27	0.214	273	0.631	135	0.456	280
基隆	0.429	35	0.156	290	0.631	135	0.542	232
新竹	0.363	49	0.113	295	0.631	135	0.284	297
嘉義	0.363	49	0.11	296	0.631	135	0.542	232

5.2　城市活力指數二級指標分值及排名

城市活力指數包括文化力指數、學習力指數、創新力指數、法制力指數、應變力指數、開放力指數與行銷力指數 7 個二級指數。它反映了城市在文化、學習、創新、法制等方面軟環境的活力。一個充滿活力、富有創造力的城市軟環境將會大大提升城市的綜合競爭力。

文化力指數。文化力指數反映了城市居民的精神風貌，在會的研究框架下，主要反映城市居民的市場經濟意識，如居民的誠信意識、參與競爭意識、經商意識、創新意識等。城市商業氣氛濃郁，商人在商業上取得成功被社會認可，將會使人們更傾向于從商發展實業。城市市場經濟意識的增強能對居民形成強烈的創業激勵，從而極大提高勞動者積極性。資源向實際產業流入，將會擴大城市產業規模，促進城市經濟發展。文化力作為一種軟環境活力的體現，在提升城市形象、進行招商引資、提高城市居民的自豪感乃至提升城市綜合競爭力方面起著重要作用。

學習力指數。學習力指數體現了城市居民的學習意識、學習能力及整個城市的學習氛圍，二十一世紀是“知識經濟”時代，“知識經濟”的特點是信息的爆炸性、幾何級數的增長，科學技術知識以前所未有的速度更新。因此，城市要保持在知識競爭中不被淘汰，就要形成學習的緊迫感和危機感，城市良好的學習氛圍、城市居民良好的學習意識與學習能力將會促進城市經濟發展和社會進步。

創新力指數。創新力指數包括兩個方面，一是制度創新，二是科學技術文化知識創新，二者舉足輕重、缺一不可。科技創新可以提高企業的生產技術、工藝水平，從而提高勞動生產率。不僅如此，科技創新還可以通過產品改善質量來擴大市場佔有率。制度創新也是生產力，中國的改革開放過程也就是一個制度創新的過程，改革開放的“視窗”城市——深圳就是制度創新的結晶，改革開放以前，它只是一個邊陲小漁村，而如今卻成中國重要的創新型現代化大都市。

法制力指數。法制力指數反映了城市在市場經濟條件下法制的健全程度和政府執行力。市場經濟從某種意義上來說就是“法制經濟”，是在一系列健全法律和規章制度下，各經濟主體公平競爭的經濟。城市法規條例的健全和連續，是經濟健康平穩運行的前提，是城市吸引外資的重要保障。城市法制越健全，政府執行力越強、越透明，城市經濟就越有活力。

應變力指數。應變力指數是城市作為一個整體應對其所處環境突發性變化的能力。未來世界具有很強的不確定性，時刻都可能出現影響經濟發展和社會進步的突發性事件，如 2003 年中國爆發的“SARS”、2005 年全球爆發的“禽流感”以及 2007 年至 2008 年全球爆發的“甲型 H1N1 流感”對中國經濟發展造成了巨大影響，提升對突發事件的應變力已成為許多城市政府亟待解決的課題。

開放力指數。開放力指數反映了城市對內對外的開放度。城市開放程度高，生產要素流動性高，城市企業就越方便的根據利潤最大化原則迅速配置生產要素，有效降低生產成本和交易成本，提高產品競爭力。隨著全球化進程加快，人們越來越意識到參與區域性、全球性資源配置和競爭的必要性與緊迫性，人為的封閉政策只會使自己走入死胡同。就中國的國情而言，由於歷史原因，許多城市還停留在“條條塊塊”的經濟思維中，由此形成所謂的“諸候經濟”與“大而全”經濟，這不利於城市功能分工，更談不上共同發展。在目前發展條件下，應該打破發展壁壘，加強區域合作，從而實現“雙贏”乃至“多贏”局面。

行銷力指數。行銷力指數反映了城市在經營城市、提高城市形象方面的意識與能力。城市行銷力直接影響其城市對跨國、跨區域資源的吸引，繼而影響城市產業聚集，最終影響城市創造價值的能力。在市場經濟環境中，城市間競爭日益加劇，城市間的資源配置已由原來的行政計劃分配轉為市場配置。為在日趨激烈的競爭中贏得有利地位，許多城市加大了對自身形象的行銷力度，其中北京、廣州、上海、香港、深圳、等城市便是這方面的先行者，並取得令人矚目的成就。

在 298 個城市活力指數排名中，有 105 個城市處於平均水平之上，占 35.23%。其中，東部地區 73 個，中部地區 9 個，西部地區 15 個，東北部地區 8 個。另外活力指數得分標準差為 0.141，比 2014 年的 0.131 有所上升，說明城市之間的活力差異有所上升。

活力指數的二級指標分值與排名見表 5.2.1、表 5.2.2。

表 5.2.1 2014 年度城市活力指數二級指標分值及排名

城市	文化力指數	排名	學習力指數	排名	創新力指數	排名	法制力指數	排名
北京	1	1	0.68	3	0.721	2	0.646	5
天津	0.356	12	0.751	2	0.629	3	0.409	26
石家莊	0.25	66	0.256	35	0.244	62	0.349	45
唐山	0.184	141	0.222	55	0.147	139	0.239	108
秦皇島	0.284	44	0.231	51	0.145	150	0.263	71

表 5.2.1 2014 年度城市活力指數二級指標分值及排名

城市	文化力指數	排名	學習力指數	排名	創新力指數	排名	法制力指數	排名
邯鄲	0.175	187	0.173	117	0.154	108	0.183	223
邢臺	0.17	215	0.17	125	0.121	279	0.154	271
保定	0.192	116	0.169	129	0.133	210	0.168	254
張家口	0.175	187	0.166	139	0.156	104	0.195	190
承德	0.188	126	0.168	132	0.132	218	0.158	267
滄州	0.179	160	0.173	117	0.122	274	0.163	263
廊坊	0.187	131	0.182	97	0.15	120	0.187	209
衡水	0.181	153	0.169	129	0.126	248	0.15	277
太原	0.171	209	0.21	59	0.211	89	0.205	168
大同	0.129	272	0.18	102	0.15	120	0.208	161
陽泉	0.12	278	0.159	152	0.118	286	0.122	291
長治	0.133	270	0.168	132	0.147	139	0.135	286
晉城	0.107	292	0.171	121	0.133	210	0.148	279
朔州	0.113	283	0.17	125	0.138	182	0.151	276
晉中	0.126	274	0.155	161	0.15	120	0.173	247
運城	0.116	281	0.177	108	0.15	120	0.174	244
忻州	0.113	283	0.18	102	0.15	120	0.2	177
臨汾	0.122	276	0.158	154	0.132	218	0.201	174
呂梁	0.123	275	0.133	256	0.179	96	0.181	228
呼和浩特	0.187	131	0.179	106	0.222	77	0.252	81
包頭	0.132	271	0.15	178	0.137	187	0.176	241
烏海	0.121	277	0.173	117	0.147	139	0.199	180
赤峰	0.118	280	0.15	178	0.148	133	0.155	270
通遼	0.128	273	0.162	148	0.147	139	0.174	244
鄂爾多斯	0.252	62	0.195	74	0.146	146	0.138	284
呼倫貝爾	0.106	293	0.167	136	0.153	110	0.119	292
巴彥淖爾	0.1	298	0.1	297	0.142	162	0.104	297
烏蘭察布	0.103	295	0.115	281	0.131	229	0.116	294
瀋陽	0.307	36	0.285	29	0.294	27	0.333	49
大連	0.311	34	0.322	17	0.307	20	0.378	40
鞍山	0.195	112	0.193	83	0.148	133	0.177	236
撫順	0.174	196	0.196	71	0.123	263	0.254	77
本溪	0.169	220	0.164	143	0.13	232	0.154	271
丹東	0.197	110	0.157	157	0.125	251	0.154	271
錦州	0.186	135	0.156	159	0.136	196	0.199	180
營口	0.179	160	0.166	139	0.158	99	0.21	158
阜新	0.181	153	0.154	162	0.154	108	0.199	180
遼陽	0.198	108	0.158	154	0.137	187	0.147	281
盤錦	0.17	215	0.152	170	0.137	187	0.215	148
鐵嶺	0.175	187	0.158	154	0.158	99	0.21	158
朝陽	0.176	178	0.165	141	0.156	104	0.24	104
葫蘆島	0.173	201	0.163	145	0.123	263	0.237	114
長春	0.31	35	0.221	56	0.256	54	0.291	57
吉林	0.189	124	0.151	173	0.144	153	0.212	154
四平	0.176	178	0.174	114	0.141	168	0.19	202
遼源	0.177	174	0.148	185	0.132	218	0.202	173
通化	0.173	201	0.159	152	0.124	258	0.167	257
白山	0.169	220	0.148	185	0.152	115	0.195	190
松原	0.174	196	0.168	132	0.143	158	0.2	177
白城	0.168	227	0.148	185	0.14	175	0.169	253
哈爾濱	0.32	29	0.195	74	0.249	58	0.32	52
齊齊哈爾	0.188	126	0.169	129	0.126	248	0.201	174
雞西	0.171	209	0.163	145	0.138	182	0.188	206
鶴崗	0.204	100	0.157	157	0.158	99	0.242	98
雙鴨山	0.191	120	0.161	150	0.134	203	0.182	227
大慶	0.178	167	0.17	125	0.144	153	0.186	211
伊春	0.192	116	0.146	198	0.123	263	0.195	190
佳木斯	0.177	174	0.165	141	0.142	162	0.191	200
七台河	0.186	135	0.151	173	0.123	263	0.177	236

表 5.2.1 2014 年度城市活力指數二級指標分值及排名

城市	文化力指數	排名	學習力指數	排名	創新力指數	排名	法制力指數	排名
牡丹江	0.179	160	0.162	148	0.148	133	0.18	229
黑河	0.181	153	0.156	159	0.148	133	0.183	223
綏化	0.178	167	0.154	162	0.123	263	0.208	161
上海	1	1	1	1	1	1	1	1
南京	0.379	9	0.407	10	0.403	10	0.447	14
無錫	0.412	8	0.329	16	0.33	17	0.416	23
徐州	0.271	51	0.294	28	0.298	24	0.279	63
常州	0.274	50	0.315	21	0.273	40	0.384	37
蘇州	0.599	6	0.526	6	0.487	7	0.723	4
南通	0.35	16	0.303	23	0.317	18	0.332	50
連雲港	0.261	57	0.306	22	0.277	35	0.243	95
淮安	0.244	72	0.225	54	0.274	39	0.274	65
鹽城	0.234	82	0.195	74	0.249	58	0.245	92
揚州	0.229	88	0.206	63	0.276	37	0.258	74
鎮江	0.257	58	0.194	82	0.26	47	0.249	83
泰州	0.248	68	0.199	69	0.258	50	0.242	98
宿遷	0.251	63	0.204	66	0.271	42	0.254	77
杭州	0.449	7	0.432	9	0.396	11	0.447	14
寧波	0.336	19	0.366	12	0.371	13	0.485	12
溫州	0.351	15	0.318	20	0.371	13	0.413	24
嘉興	0.324	25	0.282	30	0.259	49	0.486	11
湖州	0.294	41	0.24	47	0.244	62	0.367	42
紹興	0.363	11	0.252	38	0.284	31	0.465	13
金華	0.236	79	0.245	45	0.243	64	0.243	95
衢州	0.242	74	0.232	50	0.266	46	0.269	67
舟山	0.257	58	0.247	42	0.276	37	0.395	33
台州	0.335	20	0.239	48	0.267	44	0.268	68
麗水	0.221	92	0.227	52	0.26	47	0.221	140
合肥	0.279	47	0.269	34	0.271	42	0.31	55
蕪湖	0.17	215	0.178	107	0.159	98	0.248	88
蚌埠	0.178	167	0.141	213	0.131	229	0.222	136
淮南	0.177	174	0.144	202	0.134	203	0.233	116
馬鞍山	0.169	220	0.141	213	0.148	133	0.195	190
淮北	0.166	232	0.141	213	0.144	153	0.222	136
銅陵	0.175	187	0.154	162	0.13	232	0.197	186
安慶	0.178	167	0.137	240	0.126	248	0.211	157
黃山	0.182	151	0.147	190	0.138	182	0.242	98
滁州	0.172	206	0.133	256	0.13	232	0.225	129
阜陽	0.162	248	0.13	264	0.144	153	0.199	180
宿州	0.165	234	0.135	249	0.125	251	0.184	217
六安	0.172	206	0.146	198	0.157	103	0.188	206
亳州	0.187	131	0.137	240	0.132	218	0.178	234
池州	0.186	135	0.14	227	0.131	229	0.184	217
宣城	0.197	110	0.151	173	0.134	203	0.219	141
福州	0.307	36	0.248	39	0.288	30	0.394	34
廈門	0.302	38	0.339	14	0.365	16	0.42	20
莆田	0.239	76	0.186	91	0.257	52	0.185	216
三明	0.217	94	0.18	102	0.246	60	0.177	236
泉州	0.296	40	0.206	63	0.267	44	0.189	203
漳州	0.232	85	0.219	57	0.277	35	0.186	211
南平	0.225	90	0.143	208	0.223	75	0.215	148
龍岩	0.248	68	0.141	213	0.217	83	0.213	151
寧德	0.228	89	0.14	227	0.229	73	0.239	108
南昌	0.29	42	0.206	63	0.245	61	0.288	59
景德鎮	0.179	160	0.134	254	0.123	263	0.196	189
萍鄉	0.179	160	0.15	178	0.125	251	0.204	170
九江	0.163	244	0.152	170	0.13	232	0.189	203
新餘	0.18	159	0.15	178	0.143	158	0.217	145
鷹潭	0.164	238	0.138	234	0.153	110	0.207	164

表 5.2.1 2014 年度城市活力指數二級指標分值及排名

城市	文化力指數	排名	學習力指數	排名	創新力指數	排名	法制力指數	排名
贛州	0.176	178	0.138	234	0.156	104	0.217	145
吉安	0.172	206	0.135	249	0.122	274	0.174	244
宜春	0.159	255	0.138	234	0.141	168	0.231	119
撫州	0.178	167	0.143	208	0.152	115	0.251	82
上饒	0.202	104	0.145	201	0.147	139	0.207	164
濟南	0.352	14	0.3	26	0.291	29	0.488	10
青島	0.327	24	0.376	11	0.366	15	0.417	22
淄博	0.264	54	0.204	66	0.127	244	0.287	60
棗莊	0.248	68	0.177	108	0.14	175	0.273	66
東營	0.25	66	0.167	136	0.16	97	0.266	70
煙臺	0.282	45	0.195	74	0.153	110	0.357	43
濰坊	0.253	61	0.171	121	0.153	110	0.276	64
濟寧	0.247	71	0.168	132	0.132	218	0.255	76
泰安	0.239	76	0.176	112	0.151	118	0.289	58
威海	0.279	47	0.177	108	0.133	210	0.331	51
日照	0.216	96	0.171	121	0.15	120	0.223	133
萊蕪	0.208	98	0.172	120	0.125	251	0.241	102
臨沂	0.234	82	0.176	112	0.132	218	0.245	92
德州	0.203	101	0.182	97	0.158	99	0.249	83
聊城	0.263	56	0.171	121	0.132	218	0.281	62
濱州	0.188	126	0.163	145	0.147	139	0.233	116
菏澤	0.193	114	0.17	125	0.135	201	0.24	104
鄭州	0.267	53	0.256	35	0.257	52	0.317	53
開封	0.194	113	0.139	230	0.122	274	0.177	236
洛陽	0.184	141	0.136	246	0.124	258	0.156	269
平頂山	0.203	101	0.137	240	0.13	232	0.186	211
安陽	0.171	209	0.134	254	0.137	187	0.177	236
鶴壁	0.188	126	0.15	178	0.123	263	0.164	261
新鄉	0.187	131	0.147	190	0.15	120	0.179	231
焦作	0.169	220	0.141	213	0.129	239	0.164	261
濮陽	0.174	196	0.147	190	0.116	290	0.152	275
許昌	0.176	178	0.141	213	0.15	120	0.173	247
漯河	0.185	140	0.147	190	0.135	201	0.184	217
三門峽	0.145	266	0.146	198	0.148	133	0.191	200
南陽	0.167	229	0.147	190	0.127	244	0.16	266
商丘	0.297	39	0.144	202	0.229	73	0.348	46
信陽	0.176	178	0.144	202	0.123	263	0.172	249
周口	0.184	141	0.153	167	0.134	203	0.165	259
駐馬店	0.179	160	0.139	230	0.122	274	0.2	177
武漢	0.338	18	0.301	25	0.312	19	0.384	37
黃石	0.19	123	0.184	94	0.137	187	0.186	211
十堰	0.169	220	0.177	108	0.125	251	0.178	234
宜昌	0.166	232	0.136	246	0.139	178	0.239	108
襄陽	0.193	114	0.153	167	0.121	279	0.201	174
鄂州	0.176	178	0.144	202	0.127	244	0.212	154
荊門	0.203	101	0.144	202	0.119	283	0.24	104
孝感	0.165	234	0.13	264	0.133	210	0.195	190
荊州	0.175	187	0.147	190	0.136	196	0.186	211
黃岡	0.175	187	0.148	185	0.124	258	0.175	243
咸寧	0.2	107	0.132	260	0.128	242	0.213	151
隨州	0.171	209	0.138	234	0.133	210	0.208	161
長沙	0.282	45	0.242	46	0.278	34	0.374	41
株洲	0.198	108	0.196	71	0.129	239	0.238	113
湘潭	0.175	187	0.182	97	0.143	158	0.232	118
衡陽	0.192	116	0.141	213	0.136	196	0.148	279
邵陽	0.173	201	0.144	202	0.139	178	0.249	83
岳陽	0.175	187	0.151	173	0.123	263	0.228	123
常德	0.156	257	0.152	170	0.112	295	0.224	130
張家界	0.184	141	0.154	162	0.124	258	0.209	160

表 5.2.1 2014 年度城市活力指數二級指標分值及排名

城市	文化力指數	排名	學習力指數	排名	創新力指數	排名	法制力指數	排名
益陽	0.174	196	0.138	234	0.146	146	0.226	125
郴州	0.176	178	0.164	143	0.146	146	0.223	133
永州	0.171	209	0.147	190	0.149	130	0.218	144
懷化	0.167	229	0.141	213	0.152	115	0.207	164
婁底	0.163	244	0.143	208	0.114	292	0.212	154
廣州	1	1	0.483	7	0.502	6	0.573	7
韶關	0.329	23	0.247	42	0.295	26	0.385	36
深圳	1	1	0.61	4	0.583	5	0.768	3
珠海	0.315	30	0.295	27	0.299	23	0.445	16
汕頭	0.24	75	0.278	31	0.281	33	0.294	56
佛山	0.322	27	0.303	23	0.303	21	0.386	35
江門	0.312	33	0.248	39	0.273	40	0.341	47
湛江	0.254	60	0.234	49	0.237	67	0.216	147
茂名	0.235	80	0.227	52	0.258	50	0.227	124
肇慶	0.251	63	0.248	39	0.241	65	0.226	125
惠州	0.279	47	0.273	32	0.284	31	0.317	53
梅州	0.231	86	0.19	86	0.2	93	0.243	95
汕尾	0.223	91	0.198	70	0.207	92	0.234	115
河源	0.221	92	0.203	68	0.197	95	0.231	119
陽江	0.217	94	0.208	61	0.211	89	0.257	75
清遠	0.205	99	0.195	74	0.213	87	0.249	83
東莞	0.335	20	0.338	15	0.388	12	0.608	6
中山	0.331	22	0.321	18	0.303	21	0.42	20
潮州	0.264	54	0.189	88	0.256	54	0.239	108
揭陽	0.233	84	0.185	93	0.23	69	0.246	91
雲浮	0.23	87	0.186	91	0.199	94	0.248	88
南寧	0.243	73	0.207	62	0.22	82	0.248	88
柳州	0.159	255	0.195	74	0.128	242	0.195	190
桂林	0.149	264	0.211	58	0.15	120	0.184	217
梧州	0.16	252	0.151	173	0.132	218	0.163	263
北海	0.165	234	0.141	213	0.136	196	0.187	209
防城港	0.155	258	0.15	178	0.137	187	0.153	274
欽州	0.186	135	0.148	185	0.15	120	0.192	198
貴港	0.16	252	0.143	208	0.142	162	0.18	229
玉林	0.173	201	0.142	212	0.141	168	0.171	251
百色	0.138	268	0.132	260	0.133	210	0.179	231
賀州	0.143	267	0.14	227	0.139	178	0.168	254
河池	0.15	262	0.141	213	0.132	218	0.161	265
來賓	0.154	260	0.132	260	0.121	279	0.165	259
崇左	0.135	269	0.128	270	0.141	168	0.147	281
海口	0.289	43	0.184	94	0.23	69	0.34	48
三亞	0.235	80	0.167	136	0.143	158	0.231	119
重慶	0.369	10	0.474	8	0.423	8	0.444	17
成都	0.349	17	0.273	32	0.298	24	0.379	39
自貢	0.181	153	0.154	162	0.119	283	0.253	80
攀枝花	0.191	120	0.135	249	0.13	232	0.222	136
瀘州	0.167	229	0.147	190	0.139	178	0.241	102
德陽	0.175	187	0.187	89	0.117	289	0.242	98
綿陽	0.184	141	0.209	60	0.221	78	0.254	77
廣元	0.183	149	0.137	240	0.134	203	0.239	108
遂寧	0.182	151	0.136	246	0.144	153	0.224	130
內江	0.184	141	0.137	240	0.153	110	0.197	186
樂山	0.169	220	0.141	213	0.142	162	0.172	249
南充	0.174	196	0.129	268	0.147	139	0.204	170
眉山	0.178	167	0.133	256	0.145	150	0.192	198
宜賓	0.178	167	0.141	213	0.141	168	0.199	180
廣安	0.163	244	0.129	268	0.133	210	0.176	241
達州	0.181	153	0.141	213	0.133	210	0.183	223
雅安	0.17	215	0.135	249	0.14	175	0.193	197

表 5.2.1 2014 年度城市活力指數二級指標分值及排名

城市	文化力指數	排名	學習力指數	排名	創新力指數	排名	法制力指數	排名
巴中	0.184	141	0.141	213	0.137	187	0.179	231
資陽	0.201	105	0.137	240	0.149	130	0.168	254
貴陽	0.268	52	0.196	71	0.23	69	0.259	72
六盤水	0.163	244	0.132	260	0.121	279	0.245	92
遵義	0.155	258	0.13	264	0.124	258	0.205	168
安順	0.164	238	0.118	276	0.116	290	0.224	130
畢節	0.161	249	0.118	276	0.1	298	0.223	133
銅仁	0.164	238	0.117	279	0.102	297	0.222	136
昆明	0.321	28	0.246	44	0.251	57	0.49	9
曲靖	0.313	32	0.15	178	0.238	66	0.422	19
玉溪	0.168	227	0.174	114	0.123	263	0.197	186
保山	0.153	261	0.114	283	0.149	130	0.219	141
昭通	0.112	287	0.13	264	0.109	296	0.126	289
麗江	0.109	290	0.128	270	0.132	218	0.125	290
普洱	0.113	283	0.105	293	0.136	196	0.134	287
臨滄	0.112	287	0.112	286	0.137	187	0.138	284
拉薩	0.17	215	0.135	249	0.155	107	0.171	251
西安	0.315	30	0.254	37	0.255	56	0.351	44
銅川	0.173	201	0.139	230	0.141	168	0.24	104
寶雞	0.16	252	0.139	230	0.125	251	0.184	217
咸陽	0.184	141	0.153	167	0.118	286	0.226	125
渭南	0.176	178	0.138	234	0.129	239	0.195	190
延安	0.161	249	0.123	273	0.134	203	0.214	150
漢中	0.176	178	0.107	291	0.138	182	0.188	206
榆林	0.192	116	0.105	293	0.119	283	0.219	141
安康	0.164	238	0.115	281	0.138	182	0.23	122
商洛	0.119	279	0.107	291	0.123	263	0.11	296
蘭州	0.251	63	0.195	74	0.221	78	0.267	69
嘉峪關	0.169	220	0.133	256	0.118	286	0.167	257
金昌	0.181	153	0.127	272	0.113	293	0.189	203
白銀	0.165	234	0.121	275	0.122	274	0.183	223
天水	0.164	238	0.11	287	0.127	244	0.184	217
武威	0.113	283	0.123	273	0.141	168	0.1	298
張掖	0.115	282	0.11	287	0.113	293	0.117	293
平涼	0.109	290	0.114	283	0.125	251	0.113	295
酒泉	0.111	289	0.116	280	0.142	162	0.134	287
慶陽	0.101	297	0.11	287	0.134	203	0.145	283
定西	0.106	293	0.109	290	0.13	232	0.158	267
隴南	0.102	296	0.105	293	0.146	146	0.149	278
西寧	0.201	105	0.181	100	0.223	75	0.259	72
銀川	0.239	76	0.174	114	0.233	68	0.285	61
石嘴山	0.161	249	0.118	276	0.145	150	0.204	170
吳忠	0.164	238	0.114	283	0.151	118	0.207	164
固原	0.149	264	0.105	293	0.137	187	0.226	125
中衛	0.15	262	0.1	297	0.142	162	0.198	185
烏魯木齊	0.209	97	0.195	74	0.221	78	0.249	83
克拉瑪依	0.171	209	0.16	151	0.132	218	0.213	151
香港	1	1	0.561	5	0.597	4	0.842	2
澳門	0.356	12	0.321	18	0.294	27	0.529	8
新北	0.191	120	0.191	84	0.23	69	0.408	28
臺北	0.323	26	0.361	13	0.404	9	0.443	18
台中	0.189	124	0.18	102	0.214	85	0.409	26
台南	0.186	135	0.19	86	0.213	87	0.407	30
高雄	0.188	126	0.181	100	0.221	78	0.411	25
基隆	0.183	149	0.191	84	0.214	85	0.408	28
新竹	0.179	160	0.187	89	0.217	83	0.403	31
嘉義	0.177	174	0.183	96	0.211	89	0.403	31

表 5.2.2 2014 年度活力指數二級指標分值及排名（續）

城市	應變力指數	排名	開放力指數	排名	行銷力指數	排名
北京	0.928	7	0.375	167	1	1
天津	0.933	4	0.655	4	0.422	7
石家莊	0.802	38	0.39	107	0.286	33
唐山	0.73	60	0.416	61	0.176	116
秦皇島	0.703	68	0.436	41	0.22	61
邯鄲	0.6	105	0.404	78	0.157	188
邢臺	0.419	178	0.402	83	0.154	208
保定	0.569	111	0.393	101	0.166	151
張家口	0.44	167	0.373	182	0.146	244
承德	0.385	197	0.343	286	0.146	244
滄州	0.542	122	0.393	101	0.162	169
廊坊	0.623	92	0.4	91	0.15	228
衡水	0.251	250	0.38	148	0.137	271
太原	0.659	82	0.401	87	0.208	68
大同	0.468	154	0.361	257	0.152	220
陽泉	0.312	236	0.363	248	0.152	220
長治	0.392	195	0.382	137	0.144	250
晉城	0.402	189	0.404	78	0.142	261
朔州	0.407	185	0.362	253	0.139	268
晉中	0.492	144	0.368	208	0.148	237
運城	0.351	215	0.364	242	0.14	265
忻州	0.236	254	0.361	257	0.153	214
臨汾	0.321	233	0.366	228	0.143	259
呂梁	0.361	209	0.391	106	0.142	261
呼和浩特	0.769	47	0.415	62	0.201	74
包頭	0.671	79	0.379	153	0.133	275
烏海	0.465	155	0.352	278	0.137	271
赤峰	0.423	176	0.372	186	0.139	268
通遼	0.41	181	0.362	253	0.126	281
鄂爾多斯	0.784	46	0.476	28	0.226	59
呼倫貝爾	0.461	157	0.366	228	0.133	275
巴彥淖爾	0.361	209	0.385	117	0.117	288
烏蘭察布	0.182	277	0.367	221	0.115	290
瀋陽	0.89	14	0.461	31	0.318	22
大連	0.932	5	0.528	18	0.375	11
鞍山	0.65	87	0.375	167	0.17	134
撫順	0.481	150	0.365	235	0.187	93
本溪	0.545	121	0.41	68	0.162	169
丹東	0.498	140	0.396	98	0.181	105
錦州	0.62	94	0.384	121	0.176	116
營口	0.711	65	0.415	62	0.203	72
阜新	0.458	158	0.374	177	0.193	82
遼陽	0.561	115	0.367	221	0.171	131
盤錦	0.538	124	0.379	153	0.175	121
鐵嶺	0.596	106	0.362	253	0.174	123
朝陽	0.447	161	0.359	263	0.19	89
葫蘆島	0.348	217	0.357	269	0.174	123
長春	0.83	31	0.426	50	0.262	45
吉林	0.638	90	0.377	159	0.186	97
四平	0.447	161	0.366	228	0.172	129
遼源	0.44	167	0.371	191	0.155	201
通化	0.482	149	0.379	153	0.167	144
白山	0.495	141	0.371	191	0.157	188
松原	0.495	141	0.366	228	0.175	121
白城	0.416	180	0.384	121	0.151	223
哈爾濱	0.795	41	0.4	91	0.285	34
齊齊哈爾	0.56	116	0.383	131	0.179	109
雞西	0.353	213	0.384	121	0.153	214
鶴崗	0.41	181	0.364	242	0.157	188
雙鴨山	0.395	192	0.369	201	0.167	144

表 5.2.2 2014 年度活力指數二級指標分值及排名（續）

城市	應變力指數	排名	開放力指數	排名	行銷力指數	排名
大慶	0.697	70	0.383	131	0.193	82
伊春	0.273	247	0.368	208	0.169	138
佳木斯	0.457	159	0.382	137	0.154	208
七台河	0.399	190	0.363	248	0.166	151
牡丹江	0.367	204	0.385	117	0.149	230
黑河	0.305	238	0.37	195	0.151	223
綏化	0.335	225	0.376	164	0.153	214
上海	0.978	2	0.608	6	1	1
南京	0.893	12	0.434	42	0.327	18
無錫	0.875	19	0.546	13	0.302	28
徐州	0.757	50	0.401	87	0.232	57
常州	0.845	25	0.483	26	0.232	57
蘇州	0.971	3	1	1	0.491	6
南通	0.833	30	0.507	20	0.254	47
連雲港	0.725	62	0.422	57	0.187	93
淮安	0.732	59	0.419	59	0.168	140
鹽城	0.749	53	0.431	45	0.145	246
揚州	0.748	54	0.444	38	0.154	208
鎮江	0.738	56	0.464	30	0.176	116
泰州	0.72	63	0.442	39	0.188	91
宿遷	0.623	92	0.38	148	0.154	208
杭州	0.897	9	0.607	8	0.416	8
寧波	0.889	15	0.579	10	0.313	25
溫州	0.807	37	0.394	100	0.273	38
嘉興	0.82	35	0.483	26	0.268	41
湖州	0.76	49	0.429	49	0.248	50
紹興	0.821	34	0.453	33	0.315	23
金華	0.707	67	0.399	93	0.187	93
衢州	0.694	71	0.383	131	0.189	90
舟山	0.8	39	0.426	50	0.242	52
台州	0.75	51	0.406	72	0.208	68
麗水	0.61	98	0.373	182	0.203	72
合肥	0.842	26	0.425	54	0.264	44
蕪湖	0.651	86	0.41	68	0.168	140
蚌埠	0.406	186	0.382	137	0.183	103
淮南	0.463	156	0.378	156	0.166	151
馬鞍山	0.484	147	0.389	111	0.16	179
淮北	0.366	206	0.364	242	0.168	140
銅陵	0.591	108	0.406	72	0.171	131
安慶	0.427	174	0.369	201	0.163	164
黃山	0.345	220	0.368	208	0.158	182
滁州	0.379	200	0.384	121	0.158	182
阜陽	0.319	234	0.373	182	0.174	123
宿州	0.281	244	0.376	164	0.156	196
六安	0.343	222	0.386	115	0.157	188
亳州	0.28	245	0.364	242	0.162	169
池州	0.357	212	0.366	228	0.167	144
宣城	0.361	209	0.378	156	0.166	151
福州	0.825	33	0.503	22	0.272	39
廈門	0.856	23	0.581	9	0.292	31
莆田	0.617	96	0.43	47	0.186	97
三明	0.61	98	0.38	148	0.17	134
泉州	0.787	44	0.557	11	0.22	61
漳州	0.718	64	0.461	31	0.18	107
南平	0.535	126	0.384	121	0.166	151
龍岩	0.653	85	0.401	87	0.185	100
寧德	0.522	133	0.374	177	0.179	109
南昌	0.793	43	0.42	58	0.268	41
景德鎮	0.443	165	0.377	159	0.181	105
萍鄉	0.434	173	0.37	195	0.191	86

表 5.2.2 2014 年度活力指數二級指標分值及排名（續）

城市	應變力指數	排名	開放力指數	排名	行銷力指數	排名
九江	0.51	136	0.403	81	0.165	160
新餘	0.533	127	0.399	93	0.176	116
鷹潭	0.417	179	0.368	208	0.164	163
贛州	0.486	146	0.425	54	0.151	223
吉安	0.365	208	0.405	77	0.147	239
宜春	0.44	167	0.39	107	0.167	144
撫州	0.287	241	0.382	137	0.156	196
上饒	0.334	226	0.406	72	0.163	164
濟南	0.877	18	0.397	95	0.354	13
青島	0.896	11	0.536	15	0.352	15
淄博	0.734	58	0.406	72	0.178	112
棗莊	0.625	91	0.371	191	0.174	123
東營	0.69	73	0.397	95	0.196	78
煙臺	0.799	40	0.505	21	0.287	32
濰坊	0.71	66	0.411	65	0.171	131
濟寧	0.674	77	0.392	104	0.191	86
泰安	0.677	76	0.368	208	0.21	66
威海	0.746	55	0.453	33	0.283	35
日照	0.575	110	0.445	37	0.18	107
萊蕪	0.538	124	0.367	221	0.169	138
臨沂	0.654	83	0.402	83	0.176	116
德州	0.596	106	0.38	148	0.173	128
聊城	0.686	74	0.375	167	0.258	46
濱州	0.603	102	0.385	117	0.17	134
菏澤	0.564	113	0.382	137	0.186	97
鄭州	0.829	32	0.543	14	0.277	37
開封	0.333	227	0.365	235	0.166	151
洛陽	0.51	136	0.383	131	0.172	129
平頂山	0.446	163	0.369	201	0.144	250
安陽	0.379	200	0.364	242	0.148	237
鶴壁	0.268	248	0.363	248	0.151	223
新鄉	0.384	198	0.384	121	0.144	250
焦作	0.327	230	0.378	156	0.149	230
濮陽	0.209	268	0.368	208	0.149	230
許昌	0.322	231	0.374	177	0.144	250
漯河	0.295	240	0.411	65	0.149	230
三門峽	0.403	187	0.387	114	0.133	275
南陽	0.376	202	0.374	177	0.147	239
商丘	0.542	122	0.366	228	0.25	49
信陽	0.227	258	0.371	191	0.134	273
周口	0.249	251	0.37	195	0.145	246
駐馬店	0.204	269	0.367	221	0.144	250
武漢	0.861	21	0.465	29	0.344	17
黃石	0.438	170	0.411	65	0.194	80
十堰	0.517	135	0.424	56	0.205	70
宜昌	0.654	83	0.382	137	0.161	176
襄陽	0.547	119	0.404	78	0.15	228
鄂州	0.495	141	0.375	167	0.158	182
荊門	0.479	151	0.382	137	0.177	115
孝感	0.394	194	0.384	121	0.152	220
荊州	0.333	227	0.377	159	0.167	144
黃岡	0.317	235	0.377	159	0.156	196
咸寧	0.339	223	0.382	137	0.157	188
隨州	0.2	271	0.372	186	0.156	196
長沙	0.853	24	0.393	101	0.293	30
株洲	0.602	103	0.375	167	0.183	103
湘潭	0.533	127	0.383	131	0.191	86
衡陽	0.424	175	0.388	112	0.157	188
邵陽	0.245	252	0.368	208	0.166	151
岳陽	0.547	119	0.365	235	0.184	101

表 5.2.2 2014 年度活力指數二級指標分值及排名（續）

城市	應變力指數	排名	開放力指數	排名	行銷力指數	排名
常德	0.345	220	0.382	137	0.195	79
張家界	0.346	219	0.357	269	0.246	51
益陽	0.278	246	0.375	167	0.147	239
郴州	0.45	160	0.382	137	0.192	84
永州	0.219	263	0.383	131	0.155	201
懷化	0.231	255	0.362	253	0.161	176
婁底	0.244	253	0.376	164	0.155	201
廣州	0.929	6	0.644	5	1	1
韶關	0.698	69	0.39	107	0.323	20
深圳	1	1	0.975	2	1	1
珠海	0.842	26	0.533	16	0.307	26
汕頭	0.729	61	0.413	64	0.254	47
佛山	0.86	22	0.531	17	0.267	43
江門	0.767	48	0.492	24	0.283	35
湛江	0.64	88	0.433	43	0.214	64
茂名	0.61	98	0.369	201	0.205	70
肇慶	0.66	81	0.449	35	0.184	101
惠州	0.817	36	0.555	12	0.214	64
梅州	0.438	170	0.397	95	0.178	112
汕尾	0.366	206	0.438	40	0.165	160
河源	0.389	196	0.431	45	0.188	91
陽江	0.403	187	0.408	70	0.162	169
清遠	0.501	139	0.43	47	0.159	180
東莞	0.884	17	0.692	3	0.322	21
中山	0.834	29	0.527	19	0.307	26
潮州	0.445	164	0.408	70	0.197	77
揭陽	0.533	127	0.402	83	0.154	208
雲浮	0.423	176	0.406	72	0.163	164
南寧	0.75	51	0.392	104	0.233	55
柳州	0.617	96	0.426	50	0.194	80
桂林	0.618	95	0.37	195	0.21	66
梧州	0.367	204	0.384	121	0.168	140
北海	0.437	172	0.402	83	0.179	109
防城港	0.527	131	0.446	36	0.155	201
欽州	0.336	224	0.401	87	0.201	74
貴港	0.306	237	0.39	107	0.155	201
玉林	0.3	239	0.403	81	0.167	144
百色	0.283	243	0.367	221	0.149	230
賀州	0.175	279	0.385	117	0.142	261
河池	0.136	286	0.37	195	0.138	270
來賓	0.213	265	0.369	201	0.144	250
崇左	0.178	278	0.426	50	0.141	264
海口	0.694	71	0.396	98	0.314	24
三亞	0.672	78	0.357	269	0.233	55
重慶	0.891	13	0.489	25	0.346	16
成都	0.872	20	0.494	23	0.327	18
自貢	0.285	242	0.374	177	0.165	160
攀枝花	0.41	181	0.358	267	0.166	151
瀘州	0.322	231	0.358	267	0.167	144
德陽	0.441	166	0.384	121	0.174	123
綿陽	0.601	104	0.368	208	0.222	60
廣元	0.197	273	0.372	186	0.162	169
遂寧	0.216	264	0.37	195	0.155	201
內江	0.23	257	0.368	208	0.162	169
樂山	0.369	203	0.353	277	0.156	196
南充	0.203	270	0.361	257	0.158	182
眉山	0.224	260	0.375	167	0.161	176
宜賓	0.397	191	0.368	208	0.149	230
廣安	0.198	272	0.369	201	0.153	214
達州	0.193	275	0.367	221	0.149	230

表 5.2.2 2014 年度活力指數二級指標分值及排名（續）

城市	應變力指數	排名	開放力指數	排名	行銷力指數	排名
雅安	0.231	255	0.372	186	0.143	259
巴中	0.135	287	0.34	289	0.153	214
資陽	0.222	262	0.365	235	0.157	188
貴陽	0.785	45	0.381	147	0.272	39
六盤水	0.224	260	0.368	208	0.17	134
遵義	0.395	192	0.344	283	0.178	112
安順	0.188	276	0.344	283	0.144	250
畢節	0.154	280	0.352	278	0.145	246
銅仁	0.139	283	0.352	278	0.144	250
昆明	0.842	26	0.388	112	0.354	13
曲靖	0.639	89	0.354	276	0.295	29
玉溪	0.491	145	0.369	201	0.187	93
保山	0.195	274	0.359	263	0.155	201
昭通	0.112	295	0.432	44	0.108	294
麗江	0.153	281	0.368	208	0.105	296
普洱	0.133	288	0.367	221	0.107	295
臨滄	0.124	289	0.365	235	0.112	293
拉薩	0.484	147	0.386	115	0.219	63
西安	0.794	42	0.419	59	0.367	12
銅川	0.352	214	0.377	159	0.131	279
寶雞	0.384	198	0.384	121	0.147	239
咸陽	0.565	112	0.38	148	0.162	169
渭南	0.347	218	0.357	269	0.14	265
延安	0.478	153	0.363	248	0.144	250
漢中	0.332	229	0.356	275	0.154	208
榆林	0.53	130	0.365	235	0.151	223
安康	0.227	258	0.357	269	0.147	239
商洛	0.109	296	0.364	242	0.12	284
蘭州	0.661	80	0.375	167	0.24	54
嘉峪關	0.408	184	0.359	263	0.134	273
金昌	0.268	248	0.36	262	0.145	246
白銀	0.213	265	0.373	182	0.14	265
天水	0.123	291	0.359	263	0.153	214
武威	0.113	294	0.365	235	0.124	282
張掖	0.139	283	0.344	283	0.116	289
平涼	0.124	289	0.348	281	0.124	282
酒泉	0.213	265	0.343	286	0.119	287
慶陽	0.121	292	0.341	288	0.1	298
定西	0.104	297	0.363	248	0.114	291
隴南	0.1	298	0.361	257	0.101	297
西寧	0.557	117	0.375	167	0.192	84
銀川	0.736	57	0.372	186	0.241	53
石嘴山	0.351	215	0.357	269	0.12	284
吳忠	0.139	283	0.348	281	0.131	279
固原	0.119	293	0.361	257	0.12	284
中衛	0.145	282	0.368	208	0.114	291
烏魯木齊	0.681	75	0.375	167	0.2	76
克拉瑪依	0.479	151	0.366	228	0.132	278
香港	0.924	8	0.608	6	1	1
澳門	0.897	9	0.15	291	0.4	9
新北	0.591	108	0.122	292	0.163	164
臺北	0.887	16	0.21	290	0.396	10
台中	0.563	114	0.114	293	0.166	151
台南	0.525	132	0.109	295	0.158	182
高雄	0.605	101	0.114	293	0.163	164
基隆	0.551	118	0.101	296	0.158	182
新竹	0.507	138	0.101	296	0.159	180
嘉義	0.522	133	0.1	298	0.157	188

5.3 城市能力指數二級指標分值及排名

能力指數包括經濟增長能力、社會保障能力、城市吸引能力、城市流通能力 4 個二級指標，反映城市通過整合各種資源實現經濟發展和社會進步的能力。經濟增長能力是城市提升自身競爭力最重要的能力之一，是一個城市可持續競爭力的重要表現。沒有經濟增長就不會有社會進步，經濟增長能力是城市發展的物質保證，是城市綜合競爭力提升的引擎。沒有經濟增長，城市就業、教育、醫療、娛樂甚至城市形象都不會得到相應改善。當然在關注經濟增長時還必須考慮成本投入。當經濟增長帶來更多擁擠、污染、存貨增加時，反而會阻礙社會進步，因此要追求可持續的經濟增長。

經濟增長能力體現了城市效率，城市社會保障能力則體現了城市的公平，社會發展不僅要追求高效率，並且要兼顧社會公平的實現。現代社會，公平的概念在人們意識中變得愈加清晰和重要，任何不公平現象都會遭到鄙視和譴責，甚至引起一定程度的社會矛盾，不利於社會和諧。所以實現社會公平是社會進步的重要標誌。社會公平的含義之一是機會平等，就是說城市居民應在教育、就業等方面具有相同的機會，這可以通過適齡兒童入學率和就業率來體現；另外是結果均等，也就是說社會中貧富差距不應過大，社會保障覆蓋率及醫療保障覆蓋率要高。但社會公平並不是不允許任何差距的存在，它承認個人天賦能力的差別、承認後天努力的差別等一切合理合法差別。

城市吸引能力體現了城市集聚各種資源的能力，這些資源不僅包括國內資源，同時包括國外資源。現代城市之間的競爭是人才、資本、市場的競爭，誰能在競爭中獲取更多資源，誰就能在競爭中脫穎而出。而城市只有在其充滿各種創業機會、富有競爭力的時候才會集聚各種資源。所以城市起初都是充分利用本區域的優勢資源發展優勢產業，繼而再通過集聚區域外資源發展壯大，集聚能力又會提升城市競爭力，這是一個良性循環過程。

城市流通能力是城市在人流、物流、資金流與信息流樞紐作用的實現能力，具有區域經濟中心或國際經濟中心的城市是人流、物流、資金流與信息流的區域中心或國際中心，其實是資源集聚的體現。這樣城市的企業可以降低交易、生產要素運輸、產品運輸、信息的獲得等費用，從而有利於城市產業規模的擴大。

在 298 個城市能力指數排名中，有 166 個城市處於平均水平之上，占 55.7%。其中，東部地區 54 個，中部地區 45 個，西部地區 45 個，東北部地區 22 個。另外能力指數得分標準差為 0.143，比 2014 年的 0.151 有所下降，說明城市之間的能力差異有所下降。

能力指數的二級指標分值與排名見表 5.3.1。

表 5.3.1 2014 年度城市能力指數二級指標分值及排名

城市	經濟增長能力	排名	社會保障能力	排名	城市吸引能力	排名	城市流通能力	排名
北京	0.742	130	0.977	2	0.748	7	0.965	2
天津	0.802	65	0.551	24	0.612	13	0.537	9
石家莊	0.647	218	0.231	207	0.389	40	0.333	44
唐山	0.632	229	0.259	172	0.284	82	0.37	29
秦皇島	0.605	240	0.265	154	0.281	86	0.219	117
邯鄲	0.528	269	0.224	218	0.275	92	0.279	64
邢臺	0.574	255	0.23	209	0.272	97	0.188	180
保定	0.816	52	0.209	241	0.274	94	0.25	81
張家口	0.647	218	0.224	218	0.262	108	0.165	225
承德	0.583	249	0.223	222	0.21	167	0.16	235
滄州	0.775	90	0.244	187	0.222	134	0.264	71
廊坊	0.704	170	0.242	193	0.235	117	0.251	79
衡水	0.815	53	0.197	261	0.222	134	0.178	202
太原	0.857	27	0.394	61	0.403	36	0.336	43

表 5.3.1 2014 年度城市能力指數二級指標分值及排名

城市	經濟增長能力	排名	社會保障能力	排名	城市吸引能力	排名	城市流通能力	排名
大同	0.977	2	0.244	187	0.226	124	0.227	107
陽泉	0.902	8	0.355	80	0.225	126	0.205	140
長治	0.854	29	0.275	144	0.22	143	0.195	160
晉城	1	1	0.303	113	0.225	126	0.195	160
朔州	0.747	118	0.275	144	0.218	148	0.214	126
晉中	0.795	72	0.27	148	0.22	143	0.195	160
運城	0.674	201	0.203	254	0.222	134	0.177	203
忻州	0.83	45	0.264	158	0.217	151	0.19	172
臨汾	0.793	75	0.251	177	0.222	134	0.203	146
呂梁	0.906	7	0.225	216	0.161	225	0.189	176
呼和浩特	0.778	85	0.385	64	0.357	50	0.276	65
包頭	0.609	237	0.39	62	0.248	113	0.289	60
烏海	0.569	258	0.304	112	0.168	203	0.225	110
赤峰	0.679	196	0.229	211	0.156	247	0.172	210
通遼	0.746	121	0.283	133	0.16	230	0.182	197
鄂爾多斯	0.73	139	0.336	87	0.206	172	0.364	31
呼倫貝爾	0.732	136	0.367	72	0.16	230	0.204	143
巴彥淖爾	0.538	267	0.263	162	0.151	260	0.158	239
烏蘭察布	0.547	265	0.206	247	0.132	293	0.11	291
瀋陽	0.701	173	0.356	79	0.475	24	0.402	21
大連	0.697	181	0.462	41	0.555	16	0.423	18
鞍山	0.658	213	0.343	83	0.284	82	0.289	60
撫順	0.664	208	0.36	77	0.267	103	0.213	128
本溪	0.729	142	0.459	42	0.291	78	0.227	107
丹東	0.76	104	0.295	122	0.277	90	0.225	110
錦州	0.708	166	0.318	102	0.277	90	0.244	88
營口	0.744	125	0.531	26	0.283	85	0.24	95
阜新	0.747	118	0.328	95	0.211	165	0.19	172
遼陽	0.732	136	0.349	81	0.226	124	0.232	100
盤錦	0.758	109	0.732	5	0.24	115	0.231	103
鐵嶺	0.718	153	0.263	162	0.206	172	0.183	193
朝陽	0.745	124	0.281	135	0.203	179	0.168	221
葫蘆島	0.69	186	0.249	180	0.16	230	0.192	169
長春	0.775	90	0.322	99	0.339	61	0.29	58
吉林	0.663	209	0.33	92	0.273	96	0.217	121
四平	0.763	100	0.287	129	0.219	145	0.165	225
遼源	0.886	13	0.435	50	0.219	145	0.161	231
通化	0.892	10	0.363	74	0.218	148	0.177	203
白山	0.78	81	0.505	30	0.216	154	0.188	180
松原	0.586	245	0.265	154	0.218	148	0.155	244
白城	0.868	25	0.308	109	0.216	154	0.15	254
哈爾濱	0.819	50	0.319	101	0.382	43	0.309	53
齊齊哈爾	0.501	276	0.278	141	0.27	98	0.177	203
雞西	0.555	261	0.269	150	0.216	154	0.185	190
鶴崗	0.678	198	0.312	105	0.216	154	0.156	242
雙鴨山	0.777	86	0.24	196	0.216	154	0.168	221
大慶	0.698	179	0.323	98	0.322	67	0.202	150
伊春	0.689	188	0.453	46	0.17	198	0.183	193
佳木斯	0.841	39	0.223	222	0.164	212	0.177	203
七台河	0.171	297	0.299	118	0.165	211	0.159	236
牡丹江	0.717	154	0.263	162	0.168	203	0.177	203
黑河	0.64	225	0.258	173	0.171	197	0.126	278
綏化	0.853	31	0.193	270	0.166	208	0.105	296
上海	0.698	179	0.633	10	0.749	5	0.866	4
南京	0.83	45	0.454	45	0.573	15	0.532	10
無錫	0.701	173	0.557	21	0.506	22	0.383	24
徐州	0.646	220	0.243	190	0.378	44	0.281	63
常州	0.842	37	0.384	67	0.437	30	0.339	40
蘇州	0.776	89	0.563	20	0.618	11	0.538	8

表 5.3.1 2014 年度城市能力指數二級指標分值及排名

城市	經濟增長能力	排名	社會保障能力	排名	城市吸引能力	排名	城市流通能力	排名
南通	0.685	191	0.308	109	0.394	38	0.351	37
連雲港	0.562	260	0.216	234	0.317	70	0.257	77
淮安	0.669	205	0.223	222	0.27	98	0.197	155
鹽城	0.666	207	0.293	124	0.269	101	0.23	104
揚州	0.66	212	0.279	139	0.325	65	0.267	68
鎮江	0.807	60	0.513	28	0.312	72	0.29	58
泰州	0.663	209	0.326	96	0.279	88	0.249	83
宿遷	0.746	121	0.248	181	0.262	108	0.19	172
杭州	0.709	163	0.586	15	0.553	17	0.513	11
寧波	0.772	94	0.459	42	0.542	19	0.469	15
溫州	0.708	166	0.371	70	0.455	28	0.371	27
嘉興	0.76	104	0.385	64	0.433	32	0.339	40
湖州	0.722	147	0.366	73	0.346	58	0.304	55
紹興	0.879	15	0.321	100	0.348	55	0.315	52
金華	0.872	23	0.376	68	0.348	55	0.341	39
衢州	0.527	271	0.358	78	0.252	111	0.211	133
舟山	0.752	113	0.427	55	0.353	52	0.328	47
台州	0.67	203	0.28	137	0.281	86	0.352	35
麗水	0.613	236	0.478	34	0.25	112	0.195	160
合肥	0.873	21	0.337	86	0.397	37	0.386	23
蕪湖	0.837	42	0.213	237	0.275	92	0.261	73
蚌埠	0.785	79	0.252	176	0.211	165	0.224	112
淮南	0.398	283	0.335	89	0.225	126	0.205	140
馬鞍山	0.879	15	0.24	196	0.225	126	0.244	88
淮北	0.386	286	0.194	267	0.224	130	0.193	167
銅陵	0.392	285	0.284	131	0.224	130	0.241	94
安慶	0.803	63	0.174	286	0.205	175	0.223	114
黃山	0.185	296	0.264	158	0.213	160	0.186	187
滁州	0.355	291	0.248	181	0.207	171	0.192	169
阜陽	0.1	298	0.198	259	0.199	185	0.248	85
宿州	0.716	155	0.19	274	0.205	175	0.183	193
六安	0.67	203	0.227	213	0.198	188	0.27	66
亳州	0.735	134	0.167	287	0.151	260	0.159	236
池州	0.229	295	0.261	169	0.155	252	0.197	155
宣城	0.89	11	0.203	254	0.158	241	0.207	137
福州	0.852	32	0.363	74	0.408	34	0.357	33
廈門	0.736	133	0.568	18	0.577	14	0.37	29
莆田	0.728	143	0.253	174	0.316	71	0.239	96
三明	0.77	97	0.265	154	0.311	73	0.217	121
泉州	0.832	44	0.332	90	0.366	49	0.325	49
漳州	0.824	49	0.226	214	0.332	63	0.216	124
南平	0.713	159	0.218	230	0.199	185	0.186	187
龍岩	0.63	231	0.277	142	0.201	182	0.213	128
寧德	0.809	57	0.264	158	0.199	185	0.189	176
南昌	0.753	112	0.311	107	0.342	60	0.284	62
景德鎮	0.734	135	0.265	154	0.217	151	0.143	263
萍鄉	0.81	56	0.298	119	0.221	140	0.188	180
九江	0.841	39	0.263	162	0.216	154	0.213	128
新餘	0.552	262	0.325	97	0.166	208	0.197	155
鷹潭	0.878	17	0.347	82	0.159	236	0.17	217
贛州	0.798	68	0.235	204	0.16	230	0.213	128
吉安	0.849	35	0.193	270	0.164	212	0.165	225
宜春	0.73	139	0.226	214	0.164	212	0.174	209
撫州	0.863	26	0.263	162	0.16	230	0.151	251
上饒	0.763	100	0.205	249	0.156	247	0.203	146
濟南	0.743	127	0.385	64	0.458	27	0.393	22
青島	0.76	104	0.33	92	0.532	20	0.42	19
淄博	0.71	162	0.417	57	0.29	79	0.357	33
棗莊	0.646	220	0.293	124	0.223	132	0.242	91

表 5.3.1 2014 年度城市能力指數二級指標分值及排名

城市	經濟增長能力	排名	社會保障能力	排名	城市吸引能力	排名	城市流通能力	排名
東營	0.725	144	0.371	70	0.233	119	0.242	91
煙臺	0.695	183	0.301	116	0.242	114	0.346	38
濰坊	0.777	86	0.31	108	0.234	118	0.352	35
濟寧	0.748	116	0.263	162	0.227	123	0.251	79
泰安	0.701	173	0.29	126	0.228	122	0.215	125
威海	0.752	113	0.329	94	0.24	115	0.267	68
日照	0.747	118	0.285	130	0.223	132	0.234	99
萊蕪	0.571	257	0.41	58	0.229	120	0.187	185
臨沂	0.719	150	0.243	190	0.219	145	0.306	54
德州	0.746	121	0.248	181	0.221	140	0.224	112
聊城	0.697	181	0.241	194	0.172	196	0.195	160
濱州	0.723	146	0.27	148	0.17	198	0.23	104
菏澤	0.772	94	0.239	198	0.159	236	0.239	96
鄭州	0.609	237	0.276	143	0.388	41	0.431	17
開封	0.803	63	0.179	284	0.212	162	0.151	251
洛陽	0.668	206	0.238	199	0.222	134	0.266	70
平頂山	0.582	250	0.224	218	0.163	218	0.2	153
安陽	0.575	253	0.215	235	0.159	236	0.23	104
鶴壁	0.878	17	0.296	121	0.173	194	0.186	187
新鄉	0.689	188	0.218	230	0.168	203	0.21	134
焦作	0.705	169	0.268	151	0.175	192	0.226	109
濮陽	0.779	84	0.213	237	0.162	223	0.141	265
許昌	0.709	163	0.185	279	0.164	212	0.205	140
漯河	0.699	177	0.313	104	0.173	194	0.14	266
三門峽	0.804	61	0.308	109	0.167	206	0.171	212
南陽	0.627	234	0.238	199	0.152	256	0.207	137
商丘	0.599	242	0.202	256	0.151	260	0.218	119
信陽	0.58	251	0.251	177	0.141	287	0.158	239
周口	0.681	194	0.139	295	0.146	276	0.159	236
駐馬店	0.737	132	0.218	230	0.146	276	0.19	172
武漢	0.826	47	0.449	48	0.491	23	0.501	12
黃石	0.708	166	0.298	119	0.269	101	0.196	158
十堰	0.73	139	0.282	134	0.266	105	0.171	212
宜昌	0.849	35	0.29	126	0.169	200	0.232	100
襄陽	0.754	110	0.266	153	0.161	225	0.196	158
鄂州	0.811	54	0.535	25	0.169	200	0.153	249
荊門	0.719	150	0.3	117	0.162	223	0.171	212
孝感	0.722	147	0.245	186	0.163	218	0.154	245
荊州	0.704	170	0.157	291	0.154	253	0.161	231
黃岡	0.651	214	0.204	251	0.15	267	0.148	256
咸寧	0.743	127	0.267	152	0.148	271	0.154	245
隨州	0.682	192	0.253	174	0.149	270	0.137	271
長沙	0.795	72	0.362	76	0.455	28	0.408	20
株洲	0.679	196	0.336	87	0.274	94	0.254	78
湘潭	0.78	81	0.247	184	0.221	140	0.188	180
衡陽	0.793	75	0.224	218	0.213	160	0.232	100
邵陽	0.714	158	0.196	264	0.209	169	0.18	199
岳陽	0.602	241	0.303	113	0.217	151	0.219	117
常德	0.552	262	0.223	222	0.212	162	0.18	199
張家界	0.482	278	0.243	190	0.206	172	0.136	272
益陽	0.711	161	0.261	169	0.158	241	0.157	241
郴州	0.767	98	0.195	265	0.263	107	0.217	121
永州	0.609	237	0.238	199	0.15	267	0.139	268
懷化	0.796	71	0.244	187	0.157	245	0.327	48
婁底	0.709	163	0.208	243	0.156	247	0.195	160
廣州	0.839	41	0.552	23	0.734	8	0.774	5
韶關	0.597	243	0.158	290	0.412	33	0.218	119
深圳	0.804	61	0.637	9	1	1	1	1
珠海	0.775	90	0.593	13	0.613	12	0.333	44

表 5.3.1 2014 年度城市能力指數二級指標分值及排名

城市	經濟增長能力	排名	社會保障能力	排名	城市吸引能力	排名	城市流通能力	排名
汕頭	0.701	173	0.474	36	0.519	21	0.245	87
佛山	0.63	231	0.556	22	0.674	10	0.461	16
江門	0.64	225	0.489	33	0.405	35	0.303	56
湛江	0.566	259	0.197	261	0.369	46	0.214	126
茂名	0.574	255	0.473	37	0.304	77	0.142	264
肇慶	0.748	116	0.499	31	0.324	66	0.154	245
惠州	0.837	42	0.511	29	0.435	31	0.33	46
梅州	0.428	280	0.432	51	0.2	184	0.144	262
汕尾	0.58	251	0.215	235	0.209	169	0.147	258
河源	0.518	272	0.207	244	0.201	182	0.134	273
陽江	0.76	104	0.403	59	0.205	175	0.17	217
清遠	0.43	279	0.491	32	0.212	162	0.189	176
東莞	0.744	125	0.846	3	0.981	3	0.501	12
中山	0.713	159	0.588	14	0.676	9	0.371	27
潮州	0.63	231	0.236	203	0.284	82	0.208	136
揭陽	0.704	170	0.453	46	0.222	134	0.163	229
雲浮	0.649	217	0.467	39	0.202	181	0.171	212
南寧	0.777	86	0.28	137	0.32	68	0.338	42
柳州	0.784	80	0.295	122	0.327	64	0.204	143
桂林	0.732	136	0.204	251	0.32	68	0.199	154
梧州	0.825	48	0.206	247	0.258	110	0.127	277
北海	0.795	72	0.263	162	0.267	103	0.184	191
防城港	0.912	6	0.342	84	0.161	225	0.209	135
欽州	0.589	244	0.194	267	0.144	280	0.182	197
貴港	0.551	264	0.183	281	0.145	278	0.138	269
玉林	0.632	229	0.186	276	0.148	271	0.162	230
百色	0.72	149	0.201	257	0.148	271	0.171	212
賀州	0.642	223	0.186	276	0.151	260	0.108	293
河池	0.495	277	0.194	267	0.144	280	0.146	260
來賓	0.384	288	0.222	226	0.144	280	0.117	288
崇左	0.635	228	0.231	207	0.144	280	0.119	284
海口	0.78	81	0.316	103	0.371	45	0.358	32
三亞	0.88	14	0.475	35	0.307	75	0.244	88
重慶	0.584	247	0.396	60	0.473	25	0.918	3
成都	0.811	54	0.425	56	0.553	17	0.63	6
自貢	0.675	200	0.222	226	0.205	175	0.156	242
攀枝花	0.699	177	0.372	69	0.229	120	0.268	67
瀘州	0.677	199	0.207	244	0.203	179	0.172	210
德陽	0.681	194	0.225	216	0.266	105	0.236	98
綿陽	0.575	253	0.211	240	0.305	76	0.184	191
廣元	0.586	245	0.195	265	0.142	286	0.169	220
遂寧	0.687	190	0.1	298	0.159	236	0.14	266
內江	0.651	214	0.204	251	0.16	230	0.146	260
樂山	0.651	214	0.222	226	0.158	241	0.204	143
南充	0.691	185	0.179	284	0.152	256	0.15	254
眉山	0.765	99	0.23	209	0.152	256	0.147	258
宜賓	0.503	275	0.213	237	0.147	275	0.175	208
廣安	0.541	266	0.149	293	0.137	291	0.126	278
達州	0.617	235	0.207	244	0.144	280	0.168	221
雅安	0.693	184	0.264	158	0.161	225	0.187	185
巴中	0.643	222	0.193	270	0.15	267	0.118	285
資陽	0.536	268	0.197	261	0.138	290	0.13	275
貴陽	0.888	12	0.289	128	0.35	54	0.372	26
六盤水	0.851	33	0.232	206	0.154	253	0.223	114
遵義	0.64	225	0.151	292	0.141	287	0.194	166
安順	0.725	144	0.219	229	0.144	280	0.118	285
畢節	0.789	78	0.165	288	0.139	289	0.107	295
銅仁	0.663	209	0.182	282	0.133	292	0.108	293
昆明	0.851	33	0.428	54	0.356	51	0.376	25

表 5.3.1 2014 年度城市能力指數二級指標分值及排名

城市	經濟增長能力	排名	社會保障能力	排名	城市吸引能力	排名	城市流通能力	排名
曲靖	0.763	100	0.163	289	0.21	167	0.154	245
玉溪	0.791	77	0.303	113	0.279	88	0.17	217
保山	0.869	24	0.238	199	0.164	212	0.117	288
昭通	0.772	94	0.137	297	0.156	247	0.1	298
麗江	0.946	4	0.218	230	0.174	193	0.138	269
普洱	0.854	29	0.205	249	0.167	206	0.148	256
臨滄	0.902	8	0.18	283	0.169	200	0.114	290
拉薩	0.922	5	0.517	27	0.287	80	0.203	146
西安	0.799	67	0.34	85	0.46	26	0.499	14
銅川	0.857	27	0.389	63	0.164	212	0.166	224
寶雞	0.763	100	0.261	169	0.163	218	0.201	152
咸陽	0.797	69	0.235	204	0.163	218	0.189	176
渭南	0.954	3	0.247	184	0.166	208	0.193	167
延安	0.719	150	0.331	91	0.156	247	0.191	171
漢中	0.752	113	0.312	105	0.151	260	0.161	231
榆林	0.584	247	0.241	194	0.151	260	0.206	139
安康	0.759	108	0.198	259	0.148	271	0.161	231
商洛	0.878	17	0.229	211	0.158	241	0.118	285
蘭州	0.842	37	0.279	139	0.338	62	0.259	75
嘉峪關	0.319	293	0.429	53	0.186	189	0.25	81
金昌	0.528	269	0.281	135	0.163	218	0.153	249
白銀	0.743	127	0.272	147	0.161	225	0.188	180
天水	0.674	201	0.186	276	0.151	260	0.125	280
武威	0.808	58	0.209	241	0.159	236	0.133	274
張掖	0.797	69	0.275	144	0.153	255	0.164	228
平涼	0.51	274	0.185	279	0.152	256	0.128	276
酒泉	0.8	66	0.284	131	0.177	191	0.183	193
慶陽	0.716	155	0.139	295	0.145	278	0.12	283
定西	0.775	90	0.191	273	0.157	245	0.122	282
隴南	0.715	157	0.188	275	0.1	298	0.104	297
西寧	0.873	21	0.25	179	0.286	81	0.242	91
銀川	0.808	58	0.456	44	0.27	98	0.249	83
石嘴山	0.69	186	0.449	48	0.113	294	0.213	128
吳忠	0.754	110	0.149	293	0.112	296	0.151	251
固原	0.74	131	0.2	258	0.113	294	0.109	292
中衛	0.818	51	0.469	38	0.112	296	0.125	280
烏魯木齊	0.874	20	0.431	52	0.308	74	0.32	50
克拉瑪依	0.682	192	0.463	40	0.182	190	0.246	86
香港	0.516	273	1	1	0.994	2	0.62	7
澳門	0.641	224	0.838	4	0.948	4	0.258	76
新北	0.355	291	0.64	7	0.369	46	0.319	51
臺北	0.379	289	0.719	6	0.749	5	0.296	57
台中	0.406	282	0.601	12	0.352	53	0.261	73
台南	0.393	284	0.607	11	0.343	59	0.223	114
高雄	0.364	290	0.638	8	0.348	55	0.264	71
基隆	0.313	294	0.574	16	0.367	48	0.179	201
新竹	0.407	281	0.572	17	0.387	42	0.203	146
嘉義	0.386	286	0.568	18	0.393	39	0.202	150

第六篇 2014 年度中國城市分項競爭力特徵分析

6.1 2014 年度中國城市綜合競爭力及分項競爭力特徵分析

城市作為人口集聚和政治、經濟、文化中心，歷來都在區域和國家發展中發揮著重要作用。中國作為發展中國家，城市在區域和國家發展中的中心地位和引擎作用更為突出。城市綜合競爭力指一個城市在一定區域範圍內集散資源、提供產品和服務的能力，是城市經濟、社會、科技、環境等綜合發展能力的集中體現。城市綜合競爭力，既針對其包含的各種發展要素所綜合形成的整體實力、發展效率及未來發展趨勢，也包括城市在整個社會中的作用和影響力。

一般地說，城市綜合競爭力主要包括城市經濟發展競爭力、社會發展競爭力、環境發展競爭力和文化發展競爭力，此為城市發展四維競爭力。目前階段，經濟發展競爭力仍然是城市綜合競爭力的最主要方面。如在新世紀加入 WTO 以及迎接經濟市場化、全球化發展挑戰等方面，城市綜合競爭力仍然將主要表現為城市經濟發展競爭力。但城市的經濟發展競爭力必須以社會發展競爭力為前提，因為社會發展競爭力可為城市維持及增強經濟發展競爭力提供良好的社會環境和原動力，如教育發展、科技進步形成的社會發展競爭力，可進一步增強城市經濟發展競爭力。穩定的社會環境、良好的生活質量和社會保障水平，是維持城市經濟發展競爭力的重要條件。環境發展競爭力則不僅是形成和維持城市經濟發展競爭力及社會發展競爭力的重要條件，而自然優美、舒適宜人的城市環境，是現代城市發展追求的更高層次目標。未來城市發展的競爭將主要表現為城市環境建設與發展方面，所以未來城市綜合競爭力將更加依賴於城市環境發展競爭力。廣義地理解，城市的環境建設與發展，也包括城市的城區規模及設施建設等，這些方面又構成城市發展以及維持和增強城市經濟、社會發展競爭力的物質基礎。可以說，沒有足夠的城區規模、先進的設施水平、優美的自然環境，就難以形成和維持更強的經濟發展競爭力及社會發展競爭力。文化作為城市軟實力的主要來源，對城市綜合競爭力有著意義非凡的影響。它不僅可以為城市綜合力的發展提供強大精神動力，也為其提供智力支援。文化創造經濟價值也塑造城市形象，已逐漸成為城市綜合競爭力的重要組成部分和標誌。只有城市的經濟、社會、環境這三方面的硬實力和文化軟實力四維有機結合，才能形成和增強城市發展的綜合競爭力。

綜上所述，《中國城市綜合競爭力比較評價體系》（以下如未作特殊說明，都簡稱《比較評價體系》）包含經濟、社會、環境和文化四大體系，體現了整個城市系統發展的規模、效率和增長，反應了城市在經營管理、創新、學習、合理資源配置以創造經濟價值和文化價值能力。《比較評價體系》包含一級指標 10 個，二級指標 50 個，三級指標 216 個。

在對中國城市綜合競爭力排名進行統計分析時發現，中國 298 個城市綜合競爭力得分是否服從正態性分佈的JB檢驗統計量為 2930.3，在 0%的統計顯著水平下拒絕了原假設，即說明城市綜合競爭力不服從正態分佈，偏度為 3.26，峰度為 16.91，說明中國城市綜合競爭力呈尖峰厚尾分佈，具有右偏性質。進一步分析發現，綜合競爭力的地區性不平衡現象依然存在，呈東強西弱格局，在 85 個綜合競爭力水平在平均水平之上的城市中，東部地區 58 個，占 68.24%，東北地區 6 個，占 7.06%，中部地區 8 個，占 9.41%，西部地區 13 個，占 15.29%[①]。同時，東部、中部、西部、東北地區城市綜合競爭力均值比較表明，東部地區城

[①]根據國家統計局 2011 年 6 月 13 號的劃分辦法，為科學反映中國不同區域的 社會經濟發展狀況，為黨中央、國務院制定區域發展政策提供依據，根據《中共中央、國務院關於促進中部地區崛起的若干意見》、《國務院發佈關於西部大開發若干政策措施的實施意見》以及黨的十六大報告的精神，將中國的經濟區域劃分為東部、中部、西部和東北四大地區。東部包括：北京、天津、河北、上海、江蘇、浙江、福建、山東、

市綜合競爭力均值(15.24)明顯要高於中部(-7.39)、西部地區(-9.05)、東北地區(-3.58)城市綜合競爭力均值，中部地區城市綜合競爭力均值要高於西部地區城市綜合競爭力均值，說明從城市綜合競爭力平均水平來看，中國城市綜合競爭力呈現出東部地區高於中部地區、西部地區、東北地區的兩極分化格局。進一步地，由不同地區城市綜合競爭力方差比較分析可以得出，東部地區最高，為 32.84，其次為東北地區，為 15.49，再次為西部地區，為 14.92，中部地區最低，為 11.17。由此可見，中部地區的城市綜合競爭力離散程度及差異程度要低一些，而東部地區的城市綜合競爭力離散程度及差異程度則非常高。另外，上述三個地區的離散程度較 2013 年都有所增加，說明不同區域內部城市之間綜合競爭力的分化也在擴大。

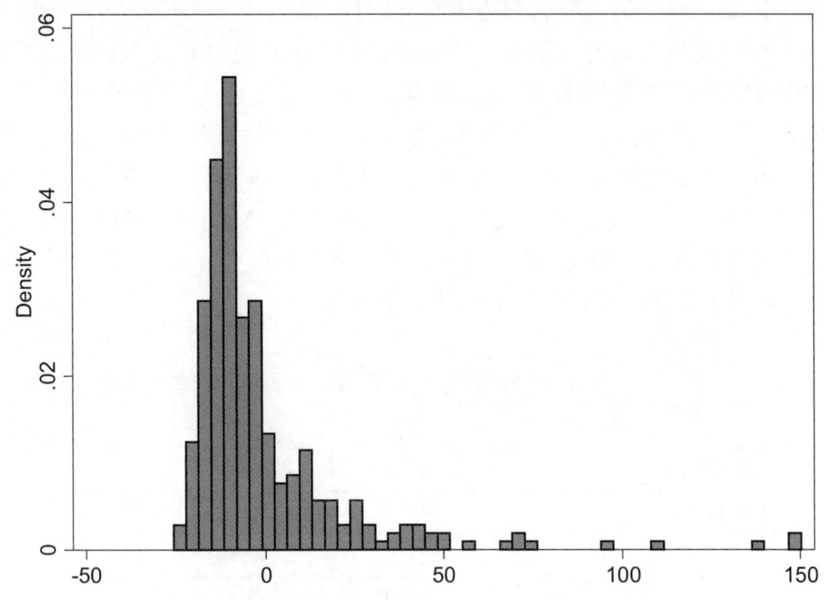

圖 6.1.1 城市綜合競爭力得分長條圖

表 6.1.1 城市綜合競爭力東、中、西、東北部地區比較

A				
	東部	中部	西部	東北
均值	15.24	-7.39	-9.05	-3.58
方差	32.84	11.17	14.92	15.49
樣本數	97	80	87	34
B				
	東中	東西	中西	東部東北
均值比較檢驗	0	0	0.42	0
方差比較檢驗	0	0	0.01	0
	中部東北	西部東北		
均值比較檢驗	0.14	0.08		
方差比較檢驗	0.02	0.76		

注：A 部分為實際值，B 部分為相應檢驗的 P 值

還進一步分析 10 項指標對綜合競爭力的相對重要性，即由綜合競爭力得分 [①]關於上述

廣東、海南和香港、澳門及臺灣地區。中部包括：山西、安徽、江西、河南、湖北和湖南。西部包括：內蒙古、廣西、重慶、四川、貴州、雲南、西藏、陝西、甘肅、青海、寧夏和新疆。東北包括：遼寧、吉林和黑龍江。

① 本篇當中所有分析都是用原始得分計算而得。

10 項指數做OLS回歸。結果表明（表 6.1.1），所有變量的系數都在 0%的顯著性水平下統計顯著，並且由VIF可以看出，不存在嚴重多重共線性。當經濟競爭力得分每增加 0.01，綜合競爭力得分增加 0.44。當產業競爭力得分每增加 0.01，綜合競爭力得分增加 0.24。當財政金融競爭力得分每增加 0.01，綜合競爭力得分增加 0.23。當商業貿易競爭力得分每增加 0.01，綜合競爭力得分增加 0.30。當基礎設施競爭力得分每增加 0.01，綜合競爭力得分增加 0.19。當社會體制競爭力得分每增加 0.01，綜合競爭力得分增加 0.20。當環境資源區位競爭力得分每增加 0.01，綜合競爭力得分增加 0.28。當人力資本教育競爭力得分每增加 0.01，綜合競爭力得分增加 0.23。當科技競爭力得分每增加 0.01，綜合競爭力得分增加 0.10。當文化形象競爭力得分每增加 0.01，綜合競爭力得分增加 0.24。

因此，對綜合競爭力而言，所有二級競爭力指標的重要性依次為經濟競爭力、商業貿易競爭力、環境資源區位競爭力、產業競爭力、文化形象競爭力、財政金融競爭力、人力資本教育競爭力、社會體制競爭力、基礎設施競爭力、科技競爭力（圖 6.1.2），而不是 2013 年的科技競爭力、社會體制競爭力、文化形象競爭力、經濟競爭力、產業競爭力、商業貿易競爭力、環境資源區位競爭力、基礎設施競爭力、財 政金融競爭力、人力資本教育競爭力，這說明隨著中國增長方式的轉變，由於許多地方經濟在轉型中處於非常困難境地，經濟競爭力、商業貿易競爭力、環境資源區位競爭力愈發重要。

表 6.1.2 城市綜合競爭力 OLS 回歸方程

變量	系數	t 值	P 值
經濟競爭力	43.99	14.88	0
產業競爭力	24.15	17.2	0
財政金融競爭力	23.48	9.01	0
商業貿易競爭力	30.01	9.61	0
基礎設施競爭力	19.40	11.11	0
社會體制競爭力	20.26	12.88	0
環境資源區位競爭力	28.08	21.83	0
人力資本教育競爭力	22.98	11.89	0
科技競爭力	10.46	3.41	0
文化競爭力	23.81	9.67	0
常數	-55.16	-209.95	0
F 統計量	11016	F 統計量 P 值	0
R 方	1	VIF	4.6

注：VIF 為膨脹因數，當其大於 10 時，表明引數存在嚴重多重共線性

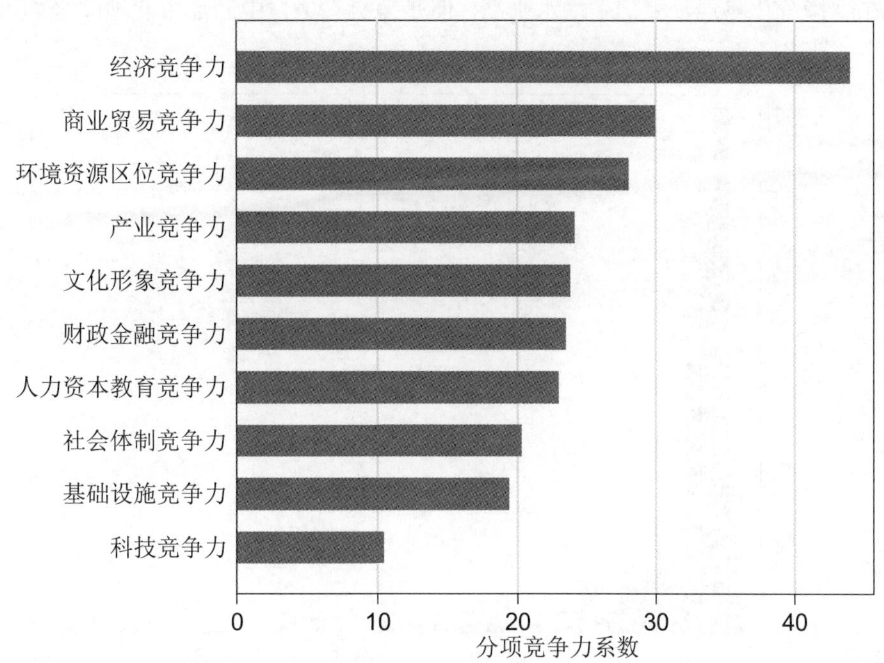

圖 6.1.2 各分項競爭力對綜合競爭力的影響大小

下文進一步分析各分項競爭力及其二項指標的特徵①：

6.1.1 經濟實力競爭力特徵分析

城市是一個經濟實體，是現代生產力的載體，是人類經濟活動在空間上的投影。城市經濟發展是城市居民生活水平提高的物質基礎，是城市物質文明建設和發展的保證。城市經濟競爭力反映了城市工業化程度，是城市綜合競爭力的基礎，表明一個城市的總體經濟發展水平和經濟發展階段。城市經濟競爭力強，意味著城市經濟整體實力雄厚，經濟運轉有效，穩定、健康、高速、有序發展，經濟水平發展階段有利於改善人民生活。

在對中國城市經濟競爭力進行統計分析發現，城市經濟競爭力的分佈特徵與綜合競爭力分佈特徵類似。具體地，298 個城市的經濟競爭力得分是否服從正態性分佈的 JB 檢驗統計量為 9051.5，在 0%的統計性顯著水平下拒絕了原假設，即說明城市經濟競爭力不服從正態分佈。偏度為 4.23，峰度為 28.64，說明中國城市經濟競爭力呈尖峰厚尾分佈，且具有右偏性質（圖 6.1.3）。進一步分析發現，經濟競爭力的地區性不平衡現象依然存在，呈東強西弱格局，在 81 個經濟競爭力水平在平均水平之上的城市中，東部地區 54 個，占 66.67%，東北地區 8 個，占 9.88%，中部地區 8 個，占 9.88%，西部地區 11 個，占 13.58%。東部、中部、西部、東北地區城市經濟競爭力的均值比較表明，東部地區的城市經濟競爭力均值(2.52)明顯高於中部地區(-1.19)、西部地區(-1.43)、東北地區(-0.73)城市經濟競爭力均值，說明從城市經濟競爭力平均水平來看，中國城市經濟競爭力呈現出東部地區高於中部地區、西部地區、東北地區的二級分化格局。進一步地，由不同地區城市經濟競爭力方差比較分析得出，東部地區最高，為 6.37，其次為東北地區，為 2.34，再次為西部地區，為 2.20，中部地區最低，為 1.70。由此可見，中部地區城市經濟競爭力離散程度及差異程度要低一些，而東部地區城市經濟競爭力離散程度及差異程度則非常高。總體來說，中國城市經濟競

①在此只是列出了排名前後 30 名的城市，並且對某項指數排名並列的城市並未加以特別地注明，詳細資料及排名見第 1 篇及本節後的有關內容。

爭力存在兩極分化格局，東部平均水平高，但是差異較大，中西部東北地區平均水平低，但是差異小（表 6.1.3）。

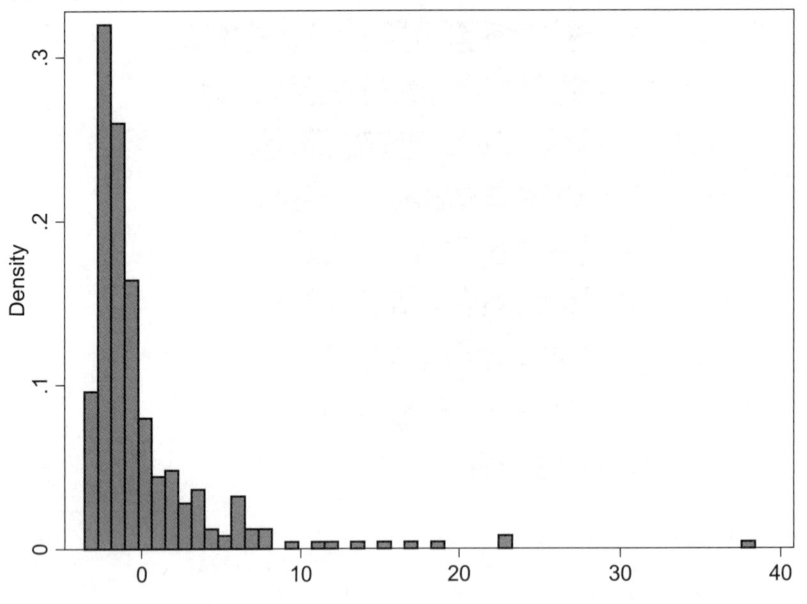

圖 6.1.3 城市經濟競爭力得分長條圖

表 6.1.3 城市經濟競爭力東、中、西、東北部地區比較

A				
	東部	中部	西部	東北
均值	2.52	-1.19	-1.43	-0.73
方差	6.37	1.7	2.2	2.34
樣本數	97	80	87	34
B				
	東中	東西	中西	東部東北
均值比較檢驗	0	0	0.43	0
方差比較檢驗	0	0	0.02	0
	中部東北	西部東北		
均值比較檢驗	0.24	0.13		
方差比較檢驗	0.02	0.62		

注：A 部分為實際值，B 部分為相應檢驗的 P 值

經濟競爭力包含城市規模指數、城市效率指數、城市國際吸引指數、城市居民生活指數四個維度。其中，城市規模是指城市的人口數量、面積和社會經濟實力。其中以城市人口規模作為城市規模的主要衡量標準，它體現了城市對人流、物流的集聚能力。城市規模的擴大能在一定程度上由於集聚效應而極大促進城市各方面發展，但到一定規模之後又不可避免的帶來城市病等負面效應。城市效率是指城市在單位時間內的人力、物力和財力投入創造或增值的物質產品或精神產品價值量。在中國當前城市化水平下，城市效率已經影響到城市生產力的發展水平，對城市經濟發展起著重要作用。它直接體現城市的發展是否處於一個積極的趨勢當中，關系著城市未來經濟走向。城市國際吸引指數度量城市獲取國外資源的能力，城市發展不僅僅要依靠城市本身，在經濟全球化的環境下，與國際合作，引進外資已成為增強城市經濟競爭力的主流手段。城市通過引進外資彌補資金短缺，通過吸引國際旅遊發展旅遊

業宣揚城市文化，提高城市綜合競爭力。城市發展最主要目的在於提高居民的生活水平和生活質量，提升居民的財富分享能力，優化居民消費結構及提升居民消費水平。城市居民生活的提高與城市經濟發展相互聯繫、相互促進。

通過上述四項指標對經濟競爭力的相對重要性分析發現(即由經濟競爭力得分關於上述 4 項指數做 OLS 回歸），結果表明（表 6.1.4），所有變量的系數都在 0%的顯著性水平下統計顯著，由 VIF 可看出，不存在嚴重多重共線性。當城市規模指數得分每增加 0.01，經濟競爭力得分增加 0.16。當城市效率指數得分每增加 0.01，經濟競爭力得分增加 0.10。當城市國際吸引指數得分每增加 0.01，經濟競爭力得分增加 0.21。當城市居民生活水平指數得分每增加 0.01，經濟競爭力得分增加 0.12。對經濟競爭力而言，二級指標的重要性依次為城市國際吸引指數、城市規模指數、城市居民生活水平指數、城市效率指數（圖 6.1.4），與 2013 年的城市城市效率指數、城市居民生活水平指數、城市國際吸引指數、城市規模指數存在較大差異。說明城市的國際吸引程度處於愈發重要的位置，因此，城市想要發展，應注重城市開放度。

表 6.1.4 城市經濟競爭力 OLS 回歸方程

變量	系數	t 值	P 值
城市規模指數	15.99	2824.62	0
城市效率指數	9.82	1180.21	0
城市國際吸引指數	20.5	1785	0
城市居民生活水平指數	11.53	1760.24	0
常數	-10.73	-7563.62	0
F 統計量	19662843	F 統計量 P 值	0
調整 R 方	1	VIF	2.12

注：VIF 為膨脹因數，當其大於 10 時，表明引數存在嚴重多重共線性

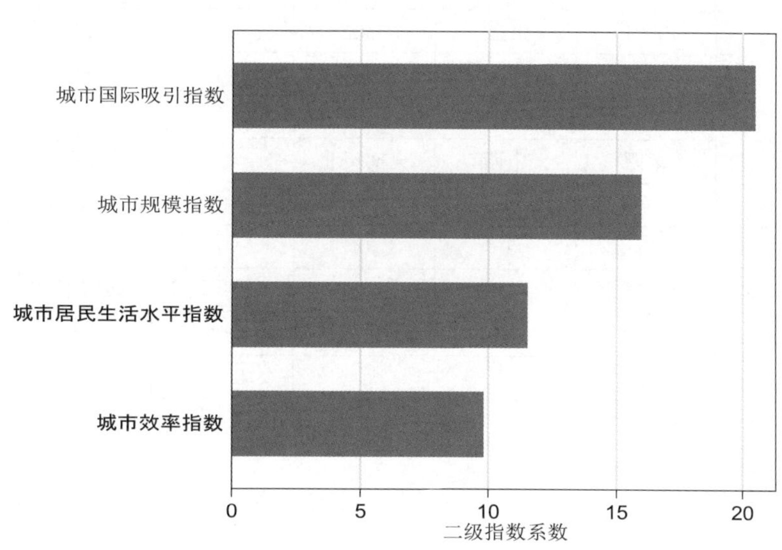

圖 6.1.4 各二級指數對經濟競爭力的影響大小

同時進一步分析城市經濟競爭力四項二級指標的分佈特徵，結果顯示，所有二級指標都

不服從正態分佈，並呈尖峰厚尾分佈，具有右偏性質[①]。另外，上述二級指標的東、中、西、東北部地區均值比較與方差比較表明（表 6.1.5），中國城市國際吸引平均水平存在明顯區域性差異，並呈東部地區、東北地區、中西部地區由高及低依次排列的三級階梯狀特徵。城市規模、城市效率、城市居民生活水平的平均水平雖存在區域性差異，但僅僅是呈東部地區明顯高於中西東北部地區的二級階梯狀特徵，而中部地區、西部地區和東北地區在上述指標上並不存在統計顯著差異。另外，從區域內部的差異性來看，與 2013 年一樣，東部地區雖然從整體來看各項指數水平比較高，但是其內部離散程度較大。從城市效率來看，中西部與東北地區城市的離散程度基本差不多。

表 6.1.5 城市經濟競爭力二級指標東、中、西、東北部地區比較

A	城市規模指數				城市效率指數			
	東部	中部	西部	東北	東部	中部	西部	東北
均值	0.3	0.22	0.21	0.22	0.22	0.16	0.17	0.19
方差	0.16	0.07	0.09	0.08	0.12	0.05	0.05	0.04
樣本數	97	80	87	34	97	80	87	34
B								
	東中	東西	中西	東部東北	東中	東西	中西	東部東北
均值比較檢驗	0	0	0.31	0.01	0	0	0.17	0.08
方差比較檢驗	0	0	0.12	0	0	0	0.18	0
	中部東北	西部東北			中部東北	西部東北		
均值比較檢驗	0.8	0.62			0.01	0.14		
方差比較檢驗	0.41	0.71			0.5	0.1		
A	城市國際吸引指數				城市居民生活水平指數			
	東部	中部	西部	東北	東部	中部	西部	東北
均值	0.15	0.11	0.11	0.12	0.28	0.19	0.18	0.2
方差	0.12	0.01	0.02	0.03	0.15	0.04	0.05	0.04
樣本數	97	80	87	34	97	80	87	34
B								
	東中	東西	中西	東部東北	東中	東西	中西	東部東北
均值比較檢驗	0	0	0.33	0.09	0	0	0.25	0
方差比較檢驗	0	0	0	0	0	0	0.09	0
	中部東北	西部東北			中部東北	西部東北		
均值比較檢驗	0.04	0.03			0.26	0.07		
方差比較檢驗	0	0			0.77	0.33		

注：A 部分為實際值，B 部分為相應檢驗的 P 值

[①] 由於篇幅所限，此處或下文中並未給出一些檢驗相應檢驗結果。如讀者有興趣，可向編者索取。

6.1.2 產業競爭力特徵分析

城市競爭力的競爭根本在於城市產業發展能力的競爭。城市產業競爭力是指某個城市特定產業在國內外市場競爭中優於其他城市或地區同一產業所具有的生存、發展以及獲取收益的能力，是城市整體產業通過對生產要素和資源的高效配置及轉換，穩定持續地生產出比競爭對手更多財富的能力。也就是在地域空間分異規律作用下，城市產業所具有的綜合運用當地生產要素和區位優勢獲得最大效益的能力。城市產業競爭力具有中觀性、綜合性、相對穩定性及動態性特點。

在對中國城市產業競爭力進行統計分析發現，298 個城市產業競爭力得分是否服從正態性分佈的 JB 檢驗統計量為 1376.4，在 0%的統計性顯著水平下拒絕了原假設，即說明城市產業競爭力不服從正態分佈。偏度為 2.42，峰度為 12.35，說明中國城市產業競爭力呈尖峰厚尾分佈，且具有右偏性質（圖 6.1.5）。進一步分析發現，產業競爭力地區性不平衡現象依然存在，呈東強西弱格局，在 108 個產業競爭力水平在平均水平之上的城市中，東部地區 62 個，占 57.41%，東北地區 9 個，占 8.33%。中部地區 23 個，占 21.3%，西部地區 14 個，占 12.96%。同時，東部、中部、西部、東北地區城市產業競爭力的均值比較表明，東部地區城市產業競爭力均值(4.99)明顯要高於中部(-1.44)、西部地區(-3.35)、東北地區(-2.26)，說明從城市產業競爭力平均水平來看，中國城市產業競爭力呈現出東部地區明顯高於中部地區、西部地區、東北地區的二級分化格局。進一步地，由不同地區城市產業競爭力方差比較分析可以得出，東部地區最高，為 10.48，其次為東北地區，為 6.46，再次為西部地區，為 5.05，中部地區最低，為 3.98。由此可見，中部地區的城市產業競爭力離散程度及差異程度要低一些，而東部地區的城市產業競爭力離散程度及差異程度則非常高，東北地區與西部地區由於一些特大城市的存在也呈現出較大的差異（表 6.1.6）。

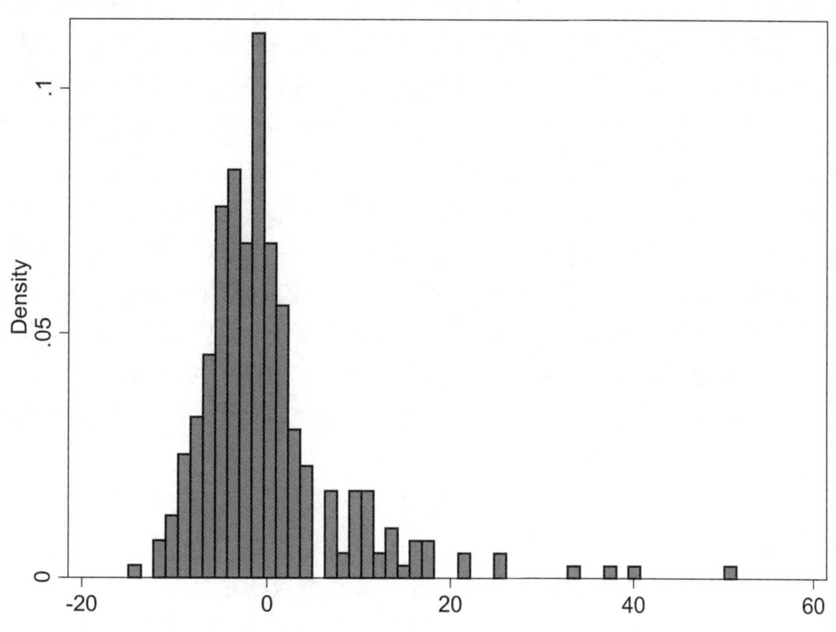

圖 6.1.5 城市產業競爭力得分長條圖

表 6.1.6 城市產業競爭力東、中、西、東北部地區比較

A				
	東部	中部	西部	東北
均值	4.99	-1.44	-3.35	-2.26
方差	10.48	3.98	5.05	6.46
樣本數	97	80	87	34
B				
	東中	東西	中西	東部東北
均值比較檢驗	0	0	0.01	0
方差比較檢驗	0	0	0.03	0
	中部東北	西部東北		
均值比較檢驗	0.41	0.33		
方差比較檢驗	0	0.07		

注：A 部分為實際值，B 部分為相應檢驗的 P 值

產業競爭力由產業規模指數、產業貢獻指數、產業效率指數、產業結構指數、產業國際化指數、產業集群水平指數分別體現。產業規模指數體現產業創造財富的規模，隨著規模擴大，產業創造的價值在一定程度上有所增長，然而規模過大也會導致規模不經濟，因此，評價產業規模成為評價產業競爭力的一項重要指標。產業貢獻指數是對城市產業市場影響力和其利稅貢獻能力的綜合反映。市場影響力提升產業創造價值的能力，成為產業軟實力的重要組成部分，對提高企業利稅貢獻能力有輔助作用。而產業利稅能力則是評價這個產業是否能成為城市主要發展產業的標準。產業效率反映了城市產業生產經營狀況以及價值的創造積累效率，效率創造價值，產業效率對產業的規模和貢獻有直接影響。它成為衡量產業價值多少的重要標準。產業結構是指各產業的構成及各產業之間的聯繫和比例關系。在經濟發展過程中，由於分工越來越細，產生了越來越多的生產部門。不同的生產部門，受到不同因素的影響和制約，會在增長速度、就業人數、在經濟總量中的比重、對經濟增長的推動作用等方面表現出很大差異。合理的產業結構，能促使城市經濟穩定有序高效運行。城市產業國際化指數顯示城市吸收國際資本能力及外資企業對城市的貢獻度。在城市產業結構當中，外資企業佔有越來越多的比重，外資企業促進城市經濟和產業發展，為城市引入更多資本、先進技術和管理理念，影響城市競爭力。產業集群是指在一個特定區域的一個特別領域，一組相互關聯的公司、供應商、關聯產業和專門化的制度和協會集聚起來，通過這種區域集聚形成有效的市場競爭，構建出專業化生產要素集聚窪地，使企業共用區域公共設施、市場環境和外部經濟，降低信息流和物流成本，形成區域集聚效應、規模效應、外部效應和區域競爭力。產業集群指數則反映了城市產業的集聚水平。

進一步分析上述 6 項指標對產業競爭力的相對重要性，即由產業競爭力得分關於上述 6 項指數做 OLS 回歸。結果表明（表 6.1.7），所有變數的系數都在 0%的顯著性水平下統計顯著，由 VIF 可以看出，不存在嚴重多重共線性。當產業規模指數得分每增加 0.01，產業競爭力得分增加 0.12。當產業貢獻指數得分每增加 0.01，產業競爭力得分增加 0.14。當產業效率指數得分每增加 0.01，產業競爭力得分增加 0.13。當產業結構指數得分每增加 0.01，產業競爭力得分增加 0.18。當產業國際化指數得分每增加 0.01，產業競爭力得分增加 0.15。當產業集群指數得分每增加 0.01，產業競爭力得分增加 0.16。所以，對產業競爭力而言，其二級指標的重要性依次為產業結構指數、產業集群指數、產業國際化指數、產業貢獻指數、產業效率指數、產業規模指數（圖 6.1.6），與 2013 年的產業結構指數、產業國際化指數、產業集群指數、產業貢獻指數、產業效率指數、產業規模指數有所變化，不過產業集群指數

指數的重要性有所提升。

表 6.1.7 城市產業競爭力 OLS 回歸方程

變量	系數	t 值	P 值
產業規模指數	12.43	1106.05	0
產業貢獻指數	13.87	1044.93	0
產業效率指數	12.68	2569	0
產業結構指數	17.91	2154.82	0
產業國際化指數	14.62	1620.72	0
產業集群指數	15.61	1715.63	0
常數	-27.7	-7080.14	0
F 統計量	30682322	F 統計量 P 值	0
R 方	1	VIF	3.63

注：VIF 為膨脹因數，當其大於 10 時，表明引數存在嚴重多重共線性

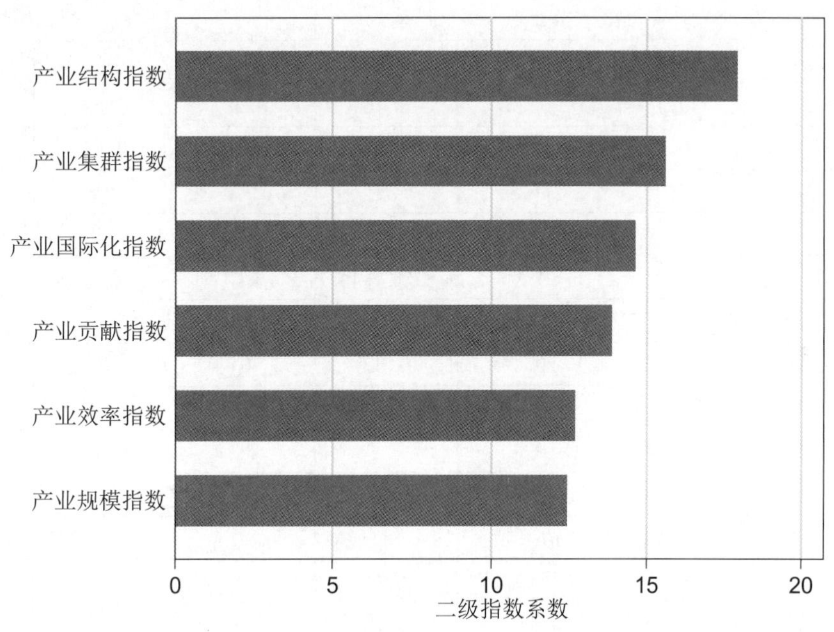

圖 6.1.6 各二級指數對產業競爭力的影響大小

進一步分析城市產業競爭力六項二級指標的分佈特徵，結果顯示，所有二級指標也都不服從正態分佈，並呈尖峰厚尾分佈，具有右偏性質[①]。上述二級指標的東、中、西、東北部地區均值比較與方差比較表明（表 6.1.8），從平均水平來看，中國城市產業規模指數、產業貢獻指數存在區域性差異，呈東部地區比中西東北部地區高的二級階梯狀特徵。產業結構指數卻呈現東部地區、中部地區、西部東北地區從高及低的三級階梯狀特徵。產業國際化指數呈現東部地區、中部東北地區、西部地區從高及低的三級階梯狀特徵。產業結構指數呈現東部地區、東北地區、中西部地區從高及低的三級階梯狀特徵。另外，從區域內部的差異性來看，東部地區雖然從整體來看各項指數的水平比較高，但是除產業效率指數之外都比其它二級指數內部的離散程度比較大。而所有地區產業效率指數的平均水平與離散程度並不呈現

① 由於篇幅所限，此處或下文中並未給出一些檢驗相應檢驗結果。如讀者有興趣，可向編者索取。

顯著性差異，說明產業效率的差異相對比較小。

表 6.1.8 城市產業競爭力二級指標東、中、西、東北部地區比較

A	產業規模指數				產業貢獻指數			
	東部	中部	西部	東北	東部	中部	西部	東北
均值	0.28	0.19	0.16	0.19	0.28	0.19	0.16	0.18
方差	0.16	0.07	0.09	0.09	0.16	0.05	0.05	0.08
樣本數	97	80	87	34	97	80	87	34
B								
	東中	東西	中西	東部東北	東中	東西	中西	東部東北
均值比較檢驗	0	0	0.05	0	0	0	0	0
方差比較檢驗	0	0	0.1	0	0	0	0.98	0
	中部東北	西部東北			中部東北	西部東北		
均值比較檢驗	0.99	0.16			0.82	0.1		
方差比較檢驗	0.18	0.92			0	0		
A	產業效率指數				產業結構指數			
	東部	中部	西部	東北	東部	中部	西部	東北
均值	0.5	0.48	0.43	0.46	0.58	0.54	0.51	0.48
方差	0.14	0.11	0.13	0.12	0.12	0.07	0.09	0.13
樣本數	97	80	87	34	97	80	87	34
B								
	東中	東西	中西	東部東北	東中	東西	中西	東部東北
均值比較檢驗	0.33	0	0	0.07	0	0	0.02	0
方差比較檢驗	0.04	0.69	0.1	0.32	0	0	0.04	0.51
	中部東北	西部東北			中部東北	西部東北		
均值比較檢驗	0.21	0.31			0	0.12		
方差比較檢驗	0.59	0.48			0	0		
A	產業國際化指數				企業集群指數			
	東部	中部	西部	東北	東部	中部	西部	東北
均值	0.26	0.15	0.13	0.15	0.31	0.22	0.23	0.26
方差	0.17	0.04	0.04	0.05	0.16	0.07	0.08	0.08
樣本數	97	80	87	34	97	80	87	34
B								
	東中	東西	中西	東部東北	東中	東西	中西	東部東北
均值比較檢驗	0	0	0.02	0	0	0	0.42	0.09
方差比較檢驗	0	0	0.53	0	0	0	0.2	0
	中部東北	西部東北			中部東北	西部東北		
均值比較檢驗	0.73	0.05			0.01	0.06		
方差比較檢驗	0.06	0.15			0.35	0.97		

注：A 部分為實際值，B 部分為相應檢驗的 P 值

6.1.3 財政金融競爭力特徵分析

城市財政是在城市範圍內利用價值形式對社會產品和國民收入進行分配與再分配的工具。城市財政促進城市建設及各項社會事業的發展，為市居生活提供保障。城市金融競爭力表現為城市所擁有、控制或可利用的金融資源數量，獲得的便利性、成本以及城市金融產業發展狀況，金融基礎設施建設現狀，金融人才競爭力，及其制度環境因素和開放程度等。城市金融競爭力評價以能夠全面、客觀地反映城市金融產業現狀和城市金融業發展潛力為目標，深入客觀地分析城市金融業發展的優勢及不足，對城市更好地發展金融業有著重要意義。

在對中國城市財政金融競爭力進行統計分析發現，298 個城市的財政金融競爭力得分是否服從正態性分佈的 JB 檢驗統計量為 10325.6，在 0%的統計性顯著水平下拒絕了原假設，說明財政金融競爭力不服從正態分佈。偏度為 4.48，峰度為 30.41，說明財政金融競爭力呈尖峰厚尾分佈，具有右偏性質（圖 6.1.7）。進一步分析發現，財政金融競爭力地區性不平衡現象依然存在，呈東強西弱格局，在 90 個財政金融競爭力水平處在平均水平之上的城市中，東部地區 58 個，占 64.44%，東北地區 5 個，占 5.56%。中部地區 10 個，占 11.11%，西部地區 17 個，占 18.89%。同時，東部、中部、西部、東北地區城市財政金融競爭力的均值比較表明，東部地區城市財政金融競爭力均值(3.88)明顯要高於中部(-2.25)、西部地區(-1.84)、東北地區(-1.06)的均值，說明從城市財政金融競爭力的平均水平來看，城市財政金融競爭力同樣呈現出東部地區高於中部地區、西部地區、東北地區的兩極分化格局。進一步地，由不同地區城市財政金融競爭力方差比較分析得出，東部地區最高，為 10.49，其次為西部地區，為 4.00，再次為東北地區，為 3.40，中部地區最低，為 3.07。由此可見，中部地區城市財政金融競爭力離散程度及差異程度要低一些，而東部地區城市財政金融競爭力離散程度及差異程度則非常高（表 6.1.9）。

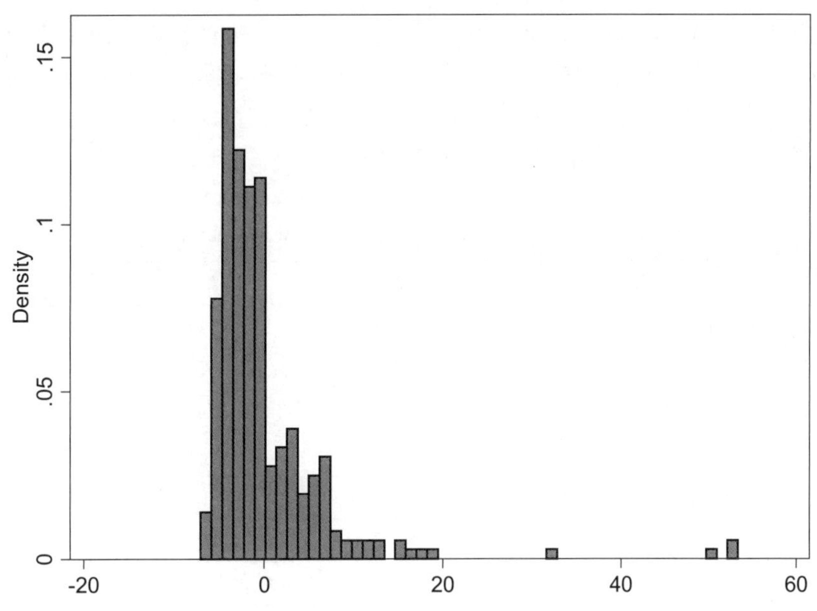

圖 6.1.7 城市財政金融競爭力得分長條圖

表 6.1.9 城市財政金融競爭力東、中、西、東北部地區比較

A				
	東部	中部	西部	東北
均值	3.88	-2.25	-1.84	-1.06
方差	10.49	3.07	4	3.4
樣本數	97	80	87	34
B				
	東中	東西	中西	東部東北
均值比較檢驗	0	0	0.46	0.01
方差比較檢驗	0	0	0.02	0
	中部東北	西部東北		
均值比較檢驗	0.07	0.31		
方差比較檢驗	0.47	0.29		

注：A 部分為實際值，B 部分為相應檢驗的 P 值

產業競爭力由財政金融規模指數、財政金融效率指數、金融資本質量指數、金融資本可獲得指數、金融業人力資本指數綜合而成。財政金融規模指數，反映城市的財政實力、財政收入、支出能力，體現了城市財政資金供應總量和資本使用規模。同時也反映了城市金融業發展規模，主要為金融機構交易量。相對于財政金融規模指數，財政金融效率指數更關注財政實力和金融現金流量的人均水平和人均增長率。通過對財政金融效率的分析，更能體現城市在財政金融方面真實情況和發展趨勢。金融資本質量指數，意在分析城市資本使用率和資本充裕情況，反應城市資本的使用質量。資本使用率的提高有利於提高財政金融規模，為金融機構獲取更多經濟利益。資本充裕指數反應金融機構佔有的資本規模，是金融機構可持續發展的保障。金融資本可獲得指數反應了城市企業和居民獲得資本的難易程度，資本包含銀行資本、證券市場資本和民間及風險資本。高的金融資本可獲得指數促進企業發展，提高人民生活和消費水平，是城市金融業的活力體現。過高的資本可獲得指數則會提高金融機構風險。金融業人力資本指數反應了金融業從業人數以及其占城市總人口的比重。它反應了城市金融業活力和發達程度以及其對金融產業的重視程度。

表 6.1.10 城市財政金融競爭力 OLS 回歸方程

變量	系數	t 值	P 值
財政金融規模指數	15.67	725.59	0
財政金融效率指數	18.08	2316.52	0
金融資本質量指數	12.55	2445.71	0
金融資本可獲得指數	17.19	893.13	0
金融業人力資本指數	19.5	854.13	0
常數	-18.45	-7700.8	0
F 統計量	27840735	F 統計量 P 值	0
R 方	1	VIF	6.76

注：VIF 為膨脹因數，當其大於 10 時，表明引數存在嚴重多重共線性

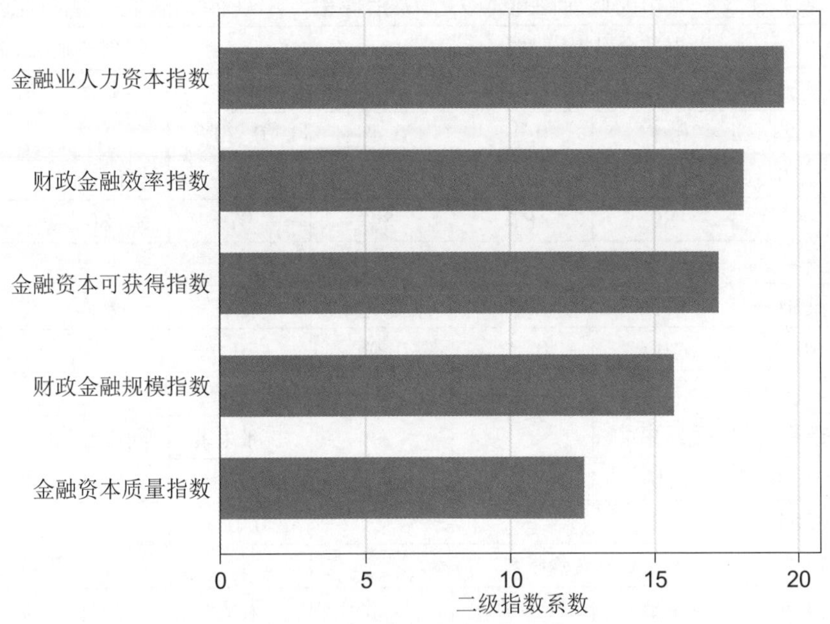

圖 6.1.8 各二級指數對財政金融競爭力的影響大小

進一步分析上述 5 項指標對財政金融競爭力的相對重要性，即由財政金融競爭力得分關於上述 5 項指數做 OLS 回歸。結果表明（表 6.1.10），所有變量的系數都在 1%的顯著性水平下統計顯著，由 VIF 可以看出，不存在嚴重多重共線性。當財政金融規模指數得分每增加 0.01，財政金融競爭力得分增加 0.16。當財政金融效率指數得分每增加 0.01，財政金融競爭力得分增加 0.18。當金融資本質量指數得分每增加 0.01，財政金融競爭力得分增加 0.13。當金融資本可獲得指數得分每增加 0.01，財政金融競爭力得分增加 0.17。當金融業人力資本指數得分每增加 0.01，財政金融競爭力得分增加 0.20。所以，對財政金融競爭力而言，其二級指標的重要性依次為金融業人力資本指數、財政金融效率指數、金融資本可獲得指數、財政金融規模指數、金融資本質量指數（圖 6.1.8），體現了金融體系良好運行中人才的重要性。

進一步分析城市財政金融競爭力 5 項二級指標的分佈特徵，結果顯示，所有二級指標都不服從正態分佈，並同樣呈尖峰厚尾分佈，具有右偏性質。另外，上述二級指標的東、中、西、東北部地區均值比較與方差比較表明（表 6.1.11），與 2013 年的情況一致，從平均水平來看，中國財政金融規模指數、財政金融效率指數、金融資本質量指數、金融業人力資本指數都存在區域性差異，並呈東部地區比中西部東北地區高的二級階梯狀特徵。金融資本可獲得指數呈現東部地區、東北地區、中西部地區由高到低的三級階梯狀特徵。另外，從區域內部的差異性來看，除了金融資本質量指數之外，東部地區雖然從整體來看各項指數的水平比較高，但是所有指數的內部離散程度比較大。金融資本質量指數不同地區的離散程度並無顯著差異，說明不同城市間金融資本質量具有類似性。

表 6.1.11 城市財政金融競爭力二級指標東、中、西、東北部地區比較

A	財政金融規模指數				財政金融效率指數			
	東部	中部	西部	東北	東部	中部	西部	東北
均值	0.2	0.14	0.14	0.14	0.29	0.2	0.21	0.23
方差	0.16	0.03	0.06	0.04	0.16	0.05	0.07	0.04
樣本數	97	80	87	34	97	80	87	34
B								
	東中	東西	中西	東部東北	東中	東西	中西	東部東北
均值比較檢驗	0	0	0.83	0.05	0	0	0.26	0.03
方差比較檢驗	0	0	0	0	0	0	0	0
	中部東北	西部東北			中部東北	西部東北		
均值比較檢驗	0.58	0.61			0	0.17		
方差比較檢驗	0.04	0.05			0.08	0		
A	金融資本質量指數				金融資本可獲得指數			
	東部	中部	西部	東北	東部	中部	西部	東北
均值	0.55	0.44	0.47	0.46	0.21	0.14	0.13	0.15
方差	0.13	0.12	0.14	0.11	0.14	0.02	0.03	0.03
樣本數	97	80	87	34	97	80	87	34
B								
	東中	東西	中西	東部東北	東中	東西	中西	東部東北
均值比較檢驗	0	0	0.15	0	0	0	0.28	0.02
方差比較檢驗	0.5	0.53	0.21	0.33	0	0	0	0
	中部東北	西部東北			中部東北	西部東北		
均值比較檢驗	0.33	0.83			0.02	0.01		
方差比較檢驗	0.65	0.17			0	0.61		
A	金融業人力資本指數							
	東部	中部	西部	東北				
均值	0.18	0.13	0.13	0.14				
方差	0.13	0.02	0.04	0.03				
樣本數	97	80	87	34				
B								
	東中	東西	中西	東部東北				
均值比較檢驗	0	0	0.59	0.05				
方差比較檢驗	0	0	0	0				
	中部東北	西部東北						
均值比較檢驗	0.32	0.29						
方差比較檢驗	0.01	0.2						

注：A 部分為實際值，B 部分為相應檢驗的 P 值

6.1.4 商業貿易競爭力特徵分析

城市起源於商業貿易，如今已成為商業貿易的主要載體。城市是商業貿易中心，一個城市的商業貿易發展程度與城市的經濟和綜合競爭力息息相關。商業貿易不僅為城市帶來經濟利益，也提高了城市居民的幸福指數，帶動其他產業發展的同時增加城市就業人數。因此，提高城市商業貿易競爭力對提高城市競爭力有著重要作用。

在對中國城市商業貿易競爭力進行統計分析發現，298 個城市商業競爭力得分是否服從正態性分佈的 JB 檢驗統計量為 15351.9，在 0%的統計性顯著水平下拒絕了原假設，即說明城市商業競爭力不服從正態分佈。偏度為 4.95，峰度為 36.74，說明中國城市商業競爭力呈尖峰厚尾分佈，具有右偏性質（圖 6.1.9）。進一步分析發現，商業競爭力的地區性不平衡現象依然存在，呈東強西弱格局，在 78 個商業貿易競爭力水平在平均水平之上的城市中，東部地區城市 51 個，占 65.38%，東北地區 4 個，占 5.13%。中部地區 11 個，占 14.1%，西部地區 12 個，占 15.38%。東部、中部、西部、東北地區城市商業貿易競爭力均值比較表明，東部地區城市商業貿易競爭力均值(3.31)明顯要高於中部(-1.50)、西部地區(-1.74)、東北地區(-1.46)，說明從城市商業貿易競爭力的平均水平來看，中國城市商業貿易競爭力同樣呈現出東部地區高於中部、西部、東北地區的兩極分化格局。進一步地，由不同地區城市商業貿易競爭力方差比較分析得出，東部地區最高，為 8.75，其次為西部地區，為 2.85，再次為東北地區，為 2.57，中部地區最低，為 1.75。由此可見，中部地區城市商業貿易競爭力離散程度及差異程度要低一些，而東部地區城市商業貿易競爭力離散程度及差異程度則非常高。（表 6.1.12）。

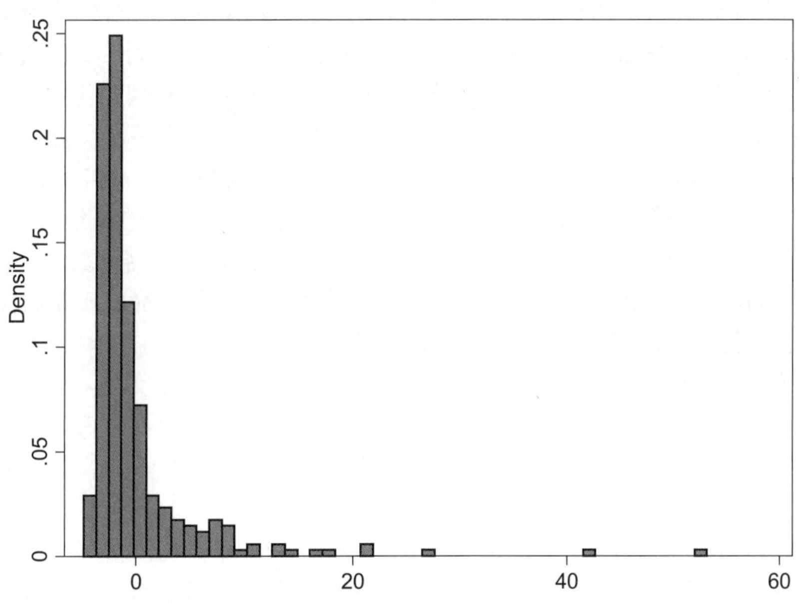

圖 6.1.9 城市商業貿易競爭力得分長條圖

表 6.1.12 城市商業貿易競爭力東、中、西、東北部地區比較

A				
	東部	中部	西部	東北
均值	3.31	-1.5	-1.74	-1.46
方差	8.75	1.75	2.85	2.57
樣本數	97	80	87	34
B				
	東中	東西	中西	東部東北
均值比較檢驗	0	0	0.53	0
方差比較檢驗	0	0	0	0
	中部東北	西部東北		
均值比較檢驗	0.93	0.63		
方差比較檢驗	0.01	0.5		

注：A 部分為實際值，B 部分為相應檢驗的 P 值

商業貿易競爭力是由國內商貿規模指數、外貿指數、商貿機構指數、商貿人力資本指數、居民消費指數 5 項二級指標綜合而成。貿易規模是評價城市商業貿易的首要因素，國內商貿規模指數體現城市批發零售貿易業商品和社會消費品的消費總及人均水平。批發零售業是社會化大生產過程中的重要環節，是決定經濟運行速度、質量和效益的引導性力量，是中國市場化程度最高、競爭最為激烈的行業之一。目前，從宏觀經濟走勢來看，居民收入水平整體上處於較快上升階段，長遠來看，中國居民消費無論是從總量上，還是從結構上都有很大的發展空間，這為中國批發零售行業發展提供良好的中長期宏觀環境。對外貿易是城市商業貿易的重要組成部分，是城市與國際連接的手段和紐帶。對外貿易有利於資源優化配置，節約社會勞動力，有利於吸收和引進先進科技成果，提高勞動生產率和國際化水平。對外貿易指數反映了城市對外貿易的依存程度和外貿規模及水平。商貿機構指數意在分析城市中企業總數量及平均水平，體現限額以上批發零售業規模。貿易機構的增長在一定程度上反映城市商業貿易水平的提升及創業者數目的增多。商貿人力資本指數體現了城市批發零售貿易業及住宿餐飲業的從業人員數量，指數高低反映城市商業貿易規模和商業機構數量，是城市商業貿易競爭力的有力說明。居民消費指數，反映居民可支配收入水平，從而反映居民購買消費品的能力。該指數從側面說明了城市商業貿易的發展程度。

分析上述 5 項指標對商業貿易競爭力的相對重要性時發現（表 6.1.13），所有變數的系數都在 1%的顯著性水平下統計顯著，由 VIF 可以看出，不存在嚴重多重共線性。當國內商業貿易規模指數得分每增加 0.01，商業競爭力得分增加 0.13。當外貿指數得分每增加 0.01，商業競爭力得分增加 0.24。當商貿機構指數得分每增加 0.01，商業競爭力得分增加 0.12。當商貿人力資本指數得分每增加 0.01，商業競爭力得分增加 0.16。當居民消費指數得分每增加 0.01，商業競爭力得分增加 0.26。所以，對商業貿易競爭力而言，對其影響最大的二級指標依次為居民消費指數、外貿指數、商貿人力資本指數、國內商業貿易規模指數、商貿機構指數（圖 6.1.10），與 2013 年的外貿指數、居民消費指數、商貿人力資本指數、國內商業貿易規模指數、商貿機構指數有所區別，居民消費指數、外貿指數互換了位置。這說明隨著中國經濟處於轉型期，經濟的拉動力需要內需帶動。

表 6.1.13 城市商業貿易競爭力 OLS 回歸方程

變數	系數	t 值	P 值
國內商業貿易規模指數	12.69	536.18	0
外貿指數	24.46	1392.29	0
商貿機構指數	12.19	506.18	0
商貿人力資本指數	16.27	1326.31	0
居民消費指數	26.41	2304.65	0
常數	-17.72	-6017.04	0
F 統計量	13481850	F 統計量 P 值	0
R 方	1	VIF	5.58

注：VIF 為膨脹因數，當其大於 10 時，表明引數存在嚴重多重共線性

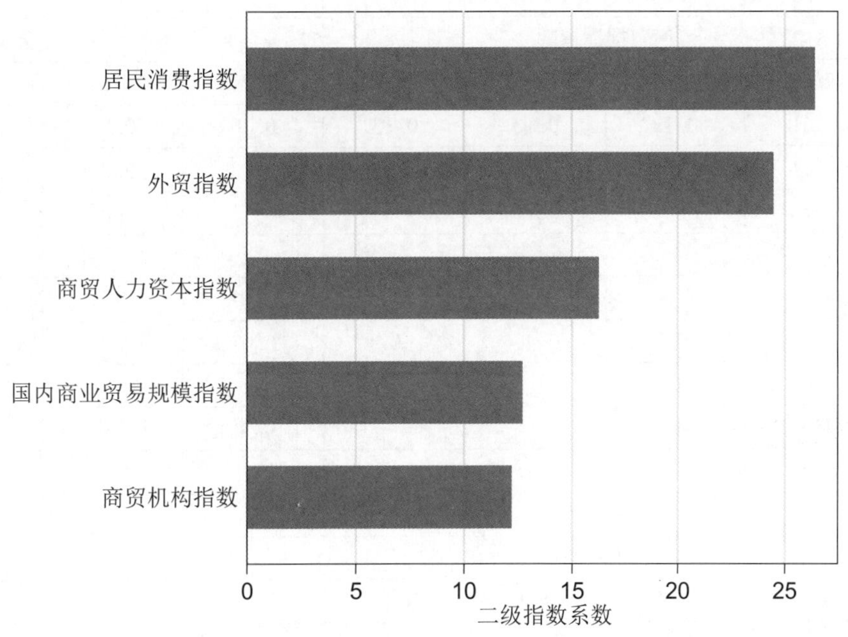

圖 6.1.10 各二級指數對商業貿易競爭力的影響大小

進一步的分析城市商業貿易競爭力 5 項二級指標分佈特徵，結果顯示，所有二級指標都不服從正態分佈，同樣呈尖峰厚尾分佈，具有右偏性質。另外，上述二級指標的東、中、西、東北部地區均值比較與方差比較表明（表 6.1.14），與 2013 年一致，從平均水平來看，國內商業貿易規模指數、商貿機構指數、商貿人力資本指數、居民消費指數也存在區域性差異，並呈東部地區比中西部東北地區高的二級階梯狀特徵。外貿指數呈現東部地區、中部東北地區、西部地區三級階梯特徵，另外，從區域內部的差異性來看，除了外貿指數之外，東部地區雖然從整體來看各項指數的平均水平比較高，但是各個二級指標的離散程度比較大。

表 6.1.14 城市商業貿易競爭力二級指標東、中、西、東北部地區比較

A	國內商業貿易規模指數				外貿指數			
	東部	中部	西部	東北	東部	中部	西部	東北
均值	0.21	0.14	0.13	0.14	0.18	0.15	0.14	0.15
方差	0.15	0.04	0.05	0.05	0.1	0.01	0.02	0.02
樣本數	97	80	87	34	97	80	87	34
B								
	東中	東西	中西	東部東北	東中	東西	中西	東部東北
均值比較檢驗	0	0	0.29	0.02	0	0	0.02	0.07
方差比較檢驗	0	0	0.29	0	0	0	0	0
	中部東北	西部東北			中部東北	西部東北		
均值比較檢驗	0.5	0.17			0.67	0.09		
方差比較檢驗	0.05	0.26			0	0.38		
A	商貿機構指數				商貿人力資本指數			
	東部	中部	西部	東北	東部	中部	西部	東北
均值	0.21	0.13	0.13	0.13	0.16	0.12	0.12	0.11
方差	0.14	0.03	0.05	0.05	0.13	0.03	0.1	0.02
樣本數	97	80	87	34	97	80	87	34
B								
	東中	東西	中西	東部東北	東中	東西	中西	東部東北
均值比較檢驗	0	0	0.46	0	0.01	0.03	0.81	0.04
方差比較檢驗	0	0	0	0	0	0.01	0	0
	中部東北	西部東北			中部東北	西部東北		
均值比較檢驗	0.97	0.65			0.2	0.57		
方差比較檢驗	0	0.82			0	0		
A	居民消費指數							
	東部	中部	西部	東北				
均值	0.34	0.28	0.28	0.28				
方差	0.12	0.03	0.04	0.03				
樣本數	97	80	87	34				
B								
	東中	東西	中西	東部東北				
均值比較檢驗	0	0	0.85	0.01				
方差比較檢驗	0	0	0.01	0				
	中部東北	西部東北						
均值比較檢驗	0.81	0.96						
方差比較檢驗	0.74	0.03						

注：A 部分為實際值，B 部分為相應檢驗的 P 值

6.1.5 基礎設施競爭力特徵分析

城市基礎設施是城市生存和發展所必備的工程性基礎設施和社會性基礎設施的總稱，是城市為順利進行各種經濟活動和其他社會活動而建設的各類設施總稱。它是一切企業、單位和居民生產經營、工作和生活的共同物質基礎，是城市主體設施正常運行的保證，既是物質生產的重要條件也是勞動力再生產的重要條件。基礎設施作為經濟社會發展的基礎和必備條件，為發展積蓄能量、增添後勁。基礎設施的增長不僅僅是城市容量的基礎，更是城市生活質量提高和城市文明的保證。近年來中國城市基礎設施的現代化程度顯著提高，新技術、新手段得到大量應用，基礎設施功能日益完善，承載能力、系統性和效率都有了顯著進步，推動著城市經濟發展和居民生活條件改善。

在對中國城市基礎設施競爭力進行統計分析發現，298 個城市的基礎設施競爭力得分是否服從正態性分佈的 JB 檢驗統計量為 2543.6，在 0%的統計性顯著水平下拒絕了原假設，即說明城市基礎設施競爭力不服從正態分佈。偏度為 3.1，峰度為 15.9，說明中國城市基礎設施競爭力呈尖峰厚尾分佈，具有右偏性質（圖 6.1.13）。進一步分析發現，基礎設施競爭力地區性不平衡現象依然存在，呈東強西弱格局，在 94 個基礎設施競爭力水平在平均水平之上的城市中，東部地區城市 56 個，占 59.57%，東北地區 11 個，占 11.7%。中部地區 10 個，占 10.64%，西部地區 17 個，占 18.09%。東部、中部、西部、東北地區城市基礎設施競爭力均值比較表明，東部地區城市基礎設施競爭力的均值(5.39)明顯要高於中部(-2.96)、西部(-3.01)、東北(-0.72) 地區城市基礎設施競爭力均值，說明從城市基礎設施競爭力的平均水平來看，城市基礎設施競爭力呈現出東部地區高於中部地區、西部地區、東北地區的兩極分化格局。進一步地，由不同地區城市基礎設施競爭力方差比較分析得出，東部地區最高，為 13.55，其次為西部地區，為 10.92，再次為東北地區，為 7.14，中部地區最低，為 6.28。由此可見，中部地區的城市基礎設施競爭力離散程度及差異程度要低一些，而東部地區城市基礎設施競爭力離散程度及差異程度則非常高（表 6.1.15）。

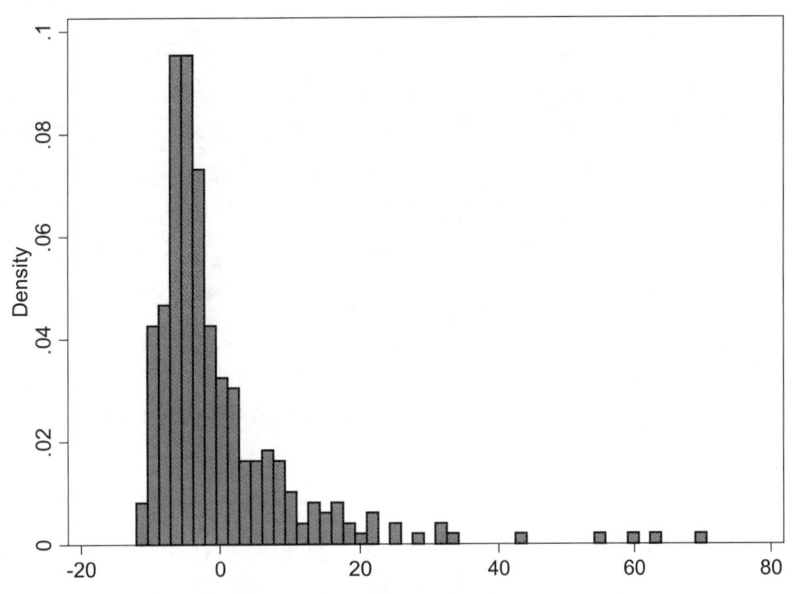

圖 6.1.13 城市基礎設施競爭力得分長條圖

表 6.1.15 城市基礎設施競爭力東、中、西、東北部地區比較

A				
	東部	中部	西部	東北
均值	5.39	-2.96	-3.01	-0.72
方差	13.55	6.28	10.92	7.14
樣本數	97	80	87	34
B				
	東中	東西	中西	東部東北
均值比較檢驗	0	0	0.97	0.01
方差比較檢驗	0	0.04	0	0
	中部東北	西部東北		
均值比較檢驗	0.1	0.26		
方差比較檢驗	0.35	0.01		

注：A 部分為實際值，B 部分為相應檢驗的 P 值

基礎設施競爭力是由基礎設施投資指數、基礎設施供應指數、居民居住指數、交通設施指數、對外交通設施指數、信息化設施指數、基礎設施行業人力資本指數 7 項二級指標綜合而成。基礎設施投資指數反映了城市固定資產投資水平和房地產開發水平。指數的高低說明城市基礎設施建設的發展程度和規模。基礎設施增長不僅是城市容量的基礎，更是城市生活質量提高和城市文明的保障。基礎設施建設在一定程度上反映了當地經濟發展水平和對人民生活水平的重視程度。基礎設施供應指數體現了與居民生活息息相關的水、電、氣的供應水平和普及水平，反映了社會居民生活保障程度，是居民生活福利的一部分。高的基礎設施供應指數，體現了社會發展和進步程度。居民居住指數著重反映居民住房問題，體現居民的居住條件，包括人均住房使用面積、居住投資量和購房難易程度。居民居住指數的高低影響居民社會保障、社會福利，同時對社會穩定和城市競爭力有著深遠影響。居民居住指數從側面反映城市房價高低。交通設施指數反映了城市的交通設施水平。隨著人口的增長和流動性增加，便捷的交通設施為方便市民工作、購物、娛樂、交流提供了條件，為城市社會和諧、高效和穩定提供保障。對外交通設施是指連接城市與城市之間的路、海、空交通。對外交通作為城市基礎設施的重要組成部分，影響居民出行，是居民生活和工作的重要保障。對外交通設施指數反映城市對外交通設施水平。提高對外交通設施指數有利於提高居民生活福利。城市進入信息化時代，信息交流成為人與人交流的主要方式，信息化設施也隨之成為社會基礎設施建設的重要方面。信息化設施指數反映了城市郵政、通信設施水平以及電腦和網路的使用普及率。信息化設施指數的高低反映了城市信息化程度的優劣。較高的信息化設施指數有利於提升城市的居民生活水平和綜合競爭力。基礎設施行業人力資本指數是城市從事基礎設施行業人員規模，它從側面反映城市基礎設施建設規模和水平。城市基礎設施的規模擴大和投入增多勢必引起更多人力資本需求，提升人才質量和數量，對提升城市的基礎設施競爭力起著重要作用。

分析上述 7 項指標對基礎設施競爭力的相對重要性分析結果表明（表 6.1.16），所有變量的系數都在 1%的顯著性水平下統計顯著，由 VIF 可以看出，不存在嚴重多重共線性。當基礎設施投資指數得分每增加 0.01，基礎設施競爭力得分增加 0.13。當基礎設施供應水平指數得分每增加 0.01，基礎設施競爭力得分增加 0.21。當城市居民居住指數得分每增加 0.01，基礎設施競爭力得分增加 0.21。當交通設施水平指數得分每增加 0.01，基礎設施競爭力得分增加 0.20。當對外交通設施水平指數得分每增加 0.01，基礎設施競爭力得分增加 0.15。當信息化設施水平指數得分每增加 0.01，基礎設施競爭力得分增加 0.20。當基礎設施行業

人力資本指數得分每增加 0.01，基礎設施競爭力得分增加 0.19。從而可以看出，對基礎設施競爭力影響從大到小的二級指標依次為基礎設施供應水平指數、城市居民居住指數、信息化設施水平指數、交通設施水平指數、基礎設施行業人力資本指數、對外交通設施水平指數、基礎設施投資指數（圖 6.1.12），與 2013 年的基礎設施行業人力資本指數、基礎設施供應水平指數、交通設施水平指數、對外交通設施水平指數、基礎設施投資指數、信息化設施水平指數、城市居民居住指數有一定變化。

表 6.1.16 城市基礎設施競爭力 OLS 回歸方程

變量	系數	t 值	P 值
基礎設施投資指數	13.19	1006.82	0
基礎設施供應水平指數	21	1196.07	0
城市居民居住指數	20.95	924.2	0
交通設施水平指數	19.63	1052.39	0
對外交通設施水平指數	14.66	1056.21	0
信息化設施水平指數	20.03	1927.18	0
基礎設施行業人力資本指數	19.29	992.62	0
常數	-26.74	-8376.97	0
F 統計量	27221172	F 統計量 P 值	0
R 方	1	VIF	4.3

注：VIF 為膨脹因數，當其大於 10 時，表明引數存在嚴重多重共線性

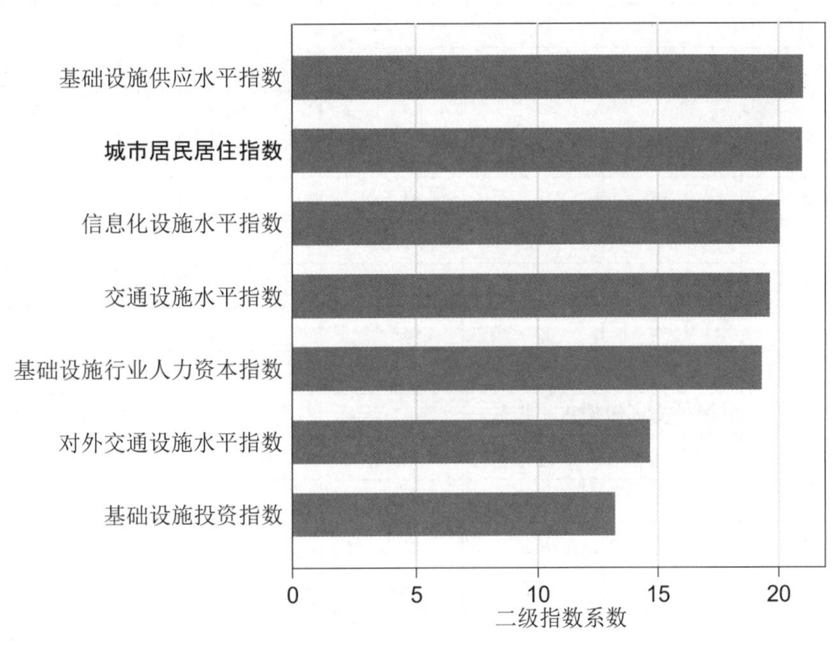

圖 6.1.12 各二級指數對基礎設施競爭力的影響大小

進一步分析城市基礎設施競爭力 7 項二級指標的分佈特徵表明，所有二級指標都不服從正態分佈，呈尖峰厚尾分佈，具有右偏性質。另外，上述二級指標的東、中、西、東北部地區均值比較與方差比較表明（表 6.1.17），與 2013 年一致，從平均水平來看，中國城市基礎設施投資指數、基礎設施供應水平指數、交通設施水平指數、對外交通設施水平指數、基礎設施行業人力資本指數存在區域性差異，並呈東部地區比中西部東北地區高的二級階梯狀

特徵，信息化設施水平指數呈現東部地區、東北地區、中西部地區從高到低的三級階梯狀特徵。東部地區由於高房價問題，各地區城市居民居住指數並未呈現出顯著差異。另外，從區域內部的差異性來看，東部地區雖然從整體來看各項指數的水平比較高，但是各個二級指標離散程度比較大，而中西部東北地區各個二級指標離散程度基本上比較小。

表 6.1.17 城市基礎設施競爭力二級指標東、中、西、東北部地區比較

A	基礎設施投資指數				基礎設施供應水平指數			
	東部	中部	西部	東北	東部	中部	西部	東北
均值	0.25	0.18	0.18	0.2	0.25	0.17	0.17	0.18
方差	0.14	0.08	0.12	0.14	0.15	0.05	0.07	0.05
樣本數	97	80	87	34	97	80	87	34
B								
	東中	東西	中西	東部東北	東中	東西	中西	東部東北
均值比較檢驗	0	0	0.67	0.11	0	0	0.9	0.01
方差比較檢驗	0	0.14	0	0.76	0	0	0.07	0
	中部東北	西部東北			中部東北	西部東北		
均值比較檢驗	0.41	0.35			0.27	0.29		
方差比較檢驗	0	0.45			0.38	0.03		
A	城市居民居住指數				交通設施水平指數			
	東部	中部	西部	東北	東部	中部	西部	東北
均值	0.16	0.15	0.16	0.16	0.25	0.19	0.18	0.21
方差	0.03	0.02	0.1	0.04	0.13	0.06	0.1	0.07
樣本數	97	80	87	34	97	80	87	34
B								
	東中	東西	中西	東部東北	東中	東西	中西	東部東北
均值比較檢驗	0.07	0.88	0.4	0.58	0	0	0.55	0.08
方差比較檢驗	0	0	0	0.61	0	0	0	0
	中部東北	西部東北			中部東北	西部東北		
均值比較檢驗	0.03	0.89			0.07	0.1		
方差比較檢驗	0	0			0.17	0.02		
A	對外交通設施水平指數				信息化設施水平指數			
	東部	中部	西部	東北	東部	中部	西部	東北
均值	0.24	0.18	0.18	0.16	0.39	0.25	0.26	0.32
方差	0.18	0.06	0.12	0.06	0.13	0.08	0.11	0.07
樣本數	97	80	87	34	97	80	87	34
B								
	東中	東西	中西	東部東北	東中	東西	中西	東部東北
均值比較檢驗	0	0	0.69	0.01	0	0	0.69	0.01
方差比較檢驗	0	0	0	0	0	0.07	0.04	0
	中部東北	西部東北			中部東北	西部東北		
均值比較檢驗	0.05	0.4			0	0		
方差比較檢驗	0.68	0			0.36	0.02		
A	基礎設施行業人力資本指數							

	東部	中部	西部	東北				
均值	0.2	0.16	0.16	0.17				
方差	0.12	0.05	0.1	0.05				
樣本數	97	80	87	34				
B								
	東中	東西	中西	東部東北				
均值比較檢驗	0	0.01	0.91	0.06				
方差比較檢驗	0	0.24	0	0				
	中部東北	西部東北						
均值比較檢驗	0.76	0.8						
方差比較檢驗	0.7	0						

注：A 部分為實際值，B 部分為相應檢驗的 P 值

6.1.6 社會體制競爭力特徵分析

社會體制即社會管理體制，在特定國家或地區內以明確政府、市場與社會組織職能，清晰中央、地方各級政府之間事權、財權責任進行社會管理、公共服務、解決社會糾紛的機制與制度。城市社會體制競爭力則是城市在社會公平、社會治安、醫療保健、社會管理方面與其他城市相比所具有的優勢。完善合理的城市社會體制需要好的政府管理，包括政府實施行為和制定政策。社會體制的完善和發展有利於城市經濟發展，有利於城市居民生活水平和質量的提高，有利於城市社會穩定。

在對中國城市社會體制競爭力進行統計分析發現，298 個城市社會體制競爭力得分是否服從正態性分佈的 JB 檢驗統計量為 2512.5，在 0%的統計性顯著水平下拒絕了原假設，說明城市社會體制競爭力不服從正態分佈。偏度為 2.91，峰度為 15.98，說明城市社會體制競爭力呈尖峰厚尾分佈，具有右偏性質（圖 6.1.13）。進一步分析發現，社會體制競爭力地區性不平衡現象依然存在，呈東強西弱格局，在 108 個社會體制競爭力水平在平均水平之上的城市中，東部地區 68 個，占 62.96%，東北地區 13 個，占 12.04%。中部地區 9 個，占 8.33%，西部地區 18 個，占 16.67%。東部、中部、西部、東北地區城市社會體制競爭力的均值比較表明，東部地區城市社會體制競爭力均值(3.97)明顯要高於中部(-2.15)、西部(-2.43)、東北（-0.05），而東北地區城市社會體制競爭力均值要顯著高於中西部地區。說明從城市社會體制競爭力平均水平來看，中國城市社會體制競爭力呈現出東部地區、東北地區、中西部地區由高到低的三級階梯狀格局。進一步地，由不同地區城市社會體制競爭力方差比較分析得出，東部地區最高，為 7.24，其次為西部地區，為 2.99，再次為東北地區，為 2.40，中部地區最低，為 2.02。由此可見，中部地區城市社會體制競爭力離散程度及差異程度要低一些，而東部地區城市社會體制競爭力離散程度及差異程度則非常高（表 6.1.18）。

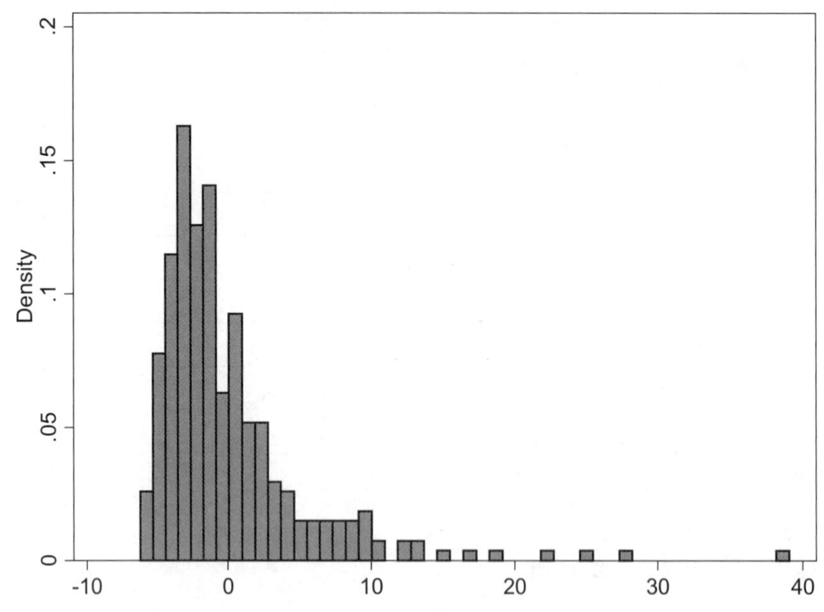

圖 6.1.13 城市社會體制競爭力競爭力得分長條圖

表 6.1.18 城市社會體制競爭力東、中、西、東北部地區比較

A				
	東部	中部	西部	東北
均值	3.97	-2.15	-2.43	-0.05
方差	7.24	2.02	2.99	2.4
樣本數	97	80	87	34
B				
	東中	東西	中西	東部東北
均值比較檢驗	0	0	0.49	0
方差比較檢驗	0	0	0	0
	中部東北	西部東北		
均值比較檢驗	0	0		
方差比較檢驗	0.22	0.15		

注：A 部分為實際值，B 部分為相應檢驗的 P 值

社會體制競爭力由社會公平保障指數、社會治安指數、醫療保健指數、社會管理指數 4 項二級指標綜合而成。社會公平是社會主義市場經濟體制得以確立和正常運行的基本原則。社會保障作為實現社會公平的重要手段，確保機會公平、保證起點公平、維護過程公平、縮小結果的不公平。社會公平保障要保證社會成員所獲得的機會平等，在獲取權益過程中的平等以及最終獲得收入和回報平等。是否建立完善的社會保障體系，是市場經濟好壞的分水嶺；是否促進實現社會公平，是社會保障制度強弱的分水嶺。社會公平保障指數從失業率、基尼指數、社會保障覆蓋率等方面考察城市社會公平保障機制的完善程度。社會治安目的在於維護城市穩定，保障居民安全。社會治安作為社會制度的重要組成部分，是城市發展的基本環節和重中之重。沒有安全的社會環境，就沒有穩定的城市發展。社會治安指數從刑事案件發生率、刑事案件偵破率和社會安全民眾滿意度來考察城市社會治安水平。醫療保健已成為社會關注話題，是社會保障的重要內容，是社會制度的重要組成部分。在當前醫療改革的形勢

下，為不斷提高人民健康生活水平，發展醫療保健有益於提高身心健康，有益於提高城市居民社會福利和生活保障，有益於城市發展與社會穩定，對提高城市競爭力起促進作用。醫療保健指數反映城市居民基本健康狀況以及城市醫療建設的規模和發展狀況。社會管理主要是政府和社會組織為促進社會系統協調運轉，對社會系統的組成部分、社會生活的不同領域以及社會發展的各個環節進行組織、協調、監督和控制的過程。社會管理的基本任務包括協調社會關系、規範社會行為、解決社會問題、化解社會矛盾、促進社會公正、應對社會風險、保持社會穩定等方面。社會管理維護社會秩序、促進社會和諧、為人民安居樂業提供保障，是城市發展的基本條件。社會管理指數反映政府的管理能力和居民對政府的滿意程度。

進一步分析了上述 4 項指標對社會體制競爭力的相對重要性，結果表明（表 6.1.19），所有變量的系數都在 1%顯著性水平下統計顯著，由 VIF 可以看出，不存在嚴重多重共線性。當社會公平保障水平指數得分每增加 0.01，社會體制競爭力得分增加 0.14。當社會治安水平指數得分每增加 0.01，社會體制競爭力得分增加 0.14。當醫療保健水平指數得分每增加 0.01，社會體制競爭力得分增加 0.16。當政府社會管理水平指數得分每增加 0.01，社會體制競爭力得分增加 0.14。對社會體制競爭力來說，其二級指標重要性依次為醫療保健水平指數、社會治安水平指數、社會公平保障水平指數、政府社會管理水平指數（圖 6.1.14），與 2013 年相比，醫療保健水平指數排名第 1 位，表明中國當前醫療問題仍是一個非常重要的民生問題。

表 6.1.19 城市社會體制競爭力 OLS 回歸方程

變量	系數	t 值	P 值
社會公平保障水平指數	14.27	2828.8	0
社會治安水平指數	14.32	1543.32	0
醫療保健水平指數	16.1	1833.98	0
政府社會管理水平指數	13.65	1368.35	0
常數	-14.03	-9100.99	0
F 統計量	34899579	F 統計量 P 值	0
R 方	1	VIF	3.56

注：VIF 為膨脹因數，當其大於 10 時，表明引數存在嚴重多重共線性

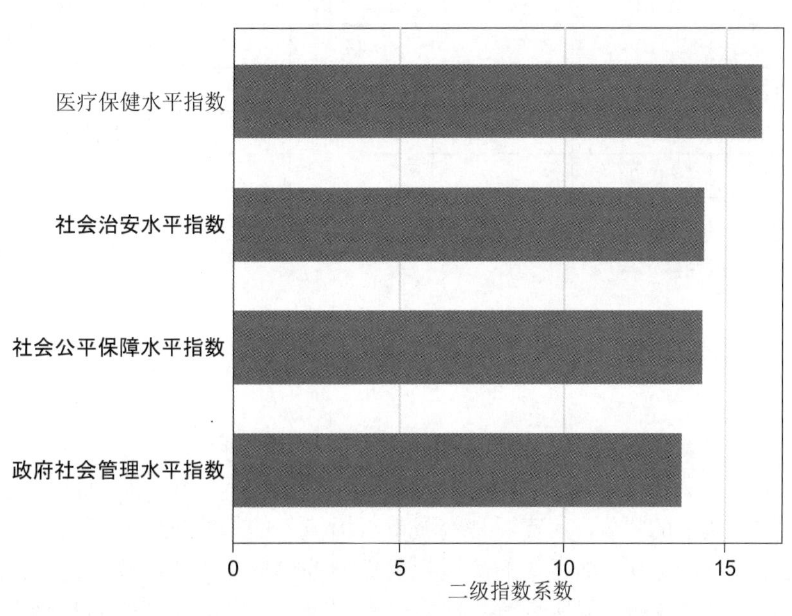

圖 6.1.14 各二級指數對社會體制競爭力的影響大小

對城市社會體制競爭力 7 項二級指標分佈特徵進行分析時發現，所有二級指標都不服從正態分佈，呈尖峰厚尾分佈，具有右偏性質。二級指標的東、中、西、東北部地區均值較與方差比較表明（表 6.1.20），從平均水平來看，中國城市社會公平保障水平指數、醫療保健水平指數、政府社會管理水平指數存在區域性差異，呈現東部地區、東北地區、中西部地區的由高到低的三階梯格局。而社會治安水平指數呈現東部地區、東北地區、中部地區、西部地區的由高到低的四階梯格局。另外，從區域內部差異性來看，東部地區雖然從整體來看各項指數的水平比較高，但是各個二級指標的離散程度比較大。

表 6.1.20 城市社會體制競爭力二級指標東、中、西、東北部地區比較

A	社會公平保障水平指數				社會治安水平指數			
	東部	中部	西部	東北	東部	中部	西部	東北
均值	0.4	0.26	0.26	0.34	0.31	0.21	0.18	0.24
方差	0.18	0.06	0.09	0.11	0.11	0.05	0.05	0.04
樣本數	97	80	87	34	97	80	87	34
B								
	東中	東西	中西	東部東北	東中	東西	中西	東部東北
均值比較檢驗	0	0	0.87	0.07	0	0	0	0
方差比較檢驗	0	0	0	0	0	0	1	0
	中部東北	西部東北			中部東北	西部東北		
均值比較檢驗	0	0			0.01	0		
方差比較檢驗	0	0.26			0.19	0.18		
A	醫療保健水平指數				政府社會管理水平指數			
	東部	中部	西部	東北	東部	中部	西部	東北
均值	0.24	0.17	0.18	0.2	0.3	0.18	0.18	0.19
方差	0.14	0.04	0.05	0.04	0.15	0.04	0.06	0.04
樣本數	97	80	87	34	97	80	87	34
B								
	東中	東西	中西	東部東北	東中	東西	中西	東部東北
均值比較檢驗	0	0	0.15	0.08	0	0	0.63	0
方差比較檢驗	0	0	0.01	0	0	0	0	0
	中部東北	西部東北			中部東北	西部東北		
均值比較檢驗	0	0.06			0.43	0.81		
方差比較檢驗	0.75	0.13			0.83	0.01		

注：A 部分為實際值，B 部分為相應檢驗的 P 值

6.1.7 環境、資源、區位競爭力特徵分析

環境作為發展經濟的重要支撐，城市環境是城市核心競爭力的一部分。較高的環境質量是城市一筆不可多得的財富。優美的自然環境不僅能提升城市功能，而且會拉動經濟增長。保護和改善城市環境的投資，其實質是為城市“增值”的戰略性投資，是一種高增值投資。規模發展要靠發達的產業，而產業的發展則要靠增強環境吸引力，城市競爭力還包括科技、人才、教育、文化等方面，但所有這些都要建立在產業、環境和規模的基礎上。區域競爭力是一個區域通過競爭獲取優勢，合理的配置資源，使經濟得到發展。區域競爭力的本質是資

源優化配置。因此區域競爭力要體現在資源優化配置上，包括戰略資源有效安排，外部稀缺資源有效吸納，內外資源有效協調配合。區域競爭力分析的戰略目標是如何通過對區域內外資源的優化配置，確保區域經濟運行和發展，以保證區域經濟發展目標達成。根據聯合國環境規劃署對自然資源的定義，自然資源是指在一定條件下，能夠產生經濟價值，以提高人類當前和未來福利的自然環境因素的綜合。自然環境是經濟發展的先天基礎，是社會財富的來源。良好的城市環境區位競爭力是城市在自然環境、自然資源和區位水平上的相對優勢。

在對中國城市環境資源區位競爭力統計分析發現，298 個城市環境資源區位競爭力得分是否服從正態性分佈的 JB 檢驗統計量為 634.300，在 0%的統計性顯著水平下拒絕原假設，說明城市環境資源區位競爭力不服從正態分佈。偏度為 1.98，峰度為 8.95，說明環境資源區位競爭力呈尖峰厚尾分佈，具有右偏性質（圖 6.1.15）。進一步分析發現，環境資源區位競爭力的地區性不平衡現象依然存在，呈東強西弱格局，在 110 個環境資源競爭力水平在平均水平之上的城市中，東部地區 72 個，占 65.45%，東北地區 13 個，占 11.82%。中部地區有 11 個，占 10%，西部地區 14 個，占 12.73%。東部、中部、西部、東北地區城市環境資源競爭力的均值比較表明，東部地區城市環境資源競爭力均值(2.57)明顯高於中部(-1.19)、西部(-1.74)、東北 (-0.09)地區，東北地區城市環境資源競爭力均值顯著高於中西部地區，說明從城市環境資源競爭力的平均水平來看，中國城市環境資源競爭力呈現出東部、東北、中西部地區由高到低的三級階梯狀格局。進一步地，由不同地區城市環境資源競爭力方差比較分析得出，東部地區最高，為 4.26，其次為東北地區，為 3.09，再次為西部地區，為 3.08，中部地區最低，為 1.91。由此可見，中部地區城市環境資源競爭力離散程度及差異程度要低一些，而東部地區城市環境資源競爭力離散程度及差異程度則非常高（表 6.1.21）。

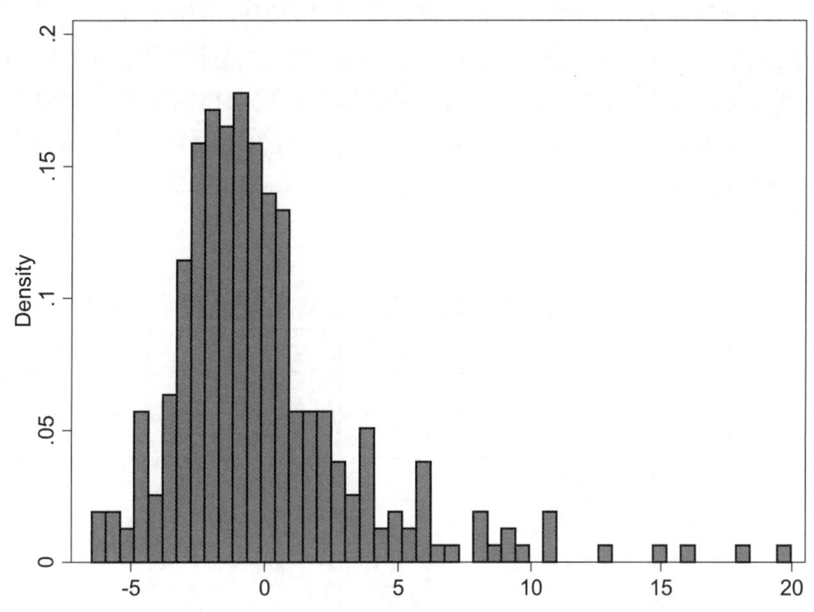

圖 6.1.15 城市環境資源區位競爭力競爭力得分長條圖

表 6.1.21 城市環境資源區位競爭力東、中、西、東北部地區比較

A				
	東部	中部	西部	東北
均值	2.57	-1.19	-1.74	-0.09
方差	4.26	1.91	3.08	3.09
樣本數	97	80	87	34
B				
	東中	東西	中西	東部東北
均值比較檢驗	0	0	0.16	0
方差比較檢驗	0	0	0	0.04
	中部東北	西部東北		
均值比較檢驗	0.02	0.01		
方差比較檢驗	0	0.94		

注：A 部分為實際值，B 部分為相應檢驗的 P 值

環境、資源、區位競爭力由區位指數、自然資源指數、環境資源指數、環境質量指數、環境改善投入指數五項二級指標綜合而成。進一步分析上述 5 項指標對環境資源區位競爭力的相對重要性（即由環境資源區位競爭力得分關於上述 5 項指數做 OLS 回歸）。結果表明（表 6.1.22），所有變量的系數都在 1%的顯著性水平下統計顯著，由 VIF 可以看出，不存在嚴重多重共線性。當區位水平指數得分每增加 0.01，環境資源區位競爭力得分增加 0.11。當自然資源水平指數得分每增加 0.01，環境資源區位競爭力得分增加 0.04。當環境資源水平指數得分每增加 0.01，環境資源區位競爭力得分增加 0.11。當環境質量水平指數得分每增加 0.01，環境資源區位競爭力得分增加 0.03。當環境改善投入指數得分每增加 0.01，環境資源區位競爭力得分增加 0.16。因此，對環境資源區位競爭力而言，其二級指標的重要性依次為環境改善投入指數、區位水平指數、環境資源水平指數、自然資源水平指數、環境質量水平指數（圖 6.1.16）。

表 6.1.22 城市社會環境資源區位競爭力 OLS 回歸方程

變數	系數	t 值	P 值
區位水平指數	11.1	3134.21	0
自然資源水平指數	4.39	1610.76	0
環境資源水平指數	11.04	3098.44	0
環境質量水平指數	2.5	864.09	0
環境改善投入指數	15.86	2837.47	0
常數	-12.84	-5661.29	0
F 統計量	21458779	F 統計量 P 值	0
R 方	1	VIF	1.59

注：VIF 為膨脹因數，當其大於 10 時，表明引數存在嚴重多重共線性

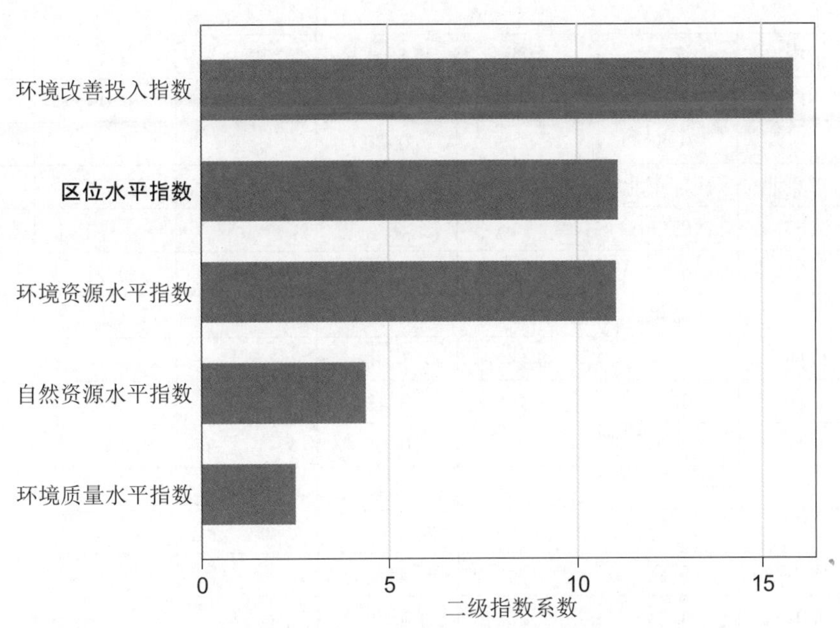

圖 6.1.16 各二級指數對環境資源區位競爭力的影響大小

對城市環境資源區位競爭力 5 項二級指標分佈特徵進行分析發現 所有二級指標都不服從正態分佈，呈尖峰厚尾分佈，具有右偏性質。另外，二級指標的東、中、西、東北部地區均值比較與方差比較表明（表 6.1.23），從平均水平看，中國城市區位水平指數、自然資源水平指數存在區域性差異，呈東部地區、東北地區、中西部地區的三級階梯狀特徵。環境資源水平指數呈現出東部地區、中西部東北地區的二級階梯狀特徵。但是城市環境質量水平指數呈現東部地區、中西部地區、東北地區由高到低的三級階梯狀差異。而環境改善投入指數表現出東部東北地區高於中西部的兩極分化格局。

表 6.1.23 城市環境資源區位競爭力二級指標東、中、西、東北部地區比較

A	區位水平指數				自然資源水平指數			
	東部	中部	西部	東北	東部	中部	西部	東北
均值	0.36	0.2	0.19	0.25	0.36	0.41	0.41	0.5
方差	0.18	0.1	0.12	0.13	0.16	0.1	0.13	0.15
樣本數	97	80	87	34	97	80	87	34
B								
	東中	東西	中西	東部東北	東中	東西	中西	東部東北
均值比較檢驗	0	0	0.52	0	0.01	0.02	0.83	0
方差比較檢驗	0	0	0.13	0.02	0	0.03	0	0.47
	中部東北	西部東北			中部東北	西部東北		
均值比較檢驗	0.01	0.01			0	0		
方差比較檢驗	0.05	0.46			0	0.41		
A	環境資源水平指數				環境質量水平指數			
	東部	中部	西部	東北	東部	中部	西部	東北
均值	0.47	0.33	0.31	0.32	0.65	0.62	0.55	0.52
方差	0.13	0.08	0.13	0.11	0.12	0.11	0.14	0.12
樣本數	97	80	87	34	97	80	87	34

B								
	東中	東西	中西	東部東北	東中	東西	中西	東部東北
均值比較檢驗	0	0	0.18	0	0.05	0	0	0
方差比較檢驗	0	0.85	0	0.32	0.29	0.08	0.01	0.95
	中部東北	西部東北			中部東北	西部東北		
均值比較檢驗	0.65	0.58			0	0.21		
方差比較檢驗	0.01	0.39			0.39	0.25		
A	環境改善投入指數							
	東部	中部	西部	東北				
均值	0.19	0.16	0.16	0.19				
方差	0.12	0.04	0.05	0.06				
樣本數	97	80	87	34				
B								
	東中	東西	中西	東部東北				
均值比較檢驗	0.01	0.01	0.86	0.72				
方差比較檢驗	0	0	0	0				
	中部東北	西部東北						
均值比較檢驗	0	0.01						
方差比較檢驗	0	0.8						

注：A 部分為實際值，B 部分為相應檢驗的 P 值

6.1.8 人力資本競爭力特徵分析

人力資本對城市競爭力提升作用顯著，對實施人才強市戰略意義重大。人力資本理論強調人力資源的資本性，認為人力資源有投資和收益性，具有再生和創造價值的能力。衡量一個城市人力資本競爭力，人才數量是規模經濟基礎，質量是效率保障。資源配置反映資源的利用效率、管理水平和所處發展階段，人力資本教育則展現了可持續性和再生創造性。研究發現，對城市競爭力提升起決定性作用的並非產業集群，而是人才。人才的聚集存在“乘數效應”和“規模效應”，城市會因擁有豐富的人才而獲得人力資源的規模效益，最終實現城市競爭力提升。城市文化教育的發展、素質的提高，對經濟發展具有重要促進作用。現代社會的一切競爭最終取決於人才的數量和質量競爭。很多國家城市飛速發展的成功經驗表明，重視教育、發展科技，注重開發人力資源、提高人口素質，走科教興國、科教興市之路是一條有效的途徑。二十一世紀的競爭是人才的競爭，而人才的競爭力和一個國家和地區教育水平高低密切相關。全球化進程逐步加快，人才流動不僅僅是國內範圍，世界各國對人才資源開發和利用的競爭日趨激烈。對城市而言，人才資源已經成為最稀缺的資源之一，開發和利用人才資源已成為每個城市在激烈的區域性和國際性競爭中能否居於優勢地位的關鍵因素。城市要提升自身競爭力，就必須加強人才資源的開發和利用，要營造吸引人才的環境和提升培養人才教育水平。

在對中國城市人力資本競爭力進行統計分析發現，298 個城市人力資本競爭力得分是否服從正態性分佈的 JB 檢驗統計量為 1286.4，在 0%的統計性顯著水平下拒絕原假設，說明中國城市人力資本競爭力不服從正態分佈。偏度為 2.65，峰度為 11.69，說明人力資本競爭力呈尖峰厚尾分佈，具有右偏性質（圖 6.1.17）。進一步分析發現，人力資本競爭力地區性不平衡現象依然存在，呈東強西弱格局，在 79 個人力資本競爭力水平在平均水平之上的城市

中，東部 49 個，占 62.03%，東北 6 個，占 7.59%。中部 9 個，占 11.39%，西部 15 個，占 18.99%。東部、中部、西部、東北地區城市人力資本競爭力均值比較表明，東部地區的城市人力資本競爭力的均值(3.50)明顯要高於中部(-1.91)、西部(-1.69)、東北（-1.19）地區，說明從城市人力資本競爭力平均水平來看，城市人力資本競爭力呈現出東部地區高於中部、西部、東北地區的兩極分化格局。進一步地，由不同地區城市人力資本競爭力方差比較分析得出，東部地區最高，為 8.81，其次為東北地區，為 4.88，再次為中部地區，為 4.59，西部地區最低，為 4.58。中西部地區東北地區的方差並不存在顯著差異，由此可見，中西部地區東北地區的城市人力資本競爭力離散程度及差異程度要低一些，而東部地區城市人力資本競爭力離散程度及差異程度則非常高（表 6.1.24）。

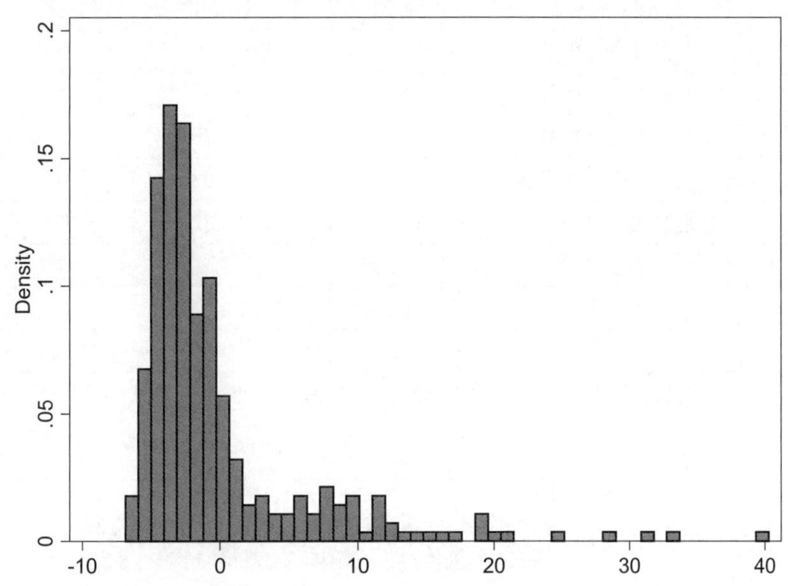

圖 6.1.17 城市環人力資本競爭力競爭力得分長條圖

表 6.1.24 城市人力資本競爭力東、中、西、東北部地區比較

A				
	東部	中部	西部	東北
均值	3.5	-1.91	-1.69	-1.19
方差	8.81	4.59	4.58	4.88
樣本數	97	80	87	34
B				
	東中	東西	中西	東部東北
均值比較檢驗	0	0	0.76	0
方差比較檢驗	0	0	0.97	0
	中部東北	西部東北		
均值比較檢驗	0.45	0.6		
方差比較檢驗	0.65	0.62		

注：A 部分為實際值，B 部分為相應檢驗的 P 值

城市人力資本教育競爭力比較評價指標體系包括人力資本規模指數、人力資本投入指數、人力資本素質指數、人力資本吸引指數和人力資本設施指數 5 個二級指標。進一步分析上述 5 項指標對人力資本競爭力的相對重要性。結果表明（表 6.1.25），所有變量的系數都在 1%

顯著性水平下統計顯著，由 VIF 值可以看出，不存在嚴重多重共線性。當人力資本規模指數得分每增加 0.01，人力資本競爭力得分增加 0.11。當人力資本投入指數得分每增加 0.01，人力資本競爭力得分增加 0.18。當人力資源素質指數得分每增加 0.01，人力資本競爭力得分增加 0.14。當人力資本吸引水平指數得分每增加 0.01，人力資本競爭力得分增加 0.09。當人力資本教育設施指數得分每增加 0.01，人力資本競爭力得分增加 0.12。由此可以看出，對城市人力資本競爭力而言，其重要性排序依次為人力資本投入指數、人力資源素質指數、人力資本教育設施指數、人力資本規模指數、人力資本吸引水平指數（圖 6.2.18）。

表 6.1.25 城市人力資本競爭力 OLS 回歸方程

變量	系數	t 值	P 值
人力資本規模指數	11.36	1406.19	0
人力資本投入指數	18.07	2891.73	0
人力資源素質指數	13.85	1368.76	0
人力資本吸引水平指數	9.43	1691.63	0
人力資本教育設施指數	11.81	1786.32	0
常數	-17.34	-9917.81	0
F 統計量	34932264	F 統計量 P 值	0
R 方	1	VIF	3.28

注：VIF 為膨脹因數，當其大於 10 時，表明引數存在嚴重多重共線性

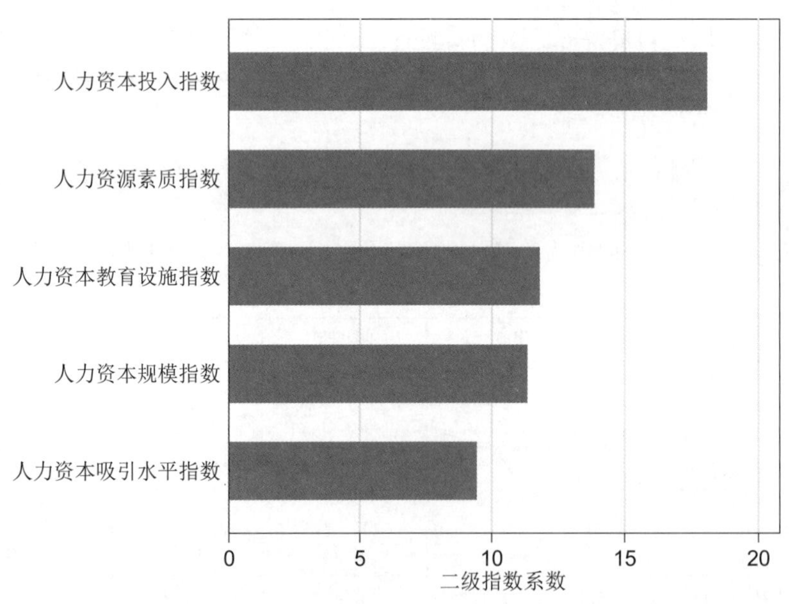

圖 6.1.18 各二級指數對人力資本競爭力的影響大小

對城市人力資本競爭力 5 項二級指標的分佈特徵進行分析時發現，所有二級指標都不服從正態分佈，呈尖峰厚尾分佈，具有右偏性質。另外，東、中、西、東北部地區均值比較與方差比較表明（表 6.1.26），從平均水平來看，中國城市人力資本規模指數、人力資源素質指數存在區域性差異，並呈東部地區比中西部東北地區高的二級階梯狀特徵，而人力資本投入指數卻呈現出東部地區、西部地區、中部東北地區由高到低的三級階梯狀特徵。但人力資本吸引水平指數呈現東部地區、東北地區、中西部地區人由高到低的三級階梯狀特徵。而資本教育設施指數平均水平來看四個地區卻無明顯差異。

表 6.1.26 城市人力資本競爭力二級指標東、中、西、東北部地區比較

A	人力資本規模指數				人力資本投入指數			
	東部	中部	西部	東北	東部	中部	西部	東北
均值	0.29	0.26	0.25	0.23	0.34	0.24	0.27	0.23
方差	0.14	0.07	0.11	0.07	0.16	0.07	0.07	0.07
樣本數	97	80	87	34	97	80	87	34
B								
	東中	東西	中西	東部東北	東中	東西	中西	東部東北
均值比較檢驗	0.03	0.02	0.83	0.01	0	0	0	0
方差比較檢驗	0	0.02	0	0	0	0	0.57	0
	中部東北	西部東北			中部東北	西部東北		
均值比較檢驗	0.06	0.2			0.68	0.01		
方差比較檢驗	0.58	0.01			0.86	0.8		
A	人力資源素質指數				人力資本吸引水平指數			
	東部	中部	西部	東北	東部	中部	西部	東北
均值	0.26	0.2	0.19	0.21	0.43	0.23	0.22	0.28
方差	0.15	0.08	0.08	0.08	0.2	0.11	0.12	0.14
樣本數	97	80	87	34	97	80	87	34
B								
	東中	東西	中西	東部東北	東中	東西	中西	東部東北
均值比較檢驗	0	0	0.33	0.04	0	0	0.58	0
方差比較檢驗	0	0	0.46	0	0	0	0.32	0.02
	中部東北	西部東北			中部東北	西部東北		
均值比較檢驗	0.59	0.22			0.05	0.02		
方差比較檢驗	0.79	0.77			0.06	0.25		
A	人力資本教育設施指數							
	東部	中部	西部	東北				
均值	0.3	0.28	0.28	0.33				
方差	0.15	0.12	0.11	0.1				
樣本數	97	80	87	34				
B								
	東中	東西	中西	東部東北				
均值比較檢驗	0.33	0.17	0.71	0.33				
方差比較檢驗	0.01	0	0.51	0				
	中部東北	西部東北						
均值比較檢驗	0.04	0.01						
方差比較檢驗	0.27	0.53						

注：A 部分為實際值，B 部分為相應檢驗的 P 值

6.1.9 科技競爭力特徵分析

科學技術是推動現代生產力發展的重要力量，是生產力發展和經濟增長的第一要素。現代化科學技術的超前性對生產力發展具有先導作用。隨著知識經濟的到來，經濟社會發展將日益取決於科技進步和創新。經濟全球化進程的日益加快、經濟與科技融合程度的不斷加深，經濟、政治、科技、軍事等全方位的國際競爭日益激烈。世界主要國家比以往任何時候都更加深刻地認識到科技對促進經濟增長的重要性，認識科技競爭是國際競爭的核心要素之一，從而調整其科技創新發展戰略，制定促進科技創新發展的政策，力爭在 21 世紀擁有科技、產業和經濟的國際競爭優勢，佔據關鍵科技領域的制高點。

在對中國城市科技競爭力進行統計分析發現，298 個城市的科技競爭力得分是否服從正態性分佈的 JB 檢驗統計量為 13163.4，在 0%的統計性顯著水平下拒絕原假設，說明中國城市科技競爭力不服從正態分佈。偏度為 4.82，峰度為 34.1，說明城市科技競爭力呈尖峰厚尾分佈，具有右偏性質（圖 6.1.19）。進一步分析發現，科技競爭力的地區性不平衡現象依然存在，呈東強西弱格局，在 64 個科技競爭力水平在平均水平之上的城市中，東部 39 個，占 60.94%，東北 5 個，占 7.81%。中部 7 個，占 10.94%，西部 13 個，占 20.31%。東部、中部、西部、東北地區城市科技競爭力均值比較表明，東部地區城市科技競爭力均值(3.88)明顯要高於中部(-1.84)、西部(-2.31)、東北 (-0.84)地區，說明從城市科技競爭力平均水平來看，中國城市科技競爭力呈現出東部地區高於中部、西部、東北地區的兩極分化格局。進一步地，由不同地區城市科技競爭力方差比較分析得出，東部地區最高，為 12.09，其次為東北地區，為 5.13，再次為中部地區，為 4.08，西部地區最低，為 4.06。不過中西部地區與東北地區科技競爭力的方差並不存在顯著差異。由此可見，中西部地區及東北地區的城市科技競爭力離散程度及差異程度要低一些，而東部地區的城市科技競爭力離散程度及差異程度則非常高（表 6.1.27）。

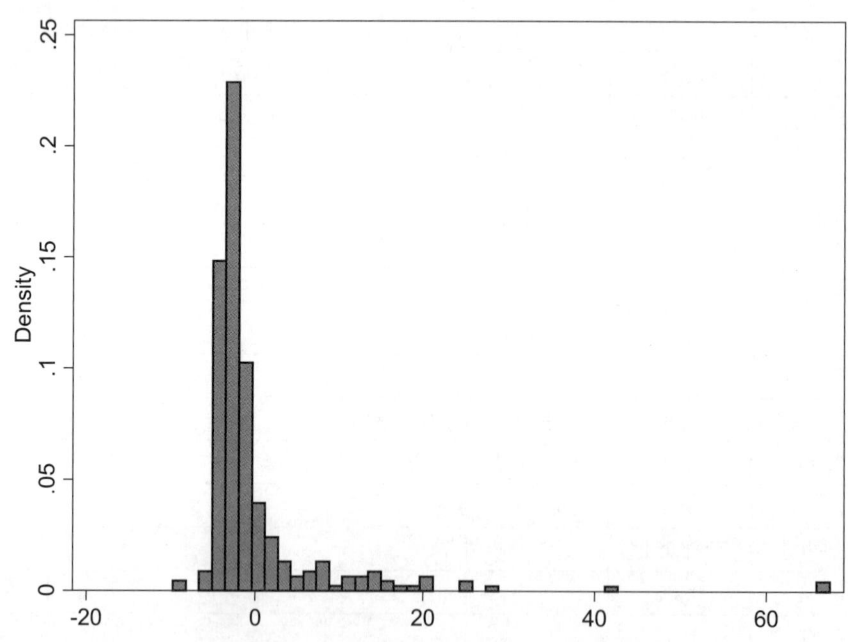

圖 6.1.19 城市科技競爭力得分長條圖

表 6.1.27 城市科技競爭力東、中、西、東北部地區比較

A				
	東部	中部	西部	東北
均值	3.88	-1.84	-2.31	-0.84
方差	12.09	4.08	4.06	5.13
樣本數	97	80	87	34
B				
	東中	東西	中西	東部東北
均值比較檢驗	0	0	0.46	0.03
方差比較檢驗	0	0	0.95	0
	中部東北	西部東北		
均值比較檢驗	0.27	0.1		
方差比較檢驗	0.1	0.09		

注：A 部分為實際值，B 部分為相應檢驗的 P 值

科技競爭力指標由科技投入指數、科技人力資本指數、科研機構指數、科技創新指數、科技轉化指數五項二級指標綜合而成。進一步分析上述 5 項指標對科技競爭力的相對重要性，即由科技競爭力得分關於上述 5 項指數做 OLS 回歸。結果表明（表 6.1.28），所有變量的系數在 1%的顯著性水平下統計顯著，由 VIF 可以看出，不存在嚴重多重共線性。當科技投入水平指數得分每增加 0.01，科技競爭力得分增加 0.20。當科技人力資本指數得分每增加 0.01，科技競爭力得分增加 0.23。當科研機構指數得分每增加 0.01，科技競爭力得分增加 0.14。當科研創新指數得分每增加 0.01，科技競爭力得分增加 0.21。當科研成果轉化指數得分每增加 0.01，科技競爭力得分增加 0.25。由此可知，對科技競爭力而言，其二級指標的重要性依次為科研成果轉化指數、科技人力資本指數、科研創新指數、科技投入水平指數、科研機構指數（圖 6.1.20），與 2013 年的科研成果轉化指數、科技人力資本指數、科研創新指數、科技投入水平指數、科研機構指數有所變化，科研成果轉化與科技人力資本作用日趨明顯。

表 6.1.28 城市科技競爭力 OLS 回歸方程

變量	系數	t 值	P 值
科技投入水平指數	11.36	1406.19	0
科技人力資本指數	18.07	2891.73	0
科研機構指數	13.85	1368.76	0
科研創新指數	9.43	1691.63	0
科研成果轉化指數	11.81	1786.32	0
常數	-17.34	-9917.81	0
F 統計量	34932264	F 統計量 P 值	0
R 方	1	VIF	3.28

注：VIF 為膨脹因數，當其大於 10 時，表明引數存在嚴重多重共線性

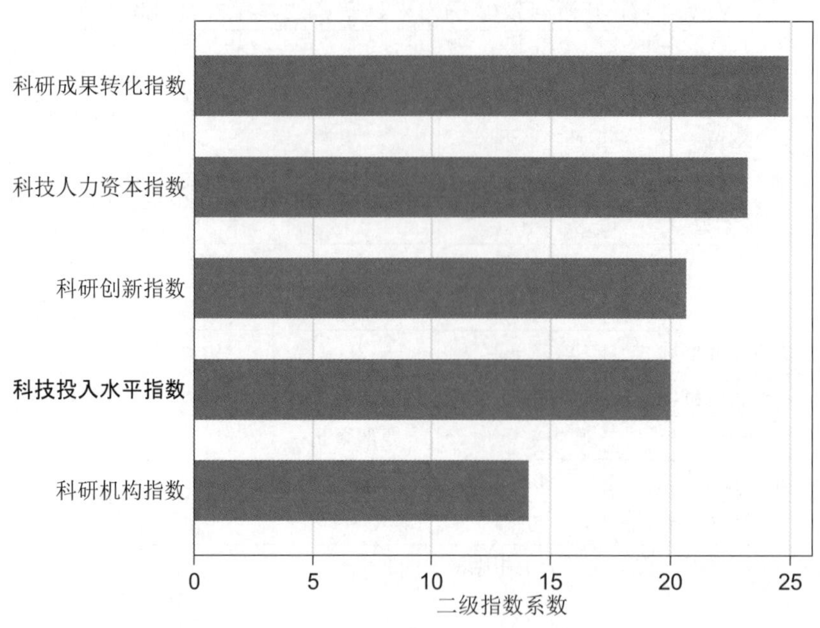

圖 6.1.20 各二級指數對科技競爭力的影響大小

對城市科技競爭力 5 項二級指標分佈特徵進行分析時發現 所有二級指標都不服從正態分佈，並呈尖峰厚尾分佈，具有右偏性質。上述二級指標的東、中、西、東北部地區均值比較與方差比較表明（表 6.1.29），從平均水平來看，中國城市科技投入水平指數、科技人力資本指數、科研機構指數、科研創新指數都存在區域性差異，呈東部地區比中西部東北地區高的二級階梯狀特徵，科研成果轉化指數呈現東部地區、東北地區、中西部地區由高到低的三級階梯狀特徵。東部地區雖然各項二級指數的平均水平比較高，但是離散程度也比其它地區高。

表 6.1.29 城市科技競爭力二級指標東、中、西、東北部地區比較

A	科技投入水平指數				科技人力資本指數			
	東部	中部	西部	東北	東部	中部	西部	東北
均值	0.18	0.13	0.12	0.13	0.17	0.12	0.12	0.14
方差	0.13	0.03	0.02	0.03	0.12	0.04	0.05	0.05
樣本數	97	80	87	34	97	80	87	34
B								
	東中	東西	中西	東部東北	東中	東西	中西	東部東北
均值比較檢驗	0	0	0.03	0.03	0	0	0.78	0.12
方差比較檢驗	0	0	0	0	0	0	0.04	0
	中部東北	西部東北			中部東北	西部東北		
均值比較檢驗	0.84	0.18			0.12	0.23		
方差比較檢驗	0.05	0			0.01	0.31		
A	科研機構指數				科研創新指數			
	東部	中部	西部	東北	東部	中部	西部	東北
均值	0.24	0.18	0.17	0.19	0.19	0.14	0.13	0.15
方差	0.18	0.14	0.13	0.14	0.14	0.03	0.02	0.04
樣本數	97	80	87	34	97	80	87	34

B								
	東中	東西	中西	東部東北	東中	東西	中西	東部東北
均值比較檢驗	0.01	0	0.54	0.11	0	0	0.22	0.12
方差比較檢驗	0.02	0	0.33	0.13	0	0	0.12	0
	中部東北	西部東北			中部東北	西部東北		
均值比較檢驗	0.79	0.45			0.12	0.01		
方差比較檢驗	0.82	0.33			0.07	0		
A	科研成果轉化指數							
	東部	中部	西部	東北				
均值	0.38	0.31	0.31	0.33				
方差	0.1	0.03	0.04	0.03				
樣本數	97	80	87	34				
B								
	東中	東西	中西	東部東北				
均值比較檢驗	0	0	0.54	0				
方差比較檢驗	0	0	0	0				
	中部東北	西部東北						
均值比較檢驗	0.01	0.02						
方差比較檢驗	0.26	0.28						

注：A 部分為實際值，B 部分為相應檢驗的 P 值

6.1.10 文化形象競爭力特徵分析

文化是社會文明的精華，城市文化是城市在發展過程中創造和形成的獨具特色的價值觀、城市精神、行為規範等精神財富總和，它是植根于全體市民中的價值觀念。

城市形象是指能夠激發人們思想感情活動的城市形態和特徵，是城市內部與外部公眾對城市內在實力、外顯活力和發展前景的具體感知、總體看法和綜合評價。它涵蓋物質文明、精神文明、政治文明三個領域，包括政治、經濟、文化、生態以及市容市貌、市民素質、社會秩序、歷史文化等諸多方面。城市實體形象的外在直觀性決定了城市形象具有很好的對外傳播作用。對實體形象加以選擇烘托渲染之後，其傳播功能更加強化。通過傳播，可產生兩個層面的效應:一是促進開放，加深合作與交流；二是提高城市在市場經濟中的競爭能力。城市通過自我形象魅力展示，使外部公眾對其產生良好的心理感受。具有這種心理感受的外部公眾，在進行與該城市有關的活動時，會做出有利於該城市的行為選擇，無形之中提高了城市競爭力。

在對中國城市文化競爭力進行統計分析發現，298 個城市的文化競爭力得分是否服從正態性分佈的 JB 檢驗統計量為 9977.30，在 0%的統計性顯著水平下拒絕原假設，說明中國城市文化競爭力不服從正態分佈。偏度為 4.53，峰度為 29.86，說明城市文化競爭力呈尖峰厚尾分佈，具有右偏性質（圖 6.1.21）。進一步分析發現，文化競爭力的地區性不平衡現象依然存在，呈東強西弱格局，在 79 個文化競爭力水平在平均水平之上的城市中，東部 49 個，占 62.03%，東北 5 個，占 6.33%。中部 9 個，占 11.39%，西部 16 個，占 20.25%。東部、中部、西部、東北地區城市文化競爭力均值比較表明，東部地區的城市文化競爭力均值(3.38)明顯要高於中部(-1.60)、西部(-1.93)、東北（-0.93）地區，說明從城市文化競爭力的平

均水平來看，中國城市文化競爭力呈現東部地區高於中部、西部、東北地區的兩極分化格局。進一步地，由不同地區城市文化競爭力方差的比較分析得出，東部地區最高，為 9.32，其次為東北地區，為 3.44，再次為西部地區，為 3.29，中部地區最低，為 2.48。由此可見，中部地區城市文化競爭力離散程度及差異程度要低一些，而東部地區的城市文化競爭力離散程度及差異程度則非常高（表 6.1.30）。

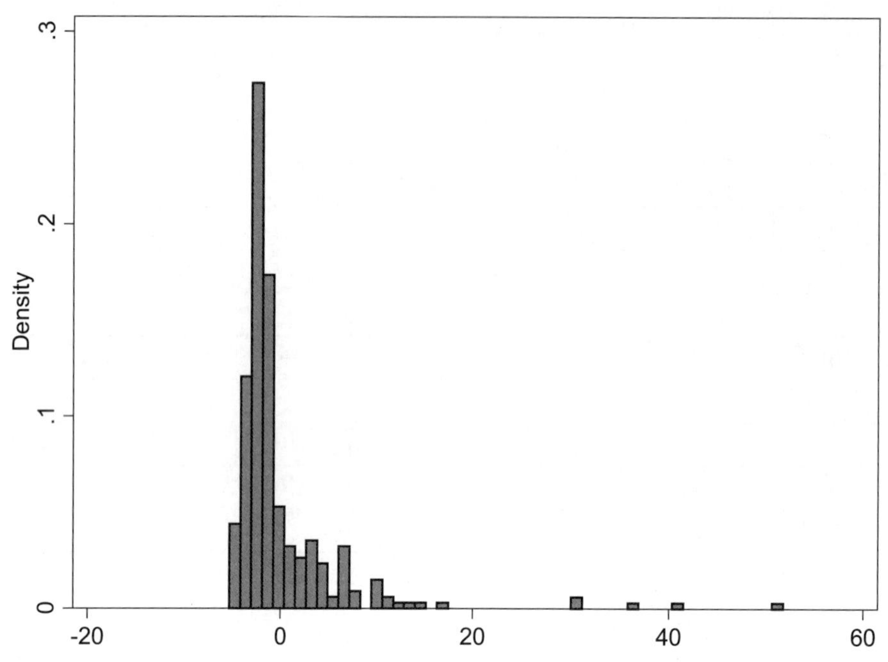

圖 6.1.21 城市文化競爭力得分長條圖

表 6.1.30 城市文化競爭力東、中、西、東北部地區比較

A				
	東部	中部	西部	東北
均值	3.38	-1.6	-1.93	-0.93
方差	9.32	2.48	3.29	3.44
樣本數	97	80	87	34
B				
	東中	東西	中西	東部東北
均值比較檢驗	0	0	0.46	0.01
方差比較檢驗	0	0	0.01	0
	中部東北	西部東北		
均值比較檢驗	0.25	0.14		
方差比較檢驗	0.02	0.71		

注：A 部分為實際值，B 部分為相應檢驗的 P 值

文化形象競爭力指標由文化設施指數、文化意識指數、文化資源指數、城市營銷能力指數四項二級指標綜合而成。進一步分析上述 4 項指標對文化競爭力的相對重要性，即由文化競爭力得分關於上述 4 項指數做 OLS 回歸。結果表明（表 6.1.31），所有變量的係數都在 1%顯著性水平下統計顯著，由 VIF 可以看出，不存在嚴重多重共線性。當文化設施指數得分每增加 0.01，文化競爭力得分增加 0.20。當文化意識指數得分每增加 0.01，文化競爭力得

分增加 0.13。當文化資源指數得分每增加 0.01，文化競爭力得分增加 0.19。當城市營銷能力指數得分每增加 0.01，文化競爭力得分增加 0.13。由此可以看出，對文化競爭力而言，其二級指標對其的重要性依次為文化設施指數、文化資源指數、城市營銷能力指數、文化意識指數（圖 6.1.22），與 2013 年文化設施指數、文化資源指數、城市營銷能力指數、文化意識指數一致。

表 6.1.31 城市文化競爭力 OLS 回歸方程

變量	系數	t 值	P 值
文化設施指數	19.69	1702.03	0
文化意識指數	13	684.18	0
文化資源指數	19.07	2044.35	0
城市營銷能力指數	13.04	653.39	0
常數	-13.02	-8514.24	0
F 統計量	30051601	F 統計量 P 值	0
R 方	1	VIF	8.01

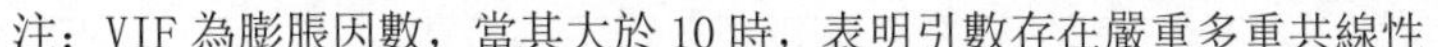
注：VIF 為膨脹因數，當其大於 10 時，表明引數存在嚴重多重共線性

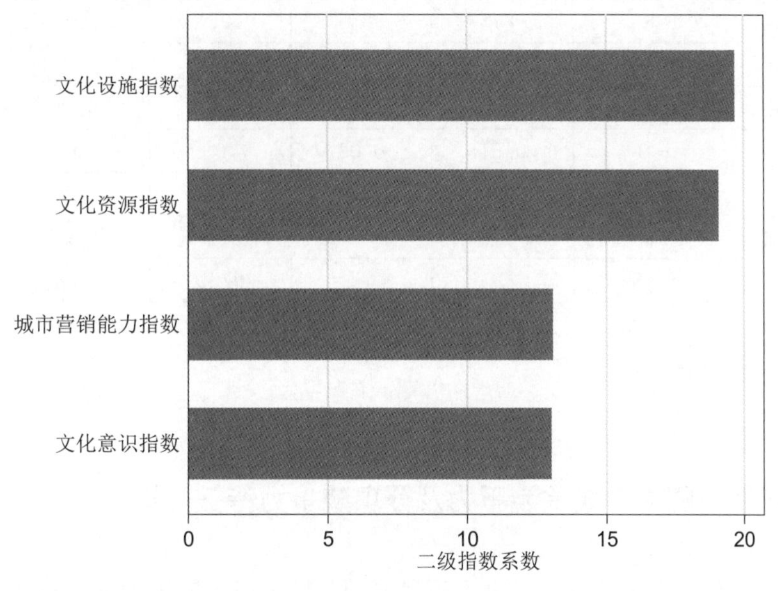

圖 6.1.22 各二級指數對文化競爭力的影響大小

對城市文化競爭力 4 項二級指標分佈特徵分析時發現 所有二級指標都不服從正態分佈，並呈尖峰厚尾分佈，具有右偏性質。上述二級指標的東、中、西、東北部地區均值比較與方差比較表明（表 6.1.32），從平均水平來看，中國城市文化設施指數、文化資源指數存在區域性差異，並呈東部地區比中西部東北地區高的二級階梯狀特徵，而文化意識指數、城市營銷能力指數呈東部、東北、中西部地區由高到低的三級階梯狀特徵。同時東部地區雖然各項二級指數的平均水平比較高，但是離散程度也比其它地區高。

表 6.1.32 城市科技競爭力二級指標東、中、西、東北部地區比較

A	文化設施指數				文化意識指數			
	東部	中部	西部	東北	東部	中部	西部	東北
均值	0.21	0.14	0.14	0.15	0.3	0.18	0.17	0.2
方差	0.14	0.03	0.03	0.06	0.18	0.04	0.05	0.04
樣本數	97	80	87	34	97	80	87	34
B								
	東中	東西	中西	東部東北	東中	東西	中西	東部東北
均值比較檢驗	0	0	0.99	0.04	0	0	0.31	0
方差比較檢驗	0	0	0.99	0	0	0	0.01	0
	中部東北	西部東北			中部東北	西部東北		
均值比較檢驗	0.24	0.23			0.04	0.02		
方差比較檢驗	0	0			0.46	0.2		
A	文化資源指數				城市營銷能力指數			
	東部	中部	西部	東北	東部	中部	西部	東北
均值	0.26	0.21	0.2	0.21	0.26	0.17	0.16	0.19
方差	0.12	0.06	0.09	0.06	0.19	0.04	0.06	0.05
樣本數	97	80	87	34	97	80	87	34
B								
	東中	東西	中西	東部東北	東中	東西	中西	東部東北
均值比較檢驗	0	0	0.51	0.03	0	0	0.41	0.02
方差比較檢驗	0	0.01	0	0	0	0	0	0
	中部東北	西部東北			中部東北	西部東北		
均值比較檢驗	0.92	0.59			0.07	0.05		
方差比較檢驗	0.67	0.02			0.05	0.52		

注：A 部分為實際值，B 部分為相應檢驗的 P 值

6.2 2014 年度中國城市成長競爭力及分項競爭力特徵分析

城市作為人類的聚集地，本身是不斷發展的，城市成長競爭力是衡量城市動態發展的概念，城市成長競爭力是城市在動態發展的過程中，充分挖掘其潛在的潛能，利用其可利用資源，不斷完善城市社會組織體制，展示其創新活力並依據城市可持續發展的內在規律逐步提升自身綜合競爭力的能力。城市發展不是靜態的，而是個動態多維的過程。《中國城市成長競爭力評價指標體系》由實力指數、潛力指數、活力指數、能力指數四大指標綜合而成，包括，4 項一級指標，29 項二級指標。

按照 298 個城市的統計及調查資料，根據中國城市競爭力研究會所構建的《中國城市成長競爭力比較評價指標體系》[①]計算分析，得出了 2014 年中國城市成長競爭力排名[②]。在對中國城市成長競爭力排名進行統計分析時發現，298 個城市的成長競爭力得分是否服從正態性分佈的JB檢驗統計量為 470，在 0%的統計性顯著水平下拒絕原假設，說明城市成長競爭力不服從正態分佈。偏度為 1.66，峰度為 8.18，說明成長競爭力呈尖峰厚尾分佈，並且具

① 具體請參見附錄 1。
② 詳見第二篇。

有右偏性質（圖 6.1.23）。進一步分析發現，成長競爭力地區性不平衡現象依然存在，呈東強西弱格局，在 124 個成長競爭力水平在平均水平之上的城市中，東部地區 65 個，占 52.42%，東北地區 13 個，占 10.48%。中部地區 24 個，占 19.35%，西部地區 22 個，占 17.74%。東部、中部、西部、東北地區城市成長競爭力均值比較表明，東部地區的城市成長競爭力均值(2.28)明顯要高於中部(-0.87)、西部(-1.61)、東北（-0.33)地區，說明從城市成長競爭力平均水平來看，中國城市成長競爭力也呈現出東部地區高於中部、西部、東北地區的兩極分化格局。進一步地，由不同地區城市成長競爭力方差比較分析得出，東部地區最高，為 5.35，其次為西部地區，為 4.06，再次為東北地區，為 3.60，中部地區最低，為 2.97。由此可見，中部地區城市成長競爭力離散程度及差異程度要低一些，而東部地區城市成長競爭力離散程度及差異程度則非常高（表 6.1.33）。

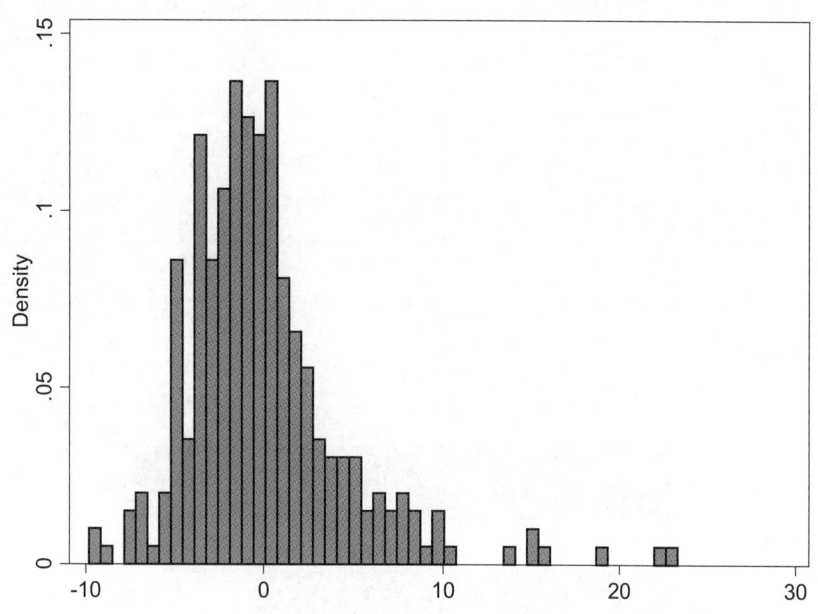

圖 6.1.23 城市成長競爭力得分長條圖

表 6.1.33 城市成長競爭力東、中、西、東北部地區比較

A				
	東部	中部	西部	東北
均值	2.28	-0.87	-1.61	-0.33
方差	5.35	2.97	4.06	3.6
樣本數	97	80	87	34
B				
	東中	東西	中西	東部東北
均值比較檢驗	0	0	0.18	0.01
方差比較檢驗	0	0.01	0.01	0.01
	中部東北	西部東北		
均值比較檢驗	0.4	0.11		
方差比較檢驗	0.16	0.44		

注：A 部分為實際值，B 部分為相應檢驗的 P 值

進一步分析上述 4 項指標對成長競爭力的相對重要性，即由成長競爭力得分關於上述 4

項指數做 OLS 回歸。結果表明（表 6.1.34），所有變量的系數都在 1%的顯著性水平下統計顯著，由 VIF 可以看出，不存在嚴重多重共線性。當實力指數得分每增加 0.01，成長競爭力得分增加 0.03。當潛力指數得分每增加 0.01，成長競爭力得分增加 0.16。當活力指數得分每增加 0.01，成長競爭力得分增加 0.12。當能力指數得分每增加 0.01，成長競爭力得分增加 0.11。由此得出，對成長競爭力而言，其一級指標的重要性依次為潛力指數、活力指數、能力指數、實力指數（圖 6.1.24），與 2013 年的活力指數、潛力指數、實力指數、能力指數相比，有一定變化。說明當前城市競爭力的成長性主要取決於制度創新能力與發展潛力。

表 6.1.34 城市成長競爭力 OLS 回歸方程

變量	系數	t 值	P 值
實力指數	3.15	4.89	0
潛力指數	16.35	39.03	0
活力指數	12.29	19.65	0
能力指數	10.85	46.82	0
常數	-18.52	-102.62	0
F 統計量	5082	F 統計量 P 值	0
R 方	0.99	VIF	4.47

注：VIF 為膨脹因數，當其大於 10 時，表明引數存在嚴重多重共線性

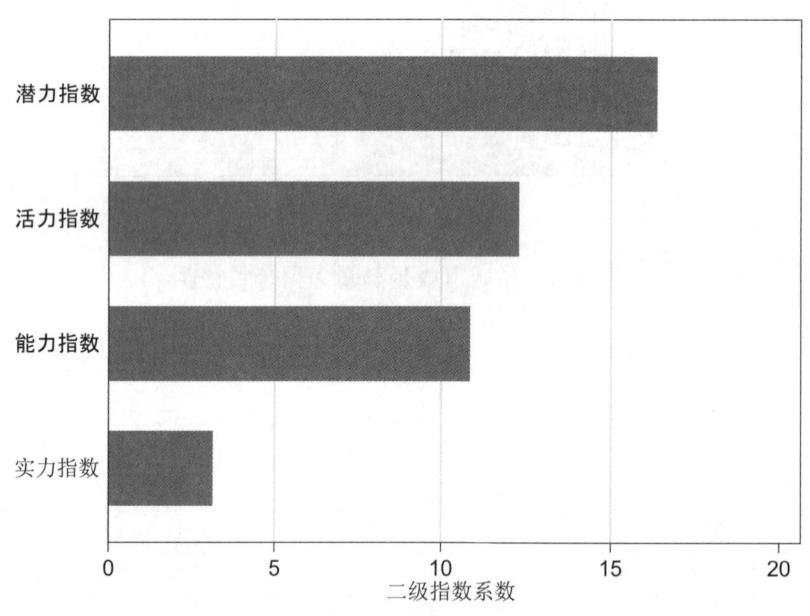

圖 6.1.24 各一級指數對成長競爭力的影響大小

下面來繼續分析潛力指數、活力指數與能力指數的特徵[①]。

6.2.1 潛力指數特徵分析

潛力指數包括居民消費潛力、金融資本潛力、人力資本潛力、市場潛力、區位、自然資

[①]實力指數的指標與綜合實力競爭力一致，此處略去，請參照 6.1 節。

源、環境質量、可持續發展這八項指數，從這八個維度來度量一個城市的發展潛力。其中，金融資本潛力考慮城市金融條件，反映城市財富，顯示城市財政基礎上的潛力。由於人力資本具有創新性，創造性，具有有效配置資源性，人力資本潛力在反映城市在資源配置方面潛力的同時，反映城市的創新性，創造性。市場潛力反映城市的投資潛力。區位，自然資源，環境質量是發展之本，只有佔有合適的區位，充分利用城市自然資源，堅持可持續發展，城市才能長久穩定健康發展。

分析發現，中國 298 個城市的潛力指數得分是否服從正態性分佈的 JB 檢驗統計量為 366.63，在 0.00%的統計性顯著水平下拒絕原假設，說明潛力指數不服從正態分佈。潛力指數方差為 0.12，偏度為 1.25，峰度為 7.82，說明潛力指數呈尖峰厚尾分佈，並具有右偏性質（圖 6.1.25）。進一步分析發現，潛力指數的地區性不平衡現象依然存在，呈東強西弱格局，東部地區城市潛力指數的均值(0.46)明顯要高於中部(0.41)、西部(0.37)、東北 (0.40) 地區，說明從潛力指數平均水平來看，中國城市潛力指數呈現出東部地區高於中西部東北地區的二級階梯狀格局。進一步地，由不同地區城市潛力指數方差比較分析得出，東部地區最高，為 0.13，其次為西部地區，為 0.12，再次為東北地區，為 0.11，中部地區最低，為 0.07。由此可見，中部地區城市潛力指數離散程度及差異程度要低一些，而東部地區的城市潛力指數離散程度及差異程度則非常高（表 6.1.35）。

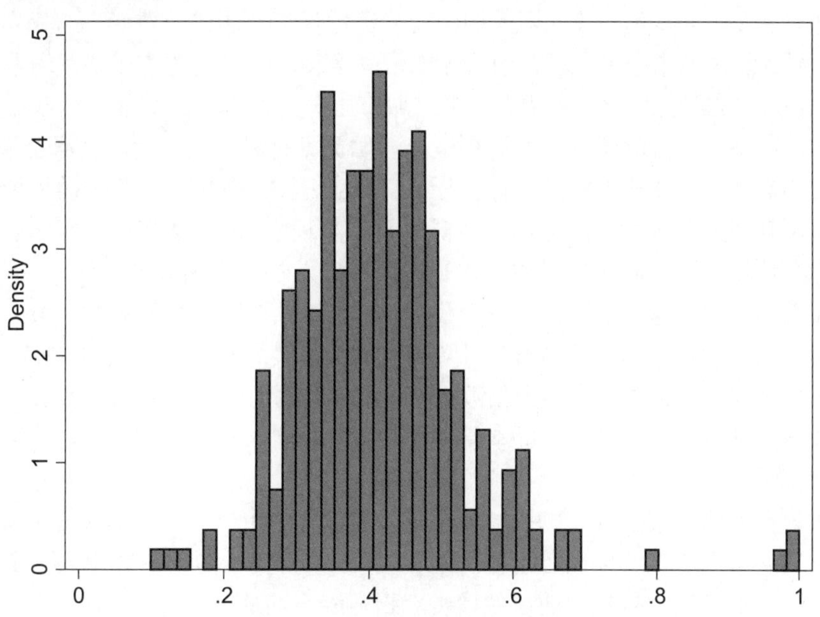

圖 6.1.25 潛力指數長條圖

表 6.1.34 城市潛力指數東、中、西、東北部地區比較

A				
	東部	中部	西部	東北
均值	0.46	0.41	0.37	0.4
方差	0.13	0.07	0.12	0.11
樣本數	97	80	87	34
B				
	東中	東西	中西	東部東北
均值比較檢驗	0	0	0.01	0.02
方差比較檢驗	0	0.31	0	0.22
	中部東北	西部東北		
均值比較檢驗	0.69	0.18		
方差比較檢驗	0	0.62		

注：A 部分為實際值，B 部分為相應檢驗的 P 值

潛力指數由八項二級指數綜合而成。其中居民消費潛力指數由人均可支配收入、人均可支配收入年增長率、人均消費支出、人均消費支出增長率及居民消費傾向來衡量。城市是創造、分配、消費財富的集中地，只有消費才能帶動增長，而居民消費在整個消費體系中占絕大比重，是城市生態鏈條中至關重要的一環。城市居民消費水平的高低在反映城市創造財富能力的同時，也為城市自身產業的發展創造出一個更具有潛力的市場，以消費帶動發展。適度提高居民消費能力和水平，有助於城市穩定、健康、長久發展。消費結構是指人們在生活消費過程中所耗費的各種消費物件的比例關系及協調程度。消費結構及其變化是衡量居民生活水平的重要標誌，它反映出居民生活水平提高程度及社會經濟發展狀況。

資本流向先導於國家、地區的經濟起飛，一個國家、地區的真正崛起，很大程度上取決於其金融體系效率和資本市場發達程度。區域經濟快速發展必將帶動資本市場發展，並對資本市場提出更高要求。金融資本潛力指數由年末儲蓄總餘額，獲得銀行貸款便利程度，獲得證券市場資本便利程度，獲得民間資本便利程度，獲得國家財政支持程度，外資金融機構指數等指標來衡量。

城市人力資本的規模及其變動影響城市價值體系。城市人口、從業人員、專業技術人員和創業人員為城市價值創造提供了生產和消費基礎。人力資本潛力指數由人力資本投入指數、人力資本吸引水平指數、勞動力的自然增長率指數綜合而成。

市場潛力指數由市場認同度、市場認同度遞增程度、經濟輻射區域指數來度量。反映了城市在市場方面的認同潛力及經濟輻射潛力。2008 年由美國次貸危機引發的全球性金融危機，使中國市場結構開始步入買方市場，市場競爭日漸激烈，因此，市場控制能力對城市整體發展起著重要作用。

可持續發展是經濟發展的長期目標，在整合各種資源時，為的是城市生態系統、經濟系統、社會系統運行良好。由於資源的稀缺性，且很大部分資源為一次使用的不可再生資源，這就要求城市在發展過程中，注重資源的合理分派、合理使用。可持續發展指數通過資源和能源的耗速率(逆)、城市發展可持續發展戰略、生態環境退化速率(逆)、城市可持續發展能源供給、工業化發展水平、產業製造能力、GDP 產值每億元耗電量（逆）來衡量。合理的城市規劃，整合資源，有利於城市可持續發展。

對城市潛力指數的二級指標進行統計分析時發現，八個二級指標的JB檢驗表明所有二級

指標都不服從正態分佈[1]。進一步地分析表明（表 6.1.35），從平均水平來看，城市居民消費潛力指數、金融資本潛力指數和可持續發展指數不存在明顯的區域性差異。而城市城市人力資本潛力指數、城市市場潛力指數的平均水平呈現出東部、東北、中西部地區由高到低的三級階梯格局。自然資源水平指數呈現出東北、中西部、東部地區由高到低的三級階梯格局。環境質量水平指數呈現出東中部地區高於西部和東北地區的兩級分化格局。

表 6.1.35 城市潛力指數二級指標東、中、西、東北部地區比較

A	城市居民消費潛力指數				城市金融資本潛力指數			
	東部	中部	西部	東北	東部	中部	西部	東北
均值	0.6	0.68	0.64	0.63	0.33	0.3	0.3	0.31
方差	0.14	0.17	0.11	0.05	0.14	0.04	0.05	0.06
樣本數	97	80	87	34	97	80	87	34
B								
	東中	東西	中西	東部東北	東中	東西	中西	東部東北
均值比較檢驗	0	0.02	0.05	0.24	0.05	0.06	0.75	0.46
方差比較檢驗	0.05	0.01	0	0	0	0	0.04	0
	中部東北	西部東北			中部東北	西部東北		
均值比較檢驗	0.06	0.45			0.16	0.29		
方差比較檢驗	0	0			0.01	0.25		
A	城市人力資本潛力指數				城市市場潛力指數			
	東部	中部	西部	東北	東部	中部	西部	東北
均值	0.43	0.23	0.23	0.26	0.27	0.17	0.17	0.2
方差	0.21	0.1	0.11	0.14	0.14	0.05	0.06	0.08
樣本數	97	80	87	34	97	80	87	34
B								
	東中	東西	中西	東部東北	東中	東西	中西	東部東北
均值比較檢驗	0	0	0.86	0	0	0	0.9	0
方差比較檢驗	0	0	0.48	0.01	0	0	0.04	0
	中部東北	西部東北			中部東北	西部東北		
均值比較檢驗	0.26	0.22			0.05	0.09		
方差比較檢驗	0.04	0.14			0	0.05		
A	區位水平指數				自然資源水平指數			
	東部	中部	西部	東北	東部	中部	西部	東北
均值	0.36	0.2	0.19	0.25	0.36	0.41	0.41	0.5
方差	0.18	0.1	0.12	0.13	0.16	0.1	0.13	0.15
樣本數	97	80	87	34	97	80	87	34
B								
	東中	東西	中西	東部東北	東中	東西	中西	東部東北
均值比較檢驗	0	0	0.52	0	0.01	0.02	0.83	0
方差比較檢驗	0	0	0.13	0.02	0	0.03	0	0.47
	中部東北	西部東北			中部東北	西部東北		

[1] 因為篇幅問題，此處有些統計結果未給出。

均值比較檢驗	0.01	0.01			0	0		
方差比較檢驗	0.05	0.46			0	0.41		
A	環境質量水平指數				可持續發展指數			
	東部	中部	西部	東北	東部	中部	西部	東北
均值	0.65	0.62	0.55	0.52	0.58	0.59	0.57	0.56
方差	0.12	0.11	0.14	0.12	0.1	0.04	0.09	0.06
樣本數	97	80	87	34	97	80	87	34
B								
	東中	東西	中西	東部東北	東中	東西	中西	東部東北
均值比較檢驗	0.05	0	0	0	0.32	0.33	0.02	0.3
方差比較檢驗	0.29	0.08	0.01	0.95	0	0.3	0	0
	中部東北	西部東北			中部東北	西部東北		
均值比較檢驗	0	0.21			0	0.76		
方差比較檢驗	0.39	0.25			0.01	0.02		

注：A 部分為實際值，B 部分為相應檢驗的 P 值

6.2.2 活力指數特徵分析

一個充滿活力、富有創造性的城市軟環境將會大幅度的提高城市綜合競爭力。一個城市具有活力，必然能吸引來更多的人力，資本投入。世界城市的發展史告訴，那些快速發展的城市必然是充滿活力的城市。城市活力指數包括文化力，學習力，創新力，法制力，應變力，開放力等指數，衡量城市文化，學習，創新，法制等軟環境活力。

學習力體現城市在接受新理念、新思維的能力，良好的城市學習力將使城市在科技與觀念日新月異的現代社會中充滿活力，從而提升城市競爭力。

創新是打造國際化城市的根本要求，創新是打造國際化城市的核心競爭要素，致力於建設現代化國際化的城市，應轉變城市發展理念，加大創新力度，以可持續發展理念，引領城市各項事業健康發展。

法制力指數，反映法制的健全程度和執行力。市場經濟需要一系列健全的法律和規章制度來保障其公平公正。城市法制力與政府執行力息息相關。法制建設對發揮城市環境優勢具有重要意義。法制力不僅是信用、機關效能的保證，還是城市的戰略制度基礎。創造一個穩定有序的社會環境，是城市發展的迫切需要。法制力指數由地方法規條例健全程度、政策法規透明度、政府執法能力共同衡量。

應變力是城市對突發事件的應對能力。世界充滿偶然，未來充滿不確定性。一個城市只有具備良好的應對突發事件的能力，才能不斷發展。如 2008 年發生的經濟危機，許多城市都采取了有效的應對措施。應變力指數由城市根據外部環境變化及時調整自身發展戰略的能力和應對緊急事件的能力兩方面共同度量。

開放力指數反映城市的開放程度。隨著時代進步，城市開放已成為不可逆轉的趨勢。只有打破條條框框，城市才能更好發展，城市開放力很好的衡量了城市的經濟發展潛力，開放力指數由外貿指數、產業國際化指數、對內對外政策、國際吸引指數共同衡量。

經統計分析發現，中國 298 個城市活力指數得分是否服從正態性分佈的 JB 檢驗統計量為 1202.91，在 0.00%的統計性顯著水平下拒絕原假設，說明活力指數不服從正態分佈。活力指數方差為 0.14，並且偏度為 2.48，峰度為 11.51，說明活力指數呈尖峰厚尾分佈，並具有右偏性質（圖 6.1.26）。進一步分析發現，活力指數的地區性不平衡現象依然存在，呈

東強西弱格局。東部、中部、西部、東北地區城市活力指數的均值比較表明，東部地區城市活力指數的均值(0.37)明顯要高於中部(0.22)、西部(0.20)、東北（0.25）地區，說明從活力指數的平均水平來看，中國城市活力指數呈現出東部地區、東北地區、中西部地區由高到低的三級階梯狀格局。進一步地，由不同地區城市活力指數方差比較分析得出，東部地區最高，為 0.17，其次為西部地區，為 0.11，再次為東北地區，為 0.07，中部地區最低，為 0.06。由此可見，中部地區的城市活力指數離散程度及差異程度要低一些，而東部地區的城市活力指數離散程度及差異程度則非常高（表 6.1.36）。

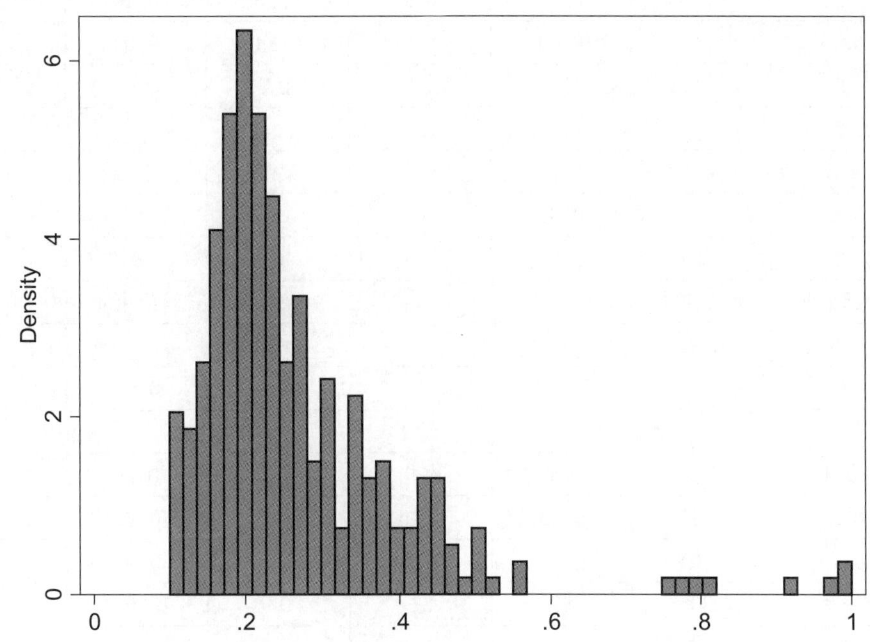

圖 6.1.26　活力指數長條圖

表 6.1.36 城市活力指數東、中、西、東北部地區比較

A				
	東部	中部	西部	東北
均值	0.37	0.22	0.2	0.25
方差	0.17	0.06	0.11	0.07
樣本數	97	80	87	34
B				
	東中	東西	中西	東部東北
均值比較檢驗	0	0	0.37	0
方差比較檢驗	0	0	0	0
	中部東北	西部東北		
均值比較檢驗	0.01	0.03		
方差比較檢驗	0.21	0.01		

注：A 部分為實際值，B 部分為相應檢驗的 P 值

對城市活力指數的二級指標進行統計分析時發現，七個二級指標的 JB 檢驗表明所有二級指標都不服從正態分佈。進一步地分析表明（表 6.1.37），從平均水平來看，城市創新力

指數、城市法治力指數、城市開放力指數和城市營銷力指數的平均水平呈現出東部高於中西部和東北地區的二級分化格局。而城市文化力指數、學習力指數、城市應變力指數基本呈現出東部、東北、中西部地區由高到低的三級階梯格局。另外，幾乎所有二級指標中，東部地區的離散程度都是最高的。

表 6.1.37 城市活力指數三級指標東、中、西、東北部地區比較

A	文化力				學習力			
	東部	中部	西部	東北	東部	中部	西部	東北
均值	0.3	0.18	0.17	0.2	0.26	0.16	0.15	0.17
方差	0.18	0.04	0.05	0.04	0.14	0.03	0.05	0.04
樣本數	97	80	87	34	97	80	87	34
B								
	東中	東西	中西	東部東北	東中	東西	中西	東部東北
均值比較檢驗	0	0	0.31	0	0	0	0.21	0
方差比較檢驗	0	0	0.01	0	0	0	0	0
	中部東北	西部東北			中部東北	西部東北		
均值比較檢驗	0.04	0.02			0.02	0.01		
方差比較檢驗	0.46	0.2			0.19	0.06		
A	創新力				法治力			
	東部	中部	西部	東北	東部	中部	西部	東北
均值	0.26	0.15	0.15	0.16	0.33	0.21	0.2	0.21
方差	0.14	0.04	0.05	0.05	0.15	0.05	0.07	0.05
樣本數	97	80	87	34	97	80	87	34
B								
	東中	東西	中西	東部東北	東中	東西	中西	東部東北
均值比較檢驗	0	0	0.45	0	0	0	0.56	0
方差比較檢驗	0	0	0.03	0	0	0	0	0
	中部東北	西部東北			中部東北	西部東北		
均值比較檢驗	0.3	0.71			0.7	0.48		
方差比較檢驗	0.11	0.93			0.5	0.07		
A	應變力				開放力			
	東部	中部	西部	東北	東部	中部	西部	東北
均值	0.69	0.42	0.36	0.53	0.42	0.38	0.38	0.39
方差	0.16	0.15	0.22	0.17	0.14	0.03	0.03	0.03
樣本數	97	80	87	34	97	80	87	34
B								
	東中	東西	中西	東部東北	東中	東西	中西	東部東北
均值比較檢驗	0	0	0.05	0	0.02	0	0.04	0.12
方差比較檢驗	0.7	0	0	0.79	0	0	0.32	0
	中部東北	西部東北			中部東北	西部東北		
均值比較檢驗	0	0			0.87	0.12		
方差比較檢驗	0.58	0.07			0.1	0.38		
A	營銷力							

	東部	中部	西部	東北				
均值	0.26	0.17	0.16	0.19				
方差	0.19	0.04	0.06	0.05				
樣本數	97	80	87	34				
B								
	東中	東西	中西	東部東北				
均值比較檢驗	0	0	0.41	0.02				
方差比較檢驗	0	0	0	0				
	中部東北	西部東北						
均值比較檢驗	0.07	0.05						
方差比較檢驗	0.05	0.52						

注：A 部分為實際值，B 部分為相應檢驗的 P 值

6.2.3 能力指數特徵分析

能力指數包括經濟增長能力、社會保障能力、城市吸引能力、城市流通能力 4 個三級指標，經濟增長能力反映城市在充分利用資源，合理規劃城市整體發展條件下，城市經濟發展的能力。社會保障能力體現了城市經濟發展在追求效率的同時兼顧公平的能力。吸引能力如同城市活力一樣，體現城市對人才和投資的吸引程度。流通能力體現各種資源配置的有效程度。

經濟增長能力是城市經濟發展過程中利用優勢，提高自身競爭力最重要的能力之一，沒有經濟增長就不可能有社會進步，只有經濟增長才能為城市發展提供物質保證，只有保證穩定的經濟增長，才能有效保證城市發展。

社會保障，是指國家和社會在通過立法對國民收入進行分配和再分配，對社會成員特別是生活有特殊困難的人們基本生活權利給予保障的社會安全制度。社會保障的本質是維護社會公平進而促進社會穩定發展。城市社會保障能力體現了城市公平，社會經濟發展在追求高效發展的同時通過社會保障對社會財富進行再分配，適當縮小各階層社會成員間的收入差距，避免貧富懸殊，協調社會關系，維護社會穩定。

城市的發展，在某種程度上是城市吸引力不斷增強的過程，由此可以吸引更多人流、物流、資金流、信息流等，從而推動城市實力不斷提升。城市實力提升與影響範圍的擴大，本質上仍然是一種吸引力。城市吸引能力體現了城市集聚各種資源的能力。由於城市具有多元性，其對外輸出能力和能級可擴散的範圍越來越大，這又支持城市實力的進一步擴展，從而使其更快發展。

流通能力影響城市競爭力，只有好的周轉實現能力才能保證城市在經濟發展中實現發展目標。城市流通能力是城市在人流、物流、資金流與信息流樞紐作用的實現能力，也是資源集聚的體現。流通能力強的城市在人流、物流、資金流、信息流的競爭優勢，使其能力指數排在前面。一般而言，城市流通能力與城市發展程度，經濟增長速度相關。

統計分析發現，中國 298 個城市能力指數得分是否服從正態性分佈的 JB 檢驗統計量為 102.01，在 0.00%的統計性顯著水平下拒絕原假設，說明能力指數不服從正態分佈。能力指數方差為 0.14，偏度為-1.06，峰度為 4.92，說明能力指數呈尖峰厚尾分佈，並具有右偏性質（圖 6.1.27）。進一步分析發現，能力指數並不存在的地區性不平衡現象，東中西部東北地區能力指數均值並未體現出統計上的差異性。進一步地，由不同地區能力指數方差的比較分析可以得出，西部地區東北地區為 0.13，中部地區最高，為 0.17。由此可見，中部地區

的能力指數離散程度及差異程度要高於其它三個地區（表 6. 1. 38）。

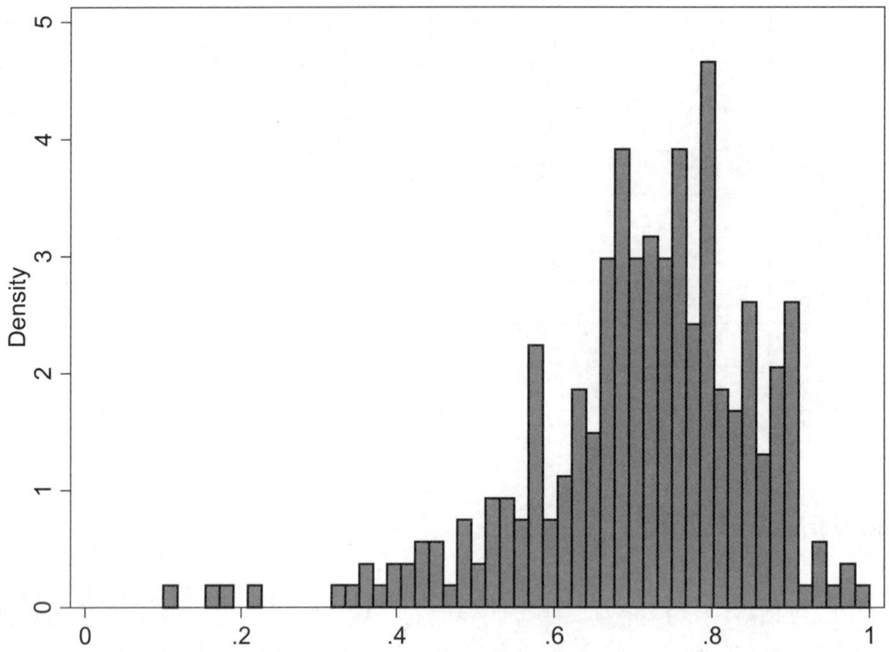

圖 6. 1. 27 能力指數長條圖

表 6. 1. 38 城市能力指數東、中、西、東北部地區比較

A				
	東部	中部	西部	東北
均值	0. 71	0. 71	0. 71	0. 72
方差	0. 14	0. 17	0. 13	0. 13
樣本數	97	80	87	34
B				
	東中	東西	中西	東部東北
均值比較檢驗	0. 89	0. 97	0. 87	0. 72
方差比較檢驗	0. 07	0. 58	0. 02	0. 76
	中部東北	西部東北		
均值比較檢驗	0. 69	0. 73		
方差比較檢驗	0. 12	0. 92		

注：A 部分為實際值，B 部分為相應檢驗的 P 值

對城市能力指數的二級指標進行統計分析時發現，二級指標的 JB 檢驗表明所有二級指標都不服從正態分佈。進一步分析表明（表 6. 1. 39），從平均水平來看，由於中國所有地區的增長方式處於艱難轉變時期，城市經濟增長能力與城市流通能力的平均水平並未出現分化現象。而城市吸引能力及城市社會保障能力均呈東部高於中西部東北地區的二級分化格局。另外，就從各二級指標的離散程度來看，除經濟增長能力無差異之外，其餘二級指標的離散程度都是東部地區最高。

表 6.1.39 城市能力指數二級指標東、中、西、東北部地區比較

A	經濟增長能力				社會保障能力			
	東部	中部	西部	東北	東部	中部	西部	東北
均值	0.68	0.71	0.72	0.71	0.4	0.26	0.26	0.34
方差	0.13	0.17	0.13	0.13	0.18	0.06	0.09	0.11
樣本數	97	80	87	34	97	80	87	34
B								
	東中	東西	中西	東部東北	東中	東西	中西	東部東北
均值比較檢驗	0.14	0.04	0.8	0.18	0	0	0.87	0.07
方差比較檢驗	0.02	0.69	0.01	0.99	0	0	0	0
	中部東北	西部東北			中部東北	西部東北		
均值比較檢驗	0.94	0.9			0	0		
方差比較檢驗	0.11	0.78			0	0.26		
A	城市吸引能力				城市流通能力			
	東部	中部	西部	東北	東部	中部	西部	東北
均值	0.38	0.21	0.2	0.25	0.31	0.21	0.2	0.21
方差	0.19	0.07	0.09	0.09	0.16	0.07	0.12	0.07
樣本數	97	80	87	34	97	80	87	34
B								
	東中	東西	中西	東部東北	東中	東西	中西	東部東北
均值比較檢驗	0	0	0.36	0	0	0	0.4	0
方差比較檢驗	0	0	0.06	0	0	0	0	0
	中部東北	西部東北			中部東北	西部東北		
均值比較檢驗	0.01	0			0.95	0.58		
方差比較檢驗	0.12	0.92			0.74	0		

注：A 部分為實際值，B 部分為相應檢驗的 P 值

第七篇 中國 30 個最具綜合競爭力城市點評

7.1 上海城市競爭力點評分析

上海市,簡稱滬,有“東方巴黎”之稱。中國國家中心城市，中國的經濟、金融中心，繁榮的國際大都市，擁有中國大陸首個自貿區“中國（上海）自由貿易試驗區”。位於長江入海口,南瀕杭州灣，西與江蘇、浙江兩省相接,共同構成以上海為龍頭的“長三角經濟圈”——中國最大的經濟區。上海是中國的經濟、交通、科技、工業、金融、貿易、會展和航運中心。GDP 總量居中國城市之首。上海港貨物輸送量和集裝箱輸送量均居世界第一，是一個良好的濱江濱海國際性港口。上海正致力於在 2020 年建成國際金融、航運和貿易中心。

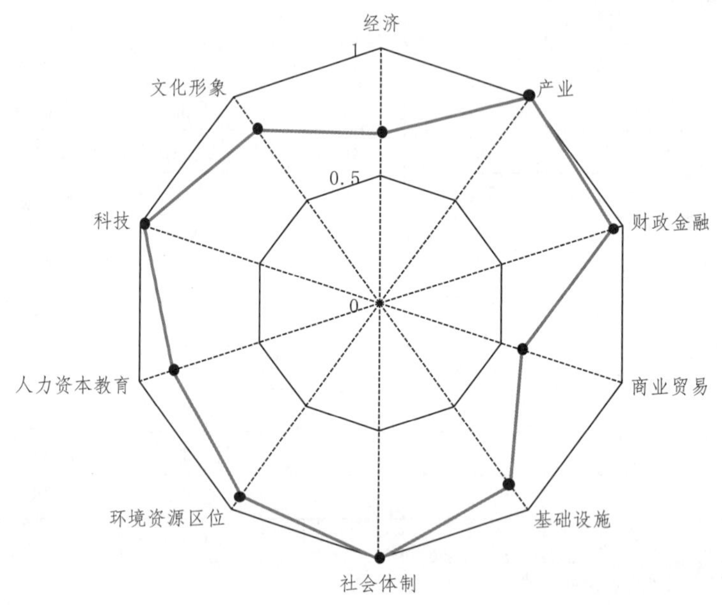

圖 7.1.1　2014 年上海分項競爭力雷達圖

上海 2014 年城市競爭力的基本情況如下：經濟競爭力得分為 2280.77，排名第 2 位，比 2013 年排名上升 1 位；產業競爭力得分為 5138.24，排名第 1 位，與上年持平；財政金融競爭力得分為 5067.68，排名第 3 位，與上年持平；商業貿易競爭力得分為 2669.57，排名第 3 位，與上年持平；基礎設施競爭力得分為 5948.72，排名第 3 位，下降 1 位；社會體制競爭力得分為 3907.68，排名第 1 位，上升 1 位；環境資源區位競爭力得分為 1802.29，排名第 2 位，與上年持平；人力資本競爭力得分為 3287.81，排名第 2 位，上升 1 位；科技競爭力得分為 6604.32，排名第 2 位，與上年持平；文化競爭力得分為 4146.95，排名第 2 位，與上年持平；綜合競爭力得分為 15017.51，排名第 1 位，與上年持平。

經濟競爭力得分為 2280.77，排名第 2 位，上升 1 位，其中上海市國內生產總值為 23560.94 億元，比上年增長 7.0%，其中人均生產總值 9.73 萬元。二級指標城市居民生活指數排名從第 15 位升到 13 位。

產業競爭力得分為 5138.24，排名第 1 位，與上年持平。二級指標產業貢獻指數仍為 1，保持不變；產業規模指數為 1，產業結構指數也為 1，產業效率指數為 0.398，相比落後於其他二級指標。三次產業結構調整為 0.5:34.7:64.8，其中第三產業增加了 1.6 個百分點。

商業貿易競爭力得分為 2669.57，排名第 3 位，與上年持平，二級指標國內商貿規模指數排名仍然是第 2 位，數值為 0.932；批發零售增加 3809.31 億元，較上年增長 6.9%。商貿機構指數 0.833，排名第 2 位，居民消費指數 0.367，排名第 19 位，商業貿易人力資本指數 0.581，排名第 4 位。

基礎設施競爭力得分為 5948.72，排名第 3 位，與上年持平，其中基礎設施建設投資 1057.25 億元，較去年上漲 1.3%。二級指標基礎設施供應指數依然保持第 1 位，基礎設施投資指數為 0.696，排名第 5 位。交通設施指數為 0.599，排名第 5 位。

社會體制競爭力得分為 3907.68，排名第 1 位，上升 1 名。具體來看，除社會公平保障指數為 0.633，排名第 10 外，其他二級指標：社會治安指數，醫療保健指數，社會管理，社會體制競爭力均為第 1 位，較上年有一定幅度的增長。

環境資源區位競爭力得分 1802.29，排名第 2 位，與上年持平，二級指標區位指數排名沒有變化兩年數值都為 1，環境改善投入指數為 0.505，其中三級指標自然區位優勢，交通區位優勢以及經濟區位優勢均為 1，優勢比較明顯。

人力資本競爭力得分為 3287.81，排名第 2 位，上升 1 位，其中二級指標人力資本規模指數排名 0.882，排名第 3 位，人力資本吸引指數 0.869 排名第 5 位。人力資本教育競爭力 3287.81，排名第 2 位。

科技資本競爭力得分為 6604.32，排名第 2 位，與上年持平，其中二級指標科技投入指數排名保持不變數值為 1，全年用於研究與試驗發展（R&D）經費支出 831 億元，相當於上海市生產總值的比例的 3.60%。科研成果轉化指數較 13 年有明顯上升，為 1，科研創新指數也為 1；科研機構指數為 0.81，排名第 5 位。

文化競爭力得分為 4146.95，排名第 2 位，與上年持平，其中二級指標文化意識指數和城市營銷能力指數均為 1. 文化設施指數為 0.916，排名第 2 位，城市文化競爭力為 4146.95，排名第 2 位，較上年相比各個指標變化幅度不大。

中國(上海)自由貿易試驗區建設取得重要階段性成果。全年區內新增註冊企業 11440 戶。其中，內資企業 9383 戶，註冊資本 3329 億元；外商投資企業 2057 戶，合同外資 118 億美元。集聚總部經濟企業 258 家，其中亞太營運商 22 家。年內全面實施第一批服務業六大領域 23 項開放措施。創新“一線放開、二線安全高效管住”的監管制度，海關、檢驗檢疫、海事等部門推出 60 多項創新舉措，進口平均通關時間比區外減少 41.3%，出口平均通關時間比區外減少 36.8%。已通過分賬核算系統驗收的 10 家銀行共開立了 9741 個自由貿易帳戶；自貿試驗區跨境人民幣結算總額 3226 億元，其中，跨境人民幣境外借款業務累計金額 197.28 億元，跨境雙向人民幣資金池業務收支總額 783 億元。

綜合分析，上海市的綜合排名和去年持平，只有經濟競爭力與上年比有所下降，但是其他指標基本還是保持在第 1 名的位置，說明上海市經濟產值總數是增長的，人力資本競爭力和科技競爭力排名都比較靠前，說明上海市對人才的吸引力較大，這更有助於上海市的經濟進一步的發展。

7.2 香港城市競爭力點評分析

香港特別行政區，地處中國華南，珠江口東側，瀕臨中國南海，由香港島、九龍半島、新界組成。北隔深圳河與廣東深圳相接，西與澳門相望。集國際商業、貿易及金融樞紐與一身，是全球聞名遐邇的國際大都市，是僅次於倫敦和紐約的全球第三大金融中心，與美國紐約、英國倫敦並稱“紐倫港”。香港是中西文化交融之地，是全球最安全、富裕、繁榮的地區之一，也是國際和亞太地區重要的航運樞紐和最具競爭力的城市之一。香港是亞洲重要的金融、服務和航運中心，以廉潔的政府、良好的治安、自由的經濟體系以及完善的法制聞名於世，有“東方之珠”、“購物天堂”等美譽。由於香港發展基於深厚的自由市場經濟政策，已發展為一個現代化、充滿活力和具大都會魅力的服務型經濟，為其作為全球商業平臺的角色創造理想環境。

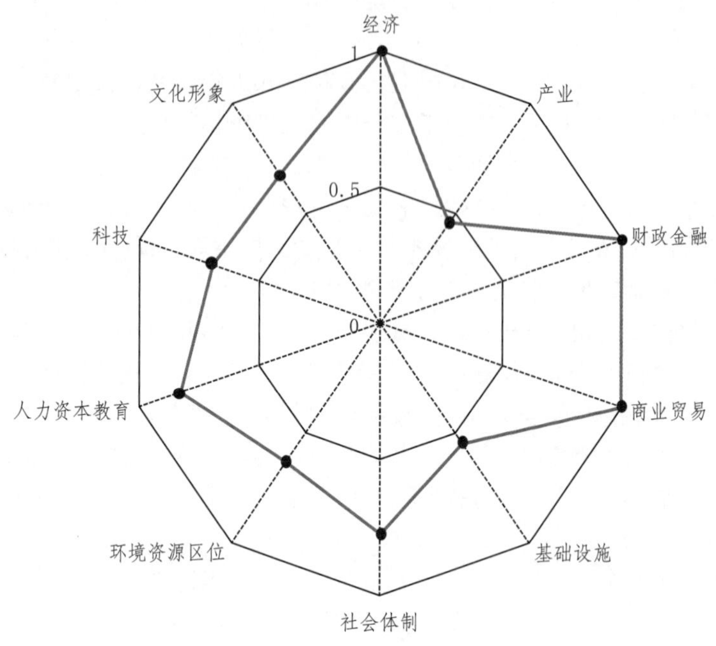

圖 7.2.1　2014 年香港分項競爭力雷達圖

香港 2014 年城市競爭力的基本情況如下：經濟競爭力得分為 3839.31，排名第 1 位，與上年持平；產業競爭力得分為 1108.64，排名第 24 位，下降 3 位；財政金融競爭力得分為 5329.6，排名第 1 位，與上年持平；商業競爭力得分為 5312.3，排名第 1 位，與上年持平；基礎設施競爭力得分為 2870.03，排名第 9 位，與上年持平；社會體制競爭力得分為 2773.6，排名第 2 位，下降 1 位；環境資源區位競爭力得分為 912.67，排名第 10 位，下降 7 位；人力資本競爭力得分為 3140.92，排名第 3 位，下降 1 位；科技競爭力得分為 4148.75，排名第 3 位，與上年持平；文化競爭力得分為 3081.81，排名第 4 位，下降 1 位；綜合競爭力得分為 14795.39，排名第 2 位，與上年持平。

經濟競爭力得分為 3839.31，排名第 1 位與上年持平。二級經濟指標城市規模指數為 0.783，排名為 4。城市國際吸引指數和城市居民生活指數為 1。其中的三級指標城市人口規模 724.17 萬，城區面積為 1105.6 平方公里。

產業競爭力得分 1108.64，排名第 24 位，下降 3 位。其中二級指標產業結構指數為 0.463，排名為 235。三級指標企業總資產指數 0.136，外資企業相對量 0.108。

財政金融競爭力得分為 5329.6，排名第 1 位，與上年持平，二級指標財政金融效率指數較上年有所上升；金融資本質量指數為 0.851，排名為 2；金融資本可獲得指數為 0.969，排名為 2。三級指標人均財政預算內收入指數為 0.377，人均年末存款指數為 1。

商業競爭力得分為 5312.3，排名第 1 位，與上年持平。二級指標外貿指數排名不變仍保持第 1 位，三級指標外貿依存度、進出口總額指數均為 1。外貿指數保持了穩定，使得商業競爭力排名也相對穩定。

基礎設施競爭力得分為 2870.03，排名第 9 位，與上年持平。二級指標基礎設施投資指數從 0.481 下降到 0.415，排名從 17 位下降到 22 位，三級指標固定資產投資水平指數 0.377 和房地產開發水平 0.45，二三級指標的合力作用使得基礎設施競爭力仍保持上年水平。

環境資源區位競爭力得分為 912.67，排名第 10 位，下降 7 位。二級指標區位指數不變，數值為 0.978，環境改善投入指數為 0.14，排名 192；三級指標交通區位優勢度保持不變，仍為 0.8，經濟區位優勢度為 1，但由於環境改善投入度的下降使得排名下降。

社會體制競爭力得分為 2773.6，排名第 2 位，下降 1 位。二級指標社會公平保障指數不變數值為 1，社會管理指數 0.834，排名為 3 得分。三級指標基尼指數 0.645，社會保障覆蓋率 81%。社會治安指數和社會保障指數均為第四名。

人力資本競爭力得分為 4148.75，排名第 3 位，與上年持平，其中二級指標人力資本規模由 0.775 下降為 0.598；其中的三級指標人力資本規模 0.348 和高素質人力資本儲備量 0.345，具有明顯的人才優勢。

科技競爭力得分為 6604.32，排名第 2 位，與上年持平，其中二級指標科技投入指數 0.533，排名為 3；科技人力資本指數 0.515，排名為 2。其中三級指標科技經費絕對投入量 0.497，科技經費相對投入量 0.603。比較重視科技發展，科技競爭力保持相當的水平。

文化競爭力得分為 3081.81，排名第 4 位，下降 1 位，其中二級指標文化意識指數不變連續三年數值為 1；三級指標誠信意識指數 1 和創新意識指數 1，公民的誠信指數和創新意識指數都比較高。

從雷達圖可知，香港的綜合競爭力與上年持平，說明香港與內地城市相比發展步伐比較一致。其產業競爭力下降 3 名，說明產業效率有所下降，香港的環境資源區位競爭力下降幅度較大，因為香港主要建設基本已經完成，使得對環境改善的投入力度降低。2014 年香港勞動力市場達到了充分就業，通脹穩定，所以綜合競爭力保持相對穩定，與去年持平。

7.3 北京城市競爭力點評分析

北京，中華人民共和國的首都、直轄市、國家中心城市，是中國的政治、文化中心，全國重要的交通樞紐和最大空港，國家經濟的決策和管理中心，是中華人民共和國中央人民政府和全國人民代表大會的辦公所在地。北京位於華北平原北部，背靠燕山，毗鄰天津市和河北省。北京市下轄東城區、西城區、朝陽區等 16 個區縣。北京是中國“八大古都”之一，擁有 7 項世界遺產，是世界上擁有數最多的城市。

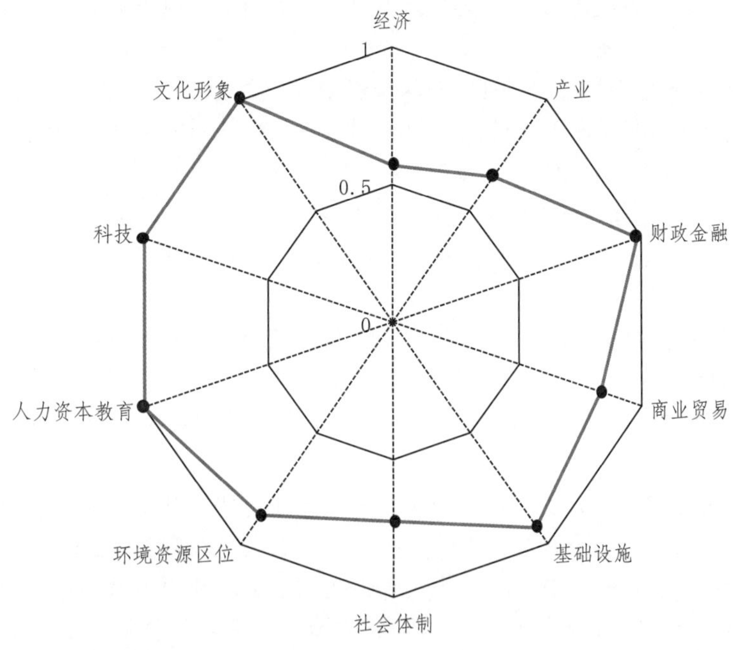

圖 7.3.1　2014 年北京分項競爭力雷達圖

北京 2014 年城市競爭力的基本情況如下：經濟競爭力得分為 1831.9，排名第 4 位，上升 1 位；產業競爭力得分 2567.14，排名第 5 位，上升 1 位；財政金融競爭力得分為 5218.6，排名第 2 位，與上年持平；商業貿易競爭力得分為 4248.28，排名第 2 位，與上年持平；基礎設施競爭力得分為 6340.87，排名第 2 位，下降 1 位；社會體制競爭力得分為 2531.75，排名第 3 位，與上年持平；環境資源區位競爭力得分為 1611.21，排名第 3 位，上升 1 位；人力資本競爭力得分為 4027.99，排名第 1 位，與上年持平；科技競爭力得分為 6736.45，排名第 1 位，與上年持平；文化競爭力得分為 5177.6，排名第 1 位，與上年持平；綜合競爭力得分為 13669.81，排名第 3 位，與上年持平。

經濟競爭力得分為 1831.9，排名第 4 位，較上年有所上升。全年實現地區生產總值 21330.8 億元，比上年增長 7.3%。二級指標城市效率指數從 0.315 上升到 0.346，其中人均 GDP（人均創造財富能力）為 0.337 和地均 GDP（單位城市面積創造財富的規模）為 0.11。其中三級指標 GDP 增長率比去年上升了 28%。

產業競爭力得分為 2567.14，排名第 5 位，上升 1 位。二級指標產業貢獻指數比 13 年數值有所上升，為 0.578，其中三級指標產品的市場認同度 0.546 和企業利稅貢獻度 0.615。因為產業貢獻率的上升使得產業競爭力排名向上增長了 1 個名次。

財政金融競爭力得分為 5218.6，排名第 2 位，與上年持平。根據北京市 2015 發佈的經濟公報，2014 年末全市金融機構（含外資）本外幣存款餘額 100095.5 億元，年末全市金融機構（含外資）本外幣貸款餘額 53650.6 億元。二級指標金融資本質量指數不變數值為 1，金融業人力資本指數也為 1。資本充裕指數為 1。

商業貿易競爭力得分為 4248.28，排名第 2 位，與上年持平。二級指標商貿機構指數不變數值仍為 1，國內商貿規模也為 1。三級指標商品銷售總額以及社會消費品零售額均為 1。具體資料顯示全年批發和零售業實現商品購銷額 124012.3 億元，比上年增長 5.6%。

基礎設施競爭力得分為 6340.87，排名第 2 位，下降 1 位。相對應的二級指標基礎設施投資指數有所下降，數值為 0.852、基礎設施供應指數 0.8，三級指標房地產開發水平指數為 1、煤氣液化氣供應水平為 1，基礎設施整體水平已經達到高點，所以與上年相比稍微有所下降。

社會體制競爭力得分為 2531.75，排名第 3 位，與上年持平，二級指標社會公平保障指數微小變化 0.977，治安指數 0.552 排名均為 2；三級指標基尼指數 0.591 和社會保障覆蓋率 99.4%。

環境資源區位競爭力得分為 1611.21，排名第 3 位，上升 1 位，通過二級指標發現區位指數不變，數值為 1，環境投入指數為 0.656，排名為 2。其中三級指標交通區位優勢度 1、文化區位優勢度 1、政治區位優勢也為 1。

人力資本競爭力得分為 4027.99，排名第 1 位，與上年持平，其中二級指標中的資本規模指數有所下降，數值為 0.982；其中的三級指標城市就業率 99.16%和高素質人力資本儲備量 846893。

科技資本競爭力得分為 6736.45，排名第 1 位，與上年持平。其中二級指標科技人力資本指數，科研機構指數均為 1；三級指標專業技術人員相對擁有量為 1，科研人員吸引指數 1，計算機人才擁有量為 1，北京相對其他城市很注重科技的創新，所以科技資本競爭力連續多年位列第一。

文化競爭力得分為 5177.6 ，排名第 1 位，與上年持平，其中二級指標文化設施指數，文化資源指數，文化意識指數不變，均為 1；年末共有公共圖書館 25 個，總藏量 5452.9 萬冊；檔案館 18 個，館藏案卷 652 萬卷件；博物館 171 個，其中免費開放 79 個。

從雷達圖可以看出，北京經濟競爭力和產業競爭力排名分別在第 5 位和第 6 位，而財政金融競爭力、商業競爭力、基礎設施競爭力、環境資源區位競爭力、人力資本競爭力、科技競爭力、文化競爭力等方面水平均與去年持平。說明 2014 年北京市在產業競爭力和經濟競爭力方面與其他特大城市相比，水平有點低，但是其他方面的競爭力較強，所以北京市的綜合排名排在第 3 位。

7.4 深圳城市競爭力點評分析

深圳，又作鵬城，廣東省副省級市，位於珠江三角洲東岸，與香港一水之隔，是改革開放以來設立的第一個經濟特區，是中國改革開放的窗口，中國對外交往的重要國際門戶，中國國家區域中心城市（華南），國際重要的空海樞紐和外貿口岸，中國南方重要的高新技術研發和製造基地，中國重要的經濟和金融中心，現已發展為有相當影響力的國際化城市，創造了舉世矚目的“深圳速度”。深圳在中國的制度創新、擴大開放等方面承擔著試驗和示範的重要使命。城市的文化、體育等硬體設施水平可與北京、上海、廣州媲美，在中國大陸屬先進。深圳市域邊界設有中國最多的出入境口岸。深圳也是重要的邊境口岸城市，皇崗口岸實施 24 小時通關。

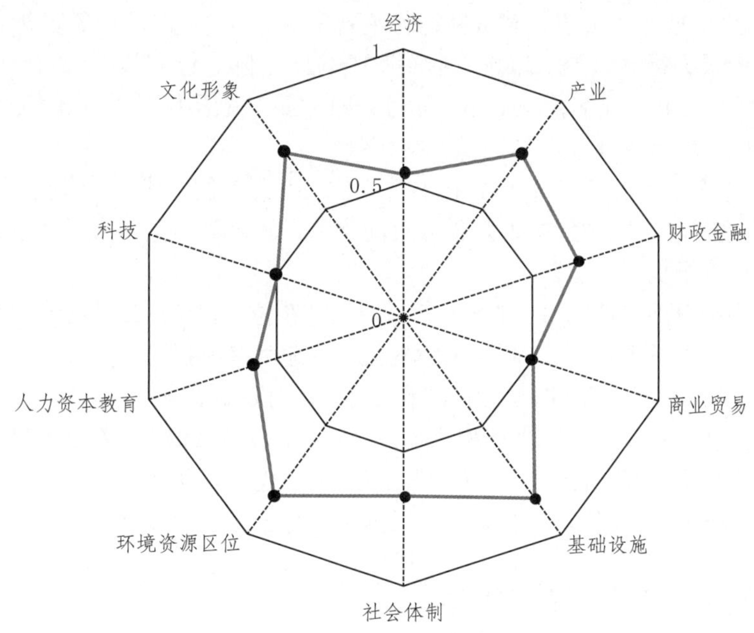

圖 7.4.1　2014 年深圳分項競爭力雷達圖

深圳 2014 年城市競爭力的基本情況如下：經濟競爭力得分為 1658.96，排名第 5 位，上升 1 位；產業競爭力得分為 3300.61，排名第 4 位，下降 1 位；財政金融競爭力得分為 3211.92，排名第 4 位，與上年持平；商業貿易競爭力得分為 2115.37，排名第 5 位，與上年持平；基礎設施競爭力得分為 5490.38，排名第 4 位，與上年持平；社會體制競爭力得分為 2218.45，排名第 4 位，上升 1 位；環境資源區位競爭力得分為 1479.09，排名第 4 位，上升 2 位；人力資本競爭力得分為 1872.69，排名第 10 位，下降 3 位；科技競爭力得分為 2471.07，排名第 5 位，上升 1 位；文化競爭力得分為 3633.38，排名第 3 位，上升 2 位；綜合競爭力得分為 10926.84，排名第 4 位，與上年持平。

經濟競爭力得分為 1658.96，排名第 5 位，上升 1 位，全年本地生產總值 16001.98 億元，比上年增長 8.8%。人均生產總值 149497 元，增長 7.7%，2014 年深圳居民人均可支配收入 40948 元，名義增長 9.0%。居民人均消費支出 28853 元，名義增長 10.1%。

產業競爭力得分為 3300.61，排名第 3 位，與上年持平，三次產業結構調整為 0.03:42.64:57.33，二級指標產業貢獻指數排名下降 1 位，數值為 0.666，產業結構指數由 0.901 上升到 0.981，上升 1 位。

財政金融競爭力得分為 3211.92，排名第 4 位，與上年持平，年末全市國內金融機構人民幣存款餘額 32497.75 億元，比年初增長 8.9%；國內金融機構人民幣貸款餘額 22671.10 億元，比年初增長 13.7%，年末全部金融機構本外幣各項存款餘額 37350.50 億元，比年初增長 10.0%；金融機構本外幣各項貸款餘額 27922.13 億元，比年初增長 12.5%。

商業貿易競爭力得分為 2115.37，排名第 5 位，與上年持平。二級指標中商貿機構指數從 0.301 上升到 0.349，但排名幾乎不變，商貿人力資本指數較上年增加了 6 個排名，由第 10 名前進到第 6 名。

基礎設施競爭力得分為 5490.38，排名第 4 位，與上年持平，二級指標城市基礎供應指數數值 0.757，第 3 名，比去年下降 1 名；二級指標城市居民居住指數由 297 名上升到 67 名。房價收入比由 0.065 上升到 2.144，可以說是質的飛躍。

社會體制競爭力得分為，2218.45，排名第 4 位，名上升 1 位，二級指標醫療保健指數從 28 名上升到第 6 名；三級指標嬰兒死亡率 0.811，比上年增加了 0.001。

環境資源區位競爭力得分為 1479.09，排名第 4 位，上升 2 名。區位指數連續三年保持不變，為 0.715，排名為第 7；其中三級指標自然區位優勢度 0.9 和政治區位優勢度 0.6，全市建成區面積 890.04 平方公里，建成區綠化覆蓋率 45.1%，生活垃圾無害化處理率 100%。

人力資本競爭力得分為 1872.69，排名第 10 位，下降 3 位，其中二級指標人力資本規模從 0.519 下降到 0.486，排名由第 12 位下降到第 13 位；三級指標教育支出相對規模 0.01698，比上年有所下降，城市就業率水平不變，為 99.5%。

科技資本競爭力得分為 2471.07，排名第 5 位，上升 1 位，其中二級指標科技人力指數數值為 0.455，排名為 3；中級技術職稱人員的增長以及專利申請數額的增加使得科技資本競爭力較上年有所增長。

文化競爭力得分為 3633.38，排名第 3 位，上升 2 位；對應的二級指標文化資源指數由上年排名 189 名，上升到 20 名，總體來說文化發展速度有所提高。

從以上資料可知，深圳市 2014 經濟競爭力有所上升，從排名上看，2014 年深圳市環境資源區位競爭力排名第 4 位，與去年相比上升 2 位。深圳市 2014 年在社會體制方面有很大的改善，社會體制競爭力排名上升 1 位，排名第 4 位。但是深圳市的人力資本競爭力與去年相比下降 3 位，排名第 10 位。綜合來看，深圳市的綜合競爭力排名不變，位居第 4。

7.5 廣州城市競爭力點評分析

廣州，簡稱穗，別稱羊城、花城，是廣東省會、副省級市，中國國家中心城市，世界著名的港口城市，位於廣東省的東南部，珠江三角洲北緣，西江、北江、東江三江匯合處，瀕臨南海，隔海與香港、澳門特別行政區相望，地理位置優越，是“海上絲綢之路”的起點之一，被稱為中國的“南大門”，是國家重要的經濟、金融、貿易、交通、會展和航運中心，也是於上海、北京之後的中國大陸經濟規模第三大的城市，與北京、上海並稱北上廣。從秦朝開始，廣州一直是郡治、州治、府治的行政中心。二千多年來一直都是華南地區的政治、軍事、經濟、文化和科教中心。每年春秋兩季專門在廣州舉辦的“中國進出口商品交易會”（即“廣交會”），與世界 200 多個國家和地區建立經貿聯繫，吸引了大量的客商及投資者。廣州作為中國最大、歷史最悠久的對外通商口岸和海上絲綢之路的起點之一，有“千年商都”之稱。

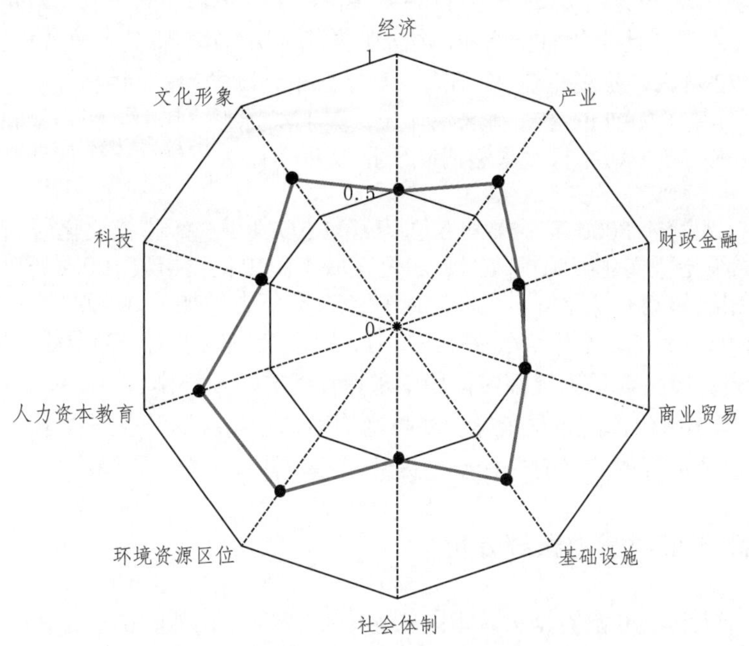

圖 7.5.1　2014 年廣州分項競爭力雷達圖

廣州 2014 年城市競爭力的基本情況如下：經濟競爭力得分為 1492.8，排名第 6 位，上升 1 位；產業競爭力得分為 2562.24，排名第 6 位，下降 1 位；財政金融競爭力得分為 1883.56，排名第 5 位，上升 1 位；商業貿易競爭力得分為 2165.95，排名第 4 位，與上年持平；基礎設施競爭力得分為 4308.45，排名第 5 位，與上年持平；社會體制競爭力得分為 1329.02，排名第 8 位，與上年持平；環境資源區位競爭力得分為 1275.58，排名第 5 位，與上年持平；人力資本競爭力得分為 2864.78，排名第 4 位，上升 1 位；科技競爭力得分為 2749.45，排名第 4 位，與上年持平；文化競爭力得分為 3060.07，排名第 5 位，下降 1 位；綜合競爭力得分為 9439.55，排名第 5 位，與上年持平。

經濟競爭力得分為 1492.8，排名第 6 位，上升 2 位，二級指標城市居民生活指數 0.349，排名 14。2014 年，廣州市實現地區生產總值（GDP）16706.87 億元，增長 8.6%。

產業競爭力得分為 2562.64，排名第 6 位，下降 1 位，三次產業增加值的比例為 1.42:33.56:65.02。二級指標產業貢獻指數微小變化；這些指數的下降使得產業競爭力整體上有所下降。

財政金融競爭力得分為 1883.56，排名第 5 位，上升 1 位，二級指標財政資本質量指數排名上升。三級指標資本使用率 62.13 比上年下降了 1.18。人均財政增長率為 25%。

商業貿易競爭力得分為 2165.95，排名第 4 位，與上年持平，全年社會消費品零售總額 7697.85 億元，限額以上批發零售業企業和個體戶實現零售額 3744.04 億元，增長 15.8%，占全市批發和零售業零售額的 55.4%。

基礎設施競爭力得分為 4208.45，排名第 5 位，與上年持平，二級指標基礎設施投資指數由 2013 年的第 10 位下降到第 13 位；其中的三級指標固定資產投資水平 4889.5 億元，比去年增加了 14.5%，房地產開發水平為 1816.15 億元，比去年增加 15.5%。

社會體制競爭力得分為 1329.02，排名第 8 位，與上年水平相當，二級指標社會公平保障指數從 0.483 上升到 0.552；其中的三級指標基尼指數 0.98，和上年持平。總體來說社會體制競爭力排名不變。

環境資源區位競爭力得分為 1275.58，排名第 5 位，與上年持平。二級指標區位指數不變 13 年數值 0.737；其中三級指標自然區位優勢度 0.8 和交通區位優勢度 0.8。

人力資本競爭力得分為 2864.78，排名第 4 位，上升 1 名。其中人二級指標人力資本規模指數數值為 0.734，比上年有所增加，增加值為 0.09：全年研究生教育招生 2.65 萬人，在學研究生 7.72 萬人，畢業生 2.27 萬人。相比之下，就業率相對較低。

科技競爭力得分為 2749.45，排名第 4 位，與上年持平。其中二級指標科研機構指數從 0.896 上升到 0.913；三級指標大學科研院所指數 80，比去年增加了 1 個和大學科研院所相對擁有量。

文化競爭力得分為 3060.7，排名第 5 位，下降 1 位。其中二級指標文化設施指數為 0.336，排名 12 位。二級指標文化資源指數上升 2 位，城市歷史文化指數由 0.886 上升到 0.891，藝術家和文化組織指數有所下降，名勝古跡指數在數值上增加了 0.002。

從雷達圖可以看出，廣州市的經濟競爭力、財政金融競爭力、商業競爭力、基礎設施競爭力和環境資源區位競爭力等都保持穩中求進。產業競爭力排名第 6 位，下降 1 位。所以綜合來看，2014 年廣州市的各項指標發展較為均衡，全年經濟總體平穩增長，結構調整呈現積極變化，經濟運行的質量效益進一步提升，各項社會事業取得新進步。

7.6 天津城市競爭力點評分析

天津，中華人民共和國直轄市、中國國家中心城市、中國北方經濟中心、環渤海地區經濟中心、中國北方國際航運中心、國際港口城市和生態城市、國際航運融資中心、中國中醫藥研發中心、亞太區域海洋儀器檢測評價中心。天津是北京通往東北、華東地區鐵路的交通咽喉和遠洋航運的港口，有“河海要衝”和“畿輔門戶”之稱。天津港是世界等級最高、中國最大的人工深水港、輸送量世界第四的綜合性港口。天津濱海新區被譽為“中國經濟第三增長極”。天津是夏季達沃斯論壇常駐舉辦城市。2014 年 12 月 12 日，位於天津市濱海新區的中國（天津）自由貿易試驗區正式獲得國家批准設立。2015 年 4 月 21 日，中國(天津)自由貿易試驗區正式掛牌。中國（天津）自由貿易試驗區為中國北方唯一的自貿區。

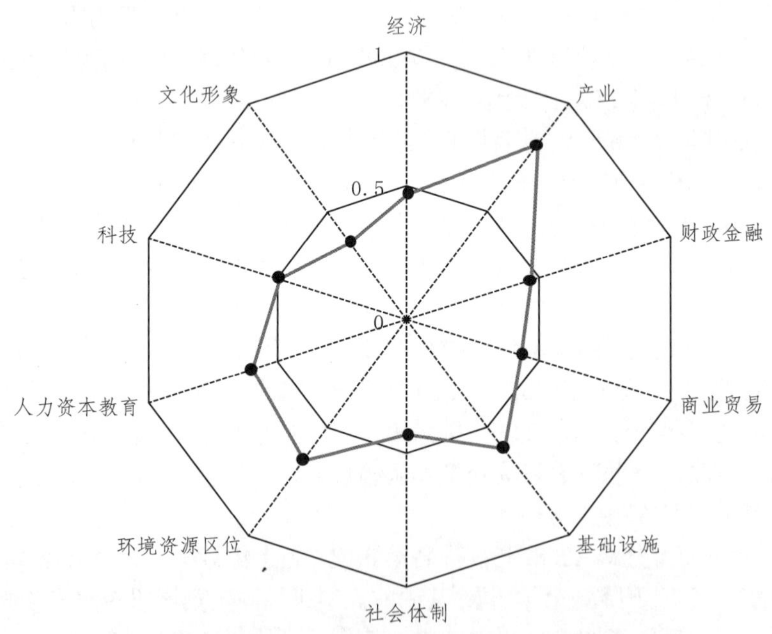

圖 7.6.1 2014 年天津分項競爭力雷達圖

天津 2014 年城市競爭力的基本情況如下：經濟競爭力得分為 1354.73，排名第 7 位，上升 2 位；產業競爭力得分為 3702.19，排名第 3 位，上升 1 位；財政金融競爭力得分為 1785.11，排名第 6 位，上升 1 位；商業貿易競爭力得分為 1682.49，排名第 7 位，下降 1 位；基礎設施競爭力得分為 3369.99，排名第 6 位，與上年持平；社會體制競爭力得分為 1044.88，排名第 12 位，上升 2 位；環境資源區位競爭力得分為 963.22，排名第 9 位，上升 2 位；人力資本競爭力得分為 1941.35，排名第 8 位，下降 2 位；科技競爭力得分為 2426.81，排名第 6 位，上升 1 位；文化競爭力得分為 1090.64，排名第 11 位，上升 2 位；綜合競爭力得分為 7597.03，排名第 6 位，與上年持平。

經濟競爭力得分為 1354.73，排名第 7 位，上升 2 位。全年實現地區生產總值（GDP）15722.47 億元，比上年增長 10.0%。二級指標城市基本生活指數排名下降，其中的三級指標，城市化率下降了 11%，農村常住居民人均可支配收入 17014 元，增長 10.8%。

產業競爭力得分為 3702.19，排名第 3 位，上升 1 位。二級指標產業貢獻指數排名比上年上升 11 位，數值 0.94，全年全部工業增加值 7083 億元，規模以上工業增加值增長 10.1%。全部工業總產值 30055 億元，增長 7.3%；規模以上工業總產值 28079 億元，增長 7.3%。

財政金融競爭力得分為 1785.11，排名第 5 位，上升 1 位。二級指標金融資本質量指數排名從第 12 位下降到第 19 位，數值為 0.71。三級指標資本使用率 88.39，比上年增加了 0.28，資本使用率的增加和資本充裕指數上升。

商業貿易競爭力得分為 1682.49，排名第 7 位，下降 1 位，二級指標商貿人力資本指數為 0.253，排名第 12 位，上升 2 名。全年批發和零售業增加值 1981 億元，住宿和餐飲業增加值 234 億元。全年社會消費品零售總額 4739 億元，限額以上網上零售額 124.86 億元。

基礎設施競爭力得分為 3369.99，排名第 6 位，與上年持平，二級指標城市基礎設施供應指數排名保持第 7 名，沒什麼變化。全年交通運輸、倉儲和郵政業增加值 753 億元，增長 8.8%。全年郵電業務總量 243.64 億元，增長 14.3%。全年快遞業務量 12404 萬件。

社會體制競爭力得分為 1044.88，排名第 12 位，上升 2 位，二級指標社會公平保障指數排名從第 10 位下降到第 24 位，截至年末，全市參加基本養老保險 657.2 萬人，參加醫療保險 1023.6 萬人。醫療保健指數由 2013 年的 0.584，排名從第 31 位上升到第 17 位。

環境資源區位競爭力得分為 963.22，排名第 9 位，上升 2 位，二級指標中的環境質量指數排名從 54 下降到 56 名，空氣質量達二級良好水平天數 175 天，全年 PM2.5 平均濃度為 83 微克/立方米，環境改善投入指數由第 7 位上升到第 6 位。

人力資本競爭力得分為 1941.35，排名第 8 位，下降 2 位，二級指標人力資本質量指數排名從第 7 位下降到第 20 位，數值為 0.417；三級指標成人識字率 0.929，兩年水平相當，專業技術擁有量為 11.54，相比全國的水平，人才素質較高。

科技競爭力得分為 2426.81，排名第 6 位，上升 1 位。其中二級指標科技投入指數由 0.363 增加到 0.401，但排名沒變化；2014 年末在津兩院院士 37 名，引進聚集國家“千人計劃”人才 113 人，以工作調動方式從外地引進人才 2936 人，新建博士後工作站 20 個，年末博士後流動站 77 個，工作站 193 個，在站博士後 850 余人。

文化競爭力得分為 1090.64，排名第 11 位，上升 2 位。二級指標文化設施指數排名與去年持平；文化設施的大力投入和發展，使得今年的文化競爭力有所上升。

從資料可以看出，天津市 2014 年的財政金融競爭力上升 1 位，排名第 5 位，財政收入較快增長。商業競爭力排名第 7 位，下降 1 位。基礎設施競爭力排名第 6 位，與上年持平。社會體制競爭力排名第 12 位，上升 2 位。2014 年天津市的財政金融競爭力有所加強，人力資本競爭力有所下降，其他指標穩中有升，所以綜合排還是第 6 名，沒有變化。

7.7 蘇州城市競爭力點評分析

蘇州，古稱吳，現簡稱蘇，位於長江三角洲和太湖平原的中心地帶，是著名的魚米之鄉、狀元之鄉、院士之鄉、歷史文化名城，自古享有“人間天堂”的美譽。明清時期，成為全國經濟文化中心。當時，蘇州是全國最大的工商業城市，世界十大城市之一。蘇州是經國務院批准的享有地方立法權的較大的市，長江三角洲經濟圈北翼最重要的經濟中心，是江蘇省經濟最發達、現代化程度最高的城市，經濟總量長期居江蘇省之冠，是江蘇省重要的金融、文化、科教城市及交通樞紐。根據長江三角洲地區區域規劃，蘇州計畫建成高技術產業基地、現代服務業基地和創新型城市、歷史文化名城和旅遊勝地。蘇州園林是中國私家園林的代表，被聯合國教科文組織列為世界文化遺產。

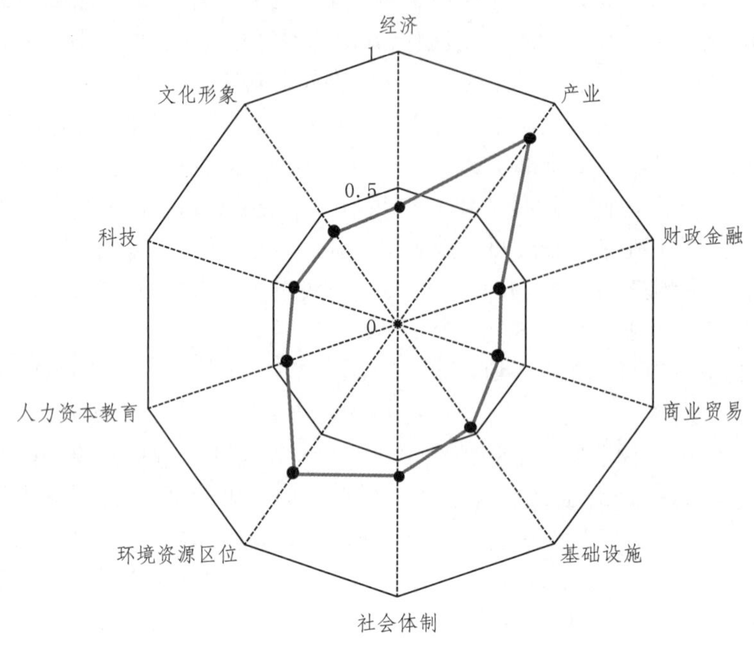

圖 7.7.1　2014 年蘇州分項競爭力雷達圖

蘇州 2014 年城市競爭力的基本情況如下：經濟競爭力得分為 1178.49，排名第 8 位，上升 4 位；產業競爭力得分為 3977.79，排名第 2 位，與上年持平；財政金融競爭力得分為 1321.82，排名第 10 位，上升 2 位；商業貿易競爭力得分為 1426.99，排名第 8 位，上升 1 位；基礎設施競爭力得分為 2160.74，排名第 13 位，上升 2 位；社會體制競爭力得分為 1676.35，排名第 6 位，與上年持平；環境資源區位競爭力得分為 1056.61，排名第 8 位，與上年持平；人力資本競爭力得分為 1126.38，排名第 21 位，下降 3 位；科技競爭力得分為 1790.82，排名第 11 位，與上年持平；文化競爭力得分為 1458.93，排名第 7 位，上升 3 位；綜合競爭力得分為 7064.56，排名第 7 位，上升 1 位。

經濟競爭力得分為 1178.49，排名第 8 位，上升 4 位。全市實現地區生產總值 13761 億元，增長 8.3%，人均地區生產總值 13 萬元，按年平均匯率折算超過 2 萬美元。

產業競爭力得分為 3977.79，排名第 2 位，與上年持平，二級指標產業貢獻指數數值為 0.769，排名下降 1 位，結構調整呈現“新型態”。全市實現服務業增加值 6499 億元，增長 11.1%，占地區生產總值的比重達 47.2%，比上年提高 1.5 個百分點。年末省、市服務業集聚區達到 74 家，實現營業收入和利稅增幅分別為 16.4%和 18.3%。

財政金融競爭力得分為 1321.82，排名第 10 位，上升 2 位，二級指標財政效率指數由 2013 年的 0.264 上升到 0.453，排名由第 25 位上升到第 9 位。

商業貿易競爭力得分為 1426.99，排名第 8 位，上升 1 名。貿易規模保持穩定。全市實現進出口總額 3113.1 億美元，增長 0.6%。其中出口 1812 億美元，增長 3.1%；進口 1301 億美元，下降 2.6%。

基礎設施競爭力得分為 2160.74，排名第 12 位，上升 5 位，大幅上漲，2014 全年完成基礎設施投資 1021.53 億元，比上年下降 0.9%。24 項“智慧蘇州”重點專案加快推進。

社會體制競爭力得分為 1676.35，排名第 6 位，與上年持平。二級指標社會公平保障指數排名 16 從下降到 20 名，2014 年數值 0.563；醫療保健指數排名由第 16 位上升到第 10 位，三級指標基尼指數 0.937。

環境資源區位競爭力得分為 1056.61，排名第 8 位，與上年持平，全市環保投入 537 億元，增長 8.7%，占地區生產總值的 3.9%。79 個重點項目完成投資 238 億元，全市新增林地、綠地 3.6 千公頃，陸地森林覆蓋率為 29.4%。市區新增綠地面積 505 萬平方米，建成區綠化覆蓋率 42.6%，人均公園綠地面積 14.98 平方米，整體與上年持平。

人力資本競爭力得分為 1126.38，排名第 21 位，下降 3 位，年末全市擁有各級各類全日制學校 733 所，在校學生 117.98 萬人，畢業生 22.97 萬人，專任教師 7.63 萬人。截止 2014 年末全市各類人才總量 210 萬人，其中高層次人才 15.5 萬人，高技能人才 46.6 萬人。

科技資本競爭力得分為 1790.82，排名第 11 位，與上年持平。全市財政性科技投入 75.2 億元，研究與試驗發展經費支出占地區生產總值的比重達到 2.7%。全市新增省級以上工程技術研究中心 101 家，累計 524 家，年末省級以上公共技術服務平臺 52 家，其中國家級公共技術服務平臺 15 家。

文化競爭力得分為 1458.93，排名第 7 位，上升 3 位。全市共有文化館 11 個、文化站 98 個、公共圖書館 11 個、博物館 40 個；綜合檔案館 12 個，向社會開放檔案 31.8 萬卷。

從資料分可以看出，2014 年蘇州經濟競爭力比上年增長了 4 名，排名第 8 位。財政金融競爭力比上年上升 2 位，排名第 10 位。基礎設施競爭力排名第 12 位，上升 5 位。文化競爭力排名也上升了 3 位，排名第 7 位。這些指標的上升綜合來說使得 2014 年蘇州市全市綜合排名上升 1 名，並且由於它地處長江三角洲地帶，交通發達並具有一定的地域優勢，所以具有較強的競爭力。

7.8 杭州城市競爭力點評分析

杭州，簡稱杭，是浙江省省會、副省級市，浙江省第一大城市，長三角副中心城市、華東地區中心城市之一，長三角南翼金融中心，浙江省的政治、經濟、文化、科教、交通、傳媒、通信和金融中心，華東地區重要的經濟、科教、文化、金融中心及交通、通信樞紐，杭州都市經濟圈核心城市。杭州位於中國東南沿海、京杭大運河南端，是公安部授權的口岸簽證城市，國家旅遊局確定的中國最佳旅遊目的地城市，自古有“人間天堂”的美譽。

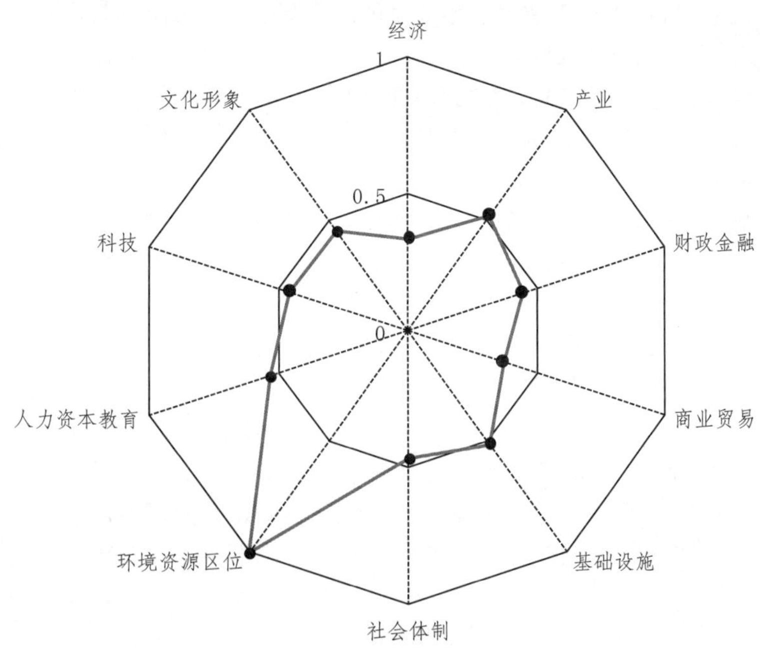

圖 7.8.1　2014 年杭州分項競爭力雷達圖

杭州 2014 年城市競爭力的基本情況如下：經濟競爭力得分為 735.99，排名第 13 位，上升 4 位；產業競爭力得分為 1571.4，排名第 14 位，下降 3 位；財政金融競爭力得分為 1621.96，排名第 7 位，上升 2 位；商業貿易競爭力得分為 1262.65，排名第 10 位，下降 2 位；基礎設施競爭力得分為 2591.58，排名第 10 位，與上年持平；社會體制競爭力得分為 1224.66，排名第 10 位，下降 1 位；環境資源區位競爭力得分為 1997.39，排名第 1 位，與上年持平；人力資本競爭力得分為 1605.43，排名第 12 位，與上年持平；科技競爭力得分為 2111.34，排名第 7 位，上升 2 位；文化競爭力得分為 1679.99，排名第 6 位，與上年持平；綜合競爭力得分為 6942.1，排名第 8 位，下降 1 位。

經濟競爭力得分為 735.99，排名第 13 位，上升 4 位，2014 年，杭州實現地區生產總值 9201 億元，增長 8.2%。人均生產總值 103757 元，增長 7.7%。按國家公佈的 2014 年平均匯率折算，為 16891 美元。

產業競爭力得分為 1571.4，排名第 14 位，下降 3 位，民營商貿企業實現商品銷售總額 13228.62 億元，規模以上民營工業實現銷售產值 5983.54 億元。

財政金融競爭力得分為 1621.96，排名第 7 位，上升 2 位，全市金融機構本外幣存款餘額 24450.51 億元，貸款餘額 21316.83 億元。二級指標財政金融效率指數排名從第 15 位上升到第 11 位，其他指標排名相對穩定。

商業貿易競爭力得分為 1262.65，排名第 10 位，下降 2 位，全市實現社會消費品零售總額 3839 億元，增長 8.7%。全市實現網路零售額 2088.45 億元，增長 37%，全市居民網路消費額 899.55 億元，增長 38.5%。成功爭取國務院同意創建中國（杭州）跨境電子商務綜合試驗區。

基礎設施競爭力得分為 2591.58，排名第 10 位，與上年持平，全年完成基礎設施投資 1005.53 億元，增長 18%。全年杭州電網建設投入 40.13 億元。二級指標基礎設施投資指數為第 12 位，與上年持平。

社會體制競爭力得分為 1224.66，排名第 10 位，下降 1 位，全市擁有各類醫療衛生機構 4198 個，其中醫院 218 個。農村衛生服務繼續改善。全市嬰兒死亡率及 5 歲以下兒童死亡率分別為 2.01‰、2.76‰，每十萬孕產婦死亡率為 4.18 人。

環境資源區位競爭力得分為 1997.39，排名第 1 位，與上年持平，全年單位 GDP 綜合能耗下降 6.4%以上，規模以上工業單位增加值能耗下降 7.9%。節能減排財政政策綜合示範工作提前一年完成“十二五”目標。

人力資本競爭力得分為 1605.43，排名第 12 位，與上年持平。其中人力資本教育設施指數排名由第 22 位下降到第 23 位，但數值由 0.505 增加到 0.508；高校可以為社會輸入大量人才，優勢明顯。

科技資本競爭力得分為 2111.34，排名第 7 位，上升 2 位，全市發明專利申請量 14800 件，發明專利授權量 5559 件。全市研究和試驗發展（R&D）經費支出相當於地區生產總值的 3%。

文化競爭力得分為 1679.99，排名第 6 位，與上年持平，其中二級指標文化設施建設保持了穩定增長，但其他指標稍有波動，二級指標的綜合作用使得文化競爭排名穩定。

從資料分析中可以看出，2014 年杭州市經濟競爭力排名第 13 位，上升 4 位。產業競爭力排名第 14 位，下降 3 位。商業競爭力得分為 1262.65，排名第 10 位，下降 2 位。社會體制競爭力排名第 10 位，下降 1 位。環境資源區位競爭力、人力資本競爭力、文化競爭力均與上年持平；說明 2014 年是杭州經濟社會發展有了一定進步，在華東地區具有較強的競爭力。

7.9 重慶城市競爭力點評分析

重慶市，簡稱渝，中華人民共和國直轄市之一，2010 年被列為中國大陸五大國家中心城市之一，國家歷史文化名城，世界溫泉之都；國務院定位的國際大都市，長江上游地區經濟中心、金融中心和創新中心，及政治、航運、文化、科技、教育、通信、設計等中心，中國大陸西部最大的水、陸、空綜合交通樞紐，是中國人口最多、面積最大的城市。。1997 年 6 月 18 日成立直轄市後，重慶老工業基地改造振興步伐加快，形成了電子信息、汽車、裝備製造、綜合化工、材料、能源和消費品製造等千億級產業集群，農業農村和金融、商貿物流、服務外包等現代服務業快速發展。重慶擁有國家級新區——兩江新區、渝新歐國際鐵路、兩路一寸灘保稅港區、西永綜合保稅區、過境 72 小時內免簽，進口整車、水果、首飾、肉類等口岸。

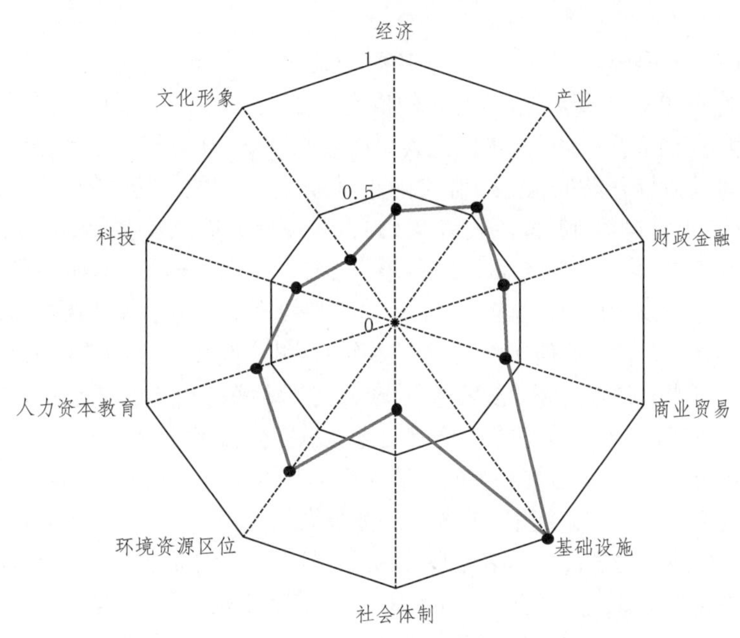

圖 7.9.1　2014 年重慶分項競爭力雷達圖

重慶 2014 年城市競爭力的基本情況如下：經濟競爭力得分為 1127.71，排名第 9 位，上升 16 位；產業競爭力得分為 1731.59，排名第 11 位，上升 1 位；財政金融競爭力得分為 1564.61，排名第 9 位，上升 1 位；商業貿易競爭力得分為 1742.86，排名第 6 位，上升 18 位; 基礎設施競爭力得分為 7057.04, 排名第 1 位, 上升 2 位; 社會體制競爭力得分為 539.4，排名第 35 位，下降 22 位；環境資源區位競爭力得分為 1081.28，排名第 6 位，上升 3 位；人力資本競爭力得分為 1712.15，排名第 11 位，與上年持平；科技競爭力得分為 1630.4，排名第 12 位，上升 1 位；文化競爭力得分為 695.20，排名第 20 位，下降 4 位；綜合競爭力得分為 6869.26，排名第 9 位，上升 1 位。

經濟競爭力得分為 1127.71，排名第 9 位，上升 16 位，可以說是一個質的飛躍。國內經濟保持穩定增長。初步核算，全年實現地區生產總值 14265.40 億元，比上年增長 10.9%。按常住人口計算，全市人均地區生產總值達到 47859 元（7791 美元），比上年增長 10.0%。

產業競爭力得分為 1731.59，排名第 11 位，上升 1 位。其中二級指標產業規模指數排名不變，數值由 0.762 到 0.801。全年實現工業增加值 5175 億元，比上年增長 12.3%，占全市地區生產總值的 36.3%。其中規模以上工業企業實現總產值 18723 億元，增長 14.6%。

財政金融競爭力得分為 1564.61，排名第 9 位，上升 1 位。金融市場運行總體平穩。全市金融業實現增加值 1225 億元，增長 12.3%。金融機構資產規模達到 3.8 萬億元。金融市場規模進一步擴大。全年社會融資規模為 5472.76 億元。

商業貿易競爭力得分為 1742.86，排名第 6 位，上升 18 位。全年批發和零售業實現增加值 1229.88 億元，比上年增長 9.1%；住宿和餐飲業實現增加值 321.64 億元，比上年增長 7.5%。全年實現社會消費品零售總額 5096.20 億元，比上年增長 13.0%。

基礎設施競爭力得分為 7057.04，排名第 1 位，上升 2 位，二級指標基礎設施投資指數排名不變，數值為 1；其他指標也相對變化很小。三級指標全年房地產開發投資 3630.23 億元，全市累計建成公租房 2768 萬平方米

社會體制競爭力得分為 539.4，排名第 35 位，下降 22 位，全市城鎮企業職工基本養老保險參保人數 813.42 萬人，比上年增長 6.9%。參加城鄉居民基本養老保險人數 1112.54 萬人，下降 0.9%。參加基本醫療保險人數 3256.84 萬人，增長 0.7%。

環境資源區位競爭力得分為 1081.28，排名第 6 位，上升 3 位，其中二級指標自然資源指數排名下降到 173 位，數值為 0.362。

人力資本競爭力得分為 1712.15，排名第 11 位，與上年持平，其中二級指標人力資本素質指數排名從第 19 位下降到第 33 位，數值為 0.337；三級指標高素質人力資本相對儲量 228.6834，比去年下降了 79%。大專以上人口比重 0.39，2014 年內沒什麼變化。

科技資本競爭力得分為 1630.4，排名第 12 位，上升 1 位，其中的二級指標科技投入指數排名從第 19 位上升到第 17 位，數值 0.211；全年研究與試驗發展（R&D）經費支出 190 億元，比上年增長 7.7%，占全市地區生產總值的 1.33%，科技投入增加導致排名上升。

文化競爭力得分為 695.2，排名第 20 位，下降 4 位。其中二級指標指數文化資源指數從第 24 位上升到第 13 位，數值為 0.428，三級指標城市歷史文化指數由去年的 0.717 上升到 0.721，, 三級指標變化幅度最大的是藝術家和文化組織由去年的 2.53 增加到 4.66，增加 84.1%。文化設施指數的大幅度下降，使得文化競爭得分排名下降。

由資料分析可知，2014 年重慶市的經濟競爭力排名上升 16 位，排名 9 位。產業競爭力上升 1 位，排名第 11 位。商業競爭力方面，有很大的提高，比 2013 年上升了 18 位，排名第 6 位。社會體制競爭力方面，排名下降 22 位，為 35。指標有升有降，有較大幅度的增加也有較大幅度的減少，綜合起來重慶市的綜合排名前進 1 名，雖然和其他直轄市相比較低，但是在西南地區排名第一，這一結果說明重慶市在西部大開發背景下有較強的發展潛力。

7.10 南京城市競爭力點評分析

南京，江蘇省省會、副省級城市。南京襟江帶河，依山傍水，鐘山龍蟠，石頭虎踞，山川秀美，古跡眾多，是國務院確定的首批中國歷史文化名城和全國重點風景旅遊城市。南京位於長江下游沿岸，是長江下游地區重要的產業城市和經濟中心，中國重要的文化教育中心之一，華東地區重要的交通樞紐。南京是一座充滿魅力、充滿活力、充滿潛力的現代化城市，先後榮獲中國首批歷史文化名城、全國文明城市、全國衛生城市、國家園林城市、聯合國人居特別榮譽獎、全國首家軟件名城等稱號。南京是全國重要的綜合性工業生產基地。經過多年的發展，南京已形成電子信息、石油化工、汽車製造、鋼鐵為支柱，以軟件和服務外包、智慧電網、風電光伏、軌道交通等新興產業為支撐，先進製造業和現代服務協調發展的產業格局。此外南京還有著 6000 多年文明史、近 2600 年建城史和近 500 年的建都史，是“中國四大古都”之一，有“六朝古都”、“十朝都會”之稱，是中華文明的重要發祥地，歷史上長期是中國南方的政治文化中心，有厚重的文化底蘊和豐富的歷史遺存。

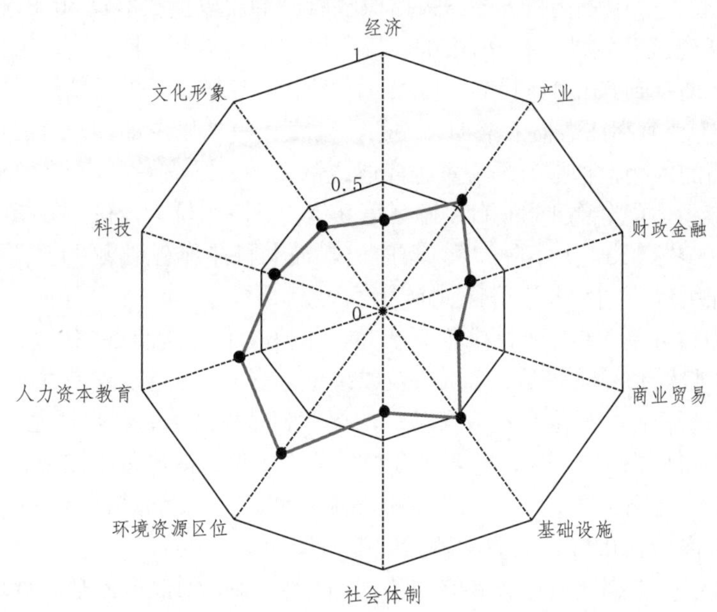

圖 7.10.1 2014 年南京分項競爭力雷達圖

南京 2014 年城市競爭力的基本情況如下：經濟競爭力得分為 804.23，排名第 11 位，上升 9 位；產業競爭力得分為 1632.39，排名第 13 位，上升 1 位；財政金融競爭力得分為 1055.31，排名第 14 位，上升 2 位；商業貿易競爭力得分為 867.34，排名第 18 位，上升了 1 位；基礎設施競爭力得分為 2574.3，排名第 11 位，與上年持平；社會體制競爭力得分為 843.68，排名第 21 位，上升 2 位；環境資源區位競爭力得分為 1070.05，排名第 7 位，與上年持平；人力資本競爭力得分為 1883.11，排名第 9 位，下降 1 位；科技競爭力得分為 1975.81，排名第 9 位，下降 1 位；文化競爭力得分為 1375.11，排名第 8 位，下降 1 位；綜合競爭力得分為 5647.06，排名第 10 位，上升 1 位。

經濟競爭力得分為 804.23，排名第 11 位，上升 9 位。全年實現地區生產總值 8820.75 億元，比上年增長 10.1%。按常住人口計算，全市人均地區生產總值達到 107545 元。相較其他城市，南京的經濟競爭力水平降低，經濟發展速度較慢。

產業競爭力得分為 1632.39，排名第 13 位，上升 2 位。從二級指標來看，產業集群指數排名較上年上升 1 名，其中限額以上工業企業總資產增加了 7341546 元，比上年增長 10.01%。提高南京市的產業競爭力要堅持努力擴大經濟規模，提高發展速度，調整第一產業結構，培育第二產業新的經濟增長點和鞏固第三產業相對優勢的發展戰略。

財政金融競爭力得分為 1055.31，排名第 14 位，上升 2 位。分析二級指標，財政金融效率指數 0.41，排名第 14 位，上升 8 名，三級指標人均財政預算內收入增加了 46.6%，人均年末貸款額增長了 40%。南京市以建設城市現代化、國際化和產業高端化的總體要求，著力推進現代金融體系和制度建設，推動南京成為華東地區重要區域金融中心。

商業貿易競爭力得分為 867.34，排名第 18 位，上升 1 位。從二級指標來看，外貿指數 0.201，排名第 17 位，較上升 1 位，再加上“華東第一商圈”的新街口商圈和新興的夫子廟和湖南路商圈，近年發展迅速。

基礎設施競爭力得分為 2574.3，排名第 11 位，與上年持平。城市公共交通有效改善，全年共優化調整 95 條公交線路、新辟公交線路 54 條、新辟公交專用道 7 條、67 條公交線路延長服務時間。南京“門戶城市”、“樞紐城市”地位得到進一步實現、鞏固和加強。

社會體制競爭力得分為 843.68，排名第 21 位，上升 2 位。分析變化較大的二級指標，2014 年南京社會公平保障水平指數 0.454，排名第 45 位，下降 20 位，社會管理指數排名第

13 位，上升 10 位，其中變化較大的三級指標政府機構規模指數增長 36.5%。

環境資源區位競爭力得分為 1070.05，排名第 7 位，與上年持平。二級指標環境資源水平指數由 0.787 增長到 0.811，排名全國第 4，與上年持平。三級指標氣候環境舒適度下降 0.002，自然災害少發率在數值上增加 0.003。南京作為文化古都，十分注意生態、環境、歷史、人居方面的內涵，把優質環境資源變成經濟資源、經濟優勢。

人力資本競爭力得分為 1883.11，排名第 9 位，下降 1 位。分析二級指標，人力資本規模指數 0.517，排名第 10 位，下降 1 位，政府出臺鼓勵科技創新創業"1+8"系列政策、"科技九條"等，加大創業創新人才培養引進力度。

科技競爭力得分為 1975.81，排名第 9 位，下降 1 位。擁有各類專業技術人員 117.68 萬人，新增高技能人才 3.53 萬人。南京科技成果十分豐富，但科技成果就地轉化率並不高，需繼續推進產學研合作，促進科技成果轉化，促進科技與經濟、科技與產業的緊密結合。

文化競爭力得分為 1375.11，排名第 8 位，下降 1 位。從二級指標來看，文化設施指數 0.376，排名第 6，上升 4 位，一年內劇院數增加 7 個。文化意識指數 0.379，排名第 9，保持不變，數值上增加了 0.12，寬容意識指數數值增加了 0.004。

總的來說，在全市經濟快速發展的同時，清醒地看到，對照率先基本實現現代化目標，城鄉居民收入增長、城鄉統籌發展、環境保護、節能減排等仍是經濟發展的重中之重；對比城鄉居民的期盼，社會保障、醫療、住房、教育等需要解決的問題還有很多；對比先進城市的發展，南京經濟社會發展的規模和水平，還有一定的差距。

7.11 武漢城市競爭力點評分析

武漢，湖北省省會、中國中部地區中心城市。地處中國中心，江漢平原東部。世界第三大河長江及其最大支流漢水橫貫市境中央，將武漢城區一分為三，形成了武昌、漢口、漢陽三鎮隔江鼎立的格局。武漢有著優越的地理位置，是承東啟西、接南轉北的國家地理中心，獨特的區位優勢內聯九省、外通海洋，造就了其全國重要的水陸空綜合交樞紐地位，歷來有九省通衢之稱。

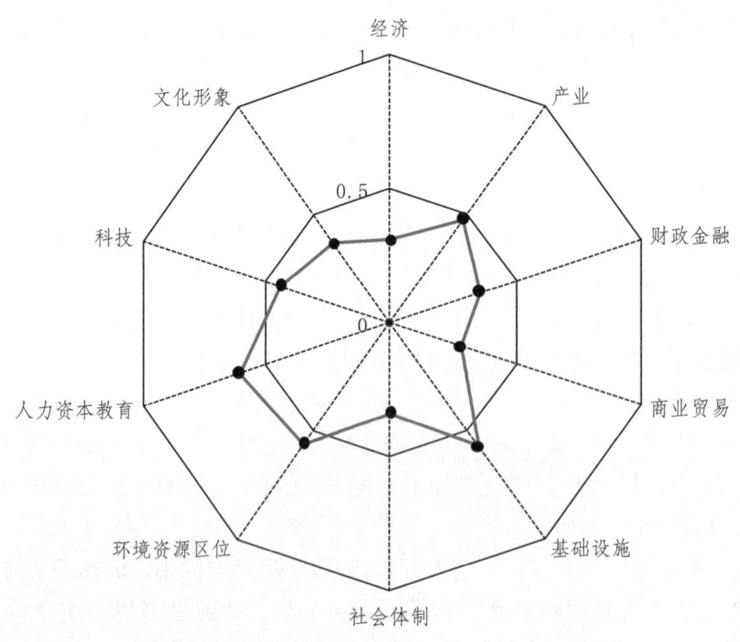

圖 7.11.1　2014 年武漢分項競爭力雷達圖

武漢 2014 年城市競爭力的基本情況如下：經濟競爭力得分為 611.33，排名第 19 位，上升 10 位；產業競爭力得分為 1261.09，排名第 20 位，下降 2 位；財政金融競爭力得分為

1033.04，排名第 15 位，上升 3 位；商業貿易競爭力得分為 697.29，排名第 22 位，與上年持平；基礎設施競爭力得分為 3108.05，排名第 7 位，上升了 1 位；社會體制競爭力得分為 570.63，排名第 34 位，下降 6 位；環境資源區位競爭力得分為 707.36，排名第 16 位，下降1位；人力資本競爭力得分為1978.34，排名第7位，上升3位；科技競爭力得分為1956.82，排名第 10 位，與上年持平；文化競爭力得分為 1157.81，排名第 10 位，下降 1 位；綜合競爭力得分為 4958.3，排名第 11 位，上升 2 位。

經濟競爭力得分為 611.33，排名第 19 位，上升 10 位。從二級指標來看，城市效率指數為 0.267，排名為 39，城市國際吸引指數排名 18。其中 GDP 增長率上升 7.6%，人均 GDP 較上年增長了 37.9%。

產業競爭力得分為 1261.09，排名第 20 位，下降 2 位。三次產業比重調整為 3.5:47.5:49.0。二級指標產業規模指數 0.498，上升 1 位，武漢市正在著力打造全國重要的先進製造業中心城市，實現從勞動密集型向知識密集型的轉變。

財政金融競爭力得分為 1033.04，排名第 15 位，上升 3 位。年末武漢地區金融機構本外幣存款餘額 16269 億元，比年初增加 1353 億元。年末總部設在武漢的金融機構 19 家。在漢設立或籌建後臺服務中心的金融機構 33 家。上市公司累計 60 家。金融存款和金融機構的增加使得武漢市產業金融、科技金融和消費金融的發展獲得強勁支撐，發展空間廣闊。

商業貿易競爭力得分為 697.29，排名第 22 位，與上年持平。從二級指標來看，國內商業貿易規模指數 0.389，排名第 9 位，下降 1 位，商貿機構指數 0.294，排名第 181 位，與去年持平。

基礎設施競爭力得分為 3108.05，排名第 7 位，下降 6 位。全年完成基礎設施投資 1454 億元，全社會用電量 445.22 億千瓦時，供應液化石油氣 0.9 億立方米，供應天然氣 15 億立方米，全年房地產開發投資 2353.63 億元。雖然較上年增長幅度很大，但和全國其他城市相比，整體排名下降。

社會體制競爭力得分為 570.63，排名第 34 位，下降 6 位。社會治安水平指數由 0.481 下降到 0.276，排名由去年的第 62 位下降到第 68 位，其中三級指標刑事案件偵破率有所下降。政府社會管理水平指數 0.333，排名第 34 位，下降 3 位。

環境資源區位競爭力得分為 707.36，排名第 16 位，下降 1 位。環境資源水平指數 0.461，下降 6 位，2014 年城市綠化絕對量為 17138，增長 4.83%。空氣質量優良率保持不變，環境改善投入指數 0.32，排名第 11 位，但是工業廢水廢氣等處理情況出現輕微的不同程度的下滑或者上升。

人力資本競爭力得分為 1978.34，排名第 7 位，比上年前進 3 位。二級指標人力資源素質指數 0.549，排名第 6 位，上升 43 位，人力資本投入指數 0.339，排名 54，下降 6 位。武漢是中國重要的教育中心城市，高等教育水平居全國第三，在校大學生人數全國第一。

科技競爭力得分為 1956.82，排名第 10 位，與上年持平。科技投入水平指數 0.188，排名第 24 位，上升 5 位，其中科技經費絕對投入量增長最快，為 35.2%。科技人力資本指數排名第 9 位，上升 11 位。全年實現高新技術產業產值 6747.79 億元，增長 20.4%；高新技術產業增加值 2031.94 億元，增長 19.5%。這為武漢市高新技術企業發展提供巨大的技術和人力資本支撐。

文化競爭力得分為 1157.81，排名第 10 位，下降 1 位。分析二級指標，2014 年武漢文化資源指數 0.458，排名第 10 位，上升 2 名。其主要原因是藝術家和文化組織指數較上年稍有下降。

綜合來看，2014 年面對國內外錯綜複雜的發展環境，在市委、市政府的正確領導下，全市上下主動適應經濟發展新常態，面對經濟下行壓力，積極落實穩增長、促改革、調結構、惠民生各項政策措施，經濟總量突破萬億大關，產業結構持續優化，城市功能日趨完善，民生保障不斷增強，為“十二五”規劃完成和“萬億倍增”目標奠定堅實基礎。

7.12 澳門城市競爭力點評分析

澳門特別行政區。北鄰廣東省珠海市，西與珠海市橫琴對望，東與香港相距 60 公里，隔海相望，南臨南中國海。1553 年，葡萄牙人取得澳門居住權，1887 年 12 月 1 日，葡萄牙與清朝政府簽訂《中葡會議草約》和《中葡和好通商條約》，正式通過外交文書的手續佔領澳門並將此辟為殖民地。1999 年 12 月 20 日中國政府恢復對澳門行使主權。經過 400 多年歐洲文明的洗禮，東西方文化的融合共存使澳門成為一個風貌獨特的城市，留下大量歷史文化遺跡。澳門歷史城區於 2005 年 7 月 15 日正式成為聯合國世界文化遺產。澳門回歸中國之後，經濟迅速增長，比往日更繁榮，是一國兩制的成功典範。澳門是一個國際自由港，是世界人口密度最高的地區之一，世界四大賭城之一。其著名的輕工業、旅遊業、酒店業和娛樂場使澳門長盛不衰，成為全球最發達、富裕的地區之一。

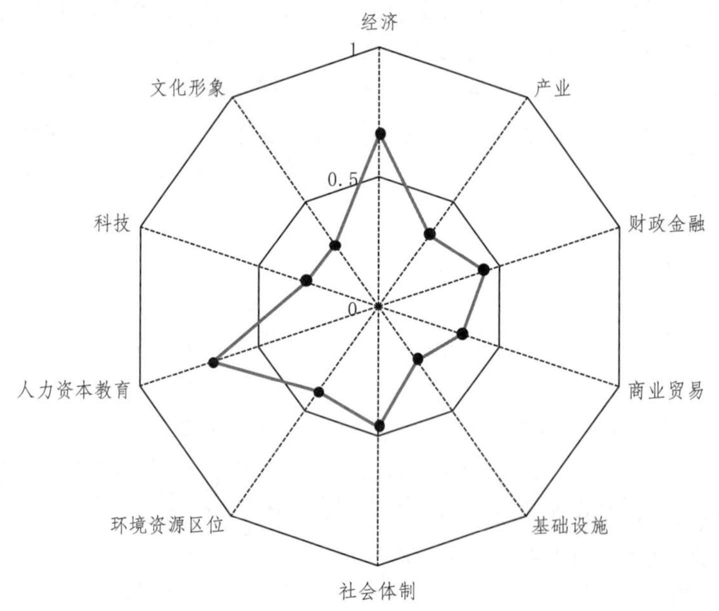

圖 7.12.1　2014 年澳門分項競爭力雷達圖

澳門 2014 年城市競爭力的基本情況如下：經濟競爭力得分為 2259.63，排名第 3 位，下降 1 位；產業競爭力得分為 283.15，排名第 62 位，上升 1 位；財政金融競爭力得分為 1574.88，排名第 8 位，下降 3 位；商業貿易競爭力得分為 1130.45，排名第 11 位，與上年持平；基礎設施競爭力得分為 228.52，排名第 75 位，下降 7 位；社會體制競爭力得分為 1218.47，排名第 11 位，上升 1 位；環境資源區位競爭力得分為 251.31，排名第 49 位，下降 6 位；人力資本競爭力得分為 2432.95，排名第 5 位，上升 4 位；科技競爭力得分為 757.69，排名第 30 位，上升 1 位；文化競爭力得分為 693.85，排名第 21 位，與上年持平；綜合競爭力得分為 4875.56，排名第 12 位，與上年持平。

經濟競爭力得分為 2259.63，排名第 3 位，下降 1 位。從二級指標來看城市效率指數排名第 1 位。其中名義 GDP4433 億澳元，同比增長 8.1%，但實際 GDP 卻縮減了 0.4%；人均 GDP 為 713514 澳元，但按實際人均 GDP 來算，比 2013 年下降 4.9%。

產業競爭力得分為 283.15，排名第 62 位，上升 1 位。二級指標產業規模指數 0.172，上升 59 名。產業效率指數 0.773，上升 0.101，排名第 6 位。

財政金融競爭力得分為 1574.88，排名第 8 位，下降 3 位。財政金融規模指數為 0.309，排名 12，上升 30 位。金融資本可獲得指數 0.213，排名第 32 位，上升 10 名，三級指標獲得銀行貸款便利程度下降了 0.05。

商業貿易競爭力得分為 1130.45，排名第 11 位，與上年持平。從二級指標來看，國內商業貿易規模指數為 0.184，排名第 53 位，下降 16 名。批發零售貿易業銷售總額不變。

基礎設施競爭力得分為 228.52，排名第 75 位，下降 7 位。城市居民居住指數 0.1，排名 298，下降 6 位。其中房價收入比由去年的 0.544 上升到 2.202。另一個三級指標市民居住條件人均居住面積保持不變。2014 年，澳門特區政府把保障和改善民生作為施政重點，及時優化各項民生福利政策。在四大民生領域提出較為長遠的政策構想，致力構建惠及下一代的社保、醫療、教育和住房保障長效機制，樹立起負責任政府的形象。

社會體制競爭力得分為 1218.47，排名第 11 位，上升 1 位。從二級指標來看，社會公平保障水平指數為 0.838，排名第 7 位，上升 3 位，這是因為社會保障覆蓋率由 2013 年的 70%上升到 80%。社會管理指數排名第 8 位，上升 4 位。其中三級指標地方法規條例健全程度在數值上增加了 0.002。“一國兩制”、高度自治成功落實，使澳門經濟發展碩果累累。

環境資源區位競爭力得分為 251.31 排名第 49 位，下降 6 位。二級指標環境資源水平指數 0.548，排名第 25 位，下降 2 位，但城市綠化相對量和綠化絕對量不變。三廢綜合利用產品產值和城市從事水利環境和公共設施管理業的人數都有了大幅提高。

人力資本競爭力得分為 2432.95，排名第 5 位，上升 4 位。分析二級指標，人力資源素質指數 0.525，排名第 9 位，其中專業技術人員比重上升了 5.2 倍。澳門已建立高等教育人力資來源資料庫，並將進一步延伸至赴內地和海外升學的澳門學生。

科技競爭力得分為 757.69，排名第 30 位，上升 1 位。科技人力資本指數 0.25，排名 25，上升 12 位，科研創新指數 0.194，排名 29，上升 2 位，其中年省級以上認定科技成果數增長最快，為 10.3%。澳門不僅擁有 15 年的免費教育政策，而且在此基礎上逐年加大對教育的投入，設立高等教育基金，不斷優化軟硬體條件及設施。

文化競爭力得分為 693.85，排名第 21 位，與上年持平。分析二級指標，文化設施指數 0.257，數值較上年增長 0.5，排名第 23 位，上升 22 位。主要是公共圖書總藏書量比去年增長了 15.9 倍，可以說是翻天覆地的變化。城市營銷能力指數 0.4，下降 1 位，其中城市功能定位指數數值下降 0.001，城市推廣度下降 0.004。

澳門特別行政區政府的基本經濟政策可以概括為：保持經濟發展勢頭，鞏固經濟發展基礎，逐步讓更多居民從經濟發展中受益及分享經濟成果，促進經濟適度多元化，逐步提升經濟綜合競爭力，促進經濟朝著多元化、規範化、區域化和國際化方向發展，有效和妥善處理經濟發展中存在的問題，努力實現經濟健康協調發展。在該政策的指引下，澳門的各項指標穩中有進，僅少數指標出現下降，綜合競爭力在各個指標的作用下保持不變。

7.13 臺北城市競爭力點評分析

臺北市是臺灣政治、經濟、文化、商業與傳播中心。臺北位於臺灣島北部的臺北盆地，被新北市環繞，西界淡水河及其支流新店溪，東至南港附近，南至木柵以南丘陵區，北包大屯山東南麓。臺北市與周邊衛星市鎮所連結而成臺北都會區，是臺灣人口最多的都會區。人口 270.2 萬。臺北為臺灣的工商業中心，全島規模最大的公司、企業、銀行、商店總部都設在這裡。臺北市的歷史始於 1884 年臺北府城建城，是臺灣近代歷史的發展舞臺，集許多臺灣文化與人文地景之大成，並與鄰近的東亞城市長年在國際競爭力等項目互有高低、互見短長，是臺灣最國際化、亦為最具國際知名度的城市。

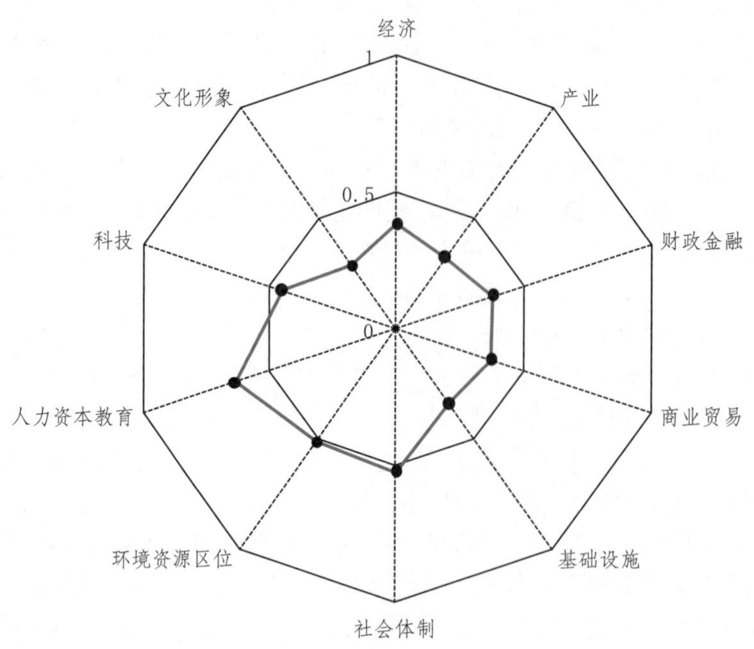

圖 7.13.1　2014 年臺北分項競爭力雷達圖

臺北 2014 年城市競爭力的基本情況如下：經濟競爭力得分為 944.41，排名第 10 位，下降 6 位；產業競爭力得分為 98.92，排名第 88 位，下降了 27 位；財政金融競爭力得分為 1175.24，排名第 12 位，下降 1 位；商業貿易競爭力得分為 1278.28，排名第 9 位，下降 2 位；基礎設施競爭力得分為 1008.66，排名第 33 位，下降 9 位；社會體制競爭力得分為 1508.44，排名第 7 位，下降 3 位；環境資源區位競爭力得分為 559.79，排名第 24 位，下降 7 位；人力資本競爭力得分為 2111.67，排名第 6 位，下降 2 位；科技競爭力得分為 2025.46，排名第 8 位，下降 3 位；文化競爭力得分為 642.87，排名第 26 位，下降 15 位；綜合競爭力得分為 4783.02，排名第 13 位，下降 4 位。

經濟競爭力得分為 944.41，排名第 10 位，下降 6 位，二級指標城市效率指數排名不變，其中的三級指標國民所得 13.8 萬億新臺幣，經濟增長率 3.74%。

產業競爭力得分為 98.92，排名第 88 位，下降 27 位，二級指標產業貢獻指數為 0.204，排名從 180 上升到 90 名。三級指標企業利稅貢獻度由 2791472.66 萬元下降到 2343693.78 萬元，企業增值稅貢獻度由 1085572.7 萬新臺幣下降到 776325.6 萬新臺幣。這兩個指標下降導致產業競爭力下降幅度較大。

財政金融競爭力得分為 1175.24，排名第 12 位，下降 1 位，二級指標財政金融規模指數排名從第 23 位下降到第 27 位，三級指標財政預算內收入為 1887.28 億新臺幣，比去年有所上升，財政預算內支出為 1675.11 億新臺幣，相比上年略有下降。

商業貿易競爭力得分為 1278.28，排名第 9 位，下降 2 位，二級指標國內商貿規模指數排名從第 101 位下降到第 133 位，三級指標批發零售貿易業商品銷售總額和住宿餐飲業從業人數基本沒什麼變化，商貿機構指數由去年的 121 位上升到 85 位，其他三級指標基本沒有變化。

基礎設施競爭力得分為 1008.66，排名第 33 位，下降 9 位，二級指標基礎設施供應指數指數數值為 0.422，連續三年保持不變，但排名有所下降，其中三級指標年供水總量 82248.5 萬立方米，年用電總量 750047.6 萬千瓦時。

社會體制競爭力得分為 1508.44，排名第 7 位，下降 3 位，二級指標社會公平保障指數排名從第 5 位下降到第 6 位；三級指標基尼指數由 0.96 下降到 0.958，社會保障覆蓋率仍保持 80%的水平不變。

環境資源區位競爭力得分為 559.79，排名第 24 位，下降 7 位，其中二級指標區位指數排名不變，數值為 0.89，排名第 4 位；三級指標自然區位優勢度 0.8 和經濟區位優勢度為 0.6，與上年水平保持一致，有一定的優勢。

人力資本競爭力得分為 2111.67，排名第 6 位，下降 2 位，其中的二級指標人力資本投入指數排名不變，數值為 0.913。

科技資本競爭力得分為 2025.46，排名第 8 位，下降 3 位，其中二級指標科研機構指數排名前進一位；三級指標大學科研院所指數 27 和科研環境指數 0.8，與上年數量相同。科技能力較強，投入增量相對較慢

文化競爭力得分為 642.87，排名第 26 位，下降 15 位，其二級指標中城市營銷能力指數排名三年保持不變，數值為 0.396，三級指標城市功能定位指數 0.679，數值下降。

從資料分析可以看出，2014 年臺北市產業競爭力排名 88，下降 27，基礎設施競爭力排名第 33 位，下降 9 位。社會體制方面，排名第 7 位，下降 3 位。商業貿易競爭力方面，排名第 9 位，下降 2 名。綜合來看，在所有指標下降的情況下，臺北經濟發展速度也相對減緩，綜合競爭力排名第 13 位，與去年相比下降 4 位。

7.14 成都城市競爭力點評分析

成都市，簡稱“蓉”，別稱“錦城”，境內地勢平坦、河網縱橫、物產豐富，非常適合農業生產，古有“天府之國”的美譽，並由此催生繁榮商貿業。北宋年間在成都出現了世界最早的紙幣“交子”，官府在成都設立世界最早的管理儲蓄銀行“交子務”，表明成都當時商業的繁榮程度。時至今日，成都依然是中國西南地區經濟、科技、文化、教育中心之一。是中國率先建立社會主義市場經濟體制試點城市，金融對外開放城市。1994 年 2 月 25 日，成都正式獲批副省級市，是中國歷史文化名城。2011 年 7 月 29 日，成都榮獲“中國內生成就典範城市”最高榮譽獎。2011 年 8 月 8 日，成都榮膺“2011 中國十佳優質生活城市”。2012 年 2 月 21 日，工信部正式授予成都“中國軟件名城”稱號。

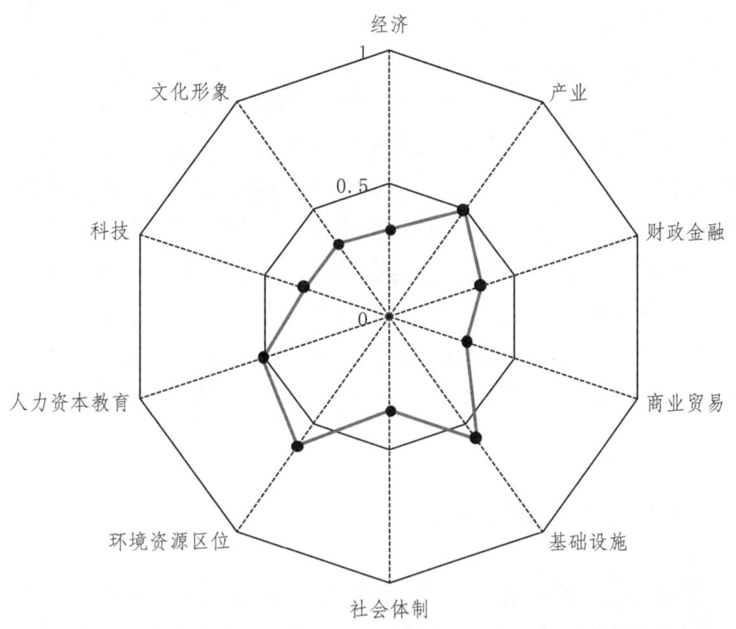

圖 7.14.1　2014 年成都分項競爭力雷達圖

成都 2014 年城市競爭力的基本情況如下：經濟競爭力得分為 698.66，排名第 15 位，上升 17 位；產業競爭力得分為 1382.32，排名第 17 位，上升 2 位；財政金融競爭力得分為

1109.86，排名第 13 位，上升 1 位；商業貿易競爭力得分為 868.18，排名第 17 位，下降 1 位；基礎設施競爭力得分為 3091.38，排名第 8 位，下降 1 位；社會體制競爭力得分為 648.97，排名第 30 位，下降 1 位；環境資源區位競爭力得分為 818.48，排名第 13 位，上升 1 位；人力資本競爭力得分為 1465.27，排名第 14 位，下降 1 位；科技競爭力得分為 1112.5，排名第 23 位，與上年持平；文化競爭力得分為 965.75，排名第 13 位，上升 4 位；綜合競爭力得分為 4721.77，排名第 14 位，與上年持平。

經濟競爭力得分為 698.66，排名第 15 位，上升 17 位。全市實現地區生產總值（GDP）10056.6 億元，比上年增長 8.9%。人均生產總值 70019 元，增長 8.0%。從二級指標來看，城市效率指數上升 3 位，城市國際吸引指數排名上升 1 位，最顯著的是城市居民生活指數上升 14 位。

產業競爭力得分為 1382.32，排名第 17 位，上升 2 位。二級指標產業結構指數 0.659，排名第 30 位，下降 5 位，成都集中力量扶持擁有國際性產品和代表未來產業發展方向的企業做大做強，加強與企業交流對接，引進、培養高端創人才，為企業發展提供堅實支撐。

財政金融競爭力得分為 1109.86，排名第 13 位，上升 1 位。從二級指標分析，金融業人力資本指數 0.262，排名第 11 位，上升 6 位，其中金融業從業人數增加了 19.7%，

商業貿易競爭力得分為 868.18，排名第 17 位，下降 1 位。從二級指標來看，2014 年外貿指數 0.232，比上年增加 0.006，排名由第 10 位上升到第 8 位。

基礎設施競爭力得分為 3091.38，排名第 8 位，下降 1 位。二級指標城市居民居住指數 0.273，排名為 6，上升明顯。其他指標保持相對持平。

社會體制競爭力得分為 648.97，排名第 30 位，下降 1 位。年末有衛生機構 8190 個，各類衛生機構床位數 10.8 萬張，衛生技術人員 12.8 萬人，全年總診療 10928 萬人次。全年無償獻血 31.4 萬單位。全市參加城鎮基本養老保險人數 547.5 萬人。

環境資源區位競爭力得分為 818.48，排名第 13 位，下降 1 位。對二級指標來說，除環境質量指數由第 50 位下降到第 79 位，其他指標保持相對的均衡。並且三級指標建成區綠化覆蓋保持 2013 年的水平。

人力資本競爭力得分為 1465.27，排名第 14 位，下降 1 位。二級指標人力資本教育設施指數 0.619，排名第 12 位，和去年水平相當。

科技競爭力得分為 1112.5，排名第 23 位，與上年持平。二級指標中，科技投入水平指數 0.179，排名第 27 位，上升 7 位，科技人力資本指數 0.27，排名第 17 位，和上年持平。

文化競爭力得分為 965.75，排名第 13 位，上升 4 位。分析二級指標，2014 年成都市文化設施指數 0.287，下降 2 位，為 18 名。城市營銷能力指數 0.327，排名第 18 位，上升 3 位。文化產業總量比去年有所增加，增加值占地區生產總值比重上升。

綜合來看，2014 年，面對世界經濟復蘇緩慢、國內經濟轉型力度加大的宏觀形勢，成都市緊緊圍繞打造西部經濟核心增長極，並且在五大興市戰略的助推下，經濟社會在 2014 年間呈現良好的發展態勢，成都的國際性區域交通樞紐地位日益趨顯，產業結構升級，城市質量進一步提升，以“小規模、組團式、生態化”幸福新農村為主要特色的城鄉一體化發展新格局初步形成，國際化實現程度已經升至 70.8%。

7.15 大連城市競爭力點評分析

大連，別稱濱城，舊名達裡尼，位於遼東半島南端，地處黃渤海之濱，背依中國東北腹地，與山東半島隔海相望，是中國 15 個副省級城市之一，5 個計劃單列市之一，中國 14 個沿海開放城市之一，中國東部沿海重要的經濟、貿易、港口、工業、旅遊城市。大連歷史悠久，早在 6000 年前，祖先就開發了大連，1899 年開始稱大連。大連氣候冬無嚴寒，夏無酷暑，有“東北之窗”“北方明珠”“浪漫之都”之稱，是中國東北對外開放的窗口，東北

地區最大的港口城市；此外，大連是世界經濟論壇（WEF）夏季達沃斯的常駐舉辦城市，擁有中國最大的農產品期貨交易所，全球第二大大豆期貨市場：大連商品交易所。2014 年 6 月，中國第十個國家級新區大連金普新區正式設立。

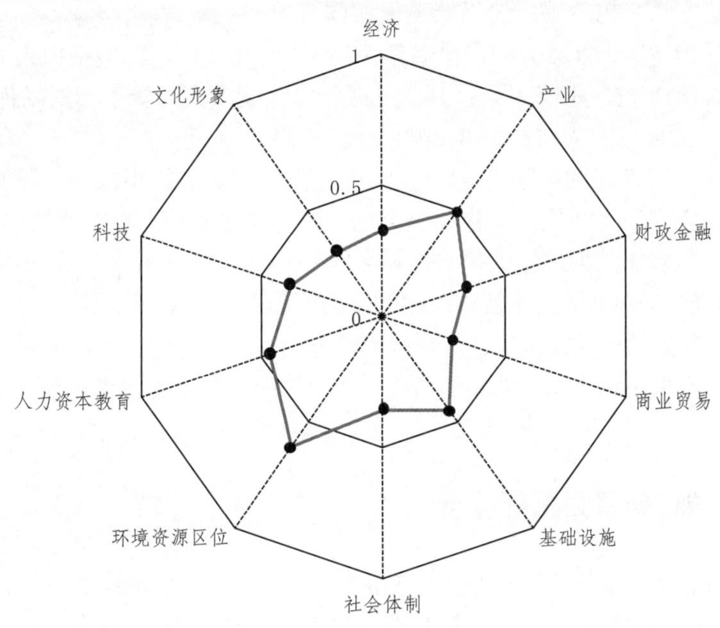

圖 7.15.1　2014 年大連分項競爭力雷達圖

大連 2014 年城市競爭力的基本情況如下：經濟競爭力得分為 692.71，排名第 16 位，上升 6 位；產業競爭力得分為 1398.02，排名第 16 位，與上年持平；財政金融競爭力得分為 924.39，排名第 17 位，與上年持平；商業貿易競爭力得分為 718.13，排名第 21 位，下降 4 位；基礎設施競爭力得分為 1942.84，排名第 15 位，下降 1 位；社會體制競爭力得分為 665.4，排名第 29 位，下降 11 位；環境資源區位競爭力得分為 863.05，排名第 12 位，與上年持平；人力資本競爭力得分為 1226.63，排名第 17 位，上升 2 位；科技競爭力得分為 1434.93，排名第 16 位，與上年持平；文化競爭力得分為 741.48，排名第 19 位，上升 1 位；綜合競爭力得分為 4449.07，排名第 15 位，上升 1 位。

經濟競爭力得分為 692.71，排名第 16 位，上升 6 位。全年地區生產總值 7655.6 億元，比上年增長 5.8%。人均生產總值 109939 元，按年平均匯率折算為 17996 美元。

產業競爭力得分為 1398.02，排名第 16 位，與上年持平。其二級指標產業效率指數由數值 0.456 上升到 0.594，排名上升 36 位。

財政金融競爭力得分為 924.39，排名第 17 位，與上年持平，二級指標財政金融規模指數增加數值 0.289，排名第 15 位，下降 1 位，財政金融效率指數由第 17 位下降到第 35 位。

商業貿易競爭力得分為 718.13，排名第 21 位，下降 4 位。二級指標國內商貿規模指數得分為 0.275，排名第 18 位，下降 1 位。全年社會消費品零售總額 2828.4 億元，比上年增長 12%。全年實際使用外資 140 億美元，比上年增長 3%。

基礎設施競爭力得分為 1942.84，排名第 15 位，下降 1 位，二級指標基礎設施投資排名不變，數值為 0.633，比上年增加 0.003；全年房地產開發施工面積 6279.7 萬平方米，比上年下降 1.8%；竣工面積 726.3 萬平方米，下降 30.6%。

社會體制競爭力得分為 665.4，排名第 29 位，下降 11 位，二級指標社會公平保障指數排名從第 11 位下降到第 41 位；三級指標基尼指數 0.962 上升到 0.964。

科技資本競爭力得分為 1434.93，排名第 16 位，與上年持平。全年高新技術產業增加值 2783 億元，比上年增長 12%。還積極實施科技創新人才培育計劃，首次評選出 11 名“傑出青年科技人才”和 104 名“青年科技之星”。

環境資源區位競爭力得分為 863.05，排名第 12 位，與上年持平。二級指標其中區位指數保持三年不變數值 0.605，排名第 12 位；三級指標自然區位優勢度 0. 9，和上年水平相當，交通區位優勢度 0.8 也於去年的指標數值相同。

人力資本競爭力得分為 1226.63，排名第 17 位，上升 2 位。二級指標人力資本素質得分為 0.423，排名第 18 位，下降 1 位；其中三級指標高素質人力資本相對儲備量 545.73，比去年下降 66.%，大專以上人口比重 0.668，保持不變。

文化競爭力得分為 741.48，排名第 19 位，上升 1 位。二級指標文化設施指數得分為 0.255，排名第 24 位，上升 3 位；文化設施增加，使得文化競爭力也有所增加。

從資料分析可以看出，大連經濟競爭力排名第 16 位，上升 6 位。2014 年大連市財政金融業實現了平穩發展。2014 年大連社會體制競爭力明顯下滑，下降 11 位。失業率上升，綜合來看，大連在財政金融、產業競爭、科技資本等方面實現了穩定發展。但是在社會體制、基礎設施等方面卻出現下降走勢。總結而言，大連市的綜合競爭力排名有所上升，較上年增長 1 位。

7.16 瀋陽城市競爭力點評分析

瀋陽，遼寧省省會，中國 15 個副省級城市之一，中國七大區域中心城市之一，中國特大城市，東北地區最大的國際大都市，東北地區政治、經濟、金融、文化、交通、信息和旅遊中心。中國最重要的以裝備製造業為主的重工業基地，是長三角、珠三角、京津冀地區通往關東地區的綜合樞紐城市，被譽為共和國長子，素有“東方魯爾”的美譽。2010 年 4 月，瀋陽經濟區獲國務院批准為國家新型工業化綜合配套改革試驗區，是中國第八個國家綜合配套改革試驗區，標誌著瀋陽經濟區建設上升為國家戰略。

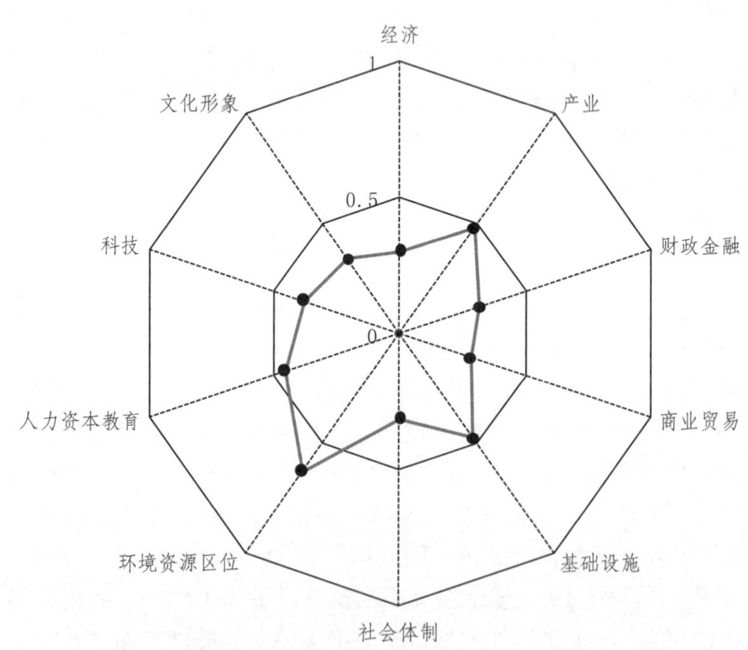

圖 7.16.1　2014 年瀋陽分項競爭力雷達圖

瀋陽 2014 年城市競爭力的基本情況如下：經濟競爭力得分為 574.05，排名第 23 位，上升 1 位；產業競爭力得分為 1295.68，排名第 19 位，上升 3 位；財政金融競爭力得分為 759.52，排名第 20 位，上升 1 位；商業貿易競爭力得分為 697.06，排名第 23 位，下降 5 位；基礎設施競爭力得分為 2224.84，排名第 12 位，與上年持平；社會體制競爭力得分為

457.54，排名第 39 位，下降 13 位；環境資源區位競爭力得分為 901.19，排名第 11 位，下降 1 位；人力資本競爭力得分為 1177.5，排名第 19 位，下降 5 位；科技競爭力得分為 1437.4，排名第 15 位，下降 1 位；文化競爭力得分為 963.98，排名第 15 位，下降 1 位；綜合競爭力得分為 4282.28，排名第 16 位，下降 1 位。

經濟競爭力得分為 574.05，排名第 23 位，上升 1 位。其中城市居民生活水平指數排名上升 18 位。2014 年，實現生產總值 7098.7 億元，增長 6.0%。城市居民人均可支配收入 31720 元，增長 9.1%；人均消費支出 24223 元，增長 11.0%。農村居民人均可支配收入 15945 元，增長 10.2%；人均生活消費支出 8360 元，增長 12.7%。

產業競爭力得分為 1295.68，排名第 19 位，上升 3 位。從二級指標來看，2014 年產業貢獻指數 0.431，排名 16 位，上升 3 位，其中實現規模以上工業增加值 1142.8 億元，增長 6.0%；固定資產投資 1455.5 億元，增長 9.9%。

財政金融競爭力得分為 759.52，排名第 20 位，上升 1 位。從二級指標來看，金融資本可獲得指數排名上升 1 位，金融業人力資本指數排名不變。全年一般公共預算支出 914.3 億元，比上年增長 3.7%。瀋陽市入世後面臨外資金融機構競爭的壓力，改革進入攻堅階段，堅持改革開放，以充分發揮財政、金融杠杆功能為中心，以改革為動力。

商業貿易競爭力得分為 697.06，排名第 23 位，下降 5 位。從二級指標來看，國內商貿規模指數 0.349，排名第 11 位，下降 3 位，全年進出口總額 158 億美元，其中，進口總額 86.6 億美元；出口總額 71.4 億美元。瀋陽市在提高商業競爭力方面的措施有待改進。

基礎設施競爭力得分為 2224.84，排名第 12 位，與上年持平。基礎設施供應水平指數 0.33，排名第 21 位，上升 1 位。全市供熱面積達到 2.68 億平方米。全年供水量 5.72 億噸。市區道路總長度 3806.1 公里，總面積 8413.3 萬平方米。路燈 24.6 萬盞。建成區綠化覆蓋率 41.78%，城區人均公園綠地面積 14.10 平方米。

社會體制競爭力得分為 457.54，排名第 39 位，下降 13 位。二級指標社會公平保障指數為 0.356，排名第 79 位，下降 62 位。社會管理指數 0.303，排名 49 位，下降 26 位。

環境資源區位競爭力得分為 901.19，排名第 11 位，下降 1 位。2014 年植樹造林面積 8665 公頃，建成區綠化覆蓋率 41.78%。積極推進城鄉垃圾減量化、無害化、資源化處理，老虎沖垃圾場滲瀝液處理設施改擴建等項目加快建設。

人力資本競爭力得分為 1177.5，排名第 19 位，下降 5 位。除人力資本吸引指數排名較上年有所上升，其餘二級指數均下降，其中人力資本素質指數 0.436，排名第 15 位，下降 6 位，三級指標高素質人力資本儲備量降低 52.3%，創業人員指數下降 50.3%。

科技競爭力得分為 1437.44，排名第 15 位，下降 1 位。科技人力資本指數 0.268，排名第 18 位，下降 2 位。近年來，瀋陽市認識到建立一個以企業為主，產學研有機結合的中國特色的技術創新體系是中國製造業發展的關鍵所在。科研機構和大專院校數量很多，科技實力、科技創新能力很強，但科技成果轉化能力一般，對專業技術人才的重視和扶持力度不夠，應通過強化產學研結合等途徑而加以提高。

文化競爭力得分為 963.98，排名第 15 位，下降 1 位。二級指數文化資源指數下降 2 位，全年開展各類群眾文化活動 2 萬場，參與群眾達 1592 萬人次。開展公益性藝術培訓 2700 場次，組織公益性文藝演出 700 場。舉辦了中國瀋陽首屆合唱音樂季、第十三屆瀋陽大學生文化藝術節、朝鮮族民俗文化節、“同一藍天·瀋陽有愛”外來務工人員定向文化知識講座和“中國夢我的夢”全市農村文化系列活動。

綜合來看，2014 年瀋陽市認真落實市委十二屆八次全會和市十五屆人大二次會議精神，堅持穩中求進工作總基調，突出抓好“深化改革、穩定增長、改善民生、優化環境”等重點工作，積極搶抓中央實施新一輪東北振興戰略的重大機遇，轉方式、調結構，有力地促進全市經濟社會平穩健康發展。綜合競爭力排名第 16 位，比 2013 年排名下降 1 位。

7.17 寧波城市競爭力點評分析

寧波，簡稱甬，浙江省副省級城市，計劃單列市，有制定地方性法規權利的較大的市，是全國歷史文化名城。位於浙東，長江三角洲南翼，北臨杭州灣，西接紹興，南靠台州，東北與舟山隔海相望。寧波是，浙江省對外開放的門戶和窗口單位，浙江三大經濟中心之一，浙江省經濟最發達的城市。寧波港是中國東南沿海的重要港口城市，已與世界上 216 個國家和地區的 600 多個港口開通了航線，也是上海中國國際航運中心樞紐港組成部分和功能區。在中央及浙江省的文件中，寧波市分別被定義為長三角南翼經濟中心和浙江省經濟中心。全國紡織服裝企業 500 強出爐寧波獨佔 16 席。寧波人文積澱豐厚，屬於典型的江南水鄉兼海港城市，中國大運河最南端出海口、“海上絲綢之路”東方始發港、中國優秀旅遊城市，公眾首選宜居城市之一。

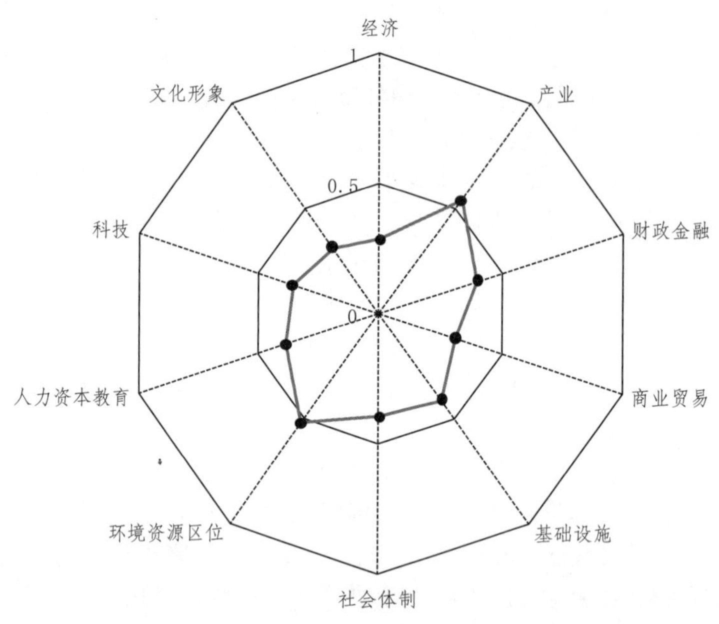

圖 7.17.1　2014 年寧波分項競爭力雷達圖

寧波 2014 年城市競爭力的基本情況如下：經濟競爭力得分為 501.66，排名第 26 位，與上年持平；產業競爭力得分為 1738.21，排名第 10 位，下降 3 位；財政金融競爭力得分為 1293.53，排名第 11 位，上升 4 位；商業貿易競爭力得分為 880.9，排名第 16 位，下降 1 位；基礎設施競爭力得分為 1642.65，排名第 21 位，下降 5 位；社會體制競爭力得分為 855.02，排名第 20 位，下降 1 位；環境資源區位競爭力得分為 577.02，排名第 23 位，下降 2 位；人力資本競爭力得分為 796.43，排名第 33 位，下降 3 位；科技競爭力得分為 1224.98，排名第 19 位，下降 2 位；文化競爭力得分為 796.24，排名第 17 位，上升 5 位；綜合競爭力得分為 4172.08，排名第 17 位，與上年持平。

經濟競爭力得分為 501.66，排名第 26 位，與上年持平，二級指標城市效率指數得分為 0.244，排名第 49 位，上升 11 位，2014 年全市實現地區生產總值 7602.51 億元，按可比價格計算，比上年增長 7.6%。全市人均地區生產總值為 98972 元。

產業競爭力得分為產業競爭力得分為 1738.21，排名第 10 位，下降 3 位，二級指標產業效率指數排名大幅上升 92 位，其三級指標第一產業實現增加值 275 億元，增長 1.9%；第二產業實現增加值 3936 億元，增長 7.9%；第三產業實現增加值 3392 億元，增長 7.6%。

財政金融競爭力得分為 1293.53，排名第 11 位，上升 4 位，二級指標金融資本質量指數得分為 0.751，排名第 9 位，上升 13 位；2014 年全市一般公共預算收入 860.6 億元，增長 8.6%。一般公共預算支出 1000.9 億元，增長 6.5%，其中教育、醫療衛生與計劃生育、節能環保、城鄉社區支出分別增長 7.5%、10.5%、28.8%和 22.2%。

商業貿易競爭力得分為 880.9，排名第 16 位，下降 1 位，二級指標國內商貿規模指數得分為 0.331，排名第 13 位，下降 1 位。2014 年全市商品銷售總額 1.44 萬億元。全年完成社會消費品零售總額 2992 億元。年末全市限額以上貿易企業達 2884 家，全年實現營業收入 9530.7 億元，實現利潤總額 108.5 億元。

基礎設施競爭力得分為 1642.65，排名第 21 位，下降 5 位，二級指標基礎設施投資指數得分為 0.387，排名第 23 位，上升 1 位；三級指標房地產開發水平 8843514 萬元和固定資產投資水平 29014258 萬元。

社會體制競爭力得分為 855.02，排名第 20 位，下降 1 位，二級指標社會公平保障指數排得分為 0.459，排名第 42 位，下降 20 位。全市實有病床 3.0 萬張，擁有專業衛生人員 6.4 萬人，衛生技術人員 5.4 萬人，其中執業醫師（含助理）2.1 萬人，註冊護士 2.1 萬人。

環境資源區位競爭力得分為 577.02，排名第 23 位，下降 2 位，其中二級指標環境質量指數 0.712，排名第 56 位，下降 7 位；推進園林綠化工程，中心城區新增公共綠地面積 170 公頃。

人力資本競爭力得分為 796.43，排名第 33 位，下降 3 位。其中人力資本素質指數得分 0.281，排名第 47 位，下降 25 位，年內全市投入建成學校共 106 所，投資 50.13 億元。

科技競爭力得分為 1224.98，排名第 19 位，下降 2 位，其中二級指標科研機構指數為 0.378，排名下降 1 位，2014 年全市有 11 項農業和社會發展領域科技創新獲得“863”計劃、科技支撐計劃等國家科技專案支持，榮獲省級科學技術獎 26 項。

文化競爭力得分為 796.24，排名第 17 位，上升 5 位。其中二級指標文化設施指數，文化意識指數，文化資源指數排名均有不同程度提高。

從資料分析可知，寧波市 2014 年經濟競爭力排名第 26 位，與 2013 年持平。財政金融競爭力排名第 11 位，上升 4 位。在環境資源上取得了進步，綜合來看，寧波市在 2014 年各方面都實現了平穩發展，經濟，文化，社會，環境齊頭發展，這也使得寧波市綜合競爭力沒有發生變化，與上年持平，保持在第 17 位。

7.18 青島城市競爭力點評分析

青島，中國的副省級城市、計劃單列市和區域中心城市，山東省最大城市，中國東部沿海重要的經濟、文化中心；中國海洋科研及其產業開發中心城市，中國最大的實驗區，是重要現代化製造業及高新技術產業基地，青島是世界性區域貿易中心，東北亞國際航運中心，國際濱海旅遊度假勝地，中國優秀旅遊城市，國家園林城市。隨著國家創新型城市的建設和環灣型大城市框架的構建，青島將建設成為中國海洋產業發展先行區、國際海洋科研教育中心、東北亞國家航運樞紐、北海旅遊度假勝地和海上體育運動基地。2012 年度城市科學發展指數排名發佈，青島居第七位。中國人民解放軍海軍北海艦隊、國家海洋局北海分局、國家質檢總局山東檢驗檢疫局、山東海事局、中國人民銀行青島市中心支行等單位的總部均設於青島。2008 年夏季奧林匹克運動會、殘奧會和 2009 年中華人民共和國第十一屆運動會分賽場設於青島，2015 年世界休閒體育大會將於青島舉辦。

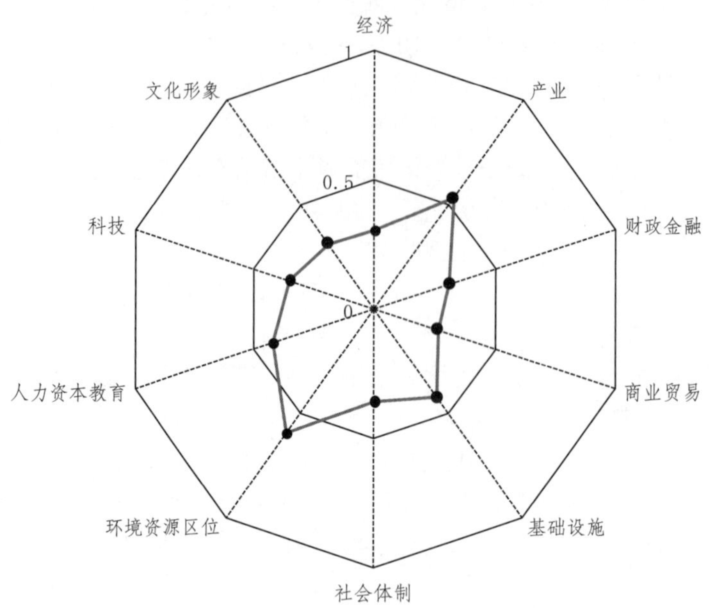

圖 7.18.1　2014 年青島分項競爭力雷達圖

青島 2014 年城市競爭力的基本情況如下：經濟競爭力得分為 583.69，排名第 22 位，上升 9 位；產業競爭力得分為 1660.65，排名第 12 位，上升 3 位；財政金融競爭力得分為 714.93，排名第 23 位，上升 4 位；商業貿易競爭力得分為 566.9，排名第 28 位，與上年持平；基礎設施競爭力得分為 1760.67，排名第 18 位，上升 3 位；社會體制競爭力得分為 682.30，排名第 28 位，下降 8 位；環境資源區位競爭力得分為 802.48，排名第 15 位，下降 2 位；人力資本競爭力得分為 1000.52，排名第 24 位，下降 1 位；科技競爭力得分為 1195.35，排名第 20 位，與上年持平；文化競爭力得分為 790.02，排名第 18 位，與上年持平；綜合競爭力得分為 4096.04，排名第 18 位，與上年持平。

經濟競爭力得分為 583.69，排名第 22 位，上升 9 位，其中城市居民人均可支配收入 38294 元，增長 8.7%；城市居民人均消費性支出 24016 元，增長 8.9%。

產業競爭力得分為 1660.65，排名第 12 位，上升 3 位，二級指標產業規模排名從第 15 位上升到第 14 位，數值 0.478，三次產業比例為 4.2:44.6:51.2。

財政金融競爭力得分為 714.93，排名第 23 位，上升 4 位，二級指標財政金融規模指數排名與上年持平 17 位，數值為 0.23，三級指標全年財政總收入實現 2800.4 億元。

商業貿易競爭力得分為 566.9，排名第 28 位，與上年持平，二級指標外貿指數從第 15 位上升到第 13 位，數值為 0.217，青島口岸對外貿易進出口總額 1651.3 億美元，引進青島市以外國內資金 1380.8 億元。

基礎設施競爭力得分為 1760.67，排名第 18 位，上升 3 位，二級指標基礎設施供應指數排名從第 43 位到第 39 位，數值 0.275，三級指標城市道路總長度 4518.5 公里，城市下水道總長度 6898 公里，航空旅客輸送量達到 1641.2 萬人次，航空行貨郵輸送量 20.4 萬噸，郵電業務總量 261.5 億元。

社會體制競爭力得分為 682.30，排名第 28 位，下降 8 位，二級指標社會公平保障排名從第 52 位下降到第 92 位，數值為 0.33；年末全市共有衛生機構(含診所) 3126 處，年末各類衛生技術人員 6.3 萬人，全市擁有醫療床位 4.5 萬張。

環境資源區位競爭力得分為 802.48，排名第 15 位，下降 2 位，其中二級指標環境質量指數排名從第 14 位下降到第 39 位，數值為 0.734，環境改善投入指數排名從第 27 位下降到第 42 位，數值為 0.216；市區空氣質量優良天數達到 262 天，優良率 71.8%，建成區綠化覆蓋率達到 44.7%。

人力資本競爭力得分為 1000.52，排名第 24 位，下降 1 位。二級指標中除人力資本素質指數小有上升外，其餘指數排名均與上年無顯著變化，但總體人力資本指標稍有落後；年末全市共有各類大專院校 23 所，其中普通高校 22 所，普通中學 295 所，在校學生 36.3 萬人，下降 0.7%；中等專業學校和技工學校 83 所，在校學生 12.72 萬人，下降 5.4%。接受中等職業教育的學生占高中階段在校生的 51.4%。

科技資本競爭力得分為 1195.35，排名第 20 位，與上年持平，其中的二級指標科技人力資本指數排名從 26 上升到 22 名，數值為 0.26；全年全市共取得重要科技成果 415 項，全年共成交技術合同專案 3743 項，全年發明專利申請 39995 件。

文化競爭力得分為 790.02，排名第 18 位，與上年持平，其中二級指標文化設施指數排名不變，數值為 0.235；全市共有各類文化機構 488 處，有線電視使用者達到 225.32 萬戶，數位電視使用者達到 225.29 萬戶。

從資料分析可以看出，青島市 2014 年的經濟競爭力排名第 22 位，上升 9 位。產業競爭力排名從第 12 位上升到第 3 位。綜合來看，2014 年青島市的綜合排名排名第 18 位，與上年持平。青島作為全國的旅遊城市，地處膠東半島，服務業和運輸業有較大的發展前景，這一點從資料中也可以看出。

7.19 無錫城市競爭力點評分析

無錫，古稱梁溪、金匱，地處太湖之濱，風景絕美秀麗，素以山水秀美、人文景觀眾多而著稱，被譽為“太湖明珠”。位於江蘇省南部，長江三角洲平原腹地，太湖流域的交通中樞，北倚長江，南瀕太湖，東接蘇州，西連常州，京杭大運河從中穿過；運河絕版地、江南水弄堂就位於無錫。無錫自古就是著名的魚米之鄉、中國四大米市之一。無錫也國內族工業的發源地之一，素有布碼頭、錢碼頭、小上海之稱。無錫是國家歷史文化名城之一，也是中國經濟最發達的地區之一，擁有產業、山水旅遊資源優勢，是長三角先進製造業基地、服務外包與創意設計基地和區域性商貿物流中心、職業教育中心、旅遊度假中心。

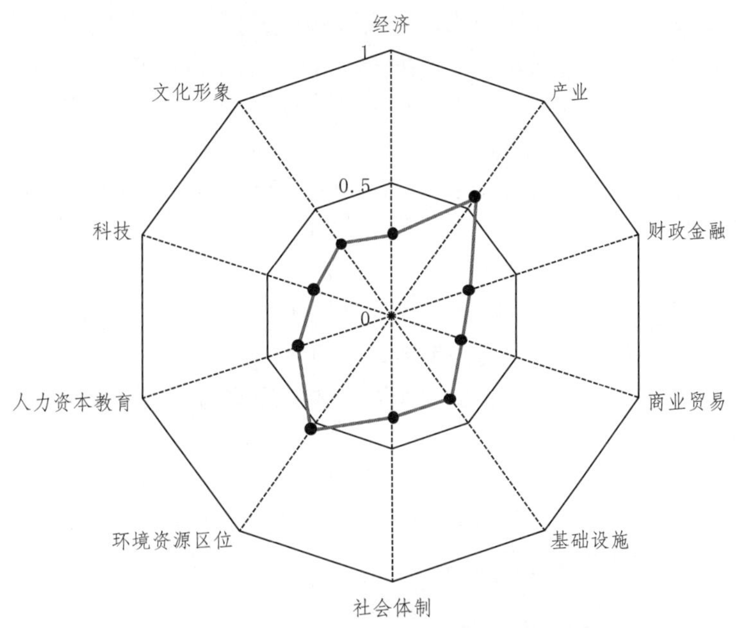

圖 7.19.1　2014 年無錫分項競爭力雷達圖

無錫 2014 年城市競爭力的基本情況如下：經濟競爭力得分為 603.5，排名第 21 位，與上年持平；產業競爭力得分為 1816.58，排名第 9 位，與上年持平；財政金融競爭力得分為

735.84，排名第 21 位，上升 3 位；商業貿易競爭力得分為 693.84，排名第 24 位，下降 4 位；基礎設施競爭力得分為1404.67，排名第25位，上升5位；社會體制競爭力得分為803.84，排名第 24 位，上升 9 位；環境資源區位競爭力得分為 609.55，排名第 18 位，上升 1 位；人力資本競爭力得分為 764.5，排名第 35 位，下降 8 位；科技競爭力得分為 844.57，排名第 29 位，下降 3 位；文化競爭力得分為 963.78，排名第 16 位，上升 3 位；綜合競爭力得分為 3944.58，排名第 19 位，與上年持平。

經濟競爭力得分為 603.5，排名第 21 位，與上年持平；二級指標城市規模指數排名由第 13 位下降到第 15 位，全市實現地區生產總值 8205 億元，增長 8.2%。按常住人口計算人均生產總值達到 12.64 萬元，按現行匯率折算達到 2.07 萬美元。

產業競爭力得分為 1816.58，排名第 9 位，與上年持平，二級指標產業規模指數由 11 下降到 15，三次產業比例調整為 1.9:51.0:47.1。

財政金融競爭力得分為 735.84，排名第 21 位，上升 3 位，二級指標財政金融效率指數排名從第 26 位上升到第 17 位，數值為 0.395，三級指標一般公共預算收入 768.01 億元和一般公共預算支出 748.06 億元。

商業貿易競爭力得分為 693.84，排名第 24 位，下降 4 位，二級指標商貿機構指數排名從第 9 位下降到第 11 位，數值為 0.333，市區居民消費價格指數為 102.2，提高了 0.1 個百分點。其中服務專案價格指數為 102.5，消費品價格指數為 102.0，商品零售價格指數為 101.5。

基礎設施競爭力得分為 1404.67，排名第 25 位，上升 5 位，二級指標基礎設施投資排名從第 8 位下降到第 19 位，數值為 0.445；三級指標全年固定資產投資完成 4634.21 億元和房地產業實現增加值 380.35 億元。

社會體制競爭力得分為 803.84，排名第 24 位，上升 9 位，二級指標醫療保健指數排名從第 97 位上升到第 45 位，數值為 0.532；三級指標人口自然增長率為 3.48‰和城鎮化率 74.47%。

環境資源區位競爭力得分為 609.55，排名第 18 位，上升 1 位，二級指標自然資源指數排名由第 281 位上升到第 265 位，上升 16 位，數值為 0.228，年內新增建成區綠地面積 500 公頃，人均公園綠地面積 14.81 平方米，建成區綠化覆蓋率達到 42.88%。

人力資本競爭力得分為 764.5，排名第 35 位，下降 8 位。其中二級指標人力資本吸引指數與去年持平，數值為 0.64，其餘指數均下降，如人力資本教育設施指數 0.296，排名下降 17 位。

科技資本競爭力得分為 844.57，排名第 29 位，下降 3 位，其中的二級指標科技人力資本指數排名從第 31 位下降到第 33 位，數值為 0.206；2014 年入選國家“千人計劃”14 人，累計培育國家“千人計劃”專家 71 人。

文化競爭力得分為 963.78，排名第 16 位，上升 3 位。其中文化設施指數 0.318，排名第 13，上升 4 位。“書香無錫”全民閱讀活動全面開展，大運河無錫段參與申遺成功，“泰伯廟會”、“宜興均陶製作技藝”被評為第四批國家級非遺代表性項目。

從資料分析可以看出，經濟競爭力排名第 21 位，與上年持平。從社會系統來看，2014 年無錫市取得了巨大的進步，社會體制競爭力顯著增強，上升 9 位。文化事業和文化產業有所發展。環境保護力度加強。總體看來，2014 年無錫市在經濟、文化、環境取得平穩發展的基礎上，從而使其綜合競爭力與 2013 年持平。

7.20 廈門城市競爭力點評分析

廈門，位於中國東南沿海，臺灣海峽西岸，與臺灣隔海相望。全市總面積 1,565 平方公里，2014 年末全市登記戶籍人口 203.44 萬人，常住人口 381 萬人。中國 15 個副省級城市之一，五個計畫單列市之一，享有省級經濟管理許可權並擁有地方立法權；既是中國最早實行對外開放政策的四個經濟特區之一，又是十個國家綜合配套改革試驗區之一（即“新特區”）。市內有鼓浪嶼、集美學村、萬石植物園等景點。東南沿海重要的中心城市，現代化國際性港口風景旅遊城市。

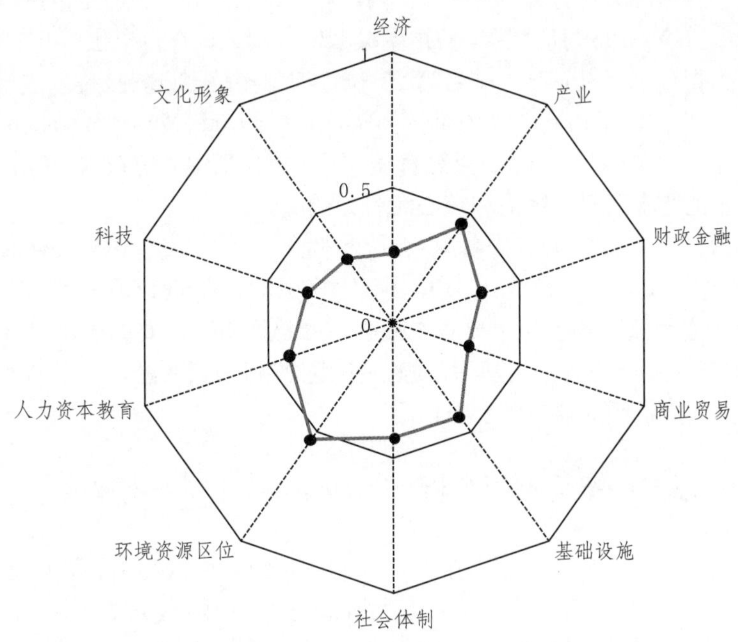

圖 7.20.1　2014 年廈門分項競爭力雷達圖

廈門 2014 年城市競爭力的基本情況如下：經濟競爭力得分為 377.87，排名第 31 位，下降 8 位；產業競爭力得分為 1043.57，排名第 28 位，下降 3 位；財政金融競爭力得分為 951.95，排名第 16 位，上升 14 位；商業貿易競爭力得分為 784.85，排名第 20 位，上升 6 位；基礎設施競爭力得分為 1802.65，排名第 17 位，上升 11 位；社會體制競爭力得分為 1006.23，排名第 13 位，上升了 12 位；環境資源區位競爭力得分為 625.07，排名第 17 位，上升 5 位；人力資本競爭力得分為 960.49，排名第 25 位，上升 1 位；科技競爭力得分為 1145.76，排名第 22 位，與上年持平；文化競爭力得分為 688.98，排名第 22 位，上升 16 位；綜合競爭力得分為 3779.21，排名第 20 位，上升 3 位。

經濟競爭力得分 377.87，排名第 31 位，下降 8 位。全年地區生產總值 3273.54 億元，比上年增長 9.2%。人均地區生產總值 86831 元，增長 7.2%，折合 14135 美元。

產業競爭力得分為 1043.57，排名第 28 位，下降 3 位。二級指標產業規模指數下降 10 位，三次產業結構為 0.7∶45.8∶53.5。

財政金融競爭力排得分 951.95，排名第 16 位，上升 14 位。二級指標金融資本可獲得指數排名由第 29 位上升到第 23 位，三級指標公共財政預算總收入 909.13 億元，和財政支出 548.25 億元。

商業貿易競爭力得分為 784.85，排名第 20 位，上升 6 位。社會消費品零售總額 1072.9 億元，限額以上企業零售額 679.90 億元，限額以下單位實現零售額 393.03 億元。

基礎設施競爭力得分為 1802.65，排名第 17 位，上升 11 位。基礎設施投資 426.33 億元，工業投資 298.68 億元，社會事業投資 73.0 億元。

社會體制競爭力得分為 1006.23，排名第 13 位，上升了 12 位。二級指標醫療保健指數 0.304 排名第 23，上升 44 位。至年末，全市基本養老、基本醫療、工傷、失業和生育保險參保人數分別為 226.89 萬人、314.28 萬人、175.33 萬人、177.22 萬人和 164.30 萬人。

環境資源區位競爭力得分為 625.07，排名第 17 位，上升 5 位。分析二級指標，環境改善投入指數 0.201，排名第 58 位，上升 77 位，城市建成區面積擴大到 301 平方公里，人均公園綠地面積 20.35 平方米，綠化覆蓋率為 41.87%，污水集中處理率 93.73%，生活垃圾無害化處理率 100%。

人力資本教育競爭力得分為 960.49，排名第 25 位，上升 1 位。全市擁有各級學校（含成人教育、社會辦學）1258 所，學年初招生數 22.76 萬人，在校學生數 91.80 萬人。

科技競爭力得分為 1145.76，排名第 22 位，與上年持平。科技投入水平指數 0.202，排名 19，上升了 9 位，全市高新技術企業 907 家，廈門市科技局也大力扶持原有的研發平臺體系，讓包括工程技術研究中心、重點實驗室、企業技術中心等在內的綜合研發平臺體系整體發力，全面推進廈門研發實力和核心競爭力的提升。

文化競爭力得分為 688.98，排名第 22 位，上升 16 位。二級指標文化設施指數排名第 26 位，上升 10 位。文化資源指數 0.389，排名由 2013 年的 55 位前進到 2014 年的 22 位。

綜合來看，廈門經濟效率和產業層次競爭力優勢不明顯，要進一步提升基礎設施競爭力，應從薄弱環節入手，完善市內基礎設施，繼續發揮環境資源區位競爭力和科技競爭力的優勢，真正發揮經濟特區的窗口和示範作用。

7.21 濟南城市競爭力點評分析

濟南，山東省省會，位於山東省中西部，北臨黃河，南依泰山。濟南是山東省最大城市，山東省政治、文化、教育中心，華東五大城市之一，中國歷史文化名城，也是國家批准的十五個副省級城市之一。濟南是軍區領導機構駐地，中國人民銀行濟南分行所在地，新一線城市，是臺灣電電公會年度極力推薦投資城市、美國福布斯雜誌評選的中國 20 個最適宜建廠的城市。濟南因境內泉水眾多，被稱為“泉城”，素有“四面荷花三面柳，一城山色半城湖”的美譽，是首批中國優秀旅遊城市，史前文化——龍山文化的發祥地之一。濟南北連首都經濟圈，南接長三角經濟圈，東西連通山東半島與華中地區，是環渤海經濟區和京滬經濟軸上的重要交匯點，環渤海地區和黃河中下游地區中心城市，山東半島城市群和濟南都市圈的核心城市。

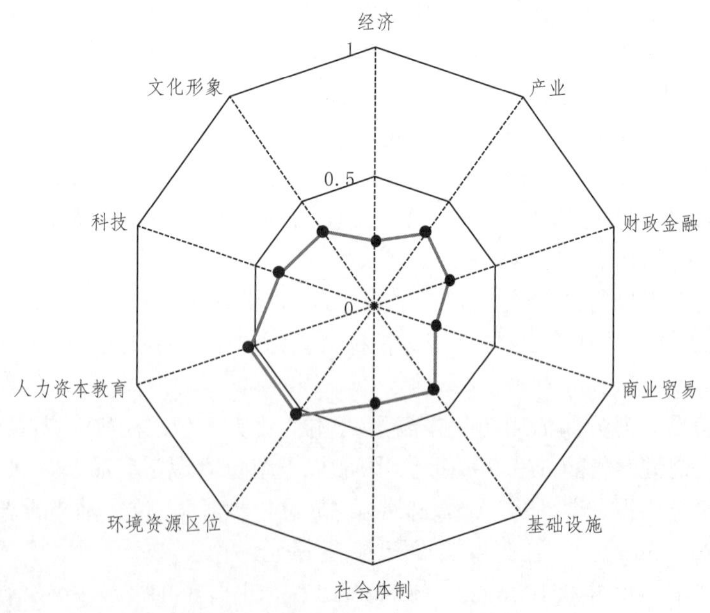

圖 7.21.1　2014 年濟南分項競爭力雷達圖

濟南 2014 年城市競爭力的基本情況如下：經濟競爭力得分為 327.14，排名第 37 位，下降 3 位; 產業競爭力得分為 328, 排名第 58 位, 下降 5 位; 財政金融競爭力得分為 706.18，排名第 25 位，上升 1 位；商業貿易競爭力得分為 509.38，排名第 30 位，上升 1 位；基礎設施競爭力得分為 1581.01，排名第 22 位，上升 1 位；社會體制競爭力得分為 783.11，排名第 26 位，下降 10 位；環境資源區位競爭力得分為 594.55，排名第 20 位，上升 3 位；人力資本競爭力得分為 1544.48，排名第 13 位，上升 2 位；科技競爭力得分為 1595.16，排名第 13 位，下降 1 位；文化競爭力得分為 1051.87，排名第 12 位，與上年持平；綜合競爭力得分為 3749.43，排名第 21 位，下降 1 位。

經濟競爭力得分為 327.14，排名第 37 位，下降 3 位，城市規模指數排名由第 28 位下降到第 30 位，年全市生產總值 5770.6 億元，全年城市居民人均可支配收入 38762.8 元；城市居民人均消費性支出 22980.7 元。

產業競爭力得分為 328，排名第 58 位，下降 5 位，二級指標產業效率指數排名從第 112 位下降到第 174 位, 數值為 0.446, 產業結構比例由上年的 5.4:39.3:55.3 調整為 5.2:38.4:56.4。

財政金融競爭力得分為 706.18，排名第 25 位，上升 1 位，二級指標財政金融規模指數排名與上年持平，公共財政預算收入 543.1 億元和公共財政預算支出 571.9 億元。

商業貿易競爭力得分為 509.38，排名第 30 位，上升 1 位，二級指標國內商貿規模指數排名由第 19 位上升到第 16 位，全市民營經濟增加值 2015.8 億元。

基礎設施競爭力得分為 1581.01，排名第 22 位，上升 1 位，二級指標基礎設施投資排名與上年持平，數值 0.315，全年單位 GDP 能耗降低率超額完成年度節能降耗目標，全市新能源發電裝機總容量 25 萬千瓦。

社會體制競爭力得分為 783.11，排名第 26 位，下降 10 位，二級指標社會公平保障指數排名從第 34 位下降到第 64 位，數值 0.385；全年刑事案件立案 45118 件，破獲刑事案件 26939 件，受理社會治安案件 91877 件。

環境資源區位競爭力得分為 594.55，排名第 20 位，上升 3 位，其中二級指標環境資源指數排名從第 43 位上升到第 41 位，數值為 0.484；年末城市建成區面積 485.3 平方公里，綠地覆蓋率 39.6%，人均公園綠地面積 11.4 平方米。

人力資本競爭力得分為 1544.48，排名第 13 位，上升 2 位，其中二級指標人力資本素質指數排名從第 56 位上升到第 10 位，數值為 0.518，學齡兒童入學率和小學畢業生升學率均為 100%。

科技資本競爭力得分為 1595.16，排名第 13 位，下降 1 位，其中二級指標科研機構指數排名不變，數值 0.823；全年專利申請量 23511 件和專利授權量 11701 件。

文化競爭力得分為 1051.87，排名第 12 位，與上年持平，其中二級指標文化意識指數排名下降，文化設施指數、文化資源指數和城市營銷能力指數排名均上升。2014 年成功舉辦第三屆中國非物質文化遺產博覽會。全市基層群眾文化活動示範點達到 80 個。

從資料分析可知，濟南 2014 年經濟競爭力排名第 37 位，下降 3 位。文化方面發展平緩，成功舉辦第三屆中國非物質文化遺產博覽會。總體來看，濟南市經濟、社會、文化、環境各方面發展平穩，變化不大。綜合競爭力相比於去年下滑 1 名。

7.22 東莞城市競爭力點評分析

東莞市，中國廣東省下轄地級市，西臨珠江口，與廣州市、深圳市、惠州市接壤。東莞市是廣東省歷史文化名城，名勝古跡甚多，旅遊資源豐富，為“廣東四小虎”之一，更是國際加工業的重要一員。1985 年 9 月撤縣設市，1988 年 1 月升格為地級市，下轄 28 個鎮、4 個街道辦事處，440 個村委會，156 個居委會。面積 2465 平方公里，戶籍人口 165.65 萬，外來暫住人口 480 多萬，此外，還有港澳臺同胞 70 多萬人，海外僑胞 20 多萬人，是著名的僑鄉。也是中國科技信息城市之一。悠久的歷史文化和光榮的革命傳統，使東莞成為南粵歷史文化名城。東莞經濟以外向型為主，特別是工業，大部分的資金、原材料和產品銷售都離不開國際市場。

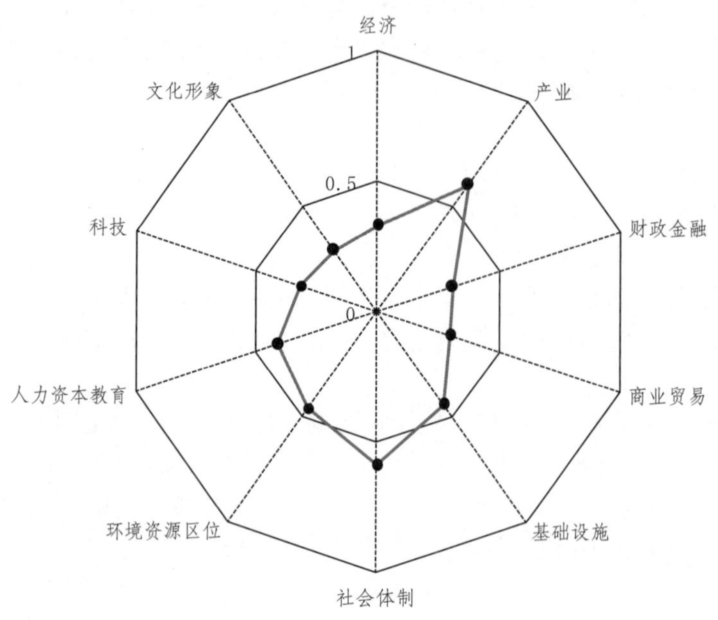

圖 7.22.1　2014 年東莞分項競爭力雷達圖

東莞 2014 年城市競爭力的基本情況如下：經濟競爭力得分為 704.99，排名第 14 位，上升 1 位；產業競爭力得分為 2195.7，排名第 7 位，上升 6 位；財政金融競爭力得分為 696.27，排名第 26 位，上升 31 位；商業貿易競爭力得分為 789.93，排名第 19 位，上升 6 位；基礎設施競爭力得分為 1916.11，排名第 16 位，上升 9 位；社會體制競爭力得分為 1837.41，排名第 5 位，上升 5 位；環境資源區位競爭力得分為 409.11，排名第 32 位，上升 6 位；人力資本競爭力得分為 927.55，排名第 27 位，上升 13 位；科技競爭力得分為 882.43，排名第 25 位，上升 2 位；文化競爭力得分為 666.04，排名第 24 位，與上年持平；綜合競爭力得分為 3590.48，排名第 22 位，與上年持平。

經濟競爭力得分為 704.99，排名第 14 位，上升 1 位。作為“廣東四小虎”之一，號稱“世界工廠”的 2014 年東莞生產總值 5881.18 億元，比上年增長 7.8%。人均地區生產總值 70604 元，增長 7.4%。

產業競爭力得分為 2195.7，排名第 7 位，上升 6 位。三大產業比例為 0.3：45.9：53.8，東莞企業多為勞動密集型，耗用勞動和原材料、能源較多，產品附加值低，令東莞工業的競爭力不強，給城市的可持續發展帶來威脅，本年度東莞產業經濟上升顯著，東莞工業結構和工業發展模式相比上年有所轉變。

財政金融競爭力得分為 696.27，排名第 26 位，上升 31 位，財政收入 1066 億元，市公共財政預算收入 455 億元，市公共財政預算支出 457.68 億元，稅收總額 1237.04 億元。

商業貿易競爭力得分為 789.93，排名第 19 位，上升 6 位。全年商品零售價格上漲 1.2%。工業生產者出廠價格下降 1.0%。東莞現在正在逐漸由“數量型”經濟向“質量型”經濟轉變。2014 年，東莞外貿進出口總額在珠三角九市排第 2 位，增速排第 4 位，成績喜人，通過實施商務發展“十大工程”，進一步完善開放型經濟體制機制，抓好招商引資，穩定出口增長，推動外貿工作加速發展。

基礎設施競爭力得分為 1916.11，排名第 16 位，上升 9 位。二級指標交通設施水平指數 0.36，排名第 19 位，較 2013 年 0.297 排名 56 較大幅度提高，全年全市交通運輸、倉儲和郵政業實現增加值 158.39 億元。

社會體制競爭力得分為 1837.41，排名第 5 位，上升 5 位。全市居民最低生活保障支出 10404 萬元，自然災害生活救助支出 467 萬元，慈善基金結餘 2.35 億元。全市納入“五保戶”對象有 854 人，“五保戶”費用支出 2123 萬元。

環境資源區位競爭力得分為 409.11，排名第 32 位，上升 6 位。分析二級指標，自然資源指數為 0.206，2013 年為 0.177，排名由第 283 位上升到第 277 位，森林覆蓋率為 36%。城市建成區綠地率為 44.5%，綠化覆蓋率為 47.5%，城市人均公園綠地面積 17.3 平方米。

人力資本競爭力得分為 27.55，排名第 27 位，上升 13 位。分析二級指標，人力資本投入指數 0.469，排名 19 位，上升 13 位。人力資本教育設施指數 0.235 排名第 195，上升 92 位。全年普通高等院校共招收本科、專科學生 2.28 萬人，畢業生 1.3 萬人。

科技競爭力得分為 882.43，排名第 25 位，上升 2 位。二級指標，科技投入指數 0.216，排名 15 位，上升 9 位，全市專利申請量和授權量分別為 28431 件和 20336 件。

文化競爭力得分為 666.04，排名第 24 位，與上年持平。二級指數文化設施指數、文化意識指數和城市營銷能力指數排名均下降，但是變化都不大，而文化資源指數排名上升。

綜合來看，東莞在經濟、商業、社會體制方面具有較強的競爭力，財政金融和環境資源區位競爭力有待進一步發展，東莞經濟如果要持續發展並保持一定的競爭力，產業轉型是當前最首要的工作。

7.23 西安城市競爭力點評分析

西安古稱長安，陝西省省會、副省級市，陝西省的政治、經濟、文化和科教中心，兼具現代感和歷史感，華夏文明的發源地，世界四大文明古都之一。西安歷史悠久，文化積澱非常厚重，是西北地方第一大城市，中國國家區域中心城市，國家重要的科研、教育和工業基地，世界歷史文化名城，亞洲知識技術創新中心。西安地處中國陸地版圖中心，是長三角、珠三角和京津冀通往西北和西南的門戶城市與重要交通樞紐。2009 年國務院批准《關中—天水經濟區發展規劃》，提出將西安建設成為國家重要科技研發中心，區域性商貿、物流、會展中心，國際一流旅遊目的地以及全國重要的高新技術產業和先進製造業基地，著力打造西安國際化大都市，2014 年國務院批復成立的西咸新區是中國第七個國家級新區。

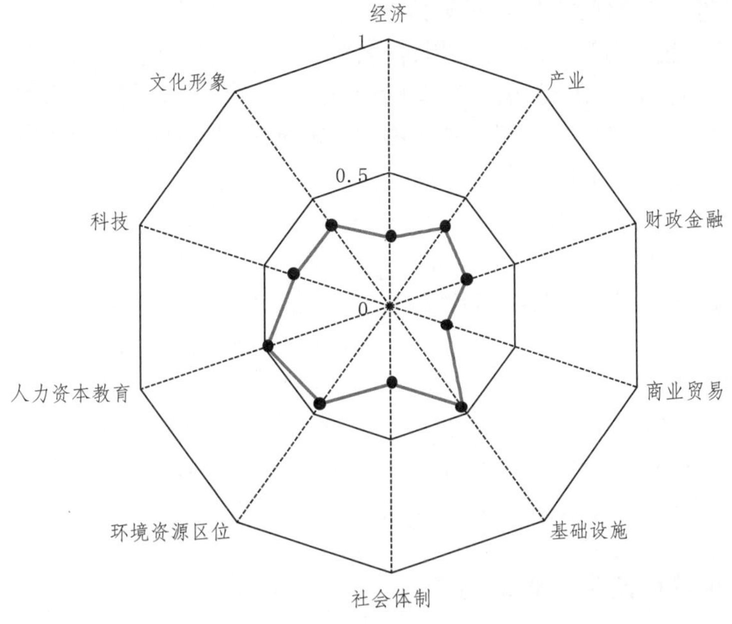

圖 7.23.1　2014 年西安分項競爭力雷達圖

西安 2014 年城市競爭力的基本情況如下：經濟競爭力得分為 369.58，排名第 32 位，上升 4 位；產業競爭力得分為 433.74，排名第 48 位，與上年持平；財政金融競爭力得分為 714.1，排名第 24 位，下降 2 位；商業貿易競爭力得分為 354.21，排名第 36 位，下降 3 位；基礎設施競爭力得分為 2157.7，排名第 14 位，下降 1 位；社會體制競爭力得分為 323.04，排名第 47 位，下降 9 位；環境資源區位競爭力得分為 389.32，排名第 37 位，下降 3 位；人力資本競爭力得分為 1365.26，排名第 15 位，上升 2 位；科技競爭力得分為 1449.31，排名第 14 位，上升 1 位；文化競爭力得分為 1194.81，排名第 9 位，下降 1 位；綜合競爭力得分為 3273.77，排名第 23 位，下降 2 位。

經濟競爭力排名 369.58，排名第 32 位，上升 4 位。二級指標城市規模指數 0.36，排名第 29 位，其中全年生產總值 5474.77 億元，比上年增長 9.9%。全年接待國內外遊客 12001 萬人次，增長 18.5%；旅遊總收入 950 億元，增長 17.1%。

產業競爭力得分為 433.74，排名第 48 位，與上年持平。二級指標產業規模指數 0.311，排名第 39 位，第一產業增加值占生產總值的比重為 3.9%，第二產業增加值比重為 40.3%，第三產業增加值比重為 55.8%。西安市堅持把開發區帶動作為重大發展戰略，通過資源合理配置，極大地推動全市經濟社會發展。

財政金融競爭力得分 714.1，排名第 24 位，下降 2 位。分析主要原因，財政金融效率指數為 0.315，排名第 45 位，下降 8 位。金融資本質量指數 0.591，排名第 71 位，下降 46 位，顯現出西安金融業發展放緩。

商業貿易競爭力得分為 354.21，排名第 36 位，下降 3 位。二級指標商貿機構指數排名由第 51 位下降到第 60 位，主要由於工業生產者出廠價格下降 0.5%。工業生產者購進價格下降 0.5%。

基礎設施競爭力得分為 2157.7，排名第 14 位，下降 1 位。二級指標基礎設施供應指數 0.288，排名第 33 位，下降 1 位，基礎設施行業人力資本指數 0.293，排名第 22 位，全年完成市政公用設施投資 352.80 億元。新建人行天橋 12 座，建設公交港灣 80 處，新建改造綠地廣場 60 個。

社會體制競爭力得分為 323.04，排名第 47 位，下降 9 位。具體來看，年末全市城鎮基本醫療保險參保人數 417.70 萬人；城鎮企業職工養老保險參保人數 284.58 萬人；失業保險參保人數 149.41 萬人；工傷保險參保人數 142.86 萬人，職工生育保險參保人數 98.72 萬人。年末參加農村新型合作醫療的農民人數 407.18 萬人。

環境資源區位競爭力得分為 389.32，排名第 37 位，下降 3 位。二級指標環境資源指數 0.371，排名第 145 位，下降 12 位。全年城市環境空氣質量好於國家二級標準（良好）以上天數 211 天。西安市 2014 年度對環境的重視程度增強，加強環境建設，把為群眾創造水清天藍的生活環境作為當前最大的民生問題。

人力資本競爭力得分為 1365.26，排名第 15 位，上升 2 位。人力資本投入指數 0.316，排名第 71 位，人力資本教育設施指數 0.711，排名第 5 位。

科技競爭力得分為 1449.31，排名第 14 位，上升 1 位。科技成果轉化指數 0.36，排名第 63 位，上升 10 位，科研機構指數 0.745，高新技術產業專項 21 項。

文化競爭力得分為 1194.81，排名第 9 位，下降 1 位。二級指數文化資源指數由 2013 年的第 3 位上升到 2014 年的第 2 位，主要是城市歷史文化指數和名勝古跡指數均有下降。

綜合來看，西安在文化、基礎設施等方面的競爭力較強，環境資源區位和商業競爭力發展迅速，產業競爭力方面有待提高。

7.24 長沙城市競爭力點評分析

長沙，湖南省省會城市，別稱“星城”、是著名的“楚漢名城”，國家歷史文化名城，國家級綜合配套改革試驗區之一，國家級兩化融合試驗區之一，國家十二五規劃確定的重點開發區域，南中國綜合性交通樞紐。是湖南省政治、經濟、文化、交通、科技、金融、信息中心，是中國中西部地區最具競爭力城市。長沙是中國南方地區重要的中心城市，綜合實力位居全國前列，綜合競爭力排名全國第九、中西部地區第一。同時，長沙致力於打造中部最開放、具有重大國際影響力的文化名城和世界級旅遊城市。

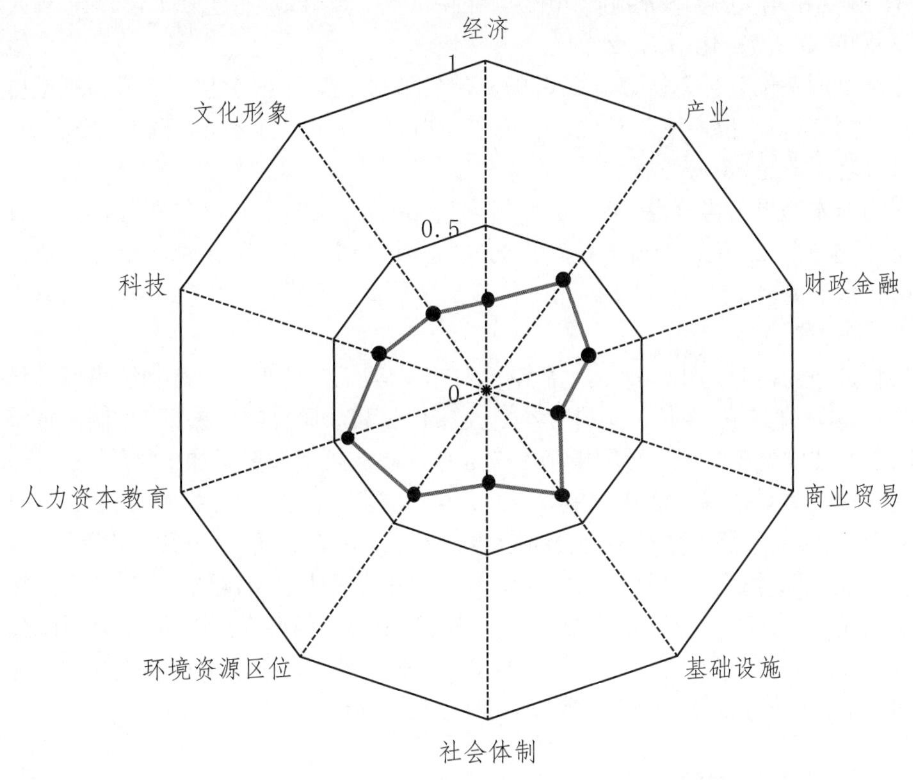

圖 7.24.1　2014 年長沙分項競爭力雷達圖

長沙 2014 年城市競爭力的基本情況如下：經濟競爭力得分為 437.31，排名第 28 位，上升 5 位；產業競爭力得分為 771.95，排名第 37 位，下降 7 位；財政金融競爭力得分為 850.59，排名第 18 位，上升 5 位；商業貿易競爭力得分為 367.82，排名第 35 位，與上年持平；基礎設施競爭力得分為 1476.28，排名第 23 位，下降 6 位；社會體制競爭力得分為 298.68，排名第 51 位，下降 8 位；環境資源區位競爭力得分為 226.97，排名第 52 位，下降 7 位；人力資本競爭力得分為 1197.32，排名第 18 位，上升 2 位；科技競爭力得分為 1160.98，排名第 21 位，與上年持平；文化競爭力得分為 622.81，排名第 29 位，下降 6 位；綜合競爭力得分為 3007.03，排名第 24 位，與上年持平。

經濟競爭力得分 437.31，排名第 28 位，上升 5 位。在二級指標當中，城市規模指數為 0.437，排名第 18 位，城市效率指數為 0.235。全年實現地區生產總值 7824.81 億元，增長 10.5%。

產業競爭力得分為 771.95，排名第 37 位，下降 7 位。2014 年長沙產業效率指數 0.544，排名第 83 位，較 2013 年的第 8 位下降幅度巨大，二級指標產業結構指數 0.651，排名第 35 位，下降 3 位，三次產業結構調整為 4.0：54.3：41.7。

財政金融競爭力得分為 850.59，排名第 18 位，上升 5 位。全年財政總收入 1003.08 億元，增長 13.5%，公共財政預算支出 802.40 億元，增長 14.3%。

商業貿易競爭力得分為 367.82，排名第 35 位，與上年持平。二級指標外貿指數 0.162，排名 46 位，較 2013 年上升了 10 位，商貿機構指數 0.21，排名 38，與上年持平，全市居民消費價格比上年上漲 2.7%，漲幅提升 0.1 個百分點；商品零售價格上漲 1.7%，漲幅持平。

基礎設施競爭力得分為 1476.28，排名第 23 位，下降 6 位。其中人均生活用水量立方米和人均生活用電量與上年基本平衡，指數變化不大。

社會體制競爭力得分為 298.68，排名第 51 位，下降 8 位。從二級指標來看，社會公平保障水平指數排名由第 40 位到第 76 位，下跌 36 位，較 2013 年退步明顯，醫療保健水平指數 0.3，排名由第 21 位下降到第 25 位，下降 4 位，年末常住總人口 731.15 萬人，自然增長率為 9.98‰。城鎮化率為 72.34%。

環境資源區位競爭力得分為 226.97，排名第 52 位，下降 7 位。二級指標環境資源指數 0.328，排名第 184 位，下降 6 位，環境質量指數 0.716，排名第 52 位，後退 28 位。城市地表水質達標率達 98.8%。

人力資本競爭力得分為 1197.32，排名第 18 位，上升 2 位。二級指標人力資源素質指數 0.412,排名第 22 位，上升 5 位。人力資本規模指數排名第 15 位，上升 1 位，全市共投入義務教育“免補”經費 7.02 億元，執行公辦教育收費標準的 131.6 萬人次學生全部享受了免“一費制”入學。

科技競爭力得分為 1160.98，排名第 21 位，與上年持平。分析二級指標，科技人力資本指數 0.28，排名第 13 位，上升 3 名，全市擁有科學研究開發機構 96 個，全年共取得省部級以上科技成果 584 項。專利申請 17763 件，高新技術產業增加值 2231.92 億元。

文化競爭力得分為 622.81，排名第 29 位，下降 6 位。二級指數文化資源指數由第 18 位下降到第 24 位，全市擁有藝術表演團體 9 個，文化館 10 個，公共圖書館 12 個，博物館（紀念館）16 個，檔案館 14 個。2014 年，長沙文化影響力有所減弱，產業競爭力相對下降。

產業競爭力、基礎設施競爭力、社會體制競爭力、環境資源區位競爭力排名均比 2013 年有所下降，總體來看，長沙市 2014 年各方面發展平緩，長沙市在加強社會保障提高人們幸福感上還有待加強。2014 年其綜合競爭力與上年持平。

7.25 佛山城市競爭力點評分析

佛山，簡稱佛，廣東省省轄市，位於廣東省中部，地處珠三角腹地，東接廣州，南鄰香港、澳門，歷史上是中國天下四聚、四大名鎮之一，如今發展為中國先進製造業基地、廣東重要的製造業中心，與廣州地緣相連、歷史相承、文化同源，是“廣佛都市圈”、“廣佛肇經濟圈”、“珠三角經濟圈”的重要組成部分，在廣東省經濟發展中處於領先地位。佛山市現轄禪城區、南海區、順德區、高明區和三水區，全市總面積 3868 平方公里。佛山的商業發展歷史源遠流長，有著“廣紗中心”、“南國陶都”的美譽，悠久的歷史，孕育了佛山獨具魅力的嶺南傳統文化。

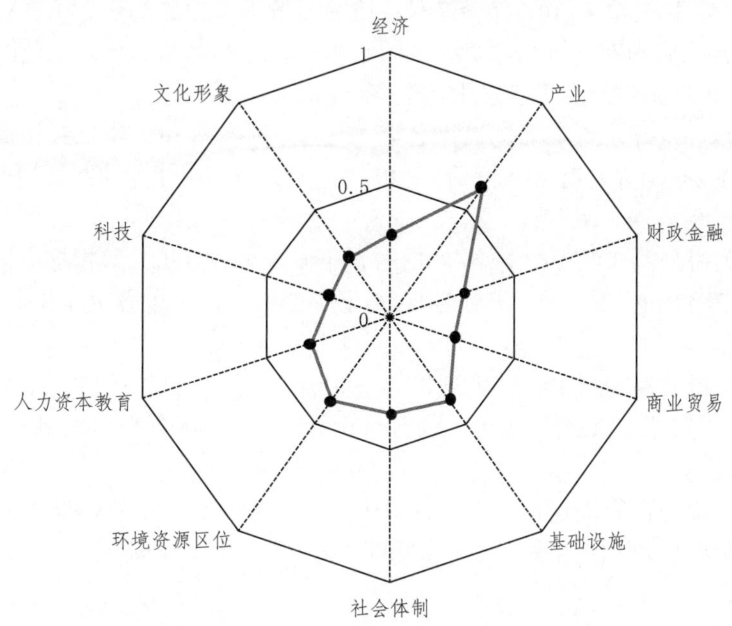

圖 7.25.1　2014 年佛山分項競爭力雷達圖

佛山 2014 年城市競爭力的基本情況如下：經濟競爭力得分為 607.84，排名第 20 位，下降 1 位；產業競爭力得分為 2195.31，排名第 8 位，與上年持平；財政金融競爭力得分為 621.26，排名第 31 位，上升 2 位；商業貿易競爭力得分為 549.42，排名第 29 位，下降 2 位；基礎設施競爭力得分為 1448.32，排名第 24 位，上升 10 位；社會體制競爭力得分為 703.95，排名第 27 位，上升 14 位；環境資源區位競爭力得分為 206.87，排名第 57 位，下降 1 位；人力資本競爭力得分為 492.33，排名第 47 位，下降 18 位；科技競爭力得分為 306.49，排名第 42 位，下降 6 位；文化競爭力得分為 558.48，排名第 31 位，上升 11 位；綜合競爭力得分為 2892.97，排名第 25 位，上升 2 位。

經濟競爭力得分為 607.84，排名第 20 位，下降 1 位。分析二級指標，城市規模指數 0.4，較 2013 年的 0.398 略有增長，但是排名下降 4 位，為第 22 名，全市生產總值 7603.28 億元。2014 年城市居民生活水平指數 0.311，排名第 21 位，上升 6 位。

產業競爭力得分為 2195.31，排名第 8 位，與上年持平。產業規模指數 0.46，排名第 17 位，下降 3 位，產業結構指數 0.684，排名第 20 位，上升 13 位，三次产业结构为 1.9：61.6：36.5。

財政金融競爭力得分為 621.26，排名第 31 位，上升 2 位。從二級指標來看，財政金融規模指數 0.202，排名第 31 位，上升 3 名，財政金融效率指數 0.396，排名第 16 位，排名上升幅度顯著，基於國際金融業發展的新趨勢和中國金融業發展的新形勢，各級政府高度重視，特別是實施廣東建設金融強省戰略、建設粵港澳金融合作平臺和設立廣東金融高新技術服務區等一系列舉措，對佛山金融業發展極為有利。

商業貿易競爭力得分為 549.42，排名第 29 位，下降 2 位。二級指標國內商貿人力資本指數 0.119，排名第 102 位，下降 24 位，全年居民消費價格總水平比上年上漲 2.3%。

基礎設施競爭力得分為 1448.32，排名第 24 位，上升 10 位。二級指標基礎設施供應水平指數 0.433，排名第 10 位，上升 2 位，分析具體指標，全年基礎產業投資完成 630.47 億元。基礎設施投資完成 496.53 億元。

社會體制競爭力得分為 703.95，排名第 27 位，上升 14 位。從二級指標來看，社會公平保障水平指數為 0.556，排名第 22 位；政府社會管理水平指數為 0.344，排名第 26 位。

環境資源區位競爭力得分為 206.87，排名第 57 位，下降 1 位。從二級指標來看，環境資源指數為 0.44，排名第 74 位，下降 7 位；環境質量水平指數為 0.744，排名第 29 位，下降 17 位。城鎮污水處理率達到 96.70%，飲用水源水質達標率為 100%，工業固體廢物綜合利用率為 99%，全市城鎮生活垃圾無害化處理率達到 100%。

人力資本競爭力得分為 492.33，排名第 47 位，下降 18 位。從二級指標來看，人力資本素質指數為 0.284，排名第 46 位，下降 40 位；人力資本吸引水平指數為 0.751，排名第 9 位，與去年持平。

科技競爭力得分為 306.49，排名第 42 位，下降 6 位。分析二級指標，科技人力資本指數 0.17，排名第 48 位，較 2013 年排名 35 後退幅度較大，全年發明專利申請量 7259 件，授權量 1109 件。

文化競爭力得分為 558.48，排名第 31 位，上升 11 位。二級指數文化資源指數 0.304，排名 45 位，上升 31 位，縣級以上公共圖書館 6 所，公共圖書館圖書總藏量 376.28 萬冊，劇場和影劇院 55 個。

綜合看來，佛山市經濟運行平穩，社會公平保障方面發展良好，但人力資本實力還相對較弱，應該重點考慮如何加強。在城市基礎設施建設、財政金融上取得了進步。綜合競爭力上升 2 名。

7.26 鄭州城市競爭力點評分析

鄭州市，簡稱鄭，是河南省的省會，國家歷史文化名城，中國中部地區重要的中心城市和國家重要的綜合交通樞紐。鄭州位於河南省中部偏北，黃河下游。自古至今均為交通要塞，素有“中國鐵路心臟”之美譽。鄭州為七朝古都、中國八大古都之一、中國歷史文化名城、中原文化代表、世界歷史都市聯盟成員城市。中國中部地區重要的中心城市和國家重要的綜合交通樞紐。現轄 6 區 4 縣級市 1 縣，全市總面積 6405.3 平方公里，其中市區面積 1010.3 平方公里，2014 年市區建成區面積 412.7 平方公里。

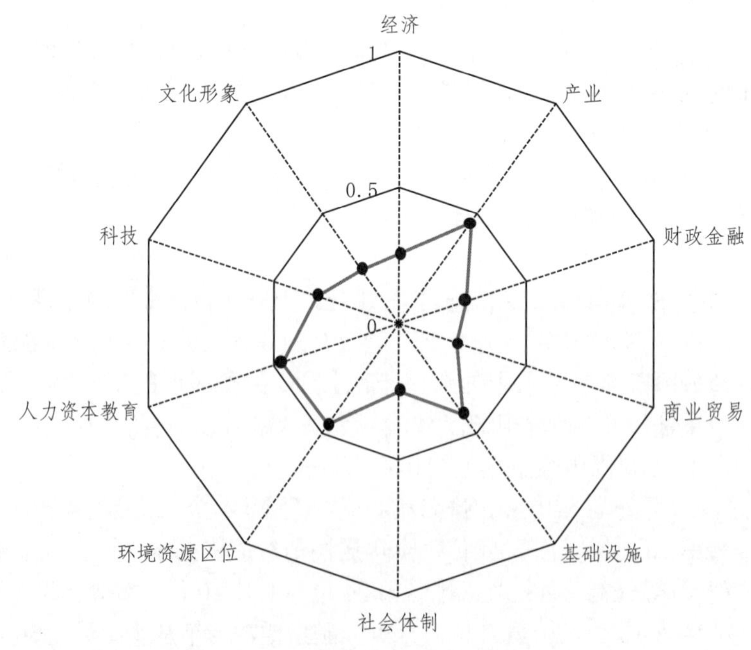

圖 7.26.1　2014 年鄭州分項競爭力雷達圖

鄭州 2014 年城市競爭力的基本情況如下：經濟競爭力得分為 354.56，排名第 33 位，上升 14 位；產業競爭力得分為 1125.31，排名第 23 位，上升 9 位；財政金融競爭力得分為 395.88，排名第 46 位，下降 18 位；商業貿易競爭力得分為 347.3，排名第 38 位，下降 9

位; 基礎設施競爭力得分為1659.95, 排名第20位, 下降2位; 社會體制競爭力得分為122.17，排名第 75 位，下降 33 位；環境資源區位競爭力得分為 411.88，排名第 30 位，下降 1 位；人力資本競爭力得分為 1249.89，排名第 16 位，與上年持平；科技競爭力得分為 975.39，排名第 24 位，與上年持平；文化競爭力得分為 374.12，排名第 42 位，下降 6 位；綜合競爭力得分為 2788.44，排名第 26 位，下降 1 位。

經濟競爭力得分為 354.56，排名第 33 位，上升 14 位。全年完成生產總值 6783 億元，比上年增長 9.5%；人均生產總值 73056 元，比上年增長 7.5%。

產業競爭力得分為產業競爭力得分為 1125.31，排名第 23 位，上升 9 位。分析二級指標，產業結構指數為 0.692，排名 19 位，上升 7 位，三次產業比重調整為 2.2：:5.6:42.2。

財政金融競爭力得分為 395.88，排名第 46 位，下降 18 位。二級指標除財政金融規模指數 0.259，排名第 18 位，與上年持平，其餘指數均出现下跌。具體來看，社會保障與就業支出 62.6 億元，下降 5.7%；公共安全支出 36.3 億元，下降 0.2%。

商業貿易競爭力得分為 347.3，排名第 38 位，下降 9 位。分析二級指標，商貿機構指數 0.245，排名第 27 位，下降 8 位，居民消費指數由第 26 位下降到第 138 位, 強勁的衝擊力來自於肉禽及其製品下降 0.8%，蛋類上漲 16.4%，蔬菜下降 4.1%。

基礎設施競爭力得分為 1659.95，排名第 20 位，下降 2 位。鄭州市在房地產調控方面初見成效。市內道路、水電煤氣和文化衛生等基礎設施落後的狀況有一定改觀，但仍未表現出明顯的優勢，較其他城市發展，略顯緩慢。

社會體制競爭力得分為 122.17，排名第 75 位，下降 33 位。二級指標社會公平保障指數 0.276，排名第 143 位，下降 100 位。具體來看，政府機構規模指數由 133 降為 112，政府治理比較弱，在規劃、推銷、服務和創新等方面都需要繼續提高。

環境資源區位競爭力 11.88，排名第 30 位，下降 1 位。二級指標自然資源指數 0.291，排名第 238 位，下降 5 位，較為靠後，全年建成區新增綠地面積 1723.4 萬平方米；建成區人均公共綠地 12.25 平方米，建成區綠化覆蓋率 40.2%。

人力資本競爭力得分為 1249.89，排名第 16 位，與上年持平。分析二級指標，人力資本教育設施指數 0.701，排名第六，較 2013 年第 5 後退了 1 位。其中全市共有專任教師 14.4 萬人，比上年增長 4.5%；其中高等學校 4.1 萬人，增長 3.1%。

科技競爭力得分為 975.39，排名第 24 位，與上年持平。從二級指標來看，科研創新指數 0.193，排名 30，較 2013 年後退了 1 位。其中全市共組織實施科技專案 1231 項，比上年下降 1.8%；其中省級以上項目 282 項，增長 41%；市級項目 949 項，下降 10%。

文化競爭力得分為 374.12，排名第 42 位，下降 6 位。文化設施指數 0.185，排名第 42 位，下降 6 位，二級指標文化資源指數 0.316，排名第 40 名，下降 7 位，全市共有公共圖書館 15 個, 群眾藝術館、文化館 12 個，博物館 31 個，綜合檔案館 13 個。

綜合來看，2014 年鄭州市經濟平穩發展，相對於其他城市增速較慢。應該加大投資力度，加快產業轉型。環境資源方面投入初見成效，環境競爭力明顯增強。綜合競爭力較去年下滑 1 名。

7.27 哈爾濱城市競爭力點評分析

哈爾濱，黑龍江省省會，副省級城市，東北地區北部政治、經濟、文化和交通中心。東北地區第二大城市，也是中國省轄市中陸地管轄面積最大、管轄總人口居第二位的特大城市。哈爾濱位於東北亞中心位置，位居亞太經濟發展區腹地，被譽為歐亞大陸橋的明珠，是歐亞第一大陸橋和空中走廊的重要樞紐, 優越的地理位置使之成為中國東北地區第一大內河港口、第二大鐵路樞紐以及第三大國際航空港的所在地。哈爾濱是中國著名的歷史文化名城和旅遊城市，素有“共和國長子”、“冰城”、“天鵝項下的珍珠城”、“東方莫斯科”、

“東方小巴黎”以及“冰城夏都”等美稱。特殊的歷史進程和地理位置造就了哈爾濱這座具有異國情調的美麗都市，哈爾濱建築風格別具風韻，很多歐式建築遍佈市區。它不僅薈萃了北方少數民族的歷史文化，而且融合了中外文化。

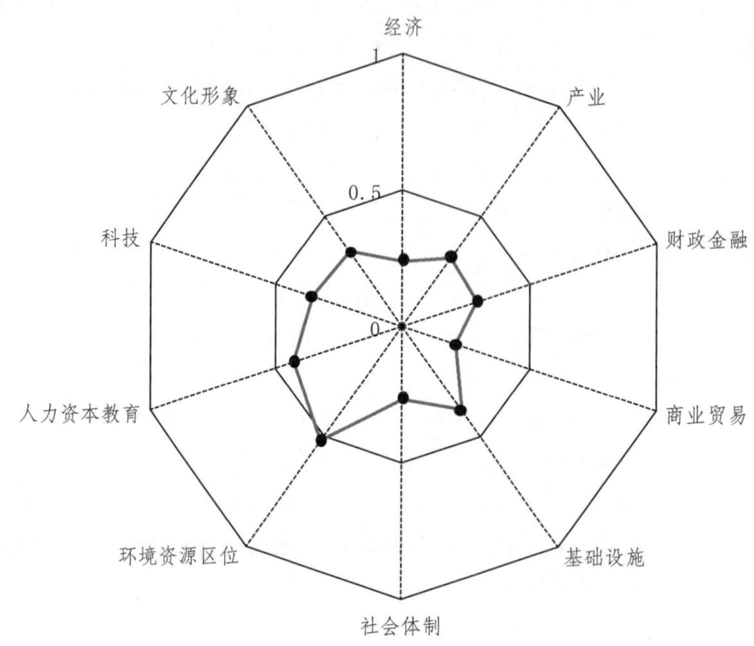

圖 7.27.1　2014 年哈爾濱分項競爭力雷達圖

哈爾濱 2014 年城市競爭力的基本情況如下：經濟競爭力得分為 288.78，排名第 40 位，上升 20 位；產業競爭力得分為 51.92，排名第 98 位，下降 14 位；財政金融競爭力得分為 571.5，排名第 34 位，上升 1 位；商業貿易競爭力得分為 233.83，排名第 46 位，下降 7 位；基礎設施競爭力得分為 1330.37，排名第 27 位，與上年持平；社會體制競爭力得分為 209.6，排名第 62 位，下降 18 位；環境資源區位競爭力得分為 586.48，排名第 21 位，上升 4 位；人力資本競爭力得分為 1032.71，排名第 23 位，下降 1 位；科技競爭力得分為 1237.83，排名第 18 位，上升 1 位；文化競爭力得分為 964.93，排名第 14 位，上升 1 位；綜合競爭力得分為 2636.1，排名第 27 位，上升了 2 位。

經濟競爭力得分為 288.78，排名第 40 位，上升 20 位。二級指標城市規模指數排名第 21 位，上升 1 位，其中全年實現生產總值 1460.94 億元，比上年增長 10.5%。城市效率指數排名不變，全市新批外商投資企業 1 戶，合同利用外資 825 萬美元，實際利用外資 1216 萬美元。由上述結果可得知，該市本年度中經濟發展迅速，主要是在效率方面改善極為顯著。

產業競爭力得分為 51.92，排名第 98 位，下降 14 位。二級指標產業結構指數 0.512，排名 168 位，下降 36 名，跌幅較大，三次產業比重調整為 14.2:54.4:31.4。

財政金融競爭力得分為 571.5，排名第 34 位，上升 1 位。二級指標財政金融效率指數 0.256，排名第 70 位，上升 30 名，其三級指標全年地方財政收入 67.46 億元，增長 15.0%。財政支出 293.3 億元，增長 6.3%。

商業貿易競爭力得分為 233.83，排名第 46 位，下降 7 位。分析二級指標，商貿機構指數 0.172，排名第 54 位，下降 15 位，其中全年地方財政收入 67.46 億元，增長 15.0%。財政支出 293.3 億元。二級指標居民消費指數 0.32，排名第 54 位，下降 9 位。

基礎施競爭力得分為 1330.37，排名第 27 位，與上年持平。基礎設施投資指數為 0.454，排名第 18 位，上升 4 位；對外交通設施水平指數為 0.248，排名第 42 位；基礎設施行業人力資本指數為 0.361，排名第 12 位。按三級指標來看，固定資產投資水平和房地產開發水平都有顯著提高，其中全年完成全社會固定資產投資 1765.61 億元，比上年增長 20.3%。

社會體制競爭力得分 209.6，排名第 62 位，下降 18 位。社會公平保障水平指數為 0.319，排名第 101，下降 70 位。其中全年社會福利收養性單位 39 個，共有床位 0.24 萬張，收養 0.2 萬人。

環境資源區位競爭力得分 586.48，排名第 21 位，上升 4 位。從二級指標來看，區位水平指數排名第 22 位，與上年持平；環境資源指數、環境質量指數和環境改善投入指數相比 2013 年均有所提高。

人力資本競爭力得分為 1032.71，排名第 23 位，下降 1 位。從二級指標來看，人力資本規模指數為 0.433，排名第 16 位，與上年持平；人力資本教育設施指數為 0.651，排名第 10 位，與上年持平。

科技競爭力得分為 1237.83，排名第 18 位，上升 1 位。2014 年哈爾濱全年地方登記的科技成果共 42 項，其中，農業、生物新品種 3 項，新產品 10 項，新工藝 20 項，新技術 5 項，地方標準 1 項，其他 5 項。

文化競爭力得分為 964.93，排名第 14 位，上升 1 位。二級指標文化設施指數 0.352，排名 9，較 2013 年上升了 2 名，其中公共圖書館 11 個，藏書 85.48 萬冊（件）。

綜合看來，2014 年哈爾濱經濟發展與其他城市相比有所提高，雖然在經濟競爭力方面取得了很大的發展，排名上升 20 位，但在產業和商業等方面還有待提高，綜合競爭力上升 2 名。

7.28 昆明城市競爭力點評分析

昆明，雲南省會，是雲南省政治、經濟、文化、科技、交通中心，西部地區重要的中心城市和旅遊、商貿城市，亦是中國面向東南亞、南亞、東盟開放的重要樞紐城市。昆明市開放而時尚，濃縮了雲南的區位優勢，從兩千多年前的“南方絲綢之路”到開放的昆明一直是東亞大陸與中南半島、南亞次大陸各國進行經濟貿易往來及政治聯繫的陸路樞紐。“中國昆明出口商品交易會”、“中國國際旅遊交易會”、“中國昆明國際旅遊節”使昆明成為中國主要的會展城市之一，享“春城”之美譽。

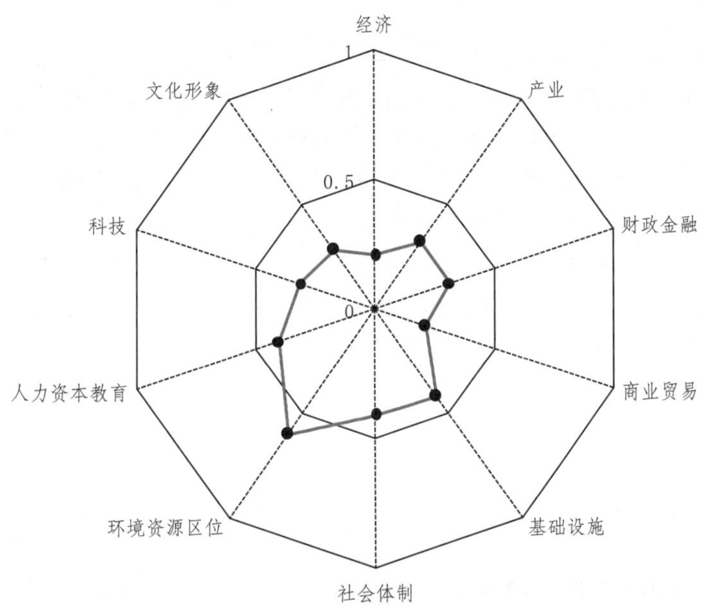

圖 7.28.1　2014 年昆明分項競爭力雷達圖

昆明 2014 年城市競爭力的基本情況如下：經濟競爭力得分為 133.06，排名第 60 位，下降3位; 產業競爭力得分為98.34, 排名第89位, 下降24位; 財政金融競爭力得分為726.99, 排名第22位，上升7位；商業貿易競爭力得分為246.81，排名第44位，下降6位；基礎設施競爭力得分為1706.8，排名第19位，與上年持平；社會體制競爭力得分為937.03，排名第15位，上升2位；環境資源區位競爭力得分為812.35，排名第14位，上升2位；人力資本競爭力得分為917.04，排名第28位，上升10位；科技競爭力得分為878.83，排名第26位，上升2位；文化競爭力得分為615.78，排名第30位，下降4位；綜合競爭力得分為2586.28，排名第28位，與上年持平。

經濟競爭力得分為133.06，排名第60位，下降3位。全年實現地區生產總值3712.99億元，比上年增長8.1%。國際旅遊收入增加較多，全年實現服務業增加值1883.40億元，比上年增長8.1%，占GDP比重達到50.7%，比上年提高0.7個百分點。

產業競爭力得分為98.34，排名第89位，下降24位。二級指標產業結構指數0.577，排名第94位，下降16位，三次產業結構調整為5.1:44.2:50.7。產業效率指數0.42，排名第193位,較上年後退121位，幅度較大。

財政金融競爭力得分為726.99，排名第22位，上升7位。全年地方公共財政預算收入完成477.97億元，比上年增長6.0%，地方公共財政預算支出594.05億元，增長1.4%。

商業貿易競爭力得分為246.81, 排名第44位, 下降6位. 二級指標商貿機構指數0.189，排名第46位，下降6位，居民消費指數0.299，排名第90位，較2013年的60後退較大，其中全年實現社會消費品零售總額1905.89億元，比上年增長12.0%。

基礎設施競爭力得分為1706.8，排名第19位，與上年持平。二級指標基礎設施供應水平指數0.299，排名第30位，上升9位，全年主城五區取水總量35536.74萬立方米,二級指標交通設施水平指數0.321，排名第29位，上升3位，其中主城五區公交運營線路348條，新增公交線路51條，新增公車輛760輛。

社會體制競爭力得分為937.03, 排名第15位, 上升2位. 二級指標醫療保健指數0.379，排名第13位，上升7位。社會管理指數0.456，排名第9位，上升1位，全市共有99077人享受居民最低生活保障，157800人享受農村居民最低生活保障，農村五保供養7864人。

環境資源區位競爭力得分為812.35，排名第14位，上升2位。二級指標2014年自然資源指數0.381，排名第156位，上升43位，建成區綠地總量為15538.89公頃，較上年增加1187.17公頃。

人力資本競爭力得分為917.04，排名第28位，上升10位，其中二級指標人力資本素質指數排名從第69位上升到第24位，前進45名。年末全市共有普通高等院校43所(含成人高等教育學校2所)，在校生58.96萬人，專任教師25962人。

科技競爭力得分為878.83，排名第26位，上升2位。從二級指標來看，科技投入水平指數0.157，排名50位，上升2位，其中全年受理專利申請8322件，獲專利授權5704件，有效發明專利擁有量4344件。

文化競爭力得分為615.78，排名第30位，下降4位，從二級指標文化設施指數來看，相較2013年排名下降10位，主要是公共圖書館13個；博物館116個。

綜合來看，昆明市2014年經濟發展速度平緩，除在金融業發展速度加快，在其他方面如產業、文化等方面發展遲緩，前進速度較慢，需要加以重視。綜合競爭力與上年持平。

7.29 合肥城市競爭力點評分析

合肥，中華人民共和國安徽省省會，是一個典型的放射型城市，全省政治、經濟、科教、文化中心和交通樞紐。合肥的歷史可追溯至兩千多年前，以“三國故地、包拯家鄉”而聞名。地處長江中下游江淮丘陵地區中部，江淮分水嶺南側，巢湖之濱，淝水穿流而過，素有“淮右襟喉，江南唇齒”之稱。合肥市於2010年正式進入長江三角洲經濟圈。

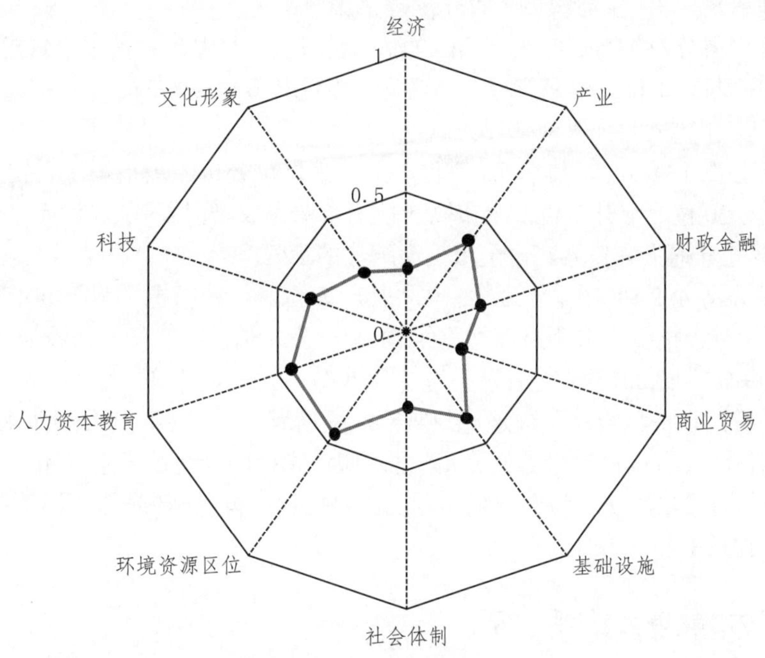

圖 7.29.1　2014 年合肥分項競爭力雷達圖

合肥 2014 年城市競爭力的基本情況如下：經濟競爭力得分為 213.47，排名第 47 位，上升 21 位；產業競爭力得分為 705.97，排名第 42 位，下降 3 位；財政金融競爭力得分為 537.44，排名第 38 位，下降 6 位；商業貿易競爭力得分為 280.76，排名第 41 位，上升 9 位；基礎設施競爭力得分為 1391.99，排名第 26 位，下降 6 位；社會體制競爭力得分為 259.61，排名第 55 位，下降 1 位；環境資源區位競爭力得分為 409.7，排名第 31 位，上升 1 位；人力資本競爭力得分為 1128.35，排名第 20 位，上升 8 位；科技競爭力得分為 1347.44，排名第 17 位，上升 1 位；文化競爭力得分為 492.38，排名第 34 位，上升 5 位；綜合競爭力得分為 2556.99，排名第 29 位，上升 4 位。

經濟競爭力得分為 213.47，排名第 47 位，上升 21 位。二級指標城市居民生活指數排名 70 位，較上年上升 54 位，主要是由於全年生產總值 5157.97 億元，增長 10.0%。

產業競爭力得分為 705.97，排名第 42 位，下降 3 位。二級指標產業效率指數由 56 下降到 121 位，主要是第一產業增加值 257.63 億元，增長 4.8%；第二產業增加值 2872.01 億元，增長 11.4%；第三產業（服務業）增加值 2028.33 億元，增長 8.5%。

財政金融競爭力得分為 537.44，排名第 38 位，下降 6 位。二級指標財政金融效率指數排名 60 位，較上年下降 20 位，全年財政收入 880.68 億元，比上年增長 14.6%，財政支出 698.79 億元，比上年增長 10.8%。

商業貿易競爭力得分為 280.76，排名第 41 位，上升 9 位。二級指標外貿指數 0.161，排名第 52 位，上升 9 位，實際利用外商直接投資 21.82 億美元，增長 15.4%。居民消費指數排名第 29 位，上升 79 位，全年居民消費價格比上年上漲 2.0%。

基礎設施競爭力得分為 1391.99，排名第 26 位，下降 6 位。二級指標基礎設施供應水平指數 0.469，排名第 16 位，分析具體指標，城市基礎設施投資 896.12 億元，增長 16.9%。

社會體制競爭力得分為 259.61，排名第 55 位，下降 1 位，社會公平保障指數排名由第 69 位下降到第 86 位，指數為 0.337，全年開工建設城鎮保障性安居工程住房 48003 套，竣工 7379 套。

環境資源區位競爭力得分為 409.7，排名第 31 位，上升 1 位，二級指標自然資源指數 0.398，排名 140，上升 11 位，三級指標建成區綠化覆蓋面積 18170 公頃，綠化覆蓋率 45.2%。

生活污水集中處理率 89.4%，生活垃圾無害化處理率 100%。

人力資本競爭力得分為 1128.35，排名第 20 位，上升 8 位。其中人力資本素質指數 0.415 排名從第 44 位上升到第 21 位，三級指標全市各類高等院校 60 所，在校學生 60.37 萬人；其中普通高校 50 所，在校學生 57.86 萬人。

科技競爭力得分為 1347.44，排名第 17 位，上升 1 位。分析二級指標，科技人力資本指數 0.262，排名第 20 位，上升 7 位，全市高新技術產業完成產值 4501.3 億元；實現增加值 1136.3 億元，比上年增長 14.8%，占全市生產總值的 22%。

文化競爭力得分為 492.38，排名第 34 位，上升 5 位。二級指標文化設施指數排名第 34 位，上升 13 位，三級指標年末全市有文化館 11 個，公共圖書館 9 個，博物館 26 個。

從資料分析可知，合肥 2014 年經濟競爭力排名第 47 位，上升 21 位。2014 年，圍繞“新跨越，進十強”的奮鬥目標，合肥積極適應新常態，經濟邁上新臺階。市統計局發佈 2014 年全市經濟運行情況，人均 GDP 首超 1 萬美元，多項經濟指標躋身全國省會城市“十強”，居民人均可支配收入達 24272 元。總體來看，合肥在科技和社會體制方面發展平穩，變化不大。綜合競爭力相比於去年上升 4 位。

7.30 福州城市競爭力點評分析

福州，簡稱“榕”，位於福建東部、閩江下游沿岸，是福建省會、中國歷史文化名城、東南沿海重要都市、海西現代金融服務業中心。福州是近代中國最早開放的五個通商口岸之一，福州馬尾是中國近代海軍的搖籃。福州不僅是中國東南沿海重要的貿易港口和海上絲綢之路的門戶，而且是重要的文化中心。

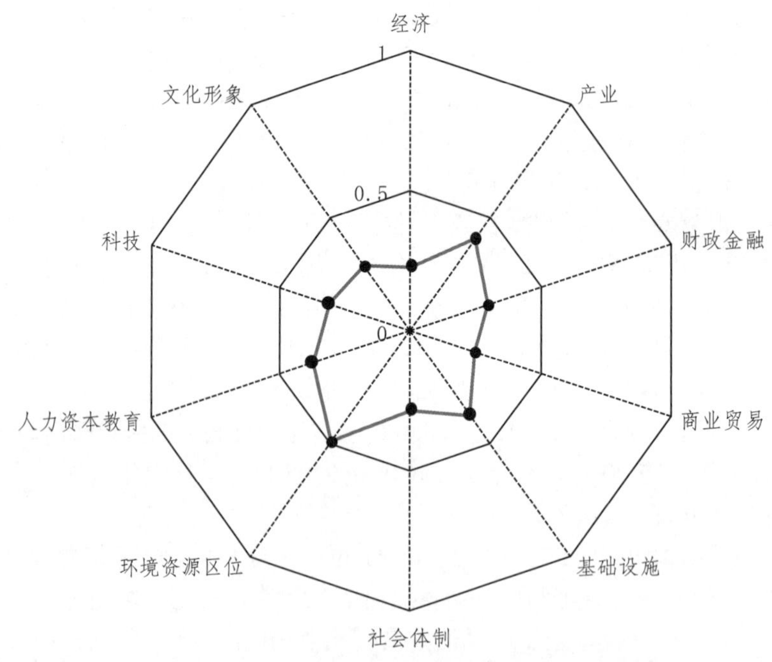

圖 7.30.1　2014 年福州分項競爭力雷達圖

福州 2014 年城市競爭力的基本情況如下：經濟競爭力得分為 236.41，排名第 45 位，上升 13 位；產業競爭力得分為 730.13，排名第 40 位，下降 2 位；財政金融競爭力得分為 612.83，排名第 32 位，上升 2 位；商業貿易競爭力得分為 467.04，排名第 33 位，上升 3 位；基礎設施競爭力得分為 1291.77，排名第 28 位，上升 1 位；社會體制競爭力得分為 303.08，排名第 49 位，上升 4 位；環境資源區位競爭力得分為 495.99，排名第 28 位，下降 4 位；人力資本競爭力得分為 756.57，排名第 37 位，上升 2 位；科技競爭力得分為 853.24，排名第 28 位，上升 1 位；文化競爭力得分為 640.59，排名第 27 位，與上年持平；綜合競爭力得分為 2514.06，排名第 30 位，上升 4 位。

經濟競爭力得分為 236.41，排名第 45 位，上升 13 位。二級指標較上年，城市效率指數和城市居民生活指數均上升 9 位，三級指標全年實現地區生產總值 24055.76 億元，比上年增長 9.9%。人均地區生產總值 63472 元，比上年增長 9.1%。

產業競爭力得分為 730.13，排名第 40 位，下降 2 位。二級指標產業效率指數由第 62 位下降到第 112 位，三次產業比調整為 8.05∶45.5∶46.45。

財政金融競爭力得分為 612.83，排名第 32 位，上升 2 位。二級指標金融資本質量指數 0.679，上升 8 位。三級指標全年公共財政總收入 3828.02 億元，比上年增長 11.6%。

商業貿易競爭力得分為 467.04，排名第 33 位，上升 3 位，二級指標居民消費指數排名第 32 位，上升 42 位，全年社會消費品零售總額 9205.55 億元，比上年增長 12.9%。

基礎設施競爭力得分為 1291.77，排名第 28 位，上升 1 位，二級指標基礎設施供應指數排名從第 48 位到第 44 位名，數值 0.266，三級指標全社會用電量增長 9.1%。萬元地區生產總值能耗下降 1.53%。

社會體制競爭力得分為 303.08，排名第 49 位，上升 4 位，二級指標社會管理指數 0.324，排名由第 43 位上升到第 39 位，全年全省居民人均可支配收入 23331 元，增長 10.0%。

環境資源區位競爭力得分為 495.99，排名第 28 位，下降 4 位。二級指標環境質量指數 0.731，排名由第 11 位下降到第 43 位，後退 32 位；環境改善投入指數 0.2，排名第 60 位較上年後退 5 位。市縣生活垃圾無害化處理率 96%，市縣污水處理率 88%。

人力資本競爭力得分為 756.57，排名第 37 位，上升 2 位。其中人力資本素質指數 0.331 排名從第 62 位上升到第 35 位，上升 27 位，人力資本規模指數 0.391，上升 3 位，主要是因為三級指標全年全日制研究生教育招生 1.25 萬人，在學全日制研究生 3.93 萬人，畢業生 1.09 萬人。普通高等教育招生 21.91 萬人，在校生 74.85 萬人，畢業生 19.01 萬人。高校畢業生就業率為 94.1%。

科技資本競爭力得分為 853.24，排名第 28 位，上升 1 位，其中二級指標科研機構指數不排名變，數值為 0.492；截至 2014 年底，全省共擁有有效發明專利 13057 件，比上年增長 25.2%；每萬人口發明專利擁有量 3.460 件，比上年增加 0.677 件。

文化競爭力得分為 640.59，排名第 27 位，與上年持平；二級指標文化資源指數和城市營銷能力指數兩年相持平，兩年排名均為第 22 位和第 39 位，主要是三級指數城市歷史文化指數和城市推廣度相當。年末共有影院 160 個，銀幕 746 塊，年度電影票房 9.81 億元。

由資料分析可知，2014 年福州市的經濟競爭力排名上升 13 位，排名 45 位。產業競爭力方面，比 2013 年下降 2 位，排名第 40 位。商業競爭力方面，比 2013 年上升 3 位，排名第 33 位。社會體制競爭力方面，排名上升 4 位，排名第 49 位。福州市政府在年初構造的八大領域的發展藍圖，為福州市的綜合發展起到了重要作用，福州市的綜合競爭力排名是第 30 名，上升 4 位。

第八篇 中國 30 個最具成長競爭力城市點評分析

8.1 天津城市成長競爭力點評分析

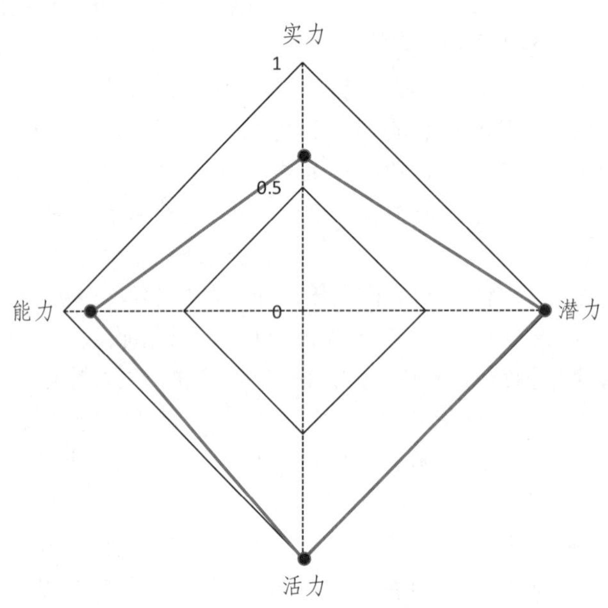

圖 8.1.1 2014 年天津成長競爭力雷達圖

天津 2014 年城市成長競爭力的基本情況如下：實力指數得分為 0.62，排名第 6 位，與上年持平；潛力指數得分為 0.99，排名第 2 位，上升 2 位；活力指數得分為 1，排名第 1 位，上升 6 位；能力指數得分為 0.89，排名第 25 位，上升 17 位；成長競爭力得分為 2332.2，排名第 1 位，與上年持平。

實力指數得分為 0.62，排名第 6 位，與上年持平。相比於 2013 年，增加的二級指標有：城市經濟實力指數得分 0.467，城市產業實力指數得分 0.805，城市財政金融實力指數得分 0.472，城市商業貿易實力指數得分 0.436，城市資源區位實力指數得分 0.648。而相比 2013 年略有下降的指標有：城市基礎設施實力指數得分 0.598，城市社會體制實力指數得分 0.432，城市人力資本教育實力指數得分 0.602，城市科技實力指數得分 0.496，城市文化形象實力指數得分 0.356。可以看出 2014 年天津市的實力指數構成中，經濟系統部分有所增長，但社會系統、環境系統以及文化系統部分的實力指標相對略有下滑。

潛力指數得分為 0.987，排名第 2 位，上升兩位。其中，居民消費潛力指數得分 0.648，排名 101 位，上升 23 位；金融資本潛力指數得分 0.608，排名第 6 位，與上年持平；人力資本潛力指數得分 0.703，排名第 13 位，下降 3 位；市場潛力指數得分 0.543，排名第 7 位，與上年度持平；區位指數 0.737，排名第 5 位；自然資源指數 0.29，排名第 240 位；環境質量指數 0.712，排名第 56 位，可持續發展指數 0.972，排名第 2 位。其中居民消費潛力指數提升較高，可持續發展指數排名較為靠前。2014 年天津市城鎮居民人均可支配收入 31506 元，增長 8.7%，農村居民人均可支配收入 17014 元，增長 10.8%；全市共有環境監測站 21 個，國家生態區 1 個，自然保護區 8 個，自然保護區面積 9.06 萬公頃。全年植樹造林 38.5 萬畝，新增改造綠化面積 2780 萬平方米，新建提升公園 30 個。

活力指數得分為 1，排名第 1 位，上升 6 位。其中，文化力指數得分 0.356，排名第 12

位，上升 5 位；學習力指數得分 0.751，排名第 2 位，下降 1 位；創新力指數得分 0.629，排名第 3 位，下降 2 位；法制力指數得分 0.409，排名第 26 位，上升 23 位；應變力指數 0.933，排名第 4 位；開放力指數 0.655，排名第 4 位；行銷力指數 0.422，排名第 7 位。其中學習力指數和創新力指數雖然排名略有下滑但在全國範圍內依舊保持著較強競爭力。截至 2014 年，全市有藝術表演團體 51 個，文化館 19 個，博物館 22 個，公共圖書館 31 個，各文化場館全年共舉辦展覽 70 個、演出 350 場、文獻外借近 270 萬冊，全年舉辦公益文化普及活動 890 場，城市推廣度指數達到了 0.939。

能力指數得分為 0.89，排名第 25 位，上升 17 位。其中，城市吸引能力得分 0.612，排名第 13 位，與上年持平；城市流通能力得分 0.537，排名第 9 位，下滑 5 位。這之中經濟增長能力指數提升明顯。2014 年全市實現 GDP 規模為 15722.47 億元，按可比價格津市能力指數得分為 0.888，排名第 25 位，上升 17 位。其中，經濟增長能力得分 0.802，排名第 65 位，上升 50 位；社會保障能力得分 0.551，排名第 24 位，相比上年度增長 10.0%。

總的來看，2014 年天津市進一步開展“促發展、惠民生、上水平”活動，在穩中求進和穩中求優的原則下實現全市經濟保持平穩較快增長，同時兼顧文化及環境方面的建設，發展品質和效益進一步得到提升。

8.2 深圳城市成長競爭力點評分析

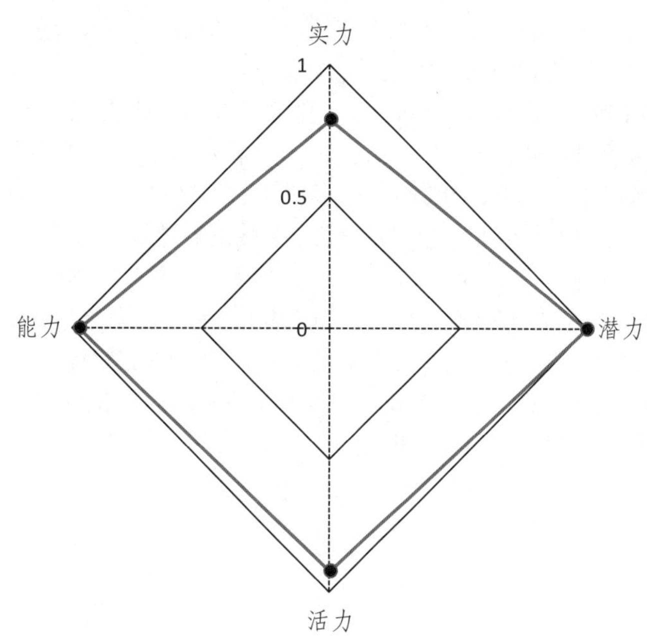

圖8.2.1　2014年深圳成長競爭力雷達圖

深圳 2014 年城市成長競爭力的基本情況如下：實力指數得分為 0.79，排名第 4 位，與上年持平；潛力指數得分為 1，排名第 1 位，與上年持平；活力指數得分為 0.92，排名第 4 位，下降 3 位；能力指數得分為 0.97，排名第 3 位，上升 160 位；成長競爭力得分 2202.45，排名第 2 位，上升 1 位。

實力指數得分為 0.791，排名第 4 位，與上年度持平。其中，相比於 2013 年有所增加的二級指標有：城市經濟實力指數得分 0.532，城市產業實力指數得分 0.751，城市財政金融實力指數得分 0.684，城市商業貿易實力指數得分 0.503，城市基礎設施實力指數得分 0.829，城市社會體制實力指數得分 0.665，城市資源區位實力指數得分 0.824，城市人力資本教育實力指數得分 0.588，城市文化形象實力指數得分 0.757。而相比 2013 年有所下降的指標只有城市科技實力指數，得分 0.501，且變化不明顯。可以看出 2014 年深圳市的實力指數構成中，經濟系統、社會系統、環境系統以及文化系統部分整體來看都有所提高。

潛力指數得分為 1，排名第 1 位，繼續保持上一年度的領先態勢。其中，居民消費潛力指數得分 0.673，排名 84 位，上升 16 位；金融資本潛力指數得分 0.711，排名第 3 位，與上年持平；人力資本潛力指數得分 1，排名第 1 位，與上年持平；市場潛力指數得分 0.743，排名第 2 位，上年持平；區位指數得分 0.715，排名第 7 位；自然資源指數得分 0.706，排名第 9 位；環境質量指數得分 0.762，排名第 20 位；可持續發展指數得分 0.929，排名第 3 位。其中金融資本潛力指數、人力資本潛力指數以及市場潛力指數有較大優勢。2014 年深圳市金融業增加值 2237.54 億元，比上年增長 13.8%，截至年末全部金融機構本外幣各項存款餘額 37350.50 億元，比年初增長 10.0%；金融機構本外幣各項貸款餘額 27922.13 億元，比年初增長 12.5%；年末全市各類專業技術人員共 128.10 萬人，比上年增長 5.3%；全市社會消費品零售總額 4844.00 億元，比上年增長 9.3%。

活力指數得分為 0.919，排名第 4 位，下降 3 位。其中，文化力指數得分 1，排名第 1 位，保持了上年度的領先位置；學習力指數得分 0.61，排名第 4 位，下降 2 位；創新力指數得分 0.583，排名第 5 位，下降 2 位；法制力指數得分 0.768，排名第 3 位，下降 1 位；應變力指數得分為 1，排名第 1 位；開放力指數得分 0.975，排名第 2 位；行銷力指數得分為 1，排名第 1 位。這之中文化力指數、應變力指數以及行銷力指數表現突出。2014 年深圳市的文化意識指數為 1，文化設施指數為 0.799，城市行銷能力指數也為 1；全市有各類公共圖書館 621 座，公共圖書館總藏量 3056.44 萬冊，博物館、紀念館 37 座，廣播電臺 1 座，電視臺 2 座，廣播電視中心 3 座，有線廣播電視站 20 座，廣播、電視人口覆蓋率達 100%。體現了深圳在文化及行銷方面的強大競爭力。

2014 年深圳市能力指數得分為 0.972，排名第 3 位，上升幅度高達 160 位。其中，經濟增長能力得分 0.804，排名第 61 位，上升 184 位；社會保障能力得分 0.637，排名第 9 位，下降 3 位；城市吸引能力得分為 1，排名第 1 位，名次與上年度持平；城市流通能力得分為 1，排名第 1 位，較上年上升 59 位。這之中城市流通能力表現突出。截至 2014 年末，深圳港港口貨物輸送量 22323.73 萬噸；全市民用汽車擁有量 311.15 萬輛，比上年增長 20.4%；全年郵電業務總量（2010 年價格）761.99 億元，比上年增長 22.3%。

總體來看，2014 年中深圳堅持穩中求進的工作總基調的前提下，進一步推進改革，努力實現科學發展的“深圳質量”，全市各個方面呈現穩步發展的態勢，完成全年經濟發展主要目標的同時在其他各項社會事業也取得了重要發展。

8.3 重慶城市成長競爭力點評分析

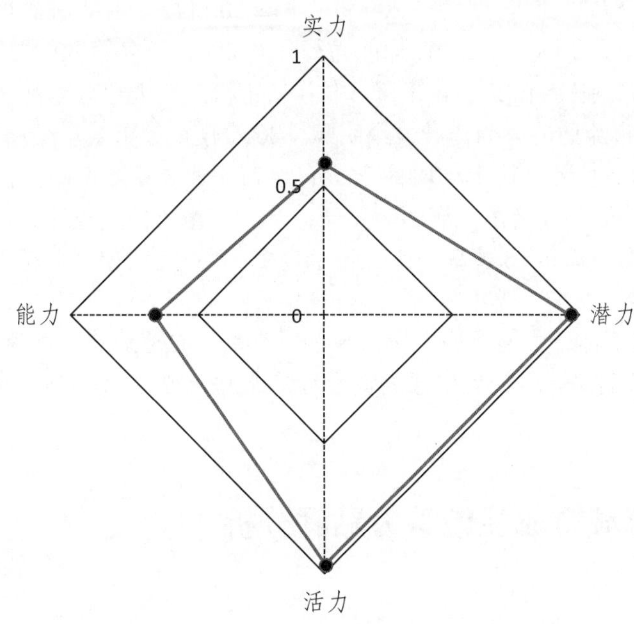

圖 8.3.1　2014 年重慶成長競爭力雷達圖

重慶 2014 年城市成長競爭力的基本情況如下：實力指數得分為 0.58，排名第 9 位，上升 1 位；潛力指數得分為 0.97，排名第 3 位，上升 7 位；活力指數得分為 0.97，排名第 3 位，上升 8 位；能力指數得分為 0.67，排名第 209 位，下降 200 位；成長競爭力得分 1893.29，排名第 3 位，下降 1 位。

實力指數得分為 0.583，上升 1 位。相比 2013 年上升的二級指標有：城市經濟實力指數得分 0.418，城市產業實力指數得分 0.538，城市財政金融實力指數得分 0.439，城市商業貿易實力指數得分 0.446，城市基礎設施實力指數得分 1，城市資源區位實力指數得分 0.688，城市人力資本教育實力指數得分 0.558，城市科技實力指數得分 0.403。相比 2013 年下降的三級指標有：城市社會體制實力指數得分 0.332，城市文化形象實力指數得分 0.239。2014 年重慶市的實力指數構成中，經濟系統和環境系統部分有較大的提高，而社會系統和文化系統部分有所下滑。

潛力指數得分為 0.969，排名第 3 位，上升 7 位。其中，居民消費潛力指數得分 0.1，排名 298 位，上升 2 位；金融資本潛力指數得分 0.573，排名第 8 位，與上年度持平；人力資本潛力指數得分 0.593，排名第 21 位，下降 5 位；市場潛力指數得分 0.404，排名第 14 位，下降 4 位；區位指數得分 0.561，排名第 16 位；自然資源指數得分 0.362，排名第 173 位；環境質量指數得分 0.69，排名第 82 位，可持續發展指數 0.864，排名第 4 位。相對較為突出的指標是可持續發展指數。2014 年重慶市擁有自然保護區 52 個，其中國家級自然保護區 6 個。全年新建國家級森林公園 1 個，市級森林公園 2 個。新增林地 3.81 萬公頃，完成營造林面積 320 萬畝，全市森林覆蓋率 43.1%。

活力指數得分為 0.966，排名第 3 位，上升 8 位。其中，文化力指數得分 0.369，排名第 10 位，與上年度持平；學習力指數得分 0.474，排名第 8 位，下降 3 位；創新力指數得分 0.423，排名第 8 位，下降 2 位；法制力指數得分 0.444，排名第 17 位，上升 4 位；應變力指數得分為 0.891，排名第 13 位；開放力指數得分 0.489，排名第 25 位；行銷力指數得分 0.346，排名第 16 位。學習力與創新力指數是其中相對較為突出的指標。2014 年重慶市研究與試驗發展經費支出 190.00 億元，同比增長 7.7%，占全市地區生產總值的 1.33%；擁有市級及以上重點實驗室共 95 個；全年共受理專利申請 5.53 萬件，獲得專利授權 2.43 萬件，截至年底，有效專利共計 7.38 萬件。

能力指數得分為 0.669，排名第 209 位，下降 200 位。其中，經濟增長能力得分 0.584，排名第 247 位，上升 13 位；社會保障能力得分 0.396，排名第 60 位，下降 56 位；城市吸引能力得分 0.473，排名第 25 位，下降 3 位；城市流通能力得分 0.918，排名第 3 位，上升 85 位。這之中城市流通能力的提升最為明顯，2014 年重慶市全年交通運輸、倉儲和郵政業實現增加值 705.83 億元，比上年增長 7.4%；全市高速公路通車總里程超過 2400 公里，路網密度每百平方公里 2.9 公里，居西部第一；全市鐵路運營里程達到 1774 公里。全年主要運輸方式完成貨物運輸 9.73 億噸，比上年增長 11.7%；完成旅客運輸量 7.00 億人，同比增長 5.1%。

2014 年重慶市基於“穩增長、調結構、促改革”的總基調，不斷推行新政策並積極推進“五大功能區”建設，引領重慶經濟實現可持續協調發展，使這個西南之城不斷煥發新的活力。

8.4 上海城市成長競爭力點評分析

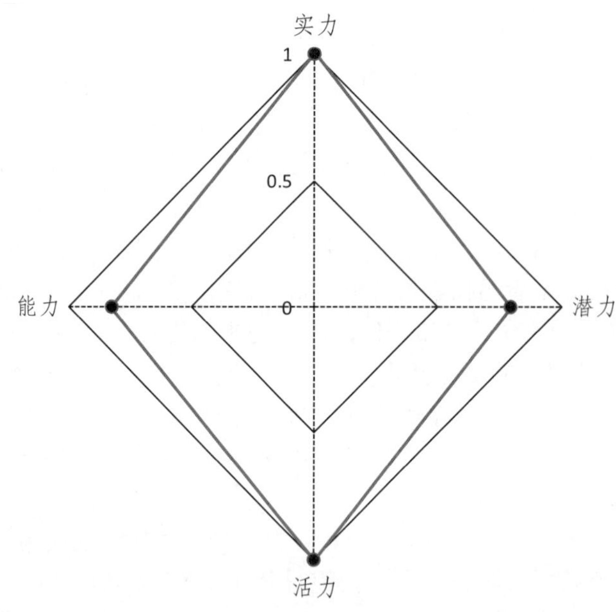

圖 8.4.1　2014 年上海成長競爭力雷達圖

上海 2014 年城市成長競爭力的基本情況如下：實力指數得分為 1，排名第 1 位，與上年持平；潛力指數得分為 0.8，排名第 4 位，下降 1 位；活力指數得分為 1，排名第 1 位，上升 1 位；能力指數得分為 0.830，排名第 61 位，上升 176 位；成長競爭力得分為 1547.38，排名第 4 位，與上年持平。

實力指數得分為 1，排名第 1 位，依舊保持第一的位置。其中，相比 2013 年有所增加或保持不變的下屬指標有：城市經濟實力指數得分 0.666，城市產業實力指數得分 1，城市財政金融實力指數得分 0.961，城市社會體制實力指數得分 1，城市資源區位實力指數得分 0.934，城市科技實力指數得分 0.985。而相比 2013 年有所下降的指標有：城市商業貿易實力指數得分 0.589，城市基礎設施實力指數得分 0.879，城市人力資本教育實力指數得分 0.859，城市文化形象實力指數得分 0.837。2014 年上海市的實力指數構成中，經濟系統部分在經濟、產業、財政金融等方面的競爭力有所加強或繼續保持優勢，但在商業貿易和基礎設施方面競爭力有所下滑；文化系統部分在科技方面的競爭力有所提高而文化形象方面的競爭力略有降低；社會系統和文化系統部分上海依舊保持著強大的競爭實力。

潛力指數得分為 0.797，排名第 4 位，下降 1 位。其中，居民消費潛力指數得分 0.569，排名 233 位，下降 19 位；金融資本潛力指數得分為 1，排名第 1 位，上升 1 位；人力資本潛力指數得分 0.875，排名第 6 位，下降 1 位；市場潛力指數得分 1，排名第 1 位，與上年度持平；區位指數得分為 1，排名第 1 位；自然資源指數為 0.179，排名第 284 位；環境質量指數為 0.48，排名第 246 位；可持續發展指數為 1，排名第 1 位。其中值得關注的是區位指數和金融資本潛力指數。2014 年上海市在自然、交通以及經濟的區位優勢度均為 1，政治和文化的區位優勢度同為 0.8；全年實現金融業增加值 3268.43 億元，新增各類金融單位 96 家；年末全市中外資金融機構本外幣各項存款餘額 73882.45 億元。這都體現了上海作為一個全方位國際大都市的強大競爭力。

活力指數得分為 1，排名第 1 位，上升 1 位。其中，文化力指數得分 1，排名第 1 位，與上年度持平；學習力指數得分 1，排名第 1 位，上升 3 位；創新力指數得分 1，排名第 1 位，上升 1 位；法制力指數得分 1，排名第 1 位，上升 33 位；應變力指數得分為 0.978，排名第 2 位；開放力指數得分為 0.608，排名第 6 位，行銷力指數得分為 1，排名第 1 位。這之中提升幅度最大的是法制力指數。2014 年上海市的社會安全民眾滿意度為 100%，地方法規條例健全程度指數為 0.896，政策法規透明度為 1，政府辦事效率也達到了 1。

能力指數得分為 0.827，排名第 61 位，上升 176 位。其中，經濟增長能力得分 0.698，排名第 179 位，上升 97 位；社會保障能力得分 0.633，排名第 10 位，下降 7 位；城市吸引能力得分 0.749，排名第 5 位，下降 1 位；城市流通能力得分 0.866，排名第 4 位，上升 2 位。在能力指數的巨幅變化過程中，經濟增長能力的變化佔有絕對重要地位。2014 年上海市全市 GDP 規模達 23560.94 億元，同比增長 7.0%；全社會固定資產投資總額達 6016.43 億元，比上年增長 6.5%。

總的來看，2014 年上海市經濟呈穩步增長態勢，在社會各個方面依舊保持著強大競爭力。上海市政府堅定不移地堅持走可持續發展道路，努力實現社會的協調發展。

8.5 北京城市成長競爭力點評分析

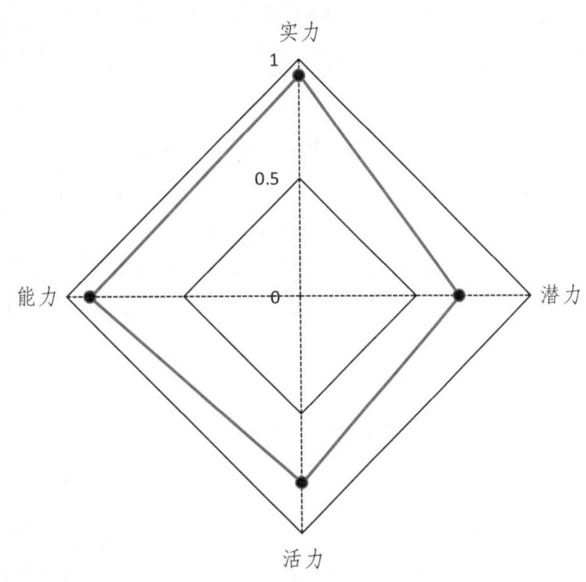

圖 8.5.12014 年北京成長競爭力雷達圖

北京 2014 年城市成長競爭力的基本情況如下：實力指數得分為 0.930，排名第 3 位，與上年持平；潛力指數得分為 0.690，排名第 5 位，上升 2 位；活力指數得分為 0.79，排名第 6 位，與上年持平；能力指數得分為 0.9，排名第 17 位，上升 164 位；成長競爭力得分為 1507.28，排名第 5 位，與上年持平。

實力指數得分為 0.931，排名第 3 位，與上年持平。其中，相比於 2013 年有所增加的三級指標有：城市經濟實力指數得分 0.569，城市產業實力指數得分 0.651，城市財政金融實力指數得分 0.983，城市基礎設施實力指數得分 1，城市資源區位實力指數得分 0.869。而相比 2013 年有所下降的指標有：城市商業貿易實力指數得分 0.835，城市社會體制實力指數得分 0.727。北京的城市科技實力指數、城市人力資本教育實力指數以及城市文化形象實力指數得分均為 1，排在所有城市的第一位。2014 年北京市的實力指數構成中，除經濟系統中的商業貿易競爭力以及社會系統中的社會體制競爭力略有下滑外，其他方面競爭實力都保持全國領先水平。

潛力指數得分為 0.69，排名第 5 位，上升 2 位。其中，居民消費潛力指數得分 0.606，排名 162 位，上升位；金融資本潛力指數得分 0.891，排名第 2 位，下降 1 位；人力資本潛力指數得分 0.924，排名第 4 位，與上年持平；市場潛力指數得分 0.699，排名第 3 位，與上年持平；區位指數得分為 1，排名第 1 位；自然資源指數得分 0.24，排名第 261 位；環境質量指數得分 0.442，排名第 264 位；可持續發展指數得分 0.734，排名第 8 位。這之中值得關注的是北京市的金融資本潛力指數和市場潛力指數。截至 2014 年末全市金融機構本外幣存款餘額 100095.5 億元，增加額比較年提高 1846.2 億元，年末全市金融機構本外幣貸款餘額 53650.6 億元，增加額較上年提高 1082.7 億元；證券市場各類證券成交額達 232318.6 億元，比上年增長 59.2%；全年批發和零售業實現商品購銷額 124012.3 億元，增長 5.6%。其中，實現購進額 58722.3 億元，增長 3.7%；銷售額 65290 億元，增長 7.5%；產品的市場認同度得分達 16905.14，在全國範圍內處於領先水準平。

活力指數得分為 0.785，排名第 6 位，與上年持平。其中，文化力指數得分 1，排名第 1 位，與上年持平；學習力指數得分 0.68，排名第 3 位，上升 3 位；創新力指數得分 0.721，排名第 2 位，上升 3 位；法制力指數得分 0.646，排名第 5 位，上升 1 位；應變力指數得分 0.928，排名第 7 位，開放力指數得分 0.375，排名第 167 位，行銷力指數為 1，排名第 1 位。其中文化力與行銷力指數表現突出。截至 2014 年，全市共有公共圖書館 25 個，總藏量 5452.9 萬冊；檔案館 18 個，館藏案卷 652 萬卷件；博物館 171 個，其中免費開放 79 個；群眾藝術館、文化館 20 個；城市知名度和城市推廣度指數都到達滿分。

能力指數得分為 0.898，排名第 17 位，上升 164 位。其中，經濟增長能力得分 0.742，排名第 130 位，上升 132 位；社會保障能力得分 0.977，排名第 2 位，與上年持平；城市吸引能力得分 0.748，排名第 7 位，下降 1 位；城市流通能力得分 0.965，排名第 2 位，下降 1 位。其中值得關注的指標是社會保障能力。2014 年，北京全年城鎮新增就業 42.7 萬人；年末參加城鎮職工基本養老、基本醫療、失業、工傷和生育保險人數分別為 1392.6 萬人、1431.3 萬人、1057.1 萬人、961 萬人和 915.6 萬人；年末參加新型農村合作醫療的人數達到 242.4 萬人，參合率為 99.5%；全市享受城市居民最低生活保障的人數為 8.9 萬人，享受農村居民最低生活保障的人數為 5.2 萬人；各類收養性單位 473 家，收養各類人員 3.4 萬人，各類社區服務機構 11069 個。

總體來看，2014 年北京市經濟增長能力有顯著提升，環境、文化以及社會保障等社會各項工作整體上實現了穩中有進。

8.6 廣州城市成長競爭力點評分析

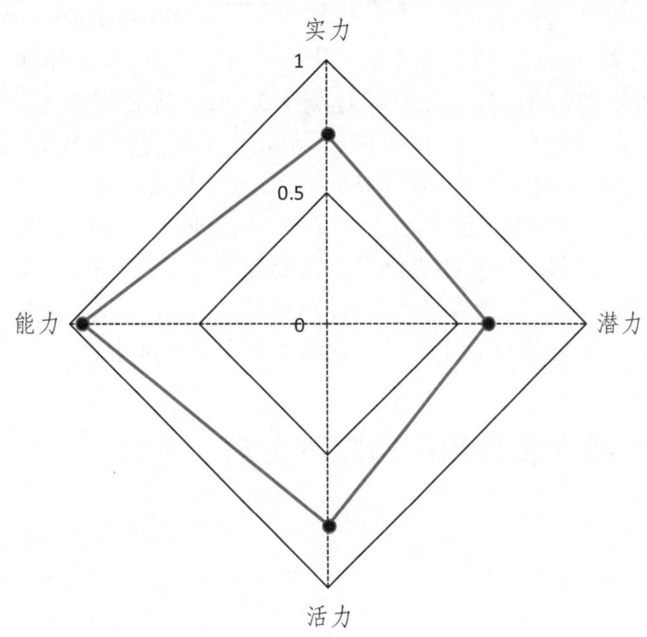

圖 8.6.1　2014 年廣州成長競爭力雷達圖

廣州 2014 年城市成長競爭力的基本情況如下：實力指數得分為 0.71，排名第 5 位，與上年持平；潛力指數得分為 0.62，排名第 11 位，下降 9 位；活力指數得分為 0.77，排名第 8 位，下降 3 位；能力指數得分為 0.950，排名第 4 位，上升 238 位；成長競爭力得分為 1487.94，排名第 6 位，上升 1 位。

實力指數得分為 0.714，排名第 5 位，與上年度持平。相比 2013 年增加的二級指標有：城市經濟實力指數得分 0.497，城市財政金融實力指數得分 0.486，城市商業貿易實力指數得分 0.511，城市資源區位實力指數得分 0.754，城市人力資本教育實力指數得分 0.778，城市科技實力指數得分 0.534。而相比 2013 年略有下降的指標有：城市產業實力指數得分 0.65，城市基礎設施實力指數得分 0.701，城市社會體制實力指數得分 0.488，城市文化形象實力指數得分 0.666。可以看出 2014 年廣州的實力指數構成中，經濟、環境以及文化系統部分競爭實力總體有所提高，但社會系統部分指標略有下滑。

潛力指數得分為 0.616，排名第 11 位，下降 9 位。其中，居民消費潛力指數得分 0.722，排名 61 位，下降 56 位；金融資本潛力指數得分 0.597，排名第 7 位，與上年持平；人力資本潛力指數得分 0.881，排名第 5 位，上升 1 位；市場潛力指數得分 0.556，排名第 6 位，下降 1 位；區位指數得分為 0.737，排名第 5 位；自然資源指數得分 0.194，排名第 280 位；環境質量指數得分 0.484，排名第 24 位；可持續發展指數得分 0.734，排名第 8 位。這之中值得關注的是廣州金融資本潛力指數。2014 年末，廣州市全部金融機構本外幣各項存款餘額 35469.29 億元，全部金融機構本外幣各項貸款餘額 24231.71 億元；共有上市公司 62 家，市價總值 8275.53 億元，其中首次公開發行上市 2 家，共計籌資折合人民幣 6.93 億元；證券公司 3 家，全年實現營業收入 135.07 億元；全年實現股票交易額 49514.63 億元，同比增長 60.5%。

活力指數得分為 0.765，排名第 8 位，下降 3 位。其中，文化力指數得分 1，排名第 1 位，與上年持平；學習力指數得分 0.483，排名第 7 位，上升 1 位；創新力指數得分 0.502，排名第 6 位，上升 1 位；法制力指數得分 0.573，排名第 7 位，上升 1 位；應變力指數得分

0.929，排名第 6 位，開放力指數得分 0.644，排名第 5 位，行銷力指數為 1，排名第 1 位。其中文化力與行銷力指數表現突出。2014 年廣州市全年出版報紙 30.88 億份，各類期刊 1.42 億冊，圖書 3.04 億冊；全市共有各類專業藝術表演團體（事業單位）6 個，文化館 14 個，文化站 161 個，公共圖書館 15 間。

能力指數得分為 0.954，排名第 4 位，上升 238 位。其中，經濟增長能力得分 0.839，排名第 41 位，上升 227 位；社會保障能力得分 0.552，排名第 23 位，下降 14 位；城市吸引能力得分 0.734，排名第 8 位，下降 1 位；城市流通能力得分 0.774，排名第 5 位，上升了 44 位。其中經濟增長能力上升明顯。廣州市經濟增長很大程度上受產業結構的升級調整影響，2014 年廣州市 GDP 規模達 16706.87 億元，同比增長 8.6%；三個產業增加值的比例為 1.42:33.56:65.02，對經濟增長的貢獻率分別為 0.3%、30.9%和 68.8%。

總體來看，2014 年廣州經濟總體平穩增長，結構調整呈現積極變化，經濟運行的質量效益進一步提升，各項社會事業尤其是文化事業取得良足進步。

8.7 蘇州城市成長競爭力點評分析

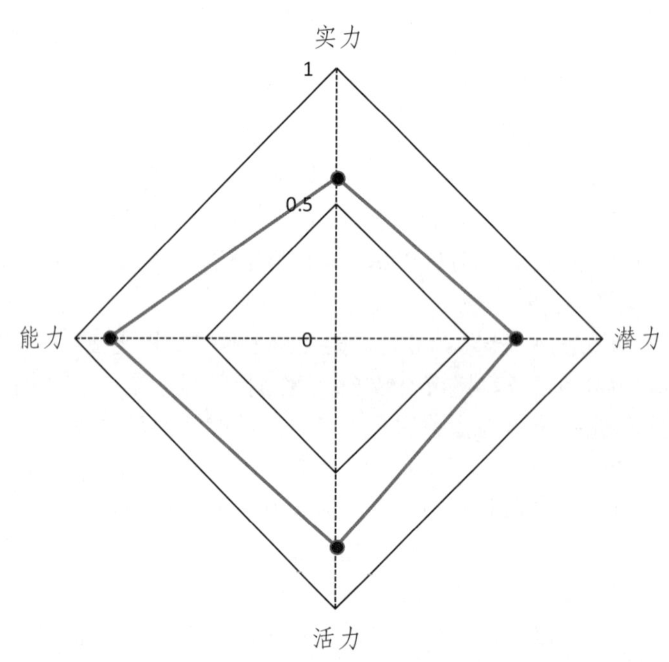

圖 8.7.1 2014 年蘇州成長競爭力雷達圖

蘇州 2014 年城市成長競爭力的基本情況如下：實力指數得分為 0.59，排名第 7 位，上升 1 位；潛力指數得分為 0.680，排名第 7 位，上升 5 位；活力指數得分為 0.77，排名第 7 位，下降 4 位；能力指數得分為 0.86，排名第 37 位，上升 172 位；成長競爭力得分為 1387.08，排名第 7 位，下降 1 位。

實力指數得分為 0.593，排名第 7 位，上升 1 位。相比於 2013 年增加的二級指標有：城市經濟實力指數得分 0.429，城市產業實力指數得分 0.842，城市財政金融實力指數得分 0.403，城市商業貿易實力指數得分 0.396，城市社會體制實力指數得分 0.557。而相比 2013 年略有下降的指標有：城市基礎設施實力指數得分 0.467，城市資源區位實力指數得分 0.68，城市人力資本教育實力指數得分 0.446，城市科技實力指數得分 0.422，城市文化形象實力指數得分 0.414。可以看出 2014 年蘇州市的實力指數構成中，經濟系統和社會系統部分總體有所提高，尤其是產業競爭力提升明顯，但環境系統和文化部分的指標有所下滑，尤其是環境資源區位方面的競爭實力下降較多。

潛力指數得分為 0.675，排名第 7 位，上升 5 位。其中，居民消費潛力指數得分 0.842，排名 28 位，上升 108 位；金融資本潛力指數得分 0.386，排名第 23 位，與上年持平；人力資本潛力指數得分 0.678，排名第 17 位，與上年度持平；市場潛力指數得分 0.564，排名第 5 位，上升 1 位；區位指數 0.583，排名第 13 位；自然資源指數 0.213，排名第 275 位；環境質量指數 0.739，排名第 33 位；可持續發展指數 0.794，排名第 5 位。這之中市場潛力指數和可持續發展指數比較相對靠前。2014 年蘇州市全年實現社會消費品零售總額 4062 億元，增長 12%；全市電子商務交易額突破 5000 億元，增長 40%；年末全市擁有商品交易市場 595 個，其中億元以上市場 83 個，實現成交額 6055 億元，增長 10%；全年完成大氣污染防治重點項目 254 項、淘汰燃煤鍋爐 438 台、淘汰、關停落後企業 1255 家；全市新增林地、綠地 3.6 千公頃，陸地森林覆蓋率達 29.4%。

活力指數得分為 0.771，排名第 7 位，上升 4 位。其中，文化力指數得分 0.599，排名第 6 位，與上年度持平；學習力指數得分 0.526，排名第 6 位，下降 3 位；創新力指數得分 0.487，排名第 7 位，下降 1 位；法制力指數得分 0.723，排名第 4 位，下降 3 位；應變力指數得分 0.971，排名第 3 位，開放力指數得分為 1，排名第 1 位；行銷力指數得分 0.491，排名第 6 位。這之中表現最為突出的指標是開放力指數。2014 年蘇州市全市實現進出口總額 3113.1 億美元，比上年增長 0.6%；全年新批境外投資專案中方協定投資額 17 億美元，比上年增長 5%。

能力指數得分為 0.864，排名第 37 位，上升幅度達 173 位。其中，經濟增長能力得分 0.776，排名第 89 位，上升 148 位；社會保障能力得分 0.563，排名第 20 位，下降 4 位；城市吸引能力得分 0.618，排名第 11 位，與上年度持平；城市流通能力得分 0.538，排名第 8 位，上升 21 位。其中經濟增長能力最為值得關注。2014 年蘇州市 GDP 規模為 1.35 萬億元，GDP 增長率為 8.0%；全市實現服務業增加值 6305 億元，比上年增長 9.0%，占地區生產總值比重達 46.7%；全市製造業新興產業實現產值 14543 億元，比上年增長 6.4%。

2014 年蘇州市在穩增長和調結構、惠民生和促改革這兩個方面取得了積極成效，經濟增長勢頭良好，但當前經濟發展環境依然錯綜複雜，“深化改革、轉型發展、改善民生”依舊任重而道遠。

8.8 杭州城市成長競爭力點評分析

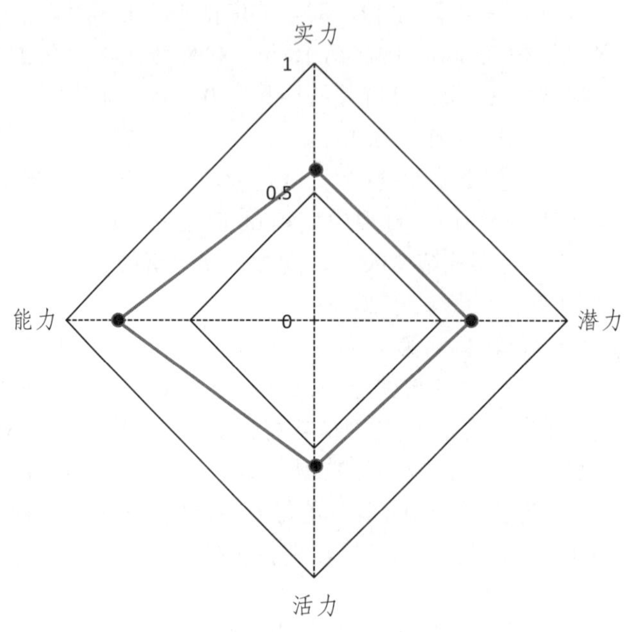

圖 8.8.1　2014 年杭州成長競爭力雷達圖

杭州 2014 年城市成長競爭力的基本情況如下：實力指數得分為 0.59，排名第 8 位，下降 1 位；潛力指數得分為 0.62，排名第 11 位，上升 2 位；活力指數得分為 0.570，排名第 9 位，與上年持平；能力指數得分為 0.79，排名第 94 位，上升 129 位；成長競爭力得分為 1020.17，排名第 8 位，上升 1 位。

實力指數得分為 0.587，排名第 8 位，下降 1 位。相比於 2013 年增加的二級指標有：城市財政金融實力指數得分 0.447，城市基礎設施實力指數得分 0.514，城市資源區位實力指數得分 1，城市人力資本教育實力指數得分 0.537，城市科技實力指數得分 0.459，城市文化形象實力指數得分 0.449。而相比 2013 年略有下降的指標有：城市經濟實力指數得分 0.334，城市產業實力指數得分 0.516，城市商業貿易實力指數得分 0.371，城市社會體制實力指數得分 0.468。可以看出 2014 年杭州市的實力指數構成中，經濟系統和社會系統部分的競爭力整體呈下滑態勢，而環境系統和文化系統部分的競爭力則得到提升，尤其是在環境資源區位競爭實力有顯著提高。

潛力指數得分為 0.616，排名第 11 位，上升 2 位。其中，居民消費潛力指數得分 0.65，排名 97 位，上升 82 位；金融資本潛力指數得分 0.616，排名第 5 位，與上年持平；人力資本潛力指數得分 0.649，排名第 16 位，下降 4 位；市場潛力指數得分 0.429，排名第 11 位，下降 1 位；區位指數得分為 0.649，排名第 9 位；自然資源指數得分 0.215，排名第 272 位；環境質量指數得分 0.685，排名第 87 位，可持續發展指數得分 0.712，排名第 10 位。變化幅度最大的是居民消費潛力指數。2014 年杭州市全市居民人均可支配收入 39237 元，增長 9.7%，其中城鎮常住居民人均可支配收入 44632 元，增長 9.1%，農村常住居民人均可支配收入 23555 元，增長 11.1%；全體居民人均生活消費支出 28492 元，增長 6.2%，其中農村常住居民人均消費支出 17816 元，增長 11.2%。

活力指數得分為 0.566，排名第 9 位，與上年持平。其中，文化力指數得分 0.449，排名第 7 位，與上年持平；學習力指數得分 0.432，排名第 9 位，與上年持平；創新力指數得分 0.396，排名第 11 位，上升 4 位；法制力指數得分 0.447，排名第 14 位，上升 7 位；應變力指數得分 0.897，排名第 9 位，開放力指數得分為 0.607，排名第 8 位，行銷力指數得分為 0.416，排名第 8 位。其中表現較為突出的是開放力指數。至 2014 年末，全市累計設立各類境外投資企業 1095 個；全年境外合同投資 10.86 億美元，其中非貿易性投資 8.92 億美元；完成對外承包工程和勞務合作營業額 10.42 億美元，增長 30.3%；離岸服務外包合同執行額 41.00 億美元，增長 15.0%。

能力指數得分為 0.789，排名第 94 位，上升 129 位。其中，經濟增長能力得分 0.709，排名第 163 位，上升 77 位；社會保障能力得分 0.586，排名第 15 位，下降 2 位；城市吸引能力得分 0.553，排名第 17 位，下降 1 位；城市流通能力得分 0.513，排名第 11 位，上升 30 位。其中變化最為明顯的是經濟增長能力。2014 年杭州市 GDP 規模為 9201.16 億元，同比增 8.2%，人均生產總值 103757 元，增長 7.7%；第一產業增加值 274.36 億元，第二產業增加值 3858.9 億元，第三產業增加值 5067.9 億元，分別增長 1.8%、8.1%和 8.5%。

綜合來看，2014 年杭州市經濟運行基本實現穩步增長，其他社會事業改革與建設得到進一步開展。

8.9 青島城市成長競爭力點評分析

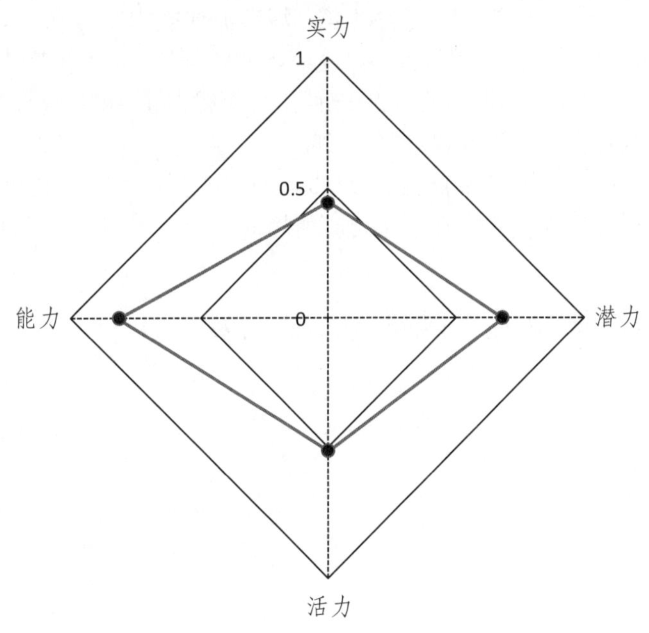

圖 8.9.1　2014 年青島成長競爭力雷達圖

青島 2014 年城市成長競爭力的基本情況如下：實力指數得分為 0.44，排名第 18 位，與上年持平；潛力指數得分為 0.680，排名第 6 位，比 2013 年排名上升了 2 位；活力指數得分為 0.51，排名第 12 位，與上年持平；能力指數得分為 0.820，排名第 66 位，上升 121 位；成長競爭力得分為 10.7，排名第 9 位，下降 1 位。

實力指數得分為 0.441，排名第 18 位，與上年持平。其中，相比於 2013 年有所增加的二級指標有：城市經濟實力指數得分 0.302，城市產業實力指數得分 0.528，城市財政金融實力指數得分 0.312，城市基礎設施實力指數得分 0.423，城市資源區位實力指數得分 0.593，城市人力資本教育實力指數得分 0.422。而相比 2013 年略有下降的指標有：城市商業貿易實力指數得分 0.263，城市社會體制實力指數得分 0.36，城市科技實力指數得分 0.352，城市文化形象實力指數得分 0.308。可以看出 2014 年青島實力指數構成中，經濟和環境系統部分競爭力總體來說有所提高，但社會和文化系統部分指標有所下降。

潛力指數得分為 0.683，排名第 6 位，上升 2 位。其中，居民消費潛力指數得分 0.626，排名 129 位，上升 46 位；金融資本潛力指數得分 0.456，排名第 19 位，下降 2 位；人力資本潛力指數得分 0.67，排名第 18 位，與上年持平；市場潛力指數得分 0.45，排名第 10 位，上升 1 位；區位指數得分為 0.583，排名第 13 位；自然資源指數得分 0.398，排名第 140 位；環境品質指數得分 0.734，排名第 39 位，可持續發展指數得分 0.76，排名第 6 位。這之中表現相對突出的是可持續發展指數。2014 年青島市建成區綠化覆蓋率達到 44.7%；市區園林綠地面積達 3 萬公頃，增長 7.7%；人均公園綠地面積 14.6 平方米。

活力指數得分為 0.509，排名第 12 位，與上年持平。其中，文化力指數得分 0.327，排名第 24 位，下降 5 位；學習力指數得分 0.376，排名第 11 位，與上年持平；創新力指數得分 0.366，排名第 15 位，下降 1 位；法制力指數得分 0.417，排名第 22 位，下降 2 位；應變力指數得分 0.896，排名第 11 位，開放力指數得分為 536，排名第 15 位，行銷力指數得分為 0.352，排名第 15 位。這之中學習力指數值得關注。截至 2014 年，青島市全市共有各類文化機構 488 處，其中，影劇院 43 處，文化館(站)156 處，博物館 41 處，公共圖書館 13 處，藝術表演團體 8 個，廣播電臺 8 座，電視臺 8 座。

能力指數得分為 0.815，排名第 66 位，上升 121 位。其中，經濟增長能力得分 0.76，排名第 104 位，上升 117 位；社會保障能力得分 0.33，排名第 92 位，下降 40 位；城市吸引能力得分 0.532，排名第 20 位，下降 1 位；城市流通能力得分 0.42，排名第 19 位，上升 96 位。這之中城市流通能力的提升值得注意。2014 年青島市全市港口輸送量 4.8 億噸，增長 4.2%；外貿輸送量 3.2 億噸，增長 0.8%；集裝箱輸送量 1658 萬標準箱，增長 6.8%；全年完成郵電業務總量 261.5 億元，增長 7.2%。

綜合來看，2014 年青島經濟狀況較 2013 年有較大提高，社會其他方面工作也在穩步開展，但來自社會保障方面的壓力在該年也有所增高。

8.10 南京城市成長競爭力點評分析

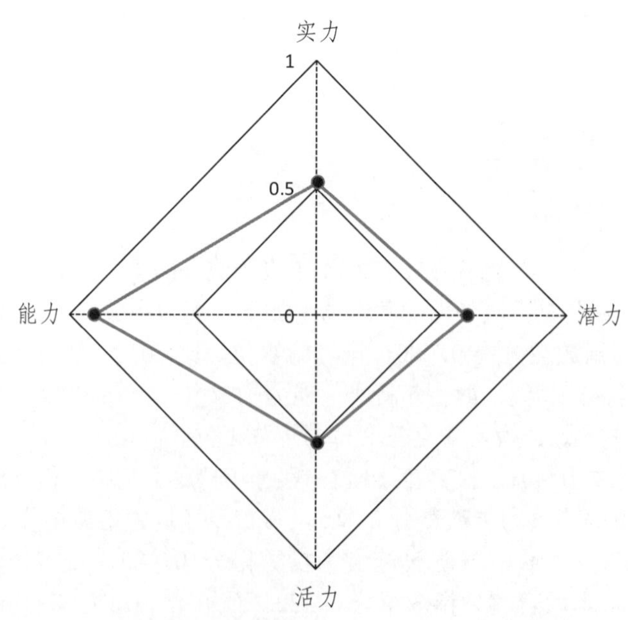

圖8.10.1 2014年南京成長競爭力雷達圖

南京 2014 年城市成長競爭力的基本情況如下：實力指數得分為 0.52，排名第 10 位，上升 1 位；潛力指數得分為 0.6，排名第 17 位，下降 8 位；活力指數得分為 0.5，排名第 13 位，與上年持平；能力指數得分為 0.9，排名第 13 位，上升 135 位；成長競爭力得分為 948.35，排名第 10 位，上升了 3 位。

實力指數得分為 0.52，排名第 10 位，上升 1 位。相比於 2013 年有所增加的二級指標有：城市產業實力指數得分 0.524，城市財政金融實力指數得分 0.363，城市商業貿易實力指數得分 0.31，城市資源區位實力指數得分 0.684，城市人力資本教育實力指數得分 0.59。而相比 2013 年略有下降的指標有：城市經濟實力指數得分 0.349，城市基礎設施實力指數得分 0.512，城市社會體制實力指數得分 0.392，城市科技實力指數得分 0.443，城市文化形象實力指數得分 0.4。可以看出 2014 年南京的實力指數構成中，經濟和環境系統部分競爭力總體有所上升，而社會和文化系統部分競爭力有所降低，尤其是社會體制競爭力下滑較為明顯。

潛力指數得分為 0.603，排名第 17 位，下降 8 位。其中，居民消費潛力指數得分 0.815，排名 37 位，上升 149 位；金融資本潛力指數得分 0.493，排名第 11 位，與上年持平；人力資本潛力指數得分 0.707，排名第 12 位，上升 2 位；市場潛力指數得分 0.417，排名第 13 位，與上年持平；區位指數得分為 0.649，排名第 9 位；自然資源指數得分 0.224，排名第 267 位；環境品質指數得分 0.666，排名第 107 位，可持續發展指數得分 0.629，排名第 35 位。這之中居民消費潛力的顯著提升值得關注。2014 年南京市全年實現社會消費品零售總額 4167.20 億元，比上年增長 12.9%；城鎮居民人均可支配收入 42568 元，增長 8.8%；農村居民人均可支配收入 17661 元，增長 10.3%。

活力指數得分為 0.503，排名第 13 位，與上年持平。其中，文化力指數得分 0.379，排名第 9 位，與上年持平；學習力指數得分 0.407，排名第 10 位，與上年持平；創新力指數得分 0.403，排名第 10 位，上升 1 位；法制力指數得分 0.447，排名第 14 位，與上年持平；應變力指數得分 0.893，排名第 12 位，開放力指數得分為 0.434，排名第 42 位，行銷力指數得分為 0.327，排名第 18 位。這之中文化力對南京市活力指數的影響值得關注。至 2014 年年末，南京市全市共有文化館 14 個，公共圖書館 15 個，文化站 100 個，博物館 54 個，市級以上文物保護單位 516 處。

能力指數得分為 0.904，排名第 13 位，上升 135 位。其中，經濟增長能力得分 0.83，排名第 45 位，上升 157 位；社會保障能力得分 0.454，排名第 45 位，下降 20 位；城市吸引能力得分 0.573，排名第 15 位，與上年持平；城市流通能力得分 0.532，排名第 10 位，上升 32 位。其中提升最為明顯的是經濟增長能力。2014 年南京市全年實現 GDP 規模為 8820.75 億元，比上年增長 10.1%；第二產業增加值 3671.45 億元，增長 8.8%；第三產業增加值 4925.34 億元，增長 11.5%。

總體來看，2014 年南京將經濟增長的質量與效益並重，著力推進穩增長、調結構、抓創新、促改革、惠民生各項工作，社會各項事業在穩中向好發展。

8.11 大連城市成長競爭力點評分析

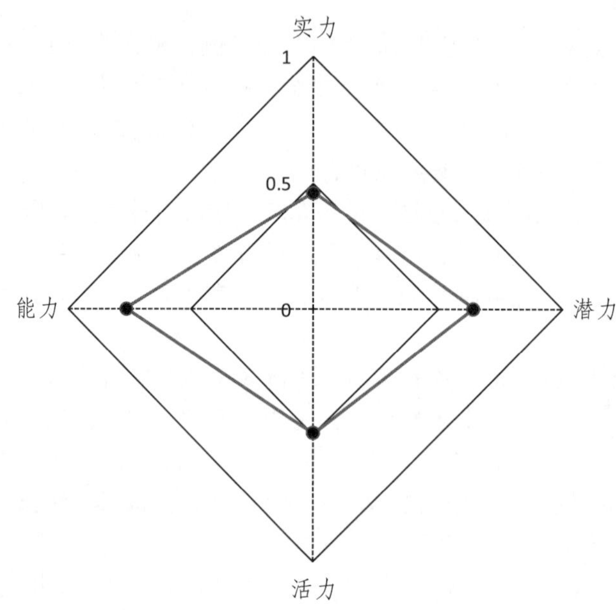

圖 8.11.1　2014 年大連成長競爭力雷達圖

大連 2014 年城市成長競爭力的基本情況如下：實力指數得分為 0.46，排名第 15 位，上升 1 位；潛力指數得分為 0.64，排名第 9 位，下降 4 位；活力指數得分為 0.49，排名第 16 位，與上年持平；能力指數得分為 0.76，排名第 112 位，下降 10 位；成長競爭力得分為 941.47，排名第 11 位，下降 1 位。

實力指數得分為 0.459，排名第 15 位，上升 1 位。其中，相比於 2013 年增加的二級指標有：城市經濟實力指數得分 0.325，城市產業實力指數得分 0.492，城市財政金融實力指數得分 0.343，城市資源區位實力指數得分 0.614，城市人力資本教育實力指數得分 0.465。而相比 2013 年略有下降的指標有：城市商業貿易實力指數得分 0.286，城市基礎設施實力指數得分 0.443，城市社會體制實力指數得分 0.357，城市科技實力指數得分 0.38，城市文化形象實力指數得分 0.301。2014 年大連實力指數構成中，經濟和環境系統部分指標有所提高，尤其是財政金融方面競爭力指數上升較為顯著，文化系統部分競爭力總體來看變化不大，而社會系統部分競爭力指數下滑較多。

潛力指數得分為 0.639，排名第 9 位，下降 4 位。其中，居民消費潛力指數得分 0.663，排名 90 位，下降 49 位；金融資本潛力指數得分 0.479，排名第 13 位，與上年持平；人力資本潛力指數得分 0.7，排名第 14 位，上升 1 位；市場潛力指數得分 0.461，排名第 9 位，與上年持平；區位指數得分為 0.605，排名第 12 位；自然資源指數得分 0.319，排名第 218 位；環境質量指數得分 0.66，排名第 113 位，可持續發展指數得分 0.738，排名第 7 位。這之中可持續發展指數表現相對突出。2014 年大連市完成了 143 家企業的強制清潔生產審核工作；新建水源地防護設施 19 處；累計建成 29 座汙水處理廠，汙水處理能力 131.5 萬噸/日；全市實施對重點污染企業進行遠端即時監控，已安裝廢水、廢氣自動監控系統 190 套。

活力指數得分為 0.492，排名第 16 位，與上年持平。其中，文化力指數得分 0.311，排名第 34 位，下降 3 位；學習力指數得分 0.322，排名第 17 位，上升 5 位；創新力指數得分 0.307，排名第 20 位，上升 9 位；法制力指數得分 0.378，排名第 40 位，上升 7 位；應變力指數得分 0.932，排名第 5 位，開放力指數得分為 0.528，排名第 18 位，行銷力指數得分為 0.375，排名第 11 位。這之中創新力指標值得關注。2014 年大連市全年高新技術產業增加值 2783 億元，比上年增長 12%；新認定高新技術企業 132 家、技術先進型服務企業 9 家；全年技術交易合同成交額達到 111 億元，同比增長 23%。

能力指數得分為 0.764，排名第 112 位，下降 10 位。其中，經濟增長能力得分 0.697，排名第 181 位，下降 11 位；社會保障能力得分 0.462，排名第 41 位，下降 30 位；城市吸引能力得分 0.555，排名第 16 位，上升 4 位；城市流通能力得分 0.423，排名第 18 位，上升 4 位。這之中城市流通能力方面有所進步。2014 年大連市全年運輸企業客貨換算周轉量 8417.8 億噸公里，比上年增長 2.5%；貨物周轉量 8335.9 億噸公里，增長 2.5%；旅客周轉量 205.3 億人公里，增長 8.2%。

總體來看，2014 年大連市在中“穩增長，調結構，促改革”的大前提下各項工作得到有效開展，經濟運行情況基本良好，並穩中有升。

8.12 武漢城市成長競爭力點評分析

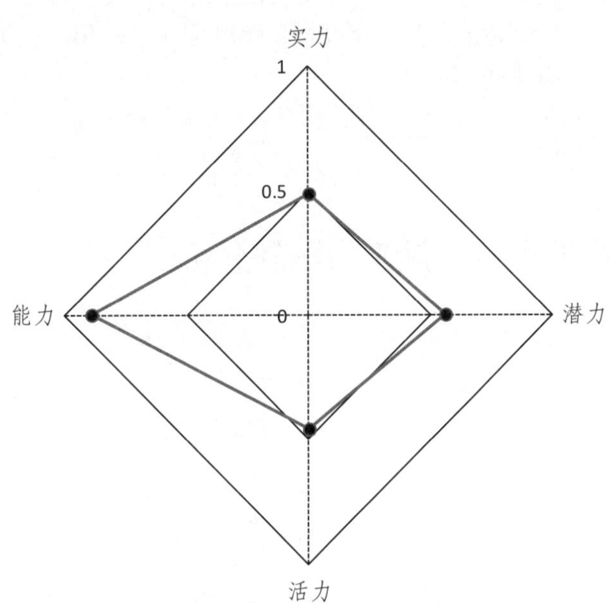

圖 8.12.1　2014 年武漢成長競爭力雷達圖

武漢 2014 年城市成長競爭力的基本情況如下：實力指數得分為 0.49，排名第 11 位，上升 2 位；潛力指數得分為 0.560，排名第 25 位，上升 1 位；活力指數得分為 0.46，排名第 21 位，上升 10 位；能力指數得分為 0.89，排名第 24 位，上升 20 位；成長競爭力得分為 890.61，排名第 12 位，上升 2 位。

實力指數得分為 0.485，排名第 11 位，上升 2 位。相比 2013 年增加的二級指標有：城市經濟實力指數得分 0.308，城市產業實力指數得分 0.474，城市財政金融實力指數得分 0.36，城市資源區位實力指數得分 0.561，城市人力資本教育實力指數得分 0.609。而相比 2013 年略有下降的指標有：城市商業貿易實力指數得分 0.283，城市基礎設施實力指數得分 0.57，城市社會體制實力指數得分 0.338，城市科技實力指數得分 0.441，城市文化形象實力指數得分 0.366。可以看出 2014 年武漢市的實力指數構成中，經濟與環境系統部分競爭實力總的來說有所上升，文化系統部分指數整體變化不大，但社會系統部分的指標相對有所下滑。

潛力指數得分為 0.559，排名第 25 位，上升 1 位。其中，居民消費潛力指數得分 0.596，排名 184 位，下降 153 位；金融資本潛力指數得分 0.473，排名第 14 位，下降 1 位；人力資本潛力指數得分 0.607，排名第 22 位，上升 2 位；市場潛力指數得分 0.401，排名第 15 位，與上年持平；區位指數得分為 0.627，排名第 11 位；自然資源指數得分 0.256，排名第 256 位；環境質量指數得分 0.668，排名第 105 位，可持續發展指數得分 0.651，排名第 16 位。這之中區位指數表現較為突出。2014 年武漢市政治和文化區位優勢度均為 0.6，交通區位優勢度則達到了 0.8。

活力指數得分為 0.458，排名第 21 位，上升 10 位。其中，文化力指數得分 0.338，排名第 18 位，下降 1 位；學習力指數得分 0.301，排名第 25 位，上升 7 位；創新力指數得分 0.312，排名第 19 位，上升 18 位；法制力指數得分 0.384，排名第 37 位，上升 5 位；應變力指數得分 0.861，排名第 21 位，開放力指數得分為 0.465，排名第 29 位，行銷力指數得分為 0.344，排名第 17 位。這之中學習力指數提升較為明顯。截至 2014 年，武漢市公共圖書館 2 個，藏書 530 萬冊，接待讀者 1025 萬人次；全市出版報紙 7.3 億份，出版雜誌 900 萬冊，出版圖書 1088 萬冊。

能力指數得分為 0.889，排名第 24 位，上升 20 位。其中，經濟增長能力得分 0.826，排名第 47 位，上升 23 位；社會保障能力得分 0.449，排名第 48 位，下降 34 位；城市吸引能力得分 0.491，排名第 23 位，上升 1 位。這之中經濟增長能力提升最為顯著。2014 年武漢市 GDP 規模為 10069.48 億元，較上年度增長幅度達 9.7%；第一產業增長 5.0%；第二產業增長 10.2%；第三產業增長 9.5%。

綜合來看，2014 年武漢經濟實現較快增長，社會各項工作發展穩穩中向好，在建設國家中心城市道路上更進了一步。

8.13 香港城市成長競爭力點評分析

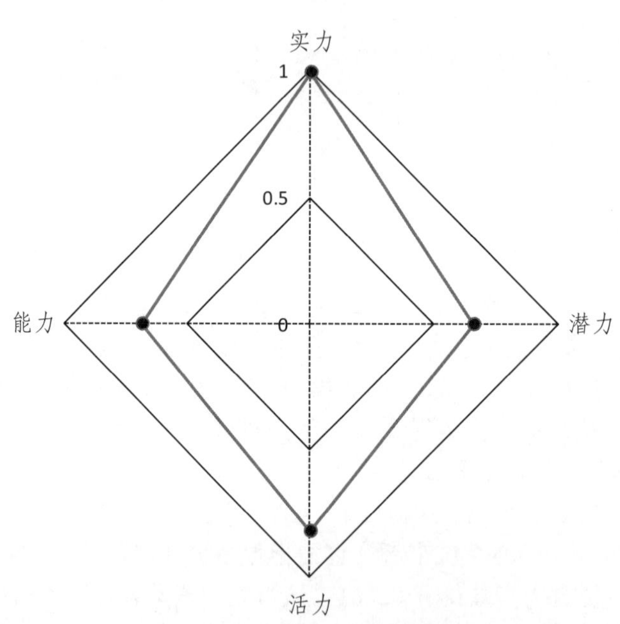

圖 8.13.1　2014 年香港成長競爭力雷達圖

香港 2014 年城市成長競爭力的基本情況如下：實力指數得分為 0.99，排名第 2 位，與上年持平；潛力指數得分為 0.66，排名第 8 位，下降 2 位；活力指數得分為 0.820，排名第 5 位，下降 1 位；能力指數得分為 0.680，排名第 193 位，上升 94 位；成長競爭力得分為 839.94，排名第 13 位，下降 2 位。

2014 年香港市城市實力指數得分為 0.989，排名第 2 位，與上年持平。其中，相比於 2013 年增加或保持領先的二級指標有：城市經濟實力指數得分 1，城市產業實力指數得分 0.453，城市財政金融實力指數得分 1，城市商業貿易實力指數得分 1。而相比 2013 年有所下降的指標有：城市基礎設施實力指數得分 0.544，城市社會體制實力指數得分 0.775，城市資源區位實力指數得分 0.631，城市人力資本教育實力指數得分 0.831，城市科技實力指數得分 0.697，城市文化形象實力指數得分 0.67。可以看出 2014 年香港市的實力指數構成中，只有經濟系統部分競爭實力保持著領先位置，而社會、環境及文化系統部分的指數都有所下降。

潛力指數得分為 0.662，排名第 8 位，下降 2 位。其中，居民消費潛力指數得分 0.956，排名 7 位，上升 6 位；金融資本潛力指數得分 0.631，排名第 4 位，與上年持平；人力資本潛力指數得分 0.957，排名第 2 位，與上年持平；市場潛力指數得分 0.646，排名第 4 位，與上年持平；區位指數得分為 0.978，排名第 3 位；自然資源指數得分 0.1，排名第 298 位；環境質量指數得分 0.631，排名第 135 位，可持續發展指數得分 0.504，排名第 264 位。這之中表現最為突出的是區位指數。2014 年香港市在自然、經濟以及文化方面的區位優勢度均為 1，而且交通區位優勢度也達到 0.8。

活力指數得分為 0.819，排名第 5 位，上升 1 位。其中，文化力指數得分 1，排名第 1 位，與上年持平；學習力指數得分 0.561，排名第 5 位，上升 2 位；創新力指數得分 0.597，排名第 4 位，與上年持平；法制力指數得分 0.842，排名第 2 位，上升 1 位；應變力指數得分 0.924，排名第 8 位，開放力指數得分為 0.608，排名第 6 位，行銷力指數得分為 1，排名第 1 位。這之中文化力和行銷力指數均全國領先。2014 年香港市城市歷史文化指數為 0.882，城市文化影響指數為 1.792，城市知名度和城市推廣度均達到了 2。

能力指數得分為 0.684，排名第 193 位，上升 94 位。其中，經濟增長能力得分 0.516，排名第 273 位，上升 16 位；社會保障能力得分為 1，排名第 1 位，與上年持平；城市吸引能力得分 0.994，排名第 2 位，上升 1 位；城市流通能力得分 0.62，排名第 7 位，上升 10 位。這之中香港市在社會保障能力方面表現最為突出。2014 年香港市綜合社會保障援助 194.96 億港元，公共福利金 748.80 億港元，緊急救濟 5.31 億港元。

總體來看，作為有著東方之珠”、“購物天堂”等美譽的香港，其 2014 年在經濟方面依舊保持領先態勢，在諸如文化、社會保障等其他社會各項事業方面也起著典範作用。

8.14 濟南城市成長競爭力點評分析

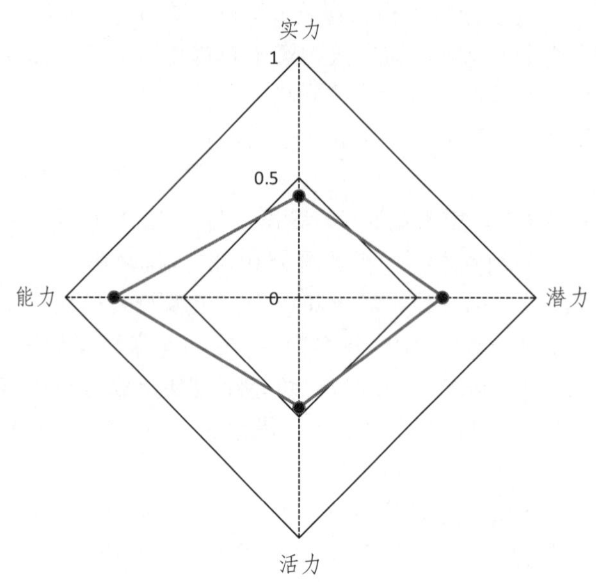

圖8.14.1　2014年濟南成長競爭力雷達圖

濟南 2014 年城市成長競爭力的基本情況如下：實力指數得分為 0.42，排名第 21 位，下降 1 位；潛力指數得分為 0.61，排名第 15 位，上升 1 位；活力指數得分為 0.46，排名第 22 位，與上年持平；能力指數得分為 0.79，排名第 86 位，上升 24 位；成長競爭力得分為 827.31，排名第 14 位，下降 2 位。

實力指數得分為 0.423，排名第 21 位，上升 1 位。其中，相比於 2013 年增加的二級指標有：城市產業實力指數得分 0.347，城市財政金融實力指數得分 0.311，城市資源區位實力指數得分 0.523，城市人力資本教育實力指數得分 0.526。而相比 2013 年略有下降的指標有：城市經濟實力指數得分 0.247，城市商業貿易實力指數得分 0.254，城市基礎設施實力指數得分 0.404，城市社會體制實力指數得分 0.38，城市科技實力指數得分 0.399，城市文化形象實力指數得分 0.349。可以看出 2014 年濟南市的實力指數構成中，環境系統部分競爭力指數有所提升，文化系統的競爭力主要向人力資本和教育方面轉移，經濟系統的競爭力更主要體現在財政金融方面，但社會系統部分的競爭力指數下滑較顯著。

潛力指數得分為 0.607，排名第 15 位，上升 1 位。其中，居民消費潛力指數得分 0.621，排名 136 位，下降 93 位；金融資本潛力指數得分 0.452，排名第 21 位，下降 2 位；人力資本潛力指數得分 0.599，排名第 24 位，上升 1 位；市場潛力指數得分 0.348，排名第 22 位，上升 12 位；區位指數得分為 0.561，排名第 16 位；自然資源指數得分 0.44，排名第 104 位；環境質量指數得分 0.7，排名第 71 位，可持續發展指數得分 0.613，排名第 58 位。這之中排名相對較為靠前的指標是區位指數。2014 年濟南市在交通方面的區位優勢度較為明顯，得分達 0.8。

活力指數得分為 0.456，排名第 22 位，與上年持平。其中，文化力指數得分 0.352，排名第 14 位，下降 1 位；學習力指數得分 0.3，排名第 26 位，與上年持平；創新力指數得分 0.291，排名第 29 位，上升 6 位；法制力指數得分 0.488，排名第 10 位，上升 2 位；應變力指數得分 0.877，排名第 18 位，開放力指數得分為 0.397，排名第 95 位，行銷力指數得分為 0.354，排名第 13 位。這之中文化力指數和行銷力指數值得關注。2014 年全市基層群眾文化活動示範點達到 80 個；各類藝術表演團體 15 個，文化館及群眾藝術館 155 個，檔案館 15 個，公共圖書館 12 個，市級以上文物保護單位 362 處。

能力指數得分為 0.792，排名第 86 位，上升 24 位。其中，經濟增長能力得分 0.743，排名第 127 位，上升 28 位；社會保障能力得分 0.385，排名第 64 位，下降 30 位；城市吸引能力得分 0.458，排名第 27 位，上升 2 位；城市流通能力得分 0.393，排名第 22 位，上升 59 位。這之中變化最為顯著的是城市流通能力。至 2014 年末，濟南市公路通車里程 12846.4 公里，增長 1.2%，其中，濟南至樂陵高速公路於 2014 年底建成通車，境內高速公路 418.9 公里；全年郵政和快遞服務業及電信業業務收入 89.9 億元，同比增長 1.6%。

綜合來看，2014 年濟南市以加快轉變經濟發展方式為主線，圍繞著“加快科學發展、建設美麗泉城”的任務目標，各項工作取得積極進展，經濟社會發展保持穩中向好的好勢頭。

8.15 成都城市成長競爭力點評分析

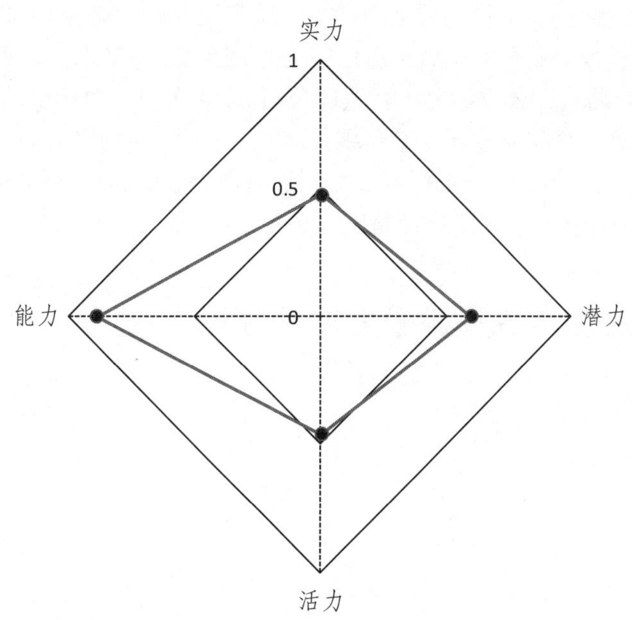

圖 8.15.1　2014 年成都成長競爭力雷達圖

成都 2014 年城市成長競爭力的基本情況如下：實力指數得分為 0.47，排名第 14 位，與上年持平；潛力指數得分為 0.6，排名第 18 位，下降 2 位；活力指數得分為 0.46，排名第 20 位，上升 8 位；能力指數得分為 0.89，排名第 25 位，下降 12 位；成長競爭力得分為 808.23，排名第 15 位，上升 3 位。

實力指數得分為 0.473，排名第 14 位，與上年持平。其中，相比於 2013 年增加的二級指標有：城市經濟實力指數得分 0.326，城市產業實力指數得分 0.49，城市財政金融實力指數得分 0.371，城市商業貿易實力指數得分 0.31，城市資源區位實力指數得分 0.599，城市人力資本教育實力指數得分 0.511。而相比 2013 年略有下降的指標有：城市基礎設施實力指數得分 0.568，城市社會體制實力指數得分 0.353，城市科技實力指數得分 0.343，城市文化形象實力指數得分 0.336。可以看出 2014 年成都市實力指數構成中，經濟系統部分的指標除基礎設施方面都有顯著提高，環境系統部分的競爭力也有所上升，文化系統部分競爭力的提升重點主要體現在人力資本和教育方面，社會系統部分競爭實力相對有所下降。

潛力指數得分為 0.599，排名第 18 位，下降 2 位。其中，居民消費潛力指數得分 0.652，排名 96 位，下降 70 位；金融資本潛力指數得分 0.498，排名第 10 位，與上年持平；人力資本潛力指數得分 0.631，排名第 20 位，與上年持平；市場潛力指數得分 0.355，排名第

20 位，上升 2 位；區位指數得分為 0.561，排名第 16 位；自然資源指數得分 0.35，排名第 187 位；環境質量指數得分 0.693，排名第 3379 位，可持續發展指數得分 0.644，排名第 19 位。其中排名相對突出的指標是金融資本潛力指數。至 2014 年年末，成都市全部金融機構人民幣存款餘額 26798 億元，增長 13.3%，全部金融機構人民幣貸款餘額 19779 億元，增長 12.3%；證券營業部 147 個，新增 27 家；證券投資者 371.9 萬人，增長 8.3%。

活力指數得分為 0.46，排名第 20 位，上升 8 位。其中，文化力指數得分 0.349，排名第 17 位，下降 3 位；學習力指數得分 0.273，排名第 32 位，上升 11 位；創新力指數得分 0.298，排名第 24 位，上升 13 位；法制力指數得分 0.379，排名第 39 位，上升 4 位；應變力指數得分 0.872，排名第 20 位，開放力指數得分為 0.494，排名第 23 位，行銷力指數得分為 0.327，排名第 18 位。這之中值得關注的是成都市的文化力指數。截至 2014 年末，成都市有博物館 33 個，文化館 22 個，公共圖書館 22 個，館藏圖書 1952.5 萬冊。

能力指數得分為 0.888，排名第 25 位，下降 12 位。其中，經濟增長能力得分 0.811，排名第 54 位，下降 19 位；社會保障能力得分 0.425，排名第 56 位，下降 28 位；城市吸引能力得分 0.553，排名第 17 位，與上年持平；城市流通能力得分 0.63，排名第 6 位，上升 74 位。這之中進步最為顯著的是城市流通能力。截至 2014 年末，成都市公路總里程 22789 公里，其中高速公路 677 公里，全年新改建公路 2354 公里；全年公路旅客周轉量 123.1 億人公里，增長 3.2%；全年完成郵電業務總量 319.6 億元，增長 27.3%。

綜上，成都 2014 年儘管一定程度上受到經濟形勢趨緊影響，但經濟運行情況基本上依舊穩中有進，各項社會事業相關指標整體呈小幅上升態勢。

8.16 合肥城市成長競爭力點評分析

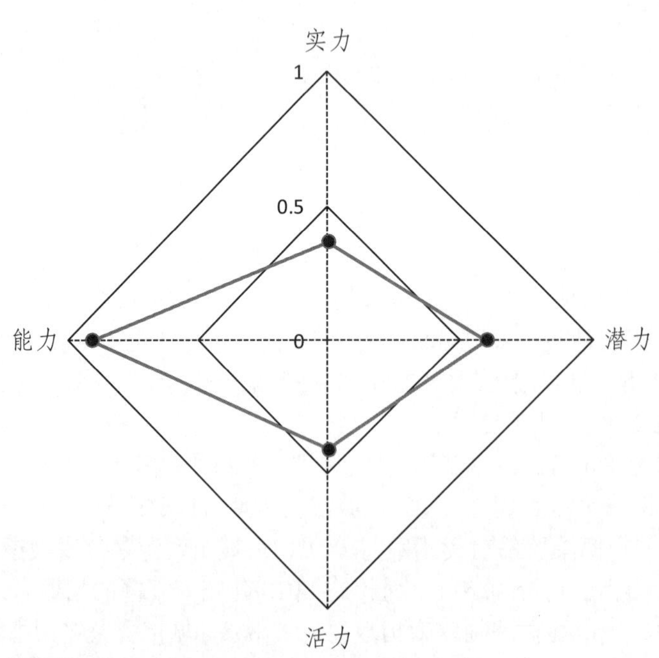

圖 8.16.1　2014 年合肥成長競爭力雷達圖

合肥 2014 年城市成長競爭力的基本情況如下：實力指數得分為 0.36，排名第 29 位，上升 4 位；潛力指數得分為 0.6，排名第 19 位，上升 11 位；活力指數得分為 0.41，排名第 38 位，上升 2 位；能力指數得分為 0.91，排名第 9 位，上升 21 位；成長競爭力得分為 804.34，排名第 16 位，與上年持平。

實力指數得分為 0.36，排名第 29 位，上升 4 位。城市財政金融競爭力指數得分 0.286，排名從 2013 年的 201 名上升到 32 名，其中財政金融規模指數排名 24 名，與上年持平。經濟競爭力指數得分 0.222，由 68 位上升到 47 位，其中城市規模指數排名從 31 位下降到 32 位，城市效率指數由 29 位上升到 89 位。產業規模指數排名從 2013 年的 34 名上升到 32 名，產業貢獻指數由 41 位上升到 36 位。2014 年全市生產總值 5100 億元以上、增長 10%左右；全社會固定資產投資 5385.2 億元、增長 18.1%；規模以上工業增加值 2126.6 億元、增長 12.3%；財政收入 880.7 億元、增長 14.6%，其中地方財政收入 500.3 億元、增長 14.1%；社會消費品零售總額 1666.8 億元、增長 12.9%；城鎮常住居民人均可支配收入 29500 元、增長 10%左右，農村常住居民人均可支配收入 12700 元、增長 12%。

潛力指數得分為 0.6，排名第 19 位，上升 11 位，其中居民消費潛力指數得分 0.927，由 163 位上升到 13 位；金融資本潛力指數得分 0.353，排名第 30 位，上升 4 位；人力資本潛力指數得分 0.528，排名第 35 位，下降到 3 位；市場潛力指數得分 0.326，排名第 27 位，下降 3 位；區位指數得分 0.473，排名 27 位，保持不變，自然資源指數得分 0.398，排名第 140 位，上升 11 位。其中提升最為明顯的是居民消費潛力指數。2014 年合肥市全市社會消費品零售總額 1666.75 億元，比上年增長 12.9%；按經營地統計，城鎮消費品零售額 1461.11 億元，增長 13.2%；鄉村消費品零售額 205.64 億元，增長 11.1%；按消費形態統計，商品零售額 1559.33 億元，增長 13.0%；餐飲收入 107.42 億元，增長 12.9%。

活力指數得分為 0.41，排名第 38 位，上升 2 位，其中學習力指數得分 0.269，排名第 42 位，上升 10 位，表現較為突出。截至 2014 年年末，全市有省部級以上重點實驗室和工程實驗室 136 個；省級以上企業技術中心 203 個，其中國家級 29 個；國家高新技術企業總數達 828 個，其中新認定 299 個；新增省級以上高新技術產品 248 個，其中國家級重點新產品 23 個；全市高新技術產業完成產值 4501.3 億元；實現增加值 1136.3 億元，比上年增長 14.8%，占全市生產總值的 22%。

能力指數得分為 0.36，排名第 9 位，上升 21 位，其中經濟增長能力指數得分 0.873，排名第 21 位，上升 21 位，城市吸引能力指數得分 0.397，排名 37 名，與上年持平，城市流通能力指數得分 0.386，排名第 23，上升到 36 位。其中城市流通能力提升值得關注，2014 年合肥市全年交通運輸、倉儲和郵政業增加值 200.27 億元，比上年增長 7.9%；旅客運輸量 2.01 億人，比上年增長 10.1%。；物運輸量 4.22 億噸，比上年增長 11.1%。

綜上，合肥市 2014 年成長競爭力穩中有進，全面深化改革，經濟結構在不斷優化，發展的內生動力仍然強勁。但產業轉型正經歷著陣痛，新興產業加快發展。今後應著力提升產業能級和發展效益，提升城區功能和生態環境，提升治理機制和管理水平，提升民生保障和文化質量。

8.17 瀋陽城市成長競爭力點評分析

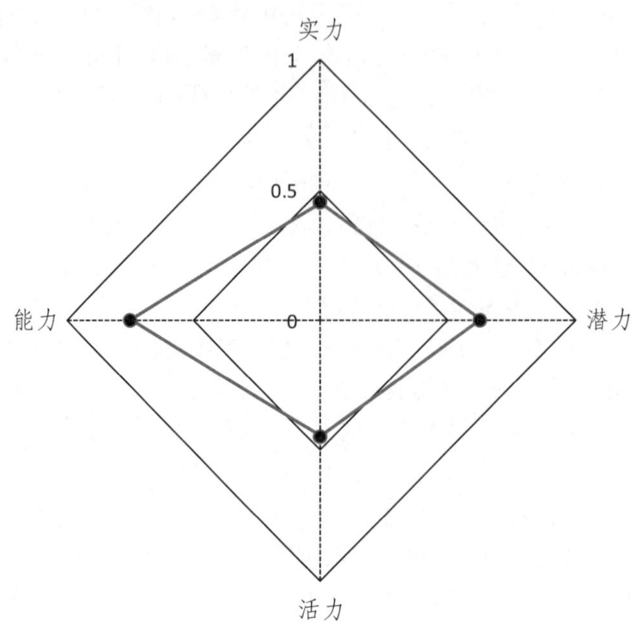

圖 8.17.1　2014 年瀋陽成長競爭力雷達圖

瀋陽 2014 年城市成長競爭力的基本情況如下：實力指數得分為 0.45，排名第 16 位，下降 1 位；潛力指數得分為 0.63，排名第 10 位，比 2013 年排名上升了 4 位；活力指數得分為 0.45，排名第 24 位，上升 9 位；能力指數得分為 0.75，排名第 126 位，上升 79 位；成長競爭力得分為 755.05，排名第 17 位，下降 2 位。

實力指數得分為 0.45，排名第 16 位，下降 1 位。城市經濟競爭力得分 0.3，排名第 23 位，上升 1 位，其中城市規模指數由 16 位下降到 17 位，城市生活居民指數由 61 名上升到 43 位；城市財政金融經濟力得分 0.319，由 21 位上升到 20 位，其中財政金融規模指數得分為 0.276，排名 16 位，下降 1 位，金融業人力資本指數排 21 位，與上年持平。城市產業規模指數由 18 位上升到 17 位，產業效率指數由 52 位上升到 36 位。

潛力指數得分為 0.63，排名第 10 位，上升 4 位。其中居民消費潛力指數得分 0.661，排名第 93 位，下降 48 位；金融資本潛力指數得分 0.468，排名第 16 位，與上年持平；人力資本潛力指數得分 0.597，排名第 25 位，下降 1 位；市場潛力指數得分 0.492，排名第 8 位，與上年持平。其中值得關注的是居民消費潛力指數的變化。2014 年瀋陽市城市居民人均可支配收入 31720 元，比上年增長 9.1%；人均消費支出 24223 元，增長 11.0%。農村居民人均可支配收入 15945 元，增長 10.2%；人均生活消費支出 8360 元，增長 12.7%。

活力指數得分為 0.45，排名第 24 位，上升 9 位。其中文化力指數得分 0.307，排名第 36 位，上升 2 位；學習力指數得分 0.285，排名第 29 位，上升 2 位；創新力指數得分 0.294，排名第 27 位，上升 17 位。其中文化力指數表現較為突出。2014 年開展各類群眾文化活動 2 萬場，參與群眾達 1592 萬人次。開展公益性藝術培訓 2700 場次，組織公益性文藝演出 700 場；開展流動文化服務，推出圖書流動站、流動博物館“四進”等活動。

能力指數得分為 0.75，排名第 126 位，上升 79 位。其中經濟增長能力得分 0.701，排名第 173 位，上升 59 位；社會保障能力得分 0.356，排名第 79 位，下降 67 位；城市吸引能力得分 0.475，排名第 24 位，上升 4 位；城市流通能力得分 0.402，排名第 21 位，下降 10 位。其中經濟增長能力表現較為突出。2014 年瀋陽市全市 GDP 規模達 7098.7 億元，按可比價計算，比上年增長 6.0%。其中，第一產業增加值 325.3 億元，增長 3.2%；第二產業增加值 3541.4 億元，增長 5.3%；第三產業增加值 3232 億元，增長 6.9%。按常住人口計算，人均 GDP 為 85816 元，增長 5.6%。

綜上，2014 年瀋陽市面對經濟發展新常態和改革發展重任，緊緊抓住中央新一輪東北振興戰略的重大機遇，創新驅動動力增強，民生福祉持續改善，扎實推進“深化改革、穩定增長、改善民生、優化環境”等重點工作，全市經濟社會實現了持續穩定發展。

8.18 寧波城市成長競爭力點評分析

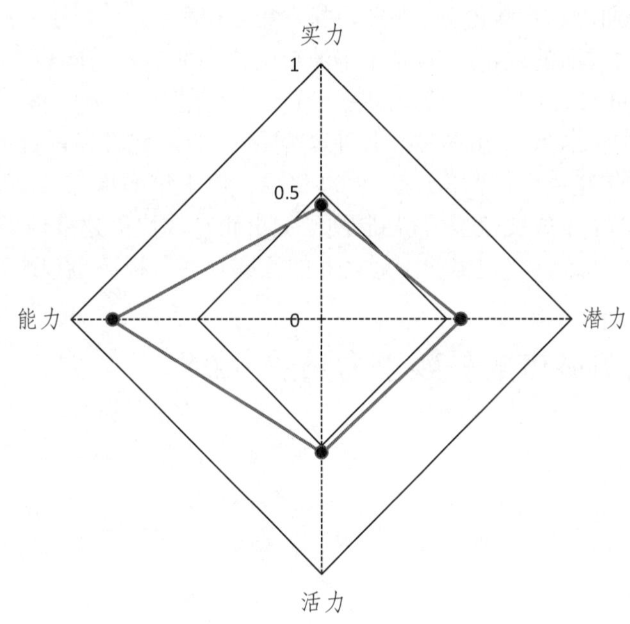

圖 8.18.1　2014 年寧波成長競爭力雷達圖

寧波 2014 年城市成長競爭力的基本情況如下：實力指數得分為 0.45，排名第 17 位，與上年持平；潛力指數得分為 0.560，排名第 27 位，上升 27 位；活力指數得分為 0.52，排名第 11 位，下降 1 位；能力指數得分為 0.84，排名第 51 位，上升了 213 位；成長競爭力得分為 754.33，排名第 18 位，上升 1 位。

實力指數得分 0.45，排名第 17 位，與上年持平。寧波處於沿海經濟帶和長江經濟帶的交匯處，是重要的港口城市，也是國家“一帶一路”戰略的重要平臺之一。城市財政金融競爭力排名從 2013 年的 15 位上升到第 11 位，其中財政金融規模排名從 2013 年的 11 位下降到 14 位，但同時財政金融效率指數排名從 2013 年的 21 位上升到 15 位，金融資本質量指數排名從 2013 年的 22 位上升到 9 位，金融業人力資本指數排名從 12 位上升到 9 位。城市經濟競爭力排名第 26 位，與上年持平。全年地區生產總值 7602.5 億元，增長 7.6%。完成一般公共預算收入 860.6 億元，增長 8.6%。2014 年寧波經濟總體運行良好，大多數指標均有所上升。

潛力指數得分 0.560，排名第 27 位，上升 27 位。其中居民消費潛力指數得分 0.738，排名第 57 位，上升 147 位；金融資本潛力指數得分 0.481，排名第 12 位，與上年持平；市場潛力指數得分 0.309，排名第 33 位，下降 3 位；城市區位指數得分 0.495，排名 25 位，與上年持平。其中提升最為明顯的是居民消費潛力指數。2014 年寧波市全市商品銷售總額 1.44 萬億元，比上年增長 18.1%；全年完成社會消費品零售總額 2992.0 億元，增長 13.5%；

分城鄉看，城鎮消費品市場實現零售額 2469.0 億元，增長 13.1%，農村消費品市場實現零售額 523,0 億元，增長 15.7%。

活力指數得分 0.52，排名第 11 位，下降 1 位。其中創新力指數為 0.371，排名第 13 位，下降 1 位；學習力指數得分 0.366，排 12 位，與上年持平；城市文化力指數得分 0.336，排名第 19 位，上升 1 位。其中文化力指數值得關注。2014 年寧波市實施“天然舞臺”等文化惠民演出活動 6000 餘場；全年為農家書屋補充、更新、流轉圖書 36.7 萬冊；6 月 22 日中國大運河成功列入世界文化遺產；“前童元宵行會”、“董氏兒科”兩個項目列入第四批國家級非物質文化遺產名錄，非遺國寶數達 23 個，居計劃單列市首位；9 家企業、2 個項目被授予 2013-2014 國家文化出口重點企業、重點專案。

能力指數得分 0.84，排名第 51 位，上升 213 位。經濟增長能力指數得分 0.772，排名第 94 位；城市流通能力指數得分 0.469，排名第 15 位，上升到 56 位。其中最為值得關注的是城市流通能力方面的進步。2014 年寧波市全市完成交通基礎設施投資 183 億元；年末全市公路總里程 11045.4 公里，公路網密度 112.5 公里/百平方公里，達到中等發達國家水平；寧波港口貨物輸送量 5.26 億噸，比上年增長 6.2%，完成外貿貨物輸送量 2.97 億噸，增長 7.6%；2014 年完成全社會貨運量 4.04 億噸，比上年增長 7.7%。

綜上，寧波 2014 年成長競爭力得到提升。城市正在加快構建港口經濟圈與“一帶一路”建設，借鑒互聯網思維，實現經濟圈層之間的互聯互通，提高港口輻射帶動能力。

8.19 昆明城市成長競爭力點評分析

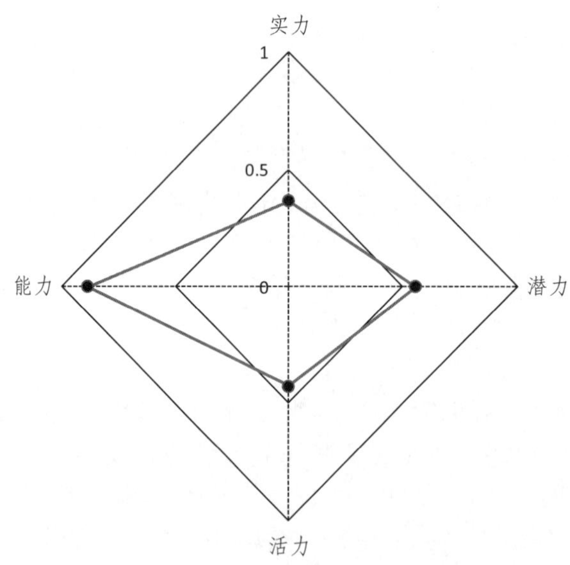

圖 8.19.1 2014 年昆明成長競爭力雷達圖

昆明 2014 年城市成長競爭力的基本情況如下：實力指數得分為 0.36，排名第 28 位，與上年持平；潛力指數得分為 0.560，排名第 28 位，下降 13 位；活力指數得分為 0.43，排名第 32 位，上升 2 位；能力指數得分為 0.89，排名第 27 位，上升 83 位；成長競爭力得分為 744.22，排名第 19 位，上升 1 位。

實力指數得分 0.36，排名 28 位，與上年持平。城市財政金融競爭力從 29 名上升到 22 名，其中城市財政金融規模指數又 19 位下降到 22 位，財政金融效率指數由 21 位下降到 23 位。城市經濟競爭力從 57 位下降到 60 位，其中城市規模指數由 45 名下降到 47 名，與全國其他城市相比，昆明在該指標方面的增長趨勢弱於其他城市，導致昆明排名下降。全年地區生產總值 3710 億元、增長 8%，不含滇中產業新區為 3280 億元、增長 8.2%；地方公共財政預算收入 444 億元，增長 8.4%；規模以上固定資產投資 3138 億元、增長 7%。

潛力指數得分 0.560，排名第 28 位，下降 13 位，其中居民消費潛力指數得分 0.649，排名第 99 位；金融資本潛力指數得分 0.365，排名 27 位，與上年持平；人力資本潛力指數得分 0.481，排名第 45 位，上升 1 位；市場潛力指數得分 0.384，排名第 19 位，與上年持平。其中金融資本潛力指數表現較為突出。截至 2014 年年末，昆明市金融機構（不含外資）人民幣各項存款餘額 10582.22 億元，比年初增長 4.93%，其中，單位存款餘額 6430.89 億元，比年初增長 4.02%；個人存款餘額 3658.54 億元，比年初增長 4.73%。

活力指數得分 0.43，排名第 32 位，上升 2 位，其中 2014 年文化力指數得分 0.321，排名第 28 位；學習力指數得分 0.246，排名第 44 位，上升 8 位；創新力指數得分 0.251，第 57 位，上升 5 位；法制力指數得分 0.49，排名第 9 位，上升 2 位。其中文化力指數值得關注。至 2014 年末，昆明市登記在冊的業餘文化藝術表演團體 1600 個，專業文化藝術表演團體 2 個，文化館、群眾藝術館 13 個；公共圖書館 13 個；博物館 116 個，其中，註冊博物館 27 個，掛牌博物館 89 個。

城市能力指數得分 0.89，排名第 27 位，上升 83 位，城市經濟增長能力指數得分 0.851，排名第 33 位；城市吸引能力得分 0.356，排名第 51 位，上升 11 位；城市流通能力得分 0.376，排名第 33 位；社會保障能力得分 0.428，排名第 54 位。其中社會保障能力的變化值得加以關注。2014 年昆明市全市各級衛生機構條件明顯改善，各類醫療保險齊全；農村居民轉戶 11.8 萬人，城鎮化率達 69%；建成美麗鄉村 80 個，實施農村危房改造和宜居農房建設 2.76 萬戶；完成水利投資 31.3 億元。

綜上，昆明 2014 年堅持穩中求進，著力深化改革開放，努力保障和改善民生，經濟運行保持平穩增長，經濟實力進一步增強，人民生活水準穩步提高，社會更加和諧穩定。作為省會城市以及拉動雲南省經濟發展的主力，昆明在雲南融入“一帶一路”建設戰略中發揮的作用非常重要。

8.20 長沙城市成長競爭力點評分析

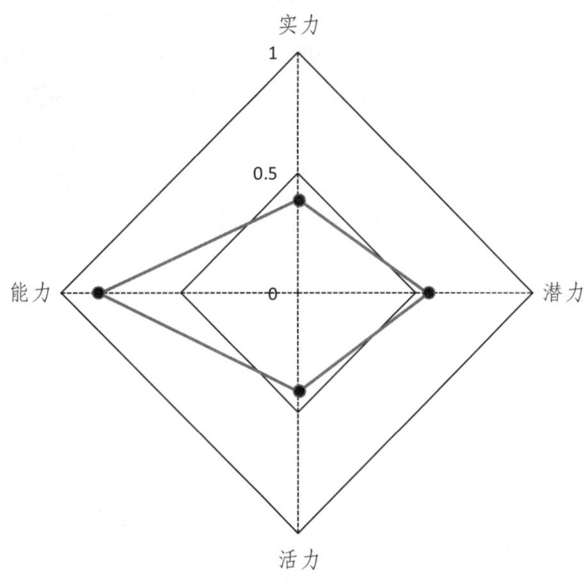

圖8.20.1　2014年長沙成長競爭力雷達圖

長沙 2014 年城市成長競爭力的基本情況如下：實力指數得分為 0.39，排名第 24 位，與上年持平；潛力指數得分為 0.55，排名第 29 位，上升 31 位；活力指數得分為 0.41，排名第 36 位，上升 2 位；能力指數得分為 0.84，排名第 50 位，下降 3 位；成長競爭力得分為 739.85，排名第 20 位，上升 4 位。

實力指數得分 0.39，排名第 24 位，與上年持平。城市經濟競爭力排名由 33 位上升到 28 位，其中城市規模指數由 17 位下降到 18 位。城市財政金融競爭力中產業效率指數從第 23 位上升到第 18 位，其中城市財政規模指數排 21 位，與上年持平，財政金融效率指數由 33 位下降到 42 位。從業者生產效率和企業盈利能力有所下降，同時重點耗能工業企業的單位產品能耗比上年有不同程度的下降。產業規模指數排名第 19 位，與上年持平。2014 年完成地區生產總值 7810 億元，增長 10%；固定資產投資 5430 億元，增長 18%；財政總收入 1003.08 億元，增長 13.49%，其中公共財政預算收入 632.8 億元，增長 17.92%；規模以上工業增加值 3050 億元，增長 12%。

潛力指數得分 0.55，排名第 29 位，上升 31 位，其中居民消費潛力指數得分 0.62，排名第 110 位，下降 29 位；金融資本潛力指數得分 0.366，排名 25 位，與上年持平；可持續發展指數得分 0.663，排名第 13 位，上升 133 位。其中表現最為突出的是可持續發展指數。2014 年長沙市全面開展“三年造綠大行動”，完成造林綠化 20.6 萬畝，森林覆蓋率達 54.71%；新建綠地 1.08 萬畝，建成區綠化覆蓋率 40%。市容環境明顯改善，文明城市建設取得新成效。

活力指數得分 0.41，排名第 36 位，上升 2 位，其中文化力指數得分 0.282，排名第 45 位，上升 3 位；學習力指數得分 0.242，排名第 46 位，上升 7 位；法制力指數得分 0.374，排名第 41 位，與上年持平。其中學習力指數提升變化較大。2014 年長沙市全市擁有普通高校 50 所，普通高中 74 所，初中學校 218 所，普通小學 937 所；全市共投入義務教育“免補”經費 7.02 億元，執行公辦教育收費標準的 131.6 萬人次學生全部享受免“一費制”入學；補助了 4.84 萬人次農村家庭經濟困難寄宿學生生活費。

能力指數得分 0.84，排名第 50 位，下降 3 位，其中經濟增長能力指標得分 0.795，排名第 72 位，上升 1 位；社會保障能力得分 0.362，排名第 76 位，下降 36 位；城市吸引能力得分 0.455，排名第 28 位，下降 1 位；城市流通能力得分 0.408，排名第 20 位，上升 126 位。其中提升最為突出的是城市流通能力。2014 年長沙市全年運輸周轉量 431.55 億噸公里，增長 10.8%，旅客周轉量增長 7.9%，貨物周轉量增長 12.2%；全年完成郵電業務總量（2010 年不變價）194.95 億元，比上年增長 29.9%；年末本地固定電話使用者 194.68 萬戶，下降 5.8%，行動電話用戶 1118.20 萬戶，增長 2.9%；年末互聯網寬頻用戶達 152.83 萬戶。

綜上，2014 年長沙市成長競爭力顯著提高。長沙繼續深化改革，加強產業結構調整，積極應對前期刺激政策消退的影響，推動轉型創新發展，強力實施工業倍增計畫， 工業經濟實現了較快增長。市區生態環境良好，城市效率效率不斷提高，競爭力和凝聚力日益提升。

8.21 貴陽城市成長競爭力點評分析

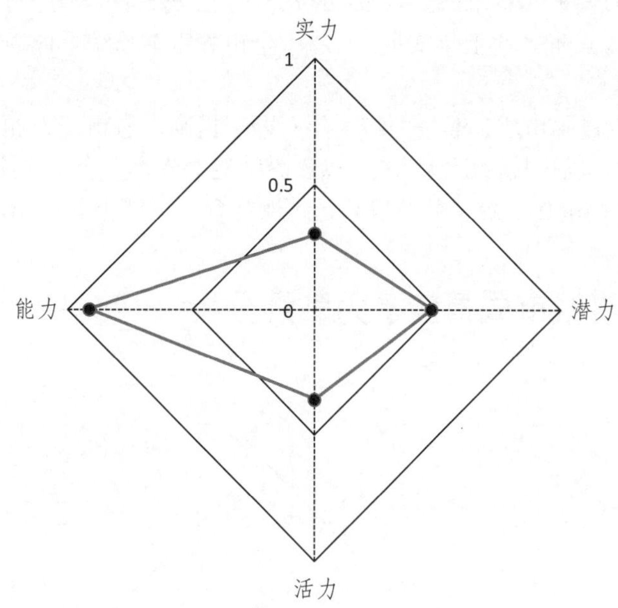

圖8.21.1 2014年貴陽成長競爭力雷達圖

貴陽 2014 年城市成長競爭力的基本情況如下：實力指數得分為 0.3，排名第 47 位，上升 7 位；潛力指數得分為 0.48，排名第 70 位，下降 43 位；活力指數得分為 0.36，排名第 53 位，上升 9 位；能力指數得分為 0.92，排名第 8 位，下降 5 位；成長競爭力得分為 732.21，排名第 21 位，上升 2 位。

實力指數得分 0.3，排名第 47 位，上升 7 位。城市財政金融競爭力排名由 50 位下降到 52 位，其中財政金融規模指數排 40 位元，比 2013 年下降了 5 位。城市規模指數由 90 位下降到 96 位。城市居民生活指數由 159 位上升到 152 位，產業競爭力中產業規模指數由 121 位元上升到 118 位，產業貢獻指數由 161 位上升到 114 位。2014 年全市實現地區生產總值 2497.27 億元、增長 13.9%，增速繼續位居全國省會城市前列。公共財政預算收入 331.59 億元、增長 19.6%，公共財政預算支出 448.65 億元、增長 14%。

潛力指數得分 0.48，排名第 70 位，下降 43 位。其中居民消費潛力指數得分 0.646，排名第 104 位，下降 31 位；金融資本潛力指數得分 0.342，排名第 36 位，上升 1 位；市場潛力指數得分 0.316，排名第 31 位，下降 4 位；區位指數得分 0.451，排名 31 位，保持不變；自然資源指數得分 0.351，排名第 185 位，上升 39 位，其中自然資源指數的變化值得關注。貴陽市全年完成全市 60 萬戶天然氣置換；187 家重點餐飲企業完成油煙淨化設施安裝；完成 65 座加油站和 109 輛油罐車的改造；加強 93 個重點非煤礦山揚塵污染管控；南明河水環境二期綜合治理完成沿河截汙大溝防滲處理和截汙管道更換 32 公里，清除河底淤泥 93 萬余方，改造排水口 255 個，南明河整治河段劣 V 類水質的比例從 51%下降至 17.4%，有效改善了南明河水質。

活力指數得分 0.36，排名第 53 位，上升 9 位。其中文化力指數得分 0.268，排名第 52 位，與上年持平；學習力指數得分 0.196，排名第 71 位，上升 10 位；創新力指數得分 0.23，排名第 69 位，上升 6 位。其中創新力指數的提高值得注意。2014 年全年貴陽市專利申請受理量為 12630 件，比上年增長 79.4%；專利授權量 3766 件，比上年增長 6.7%，其中發明專利 674 件，實用新型專利 2676 件，外觀設計專利 416 件。

能力指數得分 0.92，排名第 8 位，下降 5 位。其中經濟增長能力指數得分 0.888，排名第 12 位，下降 5 位；社會保障能力指數得分 0.289，排名第 128 位，上升 6 位；城市流通能力得分 0.372，排名第 26 位，上升 140 位。其中上升最為顯著的是城市流通能力。2014 年全年貴陽市各種運輸方式完成旅客發送量 72526.63 萬人次，比上年增長 20.0%；完成貨物運輸量 26421.15 萬噸，比上年增長 24.2%；全市郵電業務總量達 96.99 億元，比上年增長 25.5%。

綜上，2014 年貴陽市成長競爭力較上年有顯著提高，城市著力加大改革力度，著力保護環境，改善民生，以科技創新為引領，以實體經濟為支撐，全市經濟發展穩中向好，經濟總量增加、產業結構優化、質量效益提高，經濟社會發展躍上新臺階。

8.22 廈門城市成長競爭力點評分析

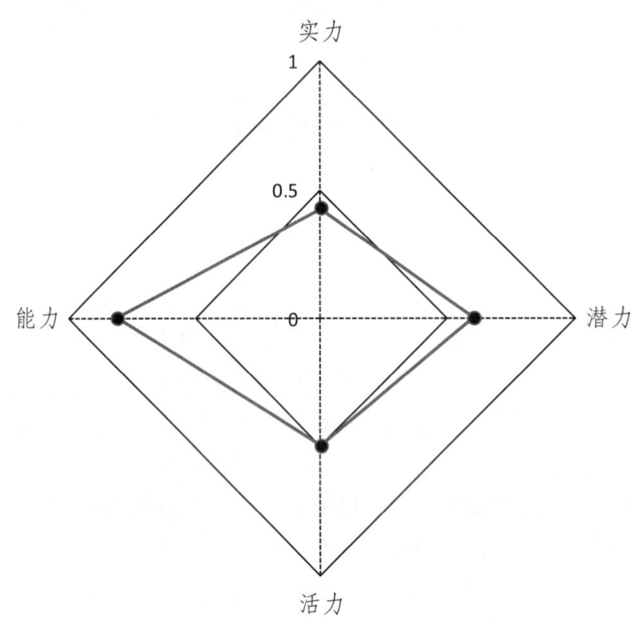

圖 8.22.1　2014 年廈門成長競爭力雷達圖

廈門 2014 年城市成長競爭力的基本情況如下：實力指數得分為 0.43，排名第 20 位，上升 3 位；潛力指數得分為 0.61，排名第 16 位，上升 7 位；活力指數得分為 0.5，排名第 14 位，與上年持平；能力指數得分為 0.810，排名第 70 位，上升 67 位；成長競爭力得分為 703.19，排名第 22 位，與上年持平。

2014 年廈門市城市實力指數得分 0.43，排名第 20 位，上升 3 位。在城市實力指數中，城市財政金融競爭力排名由 30 上升到第 16 位，財政金融效率指數由 18 位上升到 7 位，經濟競爭力由 23 位下降到 31 位，廈門該實力排名下降的原因是由於其他城市經濟發展狀況相比廈門來說狀況更好，導致該指標排名下降。2014 年地區生產總值 3273 億元，增長 9.2%，增幅位居副省級城市前列；全社會固定資產投資 1573 億元，增長 16.7%，其中重點專案投資 1025 億元；財政總收入 909 億元，增長 10.2%；城鎮居民和農民人均可支配收入分別為 39625 元和 16220 元，增長 8.2%和 10.6%。

潛力指數得分 0.61，排名第 16 位，上升 7 位。其中居民消費潛力指數得分 0.743，排名第 54 位，上升 154 位；市場潛力指數得分 0.284，排名第 45 位，下降 4 位；環境質量指數得分 0.782，排名第 11 位。其中環境質量指數表現較為突出。2014 年廈門市空氣質量 AQI 優良率和優級率分別為 95.3%和 30.4%，比上年分別提升 1.9 和 9.0 個百分點，提前達到《廈門市空氣質量限期達標規劃》近期目標，全年優良天數 348 天，達標天數福建省第一，在全國 74 個重點城市中空氣質量排名第 8；區域環境雜訊平均等效聲級 56.5 dB(A)，道路交通雜訊平均等效聲級 66.3dB(A)；集中式飲用水源地水質達成率 100%；受保護地占國土面積比例 57.7%，本地物種受保護程度 100%；島外四區全部通過國家級生態區考核驗收。

活力指數得分 0.5，排名第 14 位，與上年持平。城市學習力指數得分 0.339，排名 14 位，與上年持平；創新力指數得分 0.365，排名第 16 位，下降到 3 位；法制力指數得分 0.42，排名第 20 位，上升 3 位。其中表現較為突出的是學習力指數。2014 年廈門市全市擁有各級學校（含成人教育、社會辦學）1258 所，學年初招生數 22.76 萬人，在校學生數 91.80 萬人。其中成人學校 156 所，學年初招生數 8800 人，在校學生數 17.68 萬人；特殊教育學校 4 所，學年初在校學生 459 人。

能力指數得分 0.810，排名第 70 位，上升 67 位，其中經濟增長能力得分 0.763，排名第 133 位，上升 58 位；社會保障能力得分 0.568，排名第 18 位，與上年持平；城市流通能力得分 0.37，排名第 29 位，上升 98 位。其中城市流通能力變化較為顯著。2014 年廈門市交通運輸、倉儲和郵政業增加值 219.82 億元，比上年增長 10.9%；全年郵電業務總量 140.83 億元，比上年增長 17.4%；全年接待國內外遊客 5337.86 萬人次，比上年增長 14.5%。

綜上，2014 年廈門市經濟實力穩中有升，社會改革力度不斷加強。城市地理位置優越，環境質量良好，城市國際吸引指數較強，正加強自貿區建設，其沿海的地理位置和毗鄰臺灣的政治地位使其在海峽兩岸交流和國家“一帶一路”大戰略中扮演著重要的角色。

8.23 東莞城市成長競爭力點評分析

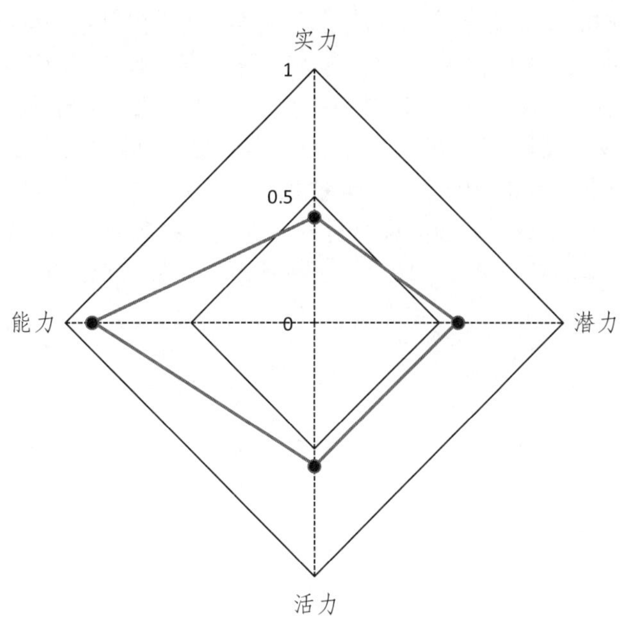

圖 8.23.1　2014 年東莞成長競爭力雷達圖

東莞 2014 年城市成長競爭力的基本情況如下：實力指數得分為 0.42，排名第 22 位，與上年持平；潛力指數得分為 0.570，排名第 23 位，上升 18 位；活力指數得分為 0.560，排名第 10 位，下降 2 位；能力指數得分為 0.89，排名第 20 位，上升 259 位；成長競爭力得分為 643.68，排名第 23 位，比 2013 年排名上升了 8 位。

實力指數得分 0.42，排名第 22 位，與上年持平。城市財政金融競爭力指數排名從 2013 年的 57 位上升到 26 位，其中財政金融規模指數由 39 位上升到 37 位，財政金融效率指數由

110 位上升到第 6 位。城市經濟競爭力指數由 15 位上升到 14 位，其中城市規模指數排名從 26 位下降到 35 位，城市效率指數由 24 位上升到 4 位。產業規模指數排名從 2013 年的 27 名下降到 28 名，產業貢獻指數由 39 位上升到 35 位。全市生產總值 5881 億元，同比增長 7.8%，快于全國平均水平 0.4 個百分點。一般公共預算收入 455.2 億元，增長 11.2%。規模以上工業企業內銷比重首次超過外銷。經濟實力持續增強。

潛力指數得分 0.570，排名 23 位，上升 18 位，其中居民消費潛力指數得分 0.583，排名第 209 位；金融資本潛力指數得分 0.329，排名 43 位，與上年持平；人力資本潛力指數得分 0.855，排名第 7 位，與上年持平；區位指數得分 0.451，排名 31 位，環境質量指數得分 1，排名第 1 位。可以看出環境質量指數的表現最為突出。至 2014 年年末，全市森林公園達 19 個，新增森林公園配套設施一批；林業用地面積 80.37 萬畝，生態公益林 32.96 萬畝，林木積蓄量 282.90 萬立方米，林木總生長量 12.75 萬立方米；城市建成區綠地率為 44.5%，綠化覆蓋率為 47.5%，人均公園綠地面積 17.3 平方米；全市已建成公園 1210 個，面積 1.45 萬公頃。

活力指數得分 0.560，排名第 10 位，下降 2 位，其中文化力指數得分 0.335，排名第 20 位，下降 4 位；學習力指數得分 0.338，排名第 15 位，上升 2 位；創新力指數得分 0.388，排名第 12 位，下降 3 位。其中學習力指數有所上升。2014 年東莞市全市有小學 320 所，在校學生 68.73 萬人，本市戶籍學齡兒童入學率達 100%，小學畢業生升學率達 100%；全市有初中 172 所；高中階段學校共有 65 所，其中普通高中 40 所，在校生 7.81 萬人，中職學校 25 所（含技工學校 3 所），在校生 6.44 萬人；全市有普通高等院校 6 所，在校學生 6.99 萬人；全年普通高等院校共招收本科、專科學生 2.28 萬人，畢業生 1.3 萬人。

能力指數得分 0.89，排名第 20 位，上升 259 位。城市經濟增長能力指數得分 0.744，排名第 125 位，上升 162 名；城市吸引能力指數得分 0.981，排名第 3 位，下降 1 位；城市流通能力指數得分 0.501，排名第 12 位，上升明顯。其中提升最為顯著的是城市流通能力。2014 年東莞全市公路通車里程 5144.9 公里，公路密度 208.7 公里/百平方公里，繼續位居廣東省前列；全年公路貨物運輸量 10915 萬噸，貨物周轉量 75.52 億噸公里；水路貨物運輸量 4460 萬噸，貨物周轉量 372.48 億噸公里；全年公路運輸完成客運量 5524 萬人，旅客周轉量 85.26 億人公里；水路運輸完成客運量 31.00 萬人，旅客周轉量 2004 萬人公里。

綜上，東莞 2014 年成長競爭力顯著提升，經濟社會發展穩中向好、穩中有進，產業結構不斷優化，創新驅動動力增強，民生福祉持續改善，社會保障能力不斷提高。

8.24 無錫城市成長競爭力點評分析

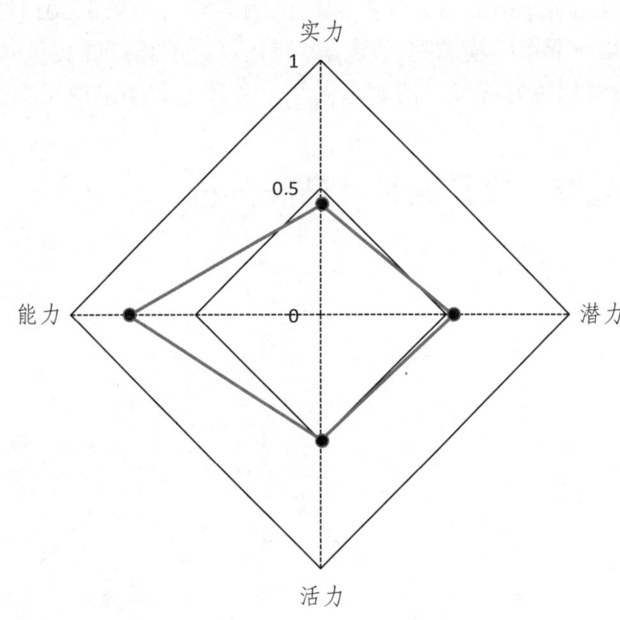

圖8.24.1　2014年無錫成長競爭力雷達圖

無錫 2014 年城市成長競爭力的基本情況如下：實力指數得分為 0.43，排名第 19 位，與上年持平；潛力指數得分為 0.53，排名第 36 位，下降 5 位；活力指數得分為 0.5，排名第 14 位，上升 1 位；能力指數得分為 0.77，排名第 110 位，上升 105 位；成長競爭力得分為 638.53，排名第 24 位，下降 3 位。

實力指數得分 0.43，排名第 19 位，與上年持平，其中經濟競爭力排名 21 位，與上年持平。城市財政金融競爭力由 24 位上升到 21 位，其中財政金融規模指數由 16 位下降到 19 位。產業規模指數略有下降，從 11 位下降到 15 位。全市地區生產總值同比增長 8.2%，一般公共預算收入增長 8.0%，城鄉居民人均可支配收入分別增長 9%和 10%，城鎮登記失業率 1.91%，居民消費價格指數 102.2。完成固定資產投資增長 16%；社會消費品零售總額增長 11.5%；進出口、出口總額分別增長 5.4%、7.5%。

潛力指數得分 0.53，排名第 36 位，下降 5 位，其中居民消費潛力指數得分 0.643，排名第 105 位；金融資本潛力指數得分 0.344，排名 35 位，下降 1 位；市場潛力指數得分 0.39，排名第 16 位，下降 2 位；人力資本潛力指數得分 0.626，排名第 21 位，上升到 1 位。其中值得關注的是市場潛力指數。2014 年無錫市全年實現社會消費品零售總額 3054.75 億元，比上年增長 11.5%。其中，批發和零售業零售額 2830.42 億元，比上年增長 11.6%，住宿和餐飲業零售額 224.33 億元，比上年增長 9.4%。

活力指數得分 0.5，排名第 14 位，上升 1 位，其中法制力指數得分 0.416，排名第 23 位，下降 13 位；文化力指數得分 0.412，排第 8 位，與上年持平；學習力指數得分 0.329，排名第 16 位，上升 1 位。其中表現突出的是文化力指數。2014 年無錫市大運河無錫段參與申遺成功，惠山祠堂群列入省 2016 年推薦申遺項目，“泰伯廟會”、“宜興均陶製作技藝”被評為第四批國家級非遺代表性項目，紫砂文化海峽兩岸交流基地創建成功；年末全市共有藝術表演團體 51 個，文化館 10 個，公共圖書館 10 個，博物（紀念）館 64 個。

能力指數得分 0.77，排名第 110 位，上升 105 位，其中經濟增長能力得分 0.701，排名第 173 位，上升 100 位；城市吸引能力得分 0.506，排名第 22 位，下降 4 位。其中經濟增長能力表現提升較為明顯。2014 年無錫市全市實現地區生產總值 8205.31 億元，按可比價格計算，比上年增長 8.2%。按常住人口計算人均生產總值達到 12.64 萬元，按現行匯率折算達到 2.07 萬美元；第二產業增加值 4186.34 億元，比上年增長 6.6%，第三產業增加值 3862.01 億元，比上年增長 10.3%，三次產業比例調整為 1.9:51.0:47.1。

綜上，2014 年無錫市結構調整呈現積極變化，經濟運行的質量效益進一步提升，各項改革大踏步前進，優化生態環境，落實惠民生，各項社會事業取得新進步。

8.25 煙臺城市成長競爭力點評分析

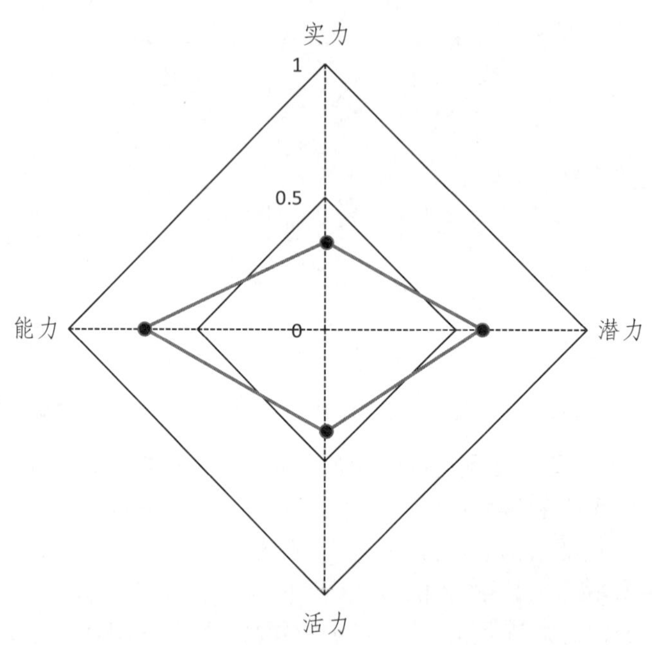

圖 8.25.1　2013 年煙臺成長競爭力雷達圖

煙臺 2014 年城市成長競爭力的基本情況如下：實力指數得分為 0.33，排名第 37 位，下降 1 位；潛力指數得分為 0.6，排名第 19 位，上升 9 位；活力指數得分為 0.39，排名第 43 位，上升 17 位；能力指數得分為 0.71，排名第 169 位，下降 94 位；成長競爭力得分為 629.19，排名第 25 位，與上年持平。

2014 年煙臺市城市實力指數得分 0.33，排名第 37 位，下降 1 位，在城市實力指數中，經濟競爭力排名從 46 位上升到 39 位，其中城市規模指數由 23 位下降到 24 位，城市效率指數與上年持平，城市國際吸引力指數由 34 位下降到 38 位。全年生產總值達到 6002 億元，同比增長 9.1%。城市和農村居民人均可支配收入分別達到 35791 元和 16656 元，分別增長 8.6%和 11.4%。主要經濟指標增幅高於全國、山東省和 14 個首批沿海開放城市平均水平。經濟增長質量和效益不斷提高，產業層次逐步提升，區域結構進一步優化，財政收支結構得到改善。

潛力指數得分 0.6，排名第 19 位，上升 9 位，其中居民消費潛力指數得分 0.635，排名第 116 位，下降 85 位；人力資本潛力指數得分 0.28，排名第 108 位，上升 3 位；市場潛力指數得分 0.323，排名第 28 位，與上年持平；環境質量指數得分 0.78，排名 12 位。其中環境質量指數表現較為突出。2014 年煙臺市全年市區環境空氣質量優良天數 280 天，優良率為 76.7%，未出現嚴重污染天氣，八縣市環境空氣品質二氧化硫、二氧化氮年均值全部達到國家標準； 26 條重點河流 42 個監測斷面水質達成率穩定在 85%以上，均達到功能區劃標準要求；近岸海域水質以一類、二類海水為主，100%的測點達到近岸海域功能區要求。

活力指數得分 0.39，排名第 43 位，上升 17 位，其中文化力指數得分 0.282，排名第 45 位，下降 2 位；學習力指數得分，0.195，排名第 74 位，上升 18 位；創新力指數得分 0.153，排名第 110 位，上升 45 位。其中文化力指數值得關注。2014 年煙臺市文化系統擁有各種藝術表演團體 10 個，藝術表演場所 8 個，公共圖書館 14 個，群眾藝術館和文化館 14 個，博物館和紀念館 18 個；擁有縣級以上廣播電臺 10 座，對國內廣播節目 12 套，縣級以上電視臺 13 座，電視發射台和轉播台 12 座，全市廣播電視人口綜合覆蓋率達到 100%。

能力指數得分 0.71，排名第 169 位，下降 94 位，其中經濟增長能力得分 0.695，排名第 183 位，下降 97 位；城市吸引能力得分 0.242，排名第 114 位，上升 1 位；城市流通能力得分 0.346，排名第 38 位，上升 39 位。其中城市流通能力進步較為突出。2014 年煙臺市全年交通運輸倉儲和郵政業完成增加值 148.18 億元，比上年增長 6.4%；貨物運輸量 19773.47 萬噸，比上年下降 1.4%；旅客運輸量 7972.13 萬人次，增長 6.8%。

綜上，2014 年煙臺市堅持穩中求進、穩中求優，深入開展“促發展、惠民生、上水平”活動，不斷加強社會各項事業改革力度，積極推進經濟轉型發展，加快建設美麗煙臺，全市經濟保持平穩較快增長，發展質量和效益進一步提升。

8.26 哈爾濱城市成長競爭力點評分析

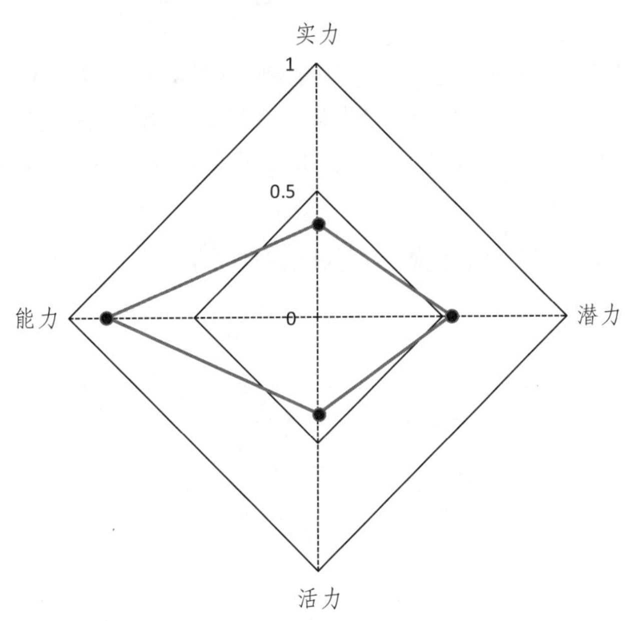

圖 8.26.1　2014 年哈爾濱成長競爭力雷達圖

哈爾濱 2014 年城市成長競爭力的基本情況如下：實力指數得分為 0.37，排名第 27 位，上升 2 位；潛力指數得分為 0.53，排名第 33 位，下降 22 位；活力指數得分為 0.38，排名第 46 位，上升 10 位；能力指數得分為 0.85，排名第 47 位，上升 144 位；成長競爭力得分為 622.95，排名第 26 位，與上年持平。

實力指數得分 0.37，排名第 27 位，上升 2 位。城市經濟競爭力由 60 位上升到 40 位，其中城市規模指數由 22 位上升到 21 位，城市效率指數與上年持平，城市居民生活指數由 113 位上升到 79 位，城市財政金融競爭力由 35 位上升到 34 位，其中財政金融規模指數由 27 位上升到 26 位，財政金融效率指數由 100 位上升到 70 位。全年地區生產總值比上年增長 7%，固定資產投資增長 12.2%，實現社會消費品零售總額 3070.9 億元，增長 12.6%；居民消費價格上漲 2%，低於全國控制上限；全年完成地方公共財政預算收入 423.5 億元，其中市本級 233.9 億元，分別增長 5.3%和 10.7%。

潛力指數得分 0.53，排名第 33 位，上升 22 位。其中居民消費潛力指數得分 0.649，排名第 99 位；金融資本潛力指數得分 0.459，排名第 18 位，與上年持平；市場潛力指數得分 0.264，排名第 53 位，上升 3 位；區位指數得分 0.517，排名 22 位，與去年持平；自然資源指數得分 0.585，排名第 30 位，下降 14 位。其中表現最為突出的是金融資本潛力指數。至 2014 年年末，哈爾濱市儲蓄存款餘額達 1664.57 億元，較年初增加 142.17 億元，增長 9.3%；金融機構貸款餘額 811.40 億元，增加 85.38 億元，增長 11.8%。

活力指數得分 0.38，排名第 46 位，上升 10 位。其中文化力指數得分 0.32，排名第 29 位，與上年持平；學習力指數得分 0.195，排名第 74 位，上升 29 位；創新力指數得分 0.249，排名第 58 位，上升 13 位。其中表現較為突出的是文化力指數。2014 年哈爾濱市擁有公共圖書館 11 個，藏書 85.48 萬冊；市級廣播電臺 1 座，廣播節目 2 套，市級電視臺 1 座，電視節目 2 套；全市電視綜合覆蓋率達 96.7%，農村數位電影覆蓋率達 100%。

能力指數得分 0.85，排名第 47 位，上升 144 位。其中經濟增長能力指數得分 0.819，排名第 50 位，上升 166 位；社會保障能力指數得分 0.319，排名第 101 位，下降 70 位；城市吸引能力得分 0.309，排名第 43 位，下降 3 位。其中提升最為顯著的是經濟增長能力。哈爾濱靠近俄羅斯邊境，在中俄貿易、文化交流等方便發揮著越來越重要的作用，2014 年哈爾濱市共簽訂各類招商引資項目 335 個，項目總投資 1080 億元；在建專案實際到位資金 571.35 億元，同比增長 15.5%；全市新批外商投資企業 1 戶，合同利用外資 825 萬美元，實際利用外資 1216 萬美元。

綜上，2014 年哈爾濱各項能力均有新的突破，經濟綜合實力跨上歷史新臺階，產業專案建設實現新突破，經濟發展活力不斷釋放，人民生活持續改善，精神文明與民主法治建設得到加強，全力推動產業結構優化升級，開創了產業建設提質增效、快速發展。

8.27 西安城市成長競爭力點評分析

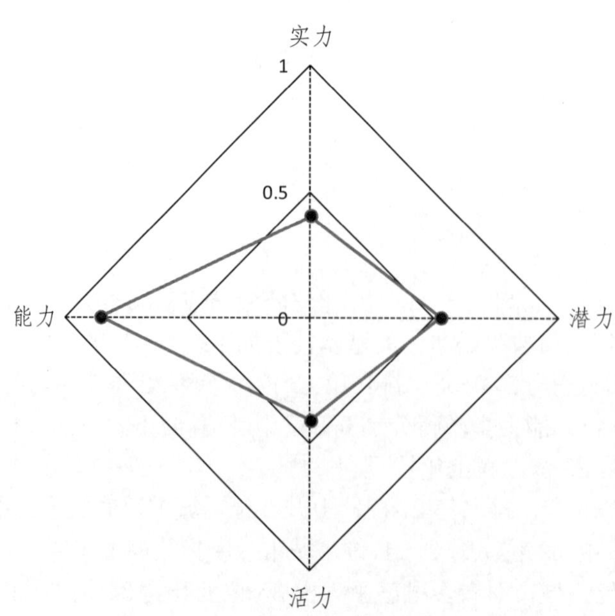

圖 8.27.1　2014 年西安成長競爭力雷達圖

西安 2014 年城市成長競爭力的基本情況如下：實力指數得分為 0.4，排名第 23 位，下降 2 位；潛力指數得分為 0.53，排名第 36 位，上升 4 位；活力指數得分為 0.41，排名第

37 位，上升 10 位；能力指數得分為 0.85，排名第 44 位，上升 65 位；成長競爭力得分為 598.31，排名第 27 位，上升 2 位。

2014 年西安市城市實力指數得分 0.4，排名第 23 位，下降 2 位。城市經濟競爭力由 36 位上升到 32 位，其中城市國際吸引指數由 30 位上升到 26 位。財政金融競爭力排名 19 位，與上年持平，其中財政金融規模指數由 22 位上升到 20 位。2014 年全市生產總值突破 5000 億元大關，達到 5474.8 億元，增長 9.9%，分別高出全國 2.5 個百分點，增速位居 15 個副省級城市第二。人均 GDP 首次超過 1 萬美元，達到 10394 美元。財政總收入邁上千億元臺階，較 2010 年實現翻番。一般公共預算收入完成 583.8 億元，增長 16.3%。城鄉居民收入分別達到 36100 元和 14462 元，增長 9.1%和 11.9%，綜合經濟實力顯著提升。

潛力指數得分 0.53，排名第 36 位，上升 4 位，居民消費潛力指數得分 0.659，排名第 94 位，下降 88 位；市場潛力指數得分 0.385，排名第 18 位，下降 1 位；金融資本潛力指數得分 0.473，排名第 14 位。其中金融資本潛力指數相比之下較為突出。截至 2014 年末，西安全市金融機構本外幣存款餘額 15315.39 億元，比上年末增長 10.2%；金融機構本外幣貸款餘額 11878.89 億元，增長 16.3%；人民幣貸款餘額 11668.14 億元，增長 16.4%。

活力指數得分 0.41，排名第 37 位，上升 10 位，其中文化力指數得分 0.315，排名第 30 位，上升 4 位；法制力指數得分 0.351，排名第 44 位，下降 6 位；學習力指數得分 0.254，排名 37 位，上升 9 位；創新力指得分 0.255，排名第 56 位，上升 9 位。其中最值得關注的是文化力指數。2014 年西安市擁有博物館 108 個，公共圖書館 15 個，群眾藝術館 2 個，文化館 14 個，文化站 182 個；地市廣播電視臺 2 座，縣級廣播電視臺 6 座。

能力指數得分 0.85，排名第 44 位，上升 65 位，城市經濟增長能力得分 0.799，排名第 67 位，上升 76 位。城市經濟增長能力的大幅提高應值得關注。2014 年西安市全年生產總值比上年增長 9.9%；在全國區域經濟佈局上，西安具有承東啟西、東聯西進的區位優勢，在“一帶一路”戰略中具有重要的戰略地位；高新技術產業基地，科技投入不斷提高。

綜上，2014 年西安確立了“五大主導產業”的發展重點和“五區一港兩基地”的發展格局，逐漸形成區域性的金融中心、貿易中心、製造業中心以及高端服務業中心。不斷加大改革創新力度，經濟實力穩中求進，社會發展不斷向前。

8.28 長春城市成長競爭力點評分析

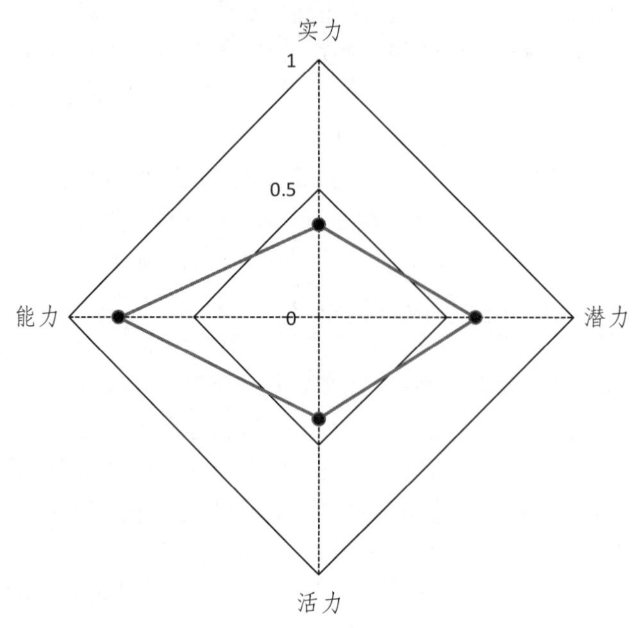

圖8.28.1　2014年長春成長競爭力雷達圖

長春 2014 年城市成長競爭力的基本情況如下：實力指數得分為 0.36，排名第 31 位，下降 1 位；潛力指數得分為 0.61，排名第 13 位，上升 5 位；活力指數得分為 0.39，排名第 41 位，上升 2 位；能力指數得分為 0.8，排名第 76 位，上升 24 位；成長競爭力得分為 595.35，排名第 28 位，與上年持平。

實力指數得分 0.36，排名第 31 位，下降 1 位。城市經濟競爭力由 54 位上升到 38 位，其中城市規模指數由 27 位上升到 25 位，城市效率指數從 67 位下降到 70 位，城市居民生活指數由 96 位上升到 49 位。城鎮居民人均可支配收入顯著增加，生活水平在不斷提高。城市財政金融競爭力指數由 36 位上升到第 35 位。城市產業規模指數由第 34 位元上升到第 31 位。全年地區生產總值增長 7%。工業總產值突破 1 萬億元。糧食連續 11 年豐收。全口徑財政收入增長 7.3%。城市居民人均可支配收入增長 9.8%。農村居民人均純收入增長 11%。規模以上工業企業利潤增長 19%。現代服務業增速超傳統服務業 4 個百分點。科技成果轉化率提升 4 個百分點。萬元 GDP 能耗降低 4.6%。經濟效益穩步提升，結構調整扎實推進。

潛力指數得分 0.61，排名第 13 位，上升 5 位。居民消費潛力指數得分 0.633，排名第 120 位；金融資本潛力指數得分 0.473，排名第 22 位，與上年持平；市場潛力指數得分 0.385 排名第 24 位，下降 1 位；區位指數得分 0.495，排名 25 位；自然資源指數得分 0.587，排名第 22 位，上升 7 位。其中進步較為明顯的是自然資源指數。至 2014 年年末，長春市水土流失治理面積 3793.9 平方公里；建成水庫 101 座，總庫容 22030.6 萬立方米；總供水量 14.94 億立方米。

活力指數得分 0.39，排名第 41 位，上升 2 位，其中文化力指數得分 0.31，排名第 35 位，上升 2 位；學習力指數得分 0.221，排名第 56 位，上升 4 位。其中文化力指數表現相當突出。截至 2014 年，長春市擁有公共圖書館 11 個，藏書 85.48 萬冊；文化館 12 個，文化站 193 個，藝術表演場館 11 個；全市共有藝術表演團體 13 個，一元劇場文化惠民演出 1568 場。

能力指數得分 0.8，排名第 76 位，上升 24 位。其中經濟增長能力指數得分 0.775，排名第 90 位，上升 34 位；社會保障能力指數得分 0.322，排名第 99 位，下降 62 位；城市吸引能力得分 0.339，排名第 61 位，上升 2 位。其中進步較為明顯是是經濟增長能力。2014 年長春市全年實現生產總值 1460.94 億元，同比增長 10.5%，其中第一產業增加值 207.16 億元，增長 4.9%；第二產業增加值 794.51 億元，增長 12.1%，第三產業增加值 459.27 億元，增長 9.7%；人均生產總值 27372 元，同比增長 8.1%。

綜上，2014 年長春市經濟發展穩中有升，城市功能持續提高，社會保障能力得到明顯改善。旅遊產業不斷發展，城市生態環境良好，各項改革事業不斷開創新的局面。

8.29 福州城市成長競爭力點評分析

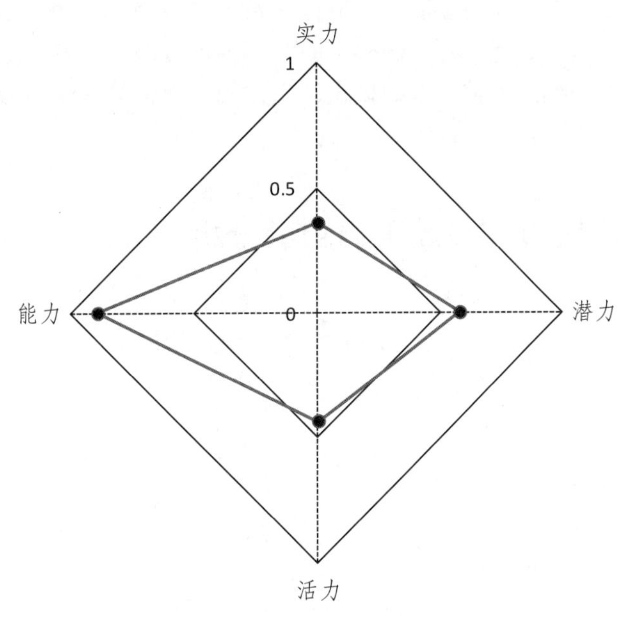

圖 8.30.1　2014 年福州成長競爭力雷達圖

福州 2014 年城市成長競爭力的基本情況如下：實力指數得分為 0.36，排名第 30 位，上升 4 位；潛力指數得分為 0.58，排名第 22 位，上升 25 位；活力指數得分為 0.44，排名第 29 位，上升 1 位；能力指數得分為 0.89，排名第 23 位，上升 102 位；成長競爭力得分為 569.79，排名第 29 位，上升 6 位。

實力指數得分 0.36，排名第 30 位，上升 4 位。城市經濟競爭力由 58 位上升到 45 位，其中城市規模指數排在 34 位，與上年持平，城市效率指數由 106 位上升到 97 位。城市財政金融競爭力排名由 34 位上升到第 32 位，其中財政金融規模指數排在 28 位元，與上年持平，財政金融效率由 53 位下降到 54 位，金融資本可獲得指數由 28 位上升到第 24 位。產業規模指數由 33 位元上升到 30 位，產業貢獻指數排名第 61 位上升到 47 位。全市生產總值突破 5000 億元，增長 10.5%，經濟總量邁上新臺階；一般公共預算總收入 780.48 億元，增長 13.3%，一般公共預算收入 510.87 億元，增長 12.5%，提前一年完成“十二五”規劃任務。

潛力指數得分 0.58，排名第 22 位，上升 25 位。其中居民消費潛力指數得分 0.885，排名第 23 位；金融資本潛力指數得分 0.378，排名與上年持平；市場潛力指數得分 0.303，排名第 35 位，上升 2 位；環境質量指數得分 0.731，排名 43 位。其中值得關注的是居民消費潛力指數。2014 年全市實現社會消費品零售總額 2991.98 億元，增長 14.6%，其中城鎮市場消費品零售額 294.12 億元，增長 16.6%，農村市場消費品零售額 19.14 億元，增長 33.5%；

年末共有大中型專業批發市場 49 個，總面積 215.56 萬平方米；連鎖經營企業 124 家，連鎖網點 3315 個。

活力指數得分 0.44，排名第 29 位，上升 1 位。其中文化力指數得分 0.307，排名第 36 位，下降 1 位；學習力指數得分 0.248，排名第 39 位，上升 6 位；創新力指數得分 0.288，排名第 30 位，上升 1 位。相比于 2013 年進步較為明顯的是學習力指數。2014 年福州市新建和改擴建中小學 28 所、公辦幼稚園 21 所；拆除重建、加固改造校舍 15 萬平方米，創建“義務教育標準化學校”14 所，擴容中小學學位 5450 個；全市共有高等學校 32 所，各類教育均衡發展。

能力指數得分 0.89，排名第 23 位，上升 102 位。其中經濟增長能力指數得分 0.852，排名第 32 位，上升 125 位；城市吸引能力指數得分 0.408，排名第 34 位，上升 2 位；城市流通能力指數得分 0.357，排名第 33 位，上升 24 位。 其中進步最為顯著的是經濟增長能力。2014 年地區生產總值比上年增長 10.1%，其中第二產業增加值 2352.15 億元，增長 11.5%，第三產業增加值 2400.92 億元，增長 9.4%；三次產業比為 8.05∶45.5∶46.45。

綜上，2014 年福州市穩中有進，穩中向好，各項發展在攻堅克難中取得新成效，福州是建設 21 世紀海上絲綢之路戰略樞紐城市，正在國家“一帶一路”戰略中扮演著越來越重要的角色。

8.30 惠州城市成長競爭力點評分析

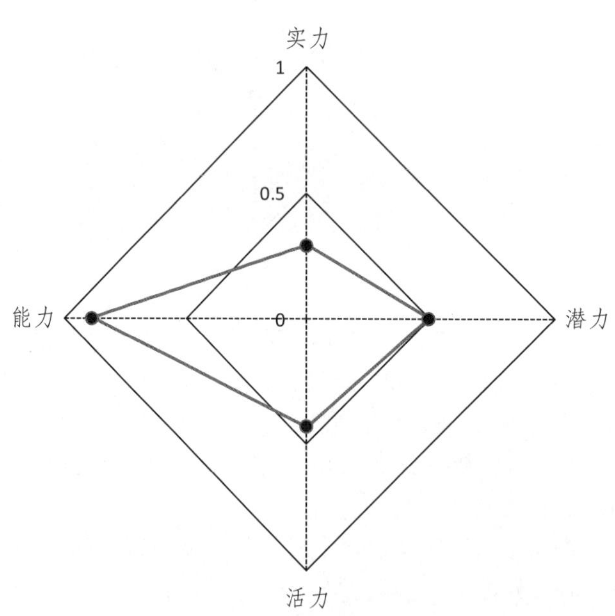

圖 8.30.1 2014 年惠州成長競爭力雷達圖

惠州 2014 年城市成長競爭力的基本情況如下：實力指數得分為 0.29，排名第 52 位，上升 13 位；潛力指數得分為 0.5，排名第 52 位，上升 123 位；活力指數得分為 0.43，排名第 31 位，下降 5 位；能力指數得分為 0.89，排名第 28 位，上升 74 位；成長競爭力得分為 539.84，排名第 30 位，上升 19 位。

實力指數得分 0.29，排名第 52 位，上升 13 位。城市經濟競爭力由第 56 位下降到第 57 位，其中城市規模指數由 64 位下降到 74 位，城市效率指數由 86 位上升到 70 位。城市財政金融競爭力由 88 位上升到 78 位，其中財政金融規模指數由 80 位元上升到 75 位。城市產業規模指數由 66 位下降到 72 位。2014 年全年地區生產總值 3000.7 億元，比上年增長 10%，用 3 年時間實現從 2000 億元到 3000 億元跨越。人均生產總值突破 1 萬美元，達 6.37 萬元，首次超過廣東省平均水平。地方公共財政預算收入 300.6 億元，增長 20.2%。進出口總額 594.1 億美元，增長 3.5%，其中出口 363.3 億美元，增長 9%。經濟實力持續增強。

潛力指數得分 0.5，排名第 52 位，上升 123 位，金融資本潛力指數得分 0.315，排名第 48 位，上升 5 位；人力資本潛力指數得分 0.495，排名第 39 位，上升 3 位；市場潛力指數得分 0.249，排名第 61 位，上升 3 位。其中金融資本潛力指數值得關注。至 2014 年末，惠州全市金融機構本外幣存款餘額 3394.6 億元，比上年末增長 8.1%；金融機構本外幣貸款餘額 2437.0 億元，比上年末增長 19.6%，其中人民幣貸款餘額 2176.8 億元，比上年末增長 19.2%。

活力指數得分 0.43，排名第 31 位，下降 5 位，其中文化力指數得分 0.279，由 48 位上升到第 47 位；創新力指數得分 0.284，由 25 位下降到 30 位；法制力指數得分 0.317，排名與去年持平。其中值得注意的是文化力指數。至 2014 年末，惠州市共有博物館 6 個，群眾文化事業館（站）79 個，公共圖書館 5 個；廣播電臺頻道 7 套，電視頻道 6 套，廣播人口覆蓋率和電視人口覆蓋率均為 100%；全市有線電視使用者 83.69 萬戶，其中數位電視使用者 66 萬戶。

能力指數得分 0.89，排名第 28 位，上升 74 位，其中經濟增長能力得分 0.837，排名第 42 位，上升 87 位；社會保障能力得分 0.511，排名第 29 位，上升 36 位；城市吸引能力得分 0.435，排名第 31 位，上升 1 位；城市流通能力得分 0.33，排名第 46 位。其中表現最為突出的是社會保障能力。截至 2014 年年末，惠州市參加城鎮職工養老保險 203 萬人，增長 2.9%；領取養老金通過社會化發放人數 9.7 萬人，增長 5.0%；參加失業保險 130.7 萬人，增長 2.6%；年末領取失業救濟金人數 2995 人，增長 6.4%；城鎮職工參加基本醫療保險 167 萬人，增長 4.6%。

綜上，2014 年惠州成長競爭力相比其他城市有很大提升。城市穩定經濟發展，優化產業結構，建立良好的生態環境，經濟社會發展保持了穩中向好的發展勢頭。

附錄 1　中國城市(城區)綜合競爭力比較評價指標體系說明

中國城市競爭力研究會構建的城市綜合競爭力比較評價指標體系包涵了表現性指標與結構性指標，其數據的獲取來源於權威的國家統計年鑒、各省市及城市統計年鑒及各城市政府網站所公布的統計資料、專家評價和普遍的問卷調查。反映了規模（總量）、效率（均量）和增長(動態發展量)，並體現了城市政府、城市企業、城市居民三大主體在整個城市系統中的不同作用。該指標體系涵蓋了經濟、社會、環境、文化四大系統，體現了整個城市系統的經營管理能力、學習能力、創新能力、開放能力、聚集能力、可持續發展能力。它包括一級指標（單項競爭力）10 個，二級指標 50 個，三級指標 216 個。其中一級指標具體情況如下表：

表附錄 1－1

系統	一級指標(單項競爭力)
經濟系統	經濟競爭力 產業競爭力 財政金融競爭力 商業貿易競爭力 基礎設施競爭力
社會系統	社會體制競爭力
環境系統	環境、資源、區位競爭力
文化系統	人力資本教育競爭力 科技競爭力 文化形象競爭力

附錄 1.1　單項競爭力指標體系說明

(一)、經濟系統

1、城市經濟競爭力比較評價指標體系

二級指標 4 個，三級指標 16 個。

表附錄 1.1－1

二級指標	三級指標	指標內涵
城市規模指數	城市人口規模	地區人口總數
	城區面積	地區面積數（建成區）
	GDP 規模	地區 GDP 總量

	GDP增長率[①]	地區 GDP 增長能力
城市效率指數	人均 GDP	人均創造財富能力
	地均 GDP	單位城市面積創造財富的規模
	城市經營率	政府財政收入占 GDP 的比重
	城市化率	地區非農業人口占地區總人口的比重(%)
	城市帶動率	地區 GDP 占地區 GDP 的比重
城市國際吸引指數	實際利用外資總額	吸引外資能力
	簽訂外資合同數	
	國際旅遊收入	地區年國際旅遊收入
	人均國際旅遊收入	地區年人均國際旅遊收入
城市居民生活指數	人均可支配收入	人均潛在消費能力
	人均消費支出	人均實際消費水平
	恩格爾系數（逆）[②]	居民消費結構

2、城市產業競爭力比較評價指標體系

二級指標 6 個，三級指標 29 個

表附錄 1.1－2

二級指標	三級指標	指標內涵
產業規模指數	限額以上工業企業數	企業整體活力水平
	就業總人數	產業人力資本總量
	農業財富創造能力	第一產業總產值
	工業財富創造能力	第二產業總產值
	服務業財富創造能力	第三產業總產值
產業貢獻指數	產品的市場認同度	主營業務收入
	企業市場認同感遞增程度	產品銷售收入增長率
	企業利稅貢獻度	利稅總額
	企業增值稅貢獻度	增值稅總額
	企業利稅增值稅占 GDP 比重	企業利稅增值稅對 GDP 的貢獻度
產業效率指數	從業者生產效率	從業者人均 GDP
	企業銷售毛利率[③]	企業贏利能力
	資產/固定資產比率[④]	企業資產質量
	銷售額/總資產	
產業結構指數	工業化發展水平	第二產產值占 GDP 比重
	第二產業就業水平	第二產業就業人員比重
	第三產業發展水平	第三產產值占 GDP 比重,服務化

[①] 對增長類的指標，由於統計資料可能存在的失真性及中國的實際國情，有可能在某項統計指標的年增長率上出現絕對值大於 50%以上的非持續性增長或負增長，對此奇異值，我們做了統一處理，都把其絕對值控制為 50%，其中大於 50%以上的非持續性增長都視為 50%，小於 50%以下的非持續性增長都視為－50%。

[②] 三級指標後面的“逆”表示該項指標的實際數據越高，其對系統具有負作用，但是我們已對其作了調整，調整請見附錄 2，並且本年鑒所列出的該類型的數據都是通過調整後使具有“逆”作用的指標具有和其他指標一樣的表示。

[③] 銷售毛利率過高一般是煙草企業所在城市，因此為了消除奇異值，限最高為 50%。

[④] 根據沃爾評分法，標準比率為 2.5，因此，我們認為當一個城市該項值為 2.5 時為最優，我們令 x 為該指標指數，則 $x=1-|x-2.5|/2.5$，並且如果 x 小於 0，我們就將其取值為 0。

	第三產業就業水平	第三產業就業人員比重
	產業製造能力	綜合製造業總產值及製造業從業人數來獲得該指數值
	製造業人力資本指數	製造業從業人員每萬人擁有量
產業國際化指數	外資企業數	市外資企業數
	外資企業產出規模	外商投資企業總產值
	外資企業貢獻度	外資企業總產值占工業總產值百分比
	外資企業平均產出能力	外資企業總產值/外資企業數
	外資企業相對量	外資企業數占企業數百分比
產業集群指數	工業集中度	市區工業總產值占地區工業總產值比重
	企業固定資產集中度	市區工業企業固定資產占城區工業企業固定資產比重
	地區工業企業相對量	市區工業企業占全市工業企業數的百分比
	企業總資產規模	限額以上工業大中型企業總資產規模

3、城市財政金融競爭力比較評價指標體系

二級指標 5 個，三級指標 18 個。

表附錄 1.1—3

二級指標	三級指標	指標內涵
財政金融規模指數	財政預算內收入	財政實力
	財政預算內支出	財政支出能力
	年末儲蓄總餘額	資金供應總量
	年末貸款總餘額	資本使用規模
	財政收入占 GDP 比重	財政收入/GDP×100%
財政金融效率指數	人均財政預算內收入	人均財政實力
	人均財政預算內支出	人均財政支出能力
	人均年末儲蓄額	年末儲蓄總餘額/地區人口
	人均年末貸款額	年末貸款總餘額/地區人口
	人均財政收入增長率	人均財政收入年增長率
	人均年末存款增長率	人均年末存款年增長率
金融資本質量指數	資本使用率	金融機構貸款總餘額/存款總餘額×100%[①]
	資本充裕指數	金融機構存貸差
金融資本可獲得指數	獲得銀行貸款便利度	獲得銀行資本的難易
	獲得證券市場資本便利度	獲得證券市場資本難易
	獲得民間及風險資本便利度	獲得民間和風險資本難易
金融業人力	金融業從業人數	金融業從業人數

① 為了消去奇異值的影響，超過 100%則算為 100%。

資本指數	金融業從業人員每萬人擁有量	金融從業人員占總人口比重

4、城市商業貿易競爭力比較評價指標體系

二級指標 5 個，三級指標 18 個

表附錄 1.1－4

二級指標	三級指標	指標內涵
國內商貿規模指數	批發零售貿易業商品銷售總額	城市批發零售貿易業商品銷售總額
	社會消費品零售額	城市社會消費品零售額
	人均批發零售貿易業商品銷售額	地區人均批發零售貿易業商品銷售額
	人均社會消費品零售額	地區人均社會消費品零售額
外貿指數	外貿依存度	進出口總額占 GDP 比重
	進出口總額	對外進出口總額
	進出口總額增長率	進出口總額年增長率
	實際利用外資金額	地區實際利用外資金額
商貿機構指數	限額以上批發零售企業數	地區限額以上批發零售企業數
	限額以上批發零售企業每萬人擁有量	每萬人擁有限額以上批發零售企業數
商貿人力資本指數	批發零售貿易業從業人數	從事批發零售貿易業的從業人員數量
	住宿餐飲業從業人數	從事住宿餐飲業的從業人數
	租賃和商業服務業從業數	從事租賃和商業服務業的從業數
	商貿從業人員萬人擁有量	商貿從業人員每萬人擁有量
居民消費指數	人均消費支出	地區年人均消費支出
	人均消費支出增長率	地區人均消費支出年增長率
	居民消費傾向	人均消費支出/人均可支配收入
	社會消費品零售額增長率	地區社會消費品零售額年增長率

5、基礎設施競爭力比較評價指標體系

二級指標 7 個，三級指標 30 個

附錄 1.1－5

二級指標	三級指標	指標內涵
基礎設施投資指數	固定資產投資水平	固定資產投資完成額
	房地產開發水平	房地產開發投資額
基礎設施供應指數	年供水總量	城市年供水總量
	人均生活用水量	城市人均生活用水量
	年用電總量	城市年用電總量
	人均生活用電量	城市人均生活用電量
	煤氣液化氣供應水平	城市煤氣液化氣供應總量
	家庭用煤氣液化氣普及率	使用煤氣液化氣人口/總人口
居民居住指數	市民居住條件	人均住房使用面積
	住宅投資總額	居住投資量

	房價收入比（逆）	購房難易程度
交通設施指數	地區客運總量	交通設施水平
	地區貨運總量	
	人均鋪路面積	
	每萬人擁有公共汽、電車數	
	每萬人擁有出租車數	
	年末實有鋪裝道路面積	
對外交通設施指數	路網設施指數	公路鐵路密集程度，公路鐵路客、貨總運量
	港口設施指數	輸送量、噸位數、萬噸以上泊位，水運客貨總運量
	航空設施指數	國內外航空線路數、機場等級數，空運客、貨總運量
信息化設施指數	郵政網點設施指數	每十萬人擁有郵政網點數
	市民郵政消費	人均郵政業務量
	市民通信消費	人均通信消費
	固定電話用户普及率	一般資訊設施水平[①]
	移動電話普及率	高級信息設施水平[②]
	國際互聯網普及率	
基礎設施行業人力資本指數	交通倉儲郵電通信業從業人數	基礎設施行業從業人數
	電氣水生產供應從業人數	
	建築業從業人數	
	基礎設施行業從業者每萬人擁有量	基礎設施行業從業人員每萬人擁有量

(二)、社會系統

1、城市社會體制競爭力比較評價指標體系

二級指標 4 個，三級指標 20 個

附錄 1.1－6

二級指標	三級指標	指標內涵
社會公平保障指數	失業率(逆)	登記失業人數/勞動力總數
	基尼指數（逆）	社會公平水平
	社會保障和就業支出	政府財政中社會保障和就業年支出額
	社會保障覆蓋率	市民接受社會保障面
	社會服務業人力資本絕對規模	衛生、社會保險和社會福利業從業人員

① 固定電話用户普及率最高為 100%，超過 100%則算為 100%。

② 移動電話普及率最高為 100%，超過 100%則算為 100%。

	人均社會保障和就業支出	人均社會保障和就業支出
	社會服務業人力資本相對規模	衛生、社會保險和社會福利業從業人員每萬人擁有量（0.1）
社會治安指數	刑事案件發生率(逆)	每十萬人發生的各種刑事案件數
	刑事案件偵破率	刑事案件偵破數/刑事案件總數
	社會安全民眾滿意度	市民對社會安全的滿意程度
醫療保健指數	平均預期壽命	城市男、女預期壽命平均值
	嬰兒死亡率(逆)	城市 1000 名嬰兒死亡數
	每十萬人擁有醫生數	城市每十萬人擁有醫生數
	每十萬人擁有醫院病床數	城市每十萬人擁有病床數
社會管理指數	政府機構規模指數	公共管理和社會組織從業人數/總人口
	地方法規條例健全程度	城市地方法規條例健全程度
	政策法規透明度	市民對法制的瞭解程度
	政府執法能力	城市政府執行法制能力
	政府辦事效率	城市政府辦事環節多少及時滯
	民眾對政府的滿意度	市民對政府的滿意程度

(三)、環境系統

1、城市環境、資源、區位競爭力比較評價指標體系

二級指標 5 個，三級指標 27 個

附錄 1.1－7

二級指標	三級指標	指標內涵
區位指數	自然區位優勢度	距離河湖的遠近
	交通區位優勢度	城市的交通地位
	經濟區位優勢度	城市的經濟地位
	政治區位優勢度	城市的行政級別
	文化區位優勢度	城市的文化影響力
自然資源指數	土地資源絕對豐富度	地區耕地面積
	土地資源相對豐富度	人均耕地面積
	農產品絕對自給度	主要農產品產量
	農產品相對自給度	人均農產品產量
	礦產能源絕對豐富度	主要礦產能源擁有量
	礦產能源相對豐富度	人均主要礦產能源擁有量
環境資源指數	城市綠化絕對量	地區綠地面積
	城市綠化相對量	人均綠地面積
	氣候環境舒適度	氣溫、溫差，城市晴好天數

	自然災害少發率	颱風、地震、洪水、風沙爆發頻率及危害程度
	山水環境優美程度	山水風光優美程度
環境質量指數	建成區綠化覆蓋率	城市建成區綠化覆蓋率
	生活汙水處理率	城市生活汙水處理率
	生活垃圾處理率	城市生活垃圾無害化處理率
	空氣質量指數	地區空氣評價等級
	工業廢水處理率	工業廢水排放達標率
	工業二氧化硫去除率	工業二氧化硫去除量/總排出量
	工業煙塵去除率	工業煙塵去除量/總排出量
	工業固體廢物綜合利用率	工業固體廢物綜合利用率
環境改善投入指數	三廢綜合利用產品產值	三廢治理水平
	環保從業人數	城市從事水利環境和公共設施管理業的人數
	環保從業者每萬人擁有量	環保人數占總人口的比重

(四)、文化系統

1、城市人力資本教育競爭力比較評價指標體系

二級指標 5 個，三級指標 22 個

附錄 1.1－8

二級指標	三級指標	指標內涵
人力資本規模指數	人力資本規模	勞動力總數
	高素質人力資本儲備量	高等學校在校學生總數
	其他人力資本儲備量	其他學校在校學生總數
	教育支出絕對規模	教育經費支出
	教育支出相對規模	教育支出占 GDP 比重
	城市就業率	1-失業率
人力資本投入指數	人力資本基本投入	在崗職工平均工資
	人力資本教育投入	人均教育經費支出
人力資本素質指數	高素質人力資本相對儲備量	每萬人高校學生數
	成人識字率	從業人員文化素質
	大專以上人口比重	
	創業人員指數	創業者占人口比重
	專業技術人員數	各類專業技術人員數
	專業技術人員占比重	每萬人各類專業技術人員數
人力資本吸引	移民化程度指數	流動人口占總人口比重

指數	吸引人才指數	城市吸引人才的政策優惠
	高校畢業生求職選擇	高校畢業生求職意願
人力資本教育設施指數	高校數	高等教育設施水平
	高校老師數	高等教育師資力量
	中小學師生比	基礎教育師資力量
	每萬人中小學校數	初等教育設施水平
	中小學校密度	每平方公里中小學校數

2、城市科技競爭力比較評價指標體系

二級指標 5 個，三級指標 18 個

附錄 1.1－9

二級指標	三級指標	指標內涵
科技投入指數	科技經費絕對投入量	財政支出中科技經費支出
	人均科技經費擁有量	人均科技經費
	科技經費相對投入量	科技經費占 GDP 的比重
科技人力資本指數	專業技術人員擁有量	專業技術人員數
	科技服務人員擁有量	科技服務人員數
	專業技術人員相對擁有量	專業技術人員每萬人擁有量
	科技服務人員相對擁有量	科技服務人員每萬人擁有量
	計算機人才擁有量	計算機從業人員每萬人擁有量
	計算機人才相對擁有量	計算機人才每萬人擁有量
	科研人員吸引指數	吸引科研人員的政策及環境
科研機構指數	大學科研院所指數	科研機構擁有量及級別
	大學科研院所相對擁有量	每百萬人擁有大學、科研院所指數
	科研環境指數	城市研究環境與配套設施
科技創新指數	專利總數	年獲取專利總數
	論文發表數	年國內論文發表數
	科技成果數	年省級以上認定科技成果數
科研成果轉化指數	科技成果轉換率	科技成果轉化數量與總量比
	科技進步對 GDP 貢獻率	科技進步作用程度

3、城市文化形象競爭力比較評價指標體系

二級指標 4 個，三級指標 18 個

附錄 1.1－10

二級指標	三級指標	指標內涵
文化設施指數	劇院數	市民享有文化設施水平
	公共圖書數	
	每百萬人影劇院數	
	每百人公共圖書數	
文化意識指數	誠信意識指數	市民誠實守信程度

	競爭意識指數	市民參與競爭的意識
	重商意識指數	市民經商意識
	創新意識指數	市民創新意識
	寬容意識指數	市民寬容意識
文化資源指數	城市歷史文化指數	城市歷史悠久度及影響力
	藝術家和文化組織指數	各種文化組織活躍程度、從事藝術創作的人數
	名勝古跡指數	名勝古跡數量及級別
	文化行業人力資本指數	每萬人擁有教育文藝廣播影視業從業人數
城市營銷能力指數	城市文化影響指數	城市文化對市民行為的影響度
	城市功能定位指數	城市定位是否明確、恰當
	城市建築景觀和諧程度	標誌性建築、商業街、廣場，建築格調
	城市知名度	城市國際國內知名度
	城市推廣度	城市營銷程度

附錄 1.2　中國城市綜合競爭力評價的數據獲取及評價賦值方式

(一)、指標數據的采集途徑及方式

根據指標資料形成方式的不同，中國城市競爭力研究會把城市競爭力指標分成客觀指標、主觀指標、主客觀結合指標。其中客觀指標的數據都是來自 2001 至 2014 年《中國城市統計年鑒》、《中國城市年鑒》、《中國統計年鑒》及港、澳、台相關統計年鑒（對於其與大陸統計口徑的差異，我會以大陸統計口徑為標準作了適當的調整與估算），除此之外，我會還參考了其他的專業年鑒和各個城市的統計年鑒或年鑒及各城市政府網站所公布的資料，如統計公報等等。

由於城市某些方面的可比數據不夠精確或存在一定的偏差，因此對於這些資料還應該在已有數據的基礎上進行專家評估，基於這類數據所形成的指標，我會稱之為主客觀結合指標。

主觀指標的原始數據來自問卷調查，通過設計一組可操作的問卷進行問卷調查，取得原始數據，然後在此基礎之上運用模糊綜合判斷法來獲取數據，因而軟性指標具有一定的主觀意向，並不一定完全反映了該城市在該項指標上的真實水平，但我們最大程度地做到客觀。

(二)、指標數據的加工處理

由於城市競爭力各項指數數據的量綱不同，因此，要對這些指標進行綜合統一分析，就必須對這些數據進行無量綱化處理。

在分析各種數據之前，都對所有的客觀數據、主客觀數據及主觀數據進行以下兩個步驟的加工處理：

1)　指數化處理

對於所有原始指標的數據，包括正向指標（未標記的指標，該指標數據越大越好）和逆向指標（標記為（逆）的指標，該指標數據越小越好），首先運用指數化處理的方式進行第一階段的處理。

對於正向指標，其指數化處理的計算公式如下：

$$X_i = \frac{x_i - \min(x)}{\max(x) - \min(x)}$$

對於逆向指標，為了使其指數有和正向指標指數有一樣的表示（即越大越好），其指數化處理的計算公式如下：

$$X_i = \frac{\max(x) - x_i}{\max(x) - \min(x)}$$

其中 X_i 是指標 i 的指數，x_i 為指標 i 的原始值，$\max(x)$、$\min(x)$ 分別為指標 i 中所有樣本城市中原始數據的最大值和最小值。

另外，為了避免讀者會將綜合競爭力計算中數值為零的三級指標其原始數據誤認為零（有時候也可能存在原始數據為零的這種情形），將上述指數化的 X_i 的數值轉化為[0.1，1]之間的均勻分佈，具體方法如下：

$$Y_i = 0.9X_i + 0.1$$

2） 標準化處理

經過上述處理後，對指數化後的指標數據再進行標準化處理，標準化的計算公式如下：

$$X_i = \frac{x_i - \bar{x}}{\sigma(x)}$$

其中 X_i 是標準化後的數據，x_i 為指數化後的數據，$\bar{x}$ 為該項指標指數化後的平均值，$\sigma(x)$ 為該項指標指數化後的標準差。每一項指數經過標準化處理後其均值為 0，方差為 1。

(三)、中國城市競爭力評價賦值方式及程式

對中國城市競爭力的評價我會主要采用的是現階段學術界對城市競爭力評價比較通行的數學處理方式，即主成分分析方法來進行數據的處理並求得最終的評價結果。我們對分項競爭力的計算是基於二級指標的，即先對三級指標進行指數化及標準化處理後，並在此基礎上通過加權得到二級指標的數值，然後再進行指數化處理得到二級指標的相對值，二級指標體現了我們評價分項競爭力所選的視角。另外，對綜合競爭力我們則是基於十大分項競爭力來進行主成分分析的，它體現了城市競爭力是一個多層次的系統概念。

1）主成分分析方法的基本原理

統計學中的主成分分析法原來是用來處理多維隨機變量在線性變換下其分量相關問題的，其方式是通過求協方差陣或相關系數矩陣的特徵值與特徵根運算，按所要求的貢獻率求出集中原來隨機變量主要信息的、相互無關的主成分。在評價城市競爭力時，由於我們所選取的統計指標之間或多或少存在一定的相關性，而主成分分析法可以剔除這種相關性，並且在不損失已有信息量的情況下對城市競爭力進行測度。主成分方法的主要原理如下：

設 $X=(X_1,\cdots,X_k)$ 為 k 維隨機變量，A 為 X 的協方差矩陣，即

$$A=E[(X-E(X))(X-E(X)^T]$$

顯然，X 的協方差矩陣是非負的，由對稱矩陣的性質我們可以得出，一定存在正交矩陣 $B(B滿足B^T=B^{-1})$ 使得

$$BAB^T=\Lambda=\begin{pmatrix}\lambda_1 & \ldots & 0 & 0\\ 0 & \lambda_2 & 0 & \vdots\\ \vdots & 0 & \ddots & 0\\ 0 & \ldots & 0 & \lambda_k\end{pmatrix}$$

其中，$\lambda_1\geq\lambda_2\geq\lambda_3\geq\cdots\geq\lambda_k\geq 0$，令 $B^T=(B_1,B_2,\cdots,B_k)$, $C=(B_1,B_2,\cdots,B_k)^T X$,則

$C_1,C_2,\cdots,C_k$ 是互不相關的，而且 C_i 的方差就是 λ_i。我們把 C_i 稱為 X 的第 i 個主成分，

$\lambda_i/\sum_{j=1}^{k}\lambda_j$ 稱為主成分 C_i 的貢獻率，$\sum_{i=1}^{n}\lambda_i/\sum_{i=1}^{k}\lambda_i$ 稱為 $C_1,C_2,\cdots,C_j$ 的累計貢獻率（$n\leq k$），

而 $\rho(C_j,C_k)$（相關系數）則稱之為因數負荷量。

由於 C 的各分量之間相互無關，主成分是一定條件之下解釋隨機變量 X 差異能力最有效的線性組合。由於協方差陣或相關系數矩陣的特徵值之間相差較大，因而根據指定的貢獻率而確定的主成分的數量小於原來分量的數量，因此主成分分析法在壓縮隨機變量的數量（並且不損失原有信息條件下）方面的作用是顯著的。同時主成分分析法對於剔除觀測數據中的重複相關信息有著非常的作用。並且由於各分量之間相互無關可以由子系統數學模型合並調整得到整個大的系統的數學模型。因此，國內許多城市競爭力研究的學者都采用這一方法來測量和分析城市競爭力問題。

2）中國城市分項競爭力及城市總體競爭力量化程式

第一步對原始數據進行指數化和標準化，也就是“歸一化”處理。這是為了解決主成分分析法不具備“尺度不變性”而采取的步驟。我們已有敘述，見“(二)、指標數據的加工處理”。

第二步運用 SPSS 軟件（或者 SAS、Eviews、stata 軟件）編制的主成分分析法程式，對上述處理之後的數據進行主成分分析。

第三步對 SPSS 軟件（或者 SAS、Eviews、stata 軟件）所得的主成分分析的結果，我們可以得到城市總競爭力及城市分項競爭力各構成要素的相關矩陣，通過相關矩陣得到特徵值、累計特徵值及主成分的載荷。然後根據最初的幾個特徵值在全部特徵值的累計百分率大於或等於某一百分率的原則（我們對城市總競爭力定為100%，對城市分項競爭力定為100%），決定選取主成分的具體數值。假定前 n 個主成分分別為（$n\leq k$）：

$$\begin{aligned}C_{i1}&=d_{11}X_{i1}+d_{12}X_{i2}+\cdots+d_{1k}X_{ik}\\ C_{i2}&=d_{21}X_{i1}+d_{22}X_{i2}+\cdots+d_{2k}X_{ik}\\ &\cdots\cdots\cdots\cdots\cdots\cdots\cdots\\ C_{in}&=d_{n1}X_{i1}+d_{n2}X_{i2}+\cdots+d_{nk}X_{ik}\end{aligned}$$

或者可以寫成矩陣形式：$C = DX$

將某個城市的原始數據經過指數化、標準化處理後的各指標數據代入，可以得到 $C_1, C_2, ..., C_n$ 的數值，然後再根據這 $n(n \le k)$ 個主成分對應的特徵值進行加權累加便可以構造一個城市的總競爭力或分項競爭力指數，其數學表達式如下：

$$V_i = (\lambda_{i1} C_{i1} + \lambda_{i2} C_{i2} + \cdots + \lambda_{in} C_{in}) \times 100$$

其中 V_i 為總競爭力或分項競爭力指數；$\lambda_{i1}, \lambda_{i2}, \cdots, \lambda_{in}$ 為前 n 個特徵值。用主成分分析法構建的競爭力指數有一部分為負值，這些負值說明該城市在被選所有城市中的相對地位，即處於平均水平之下，而不代表其競爭力的為真正的負值。

附錄 2　中國城市(城區)成長競爭力比較評價指標體系說明[①]

為了衡量一個城市動態發展的能力，中國城市競爭力研究會提出了成長競爭力的概念，我們認為城市的發展與增長是一個動態的、多維的系統，它是城市綜合實力、發展潛力、制度活力與實現能力"四位一體"的四維系統。為此，中國城市競爭力研究會構建了中國城市（城區）成長競爭力比較評價指標體系，該評價體系包含一級指標 4 個，二級指標[②]29 個。

一、實力指數[③]

實力指數與綜合競爭力一致，是綜合競爭力的指數化。詳見附錄 1。

表附錄 2－1

二級指標	指標內涵或計量基礎（三級指標）
城市經濟實力指數	經濟競爭力
城市產業實力指數	產業競爭力
城市財政金融實力指數	財政金融競爭力
城市商業貿易實力指數	商業貿易競爭力
城市基礎設施實力指數	基礎設施競爭力
城市社會體制實力指數	社會體制競爭力
城市環境資源區位實力指數	環境資源區位競爭力
城市人力教育實力指數	人力資本教育競爭力
城市科技實力指數	科技競爭力
城市文化形象實力指數	文化形象競爭力

二、潛力指數

共 8 個二級指標。

表附錄 2－2

二級指標	指標內涵或計量基礎（三級指標）
居民消費潛力指數	人均可支配收入
	人均可支配收入年增長率
	人均消費支出
	人均消費支出增長率
	居民消費傾向
金融資本潛力指數	年末儲蓄總餘額
	獲得銀行貸款的便利程度
	獲得證券市場資本的便利程度
	獲得民間資本的便利程度

[①] 中國城市（城區）成長競爭力評價指標體系的數據獲取及評價賦值方式見附錄 1。另外，我們對城市成長競爭力的計算各城市整體實力競爭力的計算一致，即"四力"指數中除"實力"指數外（實力指數則是綜合競爭力的指數化），也是在二級指標的基礎上用加權計算的方法先計算其值，然後再指數化便得其相應的指數值。成長競爭力則是在"四力"指數值的基礎上用主成分的分析方法計算而得。具體方法請參見附錄 1。

[②] 二級指標也包含了許多統計指標，我們稱之為三級指標，除實力指數是由前面的分析得出外，三級指標的計算是由三級指標加權計算而來的。具體計算請見附錄 1。

[③] 實力指數就是前面所述整體實力競爭力指數化後的指數，具體請見附錄 1。

	獲得國家財政支持的程度
	外資金融機構指數
人力資本潛力指數	人力資本投入指數
	人力資本吸引水平指數
	勞動力的自然增長率
市場潛力指數	市場認同度
	市場認同度遞增程度
	經濟輻射區域指數
區位指數	同資源環境區位競爭力中城地區位水平指數
自然資源指數	同資源環境區位競爭力中自然資源指數
環境質量指數	同資源環境區位競爭力中環境質量指數
可持續發展指數	資源和能源的耗速率(逆)
	城市發展的可持續發展戰略
	生態環境的退化速率(逆)
	城市可持續發展的能源供給
	工業化發展水平
	產業製造能力
	GDP 產值每億元耗電量（逆）
	工業產值每億元耗電量（逆）

三、活力指數

共 7 個二級指標。

二級指標	指標內涵或計量基礎（三級指標）
文化力指數	同文化形象競爭力文化意識指數
學習力指數	城市市民的學習意識
	城市市民的學習能力
	城市學習氛圍
創新力指數	制度創新力
	科研創新指數
法制力指數	地方法規條例健全程度
	政策法規透明度
	政府執法能力
應變力指數	城市根據外部環境的變化及時調整自身發展戰略的能力
	應對緊急事態的能力
開放力指數	外貿指數
	產業國際化指數
	對內對外開放政策（引進外資政策、戶口制度等）
	國際吸引指數
營銷力指數	同文化形象競爭力中的城市營銷指數

四、能力指數

共 4 個二級指標。

二級指標	指標內涵或計量基礎（二級指標）
經濟增長能力	GDP 增長能力
	財政收入增長能力
	人均 GDP 增長能力
	人均財政收入增長能力
	城市居民消費增長能力
	競爭力提升能力
社會保障能力	社會公平保障水平
	社會治安水平
	醫療保健水平
城市吸引能力	城市國際吸引指數
	流動人口指數
	人口密度
城市流通能力	人流
	物流
	資金流
	信息流

參考文獻

1. 《港澳經濟年鑒》編委會，2004-2014：《港澳經濟年鑒》，港澳經濟年鑒社。
2. 2014 年 31 省市自治區統計年鑒。
3. 亞瑟・奧沙利文(美)，2002：《城市經濟學:第 4 版 》，中信出版社。
4. 愛德溫・S・米爾斯(美)主編，2003：《城市經濟學:第 2 卷 》，經濟科學出版社。
5. 成德寧，2004：《城市化與經濟發展:理論、模式與政策 理論、模式與政策》，科學出版社。
6. 付曉東，2004：《經營城市與城市發展》，新華出版社。
7. 傅崇蘭，周明俊主編，2003：《中國特色城市發展理論與實踐》，中國社會科學出版社。
8. 顧朝林等，1999：《經濟全球化與中國城市發展》，商務印書館。
9. 國家統計局城市社會經濟調查總隊編，2000-2014：《中國城市統計年鑒》，統計出版社。
10. 郝壽義、倪鵬飛，1998：《中國城市競爭力研究》，《經濟科學》第 3 期。
11. 紀良綱,陳曉永等，2005：《城市化與產業集聚互動發展研究 》，冶金工業出版社。
12. 李樹琮，2002：《中國城市化與小城鎮發展》，中國財政經濟出版社。
13. 連玉明主編，2004：《中國城市報告》，中國時代經濟出版社。
14. 劉如海，2000：《上海城市經濟競爭力的比較研究》，《現代城市研究》第 5 期。
15. 盧紋岱，2000：《SPSS for Windows 統計分析》，電子工業出版社。
16. 呂玉印，2000：《城市發展的經濟學分析 》，生活.讀書.新知三聯書店上海分店。
17. 馬傳棟、郭東海、李廣傑等，2002：《可持續城市經濟發展論》，中國環境科學出版社。
18. 桂強芳總編，2009：《中國城市競爭力年鑒 2009》，中國城市競爭力年鑒出版社。
19. 桂強芳總編，2010：《中國城市競爭力年鑒 2010》，中國城市競爭力年鑒出版社。
20. 桂強芳總編，2011：《中國城市競爭力年鑒 2011》，深圳海天出版社。
21. 桂強芳總編，2012：《中國城市競爭力年鑒 2012》中文版，中國城市競爭力年鑒出版社。
22. 桂強芳總編，2012：《中國城市競爭力年鑒 2012》英文版，天窗出版社。
23. 桂強芳總編，2013：《中國城市競爭力年鑒 2013》，中國城市競爭力年鑒出版社。
24. 桂強芳總編，2014：《中國城市競爭力年鑒 2014》，中國城市競爭力年鑒出版社。
25. 倪鵬飛，2001：《中國城市競爭力的分析範式和概念框架》，《經濟學動態》第 6 期。
26. 倪鵬飛，2001：《中國城市競爭力理論研究與實證分析》，中國經濟出版社。
27. 倪鵬飛，2001：《中國城市競爭力與基礎設施關系的實證研究》，《中國工業經濟》第 5 期。
28. 倪鵬飛主編，2012：《中國城市競爭力報告 NO.10》,社會科學文獻出版社。
29. 倪鵬飛主編，2013：《中國城市競爭力報告 NO.11》,社會科學文獻出版社。
30. 倪鵬飛主編，2014：《中國城市競爭力報告 NO.12》,社會科學文獻出版社。
31. 寧越敏,唐禮智，2001：《城市競爭力的概念和指標體系》，《現代城市研究》第 3 期。
32. 邱東，1991：《多指標綜合評價方法的系統分析》,中國統計出版社。

33. 藤田昌久(日),雅克-弗朗科斯・蒂斯(比)著，2004：《集聚經濟學:城市產業區位與區域增長》，西南財經大學出版社。
34. 汪冬梅，2005：《中國城市化問題研究》，中國經濟出版社。
35. 王秉安,等，1999：《區域競爭力理論與實證》，航空工業出版社。
36. 王放，2000：《中國城市化與可持續發展 》，科學出版社。
37. 王福新，1999：《城市內部經濟競爭力分析》，《中國管理科學》第 8 期。
38. 王青雲，2003：《資源型城市經濟轉型研究》，中國經濟出版社。
39. 香港、澳門、臺北市政府網站及中國內地各城市政府網站公佈的相關資料和統計公報。
40. 嚴正主編，2004：《21 世紀中國發展問題報告》，中國發展出版社。
41. 楊重光，梁本凡主編，2002：《中國城市經濟創新透視》，中國社會科學出版社。
42. 于濤方，2004：《城市競爭與競爭力》，東南大學出版社。
43. 趙彥雲，1997：《中國國際競爭力評價》，《經濟研究資料》第 2 期。
44. 趙勇，2004：《城鄉良性互動戰略》，商務印書館。
45. 中國城市發展研究會，2000-2014：《中國城市年鑒》，中國城市年鑒社。
46. 中華人民共和國國家統計局，2014：《中國統計年鑒》，中國統計出版社。
47. 中華人民共和國國家統計局編，2000-2013：《中國統計年鑒》，中國統計出版社。
48. 仲大軍，2003：《中國城市競爭力主要表現在哪裡？》,《開放導報》第 3 期。
49. 朱臘雲，2002:《入世後如何提高中國城市競爭力》,《武漢冶金管理幹部學院學報》第 1 期。
50. Eamonn D'Arcy and Geoffrey Keogh, 1999: The Property Market and Urban Competitiveness:A Review. *Urban Studies*,Vol.36,No.5-6,917-928.
51. Eamonn D'Arcy and Geoffrey Keogh,1998:Territorial Competition and Property Market Process:An Exploratory Analysis. *Urban Studies*,Vol.35,No.81215-1230.
52. Edward *J.Malecki,2002*:Hard and Soft Networks for Urban Competitiveness. *Urban Studies*,Vol.39,No.5-6,929-945.
53. James Simmie and Peter Wood,2002:Innovation and Competiti*ve Cities in the Global Ec*onomy:Introduction to the Special Issue, *European Planning Studies*,Vol.10,No.2.
54. Leo van den Berg and Erik Braum,1999: Urban Competitiveness,Marketing and the Need for Organising Capacity. *Urban Studies*,Vol.36,No.5-6,987-999.
55. Markku Sotarauta and Reija Linnamaa,1998:Urban Competitiveness and Management of Urban Policy Networks:Some Reflections from Tampere and Oulu.Paper Presented in Conference Cities at the Millenium,17.12-19.12.London.England.
56. Martin Boddy,1999:Geographical Economics and Urban Competitiveness: A Critique, *Urban Studies, Vol. 36,* No.5- 6, 811- 842.